HISTOIRE

DE

L'HOTEL DE VILLE

DE PARIS

DE L'IMPRIMERIE DE CRAPELET
RUE DE VAUGIRARD, 9

Armes de la Ville de Paris
. 1582 .

Le texte et les gravures de cet ouvrage font partie de l'ouvrage que M. Victor Calliat, architecte, a publié sous le titre suivant : *Hôtel de Ville de Paris, mesuré dessiné, gravé par Victor Calliat, architecte-inspecteur de ce monument*, etc., etc. Paris, 1844-1845. 1 vol. grand in-folio.

HISTOIRE

DE

L'HOTEL DE VILLE

DE PARIS

SUIVIE

D'UN ESSAI SUR L'ANCIEN GOUVERNEMENT MUNICIPAL
DE CETTE VILLE

PAR LE ROUX DE LINCY

ANCIEN ÉLÈVE PENSIONNAIRE DE L'ÉCOLE ROYALE DES CHARTES

OUVRAGE ORNÉ DE HUIT PLANCHES DESSINÉES ET GRAVÉES SUR ACIER

PAR VICTOR CALLIAT

ARCHITECTE

PARIS

CHEZ J. B. DUMOULIN

LIBRAIRE DE LA SOCIÉTÉ DE L'ÉCOLE DES CHARTES

QUAI DES AUGUSTINS, 13

1846

INTRODUCTION.

Dès les premiers temps de notre monarchie, la ville de Paris, déjà célèbre, jouissait des avantages et du nom de capitale. Si elle ne put échapper à la fureur des Normands, pendant le cours du ixe siècle, du moins bientôt après elle se releva de ses ruines, pour prendre un accroissement qui ne s'est plus arrêté.

Elle a su attirer vers elle la vie de toutes les provinces. Le langage, les mœurs, les opinions de ses habitants, se sont imposés au royaume tout entier; ses destinées sont devenues celles de la monarchie elle-même; il ne faut donc pas s'étonner, si, depuis le seizième siècle jusqu'à nos jours, l'histoire de Paris a été le sujet d'une foule de travaux dont la simple énumération ferait la matière d'un volume considérable.

Malgré le nombre, l'étendue, la variété de ces travaux, aucun n'a encore été spécialement consacré ni à l'Hôtel de Ville, ni au gouvernement municipal de Paris. L'ancienneté de ce gouvernement, les phases diverses par lesquelles il a passé, les hommes illustres qui en ont fait partie, la célébrité du monument où il a siégé, tout concourt cependant à rendre une pareille histoire aussi intéressante qu'utile.

J'ai entrepris de combler cette lacune et de faire connaître surtout les documents historiques qui doivent servir de guide dans un pareil travail. Les anciennes archives de l'Hôtel de Ville, telles qu'elles étaient avant la révolution de 1789, auraient suffi pour remplir ce but. Aujourd'hui, une partie de ces archives ne se retrouve plus; le reste est dispersé, non-seulement dans les différentes sections des Archives du Royaume, mais encore dans plusieurs autres dépôts publics. Je me suis appliqué à recueillir ces documents épars, en y joignant l'indication de ceux qui ont été déjà imprimés, afin de pouvoir embrasser d'un seul coup d'œil tous les faits relatifs à l'Hôtel de Ville de Paris. Les matériaux une fois rassemblés, leur nombre considérable, leur importance, m'ont suggéré le plan qu'il fallait suivre pour les mettre en œuvre. J'ai vu que je ne pouvais ni tout imprimer, ni même tout résumer, et que, pour certaines

INTRODUCTION.

matières, je devais me borner à de simples indications. J'ai donc été conduit à diviser mon travail en deux grandes parties; la première comprend le récit des faits, la seconde les pièces justificatives et les éclaircissements. J'ai séparé ces deux grandes divisions en autant de livres, de chapitres, d'appendices, que l'exigeaient et la clarté du récit et l'ordre des matières.

Le récit des faits comprend trois livres : le premier est consacré à l'histoire complète et détaillée des *Parloirs aux Bourgeois*, de la place de Grève, et des bâtiments anciens et nouveaux de l'Hôtel de Ville. Ce livre est l'un des plus étendus. Peut-être trouvera-t-on que je m'y suis montré trop minutieux; mais la première édition de mon travail étant destinée à servir d'explication à un ouvrage d'architecture, devait renfermer sur l'histoire matérielle des bâtiments autant de détails que je pouvais en réunir. J'ai eu l'occasion de rectifier certains faits que le temps avait accrédités. Ainsi l'on ne pourra plus dire que l'Hôtel de Ville, commencé sous François Ier en 1533, fut reconstruit de nouveau sous Henri II, le plan ayant été trouvé trop gothique; que ce monument, interrompu pendant les guerres de la Ligue, fut achevé sous Henri IV; erreurs manifestes auxquelles je pourrais en ajouter de moins importantes, et que la lecture du second chapitre suffira pour détruire.

J'ai essayé dans le deuxième livre de faire connaître l'origine, l'étendue, l'organisation de l'ancien gouvernement municipal de Paris. Ce sujet est composé de matières si diverses que j'ai dû renoncer à les traiter toutes, même en abrégé. Je me suis contenté de les indiquer en peu de mots; non pas que ces matières eussent moins d'intérêt que les autres; mais dans le cadre où je m'étais renfermé elles ne devaient pas occuper le premier plan.

Je me suis attaché à déterminer exactement les fonctions exercées dans l'ancien gouvernement de Paris par les officiers du corps de ville. Aucun travail du même genre n'a précédé le mien, et j'ai pu l'essayer d'autant mieux qu'une série de documents officiels m'a servi de guide dans cette route inexplorée. Le recueil des Sentences du Parloir aux Bourgeois, de 1268 à 1320, m'a fait connaître les origines; le livre des *Ordonnances Royaulx*, commencé sous Charles VI, en 1415, continué de règne en règne jusqu'à Louis XIV, et les registres de l'Hôtel de Ville, depuis la fin du xve siècle jusqu'à celle du xviiie, m'ont permis de suivre toutes les modifications que le temps et les besoins du commerce ont introduites dans cette antique institution. Quant à ce point d'histoire si important, si mal connu de l'origine du gouvernement municipal de Paris, je me suis servi d'un travail excellent, imprimé en 1725, et qui jouit encore d'une réputation méritée. M. Le Roy, dans sa *Dissertation sur l'Origine de l'Hôtel de Ville de Paris*, a établi que cette origine remontait à la municipalité romaine, et que la confrérie *des Marchands de l'Eau*, à une époque difficile à préciser, mais antérieure au xiie siècle, avait remplacé cette Municipalité. Il a démontré que les chefs de cette confrérie, devenus peu à peu les représentants de la bourgeoisie parisienne, s'étaient trouvés, dans la seconde moitié du xiie siècle, classés au nombre des chefs civils de la capitale. Toutes les autorités que j'ai pu ajouter à celles que M. Le Roy a produites, tendent à confirmer son système.

Le troisième livre contient le récit, non-seulement des faits politiques auxquels ont pris part les magistrats municipaux, mais encore des événements remarquables, des cérémonies, des fêtes dont l'Hôtel de Ville a été le théâtre. Depuis l'année 1356, où le fameux Étienne Marcel éleva la charge de prévôt des Marchands au rôle dangereux d'une magistrature politique, jusqu'au mois d'août de l'année 1789, où M. de Flesselles, dévoué au parti de la cour, périt victime de la fureur populaire, on peut dire que toutes les actions politiques ou civiles remarquables de notre histoire, ont eu à l'Hôtel de Ville assez de retentissement, pour qu'il soit possible de leur donner place dans les Annales de ce monument. Il ne faut pas croire cependant que les deux chapitres du troisième livre, consacrés au récit des événements politiques, renferment un résumé complet de l'histoire de France, depuis le milieu du xive siècle jusqu'à la fin du xviiie. En parlant du rôle joué par les magistrats municipaux, lors des factions d'Armagnac ou de Bourgogne, de la guerre du bien public sous Louis XI, de la Saint-Barthélemy, de la Ligue et de la Fronde, j'ai toujours supposé que mes lecteurs connaissaient assez l'histoire générale pour n'avoir pas besoin d'un nouveau récit de ces événements fameux. J'ai cru mieux remplir le cadre que je m'étais tracé, en ajoutant aux circonstances déjà connues quelques détails nouveaux, presque toujours inédits, empruntés aux Annales de la Municipalité parisienne.

Peut-être sera-t-on surpris que je n'aie pas poussé mon récit plus loin que la Fronde; cela tient à ce que sous les règnes de Louis XIV et de ses deux successeurs, la Municipalité, réduite à n'être plus qu'une administration civile, ne m'a fourni aucun fait digne de mémoire, en dehors des soins que prirent les magistrats pour la salubrité et l'embellissement de la ville, ou des fêtes données par eux aux souverains. Le souvenir du rôle politique joué par les bourgeois de Paris, pendant plusieurs siècles, dans les circonstances importantes, s'efface au milieu des gloires du grand règne; les magistrats municipaux ne sont plus occupés qu'à solenniser, par des fêtes splendides, les victoires de nos soldats, la naissance, le mariage, le couronnement des princes, ou à revêtir des habits de

INTRODUCTION.

deuil, quand la mort frappait quelques-uns d'entre eux. Mais ce souvenir vivait dans la mémoire de tous les vieux magistrats, dans celle du peuple, gardien souvent terrible, mais toujours fidèle, des vieux priviléges. Aussi, quand la révolution de 1789 éclata, le peuple, guidé par ces souvenirs, marcha droit à l'Hôtel de Ville, qui ne tarda pas à devenir le principal théâtre de tous les événements.

C'est avec les états généraux de 1358, que commence le rôle politique des magistrats municipaux de la ville de Paris. Nous voyons depuis lors ces magistrats, dans toutes les circonstances un peu graves, adresser aux autres villes du royaume, des lettres circulaires pour les engager à faire cause commune avec eux; à prendre les mêmes signes de ralliement, à proscrire ou protéger les mêmes principes et les mêmes hommes. J'ai reproduit plusieurs de ces lettres encore inédites; j'aurais pu ajouter d'autres exemples à ceux que j'ai donnés. Ainsi, Étienne Marcel ne manqua pas, en 1358, d'écrire aux bonnes villes du royaume pour les entraîner dans son parti (1).

De même, en 1413, à propos des factions d'Armagnac et de Bourgogne, la Commune de Paris écrivit deux lettres à celle de Noyon. (Voir première partie, liv. III, chap. I, p. 245.) Dans ces lettres, les magistrats municipaux annoncent à leurs collègues de Noyon, que le fameux Caboche et ses complices ont reçu la punition de leurs crimes. Juvénal des Ursins, dans son *Histoire de Charles VI*, nous apprend qu'une lettre pareille avait été adressée à toutes les bonnes villes du royaume (2).

Lors des guerres de religion, en 1568, les échevins et gouverneurs de Senlis, écrivirent au prévôt des Marchands et aux échevins de Paris, pour leur rappeler le soutien mutuel que les deux villes devaient se prêter l'une à l'autre (3).

---

(1) « En ce temps, le prévôt des marchans et les eschevins envoièrent lettres closes par les bonnes villes du royaume, par les quelles il leur faisoient savoir le fait qu'il avoient fait et leur requéroient que il se voulsissent tenir en vraie union avec eux, et que il voulsissent prendre de leur chapperons partie de pers et de rouge, si comme avoient fait le duc de Normandie et plusieurs autres du sanc de France, si comme es dites lettres estoit contenu ... Dont plusieurs ne renvoierent onques responses des dites lettres, et autres rescriprent sans autre alliance faire et sans prendre des dis chapperons ; et autres prisrent des dis chapperons. » (*Chroniques de Saint-Denis*, t. VI, p. 95; édit. de M. P. Paris, 1838, in-12.)

(2) *Histoire de Charles VI*, par J. Juvénal des Ursins, etc., publiée par Godefroy. Paris, 1653, in-fol., p. 266.

(3) Voici cette lettre, que je crois inédite :

16 février 1568.

« Messieurs, pour responce aux lettres qu'il vous a pleu nous envoyer, dactées du dixiesme jour de ce present mois, nous vous prions d'avoir oppinion asseurée de nous que nous avons aussi bonne devotion de conserver nostre ville de Senlis pour le service du Roy, et qu'en faisons aussi songneuse garde que subjectz de ce royaulme, entendant très bien que la faulte qui en adviendroit hasarderoit noz vies et

INTRODUCTION.

Plusieurs lettres du même genre furent aussi écrites, en 1588 et en 1589, par les magistrats de Paris, aux autres communes de France, pour les engager à faire partie de la Ligue et à la défendre (1).

Il suffit de jeter les yeux sur les actes officiels parvenus jusqu'à nous, relatifs aux états généraux, pour voir que le prévôt des Marchands ou les échevins ont toujours été dans ces assemblées, non-seulement les délégués du tiers, mais encore les personnages les plus influents. En 1789, plus de cent cinquante ans s'étaient écoulés depuis que les magistrats municipaux n'avaient eu l'occasion d'exercer leur prérogative; malgré tout, à peine l'ordre d'assembler les trois états fut-il émané de la couronne, que la Municipalité parisienne, tout entière, réclama hautement, et contre les prétentions rivales du prévôt de Paris, le droit qui lui appartenait; dans un réquisitoire plein de science et d'habileté, le procureur du Roi et de la ville établit ce droit de la manière la plus incontestable (2).

Ici commence l'histoire de cette fameuse *Commune de Paris*, qui, pendant plusieurs années, gouverna, non-seulement la capitale, mais encore la France tout entière. Après avoir pris connaissance des documents inédits qu'il fallait

---

nostre honneur et que la consequence en seroit grandement dangereuse pour ce royaulme. Et ne fauldrons de vous advertir des advenues qui se feront autour de nous en bonne esperance avec la grace de Dieu, de nous garder de surprise. Mais nous voulons bien vous advertir que si nous estions assailliz d'un camp, nous aurions grand besoing d'aide et prompt secours de noz voisins et bons amiz, dont nous vous prions humblement avoir souvenance selon la bonne voulunté qu'avez au service de Sa Majesté, et à la conservation de vostre ville de Paris. Quant aux grains et provisions de vivres qui pourroient estre à présent aux villaiges circonvoisins de nostre ville, nous estimons cela sy peu de chose, selon la congnoissance qu'en povons avoir, que l'ennemy n'en pourroit avoir grand advantaige parce que les gens des villaiges et les bourgeois ont retiré leurs grains et vins dedans les villes et ne leur en est resté en leurs maisons au villaiges que pour leur vivre bien petitement; bien leur resteut leur bestiaulx que nous ne pouvons fere venir dedans la ville, pour n'avoir moyen de les y nourrir. Sur ce, Messieurs, nous vous presenterons noz humbles recommandations, priant Dieu vous avoir tousjours en sa saincte garde et vous donner à tous en santé bonne et heureuse vie. De

l'ostel de ville de Senlis, ce xxv° jour de febvrier 1568, par vos humbles frères, meilleurs voisins et amys les gouverneurs et eschevins de la ville de Senlis,
(Arch. du Roy., K. 1011.) LEMOYNE.

(1) « 1588. Lettres circulaires des prévôt et échevins, pour demander union au maire et aux échevins de Tours. » — (Félibien, *Hist. de Paris*, t. V, p. 445, 446-1589.) — « Lettres contre les gentilshommes qui empêchent la sainte union. » — (Félibien, *idem*, t. III, p. 777, voir aussi t. V, p. 453, 457, 458, 464, 465, 473.) « Lettre des échevins de la ville de Marseille aux prévost des marchands et eschevins de la ville de Paris, avec la reponse de cez derniers. — (*Bibl. de l'Institut*, manuscrit Godefroy, n° 192.)

(2) Arrêté de Messieurs les prévôt des marchands et échevins sur un réquisitoire du procureur du Roi et de la ville de Paris, au sujet d'un imprimé, sans nom d'auteur ni d'imprimeur, ayant pour titre : Réflexions d'un Avocat, consulté par un membre du tiers état de la ville de Paris sur l'arrêté du corps municipal et le réquisitoire du procureur du Roi de cette ville, en date du 30 décembre dernier, etc. Consultations des Avocats, composant le Conseil de ladite ville sur le même sujet. 1789, 1 vol. in-8°.

INTRODUCTION.

mettre en œuvre dans cette partie de mon travail, j'ai dû renoncer à l'entreprendre. Pour écrire l'histoire de la Commune de Paris, depuis 1789 jusqu'en 1794, avec toute l'étendue qu'un aussi vaste sujet comporte, il fallait dépasser les bornes qui me sont imposées dans cet essai. J'ai préféré remettre à un autre temps cette histoire.

Le dernier chapitre du troisième livre est consacré à l'indication rapide des cérémonies et des fêtes auxquelles assistaient les officiers municipaux, ou qui avaient lieu dans l'Hôtel de Ville. Je me suis appliqué à en donner l'origine et les plus anciennes mentions. Les détails que j'ai réunis suffiront pour faire comprendre toute l'étendue de cette matière qui mérite d'être l'objet d'un ouvrage spécial.

La seconde partie de mon travail se compose des appendices et des éclaircissements. J'ai rejeté en tête de chacun de ces appendices les observations particulières qui pouvaient s'y rapporter. Le premier de ces appendices est aussi le plus long, comme le premier livre auquel il correspond. Dans le principe, j'avais cru pouvoir l'augmenter encore, en publiant toutes les pièces qui n'y sont que mentionnées, mais je me suis aperçu que j'aurais dépassé les bornes imposées au texte de cet ouvrage. La même raison m'a fait supprimer une série de documents inédits relatifs à l'administration municipale, ainsi qu'un choix des lettres adressées par les rois, les reines de France, et les personnages illustres de tous rangs, aux prévôts des Marchands et aux échevins. Ces lettres, qui deviennent très-nombreuses à partir du règne de François Ier, jettent le plus grand jour sur les événements remarquables de notre histoire.

Malgré le nombre des pièces justificatives qui se trouvent dans cette seconde partie de mon travail, je n'ai publié que des documents inédits. Je ne me suis écarté qu'une seule fois du principe que j'avais adopté, de rejeter de mon livre toute pièce déjà imprimée, dans l'appendice n° II, contenant le Recueil des sentences du Parloir aux Bourgeois. J'ai pensé que sur cent soixante-huit pièces, dont ce Recueil est composé, seize pièces imprimées par fragment, et avec des fautes nombreuses de lecture, ne devaient pas être séparées de l'ensemble du document dont elles faisaient partie. A ce sujet, qu'il me soit permis d'espérer que ce Recueil de sentences, écrites en français, dans l'intervalle des années 1268 à 1315, publié d'après le manuscrit original, fixera l'attention du jurisconsulte et de l'historien.

Le quatrième appendice est consacré à la chronologie des officiers municipaux, depuis le XIIe siècle jusqu'à nos jours. Je n'ai rien négligé pour compléter

INTRODUCTION.

cette chronologie, et pour rétablir avec certitude les noms de cette antique bourgeoisie parisienne, qui a fourni à la magistrature, au commerce, tant de personnages remarquables.

J'ai pensé que les représentants du pouvoir politique accordé aux habitants de Paris, à différentes époques, ne devaient pas être séparés des représentants du pouvoir municipal; aussi me suis-je empressé d'accueillir l'offre qui m'a été faite par M. Alphonse Taillandier, député du troisième arrondissement, d'ajouter aux listes chronologiques des prévôts des Marchands, des échevins, des conseillers de ville, des quartiniers, cinquanteniers, dixainiers, des maires, des préfets, et des membres du conseil général, une liste des députés de Paris, depuis le xiv° siècle jusqu'à nos jours. C'est à M. Alphonse Taillandier que revient tout le mérite de ce travail, exécuté avec l'habileté qui distingue ce savant publiciste.

Dans le cinquième appendice j'ai classé chronologiquement les indications de tous les actes manuscrits ou imprimés relatifs au gouvernement municipal de Paris. En étudiant cette chronologie, il est facile de se rendre compte de l'importance de ce gouvernement, sous quelque point de vue qu'on la veuille étudier. On y peut suivre les tentatives faites à des époques différentes, par le pouvoir absolu, pour s'emparer des anciennes prérogatives de la Commune de Paris, ou bien pour les détruire dans le chapitre consacré au prévôt des Marchands. (Première partie, liv. II, chap. III.) J'ai signalé l'une de ces tentatives faites par Catherine de Médicis; elle ne fut pas de longue durée; les événements qui suivirent la Saint-Barthélemy rendirent bientôt au prévôt des Marchands, aux échevins, et surtout aux quartiniers, cinquanteniers, dixainiers, leur ancienne autorité. Ce fut seulement après la Fronde et la nuit sanglante du 4 juillet 1652 (voyez première partie, liv. III, chap. II, p. 273) qui la termina, que le pouvoir royal travailla sans relâche à l'anéantissement de l'antique Municipalité parisienne. Le cardinal de Richelieu avait déjà commencé cette œuvre de destruction, en multipliant les charges subalternes de cette Municipalité. Mazarin suivit la même marche, et les ministres de Louis XIV portèrent les derniers coups en augmentant la vénalité de ces offices.

J'ai terminé mon travail par une bibliographie des ouvrages relatifs à l'Hôtel de Ville de Paris, par une table des matières, et des additions et corrections assez nombreuses. Le mode de publication que j'avais adopté m'a permis de profiter des observations qui m'ont été faites.

Je dois exprimer toute ma reconnaissance aux personnes qui ont bien voulu me prêter leur appui et m'éclairer de leurs conseils.

INTRODUCTION.

Je nommerai M. Letronne, garde général des Archives du Royaume, qui m'a facilité toutes les recherches que j'avais à faire dans le vaste dépôt confié à ses soins; M. Michelet, dont les conseils toujours si supérieurs ne m'ont jamais manqué; MM. Douet d'Arcq, Eugène Janin, mes confrères de l'École des Chartes; MM. Dessales, Soilly et Gorré, employés des Archives du Royaume, qui m'ont constamment prêté leurs secours, non-seulement dans la recherche des documents, mais encore dans la collation et la copie des textes.

Je dois encore à la bienveillante amitié dont m'honore M. Augustin Thierry, la communication de plusieurs pièces qui font partie de son grand travail sur l'histoire du tiers état; M. Laurent de Jussieu, secrétaire général de la préfecture de la Seine, m'a fait ouvrir les Archives du Département, confiées à sa direction; M. Landresse, bibliothécaire de l'Institut, a mis à ma disposition les manuscrits du savant Godefroy et de Moriau, procureur du Roi et de la ville, membre fondateur de la bibliothèque communale; M. Champollion-Figeac m'a indiqué les différents manuscrits provenant des anciennes Archives de la ville, qui existent aujourd'hui au Cabinet des manuscrits de la Bibliothèque royale.

HISTOIRE
DE
L'HOTEL DE VILLE
DE PARIS.

PREMIÈRE PARTIE.

LIVRE PREMIER.

CHAPITRE PREMIER.

PARLOIRS AUX BOURGEOIS DEPUIS LES TEMPS LES PLUS RECULÉS JUSQU'EN 1357. — ACHAT DE LA MAISON AUX PILIERS; DÉTAILS SUR CETTE MAISON. — HÔTEL DE VILLE JUSQU'EN 1529.

Bien que la place de Grève soit devenue propriété de la ville de Paris dans la première moitié du xii° siècle, le siége du pouvoir municipal ne fut établi sur cette place qu'au mois de juillet de l'année 1358. L'on ne peut douter cependant qu'une maison désignée sous le nom de *Parloir aux Bourgeois,* et quelquefois sous celui de *Maison de la Marchandise,* n'ait existé ailleurs, même depuis une époque reculée. Celle qui paraît avoir reçu la première cette désignation était située dans le quartier Saint-Jacques, à la hauteur de la petite rue des Grès, non loin de l'ancien couvent des Jacobins. Sauval, qui avait à sa disposition les archives de l'Hôtel de Ville, aujourd'hui dispersées, donne, au sujet de ce premier Parloir aux Bourgeois, des détails circonstanciés :

C'était, dit-il, un gros édifice surmonté d'une terrasse pavée, formant saillie de neuf toises environ, sur les fossés de la ville, flanqué aux deux coins extérieurs de tours rondes et carrées, dont le sommet se dressait en pointes, ou se terminait par une plate-forme en pierre de liais.

Ce bâtiment, que des registres de la Chambre des Comptes des années 1266 et 1386 appellent le *Parloir aux Bourgeois*, ou *Confrérie aux Bourgeois*, resta, jusqu'au xviie siècle, propriété particulière de la ville, et fut toujours entretenu à ses frais; c'est ainsi qu'en 1366, Robert de Pierrefons, pionnier, était chargé de réparer les fossés qui bordaient cette maison; l'année suivante, la terrasse qui la couvrait fut pavée de nouveau, et, en 1368, Jean de Blois, peintre, recevait une somme de 26 livres parisis pour les ouvrages qu'il y avait faits à l'intérieur (1).

Au commencement du xvie siècle, l'année 1504, cette antique masure existait encore; les Jacobins, dont elle avoisinait le couvent, députèrent un docteur en théologie, Jean Le Clerc, à l'Hôtel de Ville, pour obtenir des magistrats municipaux l'autorisation de disposer d'une partie de ce bâtiment, ainsi que d'un passage qui était contigu.

Une pareille demande étonna grandement les magistrats; ils la renvoyèrent à une assemblée prochaine, et plus nombreuse que celle où ils se trouvaient. Le mois suivant, frère Le Clerc se présenta au bureau de la ville, composé cette fois des bourgeois les plus notables. Il commença par exhiber des lettres de Louis XII, qui portaient : « que des « personnes intelligentes en l'art militaire, ayant visité par son ordre « le Parloir aux Bourgeois, et l'allée que vouloient avoir les Jacobins, « lui avoient fait rapport qu'il les leur pouvoit donner sans causer de « préjudice à la ville; qu'il entendoit que le prévôt et les échevins les « abandonnassent à ces religieux (2). »

Malgré la teneur et l'autorité de ces lettres, la majorité de l'assemblée

---

(1) Sauval, *Antiquités de la ville de Paris*, tome II, page 481.

(2) *Idem*, tome II, page 481. — Registre de l'Hôtel de Ville, Ms. t. I, fol. 134 v°. (Voir Appendice I, Pièces justificatives relatives aux bâtiments, n° 6.)

fut contraire à la proposition qu'elles contenaient; dans une autre séance qui eut lieu le 5 avril, cette assemblée déclara « que le Parloir aux « Bourgeois est l'héritage, et l'un des propres de la ville; que c'est une « maison seigneuriale, d'où relèvent toutes les personnes et les logis qui « en dépendent; que si deux cents religieux qui composent d'ordinaire « le couvent des Jacobins devenoient propriétaires d'une tour qui fait « partie de ce logis, ils pourroient apporter grand préjudice à la ville (1). »

La communauté des Jacobins ne se regarda pas comme battue par ce premier échec; elle empiéta peu à peu sur le terrain de cette antique demeure. La ville négligea de l'entretenir et de faire valoir ses droits, si bien qu'au commencement du XVII° siècle le réfectoire et le dortoir des Jacobins se trouvaient établis dans l'ancienne Maison de la Marchandise. L'ardeur avec laquelle les conseillers municipaux refusèrent, en 1504, de céder la propriété de cette masure, est une preuve qu'ils la considéraient comme le berceau de l'administration communale. Cet ancien Parloir aux Bourgeois se trouvait situé au milieu du quartier qu'habitaient, dans les premiers temps de notre histoire, les négociants et les juifs. Grégoire de Tours, dans plusieurs passages de son Histoire, ne laisse aucun doute à cet égard. En parlant de ce fameux comte de Tours, Leudaste, qui était venu à Paris pour apaiser la colère de Chilpéric, il ajoute qu'en sortant de la basilique de Saint-Vincent (aujourd'hui Saint-Germain-des-Prés), Leudaste « parcourait les maisons des négociants, se faisait « montrer leurs marchandises, pesait de l'argenterie, examinait divers « objets précieux, en disant : J'achèterai ceci et cela, parce qu'il me « reste beaucoup d'or et d'argent (2). » Liv. VIII, chap. 33, à propos d'un incendie qui arriva dans la capitale, le même historien dit encore, en parlant du magasin où le feu commença, par la négligence d'un habitant : « Cette maison était la première contre la porte méridionale de la ville (3), » et la suite de son récit prouve qu'elle était située non loin de l'ancien

(1) *Idem*, Registre, fol. 137 r°.
(2) GRÉGOIRE DE TOURS, *Histoire ecclésiastique des Francs, etc.*, traduite par MM. Guadet et Taranne. Paris, J. Renouard, 1837, in-8°, t. II, p. 467.
(3) Voici le passage entier de Grégoire de Tours : « La troisième nuit qui suivit les discours de cette femme, au moment où commençait le crépuscule, l'un des citoyens de la ville, ayant allumé un flambeau, entra dans un magasin, y prit de l'huile et d'autres objets dont il avait besoin, puis sortit, laissant sa lu-

HISTOIRE DE L'HOTEL DE VILLE DE PARIS.

Parloir aux Bourgeois. Jusqu'au ɪxᵉ siècle, époque où cet ancien quartier de la ville fut détruit par les Normands, il resta le centre du commerce de la capitale; on ne doit donc pas être surpris que la Maison de la Marchandise s'y soit trouvée établie.

C'est environ vers la fin du xɪɪᵉ siècle que les magistrats municipaux durent transporter au côté nord de la ville le siége de leur administration. Après les ravages exercés par les Normands, qui se terminèrent avec le ɪxᵉ siècle, le commerce de la capitale fut concentré dans l'espace compris de nos jours entre la Grève et le Pont-Neuf. Dans cet espace étaient situés les halles, les boucheries, les marchés de poissons d'eau douce et des vins. Là encore se trouvaient le *grand Châtelet* et le *For-l'Évêque*. Ces deux bâtiments, l'un au roi, l'autre à l'évêque, étaient le siége des deux juridictions féodales les plus importantes de Paris, au xɪɪᵉ siècle, et qui se partageaient la propriété de la meilleure partie de cette ville. Les magistrats préposés à la *marchandise de l'eau*, représentants de l'antique municipalité romaine, durent suivre le mouvement de la population, et chercher à s'établir au centre du commerce, sous la protection royale qui avait toujours maintenu leur privilége. Il est probable que, dès le xᵉ siècle, et avant d'abandonner leur ancienne maison située au midi, les magistrats municipaux formèrent un établissement sur la rive gauche de la Seine. Du Breul, qui le fait remonter au règne de Childebert Iᵉʳ (558) (1), en exagère singulièrement l'ancienneté; ce qu'il y a de certain, c'est que, dans la première moitié du xvᵉ siècle, il existait une maison tenant aux murs du grand Châtelet, d'une part, et de l'autre à la petite église Saint-Leufroi, qui portait le nom de *Parloir aux Bourgeois;* c'est ce que prouvent plusieurs actes manuscrits ou imprimés (2), entre autres une opposition de l'année 1466,

---

mière près de la tonne d'huile. Cette maison était la première contre la porte méridionale de la ville. La lumière qu'on y avait laissée y mit le feu; l'incendie la consuma et gagna les autres maisons. Comme il atteignait la prison et menaçait les prisonniers qui s'y trouvaient, saint Germain leur apparut, brisa les pieux et les fers qui les retenaient captifs, ouvrit la porte et leur permit de se sauver..... Ainsi délivrés, ils se réfugièrent dans la basilique de Saint-Vincent (aujourd'hui Saint-Germain-des-Prés). » T. III, p. 218.

(1) *Théâtre des Antiquités de la ville de Paris*, liv. III, p. 1006.

(2) Félibien, *Histoire de Paris*, t. IV, p. 603.

dans laquelle on lit ce qui suit : « Une maison appelée le Parloir aux
« Bourgeois, les lieux ainsi qu'ils se comportent et extendent de toutes
« parts, avec toutes leurs appartenances, assis à Paris, entre l'église Saint-
« Liefroy et le Chastellet, laquelle maison les prévost des marchans et
« eschevins de la ville de Paris dient à eulx appartenir, tenant d'une
« part à ladite église Saint-Lieffroi, et, d'autre part, aux murs dudit
« Chastellet, etc. (1). » D'après le compte des recettes particulières de
l'Hôtel de Ville, daté de l'année 1424, cette maison était louée à Jehan
Lefèvre, garçon boucher, onze livres parisis pour chaque année. Jehan
Lefèvre étant mort, Jacquillot, sa veuve, consentit à faire un nouveau
bail au prix de seize livres parisis, payables « aux quatre termes à Paris
« accoustumez, avecques VIII XII^{ines} (huit douzaines) de chappeaux et
« six bouquets, c'est assavoir demie douzaine de chappeaulx de roses
« vermeilles et six boucqués de mesme, pour ce icy, pour les termes de
« Saint-Jehan, de Saint-Remy, Noël 1423, et Pasques 1424. »

En 1442, Jehan Petit, orfévre, occupait cette maison moyennant une
rente de quatre livres parisis chaque année (2). Un autre orfévre,
Jehan Lefourbeur, passait, en 1443, avec les officiers municipaux,
un bail, en son nom et au nom de son fils et de sa femme, au prix de
cent dix sous parisis de rente; cette location devait durer autant que la
vie des contractants, qui s'engageaient aussi à employer une somme de
trente-deux livres parisis aux réparations nécessaires (3).

En 1537, cette maison était louée à Nicolas Charpentier, marchand
orfévre et bourgeois de Paris, et du temps de Sauval, c'est-à-dire à la fin
du XVIIe siècle, plusieurs habitations établies dans le même endroit, et
dont il cite les enseignes, appartenaient au domaine particulier de
l'Hôtel de Ville de Paris (4).

Il existait encore une autre maison, moitié sur le pont, moitié sur le
quai de la Mégisserie, en avançant un peu vers la Grève, qui appartenait
à la ville, et qui fut longtemps destinée à recevoir les droits perçus par
la marchandise de l'eau. A la fin du XVIe siècle, elle était nommée *Maison*

---

(1) Appendice I, n° 5.
(2) Registre des recettes et dépenses, t. III, p. 147.
(3) *Idem*, p. 258.
(4) Sauval, *Antiquités de Paris*, t. III. p. 627.

de la Marchandise du sel, et louée, sous cette désignation, à un certain Simon Carat (1). De l'année 1599 à 1600, Robert Panier, maître peintre, y demeurait, et payait vingt écus soleil de loyer. Dans le registre des recettes de l'Hôtel de Ville, on lit ce qui suit : « Une maison appelée *la* « *Marchandise*, assise en la Vallée de Misère, contenant quinze toises et « demie de long, ou environ, sur douze pieds de large par-devant, et « vingt et un pieds et demi par derrière, en la rivière de Seine, et, « d'aultre part, au bout des marchez du poisson d'eau douce, pour en « jouir, par le dit Pannier, durant neuf années (2). »

Les mêmes registres, sous l'année 1424, font mention de cette maison de la Marchandise du sel, et donne, sur la position qu'elle occupait, des détails qui ne sont pas sans intérêt : les voici textuellement reproduits : « De la maison du Pont *de la Marchandise du sel,* sur la rivière de Seine, « à Paris, joignant le degré par où l'on descent aux bouticles (*boutiques*) « de dessoubz le Châtelet, que soulloient tenir Jehan Mallet et Simonnet « Mallet son fils, parmi ce qu'ils devoient soutenir ladite maison et pont « de toutes réparations quelconques, excepté de pieux, liens et de « plancher, en tant que touche icelluy pont, avecques les degrez qui « servent à ladite Marchandise, pour le prix et somme de 8 liv. parisis par « chacun, à paier auxdits quatre termes, qui, à la Saint-Jehan dernière-« ment passée, a esté baillée à Jehan Daulphin, poissonier à rente à vie, « pour le prix de 4 liv. parisis, parmi ce qu'il y doit édiffier, à l'entrée

---

(1) Sauval, t. III, p. 627.

(2) Reg. Ms. des rec. et dép. de l'Hôtel de Ville, Arch. du Roy. K, 1068, fol. 113 v°. — Ces deux maisons, voisines l'une de l'autre, et portant à peu près la même désignation, n'ont pas été bien distinguées par les historiens de la ville de Paris. Dans les extraits de comptes publiés par Sauval, elles sont indiquées séparément, t. III, p. 627. De plus, dans un terrier manuscrit de la ville de Paris, qui date de l'année 1517, je trouve l'énumération suivante :

Déclaration des maisons et héritages de la dicte ville.

« *Item*, une maison scize entre l'église Sainct-Leuffroy et le Châtellet, où est pour enseigne le Benoistier, appellée la *Maison du Parlouer aux Bourgeois....*

« *Item*, la maison scize en la *Vallée de Misère*, appellée la *Maison de la Marchandise....*

« *Item*, le Parlouer aux Bourgeois scis entre les portes Sainct-Jacques et Sainct-Michel....

« *Item*, est aussi des appartenances et dépendances de la dicte ville, l'hostel et maison commune d'icelle, ainsi qu'elle se consiste, ensement toute la place de Grève. » (Ms. de la Bibl. de l'Hôtel de Ville de Paris, n° 150, in-fol, t. II, p. 640.)

« d'icelle, une maison de haut édiffice, en acroissant ledit édiffice. » En 1442, la veuve du même Jehan Dauphin tenait cette maison au même prix que son mari défunt.

Dans la première moitié du xii° siècle, la place de Grève, qui depuis longtemps déjà servait de marché, fut concédée par Louis VII, roi de France, aux bourgeois de ce quartier, moyennant une somme de soixante et dix livres (1). Peu à peu, cette place fut considérée comme la propriété particulière du pouvoir municipal, surtout depuis l'année 1357, époque où le fameux prévôt des marchands, Étienne Marcel, fit l'acquisition de la *Maison aux Piliers*. Cette maison était la première que l'on ait bâtie sur la place de Grève; elle avait appartenu à Philippe Cluin, chanoine de Notre-Dame, qui la vendit en 1212, à Philippe Auguste (2). On l'appelait Maison aux Piliers (*Domus ad Piloria*) « parce qu'elle étoit, « dit Sauval, portée sur une suite de gros piliers tels que ceux qui se « voyent encore à la Grève, le long de l'hôpital du Saint-Esprit et du « bureau des Pauvres (3). »

Avant l'année 1309, la Maison aux Piliers n'était plus la seule qui occupât le fond de l'antique place de Grève. Au mois de juillet de cette année, Philippe le Bel donnait à son très-cher frère et fidèle Louis, comte d'Évreux, une maison sise à Paris, sur la Grève, ayant appartenu jadis à Jehan le Flamant, fils de Renier le Flamant, et qu'il avait confisquée pour cause de délit commis par ledit Jehan (4).

Quant à la Maison aux Piliers, elle resta dans le domaine royal, et servit de demeure à Clémence de Hongrie, seconde femme et veuve de Louis le Hutin. En 1324, Philippe de Valois la donna à Guigues, Dauphin du Viennois, et, après la mort de ce dernier, le même roi renouvela ce don en faveur de Humbert II, le dernier des souverains du Dauphiné.

---

(1) LE ROY, *Dissertation sur l'origine de l'Hostel de Ville*; Preuves, p. xcv.

(2) JAILLOT, *Recherches sur Paris*, t. III, Grève, p. 21.

(3) *Antiquités de la ville de Paris*, t. II, p. 482. — Les dernières traces de ces maisons, soutenues par des piliers qui garnissaient tout le fond de la place de Grève, ont disparu seulement de nos jours, lors des derniers travaux exécutés à l'Hôtel de Ville. L'on peut avoir une idée de la position qu'elles occupaient en consultant la vue de la Maison aux Piliers, d'après un manuscrit du xvi° siècle, et celle de l'Hôtel de Ville en 1770.

(4) Arch. du Roy. Trésor des Chartes, J. reg. 41, n° 102. — Appendice I, n° 1.

L'acte est daté du bois de Vincennes, du mois d'août 1335, et assure à perpétuité la possession de cette maison au prince Humbert, à ses héritiers et successeurs, *Dauphins du Viennois* (1). Ce fut donc en cette qualité que Charles, fils aîné du roi Jean, Dauphin, eut la propriété de cette maison, et la donna en 1356 à Jean d'Auxerre, receveur des gabelles de la prévôté de Paris, et l'un de ses amis particuliers (2). Jean d'Auxerre, l'année suivante, vendit cette maison aux prévôt des marchands et échevins, la somme de deux mille huit cent quatre-vingt livres. Dans l'acte qui fut passé à Paris au mois de juillet 1357, ledit Jehan et Marie sa femme vendent « à honorables hommes et sages sire Estienne Marcel,
« prévost des marchands de la ville de Paris, et aux eschevins de ladicte
« ville, une maison ou hostel dit et apellé *Hostel au Dauphin*, à deux
« pignons par-devant, si comme ycelle maison ou hostel se comporte et
« estend de toutes parts, haut et bas, devant et derrière, en long, en large
« et en parfond, etc., assis à Paris, en Grève, tenant d'une part à la
« maison d'honorable homme et sage sire Dimenche de Chateillon, et,
« d'autre part, à la maison de Giles Marcel, aboutant par derrière à la
« ruelle du Martray de Saint-Jehan en Grève, et par devant à la place de
« Grève, en la censive du roy nostre sire, chargié l'hostel de devant où
« sont les piliers, en vingt-deux deniers parisis pour fond de terre, et la
« partie dudit hostel, par derrière, en dix deniers parisis pour fond de
« terre, tout payé par an audit nostre sire le roy, et avec ce chargié toute
« ladite maison ou hostel, en vingt-quatre livres quatorze sols huit
« deniers parisis de crois, de cens et de rente deus et payez par an aux
« censives qui s'ensuivent : c'est à sçavoir aux religieuses de Longchamp,
« cent et onze sols parisis et huit deniers; aux religieux de Saint-Victor-
« lez-Paris, sept livres trois sols parisis, et à messieurs Guillaume de la
« Staire, chapelain de la chapelle Madame Sainte-Anne, fondée en l'église
« Nostre-Dame de Paris, douze livres parisis, sans nulle autre charge,
« servitude ou redevance (3). »

(1) Arch. du Roy. Trésor des Chartes, J. reg. 69, pièce 131. — Appendice I, n° 3.
(2) Voyez l'acte de donation du dauphin Charles, Appendice I, n° 3.
(3) FÉLIBIEN, *Histoire de Paris*, tome III, p. 274.

L'on voit par l'extrait qui précède que la maison du chanoine Cluin avait été peu à peu environnée d'autres habitations dans le même genre, supportées par des piliers et formant une sorte de galerie couverte dans toute l'étendue de la place de Grève. L'hôtel des anciens Dauphins du Viennois, transformé en Parloir aux Bourgeois, ne manquait pas d'une certaine importance, d'autant mieux que, dès l'année 1359, le prévôt des marchands, Culdoe., avait fait l'acquisition de la maison de Dimanche de Chatillon qui formait le coin de la Grève, du côté de l'église Saint-Jean (1).

Sauval, qui avait trouvé dans ses Recherches des indications nombreuses sur la Maison aux Piliers, s'exprime ainsi : « Pour ce qui est du « bâtiment, c'étoit un petit logis qui consistoit en deux pignons et qui « tenoit à plusieurs maisons bourgeoises.... Je ne m'amuserai point à « faire un long récit de tous ses appartements; il suffira de savoir qu'il « y avoit deux cours, un poulailler, des cuisines hautes et basses, « grandes, petites, des étuves ou bains, une chambre de parade, une « autre appelée le *Plaidoyer,* une chapelle lambrissée, une salle « couverte d'ardoises, longue de cinq toises et large de trois, avec « plusieurs autres commodités. En 1430, il y avoit encore un grand « grenier pour l'artillerie. Mahiet ou Mathieu Biterne peignit la « chambre qui tenoit au bureau et l'embellit, à la façon du temps, de « fleurs de lys et de rosiers entremeslés et rehaussés des armes de « France et de la ville (2). »

Il est regrettable que Sauval ait craint de multiplier les citations des comptes originaux. Ces comptes étaient remplis de détails qui ont le plus grand intérêt de nos jours (3). Je vais tâcher de combler cette

---

(1) Au fol. 72 v°, du Livre des sentences du Parloir aux Bourgeois, on trouve : « La maison du coing devers Saint-Jehan, qui fu Dymenche de Chasteillon, qui a esté prise pour adjoindre à l'Ostel de la Ville. par Jehan Cudoe, prévost des marcheans, doit de cens, c'est assavoir au curé de Saint-Jehan en Grève, par an XL s. à paier aus IIII termes. *Item,* aux dames de Montmartre, XXX s. aus IIII termes. Escript le XVIII° jour de décembre, l'an LIX. »

(2) Sauval, *Antiquités de Paris,* tome II. p. 483.

(3) Dulaure (t. III, p. 397 de la 3ᵉ édit. de son *Histoire de Paris*) dit, en parlant de la Maison aux Piliers que, « bien qu'elle ait appartenu à des souverains, elle était fort simple, et ne différait des maisons bourgeoises qui l'avoisinaient que par *deux tourelles.* » Dulaure ne cite pas l'ouvrage où il a pris ce renseignement; il a été, je le crois, induit en

lacune en reproduisant quelques indications que j'ai recueillies dans les registres des recettes et dépenses de l'ancien Hôtel de Ville :

En 1425, Évrard de Troyes, nattier, demeurant à Paris, recevait une somme de trente-deux sous parisis, pour avoir natté la grande chambre de l'Hôtel de Ville, où les officiers municipaux tenaient leur séance, aussi bien que l'auditoire d'en bas, que Mahiet Biterne devait décorer quelques années plus tard. Dans la même année, Colette la Moinesse touchait aussi trente-deux sous parisis, pour avoir, suivant l'usage adopté généralement à cette époque, jonché d'herbe verte les salles de la Maison aux Piliers, depuis le mois de mai 1424 jusqu'en septembre de l'année suivante.

Pendant le cours de cette même année 1424, l'on payait xvi s. parisis pour l'achat d'un *Dieu-de-Pitié* (c'est-à-dire un crucifix), et un *Saint-Grégoire*, pour les placer au-dessus du bureau des officiers municipaux (1). La cire à cacheter, le papier, le parchemin nécessaire aux prévôts et échevins s'élevaient à la somme de cinquante-huit sous (2).

De même, en 1440, Évrart de Trye, nattier, demeurant à Paris, recevait huit sous parisis, pour avoir natté, au mois d'octobre, les deux chambres de l'Hôtel de Ville où se tiennent messeigneurs les prévôts des marchands et les échevins (3).

Pendant le cours de l'année 1442, avec les nattes ordinaires posées au mois d'octobre et enlevées au mois de mai, sont portées comme menues dépenses, des mouchettes et une paire de ciseaux, pour servir au bureau de messeigneurs (4).

En 1443, je trouve un détail plus singulier et qui mérite d'être reproduit entièrement :

« Pour une chesne de fer de quatre pieds et demy de long, et un
« gresiller qui doit estre achettés par ledit receveur, par le commande-

---

erreur ; dans la représentation que nous reproduisons de la Maison aux Piliers, d'après un livre d'Heures de Jean Juvénal des Ursins, l'on n'aperçoit aucune trace de ces tourelles dont Sauval n'aurait pas manqué de parler.

(1) Recettes et dépenses, t. II, fol. 105.
(2) *Idem.*
(3) *Idem*, fol. 125.
(4) *Idem*, fol. 235.

« ment de maître Jehan Longue Joe, lieutenant de mesdits seigneurs
« prévôts et eschevins, en la juridiction de la prévôsté des marchands,
« pour mettre, attacher et pendre en l'auditoire dudit hostel les pintes,
« chopines et demy septiers qui sont trouvés confisqués (1). »

En 1445, le compte des dépenses porte une somme de six francs quatre sous onze deniers parisis, pour la confection de tablettes en bois couvertes de corne noire, avec agrafes en argent, pour « servir à
« iceux messeigneurs et receveur, pour mettre par mémoire plusieurs
« choses qui surviennent touchant les affaires de ladicte ville (2). »

L'année suivante, Jehan Colot, huchier à Paris, recevait une somme de soixante-six francs parisis, pour la fourniture de quatre coffres et bancs, « estans en la chambre de l'Ostel de ladicte ville où se tient le
« conseil d'icelle, pour yceulx coffres servir à mettre les comptes, lettres
« et autres choses appartenant à icelle ville (3). »

En 1446, c'était « un petit mirouer rond, un caneau de cuir plain
« de plumes, pour servir à l'auditoire de l'Hôtel de Ville. » Cette même année la caisse municipale fut dévalisée par des malfaiteurs, et l'on dut la réparer. Oudin Harelle, serrurier, recevait au mois de juillet « x sous
« parisis, pour une forte serrure par lui faictes et livrées, garnies de
« sercles ferrés, pour fermer à l'huis du comptoir où se tient Martin de
« la Planche, en l'Hôtel de la Ville, pour ce que celle qui y estoit avoit
« esté crochetée par malfaicteurs (4). »

Dès l'année 1505, il y avait à l'Hôtel de Ville, probablement dans la grande chambre peinte autrefois par Mahieu Biterne, et que l'on garnissait de nattes pendant l'hiver de chaque année, une horloge à poids et à sonnerie. Dans le Registre de l'Hôtel de Ville, coté n° 1, folio 145, j'ai trouvé au sujet de cette horloge l'indication suivante :

« Martin Benoist, orlogeur, demeurant à Paris, confesse avoir eu et
« receu de maistre Pierre Hesselin, receveur de la ville de Paris, huit
« sols parisis, sur et tant moins de ce qu'il lui sera deu à cause de vi f.
« tz., à quoy il a fait marché aux prévost des marchands et eschevins
« de la ville de Paris, de conduire l'horloge qui est en l'Ostel d'icelle ville,

---
(1) Recettes et dép. t. IV, fol. 100.
(2) Idem, t. V, fol. 310 v°.
(3) Idem, t. VI.
(4) Idem, t. VII, fol. 240.

« relevé les contrepoix chacun jour, et la fere tourner et sonner ordi-
« nairement, pour ung an commencer de jourd'huy, si comme il promect
« et oblige.

« Fait le lundi quinziesme jour de septembre, l'an mil cinq cens cinq.
Ainsi signé : BERTHELEMY et PITEAU, notaires (1). »

Pendant le cours de l'année 1470, des réparations considérables paraissent avoir été faites à l'ancienne Maison aux Piliers, c'est ce qui résulte des comptes originaux (2).

De même, en 1499, une galerie neuve avait été construite dans la cour de l'Hôtel de Ville; les tuyaux des retraits avaient été réparés, ainsi que la charpente du bâtiment (3).

A partir de 1470, les comptes de ces dernières années renferment un certain nombre d'articles relatifs aux travaux partiels exécutés dans la vieille Maison aux Piliers; l'on s'aperçoit qu'elle menaçait ruine, et que, de plus, elle était devenue tout à fait insuffisante.

(1) Registre de l'Hôtel de Ville, R. 1, fol. 145 v°.
(2) Recettes et dépenses de l'année 1499.
(3) *Idem.*

CHAPITRE II.

BATIMENTS ANCIENS DE L'HÔTEL DE VILLE DEPUIS L'ANNÉE 1529 JUSQU'A LA FIN DU XVIII° SIÈCLE.

C'est dans le procès-verbal d'une séance tenue à l'Hôtel de Ville, le 13 décembre de l'année 1529, que j'ai trouvé la première mention du monument qui existe aujourd'hui. Les officiers municipaux remontrèrent au gouverneur de Paris, qui était présent à cette séance, que plusieurs habitations avoisinant l'ancienne Maison aux Piliers seraient « grandement nécessaires » pour ériger leur nouvelle construction; qu'on ne pouvait s'entendre avec les propriétaires de ces maisons, parce qu'il y avait plus de « cinquante particuliers y prétendans ; » qu'en conséquence, M. le gouverneur était prié d'obtenir du roi des lettres patentes pour avoir « par justice lesdictes maisons, en les payant à leur « juste valeur. » Le bureau décida, au mois de mars suivant, sans doute après que les lettres du roi eurent été délivrées, que l'on offrirait aux propriétaires « maison pour maison, ou argent, selon la prisée qui en « seroit faite (1). »

François Ier dut accueillir avec d'autant plus d'empressement le projet d'érection d'un Hôtel de Ville nouveau qu'il favorisa de tout son pouvoir les embellissements de sa ville capitale. Plusieurs actes encore inédits de l'administration de ce prince le prouvent suffisamment. Je citerai à ce sujet le début de deux lettres patentes relatives à la démolition des anciennes portes, nécessaire à l'élargissement de la rue Saint-Martin; elles sont datées du 6 août 1534 : « Nos très-chers et bien-amez les prévost des « marchands, bourgeois et habitants de ceste nostre bonne ville et cité « de Paris, nous ont fait dire et remonstrer que pour l'embellissement « et décoration de nostre dicte ville qui est aujourd'hui la plus fameuse, « populeuse et louable ville et cité, non-seulement de nostre royaume,

---

(1) Reg. Ms. de l'Hôtel de Ville de Paris. — Arch. du Roy. H, 1779. — Appendice I, n° 7.

« mais de toute la chrestienté, et où affluent et viennent ordinairement
« gens et estrangers de toutes nations, les uns pour y demeurer et résider,
« les autres pour y traffiquer et marchander ; nous avons, tant pour ceste
« raison que aussi pour l'entencion, voulloir qu'avons de faire la plus-
« part de nostre vye nostre demeure et résidence en nostre dicte ville de
« Paris, ordonné, voulu et déclairé de nostre propre mouvement, plaine
« puissance et auctorité royale, par nos lettres patentes en forme de
« chartes, que toutes les faulses portes estans en aucunes rues de nostre
« ville de Paris, seroient promptement desmolies, abatues, et mises à
« l'alignement (1). »

Voici une autre indication du même genre, mais qui s'applique particulièrement à l'Hôtel de Ville de Paris. Au mois d'août de l'année 1534 François Ier autorisa les conseillers municipaux à se servir, pour la continuation du monument, des octrois, dons, aides destinés aux fortifications ; les lettres patentes du roi commençaient ainsi : « Receue
« avons l'humble supplication de noz très-chers et bien-amez les prévost
« des marchands, eschevins et habitans de ceste nostre bonne ville et cité
« de Paris, contenant que pour la construction et ediffice de leur Hostel
« de Ville, que leur avons ordonné faire faire en ceste dicte ville qui sera
« somptueux et des plus beaux que l'on saiche, nous, etc. (2). »

Les magistrats municipaux trouvèrent donc, comme on le voit, appui, secours et protection de la part de l'autorité royale ; mais des difficultés d'un autre genre les obligèrent à suspendre pendant quelques années l'érection du bâtiment nouveau. A partir du XIe siècle environ jusqu'au XVIe, la ville de Paris et les habitations nombreuses qui la composaient avaient été soumises au régime du gouvernement féodal. Chaque quartier, chaque rue, chaque maison, même les plus chétives, faisaient partie d'un fief plus ou moins considérable, relevait d'un seigneur plus ou moins puissant. Par un acte de son autorité toute royale, François Ier avait bien pu forcer à la vente les propriétaires des terrains environnant

---

(1) Arch. du Roy. K, 984.—Appendice III. Pièces justificatives générales, année 1534. Voyez encore, pour le soin avec lequel François Ier s'occupait des travaux de Paris, les

Pièces justificatives générales sous les années 1527, 1530.

(2) Arch. du Roy. K, 984.—Appendice J. n° 9.

la « Maison aux Piliers; » mais il fallait que le parlement déterminât la valeur des rentes que l'administration municipale serait tenue de servir à différents particuliers qui possédaient sur les maisons à détruire des droits féodaux, et par conséquent imprescriptibles, suivant la législation en vigueur à cette époque. Sur les onze habitations que la ville de Paris fut obligée d'acquérir en 1530, elle se vit contrainte, par des arrêts du parlement rendus en 1533, 1538 et 1573, de payer diverses rentes à des établissements religieux ou civils, entre autres trente-cinq livres tournois à la Sainte-Chapelle du Palais, et un écu quarante sols tournois à l'hospice royal des Quinze-Vingts Aveugles de Paris (1).

Ce ne fut pas tout : les propriétaires et administrateurs d'un petit hospice établi sous l'invocation du Saint-Esprit, sur le même plan que l'ancienne Maison aux Piliers, au fond de la place de Grève, prétendirent que l'érection du nouvel Hôtel de Ville devait leur porter préjudice, endommager leur chapelle, et les priver du profit qu'ils retiraient d'une maison en saillie, louée par eux à des particuliers; le 23 avril 1533, les magistrats municipaux obtinrent de François Ier des lettres patentes qui les autorisaient à l'achat de cette maison, moyennant un prix raisonnable déterminé par des experts (2). Un arrêt du parlement, rendu le 26 juillet de la même année, entérinait ces lettres patentes, mais avec des conditions favorables à l'hôpital du Saint-Esprit. Les prévôt des marchands et échevins pouvaient acquérir la maison avoisinant l'hôpital et la démolir, mais à condition qu'ils feraient construire un arc de 27 à 28 pieds de hauteur sur 28 de largeur, qui serait appliqué à l'accroissement de la chapelle « du dict
« Saint-Esprit, avec un portail en pierres de taille, en forme d'angle,
« pour l'entrée de ladicte chapelle, auquel portail sera mis la représenta-
« tion de la Trinité enlevée en taille, en forme et manière que un chascun
« puisse cognoistre ledict lieu estre sacré et dédié au Sainct-Esprit (3). »

---

(1) Arch. du Roy. Recettes et dépenses de l'Hôtel de Ville de Paris. K, 842-69, fol. 18 à 22 — App. I, n° 32.

(2) Arch. du Royaume, K, 984. — Appendice I, n° 8. — Dans le début de ces lettres, François Ier témoigne encore de toute sa sollicitude pour l'érection du nouvel Hôtel de Ville.

(3) Extrait des registres du Parlement. — FÉLIBIEN, *Histoire de Paris*, t. IV, p. 680.

Ces difficultés préliminaires une fois toutes résolues, l'on procéda enfin à l'érection du monument dont la première pierre fut posée avec une grande solennité. Le 15 juillet 1533, cette cérémonie eut lieu en présence de tous les officiers municipaux et d'un immense concours de peuple, dont les acclamations se mêlaient aux détonations de l'artillerie. « Pendant que l'on faisoit l'assiette de cette pierre, » dit le vieux du Breul, « sonnoient les fiffres, tabourins, trompettes et clerons;
« artillerie, cinquante hacquebutes à crocq de la ville, avec les hacque-
« butiers d'icelle ville qui sont en grand nombre. Et aussi sonnoient à
« carrillon les cloches de Saint-Jean en Grève, du Saint-Esprit et de
« Saint-Jacques de la Boucherie. Aussi au milieu de la Grève, il y avoit
« vin défoncé, tables dressées, pain, et vin pour donner à boire à
« tous venans, en criant par le menu peuple à haute voix : Vive le roy
« et messieurs de la ville (1). »

Maître Pierre Viole, sieur d'Athis, conseiller au parlement, prévôt des marchands, Gervais Larcher, Jacques Boursier, Claude Daniel, Jean Barthélemy, échevins, ayant chacun à la main une truelle d'argent, mirent sur la pierre du sable et de la chaux, laissant à découvert une lame de cuivre sur laquelle étaient gravés au milieu les armes du roi, et aux deux côtés celles de la ville, avec cette inscription :

FACTA FUERUNT HÆC FUNDAMENTA ANNO DOMINI M. D. XXXIII. DIE XV MENSIS JULII, SUB FRANCISCO PRIMO FRANCORUM REGE CHRISTIANISSIMO, ET PETRO VIOLE EJUSDEM REGIS CONSILIARIO, AC MERCATORUM HUJUSCE CIVITATIS PARRHISIÆ PRÆFECTO, ÆDILIBUS, CONSULIBUS AC SCABINIS GERVASO LARCHER, JACOBO BOURSIER, CLAUDIO DANIEL, ET JOAN. BARTHOLOMEO (2).

(Ces fondations ont été jetées l'an du Seigneur, 1533, le 15me jour du mois de juillet, sous François Ier, roi de France, très-chrétien, et sous Pierre Viole, conseiller dudit roy, et prévôt des marchands de cette ville de Paris; étant échevin, conseiller et quartenier : Gervais Larcher, Jacques Boursier, Claude Daniel, et Jean Barthélemy).

Dans une séance du conseil, tenue le 29 août 1532, les magistrats

(1) *Le Théâtre des Antiquités de Paris*, etc. p. 1015.

(2) *Le Théâtre des Antiquités de Paris*, etc. p. 1015.

municipaux ayant pris l'avis de plusieurs experts « en matière de « bâtimens, » se consultèrent pour savoir si la main-d'œuvre devait être payée à la toise ou à la journée. L'on décida que celle des murs et gros ouvrages serait adjugée à la toise, que la ville fournirait les matériaux ; quant aux détails, ils seraient payés à la journée.

Cent ouvriers environ, en y comprenant les architectes, les maîtres de charpente et de maçonnerie furent employés au nouveau bâtiment. Dominico Boccador, dit de *Cortone,* qui en avait fait le dessin, fut chargé de la direction des travaux, et reçut deux cent cinquante livres de gages. Il était assisté de Jehan Asselin, maître des œuvres de la ville, commis à la surintendance de la charpente, et qui recevait soixante-quinze livres par an; de Pierre Sambiches, maçon conducteur des travaux, au prix de vingt-cinq sous par jour. Les registres désignent encore Jacques Arasse, et Louis Caqueton, comme étant chargés de la direction du monument avec Dominique de Cortone, mais sans faire connaître leur condition (1).

Au mois de juin de l'année 1534, les travaux paraissent avoir été assez avancés pour qu'il fût possible de songer aux sculptures qui devaient orner le bâtiment. Maître Thomas Chocqueur, tailleur d'images, et Charles.... painctre, passèrent donc un marché avec les prévôt et eschevins à raison de quatre livres tournois par pièce, pour la sculpture, et autant pour la peinture qui devait y être faite (2).

Ce même jour, le prévôt des marchands remontrait à maître Pierre Sambiches, à Jacques Arasse, à Jehan Asselin, à Loys Caqueton, à Dominique de Cortone, qu'il était nécessaire de hâter les travaux; qu'une surveillance plus active devait être exercée sur les ouvriers; que tous les cinq ensemble ne devaient pas s'en aller dîner, mais que chacun à leur tour ils devaient rester pour avoir l'œil sur les ouvriers (3).

Au mois d'avril de l'année 1535, des discussions qui s'élevèrent entre ces cinq maîtres des œuvres, semblent avoir ralenti les travaux. Quatre

---

(1) Sauval, *Antiquités de Paris*, t. II, p. 483.—Reg. orig. de l'Hôtel de Ville.—Arch du Roy. H, 1779, fol. 138 r°. — Appendice I, n° 7.

(2) Reg. de l'Hôtel de Ville.—*Idem,* fol. 138. — App. I, n° 7.

(3) Reg. de l'Hôtel de Ville.—*Idem,* fol. 138. — App. I, n° 7.

conseillers de ville, MM. Luillier, Viole, de Marle et Larcher furent adjoints au prévôt des marchands et aux échevins pour terminer ce différend (1).

Ces difficultés n'étaient pas entièrement levées à la Notre-Dame de septembre de l'année suivante, et le prévôt des marchands avec les échevins s'étant rendus à Saint-Germain-en-Laye pour complimenter le roi à son retour de la guerre, François Ier leur commanda de hâter la construction de l'Hôtel de Ville, « actendu, dit-il, que sommes en « temps de paix (2). »

Les événements politiques qui survinrent l'année suivante, l'invasion par les troupes impériales d'une partie de l'Artois, ralentirent quelque peu les travaux. Au 17 avril de l'année 1537, le roi, qui se trouvait alors à Hesdin, écrivait « à ses très-chers et bien-amez les prévôt des « marchands et eschevins de suspendre les travaux commencés, tant « à l'Hôtel de Ville que dans plusieurs autres parties de la capi- « tale (3). »

D'après les détails que j'ai pu recueillir, soit dans les marchés qui furent passés à cette époque, soit dans les registres de l'Hôtel de Ville, la première construction du monument fut exécutée dans l'intervalle des années 1530 à 1541. A cette époque l'Hôtel de Ville était composé de trois corps de bâtiments dont un sur la place, un second parallèle au précédent, sur la ruelle Saint-Jean, et un troisième suivant la direction de la Seine, sur la rue du Martroy. Au centre de ces bâtiments se trouvait la cour qui existe aujourd'hui et dont le côté gauche, en venant de la place, était fermé par la chapelle de l'hospice du Saint-Esprit, et un mur qui la séparait de cet hospice. Le sol de la cour était élevé d'environ 4 mètres au-dessus de celui de la place et des rues adjacentes.

La grande façade sur la place de Grève n'était composée alors que d'un rez-de-chaussée au niveau de la place, et d'un étage supérieur, au niveau de la cour, auxquels venait se joindre à droite un pavillon

---

(1) Reg. de l'Hôtel de Ville. — Arch. du Roy. H, 1779, fol. 150 v°. — App. I, n° 7.
(2) *Idem*, fol. 309.
(3) Arch. du Roy. K, 984. — App. I, n° 11.

HOTEL DE VILLE DE PARIS EN MDLXXXIII

d'angle à deux étages, qui s'élevaient au-dessus de l'arcade Saint-Jean. Le premier étage de ce pavillon était décoré de niches appuyées sur des consoles, et le second de pilastres d'ordre composite. Le toit, de forme très-élevée, était ouvert au centre par une lucarne en pierre, posée sur la corniche du couronnement.

Cette façade était percée par trois portes et éclairée par six fenêtres à plates-bandes, avec frontons et meneaux, encadrées dans des colonnes dépourvues d'ornements. La porte du centre conduisait à la cour par un escalier droit, les deux autres conduisaient à la chapelle du Saint-Esprit et à la rue du Martroy. Au-dessus de la porte principale on lisait, en lettres d'or, l'inscription suivante :

SENATUI, POPULO EQUITI — BUS QUE PARISIEN. PIE DE — SE MERITIS FRANCISCUS — PRIMUS FRANCORUM REX PO — TENTISSIMUS HAS ÆDES A — FUNDAMENTIS EXTRUENDAS — MANDAVIT AC CURAVIT CO — GENDIS QUE PUBLICE CONSILIIS ET ADMINISTRANDÆ — REIPUBLICÆ DICAVIT AN — NO A SALUTE CONDITA M.D. — XXXIII. IDIBUS JULII. — INCISUM M.D.XXXIII. — IDIBUS SEPTEMB. PETRO VIOLA PRÆFECTO — DECURIONUM, CLAUDIO DANI — ELE, JOANNE BARTHOLOMEO. — MARTINO BRAGELONIO JOAN — NE CURTINO DECURIONIBUS. — DOMINICO CORTONENSI ARCHITECTANTE (1).

(Le corps de ville, le peuple et les nobles de la ville de Paris, ayant bien mérité de lui, François Ier, roi de France très-puissant, leur a commandé et confié la construction de cet édifice destiné aux assemblées et au gouvernement des affaires publiques, l'an de grâce 1533, le 15 juillet. Gravé en 1533, le 13 septembre. Pierre Viole, prévôt des Marchands, Claude Daniel, Jean Barthélemi, Martin de Bragelongne, Jean Courtin, échevin; Dominique de Courtonne, architecte).

Dans un dessin à la plume, malheureusement assez imparfait, qu'un certain Jacques Cellier exécuta de cette façade, dans l'intervalle des années 1583 à 1587 (2), on remarque trois frontons de forme élevée, qui semblent servir de couronnement à la partie gauche de cette façade,

---

(1) CORROZET, *Antiquitez, Chroniques et Singularitez de Paris*, 1561, in-8°, p. 157.

(2) Ce dessin fait partie d'un recueil de toutes sortes de représentations exécutées à la plume, dont j'ai donné une description détaillée dans la notice des manuscrits qui ont servi à mon travail, Appendice n° 5. D'après ce dessin, M. Calliat a gravé la petite vue de l'Hôtel de Ville en 1583, placée au commencement de ces recherches.

du côté du Saint-Esprit. Le premier, qui est le plus grand, surmonte la porte du Saint-Esprit; il est ouvert par cinq croisées circulaires; le second, un peu moins élevé, est traversé par une rosace et deux petites fenêtres, et surmonté d'une grosse fleur de lis; le troisième, enfin, se trouve immédiatement au-dessus de la porte d'entrée. Le manque de perspective du dessin de Jacques Cellier empêche de déterminer d'une manière précise la position de ces trois frontons; on doit supposer cependant qu'ils appartenaient aux constructions placées en arrière de la façade dépendant de l'hospice du Saint-Esprit, ou de l'ancien Hôtel de Ville. Le dessin de Cellier indique aussi une horloge appuyée au pavillon de la porte Saint-Jean, et maintenue à gauche par une console semblable à celles qui décorent le pavillon à ce premier étage. Toutes les parties de cette façade, telles qu'on les voyait à la fin du XVIe siècle, existent encore aujourd'hui et peuvent être distinguées des parties qui ont été superposées. Un œil exercé remarquera facilement combien l'ornementation primitive l'emporte par la finesse et la délicatesse des détails, et l'on ne peut trop regretter que Boccador n'ait pas terminé l'œuvre qu'il avait si bien commencée.

Le bâtiment parallèle à cette façade, et qui donnait sur la ruelle Saint-Jean, était composé de trois étages en dehors, et de deux sur la cour, à cause de la différence des sols dont j'ai parlé plus haut. Ce bâtiment n'offrait rien de remarquable à l'extérieur; il était éclairé par des croisées à plates-bandes avec meneaux, mais ne recevait que peu de jour, vu la proximité de l'église et de la chapelle de Saint-Jean. La façade sur la cour est celle qui existe encore aujourd'hui; l'on distingue aisément à l'angle gauche, au fond, la partie en retour où cette façade fut suspendue en 1540. Les sculptures exécutées à une époque postérieure sont grossières et informes. D'après des marchés de charpente et de couverture que j'ai trouvés aux Archives du royaume l'on verra que ce bâtiment fut construit de 1538 à 1541.

Le bâtiment sur la rue du Martroy, parallèle au cours de la Seine, était dans les mêmes conditions, soit à l'extérieur, soit à l'intérieur, que celui dont je viens de parler. Il fut construit dans l'intervalle des années 1539 à 1542, c'est-à-dire une année après celui de la ruelle

Saint-Jean. Dans ce corps de bâtiment était placé un escalier qui fut, jusqu'à nos jours, le plus important de l'Hôtel de Ville, et qui est encore très-remarquable aujourd'hui. Cet escalier se présente à la droite du portique d'entrée de la Cour d'honneur, et conduit en deux révolutions droites, retournant sur elles-mêmes, au premier étage, et par deux autres révolutions analogues, au second étage. Les voûtes en pierre des parties rampantes, de forme surbaissée, les plafonds des paliers intermédiaires, rappellent dans leur ensemble l'époque des portiques environnant la cour. C'est bien la même finesse de sculpture sur des caissons de formes variées; mais cet esprit d'architecture change complétement dans la décoration du palier du premier étage, dont la voûte est soutenue par des arcs d'une forme plus lourde. Ces arcs appartiennent évidemment à une époque antérieure aux autres parties de l'escalier.

Cette ornementation ne semble pas faite pour être vue de si près et la valeur des moulures exigerait une plus grande élévation. Ce genre d'architecture appartient à l'époque du monument primitif et devait concourir à un ensemble, qui depuis lors aura été modifié. Des traces de peintures ont été trouvées dans ce plafond : les parties saillantes se dessinaient en rouge et en violet sur les fonds bleus des compartiments, dont les cadres et filets étaient rehaussés d'or. Ces peintures auront probablement disparu sous le badigeon qui les couvre aujourd'hui.

Au mois de septembre de l'année 1539, tout le corps de bâtiment qui règne au fond de la cour, et qui donnait sur la ruelle Saint-Jean, comprise aujourd'hui dans les constructions nouvelles, était prêt à couvrir; c'est ce qui résulte du marché passé entre Jehan Huillot, maître charpentier à Paris, et messeigneurs les prévôts des marchands et échevins. L'on pourra juger par les détails consignés dans ce *devis*, du soin avec lequel le monument a été construit (1). Jehan Huillot s'était engagé à finir son travail dans l'espace de six mois; il fut exact, ainsi que le prouve la date des lucarnes qui surmontent ce corps de bâtiment. Les trois lucarnes qui sont au milieu, furent achevées les

---

(1) Appendice 1, n° 12.

premières, et portent le millésime de 1539. Les deux autres qui se trouvent aux extrémités en retour, suivirent de près ; elles sont datées de 1540. Au 10 avril de la même année, Jehan Penelle, couvreur, demeurant à Paris, fournissait à l'Administration municipale dix-sept mille cent ardoises, pour être employées au nouveau bâtiment (1), et au mois de novembre, ce même Jehan Penelle s'engageait à faire tous les ouvrages de couverture à raison de vingt-deux sous six deniers la toise (2).

L'année suivante, au mois de juin, Jehan Huillot passait, avec les prévôts des marchands et échevins, un second marché pour la *charpenterie* d'un corps de bâtiment qui joindrait celui du fond au pavillon, donnant sur la Grève, du côté de la rivière (3).

Le 2 juillet de l'année 1541, le roi ayant demandé à la ville de concourir pour une somme de trente-quatre mille cent neuf livres, dix-sept sous, quatre deniers, aux travaux de fortifications que la présence de l'ennemi dans le royaume rendait nécessaires autour de Paris, le nombre des ouvriers de l'Hôtel de Ville fut réduit de moitié. Trente maçons et quatorze aides restèrent pour achever les ouvrages commencés. Ces ouvriers travaillaient encore au mois de mars de l'année 1548 ; car, sous cette date, Regnaut Bachelier était commis à la charge de surveillant de ces ouvriers ; il devait en tenir un rôle exact, faire un appel de chacun d'eux aux heures de repos, marquer le moment de leur entrée et de leur sortie, et noter le temps où ils auraient trop longtemps chômé après leurs repas (4).

Pendant la dernière moitié du XVIe siècle, tous les travaux nécessaires pour compléter le bâtiment nouveau paraissent avoir été suspendus. Au milieu des guerres de religion qui ont signalé cette période de notre histoire, et des violences auxquelles elles ont donné lieu, il est facile de comprendre pourquoi l'Hôtel de Ville resta inachevé ; on pouvait, tout au plus, pendant ces années de sanglantes querelles et d'anarchie, s'occuper des travaux indispensables à la sûreté commune. C'est ainsi

(1) Appendice I, n° 12.
(2) *Idem*, n° 12.
(3) *Idem*, n° 12.
(4) Reg. Ms. de l'Hôtel de Ville. — Arch. du Roy. 1781. — App. I, n° 16.

qu'au mois d'octobre de l'année 1589, les restes de l'ancienne Maison aux Piliers, servant d'habitation au concierge de l'Hôtel de Ville, menacèrent ruine tout à coup; sur le rapport du sieur Durantel, maître des œuvres, il fut décidé que ces masures seraient démolies au plus vite, et les matériaux qui en proviendraient vendus au profit de la ville (1).

Après la pacification qui suivit l'entrée de Henri IV à Paris, quelques travaux de réparations furent d'abord exécutés, des années 1600 à 1605, aux bâtiments qui existaient déjà. Par exemple, au mois de juillet 1601, François Mouquet, menuisier, recevait une somme de vingt-quatre écus pour avoir fourni une porte à deux battants, de neuf pieds de hauteur sur six de large, qui devait être placée du côté de l'arcade du Saint-Esprit (2). L'année suivante, les ouvrages de couverture s'élevaient à la somme de cent écus quarante et un sous quatre deniers, ceux de serrurerie, à trente-neuf écus vingt-cinq sous, ceux de vitrerie, à cinq écus trente sous, ceux de peinture à trente-cinq écus quarante sous (3).

Au mois de novembre de l'année 1605, les travaux nécessaires à l'achèvement de l'Hôtel de Ville avaient été décidés par les officiers municipaux, puisque sous cette date ils écrivaient aux échevins de Tonnerre, en les priant d'aider le sculpteur Biard au choix de la pierre qu'il devait employer pour la statue équestre de Henri IV (4). En effet, le sixième jour de juin de cette année, la totalité des travaux à exécuter avait été mise en adjudication au prix de cent trente-cinq livres tournois la toise courante *bout à vant,* en fournissant toute matière (5). Le rabais exigé des adjudicataires devait être de quarante sous par toise au moins. Trois personnes se présentèrent : Pierre Robelin, Georges Pathelin et Marin de la Vallée. Ce dernier ayant accepté de suite le rabais de quarante sous, et ses deux compétiteurs n'offrant pas de l'augmenter, à l'extinction de la chandelle les travaux furent adjugés à « Marin de la Vallée, juré du roi en

---

(1) Reg. de l'Hôtel de Ville.—Arch. du Roy. vol. XII, n° 1789, fol. 447. — App. I, n° 29.

(2) Reg. des Recettes et dépenses.—Arch. du Roy. K, 1071, fol. 62. — App. I, n° 32.

(3) *Idem.*

(4) Reg. de l'Hôtel de Ville.—Arch. du Roy. H, 1888. — App. I, n° 34.

(5) Reg. etc. H, 1774, fol. 667.

« l'office de maçonnerie, demeurant à Paris, rue de Beaubourg. » Jehan Ponçart, maître maçon, à Paris, se rendit caution pour Marin de la Vallée qui, de plus, engagea deux maisons sises rue Beaubourg, dont il était propriétaire.

Le 12 avril de l'année 1606, les officiers municipaux reçurent la visite de monseigneur l'évêque d'Angers, qui venait leur annoncer que, sur la demande qu'ils avaient faite à l'assemblée du clergé de vouloir bien concourir à la confection des bâtiments de l'Hôtel de Ville, cette assemblée leur avait accordé une somme de neuf mille livres (1). A la fin du mois d'octobre, Marin de la Vallée n'avait pas encore commencé les travaux, et le prévôt des marchands lui faisait signifier une contrainte à cet effet; Marin de la Vallée se mit à l'œuvre, mais avec lenteur, ainsi que le prouve l'état des constructions nouvelles au commencement de l'année 1607 (2). Le 16 février suivant, la façade entière de l'Hôtel de Ville était achevée; Pierre Guillain et Charles Marchand, maîtres des œuvres de la ville, *suivant le dessein en parchemin* qui leur avait été montré, indiquait la forme des combles de la charpente et du toit, et les précautions qui étaient nécessaires pour l'achèvement de cette partie du monument. Dans ce devis le grand cadran qui surmonte la façade de l'Hôtel de Ville est désigné comme achevé, ainsi que les *pilastres, moulures, enrichissement, corniche, attique et fronton* qui l'environnent; il est question d'élever deux étages à jour, en forme de lanterne, « qui doivent surmonter ce « cadran, et au dernier desquels sera mis ung timbre ou cloche pour « servir d'horloge (3). »

---

(1) Reg. H, 1794, fol. 81. — App. I, n° 34.

(2) *Idem*, fol. 148, n° 39 et suivants. Les paroles suivantes ajoutées à la grande inscription qui décorait la porte d'entrée, constataient la reprise de ces travaux :

AT HENRI IV, FRANCORUM ET NAVARRORUM REGE INVICTISSIMO, FRANCIS. MYRON PROPRÆTORE ET DECURIONUM PRÆFECTO, P. SAINCTOT, J. DE LA HAYE, G DE FLECELLES ET N. BELUT, DECURIONIBUS, HOC OPUS SUPERIORUM TEMPORUM FORTUNA INTERMISSUM, A SOLO AD FASTIGIUM USQUE CONTEXTU ÆDIFICII REPETITUM EST. M. DC. VI.

« Mais sous Henri IV, roi invincible de France « et de Navarre, François Miron, prévôt des mar- « chands, P. Sainctot, J. de La Haye, G. de Fle- « celles et N. Belut, échevins, ce monument, in- « terrompu par les événements des temps anté- « rieurs, a été repris du sol jusqu'à son sommet. « 1606. »

(3) « Mesures de la haulteur des murs du

Les maîtres des œuvres décidèrent que la charpente de cette partie du monument aurait « la forme, structure et façon du comble de la « grande salle du Louvre, dont sera fait dessein et figure (1). » Le trente août suivant, cette charpente n'était pas encore achevée, et le prévôt des marchands ordonnait à Charles Marchand, l'un des maîtres des œuvres, d'en hâter l'exécution ; et comme l'entrepreneur ne répondait pas à l'impatience des magistrats municipaux, une contrainte fut exercée envers lui au mois de février de l'année 1608 (2).

Ces magistrats voyaient toute la lenteur apportée dans l'exécution des travaux avec une peine d'autant plus grande qu'ils étaient pressés par le roi de terminer l'Hôtel de Ville. Le 21 mars de l'année 1608, ils ordonnèrent à Pierre Guillain, maître des œuvres de maçonnerie, à Marin de la Vallée, entrepreneur de ces ouvrages, et à quatre maîtres jurés de divers états qui avaient été commis à la surveillance des travaux, de se rendre au bureau de l'Hôtel de Ville : « Pour être enten-« dus *par leur bouche*, est-il dit dans l'acte, sur le faict d'iceulx ouvrages, « et la résolution prise estre portée incontinent à Sa Majesté pour en « ordonner, et estre son commandement exécuté (3). »

Pendant cette année 1608, les derniers ouvrages qui devaient concourir au complet achèvement de la façade furent entrepris. Les colonnes dépouillées de tout ornement qui soutenaient le premier étage furent remplacées par d'autres colonnes semblables à celles qui ornaient déjà le grand pavillon du côté de l'arcade Saint-Jean. Par un acte du 13 février 1608, l'entrepreneur Marin de la Vallée s'engageait à fournir « la pierre de taille de douze coulonnes canelées et sizelées, qui « restent à faire sur le devant du pan du mur dudit Hôtel de Ville, « du costé de la Grève; et sera la pierre de Torcy, plus dure que la « pierre des deux colonnes, qu'il a cy-devant taillées et qui sont en « place; et lesquelles coulomnes ne seront que de deux pièces seulement,

---

« pavillon de l'Hostel de Ville du côté du
« Sainct-Esprit, à laquelle ilz ont été trouvez. »
Reg. H, 1888. — App. I, n° 40.
(1) Reg. de l'Hôtel de Ville, H, 1794.

(2) *Idem*, H, 1888.
(3) *Idem*, H, 1889 V. Pièces justificatives relatives aux bâtiments, n° 49.

« et sizelées et canelées, conformément aux dictes deux qui sont en
« place Et promet de garantir lesdictes colommes de ne se gaster et
« dépérir de la lune, soleil, gelées et aultres incommoditez, fors et excepté
« du tonnerre et aultres furies qui pourroient arriver du ciel (1). » A
la même époque, une statue équestre, représentant le roi Henri IV,
fut placée au-dessus de la principale porte d'entrée. Cette statue
remarquable était l'œuvre de Pierre Biard, qui avait reçu des leçons
du grand Michel Ange, et qui s'intitulait *architecte sculpteur du roy*.
Elle était de pierre de *Trécy*, sculptée en bosse sur un fond de marbre
noir; quant à l'inscription de l'année 1533, que j'ai rapportée
précédemment, et qui surmontait la porte d'entrée, elle fut remise
intérieurement au revers de la statue. Cette inscription était placée
dans un cadre que soutenaient deux génies qui du doigt indiquaient
l'inscription ; ce cadre était surmonté d'un navire avec « voiles, mats,
cordes, cordages et rames. »

Pierre Biard, auteur de cette ingénieuse décoration, s'engageait en
outre à mettre de chaque côté de la statue équestre deux ronds contenant
les chiffres du roi, « à blanchir de blanc de plomb, à ses dépends,
« la dite figure et le cheval, pour ôter la difformité de la liaison et
« séparation des pierres; » le tout moyennant la somme de deux mille
livres tournois (2).

Les deux belles figures (3) de Biard et le cadre qu'elles soutiennent
existent encore aujourd'hui; avec les indications qui précèdent et que
j'ai extraites de l'acte original passé entre le sculpteur et les magistrats
municipaux, il sera facile de rétablir l'inscription, le navire et les
chiffres de Henri IV.

Au mois de mars de l'année 1608, une contestation s'éleva entre les
magistrats municipaux et l'entrepreneur Marin de la Vallée, au sujet
de la balustrade qui devait surmonter la corniche de la grande façade,
que l'on avait jugé à propos d'ajouter à l'ancien plan de Dominico

---

(1) Reg. de l'Hôtel de Ville, H, 1889, n° 51.
(2) *Idem*, H, 1794, fol. 307 v°. — App. I, n° 48.
(3) Arch. du Roy. H, 1888. Pièces justificatives relatives aux bâtiments, n° 38. Ces deux figures remarquables ont été reproduites par M. Caillat dans la petite gravure placée au commencement de ces Recherches.

PREMIÈRE PARTIE.

Boccador (1). L'entrepreneur voulait être payé de cet ouvrage au même prix que celui de la façade, prétendant que ce nouvel ornement faisait partie de son marché. Pierre Guillain, maître des œuvres, soutenait le contraire, et son opinion fut adoptée par les trois experts nommés pour juges; ces derniers déclarèrent que ledit de la Vallée serait payé selon la prisée et estimation faites par gens à ce connaissant (2).

Ces contestations n'empêchèrent pas Marin de la Vallée de se rendre adjudicataire, l'année suivante, d'un pavillon neuf qui devait être élevé au-dessus de la chapelle du Saint-Esprit, et compléter l'ensemble de la grande façade. Ce pavillon devait avoir « pareille forme, structure, « espoisse (épaisseur), façon et qualité de matières » que celui de l'arcade Saint-Jean; de plus, le voisinage des chapelles et hospice du Saint-Esprit imposait aux magistrats municipaux des obligations de toute nature, déduites avec soin dans le cahier des charges (3); le prix avait été fixé à soixante-cinq livres tournois la toise, avec l'obligation, pour l'entrepreneur, de fournir tous les matériaux nécessaires, dont la qualité est également détaillée dans l'acte. Le 6 avril 1609, Marin de la Vallée, qui avait six compétiteurs, fut reçu comme adjudicataire des travaux de ce pavillon, moyennant un rabais de sept livres tournois sur chaque toise; Marin de la Vallée déclare faire ce rabais « pour le « désir qu'il a de servir la ville, et continuer la besoigne qu'il a com- « mencée (4). »

Le 4 février 1610, d'après l'avis de Pierre Guillain, maître des

---

(1) Registre de l'Hôtel de Ville, H, 1794, fol. 317. — App. I, n° 53.

(2) *Idem.* L'importance des travaux exécutés dans le cours de l'année 1608 fut constatée par cette inscription gravée sur un marbre noir, et placée dans la grande salle neuve de l'Hôtel de Ville :

DU RÈGNE DU TRÈS-CHRESTIEN HENRY IV. ROY DE FRANCE ET DE NAVARRE, ET DE LA PRÉVOSTÉ DE MONSIEUR MAISTRE JACQUES SANGUIN, SIEUR DE LIVRY, CONSEILLER DU ROY EN SA COUR DU PARLEMENT : ET DE L'ESCHEVINAGE DE MAISTRE GERMAIN GOUFFÉ, ADVOCAT EN LA DICTE COUR, JEAN DE VAILLY, SIEUR DU BREUIL DU PONT, MAISTRE PIERRE PARFAICT, GREFFIER EN L'ÉLECTION, ET CHARLES CHARBONNIÈRES, CONSEILLER DU ROY ET AUDITEUR EN SA CHAMBRE DES COMPTES, CESTE SALLE A ESTÉ PARACHEVÉE, LE PAVILLON DU COSTÉ DU SAINCT-ESPRIT ENCOMMENCÉ, LES COLOMPNES APOSÉES, ET LA TOUR A HUICT PANS ESLEVÉE POUR L'HORLOGE. MIL SIX CENS HUICT.

(3) App., n° 59.
(4) *Idem.*

œuvres de maçonnerie, un marché était passé entre les officiers municipaux et Marin de la Vallée, par lequel ce dernier s'engageait à terminer la maçonnerie du pavillon pour le quinzième jour de mai prochain. Il consentait à recevoir chaque semaine le prix de la besogne exécutée, aussitôt qu'elle aurait été toisée et vérifiée par le maître des œuvres Pierre Guillain. Une somme de six cents livres devait être comptée à Marin de la Vallée en avance, pour l'achat de ses matériaux (1).

Dans l'intervalle des années 1609 à 1612, la cloche et l'horloge avaient été faites et posées. La première était l'œuvre d'Antoine Lemoyne, fondeur ordinaire de l'artillerie du roi. Elle avait cinq pieds de diamètre, « et étoit de haulteur et eschantillon convenable « sonnante d'un ton plus bas que l'horloge du Palais (2). »

La seconde avait été fabriquée par Jean Lintlaer, maître de la pompe du roi (3). Les maîtres horlogers de la ville de Paris n'ayant pas voulu se charger d'établir cette horloge à moins de trois mille trois cents livres, Jean Lintlaer mit un rabais de trois cents livres, et leur fut préféré. Il s'engageait à construire une horloge pareille à celle du Palais, tant en « grandeur, grosseur, que estoffes, voire (même) plus pesante « de trois cens livres, et la rendre assise et en place dedans le dict jour « premier août prochain venant, mesme l'entretenir un an durant (4). »

Ce fut sans doute à cette époque, que le sommet des deux pavillons de la grande façade fut surmonté d'un ornement composé de croissants et de grosses fleurs de lis. A chacun des coins de ces deux pavillons furent posées des statues tenant un drapeau, et formant girouettes.

Ces ornements se trouvent sur une gravure des premières années du xviie siècle, représentant l'Hôtel de Ville et la place de Grève le jour du feu de la Saint-Jean. Le campanile du pavillon de l'horloge est aussi surmonté d'une grosse fleur de lis (5). Israël Silvestre a indiqué les

(1) Reg. H, 1795, fol. 74 v°.
(2) Appendice I, n° 60 B.
(3) Le nom de Jean Lintlaer ne se trouve pas dans les biographies; quant au titre de maître de la *Pompe du Roy,* peut-être se rapporte-t-il à la pompe établie sur le Pont-Neuf, et qui, suivant quelques historiens, remonte au règne de Henri III.
(4) App. I, n° 60 B.
(5) Cette gravure, de format in-fol., porte

mêmes ornements dans une gravure de l'Hôtel de Ville exécutée en 1651. Une autre gravure in-folio de la fin du xvIII° siècle, faite par Aveline, ne porte plus aucun de ces ornements.

Soit par l'augmentation de poids résultant de cette cloche et de cette horloge, soit par la manière dont le bâtiment qui les contenait avait été bâti, au mois de janvier 1613, le maître des œuvres de la ville, Pierre Guillain et deux experts jurés, faisaient aux officiers municipaux un rapport duquel il résultait que de nouvelles charpentes étaient nécessaires à la conservation de cette partie du monument (1).

Pour que les bâtiments de l'ancien Hôtel de Ville fussent tous achevés, il restait encore à faire le corps de logis donnant sur la cour à gauche, derrière le pavillon du Saint-Esprit, ainsi que les arcades qui devaient le soutenir. Une adjudication nouvelle fut jugée nécessaire, d'autant plus que cette construction étant la dernière, les magistrats municipaux voulaient fixer avec certitude les conditions de ce marché. D'après le devis rédigé par Augustin Guillain, maître des œuvres et successeur de Pierre, non-seulement il fallait élever six arcades semblables à celles qui existaient déjà, dont les piliers et contre-piliers, aussi bien que la voûte en pierres de taille, devaient être établis sur des fondations solides, mais encore il fallait terminer la cour restée inachevée, en faisant une aire moitié chaux et ciment, d'environ quinze pouces d'épaisseur, de manière à ce qu'il n'y restât pas d'humidité. L'entrepreneur s'engageait en outre à fournir quatre pierres de trois ou quatre pieds carrés, taillées en forme de noue pour l'écoulement des eaux ; au milieu de cette pierre devaient être sculptées « certaines

---

les armes de France et de Navarre, et au-dessous les armes de la ville de Paris. La légende est ainsi conçue :

PORTRAIT DU MAGNIFIQUE BATIMENT DE LA MAISON DE VILLE.

Dans cette gravure, le toit du pavillon de l'horloge est surmonté de six statues représentant des guerriers appuyés d'une main sur leurs boucliers, et de l'autre sur une lance avec un drapeau formant girouette ; mais ces ornements paraissent n'avoir jamais existé, pas plus que les statues placées dans les niches de la façade, et les grosses fleurs de lis sculptées sur les piédestaux des colonnes que l'on voit aussi dans la même gravure.

(1) App. I, n° 61.

« têtes de masque propres à tel effet. » Il fallait aussi détruire le vieux perron ainsi qu'un mur séparant les deux cours (1).

La première adjudication de ces travaux, qui eut lieu le mercredi 12 septembre 1618, n'ayant pas été couverte, fut affichée de nouveau pour le samedi suivant. Ce jour, Marin de la Vallée offrit trente-trois livres tournois la toise, ou dix-huit mille livres pour le tout. Jehan Antissier, seul compétiteur, offrit trente livres par toise. Cette enchère ayant été regardée comme insuffisante, fut remise au mardi 18 septembre. Ce jour, Nicolas Caillon offrit seize mille livres tournois en bloc, ou vingt-neuf livres tournois la toise; Thomas Taffany en offrit vingt-sept.

L'adjudication fut renvoyée au samedi, mais n'eut aucun effet. Enfin, le mardi 5 octobre 1618, Marin de la Vallée se rendit adjudicataire des travaux moyennant quinze mille six cents livres tournois. Ce marché, qui se passait au grand bureau de l'Hôtel de Ville en présence du procureur de la ville et de Guillain, le maître des œuvres, paraît avoir été conclu contre la volonté de ce dernier. En remettant jusqu'à trois fois l'adjudication des travaux, il semble avoir eu pour but d'écarter un entrepreneur puissant et riche, qui l'avait toujours emporté sur ses confrères (2).

La répugnance des maîtres des œuvres pour Marin de la Vallée ne paraît pas avoir été sans motifs, puisque, l'année suivante, un procès était pendant au bureau de l'Hôtel de Ville, entre le procureur du roi et Augustin Guillain, dénonciateur, d'une part; et de l'autre, Marin de la Vallée, qui était accusé d'avoir laissé dans ses travaux de grandes défectuosités et de ne s'être pas conformé à son marché. L'entrepreneur soutenait le contraire et demandait qu'on adjoignît aux quatre experts (les sieurs Rolland et Passart, bourgeois, Claude Velfaux et Jehan Antissier, jurés du roi en l'office de maçonnerie); un cinquième juge, le sieur Brosse, qui défendrait sa cause. Mais le conseil municipal ne voulut rien entendre, et déclara que Marin de la Vallée, malgré son appel, recommencerait ses travaux (3).

---

(1) Reg. H, 1779, fol. 243 v°. — App. I, n° 70.

(2) *Idem*.

(3) Reg. H, 1799, fol. 343 v°.

Cette sentence n'empêcha pas le même entrepreneur de traiter, quelques années plus tard, avec les prévôts des marchands et les échevins pour la construction de trois lucarnes qui devaient surmonter ce même corps de logis. Par cet acte daté du mois de mai 1623, il s'engageait à faire ces lucarnes sur le modèle des autres qui étaient déjà dans la même cour, à raison de mille livres tournois; il devait les terminer pour le jour de Saint-Jean-Baptiste de la même année (1).

Mais, comme on l'a vu précédemment, Marin de la Vallée ne se piquait pas d'une grande exactitude, et les travaux de cette partie du monument ne furent complétement achevés que dans le cours de l'année 1628, ainsi que le prouve cette inscription, qui se lit encore aujourd'hui au plafond du portique, à l'angle gauche de la cour :

> HANC. ÆDIFICIORVM. MOLEM.
> MVLTIS. IAM. ANNIS. INCHOATAM.
> ET. AFFECTAM. MARINVS. DE. LA.
> VALLÉE. ARCHITECTVS. PARISIN^9.
> SVSCEPIT. AN. 1606. ET. AD. VLTI=
> MAM. VSQVE. PERIODVM. FOELICI=
> TER. PERDVXIT. AN. SAL. 1628.

(Marin de la Vallée, architecte parisien, a entrepris, l'année 1606, ce grand édifice resté longtemps inachevé et imparfait et l'a heureusement terminé l'an du salut 1628).

D'après ce que j'ai dit précédemment, et en jetant les yeux sur les nombreuses pièces justificatives dans lesquelles Marin de la Vallée est toujours nommé avec le titre de « juré du roi en l'office de maçonnerie, » ou « d'entrepreneur des ouvrages de maçonnerie, » l'on ne peut s'empêcher d'être surpris de la qualification qu'il n'a pas craint de se donner dans une inscription encore existante aujourd'hui. Il est impossible, cependant, de douter que ce Marin de la Vallée n'ait toujours été soumis au contrôle des maîtres des œuvres, Pierre et Augustin Guillain. Tout prouve que les plans donnés par Boccador en 1530 furent suivis assez exactement, et que ce dernier doit être

---

(1) H, 1801.

considéré comme le principal auteur de l'ancien Hôtel de Ville. Ce serait ici l'occasion de rapporter cette opinion émise dans quelques ouvrages, et tout récemment encore dans la vie de Jean-Baptiste du Cerceau (1), que cet artiste célèbre avait été désigné par Henri IV pour achever l'Hôtel de Ville; mais l'on voit par ce qui précède que cette opinion est dénuée de tout fondement. Si Jean-Baptiste du Cerceau avait été pour un instant chargé des travaux de l'Hôtel de Ville, son nom se serait rencontré sur les registres.

Je n'ai pas cru devoir non plus répéter, après tous les compilateurs qui ont écrit sur la ville de Paris, que le monument commencé sous François Ier, ayant paru trop *gothique* sous Henri II, fut renversé et recommencé de nouveau. Tout prouve, au contraire, que le plan de Boccador, modifié peut-être dans quelques-unes de ses parties, fut toujours suivi dans l'ordonnance générale du monument. Si une résolution aussi violente avait été prise, les Registres de l'Hôtel de Ville en auraient fait quelque mention. Comme preuve que le dessin de Boccador a toujours été suivi, je ne citerai que cette phrase déjà rapportée plus haut (page 7, col. 1re), que les maîtres des œuvres, Pierre Guillain et Charles Marchand, indiquaient les formes de la charpente et du toit « suivant le dessein en parchemin » qui leur avait été montré, et cela le 16 février 1607.

Pour compléter la description des bâtiments de l'ancien Hôtel de Ville à l'extérieur, il ne me reste plus qu'à parler de la cour qui se trouvait au milieu de ces bâtiments.

Cette cour était d'une forme particulière, à cause du manque de parallélisme des bâtiments de droite et de gauche, et du rétrécissement des deux angles du côté de la façade. Deux étages d'arcades avec des colonnes engagées, d'ordre ionique au rez-de-chaussée, et d'ordre corinthien au premier étage, composaient une décoration qui, même aujourd'hui que le premier étage est rempli, ne manque ni d'élégance

---

(1) *Notice historique sur la vie artistique et les ouvrages de quelques architectes français du seizième siècle*, 1 vol. orné de figures représentant les principaux édifices qu'ils ont construits, par Callet père, architecte, né à Paris le 10 mars 1750. 2e édit. Paris, 1843, in-8°; p. 112.

ni d'originalité. La galerie du rez-de-chaussée qui existe dans toute son étendue, est remarquable par la sculpture fine et variée des plafonds, qui change entre chacune des travées. Je dois consigner ici une observation qui a été faite en comparant le plan du portique d'entrée de cette cour avec celui des fondations. La disposition de ces dernières est telle que les pieds-droits du portique de cette cour se trouvent en porte à faux sur les points d'appui, ce qui doit faire supposer que le plan du rez-de-chaussée a été modifié après l'achèvement des fondations. Du reste, en étudiant la forme de cette cour, il ne faut pas oublier que le second portique est une construction moderne, faite vers la fin du xviiie siècle, pour former, au premier étage, une pièce d'introduction à la salle du Trône. Cette cour fut l'objet de soins tout particuliers : on peut en juger par les sculptures et ornements divers qui décorent les lucarnes du second étage; et nous voyons, dès 1535, les officiers municipaux préoccupés des représentations en pierre ornée de peinture, suivant l'usage de cette époque, qui devaient être placées, sans doute, sous le premier portique du bâtiment sur la Grève. Thomas Chocqueur, sculpteur, entreprenait ces ouvrages à raison de quatre livres tournois par figure, et une pareille somme était accordée au peintre chargé de les enluminer. Quels personnages représentaient ces « his- « toires, » ainsi que les nomme le registre? on ne peut que le conjecturer; mais j'ai tout lieu de penser que c'était le portrait des magistrats municipaux (1).

Cette conjecture me paraît d'autant plus probable que nous voyons, en 1611, Georges Lallemant, peintre de Paris, chargé d'exécuter huit petits portraits séparés, destinés, sans doute, à remplir ces médaillons qui existent encore de nos jours à l'intérieur des galeries de la cour ainsi qu'à l'extérieur, entre chacune des arcades (2).

Sous le règne de Louis XIV, cette cour avait été couverte des inscriptions les plus singulières, qui rappelaient non-seulement les victoires de ce prince, mais encore les événements de la Fronde, dont l'Hôtel de Ville a été, comme chacun sait, l'un des théâtres principaux.

(1) App. b, n° 2.   (2) *Idem.* n° 60-A.

Ainsi, en souvenir de cette commotion populaire, pendant laquelle la porte d'entrée de l'Hôtel de Ville avait été livrée aux flammes, le sculpteur Gilles Guérin représenta Louis XIV, le sceptre en main, foulant aux pieds la Discorde. Cette statue en marbre blanc fut placée au fond de la cour, sous l'arcade du milieu de la galerie : au bas de la statue on lisait :

LUDOVICO XIV REGI CHRISTIANISSIMO PERDUELLIUM DEBELLATORI, URBIS PACATORI, PRÆSENTIA, AUTORITATE, CLEMENTIA, EXEMPLO PATRIS, AVIQUE REGUM INVECTISSIMORUM, ÆTERNUM HONORIS ET FIDEI MONIMENTUM DEVOVERUNT FRANCISCUS DE L'HOSPITAL CASTRORUM PRÆFECTUS URBISQUE PRÆSES; ANTONIUS LEFEVRE URBI PRÆPOSITUS, MICHAEL GUILLOIS, NICHOLAUS PHELIPPES, ANDRÆAS LE VIEUX, PETRUS DENISON, ÆDILES : GERMANUS PIETRE PROCURATOR REGIS ET URBIS, MARTINUS LE MAIRE SCRIBA, NICHOLAUS BOUCOT, QUÆSTOR AN. 1653. MENSE JULIO (1).

(A Louis XIV, roi très-chrétien, vainqueur d'ennemis obstinés, pacificateur de la ville, par sa présence, par son autorité, par sa clémence, à l'exemple de son père et de son aïeul, rois invincibles, ont dédié ce monument éternel d'honneur et de fidélité, François de l'Hôpital, maréchal de camp et gouverneur de Paris; Antoine Lefèvre, prévôt des marchands; Michel Guillois, Nicolas Phelippes, André Le Vieux, Pierre Denison, échevins; Germain Pietre, procureur du roi et de la ville; Martin Le Maire, greffier; Nicolas Boucot, trésorier. L'an 1653, au mois de juillet).

Au revers du piédestal :

ANNO MILLESIMO SEXCENTESIMO QUENQUAGESIMO TERTIO, QUARTA JULII, REX AUGUSTAM HANC ADIT BASILICAM IGNE NEFANDO NUPER INCENSAM, CIVIUMQUE SANGUINE POLLUTAM, FERALI DIE ANNI FERALIS, QUAM FESTIS EXPIAT IGNIBUS, JULIANUS GERVAIS ET MATHURINUS DE MOUCHENY ÆDILES, VOTIS PRO REGE PUBLICIS ETIAM ET SUA ADJUNXERE, AN. 1654. ÆGIDIUS GUERIN ARTIFEX.

(L'an mil six cent cinquante trois, le roi vient dans cet auguste palais, naguère livré à un criminel incendie, et souillé du sang des citoyens (jour fatal d'une fatale année), pour le purifier par des feux de joie. Julien Gervais et Mathurin de Moucheny, eschevins, ont ajouté leurs prières à celles qui se faisaient publiquement pour le roi en 1654. Gilles Guérin, graveur).

(1) Le Maire, *Paris ancien et nouveau*, t. III, p. 275.

Une autre inscription du même genre était encore posée au-dessous du cadran, dans cette même cour :

LUDOVICO XIV IN URBEM, NON SINE NUMINE DISSIDIIS SEDATAM REDUCE, HAS MUNICIPALES CUM REGINA MATRE ÆDES ADEUNTE, ACCLAMANTIBUS OMNIBUS FESTIVI NATALITIO DIE IGNES ACCENSI COMESSATIONES ORDINATÆ SALTATIONES INSTITUTÆ, IN CIVICI SIGNUM AMORIS, ET PERENNIS IN REGEM OBSEQUII NONIS SEPTEMB. 1649.

HIERONIMO LE FERON URBIS PRÆFECTO, PETRO HACHETTE, RAIMUNDO LESCOT, CLAUDIO BOUCOT, SIMONE DE SEQUEVILLE ÆDILIBUS; GERMANO PIETRE PROCURATORE REGIO ET URBICO; MARTINO LE MAIRE SCRIBES, NICOLAO BOUCOT QUÆSTORE, QUI ETIAM CURAVERE HORARIUM, HOC IN COMMODUM PUBLICUM APPONI.

(Louis XIV, rentré dans la ville, pacifiée de ses dissensions, avec l'assistance divine, étant venu dans ce palais municipal avec la reine mère, aux acclamations de tous, il y a eu, pour célébrer l'anniversaire de sa naissance, des feux de joie, des repas et ballets, en témoignage de la concorde des citoyens, et de leur dévouement éternel au roi, le 5 septembre 1649.

Jérôme Leferon, prévôt des marchands; Pierre Hachette, Raimond Lescot, Claude Boucot, Simon de Sequeville, échevins; Germain Pietre, procureur du roi et de la ville; Martin Le Maire, greffier; Nicolas Boucot, receveur; qui en même temps ont fait placer cette horloge pour l'utilité publique).

Une autre inscription dans le même genre fut mise au-dessus de la grande porte d'entrée, au bas de la statue équestre de Henri IV :

FLAMMA FERROQUE DIRUTA 4 JULII 1652, RESTITUTA ANNO 1653, REGNANTE LUDOVICO XIV, ANTONIO LEFEVRE URBIS PRÆPOSITO, MICHAELE GUILLOIS, NICOLAO PHELIPPES, ANDREA LE VIEUX, PETRO DENISON, ÆDILIBUS; GERMANO PIETRE, PROCURATORE REGIS ET URBIS; MARTINO LE MAIRE, SCRIBA; NICOLAS BOUCOT, QUÆSTORE (1).

(Détruit par le fer et par le feu, le 4 juillet 1652, rétabli l'an 1653, sous le règne de Louis XIV : Antoine Lefèvre, prévôt des marchands; Michel Guillois, Nicolas Phelippes, André Le Vieux, Pierre Denison, échevins; Germain Pietre, procureur du roi et de la ville; Martin Le Maire, greffier; Nicolas Boucot, receveur).

Quelques années plus tard, ces inscriptions qui rappelaient des dis-

---

(1) LE MAIRE, *Paris ancien et nouveau*, t. III, p. 278.

cordes civiles furent effacées : déjà, vers 1664, une tablette de marbre avait été posée au-dessus de l'une des arcades, du côté du Saint-Esprit, avec cette inscription :

> REGNANTE LUDOVICO XIV A DEODATO PACIS FUNDATORE, PERPETUAM REGNI FELICITATEM DELPHINO SPONDENTE, CUM JAM SECURITAS PUBLICA ORNANDÆ URBIS LOCUM DARET, HAS MUNICIPALES ÆDES IN ALACRITATIS PUBLICÆ MONIMENTUM REFORMAVERE, ORNAVEREQUE
>
> ALEXANDER DE SEVE AB OMNIBUS REGNI ET ÆRARII CONSILIIS URBIS PRÆFECTUS, ET OCTAVO SUÆ PREFECTURÆ ANNO PETRUS DE LA MOUCHE REGI A CONSILIIS ET IN SUPREMA COMPUTORUM CURIA AUDITOR, JOHANNES HELISSANT, CONSILIARIUS URBIS JOHANNES DE MONHERS IN SUPREMO SENATU PATRONUS, EUSTATHIUS DE FAVEROLLES PAUPERUM QUÆSTOR ANTIQUUS ÆDILES ; SIMONE PIETRE PROCURATORE REGIS ET URBIS, MARTINO LE MAIRE SCRIBA, NICOLAO BOUCOT QUÆSTORE, ANNO DOMINI 1662 (1).

(Sous le règne de Louis XIV, Dieu-Donné, pacificateur, pour le gage donné à la continuation de la prospérité du royaume, par la naissance du Dauphin, lorsque la sécurité publique permettait de songer à la décoration de la ville, ce palais municipal, en témoignage de la joie publique, a été réparé et orné par

Alexandre de Seve, conseiller en tous les conseils du roi et à la chambre des comptes ; Pierre de La Mouche, conseiller du roi et auditeur des comptes ; Jean Helissant, conseiller de la ville ; Jean de Moners, président au parlement ; Eustache de Favrole, ancien trésorier des pauvres, etc., etc.).

De même, en 1684, à l'occasion de quelques travaux exécutés dans l'intérieur de l'Hôtel de Ville, l'inscription de la grande porte d'entrée fut remplacée par celle-ci :

> SUB LUDOVICO MAGNO FELICITAS URBIS.

(Sous Louis le Grand, prospérité de la ville).

En 1687, Louis XIV ayant visité l'Hôtel de Ville, ordonna que les anciennes inscriptions de la cour fussent effacées, et qu'une autre statue fut mise à la place de celle que Gilles Guérin avait exécutée. Le roi fit cadeau de cette statue au président de Fourcy, prévôt des marchands, qui l'envoya dans sa maison de Chessy. Celle qui la rem-

---

(1) LE MAIRE, *Paris ancien et nouveau*, t. III, p. 277.

plaça existe encore aujourd'hui, et représente Louis XIV en pied, dans le costume des triomphateurs romains, appuyé sur un faisceau d'armes. Ce bronze, œuvre du fameux sculpteur Coisevox, était placé sur un piédestal orné de deux bas-reliefs et d'une inscription. Le premier de ces bas-reliefs représentait Louis XIV donnant du pain au peuple pendant la grande famine de 1662; le second la Religion triomphant de l'Hérésie qu'elle détruit. La foudre de l'ange tutélaire de la France était composée de fleurs de lis et de rayons de soleil. L'inscription latine avec la traduction française suivante remplissaient les deux autres faces du piédestal :

LUDOVICO MAGNO, — VICTORI PERPETUO, SEMPER PACIFICO, — ECCLESIÆ AC REGUM DIGNITATIS ASSERTORI — PRÆFECTUS ET ÆDILES — ÆTERNUM HOC FIDEI OBSERVANTIÆ, — PIETATIS ET MEMORIS ANIMI, — MONIMENTUM P. P. ANNO R. S. H. M. DC. LXXX. IX.

(A la gloire — de Louis le Grand, — toujours vainqueur, toujours pacifique, — protecteur de l'Église et des Rois, — les prévôt des marchands — et échevins — ont élevé ce monument éternel de — leur fidélité, — de leur respect, de leur zèle et de — leur reconnaissance, l'an de grâce M.DC.LXXXIX (1).

De plus, sous le piédestal de cette statue, on fixa plusieurs médailles et deux lames de cuivre qui portaient l'inscription suivante :

CIVITAS PARISIENSIS, UT ÆTERNÆ COMMENDARET DIEM ILLAM FÆLICISSIMAM, QUA LUDOVICUS MAGNUS POST RESTITUTAM ET CONFIRMATAM VALETUDINEM CIVIUM OMNIUM VOTIS EXPETITAM, AC REDDITAS IN B. M. VIRGINIS SACRIS ÆDIBUS GRATIARUM ACTIONES, HOC URBIS PRÆTORIUM SOLEMNI POMPAM INGRESSUS MENSÆ ACCUBUIT, MINISTRANTIBUS PRÆFECTO, ÆDILIBUS ET PRIMARIIS CIVIBUS, ÆNEAM HANC STATUAM PERPETUUM TANTI BENEFICII MONIMENTUM ESSE VOLUIT, ANNO REPARATÆ SALUTIS HUMANÆ M.DC.LXXXIX.

(La ville de Paris a fait dresser ce monument éternel de son respect, de sa fidélité et de sa reconnaissance dans cet hôtel public de ses assemblées, pour conserver la mémoire de l'honneur que lui fit Louis le Grand, le 30ᵉ jour de janvier de l'année 1687, y dinant avec toute la maison royale, servi par les prévôt des marchands, échevins, conseillers et quarteniers, après avoir rendu à Dieu, dans l'église métropolitaine de Notre-Dame, de solennelles actions de grâces, pour le recouvrement de sa santé, que tous nos citoyens avaient demandé au ciel par de très-instantes prières (2).

(1) PIGANIOL DE LA FORCE, *Description de Paris*, t. III, p. 461.

(2) *Idem.* p. 462.

Une autre inscription dans le même genre était gravée sur une des faces du piédestal :

LUDOVICO MAGNO — QUOD SOLUTIS IN ÆDE — DEI PARÆ PRO RESTITUTA — SALUTE VOTIS — IN BASILICA PARISIENSI — PRÆFECTO ET ÆDILIBUS MINISTRANTIBUS PUBLICE — EPULARI VOLUIT 30 JANV. 1687. — ET PRÆFECTUS ET ÆDILES — ÆTERNUM HOC SUÆ — ET PUB. FELICITATIS — MONUMENTUM CONDENDUM — CURAVERUNT (1).

(A Louis XIV, qui, après avoir accompli dans la cathédrale de Paris les vœux faits pour le rétablissement de sa santé, a voulu prendre part à un festin public servi par le prévôt et par les eschevins, le 30 janvier 1687 : le prévôt et les échevins ont élevé ce monument, témoignage éternel de leur bonheur et de la félicité publique).

La statue de Coisevox occupait la même place où elle se trouve encore aujourd'hui ; seulement l'arc sous lequel elle était fut orné d'incrustations et de placages en marbre, ainsi que de deux colonnes ioniques en marbre noir, dont les chapiteaux et le soubassement étaient de cuivre doré.

En 1689, la frise au-dessous du chapiteau du second étage fut recouverte de marbre noir sur les quatre faces de la cour, et Félibien composa pour la remplir les inscriptions françaises suivantes :

1660.

ENTREVEVE DE LOVIS XIV ROY DE FRANCE ET DE PHILIPPE IV ROY D'ESPAGNE. DANS L'ISLE DES FAISANS OV LA PAIX FVT IVREE ENTRE LES DEVX ROYS. MARIAGE DV ROY AVEC MARIE THERESE D'AVTRICHE INFANTE D'ESPAGNE. ENTREE SOLEMNELLE DE LEVRS MAIESTEZ DANS LA VILLE DE PARIS AV MILIEV DES ACCLAMATIÕS DES PEVPLES (2).

(1) G. Brice, *Descr. de Paris*, t. II, p. 125.
(2) J'ai pu rétablir cette inscription, ainsi que celle de 1684, d'après les originaux encore existants à l'Hôtel de Ville, sur le mur qui se trouve aujourd'hui couvert par la construction faite en 1802, du double portique sur la cour.

PREMIÈRE PARTIE.

1662.
LE ROY D'ESPAGNE DÉSAVOUE L'ACTION DE SON AMBASSADEUR EN ANGLETERRE.

1663.
REDDITION DE MARCAL. RENOUVELLEMENT D'ALLIANCE AVEC LES SUISSES.

1664.
LE LÉGAT VIENT FAIRE SATISFACTION AU ROY DE L'ATTENTAT COMMIS SUR SON AMBASSADEUR DANS ROME.

1665.
VICTOIRE REMPORTÉE SUR LES CORSAIRES DE THUNIS ET D'ALGER SUR LES COTES D'AFRIQUE.

1666.
LE SECOURS ACCORDÉ AUX HOLLANDOIS CONTRE L'ANGLETERRE.

1667.
LE ROY PORTE LES ARMES EN FLANDRES POUR LA DÉFENSE DES DROITS DE LA REINE, ET PREND PLUSIEURS VILLES.

1668.
CONQUÊTE DE TOUTE LA FRANCHE-COMTÉ EN DIX JOURS, AU MILIEU DE L'HYVER.

1669.
DEPUIS LA PAIX D'AIX-LA-CHAPELLE LE ROY EMPLOYE SES FORCES DE MER CONTRE LES TURCS.

1670.
PRISE DE PONT-A-MOUSSON ET D'AUTRES PLACES. TOUTE LA LORRAINE SOUMISE A L'OBÉISSANCE DU ROY.

1671.
LE ROY VISITE ET FAIT FORTIFIER TOUTES LES PLACES QU'IL A CONQUISES EN FLANDRES.

1672.
LE ROY, JUSTEMENT IRRITÉ CONTRE LES HOLLANDOIS, ENTRE DANS LEUR PAYS ET S'EN REND MAÎTRE.

1673.
LE ROY ASSIEGE MASTRIK ET L'EMPORTE EN TREIZE JOURS. LES FLOTTES DE FRANCE ET D'ANGLETERRE DÉFONT CELLE DE HOLLANDE.

1674.
SECONDE CONQUÊTE DE LA FRANCHE-COMTÉ. VICTOIRES SUR LES IMPÉRIAUX. LES ESPAGNOLS ET LES HOLLANDOIS A SENEF.

1675.
L'ARMÉE IMPÉRIALE CHASSÉE D'ALSACE ET FORCÉE DE REPASSER LE RHIN.

1676.
LEVÉE DU SIÉGE DE MASTRIK PAR LE PRINCE D'ORANGE. LES FLOTTES D'ESPAGNE ET DE HOLLANDE BRULÉES DANS LE PORT DE PALERME.

1677.
PRISE DE VALENCIENNES ET DE CAMBRAY. BATAILLE DE MONT-CASSEL, SUIVIE DE LA RÉDUCTION DE SAINT-OMER.

1678.
PRISE DE GAND ET D'YPRE PAR LE ROY EN PERSONNE. PRISE DE PUYCERDA EN CATALOGNE.

1679.
LE ROY FAIT RESTITUER A SES ALLIEZ LES VILLES QUI LEUR AVOIENT ÉTÉ PRISES. PAIX GÉNÉRALE.

1680.
MARIAGE DE MONSEIGNEUR LE DAUPHIN AVEC LA PRINCESSE ANNE MARIE CHRISTINE VICTOIRE DE BAVIÈRE.

1681.
EN UN MÊME JOUR STRASBOURG ET CASAL REÇOIVENT LES TROUPES ET LA PROTECTION DU ROY.

1682.
NAISSANCE DE MONSEIGNEUR LE DUC DE BOURGOGNE. ALGER FOUDROYÉ PAR LES VAISSEAUX DU ROY.

1683.
LES ALGÉRIENS FORCEZ A RENDRE TOUS LES ESCLAVES FRANÇOIS. PRISE DE COURTRAY ET DE DIXMUDE.

1684.
LE ROY ACCORDE LA PAIX AVX ALGERIENS. PVNIT LES GENOIS. PREND LVXEMBOVRG. FORCE SES ENNEMIS D'ACCEPTER VNE TREVE DE VINGT ANS. ET REMET A LA PRIERE DES ESPAGNOLS TROIS MILLIONS CINQ CENS MILLE LIVRES DE CŌTRIBVTIONS

1685.

ÉDIT DE NANTES REVOQUÉ, ET L'HÉRÉSIE ENTIEREMENT ÉTEINTE EN FRANCE PAR LE ZÈLE ET LA PIÉTÉ DU ROY. SOUMISSION DE GÊNES PAR SON DOGE ENVOYÉ EN FRANCE.

1686.

AMBASSADE DU ROY DE SIAM AVEC DES MAGNIFIQUES PRÉSENS. MISSIONNAIRES ENVOYÉS EN DIVERS ENDROITS DU MONDE. ÉTABLISSEMENT ROYAL POUR 300 DEMOISELLES A SAINT-CYR.

1687.

VŒUX DE TOUTE LA FRANCE POUR LA SANTÉ DU ROY. CET HÔTEL HONORÉ DE SA PRÉSENCE; IL Y FUT SERVI PAR LE PRÉVÔT DES MARCHANDS, ÉCHEVINS, CONSEILLERS ET QUARTENIERS.

1688.

PAPACHIN, VICE-AMIRAL D'ESPAGNE, FORCÉ DE SALUER LE PAVILLON DE FRANCE A QUINZE LIEUX D'ALICANTE. PHILISBOURG PRIS PAR L'ARMÉE DU ROY, COMMANDÉE PAR MONSEIGNEUR.

1689.

PROTECTION DONNÉE AU ROY, A LA REINE D'ANGLETERRE, ET AU PRINCE DE GALLES, CONTRE LEURS SUJETS REBELLES.

Au mois de février 1734 le prévôt des marchands passait un marché avec Guillaume Coustou, sculpteur, pour l'exécution de neuf médaillons en marbre qui devaient être placés entre les arcades, au fond de la cour, et représenter le duc de Gèvres, gouverneur de Paris, M. Taitebout, prévôt des marchands, et les autres officiers municipaux en charge cette année. Quelques difficultés étant survenues au sujet du paiement de ces médaillons, elles furent résolues en faveur de l'artiste (1).

Ce n'est pas seulement à l'extérieur que les divers bâtiments de l'ancien Hôtel de Ville ont été l'objet de la sollicitude des prévôts des marchands et de ses échevins; ces magistrats veillèrent encore à la décoration des appartements intérieurs. Les détails que j'ai pu recueillir à ce sujet, sans être aussi nombreux que pour la construction du monument, suffisent cependant pour qu'il soit possible de juger de ce qui a été fait sous ce rapport.

(1) App. 1, n° 86, 87.

La grande salle du bâtiment nouveau qui existe encore aujourd'hui, et qui est connue sous le nom de *Salle du Trône,* fut l'objet d'une attention toute particulière. L'on ne se contenta pas de l'éclairer par dix belles fenêtres dont la menuiserie fut traitée avec beaucoup de soin (1) : elle fut ornée aussi de deux cheminées monumentales, confiées au talent de plusieurs sculpteurs français, de Pierre Biard entre autres. Celle qui se trouve à droite en entrant, du côté du Saint-Esprit, est due au ciseau de cet artiste, et date de l'année 1608. D'après les devis des gros ouvrages, le corps de cette cheminée a été fait en pierre de Toussy; les plates-bandes, jambages et sommiers, en pierre de liais des environs de Paris; un dieu *Terme,* décoré d'un collier de roses, devait être sculpté sur chaque jambage. Les ornements supérieurs, « en marbre noir et incarnadin de blanc meslé, » devaient se composer d'enroulements au frontispice servant de base à deux fleuves; au milieu, un navire avec les enroulements du fronton garnis d'une pièce de marbre *brocatel* ou *africain.* Au-dessus des fleuves devaient être posées deux colonnes en marbre noir, d'une hauteur de huit pieds. Entre ces colonnes, une figure de six pieds de hauteur, « telle qu'il plaira à messieurs les prévôts des marchands et échevins. » Ces colonnes devaient être surmontées de corniche, frise et architrave décorées de marbre vert africain. Au milieu du frontispice, un bouclier contenant les armes de France et de Navarre, soutenu par deux génies, terminait cette décoration. Par son marché daté du 27 mars de l'année 1613, le sculpteur s'engageait à exécuter ce travail dans l'espace de trois mois, moyennant la somme de trois mille livres tournois (2). L'on peut en juger aujourd'hui, puisqu'il existe, au moins dans les parties principales (3). De plus, la dorure et les couleurs les plus vives furent prodiguées sur tous les ornements de cette cheminée. Antoine Bornat, maître peintre à Paris, se chargea de cette partie à raison de deux cents livres tournois (4). Ce fut seulement au

(1) « Devis des dix croisées de menuiserie qu'il convient faire en la grande salle neufve de l'Hôtel de Ville de Paris, 24 mars 1608. — Reg. H, 1774, fol. 326 r°. — Appendice I, n° 54.

(2) *Idem.* n° 62.

(3) Voyez la planche XVII; détails de la salle du Trône.

(4) « Devis des ouvrages de dorure, etc. qu'il convient faire à la cheminée de la grande salle neufve de l'Hôtel de Ville. » — App. I. n° 63.

mois d'octobre de l'année 1617 que la cheminée adossée au mur de l'ancien pavillon fut commencée. C'est l'œuvre d'un nommé Thomas Boudin, maître sculpteur à Paris. Les jambages, composés de sculpture, représentant trois *Termes* de chaque côté, devaient supporter une plate-bande ayant dix pieds de long et vingt pouces de haut, chargée de moulures, de bouquets, de feuillage. Cette plate-bande devait être surmontée d'une corniche en pierre de Tonnerre, sur laquelle seraient sculptés des bouquets et les armoiries des officiers municipaux ; le tout surmonté de colonnes en pierre de Tonnerre, et de six grandes figures placées les unes au-dessus des autres. Les deux qui étaient les plus élevées devaient tenir d'une main la couronne de France et de Navarre, de l'autre une palme; celles du milieu porter les sceptres royaux, et les deux dernières les armoiries de la ville. Les chapiteaux et les bases de chaque colonne devaient être en bronze ; la couronne, les armoiries du roi, de la reine, et de la ville de Paris, les festons, palmes, sceptres et bouquets, la bordure des vêtements de chaque figure, dorés ou enluminés de couleurs différentes. Thomas Boudin s'engageait à fournir tous les matériaux nécessaires, excepté le fer qui lui était donné par la ville, et à terminer son travail pour le jour de Saint-Jean 1618, moyennant cinq mille livres tournois (1).

La menuiserie avait été aussi traitée avec le plus grand soin. Les descriptions de la Ville de Paris citent comme étant l'œuvre de Jean Goujon les sculptures en bois de la salle du Zodiaque, attenante à la grande salle de réception, et qui représentent les différents mois de l'année, sous l'aspect de douze femmes, avec des attributs qui les distinguent. Il est douteux cependant que ces sculptures de petit modèle soient l'œuvre originale de ce maître, et voici pourquoi : c'est qu'on les retrouve, mais sur une grande échelle, et cette fois de la main de Jean Goujon, parmi les sculptures de l'hôtel Carnavalet.

Des peintures remarquables, et dont il n'existe aujourd'hui nulle trace, décoraient non-seulement la grande salle de l'Hôtel de Ville, mais

---

(1) Reg. H, 1799, fol. 148. — App. I, n° 68.

encore les autres pièces de ce monument : l'on doit regretter d'autant plus la destruction de ces peintures qu'elles formaient comme un musée chronologique dans lequel chaque peintre français, depuis le xvie siècle jusqu'au xviiie, était venu travailler. La plus ancienne indication que j'aie pu recueillir remonte au 13 août 1551. Elle est curieuse, mais bien incomplète. Le prix d'une amende étant resté sans destination, les officiers municipaux décident que ce prix sera employé à payer les ornements, vernis, et dorure faits au plancher du petit bureau, dans le bâtiment neuf de l'Hôtel de Ville. Ces travaux n'étaient pas sans quelque importance, puisque des plans avaient été exigés de la veuve de maître Charles Dorigny, peintre, qui s'en était rendue adjudicataire, moyennant la somme de quatre-vingt-douze livres treize sous six deniers (1).

Si les registres des recettes et dépenses de 1506 à 1599 étaient parvenus jusqu'à nous, je ne doute pas que l'on n'y eût trouvé d'autres renseignements. Ainsi, de 1601 à 1624, j'ai recueilli les détails suivants : en 1602, Jérôme Francœur, maître peintre à Paris, reçoit cent vingt écus pour avoir exécuté un tableau représentant les prévôt des marchands et échevins, ainsi que les autres officiers municipaux en charge à cette époque (2). En 1603, Jehan d'Angers eut cent quinze livres tournois pour le même objet, en y comprenant la peinture des armoiries (3).

En 1609, Ferdinand Hellé, maître peintre, demeurant au faubourg Saint-Germain, s'engageait à fournir, moyennant quatre cents livres tournois, un grand tableau avec le cadre, où les prévôt des marchands, échevins, procureurs du roi, greffiers, étaient représentés tous ensemble (4). En 1611, Georges Lallemand recevait la même somme pour une œuvre pareille; cinquante livres en plus y étaient ajoutées « pour huit « petits tableaux et portraits séparés faits par ledit Lallemand, des dits « sieurs officiers (5). » En 1624, le même travail était payé cinq cents livres à Louis Bobrun.

---

(1) Reg. de l'Hôtel de Ville, Archiv. du Roy. H, 1781, fol. 228. — App. I, n° 21-A

(2) Reg. des rec. et dép. Archiv. du Roy. K, 1071.

(3) *Idem*. K, 1073, fol. 40 v°. — App. I, n° 32.

(4) *Idem*. K, 1079, fol. 42 r°.

(5) *Idem*. K, 1078, fol. 44 r°.

Cet usage, que les officiers municipaux de différent grade paraissent avoir adopté au xvie siècle, de perpétuer dans un tableau le souvenir de leur fonction, ne fut pas particulier à l'Hôtel de Ville de Paris; c'est ainsi que les magistrats, maires, échevins et capitouls de différentes villes du royaume, firent aussi représenter, dans des galeries consacrées à cet usage, leur portrait et leurs armes (1).

Dans ces tableaux, non-seulement le prévôt des marchands et les échevins, mais encore le procureur du roi, le greffier, le receveur et les conseillers municipaux, étaient représentés. Le 24 mai de l'année 1606, une discussion s'éleva entre Claude Lestourneau, receveur des domaines de la ville, et François Courtin, greffier, sur la place que ces deux officiers devaient occuper dans le tableau. Le receveur prétendait avoir le pas sur le greffier, mais François Courtin démontra que sa charge était plus ancienne que celle de Claude Lestourneau, et eut la satisfaction de l'emporter sur son adversaire (2).

A peu près vers 1620, François Porbus, fils d'un peintre flamand (3), acquit une assez grande réputation en exécutant le portrait de plusieurs prévôts et échevins. A la fin du xviie siècle Sauval parlait de ces ouvrages avec une certaine admiration, et disait qu'à côté des deux tableaux de Porbus, ceux des autres ne paraissaient que « peintures de village ou du « pont Notre-Dame (4). » Ces tableaux de Porbus ayant été endommagés, le peintre Janelle fut chargé de les restaurer, et un mémoire du 18 juillet 1710 atteste qu'il reçut cent cinquante livres pour ce travail (5).

Au xviiie siècle, plusieurs peintres célèbres furent chargés, non-seule-

---

(1) Voyez, à ce sujet, un Rapport de M. de Mas-Latrie sur les Archives de la ville de Toulouse, p. 154, t. I. — Des Documents historiques inédits tirés des collections manuscrites de la Bibl. Roy. etc. publiés par M. Champollion-Figeac, 1841, in-4°.—Coll. des Doc. inéd. relatifs à l'Histoire de France.

(2) Reg. de l'Hôtel de Ville, II, 1794, fol. 82 v°. — App. 1.

(3) FÉLIBIEN, Entretiens sur la vie des Peintres, etc. 1725, in-18, t. III, p. 319.

(4) Antiquités de Paris, t. II, p. 483. — Sauval parle aussi d'un tableau de Porbus où il a représenté Louis XIII « recevant les ser- « ments du prévôt et des échevins en présence « de Marie de Médicis sa mère, du chancelier « et de quelques grands du royaume. » Tout y est animé, vivant ; « les têtes en sont peintes « avec une facilité incroyable, ou plutôt inimi- « table ; il y en a où l'imprimerie de la toile sert « de teinte ; les poils y sont si bien touchés et si « bien distingués qu'on les pourroit compter. »

(5) Archiv. du Roy. K, 990. — App. 1. n° 80.

ment de faire le portrait des officiers municipaux, mais encore de reproduire quelques faits remarquables ayant eu lieu pendant la magistrature de ces officiers. Parmi ces peintres je citerai Largillière, Mignard, Jean de Boullongne et de Troyes. Ainsi, le jeudi 14 septembre 1702, Largillière s'engageait à représenter, dans un tableau de dix à onze pieds de hauteur sur quinze à seize de largeur, le prévôt des marchands, ses quatre échevins, les procureur du roi, greffier, et receveur, « accompagnez de « la Justice et de l'Abondance, une tapisserie dans le fond représentant « l'avénement du duc d'Anjou à la couronne d'Espagne avec toutes les « allégories convenant au sujet; le tout moyennant une somme de cinq « mil trois cent livres (1). »

Au mois de janvier 1716, François de Troyes devait peindre, dans un tableau de six pieds deux pouces, « le roy et la Paix, et les officiers de « l'Hôtel de Ville faisant compliment à Sa Majesté au sujet de la paix « conclue à Utrecht (2), » pour la somme de six mille livres. Au mois d'août 1716, Louis de Boullongne s'engageait à fournir dix mois plus tard, un tableau de neuf pieds trois pouces de hauteur sur huit pieds trois pouces de largeur « sur lequel sera représenté, avec les ornements et « allégories convenables au sujet, le roy assis dans un fauteuil, accom- « pagné de monsieur le duc d'Orléans, régent du royaume, à sa droite, « et de monsieur le duc de Noailles, capitaine des gardes, derrière le fau- « teuil, donnant à messieurs les prévost des marchands et eschevins, pro- « cureur du roy, greffier et receveur de la ville de Paris, les lettres de « noblesse, suivant l'exquisse que le dit sieur de Boullongne nous a « représenté, et que nous avons agréé pour être, le dit tableau, placé sur « la cheminée, du côté du bureau d'audiance, dans la grande salle de « l'Hôtel de Ville, et ce moyennant la somme de cinq milles livres (3). »

Germain Brice et Piganiol de La Force parlent encore d'un tableau de Largillière très-remarquable, et qui avait pour sujet le magnifique festin que l'Hôtel de Ville donna au roi et à toute la cour le 30 janvier 1687 (4). Je crois devoir mentionner encore deux tableaux dont

---

(1) Archiv. du Roy. K, 990. — App. I, n° 77.
(2) *Idem.* K, 1016. — N° 81
(3) *Idem.* K, 1016. — N° 83.
(4) *Description de la Ville de Paris*, 1725, in-18, t. II, p. 135.

les Vanloo étaient auteurs : le premier représentant la naissance du Dauphin (Louis XIV) par Louis-Michel Vanloo, avait déjà été remplacé en 1764 ; le second, de Carle Vanloo, exécuté au sujet de la paix entre la France et l'Empire, en 1739, se trouvait placé à droite en entrant dans la grande salle (1).

Dès la fin du xvie siècle les appartements de l'Hôtel de Ville renfermaient des tapisseries remarquables et des meubles de toute nature confiés à la garde de Charles Tamponnet, concierge, et lui valaient une gratification particulière. Au mois de juin 1601, cette gratification était de quatre écus d'or. Le 10 juillet de l'année précédente, François Langoisseux, tapissier ordinaire de la ville, fournissait des tapisseries nouvelles pour une somme de vingt écus ; et, quinze années plus tard, Jehan Langoisseux passait un marché par lequel il s'engageait à entretenir les tapisseries de la ville, et à fournir celles qui seraient nécessaires dans les fêtes solennelles. Moyennant cent livres tournois par an, Langoisseux devait tendre à la mi-août la grande salle et toutes les banquettes destinées aux bourgeois électeurs, avec les tapisseries appartenant à la ville. Il devait aussi, pour le jour de la grande Fête-Dieu, tendre toute la façade du monument, depuis l'église du Saint-Esprit jusqu'à l'arcade Saint-Jean, avec de belles tapisseries de Bruxelles fournies par lui ; poser et déposer les tapisseries de la ville le long des murs de l'arcade Saint-Jean jusqu'à l'église de ce nom. Le jour du feu de la Saint-Jean, Langoisseux devait encore tendre ces mêmes tapisseries et en fournir d'autres pour dix chambres de l'Hôtel de Ville, répondant sur la Grève (2).

L'on a vu, dans l'un des chapitres précédents, que la chambre qui servait de bureau aux officiers municipaux avait été ornée de peinture dès le xive siècle, à l'époque où la Maison aux Piliers fut transformée en Hôtel de Ville. J'ai cité aussi quelques extraits d'un compte des années 1424 et 1425 qui fait mention des nattes qu'on mettait dans cette

---

(1) HÉBERT, *Dictionnaire pittoresque et historique, ou Description d'Architecture, Peinture, etc., des Monuments de Paris*. Paris, 1766, in-12, t. I, p. 251.

(2) Archiv. du Roy. H, 1891. — App. 1, n° 32.

chambre pendant l'hiver, et de l'herbe verte dont elle était jonchée chaque matin, depuis le mois de mai jusqu'au mois de septembre. Dans le nouveau bâtiment des tapisseries remplacèrent les nattes, et tous les objets nécessaires au travail étaient fournis par la ville. Au mois d'août de l'année 1600 Guillaume Clément, commis greffier de l'Hôtel, recevait une somme de huit écus d'or vingt sous pour avoir, « depuis deux ans « en çà, fourny et garny le bureau du dit Hôtel de Ville, de plumes, « canivets, et d'encre (1). »

Il y avait encore dans ce bureau, à la même époque, une petite « montre d'horloge » dont le travail devait être assez précieux, puisque l'on payait à Pierre Prejan, maître gaînier, deux écus d'or pour avoir fait une boîte de maroquin rouge destinée à ce régulateur.

En date du 10 octobre de l'année 1552, je trouve un détail assez curieux relatif aux meubles dont fut garnie la chambre du prévôt des marchands. Ces meubles consistaient en un lit garni de ciel et custode de damas noir, à franges de soie noire, composé de matelas, courte-pointe et couvertures; en une table et six chaises, et un feu complet qui est ainsi désigné : « deux chenetz pour la chemynée, pelle, tenailles « et fourchettes (2). »

Il y avait encore à l'Hôtel de Ville une « buvette, » de même qu'au Palais de Justice, destinée au soulagement des officiers municipaux que leurs fonctions retenaient trop longtemps dans l'intérieur de la Maison commune. Les frais en étaient supportés par la ville, ainsi que le prouve un mandement du huitième jour d'août 1600, qui ordonne le paiement de trente-cinq sous tournois, pour « la dépense de la beuvette faicte en « l'Hôtel de la dicte ville, durant le mois de juillet (3). » En 1594, Guillaume Rouveau, qui desservait cette buvette, obtenait, des prévôt et échevins, l'autorisation de faire clore, pour son usage particulier, une petite place qui était devant ses fenêtres et ne servait qu'à mettre des immondices (4). D'après cette indication, la buvette de l'Hôtel de Ville

---

(1) Archiv. du Roy. H, 1891. — App. I, n° 32.
(2) Reg. de l'Hôtel de Ville, H, 1782. — App. I, n° 24.
(3) Reg. des rec. et dép. K, fol. 109 r°.
(4) Archiv. du Roy. Q, 1247.

était située au rez-de-chaussée du côté de l'arcade Saint-Jean, car il est dit, dans le marché passé avec le tapissier Langoisseux, que les tapisseries qu'il fournira le jour de la Fête-Dieu, s'étendront depuis l'église du Saint-Esprit « jusqu'au coin du beuvetier, la porte du dict beuvetier « comprise (1). »

Ainsi qu'on a pu en juger par les détails que j'ai donnés plus haut, les bâtiments de l'Hôtel de Ville ont été, pendant le règne de Louis XIV, soit à l'intérieur, soit à l'extérieur, entretenus avec beaucoup de soin. Pendant le cours du xviiie siècle ce monument reçut aussi, principalement dans les dispositions intérieures, de grandes améliorations; les onze années que dura la magistrature de Michel-Étienne Turgot, père du ministre de ce nom, furent signalées par des travaux de toute nature qui méritent quelque attention. Voici ce que je trouve à ce sujet dans un Mémoire manuscrit qui fait partie des archives générales du département de la Seine :

« Monsieur Lambert, prévôt des marchands, décédé au commencement de juillet 1729, M. Turgot, chevalier, seigneur de Sous-Mons, Bons, Ussy, Pontigny, etc., fut élu Prévôt des marchands. M. Turgot entra aussitôt dans tous les détails de la ville, de la police, de la justice et administration. Il reconnut qu'il régnoit un grand désordre dans l'arrangement des archives, registres, minutes et papiers concernant la ville, et que tout se détruiroit insensiblement, que le désordre ne provenoit que du défaut de lieux pour les mettre en ordre. Il examina tous les différents endroits de l'Hôtel de Ville pour en tirer les avantages que l'on pouvoit : cet hôtel devenant trop petit pour la grandeur de la ville, il fit, du consentement de MM. les Échevins et de M. le Procureur du roi de la ville, donner du jour dans le greffe, en élargissant la petite croisée, supprimant les croisillons de pierre qui étoient dans les deux croisées, et y faisant mettre des châssis à grands carreaux, fit faire de grandes et belles armoires, un balcon et des tablettes au-dessus, auxquelles on va par un escalier pratiqué dans un coin, et disposer les bureaux des commis d'une manière commode et agréable, en sorte que

---

(1) Archiv. du Roy. H, 1891.

de ce greffe, qui étoit hideux, il en a fait un d'une commodité et d'une beauté singulière. Le cabinet du greffe qui est attenant n'étoit pas mieux ; il a fait faire des armoires à double rang, fait parqueter, mettre des châssis à grands carreaux, et un chambranle de marbre à la cheminée.

« Au bout du corridor étoient deux pièces que l'on appeloit le Trésor. Dans la plus grande se mettoient deux payeurs. Ces deux endroits étoient très-obscurs et le paiement des rentes s'y faisoit avec une grande difficulté. M. le prévôt des marchands destina ces deux pièces à deux usages, principalement la plus grande pièce, pour y resserrer des papiers et pour servir dans les solennités à recevoir les compagnies. Pour cela, il a fait faire deux armoires de la même manière que celle du greffe, avec un balcon et des tablettes au-dessus, élargir les croisées et mettre des châssis à grands carreaux. A l'égard de la petite pièce qui tire son jour de la petite ruelle Saint-Jean, il l'a fait voûter dessus et dessous en pierre de taille, fait fermer d'une porte en fer ainsi que les volets de la croisée, et fait remplir ce lieu d'armoires en deux rangs ; il a destiné ce lieu pour y placer les titres et archives de la ville.

« Les greniers qui régnoient au-dessus desdits lieux, et ceux en retour étant au-dessus de l'antichambre et chambre appelée des Gouverneurs, qui ne servoient que de retraite à des objets entièrement inutiles, il en a fait faire des chambres et lieux, non-seulement pour servir dans les solennités de la ville, mais encore pour servir à resserrer les registres, minutes et affaires de la ville. Pour cet effet il a fait plafonner, carreler, tous lesdits lieux, et des trois pièces qui sont au-dessus de la chambre des Gouverneurs, il a donné la première pour augmenter le logement de M. le greffier. Les deux autres pièces, ainsi que les deux qui se trouvent vis à vis, et qui sont au-dessus, deux pièces appelées le Trésor, il a fait tout remplir d'armoires belles, commodes et solides ; la petite pièce qui se trouve au-dessus du Petit-Trésor a aussi été voûtée de pierres de taille fermée d'une porte de fer. M. le prévôt des marchands a pris ces précautions pour garantir les archives en cas d'incendie.

. . . .

. . . .

« Les mouvements de l'horloge ne valant plus rien, il en a fait faire d'autres, et posé les mouvements dans le dit grand grenier et fait faire un tocsin; la descente des poids a été portée dans une cour de l'Hôtel de Ville appelée de l'Étappe : avant cela les mouvements étoient placés dans une chambre entre ledit grand grenier et la chambre où se mettent Messieurs les conseillers.

« Le bureau où Messieurs s'assemblent dans le bâtiment neuf, étoit petit et incommode, n'ayant qu'une croisée sur la rue, et une sur la cour d'une maison appartenant à la ville; il l'a fait agrandir de manière qu'il y a quatre croisées, deux sur la rue, et deux sur la cour, refait les planchers qui menaçoient ruine, boisé le bureau d'une belle menuiserie, plafonner, mettre un chambranle de marbre à la cheminée, et ses châssis à venteaux, et grands carreaux aux croisées; il fit faire un petit cabinet dans lequel on entre du dit bureau et des commodités attenant, le tout boisé, y a fait mettre des chaises de canne et un bureau.

. . . .

. . . .

« Tous les tableaux de l'Hôtel de Ville se trouvant gâtés par le temps et la poussière, il les a fait réparer, nettoyer et remettre en bon état.

. . . .

« Tous les ouvrages dans l'Hôtel de Ville ayant été universellement applaudis, monsieur le duc de Gesvres, M. le maréchal de Montmorency, monsieur de Vence, et autres seigneurs et magistrats, vinrent à l'Hôtel de Ville le jeudi 25 janvier 1736, pour voir tant d'augmentations et d'embellissements, environ l'heure de midi. Monsieur le prévôt des marchands et Messieurs du bureau en ayant été avertis, reçurent tous ces Messieurs et leur firent tout voir; ils témoignèrent tous leur parfaite satisfaction de voir l'Hôtel de Ville entièrement changé de face, et ils « admirèrent l'ordre et l'arrangement dans les archives, registres et « papiers. » La compagnie étant revenue dans le cabinet du greffe, le maître d'hôtel vint avertir que l'on avoit servi; aussitôt, Monsieur le prévôt des marchands et Messieurs du bureau conduisirent la compagnie dans la salle des Gouverneurs où l'on avoit préparé une table de vingt couverts, et mis le buffet de vermeil de la ville en ordre. La compagnie se mit à table.

. . . .

« Le repas servi avec abondance et délicatesse, le dessert superbe; la salle étoit éclairée par trois lustres et par une infinité de lumières. Pendant le repas on présenta le dessin d'une cheminée en marbre destinée pour la salle des Gouverneurs où la compagnie étoit, où devoit être placé un tableau représentant le Roy, dont Sa Majesté a fait présent à la Ville. . . . . (1). »

Ces détails sont précieux, en ce qu'ils nous font connaître l'état et la condition matérielle des anciennes archives de l'Hôtel de Ville de Paris, si riches en documents intéressants pour notre histoire.

Au mois de février de l'année 1734, un buste de Louis XV, dû au ciseau de Coustou le jeune, fut posé dans la chambre qui servait de bureau aux magistrats municipaux. Un ordre, émané de ce bureau, daté du 15, enjoignait aux ouvriers nécessaires à la pose de ce buste de se trouver le lendemain à l'Hôtel de Ville. Coustou indiqua lui-même la place que devait occuper le buste qu'il avait fait. Son choix dut être blâmé par quelques personnages importants, car il se crut obligé de faire la note justificative suivante :

Raisons pour quoy monsieur Coustou n'a pas élevé plus haut le buste du Roy.

« 1º C'est qu'il n'auroit pas reçu le jour comme il le reçoit;

« 2º S'il avoit été élevé plus haut, de la grandeur dont il est, parce que « les traits se seroient perdus à la veue;

« 3º Il a été obligé de s'assujétir à la hauteur de la corniche du lambris, « et si le buste avoit été plus haut ou plus (*sic*), cela auroit coupé ou le « buste ou la console (2). »

---

(1) Collationné et trouvé conforme aux pièces déposées aux archives impériales, par moi chef des archives de l'administration de la préfecture de la Seine.

Ce 16 avril 1811.

PROPIAC.

(2) Archives générales du département de la Seine. — App. I, nº 101.

PREMIÈRE PARTIE.

Pour bien juger de la distribution intérieure de l'Hôtel de Ville dans la seconde moitié du xviiie siècle, il suffira de lire avec attention l'une des pièces justificatives jointes à mon travail. Dans cet état chaque pièce, chaque escalier, chaque corridor, chaque porte est numéroté par étage, et il est facile, avec les plans qui accompagnent notre texte, de reconnaître les désignations différentes (1).

Sous le règne de Louis XVI aucun changement considérable n'eut lieu dans les bâtiments du vieil Hôtel de Ville. Seulement, aux tableaux et sculptures dont j'ai parlé précédemment, il faut ajouter un tableau représentant Henri IV à cheval faisant son entrée dans Paris, et un second qui représentait aussi l'entrée de Louis XVI en 1774, à l'occasion du rétablissement du Parlement. N'oublions pas enfin le buste du général La Fayette, qui fut placé dans l'Hôtel de Ville en 1786.

On lit à ce sujet, dans un *Guide des Amateurs et des Étrangers voyageurs à Paris*, publié l'année suivante :

« Les États de Virginie, en reconnoissance des services du major
« général, le Marquis de La Fayette, ayant résolu de placer son buste
« dans leur capitale, et étant dans l'intention d'ériger un monument à
« ses vertus, et aux sentiments qui lui sont voués, dans le pays auquel
« ils sont redevables de sa naissance, chargèrent M. Jefferson, ministre
« plénipotentiaire des États-Unis à Paris, de solliciter MM. les Prévôt
« des Marchands et Échevins de la Ville de Paris, pour les engager à
« accepter le buste de ce brave officier, comme un second témoignage
« de leur reconnoissance, et de les prier de le placer dans un lieu qui
« puisse rappeler toujours cet hommage honorable et attester le dévoue-
« ment des Alliés de la France.

« Le Corps municipal, à qui M. le Baron de Breteuil fit savoir que le
« Roi, à qui il en avoit rendu compte, approuvoit que ce buste fût
« accepté, s'étant assemblé le 28 septembre 1786, *M. Short*, ancien
« Membre du Conseil des États de Virginie (M. Jefferson étant retenu
« chez lui par une indisposition), est arrivé à l'Hôtel de Ville, pour y
« présenter le buste exécuté par le sieur *Houdon*, sculpteur du Roi, et

(1) App. I, n° 101.

« pour remettre à MM. les Prévôt des Marchands et Échevins, une lettre de
« *M. Jefferson*, ainsi que les délibérations des États de Virginie. M. le
« Pelletier de Morfontaine, conseiller d'État, Prévôt des Marchands,
« ouvrit la séance par en annoncer le motif et l'objet, et remit à M. Vey-
« tard, greffier en chef, toutes les pièces dont il s'agit, pour en faire
« lecture. Après quoi M. Éthis de Corny, Avocat et Procureur du Roi, et
« chevalier de l'ordre de Cincinnatus, prononça un discours dans lequel
« il rappela, d'une manière très-intéressante, les services de M. DE
« LA FAYETTE dans l'Amérique septentrionale, la confiance de l'armée et
« l'attachement des peuples pour ce général.

« Ce discours, fini et très-applaudi, M. Éthis de Corny donna les
« réquisitoires et conclusions nécessaires pour la réception de ce buste,
« conformément aux intentions du Roi, et, en conséquence de ces
« conclusions, le buste a été placé, au bruit d'une musique militaire, sur
« la cheminée qui est à droite de la grande Salle de l'Hôtel de Ville.

« Cette cérémonie, aussi nouvelle qu'intéressante, a produit les plus
« vives impressions de plaisir et d'attendrissement sur les spectateurs.
« Un homme de lettres, qui en étoit témoin, a appliqué heureusement à
« M. DE LA FAYETTE, ce que Tacite dit de Germanicus : *fruitur fama*
« *sui* (1). »

(1) *Guide des Amateurs et des Étrangers voyageurs à Paris, etc.* par M. Thierry, 1787.
2 vol. in-12, t. II, p. 684.

CHAPITRE III.

QUARTIER ET PLACE DE GRÈVE. — ÉGLISE SAINT-JEAN. — HÔPITAL ET CHAPELLE DES BONNES FEMMES BAUDRIETTES. — HÔPITAL ET CHAPELLE DU SAINT-ESPRIT. — LA MAISON DU BUREAU DES PAUVRES. — GRANGES DE L'ARTILLERIE OU ARSENAL DE LA VILLE DE PARIS.

Au commencement du xiie siècle, la Grève était déjà le centre de l'un des quartiers les plus populeux de Paris. Cette place faisait partie alors d'un fief que les comtes de Meulan avaient depuis longtemps dans la capitale, et dépendait du territoire de l'église Saint-Gervais (1). Soit par échange, soit par un autre moyen, ce fief tomba dans le domaine des rois de France, et, l'an 1141, Louis VII, dit le Jeune, vendait aux bourgeois des environs la propriété de cette place, moyennant soixante et dix livres; il est dit dans l'acte : « Nous cédons à « perpétuité cette place voisine de la Seine, que l'on appelle La Grève, « où existe un ancien marché, afin qu'elle reste vide de tout édifice « ou de tout autre objet qui pourroit l'encombrer (2). » Ainsi, depuis une époque reculée, la place de Grève servait de marché, au moment où, par l'achat de la Maison aux Piliers, le prévôt Marcel y transporta le siége de l'administration municipale. Le prévôt des marchands et ses échevins veillaient avec un soin tout particulier à la conservation de la Grève, que la position qu'elle occupait au bas du Monceau-Saint-Gervais, sur les bords de la Seine, exposait à des inondations fréquentes. Pour remédier à cet inconvénient, des palissades en bois, soutenues par des liens de fer, avaient été fixées tout le long du rivage et occupaient l'emplacement où s'éleva plus tard l'ancienne arcade Saint-Jean. Ces premiers travaux remontent à une date reculée, puisque dans un marché passé au Parloir aux Bourgeois, en 1296, avec un certain Évrart, il est question de remplacer les vieilles palissades par des neuves. D'après les termes de ce marché, les pieux devaient avoir onze

(1) Lebeuf, *Histoire du diocèse de Paris*, t. I, p. 128.

(2) Le Roy, *Dissert. sur l'origine de l'Hôtel de Ville de Paris*, p. xcv.

pieds d'élévation, et un pied deux doigts d'épaisseur (1). Ces palissades, sans cesse battues par les eaux, n'étaient pas d'une bien longue durée : ainsi, des lettres patentes de Philippe le Bel, datées du mois d'août 1309 (2), autorisent les magistrats municipaux à percevoir pendant deux années un droit dont le produit devait être appliqué en partie à refaire les palissades de la Grève.

Ces palissades n'étaient pas assez élevées pour empêcher la Seine d'inonder la place de Grève quand ce fleuve venait à sortir de son lit. Le *Journal d'un Bourgeois de Paris* en cite plusieurs exemples qui se rapportent à la première moitié du xve siècle. A la date du mois de juin 1427, on lit : « En cel an fut la rivière de Seine si très-grande, car à la « Pentecoste, qui fust le huitiesme jour de juing, estoit la dite rivière à « la Croix de Grève, et ce tint en ce point jusques au bout des festes, et le « jeudi, elle crut de près de pié et demy de hault. » Et un peu plus loin : « La Seine crut tant le Vendredy et le Sabmedy ensuyvant qu'elle s'espan-« dit jusques devant l'Ostel de la Ville, et fut plus d'un haut pié largement « en l'ostel du mareschal qui demeure à l'opposite devant, du costé de la « Vannerie, et jusques au sixiesme degré de la Croix de Grève, droit « devant l'Ostel de Ville, au droit de la Croix. »

Le bourgeois chroniqueur dit encore, à la date du mois de mars 1431 : « furent les eaux si grandes, que en Grève, à Paris, elles estoient devant « l'Ostel de Ville (3). »

---

(1) « Ce sunt les convenances que mestre « Évrart a à la Marcheandise por fere les palées « en Grève. Premièrement, il doit fere v paa-« lées toutes n[ue]ves. *Item* I des viez paalées « sera arachié[e] toute, si que il n'i demoura « que I des pieux ; et seront arrières fichiés por « ce que il pendent d'une part; et vi autres « palées viez seront raparellées et mises dou-« bles liernes, et botes, et liens, et chevilles de « fer. Et en II de ces vi palées seront mis II « pieux des III pieux que la Marcheandise doit « ballier par convens; et le tiers pieux sera « mis en I des v neuves palées. Et seront toutes « ces paalées, tant les viez que les neuves, « garnies de double lierne bien et soufisan-« ment, et auront touz xi piez de fiche. Et « por ce fere, li dit Evrart doit avoir VIII^{xx} liv. « Parisis. Ce fu fet l'an de grace mil cc IIII^{xx} et « saze, le mardi après la Saint-Barnabé. Et « doit avoir chacun pieu I pié et II daé de for-« neture entre II escorces. » (*Livre des Sen-« tences du Parloir aux Bourgeois*, fol. XLVII r°.) — DEPPING, *le Livre des Métiers d'Étienne Boileau*, 1 volume in-4°. Paris, 1837. Page XXI.)

(2) Arch. du Roy. K, 978. — LE ROY, *Dissertation sur l'origine de l'Hôtel de Ville de Paris*, p. xcv.

(3) *Mémoires pour servir à l'Histoire de France et de Bourgogne, contenant un Journal*

Avant l'achat de la Maison aux Piliers, qui eut lieu, comme on l'a vu précédemment, en 1358, il est probable que la ville de Paris possédait déjà sur cette place un bureau pour y percevoir les droits prélevés sur les marchandises qui y arrivaient par bateaux. Une ordonnance du Livre Noir au Châtelet, datée de l'année 1367, indique la Boîte au vin comme existant sur la Grève à cette époque (1). Ce commerce important se faisait donc déjà sur cette place, au moment où l'ordonnance du mois d'octobre 1413 l'y transféra officiellement (2). La vente des bois flottés et du charbon y fut établie vers le même temps; il en résulta un encombrement qui nécessita plusieurs fois l'intervention de l'autorité; par exemple, le 13 septembre de l'année 1552, Christophe de Thou, prévôt des marchands, accompagné du sire de Jumanville, gouverneur de l'hôpital Saint-Esprit, visita une maison sise en Grève, sur le bord de l'eau, devant la Place au Charbon, et appartenant à cet hôpital; sous les piliers de cette maison, des auvents avaient été fabriqués pour mettre à l'abri le peuple, « advenant le temps de pluie et autres divers temps; » mais il fut reconnu que ces galeries couvertes étaient pavées des mêmes pierres que la Grève, et qu'elles appartenaient à la ville; de plus que ces constructions nouvelles avaient été entreprises contre le bien public (3). En 1563, le roi ayant été informé des incommodités qui résultaient d'un abus commis par certains charrons et autres personnes qui ne louaient maisons sur la place de Grève que pour l'embarrasser de chariots, charrettes, tombereaux et haquets, signifiait au prévôt des marchands de faire cesser un tel abus; en même temps, il l'engageait à faire réparer le pavé de la place, bien endommagé, et à purger cette place des immondices qui l'obstruaient. Cette ordonnance, renouvelée en 1571, ne reçut pas d'exécution, sans doute à cause des malheurs politiques qui survinrent; c'est pourquoi elle fut répétée une troisième fois. Au mois d'octobre de l'année 1576, le roi se plaint « qu'il y a aucuns charrons

---

de Paris sous les règnes de Charles VI et de Charles VII, etc. etc. Paris, 1729, in-4°. Pag. 109, 110, 148.

(1) *Ordonnances royaux*, etc. Édit. in-fol de 1644; p. 263.

(2) Ord. des Rois de France, t. X, p. 184.
(3) Reg. de l'Hôtel de Ville.—Arch. du Roy. H. 1782, fol. 7. — App. I, n° 23.

« habituez en ladicte place, lesquelz, contre les ordonnances et deffenses
« à eulx faictes, et par plusieurs fois réitérées, ne délaissent à y mettre
« leur boys, chariots et charrettes, empeschant par ce moyen tout ledict
« lieu, mesmes les exécutions de justice qui se font ordinairement, pour
« l'exemple, en ladicte place (1). » Le roi parle aussi de la nécessité
de paver la Grève « pour donner cours aux eaux, affin d'éviter la putré-
« faction. »

Au mois de septembre de l'année 1608, le commerce des vins et
du cidre se faisait avec une grande activité sur la Grève, et l'entrepreneur des travaux de l'Hôtel de Ville, Marin de la Vallée, ayant
embarrassé de ses matériaux toute la place jusques aux marches de la
croix, le prévôt des marchands et les échevins lui intimèrent l'ordre
de décharger et tailler sa pierre dans un seul endroit, afin de faire
place aux vins et cidres arrivant journellement à la Grève (2).

La place de Grève à cette époque était loin d'avoir la même étendue
que de nos jours, et ne présentait pas non plus le même aspect; le
terrain, plus bas et plus en pente, se divisait en deux parties : la Grève
proprement dite et, sur le bord de l'eau, les marchés au vin, au charbon;
enfin, sur le même plan que l'Hôtel de Ville, la petite place aux Canons,
ainsi nommée parce qu'elle servait à mettre l'artillerie de la ville dans
les solennités publiques, et lors du feu de la Saint-Jean. Cette seconde
place commençait presqu'à l'arcade Saint-Jean, entre les rues de la Tannerie et de la Vannerie, et était séparée de la grande, anciennement
par des pieux en bois réparés en 1309, et après par un mur formant
parapet qui ne fut démoli qu'en 1673. A cette époque, le prévôt des
marchands, M. Le Pelletier, détruisit les fétides habitations des teinturiers
et des tanneurs, qui couvraient le bord de l'eau, entre le pont Notre-
Dame et la Grève, pour y établir un quai qu'il appela le Quai-Neuf;
mais la reconnaissance publique le désigna bientôt sous le nom de celui
qui l'avait bâti (3). Jusqu'aux premières années du xixe siècle, le quai
Pelletier formait, en arrivant sur la Grève, un coude indiquant la

(1) Arch. du Roy. K, 990-11. — App. I, n° 28.
(2) Arch. du Roy. H, 1889. — App. I, n° 28.
(3) Extrait des registres du conseil d'État. — Archiv. du Roy. Q, 1247. — Jusqu'à la fin du xviiie siècle l'on voyait, dans un cadre de

séparation qui exista longtemps sur cette place. Au milieu du quai avançant sur la place de Grève s'élevait une croix de pierre portée sur un piédestal attenant au parapet. Cette croix en avait remplacé une autre qui était ornée de sculptures gothiques, et à laquelle on arrivait par huit marches en pierre assez hautes ; elle se trouvait en face de l'arcade Saint-Jean. Cette croix, dont parle le *Journal d'un Bourgeois de Paris*, cité plus haut, était destinée sans doute à recevoir les prières que les condamnés faisaient à Dieu avant de subir leur peine. Les dispositions singulières que le temps avait données à cette place en diminuaient beaucoup l'étendue. Quoi qu'il en soit, elle se trouvait encore l'une des plus spacieuses du vieux Paris, et fut pendant plusieurs siècles le théâtre de la grandeur et des revers de la bourgeoisie parisienne. Cette place était encore le rendez-vous d'ouvriers de divers états et de gens du peuple. On y voyait aussi ces membres parasites qu'engendre la population de toutes les grandes villes ; ils étaient connus au moyen âge sous le nom générique de *Ribaud*, et cherchaient à gagner leur existence, soit par l'aumône, soit par tout autre moyen. Notre vieux poëte Rutebeuf, qui vivait sous saint Louis, a consacré quelques vers aux *Ribauds de la Grève* (1). Cette place a eu, pendant plusieurs siècles, le triste privilége de servir de lieu de supplice aux criminels. Il est inutile de nommer ici tous ceux qui y furent exécutés ; je dirai seulement que la plus ancienne exécution connue qui s'y passa, eut lieu en l'année 1310. Marguerite de Hainaut, surnommée Porrète, et Guyard de Cressonnessart, clerc du diocèse de Beauvais, convaincus d'hérésie, y furent brûlés, en présence de l'évêque de Paris et de son clergé (2). Jusqu'à la

---

marbre noir placé à l'entrée du quai Pelletier, l'inscription suivante :

LUDOVICI MAGNI — AUSPICIIS — RIPAM HANC — FÆDAM NUPER ET INVIAM — NUNC PUBLICUM ITER — ET ORNAMENTUM URBIS — FIERI CC — PRÆF. ET ÆDIL. — ANNO M. DC. LXXV.

PIGANIOL DE LA FORCE, (*Descr. de Paris*. t. III, p. 447.)

(1) *OEuvres complètes de Rutebeuf*, trou-

vère du XIIIe siècle, recueillies et mises au jour, pour la première fois, par Achille Jubinal. Paris, 1839, in-8°. 2 vol. T. I, p. 211.

Vos aleiz en esté si joint,
Et en yver aleiz si cranche ;
Vostre soleir n'ont mestier d'oint
Vos faites de vos talons planches.
Les noires mouches vos ont point,
Or vos repoinderont les blanches.

(2) D'ACHERY, *Spicil.* t. II. p. 636.

fin du XVI° siècle, l'on cite encore plusieurs autres exemples d'exécutions criminelles faites à la Grève. Elles avaient lieu surtout, comme le disent les lettres patentes de Henri III citées plus haut, quand on voulait donner au peuple une grande leçon. J'ai trouvé dans l'un des premiers registres de l'Hôtel de Ville, le passage suivant : « Le samedi vi° jour « d'avril mil v° LIIII, avant Pasques, veille de Pasques Floryes, furent « exécutez à la place de Grève, devant le portail de l'Ostel de ladicte « ville, le filz de l'esleu de Nyort qui avoit faict tuer sondict père. Et « fut tenaillé de tenailles ardentes; et puis rompu et mys sur une roue; « et y en eust sept autres, ses complices, penduz parce qu'ilz estoient « faulx tesmoings, desquels y avoit un notaire qui avoit faulcement « contracté, et tous qui firent amende honorable, nuz piedz, nue testes, « et à genoulx, tenans la torche au poing, auparavant ladicte exécution ; « et depuis ladicte exécution faicte, lesdits deux rompuz feurent bruslez « en ung feu près lesdites roues; et y eust potences dressées pour en « pendre huict; lequel huitiesme estoit présent et condempné comme « les autres à estre pendu, mais les autres qui furent exécutez, estans « près à mourir, le deschargèrent, parquoy fut délivré à pur et à plain « en ladicte place, et deslié des cordes desquelles il estoit lié, et s'en alla « présent tout le peuple, qui estoit estimé de trente cinq ou XL mille « personnes pour le moings. »

Je citerai encore un fait curieux relatif à Louis de Luxembourg, comte de Saint-Paul, connétable de France, décapité en place de Grève, comme chacun le sait, le 19 décembre 1475 (1). L'année suivante, parmi les articles de dépense du domaine royal, à Paris, on voyait figurer les deux suivants :

« A Denys Aubert, maçon et tailleur de pierre, et Nicolas Euvrard, « tumbier, demeurant à Paris, la somme de soixante livres parisis, à eux « due par le Roy, pour avoir fait de leurs mestiers les ouvrages qui s'en-« suivent : c'est à sçavoir, le dit Denys, une colonne de pierre de liais, « en façon de pilier, contenant douze pieds de haut, base et chapiteau, « et icelle assise en la place de Grève : en laquelle a une épitaphe insérée

---

(1) V. l'*Histoire de France* de M. Michelet, t. VI, p. 360 et suiv.

« dedans la dite colomne, contenant certains mots et dits de feu Louis
« de Luxembourg, jadis connétable de France....

« Item au dit Nicolas Euvrard, tombier, auquel, par marché fait avec
« lui, est deu la somme de dix livres parisis, pour avoir par lui quis et
« livré le laton pour la dite épitaphe, engravé dedans icelle les mots et
« dits que le Roi notre dit seigneur avoit ordonné estre mis, et asseoir la
« dite épitaphe dedans la dite colomne à agraffe de cuivre (1). »

L'article qui suit, intitulé *Dépenses communes*, se rapporte aussi à l'exécution du connétable de Saint-Paul.

« A Henriot Cousin, maistre exécuteur des hautes œuvres de la justice
« de Paris, la somme de soixante souls parisis, à lui tauxée et ordonnée
« par monseigneur le Prévost de Paris, pour avoir achepté puis naguères
« de l'ordonnance de mon dit sieur le Prévost, une grande espée à feuille
« servant à exécuter et décapiter les personnes qui, par justice, sont
« condamnés pour leur démérites; et icelle fait garnir de foureau et de ce
« qui y appartient. Et pareillement a fait remettre à point et rabiller la
« vieille espée qui s'estoit esclatée et ébrechée, en faisant la justice de
« M. Louis de Luxembourg, etc. (2). »

Il y avait encore sur la place de Grève, à peu près en face de la petite chapelle du Saint-Esprit, une fontaine monumentale qui fut construite en 1624; Louis XIII en posa, dit-on, la première pierre. D'après le devis passé avec l'entrepreneur, Jacques Hucqueny, les fondations de cette fontaine avaient été faites à grands frais, et sur les bases les plus solides (3). A l'extérieur elle se composait d'un bassin à pans coupés; ce bassin était surmonté d'une figure représentant « l'Abondance, tenant une « corne d'Amalthée remplie de fleurs et fruits, » ayant à ses pieds quatre trompes par lesquelles l'eau s'échappait. « Toussainctz Chenu, maître « sculpteur et peintre à Paris, » s'était chargé d'exécuter cette figure, moyennant la somme de six cents livres (4). Cette fontaine, détruite en 1638, fut remplacée par un autre monument beaucoup plus simple, et

---

(1) Sauval, *Antiquités de Paris*, tome III, Preuves, p. 428.

(2) *Idem*, p. 429.

(3) App. I, n° 74.

(4) App. I, n° 75. — D'après le devis, Toussaint Étienne avait dû présenter le modèle de la figure qu'il voulait exécuter, en cire bronzée d'or, de six à huit pouces de haut.

dont plusieurs vues de l'Hôtel de Ville nous ont conservé le dessin; on la trouve sur la gravure exécutée en 1651 par Israël Silvestre. C'est un petit monument à quatre faces ornées chacune de pilastres et de fronton, surmonté d'un toit octogone en pierre, au sommet duquel est une statue. Ce dernier monument exista jusqu'à l'année 1674, où il fut transporté, au moins en grande partie, à la place Maubert. Le voisinage du marché au vin donna lieu aux deux vers suivants qui servaient d'inscription à cette fontaine :

> Grandia quæ cernis statuit sibi regna Lyæus,
> Ne violenta gerat suppeditamus aquas (1)

Ainsi que je l'ai dit plus haut, la Grève faisait le centre de l'un des plus anciens quartiers de Paris. Voici comment ce quartier était formé en 1770, d'après le Livre officiel des quartiniers, cinquanteniers et dixainiers : « PREMIER QUARTIER, HÔTEL DE VILLE, un quartinier, quatre « cinquanteniers, 16 dixainiers. MILICE BOURGEOISE : un lieutenant-« colonel, un capitaine et un enseigne, pour chaque compagnie de milice. « — Ce quartier commence au coin de la rue de Gesvres, proche l'arcade « du Grand-Châtelet, le long de la rue, tant à droite qu'à gauche, quai « Pelletier, le long du port, l'aile du pont Marie, du côté de la place « aux Veaux, quay des Célestins, le Mail, par le bas des fossés de la « Bastille jusqu'au port au plâtre, retourne dans Pique-Puce, le long du « faubourg Saint-Antoine, à gauche; rues Tixeranderie, à gauche; Cou-« tellerie, Haute-Vannerie, et de Saint-Jacques-la-Boucherie, à gauche; « traverse la place aux Trippes, devant le Grand-Châtelet ou l'Apport-« Paris, passe par la petite rue Pierre-au-Poisson, à gauche; détourne à « gauche par la rue de la Petite-Sonnerie, va rendre sur le quay de la « Mégisserie, et détourne à gauche par la rue Trop-va-qui-dure, pour « gagner le coin de la dite rue de Gèvres, où il commence et contient les « rues enclavées dans le dit enceinte (2). »

Trois monuments, dont un seul existe de nos jours, appartiennent

---

(1) HURTAUT et MAGNY, *Dictionn. hist. de la ville de Paris.* 1779, in-8°, t. IV, p. 53.

(2) *Recueil pour la compagnie de Mes. les conseillers du Roi, quartiniers, etc.* Ms. p. 45.

encore à l'Histoire de l'Hôtel de Ville de Paris; ce sont l'église Saint-Jean, l'hôpital du Saint-Esprit avec la chapelle qui en dépend, les Granges-de-l'Artillerie, aujourd'hui l'Arsenal.

L'on ne peut douter que l'église Saint-Jean en Grève n'ait été construite au commencement du xi⁰ siècle, et n'ait fait partie, jusqu'au règne de Philippe Auguste, de la paroisse Saint-Gervais. Un acte, daté de 1212, par lequel Pierre de Nemours érige cette église de Saint-Jean en paroisse, le dit expressément (1).

L'opinion émise par l'abbé Lebeuf au sujet de ce changement me paraît si juste, que je n'hésite pas à la reproduire : « Mon sentiment est, dit « ce savant, que lorsqu'on rebâtit Saint-Gervais dans le xi⁰ siècle, après « qu'on fut revenu de l'idée que l'on avoit eue que le monde devoit finir « l'an 1000 de J. C., les comtes de Meulant étant déjà propriétaires du « canton dit le Monceau-Saint-Gervais, on aggrandit cette chapelle de « Saint-Jean.... et que ces comtes y mirent quelques moines de leur « monastère de Saint-Nicaise de Meulant, qui se servirent de ce lieu « comme d'un hospice de refuge ; et, selon moi,.... de là seroit venu l'usage « de dire le Cloître Saint-Jean. Mais, au bout de deux siècles ou environ, « comme les habitants du territoire de Saint-Gervais, se multiplièrent à « l'occasion de la nouvelle clôture dans laquelle le roy Philippe-Auguste « les avoit fait renfermer, on crut devoir ériger une seconde paroisse, et « lui attribuer une partie du territoire qu'avoit celle de Saint-Gervais ; « pour cela on jetta les yeux sur l'église de Saint-Jean, que les religieux, « tant ceux du Bec, comme supérieurs de ceux de Meulent, que ceux de « Meulent, consentirent d'abandonner en se réservant la présentation à « la cure qui y seroit établie (2). »

Vers l'année 1290, l'église de Saint-Jean, alors très-petite, étant devenue dépositaire d'une hostie miraculeuse profanée par un Juif de la rue des Jardins, dite depuis des Billettes (3), ne put contenir le nombre

(1) *Cura sancti Joannis suum sumpsit exordium a cura sancti Gervasii.* (LEBEUF, *Hist. du diocèse de Paris*, t 1, p. 139.)

(2) *Histoire du diocèse de Paris*, t. I, p. 138.

(3) Au sujet de cette hostie miraculeuse il faut consulter l'ouvrage suivant : *Remarques historiques données à l'occasion de la sainte hostie miraculeuse conservée pendant plus de 400 ans, dans l'église paroissiale de Saint-Jean*

des fidèles qui venaient la visiter. Bien qu'elle renfermât plusieurs chapelles prises sur le terrain des maisons voisines, l'on crut nécessaire de la rebâtir complétement, et, l'année 1326, le roi Charles le Bel accorda des lettres patentes qui en contenaient l'autorisation. La nef et le chœur de Saint-Jean, construits dans le genre gothique, dataient des premières années du xive siècle; le portail et les deux tours n'avaient été faits qu'au xve; ce portail était complétement masqué par l'aile droite des bâtiments de l'Hôtel de Ville. Supprimée par le décret du 11 février 1791, l'église Saint-Jean fut détruite, et le terrain qu'elle occupait vendu comme propriété nationale. La Ville se réserva seulement une chapelle assez vaste située dans la partie latérale nord de l'église; l'on verra que cette chapelle, connue plus tard sous le nom de salle Saint-Jean, subsista jusqu'en 1833.

Malgré la position désavantageuse de cette église, elle n'en était pas moins parvenue à un certain degré d'importance et de richesse. Établie au milieu de la population nombreuse et active qui entourait la place de Grève, elle se trouvait l'une des paroisses les plus chargées de fondations pieuses, peu considérables il est vrai, mais qui, réunies les unes aux autres, formaient un assez beau revenu. D'après un état dressé le 24 février 1764 (1), ce revenu ne s'élevait pas à moins de quarante-cinq mille sept cent soixante et dix livres. Les dépenses excédaient de trois mille livres sur les recettes; mais ces dépenses sont une preuve de l'état prospère de cette petite église, et de la pompe avec laquelle les cérémonies du culte y étaient pratiquées. En effet, la translation de l'hostie miraculeuse de la rue des Billettes dans l'église de Saint-Jean y avait introduit un culte tout particulier envers ce signe révéré de notre religion. Il éclatait dans les dispositions particulières du maître-autel, au milieu duquel brillait l'hostie miraculeuse enchâssée dans un petit soleil de vermeil d'un travail délicat et précieux. Ce maître-autel était

---

en Grève, à Paris, avec les pièces originales des faits avancez dans cet ouvrage, par le P. THEODORIC DE SAINT-RENÉ, carme des Billettes. Paris, 1725, 2 vol. in-12.

(1) Déclaration que donnent les sieurs curé et marguilliers de la paroisse Saint-Jean en Grève, à MM. les députés et syndics de la chambre ecclésiastique du diocèse de Paris, des revenus actuels et des charges de leur fabrique. Arch. du Roy. L, 975.

surmonté d'une demi-coupole soutenue par huit colonnes en marbre, sous laquelle on avait placé deux figures en marbre blanc sculptées par Lemoine, représentant le baptême de Jésus-Christ par Saint-Jean. Les boiseries qui régnaient autour du chœur, ornées de petits tableaux des deux Coypel, de Lucas, de Duménil, étaient aussi fort remarquables (1).

L'orgue de Saint-Jean jouissait d'une grande réputation. On lit dans Sauval à ce sujet : « L'orgue de Saint-Jean est la meilleure de Paris, et « peut-être du monde, soit pour la grande quantité de jeux, soit pour la « netteté des tuyaux ; aussi est-elle toujours entre les mains d'un excel- « lent maître, qui donne des preuves de son sçavoir les jeudis de chaque « semaine, au salut ; mais particulièrement tous les premiers jeudis du « mois, le matin.

« Le lieu qu'occupe cette belle orgue n'est pas moins considérable « qu'elle, ou plutôt est étonnant ; car elle est toute suspendue en l'air « sur une espece d'arriere-voussure ou corne de vache, que monsieur « Pasquier de l'Isle a conduite excellemment, et dont Nicolas Dailly a été « l'Apareilleur.... Pasquier a suivi ponctuellement toutes les moulures « des piliers gothiques qui leurs servent de fondement.... Les Orgues « donc sont portées sur une voûte de quatre toises de long, fort sur- « baissée, et qui sort en saillie du coin du pilier, de quatre pieds ou « environ, en forme de balcon, arrondi sur les extrémités : elle roule et « tourne au-dessus de la largeur de la grande nef de l'Eglise, à cause de « la suite du plan gothique de cette Eglise, et des piliers sur lesquels est « portée la continuation des diverses moulures et saillies qui se rencon- « trent dans les jointures de ces mêmes piliers.... (2). »

La célébrité que ce jeu d'orgues avait acquise obligeait les marguilliers de la paroisse à faire quelques dépenses pour l'entretenir. Par un acte du 23 juillet 1737, le sieur Vaudry, organiste, recevait chaque année cinq cent soixante livres, et, au mois de février 1787.

---

(1) *État actuel de Paris, ou le Provincial à Paris*, etc., etc. Paris, 1788, in-24.—Quartier du Temple ; 2ᵉ part. p. 105.—Pour la description détaillée de ce maître-autel et des tableaux qui l'environnaient, voyez la *Descr. de Paris* de Piganiol de La Force, t. III, p. 481.

(2) *Antiq. de la ville de Paris*, t. I, p. 426.

les appointements du sieur Couprin fils étaient fixés à six cents livres (1).

L'une des singularités de l'église Saint-Jean consistait dans les épitaphes anciennes et nombreuses dont chaque pierre des différents piliers avait été chargée. J'ai sous les yeux le recueil de celles qui étaient inscrites aux piliers de la nef; elles semblent toutes consacrées à perpétuer la mémoire des paroissiens légataires de fondations pieuses. La bourgeoisie parisienne, et surtout les commerçants, y occupaient la plus grande place. C'était Nicolas Berger, marchand de vin, Pierre Lembert, maître faiseur de retz, Claude Daugremont, juré, mouleur de bois à Paris, et d'autres hommes de la même classe (2). L'on trouvait encore dans cette église les tombeaux de plusieurs hommes remarquables : celui d'Alain Veau, commis des finances sous les rois François Ier, Henri II, François II et Charles IX, célèbre par son intégrité (3); celui de Jacques Guillemeau, chirurgien de Charles IX, Henri IV et Louis XIII, fils de Jacob Guillemeau, chirurgien des rois François Ier, Henri II et François II, celui d'Antoine Loisel, fameux jurisconsulte, mort en 1617, du peintre Simon Vouet, et de Michel Baudran, savant géographe (4).

La célébrité des saintes reliques conservées dans cette église, la richesse des ornements pontificaux dont elle disposait, inspirèrent à ceux qui en dirigèrent la construction le désir assez naturel de préserver ces objets précieux des mains sacriléges et cupides. D'ailleurs l'église de Saint-Jean, qui touchait depuis le milieu du XIVe siècle aux murs de l'Hôtel de Ville, avait été plusieurs fois ébranlée par le tumulte des émotions populaires. Cette position particulière explique les précautions qui furent prises et qui nous sont révélées par la note suivante :

(1) Archiv. du Roy. L, 975.

(2) Épitaphes posées aux piliers de la nef de Saint-Jean. Arch. du Roy. L, 975.

(3) Voici l'épitaphe qu'on lui avait faite :

ARRESTE, TOY, PASSANT. — CY REPOSE NOBLE HOMME ALAIN VEAU, CELUY AUQUEL L'INTÉGRITÉ ET FIDÉLITÉ, AU MANIEMENT DES FINANCES, SOUS LES ROYS FRANÇOIS Ier, HENRY II. FRANÇOIS II. ET CHARLES IX. ONT POUR UNE HEUREUSE RÉCOMPENSE DE SES TRAVAUX ACQUIS SANS ENVIE, CE BEAU TITRE DE TRÉSORIER SANS REPROCHE. IL DÉCÉDA LE VINGTIÈME JOUR DE JUIN 1575. PASSANT, PRIE POUR LUY.

(SAUVAL, *Antiquités de la ville de Paris*, t. I, p. 427).

(4) Les épitaphes de ces différents personnages se trouvent t. III, pages 485, 491, de la *Description de Paris*, par PIGANIOL DE LA FORCE.

« Soit mémoire que il y a ung segret ou aultrement une fosse voultée,
« dedans la quelle, ou cas qu'il arrivast en ceste ville de Paris quelque tu-
« multe ou sédicion, l'on pourra mectre et cacher les meubles et reli-
« quaire de la dicte église, laquelle fosse est soubz les charniers de Saint-
« Jehan en Grève, joignant ung pillier qui faict l'encoigneure du costé de
« la viz et montée qui est du costé du martroy.

« Aussy qui vouldra faire vuyder les deux fosses à privées qui sont aussi
« soubz les ditz charniers, ou bien regarder si les dictes fosses sont pleines,
« fault fouller soubz la cocquille des dictes montées et au meillieu de la
« place que l'on a laissée pour l'aisance de la dicte montée, et là on trou-
« vera une grande pierre garnye d'une boucle pour lever ycelle, quant l'on
« en aura besoing.

« Aussi j'ay entendu que du costé des grands degrez de la dicte église
« il y a aussi ung aultre segret, mais je ne sais en quel endroict il est (1). »

Plusieurs monastères ou chapelles dépendaient de la paroisse Saint-Jean : c'étaient les religieux de Sainte-Croix-de-la-Bretonnerie, les Blancs-Manteaux, les Carmes réformés et les Capucins du Marais (2). Deux petits hospices dépendaient encore de cette paroisse, l'hôpital et chapelle des Haudriettes et l'hôpital du Saint-Esprit. L'hôpital des Haudriettes avait été fondé sur la fin du XIIIe siècle par un certain Étienne Haudry, panetier du roi Philippe le Bel. D'après une lettre du mois d'avril 1306, que l'abbé Lebeuf a tirée d'un registre du trésor des chartres, le même Étienne Haudry obtenait l'autorisation de construire une chapelle auprès de l'hôpital des pauvres qu'il avait fondé depuis peu ; le roi accordait la remise de 31 sous de cens dont cette place était chargée. Les descendants de maître Étienne Haudry ajoutèrent plusieurs fondations à celles de

---

1) Archiv. du Roy. L, 975². Cette note se trouve sur le premier feuillet de garde d'un inventaire de tous les titres de propriétés et de fondations pieuses relatifs à l'église Saint-Jean. Cet inventaire forme un vol. in-4° en parchemin, écrit en 1567 ; cette note est de la même main que le reste du volume. Voici l'indication des documents manuscrits relatifs à l'église Saint-Jean, qui se trouvent aux Arch. du Roy. L, 974, Registre des délibérations ; 975-975², Fondations, Inventaires de titre ; 976, Inventaire de l'année 1690 ; 977 à 980, Registre de délibérations ; 981, Registre de table de délibération ; 982 à 985, Fondations, Contrats de rente.

(2) Voyez l'*Histoire du diocèse de Paris*, de l'abbé Lebeuf, t. I, p. 147.

leur aïeul, et en 1380 quinze vieilles femmes, sous la conduite d'une maîtresse nommée Alis de Namur, vivaient dans cette maison : elles étaient connues sous le nom des « Bonnes femmes de la chapelle Estienne Haudri (1). » C'est le nom qu'elles portaient en l'année 1500, époque où le curé de Saint-Jean « autorisoit Katerine Turquan, maistresse des bonnes femmes de la chapelle sire Estienne Hauldry, à prendre un confesseur particulier (2). » Peu à peu les femmes âgées et infirmes qui étaient reçues dans cette maison, se transformèrent en religieuses cloîtrées : les statuts qui leur avaient été donnés en 1414 devaient amener ce changement. Du Breul, qui écrivait au commencement du xviie siècle, parle de ces femmes comme étant plutôt religieuses que séculières : « Ces femmes
« veufves, dit-il, sont habillées assez sauvagement, et ne sortent que rare-
« ment, avec le congé de leur mère, mangent en communauté, et, durant
« leur repas, repaissent aussi leur esprit de la méditation qu'elles peu-
« vent tirer de la lecture de quelque chapitre de l'escriture saincte qu'une
« d'entre elles est obligée de lire (3). » Les Haudriettes étaient devenues complétement religieuses lorsque en 1622 elles furent transférées au couvent de l'Assomption-Saint-Honoré. Ce qui m'a engagé à donner quelques détails sur cette petite communauté, c'est que la chapelle qui en dépendait était le siége de la Confrérie des Maçons, ainsi que le prouve une fondation de cent livres faite en 1673 par un sieur Lainé, maçon, membre de ladite confrérie établie sous le titre de Sainct-Louis, érigée en « l'esglise des religieuses de l'Assumption de Nostre Dame des Haudrietes, « scize rue Mortellerie (4). » De là, sans doute, est venu l'usage qui existe encore aujourd'hui, parmi les membres de ce corps de métier, de se réunir chaque matin à la Grève pour y être embauchés.

L'hôpital du Saint-Esprit et la petite chapelle qui s'y trouvait jointe, doivent nécessairement trouver place dans l'histoire de l'Hôtel de Ville, puisque l'hôpital et l'église ont été détruits pour faire place à l'un des côtés de ce monument. Ce fut vers l'année 1362, au milieu des calamités de tout genre qui affligeaient la capitale, que plusieurs bourgeois chari-

(1) LEBEUF, *idem*, p. 149.
(2) Arch. du Roy. L, 975.

(3) *Théâtre des Antiquités de la ville de Paris*, p. 975.
(4) Arch. du Roy. L, 975.

tables conçurent la pensée d'ouvrir un asile aux malheureux enfants qui naissaient orphelins ; ces bourgeois se réunirent en confrérie, sous l'invocation du Saint-Esprit, et donnèrent le même nom à leur nouvelle fondation. Le 7 février 1362, Jean de Meulent, évêque de Paris, autorisa les confrères à construire leur hôpital, et ces derniers l'établirent dans une grange de la place de Grève, située au côté gauche de la Maison aux Piliers, qui depuis quelques années était devenue l'Hôtel de Ville. Ce fut seulement dans les premières années du xve siècle que les confrères se virent en position d'ajouter une chapelle à leur maison de refuge, et au mois d'août 1404 une transaction entre les maîtres et gouverneurs de cette maison et les curé et marguilliers de Saint-Jean régla les droits des deux églises voisines (1). D'après cette transaction, les confrères, les maîtres et gouverneurs de l'hôpital du Saint-Esprit acquéraient le droit d'élever une chapelle et un cloître contenant 10 toises de longueur sur 4 toises et 4 pieds et demi de largeur ; ils pouvaient y établir deux cloches, et devenaient propriétaires de toutes les oblations et offrandes qui seraient faites à cette chapelle. Ils s'engageaient à payer au curé de l'église Saint-Jean une rente de 6 livres parisis, le jour de la Nativité de saint Jean Baptiste, et, en récompense de la cession d'une seconde cloche, le curé devait jouir d'une autre rente de 4 livres parisis. Le fonds de cette rente, fixée à 100 écus d'or, fut immédiatement compté à Me Garnier, curé de Saint-Jean, qui l'avait remis aux marguilliers de l'œuvre pour être employé aux travaux exécutés alors dans son église ; de plus, les maîtres et gouverneurs « pour la paix et concord, » est-il dit dans l'acte, ont ajouté personnellement une autre somme de 100 écus d'or qui devait recevoir la même destination que la précédente.

Du Breul a fait connaître en ces termes l'origine de l'hôpital du Saint-Esprit, ainsi que le but dans lequel il avait été fondé : « Je trouve que ès « années 1360. 1361. et 1362. à cause des guerres qui estoient en « France, le peuple fut reduit en grande necessité et pauvreté : si que « grand nombre d'enfans, orphelins de père et de mère, demeuroient à « Paris, gisants en rues, sans aucune retraicte. De quoy esmeus plusieurs

---

(1) Appendice I, n° 4.

« bonnes personnes retirèrent en divers endroicts quantité d'iceux,
« l'Hostel Dieu n'ayant moyen de les recevoir. Et considerans que les
« particuliers ne pourroient longuement porter ceste charge, plusieurs
« notables personnes, le 7 février 1362, allèrent vers reverend père en
« Dieu messire Jean de Meulant, evesque 88ᵉ de Paris. Auquel firent en-
« tendre la necessité et misère de ces pauvres enfans qui perissoient de
« famine et froidure; plusieurs d'eux gastez de mal de galle et teigne;
« dont ils mouroient miserablement, et les pauvres filles violées de nuict.
« Ce qui causeroit de grands mal'heurs à la ville, s'il n'y estoit pourveu.
« Pour à quoy obvier, le dict sieur Evesque leur donna permission d'in-
« stituer et ériger une confrairie du S. Esprit, aux fins de bastir un
« hospital qu'ils nommèrent l'Hospital des pauvres du Sainct Esprit : et
« donna par ces lettres à chacun des confrères quarante jours d'indul-
« gences. . . . .

« Il y a de belles institutions au dit Hospital, ajoute le même historien,
« des quelles la première est qu'il n'y a que les enfans nez en legitime ma-
« riage en la ville et fauxbourgs, orphelins de père et de mère, qui y soient
« receuz : les bastards et enfans trouvez exclus, tant par reglement du dict
« hospital, que par lettres patentes du roy Charles VII, de l'an 1445.

« La seconde est, que les pauvres enfans des qualités susdictes y sont
« receus dès la mammelle : et sont baillez en nourrice aux despens de
« l'hospital, et soigneusement visitez et entretenuz. Puis, après qu'ils
« sont elevés, on leur fait apprendre mestier, tant par des maistres qui
« résident leanz que par d'autres de la ville.

« La troisième est que les garçons qui sont plus capables et de meilleur
« esprit, sont promeus aux ordres sacrés : ou tant iceux que les filles mises
« en religion aux despens de l'hospital.

« Le reste des enfans sont baillez au service des seigneurs et dames.
« Aux garçons qui ont appris mestier, on ayde à les faire passer maistres :
« comme aussi certaine somme d'argent est donnée aux filles pour les
« marier. Et à tous generalement est rendu le bien qu'ils ont apporté en-
« trant en ycelui hospital, lorsqu'ils sont en aage (1). »

(1) *Théâtre des Antiquités de Paris*, p. 995. Saint-Esprit et le curé de Saint-Jean, cité
Voyez aussi l'accord entre les confrères du plus haut. — App. I, n° 4.

L'hôpital du Saint-Esprit, confié à l'administration de quatre confrères et d'un maître, a joui pendant plusieurs siècles d'une assez grande importance. L'on a vu précédemment que lors de la construction de l'ancien Hôtel de Ville, en 1533, les officiers municipaux furent condamnés par un arrêt du Parlement à reconstruire le portail de la chapelle tenant à l'hôpital, qui se trouvait endommagé par le nouveau bâtiment; de même en 1608, au moment où l'Hôtel de Ville, resté longtemps inachevé du côté de l'église du Saint-Esprit, fut continué et complété, les magistrats municipaux reconstruisirent à leurs dépens la grande voûte de cette église et le pavillon qui s'élevait au-dessus (1).

Par des lettres patentes datées du 23 mai 1679, l'administration de l'hospice du Saint-Esprit fut réunie à celle de l'hôpital général (2); cet hospice exista sous cette forme jusqu'à la révolution de 1789. Voici comment il était organisé dans les derniers temps : l'on y recevait les orphelins, au nombre de quarante garçons et de soixante filles; pour y être admis, ces enfants devaient être nés de légitime mariage, baptisés à Paris, et ne pas avoir passé l'âge de neuf ans : il fallait que leurs pères et mères fussent morts à l'Hôtel-Dieu. L'on enseignait aux garçons à lire, à écrire, à compter, à dessiner, aux filles à coudre et à travailler en linge. Chacun des enfants qui entrait dans cette maison consignait une somme de 200 francs que l'on donnait aux maîtres qui les prenaient en apprentissage (3).

Il existait encore, à quelques pas de l'hôpital du Saint-Esprit, une maison qui dépendait de l'Hôtel de Ville depuis l'année 1544; elle était

---

(1) Voyez App. I, n° 52. — L'inscription suivante fut placée à cette occasion au côté droit de la chapelle, en entrant : DU RÈGNE DU TRÈS-CHRESTIEN ROY DE FRANCE ET DE NAVARRE, LOUIS XIII, ET DE LA TROISIESME PRÉVOSTÉ DE MONSIEUR MAISTRE JACQUES SANGUIN, SEIGNEUR DE LIVRY, CONSEILLER EN LA COUR DE PARLEMENT, ET ESCHEVINAGE DE MAISTRES JEAN LAMBERT, CY-DEVANT RECEVEUR GÉNÉRAL DES GABELLES EN LA GÉNÉRALITÉ DE SOISSONS, JEHAN THÉVENOT, CONSEILLER AU CHASTELET, JEHAN PERROT ET JEAN DE LA NOUE, ESCHEVINS, LES DEUX VOUTES DE CESTE ÉGLISE ONT ESTÉ FAICTES ET CONSTRUITES, ET LE PAVILLON AU DESSUS PARACHEVÉ L'AN DE GRACE M. DC. XI, ESTANS LORS PROCUREUR DU ROY DE LA VILLE, M. PIERRE PERROT, ET M. GUILLAUME CLÉMENT, GREFFIER D'ICELLE. (DU BREUL, *Théâtre des Antiquités de la ville de Paris*, p. 997.)

(2) JAILLOT, *Recherches sur Paris*, t. III, quartier de la Grève, p. 23.

(3) *État actuel de Paris, ou le Provincial à Paris*, etc. 1788, 4 vol. in-24. Quartier du Temple, 2ᵉ part. p. 100.

connue sous le nom de Grand Bureau des Pauvres. Lorsque, par son édit du mois de novembre de cette même année, François Ier eut confié aux magistrats municipaux la mission de pourvoir aux besoins des indigents de la capitale (1), ces magistrats s'adjoignirent treize notables bourgeois et quatre membres du Parlement, pour les aider dans la tâche difficile qui leur était imposée. Ils composèrent ainsi une sorte de tribunal qui dut nécessairement trouver sa place dans la maison commune. A cette époque les bâtiments de l'Hôtel de Ville nouveau n'étaient pas encore achevés, c'est pourquoi les prévôt des marchands et échevins achetèrent une maison voisine qui fut affectée à l'administration des pauvres. Cette maison conserva jusqu'à la révolution de 1789 la même destination; elle n'a été détruite que plus tard, lors des derniers accroissements de l'Hôtel de Ville.

C'est dans le cours de l'année 1533 qu'il est question, pour la première fois, des granges d'artillerie de la ville de Paris, établies en dehors de la maison commune; ces granges paraissent avoir été réservées à la fabrique des munitions de guerre qui, avec les armes appartenant à la ville, restèrent jusqu'au milieu du xvie siècle dans la Maison Commune. Ainsi le 18 avril 1358, le prévôt Étienne Marcel fit rentrer dans cette maison les coulevrines, arbalètes, quarreaux, canons à mains, et autres armes, que Jehan des Lions, sergent d'armes royal, dévoué au Dauphin, voulait conduire à Meaux (2). De même, pendant la sédition qui eut lieu quelques années plus tard, en 1382, le peuple ayant rompu les portes de l'Hôtel de Ville, s'empara des armes qui s'y trouvaient renfermées.

Sous les années 1424 et 1430, il est encore question du grenier de l'artillerie dans les divers appartements de la Maison aux Piliers; et un ordre du bureau de l'Hôtel de Ville, donné le 14 novembre 1551, fait transporter dans les chambres haultes et greniers des bâtimens neufs, les munitions et artillerie de la ville (3). Un inventaire daté du 4 septembre 1505, prouve qu'une salle basse de la Maison aux Piliers était aussi réservée au logement d'un nombre considérable de pièces

---

(1) Félibien, *Histoire de Paris*, t. V, p. 284, et t. IV, p. 711.

(2) Bibl. Roy. — Ordonn. scellée du prévôt Marcel.

(3) Appendice I, n° 22.

d'artillerie de différent calibre; dans cet inventaire, chaque pièce est désignée, avec la longueur, la grosseur et les marques distinctives qu'elle avait : la longueur de ces pièces varie depuis 4 pouces jusqu'à 44, le calibre depuis 1 jusqu'à 8 pouces. La plupart étaient en fer, quelques-unes en cuivre. Le nombre de toutes ces pièces s'élevait à plus de soixante. Il y avait encore soixante-treize caisses de traits d'arbalètes, six barils remplis de fers d'arbalètes, cent vingt et un pavés de différentes grandeurs, soixante-quatre barils de poudre à canon, deux coffres de balles en plomb, onze cent quatre-vingt-cinq piques et beaucoup d'autres objets moins importants (1). L'on ne peut voir sans surprise qu'un matériel aussi imposant soit resté à l'Hôtel de Ville; le nombre des armes à feu, qui augmentait chaque jour, multipliait la poudre nécessaire à leur usage, et les chances de danger devenaient incalculables. En lisant dans cet inventaire que soixante-quatre barils de poudre étaient renfermés, au mois d'octobre 1505, dans l'Hôtel de Ville de Paris, l'on se demande comment toute cette partie de la ville a pu échapper à une complète destruction. Je serais porté à croire que cet inventaire a été dressé au moment où s'effectua le transport des pièces d'artillerie dans les deux granges que la ville fit élever sur des terrains déserts qui se trouvaient derrière le couvent des Célestins, non loin de la bastille Saint-Antoine; par conséquent cet établissement, dont les historiens de la ville de Paris ne donnent pas l'origine, daterait de l'année 1505. En 1533, François Ier écrivit à ses chers et bien aimez les prévôt des marchands et échevins pour leur emprunter ces deux granges. Il en avait le plus pressant besoin, disait-il, pour la fonte de plusieurs pièces d'artillerie, et s'engageait à les rendre dans le plus court délai possible. Les magistrats municipaux firent quelque difficulté, et n'accordèrent qu'une seule des deux granges; mais, une lettre du grand maître demandant de la part du roi celle qui restait, il fallut se résigner, et ce que les magistrats avaient craint, c'est-à-dire la non-restitution de leur propriété, serait peut-être arrivé si, profitant des besoins d'un nouveau règne, ils ne s'étaient empressés de réclamer de Henri II

(1) Invent. de l'Artillerie de la ville. — Arch. du Roy. K. 982. — App. I, n° 11.

ces granges qui ne leur furent pas rendues, mais pour lesquelles ils obtinrent une bonne compensation.

Au mois d'août 1549 le prévôt des marchands et les échevins ayant acheté trois parts de terrain de l'ancien hôtel Saint-Paul, obtenaient des lettres patentes qui leur faisaient remise des droits de cens dont ce terrain était chargé. Ces lettres s'expriment ainsi : « Pourquoy nous desirons
« subvenir et ayder aus dits prevost des marchans et eschevins en tous
« leurs affaires, en considération de la bonne et parfaicte loyaulté et
« fidélité dont ilz ont tousjours usé envers nous et noz prédécesseurs,
« mesmement que c'est chose raisonnable qu'ilz ayent lieu certain et
« arresté pour loger les dictes municions ou lieu des places que nous
« avons prinses d'eulx..... desdyons, destinons et indepmnons les dictes
« troys places ainsy par eulx acquises, comme dict est, sans qu'ilz soient
« pour ce tenuz nous payer, ne à noz successeurs, aucune finance (1). »

Trois granges furent bâties sur ce terrain, dont l'acquisition avait été faite par la ville moyennant une somme de trois mille six cent soixante-sept livres; au mois de janvier 1562 ces granges furent détruites presque complétement par l'explosion du moulin à poudre qu'elles renfermaient. Ce sinistre, qui fut attribué à la malveillance des partisans de la religion réformée, causa la mort de trente-deux personnes, dont vingt et un ouvriers, « desquelz y en eut qui furent enlevez en l'air, bras et jambes « par piece, » et en blessa trente autres, dont quelques-unes mortellement. Trente-cinq maisons des environs s'écroulèrent, et les vitraux de l'église des Célestins et tous ceux des maisons de la rue Saint-Antoine furent brisés (2). Après ce déplorable événement, ces granges paraissent avoir été abandonnées, et Du Breul nous apprend qu'au commencement du xvii° siècle (l'an 1603) les bâtiments, halles et places qui en dépen-

---

(1) Arch. du Roy. K, 987. — App. I, n° 18. — Ces lettres patentes avaient été indiquées par Du Breul, *Théâtre des Antiquités de la ville de Paris*, p. 1017. Tous les compilateurs qui ont écrit sur la ville de Paris, ont parlé inexactement de ce fait, en disant que François Ier et Henri II s'étaient emparés de la propriété communale sans en payer le prix. Du-laure, *Histoire de Paris*, t. IV, p. 281-82, n'a pas manqué de répéter cette erreur.

(2) Registre de l'Hôtel de Ville, H, 1784, fol. 166 r°. — Discours au vray de la fortune advenue du bruslement de la grange du moulin servant à faire la pouldre en la ville de Paris. — App. I, n° 26.

daient, étaient loués à maître Charles Marchant, capitaine des archers de la ville, pour cinquante années, au prix de quatre cents livres par an (1).

En 1788 l'arsenal de la ville de Paris était établi dans une maison (n° 3) de la rue de la Mortellerie (2).

(1) *Théâtre des Antiquités de la ville de Paris*, p. 1017.

(2) *État actuel de Paris*, 4 vol. in-24, quartier du Temple, 1ʳᵉ part. p. 67.

CHAPITRE IV.

TRAVAUX DE L'HÔTEL DE VILLE PENDANT LA RÉVOLUTION, LE CONSULAT, L'EMPIRE. — PROJET DE DÉPLACEMENT, D'AGRANDISSEMENT. — DESCRIPTION DE L'HÔTEL DE VILLE EN 1844.

L'on a pu juger par ce qui précède de tout le soin que l'ancien gouvernement de la France avait mis pour faire de l'Hôtel de Ville de Paris un monument digne de la capitale du royaume. Au moment où la révolution de 1789 éclata, l'Hôtel de Ville, transformé en Maison Commune, devint le siège de cette fameuse Municipalité parisienne dont le souvenir est gravé dans toutes les mémoires. Sans avoir été jamais exposé au pillage d'une populace effrénée, l'Hôtel de Ville n'en fut pas moins dégradé dans toutes ses parties, et principalement dans celles qui ont le plus d'intérêt. Les sculptures, les tableaux et les inscriptions, ces productions du génie de l'homme, qui sont comme l'âme et la vie d'un monument, furent détruits sans pitié, mis à l'écart ou effacés, parce qu'ils étaient chargés du souvenir et des emblèmes du gouvernement déchu. Les inscriptions, surtout, devaient disparaître et changer complétement. Le 21 mars 1792, l'ordre suivant était publié : MUNICIPALITÉ DE PARIS. « Le corps municipal ayant reconnu que l'inscription qui est au-dessus « de la porte d'entrée de l'Hôtel de Ville n'est nullement convenable aux « circonstances actuelles, a arrêté qu'aux *maux* (sic) LUDOVICO MAGNO « serait substitué l'inscription suivante :

PUBLICITÉ, RESPONSABILITÉ,
SAUVE GARDE DU PEUPLE.

« le tout sur un marbre noir et en lettres d'or (1). »

Le 13 août de la même année, la Municipalité autorisait le sieur

---

(1) Arch. gén. du département de la Seine. — M. Laurent de Jussieu, secrétaire général de la Préfecture de la Seine, chargé de la direction des Archives du département, a bien voulu m'autoriser à copier dans ces archives toutes les pièces nécessaires à mon travail ; je suis heureux de pouvoir lui en témoigner ici toute ma reconnaissance.

Duplan à faire enlever la figure de Henri IV, qui est au-dessus de la porte principale de la Maison Commune, ainsi que les inscriptions qui y sont placées; à ce sujet l'architecte de la Municipalité écrivait la lettre suivante :

MUNICIPALITÉ DE PARIS.
DÉPARTEMENT DES TRAVAUX PUBLICS.

13 août 1792.

« J'ai l'honneur de prévenir monsieur Jallier que le sieur Duplan a
« reçu un ordre verbal, à quatre heures du matin, de plusieurs officiers
« municipaux, pour qu'il eût à faire enlever la figure de Henri IV, qui
« est au-dessus de la porte principale de l'Hôtel de Ville, ainsi que les
« inscriptions qui sont jointes.

« J'ai également l'honneur de prévenir monsieur Jallier que j'ai reçu
« un ordre de M. le commandant-général provisoire de la garde nationale
« parisienne pour faire poser une mangeoire et un râtelier qui lui appar-
« tiennent, et dont on lui tiendra compte.

« Je prie monsieur Jallier de me donner les autorisations nécessaires
« pour faire exécuter les dispositions ci-dessus.

« *L'architecte de la municipalité*, POYET. »

Les vers suivants furent aussi placés dans l'espace occupé naguère par la statue de Henri IV.

OBÉISSEZ AU PEUPLE, ÉCOUTEZ SES DÉCRETS ;
IL FUT DES CITOYENS AVANT QU'IL FUT DES MAÎTRES ;
NOUS RENTRONS DANS LES DROITS QU'ONT PERDUS NOS ANCÊTRES.
LE PEUPLE, PAR LES ROIS FUT LONGTEMPS ABUSÉ,
IL S'EST LASSÉ DU SCEPTRE ET LE SCEPTRE EST BRISÉ.

« Cette inscription sera sur du marbre en lettres d'or, ajoute l'arrêté
« municipal; mais provisoirement, pendant que le marbre se préparera,
« le conseil général exige que cette inscription soit mise sur un tableau
« en planches et promptement établie (1). »

Toutes les inscriptions de la cour, relatives aux événements du règne

---

(1) Archives générales du département de la Seine.

de Louis XIV, disparurent, et la statue en bronze de ce prince fut reléguée dans les caves de la Maison Commune.

Les portraits des gouverneurs, prévôts des marchands, échevins et autres officiers municipaux, dont quelques-uns remontaient jusqu'au xviᵉ siècle, furent impitoyablement lacérés, afin d'anéantir les écussons armoriés dont chacun de ces portraits était accompagné; mais ce qui doit principalement exciter nos regrets dans cette dégradation officielle exécutée par les autorités elles-mêmes, c'est l'anéantissement complet, irréparable des tableaux de grande dimension dont Porbus, de Troyes, Largillière, Mignard, Boulogne et Vanloo avaient décoré la grande salle de l'Hôtel de Ville. En vain ai-je essayé de découvrir ce qu'étaient devenues ces œuvres capitales; mes recherches ont été infructueuses. Dans un ouvrage sur *Paris Ancien et Nouveau*, publié par Prudhomme en 1807 (1), j'ai trouvé le paragraphe suivant que je reproduis en entier :
« Pendant le cours de la Révolution, l'Hôtel de Ville se nommait Maison
« Commune; l'on avait décoré la grande salle des bustes de Marat et de
« Châlier; des gradins avaient été construits pour que le peuple pût
« assister aux séances que tenaient les membres de la Commune, dont
« les discussions souvent annonçaient l'ignorance et la frénésie les plus
« exaltées; souvent aussi on y a entendu de très-bonnes choses. Hébert,
« dit le Père Duchesne, et Chaumette, y ont déployé toute leur élo-
« quence. »

Les murs de cette salle restèrent dépouillés de tout ornement; ce qui le prouve, c'est qu'en 1830 il fut question de les décorer d'un vaste tableau, représentant les principales scènes de la révolution; on arracha les tentures sous lesquelles restaient encore des affiches où on lisait: Tribunal révolutionnaire, République, Unité, Indivisibilité ou la mort (2).

Il est fâcheux que Mercier, qui dans son *Nouveau Paris* (3) fait de la

---

(1) *Miroir historique, politique et critique de l'ancien et du nouveau Paris, et du département de la Seine, etc., etc.* 3ᵉ édit., par L. Prudhomme, 6 vol. in-12; Paris, 1807. T. VI, p. 125.

(2) Bailly, *Notice historique sur l'Hôtel de Ville de Paris, etc.* 1840, in-8°, p. 17.

(3) *Le Nouveau Paris,* par le citoyen Mercier. Paris, Ch. Fuchs, Ch. Pougens, 6 vol. in-8°. Vol. I, p. 158.

grande capitale, sous le régime révolutionnaire, un tableau effrayant, mais vrai, ne nous ait pas dépeint l'intérieur de cette Commune de Paris qu'il a flétrie si énergiquement dans son chapitre xxv. Voici en quels termes il nous dépeint la physionomie de là place de Grève, dont il regrette le pacifique et honnête marchand de tisane à un liard la tasse, si joliment représenté par lui : « A sa place ont succédé des cantines ou « échoppes, où l'on ne boit point de la tisane à un liard le verre, mais « du vin à prix énorme; ces tavernes, établies le long de la Grève, se pro- « longent sur le Port au Blé et se terminent au Port Saint-Paul. Quatre « perches forment leur structure; d'antiques tapisseries criblées de trous « défendent mal les buveurs contre le soleil qui les cherche : dans le fond « se voient des tonneaux en perce. Toutes sont pleines de mouchards, « d'escrocs, d'escamoteurs, de soldats. La plébécule se dédommage du « vin qu'elle n'a point bu depuis un an, et noie sa raison dans les pots.

« Ce port, où le citadin voyait jadis avec joie aborder les dons de « Cérès, et toutes les denrées nécessaires à la vie d'un grand peuple, est « maintenant changé en un vaste cabaret où les hommes qu'un travail « constant aidoit à supporter le fardeau de la vie, consument aujourd'hui « leur temps à boire, à jouer aux cartes, se familiarisent avec l'oisiveté, « la paresse, et, pleins de vin, s'endorment, se roulent sur le sein de « leur vile maîtresse (1). »

Pendant le cours de l'année 1802, des dispositions furent prises pour établir à l'Hôtel de Ville la préfecture du département de la Seine. L'administration de l'Enregistrement et des Domaines fut transférée ailleurs, et divers particuliers qui avaient obtenu des logements dans la Maison Commune furent obligés de les rendre. L'on trouve à ce sujet, aux Archives du département de la Seine, une lettre de M. Frochot, préfet, au sieur Prudhon, peintre, pour l'inviter à évacuer le logement qui lui avait été concédé à l'Hôtel de Ville. L'adjonction des bureaux de la préfecture du département à ceux de l'administration municipale de Paris, nécessita l'accroissement des dépendances de l'ancien Hôtel de Ville. Dans un rapport daté du 20 avril 1803, M. Frochot proposait au conseil muni-

---

(1) *Le Nouveau Paris*, par le citoyen Mercier, etc. Vol. V, p. 43.

cipal d'appliquer une somme de cent quatre-vingt-seize mille francs à différents travaux et à l'achat du terrain sur lequel avait existé pendant plusieurs siècles la petite église Saint-Jean ; ce terrain, vendu comme propriété nationale, appartenait depuis quelques années à un sieur Belta. Dans un rapport daté du mois de janvier 1804, le préfet s'exprimait ainsi : « A l'est de l'Hôtel de Ville de Paris existe un terrain formant
« l'emplacement de l'ancienne église de Saint-Jean en Grève, contenant
« en superficie environ 831 mètres, 70 centimètres. Lorsque, par l'ordre
« du gouvernement, la préfecture fut transférée à l'Hôtel de Ville, le
« citoyen Belta, propriétaire dudit terrain, avait déjà commencé des
« constructions sur cet emplacement. On ne put, à cette époque, s'em-
« pêcher de reconnaître que les jours de l'Hôtel de Ville du côté de l'est,
« jours qui éclairaient plusieurs pièces principales destinées à former
« des bureaux, seraient entièrement obstrués par les constructions du
« sieur Belta; en conséquence, conclut à l'achat du terrain aux dépens
« de la Ville. »

Par suite de cet achat, des plans furent demandés à M. Molinos, architecte de la Ville, pour mettre en état l'ancienne chapelle Saint-Jean qui tombait presque en ruines, et la disposer « pour y faire les distributions
« de prix, tenir les principales séances des sociétés, enfin pour servir
« toutes les fois qu'il y aurait à la préfecture de grandes réunions ou de
« grandes cérémonies (1). »

Bien que M. Frochot ne jugeât pas cette salle assez vaste pour une pareille destination, par une lettre datée du mois d'août 1804 il engagea M. Molinos à terminer les travaux de couverture et de parquet, mais il refusa tous ceux d'embellissement. Enfin l'année suivante, à la même date, il écrivait à M. Molinos que ses projets relativement à cette salle ne pouvaient être adoptés, et il ajoutait ce qui suit :

« J'ai donc décidé, Monsieur,

« 1° Qu'il ne serait fait aucun agrandissement à la salle dont il s'agit ;

« 2° Qu'elle resterait affectée aux réunions des sociétés savantes, aux
« opérations de la conscription, et en général aux autres assemblées

---

(1) Arch. gén. du dép. de la Seine. — App. 1, n° 101.

« départementales et municipales qui ne nécessiteraient pas la présence
« de plus de cinq à six cents personnes;

« 3° Qu'en conséquence vous auriez à m'adresser dans quinze jours,
« pour tout délai, un projet définitif de décoration analogue à cette des-
« tination;

« Cependant, comme les opérations de la conscription de l'an IV
« auront lieu très-incessamment, et qu'il importe que le plafond de cette
« salle soit achevé pour cette époque, j'ai décidé en même temps qu'on
« s'occuperait sur-le-champ de l'établissement du plafond. Vous voudrez
« donc bien, Monsieur, et nonobstant le projet de décoration que vous
« aurez à me fournir dans la quinzaine, me remettre avant mardi pro-
« chain un devis pour l'établissement d'un *plafond simple* avec corniche,
« et faire en sorte que les ouvriers soient à l'œuvre jeudi prochain, de
« manière à ce qu'il soit achevé dans le plus court délai possible. »

Les pièces relatives à l'administration du comte Frochot témoignent de son zèle et du soin qu'il apporta pour la restauration complète du vieil Hôtel de Ville. Ce n'était pas seulement le rétablissement de la salle Saint-Jean qui l'occupait pendant les années 1804 et 1805, mais il songeait encore à toutes les parties du monument, et surtout à ce qui pouvait en assurer la conservation : on en jugera par la lettre suivante datée du mois de janvier 1805 :

LE PRÉFET DU DÉPARTEMENT DE LA SEINE
A MONSIEUR MOLINOS, ARCHITECTE.

29 pluviôse an XIII.

« Monsieur, vous êtes en retard de m'adresser : 1° un projet de marché
« pour l'entretien des couvertures des bâtiments de l'Hôtel de Ville, que
« je vous ai demandé par ma lettre du 26 fructidor dernier;

« 2° Les projets, plans et devis de l'établissement d'un réservoir d'eau
« dans l'intérieur des bâtiments de la Ville, dont je vous ai fait la de-
« mande le 27 fructidor an XII;

« 3° Le devis que je vous ai demandé le 28 vendémiaire dernier, des
« dépenses à faire pour l'arrangement de la salle où le conseil des travaux
« publics tient ses séances;

« 4° Les projets, plans et devis des travaux de restauration à faire,
« par suite du dérangement causé dans l'intérieur des bâtiments de la
« Ville par les dispositions faites pour la fête du 25 frimaire;

« 5° Le devis du carrelage de la première antichambre, au premier
« étage de l'Hôtel de Ville;

« 6° Les projets, plans et devis des travaux à faire pour l'arrangement
« définitif de la salle et du jardin Saint-Jean;

« 7° Les projets, plans et devis des travaux à faire pour disposer con-
« venablement la grande galerie du Saint-Esprit;

« 8° Les projets, plans et devis du bâtiment neuf à construire dans
« l'alignement de l'Hôtel de Ville sur le terrain du Saint-Esprit.

« Il est instant que vous vouliez bien vous occuper de ces divers objets,
« autant pour me mettre à même de fixer à cet égard les dépenses de
« l'an XIII, et faire les demandes de fonds de l'an XIV, que pour me
« donner le moyen de régler dès à présent tous ces travaux qui sont
« urgents, et qu'il serait nécessaire de commencer dès les premiers temps
« de la saison où nous entrons, etc. »

Par un arrêté en date du mois de mai de l'année 1803, le même magistrat avait décidé que les grilles qui fermaient les anciennes prisons de
l'Hôtel de Ville seraient transportées au Trésor de Saint-Denis, et à deux
reprises il avait eu soin que les ossements des malheureux prisonniers
morts dans les cachots de l'Hôtel de Ville et déposés dans les caves, fussent exhumés décemment et portés à la Tombe Issoire par l'administration des Pompes funèbres (1). Comme on le voit, le comte Frochot a
mérité la belle réputation qu'il a laissée après lui.

Pendant la Restauration, les bâtiments de l'Hôtel de Ville n'ont pas
été l'objet de travaux bien remarquables. Les fêtes somptueuses qui
eurent lieu dans différentes circonstances, ont nécessité un appareil et des
dispositions qui augmentaient l'étendue du monument; mais ces dispositions étaient passagères et ne survivaient pas aux événements qui les
avaient fait naître. Cependant lors des fêtes données par la Ville, en 1823,
au duc d'Angoulême revenant d'Espagne, une grande salle fut construite

---

(1) Archiv. gén. du dép. de la Seine. — App. I, n° 101.

sur l'emplacement de la petite église Saint-Jean, et occupa tout le terrain vendu à la ville en 1804 par le sieur Belta, et transformé depuis lors en jardin. Cette salle, dite *du Jardin*, exista jusqu'aux derniers travaux exécutés à l'Hôtel de Ville; il fallait, pour entrer dans cette salle, traverser la Bibliothèque. Bien qu'établie dans les temps modernes, cette Bibliothèque de la ville de Paris a subi de grandes modifications; la fondation en est due à M. Moriau, procureur du roi à l'Hôtel de Ville de Paris, qui consacra une partie de sa fortune à réunir des livres et des manuscrits curieux, dans le but de les léguer à la ville de Paris. M. Moriau étant mort le 20 mai 1759, le don qu'il avait fait reçut son exécution le 22 juillet de l'année suivante. Parmi les manuscrits de cette collection, les plus remarquables consistaient dans une série de cinq cents cartons composés par le savant Godefroy, renfermant des pièces originales de toute nature, relatives à l'histoire de France, depuis la fin du xiiie siècle jusqu'au xviiie. La bibliothèque de M. Moriau, composée d'environ quatorze mille volumes imprimés et de deux mille manuscrits, fut déposée à l'hôtel de Lamoignon, rue Pavée, au Marais. M. de Pontcarré de Viarmes, alors prévôt des marchands, confia le soin de cette bibliothèque à Bonamy, historiographe de la ville de Paris et savant distingué. Le 13 avril 1763 elle fut ouverte au public; elle avait été encore augmentée de deux mille volumes qui composaient la collection particulière de M. Bonamy. Ce savant, mort en 1770, fut remplacé par M. Ameilhon; et pendant l'administration de ce dernier, la bibliothèque se trouva transférée de l'hôtel Lamoignon dans la maison de Saint-Louis, actuellement le collége Charlemagne, rue Saint-Antoine. Cette bibliothèque, ouverte dans ce dernier local le 16 juin 1773, y demeura intacte jusqu'en 1793, où elle prit le nom de Bibliothèque de la Commune. Des livres provenant de différentes collections avaient été réunis à la bibliothèque de M. Moriau (1). Vers 1795,

---

(1) « On y joignit les bibliothèques de « MM. Gilles Ménage, Charles Guyet et Pierre « Daniel Huet, etc., » dit M. Bailly, p. 67 de sa *Notice historique sur l'Hôtel de Ville de Paris*. Quant à la bibliothèque de Gilles Ménage, M. Bailly, je le crains, a été mal informé. La bibliothèque de ce savant, à laquelle était jointe celle de Guyet, a bien fait partie, jusqu'en 1763, de la Maison des Jésuites, rue Saint-Antoine; mais, à cette époque, la bibliothèque fut vendue aux enchères publiques, ainsi que le prouve un catalogue avec les prix, dont voici le titre : *Catalogue des livres de la Bibliothèque de la Maison professe des ci-*

la Bibliothèque communale se trouva dispersée; elle compose aujourd'hui, pour la plupart, celle de l'Institut.

M. Pierre Nicoleau, nommé bibliothécaire en remplacement d'Ameilhon, s'efforça de recomposer l'ancienne collection léguée par Moriau. Le dépôt de l'École centrale de la rue Saint-Antoine ayant repris son nom de Bibliothèque de la Ville en 1805, fut transporté à cette époque dans l'hôtel de Vivres (rue Saint-Antoine, n° 110).

Ce fut seulement dans le cours de l'année 1817 que M. de Chabrol, alors préfet de la Seine, fit disposer dans les bâtiments de l'ancienne chapelle Saint-Jean, le dernier local qu'ait occupé la bibliothèque. Bien qu'elle ne réponde pas complétement à la fondation libérale du magistrat qui l'avait établie, cette bibliothèque est assez considérable. Grâce à la bonne administration d'André Migon, de MM. Rolle père et fils et de MM. Bailly, elle a gagné beaucoup en accroissements, se fait remarquer par un ordre excellent, et ne peut manquer d'être en rapport un jour avec l'importance du monument qui la renferme.

Dans la seconde moitié du xviiie siècle, il fut question à plusieurs reprises de transférer l'Hôtel de Ville dans une autre place que celle qu'il occupait, toujours par cette raison que la capacité du monument était insuffisante. Le mardi 12 novembre 1749, le prévôt des marchands et les échevins, réunis au petit bureau, délibéraient sur la proposition faite ultérieurement pour l'érection d'un nouvel Hôtel de Ville. L'hôtel du prince de Conti, sur la rive gauche de la Seine, avait été choisi pour ce dessein : l'on donna lecture d'une lettre de M. Voyer d'Argenson, ministre du roi, dans laquelle se trouvait le passage suivant :

« (Sa Majesté) m'a en même temps chargé de vous marquer que rien
« ne devoit plus retarder les toisés et estimations, tant des bâtimens et
« terrains situés dans l'enceinte qui doit former la place, que de ceux qui
« seront nécessaires pour l'emplacement de l'Hôtel de Ville. M. le prince
« de Conty, dont l'hôtel se trouve situé dans cet emplacement, n'y ap-

---

devant soi-disans Jésuites. Paris, 1763, in-8°. On lit dans l'avertissement : « Le Catalogue « que nous présentons au public est composé « de plusieurs bibliothèques, parmi lesquelles « celles de Ménage et du fameux Huet tiennent « le premier rang.... Ménage, outre les livres « qu'il avoit rassemblés, avoit acheté ceux de « François Guyet. »

« portera de sa part aucune difficulté, et vous n'en devez trouver d'au-
« cune autre. Sa Majesté voudra bien accorder à la ville les secours et la
« protection qui lui seront nécessaires pour l'exécution de cette entre-
« prise (1). »

Le sieur Beausire, architecte du roi, fut commis pour faire le toisé et l'estimation des bâtiments. Le 19 mars 1750, il avait fait un rapport d'après lequel il estimait l'hôtel de Conti un million quatre cent quarante-sept mille livres quatorze sous; mais le sieur Courtonne, architecte du prince, avait adressé par les mains de son client une autre estimation montant à la somme de un million huit cent quarante-huit mille neuf cent soixante-seize livres, seize sous, trois deniers. Un arrêt du Conseil, du 4 juin 1750, nommait le sieur Mansard, architecte du roi, pour prononcer en dernier ressort. Enfin, un autre arrêt du 2 septembre fixait à seize cent mille francs le prix de l'hôtel Conti. Dans la lettre en date du 24 août, par laquelle il informait les magistrats municipaux de cette décision, M. Voyer d'Argenson s'exprimait en ces termes :

« Lorsque le contrat sera passé, vous voudrez bien en joindre une
« copie aux plans et dessins des bâtimens nécessaires pour la construc-
« tion d'un nouvel Hôtel de Ville dans cet emplacement, et me les re-
« mettre pour les présenter à Sa Majesté. Je dois cependant vous prévenir
« que son intention, sur le parti qui pourra être tiré de cet emplacement,
« est que la façade de l'Hôtel de Ville soit rapprochée du côté des Quatre-
« Nations plutôt que de celui du Pont-Neuf, et disposée autant qu'il se
« pourra vis-à-vis de celles des bâtiments du Louvre; qu'ainsi Sa Majesté
« désire que l'on comprenne pour cet effet, dans les plans qui seront
« projetés, la petite place appelée de Conti et les maisons donnant sur
« cette place..... »

Un arrêt du Conseil, du 12 décembre 1751, autorisait la Ville à créer une rente remboursable en douze années, pour effectuer le paiement de cet achat.

Le 5 décembre 1750, le sieur Beausire avait été chargé de faire l'estimation de l'hôtel de Sillery, donnant sur la place Conti. Courtonne

---

(1) Reg. de l'Hôtel de Ville, vol. LXXXVI, fol. 272.

était l'architecte du propriétaire, M. de Puisieux. D'après l'arbitrage de Mansard, un arrêt du Conseil du 12 juin 1751, fixa le prix de cet hôtel à deux millions huit cent trente-trois mille vingt-neuf livres. J'ignore pour quels motifs ce projet d'Hôtel de Ville fut abandonné, mais cet emplacement fut, en 1771, destiné à recevoir l'hôtel des Monnaies, qui s'y trouve aujourd'hui.

Vers 1783 le projet de changer d'emplacement l'Hôtel de Ville fut débattu de nouveau; des propositions différentes furent mises au jour. L'une des plus curieuses, sans contredit, est celle de M. F. Cosseron, échevin, qui la communiqua à MM. Peyronnet et Moreau, architectes du roi; elle est consignée dans un recueil manuscrit de différents mémoires relatifs à l'administration municipale de la ville de Paris. En voici le titre qui est aussi singulier que tout le reste :

Janvier 1783. — Projet pour la libération des dettes de la ville, la construction d'un nouvel Hôtel de Ville, avec une place au milieu de laquelle on érigeroit un monument à Leurs Majestés, sous le symbole de l'amour conjugal et de la bienfaisance; ainsi que d'autres travaux d'utilité publique et d'embellissemens pour la capitale.

C'est au terre-plein du Pont-Neuf, où se trouve aujourd'hui la statue de Henri IV, et où elle était déjà, que F. Cosseron propose de transporter l'Hôtel de Ville. « Il présente dans son état actuel, dit l'auteur, une fa-
« çade de quelques pieds de plus d'étendue que celui de l'Hôtel de Ville,
« non compris les accessoires qu'on y a ajoutés, mais il n'a pas la pro-
« fondeur nécessaire; on la lui procureroit autant que le besoin et le
« plan de construction l'exigeroient, en prolongeant ce terre-plein qui
« se trouve sur le sable vif et le tuf, de sorte qu'on seroit dispensé de
« bâtir en fondation sur pilotis. Il résulteroit du choix de ce terrain plu-
« sieurs avantages précieux :

« Le premier, celui d'appartenir à la Ville, qui se trouveroit placée au
« milieu de son domaine, sans avoir par conséquent à en faire l'acquisi-
« tion ;

« Le deuxième, celui de rendre la navigation plus facile dans les sai-
« sons d'eaux basses, parce que le prolongement de bâtisse, en resserrant
« à cet endroit le cours de la rivière, empêcheroit les sables de s'y étendre
« et de s'y amonceler comme on le voit dans l'été;

« Le troisième, celui, au moyen d'une sentinelle constamment en fac-
« tion à cet endroit, d'empêcher la perte de nombre de jeunes gens qui
« s'y noient, parce que le sable doux qui s'y amasse les invite à s'y
« baigner.

« Le quatrième, celui, sans de grandes dépenses de fouilles, et au
« moyen d'une plate-forme qu'on élèveroit autour de ce terre-plein, au-
« dessus du nivellement de la plus grande hauteur connue des eaux,
« d'établir sur le corps de bâtisse caves, cuisine, magasins, prisons,
« tous éclairés au-dessus de la plate-forme (1). »

Comme on a pu s'en convaincre par les détails qui précèdent, le projet de changer l'ordonnance et la disposition du vieil Hôtel de Ville remonte à près d'un siècle (2). Sous le gouvernement impérial cette question importante fut encore agitée, et cette fois, sans se préoccuper de chercher un emplacement nouveau, l'on avait seulement conçu le dessein de construire un nouvel Hôtel de Ville au fond de la place de Grève, la façade principale devait être tournée du côté de la Seine. Quant au vieux monument du Cortonne, on le destinait à recevoir les Archives et la Bibliothèque. Cette combinaison nouvelle se rattachait à l'ouverture de la rue Impériale qui établissait une grande voie de communication entre la barrière du Trône et le Louvre. En 1811 des projets furent demandés par M. le comte Frochot, préfet de la Seine; les événements politiques en arrêtèrent l'exécution. Pendant les Cent-Jours, la question de

---

(1) Recueil de pièces, par M. F. Cosseron, ancien garde-du-corps de la Mercerie, désigné pour entrer en exercice d'échevinage à la Saint-Roch de l'année 1783, et Recueil d'autres pièces pendant et après son échevinage. 1 vol. in-fol. **Ms.** — Biblioth. de l'Arsenal, n° 323, Hist. in-fol.

(2) Aux détails que j'ai donnés sur ce point il faut ajouter ce qui suit : « Un arrêt du con-
« seil, à la date du 11 janvier 1770, prescrivit
« l'agrandissement de l'Hôtel de Ville. Dans cet
« acte il est dit : sur ce que les Prévost des
« marchands et Echevins de la ville ont re-
« présenté que l'hôtel commun n'est pas d'une
« étendue proportionnée à la magnificence de
« la capitale, et ses bâtiments se trouvant
« d'ailleurs insuffisants pour les opérations qui
« s'y font journellement, et notamment pour
« le paiement des rentes dues par Sa Majesté,
« il doit être, conformément au dit plan, con-
« struit une nouvelle façade au dit Hôtel de
« Ville en face de la rivière, et ajouté une aile
« à la jonction des rues Jean-de-l'Épine et de
« la Vannerie, etc. » « La pénurie d'argent fit
« abandonner ce projet, et les Prévôts des
« marchands furent obligés de louer plusieurs
« maisons qui servirent à placer quelques bu-
« reaux. » (*Dictionn. admin. et hist. des rues de Paris et de ses monuments*, par MM. FÉLIX et LOUIS LAZARE. Paris, 1844, in-8°, p. 319.

changer de place l'Hôtel de Ville, ou d'agrandir celui qui existait, fut encore agitée. L'on trouve aux Archives générales du département de la Seine « le Programme d'un concours public pour le choix d'un projet « d'agrandissement de l'Hôtel de Ville de Paris, » daté du 25 mai 1815. L'Empereur voulait que l'Hôtel de Ville de Paris fût disposé de manière que, dans les grandes réceptions, six mille personnes invitées pussent y être assises à table. Autour des salles de festin, d'une vaste étendue, il voulait encore une Galerie des Fastes, qu'il devait parcourir avec sa suite, de manière à être aperçu de tous les convives. Une salle de spectacle, pour la représentation de quelques prologues de circonstance, devait être ajoutée aux autres salles de fêtes. La place de Grève devait aussi être agrandie et être mise en communication avec Notre-Dame par un pont triomphal. Le projet, évalué à vingt-cinq millions, avait reçu l'approbation de l'Empereur.

Dans l'exécution des différents projets analysés ci-dessus, et en dehors des difficultés matérielles qu'ils pouvaient présenter, il y avait, suivant nous, un inconvénient plus grave qui de nos jours, surtout, aurait été vivement ressenti. En changeant la place occupée depuis plusieurs siècles par l'Hôtel de Ville, en renversant de fond en comble le monument remarquable élevé par Boccador, l'on rompait complétement avec le passé, l'on privait cette vieille Grève, dont l'existence remonte aux premiers temps de notre histoire, de son plus bel ornement; l'on remplaçait par une construction moderne, sans aucun souvenir, cette Maison Commune qui, depuis le XIVe siècle jusqu'à nos jours, a été le témoin de nos révolutions politiques et civiles, et même en a été souvent le théâtre. Ces motifs pourront sembler à certaines gens bien futiles, bien littéraires ; mais nous sommes heureux de proclamer ici qu'ils ont été pris en grande considération par toutes les personnes appelées à concourir aux travaux d'agrandissement qui viennent d'être exécutés à l'Hôtel de Ville de Paris, et qui en ont fait l'un des plus beaux monuments de notre capitale.

Pendant la Restauration, tous les projets relatifs à l'Hôtel de Ville furent complétement suspendus. C'est dans le cours de l'année 1832, sous l'administration de M. le comte de Bondy, que ces projets ont été repris de nouveau. M. Godde venait de remplacer comme architecte

Molinos qui était mort la même année. Comme inspecteur et comme architecte de la deuxième section des bâtiments civils, M. Godde, en 1811 et 1813, avait eu connaissance des dispositions que l'on voulait prendre à cette époque, et même avait été appelé par M. le comte Frochot à faire un projet suivant le programme donné par l'Empereur. Devenu architecte de ce moment, M. Godde s'empressa de mettre sous les yeux du préfet, M. le comte de Bondy, un projet d'agrandissement complet dans toutes ses parties, qui fut trouvé trop dispendieux. Le préfet chargea M. Godde de le restreindre, en n'y comprenant que les salles des fêtes, les différentes branches de services réunies à l'Hôtel de Ville, et les appartements du préfet de la Seine.

L'ancienne administration, qui n'était composée que de la direction des travaux relatifs à la ville de Paris, de la police du commerce par eau, de celle des pauvres, et de quelques autres services qui n'exigeaient pas un matériel étendu, se trouvait déjà tellement à l'étroit dans l'ancien Hôtel de Ville, qu'à la fin du xviiie siècle elle avait loué et acheté plusieurs maisons au fond de la Grève. Quand la préfecture du département de la Seine fut ajoutée, en 1802, au gouvernement municipal de la ville de Paris, l'insuffisance des bâtiments de l'Hôtel de Ville devint encore plus grande, et cependant des constructions faites sur le terrain de l'église et de la chapelle Saint-Jean, et une partie de l'ancien hôpital du Saint-Esprit, avaient encore accru ces bâtiments. L'administration municipale fut obligée peu à peu de prendre à location diverses maisons environnantes pour y placer des services particuliers d'une grande importance, qui auraient dû se trouver réunis; par exemple, l'octroi, les contributions indirectes, les poids et mesures, et la caisse de Poissy. Ces locations s'élevaient à la somme de soixante et dix mille francs, qui représentent le capital d'un million quatre cent mille francs.

Comme on le voit, sous le rapport des besoins matériels comme sous le rapport des embellissements, l'Hôtel de Ville avait besoin d'être amélioré.

Pendant que M. Godde étudiait le nouveau projet qu'il devait soumettre au préfet, ce magistrat fut remplacé par M. le comte de Rambuteau. Ce dernier accueillit non-seulement la partie du projet relative aux besoins évidents de l'administration, mais encore il voulut que la partie qui avait rapport aux salons de réceptions et de fêtes, à l'aspect monumental et à l'isolement complet du vieil Hôtel de Ville, fût aussi présentée au conseil municipal afin d'être mise à exécution.

Les événements qui se passaient de 1834 à 1835 rendaient plus nécessaires que jamais la réalisation d'une idée conçue depuis longtemps, d'isoler l'Hôtel de Ville et d'en faciliter la défense, en perçant aux alentours de grandes voies de communication. Les émeutes qui, à cette époque, ensanglantèrent notre capitale, eurent toujours pour principal théâtre les rues tortueueuses et sombres qui environnent la place de Grève. Il était d'ailleurs d'une bonne politique de commencer des travaux considérables qui assuraient pendant plusieurs années l'existence d'une classe nombreuse d'ouvriers; c'est pourquoi le conseil municipal auquel il appartenait de voter en dernier ressort sur les projets d'agrandissement de l'Hôtel de Ville, se montra favorable; une commission composée de plusieurs membres de ce conseil et d'architectes (1) approuva les dispositions qui avaient été proposées par M. Godde, et M. Lesueur, architecte, fut appelé à partager avec lui la grande tâche qui aujourd'hui est presque terminée (2).

(1) La commission était composée de MM. Fontaine, Debret, Huyot, architectes, et de MM. Grillon Gâteau, Lanquetin Hérard, membres du conseil. M. le Préfet de la Seine, président.

(2) L'arrêté du Préfet, en date du 13 janvier 1836, contient les dispositions suivantes :

PRÉFECTURE
DU DÉPARTEMENT DE LA SEINE.

Nous, Pair de France, Préfet :

Vu la délibération, en date du 30 avril 1835, par laquelle le conseil municipal de Paris a voté en principe l'agrandissement et l'isolement de l'Hôtel de Ville;.....

Considérant que par son importance et la variété de ses détails, cette opération exigera le concours de deux architectes;

Arrêtons :

Article premier.

M. Lesueur, architecte, attaché aux travaux du ministère de l'intérieur, ancien pensionnaire de l'académie de France à Rome, est adjoint à M. Godde, architecte de la 1re section des travaux d'architecture, pour concourir, avec cet architecte, à la rédaction et à l'exécution du projet d'agrandissement et d'isolement de l'Hôtel de Ville de Paris.

Art. 2.

M. Lesueur jouira, en cette qualité, du quart des honoraires proportionnels qui pourront être dus, aux termes des règlements de l'administration, pour l'exécution dudit projet.

Les trois autres quarts appartiendront à M. Godde.

Art. 3.

Indépendamment des honoraires qui lui sont attribués par l'article précédent, M. Lesueur recevra, à partir du 15 janvier courant, et pendant toute la durée des travaux, une indemnité de deux mille quatre cents francs par an.

PREMIÈRE PARTIE.

Voici la lettre adressée le 30 avril 1836 aux deux architectes, par laquelle le préfet de la Seine leur annonçait l'adoption du projet d'agrandissement et d'isolement de l'Hôtel de Ville.

« Messieurs, par une décision en date du 25 avril courant, M. le mi-
« nistre de l'intérieur a donné son approbation à l'avant-projet d'agran-
« dissement et d'isolement de l'Hôtel de Ville.

« Je vous invite, en conséquence, à faire des dispositions pour con-
« vertir cet avant-projet en projet définitif.

« Ce projet devra être divisé en quatre parties comprenant chacune
« une des façades du nouvel hôtel, de manière à pouvoir en faire au besoin
« l'objet de plusieurs adjudications distinctes. Vous verrez toutefois s'il
« ne conviendra pas que chacune des façades latérales nord et sud com-
« prenne l'aile correspondante de la façade principale. Dans cette hypo-
« thèse, le projet ne se diviserait plus qu'en trois parties.

« Chaque partie se composera d'un plan géométral pour chaque étage,
« d'une élévation, d'une coupe longitudinale, d'une coupe transversale et
« des profils en longueur et en largeur : ces divers plans, coupes et éléva-
« tions, devront être dressés à l'échelle de cinq millimètres par mètre...

« La façade latérale donnant sur le quai étant principalement destinée
« à l'habitation du préfet, il importe que les travaux de cette façade et
« ceux de l'aile qui lui est contiguë sur la place de l'Hôtel de Ville, soient
« les premiers entrepris, afin de débarrasser le plus promptement possible
« l'emplacement sur lequel doit être construite la façade sur la rue Louis-
« Philippe, destinée aux bureaux tant de l'administration centrale que
« des administrations secondaires dépendant de la préfecture.... »

Grâce à l'activité et au zèle déployés non-seulement par MM. Godde

---

Cette indemnité sera payable par mois, et imputable, comme lesdits honoraires, sur les crédits alloués ou à allouer, pour l'exécution du projet d'agrandissement et d'isolement de l'Hôtel de Ville.

Art. 4.

Ampliations du présent arrêté seront adressées à MM. Godde et Lesueur, architectes désignés ci-dessus.

Pareille ampliation sera remise au bureau de liquidation générale de la Préfecture.

Fait à Paris, le 13 janvier 1836.

Signé, Comte de Rambuteau.

Pour ampliation :

Le maître des requêtes, secrétaire général,

Signé, L. Jussieu.

Pour copie conforme,

L'architecte en chef de la 1re section,

Signé, Godde.

et Lesueur, mais par toutes les personnes chargées de concourir avec eux à cet important travail (1), en moins de quatre années l'Hôtel de Ville de Paris a complétement changé de face et plus que doublé en étendue.

Les travaux ont été commencés le 20 août 1837 (2); en 1842 les bâtiments de l'aile droite sur la place de Grève, ceux en regard du quai, ceux sur la rue Lobau, ceux sur la rue de la Tixeranderie, et l'aile gauche sur la place de l'Hôtel de Ville, furent élevés. Les bureaux y étaient installés, M. le préfet avait pris possession de ses appartements et de l'appartement municipal; il ne restait plus à exécuter que des travaux de décoration intérieure dans les salles destinées aux fêtes publiques. Les fonds mis à la disposition des architectes étaient épuisés; il fallait obtenir de nouveaux crédits pour l'achèvement des travaux; il fallait encore pourvoir à l'arrangement des bâtiments sur la cour du vieil Hôtel de Ville, qui n'avaient pas été compris dans les premiers devis des travaux d'agrandissement.

Cette circonstance motiva un repos d'une année, passée en enquêtes, en nouvelles délibérations du conseil municipal et en approbations ministérielles. Toutes ces formalités n'ont été remplies qu'en 1843, époque à laquelle les travaux ont été repris avec une nouvelle activité.

Tout porte à croire qu'ils seront terminés en 1846.

Les travaux étaient évalués à 12,417,324 fr., en comptant les ameublements et tous les ouvrages d'art en peinture de décor, en dorure et en sculpture, qui n'étaient pas compris dans les devis.

Pendant l'exécution de ces travaux, l'Hôtel de Ville a été visité par le roi et sa famille, par le roi de Naples, par la reine d'Espagne, et par les ambassadeurs de toutes les puissances de l'Europe; tous se sont accordés à dire qu'ils n'avaient vu nulle part un monument aussi complet.

---

(1) Il est juste de signaler ici le zèle et l'activité déployés par M. Vivenel, entrepreneur général des travaux de l'Hôtel de Ville. C'est grâce aux soins intelligents qu'il a mis dans l'exécution rapide de la tâche importante qui lui était confiée, que les architectes ont pu voir se réaliser, dans un aussi court espace de temps, le vaste projet qu'ils avaient conçu.

(2) Je dois à l'extrême obligeance de monsieur Godde la communication de plusieurs pièces officielles et de notes manuscrites qui m'ont facilité la rédaction de cette partie de mon travail.

Le roi, en le visitant, dit : « On ne dira plus l'Hôtel de Ville, mais
« bien le Palais de la Ville. » Sur la remarque qui lui fut faite que son
observation pouvait être considérée comme une critique, il ajouta :
« C'est digne d'elle, et je me trouve heureux que ce monument prenne
« date avec mon règne. »

Lorsqu'il vit que tous les sujets de peinture avaient été pris dans les
attributs du commerce et de l'industrie, il dit : « Voilà qui personnifie
« bien la Ville de Paris ; le travail mérite d'être honoré, il fait la richesse
« des États. »

Avant de commencer la description générale des nouveaux bâtiments
de l'Hôtel de Ville de Paris, il est nécessaire de donner quelques détails
succincts sur la nature des matériaux qui ont été employés.

Sur toute la superficie du terrain occupé par les nouvelles constructions, une couche de béton de vingt-cinq centimètres a été posée ; les
parties qui reçoivent les libages servant de fondations aux murs, sont
aussi en béton de soixante-quinze centimètres de haut : ces libages,
élevés de soixante centimètres, sont en pierre dite Grignard. Les murs
sont en moellons jusqu'à la naissance des voûtes ; viennent ensuite deux
assises de retombées, et une seule sur les pignons : ces assises sont en
pierre de roche de Moulins. Les murs s'élèvent encore en moellons jusqu'à l'assise d'arase qui a de hauteur trente centimètres. Sur cette assise,
en pierre de roche, deux autres assises ont été posées, qui forment la
hauteur du socle du soubassement, et font le tour des constructions nouvelles : ces deux assises sont en pierre de banc Bénard, et reçoivent le
soubassement qui est en pierre de roche fine des Forgets, ainsi que la
base de toutes les colonnes. Les chapiteaux et les corniches des entablements sont en pierre du banc royal de Conflans.

Les pavillons sont en pierre de Parmin ; les autres parties des façades
extérieures, et celles des cours, sont en pierre de Vergelet ou pierre de
Louvre tendre. Quand ces pierres ne font pas parpaing, elles sont doublées par de la pierre de roche de Moulins. Dans toutes les façades les
colonnes des grands ordres sont des monolithes du banc royal de l'Abbaye du Val. Dans les grands escaliers, dans la Salle des Élections, dans
la Galerie des Fêtes, les mêmes natures de pierre ont été employées,

à l'exception des colonnes qui sont en marbre dit Brèche des Pyrénées. Les grands combles sont tous en ardoise, et les terrasses en plomb ou en zinc.

Les bâtiments de l'Hôtel de Ville de Paris, dans leur état actuel, se composent des salles pour les assemblées municipales, des bureaux de l'administration, des salles des fêtes, des salons de réception pour le roi, et des appartements du préfet.

Ces bâtiments sont compris dans un rectangle dont les grands côtés, sur la place de Grève et sur la rue Lobau, ont cent vingt mètres de longueur, et dont les deux autres côtés, sur le quai de la Grève et sur la rue de la Tixeranderie, ont quatre-vingts mètres. Quatre pavillons placés aux angles de ce rectangle dominent d'un étage les bâtiments intermédiaires. L'architecture extérieure des constructions nouvelles est subordonnée aux lignes principales de l'ancienne façade. L'ordonnance de cette façade a été prolongée avec l'imitation la plus parfaite jusqu'aux deux pavillons d'angle sur la place de Grève. Là elle change de caractère et semble inspirée par la renaissance italienne, style adopté pour les constructions nouvelles. Les pavillons d'angle ont trois étages ornés de colonnes engagées; ils sont surmontés de lucarnes en pierre richement sculptées, dont la forme se dessine sur le ton ardoise de leurs toits élevés. Des niches à frontons, entre les colonnes, sont destinées à recevoir les statues des hommes qui ont illustré la ville de Paris (1). Des figures en relief sculptées dans la pierre, au-dessus des croisées en arcades, représentent le COMMERCE, l'AGRICULTURE, les ARTS et les SCIENCES; leurs attri-

---

(1) Les niches de l'ancienne façade, restées vides jusqu'à présent, ainsi que celles de la façade des deux bâtiments nouveaux, sur la place de Grève, viennent d'être remplies par les statues des hommes célèbres nés à Paris, dont le nom suit :
- SAINT-LANDRY (655). — GOSSELIN (lisez GOZLIN); 861.—MAURICE DE SULLY (1196).—BOILEAU (lisez ÉT. BOILEAU); 1290. — HUGUES AUBRIOT (1390).—LAILLIER (lisez MICHEL LALLIER); 1430. — JUVENAL DES URSINS (lisez JEAN JOUVENEL DES URSINS); 1431. — J. DE LA VACQUERIE (1497). —
DE VIOLE (lisez PIERRE VIOLE), 1533. — G. BUDÉ (1540). — ROBERT ESTIENNE (1559). — J. AUBRY (1564).—PIERRE LESCAUT (1571). — J. GOUJON (1572).—F. MIRON (1609).—LE SUEUR (1655). —MATHIEU MOLÉ (1656).—SAINT VINCENT DE PAUL (1660). — LE BRUN (1690). — MANSART (1708). — VOYER D'ARGENSON (1721). — ROLLIN (1741). — TURGOT (1751). — L'ABBÉ DE L'ÉPÉE (1789). — BAILLY (1793). — PEBONNET (1794). — FROCHOT (1828).

La date qui suit chaque nom est celle de la mort du personnage.

buts sont placés au-dessus des niches, entre les chapiteaux des colonnes.

Les lignes d'architecture des bâtiments nouveaux correspondent avec une symétrie parfaite à celles des anciennes constructions; les détails de ces dernières ont même été reproduits dans quelques-unes des parties neuves : ainsi la corniche du couronnement des pavillons que je viens de décrire, est conforme à celle des pavillons de Saint-Jean et du Saint-Esprit. Les bâtiments intermédiaires, sur chacune des trois façades nouvellement construites, se composent de deux étages en arcades, et sont ornés des mêmes ordres d'architecture que ceux des pavillons d'angle, du côté du quai, où se trouvent les salons municipaux et les appartements du préfet; du côté de la rue de la Tixeranderie, où se trouvent les bureaux, les treize travées d'arcades sont séparées par des colonnes engagées. Sur la rue Lobau, la galerie des Fêtes est indiquée extérieurement par une décoration plus somptueuse : les colonnes de cette façade sont tout à fait dégagées, et s'élèvent entre chacune des quinze travées d'arcades qui éclairent ce corps de bâtiment. Des statues allégoriques doivent être placées sur les piédestaux de la balustrade à jour, en avant des lucarnes en pierre. Ces bâtiments extérieurs, arrêtés aux angles par des pavillons plus élevés, ont une disposition heureuse qui ajoute beaucoup à l'effet des lignes d'architecture.

Après avoir considéré le monument tel qu'il se présente à l'extérieur, si l'on franchit le seuil des différentes portes qui conduisent à l'intérieur, voici les dispositions générales que l'on peut y remarquer :

Il y a trois cours principales : la cour de l'ancien Hôtel de Ville, celle des bureaux, celle du préfet; deux petites cours ont été réservées particulièrement pour le service des bureaux et pour les dépendances de l'Hôtel.

La cour du préfet et celle des bureaux sont placées symétriquement, à droite et à gauche de l'ancienne cour de l'Hôtel de Ville; elles sont parfaitement semblables de forme et même de détails. La disposition générale du plan d'ensemble, subordonnée à l'ancien Hôtel de Ville, exigeait que ces deux cours fussent en forme de trapèze : elles ont trente-quatre mètres de longueur sur vingt mètres de large.

Les quatre façades de chacune de ces cours se composent de deux étages à arcades, surmontés d'un étage attique, avec des baies à plates-bandes. Les combles, sur ces cours, viennent se rejoindre avec les combles extérieurs, au moyen d'une pente légère en forme de terrasse.

La cour du préfet a deux grandes entrées : la première, sur la place de Grève, par la porte Saint-Jean, est ornée d'une voûte à plein cintre, avec caissons ; la seconde, sur la rue Lobau, communique à cette rue par une baie circulaire qui s'ouvre dans le pavillon d'angle. Cette entrée est couverte d'une voûte en pierre à plein cintre, reposant sur des colonnes d'ordre dorique. La façade de la cour, du côté de la place de Grève, est remarquable par trois étages de galeries à jour, et par les quatre travées qui la divisent : l'entrée de la porte Saint-Jean a motivé cette disposition.

Les pieds-droits des quatre grands arcs du rez-de-chaussée sont ornés de colonnes engagées, d'ordre corinthien, et de médaillons renfermant des portraits d'échevins. La galerie du rez-de-chaussée se trouve dans l'axe du portique de l'ancienne cour, et y communique par une rampe droite. Le premier étage est orné de colonnes engagées, d'ordre composite, et d'un petit ordre ionique intermédiaire qui vient recevoir la retombée de chaque couple d'arcades. Des proues de vaisseau forment saillie sur les tympans. Au troisième étage, un petit ordre attique avec pilastres et colonnes soutient les plates-bandes de l'entablement. Les plafonds de ces galeries sont ornés de caissons sculptés et peints.

Les deux façades formant les côtés non parallèles du trapèze se composent chacune de dix travées, ayant la même ordonnance que celle dont je viens de donner la description.

La façade du côté de la rue Lobau indique, par la richesse des ornements qui la décorent, l'entrée des salles conduisant aux grands escaliers et aux galeries des Fêtes ; des statues, des figures sculptées en relief, des médaillons, des trophées, complètent cette décoration.

C'est par cette entrée et par celle qui y correspond dans la cour des bureaux, que nous pénétrerons dans l'intérieur du monument.

Après avoir monté quelques degrés, l'on arrive à la grande salle dite des Élections. Cette salle, de quarante mètres de longueur sur onze mètres de largeur, et sept mètres cinquante millimètres d'élévation, est éclairée par onze baies en arcades sur la rue Lobau. Des colonnes d'ordre dorique, avec un entablement à triglyphes, sont en avant-corps sur les deux côtés de la salle, et facilitent par ce moyen la construction de la voûte surbaissée de cette salle. Des bas-reliefs sculptés aux deux extrémités doivent décorer le dessus des portes.

Cette salle conduit dignement au vestibule à quatre colonnes des grands escaliers des Fêtes; de ce vestibule on peut monter par quelques degrés à la cour de l'ancien Hôtel.

C'est ici que se trouve la partie la plus monumentale de l'Hôtel de Ville, et la disposition la plus remarquable du plan d'ensemble. Ces deux grands escaliers à rampes droites, avec ces galeries supérieures, dont les voûtes reposent sur des colonnes de marbre, présentent un bel aspect; l'œil est étonné, mais satisfait, par la multiplicité des lignes d'architecture dont les effets sont habilement combinés. La richesse de l'ornementation, des marbres, des stucs et des sculptures est en rapport avec l'importance de cette partie du monument, qui doit être considérée comme l'une des belles dispositions d'escaliers connues.

L'on arrive ainsi au premier étage aux pièces d'introduction et aux salons qui précèdent la grande galerie des Fêtes.

A l'extrémité, à gauche, du côté de la rue de la Tixeranderie, se trouve le salon Louis-Philippe, et à droite, symétriquement placé, le salon Napoléon. La galerie des Fêtes a environ quarante-huit mètres de longueur, sur treize mètres de largeur et douze mètres d'élévation; elle est éclairée sur la rue Lobau par treize baies en arcades. La décoration de cette galerie se compose de colonnes dégagées, d'ordre corinthien, servant de point d'appui à la voûte qui porte le plafond. Des tribunes de forme circulaire sont pratiquées dans les pénétrations.

Les tympans, au-dessus des archivoltes des arcades, et les voûtes sont disposés pour recevoir des figures peintes; toute l'ornementation doit être dorée, et les fonds doivent être blancs. Cette galerie communique au centre avec la salle dite des Cariatides, ouverte sur les grands escaliers; ainsi, pendant une fête, le spectateur pourra en juger tout l'effet.

et même circuler dans les galeries qui servent de loges, à droite et à gauche des deux rampes.

La salle des Cariatides est remarquable par une grande originalité de construction: les voûtes, en pendentifs, portent une tribune décorée de cariatides et surmontée d'un plafond; elle communique avec l'ancienne salle où les conseillers municipaux tiennent leurs assemblées. Cette dernière salle, éclairée sur la cour du vieil Hôtel de Ville, n'a pas changé; seulement la décoration a été mise en rapport avec l'ensemble du monument. Au-dessus des grands escaliers, deux cours vitrées en forme de serres facilitent la circulation pour les tribunes de la galerie des Fêtes; ces cours servent aussi à éclairer les grands escaliers et la salle des Cariatides.

Les salons municipaux sont situés au premier étage du bâtiment, sur le quai; l'on arrive à ces salons par la porte Saint-Jean, la galerie des Quatre Grands Arcs, dont j'ai parlé en décrivant la cour du préfet, et par l'escalier situé à l'extrémité de cette galerie, attenant au pavillon d'angle de la place de Grève et du quai. Cet escalier conduit par une seule rampe à un premier palier placé au rez-de-chaussée, où se trouve l'entrée des appartements particuliers du préfet; deux rampes en retour mènent au premier étage à un palier supérieur communiquant avec l'antichambre des salons municipaux. Cet escalier est remarquable par une grande finesse d'exécution; des colonnes et des pilastres d'ordre dorique le décorent, ainsi que des sculptures riches et variées qui couvrent les voûtes et le plafond. Les sculptures d'ornement ont été exécutées par MM. Marneuf et Combettes; les figures allégoriques placées dans les arcades du premier étage, sont de MM. Venot, Brion, de Bay, Caudron et Desprez.

L'antichambre des appartements municipaux donne entrée au salon d'introduction qui occupe le premier étage du pavillon d'angle de la place de Grève et du quai. Les boiseries en chêne, les tentures en laine cramoisie qui le décorent, sont simples et de bon goût. M. Court est l'auteur des peintures de la frise. A gauche du salon d'introduction, on passe dans un autre salon dont l'ornementation est blanc et or, la tenture en soie bleue; les arabesques du plafond sont de M. Lachaise; les portraits en pied du roi Louis-Philippe et de la reine Amélie, de M. Winterhalter.

Les trois salons de réception se trouvent immédiatement à la suite, et sont disposés de manière à pouvoir se réunir facilement et à ne former qu'une seule pièce; ils communiquent les uns dans les autres par trois grandes arcades dont les pieds-droits sont ornés de pilastres, avec un petit ordre attique au-dessus. La décoration est blanc et or. Les cheminées et les consoles sont en marbre blanc ; des glaces d'une grande dimension répètent à l'infini l'ensemble de ces salons, et semblent en augmenter l'étendue.

Les panneaux entre les pilastres, les panneaux circulaires au-dessus des portes, et les plafonds, sont ornés de figures et d'arabesques exécutées sur le stuc. Les peintures du premier salon représentent en huit compartiments les Éléments et les Saisons; dans les deux grands caissons du plafond, le Jour et la Nuit, sous les figures d'Apollon et de Diane, et dans les petits caissons, les douze Signes du Zodiaque sur fond d'or. Au-dessus des portes, des trophées environnent les médaillons de François Ier et de Henri IV : ces peintures sont de M. Chopin.

Chacun des panneaux du second salon, ainsi que les losanges qui entourent le plafond, sont ornés de figures allégoriques dues au pinceau de M. Auguste Hesse. Les figures placées dans les losanges représentent la Guerre, la Géographie, l'Industrie, la Marine, la Géologie, l'Astronomie, la Philosophie, l'Histoire naturelle; celles des panneaux représentent la Théologie, la Géométrie, la Concorde, la Chimie, la Physique, la Concorde administrative, la Jurisprudence, l'Agriculture. Le grand tableau du plafond, exécuté par M. Picot, a pour sujet la Ville de Paris, sous les traits d'une jeune femme, assistée des hommes qui ont contribué à son illustration; elle est assise devant le temple de l'Immortalité, et distribue des récompenses à l'Industrie, au Commerce, à l'Agriculture, aux Arts et aux Sciences. Les sujets peints dans le troisième salon, qu'on pourrait appeler le salon des Beaux-Arts et des Lettres, sont la Comédie, la Poésie héroïque, la Poésie pastorale, la Tragédie, l'Architecture, la Musique, la Peinture et la Sculpture. Dix figures sur fond d'or, portant les noms célèbres dans les arts et dans les lettres, sont placées dans les caissons du plafond. Au centre, le Génie et la Vérité occupent les deux grands caissons; au-dessus des portes, des trophées sont groupés autour des médaillons de Louis XIV et de Louis-Philippe. Ces peintures sont de M. Vauchelet.

Un salon, que la couleur de ses tentures a fait nommer le salon Jaune, conduit à la salle des Banquets. Cette salle, placée dans le pavillon d'angle du quai et de la rue Lobau, se trouve en communication avec la grande salle des Fêtes, qui, par ce moyen, peut se réunir aux salons municipaux. Les arabesques qui ornent le plafond du salon Jaune sont aussi de M. Vauchelet.

La salle des Banquets est décorée de stuc; de grandes frises peintes par M. Jadin représentent la Chasse, la Pêche, la Vendange, et la Moisson. Des trophées analogues aux peintures couvrent les panneaux de cette salle. Un escalier circulaire met la salle des Banquets en communication avec les cuisines du soubassement.

Les appartements du roi se composent des pièces placées au premier étage du monument, sur la place de Grève, entre la salle du Trône et l'antichambre des salons municipaux; ils comprennent la salle du Zodiaque (1) et un grand salon orné d'une cheminée en marbre de Sienne, avec des colonnes en vert antique. Dans la salle du Zodiaque se trouve un petit escalier particulier au préfet : ce dernier peut ainsi communiquer de ses appartements avec ses cabinets, qui sont placés au premier étage dans le corps de bâtiment neuf, attenant au pavillon du Saint-Esprit.

Quelques détails sur la disposition générale des bureaux, de la Bibliothèque et des Archives, compléteront cette description.

Les corps de bâtiments affectés au service des bureaux se trouvent sur la place de Grève, à gauche de la porte du Saint-Esprit, sur la rue de la Tixeranderie, à droite et à gauche de l'ancienne cour de l'Hôtel de Ville. La principale entrée des bureaux est la porte du Saint-Esprit; elle ouvre sur une cour dite des Bureaux, dont les dispositions sont les mêmes

---

(1) J'ai parlé de la salle du Zodiaque et des sculptures en bois qui la décorent, au chapitre II. (Voir plus haut, p. 43.)

que celles de la cour du préfet, décrite plus haut. La galerie des Quatre Grands Arcs précède l'escalier des bureaux; cet escalier conduit par des paliers successifs aux différents étages de ce corps de bâtiment.

Les services suivants y sont ainsi distribués :

SOUBASSEMENT. — Inspection générale des poids publics et des perceptions municipales. — Caisse de Poissy.

REZ-DE-CHAUSSÉE. — Caisse municipale. — Octroi.

PREMIER ÉTAGE. — Division de la comptabilité générale. 1er bureau : liquidation générale. — 2e bureau : comptabilité générale. — 3e bureau : comptes. — 3e division, 1er bureau : instruction publique, culte et commerce. — 2e bureau : hôpitaux et hospices, comité central d'instruction primaire.

ENTRESOL DU PREMIER ÉTAGE. — 1re division : chef de la première division. 1er bureau : administration départementale et communale. — 2e bureau : perception municipale, caisse intérieure de la préfecture, délivrance des mandats sur la caisse municipale.

DEUXIÈME ÉTAGE. — 2e division ; chef de la division. 1er bureau : pavés, eaux et canaux de Paris. — 2e bureau : grande voirie, conservation des plans, vérification, règlement et révision des mémoires. — 5e division : chef de la division. 1er bureau : ponts et chaussées, voirie vicinale. — 2e bureau : travaux d'architecture et carrières.

Les corps de bâtiment à droite et à gauche de l'ancienne cour de l'Hôtel de Ville sont attribués aux services suivants : bureau militaire, bureau des élections, secrétariat général de la préfecture de la Seine, salle du conseil municipal, salles des commissions.

La Bibliothèque a un escalier particulier auquel on arrive par la cour des bureaux, et le passage des voitures donnant sur la rue Lobau; elle est renfermée dans trois salles du second étage du pavillon sur les rues Lobau et de la Tixeranderie. Un grand dépôt pour les livres est placé au-dessus de la galerie des Fêtes, dont le comble en fer présente une garantie contre le feu.

Les Archives et les bureaux qui en dépendent occupent un espace considérable au deuxième étage du monument; en voici la désignation : le pavillon d'angle sur la rue Lobau et le quai, avec le corps de bâtiment qui suit à gauche; le pavillon d'angle sur le quai et la place de Grève; en retour, sur la place, la salle qui est appuyée contre l'ancien mur du pavillon du Saint-Esprit.

LIVRE DEUXIÈME.

CHAPITRE PREMIER.

ORIGINE DU GOUVERNEMENT MUNICIPAL DE PARIS. — JURIDICTION DU PARLOIR AUX BOURGEOIS. ASSOCIATION ET CONFRÉRIE DE LA MARCHANDISE DE L'EAU.

L'origine du gouvernement municipal de la ville de Paris a été, pendant plusieurs siècles, obscurcie par une grande erreur historique. Quelques annalistes des xvie et xviie siècles, suivant des indications dont je chercherai plus loin à fixer le véritable sens, ont attribué au roi Philippe Auguste la création des officiers municipaux de la capitale, dans la personne d'un prévôt des marchands et de plusieurs échevins (1). Cette opinion qui ne s'appuie sur aucune preuve, est aujourd'hui complétement abandonnée, et ce n'est pas sans fondement que l'on fait remonter jusqu'au premier siècle de notre ère l'établissement de la municipalité de Paris (2). Il a été démontré que l'administration communale des diverses cités de la Gaule, organisée sous le gouvernement des empereurs romains, s'était perpétuée même au milieu des désordres causés par l'invasion des peuples barbares (3). De cette administration modifiée plus ou moins par les coutumes et les lois des conquérants est sorti le régime municipal qui, du xiiie au xvie siècle, fut celui de presque toutes les villes importantes de la France. Grâce aux travaux remarquables que l'un des grands historiens de notre époque a publiés sur

---

(1) Il faut citer entre autres Nicole Gilles, Du Tillet, Belleforest, Du Haillan. Voyez LE ROY, *Dissertation sur l'origine de l'Hostel de Ville de Paris, etc.*, in-fol. p. v.

(2) Voyez principalement à ce sujet la Dissertation remarquable citée dans la note précédente, et que M. Le Roy, contrôleur des rentes de l'Hôtel de Ville, a publiée en tête de la grande Histoire de Paris de Dom Lobineau et Félibien. — Paris, 1725, in-fol. — Il existe aussi un tirage à part de cette Dissertation ; Paris, Desprez, 1725, in-fol.

(3) RAYNOUARD, *Histoire du Droit municipal*, 2 vol. in-8°.

cette matière (1), il est facile aujourd'hui d'apprécier à leur juste valeur ces institutions communales dont l'établissement ou la concession donnèrent lieu généralement à des violences de toute nature.

Malgré l'importance dont la ville de Paris n'a jamais cessé de jouir, aucune scène de désordre ne s'est passée dans cette ville, au sujet de l'exercice des droits municipaux, qui ne furent pas contestés aux habitants ; ces droits, concédés par les Romains, s'étant perpétués sous la domination des rois francs, prirent un développement nouveau sous le régime féodal. Vers la fin du ive siècle, toutes les cités de la Gaule étaient devenues romaines avec la conquête ; Paris compta bientôt parmi les villes dont la position au bord de quelque grand cours d'eau, engageait les habitants à se livrer à la navigation ; comme Lyon, comme Arles, et tant d'autres cités riveraines du Rhône et de la Saône, Paris élevé au rang de capitale du pays environnant, devint le siége d'une compagnie de marchands qui faisaient surtout le commerce des vins sur la Seine ou sur la Marne. Ces marchands, sous le nom de *Nautæ Parisiaci* (Navigateurs Parisiens), ont joui de plusieurs priviléges qui appartenaient à l'administration municipale ; les membres de cette association étaient parvenus à un certain degré d'importance, ainsi que le prouve un autel dédié par eux à Jupiter, pendant le règne de Tibère. Quelques fragments de cet autel ont été retrouvés au commencement du dernier siècle ; on y lit l'inscription suivante, qui doit être considérée comme le titre le plus ancien de la Municipalité Parisienne :

TIB. CAESARE
AUG. IOVI. OPTUMO
MAXSUMO.... M.
NAUTAE PARISIACI
PUBLICE POSIERUNT.

(Sous Tibère César Auguste, les navigateurs parisiens ont publiquement élevé (ce monument) à Jupiter très-bon, très-grand.) (2)

---

(1) Augustin Thierry, *Lettres sur l'Hist. de Fr.* in-8°. — *Récits des temps Mérovingiens*, 2 vol. in-8°, t. Ier, p. 249. On sait que M. Aug. Thierry est chargé, par le gouvernement du Roi, de recueillir tous les documents relatifs à l'Histoire du Tiers-État ; le premier volume de cette importante collection est complétement imprimé et ne tardera pas à paraître.

(2) Cette inscription était placée sur une pierre d'un monument romain dont les débris

PREMIÈRE PARTIE.

D'autres documents historiques ne peuvent laisser de doute sur la persistance à Paris, pendant les deux premières races, du régime municipal établi par les Romains. Au bas d'un testament écrit dans cette ville et qui date des dernières années du viie siècle, parmi le nom des personnes qui en attestent la validité, figure celui de Baudacharius (1), avec le titre de Défenseur, dignité toute romaine, et qui suivant l'organisation municipale, n'était établie que dans les villes d'une certaine importance (2). L'année 803, le comte Étienne fait lire des capitulaires de Charlemagne, dans une assemblée publique à Paris, en présence de tous les Échevins qui s'engagent à les observer, et y mettent leurs signatures (3). Ainsi que l'a remarqué M. Augustin Thierry, si ces échevins (*Scabini*) ne composaient pas la curie romaine tout entière, ils devaient au moins en être les membres les plus marquants (4). Il est donc très-probable que

---

furent trouvés au mois de mars de l'année 1710, sous le chœur de l'église Notre-Dame de Paris, lors des fouilles que nécessitèrent l'érection du maître-autel, connu sous le nom de Vœu de Louis XIII, et le déplacement de la sépulture des archevêques. L'année suivante, deux membres de l'Académie des Inscriptions, MM. Moreau de Mautour et Baudelot, publièrent chacun leur opinion au sujet de cette découverte. Ces deux Dissertations furent analysées dans l'*Histoire de l'Académie des Inscriptions* (t. III, p. 242); Félibien, dans son *Histoire de Paris*, mais principalement Le Roy, dans la *Dissertation sur l'Hôtel de Ville*, citée plus haut, mirent à profit cette découverte. De nos jours, non-seulement les historiens de la ville de Paris ont cru devoir reproduire cette inscription, mais elle a encore donné lieu à des travaux particuliers. Voyez 1° *Mémoires de l'Académie celtique, ou Recherches sur les Antiquités celtiques, gauloises et françoises, etc.* Paris, 1807, in-8°, t. I, p. 144; 2° *Mémoires de la Société royale des Antiquaires de France*, 1re série, t. IV, p. 500; 3° *Mémoires présentés par divers Savants à l'Académie royale des Inscriptions et Belles-Lettres de l'Institut de France*, 2e série. Paris. 1843. in-4°. — P. 48

du *Mémoire sur les Antiquités gallo-romaines de Paris*, par M. Jollois.

(1) « Signum † Erminethrudiæ testatricis. « † Mummolus Com. rogante et presente Er- « menthrude hunc testamentum subs. Scupilio « Spatarius, etc., etc. Baudacharius defensor « subs. » Bréquigny, *Dipl.*, etc., t. 1, p. 364.

(2) Le Roy, dans sa *Dissertation sur l'Hôtel de Ville de Paris*, p. lxxxvij, et Raynouard, t. I, p. 73, de son *Histoire du Droit municipal*, citent plusieurs textes qui prouvent que certaines attributions du *défenseur* étaient semblables à celles que le prévôt des marchands et les échevins ont exercées.

(3) « Anno tertio clementissimi domini nostri « Karoli Augusti, sub ipso anno, hæc facta capi- « tula sunt, et consignata Stephano Comiti, ut « hæc manifesta faceret in civitate Parisius « mallo publico, et illa legere faceret coram « *Scabineis* : quod ita et fecit. Et omnes in uno « consenserunt, quod ipsi voluissent omni tem- « pore observare in posterum. Etiam omnes « *Scabinei*, Episcopi, Abbates, Comites, manu « propria subtersignaverunt. » (Baluze, *Capit. Regum Franc.*, an. 803, t. I, col. 391, 392.)

(4) *Récits des temps Mérovingiens*, 2e édit. t. I, p. 295.

les Parisiens ont toujours eu un corps municipal. La compagnie des Navigateurs Parisiens remplissait les conditions nécessaires d'influence et de richesse pour que ses membres fissent partie de ce corps, et l'on ne doit pas être surpris qu'elle se soit peu à peu emparée de presque tous les priviléges qui lui étaient attribués. Au milieu des révolutions sans nombre qui ont signalé les dix premiers siècles de notre ère, il est impossible de suivre les destinées de cette compagnie; ce qui semble certain, c'est qu'elle ne cessa pas d'exister, et que, passant du monde ancien dans le monde moderne, elle reparut au milieu de la société chrétienne, sous le titre de Confrérie des Marchands de l'Eau ; au moins retrouve-t-on dans la première moitié du xiie siècle une compagnie établie à Paris, avec cette dénomination, exerçant le pouvoir et jouissant de presque toutes les prérogatives de l'antique Municipalité romaine, depuis une époque si reculée, disent plusieurs actes, qu'il n'est mémoire du contraire (1).

Bien que parmi les actes ayant rapport à cette confrérie, quelques-uns seulement portent la date du xiie siècle, ceux qui existent attestent l'ancienneté et l'importance qu'on lui accordait. Sans parler d'une charte de l'année 1121, par laquelle Louis VI cède à cette compagnie un droit qu'il levait sur chaque bateau de vins (2), je citerai principalement celle que Louis VII accorda aux confrères en 1170, et qui n'était qu'une reconnaissance des priviléges que ses prédécesseurs avaient déjà ratifiés.

Agissant comme les seigneurs féodaux dont ils étaient entourés, les bourgeois de Paris ne manquèrent pas de tourner à leur profit les prérogatives qu'ils possédaient depuis longtemps, et de s'en composer un fief dont la propriété ne tarda pas à être légalement reconnue. Du xiie au xiiie siècle, ils eurent assez de puissance pour transformer ces prérogatives en un gouvernement municipal presque complet. Dans la charte de 1170, le roi Louis VII s'exprime ainsi au sujet des priviléges de la Marchandise :

« Ces coutumes sont telles de toute ancienneté : personne ne peut
« amener dans Paris de la marchandise par eau, etc., s'il n'est Parisien,

---

(1) Le Roy, *Dissertation*, p. xcvi.   (2) *Idem, idem*, etc., p. xcv.

« marchand de l'eau, ou s'il n'a pour associé de son commerce quelque
« Parisien, marchand de l'eau (1). »

Philippe Auguste confirma les mêmes priviléges, et, par un acte de
l'année 1192, reconnut aux bourgeois de Paris, seuls, le droit de faire
partie de la Marchandise de l'Eau et de conduire des denrées sur le port
de cette ville (2); forts de ces priviléges, les bourgeois de Paris avaient
ainsi réglé les bases de leur association : les membres de la confrérie des
Marchands de l'Eau de Paris, possédaient le droit exclusif de naviguer sur la basse Seine, depuis Mantes jusqu'au Grand-Pont de Paris
(aujourd'hui le Pont-au-Change), et sur la haute Seine, depuis ce
Grand-Pont jusqu'à Auxerre. Toutes marchandises touchant à ces limites
par bateaux ne pouvaient les franchir sans être conduites par un membre
de la confrérie ou son représentant; chaque propriétaire de ces marchandises venait à Paris déclarer au siége de la confrérie l'intention dans
laquelle il était de les vendre sur le port de cette ville; on lui désignait
un membre de la confrérie, qui devenait son compagnon. Le marchand
devait déclarer à ce compagnon le prix auquel il voulait vendre ses
denrées, et, d'après cette déclaration, ce dernier avait le droit de prendre
pour lui, aux prix annoncés, la moitié de ces denrées, ou, s'il le préférait,
de les laisser vendre sur la place, en partageant avec le propriétaire la
moitié du bénéfice qu'il en retirait (3).

Tel fut l'important privilége que les bourgeois de Paris eurent l'habileté de faire reconnaître, non-seulement par le roi Philippe Auguste et
ses successeurs, mais encore par les autres seigneurs suzerains qui voulurent s'y opposer. C'est ainsi qu'en l'année 1200, le comte d'Auxerre
reconnaissait aux confrères de la Marchandise le droit de décharger leur
sel sur le port de cette ville, et qualifiait d'*excessive* la prétention qu'il
avait eue de s'y opposer (4).

---

(1) « Consuetudines autem eorum tales sunt
« ab *antiquo*. Nemini licet aliquam mercatoriam
« Parisius per aquam adducere... nisi ille sit
« Parisiensis aque mercator, vel nisi aliquem
« Parisiensem aque mercatorem socium in ipsa
« mercatoria habuerit. » Charte de Louis *le
Jeune*. (LE ROY, *Dissertation, etc.*, p. XCVI.)

(2) *Idem.* — Pièces just. p. XCVII.

(3) *Ordonnances royaulx de la jurisdicion
de la Prevosté des Marchands et Eschevinaige
de la ville de Paris*, in-4° goth. — In-folio

(4) LE ROY, *Dissertation, etc.* p. XCVII.

Le soin avec lequel les bourgeois de Paris s'étaient assuré le commerce des vins sur la Seine, qui avait déjà une grande importance à cette époque, fit penser aux marchands de la basse Seine que les autres denrées ne faisaient pas partie du privilége de la confrérie ; mais aux assises de l'année 1258, le Parlement, consulté à ce sujet, déclara le contraire, et dans les termes les plus précis : « Les citoyens de Rouen demandent s'ils « peuvent conduire, du pont de Mantes vers Paris, leurs marchandises, « comme du sel et de la saumure, bien qu'ils ne fassent pas partie de la « confrérie des Marchands ? Il est prouvé que non (1). »

Ce fut principalement avec les commerçants de la basse Seine que les bourgeois de Paris éprouvèrent des difficultés à faire valoir leur privilége. Comme ces derniers, les citoyens de Rouen formaient, au XIIIe siècle, une compagnie dont les membres jouissaient du droit exclusif de faire passer un bateau de Normandie en France ; ils avaient donc le plus grand intérêt à étendre les priviléges de cette association, et, par conséquent, à renverser ou à contrarier celle des Parisiens qui leur était préjudiciable. Les navigateurs normands essayaient en vain de se soustraire au pouvoir de la Marchandise de l'Eau : chaque fois qu'ils enfreignaient ses priviléges, leurs bateaux étaient confisqués, et parmi les sentences prononcées dans le Parloir aux Bourgeois, du XIIIe au XIVe siècle, plusieurs atteignent les commerçants de cette province (2).

D'autres compagnies marchandes, ou même de petits seigneurs féodaux, sans contester aux bourgeois de Paris leurs priviléges, se contentèrent de traiter avec eux. Gathon de Poissy, seigneur de Maisons-sur-Seine, fit homologuer en 1187, par le roi Philippe Auguste, un accord d'après lequel les Marchands de l'Eau devaient lui payer douze deniers par tonneau de vin, et deux setiers en nature, à prendre sur le premier tonneau de chaque *navée* qui passait devant son château (3). En

---

(1) « Inquesta utrum cives Rothomagenses « possint ducere de ponte Medontensi ver- « sus Parisios, mercaturas suas, sicut sal, « allecia, et alia per aquam, eciam si non « sint de societate Mercatorum Parisiensium : « Probatum est quod non. » (*Olim*, t. I, p. 50.)

(2) Voyez les Sentences du Parloir aux Bourgeois : années 1295 (29 janvier); 1296 (16 avril); 1301 (29 janvier); 1304 (23 mars).

(3) Le Roy, *Dissertation*, Preuves, p. xcvi.

l'année 1309, les magistrats municipaux de la ville de Mantes reconnaissaient n'avoir à prendre un droit de *hanse* que sur les marchandises appartenant aux bourgeois de Paris (1).

Mais suivant la juridiction singulière établie à cette époque, pour que les Marchands de l'Eau de Paris fussent en droit d'exercer leurs priviléges, il était préalablement nécessaire que les bateaux touchassent au Grand-Pont de Paris. En 1270, Aubin de Verneuil, commerçant, ayant fait remonter un bateau qui lui appartenait de Mantes à Poissy, les préposés de la Marchandise mirent ce bateau entre les mains du roi, sous prétexte que ledit Aubin n'avait pas de Compagnie française, et que les Marchands de l'Eau de Paris pouvaient seuls conduire un bateau sur la Seine. Aubin de Verneuil contesta l'exercice de ce privilége, et porta sa cause devant le Parlement. Il prétendit que les marchands de Rouen et de Verneuil amenaient sans cesse des bateaux de Mantes à Poissy, et ne s'assuraient pas de Compagnie française; une enquête fut ordonnée à cet égard : les chartes de la confrérie des Marchands de l'Eau furent examinées, et le Parlement donna gain de cause à Aubin de Verneuil, qui fut réintégré dans la possession de ses marchandises (2).

L'on ne doit pas être surpris de voir les rois de France favoriser les priviléges de la Marchandise de l'Eau : l'extension de ces priviléges fut souvent pour eux la cause de concessions avantageuses qui leur étaient largement rétribuées et qui augmentaient leurs revenus, en les faisant participer aux bénéfices des confrères. Ces derniers, d'une autre part, mettant à profit leur richesse et l'influence qui en résulte toujours,

---

(1) Voici l'acte de cette reconnaissance qui est inédit, je crois, et qui prouve que les habitants de la ville de Mantes, comme ceux de Paris et de Rouen, avaient formé une hanse commerciale.

« A touz ceus qui ces présentes lettres verront : Le *mère* et les *pers* de la commune de Maante salut : nous feson assavoir que nostre entencion n'est pas, ne ne fu onques, ne ne sera que nous preingnons *hanse* de bourgois de Paris par reson de compeingnie prise à euls de homme estrange, ce ce n'est de sa propre marchandise montant ou avalant par nostre hanse. En tesmoing de ce, nous avons eeellé ces présentes lettres de nostre seel. Ce fu l'an de grâce mil ccc et nuef, le mercredi après la seint Ylaire. » (Arch. du Roy. K, 978.)

(2) *Olim*, t. I, p. 369. Enquêtes de l'année 1270.

étendaient peu à peu les anciennes prérogatives municipales dont ils étaient en possession, et ne manquaient pas de changer en droits imprescriptibles les pouvoirs que l'usage et la tradition les autorisaient à exercer.

Ce fut principalement dans la dernière moitié du xiie siècle que les bourgeois, chefs de la Marchandise, paraissent avoir acquis une grande prépondérance, et qu'ils s'élevèrent peu à peu au rang et à l'importance d'une administration civile reconnue. Philippe Auguste se montra toujours favorable au développement de la municipalité parisienne, et sous ce rapport, la tradition historique qui le considérait comme fondateur de cette municipalité ne manquait pas de quelque vérité. Plusieurs chartes, des années 1187 à 1220 (1), sont relatives aux Marchands de l'Eau de Paris, et presque toutes, non-seulement confirment leurs anciens priviléges, mais encore les augmentent ou les étendent. C'est ainsi qu'en l'année 1200 le roi s'empresse de ratifier la reconnaissance faite par le comte d'Auxerre, dont j'ai parlé plus haut (2). En 1213, il autorise les Marchands de l'Eau à percevoir, sur chaque bateau chargé qui touchera le Grand-Pont de Paris, un droit pour les aider à construire un port (3). En 1220, par un seul et même acte, il leur permet d'établir à Paris des jurés-crieurs, dont je ferai connaître plus loin les fonctions, leur afferme, moyennant trois cent vingt livres par an, les poids et les mesures, et leur abandonne en récompense la basse justice et la haute police en cette matière (4). Philippe Auguste avait la plus grande confiance dans la bourgeoisie parisienne : ce fut à six d'entre ses membres que, sur le point de partir pour la terre sainte, il confia le trésor royal et son testament; de plus, il les adjoignit à l'administration de ses domaines (5).

L'un des actes les plus remarquables de ce prince à la même époque (1190), ce fut de commencer une nouvelle enceinte autour de Paris, et de doubler l'importance et l'étendue de cette ville, tout en la protégeant contre les ennemis du dehors. D'après le système qu'il avait adopté

---

(1) Voyez App. n° 5. Indication des actes relatifs au gouvernement municipal.
(2) Le Roy, *Dissert.* Preuves, p. xcvii.
(3) *Idem*, p. xcviii.
(4) *Idem*, p. xcix.
(5) *Grandes Chroniques de France*, édit. de M. P. Paris, vol. IV, p. 69.

relativement à la Marchandise de l'Eau, Philippe Auguste devait naturellement s'adresser aux bourgeois de Paris qui composaient cette association, pour concourir à l'établissement des nouveaux remparts, et en hâter l'exécution. Le mur, les tours, les portes, les fossés, devaient être considérés comme faisant partie des édifices publics; et le soin de ces édifices, suivant l'ancienne loi romaine, était du ressort de l'administration municipale (1). Les bourgeois de Paris, que la tradition avait parfaitement renseignés à cet égard, acceptèrent volontiers la plus grande partie des charges nécessitées par la construction de la nouvelle enceinte, mais à la condition d'en rester propriétaires (2).

C'est ainsi que la confrérie de la Marchandise de l'Eau, devenue puissante par ses richesses et par l'exercice de ses priviléges, se substitua peu à peu à l'antique municipalité, dont elle continua les fonctions importantes. La maison où se réunissaient les membres de la confrérie était le siége d'un véritable tribunal, jugeant en premier ressort toutes les causes relatives au commerce par eau. Cette maison fut appelée le Parloir aux Bourgeois, et j'en ai fait connaître précédemment les situations différentes (3). Le chef de la confrérie prit le nom de prévôt; il s'adjoignit les échevins, au nombre de quatre, et les membres les plus âgés de la corporation pour lui servir de conseils; il paya plusieurs serviteurs ou sergents pour exécuter ses ordres. Il établit encore d'autres officiers subalternes, dont les fonctions consistaient à maintenir et défendre les priviléges de la compagnie; tous les actes passés par les confrères furent revêtus d'un sceau représentant un navire, et dont ils se servaient déjà vers la fin du XIIe siècle (4).

C'est principalement dans la collection des différentes sentences éma-

---

(1) RAYNOUARD, *Hist. du Droit municipal*, t. I, p. 68.

(2) RIGORD, *de Gestis*, etc. *Historiens de France*, t. XVII, p. 31; GUILL. LE BRETON, ibid. p. 70; *Grandes Chroniques de Saint-Denis*, édit. de P. Paris, t. IV, p. 74; pour la seconde partie de l'enceinte terminée en 1211, voyez GUILL. LE BRETON, *Historiens de France*, t. XVII, p. 85; *Grandes Chroniques de Saint-Denis*, édit. de P. Paris, t. IV, p. 147; *Chronique latine* de Guillaume de Nangis, de 1130 à 1300, etc. Nouvelle édition revue, etc., par H. Géraud; Paris, 1843; 1er vol. p. 138.

(3) Voyez livre Ier, chap. Ier.

(4) Voyez la Planche qui représente le sceau de la ville de Paris aux différentes époques. Voyez aussi, liv. II, chap. II, les détails que j'ai donnés au sujet de l'origine des Armoiries de la ville de Paris.

nées du Parloir aux Bourgeois, dont un recueil de la dernière moitié du xiii⁰ siècle est parvenu jusqu'à nous (1), qu'il faut étudier les anciennes prérogatives de la Marchandise de l'Eau. L'on voit siéger à ce tribunal le prévôt des marchands, assisté des échevins, d'un greffier ou clerc, d'un procureur, de plusieurs sergents, et d'un certain nombre de conseillers. Ce tribunal prononçait en premier ressort sur toutes les contestations qui s'élevaient au sujet du commerce par eau, et si l'on en juge par le recueil que j'ai sous les yeux, ces contestations étaient nombreuses. Voici dans quels termes ces sentences étaient conçues : « L'an de grâce mil deux cent quatre-vingt-quinze, le mardi devant la Chandeleur, perdit par jugement du Parloir aux Bourgeois, Pierre, bourgeois de Rouen, quatorze tonneaux de vins d'Auxerre qu'il avoit fait mener de Paris à Rouen sans compagnie de bourgeois hansé, et sans qu'il se fût hansé à Paris (2). »

« L'an de grâce mil deux cent quatre-vingt-seize, le lundi devant la fête de saint George, perdit Elye Ballenc, bourgeois de Harfleur, dix-huit tonneaux de vins sur soixante-treize qu'il avoit achetés en compagnie d'Ansiau d'Argenteuil, bourgeois de Paris, parce qu'il avoit mis son vin de terre dans deux bateaux différents ; et l'assigna Jehan Popin, prévôt des marchands, par sentence, d'après le conseil des bonnes gens. A ceste sentence donner furent présents ledit prévôt des marchands, Etienne Barbete, Alain Paon, Guillaume Pizdoe, échevins, Nicholas de Rosai, maistre Nicolas de Montmor, clerc du roi, Guibert d'Argenteuil, Geoffroi de Vitry (3). »

Il arrivait quelquefois que les sentences de confiscation rendues par le Parloir aux Bourgeois donnaient lieu à des interjections d'appel devant un tribunal supérieur, au Parlement d'abord, et enfin devant le roi de France lui-même. Au mois de mars 1268, Jean Marcel, bourgeois de Compiègne, ayant amené deux bateaux chargés de bois au Grand-Pont de Paris, sans avoir pris la précaution de s'assurer une compagnie française pour chacun, se vit condamné par sentence du Parloir à perdre les

---

(1) Voyez ce recueil qui compose l'Appendice n° II.

(2) Voyez App. II, Livre des Sentences du Parloir aux Bourgeois, année 1295.

(3) *Idem*, année 1296.

deux bateaux, qui furent confisqués, le premier au profit du roi, le second au profit du Parloir.... Jean Marcel appela de cette sentence devant le Parlement qui déclara qu'un seul bateau devait être confisqué ; mais les bourgeois de Paris portèrent leur cause au tribunal du roi, et la veille de Pâques, ils obtinrent cassation de l'arrêt du Parlement et confirmation de celui qu'ils avaient rendu (1).

Un fait analogue se passa trente années plus tard. sous le règne de Philippe le Bel, en 1298; l'abbé de Saint-Germain d'Auxerre ayant obtenu un arrêt du Parlement qui l'autorisait à ne pas prendre compagnie française pour trois pièces de vin qu'il avait fait venir pour son usage, et que les préposés de la marchandise avaient arrêtées, les membres du Parloir aux Bourgeois portèrent au roi leur réclamation, et l'arrêt fut cassé comme étant contraire aux coutumes, franchises et priviléges des bourgeois de Paris, et offensant pour le roi (2). Philippe Auguste et même quelques-uns de ses prédécesseurs s'étaient montrés favorables aux priviléges du Parloir ; Philippe le Bel continua ce système ; il suffit pour s'en convaincre de jeter les yeux sur le recueil des sentences de cette juridiction toute populaire. Le même recueil, il est vrai, contient la preuve des avantages pécuniaires que ce prince, toujours nécessiteux, ne manqua pas de tirer d'une pareille condescendance. Les bourgeois de Paris ne trouvèrent pas autant de complaisance dans les membres du Parlement. On pourrait croire, d'après les actes qui précèdent et d'après quelques autres qui sont répandus dans le premier registre de cette cour souveraine, qu'elle essaya plusieurs fois de restreindre le privilége de la Marchandise de l'Eau. Je trouve, par exemple, sous l'année 1277, cette ordonnance impérative : « Il a été prescrit au prévôt des
« marchands de Paris de faire restituer par ces derniers à un certain
« commerçant de Gascogne qui avoit amené à Paris une navée chargée
« de vins crus dans son pays, soixante sous quatorze deniers parisis,
« que lesdits marchands avoient exigés de lui parce qu'il n'étoit pas
« hansé (3). » Quelle cause faut-il assigner à ce jugement ? Doit-on croire

(1. Voyez App. II. Livre des Sentences du Parloir aux Bourgeois. année 1268.
2. *Idem*, année 1298.
3. *Olim*, t. II. p. 93. n° XXIII.

que l'amende imposée par la Marchandise de l'Eau au commerçant de Gascogne était exorbitante, et que pour cela seul la cour souveraine en ordonnait la restitution? Deux arrêts de l'année 1264 expliquent, suivant moi, le jugement qui précède, et confirme ce que je viens d'avancer au sujet de la disposition des membres du Parlement à restreindre le privilége des bourgeois de Paris; en voici la substance :

« Il a été jugé que les vins provenant des vignes appartenant aux communautés religieuses ou à leur abbé ne doivent pas, quand ils sont vendus, être considérés comme des marchandises. »

« Une discussion s'est élevée entre les bourgeois de Paris d'une part, et les hommes de Cormeilles de l'autre : les premiers réclamaient les vins récoltés par les seconds sur leur propre territoire, et qu'ils avaient conduits, pour être vendus, par eau en Normandie. Les bourgeois de Paris regardaient ces vins comme forfaits, et acquis au roy et à eux, parce que les hommes de Cormeilles ne faisaient pas partie de la hanse parisienne; mais ces derniers répliquaient que les bourgeois n'étaient pas recevables dans leur demande, par la raison que ces vins, ayant été recueillis sur le territoire de Cormeilles, ne pouvaient être considérés comme une marchandise, et que lesdits habitants pouvaient en toute liberté, sans lettres de hanse, conduire leur vin sur la Seine. Les bourgeois de Paris soutenaient le contraire, et réclamaient un jugement sur cette question; les deux partis ayant été entendus, le Parlement décida que cette sorte de vins ne devait pas être considérée comme une marchandise (1). »

Ce n'était pas seulement en matière de commerce par eau que le Parloir aux Bourgeois pouvait rendre des sentences. Très-souvent il était appelé à juger des points obscurs de droit civil, pour la solution desquels les habitants de Paris s'en remettaient à l'expérience des magistrats municipaux. En pareilles circonstances, ces derniers étaient plutôt considérés par ceux qui avaient recours à leur sagesse comme des arbitres choisis à l'amiable, que comme des juges naturels; c'est en qualité d'Arbitre Arbitrateur ou Amiable Compositeur, que Jehan Arrode, prévôt

---

(1) *Olim*, t. 1, p. 597, n°ˢ xii, xiii.

des marchands, rend un arrêt daté de l'an 1291, et dont voici la teneur :
« Un père peut, sans le consentement de sa femme, promettre et permettre que son enfant qu'il marie, en rapportant la dot qu'il reçoit, vienne au partage de la succession avec les autres enfants, lors de la mort dudit père (1). »

Voici une autre sentence de l'année 1287 : « Il y avoit discussion sur ce que Crépin avoit acquis du bien et laissé un enfant qui lui survécut; l'enfant mourut sans laisser d'héritier de son corps : or, la difficulté est de savoir à qui reviendront ses biens, ou aux cousins germains ou à ses oncles ? Il est décidé qu'ils reviendront aux oncles (2). »

Je trouve sous l'année 1293 la décision suivante : « Le cas est tel : Dame Constance de Saint-Jacques eut un fils nommé Robert de Saint-Jacques, épicier. Robert se maria et eut un fils de sa femme; durant leur mariage, Robert et sa femme acquirent quelques biens, Robert mourut, sa femme et son fils lui survécurent; puis ce fils mourut sans laisser d'héritiers. Dame Constance de Saint-Jacques, comme héritière plus directe, réclame les biens du fils Robert à l'encontre de plusieurs cousins et cousines qui s'opposent à cette prétention, se disant parents plus proches du côté du père. L'on demande qui aura lesdits biens, ou dame Constance, ou les cousins et cousines; et cela fut décidé dans le Parloir aux Bourgeois par le prévôt et les échevins, et un grand nombre de bourgeois des plus sages et des plus âgés, connoissant les coutumes, que ladite Constance devoit avoir l'héritage (3). »

Soit comme étant chargé de régler et de percevoir la taille, soit comme arbitre, le Parloir aux Bourgeois avait encore à juger les différends qui s'élevaient au sujet des immeubles, ou bien encore il réglait les intérêts divers des propriétaires et des locataires, ou même des héritiers entre eux. Au mois de février 1299, Jehan le Blanc, clerc, plaidait contre Girard de Raims, curateur de sa nièce, pour savoir auquel des deux appartiendrait un héritage. En attendant la sentence, l'héritage fut remis aux mains des membres du Parloir. C'est encore devant ce tri-

---

(1) App. II, Livre des Sentences du Parloir aux Bourgeois, année 1291.

(2) *Idem*, année 1287.

(3) *Id.* année 1293. — LE ROY, *Diss.* p. CVII.

bunal que les commis de marchandises s'engageaient pour un temps donné, moyennant salaire. L'an de grâce 1301, Guillot de Crespi s'alloua à Jacques le Lombart, de la Cité, pour vendre les vins dudit Jacques, à raison de soixante sous par an : « et jura le dit Guillot que il bien et loiau-« ment servira par un an le dit Jacques sans entrer ou service d'autre (1). »

L'on peut juger, par les citations qui précèdent, de l'importance que le Parloir aux Bourgeois de la ville de Paris avait acquise à la fin du XIIIe siècle. Plusieurs autres sentences relatives aux matières qui composent aujourd'hui le droit civil, sont parvenues jusqu'à nous et présentent le même intérêt. Ainsi qu'on l'a remarqué avant moi (2), quelques-unes de ces sentences sont en rapport avec l'ancienne coutume de Paris, dont elles peuvent être considérées comme la source primitive. Les bourgeois de la ville de Paris s'attachèrent principalement à conserver, dans toute leur intégrité, les privilèges qu'ils avaient obtenus relativement au commerce par eau sur la Seine. Sous prétexte de veiller à cette conservation, ils s'arrogèrent la police de ce fleuve, s'opposant même aux constructions que les riverains élevaient sur ses bords. Ainsi, en 1213, le doyen et le chapitre de Sens, ayant obtenu de Philippe Auguste l'autorisation de placer un moulin sur le pont de la rivière d'Yonne, furent obligés de déclarer qu'ils n'avaient pas la prétention de nuire au commerce des Marchands de l'Eau de Paris (3). Mettant à profit leurs richesses, ils s'assuraient, par des acquisitions, la propriété des bords de la Seine. En 1222, l'évêque d'Auxerre leur cède un moulin et une grange, et tous les droits qui lui appartenaient; en 1336, la reine douairière de France, un moulin sur l'Yonne (4). Il arrivait quelquefois que les Marchands de l'Eau outre-passaient les privilèges que les rois de France leur avaient assurés, et qu'un arrêt de cour souveraine les condamnait à réparer le dommage qu'ils avaient causé. Au Parlement de la Toussaint de l'année 1291, ils furent condamnés à rebâtir, à leurs propres dépens, une maison et un mur de la ville de Corbeil, qu'ils avaient fait démolir injustement. Suivant la teneur de cet arrêt, cette

(1) App. II, Livre des Sentences.
(2) CHOPIN, de Moribus Parisiorum, lib. II, tit. I, n° 31 ; tit. V, n° 4.—LE ROY, Diss. p. CVII.
(3) Idem, p. XCIX.
(4) Arch. du Roy. K, 978.

maison appartenait aux moines de l'abbaye de Barbeau, et avait servi à élargir un chemin, sans doute, au bord de la Seine (1).

Malgré toutes les contestations qui pouvaient survenir aux Marchands de l'Eau de Paris, peut-être même à cause de ces contestations, les richesses et la prépondérance de cette communauté augmentaient sans cesse; et elle tendait de plus en plus à devenir un corps politique important. Depuis Philippe Auguste, et peut-être même depuis Louis le Gros, chacun des rois de France, soit à son avénement au trône, soit à toute autre époque de son règne, ne manquait pas de confirmer et bien souvent d'augmenter les priviléges de la Marchandise. Par exemple, au mois d'août 1315, les magistrats municipaux, chefs de cette association, eurent assez de pouvoir pour décider Louis X, roi de France, à déclarer par ordonnance que la navigation de la basse Seine était libre jusqu'à la mer. Pour obtenir un droit aussi avantageux et aussi préjudiciable au commerce de Rouen, les prévôt des marchands et échevins de Paris, eurent soin de s'associer à plusieurs autres villes importantes, et abandonnèrent au fisc royal un droit sur chaque marchandise, dont le total s'élevait à la somme de soixante mille livres parisis (2).

Cette *hanse*, qu'à l'imitation de plusieurs villes du nord, les bourgeois de la ville de Paris avait formée entre eux, prenait sans cesse des accroissements nouveaux; de toutes les parties de la France et des autres états voisins, les commerçants n'hésitaient pas à s'y affilier et à profiter, par ce moyen, des avantages qui lui appartenaient. Ces avantages rapportaient aux bourgeois de Paris des bénéfices quelquefois considérables, que les magistrats municipaux conçurent la pensée de faire tourner à l'intérêt commun. A mesure que leur prépondérance augmentait, à mesure aussi leurs charges devenaient plus lourdes, et les rentes qu'ils étaient obligés de servir dépassaient leurs revenus. Au mois de novembre 1350, les prévôt des marchands et échevins obtinrent du roi Jean, des lettres patentes par lesquelles chaque bourgeois, faisant partie de la hanse, était obligé de payer au Parloir un droit de vingt

---

(1) Le Roy, *Dissert.* p. cv. — Regist. des *Olim*, t. II, p. 324. — Lebeuf, *Hist. du Diocese de Paris*, t. XI, p. 227.

(2) Chéruel, *Histoire de Rouen pendant l'époque communale*, Rouen, 1844. 2 vol. in-8°. t. I, p. 211 et p. 317.

sous parisis, quand le bénéfice s'élevait à cent livres et au delà, et de dix sous seulement, si ce bénéfice ne dépassait pas vingt livres (1). Ce droit resta-t-il toujours le même? c'est ce que les actes parvenus jusqu'à nous ne font pas connaître; mais il est probable que telle fut l'origine du *droit de hanse*, qui, suivant le « registre des receptes et dépenses de « l'Hôtel de Ville pour l'année 1425, » s'élevait à soixante sous parisis et était payé par tous les membres de l'association, même par les étrangers. D'après ce registre, soixante-sept personnes acquittèrent ce droit, du jour Saint-Jean-Baptiste 1424, jusqu'au même jour de l'année 1425. Les bourgeois de Paris y sont pour une bonne part; on en trouve aussi plusieurs des villes de Caen, de Rouen, de Saint-Omer, de Calais et d'Arras. Un certain « Guy de Busche, marchant anglois, demourant à « Calais, » y figure, et plus tard, en 1467, un Piémontais est reçu, bien qu'il soit *ultramontain*. A cette époque, les bourgeois de Paris admettaient des étrangers au partage de leurs priviléges; mais ainsi qu'on le voit dans l'acte cité plus bas, ils avaient soin de faire observer que cette concession ne devait porter aucun préjudice à l'exercice de ces priviléges. Il y avait la grande et la petite *hanse;* la grande était de soixante sous parisis, la petite de vingt-cinq (2). Chaque membre de l'association recevait, à son entrée dans la Compagnie, une lettre dont voici le modèle :

« A tous ceulx qui ces présentes lettres verront, Michel de la Grange,
« conseiller et maistre de la chambre aux deniers du roy nostre sire,
« prévost des marchands et les eschevins de la ville de Paris, salut.
« Savoir faisons que aujourd'hui, dacte de ces présentes, nous avons
« hansé de la Marchandise de l'Eaue de la dicte ville, Anthoine Dyan, mar-
« chant, demourant à Chier en Pyemont, combien qu'il soit oultremon-
« tain, et sans préjudice des priviléges et ordonnances de la dicte ville,
« auquel Anthoine, nous avons fait faire le serment en tel cas acoustumé.
« En tesmoing de ce, nous avons mis à ces présentes le scel de la dicte
« prévosté des marchands.

(1) *Ordonn. des Rois de France*, t. IV, p. 9 et 267.
(2) La première, je suppose, était payée par les bourgeois de Paris, la seconde par les associés des autres pays.

« Ce fut fait le mardi, xve jour de décembre, l'an mil cccc soixante-
« sept (1). »

Les priviléges de la Marchandise de l'Eau ne cessèrent pas d'être en vigueur jusqu'au xviie siècle; et même, de 1382 à 1411, époque où Charles VI suspendit l'exercice du pouvoir municipal, et en remit les fonctions au prévôt de Paris, la hanse parisienne ne perdit aucun de ses droits (2). Elle fut attaquée cependant, et les marchands de Rouen, ses anciens adversaires, profitant de l'interdiction mise par le roi sur les magistrats, chefs de cette hanse, renouvelèrent le procès déjà jugé au commencement du xiiie siècle. Ce fut vers 1388 qu'ils attaquèrent la hanse parisienne, en déclarant qu'eux aussi avaient eu autrefois une association pareille, mais qu'ils y avaient renoncé, en s'apercevant du préjudice qu'elle apportait au commerce; ils ne niaient pas le privilége, mais ils en demandaient l'abolition comme nuisible et tyrannique; d'ailleurs, ajoutaient-ils, la ville de Rouen, par l'importance de son commerce avec Paris, méritait des égards particuliers (3). Malgré les précautions qu'ils prirent dans cette circonstance (4), les Rouennais perdirent une seconde fois leur procès; mais en ces sortes de matières, les Normands, comme on le sait, ont une extrême ténacité. Bien que la

(1) Arch. du Roy. K, 981.

(2) Ainsi, au nombre des accusations portées contre Audoin Chauveron, prévôt de Paris et garde de la prévôté des marchands, se trouve celle d'avoir donné pour associés, à des marchands étrangers qui demandaient *compagnie françoise*, au lieu de bourgeois hansés, ses *varlets* et ses *damoiselles*. Voyez Secousse, *Mémoire sur le procès criminel fait vers* 1389, *à Audoin Chauveron, prévôt de Paris, et prévôt des marchands de cette ville*; t. XX, p. 490, des *Mémoires de l'Académie des Inscriptions*, édition in-4°; t. XXXIV, p. 305, de l'édition in-12.

(3) Depping, *Livre des Métiers d'Et. Boileau*, Introduction, p. xxx.

(4) « Ils envoyèrent à Paris un des procu-
« reurs de la ville, Colin Le Roux, et un éche-
« vin Guillaume Alorge. Ils leur remirent
« l'original de la charte de Philippe Auguste,
« et adressèrent une lettre au chancelier, pour
« le rendre favorable à leurs demandes. Peu
« de temps après, le 12 décembre 1389, on
« tint une assemblée générale des Bourgeois,
« et l'on résolut de faire de grands sacrifices
« pour triompher de la compagnie française.
« On offrit des présents au chancelier et à
« maitre Guillaume de Sens, un des présidents
« du Parlement de Paris, mais ni les présents
« ni les démarches les plus actives ne purent
« triompher d'une puissante corporation sou-
« tenue par tous les marchands de Paris. »
Cheruel, *Histoire de Rouen pendant l'époque communale*, 1844, in-8°, 2 vol.; t. II, p. 490.
Au sujet des procès auxquels donnèrent lieu les priviléges de la Marchandise de l'Eau, on peut encore consulter le tome Ier de cet ouvrage, pages 34, 97, 113, 152, 165, 210.

grande ordonnance de 1415, qui rétablissait l'ancien gouvernement municipal dans toutes ses prérogatives, eût confirmé les priviléges de la Marchandise de l'Eau, ils s'empressèrent de mettre à profit les bonnes dispositions que le gouvernement du roi d'Angleterre, Henri VI, leur témoignait, pour obtenir la libre navigation de la haute et basse Seine.

Charles VII, qui avait rencontré dans les habitants de la ville de Paris une opposition assez violente, et qui cherchait à se concilier la Normandie, déclara, par ses lettres patentes du mois de juillet 1450, les commerçants de Rouen quittes de la Compagnie française, en ajoutant toutefois que ceux de Paris, à leur tour, pourraient descendre leurs vins à Rouen, et les mettre à l'abri dans ce port. Louis XI confirma ces dispositions au mois de janvier 1461 (1).

Quoi qu'il en soit de cette atteinte assez grave à leurs anciens priviléges, les bourgeois de Paris continuèrent à jouir presque seuls des avantages que pouvait donner la navigation de la Seine. Le prévôt des marchands avait même la prétention d'exercer une juridiction absolue sur le cours du fleuve dans la généralité de Paris. Un état des amendes perçues pendant les années 1608 et 1609 par le bureau de l'Hôtel de Ville de Paris, sur ceux d'entre les marchands qui s'étaient mis en contravention avec les anciennes ordonnances, prouve que ces anciens priviléges étaient encore respectés (2).

Ce fut seulement dans la première moitié du xviie siècle qu'un arrêt du Parlement déclara les officiers de l'Hôtel de Ville incompétents pour un délit de simple police, commis sur la Seine, et renvoya le délinquant devant le lieutenant criminel. Cet arrêt, daté du 23 juin 1618, est suivi d'un autre du même genre, daté du 12 janvier 1619, qui contient les mêmes conclusions; elles sont appuyées de considérations historiques des plus curieuses et dont voici un passage : « Ils ne sont pas tels « (le pouvoir et la juridiction des prévôts des marchands), que Me Henry « de Mesmes, en qualité de Prevost des Marchands, parlant pour luy et « pour les Eschevins, a voulu dire; supposant que luy et eux avoient la

---

(1) *Ordonnances*, t XV. p. 463.
(2) Estat des amandes adjugées à l'audience de l'Hostel de la ville de Paris, pendant six mois, commençant le premier juillet mil six cent huit et finissant le dernier décembre du dit an. (Arch. du Roy. H, 1889.)

PREMIÈRE PARTIE.

« notion et jurisdiction semblable aux Ediles romains, aux Duumvirs et
« Magistrats Municipaux, et aux defenseurs des citez, et à ceux qui sont
« appellés *Scabini in Capitularibus regum Caroli Magni et Ludovici Pii.*
« Et si en quelque chose le pouvoir du Prevost des Marchands et Esche-
« vins se rapporte à la charge des Ediles, etc...., ils n'avoient point le droit
« ny le pouvoir d'exercer la jurisdiction criminelle, pour ordonner les
« peines que les Romains nommoient *Pœnas capitales*, où il alloit de la
« vie, et *Pœnas capitis*, qui sont celles lesquelles vont à l'honneur et à
« grandes amendes (1). »

Dans l'ordonnance que rendit Louis XIV au mois de juin de l'année 1700, par laquelle il réglait la juridiction du lieutenant général de police et celle du prévôt des marchands, les antiques priviléges de la Marchandise de l'Eau avaient encore été pris en considération. Toutes les denrées qui venaient par eau dans la ville, tous les métiers qui employaient le cours de la Seine, la sûreté des ponts et des quais, étaient soumis à la surveillance des magistrats municipaux (2). Mais il faut ajouter qu'ils partageaient cette surveillance avec le lieutenant général de police, et qu'ils avaient perdu la garde et la propriété des anciens remparts, des fontaines et canaux, enfin que le pouvoir absolu s'était substitué peu à peu aux prérogatives de la municipalité.

J'ai remarqué précédemment que les Marchands de l'Eau de la Seine se réunirent en confrérie à une époque très-ancienne; aux chartes déjà citées, dont la plus ancienne remonte à l'année 1121, il faut encore joindre le témoignage du Cartulaire de Sorbonne, dans lequel la confrérie est désignée, en 1245, sous le nom de *Confratria Mercatorum aquœ Parisiensium* (3). Dans un autre cartulaire, comprenant le recueil des actes de donation relatifs à la grande « confrérie Notre-Dame, aux
« seigneurs prêtres, bourgeois et bourgeoises de la ville de Paris (4), »

---

(1) *Traité de la Police*, par DE LA MARRE, t. I, p. 170.

(2) *Idem*, t. I, p. 175.

(3) LE BEUF, *Histoire du Diocese de Paris*, t. I, p. 348.

(4) Voyez, au sujet de cette confrérie, l'une des plus anciennes et des plus curieuses qui aient existé dans Paris, les Recherches que j'ai publiées dans le volume XVII des *Mémoires de la Société royale des Antiquaires de France*.

l'on trouve entre cette Compagnie et celle des Marchands de l'Eau, la convention suivante : Les confrères de Notre-Dame ayant coutume de toucher, chaque année, de la Confrérie des Marchands, une somme de cinq sous parisis de cens, constituée sur une plâtrière existant derrière le cimetière des Juifs (1), à Paris; d'un autre côté, ces mêmes confrères de Notre-Dame se trouvant obligés envers ceux de la Confrérie des Marchands d'une somme de sept deniers et oboles parisis, pour cinq quartiers de vigne située à côté de Vauvert, et nommée la Vigne Édeline, les deux parties ont passé entre elles l'accord suivant, savoir : que les confrères de Notre-Dame tiendront quitte à perpétuité les Marchands de Paris des cinq sous parisis de rente, et, de leur côté, les confrères-Marchands renonceront, à tout jamais, à une somme de vingt sous parisis, qui appartenait jadis à Henry le Teuton, et qui devait être prise sur la maison de Guillaume de Sas, laquelle maison faisait le coin de la rue Richard le Harpeur (aujourd'hui rue de la Harpe); de plus, les confrères de la Marchandise remettaient à perpétuité, aux confrères de Notre-Dame, les sept deniers et oboles parisis de rente. Cette convention, passée en l'année 1263, est souscrite par Évreux de Vallenciennes, prévôt des marchands de Paris; Jean Barbette, *Henry de Navibus, Nicholas Flamengus,* Adam Bourdon, échevins, d'une part; de l'autre, par le curé de Saint-Nicolas-du-Chardonneret, Bernard, clerc de la Confrérie Notre-Dame, et Gilbert de *Salneria,* doyen de cette même confrérie (2).

Dans le recueil des sentences du Parloir aux Bourgeois, on lit qu'en

---

(1) « Les Juifs avoient à Paris deux cimetières, l'un à la rue Garlande ou Gallende, qui devoient, en 1358, quatre livres parisis de cens et rente à deux chanoines de Notre-Dame...., l'autre attaché à un jardin et à un logis que Philippe le Hardi donna, en 1483, à Gilbert de Saanes, chanoine de Baïeux, et qui faisoit partie de la rue de la Harpe. En 1311, c'étoit une grande place vide.... qui étoit encore dans le même état en 1321. » SAUVAL, t. II, p. 532, ajoute que cette place, vendue en 1395, fut peu après couverte de maisons. La rue Pierre Sarrazin est ouverte dans l'emplacement de l'ancien cimetière des Juifs.

(2) Voyez, t. XVII, p. 273, des *Mémoires de la Société royale des Antiquaires de France,* le texte de cette pièce, dont voici le titre : *Hoc est Epitaphium confratriæ Mercatorum parisiensium.* Cette pièce renferme sur la topographie du quartier Saint-Jacques, des détails précieux, et augmente de plusieurs noms la liste chronologique des prévôts des marchands et des échevins.

l'an de grâce 1294, Renard d'Argenteuil fut rappelé dans la Confrérie des Marchands, par ordre du prévôt, et qu'en 1305, Simon Paquet, mercier, ayant faussement déclaré Compagnie française avec un certain Crespin le Valois, pour une navée de sel, fut renvoyé de la confrérie (1). L'année suivante, en 1306, après l'émeute qui eut lieu dans Paris à l'occasion du changement des monnaies, Philippe le Bel supprima l'exercice des différentes confréries de la capitale; mais en 1307, sans doute à cause des importantes fonctions que remplissaient les chefs de la Confrérie des Marchands, il s'empressa de la rétablir : Nous vous faisons savoir, dit-il dans le mandement qu'il écrivit à ce sujet au prévôt de Paris, qu'il nous plaît que les marchands tiennent leur dite confrérie suivant l'usage accoutumé (2). D'après un passage assez obscur du livre de l'abbé Le Beuf, sur le diocèse de Paris (3), saint Nicolas était patron de cette ancienne confrérie; la petite église de la Madeleine, située dans la Cité, au coin de la rue des Marmousets, lui servait de lieu de réunion; mais à partir des premières années du xive siècle, la Confrérie des Marchands de l'Eau semble se confondre avec d'autres associations du même genre, dont l'histoire est en dehors de ces recherches.

(1) LE ROY, *Dissertation*, etc. p. xix et cxii; App. II, Livre des Sentences.

(2) Arch. du Roy. K, 978. T. XVII, p. 233 des *Mémoires de la Société royale des Antiquaires de France*.

(3) *Hist. du Diocèse de Paris*, t. I, p. 348.

CHAPITRE DEUXIÈME.

JURIDICTION DE L'HÔTEL DE VILLE DE PARIS. — MARCHANDISES PAR EAU : VINS, BOIS, CHARBONS, ETC. — FORTIFICATIONS. — PAVAGE, CROISÉE DE PARIS. — QUAIS, PONTS, EAUX ET FONTAINES. — CRIAGE. — POIDS ET MESURES. — TAILLE, OCTROIS ET RENTES. — LOCATION DE MAISONS. — HOSPICES, ADMINISTRATION DES PAUVRES. — CONFLITS DE JURIDICTION. — SCEAUX, ARMOIRIES ET BANNIÈRE DE LA VILLE DE PARIS.

Après avoir fait connaître l'origine, le développement, la chute de cette association de marchands, qui donna naissance au gouvernement municipal de Paris, je vais examiner séparément les différents objets sur lesquels s'exerçait ce gouvernement.

Il faut placer au premier rang les marchandises qui arrivaient par eau dans la ville, et dont les principales étaient le vin, le blé, le sel, le bois, le charbon. Depuis le moment où ces marchandises touchaient au port de Grève, jusqu'à celui où elles étaient distribuées entre les commerçants chargés de les débiter, les magistrats municipaux, ou leurs délégués, en avaient la surveillance. Aussi voyons-nous relever de la juridiction municipale, tous les officiers subalternes servant d'intermédiaires entre les commerçants forains et les marchands qui habitaient la ville. Les Statuts d'Étienne Boileau, ainsi que le Livre des Sentences, contiennent plusieurs articles sur cette matière : Nul ne peut être mesureur de blé ni de nulle autre manière de grains, à Paris, s'il n'a le congé du prévôt des marchands ; — nul ne peut être jaugeur des vins, à Paris, s'il n'a obtenu la permission du prévôt des marchands (1). Telles sont les prescriptions du Registre des Métiers ; il suffit d'ouvrir le Recueil des Sentences du Parloir aux Bourgeois, pour s'assurer que les courtiers en vins, les jurés mesureurs de sel, les porteurs de charbon et de bois étaient soumis complétement aux magistrats municipaux. Il arriva même, plus d'une fois, que le pouvoir exercé par ces magistrats s'étendit au delà du port de

---

(1) *Registre des Métiers d'Etienne Boileau*, p. 21 et 27.

Grève. Dans le cours de l'année 1304, le blé étant devenu rare dans la ville, le roi envoya des commissaires dans les différents bailliages du royaume. Ces commissaires désignés parmi les bourgeois qui siégeaient au Parloir, furent Jacques Bourdon, Bertaut Point l'Asne et d'autres (1). En 1305, des commissaires, nommés par les prévôt et échevins, furent choisis entre les gens de métier pour veiller à ce que les boulangers de Paris fissent le pain suivant le prix qu'ils payaient le blé au marché (2). Au mois de mars de l'année 1366, le prévôt des marchands est appelé à un règlement sur les boulangers (3). En 1372, le prix du pain est fixé par le prévôt des marchands et ses échevins. Le même fait se représente pour la marée et d'autres denrées considérables. Bien plus, quand nous traiterons de l'étendue du pouvoir qui fut attribué au prévôt des marchands, on verra que depuis Philippe le Bel jusqu'au xv° siècle, ce magistrat fut souvent consulté à l'occasion des changements qu'on faisait subir aux monnaies.

La grande ordonnance de 1415, rendue par Charles VI, qui reconstitua sur de nouvelles bases le gouvernement municipal, ne retrancha aucune des anciennes attributions de ce gouvernement sur les denrées conduites par eau dans la capitale. Le blé, le vin, le sel, le bois, le charbon furent toujours soumis à la surveillance des officiers subalternes, attachés à l'Hôtel de Ville : eux seuls eurent le droit d'apprécier, jauger, mesurer, distribuer toutes ces marchandises; bien plus, l'apport à la Grève augmentant sans cesse, des denrées nouvelles sont nommées dans la grande ordonnance de 1415, comme soumises à la juridiction municipale. Ainsi, le foin, les lattes, les pierres et carreaux, le poisson d'eau douce, l'ail, l'oignon, les noix, pommes, nèfles, châtaignes, la guède, la chaux, la graisse et d'autres marchandises, sont l'objet d'un titre particulier (4). Non-seulement ce titre explique la manière dont ces denrées doivent être vendues, mais encore il règle le nombre et les attributions des officiers chargés de les distribuer. Sans

---

(1) Appendice II, Livre des Sentences. année 1304.

(2) *Idem*, année 1305.

(3) *Ordonn. des Rois de Fr.*, t. IV, p. 709.

(4) Voir les *Ordonnances royaux de la jurisdiction de la prévosté des Marchans*, etc. Édit. in-4°, goth. de 1528, fol. 49, 50 et suivants.

aucun doute, la plupart de ces denrées étaient apportées depuis longtemps dans Paris, et les officiers de la Marchandise exerçaient leur privilége en faisant valoir la décision du parlement de 1258, que j'ai citée plus haut (1) et qui déclare les marchandises de toute nature, sujettes au droit de hanse. Mais ce qui avait été sous-entendu jusque-là fut spécifié en 1412, dans la grande ordonnance qui devait être promulguée trois ans plus tard. Enfin, le trente-deuxième article de ce monument législatif fut spécialement consacré à régler la jurisprudence qui devait être suivie sur « toutes manières de denrées et marchandises venans et afluans « en la ville de Paris (2). » D'après cela il est facile de comprendre comment, jusqu'à la fin du xviiie siècle, l'approvisionnement par eau de notre capitale, fut soumis à la juridiction des magistrats municipaux.

J'ai observé précédemment que Philippe Auguste, voulant enfermer Paris dans une enceinte nouvelle, fit appeler les principaux habitants de la ville et leur confia le soin d'élever cette enceinte, dont ils furent considérés comme les propriétaires. Depuis cette époque, le soin de veiller aux remparts a toujours fait partie des attributions du gouvernement municipal; en 1356, au moment où la funeste bataille de Créci livra sans défense le chemin de la capitale, Philippe de Valois s'empressa d'écrire aux bourgeois de Paris pour qu'ils eussent à relever les murs de la vieille enceinte et à fortifier les portes (3). Douze années plus tard, le roi succombait à Poitiers : aussitôt le prévôt des marchands, Étienne Marcel, faisait creuser les fondements d'une nouvelle enceinte, et les indications historiques, comme le petit nombre des documents qui existent à ce sujet, prouvent que l'autorité municipale dirigea seule tous les travaux (4). Enfin, au mois de février 1358, après que les discordes civiles, qui signalèrent cette année, eurent été apaisées, Charles V, qui n'était encore que régent, abandonna au prévôt et à ses échevins,

---

(1) Voyez au chapitre précédent, p. 108.
(2) *Ordonn. royaux, etc.* fol. LVI et suiv.
(3) *Ex archiv. Episcop. Parisi.* Page 113 du *Mémoire hist. et crit. sur la Topographie de Paris*, 1771, in-4°.

(4) Voyez surtout la *Chronique de Guillaume de Nangis*; Continuateurs, année 1358; nouvelle édition de Géraud, tome II. page 279. — SAUVAL, *Antiquités de la ville de Paris*, t. 1, p. 38.

le revenu de la pêcherie des fossés de la ville (1). Depuis cette époque jusqu'à la fin du xviie siècle, des actes de diverse nature et de nombreux passages des registres de l'Hôtel de Ville, attestent que les remparts, les fossés et les portes ont été exclusivement confiés aux soins et à la garde des magistrats municipaux.

Ce n'était pas seulement sur les anciennes fortifications que s'étendait le pouvoir de ces magistrats : le pavage des principales rues, l'entretien des chaussées, des quais, des ponts et des fontaines, leur appartenait aussi. Sans avoir la prétention de traiter à fond, dans un seul chapitre, des matières si diverses, je m'attacherai seulement à donner, sur quelques-unes, des détails nouveaux qui prouveront que, du xiiie au xvie siècle, les prévôt des marchands et échevins s'appliquèrent constamment à conserver, agrandir et assainir la capitale dans toutes ses parties.

C'est dans le cours de l'année 1184 que Philippe Auguste fit paver les principales rues de la ville. Rigord s'exprime ainsi à ce sujet : « Le roi se « trouvant à Paris pour les affaires de l'État, habitait le palais dans la Cité. « S'étant mis à une fenêtre d'où il voyait les eaux du fleuve, par laquelle « il aimait à regarder, pour se distraire, les chariots qui traversaient la Cité « soulevèrent une odeur si fétide de la boue amassée dans les rues, que le « roi ne put la supporter ; il jugea qu'il était nécessaire d'exécuter un pro- « jet auquel avaient pensé quelques-uns de ses prédécesseurs, mais qu'ils « n'avaient pas exécuté à cause de la trop grande dépense. Ayant donc « convoqué les principaux bourgeois de la ville et le prévôt, il donna « l'ordre de garnir de fortes pierres les rues principales (2). » On voit par ce curieux passage que le roi s'adressa cette fois aux bourgeois de Paris, de même que plus tard il les fit venir pour aviser à la construction des murs d'enceinte. Nul doute que, de concert avec le prévôt de Paris, qui est formellement nommé par le chroniqueur, le prévôt des marchands et les échevins n'aient été désignés pour concourir à ce grand travail. La législation qui fut adoptée du xve au xviie siècle, pourrait servir de preuve à cet égard, si un passage du Livre des Sentences du

---

(1) LE ROY, *Dissertation*, p. CXVIII.
(2) RIGORD, *de Gestis Philippi Augusti*; Recueil des histor. de France, t. XVII, p. 16.

Parloir aux Bourgeois, et les recettes et dépenses annuelles de l'Hôtel de Ville ne le prouvaient pas mieux encore. La décision du Parloir est de l'année 1296, du jour où fut nommé prévôt des marchands, Guillaume Bourdon, en présence des bourgeois les plus considérables de la ville, Adam Paon, Guillaume Pizdoé, Étienne Barbette, et plusieurs autres. Il est déclaré que nulle chaussée ou rue ne sera faite à Paris, c'est-à-dire pavée, à moins qu'on n'en paie le prix. « Si un homme riche, ajoute naï-
« vement le Registre, et que l'on n'oserait pas refuser, priait à l'avenir
« le prévôt et les échevins de lui faire paver sa cour ou sa cuisine, ou
« quelque ruelle que la Ville ne devrait pas faire, on prendrait les maté-
« riaux réservés pour les grandes chaussées qui sont à la Ville, et on
« lui ferait ce qu'il demande (1). » Cette curieuse déclaration, assez obscure dans ses termes, s'explique par les registres de recettes et dépenses de l'Hôtel de Ville, qui relatent pour chaque année le prix payé aux fournisseurs de la pierre et des carreaux nécessaires à l'entretien de la Croisée de Paris (2). On appelait ainsi l'intersection des deux grandes voies qui joignaient du nord au sud la porte Saint-Denis à la porte Saint-Jacques, et de l'est à l'ouest, la porte Baudet (aujourd'hui place Baudoyer), au château du Louvre. Plus tard, lorsque l'enceinte eut été agrandie, la Croisée s'étendit à l'est jusqu'à la Bastille Saint-Antoine, et suivit ce qu'on nommait alors le Grand Chemin Royal, qui forme de nos jours la rue Saint-Antoine. Cette partie du pavé de Paris resta toujours à la charge du roi, et si l'administration municipale en eut l'entretien jusqu'en 1388, ce fut en recevant une indemnité proportionnée à la dépense qu'elle y faisait; plus tard, les quais, les ponts et un grand nombre de rues, de places faisant partie du domaine de la ville, furent aussi entretenus par elle. Enfin, les propriétaires ou habitants domiciliés dans les rues nouvelles qui n'étaient pas comprises, soit dans la Croisée, soit dans les attributions du pouvoir municipal, furent obligés de paver et d'entretenir à leurs frais le devant de chaque maison. Au mois de mars de l'année 1382 (3), lors de la suppression momentanée

(1) App. II, année 1296. (18 juillet.) (3) Voy. le vol. IV du *Traité de la Police*.
(2) Registres des Recettes et Dépenses, p. 169 et suiv.
Mss. Archiv. du Roy. K, 1060.

de la prévôté des marchands, après la révolte des Maillotins, la Croisée de Paris fut remise aux soins du prévôt de Paris, qui veilla sur cette partie de l'administration jusqu'en 1412, où les magistrats municipaux en furent investis de nouveau. Ce qui le prouve, c'est que dans les registres de recettes et dépenses depuis 1424, l'entretien de la Croisée de Paris est au nombre des dépenses annuelles faites par l'Hôtel de Ville (1).

La juridiction que les antiques priviléges de la Marchandise de l'Eau donnaient aux magistrats municipaux sur la Seine fut cause que la construction et l'entretien des quais, et d'une partie des ponts de la capitale, leur fut confiée. Deux actes, le premier daté de 1313, le second de 1530, en sont la preuve. Dans celui de 1313, Philippe le Bel renouvelle au prévôt des marchands l'ordre de construire un quai depuis l'Hôtel de Nesle jusqu'à l'Archevêché. Les inondations de la Seine venant détruire les habitations établies dans ce quartier, le roi menace d'une punition sévère le prévôt des marchands, s'il négligeait plus longtemps l'ordre qu'il lui avait donné (2). Dans le courant de l'année 1530, François Ier, qui travaillait avec une grande activité à la construction du palais du Louvre, avait confié aux magistrats municipaux le soin de faire un nouveau quai le long de cette résidence. Le 10 mars de cette année, il leur écrivait la lettre suivante :

« Chers et bien amez, pour ce que desirons que le quay que avez
« par nostre ordonnance encommencé le long des murs du chastel du
« Louvre, soit parachevé, ensemble autres réparacions necessaires à faire
« en nostre ville de Paris, non seullement pour nostre recréacion et
« aysance de nostre dict chastel, auquel espérons faire la pluspart du
« temps notre résidence, mais aussy pour le cours de la marchandise,
« proffit et utilité de la chose publicque de nostre dicte ville, ce qui ne
« se peult faire sans grosse despense à vous insupportable, au moyen des
« fraiz que avez faitz par cy-devant, et que encores faictes de jour en jour,
« ainsy que sommes bien informez ; à ces causes avons, de nostre propre
« mouvement et auctorité royal, continué l'ayde de six deniers pour

---

(1) Registres des Recettes et Dépenses. — Archiv. du Roy. K. 1060. (2) Le Roy. *Dissertation*, p. cxiii.

« livre sur le poisson demy sallé, admené en la ville et faulxbourgs de
« Paris ; vingt solz tournoys sur chacun lectz de haren, tant blanc que
« sor, maquereaulx, aigrefins, mourues et aultres poissons sallez à l'equi-
« polent, passant par la ville et faulxbourgs de Paris, pour mener hors,
« non vendu au marché de Paris, et dix solz tournois pour et sur cha-
« cune poisée de sel admené contremont la rivière de Seyne, au-dessus
« et oultres les limyttes du grenier à sel de Vernon, en çà. Et les quelz
« aides vous ont esté octroyez par noz predecesseurs roys de France,
« pour convertir es fortifications des fossez, murailles, quayz et fon-
« taines d'icelle ville, et depuis, par nostre très-chere Dame et Mère con-
« tinuez pour six années, eschéans le douziesme jour de ce present moys
« de mars, etc., etc. — Donné à Paris, le dixiesme jour de mars mil v^e
« trente (1). FRANÇOIS. »

Ainsi, d'après les termes mêmes de cette lettre, les fortifications, les
quais, les fontaines furent toujours confiés à l'administration municipale. Quant aux ponts sur la Seine, c'est seulement comme concession-
naire que cette administration fut chargée, soit de les réparer, soit de
les construire. Le plus ancien titre qui existe à cet égard, est une lettre
du roi Charles VI, datée de 1409, qui abandonne au Parloir aux Bourgeois la propriété des maisons du Petit-Pont, à la charge par les membres
de ce parloir, de « les tenir en bon et souffisant état (2). » En 1412, les
prévôt des marchands et échevins ayant acheté du couvent de Saint-
Magloire la censive du travers de la Seine, qui appartenait à ce couvent
depuis la Planche de Mybrai jusqu'à l'église Saint-Denis de la Châtre,
obtinrent, deux années plus tard, l'autorisation de construire un pont
de bois qui fut nommé le pont Notre-Dame, et sur lequel ils firent élever
deux rangées de maisons (3). Il faut dire aussi que le prévôt des marchands était presque toujours consulté dans les questions qui s'élevaient
à propos des ponts de Paris. J'en citerai deux exemples : en 1578,
Henri III donna suite au projet, conçu dès le milieu du seizième siècle,

---

(1) Archives du Royaume, K, 984.   *Histoire de Charles VI*, par le Religieux de
(2) LE ROY, *Dissertation*, p. CXXII.   Saint-Denis, t. V, p. 53. — JAILLOT, *Recher-*
(3) Archiv. du Roy. J, 105, n° 104. — *ches sur Paris*, t. 1, q. de la Cité, p. 193.

PREMIÈRE PARTIE.

d'établir sur la Seine un nouveau pont en pierre qui, terminé sous Henri IV, a reçu le nom de Pont-Neuf. Il confia tous les soins qui regardaient cette entreprise à des « personnages de qualité requise, affec- « tionnés à son service et au public. » Parmi eux se trouvent le prévôt des marchands et les échevins (1).

L'ordonnance de Louis XIV, du mois de décembre 1672, concernant la juridiction de l'Hôtel de Ville, porte, art. ix, ch. 32, que « les prevôt « des marchands et eschevins, avec le procureur du roy et de la ville, « feront, au moins une fois l'année, la visite des ponts et quays de la dicte « ville, à laquelle visite seront appelés, avec le maître des œuvres et con- « trolleur de la dite ville, des gens experts pour donner leur avis sur « l'etat des lieux et reparations à y faire, dont sera dressé procès-verbal « pour y etre incessamment pourveu (2). »

Jusqu'au milieu du xvi⁰ siècle, la distribution des eaux dirigées sur les différents quartiers de la ville, ainsi que l'entretien des fontaines, appartinrent exclusivement aux magistrats municipaux. L'un des échevins et le maître des œuvres de la ville de Paris, étaient chargés de surveiller cette partie importante de l'administration urbaine. A la fin du xiii⁰ siècle il existait, à Paris, deux fontaines publiques (3) : une au cimetière des Saints-Innocents, une autre dans le milieu des Halles ; il est fait mention de ces deux fontaines dans un marché passé au mois d'août 1293, entre les officiers du Parloir et le fontainier de la ville de Paris (4). D'après ce marché, il recevait par an dix livres de gage pour entretenir les tuyaux de plomb qui conduisaient l'eau de « la grande cuve du pressoir de Ruel « (lisez Reuilly) (5), à la fontaine du cimetière des Innocents. » La ville

---

(1) *Traité de la Police*, t. IV, p. 360.
(2) *Idem*, p. 364.
(3) Dès l'an 1244, les Religieux de Saint-Martin-des-Champs avaient une fontaine derrière leur monastère, et, sous l'année 1265, il est question de la fontaine Saint-Lazare. Voir Bonamy, *Mémoires sur les Acqueducs de Paris, etc.*, t. XXX de l'Académie des Inscr. in-4°. T. LIV, p. 102, édit. in-18.
(4) App. II, Livre des Sentences du Parloir aux Bourgeois, année 1293. (21 août.)

(5) La rue de Reuilly doit son nom à une ancienne maison de plaisance de nos rois, dont parle Mabillon au Livre IV de son Traité de Diplomatique; cette maison, qui faisait encore partie du domaine royal en 1325, contenait sans doute un regard pour les eaux qui, venant des bois de Vincennes, étaient conduites par des tuyaux à la fontaine des Halles et des Innocents. — Voyez Jaillot, *Recherches sur Paris*, t. III, Quartier Saint-Antoine, p. 114.

s'engageait à faire à ses dépens toute la maçonnerie que le fontainier jugerait nécessaire, et à lui payer huit deniers parisis pour chaque journée. Quant aux tuyaux qui conduisaient l'eau de la fontaine des Innocents à celle des Halles, la ville se chargeait d'en payer l'entretien à ce même fontainier, moyennant douze deniers par jour. A l'égard des conduits et des cuves ou réservoirs, qui se trouvaient en amont du pressoir de Reuilly, le fontainier s'engageait à les tenir toujours en état; et s'il devenait nécessaire d'y faire quelques ouvrages de maçonnerie, le fontainier en prévenait le clerc du Parloir; la ville fournissait alors des tuyaux en terre, et payait audit fontainier huit deniers pour chacune de ses journées. Quant à la fontaine établie aux Halles, depuis cette place jusqu'au pressoir de Reuilly, elle devait être entretenue aux dépens du roi.

Par une ordonnance, datée du 9 octobre 1392, Charles VI retira toutes les concessions particulières, faites au préjudice des fontaines publiques; ces concessions étaient devenues si nombreuses, que les eaux destinées aux besoins des habitants se trouvaient presque taries, ou tellement réduites, qu'elles ne suffisaient plus. Dans l'ordonnance en question, le roi déclare que des conduits d'eau avaient été pratiqués dans Paris par la munificence de ses prédécesseurs, « depuis si longtemps qu'il n'est « mémoire du contraire. » Il cite comme les plus « remarquables et les « plus anciens, » ceux qui alimentaient les fontaines des Innocents, de la rue Maubué et du milieu des Halles (1). En 1457, d'anciens aqueducs, existant du côté de Belleville, furent visités, remis à neuf et augmentés d'environ quatre-vingts toises. Du Breul, qui parle de ces travaux, semble dire que ces nouveaux conduits servirent à l'établissement ou à l'augmentation des fontaines suivantes : celles du Ponceau, de la Trinité, de Saint-Innocent, des Halles, de la Croix du Trahoir, de la Royne, de Marle, Maubué, Sainct-Julian, de Birague, de la Porte-Baudets, des Cinq-Diamants, de Saincte-Avoye, de Paradis, de la Barre-du-Bec, du Palais (2). Le même historien indique encore plusieurs autres

---

(1) *Ordonn. des Rois de France*, t. VII, p. 510. — *Traité de la Police*, t. IV, p. 381.
(2) Du Breul, *Antiquités de Paris*, p. 1071.

fontaines établies sous François Ier et les successeurs de ce roi, jusqu'à Henri IV, toujours sous la surveillance des prévôt des marchands et échevins. Il cite François Miron comme l'un de ceux qui a le plus contribué à ces dernières fondations. — A partir du xvie siècle, les concessions particulières, pour obtenir de l'eau provenant des fontaines publiques, se multiplièrent de nouveau, et les registres de l'Hôtel de Ville de Paris contiennent à ce sujet des détails nombreux et quelquefois assez piquants (1).

Ce fut dans les premières années du xviie siècle que l'on commença de se servir des eaux de la Seine pour alimenter les fontaines publiques ou particulières. Un ingénieur Flamand, Jean Lintlaer (2), imagina de construire, vers l'année 1605, un moulin qui, par un mécanisme assez compliqué, faisait monter l'eau de la rivière à la hauteur du Pont-Neuf et la conduisait au Louvre. Les rouages de cette machine, longtemps célèbre à Paris sous le nom de la *Samaritaine du Pont-Neuf*, occupaient un assez grand espace pour faire craindre aux magistrats municipaux que la navigation de la Seine n'en soit embarrassée; ils s'opposèrent quelque temps à une pareille innovation; mais Henri IV en témoigna tant de mauvaise humeur, que le prévôt des marchands, Miron, ne crut pas devoir insister (3).

Dans un manuscrit de l'année 1748, qui contient le cérémonial de l'Hôtel de Ville, je trouve que le prévôt des marchands et les autres magistrats municipaux faisaient chaque année une visite officielle des

---

(1) Voyez Girard, *Mémoire pour servir d'introduction au devis général des ouvrages à exécuter pour la distribution des eaux du canal de l'Ourcq dans l'intérieur de Paris*; 1812, in-4°.

(2) Au Livre Ier, chap. II, de mon travail, j'ai parlé de Lintlaer, maître de la pompe du roy. Une lettre de Henri IV, citée dans la note suivante, réfute l'opinion de quelques historiens de Paris qui ont supposé que cette pompe avait été établie sous Henri III.

(3) Le roi écrivait à son ministre Sully les paroles suivantes : « Mon ami, sur ce que j'ai entendu que le prévôt des marchands et éche-

vins de ma bonne ville de Paris, font quelque résistance à Lintlaer, Flamand, de poser le moulin servant à son artifice, en la deuxième arche du côté du Louvre, sur ce qu'ils prétendent que cela empêcheroit la navigation, je vous prie les envoyer quérir et leur parler de ma part, leur remontrant en cela ce qui est de mes droits, car à ce que j'entends ils les veulent usurper, attendu que le dit pont est fait de mes deniers et non des leurs. Adieu, mon ami. » BONAMY, *Mémoires sur les Aqueducs de Paris*; Académie des Inscriptions, t. XXX.

remparts, des quais, des ponts, des fontaines et des eaux de Paris. Voici comment le cérémonial (1) s'exprime à ce sujet :

Visite des ponts. — « Le Bureau, en manteau et rabat plissé, s'em-
« barque à la Grève, sur le port, dans un batteau préparé à cet effet,
« avec le maître général des bâtiments de la ville; un contrôleur des bâti-
« ments du Roy y est appellé pour la visite des *ponts neuf* et *royal* qui
« appartiennent au Roy. Le batteau est gardé par quatre gardes de la
« Ville et deux officiers. Les maîtres des ponts y sont appellés. On com-
« mence par visiter le Pont Marie et les Quays. Un plongeur va au fond
« de l'eau et visite toutes les pilles les unes après les autres, et on dresse
« un état pour le procès-verbal. Ensuite on va par la pointe de l'Isle, en
« observant les murs de Quay, et on gagne le Pont de la Tournelle, puis
« le Pont Rouge, ensuite celuy de Notre Dame et le Pont au Change,
« observant toujours les murs de quay. On dîne dans le bateau, sous un
« des arches du dit Pont au Change; puis on continue par le Pont
« Neuf, le Pont Royal, et on va jusques à la descente qui donne au bout
« du quay des Thuilleries, près le Pont Tournant, pour examiner les
« murs de quay; ensuite on remonte en carosses qui se trouvent là, et on
« va au Petit Pont au Double, dans de petits bateaux. On continue par
« le Pont Saint Charles, le Petit Pont, le Pont Saint Michel, et le Petit
« Pont Neuf, et du tout il est dressé un procès-verbal de l'état et des
« réparations qui s'y trouvent à faire (2). »

Visite des remparts de Paris. — « Le Bureau seulement se rend en
« carosses avec le maître général des Bâtiments, sur le rempart de la porte
« S^t. Honoré, et on se sépare en deux bandes; l'une prend à droite et
« l'autre à gauche, et l'on examine si les remparts et les arbres sont bien
« entretenus, s'il n'en manque point, ou s'il y en a quelques-uns de morts,
« et l'on va jusqu'à la porte S^t. Antoine, précédés par quatre gardes
« de la Ville et un officier à pied : puis l'on remonte en carosse et on va
« au rempart des Capucins et à celui derrière les Chartreux, et l'on

---

(1) *Cérémonial annuel et ordinaire du Bureau de la ville de Paris*; 1748, 1 vol. petit
in-8°; manuscrit de cette époque.

(2) Fol. 30 r°.

« revient dîner à l'Hôtel de Ville. Il se fait un procès-verbal de la d.
« visite (1). »

Visite des Eaux de Belleville et du Pré Saint-Gervais. — « Le Bureau
« s'assemble à l'Hôtel de Ville, en manteau, sur les huit heures du
« matin, y déjeûne et part dans l'ordre qui suit : le Carosse des huissiers,
« à quatre chevaux; celui du colonel aussi à quatre chevaux; celui où
« sont M^{rs} les prévost des marchands et trois échevins, à six chevaux.
« Celui où sont les quatriesme Échevin, Procureur du Roy, Greffier
« et Receveur, aussi à six chevaux, et celui où sont les quatre Commis-
« saires des eaux, qui sont tirés des compagnies des conseillers et quar-
« tiniers, aiant réunis ces charges aux leurs, dans un carosse à quatre
« chevaux. Le maître général des bâtiments de la Ville y est appelé. Ces
« carosses sont escortés par six gardes de la Ville, à cheval, et deux offi-
« ciers. Le plombier y est aussi appelé.

« On va visiter les regards sur le chemin de Belleville et du pré Saint-
« Gervais. Comme le chemin est long et difficile, on forme deux bandes :
« les uns vont du côté de Belleville, et les autres de celui du pré Saint-
« Gervais. Le maître d'hôtel a soin de préparer à dîner dans quelque
« maison empruntée sur la route. Puis on retourne dresser le procès-
« verbal des choses que l'on a jugé à propos de remarquer. On voit dans
« les regards si chacun qui a des concessions en fournit plus ou
« moins (2). »

Visite des eaux d'Arcueil et de Rungis. — « Le Bureau va comme à la
« visite des eaux de Belleville, et accompagné des mêmes personnes. On
« visite d'abord le Château d'Eau, qui est près de l'Observatoire. En-
« suite on va à Arcueil, où est l'aqueduc ; de là on visite les regards qui
« sont sur le chemin d'Arcueil à Rungis, et l'on va à Rungis visiter le
« carré de voûte. On dîne dans quelque maison de ce côté-là, où le
« maître d'hôtel a soin de faire préparer le dîner, puis on revient à
« Paris, et on dresse le procès-verbal (3). »

Visite des fontaines de Paris. — « Cette visite se fait en deux fois.

---

(1) Fol. 27 r°. (3) Fol. 29 r°.
(2) Fol. 28 r°.

« La première du côté du midi. Le Bureau dans des carosses à deux
« chevaux, suivis de quatre commissaires des eaux et du maître général
« des bâtiments, et escortés par quatre gardes de la Ville à cheval, et
« deux officiers, visite les fontaines si elles sont en bon état, et si les
« concessions sont remplies.

« La visite des fontaines de l'autre côté de la rivière se fait de même,
« mais un autre jour.

« A ces deux visites, on dresse des procès-verbaux et on revient dîner
« à l'Hôtel de Ville.

« Les huissiers et le colonel précèdent toujours le Bureau à ces
« visites (1). »

La police des crieurs, l'inspection des poids et mesures formaient
encore une partie importante de l'administration confiée au gouvernement municipal de Paris. Ce fut le roi Philippe Auguste, comme le prouve
une charte de l'année 1220 (2), qui concéda aux *Marchands de l'Eau
hansés* de Paris ces deux branches de revenu, moyennant une somme de
trois cents livres par an. Il est dit dans cette charte, que les bourgeois
hansés tiendront le *criage* et les poids et mesures aux mêmes conditions
que les tenait autrefois Simon de Poissy. Le roi garde pour lui la haute
justice, ainsi que les amendes produites par la confiscation des fausses
mesures, mais tout le reste doit appartenir aux Marchands hansés, *locations* et *ventes*, c'est-à-dire le droit payé pour le criage, et pour la vente,
la pesée et le mesurage des marchandises. Cet acte, qui ouvrait à l'association commerciale de Paris deux sources importantes de revenus, fut
exécuté dans toute sa rigueur, et nous voyons le Parlement, aux assises
de la Chandeleur de l'année 1269, se prononcer en faveur des marchands
propriétaires du *poids*, et déclarer que ces derniers avaient le droit
d'exercer leurs priviléges, même quand les objets à peser s'élevaient au-
dessus de vingt-quatre livres (3).

J'ai trouvé dans le Recueil des Sentences du Parloir aux Bourgeois
plusieurs passages qui se rapportent à ces droits concédés par Philippe

---

(1) Fol. 26 r°.
(2) Le Roy, *Dissertation*, p. xcix.
(3) *Olim*, t. I, p. 331.

Auguste aux magistrats municipaux. Une note écrite en latin sur l'un des premiers feuillets du Recueil, fait connaître les redevances attachées aux *Criages* de Paris, du temps de Simon de Poissy. Elles consistaient d'abord en six deniers qui devaient être acquittés en deux termes, le premier à l'octave de la Nativité, le second à l'octave de la Saint-Jean, par les mégissiers faiseurs de bourses : six autres deniers devaient encore être acquittés aux mêmes termes par ceux qui faisaient des souliers de vache, ou qui les réparaient avec du cuir neuf, et douze deniers par tous ceux qui apportaient au marché du cuir nouvellement tanné. Les Marchands de l'Eau étaient propriétaires du fief de Simon de Poissy, et jouissaient de tous les droits qui s'y trouvaient attachés (1).

Cette note est suivie d'une énumération en français des redevances que les bourgeois hansés devaient à plusieurs particuliers, à propos de cette terre et de cette inféodation du criage de Paris. Le chapitre de Sainte-Geneviève-du-Mont y figure pour quarante sous parisis, celui de Saint-Martin-des-Champs pour trente, et enfin le chapitre de Paris pour quatre livre dix sous. Afin d'apprécier l'importance commerciale et civile que le Parloir aux Bourgeois pouvait retirer de l'exercice d'un pareil privilége, il est nécessaire de donner la signification de ces mots *Criage de Paris*. L'on comprenait sous ce nom la faculté de faire annoncer dans toutes les rues de la capitale le prix des marchandises de différente nature, la vente et le loyer des maisons, enfin la mort de chaque citoyen. Ceux qui avaient intérêt à faire faire chacun de ces cris payaient un droit fixé par l'usage, et l'on voit par les sommes qu'exigeaient les communautés religieuses dans leurs fiefs respectifs, que ce droit devait produire un assez beau revenu. Depuis l'année 1220 jusqu'à la fin du xiii° siècle, les bourgeois réunirent aux criages des marchandises et des maisons situées dans le domaine royal ceux du chapitre de Paris, le plus riche propriétaire de la capitale après le roi, et ceux aussi des deux communautés les mieux rentées de cette époque; les riches particuliers, tels que les Barbete, les Bourdon,

---

(1) App. II. Livre des Sentences, Introduction. — DEPPING. *Reg. des Mét. d'Ét. Boileau*, p. 444.

les Arrode, suivirent l'exemple des corps religieux, et affermèrent aux bourgeois le criage de leurs fiefs.

Des documents contemporains font connaître quelle était de 1268 à 1298 l'organisation du *criage* de la ville de Paris. D'après le titre V du premier livre des Statuts d'Étienne Boileau, les crieurs soumis à la juridiction du prévôt des marchands, étaient obligés de fournir un cautionnement de soixante sous un denier parisis. Ils ne pouvaient s'absenter de la capitale sans l'autorisation du prévôt. A mesure que ces derniers devinrent plus nombreux, ils furent soumis à une surveillance plus sévère. En 1297, le Parloir aux Bourgeois avait établi six maîtres des crieurs, choisis probablement dans son sein, qui recevaient par année une indemnité de vingt-quatre sous parisis. Chacun des six maîtres devait faire venir devant lui, au moins une fois tous les quinze jours, les crieurs qu'il était chargé de surveiller, et si l'un d'eux manquait à son devoir, ou était privé de son emploi, le maître poursuivait l'exécution de la peine prononcée contre lui (1).

A la fin du xive siècle, le criage de la ville de Paris paraît avoir été réduit à l'annonce des marchandises et des décès; au moins les crieurs de cette espèce sont les seuls qui figurent dans la grande ordonnance de 1413.

Nous ne hasarderons aucune conjecture sur un certain droit revendiqué par les officiers municipaux et qu'ils appelaient les *Fours Notre-Dame*, et le *Chantelage* de la ville de Paris, parce que, dans le compte des recettes de l'année 1424, il est dit que ces droits n'avaient pu être affermés, *pour ce que on ne scet pas bonnement que c'est* (2).

Quant aux poids et mesures, depuis la charte de 1220 que j'ai citée précédemment, l'administration en resta toujours confiée aux magistrats municipaux. Dans le chapitre premier de cet ouvrage, j'ai mentionné parmi les meubles de l'ancienne Maison aux Piliers, en 1443, une chaîne de fer pour suspendre les mesures confisquées; à l'égard

---

(1) App. II, Livre des Sentences ; année 1297.

(2) Reg des Recettes et Dépenses. — Arch. du Roy. K, 1060.

des amendes prononcées contre les débitants de Paris, je trouve dans les premiers registres du Bureau de la ville parvenus jusqu'à nous, des détails assez piquants : ainsi, le mardi 22 juillet 1399, dix-huit cabaretiers furent condamnés, parce qu'ils se servaient de mesures trop petites; le 3 avril de la même année, le nombre des délinquants s'élevait à trente (1). Vers 1610, Du Breul s'exprimait ainsi : « Les six « sergens du Parloer aux Bourgeois adjustent, estalonnent et signent au « seing de la fleur-de-lys, toutes les mesures à vin, cervoise, sidre et « autres breuvages de toutes les tavernes, cabarets et autres lieux, où « l'on vend des dicts breuvages par la ville et banlieue de Paris et ail- « leurs, où les dicts sieurs prévost et eschevins ont droit de bailler les « dictes mesures (2). » De même, toutes les ordonnances publiées depuis le milieu du xv⁵ siècle jusqu'à la fin du xvııı⁵ (3), attribuent au prévôt des marchands et aux échevins la juridiction sur cette matière qui de nos jours encore fait partie de l'administration municipale de Paris.

L'une des prérogatives les plus importantes, ou pour mieux dire l'une des charges les plus lourdes qui ait été exercée par les membres du Parloir, ce fut sans contredit la répartition de la taille, qui, depuis la fin du xıı⁵ siècle, alla toujours en se multipliant. D'après les lois du gouvernement féodal, le seigneur avait le droit de lever sur ses sujets une taille extraordinaire dans les quatre circonstances suivantes : pour armer son fils aîné chevalier; pour marier sa fille en premières noces; pour aller à la croisade; pour payer sa rançon quand il était fait prisonnier. Les bourgeois de Paris se trouvant exempts, par leurs priviléges, des autres corvées féodales, Philippe le Bel et ses successeurs mirent à profit les circonstances exceptionnelles de la taille, afin de tirer de la ville de Paris le plus d'argent qu'ils pouvaient. Philippe le Bel principalement usa de ce moyen : pendant toute la durée de son règne, il trouva des raisons suffisantes pour faire payer aux bourgeois de Paris une taille dont les rôles sont parvenus jusqu'à nous (4). Plusieurs passages du Livre des Sentences se rapportent à ces tailles et emprunts,

(1) Archiv. du Roy. sect. jud. reg. 1ᵉʳ de l'ancien Bureau de la ville.
(2) *Antiquités de Paris*, liv. III, p. 1007.
(3) DE LA MARRE, *Traité de la Police*, t. II, p. 749.
(4) Les rôles de toutes ces tailles existent

et nous font connaître la manière dont ils étaient assis et perçus. Sous l'année 1298, nous trouvons la liste des vingt-quatre bourgeois élus par les habitants de Paris pour vérifier le compte de la taille des cent mille livres (1). En 1302, une taille de dix mille livres ayant été accordée par les bourgeois, quatorze d'entre eux furent adjoints au prévôt des marchands et aux échevins (2). Il en fut de même dans les années 1305, 1308 et 1313. Seulement l'indication qui nous est parvenue pour cette dernière année, nous fait connaître les formalités qui s'observaient dans ces élections. Quatre bourgeois, choisis entre les membres du Parloir, désignaient dans chaque corps de métier celui qui leur paraissait le plus capable. Cette année 1313, les quatre bourgeois furent *Philippe Bouvetin, Pierre Marcel, Geofroi de Dampmartin, Jehan Gencien*. Ils nommèrent seize commissaires qui furent chargés d'asseoir la taille de dix mille livres pour la chevalerie du roi de Navarre, fils aîné de Philippe le Bel (3). Que ces contributions payées par la ville de Paris l'aient été à titre de taille, d'aides ou de prêt, elles étaient toujours réglées et même perçues par le prévôt des marchands, les échevins et plusieurs membres du Parloir. C'est ce que prouve une liste écrite sur l'un des feuillets du Livre des Sentences, et qui a rapport, je crois, à l'année 1299, époque où Philippe le Bel obtint des bourgeois un

encore; ou des indications suffisantes prouvent qu'elles ont été perçues. Nous avons les rôles des années 1292, 1296, 1297, 1298, 1299, 1300, 1313. Le Recueil des Sentences indique la taille des années 1295, 1302, 1305: deux d'entre ces rôles ont été publiés. Le plus ancien, celui de 1292, par notre confrère à l'École des Chartes, Géraud, dans la collection des Documents inédits relatifs à l'Histoire de France; le plus moderne, celui de 1313, par M. Buchon, dans sa collection des Chroniques nationales en français; voici le titre de ces deux volumes : *Paris sous Philippe le Bel*, d'après des documents originaux et notamment d'après un manuscrit contenant le rôle de la taille imposée aux habitants de Paris en 1292, publié pour la première fois par H. Géraud, élève de l'École des Chartes Paris, 1837, in-4°. — *Chronique métrique de Godefroy de Paris*, suivie de la taille de Paris en 1313, publiée pour la première fois d'après les Manuscrits de la Bibliothèque du Roi, par J. A. Buchon, Paris, 1827, in-8°. — La taille des autres années se trouve dans un Manuscrit des Archives du Royaume K. 1058.

1, Appendice II, année 1298.

2, Idem, année 1302.

3, *Idem*, année 1313 (13 décembre). Il faut remarquer dans ces quatre noms celui de Pierre Marcel qui fut le père du fameux Étienne Marcel, et celui de Jehan Gencien, père de Gencien, qui, en 1358, remplaça le prévôt Étienne.

prêt du cinquantième de leur bien (1); cette liste a pour titre : *Ce sont les noms de ceux qui entendront le compte du prêt* (2). Dans plusieurs circonstances, le Parlement eut à prononcer entre les bourgeois chargés de percevoir la taille et certaines communautés qui prétendaient en être exemptes (3). Deux de ces arrêts remontent aux années 1260 et 1270. Un acte daté de 1350 (4) semble indiquer que les délégués du Parloir répondaient du montant de l'impôt. D'après la teneur de cet acte, le prévôt des marchands avait le droit de modérer la somme que les commissaires répartiteurs croyaient pouvoir faire payer à chacun des contribuables. On trouve dans les anciennes archives de l'Hôtel de Ville différentes pièces qui attestent que ce droit souverain fut exercé plusieurs fois, au sujet de la taille, par le prévôt des marchands, et qu'il s'étendit après sur l'impôt auquel furent assujettis les loyers et les maisons.

En étudiant plusieurs passages du Livre des Sentences, on s'aperçoit que les membres du Parloir aux Bourgeois étaient chargés aussi de régler les discussions de mitoyenneté, et celles qui s'élevaient entre les propriétaires et leurs locataires (5); qu'ils veillaient à la sûreté des habitants, et faisaient visiter par des experts les constructions nouvelles et anciennes. A la fin du xiii° siècle, l'un des échevins, Étienne Barbete, exerçait les fonctions de voyer de la capitale; en 1306 le peuple détruisit la maison de ce dernier, l'accusant d'avoir fait décider par les membres du Parloir que la nouvelle monnaie n'aurait cours dans le paiement des loyers, qu'autant qu'elle serait prise pour sa valeur intrinsèque (6). Au mois de mai 1293, le prévôt des marchands, Jehan Popin, de concert avec le prévôt de Paris, Guillaume de Hangest, réglait le droit que les experts jurés, maçons et charpentiers devaient exiger des propriétaires qui les appelaient pour juger des contestations élevées entre eux (7). Du xiv° au xvi° siècle,

(1) Appendice II, Livre des Sentences, année 1299.
(2) *Idem*.
(3) *Olim*, t. I, p. 131, 810, 843.
(4) Le Roy, *Dissertation*, Preuves, p. cxv.
(5) App. II, Liv. des Sent., année 1304.
(6) Voyez le récit détaillé de ce fait au liv. III, chap. I.
(7) App. II, Livre des Sent. année 1293. (18 mai.)

tous les efforts tentés pour établir dans les rues de Paris une loi d'alignement partirent de l'autorité municipale, et nous voyons François Ier, jaloux d'embellir sa ville capitale, s'adresser au prévôt des marchands et à ses échevins pour qu'ils aient à faire détruire les anciennes portes de l'enceinte de Philippe Auguste, devenues inutiles et tombant en ruine au milieu de rues fréquentées (1). La jurisprudence, encore observée de nos jours au sujet des locations, fut réglée par les membres du Parloir aux Bourgeois, dans une séance de l'année 1304. Il y fut décidé que celui qui donnera congé, soit d'une maison, soit d'un moulin, sera tenu d'en prévenir un terme auparavant, en ayant soin de payer tout ce qu'il doit d'arrérage. A la fin de cette déclaration, à laquelle furent présents les membres les plus influents du Parloir, il est dit que cette coutume est connue depuis si longtemps que mémoire d'homme n'a pas souvenir du contraire (2). Une sentence de l'année 1299 est relative à des réparations qu'un propriétaire n'a pas exécutées ainsi qu'il s'y était engagé; il promet de les faire dans un bref délai, et autorise son locataire à retenir, en attendant, une partie du loyer (3). Enfin, il est question plusieurs fois de meubles comme garantissant le paiement du loyer, et de saisie exercée, soit par le propriétaire de la maison, soit par le seigneur suzerain du lieu où cette maison est bâtie (4).

Ce serait ici l'occasion de parler de ces nombreux octrois qui furent concédés par les rois de France au gouvernement municipal de Paris; depuis l'année 1285, où un impôt de ce genre fut affecté à l'entretien du pavé, ces concessions se multiplièrent à l'infini, et les bourgeois de Paris les justifièrent toujours par l'emploi qu'ils surent en faire pour l'utilité et l'embellissement de la capitale. Les rentes sur l'Hôtel de Ville, dont l'origine remonte aux malheurs du règne de François Ier (1515), et qui ont donné naissance à la dette publique inscrite au grand Livre, mériteraient aussi d'être l'objet d'une attention particulière, bien qu'au

---

(1) Archiv. du Roy. K, 984, Ordonn. de l'an 1534. Voyez encore dans Sauval, t. III, p. 283, une Ordonnance relative à une maison de la rue Planche-Mibrai, sous l'année 1421.

(2) App. II, année 1304. (17 janvier.)

(3) App. II, Livre des Sent., année 1299. (18 novembre.)

(4) Voyez à ce sujet l'App. II, Livre des Sentences, années 1295, 1296, 1297, 1298, 1299, 1302.

commencement du siècle dernier, un esprit judicieux en ait déjà tracé l'histoire (1). Mais ces matières pour lesquelles les documents inédits abondent, et qui d'ailleurs soulèvent une foule de questions relatives à l'économie financière des anciens; ces matières, dis-je, ne sauraient être traitées avec fruit que dans un travail spécial.

Les magistrats municipaux de la ville de Paris furent encore appelés au gouvernement civil et à l'administration des hôpitaux, hospices et autres établissements de bienfaisance de la capitale; depuis le xvi⁶ siècle surtout, le soin du soulagement des pauvres fut remis à leur discrétion. En date du 5 avril de l'année 1505, le premier registre de l'Hôtel de Ville de Paris contient la délibération suivante relative à l'Hôtel-Dieu :

« Il est besoin, le plus tôt qu'il sera possible, nommer six ou huit gens
« de bien qui aient le gouvernement du temporel et administration du
« dit Hostel Dieu;... Il est besoin commectre à la recepte ung homme
« de bien, lequel baillera bonne et seure caucion, qui recevra les deniers
« tant ordinaires qu'extraordinaires; et que aucuns des dits commis au
« gouvernement feront registres ou contrerolles des deniers extraordi-
« naires venans à la dicte recepte. Paiera le dict recepveur les deniers
« d'icelle recepte par les acquitz et mandemens des dicts commis ou
« d'aucuns d'eulx; et à l'audicion des comptes du dit recepveur, seront
« les diz commissaires commis au dit gouvernement ou leurs successeurs.
« Et sera signifié à la dicte court de Parlement, Messieurs du Chapitre de
« Paris, Messieurs des Comptes et Messieurs de *l'Ostel de la Ville*, le
« temps que le dit recepveur comptera pour par les dites cours et cha-
« pitres deleguer aucunes notables personnes qui seront à l'examen des
« comptes du dit recepveur (2). »

(1) Mémoires concernans le contrôle des Rentes, ou Recueil abrégé de tous les titres qui établissent les offices, priviléges, etc., de l'Hôtel de Ville de Paris, où il est parlé de l'origine et du progrès des différentes natures de ces rentes. Paris, 1717, in-12. (Par M. LE ROY.)

(2) Reg. de l'Hôtel de Ville, Arch. du Roy.

II, 1779, t. 1, fol. 138 r° v°. Cette délibération est suivie d'une lettre curieuse adressée par le Roi aux Prévôts des Marchands et Échevins, dans laquelle il déclare vouloir ladite réforme « Bien que les Cordeliers du grand
« couvent Saint-François, excités ne set-on à
« quelz fins, se sont efforcés et efforcent en-
« core de l'empescher. »

Dans les dernières années du xiiie siècle, je trouve parmi les sentences du Parloir aux Bourgeois les traces d'un établissement de charité dont l'organisation était complète et régulière sous le règne de Charles VII. Cet établissement consistait en un certain nombre de bourses, plus ou moins fortes, dont le total s'éleva, pour l'année 1424, à soixante et quinze sous parisis (1). Ces bourses paraissent avoir été généralement destinées à des femmes. Sous l'année 1295, on lit : « Marie, femme feu Jehan, attendant la première bourse; » en 1298 : « Parenelle de Saint Cloost, par les aumônes. Perennelle, fame Allinauz l'Allemant. Marguerite, fame Lucas Caffet, attendant la première bourse. » Cette indication est suivie d'une autre qui prouve que les hommes ne se trouvaient pas exclus de ces aumônes, et qu'un fonds spécial leur était destiné. Voici cette indication : « Jehan Roussiau de Chanevieres, attendant le bienfet de la marcheandise (2). » Ces bourses réservées aux femmes veuves (sans doute ayant été mariées à des Marchands de l'Eau de Paris), furent quelquefois distribuées aux membres de la confrérie qui se trouvaient dans le besoin. Une sentence de l'année 1296 déclare qu'à l'avenir, on ne donnera les aumônes du Parloir aux femmes veuves qu'autant que des marchands tombés dans la misère ne les réclameront pas pour eux (3). En 1350, les revenus de la Marchandise ne suffisant plus à ces œuvres de charité, les membres du Parloir décidèrent qu'une partie du droit de hanse payé par les commerçants étrangers, serait affectée à cet usage (4). Enfin, par une ordonnance du 7 novembre 1544, François Ier confia au prévôt des marchands et à ses échevins l'administration générale des pauvres dont avaient été chargés jusque-là le prévôt de Paris et quelques membres du Parlement (5). Au début de cette ordonnance, le Roi s'exprime en ces termes : « Comme nous ayons esté

---

(1) « Autres dépenses : à xxxi povres
« femmes qui prennent bourses, c'est assa-
« voir vii d'icelles, ii s. parisis par sepmaine;
« xiv d'icelles, bourses à xviii d. ; xii autres
« d'icelles bourse à xii d. ; et se paient qui a
« de quoi de iv mois en iv mois, chacun ce
« que leur don leur est octroyé en leur equa-
« lité. » (Registres des Receptes et Dépenses.)
(2) App. II, année 1298.
(3) Idem, année 1296.
(4) Le Roy, Dissertation, p. cxv.
(5) Ordonnance de la Chambre de vacation touchant les Pauvres, sept. 1535. — Félibien, t. III, p. 612.

« advertis que en toutes ou la plus part des bonnes villes de nostre
« royaume ceux qui ont le gouvernement et administration des affaires
« d'icelles, ont aussi pareillement, ainsy qu'il est raisonnable, la super-
« intendance et conduite des choses requises pour l'entretenement de la
« communauté des pauvres que jusques icy a eu nostre cour de Parle-
« ment ou ses deputez en la dicte superintendance (1)... » Le roi rappelle
ensuite les heureux résultats de l'ordonnance de 1506 que j'ai citée plus
haut, relative à l'Hôtel-Dieu. Il autorise les magistrats municipaux
à faire travailler aux fortifications et autres ouvrages publics les men-
diants valides, dont l'oisiveté était dangereuse pour le repos de la ville.
Mais ni ces mesures, ni la taxe des pauvres établie sur les rentiers et sur
les propriétaires, n'ayant pu amener l'extinction de la mendicité, il
fallut en venir à une organisation mieux entendue pour la distribution
des secours dont on pouvait disposer; cette organisation eut lieu
en 1582. Le bureau des pauvres établi dans une maison attenante à
l'Hôtel de Ville, près de l'arcade Saint-Jean (2), fut ainsi composé :
six conseillers au Parlement, six avocats, un conseiller à la cour des
comptes, deux chanoines de l'église Notre-Dame ou de la sainte
Chapelle, trois curés de Paris, quatre procureurs au Châtelet, et seize
notables bourgeois des diverses paroisses de Paris, nommés par les
marguilliers. Ces commissaires, dont les fonctions étaient gratuites, se
réunissaient le lundi et le jeudi de chaque semaine, et quelquefois
aussi les jours de fête, pour vaquer aux affaires nombreuses qui sur-
venaient sans cesse. De plus, un receveur général était élu tous les
ans parmi les bourgeois les plus riches, ainsi qu'un procureur ou greffier qui enregistrait les dons volontaires ou forcés de chaque paroissien.
Le prévôt des marchands et les échevins avaient l'administration supé-
rieure de ce bureau, qui subsista jusqu'à la fin du xviiie siècle (3).

En réfléchissant à combien d'objets divers touchait la juridiction du
gouvernement municipal, il ne faut pas être surpris des conflits nombreux qui en ont souvent troublé et par suite modifié l'exercice. Toute

1, Félibien, t. V, p. 284.
2, Voir plus haut, liv. 1, ch. 2.
3 Voyez, pour les détails de cette insti-
tution, Du Breul, *Theatre des Antiquités de Paris*, p. 938 et suiv.

la force de ce pouvoir résidait dans des coutumes suivies de temps immémorial, ou dans des priviléges accordés par les rois. Mais le voisinage du trône était un obstacle à ce que ces coutumes et ces priviléges reçussent l'extension que le peuple de Paris leur eût donnée infailliblement, s'il eût été placé dans d'autres conditions. La royauté, si jalouse de ses attributions, n'eut garde de les laisser prescrire dans la ville où elle avait établi son chef-lieu, et la concurrence qu'elle fit au pouvoir municipal ruina celui-ci. Déjà, vers la fin du XIIIe siècle, des particuliers, mécontents de la sentence rendue contre eux au Parloir, en appelaient à la cour du roi, c'est-à-dire au Parlement, qui les renvoyait devant le prévôt de Paris, sauf à décider en dernier ressort, si l'on appelait du jugement du prévôt. Cette jurisprudence est consacrée par un passage du Livre des Sentences de l'année 1299 (1). De là, entre le Parloir aux Bourgeois et le tribunal du prévôt, un partage d'autorité qui put avoir lieu dans certaines circonstances, mais qui amena bien souvent l'annulation complète de l'un ou de l'autre pouvoir. Les sentences de la fin du XIIIe siècle prouvent que l'accord était assez grand à cette époque. J'ai cité plus haut un arrêt qui réglait les droits des jurés, maçons et charpentiers, rendu de concert par les deux prévôts (2). Au mois d'août 1293, l'on voit, dans un procès pour héritage, le prévôt de Paris qui envoie *Gilebert l'Enroué*, son clerc, demander aux bourgeois quelle est la coutume suivie à cet égard (3). Dans un arrêt motivé contre Mathieu de Nanterre et Fouque Tombe, au sujet des priviléges de la Marchandise, nous trouvons un sergent à cheval au Châtelet qui joignait à ce titre celui de sergent pour le roi et pour la Marchandise (4). Mais, dans le cours du XIVe siècle, le Parloir aux Bourgeois, maître à plusieurs reprises du gouvernement de la capitale, s'arrogea bien des droits qui ne lui appartenaient pas. Au contraire, de 1383 à 1411, les deux prévôtés furent remises entre les mains de l'homme du roi. Après 1415, quand Charles VI eut promulgué la grande ordonnance qui rétablissait la Marchandise de l'Eau avec ses anciens priviléges, il fut bien entendu par les offi-

(1) App. II, année 1299.
(2) Voir plus haut, dans ce chapitre.
(3) App. II, année 1293.
(4) *Idem*, année 1290.

ciers de l'Hôtel de Ville qu'ils jouiraient de toutes les prérogatives attachées à l'ancien Parloir aux Bourgeois. L'ordonnance d'ailleurs le disait expressément (1). Mais, dans la pensée du pouvoir royal, ces prérogatives ne devaient s'entendre que de la partie administrative : quant à la police et à tout ce qui était regardé comme inhérent à la magistrature suprême, c'est-à-dire à la royauté, le Châtelet seul devait en connaître. Ce fut sur cette différence d'attributions que les deux prévôtés ne purent jamais s'entendre, et qu'un interminable conflit ne tarda pas à s'élever. Le 19 janvier 1487, nous voyons le Parlement saisi d'un différend survenu entre le prévôt des marchands et le prévôt de Paris, qui prétendaient l'un et l'autre avoir le droit de nommer le capitaine des archers de la ville. La cour se prononça en faveur du Châtelet, et cela devait être ainsi (2). Le 16 mars 1510, les échevins déclarèrent qu'à eux seuls appartenait de conduire au-devant du roi les archers et les arbalétriers de la ville; mais le prévôt de Paris ayant dit que le « Roi l'avait renvoyé par deça, pour retourner au-devant de lui ce jour, et mener avec luy ses archers et arbalestriers, » la cour lui accorda sa demande, *pour cette fois seulement,* et sans préjudice des droits des parties (3). On voit par ces deux arrêts combien la jurisprudence était incertaine encore et prêtait à l'arbitraire. Si je pouvais suivre avec détail cette partie curieuse de l'histoire du gouvernement municipal, je ferais voir que dans les années où la prévôté des marchands et l'échevinage eurent quelque prépondérance, sous François Ier par exemple, et plus tard pendant les guerres de religion, le droit de juridiction haute et basse ne leur fut pas contesté; mais qu'à partir de la fin du xvie siècle jusqu'au règne de Louis XIV inclusivement, les prévôts de Paris et les lieutenants de police leurs successeurs, ruinèrent peu à peu cette juridiction municipale et populaire qui faisait ombrage au pouvoir absolu de la royauté (4).

(1) LE ROY, *Dissertation,* p. cxxv.
(2) Extraits des registres du Parlement. — FÉLIBIEN, t. IV, p. 608.
(3) *Idem*, t. IV, p. 623.
(4) Voir FÉLIBIEN, t. V, p. 29. — Arrêt de la court de Parlement du 19 février 1596. — Arrêt du Parlement du 29 janvier 1597, qui renvoye au Châtelet de Paris un procès commencé par les prévôts des marchands et échevins contre Jacques Deschamps, accusé d'avoir decramponné les portes de la ville. — *Traité de la Police* (par DE LA MARRE), t. I, p. 167. — Il faut surtout consulter cet ouvrage pour les conflits de juridiction qui se sont

En terminant cet examen de toutes les branches d'administration qui avaient été remises entre les mains des magistrats municipaux, qu'il me soit permis d'ajouter quelques détails au sujet du sceau dont ils se sont servis. C'est à partir du xiie siècle que les bourgeois marchands de l'Eau de Paris ont joui du droit de revêtir les actes qu'ils passaient d'un sceau particulier. Le plus ancien que j'aie trouvé, est appendu à un chirographe en latin, qui se rapporte aux dernières années du xiie siècle (1). La forme en est ovale et le champ rempli par une barque, au milieu de laquelle on voit un mât soutenu par trois cordages de chaque côté, qui donnent parfaitement l'idée des bâtiments ou *navées* que l'on employait à cette époque pour faire le commerce par eau sur la Seine. La légende suivante se lit de droite à gauche : *Sigillum Mercatorum Aque Parisius.* Cette légende ne fut pas changée jusqu'aux premières années du xve siècle, comme on peut le voir sur un sceau de 1412, où elle existe dans toute son intégrité; mais, en 1472, elle est ainsi conçue : *Sigillum prepositure Mercatorum aque Parisius,* et, en 1577, elle est traduite en français dans les termes suivants : *Scel de la prévosté des marchands de la ville de Paris.* Enfin, dans le cours du xviiie siècle, cette légende change pour la troisième fois; elle porte en 1733 et 1734 : *Scel de la Prévôté et Echevinage de la ville de Paris.* Quant au vaisseau, la barque ou navée avait encore la forme primitive en 1358, ainsi que le prouve une pièce scellée par le prévôt Marcel (2); mais, dans un sceau de grande dimension dont quelques parties seules sont restées intactes et qui remonte à l'année 1366, l'on aperçoit bien des différences : aux mâts et aux cordages de la *navée* sont jointes une voile latine et une flamme, ornées de trois fleurs de lis. La proue du navire est chargée d'une tête de monstre dont la langue pointe en avant comme un dard. En jetant les yeux sur la planche où sont gravés les types différents du sceau de

élevés entre les deux prévôtés; mais on ne doit pas oublier que le commissaire De La Marre n'a reproduit que les actes favorables aux prétentions du Châtelet.

(1) C'est à l'obligeance de M. Letronne, garde général des Archives, ainsi qu'à celle de plusieurs employés de la section administrative, que je dois la communication des sceaux inédits qui sont gravés sur la planche ci-jointe; M. Natalis de Wailly, chef de cette section, m'a facilité toutes les recherches relatives à cette partie de mon travail.

(2) Voyez livre iii, au chap. 1.

la prévôté, il est facile de suivre la transformation de la barque primitive en un vaisseau complet à trois mâts et ponté. Après cet examen, et en se reportant à l'histoire que j'ai donnée au chapitre précédent de l'origine du gouvernement municipal de Paris, il est facile de comprendre pourquoi cette ville a pris un vaisseau pour armoiries.

On remarquera aussi qu'à partir de l'année 1426, le chef de l'écu est chargé de fleurs de lis sans nombre; ce changement doit avoir rapport à une circonstance singulière dont les registres du Parlement nous ont conservé le souvenir; en date du vendredi 10 décembre 1417, on lit dans ces registres : « Ce jour, Maistre Jehan le Bugle, ou nom et comme
« procureur de la ville de Paris, vint en la chambre de Parlement denoncier
« et signiffier que le jour précédent, les seaulx de la dicte ville avoient esté
« perdus par larrecin, et que ce n'estoit pas l'intention de la dicte ville
« de adjouster foy desormais à qui seroit soubz le scel des dicts seaulx
« depuis le dict larrecin et perte de seaulx dessus dicts, mais feront faire
« autres seaulx nouveaux differents à ceux qui ont esté perdus (1). »
Le jour précédent, une ordonnance du prévôt de Paris déclarait :
« Qu'il sera publié par les carrefours que les sceaux de la prevosté des
« marchands avoient esté volés dans le bureau de la ville, le jour précé-
« dent, et que les prevost des marchands et eschevins estoient venus au
« Chastelet les revoquer, à ce qu'aucun n'en pretendist cause d'igno-
« rance, et ne pust abuser de ceux qui avoient esté pris (2). »

Il est certain que de toute ancienneté la nef, telle qu'on la voit sur le sceau de la fin du XIIe siècle, servit d'armes à la ville de Paris. Un article de l'inventaire de l'artillerie que possédait cette ville, en 1505 (3), le prouve suffisamment; il est ainsi conçu : *Une coulevrine de cuivre marquée à une nef*. Un peu plus loin, dans le même inventaire, il est question d'une bannière de taffetas à la *devise de la ville* de Paris, et nous verrons plus loin que cette bannière joua, dans les émeutes de 1413, un rôle des plus importants. Dans les armoiries de la ville, la nef, comme sur

---

(1) Extraits des registres du Parlement. — *Histoire de Paris* de Félibien, t. IV, p. 566.

(2) *Traité de la Police*, t. 1, p. 262.

(3) Voyez Appendice 1, pièce n° 6 A. C'est par erreur que cette pièce a été indiquée plus haut (p. 73, note 1), comme portant le n° 11.

le sceau, s'est changée peu à peu en un vaisseau surmonté d'un chef de fleurs de lis sans nombre; c'est ainsi qu'elles ont été blasonnées à la fin du xviie siècle, d'après le témoignage de lettres patentes délivrées par Louis XVIII, en 1817, et dont voici la teneur :

« Louis, par la grâce de Dieu, roi de France et de Navarre; à tous présents et à venir, salut.

« Voulant donner à nos fidèles sujets des villes et communes de notre
« royaume un témoignage de notre affection, et perpétuer le souvenir
« que nous gardons des services que leurs ancêtres ont rendus aux rois
« nos prédécesseurs, services consacrés par les Armoiries qui furent
« anciennement accordées auxdites villes et communes, et dont elles
« sont l'emblème, nous avons, par notre ordonnance du vingt-six sep-
« tembre mil huit cent quatorze, autorisé les villes, communes et cor-
« porations de notre royaume, à reprendre leurs anciennes armoiries, à
« la charge de se pourvoir à cet effet par-devant notre commission du
« sceau; nous réservant d'en accorder à celles des villes, communes et
« corporations qui n'en auraient pas obtenu de nous et de nos prédéces-
« seurs; et par notre autre ordonnance du vingt-six décembre suivant,
« nous avons divisé en trois classes lesdites villes, communes et corpo-
« rations. En conséquence, notre amé le comte de Chabrol, préfet du
« département de la Seine, autorisé à cet effet par délibération du conseil
« général dudit département, faisant fonction de conseil municipal de
« notre bonne ville de Paris, en date du onze juillet dernier, s'est retiré
« par-devant notre garde des sceaux, ministre secrétaire d'État au dépar-
« tement de la justice; lequel a fait vérifier en sa présence, par notre
« commission du sceau, que ledit conseil général a émis le vœu d'obtenir
« de notre grâce des lettres patentes portant confirmation des armoiries
« suivantes : *De gueules au vaisseau équipé d'argent, soutenu d'une mer*
« *de même, au chief d'azur semé de fleurs de lis d'or sans nombre;* ainsi
« réglées et fixées en faveur de notre bonne ville de Paris, par ordon-
« nance du deux février mil six cent quatre-vingt-dix-neuf, rendue par
« les commissaires généraux du conseil à ce députés; lesdites armoiries
« surmontées d'une couronne *murale de quatre tours* et accompagnées
« de *deux tiges de lis*, formant *supports*, ornements extérieurs déter-

« minés par notre décision spéciale du dix décembre présent mois. Et
« sur la présentation qui nous a été faite de l'avis de notre commissaire
« du sceau et des conclusions de notre commissaire faisant près d'elle
« fonctions de ministère public, nous avons par ces présentes signées de
« notre main, autorisé et autorisons notre bonne ville de Paris à porter
« les armoiries ci-dessus énoncées, telles qu'elles sont figurées et colo-
« riées aux présentes. Mandons à nos amés et féaux conseillers en notre
« cour royale à Paris de publier et enregistrer les présentes; car tel est
« notre bon plaisir. Et afin que ce soit chose ferme et stable à toujours,
« notre garde des sceaux y a fait apposer par nos ordres, notre grand
« sceau, en présence de notre commission du sceau.

« Donné à Paris, le vingtième jour de décembre de l'an de grâce
« mil huit cent dix-sept, et de notre règne le 23ᵉ (1).

« LOUIS;
« Pasquier, Duplès. »

(1) Copié sur l'original qui est déposé à la Bibliothèque de la Ville de Paris.

CHAPITRE TROISIÈME.

LE PRÉVÔT DES MARCHANDS.

 Jusqu'au milieu du xviiie siècle, ce furent de belles fonctions à exercer, pour un bourgeois de Paris, que celles de prévôt des marchands. Porté à cette dignité populaire par le suffrage des plus riches habitants, ce bourgeois avait entre les mains, avec l'administration des revenus de la ville, qui depuis le xiie siècle devinrent toujours de plus en plus considérables, celle des principales denrées nécessaires à la vie; la propriété des remparts et des portes; l'inspection des rues, des quais, des ponts, des eaux et fontaines, de tout ce qui assure le repos et la prospérité d'une grande capitale. Le prévôt des marchands avait encore la perception de la taille, des octrois et autres impôts passagers; enfin, depuis le xvie siècle, il prenait part à l'administration des hôpitaux et hospices, et le soulagement des pauvres était confié à sa surveillance immédiate. Comment le chef d'une compagnie de marchands, faisant le commerce par eau sur la Seine, fut-il élevé en moins d'un siècle à ce degré d'importance dans le gouvernement civil de Paris? c'est là un fait historique que les documents nombreux parvenus jusqu'à nous n'éclaircissent pas entièrement, mais dont ils attestent, ainsi qu'on l'a vu plus haut, la certitude.

 C'est dans la seconde moitié du xiiie siècle que la dénomination de prévôt des marchands commence à se trouver dans ces documents. Le plus ancien est une transaction entre les confrères de Notre-Dame et ceux de la Marchandise, au sujet des biens appartenant à ces deux compagnies; elle est datée du mois d'avril 1263 : Evreux de Valenciennes est qualifié dans cet acte de prévôt des marchands de Paris (1). Le plus

---

(1) *Evroïnus de Vallencenis prepositus Mercatorum.* — Cartulaire de la confrérie Notre-Dame. — App. n° I d'un *Mémoire sur la grande Confrérie* que j'ai publié dans le *Recueil des* Mémoires de la Société royale des Antiquaires de France, t. XVII, p. 273. Voir plus haut l'analyse de cet acte au chapitre 1ᵉʳ de ce Livre.

ancien des registres du Parlement, aussi bien que le Livre des Métiers d'Étienne Boileau, qui l'un et l'autre ont été rédigés entre 1258 et 1300, renferment plusieurs passages relatifs à ce magistrat. Il est nommé indifféremment : *Prévôt des marchands. Prévôt de la confrérie aux marchands. Prévôt des Marchands de l'Eau.* Une fois, en 1272, il est aussi appelé : *Maître des Echevins de Paris* (1).

A partir du règne de Philippe le Bel (1285-1314), le rôle du prévôt des marchands, qui jusque-là n'avait été que celui d'un magistrat civil, change peu à peu, et acquiert une grande importance. Dans le Recueil des Sentences, plusieurs actes politiques enregistrés au milieu des règlements pour la Marchandise, attestent l'activité, la puissance du prévôt des marchands. En 1299, le roi veut-il établir un nouveau subside pour marcher contre le comte de Flandre, c'est à ce magistrat qu'il s'adresse. En 1314, le blé vient-il à manquer dans la capitale, c'est encore à lui qu'il a recours; et le prévôt des marchands avec plusieurs conseillers est chargé de veiller à ce que le pain soit fait convenablement. Il suffit de rappeler que dans la révolte des Maillotins, en 1382, lors de la faction d'Armagnac et de Bourgogne, en 1413, lors du massacre Saint-Barthélemy, en 1572, pendant la Ligue, et enfin pendant la Fronde, le prévôt des marchands, les échevins, les quartiniers, cinquanteniers, dixainiers ont joué le premier rôle, pour comprendre toute l'importance que prenaient entre des mains habiles ces différentes fonctions municipales.

Tout bourgeois de Paris ayant acquis quelque richesse par son travail ou par héritage, aspirait à les remplir : aussi de grandes précautions furent prises dès l'origine pour que les élections eussent lieu avec la plus sévère impartialité. Dans le recueil des ordonnances de la juridiction municipale, rédigé en 1415, après que Charles VI eut rendu cette juridiction aux bourgeois de Paris, l'on trouve le détail des formalités que l'on observait à cette époque dans ces élections.

(1) Depping, *Livre des Mestiers, d'Estienne Boileau*, tit. IV, Mesureurs de blé, p. 21; tit. V, Crieurs de Paris, p 24; tit. VI, Jaugeurs, p. 27. — Registre des *Olim*, etc. t. I, p. 291. *Prepositi mercatorum aque, etc* , t. I, p. 926; *Magistrum scabinorum Parisiensium*, t. II, p. 93, 216, 607, 589.

Le prévôt des marchands, les échevins, les conseillers, les quartiniers, cinquanteniers et dixainiers étaient tous élus pour deux ans, et pouvaient continuer leurs fonctions trois fois de suite, si les suffrages se portaient de nouveau sur eux. Ils devaient être nés à Paris, bourgeois de cette ville, et membres de la confrérie des marchands. Le père et le fils, les deux frères, l'oncle et le neveu, les deux cousins germains, soit par alliance, soit par *consanguinité*, ne pouvaient être élus ensemble et siéger dans le *Parloir aux Bourgeois*. L'élection était ordinairement fixée au lendemain de la Notre-Dame d'août. Quelques jours auparavant, le prévôt des marchands et les échevins enjoignaient aux quartiniers de réunir les cinquanteniers et dixainiers sous leurs ordres, avec six bourgeois notables du quartier. Ces électeurs désignaient parmi eux quatre personnes au bulletin secret, et les noms de ces quatre élus étaient remis par chaque quartinier au prévôt des marchands. Ce dernier choisissait, avec l'aide des échevins et des vingt-quatre conseillers, deux de ces élus; puis le prévôt des marchands, les échevins, les conseillers de ville, les quartiniers et les bourgeois élus, composant un nombre total de soixante et dix-sept personnes, procédaient à la nomination du nouveau magistrat, après avoir prêté le serment d'agir dans l'intérêt de l'État et de la municipalité. L'élection était faite au bulletin secret que recevaient quatre scrutateurs choisis dans l'assemblée.

Depuis 1415, l'un de ces scrutateurs, choisis parmi les quartiniers, tenait le chapeau mi-parti rouge et tanné, dans lequel chaque électeur déposait son bulletin. Un second scrutateur comptait ces bulletins, et en faisait la liste; puis ces bulletins, soigneusement enfermés, étaient portés par tous les électeurs au roi, dans son absence, à son lieutenant, ou bien encore à la cour du Parlement. Le roi, ou celui qui le représentait, ouvrait le scrutin et en proclamait le résultat. Il est probable que cette obligation fut imposée en 1411 au corps municipal, et qu'elle avait pour but de lui rappeler qu'il tenait son rétablissement de la munificence royale. L'examen du registre officiel des élections, depuis 1411 jusqu'en 1545, nous prouve que cette obligation fut rigoureusement exécutée pendant plus d'un siècle. Depuis l'année 1511 envi-

PREMIÈRE PARTIE.

ron, les magistrats du grand conseil se contentent de recevoir le serment, soit des échevins, soit du prévôt, après leur élection *qui a lieu,* dit le registre, *à la manière accoutumée.* Parfois encore le scrutin est ouvert à la grand'chambre, mais le plus souvent le résultat de ce scrutin, proclamé à l'Hôtel de Ville, est soumis à l'approbation royale : ainsi, au mois de septembre 1542, François Ier écrit au corps de ville qu'il approuve le choix qui a été fait, comme prévôt, d'André Guillart, seigneur du Mortier. Plusieurs fois encore, dans le cours du XVIe siècle, le scrutin, avant d'avoir été ouvert, fut apporté au roi en 1551 et 1573, par exemple; mais peu à peu le mode d'en faire connaître d'abord le résultat aux électeurs prévalut, ainsi qu'on le verra plus bas dans le cérémonial annuel ordinaire du bureau de la ville, daté de l'an 1748. Un arrêt du Parlement, du 8 août 1500, changea la manière de choisir les bourgeois mandés de chaque quartier pour désigner parmi eux des électeurs. Voici la substance de cet arrêt : « Il sera présenté par les quar-
« tiniers une liste des principaux habitants de leur quartier, soit mar-
« chands, officiers ou bourgeois, entre lesquels les prévôts des marchands,
« échevins et conseillers de ville en choisiront douze en chaque quartier,
« lesquels assemblés chez les quartiniers, avec les dixainiers et cinquan-
« teniers, esliront six notables pour assister à l'élection et le nom de
« six de chacun quartier étant mis au nombre de 96 en sera tiré 32, les
« quels auront voix, et au surplus les ordonnances seront gardées (1). »

Quelques lignes du Recueil officiel pour la Compagnie des quartiniers, daté de 1770, complètent les prescriptions de cette ordonnance:
« .... Chaque quartinier, après avoir reçu un mandement du bureau de
« la ville pour faire assembler les officiers de ville et bourgeois au sujet
« de cette élection (celle du prévôt des marchands) va lui-même en man-
« teau et en rabat inviter les notables bourgeois de son quartier, de tous
« estats, tant officiers du roy et de milice, qu'anciens echevins, ecclesias-
« tiques, magistrats et autres gens de robbe, gentilshommes, marchands
« non mécaniques, demeurants dans l'enceinte de la ville et non dans les
« fauxbourgs, de se trouver en son hotel au jour et heure qu'il leur indi-

---

(1) Registre de l'Hôtel de Ville.

« que, qui est ordinairement le 14 aoust sur les quatre heures de relevée,
« pour entendre lecture d'un mandement à lui envoyé par la ville au sujet
« de l'élection des nouveaux prévôt des marchands et echevins au lieu et
« place de ceux qui ont fait leur tems; anciennement on mandoit six
« notables; depuis, le nombre fut fixé à huit; presentement le quarti-
« nier n'en mande ordinairement que quatre. Quand il ne trouve pas les
« notables chez eux, il laisse pour eux une lettre ou un billet qui les
« instruit du sujet de sa visite (1). »

L'élection du prévôt des marchands fut souvent signalée par des incidents remarquables. La plus ancienne dont les registres fassent mention,
est celle de Guillaume Bourdon, qui eut lieu le 18 juillet 1296, en présence des quatre échevins, et des autres bonnes gens de Paris (2). L'on
voit qu'à cette époque le lendemain de la Notre-Dame d'août n'était pas
encore fixé comme jour de cette élection; mais à partir de 1411, cette
date fut invariablement adoptée. Les années 1414, 1415, 1417, sont
signalées par des élections différentes, doubles et triples, ayant lieu à
quelques mois de distance, suivant que le parti d'Armagnac ou de Bourgogne était triomphant ou abattu. L'élection n'est pas libre. A la date
du vendredi 17 août 1413, on lit : « En lieu de maistre Jehan de Troyes,
« Garnier de Saint-Yon, et Robert de Belloy, eschevins qui le dit jour
« furent desmis des diz offices, furent mis et ordonez sire Pierre Angier,
« Guillaume Ciriasse et Jehan Marceau, par l'eleccion de *Monseigneur*
« *le duc de Guienne*, de plusieurs de nos sires de son sang, et de plu-
« sieurs notables bourgeois... » De même, le six juin 1418, Noël Marchant,
bourgeois de Paris, né dans cette ville, remplace comme prévôt Guillaume
Ciriasse, par la *nominacion et eleccion de nos sires de Chastellux et de
Lisle-Adam, mareschaux de France*. Au mois de juillet 1436, Michel
Lallier, ce bourgeois de Paris qui avait ouvert les portes aux troupes
de Charles VII, fut élu spontanément prévôt des marchands. « Il avoit
« été, » dit le registre officiel, « chief et conducteur des bourgeois et habi-

---

(1) *Recueil pour la compagnie de Messieurs les Conseillers du Roy, Quartiniers de la ville de Paris, etc., etc.*, formé en 1770 par les soins de MM. Lempereur, Martel et Levé, in-4° Ms p. 26.

(2) App. II, année 1296 (18 juillet).

« tans, en faisant la réduction, en reboutant les Anglois et adversaires
« du dit sire. »

Depuis l'organisation municipale de 1411, l'obligation d'être né à
Paris pour exercer la charge de prévôt des marchands a toujours été
observée. Le registre officiel indique cette qualité dans les nouveaux élus,
et dans la séance du lundi 17 août 1450, cette question ayant été sou-
levée par certains électeurs qui prétendaient que l'on pouvait nommer
« gens d'autres nacions que de Paris, » le procureur de la ville s'y
opposa formellement, et « tant par anciens registres et enseignemens
comme par raisons vives et péremptoires » il démontra clairement
« que aucun d'autre nacion que de la dite ville de Paris ne devoit estre
esleu esdits estats de prévosté et eschevinage » (1).

Louis XI, qui connaissait l'importance de la prévôté des marchands,
mit le plus grand soin à ne laisser jamais cette charge tomber entre les
mains d'un bourgeois qui ne fût pas entièrement soumis à ses intérêts.
Pour ce roi positif et absolu, le privilége d'ouvrir le premier chaque
scrutin, voulait dire la faculté de le modifier à sa guise; sous ce rapport, les élections qui eurent lieu pendant ce règne sont curieuses à
étudier. Le jeudi 16 août 1464, au moment où la guerre du bien public
allait se déclarer, l'astucieux monarque eut soin de députer à l'assemblée des électeurs, son lieutenant, Charles de Melun, avec deux
paires de *lettres missives* adressées à ses bons amis les bourgeois, pour
leur recommander de continuer dans cette charge maître Henry de
Livres; ce qui fut exécuté ponctuellement. Deux années plus tard,
maître Henry fut réélu pour la troisième fois. Après lui, ce fut Michel
de la Grange, maître de la chambre aux deniers du roi, qui fut élu.
Louis XI eut soin de se faire apporter à Montargis le résultat du scrutin,
qu'il vérifia lui-même avant de le publier. Le même Henry de Livres,
qualifié de conseiller du roi, élu de nouveau en 1476, est continué
quatre fois de suite jusqu'à la mort de Louis XI (2).

---

(1) Registre des élections des Prévôts des
Marchands, Échevins, et autres officiers,
Archiv. du Roy. K, 996.

(2) Voici les paroles du registre officiel à
la date du samedi 16 avril 1466 : « Et les
voix reçues par les IIII scrutateurs, les quelz
portèrent le scrutin cloz et scellé par devers
le roy nostre dit sire, qui ainsi l'avoit or-

Ce roi ne se faisait aucun scrupule de changer l'élection du prévôt ou des échevins quand cette élection n'était pas à sa convenance. Ainsi, le 16 août 1475, sire Jehan Desportes et Jehan Colletier, échevins, ayant fait leur temps, les bourgeois procédèrent à une élection nouvelle dont le résultat fut porté au roi; mais ce dernier continua les deux échevins pour un an seulement. Le même fait eut lieu en 1481, et au sujet de la même personne. Le scrutin nouveau ayant été porté à l'évêque de Marseille, lieutenant du roi à Paris, qui se trouvait au Palais, environné des présidents de cours souveraines et de plusieurs conseillers, la majorité de l'assemblée fut d'avis que le scrutin nouveau serait envoyé au roi. Louis XI manda au dit monseigneur le lieutenant qu'il « receust de rechief, les nommez Colletier et Neuville, comme esleuz et continuez es dits estats (1). »

A mesure que l'autorité royale augmenta, elle acquit une prépondérance plus marquée dans l'élection du prévôt des marchands. Souvent le roi lui-même, son ministre favori, ou l'un de ses proches, écrivait au corps des électeurs pour lui recommander un bourgeois dévoué à leur cause; souvent cette puissante sollicitation était écoutée; mais il arrivait aussi quelquefois que le candidat protégé par la cour se trouvait écarté. Sous l'administration de Catherine de Médicis, le mode ancien de l'élection du prévôt des marchands et des échevins fut tout à coup changé, et l'élection remise presque entièrement au bon plaisir du roi. Par lettres patentes du 14 juillet 1564, Charles IX déclara que dorénavant toute élection de prévôt des marchands, échevins, jurats, consuls, etc., des diverses municipalités de la France, serait faite en nombre double; qu'une liste en serait apportée au roi qui se réservait

---

donné et voulu, avant la dicte eleccion, le dit seigneur estant à la Mocte Desgry, au quel lieu le dit seigneur avoit faicte ouverture du dict scrutine, present le dit maistre Henry de Livre, sire Denis Gibert, les IIII scrutateurs, et le procureur de la dicte ville. Et ce fait avoit mandé à nos sires de son grand conseil estans à Montargis, qu'ilz déclarassent ceux qui, par le dit scrutine, estoient à ce esleuz, auquel commandement nos dits sires du conseil, par la bouche de Monseigneur le chancelier, declairerent et prononcèrent pour prevost des marchands sire Michel de la Grange, conseiller, maistre de la Chambre aux deniers du Roy, et général maistre de ses monnoies. »

(1) Registre des Élections, année 1475.

de choisir parmi les candidats celui qu'il jugerait le plus convenable (1). Cette atteinte grave et imprévue aux anciennes libertés du royaume inquiéta le Parlement, qui, avant d'enregistrer ces lettres patentes, voulut qu'elles fussent communiquées au Corps de Ville de Paris. Dans sa séance tenue le 8 août, le Corps de Ville supplia le Parlement de vouloir bien faire à cet égard des remontrances au roi. Catherine de Médicis, qui s'attendait à quelque résistance, s'empressa, pour la vaincre sur-le-champ, d'écrire à la Ville « que le roi agréait que la prochaine élection se fît suivant l'usage accoutumé (2); » aussitôt le Parlement rendit un arrêt qui autorisait le Corps de Ville à suivre ses anciens usages; mais une seconde lettre royale du 25 août ordonna que l'élection faite en double serait soumise à la volonté du prince, et malgré l'intention manifestée par les officiers municipaux d'adresser au roi des remontrances, le scrutin fut porté en cour, et le sieur Guyot désigné comme prévôt des marchands. Cette violation des anciennes libertés municipales paraît s'être continuée jusqu'à l'année 1570; après cette époque, les bourgeois de Paris qui composaient le Corps de Ville, très-attachés à l'exercice de la religion catholique, apostolique et romaine, repoussèrent avec violence toutes les innovations des réformateurs. Devenus les plus fermes soutiens de l'Église et du trône, ils reprirent facilement l'exercice de leurs anciens usages à propos des élections. Pendant la Ligue, le prévôt des marchands, les échevins, les quartiniers, retrouvèrent dans les affaires politiques la prépondérance qu'ils avaient eue deux siècles au-

---

(1) Registres de l'Hôtel de Ville, Arch. du Roy. H, 1784, fol. 252 r°.

(2) Voici la lettre de Catherine de Médicis : « Messieurs, ayant veu ce que vous m'avez escript du viii° de ce mois, et faict considerer au conseil du roy, monsieur mon filz, voz remonstrances sur les lettres patentes envoyées par delà, pour l'election double des Prevost des Marchands et Eschevins de vostre ville, ainsi qu'il a esté advisé fere sur ce la déclaration qui présentement vous est envoyée par où vous congnoissez combien nous desirons que vous soyez bien et favorablement traictez en toutes choses, et qu'il ne s'i face aucune inovation en voz privileges, suivant lesquels il entend qu'il soit par vous procedé à l'election prochaine ainsi qu'il est accoustumé, à l'entretenement de quoy et en tout ce qui concernera le bien et l'avantage de la dicte ville, vous estez assurez de me trouver tousjours autant favorable que vous le scauriez desirer priant Dieu, messieurs, vous avoir en sa saincte, etc. — Escript à Roussillon, le xiii° jour d'aoust 1564. *Signé* CATHERINE.

« *Et au-dessoubs* : LAUBEPINE. »

paravant. Le gouvernement de Paris fut toujours entre leurs mains, et, même après la rentrée de Henri IV dans cette ville, ce dernier ne parvint jamais à éloigner du corps municipal tous les anciens ligueurs. Les scènes tumultueuses qui eurent lieu pendant la Fronde à l'occasion du prévôt des marchands, Pierre Broussel, terminent le rôle politique joué par ce magistrat dans l'histoire de notre monarchie. Sous Louis XIV, Louis XV et Louis XVI, le vieux tribun disparut complétement pour faire place à l'officier civil soumis en toutes circonstances aux volontés de la couronne; cet ancien caractère fut si bien effacé de la mémoire populaire qu'au moment où la révolution de 1789 éclata, l'une des premières victimes de ses impitoyables vengeances, ce fut M. de Flesselles, le dernier prévôt des marchands.

Je terminerai ces détails sur l'élection des principaux magistrats municipaux, en faisant connaître les cérémonies qui avaient lieu en 1754, à celle du prévôt des marchands et des échevins :

« L'élection des prévost des marchands et des échevins se fait tous les
« ans, le 16 aoust.

« On s'assemble dans la grande salle, à sept heures du matin, sans
« avoir égard aux places de chacun, et on part à huit heures pour se
« rendre au Saint-Esprit et y entendre le *Veni Creator,* et une grande
« messe. On trouve, au milieu du grand escalier de l'Hôtel de Ville, les
« tambours et hautbois de la chambre du roi (1); et vêtus de robbes mi-
« parties, on se rend au Saint-Esprit, dans le chœur, à la droite, où plus
« près du chœur, il y a un fauteuil pour M. le Prévost des Marchands, et
« ensuite une banquette à dos, couverte de velours cramoisy, galonné
« d'or, pour MM. les Echevins, Procureur du Roy, Greffier et Receveur,
« avec des carreaux du même velours, et un prie-Dieu qui règne d'un
« bout à l'autre pour ceux qui composent le Bureau. Le Colonel a une

---

(1) « Ils n'y viennent plus, ce sont ceux de la ville qui les remplacent. » Toutes ces notes sont ajoutées d'une écriture plus moderne, et se trouvent soit au bas des pages, soit sur deux petits feuillets détachés joints au manuscrit, qui ont pour titre : *Particularités oubliées dans le cérémonial de l'Élection, ou fautes à corriger.* La première observation des feuillets détachés est ainsi conçue : « L'Élection se fait tous les ans le 16 aoust, à moins que ce jour ne soit un dimanche ou feste, alors il est remis au lendemain (*sic*). »

« chaise à quelques pas de M. le Prévost des Marchands. Les Conseillers
« de ville sont à la gauche du chœur, et les Quartiniers à la droite, après
« le bureau. Les huissiers sont dans l'enceinte du chœur, dans les places
« qu'occupoient cy-devant les Enfants bleus. La porte du chœur est
« gardée par les gardes de la ville, et la nef par deux lignes desdits
« gardes. De retour de la messe, on va dans la chambre du conseil, où
« il y a une grande table et un banc à dos recouverts d'un tapis, où se
« mettent MM. les Prévost des Marchands et Echevins. A la droite de
« M. le Prévost des Marchands se mettent sur des chaises MM. le Procureur
« du Roy et Greffier, qui a à côté de lui son premier commis, en robbe.
« M. le Receveur de la ville est sur une chaise, après les Echevins et les
« Conseillers de ville, sur des chaises, autour de la table. Chacun des
« Quartiniers présente son procès-verbal de l'assemblée qui s'est tenue
« chez lui pour choisir quatre mandés, lesquels procès-verbaux sont
« ouverts les uns après les autres par Messieurs du bureau et les Con-
« seillers les uns après les autres, et les quatre noms des mandés d'un
« chacun quartier mis dans le chapeau mi-partie, on en tire deux au
« sort, et les deux autres sont mis au rebut. Le premier commis du
« greffe enregistre les noms des mandés tirés au sort, et les huissiers vont
« dans des carosses les chercher. Pendant ces temps-là, Messieurs vont
« déjeuner dans la chambre du petit bureau.

« Les mandés venus, on se place dans la grande salle, de cette façon :
« sur un banc à dos, vers la salle du conseil, sont Messieurs les Prévost
« des Marchands et Echevins ; dans le milieu de l'assemblée est une table
« et un fauteuil pour le procureur du roy, et un siége avec un dos bas
« pour le greffier : sur la ligne à droite sont les Conseillers de ville (1),
« et la ligne commence par les dix qui sont des cours souveraines. Sur la
« ligne à gauche est le Receveur de la ville, sur une chaise, après les
« Echevins, et le banc commence par le premier scrutateur, qui est
« ordinairement un conseiller au Parlement, ou un maître des requestes,
« ou un avocat du Roy au Châtelet ; ensuite sont les Quartiniers et les

(1) « Après les conseillers sont les quarti- scrutateur, tant sur le banc de devant que sur
niers, tant sur ce banc que celuy en retour ; celuy de derrière. »
les mandés sont sur ce banc après le premier

« Mandés. Sur une chaise, près M. le Prévost des Marchands, sont le
« Colonel des gardes de la ville, le secrétaire de M. le Prévost des Mar-
« chands et le premier commis du greffe, en robbe.

« M. le Prévost des Marchands commence son discours, puis les deux
« Echevins qui sortent de place ; ensuite le Procureur du Roy fait le sien,
« et finit par conclure qu'il soit fait lecture des ordonnances : le Greffier,
« debout, en fait lecture ; puis tout le monde se lève et prête serment
« pour élire les quatre Scrutateurs. Le greffier (1) appelle chacun des
« conseillers et des quartiniers et mandés, et finit par le bureau pour
« donner leur voix pour laditte élection.

« Les quatre scrutateurs élus viennent prêter le serment à genoux
« devant M. le prévost des marchands ; ensuite le premier scrutateur et
« les trois autres prennent les places de MM. les Prévost des Marchands
« et Echevins qui se placent sur un banc derrière, et le Greffier appelle
« chacun de l'assemblée en commençant par M. le Prévost des Mar-
« chands et Echevins, les Conseillers, les Quartiniers et les mandés pour
« venir prêter serment sur le tableau juratoire que tient le premier scru-
« tateur, et mettre leur billet contenant leur voix dans le chapeau mi-
« partie que tient le second scrutateur. Ensuite MM. les Scrutateurs se
« prêtent serment les uns après les autres, selon le rang où ils sont
« appellez. Ce serment se fait à genoux pour l'élection des Prévost des
« Marchands et Echevins. Ensuite l'assemblée se lève et Messieurs les
« Prévost des Marchands et Echevins vont à la chambre de l'audience,
« et les quatre Scrutateurs, le Procureur du Roy et le Greffier vont
« compter les voix, porte close, dans la chambre, derrière l'audience : les
« voix comptées et le modèle du scrutin achevé, le premier scrutateur,
« suivi des autres, va se mettre dans la chambre de l'audience, à côté et
« à droite de M. le Prévost des Marchands, et proclame ceux qui ont le
« plus de voix (2). Sur-le-champ on fait jouer les fanfares et le maître
« d'hôtel vient annoncer que Messieurs sont servis.

---

(1) « Pour élire les quatre scrutateurs que nomme le doyen des conseillers de ville. »

(2) « M. le Prevost des Marchands écrit aussi à M. le Gouverneur quand le Prevost des Marchands et Échevins sont élus, M. le Prevost des Marchands ecrit à M. le secretaire d'Etat pour sçavoir le jour que les elus pourront preter serment es mains du roy, et

« On se met à table, le premier scrutateur à droite, dans un fauteuil
« et en haut bout, et M. le Prévost des Marchands à gauche, et après lui
« MM. du bureau à gauche. Messieurs sont en robbes et sur la ligne
« droite; sur des chaises sont les conseillers de ville des cours souve-
« raines (1) et parties des mandés. Sur la ligne gauche sont, après le
« bureau, les Conseillers de ville, Bourgeois et les Quartiniers, et partie
« des mandés (2), ensuite le colonel, le premier commis du greffe, le
« premier huissier et le maître général des bâtiments de la ville. Chaque
« service est annoncé par les tambours. Il y a musique pendant le repas.
« Les plats sont portés par des suisses, et le grand buffet de la ville est
« dressé. Le tout est gardé et entouré par des gardes de la ville.

« Après le repas on va faire visite aux nouveaux élus; on va chez
« M. le Prévost des Marchands en robbe et chez les eschevins en manteau.

Prestation de serment ès mains du Roy.

« On part de l'Hôtel de Ville sur les sept heures, en cet ordre : le
« carosse des huissiers, à quatre chevaux; celui du Colonel, à quatre
« chevaux; celui des quatre Scrutateurs, à six chevaux; celui de M. le
« Prévost des Marchands et de trois Echevins, à six chevaux; celui où
« sont les quatrième Echevin, Procureur du Roy, Greffier et Receveur;
« celui des Doyens des Conseillers et des Quartiniers, à quatre chevaux;
« et celui des nouveaux Elus, à quatre chevaux. Quand il y a eu un Pré-
« vost des Marchands d'élu, son carosse est après celui du quatrième
« échevin. On se rend à Versailles, dans la salle du Conseil, par la cour
« des Princes, et on s'habille, sçavoir : le bureau de la robbe mi-partie,
« et les deux Echevins nouveaux, celui qui est officier, en robbe noire,
« et le bourgeois en manteau, et ne se met en robbe que lorsqu'il a prêté

le greffier écrit à M. le Gouverneur de Paris, l'élection, et à M. le Grand Maître des ceremonies le jour du roi lorsqu'il est donné. C'est le secretaire de M. le Prevot des Marchands qui porte la lettre au ministre. »

(1) « L'aumônier de la ville et les conseillers de ville de cours souveraine »

(2) « Il n'y a pas là aucun mandés. — Vers la fin du repas, M. le Prevost des Marchands annonce la santé de M. le comte d'Argenson, ministre et secrétaire d'État, ayant le département de Paris, puis celle de M. le Gouverneur — De Mesdames. — De M{de} la Dauphine. — De M. le Dauphin, de la Reine. — Et celle du Roy, debout, et on s'en va. »

« serment. Le grand maître des cérémonies vient prendre Messieurs à la
« chambre du conseil et les conduit à la porte de la chambre du Roy, où
« le secrétaire d'État et le gouverneur de Paris les introduisent. On se
« met un genouil en terre, et, après le discours du premier scrutateur,
« le premier commis du greffe donne le livre du serment au secrétaire
« d'État qui en fait la lecture, et pendant ce temps-là le Greffier de la
« ville a l'honneur de présenter au roy le tableau juratoire et de le rece-
« voir de lui ; les Elus prêtent le serment, et puis on se retire courbés
« très-profondément sans se retourner. Le premier Scrutateur présente
« au roy, après son discours, le scrutin que le roy donne au secrétaire
« d'Etat pour en faire la lecture avant le serment. Ensuite on fait visite et
« on présente les Elus à la Reine, à M. le Dauphin, à madame la Dauphine,
« à mesdames, aux princes et princesses du sang, aux ministres, au contrô-
« leur général et à ceux qui sont du conseil royal; et à Paris, à ceux qui
« sont du conseil royal qui n'étoient point à la cour, à M. l'archevêque,
« au gouverneur de Paris et au premier président; et puis on revient
« dîner à Paris dans le même ordre, à moins qu'il n'y ait eu un nouveau
« prévost des marchands; pour lors il prend la place de l'ancien, et lors
« de la prestation de serment il met sa robbe mi-partie, après qu'il a prêté
« serment; mais tout le bureau quitte les robbes mi-parties quand on a
« fait visite à la Reine et aux Enfants de France.

« Les carosses, dans le voyage, sont escortés par douze gardes de la ville,
« à cheval et deux officiers; mais les gardes restent à la grille de Versailles.

« De retour à Paris, on est reçu au bruit des fanfares et on monte à
« l'Hôtel de Ville, dans la chambre de l'audience, où le premier scruta-
« teur fait son discours de remerciement à côté et à la droite de M. le
« Prévost des Marchands, et chacun s'en retourne.

« Quand le Prévost des Marchands a été élu, le bureau le reconduit
« chez lui suivi de la cavalerie, et les Echevins suivis par un détache-
« ment des gardes à pied et des tambours [1]. »

(1) *Ceremonial annuel et ordinaire du Bureau de la Ville de Paris*, 1748, Ms. in-12, p. 18 et suiv. — *Fautes à corriger* : « Le carosse du 4ᵉ eschevin aussi à six chevaux. — Il est d'usage que les derniers sortis d'echevinage et les deux montans officiers viennent aussi dans un carosse de la ville à quatre chevaux. — On part de Paris en robbe mi-partie.

Les bénéfices attachés à cette charge, après avoir été assez considérables, se trouvèrent réduits plus tard à des redevances honorifiques facilement absorbées par les frais de représentation. Dans le Recueil des Sentences du Parloir aux Bourgeois, de 1268 à 1324, nous voyons qu'une partie des marchandises confisquées était remise au prévôt. Au mois de janvier 1295, Pierre, bourgeois de Rouen, ayant amené quatorze tonneaux de vins d'Auxerre, de Paris à Rouen, sans être accompagné d'un bourgeois hansé de Paris, perdit ses quatorze tonneaux de vin qui furent adjugés à Jehan Popin, alors prévôt des marchands.

Ces droits de confiscation, qui remontent à l'origine du gouvernement municipal, n'existaient plus au xve siècle, quand Charles VI reconstitua cette juridiction, ce qui me porte à croire que dans la seconde moitié du xive siècle, quand la prévôté des marchands s'éleva tout à coup à la hauteur d'une fonction politique, ce privilége avantageux, mais d'un caractère peu honorable, fut supprimé. Sous l'année 1424, le compte des dépenses de l'Hôtel de Ville ne porte qu'un seul article relatif aux gratifications du prévôt des marchands. Aux termes de Pâques et de la Toussaint, la ville payait à ce magistrat une somme de cent vingt livres tournois pour deux robes de velours qui lui était due chaque année (1). Le prévôt des marchands avait aussi une part dans la distribution des menus objets, tels que plumes, papiers, encre, cire à

—Après le discours du premier scrutateur il présente le scrutin au Roy. — M. le Gouverneur présente la Ville au Roy, à la Reine, à M. le Dauphin, à Mme la Dauphine, ainsi que le secrétaire d'État, et point à Mesdames. On fait une visite en robbe mi-partie, après quoy on reprend les robbes noires. Le m^e des cérémonies conduit à ces visites cy-dessus même à Madame en robbes mi-partie, ensuite on va chez M. le Chancelier, les quatre secrétaires d'État, M. le Gouverneur, les Ministres et ceux qui sont du conseil royal, et M. le Contrôleur général.

« Les visites du lendemain sont à M. l'Archevêque, à M. le premier Président, dont on a envoyé sçavoir l'heure par l'ayde major, et ceux qui sont du conseil royal qu'on n'a pas trouvé. Versailles, on laisse des billets quand on ne les trouve pas. On a un carosse d'huissier à 2 chevaux, un carosse pour le colonel, et 2 pour le bureau, 4 gardes et 2 officiers à cheval.

« Le jour du serment le premier scrutateur fait son discours de remerciement et installe les nouveaux echevins.

« M. le Prévost, quand il a été élu, est reconduit chez lui par la cavalerie, et le bureau va luy faire visite en robbe. »

(1) Registres des recettes et dépenses pour l'année 1424.

cacheter dont les mêmes comptes font mention, et dont une cédule du 29 août 1581 contient l'énumération détaillée (1).

C'est seulement à partir du xvie siècle qu'il est question, parmi les droits honorifiques attribués au prévôt des marchands, des jetons d'argent accordés à ces magistrats dans certaines circonstances. Ces jetons s'élevaient au nombre de cent, chaque année. Les prévôts des marchands recevaient aussi plusieurs livres de bougie et jouissaient, depuis Charles VII, du droit de franc salé, pour eux et leur maison.

Voici le résultat d'une décision prise à l'égard de tous ces droits, par le bureau de la ville, le 24 août 1579 : « Il est exposé que dès le xv no-
« vembre 1574, les droits des prévôt des marchands, échevins, procu-
« reur du roy, receveur et greffier, à prendre sur l'épicier de la ville,
« auroient été réglés en argent à XLVI f. chacun et le prévost le double,
« sauf quelques rétributions réservées en espèces, sur quoy restant encore
« difficulté, a esté arrêté que leurs droits de la St Remy, Toussaints.
« Noel, jour des Rois et Careme prenant (2), seront commués à chacun

(1) Voici cette énumération qui est assez piquante pour que l'on me sache gré de la reproduire : « Pour neuf cent de gectons d'argent aux armes de la dite ville, poisant ensemble dix-huit marcs, à raison de sept escus, vingt-sept solz six deniers tournois pour marc, tant pour argent que fasson, vallant ensemble cent trente quatre escus soleil, quinze solz tournois; pour neuf cent de gettons de latton, à raison de trente cinq solz le cent; vallent ensemble cinq escus soleil, quinze solz tournois. Pour neuf bources de velour verd à pendanz de soie verd, servant à mettre les dits gettons d'argent, à raison de quarante-cinq solz tournoiz piece, vallent ensemble six escus deux tiers d'escu soleil, cinq solz tournois. Pour neuf bourses de cuir blanc, à raison de cinq solz tournois pièce, servant a mettre les dicts gettons de latton, vallent ensemble quarante cinq solz tournois. — Pour quatre cens et demy de plumes de Hollande, à raison de ung escu quarante solz tournois le cent, vallant ensemble sept escus et demy soleil. — Pour dix huit canivets à manches de Bresil, à raison de sept solz six deniers piece,.... pour dix huit racloirs et dix huit poinsons, à raison de cinq solz tz. Pour neuf rames de grand papier, à raison d'un escu vingt solz tournois la rame.... Pour neuf grandes ecritoires de cuir doré à laiettes et secretz, doublez de satin vert de Bourges, à raison de quatre escus soleil piece.... Pour neuf balances et pois à raison de quarante neuf solz tournois piece pour quatre douzaines de lunettes de cristal, à cinq solz tournois piece, etc. » (Archiv. du Roy. K. 1009.)

(2) Parmi ces droits n'est pas indiqué celui-ci que j'ai trouvé en 1442 : « A mes dits sei-
« gneurs prevost des marchands et eschevins.
« et le dit Robert Louvel, clerc et receveur de
« la dicte ville, à chacun un oe (oie) blanche,
« faisant en nombre vi oes blanches qui avoient
« esté receus des abbés et couvent de Ste-Ge-
« neviefve à Paris, qui les doibvent chacun
« an à la dicte ville, au jour Notre-Dame de
« septembre. » (Recette et dépense, vol. III.

« en une bourse de jettons d'argent de cinquante au jour de l'an, quatre
« livres de bougie à la Saint Remy, deux cierges, d'une livre pièce à la
« Chandeleur, une torche de deux livres à la feste Dieu ; le prévôt pre-
« nant le double, le tout de cire blanche.

« A chacun des prévost et eschevins anciens, une rame grand papier,
« demi-cent de plumes, deux cierges d'une livre chacun, quatre livres de
« bougie, une torche de deux livres, le tout cire blanche; les anciens
« prévosts le double.

« A chacun des quartiniers an lieu des droits qu'ils souhaitoient avoir,
« chacun vingt-cinq jettons, deux livres de bougie, un cierge et une
« torche.

« Que ceux qui ont double charge ne pourront prétendre doubles
« droits comme s'ils sont anciens échevins et conseillers de ville, etc.

« A été aussi arrêté que le prévôt aura doresnavant double droit de
« robbe à cause qu'il faut qu'elle soit de satin. »

En dehors de tous ces menus suffrages, ce qui donnait une grande importance au prévôt des marchands, c'était l'étendue, la richesse, la prépondérance dans les affaires de l'État, de l'administration en tête de laquelle il était placé. J'ai dit plus haut que, depuis le règne de Philippe le Bel jusqu'à celui de Charles VI, le prévôt des marchands fut appelé dans le conseil royal, et toujours dans les circonstances les plus graves. Eh bien! aussitôt après l'ordonnance de 1411, qui rendait aux bourgeois de Paris leur vieille magistrature populaire, nous voyons le prévôt des marchands reprendre la place qu'il avait eue jadis; nous trouvons sous l'année 1415 des lettres patentes émanées de l'autorité royale remettant à sa disposition les chaînes qui fermaient alors les principales rues de Paris. Bien que le prévôt Marcel ait fait un abus étrange du pouvoir que lui donnait sa charge de prendre part à l'administration des monnaies, Charles VI, au mois d'avril 1420, voulant augmenter la valeur du marc d'argent, appelle au conseil le prévôt des marchands. De même le 24 janvier 1532, François Ier ayant tenu au palais, dans la chambre du palais une assemblée générale à l'occasion de la réforme des monnaies, le prévôt des marchands Pierre Viole fut présent à cette assemblée (1). Le 10 novembre 1412, le roi ordonne qu'il sera fait une enquête sur les anciennes ordonnances, statuts, coutumes, usages et observances concernant la juridiction du prévôt des marchands; quelques jours après les titres de la Ville qui avaient été confisqués et portés au trésor des chartes sont restitués, et pendant cette longue période d'une sanglante anarchie nous voyons le prévôt des marchands exerçant son antique et puissante autorité. L'un des premiers actes de Charles VII, après qu'il eut repris possession de Paris, ce fut de confirmer tous les priviléges que ses prédécesseurs avaient accordés au représentant du pouvoir municipal, et Louis XI tint la même conduite que son père en ce point. Déjà le prévôt des marchands, en raison des propriétés nombreuses que la Ville de Paris possédait, et qui composaient le fief du Parloir aux Bourgeois, jouissait même avant Charles VI des priviléges de la noblesse. Ce roi, ainsi que ses successeurs, reconnut ces droits; enfin une ordonnance de Henri III, datée de 1577, déclara que le seul fait de l'occupation de cette charge suffisait pour anoblir : et, qu'à partir de ce jour, tous ceux qui seraient appelés à l'exercer jouiraient de cette grande marque de distinction. Il conféra non-seulement le titre de chevalier au prévôt des marchands, alors en exercice, mais encore il voulut que ce titre appartînt à tous ceux qui avaient occupé cette charge depuis vingt ans. Cette concession, qui, à l'époque où elle fut faite, passa bien certainement pour une faveur insigne, ne doit pas moins être considérée comme le premier pas que fit l'ancienne magistrature populaire vers un changement de caractère, qui tendait à en diminuer beaucoup l'autorité; elle effaçait cette origine plébéienne

(1) Un extrait des registres de l'Hôtel de Ville résume ainsi les opérations : « Assemblée générale du xxiiii° du dit mois, en la « Chambre du Conseil, au Palais, où étoient « les députés des Cours, des Ecclésiastiques, « Universités, etc., pour délibérer suivant « l'ordre que le Roy en avoit donné, de ce « qui étoit à faire pour régler les monnoyes, « le Roy voulant porter seul le dommage du « dit réglement, et retirer toutes celles qu'il « conviendra, et a été arrêté qu'on pouvoit « mettre les écus à x livres, et le reste à l'équi« polent. Et sur ce que M. le premier prési« dent Lizet proposoit de prendre les voix par « corps et colligées, M. Viole, prevost des « marchands et conseiller du Parlement, s'y « est opposé et soutenu qu'il falloit que le dit « s' premier président colligeast les voix non « par corps, mais par voix singulière. » (Extraits des titres de l'Hôtel de Ville; Ms. de la Bibl. de la Ville, fol. 103.)

qui jusque-là en avait été la véritable essence. Même après qu'il eut perdu quelque peu de valeur dans la balance des pouvoirs politiques de l'ancien gouvernement de la France, le prévôt des marchands n'en conserva pas moins une grande autorité dans les affaires de la bourgeoisie parisienne : l'origine antique de cette fonction municipale, les souvenirs historiques qu'elle rappelait, ajoutaient encore à son illustration. Au couronnement, au mariage, aux obsèques des rois, des reines, à leurs entrées solennelles, à la naissance de leurs enfants, à leur mariage, à l'arrivée dans Paris des princes étrangers ou de leurs ambassadeurs, le prévôt des marchands environné du Corps de Ville occupait une place remarquable. Et même dans les occasions où ces antiques représentants de la municipalité parisienne formaient seuls un cortége, le nombre de ceux qui le composaient, la richesse, la variété de leur costume, donnaient encore l'idée d'une grande institution. Le prévôt des marchands portait une soutane de satin rouge, avec boutons, ceinture et cordons en or, par-dessus laquelle tombait une robe de palais ouverte, mi-partie de velours rouge et tanné; une toque mi-partie des mêmes couleurs, ornée d'un gland et d'un large galon d'or, lui servait de coiffure. Il était précédé du colonel des archers de la ville, de leurs guidons et lieutenants, et des trois cents hommes de cette compagnie, vêtus d'une casaque bleue, avec des galons d'argent, ayant brodé sur la poitrine et sur le dos le fameux vaisseau qui servit toujours de blason à la ville de Paris. Après eux venaient le maître d'hôtel, l'imprimeur, le capitaine d'artillerie (ou ingénieur), le maître de maçonnerie et de charpenterie, tous quatre vêtus de noir. Les huissiers (ou sergents de la Marchandise et du Parloir aux Bourgeois), vêtus de robes de drap mi-partie rouge tanné, avec un vaisseau d'argent doré sur l'épaule.

Le greffier (nommé d'abord clerc du Parloir aux Bourgeois) ayant une robe mi-partie rouge tanné en drap, doublée de velours noir, à manches pendantes de velours rouge.

Le prévôt des marchands était suivi :

Des échevins en robe de velours mi-partie à longues manches pendantes, ayant sur la tête un chapeau à cordon d'or; du procureur du roi en robe de palais de velours rouge; du receveur de la Ville en manteau à longues manches de velours tanné; des 24 conseillers de la Ville en robes et manteaux à longues manches de satin; des quartiniers en manteaux à manches de velours ciselé; des gardes de la draperie en robe de velours noir et toques ornées de cordons d'or; de l'épicerie en robe de velours tanné; de la mercerie en robe de velours violet; de la pelleterie en robes de velours bleu fourrées de loup-cervier; de la bonneterie en robe de velours tanné; de l'orfévrerie en robe de velours rouge cramoisi; de la Marchandise du Vin en robe de velours bleu, avec toque de velours à cordon d'argent; et enfin des cinquanteniers, dizainiers et autres notables bourgeois dans leurs vêtements ordinaires tous noirs.

Pour compléter le tableau que j'ai essayé de tracer de cette magistrature antique et populaire, je vais citer les noms des hommes remarquables qui l'ont exercée. Si quelques-uns d'entre eux, comme Étienne Marcel (1358), Garnier de Saint-Yon (1422), Lachapelle-Marteau (1588), Pierre Broussel (1650), ont marqué dans nos discordes civiles, le plus grand nombre a laissé dans la mémoire des habitants de Paris une renommée plus pacifique qui se rattache à des bienfaits durables. Au xiiie siècle, à côté d'Étienne Barbette, qui signala son administration par l'ouverture de plusieurs rues, dont une porte encore aujourd'hui son nom, il faut placer Jehan Arrode, qui ouvrit aussi deux nouvelles voies de communication et les fit paver à ses frais; Jehan Popin, qui, vers 1293, fit établir le premier abreuvoir existant à Paris; Guillaume Bourdon, auquel on doit la rue appelée aujourd'hui des *Bourdonnais*. Il faut encore nommer Adam Paon, les Pizdoe et Bertaut Point-l'Ane, qui, dans les dernières années du xiiie siècle, prirent part à cette illustration. Pour le xive siècle, je dois mettre au premier rang le brave Jean Gentien, placé avec son frère auprès du roi, à la bataille de Mons en Puelle (1304); l'un et l'autre se firent bravement tuer pour le défendre. En 1382, quand le roi eut confisqué à son profit la charge de prévôt des marchands, il faut citer parmi ceux auxquels il en confia la garde, Jean Jouvenel des Ursins, qui joua un rôle remarquable pendant le règne de Charles VI. Au xve siècle, en 1411, la première élection populaire remit la prévôté aux mains de Pierre Gentien, descendant d'une famille illustrée par son dévouement héroïque. Peu de mois après son élection, désespérant de conjurer les factions populaires, Gentien résigna sa charge, et l'on verra plus loin comment, en 1437, elle fut occupée par Michel Lallier, qui venait de chasser les Anglais de Paris. Avec la seconde moitié du xve siècle commence cette suite de prévôts des marchands choisis entre les magistrats des cours souveraines, et qui ont jeté sur cette charge et sur la France une illustration toujours durable. En 1444, c'est Jean Baillet, conseiller au Parlement, continué pendant six années; en 1449, c'est Jean Bureau, trésorier de France; en 1452, c'est Dreux Budé, dont le nom devait, au siècle suivant, acquérir une plus grande célébrité; en 1494, c'est Nicolas Viole, correcteur des comptes, le premier de cette famille dont les membres, toujours présents au Parlement, donnèrent lieu à ce proverbe : *Le Parlement n'a jamais dansé sans Viole.*

A mesure que l'on approche des temps modernes, les noms deviennent plus fameux; il suffit presque toujours de les donner pour permettre à chacun d'en juger; en 1522, c'est Guillaume Budé, savant illustre, connu de l'Europe entière; en 1532, c'est Pierre Viole, conseiller au Parlement; en 1538, c'est Augustin de Thou, le premier de cette grande famille parisienne; en 1558, c'est Christophe de Thou son fils, notaire et secrétaire du roi, conseiller au Parlement; en 1580, c'est Jacques Auguste de Thou, célèbre pour sa grande Histoire écrite en latin.

Dans le cours des xviie et xviiie siècles, les prévôts des marchands ont encore laissé un nom connu de chacun, surtout par les travaux d'embellissement dont ils ont orné Paris. En 1604, François Miron s'est à jamais distingué sous ce rapport. C'est à juste titre qu'une rue porte son nom et que sa statue vient d'être mise aux murs de l'Hôtel de Ville nouveau. Nicolas de Bailleul, en 1622, et Christophe Sanguin, en 1628, doivent aussi être nommés; après eux, Claude Le Peltier, en 1675, a ouvert le quai neuf qui aujourd'hui porte son nom. Je citerai encore Henri de Fourcy, continué pendant huit années, de 1684 à 1692. Jérôme Bignon, de 1708 à 1716, Turgot, père du ministre, de 1732 à 1740, Pontcarré de Viarmes, de 1758 à 1762, Armand-Jérôme Bignon, de 1764 à 1772, Jean-Baptiste de la Michodière, de 1772 à 1778, de Caumartin, de 1782 à 1784, Louis Le Peltier, jusqu'en 1786, terminent dignement cette longue série de magistrats bienfaiteurs de l'antique cité parisienne.

CHAPITRE QUATRIÈME.

LE CORPS DE VILLE, 1re PARTIE : ÉCHEVINS. — CONSEILLERS. — CLERC. — GREFFIER. — RECEVEUR. — PAYEURS ET RECEVEURS DE RENTES. — PROCUREUR DU ROI. — PROCUREURS DE LA VILLE. — AVOCATS. — LIEUTENANTS CIVILS DE LA PRÉVÔTÉ ET DE L'ÉCHEVINAGE. — JURIDICTION DU BUREAU DE LA VILLE. — LES SIX CORPS DE MÉTIERS. — LES JUGES CONSULS.

Le Corps de Ville était composé des officiers de toute nature, qui, sous la dépendance immédiate du prévôt des marchands, prenaient part à l'administration compliquée du gouvernement municipal de Paris. Ces officiers peuvent se diviser en trois classes : 1° ceux qui siégeaient à l'Hôtel de Ville et partageaient avec le prévôt la direction des affaires ; 2° ceux qui étaient dispersés dans la ville, en surveillaient la tranquillité et devaient exécuter les ordres donnés par le prévôt; 3° ceux qui étaient commis à l'exécution des règlements et des privilèges relatifs au commerce par eau, ou qui en facilitaient l'exercice. Suivant l'ordre hiérarchique établi dans cette division, je vais essayer de faire connaître l'origine et les attributions de chacun de ces officiers.

L'échevin occupait non-seulement parmi eux le premier rang et jouissait d'une plus grande part d'autorité, il avait encore sur tous les autres le privilège de l'ancienneté. J'ai cité dans l'un des chapitres précédents un passage des Capitulaires qui remonte à l'année 803, où il est dit que le comte Étienne fit lire à Paris, dans une assemblée nombreuse, les ordonnances nouvelles rendues par Charlemagne, en présence de tous les échevins (*scabini*), qui s'engagèrent à les observer et y mirent leur signature. Bien que l'on ne doive pas considérer ces représentants de la municipalité romaine, comme exerçant les mêmes fonctions que les échevins de nos temps modernes, cette similitude de dénomination n'en prouve pas moins l'ancienneté de l'échevinage à Paris. Il est certain qu'il a précédé de plusieurs siècles l'établissement régulier de la prévôté des marchands; à une époque où le nom de ce dernier n'était pas encore bien fixe, le rédacteur de l'un des arrêts du Parlement lui donne celui de maître des échevins (1).

Dans un acte de vente que j'ai cité au chapitre précédent, et qui contient le nom du plus ancien prévôt des marchands connu, l'on trouve celui des quatre échevins qui étaient en charge dans le cours de l'année 1263 (2). A partir de l'année 1293, presque toutes les sentences du Parloir aux Bourgeois sont suivies du nom des échevins en présence desquels ces arrêts furent rendus; ils siégeaient le plus souvent tous les quatre ensemble, surtout quand il s'agissait d'affaires de quelque importance. Dans les affaires de simple police, ou de contravention aux priviléges de la Marchandise, deux échevins, et même quelquefois un seul, tenaient lieu du prévôt; le 15 mars 1293, Adam Paon et Guillaume Pizdoe, échevins, condamnèrent la servante de Jean de Chennevières, orfévre, pour avoir dit aux ouvriers qui recouvraient les planches de la Saunerie : « Ne soyez pas surpris du feu que l'on a jeté là-dedans, car l'on « en jettera encore (3). »

L'on voit que de toute ancienneté, dans l'organisation du Parloir, le rôle des échevins fut de venir en aide au prévôt des marchands que la multiplicité des services confiés à sa direction empêchait d'exercer en particulier une surveillance immédiate. A chacun des échevins était commis le soin d'une ou de plusieurs branches de l'administration, qu'il dirigeait dans tous leurs détails, et dont il rendait compte, soit au prévôt des marchands, soit au conseil de Ville assemblé. Je n'ai trouvé, au sujet de ce partage dans les attributions, aucun renseignement particulier, mais plusieurs faits historiques peuvent servir de preuves suffisantes à cet égard. En 1306, Étienne Barbette réglait, en sa qualité d'échevin-voyer de Paris, la manière dont le loyer des maisons serait acquitté (4). Le soin des eaux et fontaines appartenait aussi à l'un des échevins et aux fontainiers de la ville. Un autre veillait à l'entretien des fortifications ou du pavé (5). Comme chacun des échevins pouvait être réélu plusieurs

---

(1) *Olim*, année 1273, t. I, p. 926.
(2) Voyez plus haut, chap. 1er de ce Livre.
(3) App. II, année 1293.
(4) *Chroniques de Guill. de Nangis*, t. I,
p. 355. — Voir plus loin notre récit des événements historiques, livre III, chap. I
(5) Suivant cette méthode, l'un des quatre échevins dirigeait, au commencement du

fois, il acquérait presque toujours dans la partie qu'il administrait une longue expérience qui lui donnait le moyen de rendre des services nombreux. Le partage qu'ils faisaient entre eux de l'administration civile de Paris donnait aux échevins beaucoup de puissance; elle explique même en partie le rôle important qu'ils ont joué dans plusieurs événements politiques remarquables. L'apogée de cette puissance coïncide avec l'une des époques les plus tristement célèbres de notre histoire, ce fut pendant la Ligue. La double captivité du prévôt des marchands resté fidèle au roi, et de celui que choisirent les ligueurs, explique cette puissance qui fut sans bornes, ainsi qu'on le verra dans une autre partie de ces recherches (1). Bien qu'ils fussent toujours soumis à l'autorité du prévôt, ces magistrats s'arrogèrent quelquefois des droits qui ne leur appartenaient pas. Le 25 janvier 1527, Nicolas Charmoulue et Augustin de Thou, lieutenants en la juridiction de la prévôté des marchands, se plaignirent au Conseil que l'échevin Guédon avait pris au greffe tous les procès pendant au tribunal, et, en compagnie de son beau-frère et de plusieurs autres *non conseillers ni pensionnaires de la dicte ville*, s'était permis de juger ces procès. Guédon voulut expliquer sa conduite; à ce sujet il s'emporta en paroles outrageantes, et le prévôt des marchands fut obligé de lui adresser des remontrances au nom de la compagnie. Il fut décidé que tous procès seraient à l'avenir instruits et rapportés par les deux lieutenants civils (2).

Les échevins, au nombre de quatre, élus pour deux ans parmi les bourgeois et les commerçants les plus considérables de la ville, étaient renouvelés par moitié, le 16 août de chaque année. Dans cette circonstance, les mêmes cérémonies, les mêmes précautions que j'ai signalées plus haut, en faisant connaître l'élection du prévôt des marchands, avaient lieu. La condition d'être né à Paris et de n'avoir dans le conseil de ville aucun parent était sévèrement maintenue. Un échevin, après

xviie siècle, les travaux nécessaires à l'achèvement de l'Hôtel de Ville; pendant les années 1605-1609 c'était M. de Flecelles. Voyez App. I, n°s 34-39.

(1) Voyez livre III, chap. II, Événements historiques.
(2) Regist. de l'Hôtel de Ville du mois de janvier 1527. — H, 1779, fol. 3 r°.

deux années d'exercice, pouvait reprendre ses fonctions et les garder aussi longtemps que le suffrage de ses concitoyens l'y maintenait.

L'élection des échevins avait été l'objet de prescriptions particulières : une lettre du roi, du 16 août 1537, défendait au corps de ville de nommer ces magistrats en l'absence du prévôt des marchands; un édit royal s'opposait à ce que les fonctions de quartinier et d'échevin fussent remplies par la même personne, et le quartinier Pellerin, nommé échevin en 1554, fut obligé de se conformer à cet édit.

Le procès-verbal de la séance tenue le 16 août de l'année précédente, nous fait connaître les règles particulières observées dans l'élection des deux échevins : « Les scrutateurs seuls se retirent au petit bureau, et l'un d'eux écrit la recollection des suffrages souscrits par eux, clos et scellés. Ils tiennent secrets ceux qui ont réuni le plus de voix, jusqu'au moment de se mettre à table pour dîner, où ils le disent au prévôt des marchands et aux échevins sortants, qui préviennent les nouveaux élus de se trouver à deux heures au palais, près la chambre des comptes, où se rendent les autres membres du conseil de ville. Dans cette chambre, ils sont reçus par le premier président du Parlement et un certain nombre de conseillers et de maîtres des comptes. Le prévôt des marchands déclare à la compagnie que, *suivant les coutumes toujours observées,* on avoit choisi deux échevins au lieu de ceux qui avoient fait leur temps, comme il résulte du scrutin présenté à la compagnie dont il réclame l'ouverture. Le premier président prend le scrutin, en fait l'ouverture, puis le donne au greffier de la Ville, qui, revêtu de sa robe rouge et tannée, en proclame le résultat. Les nouveaux élus prêtent serment, puis s'en retournent à l'Hôtel de Ville; le prévôt des marchands accompagne celui qui a obtenu le plus de voix, le plus ancien échevin celui qui vient après; puis, le prévôt des marchands installe au grand bureau les nouveaux officiers, et les anciens se retirent après avoir fait leurs adieux à la compagnie (1). »

A côté des quatre échevins, et jouissant de la même considération, étaient placés les vingt-quatre conseillers de ville, dont une

---

(1) Regist. de l'Hôtel de Ville. — II, 1782, fol 205 r°.

sentence du mois de juillet 1296 nous fait connaître en ces termes l'établissement régulier : « Il fut accordé que l'on éliroit vingt-quatre « prud'hommes de Paris, qui, sur le mandement du prévôt des mar- « chands et des échevins seront tenus de se rendre au Parloir; ils « donneront leurs conseils et se rendront avec les prévôts des mar- « chands et échevins devant la cour du roi ou ailleurs, dans Paris ou « en dehors, pour les affaires de la Ville, et à ses dépens. Ils prêteront le « serment de ne jamais s'y refuser, à moins qu'ils n'aient une excuse « valable. (1). »

A la date du 12 octobre 1295, le recueil des sentences renferme, au sujet des conseillers de ville, le détail suivant : « Le mercredi après la « Saint-Marc, fut retenu du conseil de la ville Mestre Alain de Lamballe; « et doit avoir chacun an, pour sa pension, dix livres (2). » Cet office était considéré comme une véritable magistrature, puisque l'on rétribuait ceux qui l'exerçaient. Au xve siècle plusieurs de ces conseillers étaient choisis parmi les membres du Parlement ou du Châtelet. Le registre des recettes et dépenses pour l'année 1424 nous fait connaître le nom de plusieurs conseillers de ville, et le montant des gages qu'ils recevaient. Me Guillaume Ontrant, Me Girard Lecocq, Me Jean Luillier. tous les trois avocats au Parlement, recevaient, comme conseillers de ville, huit livres parisis. Me Girard de Grandchamp, conseiller du roi et de la ville, recevait dix livres, comme Alain de Lamballe, en 1295 (3).

D'après une délibération consignée dans les registres de l'Hôtel de Ville de Paris, à la date du 3 juillet 1532, la pension ordinaire des conseillers de ville était, à cette époque, de cent sous tournois (4); de plus, ils avaient leur part de ces gratifications, consistant en jetons, plumes. canifs et autres objets, dont j'ai déjà parlé au chapitre précédent.

---

(1) Appendice II, Livre des Sentences; année 1296 (18 juillet).

(2) Appendice II, Livre des Sentences, année 1295 (12 octobre).

(3) Reg. Mss. des Rec. et Dép. de l'Hôtel de Ville, A. R. K, 1060.

(4) Voici le texte de cette délibération qui est relative à un conseiller dont le nom est assez illustre pour que l'on me sache gré de la reproduire ici :

Extrait du registre des délibérations de la ville de Paris, du mercredi, troisiesme jour de juillet, mil v^c trente deux.

« Au bureau de la Ville, ou quel estoient messire les Prevost des Marchands et les

Au mois d'avril 1537, la jouissance ordinaire de ces menus suffrages paraît avoir été contestée, non-seulement aux conseillers, mais encore aux autres officiers du corps de ville; ils s'adressèrent au roi qui s'empressa de les confirmer dans cette jouissance (1). Par lettres patentes du mois d'octobre 1536, les conseillers de ville obtinrent de ne plus payer d'impôts pour le vin de leur cru, qu'ils feraient vendre dans Paris, et le 15 décembre de l'année suivante, ils demandaient à n'être plus compris dans les emprunts que le roi faisait à la ville. Un sursis fut demandé pour répondre à cette requête, et le même jour, les menus suffrages accordés aux conseillers de ville comme aux échevins, procureurs, greffier, receveur, furent ainsi réglés : « La veille de la Toussaints, « deux livres de bougie, une quarte d'hypocras, une livre d'épices; la « veille de la Saint-Martin d'hiver, une quarte d'hypocras, une livre « d'épices; la veille de Noël, trois torches de deux livres et une livre « d'épices; la veille de la Chandeleur, deux cierges de cire blanche; le « jour de Caresme prenant, une quarte d'hypocras et une livre d'épices (2). » A partir de l'année 1553, le roi voulut que les conseillers de ville prissent part aux distributions de jetons, et depuis cette époque, ils en reçurent par année chacun cinquante.

La nomination des conseillers de ville n'avait pas lieu d'abord par

---

quatre Eschevins de la dicte ville, a esté délibéré que maistre Pierre Seguyer, advocat à la cour de Parlement, aura pension ordinaire de la dicte ville, chacun an de cent solz tornoys, ou lieu de feu maistre Jacques Piedefer, advocat en la court de Parlement, et ce pour donner conseil aux affaires de la dicte ville. »
(A. R. K, 984.)

(1) Voici le début des lettres patentes écrites à ce sujet le 16 avril 1537 : « A touz ceulx qui ces présentes lettres verront, je, Jehan d'Estouteville, chevalier, seigneur de Villebon, etc. garde de la prevosté de Paris, savoir faisons que nous, l'an de grace mil cinq cens trente sept, après Quasimodo, le lundi 16ᵉ jour d'avril, veismes, teismes, et leusmes de mot à mot, deux lettres missives escriptes en papier, l'une du roy nostre dit seigneur, l'autre

de monseigneur le Grand-Maistre, desquelles, l'une après l'autre, la teneur ensuict : De par le Roy, très-chers et bien amez, nous avons esté advertiz que on vous veult donner quelque trouble et empeschement en la perception de voz menuz droictz, que vous, nostre, et le vostre greffier et receveur, avez d'ancienneté et encores de présent accoustumé de prendre, ainsi que ont faict voz prédécesseurs, qui sont de gectons d'argent et de cuyvre, et encore de deux ans en deux ans, canyvetz, plumes, et *lunettes* d'an en an, et pour ce que nous desirons vous entretenir en voz droictz et priviléges, en consideration des services que vous avez faictz et faictes chacun jour, etc. »
(A. R. K, 984).

(2) Registres de l'Hôtel de Ville, H, 1779, fol. 273 v°.

élection; ils étaient choisis simplement par le prévôt et ses échevins : aussi le 21 mars 1512, Jean Leclerc ayant voulu résigner son titre de conseiller en faveur de son fils, le prévôt déclara que cette résignation devait être faite entre ses mains, et que pour la nomination, il allait consulter ses échevins et les autres conseillers. Plusieurs fois, dans l'exercice de cette charge, le fils fut admis pour succéder à son père, le 26 août 1537, par exemple, et le 20 novembre 1538. Ce jour, il fut décidé que la résignation serait dorénavant faite entre les mains des conseillers, des échevins et du prévôt des marchands, qui tous voteraient sur la réception du candidat; de plus, les conseillers de ville formaient à cette époque une communauté dont les intérêts étaient confiés à un procureur-syndic. Le 11 juillet 1538, Christophe de Thou fut élu pour remplir ces fonctions.

Le prévôt des marchands, les échevins, les conseillers de ville formaient un tribunal qui, non-seulement en matière de commerce, mais encore en matière de droit civil, rendait chaque jour des sentences. Il était nécessaire qu'elles fussent écrites; telle est l'origine de la charge de *clerc du Parloir aux Bourgeois*, qui, au commencement du XVIe siècle, reçut la dénomination de *greffier de l'Hôtel de Ville*. L'un des plus anciens de ces officiers est *Raoul de Paci*, dont le nom se trouve pour la première fois au bas d'une sentence en matière de succession, rendue le mardi 6 juillet 1290 (1). Il est désigné parmi ceux qui furent présents ce jour au Parloir, et depuis cette époque jusqu'au 29 novembre 1305 (2). Il assiste à presque toutes les séances, avec le titre de *clers du Parloir*, ou *de la Marchandise*, ou bien encore *clerc des prevost et eschevins*, *clerc des borjois*. Les fonctions de Raoul de Paci ne consistaient pas seulement à enregistrer les sentences du Parloir; c'était lui qui expédiait ou faisait expédier les actes publics souscrits par les officiers municipaux : ce qui le prouve, c'est que lui-même avait un clerc (3) et que, dans certains cas, il servait d'intermédiaire entre le Parloir et ceux que les membres de ce tribunal employaient. Par exemple, d'après les conven-

---

(1) Appendice II, Livre des Sentences, année 1290.

(2) *Idem*, année 1298.

(3) *Idem*, année 1301 (27 mars).

tions faites entre la Ville et le fontainier, au mois d'août 1293, quand ce dernier jugeait que des réparations devenaient nécessaires à quelques-uns des conduits, il devait commencer par en prévenir le clerc du Parloir.

Raoul de Paci, qui a rempli ces fonctions pendant au moins quinze années, paraît avoir joui d'une grande autorité. Comme les notaires ou greffiers de l'ancienne cour du Parlement (1), il se mêlait aux délibérations et avait le droit d'y donner son avis, ainsi que le prouve ce passage d'une sentence de l'année 1304, relative à l'émancipation : « Laquele « cedule leue et ouie et entendue diligemment de sire Pizdoe prevost des « Marchands, etc., et Raoul de Paci, etc., i fu regardé et tesmoigné, etc. (2). » Toutes les fois que des questions importantes furent agitées dans le Parloir, il fut présent à la séance, et sans aucun doute c'est à lui qu'est due la rédaction de toutes ces sentences relatives au droit civil, et qui nous font connaître les coutumes observées à cet égard dans Paris, dès le milieu du XIIIe siècle. Raoul de Paci était encore chargé de la conservation des Archives et du maniement des deniers de la Ville. Dans l'inventaire des biens communaux rédigé en 1292, un article ajouté à la marge nous fait savoir qu'il avait laissé à ses anciens collègues soixante et dix sols de rente, sur une maison de la rue de la Harpe (3).

Il faut traverser plus d'un siècle pour retrouver le nom de quelques-uns des successeurs de Raoul de Paci. Dans le registre des élections de tous les officiers du Parloir, à partir de l'année 1411, on lit que Robert Louvel, marchand et bourgeois de Paris, *né dans cette ville,* fut nommé *clerc de la Marchandise de l'Eau, par l'eslection des dits prevost des Marchands et eschevins, et aussi de plusieurs et grant quantité de marchands et bourgeois d'icelle ville* (4). A la date du vendredi 10 juillet 1422, l'élection de Jehan Falle est rapportée dans les mêmes termes, et

---

(1) LA ROCHEFLAVIN, *Treize livres des Parlements de France*, etc. p. 113. — KLIMRATH, *Mémoire sur les Olim et sur le Parlement*; t. I, p 63, *des Travaux sur l'Histoire du Droit français*, du même auteur Paris. 1843, 2 vol. in-8°.

(2) App. II, Livre des Sent. année 1304 (17 janvier).

(3) *Idem.* Année 1292.

(4) Arch. du Roy. Reg. des Réceptions, etc. K. 996, fol. 23 r°.

ce qui prouve l'importance attachée à ces fonctions, c'est la solennité que l'on mettait dans le choix de ceux qui devaient les remplir.

Ce qui ajoutait encore beaucoup d'importance aux fonctions de clerc du Parloir, c'est que jusqu'à la fin du xve siècle, il avait la disposition des deniers de la Ville. Sans aucun doute, il était aidé par des commis, mais lui seul répondait de la recette et de la dépense qui se faisaient chaque année (1).

Ce fut un événement grave, qu'il faut compter au nombre des jours les plus néfastes de l'ancienne administration municipale, qui amena la séparation de la charge de clerc du Parloir de celle de receveur. Le 25 octobre 1499, le pont Notre-Dame, construit en bois par les soins de l'autorité municipale, et dont le roi Charles VI avait enfoncé le premier pieu, à la fin de mai 1413, s'écroula sur les neuf heures du matin (2). Bien que le plus grand nombre de ceux qui logeaient sur ce pont, prévenus à temps, ait pu se soustraire à la mort, il y eut cependant quelques victimes, et les gens de commerce composant la majorité de cette population, se trouvèrent ruinés tout à coup. Ils adressèrent une plainte au Parlement, qui fit mettre en prison le prévôt des marchands, les échevins, le clerc du Parloir, accusés par la rumeur publique d'imprévoyance et de malversation. Une enquête sévère eut lieu : il fut reconnu que le pont, déjà mauvais en 1440, avait été visité par les maîtres des œuvres, qui, peu de temps avant la catastrophe, s'étaient empressés d'en instruire le clerc du Parloir et les échevins. En conséquence, la Cour rendit un arrêt (3) par lequel Jean Piédefer, prévôt des marchands, fut condamné à payer *mil livres parisis*, Boucher, Aymier, Malingre et Harlaye, tous échevins, *quatre cents livres* : « Lesquelles sommes seront employées en

---

(1) Le titre du plus ancien compte de recettes et dépenses de l'Hôtel de Ville qui soit parvenu jusqu'à nous, prouve suffisamment ce fait : « Compte de la recepte du domaine de la ville de Paris, nommé le *Parlouer aux Bourgeois*, faite par Jean Falle, clerc de la ville de Paris, et receveur des rentes et revenus appartenans à la dicte recepte pour ung an, commençant à la feste Saint-Jehan-Baptiste, l'an 1424 inclus, et finissant à celle mesme feste, l'an révolu 1425, en la manière qui s'ensuit. » (Arch. du Roy. K, 1060.)

(2) Extraits des reg. de l'Hôtel de Ville; Félibien, *Histoire de Paris*, t. V, p. 323. — Jaillot, *Recherches sur Paris*, t. I, quart. de la Cité, p. 193.

(3) Extraits des registres du Parlement. — Félibien, *Histoire de Paris*, t. III, p. 571.

« la reparation et refection du dit pont; prins sur icelles préalablement
« la somme de cent livres, qui sera employée tant en un service solemnel
« qui sera fait en l'eglise de Paris, comme en autres œuvres piteables
« (*de piété*) pour le salut de l'ame des trépassés qui sont morts à l'occasion
« de la fonte et ruine du dit pont. » Turquain et Rippaut, qui avaient
précédé Piédefer comme prévôts des marchands, furent déclarés incapables d'exercer à l'avenir aucunes charges municipales, et condamnés à
rendre, ainsi que Piédefer et les quatre échevins nommés plus haut, tout
ce qu'ils avaient reçu comme gages et bénéfices pendant la durée de leurs
fonctions. Quant au clerc-receveur de la Ville, Denis Hesselin, il se vit
contraint de restituer sur-le-champ une somme de *trois mil deux cent
quatre-vingt-dix-sept livres, seize sols, cinq deniers maille parisis,* qu'il
devait pour apurement des comptes rendus par lui à l'Hôtel de Ville. En
outre, la Cour déclara l'office de greffier et de receveur *incompatibles
ensemble,* et en prononça la séparation (1). La prévôté des marchands
et l'échevinage, provisoirement suspendus, furent remis entre les mains
de plusieurs membres des cours souveraines. Nicolas de Poitiers, maître
des monnaies du Roi, gouverneur de Paris, exerça les fonctions de prévôt des marchands; Thibaut Baillet, Robert Thibaut, Jean de Ganay,
présidents au Parlement, remplacèrent les échevins. Hesselin ayant voulu
tirer profit de la charge de greffier, Nicolas de Poitiers s'y opposa et
prétendit que le bénéfice de cette charge lui appartenait. En conséquence,
le plus jeune de ses fils avait été nommé clerc-greffier du conseil, mais au
bout de quelques mois, le 6 novembre 1501, une maladie grave l'ayant
obligé de résigner ses fonctions, Denis Potier, son frère, fut désigné
pour le remplacer. Ce dernier n'occupa cette charge que peu de temps ;
au mois de novembre 1502, il était mort, et suivant les usages admis à
l'Hôtel de Ville depuis un demi-siècle environ (2), la charge de greffier

(1) Cette séparation de l'office de greffier et de receveur donna lieu en 1608 à un procès entre les deux magistrats qui remplissaient ces fonctions, pour savoir lequel des deux serait placé le premier sur le tableau représentant les officiers de cette année ; malgré l'appel du receveur, le greffier fut maintenu au premier rang. Voyez App. I, n° 37.

(2) « Semblablement seront tous ceux qui depuis vingt ans en ça ont esté prévôt des marchands et eschevins de la dicte ville, interrogés sur le faict de la vendition de plusieurs offices et des deniers qu'ils en ont reçus. » (*Arrêt du Parlement*, FÉLIBIEN, t. III, p. 572.

fut mise aux enchères publiques et adjugée à Simon Larcher qui la paya deux mille écus d'or (1).

Au moment où la catastrophe du pont Notre-Dame arriva, Denis Hesselin, fort avancé en âge, avait rendu à l'administration des services nombreux et signalés. La condamnation prononcée contre lui pouvait être considérée comme exorbitante ; le vieux greffier s'empressa de faire parvenir au roi une requête qui fut sans doute appuyée par quelques personnages puissants. Au mois de décembre 1499, l'amiral de Graville se présenta devant les commissaires faisant fonctions de magistrats municipaux, et leur remit une lettre dans laquelle le Roi demandait que Jean Hesselin fût élargi sur sa parole pour une année, et joignant à ses prières une menace, Louis XII ajoutait que si les commissaires ne traitaient pas favorablement ledit Hesselin, il n'en serait pas content et *pourroit bien s'en ressouvenir dans l'occasion* (2). Le greffier fut élargi et ne tarda pas sans doute à être reconnu innocent des malversations qu'on lui reprochait, car il conserva ses fonctions de receveur : seulement, pour obliger ce comptable à plus de régularité, les commissaires l'astreignirent aux formalités suivantes : « La personne commise à exercer ces fonctions fera
« registre de tous actes, appointements et ordonnances qui seront
« faictes tant judiciairement que autrement, des baux des fermes, tant
« du domaine que des aydes d'icelle ville, ensemble des tiercemens et
« doublemens ; fera aussi registres de toutes taxations des charges, acquits,

(1) « L'an mil v⁰ II, vendredi xviii⁰ nov. Au moyen du trépas de feu Denis Poictiers, licencié en loix, en son vivant clerc et greffier de la dicte ville, et contrerolleur de la recepte de la dicte ville et des deniers assignez estre payez sur icelle, conveuroit pourveoir ou dit estat et office de honnorable personne souffisant et ydoine, en baillant pris raisonnable à la dicte ville, pour employer à rachepter les rentes, et acquicter les arrerages qui courent sur le revenu de la dicte ville, ou en autres affaires plus urgentes d'icelle ; et outre ce l'on doit proceder par vive voix à l'election du dit office de greffier et clerc de la dicte ville, et non par voye de scrutine, oyes les quelles remonstrances et oppinions, sont apparuz devant les dits prevost des marchans eschevins, conseillers et quarteniers de la dicte ville, maistre Jehan Picart, licentié en loix, notaire et secretaire du Roy, nostre Sire, qui a offert à la dicte ville, pour estre pourveu du dict office de clerc-greffier et contre rolleur, la somme de deux mille escus d'or, Symon Larcher, deux mille escus d'or, Me Pierre Paulmier.... trois mil livres tournois, et Me Jehan Hesselin douze cens escus d'or. » (Reg. de l'Hôtel de Ville, H, 1778, fol. 97.)

(2) Registre de l'Hôtel de Ville, H, 1778, fol. 15 r⁰.

« moderations des estats des receveurs et autres choses, touchant la
« distribution des deniers de la dicte ville; et fera extrait signé de
« sa main, pour valoir de contrerolle à la reddition des comptes de la
« recepte et mise des deniers de la dicte ville, tant du domaine que des
« aydes (1). »

Denis Hesselin, dans ses nouvelles fonctions, qui avaient encore une
bien grande importance, continua de rendre à la Ville de nombreux services. Avant l'année 1499, Jean Hesselin, son fils, lui avait été adjoint,
et prenait sa part des gages ordinaires de cette charge fixés à cent
soixante livres par an. A cette époque, le receveur n'était pas seulement
chargé de l'administration des revenus particuliers de la Ville, lui seul
percevait encore les octrois nombreux accordés par le roi sur la vente
des marchandises, afin de subvenir à l'entretien des fortifications et des
monuments publics. Jean Hesselin touchait en outre trente-deux livres
parisis pour cette recette des aides et octrois (2).

Pendant le cours du xvie siècle, les fonctions de receveur acquirent
de plus en plus de l'importance; quand François de Vigny obtint du
conseil de ville, au mois de juillet 1564, que son fils ait la survivance

---

(1) FÉLIBIEN, t. III, p. 572

(2) « A sire Denis Hesselin et maistre Jehan
Hesselin son fils, receveurs au survivant des
aydes et octroys, par le roy nostre sire, aux
prevost des marchands et eschevins bourgeois, manans et habitans de la dicte ville de
Paris, pour les gaiges du dit office qui sont
de viii^{xx} l. p. par an, par luy desserviz durant
le temps de ce présent compte commencé le
premier jour d'octobre mil cccc iiii^{xx} xix, et
finissant le dernier jour du dit mois ou dit an,
qui est ung mois entier, la somme de xiii l.
vi s. viii d. p.

« Au dit Me Jehan Hesselin, receveur dessus
dit, pour ses gaiges, peines, sallaires, et vaccations, d'avoir, durant le dit temps de ce
compte contenant ung mois entier, fait et
tenu le compte oultre et par dessus les aides
et deniers ordinaires, qui ont accoustumez
avoir cours au proffit de la dicte ville des aides

cy après declairez, c'est assavoir ii s. pour
queue, et xii d. p. pour muy de vin vendu en
gros, en la dicte ville et faulxbourgs de Paris,
item de ii s. pour chacun muy de bierre brassé
et vendu en la dicte ville et faulxbourgs, et
de viii l. p. de creue, mise sur chacun muy de
sel, vendu et distribué au grenier à sel de Paris,
oultre l'antienne crue de xvi l. p. la somme de
cinquante trois livres quatre deniers p. qui est
en la raison de xxxii l. p. par an à luy ordonné, tant par lesdits prevost des marchands
et eschevins, comme par nosseigneurs des
comptes, à la closture du compte de l'année
finie au dernier jour de septembre mil cccc
iiii^{xx} xviii ; à icelle somme de xxxii l. p. avoir
et prendre pour chacun an, tant et si longue-
ment que les dites aides auront cours, ainsi
qu'il est déclaré en l'arrest mis sur semblable
partie du dit compte finy mil cccc iiii^{xx} xviii
pour ce cy par ses mains là dictes. »

de sa charge, ce fut à la condition que ce dernier n'en accepterait aucune autre, afin de mieux vaquer à son emploi. Ces François de Vigny père et fils, comme Denis et Jean Hesselin, leurs prédécesseurs, occupèrent leur charge pendant le xvi° siècle presque tout entier. Lorsque le père demandait au conseil de Ville, en 1564, que son fils le remplaçât, il ne se doutait pas du lourd fardeau qu'il lui imposait, et des tribulations sans nombre qui devaient l'assaillir. Au mois de septembre 1576, le jeune François de Vigny, prévoyant tous les malheurs d'une longue guerre civile, essaya de se soustraire aux événements qui le menaçaient, et vendit sa charge de receveur, moyennant cinquante mille livres, à un sieur Petremole, serviteur du grand prieur de France, homme adroit, mais qui ne jouissait pas d'une bonne réputation de probité. Quand cette affaire fut portée au conseil de ville, le procureur du roi prouva par un grand nombre d'exemples que la charge de receveur avait toujours été transmise par substitution du père au fils d'abord, et d'un particulier à un autre ensuite. Mais cette opinion ne prévalut pas dans le conseil : le sieur de Saint-Mesmin, prévôt des marchands, et le sieur de Nicolaï eurent une discussion violente à ce sujet. Le Roi et ses ministres ne voulaient pas de ce changement, et les bourgeois de Paris étaient d'accord avec eux sur ce point : « De fait », ajoute Létoile qui paraît assez bien « instruit, le dit Petremole n'estoit agréable aux uns ni aux autres, « pour ce qu'outre qu'il estoit en mauvais nom et en soubçon de beaucoup « devoir, chacun pensa incontinent qu'il ne l'avoit si chèrement acheté « que pour en tirer quelque grand proufit, au dommage et préjudice du « pauvre peuple (1). » Bien que Petremole ait été reçu par le conseil de Ville, François de Vigny fut obligé de reprendre ses fonctions. Depuis cette époque, il eut à lutter sans cesse contre l'avidité de Henri III, qui, sans attendre que les subsides qu'il demandait continuellement à la Ville lui fussent accordés, se rendait chez de Vigny et s'emparait de ses recettes (2). En 1590, les ligueurs mirent de Vigny à la Bastille, mais un arrêt du Conseil d'État le fit bientôt relâcher.

---

(1) *Registre-Journal de Létoile*, édit. Michaud-Poujoulat, t. I, p. 78.

(2) « Mars 1582 : En ce temps le Roy prinst « des coffres de maistre François de Vigni.

PREMIÈRE PARTIE.

La création des rentes sur l'Hôtel de Ville, qui remonte au 27 septembre 1522, vint augmenter encore l'importance des fonctions de receveur. A la fin du xvie siècle, ces rentes s'étaient accrues dans une proportion si grande, que plusieurs commis adjoints à cet officier ne suffisaient pas. Les rentiers se plaignirent au conseil particulier du roi, *de la confusion et de la longueur des paiements.* Ces réclamations furent suivies d'un édit du mois de décembre 1575, qui créait deux contrôleurs de rentes et un payeur de celles du clergé. Malgré les remontrances du corps de ville sur cet édit, ces nouveaux offices, établis moyennant finances, ne tardèrent pas à être suivis de beaucoup d'autres, si bien qu'au mois d'octobre 1711, les créations étaient au nombre de quarante-trois, et que le prix des charges de contrôleur ou de receveur, qui, dans l'année 1576, avait été de vingt mille livres, s'élevait jusqu'à trente mille au commencement du xviiie siècle (1).

Immédiatement après les clercs-greffiers et receveurs, dans l'ancienne hiérarchie municipale, venait le clerc-procureur, qui, à la fin du xviiie siècle, portait le nom de *Procureur du Roi et de la Ville.* Dès l'année 1293, cet officier faisait partie du *Parloir aux Bourgeois*: au bas d'une sentence rendue le seize avril de cette année, contre un bourgeois de Harfleur, parmi ceux qui sont désignés comme témoins, figure *maître Guillaume de Montmor, clerc le Roi* (2). Dans une autre sentence du 24 janvier 1298, *Morize Alain* est nommé parmi les juges, mais avec ce titre : *Procureur le Roi* (3). Deux autres sentences de 1301 et 1303 font connaître sous la même qualité *Geofroy d'Argenteuil procureur nostre seigneur le Roy*, et *Guillaume de Sarens* pro-

---

« receveur de l'Hostel de la Ville de Paris, cent
« mille escus pour les bailler aux ducs de
« Joieuse et d'Espernon pour les frais de leur
« voiage en Lorraine, où ils alloient voir les
« parens de leurs femmes.... »

« Septembre 1584 : au commencement du
« mois de septembre, le Roy prist chés de
« Vigni deux cens mil francs pour entretenir,
« à ce qu'on disoit, ses mignons et ses
« moines. » *Registre-Journal de L'Étoile*, édit.
Michaud, etc. p. 144-175, t. I.

(1) Voyez sur cette question curieuse l'ouvrage de M. Le Roy que j'ai cité déjà au chapitre II de ce Livre, *Mémoires concernant le contrôle des Rentes*, etc. Paris, 1717, in-12.

(2) App. II, Livre des Sent., année 1296, 16 avril.

(3) *Idem*, année 1298, 24 janvier.

cureur le Roy (1). Ces actes divers, tous relatifs à des contraventions aux priviléges de la *Marchandise*, peuvent servir à déterminer les fonctions de ce magistrat : il représentait le roi et fixait la part qui lui revenait comme suzerain, dans les confiscations. A la date du 22 décembre 1405, le Recueil des Sentences renferme la mention suivante : « *L'An de « grace, etc., receumes à procureur por la Marchandise et por la ville de Paris, Mestre Rogier Pastorel clerc* (2). C'est la plus ancienne mention que j'aie trouvée d'un magistrat qui, dans la première moitié du xvie siècle, s'est confondu avec le *procureur du Roi*, mais qui, pendant longues années, en fut parfaitement distinct. Ainsi le registre officiel de l'élection des magistrats municipaux, qui commence en 1411, indique au 19 mars de cette année, la nomination d'*Étienne Coulon* comme procureur de la ville et de la Marchandise. Le 3 février 1449, à cause de son grand âge, Étienne Coulon résigna son office à Jacques Rebours, et le 2 septembre de l'année 1527, *Jehan Beurise*, conseiller référendaire en la Chancellerie de Paris, fut nommé *procureur du Roi et de la dicte ville*, en remplacement de *Jehan Raduise*, mort depuis dix-huit mois (3).

La charge de procureur de la Ville n'était pas unique comme celle de procureur du Roi; les comptes de recettes et dépenses pour l'année 1424, portent au sujet de ces officiers : « à Me Guillaume Barthelemy *procureu* « *général* et conseiller du Roy, et de la dicte ville, pour sa pension qu'il « prent chacun an, au dit terme Saint Martin d'ivert, viii f. parisis. » Me Jean Bailly et Me Étienne, tous les deux procureurs de la Ville, ne touchaient que cent sous parisis (4). Les fonctions de procureur de la Ville paraissent avoir été de diverse nature ; ainsi j'ai fait remarquer précédemment, à l'occasion de l'élection du prévôt des marchands et des échevins, qui eut lieu en 1450 (5), que le procureur de la Ville ne voulut pas que le choix des électeurs se portât sur d'autres candidats que sur les bourgeois nés à Paris. De ce fait on peut conclure qu'une des principales fonctions de cet officier, consistait à maintenir les usages anciens et les priviléges de la municipalité parisienne.

(1) App. II, année 1301, 12 mai ; année 1303, novembre.
(2) *Idem*, année 1305, 22 décembre.
(3) Reg. des Élect. Arch. du Roy. K, 996.
(4) Reg. des Recettes et Dépenses, 1er reg.
(5) Voyez p. 157.

D'après la souscription de l'inventaire de l'artillerie de la Ville, datée de l'an 1505 (1), le procureur aurait encore été chargé de la garde de cette artillerie, ainsi que des Archives de la Ville; au moins *Jehan Raduise*, successeur de Jacques Rebours, déclare-t-il avoir reçu de ce dernier les clefs des chambres et des coffres renfermant tous ces objets. Quant aux archives, l'enquête qui suivit la chute du pont Notre-Dame (2) fut la cause de cette organisation inaccoutumée.

C'est à partir de 1536 que la charge de procureur du Roi et celle de procureur de la Ville, se trouvent mêlées ensemble et sont exercées par une seule personne. Au mois de mai de cette année, Léonard Gouart, successeur de Jean Benoit par substitution, demande que les bourgeois de la ville prennent part à son élection. Bien que ce ne fût pas l'usage, le Conseil de Ville lui permet de faire faire assemblée (3). Outre leurs gages ordinaires, qui s'élevaient par année à cent sous parisis, les procureurs recevaient encore cent sous tournois pour une robe. Ce droit ayant été suspendu en 1382, leur fut rendu le 14 janvier 1393, par lettres patentes de Charles VI.

Le procureur du Roi demeurait à l'Hôtel de Ville, prenait sa part dans les distributions d'épices, de cire et de jetons; et, dans les cérémonies publiques, il marchait après le prévôt des marchands, les échevins et le greffier, à côté du receveur.

Depuis le XIIIe siècle, les procureurs au parlement, ou bien les avocats étaient admis à plaider devant les officiers du Parloir. Dans une sentence du 31 octobre 1298, contre Raoul Le Ferron d'Amiens, il est parlé de son procureur, et en 1291 Renuche Espinel ayant voulu contester la confiscation faite à son détriment par les sergents du Parloir, confia la défense de sa cause à « mesire Salves avoquas (4). » Jusqu'à la fin du XVIe siècle, aucun changement n'eut lieu à cet égard. Au mois de janvier 1555, Henry II, ou plutôt les gens de son conseil, proposèrent à la ville de créer une charge d'avocat du Roi, mais les magistrats municipaux s'empressèrent de répondre que l'érection de

---

(1) Voir App. I, n° 6 A.
(2) Voyez plus haut l'article des receveurs-greffiers.
(3) Extraits des Reg. de l'Hôtel de Ville, Ms. de la ville de Paris, p. 108.
(4) App. n° II, Livre des Sent., année 1298.

cette charge était superflue, et que, même à l'époque où la ville possédait des attributions judiciaires plus compliquées, elle n'avait pas eu d'avocat particulier (1). Mais au mois de mai 1562, le sieur Denis du Mesnil, dont le frère, avocat du Roi au parlement, avait du crédit à la cour, obtint les provisions d'une charge d'avocat et conseil de la ville de Paris, avec les appointements de cent sous parisis. Plus tard, ces charges d'avocat existèrent au nombre de quatre seulement.

Il faut encore placer entre les fonctions supérieures de l'ancienne municipalité parisienne, celles de lieutenant de la prévôté et échevinage. En 1425, ces fonctions étaient exercées par M° Longue Joe, licencié en lois, avocat au Châtelet, qui prenait le titre de lieutenant de Messieurs les prévôts des marchands et échevins de la ville de Paris, « en leur « juridiction et auditoire de l'Ostel de la dicte ville (2). » Ses gages étaient de vingt livres parisis. Un personnage de ce nom exerçait les mêmes fonctions vingt ans plus tard, et j'ai remarqué précédemment qu'une chaîne en fer fut établie par son ordre dans la salle d'audience, afin d'y suspendre les pintes, chopines et autres mesures en usage dans les cabarets de Paris, qui se trouvaient confisquées (3). Ce fut probablement vers cette époque que le prévôt des marchands, ne pouvant plus assister aux nombreux procès qui devaient être jugés à son tribunal, nomma, pour le remplacer dans cette partie importante de ses fonctions, un lieutenant civil. Plus tard, les occupations des échevins, des conseillers de ville et des autres officiers municipaux augmentant toujours, deux lieutenants de la prévôté des marchands et échevinage furent établis, spécialement chargés de l'expédition des procès relatifs au commerce par eau. En 1527, Nicolas Charmoulue et Augustin de Thou étaient pourvus de ces deux offices, et j'ai dit précédemment que l'échevin Guédon ayant voulu empiéter sur leurs attributions, fut contraint de changer de conduite, après avoir été réprimandé.

Dans les dernières années du xive siècle, cette magistrature populaire établie au Parloir aux Bourgeois, avait déjà changé de face. De 1287 à

---

(1) Reg. H, 1783, fol. 164 v°.
(2) Reg. des Rec. et Dép., Ar. du R. K, 1060.
(3) Voyez Livre I, chap. 1er.

1304, le Livre des Sentences renferme quinze articles relatifs à des affaires de succession; depuis 1315 jusqu'en 1322, le même livre n'en contient pas une seule du même genre. Sans doute, le parlement devenu sédentaire depuis quelques années, et la juridiction civile du Châtelet évoquèrent ce genre d'affaires qui, touchant à l'intérêt de chacun, eut toujours une grande importance. Après la révolution de 1358, et lors de la suppression de la prévôté, sous Charles VI, de 1382 à 1409, la part de juridiction laissée aux magistrats municipaux se trouva modifiée de nouveau. Ici commence ce tribunal en premier ressort nommé bureau de la ville, chargé de la police du commerce par eau, des portes et remparts, du pavé des chemins, des eaux et fontaines, et, depuis le XVIe siècle, d'autres attributions importantes, comme le gouvernement des pauvres et des hôpitaux. Le plus ancien registre du bureau de la ville qui soit parvenu jusqu'à nous remonte à l'année 1395. Ce registre contient un nombre considérable de jugements relatifs au commerce sur la Seine, et à celui du vin dans l'intérieur de Paris. La surveillance que les membres de l'ancien Parloir exerçaient déjà sur cette marchandise est devenue des plus actives : par exemple, sous la date des 22 juillet et 3 avril de l'année 1399, on trouve dans ce registre l'énumération des amendes prononcées contre quarante-huit cabaretiers de Paris, dont les mesures avaient été trouvées trop petites (1). Le même volume renferme encore plusieurs arrêtés relatifs à la police intérieure, principalement sur les quais et les ports. Mais tous ces jugements, tous ces arrêtés, des plus curieux pour l'histoire du commerce et de la ville, ne sont pas relatifs à des actes d'une haute gravité. Aussitôt qu'une affaire se présentait pouvant prendre ce caractère, elle était renvoyée soit au Châtelet, soit au Parlement.

Le procès-verbal d'une séance du conseil de ville, tenue au mois de janvier 1555, renferme sur le bureau de la ville et sur la différence qui existait entre la juridiction de ce bureau et celle de l'ancien Parloir, quelques lignes des plus curieuses. Le rédacteur de ce procès-verbal, après avoir dit que la création d'une charge particulière d'avocat consul-

---

(1) Registre 1er du bureau de la ville, année 1399, Arch. du Roy. sect. jud.

tant de la ville, proposée par le roi, loin d'être avantageuse, ne pouvait que porter préjudice à l'administration municipale, ajoute : « De toute « ancienneté les prevost des marchands et eschevins de la ville de Paris, « soulloient avoir la justice ordinaire, et cognoissoit par prévention « avecq le prevost de Paris, de toutes causes civiles, personnelles, « possessoires, réelles et mixtes, et pareillement de toutes causes crimi- « nelles. Toutesfoys lors n'y avoit aucun advocat du roy en la dicte « prevosté, mais seulement le procureur du roy de la ville, qui y est « encores de présent.

« Depuis toute ceste jurisdiction ordinaire a esté transmise au prevost « du dit Paris, et a esté dellaissé à la prevosté des marchans la congnois- « sance de l'eaue et faict de la riviere, qui est telle et si petite qu'il n'y « a pas occupation suffisante pour employer le procureur, attendu que « toutes les dictes causes sont de petite conséquence qui ont acoustumé « d'estre traictez et jugez sommairement en audiance, sans figure ni pro- « cès, le plus souvent sur les ports de la dicte ville, sans leur donner forme « de procès; desquelz procès par escript ne se trouvera en avoir esté jugé « par chacun an jusques à douze.... (1) »

Dans quelques circonstances cependant, le bureau de la ville paraît avoir exercé une juridiction criminelle. Pour s'en convaincre, il suffit de jeter les yeux sur un discours de quelques pages in-folio, relatif à cette matière (2), dans lequel sont analysées plusieurs sentences du bureau de la ville, qui condamnent les délinquants à la peine du fouet et du carcan. L'auteur de ce discours cite même deux arrêts de mort pro- noncés par le bureau de la ville, qui reçurent leur exécution : « Du « temps du roy Louys unziesme, un nommé Jean Hardy, cuisinier, « fut accusé d'avoir voulu empoisonner Sa Majesté; iceluy Hardy estant « pris, fut par le commandement de Sa dicte Majesté, qui estoit lors au « Plessis-lez-Tours, envoyé aus dits prevost des marchands et esche- « vins, pour luy estre fait et parfait son procez, et qu'il fut detenu de-

---

(1) R de l'Hôtel de Ville, H, 1783, f. 164 v°
(2) *Discours sommaire de l'establissement, jurisdiction et pouvoir des prevost des marchands et eschevins de la ville de Paris, et officiers d'icelle*, page 468 *des Ordonnances royaux sur le faict et juridiction de la prevoté des marchands, etc. etc.* Paris, 1644, in-fol

« dans les prisons de la dite ville; ce qui fut fait et le dit Hardy exécuté
« à mort (1). »

« Par sentence de la dicte ville du 5 decembre mil cinq cens quatre
« vingt dix, Jean Lestourneau a esté condamné a estre pendu et estran-
« glé, pour avoir couppé une bourse dans la Grève, proche le carcan
« de la ville. »

Il faudrait bien se garder de tirer aucune conclusion générale de ces deux exemples tout à fait exceptionnels, et qui n'ont rien de surprenant. On sait combien ont été confuses en France, jusqu'à la fin du XVIIIe siècle, les limites entre les juridictions civiles ou criminelles de toute nature, combien de conflits se sont élevés entre ces juridictions. Lestourneau fut condamné par le bureau de la ville, parce qu'il avait commis son crime sur la place de Grève, devenue depuis le XIIe siècle, propriété particulière des bourgeois de Paris, qui exerçaient en ce lieu la justice haute et basse. Quant au cuisinier Jean Hardy, Louis XI, prince souverain, déférait à l'une des juridictions qui lui étaient soumises le droit de punir un coupable dont il pouvait disposer suivant sa volonté.

Plusieurs autres institutions commerciales se rattachaient aussi à l'ancienne organisation de la municipalité parisienne. De ce nombre sont les *six corps de métiers*, dont les gardes jurés et syndics étaient comptés au nombre des officiers du corps de ville, et les *juges-consuls* qui furent presque toujours choisis parmi ces officiers. L'histoire des six corps de métiers remonte à une époque reculée de nos annales; mais cette histoire, même abrégée, ne saurait trouver place dans cet essai. Quant aux *juges-consuls*, leur création pour la ville de Paris date du mois de novembre 1563. Ils étaient chargés de connaître exclusivement de tous les procès et différends que les marchands pourraient avoir entre eux, relativement à leur commerce. Le prévôt et les échevins devaient réunir, chaque année, cent notables bourgeois qui élisaient cinq mar-

---

(1) Voyez *Chroniques du Roi Louis XI*. P. 168, tome II des *Mémoires de Comines*, édit. de Lenglet du Fresnoy, in-4°.

chands, formant le tribunal de ces juges-consuls. A l'instar de la ville de Paris et de celle de Toulouse, qui depuis 1549 jouissait d'une institution de ce genre, les autres bonnes villes du royaume eurent aussi peu à peu leur tribunal de commerce, et vers 1705 on en comptait quarante et un [2].

(1) On peut consulter à ce sujet le recueil suivant : *Recueil contenant les édits et déclarations du Roy sur l'établissement et confirmation de la jurisdiction des consuls de Paris et autres, et les ordonnances et arrests donnés en faveur de cette justice*. Paris, 1705, in-4

CHAPITRE CINQUIÈME.

LE CORPS DE VILLE, 2ᵐᵉ PARTIE : QUARTINIER. — CINQUANTENIER. — DIXAINIER. — MILICE BOURGEOISE. — ARCHERS, ARQUEBUSIERS, HACQUEBUTIERS DE LA VILLE.

Après les fonctions de prévôt des marchands et d'échevin, les plus considérables de l'ancien gouvernement municipal étaient celles de « quartinier. » Sans pouvoir indiquer précisément l'époque où ces fonctions ont commencé, j'ai tout lieu de croire qu'elles remontent au xiie siècle, à l'époque où la ville de Paris était seulement divisée en quatre parties. Toutes les fois que cette ville reçut des accroissements un peu considérables, le nombre des quartiers augmenta naturellement. C'est ainsi que jusqu'au règne de Philippe Auguste, ces quartiers furent au nombre de quatre seulement : la cité comprenant l'île du Palais, formait le premier et le plus ancien ; l'Université au midi, les environs de la Grève et de Saint-Jacques-la-Boucherie au nord, composaient les trois autres. L'an 1211, quand Philippe Auguste eut achevé sa nouvelle enceinte, la ville de Paris fut agrandie de quatre quartiers, deux au nord, ceux de Sainte-Opportune et de Saint-Germain-l'Auxerrois, deux au midi, ceux de Saint-André-des-Arcs et de la place Maubert. Enfin, sous Charles VI, en 1383, huit nouveaux quartiers furent joints aux précédents et doublèrent la vieille capitale. Le nom de ces nouveaux quartiers en indique suffisamment la position. Ce furent ceux de Saint-Antoine, de Saint-Gervais, de Sainte-Avoye, de Saint-Martin, de Saint-Denis, des Halles, de Saint-Eustache et de Saint-Honoré. A mesure que la ville de Paris prenait plus d'étendue, le pouvoir municipal confié au prévôt des marchands et à ses échevins, acquérait aussi plus d'importance. Pour être exercé dans toute sa rigueur, ce pouvoir avait besoin de moyens d'exécution prompts et sûrs, confiés à des hommes fidèles, incorruptibles ; telle fut la mission des *Quartiniers, Cinquantainiers, Dixainiers* de la ville de Paris, qui doivent être considérés comme les agents aux mains desquels était remis ce pouvoir. Soumis dans la hiérarchie municipale au prévôt des marchands et à ses échevins, ils correspondaient directement avec les bourgeois de la ville, et acquéraient par cela seul une autorité d'autant plus grande. La première mention certaine (1) que j'aie trouvée de ces officiers municipaux, c'est dans l'édit de 1382, par lequel Charles VI abolit la prévôté des marchands, après la sédition des Maillotins. Voici comment le roi s'exprime à ce sujet : « Nous deffendons que doresenavant il n'ait « en nostre dicte ville, aucuns quarteniers, cinquanteniers ou dixainiers « establis pour la deffense de la ville, ne autrement (2). » Le roi ajoute que si la présence des ennemis obligeait à défendre la ville, il y pourvoirait et la ferait garder lui-même. L'origine des quartiniers se trouve ainsi clairement démontrée : ils étaient chefs militaires des bourgeois de leur quartier, et avaient comme adjoints les cinquantainiers et les dixainiers. Aussi, plus tard, quand les charges de quartiniers furent érigées en titres d'office, on les considéra comme étant plutôt militaires que civiles. Voici du reste en quoi consistait leur fonction : ils avaient commission de veiller au repos de la ville, ainsi qu'à la défense des remparts et des portes, et de faire exécuter les ordres que leur transmettait le prévôt des marchands. Pendant les troubles, ou quand les ennemis menaçaient ou assiégeaient la ville, les clefs de chacune des portes étaient remises le soir aux quartiniers, qui les donnaient chaque matin aux cinquanteniers et dixainiers sous leurs ordres. Ils avaient de plus, sous l'entrée de leur maison, vingt-quatre seaux de ville et des crocs en fer, pour servir en cas d'incendie (3). Les quartiniers devaient assister aux assemblées du Corps de Ville, aux cérémonies publiques, où leur place particulière était marquée (4).

(1) L'auteur d'une chronique en prose encore inédite, Jean de Nouelles, qui écrivait à la fin du xive siècle, semble indiquer que Jehan Maillart qui, en 1358, tua le prévôt des marchands, était un des quartiniers de Paris : « Mais à Paris avoit 1 bourgois nommé Jehan « Maillart, qui estoit garde, par le gré du com- « mun, d'un des quartiers de la ville, qui estoit « ordonnés par IIII capitaines. Cilz Jehans « Maillars ne voult mie que cilz qui en son « quartier estoient establis pour villier, lais- « sassent leur garde, dont Philippe Gieffart et « autres aliés à la trahison le blamoient. » (Fol. 167 r°. Bibliothèque Royale Ms. S. F. 98-22.)

(2) *Ordonnances des Rois de France*, t. V. p. 688.

(3) *Traité de la Police*, t. IV, p. 155.

(4) *Recueil pour la Compagnie de Messieurs les Conseillers du Roi, quartiniers de la ville*

Les cinquanteniers commandaient sous leurs ordres à cinquante hommes de milice bourgeoise, et les dixainiers à dix hommes. Il y eut pendant longtemps, sous chacun des quartiniers, deux cinquanteniers et dix dixainiers, qui formaient ainsi une compagnie de deux cents hommes. En 1770, le nombre des cinquanteniers était porté à quatre, celui des dixainiers à seize, dans chaque partie de la ville. Les cinquanteniers et dixainiers étaient tenus d'exécuter en personne les ordres que leur transmettaient directement le prévôt des marchands, ou leur quartinier respectif. Ils devaient tenir une liste de tous ceux qui habitaient les maisons de la ville commises à leur garde, et ne communiquer cette liste qu'aux quartiniers. Ils veillaient à ce qu'il ne se fît aucune assemblée générale ou particulière « pouvant tendre à sédition. » La conservation des chaînes de fer qui garnissaient le coin des rues « avec leurs rouets et « autres fermetures nécessaires pour les soutenir », leur était également confiée. Ils faisaient tendre ces chaînes aussitôt que le prévôt des marchands, l'un des échevins, ou le quartinier leur en avaient donné l'ordre. Ils avaient soin que le contingent de la milice bourgeoise fût toujours au complet, et dans les cas d'incendie, ils devaient appeler chacun des habitants, et leur faire distribuer les instruments de sauvetage qui se trouvaient, soit chez les quartiniers, soit à l'Hôtel de Ville. Ces officiers délivraient encore à ceux qui voulaient obtenir des lettres de bourgeoisie, un certificat attestant leur moralité, et leur exactitude à contribuer aux charges que nécessitaient la police et la salubrité de la ville (1). Si, dans la hiérarchie municipale, ces fonctions ne tenaient pas le premier rang, dans le fait elles étaient recherchées avec empressement par les commerçants les plus notables, qui acquéraient ainsi beaucoup d'influence.

Dès le XVe siècle, les quartiniers étaient investis d'une fonction de

de Paris, contenant divers instructions, edits, declarations, arrêts du conseil, et autres titres sur leur origine, fonctions, prerogatives, et reglements formé en 1770 par les soins de messieurs Lempereur Martel, et Levé, de la compagnie de Messieurs les conseillers du Roi quartiniers, in-4°, Ms.

(1) Ces charges étaient désignées sous les noms collectifs de *boues, guet, pauvres, lanternes.* Recueil Ms. pour la compagnie de MM. les conseillers du Roi quartiniers, etc., p. 20, 21, 22, 23.

haute police qui mérite d'être signalée. Dans les moments difficiles, en cas de famine, par exemple, de peste ou de siége, ils avaient le droit de pénétrer dans la maison de chaque bourgeois de Paris, de s'assurer du nombre et de la nature des armes qu'il possédait, ainsi que de la quantité de farine et d'autres provisions qu'il pourrait fournir au besoin. Au mois d'avril 1524, quand la captivité de François Ier eut été connue à Paris, les quartiniers firent une perquisition de ce genre, mais ne purent donner qu'une évaluation qui fut jugée insuffisante par le Conseil de Ville. Les quartiniers répondirent qu'ils étaient tous disposés à mieux remplir les intentions du conseil, mais que le peuple, en plusieurs endroits, « s'ennuyoit qu'on allât si souvent le visiter et faire recharche »; ils demandèrent en conséquence que deux archers et un conseiller de ville les accompagnassent dans ce nouveau recensement. On décida que les quartiniers retourneraient dans chaque maison, verraient *à l'œil* le blé, l'orge, l'avoine, le nombre de gens armés que chacun pourrait fournir, et qu'il serait nommé par la ville, « en chacune cinquantaine deux gens d'estat et « de plume, pour mieux savoir rediger par escript les responces qu'on « leur fera (1). »

Pendant la Ligue, les quartiniers, cinquanteniers, dixainiers, firent chez les bourgeois de Paris des visites domiciliaires très-fréquentes (2). Ces visites avaient principalement pour objet la levée des sommes néces-

---

(1) Procès-verbal des délibérations tenues à l'Hôtel de Ville de Paris, pendant la captivité de François Ier. — Bibliothèque de l'École des Chartes, t. V, p. 545 (1re série).

(2) Voir les registres de l'Hôtel de Ville : 6 novembre 1577 : « que les quarteniers, dixeniers, cinquanteniers, fassent trois fois la semaine visite es hostelleries et chambres garnies, de tous ceux qui y sont logés. — 5 mars 1585, ordre du roy, du 14 mars, de faire recherche exacte de tous les estrangers dans Paris, non-seulement par les quarteniers, mais encore par les échevins. — Ordre du 23 mars pour faire faire recherche par les maisons et *chambres locantes*, de toutes personnes y logeans, et la reitérer, de quinze en quinze jours, et le rolle porté à la ville, etre par les prevot et echevins remis au gouverneur, et par lui au roy. — 24 avril 1585, mandement à un colonel pour faire, de quinzaine en quinzaine, recherche exacte de toutes les personnes logées en son quartier, et si aucuns sont trouvés sans maitres ou occasion urgente, de vuider la ville dans vingt-quatre heures. — 23 mars 1587. — 10 may 1588., ordonnance du roy pour faire par ceux qu'il commettra avec les quartiniers, visites de toutes les maisons, et dresser état général de tous ceux qui y logeront. — 8 juin 1589. — 28 août 1589, etc. »

PREMIÈRE PARTIE.

saires à la défense de l'union catholique et de la ville. L'étoile en parle avec toute l'amertume d'un homme qui fut victime de ces perquisitions (1). En lisant son registre-journal, on voit jusqu'à quel point ces officiers municipaux avaient porté l'arbitraire. En voici une preuve qui m'a paru digne de remarque. Dans les registres de l'Hôtel de Ville, à la date du 1ᵉʳ août 1588, se trouve la liste suivante :

Estat des noms desquelz le Roy veult que les seize quartiers de la ville soient doresnavant nommez.

« Le quartier que l'on souloit appeller de *Carrel* se nommera doresnavant de Sainte Geneviefve. — Celuy de *Huot* se nommera Sainct Severin. — Celuy de *Guerrier* de Nostre Dame. — Celuy de *Danès* de Sainct Esprit. — Celuy de *Foix* de Sainct Jehan. — Celuy de *Choilly* de Sainct Gervais. — Celuy de *Parfaict* de Sainct Anthoine. — Celuy de *Charpentier* du Temple. — Celuy de *Vasseur* de Sainct Martin — Celuy de *Beausse* le Sepulchre. — Celuy de *Bourlon* Sainct Jacques de l'Hospital. — Celuy de *Lambert* de Sainct Eustache. — Celuy de *Canaye* de Sainct Honoré. — Celuy de *Parlan* de Sainct Germain de l'Auxerrois. — Celuy de *Durantel* Sainct Jacques de la Boucherie. — Celuy de *Bourgeois* des Sainctz Innocentz.

« Faict à Chartres, le premier jour d'aoust, mil cinq centz quatre vingtz huict. — Signé Henry. — Plus bas de Neufville (2). »

Ainsi les quartiniers avaient substitué leurs noms à celui que portait

---

(1) « Envoiant fouiller les maisons des roiaux et politiques par les Seize (comme fust la mienne, la première du quartier, fouillée par maistre Pierre Senault et la Rue, le mercredi 28 de ce mois, jour des Innocens.) 1588. . . . .
8 janvier 1589 : ce mesme jour, le prevost des marchands et eschevins de la ville de Paris, par le commandement du duc d'Omale, leur gouverneur, envoierent aux capitaines des dixaines leurs mandemens, afin que chacun d'iceux, sur les bourgeois de sa dixaine, fist une nouvelle levée de deniers, pour ce que la première faite par les curés (comme ils faisoient entendre), n'avoit esté suffisante pour faire le fons qu'ils vouloient faire, tant pour la tuition de la ville que pour les autres frais de la guerre; cette seconde levée, qui suivoit de si près la première, ne fut gueres agréable à beaucoup de gens, mesme des plus catholiques, qui se doutèrent bien qu'on viendroit souvent fouiller à leurs bourses sous ce prétexte, comme il est depuis advenu. » *Registre-Journal de Lestoile.* — Collect. Michaud et Poujoulat, t. 1, p. 279.)

(2) Reg. de l'Hôtel de Ville, vol. (XII), H. 1789, fol. 185.

de toute ancienneté la partie de la ville soumise à leur direction. Le moment que Henri III choisit pour faire cesser cet étrange abus de pouvoir mérite aussi d'être considéré. Le vendredi 29 juillet, Lachapelle-Marteau, prévôt des marchands, Compans et Cotteblanche échevins, Bussi-le-Clerc, capitaine de milice bourgeoise, et plusieurs autres, vinrent trouver le roi à Chartres, par le conseil de Catherine de Médicis, pour obtenir de lui qu'il rentrât dans Paris (1). Henri III ne répondit rien, écouta les offres de service que lui firent les députés, et leur dicta la note précédente, qui fut envoyée à Paris. En dépit du roi, les noms donnés par les ligueurs aux différents quartiers de la ville se maintinrent longtemps encore, car dans le même registre (f° 450), sous la date du 6 octobre 1589, on lit : « De par le Prévost des Marchans, M° Robert « Danès, quartenier de la dicte ville au quartier du Sainct-Esprit, nous « vous mandons et ordonnons que vous ayez en toute dilligence faire haster « et parachever les taxes qui sont à imposer, etc., etc. » Et au feuillet suivant : « Monsieur Luillier, colonnel au quartier de Charpentier, etc. »

Les fonctions des quartiniers, cinquanteniers, dixainiers, n'étaient pas purement civiles, ainsi que je l'ai remarqué plus haut, et dans certaines circonstances, ces officiers se trouvaient les chefs d'une milice bourgeoise, d'autant plus considérable que nul des habitants de Paris ne pouvait s'exempter d'en faire partie. Faut-il rattacher l'origine de cette milice à celle que les Romains avaient établie dans les différentes municipalités de la Gaule, dont le devoir consistait principalement à veiller au repos de la cité, et dont nos rois des deux premières races parlent dans leurs Capitulaires (2)? C'est là une question que les documents parvenus jusqu'à nous ne permettent pas de résoudre complétement. Ce qu'il y a de certain, c'est que la milice bourgeoise paraît avoir toujours existé dans Paris. Depuis le milieu du xiv° siècle jusqu'aux troubles de la Fronde, en 1649 et 1652, nous la voyons paraître et se lever comme un seul homme, toutes les fois que la gravité des événements, les ennemis du dehors ou ceux de l'intérieur menacent le repos ou les prérogatives de la

---

(1) *Registre-Journal de Létoile*. — Édition Michaud et Poujoulat, t. 1, p. 260.

(2) *Traité de la Police*, t. 1, p. 235.

ville. En 1358, avec Étienne Marcel, en 1382 et 1413, lors des séditions des Maillotins et des Cabochiens, en 1437, avec Pierre Lallier, pour chasser les Anglais de Paris, en 1465, au moment de la guerre du bien public, en 1524, lors de la captivité de François Ier, pendant le reste du XVIe siècle, au milieu des sanglantes péripéties amenées par les guerres de religion, cette milice bourgeoise dont les chroniqueurs ont souvent exagéré le nombre, se montre et agit. Les quartiniers, cinquanteniers, dixainiers, lui servent de guide; ils connaissent tous ceux qui la composent, et par le nom et par la pensée. Cette institution devait nécessairement devenir une arme terrible entre les mains des partis. Étienne Marcel, qui lui donna une organisation puissante, s'en servit pour faire régner dans Paris un gouvernement d'oppression, et le même fait eut lieu en 1382, 1413 et 1418, où la milice s'arma tour à tour pour venir en aide aux Maillotins, au connétable d'Armagnac et au duc de Bourgogne. En 1572, si elle s'employa pour faire cesser le massacre de la Saint-Barthélemy (1), en 1588 elle chassa Henri III de Paris, et jusqu'en 1595, elle soutint le siège contre l'armée royale, qu'elle repoussa quelquefois. Un règlement publié le 14 avril 1587, nous fait connaître quelle était à cette époque l'organisation de la milice bourgeoise. Elle formait seize colonnes ou régiments, un par quartier, divisés en plusieurs *dixaines*, qui composaient autant de bataillons. Les quartiniers, cinquanteniers, dixainiers, toujours reconnus comme chefs civils de la milice, n'en étaient

---

(1) Voyez plus loin, liv. III, chap. 2.

Dans une chanson faite sur Marcel, prévôt des marchands, vers 1570, deux couplets sont relatifs à la garde bourgeoise, et à ceux de cette garde qui se montraient les plus fanatiques :

Nos cappitaines corporiaux
Ont des corsellets tous nouviaux,
  Dorez et beaux,
  Et des cousteaux
Aussi longs comme un voulge,
Pour Huguenots egorgetter ;
Et une escharpe rouge
Que tous voulons porter....

Debray, Hotman, Leschassier
Avec leurs cuirasses d'assier,
  Yront premier
  Les essayer.
Après yront Dehaire,
Rousselet, Ladvocat, Aubry,
Bourgeois et Labrière,
Et Desprez avec luy.

Vous yrez à la messe,
Huguenots, ou Marcel vendra
Ses biens, et de vitesse
Hors de France s'en yra.

(*Recueil de Chants historiques françois, depuis le* XIIe *siècle jusqu'au* XVIIIe, *avec des Notices et une Introduction*, par Le Roux de Lincy. — Paris, 3 vol. in-18 ; t. II, XVIe siècle, p. 294).

plus les chefs militaires. Chaque régiment obéissait à un colonel, chaque bataillon ou dixaine à un capitaine, à des lieutenants, enseignes, sergents et caporaux. Le caporal commandait une escouade de vingt hommes, un sergent à deux caporaux. Le colonel était élu par les capitaines, les lieutenants et des soldats délégués. Tous les bourgeois de Paris, de quelque condition qu'ils fussent, même les officiers du roi, ne pouvaient se soustraire au service (1). De même que pendant la Ligue elle n'avait pas cessé d'être sous les armes, de veiller aux portes et sur les remparts, afin d'empêcher le *Béarnais* de pénétrer dans la ville, de même lors des troubles de la Fronde, la milice bourgeoise reparaît, et une ordonnance de 1649 donne le nom de chaque colonel et l'ordre que chaque régiment devait observer entre eux (2). Le guide officiel des quartiniers, dressé en 1770, indique aussi la manière dont les légions de gardes bourgeoises étaient composées; il diffère peu du règlement que j'ai fait connaître plus haut (3).

Jusqu'au mois d'octobre 1633, les quartiniers furent élus par les cin-

(1) Registre de l'Hôtel de Ville, H, 1788. Une ordonnance du 10 novembre exempte de la milice le prévôt des marchands, les échevins, le procureur, le receveur, le greffier, son commis, le maître des œuvres, le maître de l'artillerie de la ville.

L'organisation nouvelle de la garde bourgeoise paraît avoir été le résultat des assemblées secrètes des principaux ligueurs. Nicolas Poulain s'exprime ainsi à ce sujet : « .... Assemblée fut faicte entre eux au logis de Santeuil, devant Saint-Gervais, où estoient La Bruyère, Lachapelle, Rolland, Leclerc, Crucé, Compang et plusieurs autres; et j'y estois aussi. Après la lecture bien au long de la lectre du dict duc de Guise, ... Lachapelle auroit pris la parole et remonstré que, suivant l'advis du duc de Guise, il estoit nécessaire d'establir les quartiers, à sçavoir secrettement quel nombre ils pourroient estre en chacun quartier, y establir un colonnel, et sous chaque colonnel quatre capitaines, afin qu'en l'exécution de leur entreprise il n'y eust aucune confusion. Et à l'instant le dict Lachapelle auroit déployé une grande charte de gros papier, où estoit peinte la ville de Paris et ses fauxbourgs, qui fut tout aussitost, au lieu de seize quartiers qu'il y avoit à Paris, partie et séparée en cinq quartiers, et à chacun quartier establyun colonel; et depuis soubs chacun des dicts colonnels furent establis nombre de capitaines, à chacun d'eux baillé un mémoire de ce qu'ils avoient à faire, et le lieu où devoient trouver des armes ceux qui n'en avoient point. » — « *Le Procez-verbal d'un nommé Nicolas Poulain qui contient l'histoire de la Ligue, depuis le second janvier 1585, jusques au jour des Barricades, escheues le 12 may 1588.* » Archives curieuses, etc. de Cimber et Danjou. 1re série, t. XI, p. 310.

(2) Liste de Messieurs les colonels de la ville de Paris, suivant l'ordre de leurs réceptions, avec les ordres qu'ils doivent tenir dans leurs marches. Paris, 1649, in-4° de 4 feuillets

(3) *Recueil pour les Quartiniers, etc.*, p. 45

quanteniers et dixainiers, ou bien se succédèrent de père en fils, après avoir été agréés par les membres du Conseil de Ville; mais à cette époque, une ordonnance de Louis XIII autorisa les quartiniers à se défaire de leurs charges entre les mains des notaires et moyennant finances. Seulement ils payaient au bureau de la ville un droit pour indemniser le prévôt des marchands, qui, au xvie siècle, recevait leur résignation. Depuis cette ordonnance, les quartiniers prétendirent qu'ils étaient créés en titre d'office, et, bien qu'un arrêt de 1679 les déclarât non recevables dans cette prétention, ils obtinrent au mois de juillet 1681, d'être compris dans l'édit qui rangeait leurs charges parmi celles qu'on pouvait acquérir moyennant finances, et qui emportaient le brevet de Conseiller du Roi. C'est ainsi que l'ancienne magistrature populaire, modifiée par la main puissante du cardinal de Richelieu, se trouva réduite, sous Louis XIV, aux simples attributions d'un office vénal et sans portée.

L'exercice de cette charge donnait droit à d'assez beaux priviléges : on a vu précédemment que les quartiniers de la ville de Paris prenaient part à l'élection des prévôts des marchands. Ils jouissaient encore de plusieurs autres prérogatives : par exemple l'un des quartiniers sortants devenait généralement premier échevin l'année suivante. Jean *Croquet*, après avoir exercé de 1500 à 1502, fut élu la même année premier échevin. Cette fonction a été remplie en 1504, 1506, 1507, 1509, 1510, 1516, 1518, par des quartiniers sortants. Ils jouissaient des mêmes priviléges que les autres officiers municipaux, de la noblesse, de l'exemption des impôts extraordinaires depuis 1484, et du logis militaire, du droit de franc-salé et de la provision à trois lits de l'Hôtel-Dieu. Au xviie siècle, ils obtinrent, conjointement avec les Conseillers de Ville, la propriété de plusieurs offices, ceux de lieutenant de la juridiction du prévôt des marchands, et de commissaires intendants des fontaines; enfin, ils assistaient au tirage des loteries.

Je trouve dans le recueil des ordonnances de la prévôté des marchands, l'usage anciennement observé pour élire les quartiniers de la ville de Paris : les dixainiers choisissaient chacun dans leur dixaine « quatre « honnestes personnes et des plus suffisans. » Leurs noms étaient remis par écrit aux cinquanteniers, qui les portaient à l'Hôtel de Ville au prévôt des marchands. Chacun des noms, écrit à part sur un papier, était jeté dans un chapeau que tenait le prévôt des marchands, puis les dixainiers tiraient du chapeau deux noms qui étaient enregistrés. Les bourgeois ainsi désignés par le sort, appelés à l'Hôtel de Ville, élisaient parmi eux celui qu'ils jugeaient le plus capable de remplir les fonctions de quartinier (1).

Dans le cours du xvie siècle, l'usage de substituer l'office de quartinier à son fils, à son frère, ou à quelque autre personne de son choix, prévalut (2). Ainsi le 26 septembre 1580, le sieur Kerver, sur sa requête, fit admettre son fils à la survivance de sa charge. Le Conseil de Ville entérina sa requête, spécifiant que le nouvel élu devait être âgé de vingt et un à vingt-deux ans, afin de pouvoir exercer ses fonctions (3).

Au xviiie siècle, le mode d'élection, bien que cette charge fût devenue vénale, n'était pas exempt de certaines formalités. Celui qui voulait traiter d'une charge de quartinier, devait préalablement obtenir l'agrément de la compagnie. A cet effet, il devait s'adresser au doyen, qui assemblait ses confrères et leur faisait part de la demande qui leur était adressée. Huit jours après, et les informations ayant été prises sur le postulant, la compagnie se réunissait de nouveau et donnait son consentement. Le doyen en prévenait le récipiendaire; il devait se faire communiquer l'acte de vente, pour s'assurer que les intérêts de la compagnie avaient été conservés. Il devait aussi prendre soin que le vendeur remît à l'acheteur la robe de soie, le bonnet carré, la carte armoriale de la compagnie, les titres et papiers concernant la charge de quartinier, et l'exemplaire des statuts de la compagnie. Le doyen accompagnait le nouveau venu dans les visites qu'il faisait aux membres de l'administra-

---

(1) *Ordonnances royaulx de la juridiction de la prevosté des marchands et eschevinaige de la ville de Paris, etc.* Édit. Goth. in-4°, de 1528, fol. xciii v°.

(2) Cet usage fut adopté pour toutes les autres charges municipales, excepté celles de prévôt des marchands et d'échevin. Une délibération du 16 août 1581 régla même cet usage : « A esté arrêté que les survivances de père à fils, frère à frère, oncle à neveux, beau-père à gendre, seront à l'avenir admises pour en jouir du jour de la rémission ou mort des résignans. »

(3) Registre de l'Hôtel de Ville, II, 1788, fol. 260 r°.

tion municipale; dans ces visites, le doyen était en robe et le récipiendaire en manteau et en rabat (1).

Les droits qu'il fallait payer pour être admis à l'exercice de cette charge, ne laissaient pas que d'être assez considérables. En voici le détail :

« Au greffe de l'Hôtel de Ville 399 f., y compris les gratiffications aux « domestiques des Prévot des Marchands, Echevins, Procureur du Roy « et Greffier, la gratiffication aux tambours, auxquels on enjoint de ne « point aller chez le Récipiendaire, sous peine d'être privés de leur gra-« tiffication. Dans la huitaine du jour de la réception, le Récipiendaire « distribue à ses confrères des bourses de jettons, au coin de la compa-« gnie, qu'il faut à cet effet faire frapper chez le directeur général de la « Monnoye des Médailles, aux Galleries du Louvre, savoir : au doyen une « bourse de 150, et à chacun de ses autres confrères une de 100. Lesdites « bourses de peau blanche, doublées de satin, à cordons de soye et petits « glands d'or. — Lors des visites, on donne au suisse du Prévot des Mar-« chands 6 f., au portier du Procureur du Roy 3, et au laquais du « doyen 6. — Il y a une seconde partie de frais de réception que le Réci-« piendaire fait le jour de S. Laurent, lorsque son tour est venu d'y satis-« faire. Elle consiste en 400 f. en argent, qu'il consigne huitaine avant la « Saint Laurent, entre les mains de son confrère premier montant à « l'echevinage, qui en fait recette dans son compte, et en une distribution « de jettons, savoir : 72 au doyen et 60 à chacun de ses confrères dans « de pareilles bourses que celles ci dessus designées, et cela aussi quel-« ques jours avant la Saint Laurent (2). »

A la fin du xviiie siècle, les quartiniers de la ville de Paris formaient une compagnie qui avait ses règles et ses statuts. Le doyen de la compagnie faisait les fonctions de président, et en cette qualité jouissait de plusieurs prérogatives; il avait le double dans les distributions de jetons et bougies, était de droit scrutateur à l'élection des prévôts et des échevins, intendant des eaux et fontaines, et trésorier des mousquetaires. Les

---

(1) *Recueil pour la compagnie de Messieurs les Conseillers du Roy, etc.* Ms. p. 112.　(2) *Idem*, p. 117.

émoluments attachés à ces fonctions consistaient en 15 livres de sucre royal comme scrutateur, en 21 liv. 10 s. argent et deux minots de sel, l'un comme intendant des eaux, l'autre comme trésorier des Mousquetaires. Le doyen avait seul le droit d'assembler la compagnie; c'était toujours lui qui portait la parole dans les cérémonies publiques. Un confrère venait-il à se marier, il devait à chacun des autres un droit de chevet, qui consistait en une distribution de jetons, vingt à chacun, dans une bourse de peau blanche doublée de satin, à cordons de soie et glands d'or, qu'il portait en personne. Le doyen ne recevait pas plus que les autres, parce que ces jetons tenaient lieu d'un repas qui avait été supprimé (1).

Quand un confrère mourait, la compagnie lui faisait dire un service dans l'église collégiale du Saint-Sépulcre, autrefois rue Saint-Denis; les membres du Conseil de Ville y étaient invités par billets (2).

Les réunions de la compagnie avaient toujours lieu dans la maison du doyen, et sur une invitation écrite par celui des quartiniers qui devait parvenir à l'échevinage et qu'on désignait sous le nom de *premier montant*. Les membres présents recevaient quatre jetons d'une valeur de 35 sous chacun; le doyen en recevait huit. Le quartinier qui faisait les fonctions d'échevin, le doyen ou un membre malades, étaient considérés comme présents; le *premier montant* remplissait les fonctions de secrétaire. A chaque assemblée, il dressait une liste des membres présents et la faisait signer par le doyen. L'intitulé de cette liste devait faire mention du jour, du lieu et du motif de l'assemblée (3).

Je n'ai pas voulu confondre les archers, arbalestriers, hacquebutiers de la ville de Paris, avec l'ancienne milice bourgeoise, bien que dans l'origine ces gardes de ville aient dû en faire partie; mais la permanence de leurs fonctions, la solde que chacun d'eux recevait, l'uniforme et le service régulier auxquels ils furent astreints, les rangeant plutôt au nombre des troupes de guerre, j'ai mieux aimé leur consacrer une place à part dans ce chapitre.

C'est à l'année 1359 que remonte l'acte le plus ancien relatif aux trois compagnies des gardes de ville, qui, avant de porter ce nom, eurent

---

(1) *Recueil pour la Compagnie, etc.* p. 130. (3) *Idem*, p. 91, 92, 93.
(2) *Idem*, p. 119.

celui d'*archers*, d'*arbalétriers* et d'*hacquebutiers*. Cette nouvelle milice bourgeoise paraît avoir immédiatement succédé à celle que le prévôt Marcel avait si bien disciplinée. Lorsque le dauphin Charles, régent du royaume, fixait au nombre de deux cents, par lettres patentes du 9 août 1359, les membres de la confrérie des arbalétriers, et leur accordait plusieurs priviléges, peut-être récompensait-il une partie des bourgeois qui l'avaient défendu contre les entreprises d'Étienne Marcel et de ses adhérents. Le but du régent, en formant des meilleurs arbalétriers une compagnie d'élite, fut de se prémunir contre des périls de la même nature que ceux auxquels il venait d'échapper. Leur donnant pour juges les prévôts de la confrérie, il voulut que ces arbalétriers se consacrassent exclusivement à la défense de la ville et du roi, et ne prissent les armes que sur son commandement exprès, ou sur celui du prévôt des marchands. Du reste, il les exempta de toute contribution personnelle, et leur assigna une paie réglée à *deux gros* par jour, et à quatre en temps de guerre (1).

Au moment où la prévôté des marchands venait d'être rétablie (le 11 août 1410), Charles VI confirma les priviléges des arbalétriers, et réduisit à soixante le nombre de ceux qui devaient faire partie des gardes du roi et de la ville. L'année suivante, la confrérie des archers, qui prétendait à une plus haute origine que celle des arbalétriers, obtint des lettres patentes qui l'organisaient à peu près comme ces derniers, réglaient le nombre des membres de la compagnie à cent, et leur attribuaient les mêmes prérogatives qu'aux arbalétriers (2).

Ces deux compagnies étaient devenues bien insuffisantes au commencement du XVI° siècle, et les armes dont elles se servaient étaient aussi tombées en désuétude. C'est pourquoi, par lettres patentes données en mars 1523, François Ier créa une compagnie de cent hommes, qui prit le nom d'hacquebutiers, d'après l'arme qu'elle portait, qui était une sorte de gros mousquet. Ils eurent les mêmes priviléges que les archers et arbalétriers, leurs prédécesseurs. Le capitaine fut aussi nommé par voie d'élection, en présence du prévôt des marchands et des échevins. Un lieu écarté leur fut

---

(1) *Recueil des Chartes, etc., des arbalétriers, archers, arquebusiers, etc., de la ville de Paris, etc.*, par M. Hay, 1770, in-fol. p. 26.
(2) *Idem*, p. 29.

assigné comme aux autres gardes, pour qu'ils pussent, un jour de fête de chaque semaine, se livrer à l'exercice de l'arquebuse, la plus ancienne des armes à feu montée sur un fût. Quand l'un de ces gardes venait à mourir, la compagnie entière procédait à l'élection de celui qui devait le remplacer, puis il était présenté avec ses armes aux prévôt des marchands et échevins, qui, après inspection, donnaient leur assentiment, et recevaient le serment du nouveau garde. Les lettres de création de ce corps portent que ceux qui le composaient ne devaient pas être envoyés hors de Paris, sans l'autorisation expresse du prévôt des marchands (1).

Ces trois compagnies, dont l'organisation était bien imparfaite, furent reconstituées par Charles IX, au mois de février 1566; ce roi égalisa le nombre de chacune d'elles, en portant à cent les soixante arbalétriers créés par Charles VI; il changea le mode d'élection des capitaines, lieutenants et enseignes, qui furent nommés par lui, ou en son absence par le gouverneur de Paris, ou le prévôt des marchands, d'après une liste de candidats renouvelée tous les six ans. Il supprima les arcs et arbalètes, qui n'étaient plus *en usage de defense,* et donna des arquebuses aux trois compagnies (2).

Henri II avait déjà porté atteinte au privilége de ces gardes bourgeoises, qui élisaient elles-mêmes leurs chefs. Sous le prétexte d'empêcher les intrigues pratiquées dans ces élections, il publia, au mois de septembre 1550, un édit qui créait en faveur du sieur Antoine de Belloy une charge de capitaine général de ces trois compagnies, attribuant le titre de lieutenants aux capitaines élus suivant l'ancien usage. Cette charge fut érigée en titre d'office le 10 mai 1594, et les sieurs Marchand, Mabire, Drouart et Fournier en furent tour à tour investis.

Les archers de la Ville étaient plus occupés de mettre à profit les nombreux priviléges qu'ils avaient obtenus que de remplir régulièrement leurs fonctions. Un nouveau règlement, qui fut publié le 8 septembre 1699, signale des abus de toute nature qui prouvent que ce corps était livré alors à une désorganisation presque complète. Une ordonnance du bureau de la Ville, du 23 décembre 1714, obligea ces archers à prendre

---

(1) *Recueil des Chartes*, etc., p. 68.   (2) *Idem*, p. 81.

l'uniforme, « attendu la malpropreté d'un grand nombre d'iceux. » Cet uniforme était composé, savoir : « D'un juste-au-corps de drap bleu, « doublé aussi de serge bleue. Les paremens des manches de mesme drap, « les boutonnières de fil d'argent de trois en trois, avec des boutons « d'argent sur bois ; la veste de mesme drap bleu, doublée aussi de serge « bleue, avec les boutons et boutonnières d'argent comme au juste-au- « corps ; la culotte de drap couleur d'ecarlatte, avec les bas aussi couleur « d'ecarlatte, et par dessus le tout la casaque ordinaire, aux armes du « Roi et de la Ville (1). »

Enfin, deux ordonnances des 10 et 11 avril complétèrent l'organisation des gardes de la Ville, dont le nombre fut augmenté d'une quatrième compagnie de fusiliers ; quelques changements sans importance furent aussi introduits dans leur costume (2).

(1) *Recueil des Chartes, etc.*, p. 220.   (2) *Idem*, p. 252, 264.

CHAPITRE SIXIÈME.

LE CORPS DE VILLE, IIIᵉ PARTIE : SERGENTS DU PARLOIR AUX BOURGEOIS ET DE LA MARCHANDISE DE L'EAU. — MAÎTRES DES OEUVRES. — MARINIERS AVALEURS DE NES. OU CHABLEURS DES PONTS SUR LA SEINE. — MESUREURS. — JAUGEURS. — CRIEURS ET PORTEURS.

De tous les officiers subalternes chargés d'exécuter les ordres des magistrats municipaux, ou de faire respecter les priviléges de la Marchandise, les *sergents* du Parloir aux Bourgeois doivent être considérés comme les premiers. Dans la plus ancienne des sentences parvenues jusqu'à nous datée du 31 mars 1268, je trouve parmi les juges un certain *Robert le Coutier*. Vingt-huit années après, Robert étant mort, la charge qu'il remplissait au Parloir est définie en ces termes : il doit querir et faire querir à ses propres dépens toutes les dettes de la Marchandise, et aussitôt qu'il les a reçues complétement ou en partie, les remettre au clerc du Parloir. Il doit tenir les plaids, convoquer la cour et veiller sur la Marchandise de l'Eau. Pour sa peine, il reçoit chaque année du Parloir dix livres, sans compter les gratifications qui ordinairement lui sont accordées par le prévôt et les échevins (1). Il est facile de reconnaître dans ces fonctions celles que remplissent de nos jours les huissiers qui, dans l'ancienne jurisprudence, étaient plus généralement connus sous le nom de *sergents*. Le nom de *Robert le Coutier* se rencontre une autre fois au bas d'une sentence datée des derniers jours de l'année 1268; après il n'en est plus question, ce qui me porte à croire que Robert était mort depuis plusieurs années, au moment où, pour le besoin du Parloir, le clerc notait sur son registre la nature des fonctions que Robert avait exercées. Le 10 février 1291, les sergents étaient au nombre de cinq; tous assistèrent à la sentence prononcée contre Renuche Espinel. Le plus ordinairement, un seul des sergents de la Marchandise était présent aux sentences rendues en matière de commerce, et c'est à propos de ce dernier que, dans la sentence du

---

(1) App. II, Livre des Sentences, Aº 1296.

mois de juillet 1296, relative à l'organisation du Parloir, il est dit que le sergent restera toujours à Paris, pour faire son service, sans pouvoir s'absenter, excepté si le prévôt, les échevins, ou leur lieutenant, l'envoyaient dehors pour la Marchandise (1).

L'un des sergents du Parloir était spécialement attaché à la garde du port de la Grève, et veillait jour et nuit à ce que l'on n'y jetât aucune immondice, ou que l'on n'y fît aucune ordure. *Huart del Musse* prêta serment en cette qualité, entre les mains de Guillaume Bourdon, prévôt des marchands, le 6 août 1296 (2).

De même que *Huart del Musse* était particulièrement préposé à la police de la Grève, plusieurs de ses confrères veillaient sur la Seine, et assistaient aux assemblées du Parloir, dans lesquelles on jugeait ceux dont ils avaient saisi les marchandises. Une sentence du 26 janvier 1296, est rendue en présence de *Henri le serjant de l'iaue* et de beaucoup d'autres. *Henri* et *Guillaume l'Escot, serjant de l'iaue* sont présents à la condamnation de Gui Bernard de Lombardie, le 3 octobre 1298. Une lettre de provision de cette charge, datée du 3 avril 1304, en fait connaître les attributions. Elles consistaient à saisir les marchandises qui, passant entre le pont de Paris et celui de Mantes, n'étaient pas amenées suivant les coutumes établies par la Marchandise de l'Eau ; les sergents assignaient à jour fixe les propriétaires de ces marchandises à comparaître au Parloir, et s'y rendant de leur côté, expliquaient au tribunal du prévôt pour quel motif ils avaient appelé devant lui les délinquants (3).

Dans les dernières années du xive siècle, au moment où Charles VI supprima la prévôté des marchands, les sergents du Parloir étaient au nombre de six. Au mois de décembre 1392, ils obtinrent des lettres patentes rétablissant en leur faveur l'ancien usage qui consistait à recevoir chaque année en sus des gages ordinaires, « deux robbes de drap « fourrées d'agneaux blancs (4), lequel usage, disent ces lettres, avoit été « interrompu seulement depuis que le Roy avoit mis la prévosté en sa main. »

(1) Appendice II. Livre des Sentences. N° 1296.
(2) *Idem*.
(3) *Idem*, 1304, 3 avril.
(4) App. V, Table Chronologique, etc., 3 décembre 1392.

La suspension des franchises municipales avait été pour les sergents du Parloir la cause d'une ruine presque complète; leurs fonctions s'étaient trouvées réduites à de simples ajournements signifiés aux marchands qui trafiquaient sur la Seine; la police des ports, des quais, des rives du fleuve, appartenant depuis lors au prévôt de Paris, chef du Châtelet, les seuls sergents de cette juridiction y exerçaient leur ministère; aussi voyons-nous qu'en l'année 1400 les sergents du Parloir s'étaient livrés, en dehors de leur charge, à des commerces différents; mais par des lettres patentes du 2 juin de cette année, Charles VI leur défendit d'être sergents du Parloir et marchands tout ensemble (1). Cette prohibition força le garde de la prévôté à réclamer pour les sergents du Parloir, les anciens priviléges dont ils jouissaient, et une ordonnance du 7 août 1406, déclara que tous les exploits relatifs à l'ancienne juridiction municipale pourraient être faits par ces officiers (2). La grande ordonnance de 1415 parut enfin, et rétablit les sergents du Parloir dans leurs anciennes attributions. Le trente-cinquième chapitre, qui leur est consacré, les fait très-bien connaître. Ils étaient au nombre de dix : quatre sergents de la Marchandise, six du Parloir aux Bourgeois. Le prévôt et ses échevins devaient faire choix d'hommes honnêtes, sachant lire et écrire. Après avoir prêté serment entre les mains du prévôt des marchands, ils entraient en fonctions; les sergents du Parloir recevaient comme gages ordinaires un denier tournois par jour, ou trente sous par année, les sergents de la Marchandise six deniers par jour, ou neuf livres par an. Tous les dix avaient de plus, comme gages extraordinaires, droit à une robe de livrée, ou bien à cent sous parisis (3). Aux sergents du Parloir étaient confiés la police des audiences du tribunal tenu par le prévôt des marchands, ses échevins ou leur lieutenant, l'étalonnage de toutes les mesures à grains, à sel, à miel et autres denrées; celui des barils, des quarts, pintes et chopines qui ser-

(1) Archiv. du Roy. sect. jud. registre du bureau de la ville, 2e, fol. 2 vº.
(2) *Ordonnances des Rois de Fr.*, t. X, p. 124.
(3) D'après l'état des Recettes et Dépenses de l'Hôtel de Ville pour l'année 1424, les gages ordinaires des sergents du Parloir étaient de 24 s. par., ceux des sergents de la Marchandise de 7 liv. 6 s. Les gages extraordinaires de cent sous parisis pour robes, n'avaient pas changé. D'après l'édition des *Ordonnances royaux, etc.*, publiée en 1644, le droit de robe avait été réglé alors à seize livres cinq sous, pour chaque sergent.

vaient au débit du vin ou des autres boissons; ils devaient une fois dans l'année, et plus souvent si cela était nécessaire, faire à Paris et dans la banlieue de cette ville, la visite de tous les cabarets et tavernes. Aux quatre sergents de la Marchandise était réservé de faire les ajournements et de veiller à la conservation des ports, quais, rives de la Seine, chemins de halage, à l'entretien des moulins, et de tout ce qui pouvait aider à la navigation. Comme ils étaient contraints à des voyages fréquents, un cheval leur devenait nécessaire, et ce surcroît de dépense explique la supériorité de leurs gages. Outre ceux dont j'ai parlé plus haut, chaque sergent percevait un droit sur les ajournements qu'il faisait, sur les mesures ou barils qu'il marquait de la fleur de lis royale. Ils avaient pour eux le *cinquième denier* des amendes ou forfaitures qui, par leurs soins, étaient prononcées dans l'auditoire des magistrats municipaux (1).

Les dix sergents du Parloir qui, pour remplir leur office, étaient obligés de demeurer à l'Hôtel de Ville, en furent souvent les concierges. Jacques Deschamps recevait en cette dernière qualité, cent sous parisis, qu'il devait employer en bûches et bourrées pour chauffer le dit hôtel, d'après le compte des dépenses pour l'année 1424. Au commencement du règne de Louis XI, les sergents se plaignirent de l'exiguïté de leurs gages, et furent assez heureux pour obtenir l'exemption des tailles ordinaires, ainsi que plusieurs autres priviléges dont jouissaient les archers de Paris (2).

Jusqu'au commencement du xviie siècle, les sergents du Parloir et de la Marchandise restèrent fixés au nombre de dix. Ils formaient une communauté, et leur charge, créée en titre d'office, ne manquait pas d'une certaine valeur, à cause du petit nombre de ceux qui l'exerçaient et des émoluments attachés à ces fonctions, dont le taux s'était considérablement accru avec le temps (3). Dans le cours de l'année 1616, un procès fut jugé entre eux et les six commissaires des quais nouvellement établis,

---

(1) *Ordonnances royaulx*, etc., fol. LX et suiv. de l'édit. de 1528.

(2) Lettres du roi Louis XI du mois de novembre 1465; FÉLIBIEN, t. III, p. 563.

(3) Le rédacteur de l'édition des *Ordonn. royaux* publiée en 1644, n'a pas manqué de faire cette observation dans une note à la marge, p. 123, art. XII.

qui empiétaient sur les fonctions des sergents. Ces derniers voulurent aussi prendre le titre de commissaires, et empêcher les nouveaux officiers d'exercer leur charge; mais par un arrêt du Parlement du 27 août, ils furent déboutés de leur demande (1). Louis XIV, en 1690, ajouta aux six charges anciennes de commissaires quatre nouvelles charges qui furent incorporées aux offices d'huissiers sergents de l'Hôtel de Ville. Cette dernière création portait aux anciens titulaires un préjudice si grand qu'ils payèrent soixante mille livres le droit d'en réunir le titre à celui qu'ils avaient déjà (2).

La surveillance que les magistrats municipaux ont toujours exercée sur les portes et remparts, sur les ponts, fontaines et autres édifices de la ville, les obligea d'avoir recours à des experts dans les arts ou métiers employés à ces constructions différentes. Ces experts furent au nombre de quatre ou de deux, suivant que le même homme a rempli une ou plusieurs fonctions. Il y eut les maîtres des œuvres de maçonnerie qui remplaçaient les architectes de nos jours, les maîtres des œuvres de charpente, les maçons-paveurs, les fontainiers-plombiers, qui tous ajoutaient à leur titre celui de juré, parce qu'ils prêtaient le serment de prendre les intérêts de la ville, et d'être toujours de bonne foi dans les expertises qu'ils feraient. J'ai fait connaître précédemment les conventions qui existaient entre les membres du Parloir et le fontainier de la ville, au mois d'août 1293 (3). A mesure que les fontaines publiques ou particulières devinrent plus nombreuses, à mesure aussi les fonctions du *juré-plombeur*, comme on les appela longtemps, devinrent plus importantes. En 1424, il y avait un garde des fontaines qui recevait par année dix livres parisis de gages, et Jehan de Beaupeyne ayant été empêché de remplir ces fonctions, commit, pour le remplacer, Simon de Fain, l'un des plombiers-jurés de la ville (4). Plus tard, la conservation des eaux et fontaines dans Paris fut confiée à un maître des œuvres.

---

(1) *Ordonnances Roy., etc.*, édit. de 1644, p. 448.
(2) **Extraits des reg. du Parlement**, t. V; de l'*Histoire de Paris* de Félibien, p. 237.
(3) Voir liv. II, chap. 2.
(4) **Recettes et Dépenses de la ville de Paris pour l'année 1424.**

Les magistrats municipaux avaient été chargés, depuis Philippe Auguste, de l'entretien du pavé dans les quatre principales rues qui portaient le nom de *croisées* de la ville (1). Comme aujourd'hui, cet entretien était confié à un entrepreneur, qui s'en rendait adjudicataire pour une ou plusieurs années, et dont il fallait surveiller le travail. Cette surveillance était confiée à l'un des échevins, qui, pour la partie matérielle, s'en rapportait à un juré-paveur. Dans le cours des années 1424 et 1425, ces fonctions appartenaient à Thomas le Raalle, que le registre des recettes et des dépenses désigne sous le titre de « paveur-juré du Roy nostre sire et de la ville de Paris, commis au gou- « vernement des chaussées (2). » Les gages de cet employé s'élevaient à la somme assez forte de quarante livres parisis chaque année.

Une décision prise de concert par le prévôt de Paris, Guillaume de Hangest, et Jehan Popin, prévôt des marchands, au mois de mai 1293, nous fait connaître le droit que les propriétaires de la ville étaient obligés de payer aux experts-jurés, maçons ou charpentiers, toutes les fois que ces derniers visitaient un immeuble, ou donnaient leur avis dans un différend survenu entre deux parties. Chacune de ces parties devait aux experts deux sous parisis, à la condition par ces derniers de se prononcer sur-le-champ; si les jurés ne voulaient donner leur avis que plus tard, ils recevaient deux sous parisis seulement (3). A la fin du xive siècle, les jurés-maçons ou charpentiers prennent le nom de *maîtres des œuvres*, et le registre des élections des officiers municipaux, commençant à l'année 1411, contient la liste de ceux qui ont exercé ces fonctions depuis le commencement du xve siècle jusqu'en 1473 (4).

---

(1) Voir liv. II, chap. 2.
(2) Arch. du Roy., K, 1060.
(3) Appendice II, Livre des Sentences, A° 1293.
(4) Voici leurs noms : 1400, Pierre Robin, m^e des œuvres de maçonnerie.—19 mars 1411, Robert de Helbucerne, m^e des œuvres de maçonnerie; Nicolas Labbé, m^e des œuvres de charpenterie. —15 juillet 1431, Jehan James, m^e des œuvres de maçonnerie, de charpenterie, et garde des fontaines.—30 janvier 1455. Jehan du Chemin, m^e des œuvres de maçonnerie et de charpenterie — 2 mai 1467, Guillaume Ouyn, m^e des œuvres de maçonnerie et charpenterie. — 18 juin 1473, Simon du Val, m^e des œuvres de maçonnerie seulement; Nicolas le Goux, m^e des œuvres de charpenterie. (Reg. des Élections et Archiv. du Roy K, 996.)

J'ai parlé plus haut de Jehan Asselin, maître des œuvres de charpenterie; de Pierre Sambiches, maçon-conducteur; de Jacques Arasse, maître des œuvres de maçonnerie; de Louis Caqueton, qui concoururent avec Boccador à l'érection de l'Hôtel de Ville nouveau, des années 1529 à 1533 (1). Dans un compte des dépenses faites pour l'entretien des fortifications de Paris pendant l'année 1531 (2), je retrouve plusieurs de ces noms. Louis Caqueton est commis à la direction des ouvriers, « tant « maçons, tailleurs de pierre, comme pionniers, maneuvres et autres « gens y besongnans »; il recevait pour ses gages et salaires soixante livres tournois par année. Jacques Arasse était chargé de la superintendance ou inspection générale de tous les ouvrages de maçonnerie, et touchait par an cent cinquante livres tournois. Le maître des œuvres de charpente, Bastien de Caumont, qui remplissait l'office de nos ingénieurs civils, recevait par année soixante-quinze livres tournois « pour « conduire les ouvraiges de charpenterie de la dicte ville, tant pour bas- « tardeaux, ponts, pillotiz, plateformes, que autrement, necessaires et « convenables à la vuydange des terres des fossez, que des fondemenz de « maçonnerie des dits quaiz et autres euvres. »

Il suffit de jeter un coup d'œil sur les différentes pièces justificatives relatives aux bâtiments de l'Hôtel de Ville, pour voir que dans le cours du xvii⁰ siècle les maîtres des œuvres avaient continué de prendre toute l'importance qui résultait des fonctions considérables qu'ils remplissaient. A eux seuls appartenait de présenter les devis nécessaires pour l'entreprise de tous les grands travaux. Les adjudications se faisaient en leur présence et sous leur direction. Ils contrôlaient, vérifiaient les mesures prises par les maîtres maçons, charpentiers, ou autres, qui s'étaient rendus adjudicataires de ces travaux. Ainsi, le 16 février 1607, Pierre Guillain et Charles Marchant, tous deux maîtres des œuvres, l'un de maçonnerie, l'autre de charpente, faisaient connaître aux magistrats municipaux quels étaient les travaux de charpente qu'il fallait exécuter pour l'achèvement de l'Hôtel de Ville; ils s'étaient adjoint, sans doute comme conseil, « Jehan Fontaine, maistre des œuvres de charpenterie du Roy, juré

(1) Voyez liv. 1ᵉʳ, chap. 2.   (2) Bibl. Roy. Ms. n° S. F. 1138.

« au dict office et commis de monseigneur le grand voyer de France (1). »
Même au milieu du xviii⁰ siècle, époque où la dénomination d'architecte avait depuis longtemps remplacé celle de maître des œuvres (2), le directeur des travaux de la Ville conservait encore le titre de « maistre général « des bâtiments », et Augustin Beausire est ainsi désigné dans les expertises faites en 1750, pour placer l'Hôtel de Ville sur les terrains de l'hôtel de Conti (3).

Pour exercer le privilége exclusif qu'ils avaient obtenu de naviguer sur la Seine, non-seulement dans l'intérieur de Paris, mais encore depuis Mantes jusqu'à Auxerre, les bourgeois marchands de l'eau furent obligés de placer auprès de chacun des ponts, ou passages compris dans ce parcours, un marinier qui seul avait le droit de conduire les bateaux chargés de marchandises. Ces mariniers reçurent d'abord le nom de *avaleurs de nès*, du vieux mot *avaler*, qui signifie encore aujourd'hui faire descendre, en terme de navigation. Deux passages du Livre des Sentences se rapportent à ces hommes. Le premier, fort court, remonte au 6 janvier 1302, et nous apprend que ce jour, Jehan Bouvet d'Auxerre fut choisi pour « nouvel avaleur de nès de l'Arche de Paris (4). » Le second, plus étendu, nous fait connaître le prix que ces mariniers percevaient sur les marchandises dont ils facilitaient l'entrée à Paris, et quelques-unes des obligations qui leur étaient imposées. Ce passage, daté du 5 décembre 1313, est un accord consenti par le prévôt des marchands, entre les voituriers par eau de l'Yonne, ou de Paris, et les bourgeois de cette ville (5). Les deux parties déclarent être convenues que Jehan Perret et Giles de Cravant seraient « maîtres avaleurs de l'Arche de Paris » :

---

(1) App. I, n° 41.

(2) Dans le *Dictionnaire français-latin*, publié à Paris en 1539, par Robert Estienne, 1 vol. petit in-fol., le mot *Architecte* ne se trouve pas. Dans le *Dictionnaire latin-français* du même auteur, publié en 1544, 1 vol. petit in-fol., on lit *architectus*, qui s'entend à deviser édifices, maistre masson ou charpentier ; dans le *Dictionnaire français* d'Étienne, publié avec des augmentations empruntées au travail manuscr. de Nicot, Paris, 1573. in-fol., on lit *Architecte*, etc., c'est un homme de bon entendement qui prend sur soy la conduite d'un édifice.

(3) App. I, n° 89.

(4) App. II, Liv. des Sentences, A° 1302. 6 janvier.

(5) App. II, A° 1313, 5 décembre.

qu'ils recevraient, en montant ou en descendant, douze sous parisis pour un bateau portant moins de quarante pièces de vin, quatorze sous pour un bateau chargé de quarante à soixante pièces, seize sous pour un de soixante à quatre-vingts, vingt sous de quatre-vingts à cent, vingt-quatre sous de cent à cent vingt. Au-dessus de cette quantité, ils devaient être payés dans les mêmes proportions. Ils prenaient aussi vingt deniers parisis sur chaque muid de sel montant la Seine. Ils étaient obligés de se fournir à leurs frais d'une barque nommée *fleute*, ayant huit rames. Quand ils avaient descendu un bateau au port de Grève, et que les marchandises en étaient déchargées, les deux *avaleurs de nès* pouvaient ne pas remonter le bateau vide, seulement ils devaient le reconduire depuis l'endroit où ils l'avaient mené (de la Tournelle du Louvre) jusqu'aux Javax (1) (à l'île Louviers).

Plusieurs chapitres de la grande ordonnance de 1415, non-seulement expliquent le curieux passage qui précède, mais encore complètent l'histoire du commerce par eau, tel qu'il fut pratiqué dans Paris jusqu'au xviiie siècle. Ces chapitres sont au nombre de vingt et un. Le premier n'est que la répétition, avec les différences introduites par le temps, de l'accord analisé plus haut. Il y a toujours deux *avaleurs de nès* à Paris : seulement ils ont pris le nom de « maistre des Pons de la dicte ville (2). » Ils sont choisis parmi les mariniers les plus habiles, et d'après l'élection faite par les marchands, voituriers par eau, non-seulement de Paris, mais encore de l'Yonne, de la Marne, de l'Oise et des pays amont et aval de la Seine, depuis Auxerre jusqu'à Rouen. L'un des sergents de la Marchandise devait présenter le nouvel élu aux prévôt des marchands et échevins, puis le mettre en possession de son emploi. Il recevait pour cela deux sous parisis. La barque de ces deux maîtres devait, comme en 1316, porter huit avirons, et de plus, les *filets* ou cordages appelés la *thonée*, nécessaires à la manœuvre des bateaux. Une gravure en bois, qui

---

(1) La petite tour du Louvre était située à la hauteur du Pont-des-Arts. Les *Javax* ou Javaux étaient le nom de l'île *Louviers*. Voyez JAILLOT, *Recherches sur Paris*, t. I, quart. de la Cité, p. 211.

(2) Je fais cette analyse d'après l'édition des *Ordonn. royaulx* imprimée à Paris, in-4°, en 1528.

accompagne le texte des éditions du xve et du xvie siècle, explique parfaitement l'usage de la *thonée*. Cette corde, fixée aux bateaux qui devaient remonter sous le grand pont, passait dans un anneau de fer adapté au mur extérieur du quai voisin de la grande arche et venait se dérouler dans la barque des deux maîtres, qui, en la tirant à eux, faisaient ainsi remonter le courant aux bateaux étrangers. Ce fut sans doute pour que cette manœuvre pût s'exécuter convenablement que l'article 15 du chapitre 34 exigea que le maître des ponts de Paris fût toujours aidé par son compagnon, ou l'un de ses rameurs. Les prescriptions relatives aux bateaux vides sont à peu près les mêmes que dans l'accord de 1316 (1). Quant au salaire que touchaient ces maîtres mariniers, il varie dans chaque édition; l'on s'aperçoit qu'il alla toujours en augmentant. Les chapitres suivants sont consacrés aux maîtres des ponts de Poissy, de Mantes, de Vernon, de Pont-de-l'Arche, de Pontoise, de l'Ile-Adam, de Beaumont-sur-Oise, de Creil, de Sainte-Maxence et de Compiègne; aux maîtres du pertuis ou passage de *Combarbes* et de *Poses;* aux *chableurs* des ponts de Corbeil, de Melun, de Montereau-faut-Yonne, du *Pertuis anferne;* de Pont-sur-Yonne, de Sens, de Villeneuve-le-Roi, et aux bateliers passeurs de l'eau dans Paris. Chaque titre règle le salaire de ces différents employés de la Marchandise, et les obligations qu'ils avaient à remplir. Un autre chapitre est consacré à faire connaître les coutumes et les ordonnances relatives à la navigation sur la Seine. Ce chapitre, divisé en vingt et un paragraphes, traite, entre autres objets,

---

(1) Voici l'article de la grande ordonnance qui nous fait connaître les différents ports de Paris : « Item quant ilz auront avalé aucunes nefs, ou bateaulx, par dessoubz les diz pons, pour marchans ou autres forains, et après ce que ilz auront esté deschargez, les diz marchanz les amaineront à Paris, pour estre remontez au-dessus des diz pons, iceulx forains les amenront et fermeront au pel le Roy; et là les diz maistres les prendront, et remonteront parmy les diz pris au dessus des diz pons, jusques en l'isle aux Javeaulx ou ailleurs, au dessoubz de la dicte ysle. Et quant les diz maistres avaleront aucunes nefs ou bateaulx pour marchans et bourgois de Paris, et ilz seront deschargez soit à l'escole Saint-Germain, aux Tuilleries, au port de Neelle, ou ailleurs environ, ilz seront tenuz de les prendre où ilz seront pour remonter au dessus des dis pons, et les mener jusques en la dicte ysle, ou es lieux esquelz ilz les auront prins, pour les avaler parmi les pris dessus dit, pourveu qu'ilz seront wiz, et s'ilz sont chargez ilz en auront au feur l'emplage des pris dessus declairez. » (Ms. des Arch. du Roy. cart. K, 977, fol. c.)

des *arches, gors* et *pertuis* qui devaient avoir vingt-quatre pieds de large, de toutes les conventions que les voituriers par eau observaient entre eux, et de plusieurs autres matières qui font parfaitement connaître les usages du commerce par eau.

Les marchandises une fois conduites dans les différents ports de Paris devaient, pour être livrées aux consommateurs, passer entre les mains d'employés différents qui jaugeaient, mesuraient, criaient, vendaient et portaient ces marchandises.

En déterminant plus haut la juridiction du prévôt des Marchands, j'ai déjà parlé des jurés-mesureurs de grains ou d'autres denrées, des jaugeurs de vins et des courtiers, je vais compléter ce que j'ai dit, en faisant connaître d'une manière très-succincte l'origine, la nature de ces emplois divers, ainsi que le nombre de ceux qui les exerçaient. Pour suivre dans cette énumération un ordre chronologique, je la diviserai en trois époques : la première comprenant la seconde moitié du xiiie siècle et se terminant en 1395 environ ; la seconde partant de 1415, avec la grande ordonnance de Charles VI, pour ne s'arrêter qu'à la fin du xvie siècle ; la troisième commençant à l'année 1633 et finissant en 1789. Dans la première période, et d'après les indications que me donnent à ce sujet le Recueil des Sentences du Parloir, ou le Registre des Métiers de Boileau, il existait des jurés-mesureurs de blé et de grains, des jurés-mesureurs de sel, de charbon, de bûches, des jaugeurs de vins, des courtiers de vins, de sel et de chevaux. Le nombre de ces différents employés était déterminé, ainsi que le prouvent certaines indications de jurés-surnuméraires dans l'une ou l'autre partie. L'an 1299, il y avait cinq jurés-mesureurs de charbon, et peu d'années après, le nombre en fut porté à huit. On trouve leurs noms à la fin du manuscrit du Livre des Sentences (1). Pour la seconde époque, les indications sont plus précises, et la grande ordonnance de Charles VI détermine les attributions de chacun de ces emplois, aussi bien que le nombre de ceux qui devaient les exercer. En voici l'indication : les jurés-mesureurs de grains devaient, au nombre de cinquante-quatre, être divisés à la Grève, en la Juiverie et aux Halles.

---

(1) Appendice n° 2, Livre des Sentences, année 1299.

Ils payaient une caution de dix livres parisis, et un droit de charge de quarante sous parisis, pour les besoins de leur confrérie. Venaient ensuite les jurés-vendeurs de vins, et les courtiers au nombre de soixante, les jaugeurs de vins au nombre de douze, six maîtres et six apprentis; deux courtiers de chevaux ayant seuls le droit d'en louer à ceux qui voulaient faire remonter la Seine à leurs bateaux chargés de marchandises; quarante jurés-compteurs, mesureurs ou mouleurs de bûches; douze mesureurs de charbon, que l'ordonnance réduit à neuf; vingt-quatre mesureurs de sel, quatre briseurs et quatre courtiers de la même marchandise, deux mesureurs revisiteurs d'aulx et d'oignons, deux mesureurs de noix, pommes, nèfles, châtaignes; trois mesureurs de guesdes, deux mesureurs de choux, deux courtiers de graisse (1).

La même ordonnance fait connaître les usages que chacun de ces hommes devait observer, le salaire qui leur était dû, le droit qu'ils payaient pour exercer leurs charges, et complète plusieurs renseignements du même genre qui se trouvent mêlés aux anciennes Sentences du Parloir. En joignant à ces détails nombreux ceux que donnent aussi les plus anciens registres du bureau de la Ville, l'on obtiendrait un recueil complet des usages, coutumes et règlements qui régissaient le commerce par eau, dans Paris, du XIIe au XVIIIe siècle. Il ne m'est pas possible de faire connaître, même en les résumant, tous ces détails qui pourraient fournir la matière d'un ouvrage aussi étendu qu'important. Je me contenterai de choisir quelques-uns de ceux qui m'ont paru les plus curieux.

Les femmes pouvaient exercer l'office de *mesureuse de blé*. Alix, femme d'Henri le Breton, fut admise, le 24 octobre 1298, en cette qualité. Guillaume de Pontoise et Jean de Villedieu, dont la profession n'est pas désignée, lui servirent de caution (2). Ces mesureurs de blé, ainsi que presque tous les employés du même genre, devaient au Parloir un droit de dix livres parisis, dont il fallait que deux personnes répondissent, s'ils ne le payaient pas sur-le-champ (3). Dans une séance du 28 février 1298, le Parloir aux Bourgeois décida que chacun des mesureurs de sel paierait

---

(1) *Ordonn. royaulx*, etc., édit. de 1528, in-4° goth., fol. 5 au fol. LV v°.

(2) App. II, Liv. des Sent. A° 1298.

(3) *Idem*, A° 1303, 27 mars.

huit livres parisis. Le prévôt des Marchands et les échevins promirent de diminuer cette somme, si le temps devenait opportun pour le faire (1).

Le lundi 30 juin 1399, il fut ordonné à ces mesureurs, qui s'y engagèrent par serment et sous peine d'amende d'un marc d'argent pour le roi, de ne pas mesurer le sel des commerçants étrangers ou de Normandie, avant que ces derniers aient pris compagnie française et fait passer leurs bateaux par les « destroiz et les dangiers de la Marchean« dise. » Les dits mesureurs s'engagèrent aussi à faire savoir au clerc du Parloir si toutes les obligations de la compagnie française avaient été strictement remplies, et combien chaque bateau vidé par eux contenait de mesures de sel (2).

A la date du mercredi 15 décembre 1395, se trouve dans le plus ancien des registres du bureau de la Ville, un acte curieux qui nous fait connaître l'instrument employé par les jurés-jaugeurs de vins de Paris, dont ils allaient chercher le modèle auprès des quatre maîtres jurés-jaugeurs de la ville d'Auxerre; voici cet acte que j'ai cru devoir reproduire en entier :

Mercredy, xv⁰ jour de décembre iiiˣˣ xv.

« Rapporté par Martin de Brinon, (Jehan que) Jehan de la Rue, Jehan
« Guerin, Jehan de la Pomme, Girart de Nelle, et Jaquet Dupré jaugeurs
« de vins à Paris, que de nostre commandement ilz ont veue, jettée et
« visitée diligeanment, et de leur povoir esprouvée la jauge de Estienne
« Macé, de la quelle le dit Estienne se ardoit, disant par luy ycelle avoir
« faicte, et estre bonne et juste; et pour raison de laquelle procez est entre
« le procureur du Roy nostre seigneur, sur le fait de la Marchandise de
« l'Eaue, et le dit Estienne Macé; et dient tous ensembles tous concordan-
« ment par leurs serement pour ce faiz aus sains euvangilles de Dieu, que
« la dicte jauge n'est pas pareille à la jauge dont ils usent et dont leurs
« predecesseurs ont tousjours usé, et accoustumé de user en la ville, pre-
« vosté et viconté de Paris, d'ancienneté et de si longtemps qu'il n'est

---
(1) App. II, A° 1298, 28 février.
(2) Reg. 2, du bureau de la Ville, fol. 3 v°. Archiv. du Roy. sect. jud.

« memoire du contraire, esquelles jauges eulx et leurs diz predecesseurs,
« par tout le dit temps, ont tousjours esté querir et prendre en la ville
« d'Auxerre en Bourgoigne, par devers les quatre maitres jaugeurs de la
« dicte jauge, en la dicte ville d'Auxerre, comme acoustumé a esté; ne aussy
« n'est ycelle jauge bonne ne juste, par ce quelle n'est pas assez longue de
« marche et demie ou environ. Item que en v ou en vi lieux, en la dicte
« jauge, a faulte des poins et saings qui ne sont mie justement ne bien
« assiz en la dicte jauge, tant en fond comme en long. Item que le crochet
« en fer de la dicte jauge de en haut, est trop ouvert contremont, et n'est
« pas justement assiz à equerre et affiné quarré ce qu'il deust estre. »

La dernière époque de l'histoire de ces différents offices commence avec le xviie siècle; elle est remarquable par la quantité prodigieuse de charges nouvelles ajoutées à celles qui existaient déjà. Depuis 1413, la ville de Paris s'était considérablement accrue, et le commerce de grains, de sel, de vins, de bois et de charbon avait augmenté dans les mêmes proportions. Il en résulta pour les préposés du gouvernement municipal des bénéfices considérables, et pour les consommateurs des difficultés très-grandes à se procurer les marchandises nécessaires à leurs besoins. Le cardinal de Richelieu ne fut pas embarrassé de parer à cet inconvénient; mais il eut soin de faire tourner au profit du trésor royal le remède qu'il y apporta. Déjà en février 1623, il avait fait signer au roi un édit par lequel chacun des officiers n'était plus forcé, comme auparavant, de se rendre à l'Hôtel de Ville, même à l'article de la mort, pour résigner sa charge entre les mains du prévôt des Marchands; il pouvait, moyennant un droit modéré, transmettre sa charge par-devant *notaires ou tabellions*. Le 16 février 1633, un second édit fut publié qui signalait deux défauts en « l'établissement et police de l'hostel commun de la bonne
« ville de Paris. » Le premier consistait dans l'inconvénient auquel devait parer l'édit de 1633, le second dans le petit nombre d'officiers du dit Hôtel de Ville, « qui ne peuvent suffire, ajoute l'édit, pour l'exercice et
« fonctions de leurs charges au contentement des bourgeois de la dicte
« ville, laquelle depuis la création des dits officiers s'est peuplée et accreue
« de moitié, sans que le dit nombre ait esté augmenté, ains (mais) plus-

« tost diminué par la réunion et suppression qui s'est faite d'aucuns des
« dits offices, et particulièrement de ceux de vendeurs de vins, courtiers,
« jaugeurs, etc. A ces causes..... nous avons par le présent édict perpe-
« tuel et irrevocable, créé et érigé, créons et érigeons en titre d'office
« formé en nostre hostel de nostre dicte ville de Paris, oultre le nombre
« d'officiers qui y est de présent, unze jurez moulleurs, visiteurs et
« compteurs de bois, neuf jurez vendeurs et controolleurs de vin, quatre
« jurez mesureurs de charbon, cinq jurez porteurs de charbon, quatorze
« jurez mesureurs de grains, treize jurez porteurs, trois sergents de la
« dicte ville, neuf jurez courtiers de vin, deux jurez jaugeurs, six jurez
« crieurs de corps, quatorze chargeurs de bois, six jurez mesureurs de
« sel, six jurez hanouars-porteurs de sel, un juré briseur, et un juré cour-
« tier es port de l'Escolle (1). » Après une telle innovation l'autorité
royale ne s'arrêta plus dans une voie aussi large et qui renfermait des
bénéfices clairs et faciles; ces charges modifiées furent augmentées à
l'infini par ordonnances. Il faut citer principalement celle du mois
d'avril 1641, celles des 16 février et 7 juin 1644, celles de mars et de
septembre 1646, celle du mois de mai 1690, et plusieurs autres de
l'année 1703 (2).

J'ai eu l'occasion, dans l'un des chapitres précédents, de faire connaître l'origine et l'établissement des crieurs-jurés de Paris (3). La grande
ordonnance de 1415, ainsi que je l'ai observé, modifia l'organisation de
ce corps. Une partie de leurs anciennes attributions resta aux officiers du
Châtelet, et les crieurs-jurés ne furent plus chargés que d'annoncer les
vins qui étaient à vendre, les huiles, oignons, pois, fèves et autres denrées de même nature. De plus, bien qu'ils eussent perdu le cri des ordonnances politiques ou de police, des ventes et locations de maisons, des
redevances féodales de toute sorte, une partie des affaires de la vie civile
n'en fut pas moins commise à leurs soins. Ils étaient chargés de crier les
choses estranges, dit l'ordonnance, qui se trouvaient égarées, comme

---

(1) Édit du Roy portant création de nouveaux offices en l'Hostel de Ville de Paris, etc.
Paris, 1648, in-4°.

(2) Voyez App. n° 5, Table chronologique
des Actes, etc.
(3) Liv. II, chap. 2.

PREMIÈRE PARTIE.

enfans, mules, chevaux et autres. Ils annonçaient encore les cérémonies qui avaient lieu dans chacune des confréries nombreuses existant alors à Paris; enfin, le soir, et même pendant la nuit, ils annonçaient la mort de chaque citoyen, le lieu et l'heure de ses funérailles, et engageaient tous les chrétiens à prier Dieu pour lui (1). Ces crieurs, au nombre de vingt-quatre, composaient une confrérie, et étaient soumis à des règlements qu'ils ne pouvaient enfreindre sans s'exposer aux peines les plus sévères. Le commerce en détail du vin et des autres boissons leur appartenait presque tout entier. Pour chacun des cris qu'ils faisaient, ces crieurs recevaient un salaire fixé par ordonnance, qui fut changé plusieurs fois, dont le terme moyen paraît avoir été de cinq sous parisis. Tel était le prix qu'ils recevaient pour réclamer un enfant égaré; mais quand cet enfant avait atteint l'âge de huit ans, ils ne devaient annoncer sa disparition qu'après y avoir été autorisés par les prévôt des Marchands et échevins. L'usage de confier aux crieurs le soin de faire connaître à tous la mort des citoyens fut cause que, dès le XIIIe siècle, ils se trouvèrent chargés des détails relatifs aux funérailles des simples particuliers. L'importance de pareilles fonctions ne pouvait échapper aux législateurs de toutes les époques; aussi voyons-nous Charles VI, Henri II, Louis XIII et Louis XIV régler avec soin tout ce qui est relatif à ce sujet. L'article 19 du chapitre sur les crieurs, dans la grande ordonnance de 1415, est ainsi conçu : ils fourniront les robes, manteaux, chaperons nécessaires aux funérailles, et recevront pour les louer deux

---

(1) Guillaume de Villeneuve, poëte français du XIIIe siècle, a parlé de cet usage dans son *Dit des Crieries de Paris* :

> Quant mort i a home ne fame,
> Crier orrez : proiez por s'ame,
> A la sonete par les rues.
>
> (*Fabliaux* de BARBAZAN, édit. de Méon, in-8°, t. II, p. 284.)

Le costume singulier que portaient les crieurs, composé d'une dalmatique blanche parsemée de larmes noires et de têtes de mort, la clochette qu'ils agitaient la nuit, leur refrain lugubre : *Réveillez-vous gens qui dormez, priez Dieu pour les trépassés*, tout concourait à leur donner un appareil sinistre; on les surnommait *Clocheteurs des trépassés*. Le poëte Saint-Amant, dans une pièce intitulée *la Nuit*, les maudit en ces termes :

> Le clocheteur des trépassés
> Sonnant de rue en rue,
> De frayeur rend leurs cœurs glacés
> Bien que leur corps en sue.
> Et mille chiens oyant sa triste voix,
> Lui répondent à longs abois.

sous parisis par jour, ils auront seize deniers pour les tentures, et deux sous pour chaque torche payables à ceux qui les porteront (1). Ce tarif resta le même jusqu'au milieu du xviie siècle, où un édit du roi le modifia dans toutes ses parties. Voici le titre de cet édit qui en fait connaître les principales dispositions : « Édit du Roy portant que les jurés-crieurs de corps et
« de vins de la ville et fauxbourgs de Paris, feront en commun les fourni-
« tures de serges, draps, satins, veloux et robbes des obseques et funé-
« railles des defuncts, qui seront faites en la dicte ville et fauxbourgs, et
« ailleurs, où ils seront appellez ; et prendront pour droicts conforme-
« ment à l'arrest du conseil de 1634, trois sols pour chacune aulne de
« serge, ou drap blanc ou noir, huit sols pour chacune aulne de satin ou
« veloux, et quatre sols pour chacune robbe par jour qu'ils serviront aux
« tentures, pour les funérailles et obseques qui se feront tant aux églises
« qu'aux maisons, desquelz droicts à eux attribuez ils feront bourse
« commune entierement, pour estre partagez entr'eux esgalement (2). »

Une ordonnance de Louis XIV de décembre 1674 confirma les jurés-crieurs dans le monopole des funérailles et défendit aux marchands de drap, tapissiers, fripiers et autres de « s'immiscer de la dicte fonction (3). »

Les crieurs payaient une somme de trente-deux sous parisis lors de leur entrée en charge, qui devait être employée, disent les statuts, en *services* et *messes* célébrés pour leur confrérie. Ils payaient en outre à la bourse commune deux deniers par semaine, destinés au soulagement des membres de la compagnie qui devenaient pauvres ou malades. Ils célébraient leur fête le jour de la Saint-Martin d'été (le 4 juillet) et fournissaient des guirlandes de roses à ceux qui portaient la bannière de leur confrérie. Quand l'un d'eux venait à mourir, tous les autres devaient accompagner ses dépouilles jusqu'au cimetière, vêtus de leur dalmatique de crieur de mort, et faisant sonner leurs clochettes. L'un d'entre eux tenait aussi un pot de vin, un autre une coupe ou hanap, et offraient à boire dans chaque carrefour où le cortége s'arrêtait, non-seulement à

---

(1) *Ordonnances royaulx*, fol. xxi.   (3) *Traité de la Police*, t. III, p. 765.
(2) *Idem*, p. 456.

ceux des confrères qui portaient le trépassé, mais encore à toutes les personnes que le hasard conduisait dans cet endroit (1).

Pour terminer le tableau que j'ai essayé de tracer de l'ancienne organisation municipale de Paris, il me reste encore à donner quelques détails sur les porteurs de sel, de grains ou des autres denrées amenées par bateaux dans cette ville.

Ces porteurs étaient divisés en plusieurs catégories ayant chacune leurs attributions et leurs lois particulières. Il y avait les porteurs de blé, de vin, de sel, de charbon, de bois et de denrées diverses. Chacun d'eux, moyennant un salaire déterminé par l'usage, s'engageait à porter du bateau amarré au port, dans les différents quartiers de la ville, les marchandises de leur spécialité. Eux seuls avaient ce droit et prêtaient serment de suivre les règlements qui seraient établis par le conseil de ville assemblé. La grande ordonnance de 1415 nous fait connaître tous ceux auxquels devaient s'astreindre les porteurs de vin, de bois, de charbon, et de sel (2). Ces derniers principalement avaient reçu une organisation particulière, qui remonte à une époque reculée. Ils étaient appelés *Henouarts,* et un passage du Livre des Sentences est relatif à leur communauté. Ce passage, daté de l'an 1293, nous apprend que le prévôt des Marchands et ses échevins avaient décidé que si l'un de ces Henouarts tombait malade, ou devenait si vieux qu'il lui fût impossible de travailler, il pourrait mettre à sa place une *personne suffisante* qui ferait son service (3). Dès le xive siècle, les Henouarts de Paris, au nombre de vingt-quatre, formaient une corporation (4), et l'ordonnance de

---

(1) *Ordonnances roy., etc.,* édit. de 1556, in-4°, fol. 25 v°.

(2) Chap. 8, 13, 16, 19.

(3) App. II, Livre des Sentences, A° 1293.

(4) Ils étaient même obligés de payer un droit assez considérable en entrant dans la confrérie. Au mois de janvier 1395 ils passèrent à ce sujet l'accord suivant :

« Ordené est en la présence d'une grant partie des henouars, et de leur accort, que dores en avant, quant aucun henouart sera faict et institué ou dit office, que oultre et avecques les LXIIII s. p. que ilz ont tousjours acoustumé de paier pour leur past, ou bien venue, si tost que ilz commenceront à labourer bort à bort, ilz paieront pour la tarte que ilz ont acoustumé de paier, xvi s. p. tant seulement, et ne paiera point d'argent pour son entrée parmy le dit franc. Item paiera oultre ce que dist est au trois past que ilz ont acoustumé pour boire ensemble, xx s. par. et non plus. (Mercredi, v^e jour de janvier III^{xx} xv.) » [Reg. du bureau de la Ville, I, fol 80.]

1415 détermine avec le plus grand soin le salaire qu'ils devaient prendre pour porter le sac de sel, du port Saint-Germain-l'Auxerrois où était placée la Saunerie, dans les différents quartiers de la ville (1).

Le nombre des porteurs de charbon était aussi limité à neuf; ils pouvaient recevoir cinq espèces de salaire plus ou moins élevé, suivant la longueur du chemin qu'ils avaient à parcourir; il leur était enjoint de dénoncer les fraudes que commettaient les marchands. Quant aux *porteurs de vin*, que l'on appelait aussi *déchargeurs*, le nombre n'en était pas fixé, et le prévôt des Marchands pouvait en créer autant qu'il le jugeait nécessaire. Si le tonneau de vin que ces porteurs conduisaient par la ville, se trouvait répandu sans qu'il y eût en rien de leur faute, ils n'étaient passibles d'aucuns dommages. Ainsi l'avaient décidé les membres du Parloir par une sentence du 31 mars 1294 (2).

Les Henouarts et les mesureurs de sel jouissaient d'un privilége qui mérite d'être signalé. Ils avaient le droit de porter le corps des rois de France, lors des cérémonies pratiquées au moment de leurs funérailles, et comme on le verra plus loin, l'exercice de ce droit fut parfois l'occasion de scènes assez singulières (3).

L'ancienne organisation des porteurs ne paraît avoir subi aucun changement jusqu'au milieu du XVIe siècle. A partir de cette époque leur nombre fut augmenté plusieurs fois, de manière à répondre aux besoins du commerce qui devenait toujours de plus en plus considérable. Par un édit de l'année 1572, Charles IX voulut empêcher les *Gagne-deniers*, *Crocheteurs* et autres travailleurs besoigneux et parasites, de remplir les fonctions des porteurs-jurés, mais ce fut en vain : ces nouveaux venus, autorisés par l'usage, continuèrent à empiéter sur les porteurs en titre, et finirent par se confondre avec eux (4).

(1) Voir dans l'éd. de 1528, fol. XL et s.
(2) Appendice II ; Livre des Sentences.
(3) Voyez livre III, chap. 3.
(4) *Ordonnances royaulx, etc.* Édit. de 1644, p. 299 : « .... Ce neantmoins nous avons esté advertis que plusieurs des dits gaigne-dainiers, lesquels se font appeler *Plumets* et *Gouffaux*, s'efforcent journellement d'entrer aux bateaux des marchands, etc. se chargeans de leurs marchandises et sacs de grains en intention de les porter en nostre halle ou autres marchez publics. »

Je crois devoir signaler un ouvrage manuscrit qui prouve, ainsi que les deux mots soulignés plus haut, que les henouarts, gagne-deniers, crocheteurs se servaient entre eux

On a pu juger par quelques-uns des détails précédents, que tous ces emplois de sergents, de mesureurs, jaugeurs, courtiers, henouarts ou porteurs, offraient à ceux qui en avaient le monopole des avantages assez considérables ; la preuve en est dans l'empressement avec lequel chacun de ces emplois était recherché. Je trouve dans le Livre des Sentences plusieurs indications, à cet égard, qui ne manquent pas d'intérêt. Au mois de septembre de l'année 1293, Henri Lalemant était nommé courtier de vins à la requête d'Étienne Barbette. Le même jour, Adam Paon, l'un des plus riches bourgeois de Paris, faisait inscrire parmi les *atendant mesureurs de sel,* Oudinet Mauclerc, et le 4 mai 1296, maître Jehan *Cler sens,* rendait le même service à Guillot le charron, qui désirait obtenir l'office de jaugeur de vins. Le 5 août 1303, Jehan de Paris, fils d'Alexandre Cordelier, devenait attendant mesureur de sel, à la requête du barbier de Philippe le Bel. Des personnages bien plus considérables ne dédaignaient pas de s'employer pour faire obtenir à celui qu'ils protégeaient ces charges lucratives : on en jugera par les deux notes suivantes que je reproduis en entier :

« Denise de Pontferant attendant mesureur de sel, à la requeste
« Madame l'Empereris (impératrice), l'an de grâce mccc et iv (1304).

« Jacques d'Aubigny, nouvel mesureur de sel, à la requeste Madame
« Jehanne Reine de France (1305). »

Cette même année 1305, un pauvre diable nommé *Jehan tout li faut* était reçu parmi les Henouarts, à la prière de Philippe de Vitri (1).

---

d'un langage, ou argot, particulier : *Recueil des mots peu en usage dans la société civile, et dont on se sert le plus communément sur les ports, rivières et autres lieux, dont les affaires ressortissent au bureau de l'Hôtel de Ville de* Paris, 1 vol. in-fol. Manuscrit sur papier, faisant partie de la bibliothèque de la ville de Paris.

(1) App. II, aux années citées.

LIVRE TROISIÈME.

CHAPITRE PREMIER.

FAITS POLITIQUES REMARQUABLES DEPUIS LE RÈGNE DE PHILIPPE LE BEL
JUSQU'A CELUI DE FRANÇOIS 1er.

C'est seulement à partir des premières années du xive siècle que commence la série des événements politiques relatifs à l'histoire de l'Hôtel de Ville de Paris. Avant cette époque, le prévôt des Marchands, les échevins, les autres membres du gouvernement municipal, établis depuis longues années, comme on l'a vu précédemment, occupaient dans l'administration civile une place importante; mais leur pouvoir n'avait pas encore jeté dans le sol politique des racines assez profondes pour que ces magistrats populaires fussent appelés à prendre part au gouvernement de l'État. Philippe Auguste, dans quelques circonstances importantes, s'était assuré le concours du prévôt, des échevins, des principaux bourgeois; ses successeurs tinrent la même conduite, et Philippe le Bel, en échange des ressources pécuniaires qu'il trouva chez les habitants de la capitale, crut devoir appeler aux premières fonctions du gouvernement quelques-uns des magistrats municipaux. Parmi eux, il faut citer Étienne Barbette. Après avoir, de 1298 à 1304, exercé la charge de prévôt des Marchands, il était devenu échevin-voyer, et réglait comme tel le prix des loyers. Des historiens ajoutent que Philippe le Bel, dont il possédait la confiance, l'avait nommé son argentier (1). Ce prince ne craignit pas de chercher dans l'altération des monnaies les sommes nécessaires à ses entreprises. En 1306, il rendit une ordonnance par laquelle les monnaies, fabriquées à un titre assez bas, se trouvaient tout à

---

(1) *Chronique de Guill. de Nangis*, contin. Édit. de Géraud, t. 1, p. 356.

coup portées à la même valeur que celles qui remontaient au temps de saint Louis, et jouissaient, parmi le peuple, d'une réputation méritée (1). Le bénéfice pour le trésor royal était clair; mais il en résulta dans les transactions particulières une perturbation générale à laquelle chacun essaya de se soustraire; par exemple : les propriétaires de la ville de Paris s'entendirent pour exiger que les loyers leur fussent payés en monnaie de bon aloi. Les gens de métiers, comme foulons, tisserands, taverniers et plusieurs autres, ayant su que cette décision avait été prise dans le Parloir aux Bourgeois, d'après le conseil d'Étienne Barbette, s'assemblèrent pour aller piller sa demeure. La Courtille Barbette, dont la rue de ce nom rappelle l'emplacement, était située en dehors des murs, non loin d'une fausse porte ou *poterne*, qui donnait accès dans la ville, à l'extrémité nord-est, entre la porte Saint-Antoine et celle du Temple (2). C'était un vaste enclos, comprenant jardins, celliers, granges et autres dépendances. Le jeudi d'avant l'Épiphanie, le peuple s'empara de cette demeure, en incendia les bâtiments, déracina les arbres, et la ruina de fond en comble; puis se dirigeant vers l'hôtel qu'Étienne Barbette habitait en ville, dans la grande rue Saint-Martin, non loin de l'Abbaye, il en rompit les portes, s'empara des coffres, des huches, des lits, des matelas, des coussins, qu'il mit en pièces et dont il jeta les débris dans la rue. Les vins du cellier furent répandus sur la place, et « aucuns d'icelui « vin tant burent, » disent les Grandes Chroniques de France « qu'ils fu« rent enivrés (3). » Dans sa fureur, le peuple osa s'en prendre au roi lui-même, qui était venu se réfugier derrière les murs fortifiés de la maison du Temple, où était renfermé à cette époque le trésor royal. Des hommes échauffés par le pillage de la Courtille et de l'hôtel Barbette, rencontrèrent les officiers de bouche qui amenaient au Temple les provisions pour la table du maître; ils s'en emparèrent et les jetèrent dans la boue. La vengeance de Philippe le Bel fut aussi soudaine que terrible : il fit saisir par ses hommes d'armes les fauteurs principaux de

---

(1) *Ordonn. des Rois de France*, etc., t. I, p. 441. — LEBLANC, *Traité historique des Monnoies de France*, etc. Amsterdam, 1692, in-4°, p. 189.

(2) GÉRAUD, *Paris sous Philippe le Bel*, in-4°. Voir le Plan.

(3) Vol. V, p. 173, édit. de M. P. Paris.

la sédition, et deux jours après, sans autre forme de procès, vingt-huit personnes étaient pendues aux quatre principales entrées de la ville (1).

Quand même les successeurs de Philippe le Bel n'eussent pas suivi, à l'égard du prévôt des Marchands, la politique adoptée par ce prince, les événements qui signalèrent la seconde moitié du xive siècle auraient suffi pour placer ce magistrat dans une position toute particulière. La perte de la bataille de Poitiers, et la captivité du roi Jean obligèrent le Dauphin, devenu lieutenant de son père, à convoquer les trois ordres de l'État. Les bourgeois de Paris furent les maîtres dans cette assemblée, et, s'attribuant la plus grande part du gouvernement des affaires (2), obéirent en aveugles aux volontés souveraines de leur prévôt des Marchands. Celui qui exerçait alors cette charge, Étienne Marcel, appartenait à l'une de ces familles parisiennes dont chaque membre, depuis un siècle environ, siégeait tour à tour dans le Parloir aux Bourgeois (3). Fort de l'autorité réelle et morale qu'il exerçait, Étienne Marcel en abusa. Peut-être avait-il la pensée de remettre aux mains des bourgeois une part d'autorité trop grande pour s'accorder avec la constitution féodale de la France. Peut-être, sans aspirer à d'aussi grands desseins, voulut-il profiter pour son propre avantage de la puissance que les événements lui avaient donnée; ce qu'il y a de certain, c'est que, pour réussir dans ses projets,

(1) « Et en la vigile de la Tiphaine, par le commandement du roy, especiaument pour sa viande que il luy avoient espandue et gettée en la boe, et pour le fait du dit Estienne, vingt huit hommes aux quatre entrées de Paris : c'est assavoir, à l'Orme par devers Sainct-Denis, faisant entrée, furent sept pendus; et sept devers la porte Sainct-Antoine, faisant entrée, et six à l'entrée devers le Roule, vers les Quinze Vint Aveugles, faisant entrée, et huit en la partie de Nostre-Dame des Champs, faisant entrée, furent pendus. » (*Grandes Chroniques de France*, t. V, p. 173, édit. de M. P. Paris.)

(2) Le conseil nommé par les États de 1356 fut ainsi composé : *six nobles onze ecclésiastiques, dix-sept bourgeois*. Étienne Marcel, prévôt des Marchands, Gile Marcel, son frère, et Charles Toussac, échevin, furent délégués pour Paris. Les gens d'Église étaient sous la domination de Robert le Coq, évêque de Laon, né d'une famille bourgeoise d'Orléans, soumis à l'influence d'Étienne Marcel. La liste si importante des délégués nommés par les États, échappa longtemps à toutes les recherches; elle a été publiée par notre confrère, M. Douet d'Arcq, dans le t. II, p. 382 de la *Bibliothèque de l'École des Chartes*.

(3) Voir Appendice II, n° 2, Liv. des Sent., années 1268 à 1300, les noms des conseillers municipaux.

il employa même le meurtre. Cette criminelle énergie le conduisit à sa perte, et le contraignit de se jeter dans les bras de Charles le Mauvais, roi de Navarre, et des Anglais que ce dernier traînait à sa suite, dans le but de parvenir au trône. Je ne raconterai pas, après les chroniqueurs de Saint-Denis, après tous ceux qui ont écrit l'histoire de France (1), les événements nombreux qui ont signalé ces deux années de sanglante anarchie, je me contenterai de faire connaître ceux qui ont amené la mort tragique du prévôt Marcel, à la porte Saint-Antoine.

Charles, Dauphin de France, lieutenant du royaume, essaya pendant plus d'une année de lutter contre l'autorité du prévôt des Marchands; ce fut en vain : l'audace de ce dernier devint si grande qu'il n'hésita pas à faire massacrer, sous les yeux du prince, deux de ses officiers. Voici dans quelles circonstances : un mercredi du mois de janvier 1358, Perrin Macé, valet-changeur, assassina, en plein jour, Jehan Baillet, trésorier du Dauphin. Ce prince donna l'ordre à Robert de Clermont, son maréchal, et au prévôt de Paris, de s'emparer du meurtrier, qui s'était réfugié dans l'église Saint-Merry. Les deux officiers, accompagnés de plusieurs hommes d'armes, brisèrent les portes de l'église, et saisirent Perrin Macé, qui, le lendemain, fut pendu au gibet des halles. Le prévôt Marcel et ses adhérents témoignèrent un grand mécontentement de l'exécution du meurtrier : ils affectèrent d'assister aux obsèques de cet homme, et cherchèrent l'occasion de se venger des officiers du Dauphin. Le jeudi 22 février, ce prince était au palais, dans la salle au-dessus des *merciers*, avec plusieurs de ses familiers, parmi lesquels étaient Robert de Clermont, et Jean de Conflans, maréchal de Champagne. Le prévôt des Marchands, accompagné des gens de métiers, tous en armes,

---

1) Les *Grandes Chroniques de France*, selon qu'elles sont conservées en l'église de Saint-Denis en France, publiées par M. P. Paris, six vol. in-12, t. VI, p. 132. En lisant cette Chronique il ne faut pas oublier que cette partie a été rédigée par Pierre d'Orgemont, chancelier de Charles V, ainsi que l'a prouvé M. Léon Lacabane, dans son curieux Mémoire imprimé au tome II, page 57, de la *Bibliothèque de l'Ecole des Chartes*. Parmi les contemporains, voyez encore le second continuateur de Guillaume de Nangis, t. II, page 242 et suivantes de l'édition de cette chronique latine, due aux soins de notre confrère, mort récemment, H. Géraud; Paris, 1843, 2 vol. in-8°. Parmi les historiens modernes, consultez M. Michelet, *Histoire de France*, t. III, p. 374; l'*Histoire des Français* de Simonde de Sismondi, et celle de M. Henri Martin.

au nombre de trois mille, se présenta devant le palais; Marcel et plusieurs de ces gens de métiers montèrent jusqu'à l'appartement du prince, et le prévôt lui dit alors : « Sire, ne vous esbahissez des choses que vous « véez, car il est ordené et convient qu'il soit fait. » Alors plusieurs de ses compagnons coururent sur le maréchal de Champagne et le tuèrent; comme Robert de Clermont se sauvait dans une chambre voisine, les meurtriers l'y suivirent et l'égorgèrent sans pitié. Le Dauphin, épouvanté, craignit pour lui-même, et supplia Marcel de lui venir en aide, car chacun fuyait. Alors le prévôt répondit : « Sire, vous n'avez garde. » Et mettant son chaperon rouge et bleu sur la tête du jeune prince, il se coiffa avec celui qu'il portait; l'un et l'autre restèrent ainsi affublés tout le jour.

Un mois ne s'était pas écoulé depuis ce tragique événement, que le Dauphin, déclaré régent du royaume, prit la résolution de quitter en secret Paris. Pour exécuter son dessein, Charles eut recours à son maître des œuvres, qui gagna le maître de l'arche du Grand-Pont (1). Ce dernier, ayant mis sa barque à la disposition du Dauphin, le fit sortir de la ville pendant la nuit. Ces deux hommes furent victimes de leur dévouement : déclarés coupables de haute trahison par le prévôt des Marchands et les gens de son conseil, ils eurent la tête tranchée par la main du bourreau (2).

(1) Voyez liv. II, chap. VI, quelles étaient les fonctions de cet employé.

(2) Voici comment ces faits sont racontés par un auteur contemporain.

« En l'an dessus dit, c'est assavoir l'an de grace mil III^c LVII, furent lettres apportées à Amiens, de par les III estas, que on laissast passer le roy de Navarre paisiblement par la ville d'Amiens. Adont fist li roys de Navarre assambler le commun de la cité, et leur dist que moult avoit eu de griefs maulx sans deserte. Et se mist en la bourgoisie par le conseil d'aucuns de la ville, qui li jurerent à estre de son aliance. Quant Charles li regens sceut la delivrance du roy de Navarre, il se doubta moult de trahison, car cilz de Paris le tenoient et gardoient si que il ne se povoit partir; lors manda secretement son maistre charpentier et son maistre des yaues, et cilz firent tant par son commandement que il le misrent hors de Paris par nuit en une nefs, et s'en ala à Miaulx, et là manda ses amis et ses chevaliers. »

[Fol. 164 v°]

1357. — « En ceste saison fit li prevos des Marchans et ses consaulx prendre le maistre charpentier du roy et le maistre des yaues qui Charles le regent avoient mis secretement hors de la ville de Paris, et pour ceste cause les jugierent à mort moult cruceusement. Et furent admenez en Greve pour justicier; et advint que quant li bouriaulx cut prins la doloire pour justicier, il chéi devant le peuple de vilaine maladie, et fut en ce point bien longuement, et au relever ne se peust-il excuser de

Étienne Marcel et les officiers municipaux qui lui étaient dévoués se trouvèrent ainsi les maîtres du gouvernement. Cet homme hardi ne craignit pas de prendre sur lui l'exécution des actes les plus importants : il agissait en maître dans la ville ; ainsi, le mercredi 18 avril, ayant appris que le sergent d'armes Jehan de Lions, auquel était confiée la garde de l'artillerie du Louvre, se préparait à la diriger vers Meaux, où le régent l'attendait, il donna l'ordre d'arrêter cette artillerie, de la conduire à l'Hôtel de Ville et de tuer le sergent d'armes si on le rencontrait. Jehan de Lions, prévenu assez tôt, parvint à fuir, et Marcel déclara par des lettres patentes que le sergent d'armes du roi était sur le point de transporter à Meaux toutes ces munitions de guerre, dont le « peuple murmu-« roit très-grandement, » et que, pour éviter un plus grand péril, lui, Marcel, les avait fait mettre dans la Maison de Ville (1).

---

justice faire, et les depieça chacun de eulx ii en quatre quartiers. » (Chronique de Jean de Nouelles, fol. 164 v°. Ms. de la Bibl. roy. n° S. F. 98ᵐ.)

Une autre chronique (Bibl. roy. n° 9656) donne plus exactement au complice du charpentier du roi le nom de *maistre de l'arche* : « pour leur yssue (celle du régent et de son frère) furent prins et decapitez en Greve le *maistre de l'arche* et le *maistre charpentier du roy* qui du régent furent comperes. »

[Fol. 19.]

1) Secousse, dans la seconde partie de ses Mémoires sur Charles le Mauvais (p. 100), a fait connaître une lettre de rémission par laquelle Jehan des Lions est justifié d'avoir laissé Marcel faire main basse sur l'artillerie du Louvre. Je dois à l'obligeante amitié de M. Lacabane, premier employé au Cabinet des manuscrits de la Bibliothèque royale, la communication d'une pièce qui m'a permis de compléter le récit de cette circonstance importante des événements de 1358. Voici cette pièce, que j'ai copiée sur l'original :

« Sachent tuit que nous, Estienne Marcel, prevost des Marcheans, et les eschevins de la ville de Paris, pour hoster et eschever tres-grans esclantes et inconveniens qui estoient sur le point d'avenir en la dicte ville, avons pris et levé LX casses de quarreaux à deux piez, LX quasses de quarreaux à VII pié, XI quasses de viretons, LX arballestes de tor à deux piez, XII arballestes à traire de tor, IIIᶜ de gros quarreaux pour le traist des dictes arballestes, XII fallos et IIᶜ de tourte, XXV pavaiz, III canons à main ou futez, et deux sanz feust, VI livres de poudre pour faire traire les canons, I touret, I haucepie, Vᶜ de traist pour arballestes à tour, XXV lances et un troul de fil pour faire cordes à arballestes. Toutes les quelles choses Jehan de Lions, sergent d'armes du roy nostre sire, avoit fait charger pour mener à Meaulx, dont le peuple murmuroit très grandement, et pour eschever greigneur peris, les avons fait mettre en *la Maison de la Ville*. Donné à Paris soubz le scel de la Marcheandise de la dicte ville, le mercredi XVIIIᵉ jour d'avril, l'an mil CCC cinquante-huit. » (Bibliothèque royale, Cabinet des Titres ; Manuscrits.)

Cette pièce a une importance d'autant plus grande que c'est la seule qui nous soit parvenue de l'administration d'Étienne Marcel.

D'autres actes prouvent aussi qu'Étienne Marcel avait eu soin de s'assurer de l'argent nécessaire à l'exécution de ses desseins. Dans les premiers jours de l'année 1358, il avait emprunté du grand prieur de Saint-Jean de Jérusalem une somme de « mille moutons d'or (1). » De même, dans un mandement du Dauphin, au sujet des pièces d'or et d'argent, daté du 22 août 1358 peu de jours après la mort de Marcel, on lit ces mots : « Et aussi se complaignent iceux ouvriers monnayers « d'avoir creue d'ouvrage pour cause de l'euvre faite derrenierement en « la monnoie de Paris, seulement d'un pié de monnoye...... ordonnée à « faire par la puissance feu Estienne Marcel, jadis prévot des Marchands, « qui de faict fict ouvrer en la dicte monnoye de Paris (2). »

Marcel avait encore gagné presque tous les membres d'une confrérie qui, depuis plusieurs siècles, existait dans la capitale, sous le nom de « Confrérie Notre Dame, aux seigneurs, prêtres, bourgeois et bour- « geoises de Paris. » Il leur avait donné le chaperon aux couleurs de la ville, mi-partie rouge et bleu, attaché avec un fermoir d'argent émaillé aux mêmes couleurs « en signe d'alliance de vivre et mourir avec lui (3). »

Cependant le peuple de Paris commençait à murmurer, exposé comme il l'était à toutes les rigueurs d'un siége. Les gens de métiers prirent les armes et déclarèrent qu'ils voulaient sortir de la ville pour combattre les Anglais. Marcel se mit à la tête d'un certain nombre d'entre eux, et le roi de Navarre, qui était à Saint-Denis, vint chercher les autres pour les conduire, au nombre de huit mille, du côté de Saint-

---

(1) « Le vendredi apres Pasques, vi^e jour d'avril, l'an mil ccclviii, à Paris, bailla monseigneur à frere Symon Clignet, son receveur, les monnoyes qui sensuivent, *pour bailler en prest au prevost des Marchans pour la ville de Paris*, mil moutons d'or et le seurplus pour estre converti en solucion des mars d'argent que monseigneur doit au terme de Pasques derrenier passées aux hoirs feu sire Guy Florent Parisis d'or cIIII. Item nobles XII. Item maces III. Item escuz viez cIIII. Item chaieres vieilles .I. Item doubles d'or VIII. Item angelots XLIX. Item escuz Philippe IIII^{xx}. III. Item moutons IIIe. XLVIII. Item leons .I. Item royaulx VIIe. et ung. Item moutons viez XVIII.

« Somme de ces pieces d'or XIIIe XXXII. »
(Arch. du roy. — Reg. capit. de l'ordre de Malte. — M, 18, fol. 113.) C'est à l'obligeance de M. Douet d'Arcq, mon confrère de l'École des Chartes, que je dois la connaissance de ce fait curieux

(2) *Ordonn. des Rois de Fr.*, t. III, p. 243-245. — Voyez aussi p. 257, et t. II, p. 131, de Secousse, *Mémoires sur Charles le Mauvais*.

(3) Lettres de rémission accordées à Guillaume Lefèvre, etc. Secousse, *Mémoires, etc.*, t. II, p. 84.

Cloud. Mais ces derniers tombèrent dans une embuscade que leur avaient tendue les Anglais, cachés dans le bois de Boulogne, et furent massacrés ou mis en fuite. Le roi de Navarre s'empressa de regagner son camp à Saint-Denis; les Parisiens qui purent échapper rentrèrent dans la ville avec leur prévôt des Marchands. Le peuple fut en grand émoi à la nouvelle d'un pareil échec; chacun y avait perdu un parent ou un ami; chacun accusa hautement Marcel et les gens de son conseil (1). Ce dernier ne manquait pas d'ennemis, d'envieux, surveillant sa conduite, tout prêts à profiter des moindres événements qui pouvaient ébranler sa puissance. Ceux-là qui étaient ses égaux et avaient part comme lui au gouvernement municipal de Paris, virent bien que le jour était venu où, entraîné par la force des événements, Marcel allait livrer Paris au roi de Navarre et à ses troupes.

Dans la matinée du 1er août 1358, le prévôt Marcel retira la garde des deux principales portes de la ville à ceux qui l'avaient depuis longtemps; il y mit plusieurs de ses affidés, et s'empara des clefs. Cette conduite étonna les bourgeois. Jean Maillart, l'un des quartiniers, et Simon, son frère, en furent avertis; ils prévinrent leurs amis et surveillèrent le prévôt des Marchands. Vers minuit, Jean Maillart rencontra Marcel non loin de la bastille Saint-Antoine, tenant à la main les clefs de cette porte; il lui dit : « Estienne, que faites-vous ici, à cette « heure? » Le prévôt répliqua : « Jean, à vous *qu'en monte* de le savoir? « Je suis ici pour prendre garde à la ville, dont j'ai le gouvernement. — « Pardieu, dit Jean, il n'en va pas ainsi; n'estes ici à cette heure pour « nul bien. » Et s'adressant à ceux qui l'entouraient : « Voyez, il a dans « ses mains les clefs pour trahir la ville. — Jean, vous mentez, s'écria

(1) Voici comment s'exprime le chroniqueur Jean de Nouelles :

« Li commun de la ville firent plainte au prevost des Marchans, et disent que il voloient issir et aler assaillir les Angleis. Et il leur dist que il isteroit avec eulx; lors fist armer grant plenté de gens aux champs, et li rois de Navarre vint à eulx de Saint-Denis, car il l'avoient mandée. Lors ordonnerent ensamble leurs gens, et plusieurs gens ad piet se misrent devant qui cuiderent estre sievis, et alerent jusques au bos de Saint-Clou, où li Angleis estoient embuuchiez, et qui issirent contre eulx et les desconfirent et en occirent plus de viiim. Et li autres s'en refuirent; et retourna li rois de Navarre à Saint-Denis. Et li prevos des Marchans rentra à Paris et ses gens sans assambler aux Angleis, dont li peuples de Paris print à murmurer, et le reputerent pour traître et ceulx de son conseil. »

« le prévôt. — C'est vous, Estienne, qui mentez, répliqua Maillart. » Et levant sa hache d'armes, il courut sur Marcel, en criant : « A la mort, à « la mort. » Marcel voulut fuir, mais Jean Maillart, bien qu'il fût son compère, ajoute le chroniqueur, lui donna un coup de hache sur la tête, et le tua avec plusieurs de ceux qui l'accompagnaient (1).

Charles V, après son retour dans Paris, usa de grands ménagements pour ne pas heurter l'opinion publique, qui s'était accoutumée à voir l'autorité du prévôt des Marchands se mêler à toutes choses. Il se contenta d'opposer au magistrat populaire le prévôt de Paris Hugues Aubriot. Celui-ci, homme actif, intelligent, dévoué, prit sa tâche si bien à cœur, qu'il effaça presque entièrement le souvenir laissé dans le peuple par Étienne Marcel. Ce dernier avait élevé les murailles de la ville, agrandi son enceinte, rétabli les ponts et le pavé des rues, Hugues Aubriot continua les travaux commencés par Marcel, en exécuta d'autres, et répara tous les dommages que la guerre et les émeutes avaient causés dans la vieille cité parisienne.

Mais avec le règne de Charles VI, en 1382, de nouveaux troubles éclatèrent : des impôts que, deux années auparavant, le roi avait promis de ne pas établir, furent publiés dans Paris d'une manière inattendue, et presque par surprise (2). Aussitôt le peuple se révolta et prit la réso-

(1) Cet événement a été raconté par les chroniqueurs contemporains de différentes manières. M. Secousse, dans ses Mémoires sur Charles le Mauvais (p. 294 et suiv.), a reproduit ces récits. J'ai suivi la version de Froissart, la plus dramatique et en même temps la plus vraie (Chronique, t. III, p. 319 de l'édit. du Panthéon littéraire). Ce récit a donné lieu à un Mémoire de M. Dacier, lu dans une séance publique de l'Académie des Inscriptions et Belles-Lettres du 28 avril 1778, (voir les Mémoires, t. XLIII, p. 563); dans ce Mémoire, M. Dacier contestait à Jehan Maillart le rôle important que Froissart lui attribue dans cette circonstance. Mais notre confrère, M. Léon Lacabane, dans un travail remarquable publié p. 79, t. 1, de la Bibliothèque de l'École des Charles (1re série), a rétabli les faits et prouvé d'une manière incontestable l'exactitude de cette partie du récit du célèbre chroniqueur. Je dois ajouter que M. Jules Quicherat, mon confrère de l'École des Chartes, vient de publier dans le Plutarque français (2e édition moyen âge, p. 319), une vie d'Étienne Marcel. Je renvoie avec d'autant plus d'empressement à ce travail remarquable, qu'il contient le récit complet des événements de 1358, que j'ai été forcé d'abréger.

(2) En 1380 deux fois le peuple s'était ameuté pour refuser le paiement de la taille, que l'on cherchait à rendre perpétuelle. Voyez Chronique de Charles VI, par le Religieux de Saint-Denis. Édit. de M. Bellaguet, tome I, p. 24, 45.

lution de mettre à mort tous les percepteurs de cet impôt. Le premier qui se présenta fut tué ; puis, courant à l'Hôtel de Ville, les révoltés en forcèrent les portes, s'emparèrent de toutes les armes qu'ils y trouvèrent, entre autres des *maillets* de plomb, qui y étaient en grand nombre; ils se répandirent bientôt par la ville, et le massacre, connu sous le nom de *Journée des Maillotins*, eut lieu. Il fut terrible : ainsi l'un des malheureux collecteurs croyait avoir trouvé un refuge assuré dans le sanctuaire de l'église Saint-Jacques de la Boucherie; mais le peuple l'y poursuivit, et, bien qu'il se tînt étroitement enlacé à une statue de la Vierge, il tomba percé de coups (1).

Peu de mois après cette révolte, le roi et son armée triomphaient à Roosebek des communes de la Flandre. Ses oncles lui firent prendre aussitôt la résolution de se venger des Parisiens. Le prévôt des Marchands et les principaux bourgeois de la ville vinrent, sans le dire aux gens de métiers, assurer les princes d'une complète obéissance; et comme preuve de ce qu'ils avançaient, offrirent de marcher à la tête du cortége. Leur proposition fut acceptée, et les chefs de l'armée firent crier par le héraut que tous les capitaines, chevaliers, écuyers et gens d'armes se tinssent prêts à entrer dans la ville. Le lendemain, les bourgeois sortirent en cortége au-devant de l'armée royale ; mais on leur enjoignit brusquement de retourner sur leurs pas, le roi ne pouvant oublier leur insulte récente, et rentrant avec la ferme intention de s'en venger. Cette réponse dut jeter d'autant plus d'effroi dans Paris que de sinistres dispositions venaient d'être prises : les chaînes qui fermaient chaque rue avaient été enlevées; les portes, arrachées de leurs gonds, avaient été remplacées par de simples barrières en bois. Les troupes royales s'avancèrent bientôt, divisées en trois corps; le monarque marchait seul au milieu, couvert de ses armes, la visière baissée, la lance au poing, comme s'il entrait dans une ville ennemie. Les barrières en bois, brisées à coups de hache, furent jetées sur la chaussée. Le cortége royal passa dessus, ajoute le moine chroniqueur, comme pour fouler aux pieds l'orgueil farouche des Parisiens. Le roi, maître de la ville, fit saisir et jeter en prison trois cents

---

(1) Religieux de Saint-Denis, *Chronique de Charles VI*, t. I, p. 139.

des bourgeois les plus riches. Les chefs principaux de la révolte furent décapités; parmi eux était un bourgeois très-considéré, nommé Nicolas Leflamand, qui, en 1358, avait pris part au meurtre du maréchal de Normandie. Une ordonnance royale enjoignit aussi, sous peine de mort, à tous les habitants, de porter leurs armes soit au palais, soit au Louvre; et il s'en trouva une si grande quantité, qu'il y en avait, disait-on, assez pour armer huit cent mille hommes. L'ancienne porte Saint-Antoine fut abattue; puis le roi fit terminer la bastille du même nom, que Charles V avait commencée (1). Enfin, des lettres patentes, en forme d'édits, déclarèrent la prévôté des Marchands et l'échevinage abolis et confisqués au profit du roi.

Charles VI confia l'exercice de cette charge au prévôt de Paris, représentant naturel de son pouvoir. Mais Jean de Folleville, l'un des conseillers-maîtres au Parlement, qui remplissait alors ces fonctions, vint, dans le cours de la même année, prier le roi de reprendre celles de prévôt des Marchands, ne pouvant suffire à la multiplicité des affaires que la réunion des deux prévôtés lui occasionnait. Les conseillers de la couronne, qui ne voulaient pas voir renaître les scènes de désordre dont ils avaient failli être victimes, firent créer par le roi un garde de la prévôté des Marchands, révocable à volonté. Jean Jouvenel des Ursins, avocat au Parlement, fut désigné pour remplir cette charge, et sous le rapport des intérêts civils, il s'en acquitta comme un enfant de Paris, c'est-à-dire en prenant toujours les intérêts de la cité (2). Cette interruption dura

(1) Religieux de Saint-Denis, *Chronique de Charles VI*, p. 239, t. 1; pour avoir l'ensemble de tous les curieux détails que je me contente de signaler, il faut lire entièrement le chap. XVIII du liv. III, intitulé : *Les Parisiens sont punis de leurs nombreuses offenses envers le roi.*

(2) Voici comment le fils du garde de la prévôté, Jean Jouvenel des Ursins, s'exprime à ce sujet, dans son *Histoire de Charles VI* : « Or est vray comme dessus a esté dit, que comme le Roy revint de Flandres après la commotion faite par le peuple, nommée les *Maillets* ou *Maillotins*, il abolit et mit au néant les Prevosté et Eschevinage de la ville de Paris, et fust tout uny à la Prevosté de Paris, et avoit le Prevost de Paris toute la charge, gouvernement, et administration. Et pour le temps, estoit Prevost de Paris un nommé messire Jean de Folleville, qui avoit esté des seigneurs de Parlement, qui estoit bon clerc, et avoit très-bien fait son devoir. Le quel à certain jour s'en vint devers le Roy et son Conseil, et leur exposa les charges, peines et travaux qu'il avoit pour le gouvernement des deux Prevostez de Paris, et des Marchands, et que bonnement les deux ensemble ne se pouvoient pas bien exercer. Et

vingt-neuf années. En 1411, par lettres patentes datées du 20 janvier, Charles VI rétablit la prévôté des Marchands et l'échevinage, avec tous les attributs et la juridiction dont ils jouissaient avant 1382 (1).

D'après les détails que donne, au sujet du rétablissement de la prévôté des Marchands, le religieux anonyme de Saint-Denis, auteur de l'Histoire de Charles VI (2), ce fut pour récompenser les Parisiens du courage qu'ils avaient montré contre les Anglais, que le roi leur rendit l'exercice complet de leurs anciens priviléges. Au reste, depuis 1409, la prévôté des Marchands était rétablie, sinon en droit, au moins en fait. Charles Culdoé, qui, à partir de 1404, exerçait les fonctions de garde de cette prévôté, décida les ducs de Berri et de Bourgogne, qui étaient alors maîtres des affaires, à prendre cette détermination. Le religieux de Saint-Denis s'exprime ainsi à ce sujet :

« Les dits ducs décidèrent également, pour le bien de tous, que la ville
« de Paris serait remise en jouissance de ses anciens priviléges ; qu'on lui
« rendrait son prévôt des Marchands, ses échevins, ses centeniers, ses
« soixanteniers et ses cinquanteniers, et qu'il serait permis désormais
« aux habitants de s'armer, chacun selon son rang, pour veiller à la
« sûreté de la ville, et pour exécuter les ordres du roi ; que les bourgeois
« auraient le droit de posséder des fiefs en franchise, comme les nobles,
« et que, seuls dans le royaume, ils jouiraient de cette prérogative, qui
« était exclusivement réservée aux bourgeois nés à Paris. Peu après, ils

fut advisé par le Conseil que les Prevost et Eschevins des Marchands jamais ne se remettroient sus, comme ils estoient, veu les inconvenienz, et les cas dessus declarez : mais ilz estoient bien d'opinion que on advisast un notable clerc et preud'homme qui eust le gouvernement de la Prevosté des Marchans, de par le Roy ne plus ne moins que le Prevost de Paris, pareillement celuy qui y seroit commis s'appelleroit *Garde de la Prevosté des Marchands pour le Roy*, et furent aucuns chargez de trouver une personne qui fust propre et habille a ce, et que celuy qu'ils auroient advisé ilz le rapportassent au conseil. Lesquels enquirent en Parlement, Chastelet et autres lieux. Et entre les autres, ils rapportèrent au Roy et au conseil que en Parlement y avoit un advocat bon clerc et noble homme, nommé maistre Jean Juvénal des Ursins, et qu'il leur sembloit qu'il seroit très-propre, etc., etc. »

(*Histoire de Charles VI, roi de France, etc.*, par Jean Juvénal des Ursins, archevêque de Reims, etc., etc., publiée par Denys Godefroy. Paris, Impr. royale, 1653, in-folio, p. 69.)

(1) *Ordonn. du Louvre*, t. IX, p. 668.
(2) *Chronique de Charles VI*, t. IV, p. 607, liv. xxxii, chap. 46, intitulé : *Libertés accordées aux Parisiens*.

« obtinrent du roi une charte confirmative de ce privilége, scellée du
« sceau royal. Le prévôt des Marchands, Charles dit Culdoé, alla, d'après
« l'avis des notables bourgeois, porter aux princes les remercîments
« solennels de ses concitoyens; toutefois, il déclara que les Parisiens
« n'avaient besoin ni des centeniers, ni des autres chefs de quartiers,
« et qu'ils entendaient s'en passer, comme ils l'avaient fait depuis trente
« ans; qu'ils se félicitaient d'avoir vécu en paix pendant tant d'années
« sous l'autorité du roi; qu'ils mettaient leurs personnes et leurs biens à
« la disposition de ce prince, de la reine et de ses enfants, et qu'ils
« leur obéiraient jusqu'à la mort; mais que s'il survenait quelque guerre
« entre les princes, ils ne s'en mêleraient en aucune façon, à moins d'un
« ordre exprès et verbal du roi (1). » Ce curieux passage fait connaître
l'opinion qui dominait parmi les plus riches bourgeois de la capitale; il
explique aussi pourquoi Culdoé, aussitôt le triomphe des Armagnacs en
1411, fut obligé de fuir, et fut remplacé par Pierre Gentien (2). En
refusant l'offre que les princes faisaient aux Parisiens de rétablir les
cinquantaines et les dixaines, Culdoé ne donnait pas satisfaction au parti
du menu peuple qui, bientôt après l'ordonnance rendue par Charles VI,
triompha dans la personne des *Legoix*, des *Tybert*, des *Garnier de
Saint-Yon*, et des autres membres de la faction des *Cabochiens*. La
municipalité parisienne joua, dans cette malheureuse période de notre
histoire, un rôle très-important, et qui rappelle une époque plus rapprochée de nous, pendant laquelle cette municipalité, sous le nom de *Commune de Paris,* a occupé aussi la première place. Cette histoire de la
faction d'Armagnac et de Bourgogne a été écrite trop souvent pour qu'il
soit nécessaire de la refaire de nouveau. Je ne reproduirai donc ici que
les événements dans lesquels le prévôt des Marchands, les échevins, les
quartiniers, cinquanteniers ou dixainiers ont agi personnellement, et
se sont parfois armés les uns contre les autres.

Au mois d'avril 1413, les chefs de la faction de Bourgogne, ayant
appris que Pierre des Essarts, prévôt de Paris, venait de s'enfermer
dans la Bastille avec des troupes, résolurent de l'en chasser et de s'empa-

(1) *Chronique de Charles VI*, t. IV, p. 279.   (2) *Idem*, p. 447-449.

rer de sa personne : « Quelques brouillons de bas étage, dit l'anonyme
« de Saint-Denis, que je dois nommer ici pour les flétrir à jamais, savoir :
« les deux frères Legoix, ignobles bouchers, Denys de Chaumont, et
« Symon Caboche, écorcheurs de bêtes à la boucherie de Paris, parcou-
« rurent la ville pour ébruiter tout ce qui se passait. Ils avaient avec eux
« quelques gens dont les noms m'échappent en ce moment, entre autres un
« fameux médecin appelé Jean de Troyes, homme éloquent et rusé, déjà
« fort avancé en âge, et touchant presque à la vieillesse, dont ils avaient tou-
« jours pris conseil dans leurs entreprises. Ces misérables, qui avaient
« excité les révoltés et dirigé les émeutes précédentes, publièrent partout
« que cette prise de possession avait pour objet de détruire la ville et
« d'enlever de force le roi et son fils aîné, monseigneur le duc de
« Guienne. Ils avaient déjà forcé par leurs vaines clameurs les échevins
« de Paris à déposer, comme il a été dit plus haut, le prévôt des Mar-
« chands, Pierre Gentien, président de la monnaie royale, sous prétexte
« qu'il avait altéré la nouvelle monnaie d'or et d'argent, et ils avaient
« fait nommer à sa place un notable bourgeois, nommé André d'Éper-
« neuil. Afin de poursuivre leurs projets, ils allèrent trouver ce nouveau
« magistrat, se firent malgré lui remettre la *bannière* de la ville, qu'on
« appelait *étendard*, et obtinrent l'autorisation d'inviter les Cinquante-
« niers et les Dixainiers à se rendre en armes sur la place de Grève, avec
« les hommes qui étaient sous leurs ordres. Ils auraient exécuté et mené
« à fin leur sinistre dessein, sans le courage du clerc de la ville, qui refusa
« à plusieurs reprises de signer l'écrit du prévôt. Cet homme ne céda ni
« aux menaces ni à la violence, se contentant toujours de répondre avec
« douceur qu'il ne fallait rien précipiter, et qu'on savait bien que le pré-
« vôt, les échevins et les principaux défenseurs de la ville avaient juré à
« monseigneur le duc de Guienne de ne point faire prendre les armes
« aux bourgeois sans lui en avoir donné avis deux jours auparavant (1). »

Mais le lendemain, 28 avril, les révoltés, au nombre de vingt mille,
se rendirent au palais, et après avoir planté l'*étendard* devant la porte,
demandèrent à grands cris à parler au duc de Guyenne (2). Le 12 mai

(1) *Chronique de Charles VI*, t. V, p. 10. (2) *Idem*, p. 19.

PREMIÈRE PARTIE.

suivant, les mêmes séditieux, connus dans l'histoire sous le nom de *Chaperons blancs* ou la *Maleditebande* (1), étant venus jusque dans l'hôtel du duc de Guyenne enlever ses principaux serviteurs et les dames d'honneur d'Isabeau de Bavière, se firent encore précéder de l'étendard de la ville : « Après avoir tenu plusieurs assemblées secrètes, réunions et
« conciliabules en divers endroits de la dite ville, tant de jour que de nuit,
« se montrèrent dans les rues en très-grand nombre, les armes à la main,
« comme une bande ennemie et indisciplinée, avec une *bannière* déployée
« qu'ils appelaient *étendard*, etc. (2) »

Dans le récit détaillé que le moine de Saint-Denis, auteur de la vie de Charles VI, nous a laissé de ces terribles émeutes, il est facile de s'apercevoir que les quartiniers, cinquanteniers, dixainiers, se trouvèrent naturellement placés à la tête du parti violent, dont les bouchers étaient chefs, revendiquant cette puissance communale que le prévôt Marcel avait essayé d'établir. Il en résulta que la municipalité parisienne fut partagée en deux fractions distinctes : celle des quartiniers, qui se trouvait éparse dans la ville; celle du prévôt des Marchands et des échevins, qui siégeait à l'Hôtel de Ville. A cette division sont dus les violences et les meurtres qui ont signalé cette année 1413; la faction des bouchers ne tarda pas à rencontrer dans le conseil de ville, et parmi les quartiniers eux-mêmes, des hommes plus modérés. Au mois de juillet 1413, des propositions de paix ayant été faites par les princes du sang royal qui tenaient la campagne autour de Paris, le duc de Guyenne s'empressa de les communiquer au conseil de ville. Tout à coup, au milieu de la délibération, le capitaine de Paris, Léon de Jacqueville, les écorcheurs Denys de Chaumont et Caboche parurent en armes, s'écriant avec fureur : « Notre avis est qu'il faut rejeter
« cette paix fourrée (3). »

---

(1) *Chron. de Charles VI*, p. 25, l. xxxiv, c. 5: Les séditieux, d'après le conseil de leurs chefs, prennent des chaperons blancs pour ralliement. — *Journal d'un bourgeois de Paris.* — P. 15 des *Mémoires pour servir à l'histoire de France et de Bourgogne*, 1729, in-4°.

(2) Déclaration royale du 18 septembre de la même année. — *Chronique de Charles VI*, t. V, p. 171.

(3) Religieux de Saint-Denis, l. xxxiv, t. V, p. 83.

La séance fut aussitôt levée; mais une réunion secrète à laquelle prirent part les quartiniers, cinquanteniers, dixainiers, fut tenue le même jour, et la majorité se prononça pour la paix. Le 2 août suivant, une assemblée nouvelle eut lieu : Robert du Bellay, échevin, fit un discours en faveur du traité, mais il fut interrompu par Henri de Troyes, membre du conseil de ville et l'un des chefs de la faction, qui déclara que c'était une mauvaise paix, et s'emporta jusqu'à dire : « Il y a des gens qui ont « trop de sang, et qui ont besoin qu'on leur en tire avec l'épée. » Les frères Legoix, bouchers, éclatèrent en menaces et voulurent faire remettre la séance au samedi; mais la majorité de l'assemblée fut d'un avis contraire et demanda que chacun se retirât dans son quartier pour opiner séparément. Guillaume Ciriasse, maître charpentier, quartinier de la Grève, dit aux Legoix : « Puisque c'est l'avis du plus grand nombre, « votons chacun séparément. — On lira les articles ici, s'écria l'un des « Legoix, malgré vous et les vôtres. — Eh bien, répondit Ciriasse, voyons « s'il se trouve à Paris autant de frappeurs de coignée que d'assommeurs « de bœufs. » Heureusement l'assemblée se sépara; le lendemain, la paix fut votée, et la faction de Caboche exilée de Paris (1).

La conclusion de cette paix, qui n'apporta pas un grand changement dans les affaires politiques, paraît avoir été considérée comme un triomphe obtenu par la fraction modérée du gouvernement municipal de Paris. Le prévôt des Marchands et les échevins s'empressèrent d'en informer les communes des villes environnantes. Deux lettres datées l'une du mois de mai, l'autre du mois d'août 1413, adressées aux habitants de Noyon, contiennent le récit des événements que j'ai rapportés plus haut, et une copie du traité de paix conclu avec les princes. Dans la première de ces lettres, les officiers municipaux disent, en parlant du duc de Guyenne: « Et aussy a esté grand pitié et désolation en ce royaume, « que mon dit seigneur de Guienne qui, par cours de nature, doit estre « nostre souverain seigneur, par l'induction des dictes gens, a esté enduis « aussy comme jeunes enfans sont de legier enduis, à mener vie sy petite « qu'il n'entent à aucune reparation de ce royaume, et que son corps estoit

---

(1) Religieux de S.-Denis, l. XXXIV. — DE BARANTE, *Hist. des ducs de Bourg.*, t. IV, p. 110.

« en très-grand peril et dangier d'entrer et cheoir en debilité et feiblesse
« de maladie. » Dans la seconde, ils s'expriment ainsi au sujet des Legoix
et des Caboche, qui avaient prétendu s'opposer à la paix : « Il est advenu
« que aucuns particuliers de la dicte ville de Paris, qui estoient et sont
« gens de petiz estaz et facultez, qui par ci devant, par leur temere en-
« treprise, avoient eu la plus grande partie du gouvernement de la dite
« ville, pour tousjours avoir domination et pour tousjours continuer
« guerre et divisions en ce royaume (1). »

Ces dissensions cruelles entre les membres du gouvernement municipal devaient causer de grands malheurs. Les chefs Armagnacs gouvernè-
rent Paris pendant quelques années; mais leur administration, rendue
plus difficile, il est vrai, par les calamités de toute nature qui suivirent
la bataille d'Azincourt, fut impitoyable. Quand les gens du menu peuple,
décimés par la famine et la peste, venaient se plaindre au connétable ou
bien au prévôt des Marchands, l'un et l'autre n'ayant aucun secours à
leur donner, les renvoyaient, et parfois avec de dures paroles. Comme
certains bourgeois dont les parents avaient été saisis et brûlés par les
hommes d'armes demandaient vengeance à d'Armagnac : « Pourquoi
« sont-ils sortis de la ville? répliqua ce dernier; si c'étoit les Bourgui-
« gnons, vous ne vous plaindriez pas (2). » Il arriva que la trahison de
Périnet le Clerc, fils du quartinier de la porte Saint-Germain, qui, au
mois de mai de l'année 1418, livra l'entrée de Paris aux troupes de Jean
sans Peur, fut accueillie par un grand nombre des habitants comme
devant apporter quelques soulagements à leurs maux. Les Parisiens furent
bientôt désabusés; quoi qu'il en soit, le plus grand nombre d'entre eux
préféra se soumettre au joug de l'Angleterre que de voir rentrer dans
leurs murs ces terribles Armagnacs, dont le gouvernement avait été signalé
par une longue suite de souffrances et de misères. Pendant dix-sept années environ que dura la domination anglaise dans Paris, les prévôt des
Marchands, échevins, quartiniers, cinquanteniers, dixainiers, furent

(1) Archives de l'Hôtel de Ville de Noyon.
— Ces deux lettres ont été envoyées par M. le
baron de Melicocq à M. Augustin Thierry pour
être insérées dans la collection des pièces inédites relatives au tiers état. Je dois à la bienveillance de l'illustre historien la communication de ces curieux documents.

(2) *J. d'un bourgeois de Paris, etc.*, p. 36.

toujours choisis parmi les hommes, sinon dévoués à l'Angleterre, au moins hostiles aux Armagnacs, dont le Dauphin Charles fut longtemps considéré par eux comme le chef. Au mois de novembre 1431, le roi d'Angleterre et de France, Henri de Lancastre, âgé de neuf ans, fit une entrée solennelle à Paris, et le prévôt des Marchands, les échevins *tous rouges*, dit le *Journal d'un bourgeois*, tous *vestus de vermeil*, chacun une couronne de fleurs sur la tête, portèrent au-dessus du jeune prince un ciel d'azur semé de fleurs de lis (1). Non-seulement les officiers municipaux reçurent avec honneur ce petit-fils d'Isabeau de Bavière, mais les drapiers, les épiciers, les orfévres, les merciers et les pelletiers se partagèrent tour à tour l'honneur de marcher à ses côtés (2).

Il fallut encore sept années de misère aux bourgeois de Paris et toutes les souffrances d'un long siège pour les décider à recevoir dans leurs murs le roi légitime. Enfin, le vendredi 6 avril de l'année 1436, un très-bon bourgeois nommé Michel de Lallier, dit le *Journal du règne de Charles VII*, parvint à réunir environ quatre mille hommes, tant de Paris que des villages environnants, « qui portoient grant hayne aux « Anglois et aux gouverneurs. » Cette troupe de Français fidèles ouvrit la porte Saint-Jacques au connétable de Richemont et à ses chevaliers : ces derniers furent bientôt les maîtres de Paris. Peu de jours après, Michel de Lallier était proclamé prévôt des Marchands.

Pendant la seconde moitié du xve siècle, les magistrats municipaux montrèrent un dévouement sans bornes aux intérêts de la royauté. On a vu précédemment combien Louis XI mettait d'importance à faire tomber entre les mains de ses plus dévoués serviteurs soit l'échevinage, soit la prévôté. C'est que, dès les premières années de son règne, il avait pu apprécier toute l'influence dont jouissaient dans Paris les citoyens qui exerçaient l'une ou l'autre de ces fonctions. En lisant, dans la *Chronique scandaleuse*, le récit de la guerre du bien public, et du siége de Paris, qui termina cette guerre, il est facile de reconnaître toutes les menées que pratiquèrent sourdement les princes du sang pour gagner à leur cause le prévôt des Marchands, les échevins, et

---

(1) *J. d'un bourgeois de Paris, etc.*, p. 144.   (2) *Idem*, p. 145.

surtout les quartiniers, cinquanteniers et capitaines de la garde bourgeoise; mais, le roi lui-même et ses partisans eurent l'habileté de déjouer toutes ces intrigues. Dès le mois de juin, avant le retour de Louis XI dans Paris, à l'approche des Bourguignons, les portes de la ville sont fermées soigneusement, l'artillerie des remparts est mise en état, les chaînes de toutes les rues posées et prêtes à être tendues. Les bourgeois reçoivent l'ordre de faire provision d'armes, « chacun selon son estat (1). » Peu de jours après, (le 8 juillet), les Bourguignons essaient de surprendre la ville et attaquent subitement la porte Saint-Denis; mais les bourgeois de Paris leur résistent vaillamment. Les seigneurs coalisés essaient alors de négocier; ils demandent au conseil de ville d'envoyer vers eux plusieurs délégués, auxquels ils puissent expliquer les motifs qui avaient décidé les princes du sang à prendre les armes. Le conseil de ville, déjà sourdement travaillé par les amis des Bourguignons, ne refuse pas d'envoyer auprès du comte de Charolais; mais il exige pour ses députés de bons sauf-conduits. Louis XI, instruit de ces menées, s'empresse d'écrire aux Parisiens qu'il ne saurait trop les remercier de leur fidélité à sa cause, et que deux jours encore il sera dans Paris. Le lundi 15 juillet eut lieu la bataille de Montlhéry, dont les deux partis, comme on sait, ont exagéré l'importance. A la nouvelle que les Bourguignons étaient restés maîtres de la place, les Parisiens volèrent au secours du roi, et, se joignant aux habitants des villages de Vanvres, Issy, Sèvres, Saint-Cloud, Surènes, formèrent une armée que la *Chronique scandaleuse* porte à trente mille hommes (2).

Louis XI, surpris de sa défaite, se retira au château de Montlhéry d'abord, ensuite à Corbeil, et n'arriva que le jeudi, sur le soir, à Paris. Il descendit, sans appareil, à l'hôtel de Charles de Melun, son lieutenant général, où vinrent souper avec lui plusieurs seigneurs, damoiselles et bourgeoises. La conversation du roi fut entièrement consacrée au récit de la bataille de Montlhéry, ainsi que l'atteste l'auteur de la *Chronique scandaleuse*, qui ajoute : « En ce faisant dist et déclara de moult beaulx « mots et piteux, de quoy tous et toutes p'orèrent bien largement (3). »

(1) *Chron. scand.*, 1465. — Pag. 23, t. II, de Commines, édit. de Lenglet-Dufresnoy.
(2) *Idem*, p. 27.
(3) *Idem*, p. 29.

Louis XI avait raison de séduire par tous les moyens la bourgeoisie parisienne, car, de leur côté, les seigneurs coalisés qui étaient venus se joindre sous les murs de Paris au comte de Charolais, essayaient de la ranger de leur parti. Le jeudi 22 août, le duc de Berri, qui occupait le château de Beauté, dans le bois de Vincennes, avec d'autres princes du sang, obtint des bourgeois qu'ils envoyassent vers lui des députés. L'évêque Guillaume Chartier marchait à leur tête. Il fut question principalement, dans cette visite, du salut commun de la France et de la nécessité de réunir les trois ordres de l'État. Le roi ne put cacher la fureur qu'une telle visite lui inspira; il fit appeler l'évêque de Paris, lui adressa une sévère réprimande, et donna l'ordre, deux jours après, à cinq des principaux députés de sortir de la ville. Ce furent les trois frères Lallier, dont Jean, l'aîné, était curé de Saint-Eustache, l'une des paroisses les plus populeuses et les plus remuantes de la ville, maître Jean Choart, lieutenant civil au Châtelet de Paris, et François Hallé, avocat au Parlement. Cette vengeance, bien que très-modérée, surtout de la part de Louis XI, faillit cependant lui être funeste. Souvent les amis que les princes coalisés comptaient dans la ville essayaient, à la faveur d'une fausse alerte, de leur livrer la place. Le lundi 8 juillet, en l'absence du roi, Casin Chollet, que la *Chronique scandaleuse* appelle un « paillart « sergent à verge du Chastellet de Paris, » avait manqué de réussir dans une pareille entreprise; il s'était mis à courir d'un air effaré dans les rues, et à crier : « Cachez-vous, fermez vos maisons, les Bourguignons « sont entrés dans la ville. » Il n'en était rien, cependant, et Chollet, mis en prison, fut, quelques mois plus tard, fouetté par la main du bourreau. Peu de jours après l'exil des bourgeois députés, une alerte du même genre eut lieu pendant la nuit, mais Louis XI, toujours sur ses gardes, monta lui-même à cheval, fit la ronde aux différentes portes, et reconnut bientôt que tous les traîtres n'étaient pas exilés, puisque la porte de la bastille Saint-Antoine, du côté de la campagne, était ouverte, et les canons qui la défendaient encloués (1). Louis XI ne rechercha pas les coupables; il préféra calmer les querelles qui éclataient entre la milice bour-

---

(1) *Annales de Paris*, par Claude Malingre, p. 193.

geoise et les hommes d'armes de sa maison ou ceux de Normandie. Ces querelles étaient sur le point de dégénérer en des rixes sanglantes, les hommes d'armes se vantant avec insolence que les biens des bourgeois étaient à leur disposition, qu'ils pouvaient prendre la clef de chaque maison, et qu'au besoin ils briseraient les chaînes qui défendaient les rues. A ces menaces, le conseil de ville s'assemble et délibère jour et nuit. Les quartiniers relèvent ces chaînes qu'on prétend briser et les tendent comme dans les jours d'émeute ; ils ordonnent aux bourgeois de ne plus quitter les armes et d'allumer des feux dans les carrefours (1). Les membres du conseil de ville sont en désaccord avec les conseillers de la chambre des comptes et du Parlement : les uns remercient le roi d'avoir bien voulu continuer Charles de Melun comme gouverneur de Paris, les autres sont accusés de vouloir attenter à la vie du gouverneur et à celle du prévôt des Marchands (2); au milieu de ces discordes, Louis XI s'empresse de traiter avec le comte de Charolais, et de mettre fin à cette entreprise formée sous le nom de guerre du *Bien public,* et qui fut sur le point de plonger de nouveau la capitale dans les misères qui l'avaient si longtemps désolée.

---

(1) *Annales de Paris,* par Claude Malingre, p. 193.

(2) Voyez Déposition du prévôt des Marchands, et Mémoire de M⁰ Arnoul Boucher au Roi, publiés par M. J. Quicherat, parmi les pièces inédites sur la guerre du Bien public, t. II, p. 372, des Documents inédits tirés des Collections manuscrites de la Bibliothèque Royale, etc., par M. Champollion-Figeac, faisant partie de la Collection des Documents inédits relatifs à l'Histoire de France, publiée par ordre du Roi.

CHAPITRE DEUXIÈME.

ÉVÉNEMENTS POLITIQUES DU SEIZIÈME AU DIX-HUITIÈME SIÈCLE : CAPTIVITÉ DE FRANÇOIS Ier. LA RÉFORME, LA LIGUE, LE SIÉGE DE LA ROCHELLE, LA FRONDE.

La captivité de François Ier est le premier événement politique remarquable du XVIe siècle qui agita l'Hôtel de Ville de Paris. La nouvelle de cet échec, qui ne parvint aux officiers municipaux que onze jours après la bataille, causa parmi les bourgeois une douleur profonde, mais les trouva disposés à faire tous les sacrifices pour empêcher les malheurs qui pouvaient en résulter. On veilla d'abord au repos de la ville : on visita les fossés, les murailles, les portes, les herses et ponts-levis ; on répara les chaînes de fer qui défendaient les rues ; on ferma les portes de la ville à huit heures du soir, pour ne les rouvrir que le lendemain à six ; on en confia la garde, non-seulement aux quartiniers, mais encore à huit bourgeois qui ne cessaient, nuit et jour, de veiller à l'entrée. Enfin, tous les pêcheurs, mariniers et autres gens de métier, qui possédaient bateaux sur la rivière, furent avertis de n'avoir à conduire personne de l'une à l'autre rive, après l'heure défendue, « qui est de ne passer aucun quand « l'on ne congnoist ung denier parisis d'avecques ung tournoys (1). »

Peu de jours après que cette nouvelle eut été reçue, on vit se présenter à l'Hôtel de Ville le seigneur de Montmorency, dont le fils était prisonnier avec François Ier. Il déclara aux bourgeois de Paris qu'il venait se joindre à eux «, comme étant leur voisin, » pour aviser au moyen de secourir le roi ; il offrit ses biens et sa personne. Bientôt la discussion s'engagea dans le conseil, au sujet du traité de paix que la reine mère, régente du royaume, était sur le point de signer avec Henri VIII. Sans aucun doute les bourgeois comprenaient toute l'importance qu'il y avait pour la France à signer ce traité ; mais la majorité d'entre eux trouvait

---

(1) Procès-verbal des délibérations tenues à l'Hôtel de Ville de Paris, pendant la captivité de François Ier. — *Bibliothèque de l'École des Chartes*, t. V, 1re série, p. 545.

beaucoup trop lourdes les conditions qu'on voulait leur imposer; ils refusaient de donner leur consentement à l'acte que les conseillers de la reine mère avaient rédigé, et par lequel les bourgeois de Paris garantissaient le paiement de certaines sommes allouées au roi d'Angleterre, et engageaient non-seulement les biens-fonds appartenant à la ville, mais encore leurs propriétés particulières. Les retards que mettaient les bourgeois à signer cet acte impatientaient le vieux Montmorency, qui, dans sa brusque loyauté de gentilhomme, leur fit cette courte harangue, digne en tout point d'être remarquée : « J'ay mys et obligé mon bien pour la dé-
« livrance du roy et pour acquérir ceste paix; je me repute bourgeois de
« Paris, et si je me pouvoys mectre en mil pieces, je m'y mectrois volun-
« tiers pour le bien de paix et delivrance du roy. Nous avons en ce
« royaulme en noz dictz : *ung Dieu, ung roy*. A ceste cause debvons tendre
« à ceste bonne paix et confédération, et par conséquent à la délivrance
« du roy. J'ay eu lettres puys naguères de mon fils monsieur le Maréchal,
« que le roy a une singulière fiance en vous; et luy délivré, est délibéré
« de venir veoir les sainctes reliques du Palais et de Sainct-Denys (1). »

Le prévôt des Marchands, Jean Morin, fit une longue harangue, dans laquelle il essaya de prouver aux bourgeois qu'ils ne couraient aucun risque, en répondant au roi d'Angleterre d'une somme que la couronne de France s'engageait à restituer; il ne put les convaincre, et ces derniers ne signèrent le traité de paix qu'après avoir fait supprimer dans l'acte les mots par lesquels leurs biens particuliers se trouvaient engagés. Quelques changements, qui furent exigés dans les formules de cette ratification du traité de paix, attestent combien les bourgeois de Paris avaient à cœur de manifester aux yeux de tous la place importante qu'ils occupaient dans l'État. La première rédaction de ce traité ne donnait au prévôt des Marchands et aux échevins que le nom de « représentants de la ville de Paris; » le second les appelle, au contraire, « représentants du pouvoir politique et communal de la
« cité (2). » Toutes les conditions à remplir et les sommes à payer pour

---

(1) *Idem*, p. 577.

(2) *Politicum et commune corpus dictœ civitatis representantes.*—Procès-verbal, etc.,

p. 582, t. V, 1ʳᵉ série de la *Bibliothèque de l'École des Chartes*. Un peu plus haut, la phrase insignifiante de la première rédaction :

la rançon de François I*er* et celle de ses enfants, furent également discutées à l'Hôtel de Ville; le roi demandait beaucoup d'argent à ses fidèles bourgeois de Paris, ceux-ci furent obligés d'en refuser respectueusement une partie; non-seulement François I*er* eut le bon esprit de ne pas persister dans sa demande, mais il eut encore celui de n'en jamais garder rancune. Pendant le règne long, brillant et désastreux de ce prince, l'Hôtel de Ville eut à supporter de grandes charges. Il est juste de dire que si François I*er* imposa de lourds sacrifices aux bourgeois de Paris, en récompense, il leur accorda d'insignes faveurs, et que personne mieux que lui ne sut allier aux exigences et à la dignité du monarque absolu la justice et la courtoisie d'un loyal gentilhomme.

Au nombre des observations pleines de respect que les députés du corps de ville adressèrent à Louise de Savoie, peu de jours après la bataille de Pavie (en avril 1525), se trouve la suivante que je reproduis textuellement: « Qu'elle voulsist donner ordre que les *Luteryens* soient « debouttez, car ce sont erreurs dont Dieu se courrouce. » On voit que les bourgeois de Paris exprimèrent ce vœu aussitôt que la réforme eut été connue en Europe, et avant que la guerre eût éclaté pour la défendre. Ce vœu est en rapport avec la répulsion violente, mais sincère, de ces mêmes bourgeois pour tous dogmes nouveaux pouvant porter atteinte à l'ancienne religion catholique. Les chefs de la réforme purent croire quelque temps qu'ils trouveraient dans François I*er*, sinon un disciple, au moins un protecteur, et que, surtout en matière d'abus ecclésiastiques, il adopterait leurs principes. Mais le fanatisme que leurs premiers adeptes montrèrent, joint à la brutalité de leurs manifestations, nuisit beaucoup à leur cause. Les discours, auxquels François I*er* prêta une oreille attentive, furent bientôt suivis de placards contre la messe; des carrefours de la ville ces placards passèrent aux portes du palais, et des portes se glissèrent jusque sur les murs de la chambre à coucher du roi.

Super quo arduo sane et magne importancie negocio fecimus cives et incolas dicte civitatis sollemniter, ut moris est, congregari, est remplacée par celle qui suit: *Super quo arduo summe et magne importancie negocio fecimus, predecessorum nostrorum ritus et mores in talibus consuetos insequendo, consiliarios et alios officiarios, vulgo appellatos quarteniers, solemniter, ut moris est, congregari.*

Le prince, irrité, se vit contraint de sévir contre ces insolentes démonstrations. Ce ne fut pas tout : les statues de la Vierge que le peuple aimait à voir, soit aux portes de la ville, soit dans les rues principales, furent indignement mutilées, une entre autres, qui était placée au coin de la rue des Rosiers, fut, pendant la nuit du 5 juin 1528, brisée à coups de poignard et décapitée. François Ier ne put contenir son indignation : il ordonna qu'une recherche des plus sévères fût dirigée contre les coupables, qui auraient à subir les derniers supplices; il marcha lui-même en tête d'une procession solennelle faite à cette occasion; il remplaça l'image de pierre profanée par une autre image semblable, en argent doré (1).

Après cette double injure à la fierté du monarque et aux croyances les plus révérées des bourgeois et du peuple, il n'est pas étonnant que les réformés se soient trouvés en butte à la haine et aux poursuites de l'un comme des autres. A cet égard, l'accord le plus parfait exista

(1) FÉLIBIEN, *Histoire de Paris*, p. 981. Preuves, tome IV, page 582. — Registre de l'Hôtel de Ville, II, 1779. — Les registres du Parlement et de l'Hôtel de Ville n'ont pas seuls transmis à la postérité le souvenir de cette solennelle expiation, la science et la poésie populaire l'ont aussi célébrée. Au mois de décembre 1841, il a été vendu aux enchères publiques un manuscrit intitulé : *Panegyricus christianissimus Francisco Francorum regi dicto*. (N° 1302 du Catalogue des Livres composant le fonds de librairie de feu Crozet, libraire de la Bibliothèque Royale, etc. Paris, 1841, in-8°.) La plus grande partie de cet ouvrage, écrit en latin, était consacrée au récit de l'expiation du 5 juin 1528. Une des miniatures représentait François Ier à genoux, remplaçant la statue de pierre, brisée, par une autre en argent doré. On peut consulter, au sujet de ce manuscrit, une notice que j'ai insérée dans le *Moniteur universel* du mois de décembre 1841. Ce manuscrit a été acquis par l'un des premiers amateurs de Paris, M. Cigongne, agent de change; on trouve aussi dans le cabinet de cet amateur un opuscule imprimé en caractères gothiques, relatif au même sujet; il a pour titre : *Cy ensuit la procession du roy de France, nostre Sire, qu'il a faict par devotion à l'image Nostre Dame de Souffrance, avec le présent qu'il luy a faict*. En voici quelques vers :

> Au mois de juing v° jour,
> L'an mil cinq cent vingt et huit,
> Aulcuns maraulx ont pris le jour
> A eux en aller toute nuit
> Avaut Paris, pour faire ennuy.
> En quelque sorte avant la ville
> Ont passé parmi lieu qu'on dit
> La rue du Roy de Cecile
> Ceste meschante villenaille
> Remplie de Lievathan,
> A trouvé à une muraille
> La mère du roy triomphant,
> La benoiste Vierge Marie,
> Et en ses braz son filz tenant....
> Les testes leur ont destranchées
> Et fait aultre grant villenaille.

toujours entre François Ier, ses successeurs immédiats, et les bourgeois de Paris.

On sait qu'au mois d'août de l'année 1561, dans un colloque tenu à Poissy, les réformés furent admis pour la première fois en France, à exposer publiquement leur doctrine. Ce colloque n'eut aucun résultat, et comme l'a dit Estienne Pasquier : « Les uns et les autres s'en sont retournez « aussi sages et ediffiez comme ils estoyent arrivez. Mais depuis les minis- « tres pensans avoir eu cest advantage d'avoir esté ouys en public,.... « parlent plus haut qu'ils n'avoyent fait (1). » Aussi cette année 1562 qui vit se terminer le fameux colloque, a-t-elle été remarquable par les troubles, les séditions, les massacres, qui ont désolé plusieurs villes de la France. Pour ne citer que des événements relatifs à l'Histoire de Paris, ce fut dans les derniers jours du mois de décembre 1562, que se passa la rixe sanglante arrivée à Saint-Médard, où les catholiques ayant troublé du son de leur cloche le prêche des réformés, se virent attaqués par eux (2). Cette même année, plusieurs confréries du faubourg Saint-Antoine se réunirent pour renverser le temple élevé à Popincourt, et les calvinistes semèrent partout des placards dans lesquels ils injuriaient ceux qui croyaient encore à la messe (3).

Le 8 janvier 1562, dans une assemblée tenue à l'Hôtel de Ville, plusieurs conseillers, bourgeois et marchands remontrèrent que la ville était en danger, à cause d'un grand nombre d'étrangers et de Genevois qui prêchaient et soutenaient la nouvelle doctrine contre la sainte Église catholique, et menaçaient de piller les maisons et les églises. Le 13, une autre assemblée fut tenue, dans laquelle on décida que le

---

(1) *Lettres,* liv. IV, lettre 2.

(2) Histoire veritable de la mutinerie, tumulte, et sedition, faite par les prestres Saint-Medard contre les fideles, le samedy XXVIIe jour de decembre 1562. — Lettres du roy et de la royne mère sur le même sujet, au Parlement, avec l'arrêt de cette cour. *Archives curieuses de l'Histoire de France,* par Cimber et Danjou, 1re série, tome IV, page 49 et suivantes.

(3) Placards affichez par les carrefours de la ville de Paris, par ceux de la religion reformée, le XVIIIe jour d'avril M. D. LXII. — Remonstrances faictes au roy par les catholiques manans et habitans en la ville de Paris, sur les placars et libelles attachez et semez le 18 de ce présent mois d'avril, etc., etc. — Reponse aux remonstrances faites contre les placards, etc. — *Archives curieuses de l'Hist. de France,* par Cimber et Danjou, etc., t. IV, 1re série, p. 78.

meilleur moyen d'avoir la paix était de prier Sa Majesté de ne plus permettre la prédication des nouvelles doctrines, de renvoyer les ministres dans leurs pays, et de visiter les maisons, les hôtelleries, pour savoir quelle est la religion de chacun (1).

Afin d'opposer aux chefs de la réforme des moyens analogues à ceux qu'ils employaient, les hommes importants du parti catholique prirent la résolution de monter en chaire et d'engager le peuple à persévérer dans les doctrines de ses pères. Ils ne craignirent même pas d'encourager les dispositions belliqueuses qu'il n'avait que trop déjà. Estienne Pasquier parle ainsi de deux sermons du cardinal de Lorraine.

« Et parce que les ministres gaignoyent auparavant le peuple par
« presches et exhortations, aussi monsieur le cardinal de Lorraine a voulu
« faire le semblable entre nous. Il a premierement presché en l'Eglise
« Nostre-Dame, ouy d'une incredible affluence d'auditeurs. Et depuis en
« l'Eglise Sainct-Germain de l'Auxerrois, toutes les féries et octaves de la
« Feste Dieu, par entresuite des journées, luy preschant un jour, et le len-
« demain le Minime dont je vous ay cy-dessus escrit : admonestant sur
« toute chose le peuple qu'il falloit plustost mourir et se laisser espuiser
« jusque à la derniere goute de sang, que de permettre, contre l'honneur de
« Dieu et de son Église, qu'autre religion eust cours en la France, que celle
« que noz ancestres avoyent si estroitement et religieusement observée....
« Il a excité grandement le peuple aux armes.... bref on ne corne autre chose
« que feux, guerres, meurdres et saccagemens. Si Dieu ne nous regarde,
« nous sommes taillez de voir bien tost cruellement jouer des cous-
« teaux (2). »

D'après l'exemple que leur donnait le cardinal, les autres prédicateurs catholiques ne firent plus entendre que des paroles de guerre et d'exter-

---

(1) Voyez à ce sujet, dans le registre de l'Hôtel de Ville, H, 1784, fol. 124 v°, à la date du 24 juillet 1562, un ordre ainsi conçu : « De par le roy, et monseigneur le mareschal de Brissac, lieutenant general de Sa Majesté en la dicte ville de Paris : il est enjoinct à touz notoirement diffamez pour estre de la nouvelle religion et ausquelz, par ceste cause, a esté par les cappitaines des dixaines faict commandement de sortir hors la ville de Paris et faulxbourgs d'icelle, qu'ilz ayent à obéyr au dict commandement dedans vingt-quatre heures, sous peyne de la hart. » Plus loin, fol. 127, on trouve la profession de foi des officiers du corps de ville.

(2) *Lettres*, liv. IV, lettre 16.

mination. L'Université de Paris surtout se fit remarquer par la violence de ses paroles : dans un arrêt du 4 décembre 1561, le Parlement fut obligé de déclarer séditieuse la proposition émise par un bachelier en théologie, dans sa thèse, qu'il était en la puissance du pape d'excommunier un roi et de le priver de sa couronne, du moment qu'il favorisait les hérétiques (1). Malgré leur attachement inviolable à l'ancienne religion de leurs pères, les bourgeois de Paris n'approuvaient pas le fanatisme dont faisaient montre les chefs du parti, et qui devait entraîner la France dans une guerre religieuse, la pire de toutes les guerres civiles. Ils craignaient de plus l'anéantissement des libertés de l'Église gallicane, auxquelles, parmi eux, les gens de robe et de haut commerce étaient vivement attachés. Un livre publié sous le voile de l'anonyme, vers la fin de l'année 1565 (2), renferme, au sujet des opinions qui avaient cours parmi les bourgeois de Paris à cette époque, de curieuses révélations.

L'auteur suppose qu'il l'a composé à l'occasion de l'échauffourée qui eut lieu dans Paris le 8 janvier 1565, où les archers du maréchal de Montmorency, gouverneur de la ville, mirent en déroute les domestiques du cardinal de Lorraine, ainsi que les hommes d'armes dont ce dernier avait cru devoir s'entourer pour faire son entrée dans Paris, en revenant du Concile de Trente (3). L'auteur, réfugié dans un magasin de drap de la rue Saint-Denis, demande au plus âgé de la compagnie comment les

(1) *Idem*, lettre 12.

(2) « Du grand et loyal devoir, fidelité, et obeissance de Messieurs de Paris envers le Roy et Couronne de France, addressée à messieurs Claude Guyot, seigneur de Charmeaux, Conseiller du Roy, et maistre ordinaire en sa chambre des Comptes à Paris, et Prevost des Marchans, Jehan le Sueur, bourgeois, marchant et conseiller de ville, Pierre Prevost, esleu pour le Roy en l'election de Paris, Jehan Sanguin, secretaire du Roy et de la maison de France, et Jehan Moraut, aussi bourgeois et marchant, eschevins de la ditte ville de Paris. » 1565, in-8°. — Lacroix du Maine, dans sa *Bibliothèque française* (t. II, p. 58, édit. de Rigoley de Juvigny), désigne comme auteur de ce livre Louis Regnier, sieur de la Planche ; mais il s'exprime avec une grande réserve. Le doute émis par Lacroix du Maine est la seule autorité sur laquelle puissent s'appuyer ceux qui ont adopté cette opinion, fort contestable. M. Mennechet a réimprimé cet ouvrage à la fin de l'édition qu'il a donnée, en 1836, de l'*Histoire de l'État de France sous le règne de François II*, plus sûrement attribuée à Regnier de la Planche. Paris, Techener, 2 vol. in-12.

(3) V. DE THOU, *Historiarum libri* CXXXVIII. lib. 35. — *Histoire de Paris*, de FÉLIBIEN, t. II, p. 1092. — ANQUETIL, *Esprit de la Ligue*, t. I, p. 200.

bourgeois de Paris ont pu laisser le cardinal ainsi maltraité par les soldats du gouverneur. « Eh quoi ! répond le marchand, vous vouliez qu'à « la chaude et à l'estourdi, nous prinssions les armes pour monsieur le « cardinal ? contre qui, en quelle manière, à quelle fin ? » Et continuant sur ce ton, il fait comprendre au questionneur que tous les gros bourgeois de la ville, prévôt, échevins, quartiniers, juges-consuls (1) croient avoir rendu au roi, à la religion, à l'État, autant de services que M. le cardinal, et n'en sont pas aussi bien récompensés. Quant à l'ancienneté de la maison de Lorraine, il s'exprime ainsi : « Dictes nous « que pas un des Clerc, des Marle, des Marcel, des Boursiers, j'en laisse « encore des plus anciennes, souffre que le fils d'un Italien, d'un An« glois, d'un Lorrain ou Escouçois, se die aussi bon François que luy. » Puis, à propos du maréchal de Montmorency, gouverneur de Paris, le vieux bourgeois fait observer qu'il est non-seulement de la plus ancienne noblesse de France, mais qu'il tient à honneur de compter au nombre des bourgeois de Paris. Au sujet du petit nombre d'entre eux qui ont adopté les opinions nouvelles, il ajoute : « En cela je confesse que je « ne m'accorde pas bien avec ceux de la religion réformée : non pas « que je veuille entreprendre d'en disputer, tenir escolle, ne faire « le prescheur, ou le ministre, ne mettre la main aux armes à l'appetit de « nos prestres et prélats, jusques à ce que je voye qu'ils soyent réformez « comme il appartient (p. 18). » Toujours, comme on le voit, cette modération dont Pasquier donne l'exemple dans ses lettres. Après le discours du vieux bourgeois, vient celui du drapier, du marchand de soie et de plusieurs autres. Il faut voir comme chacun d'eux fait valoir tel échevin, tel quartinier, tel conseiller de ville, tel greffier. Je me contenterai de rapporter ici la réponse adroite que fit au cardinal de Lorraine Pierre Perdriel, greffier de la ville, vers 1547. Il était allé en cour, à Fon-

(1) « Allez pour voir dire à un Henry Ladvocat, un Jean Aubery, Nicolas Bourgeois, Jean Messié, Guillaume Larcher, Guillaume Chouart, Jehan Perrot, Jehan Musnier, Nicolas Hac, Guillaume Godefroy, Raoulin Sandras, Claude le Prestre, Nicolas Parent, Claude Scopart, Jehan Lescuyer, Jehan de Bourdeaux ; ou à un Kerver, Merlin, Desprez, Parfaict; de Clerc, de Pleurs, Lescalopier,.... et leur dites que monsieur le cardinal ou les siens ont obligé le roy et la couronne de France, à eux dites leur seulement qu'ilz ont obligé nostre ville. »

tainebleau, pour empêcher la signature d'un arrêt qui abolissait les priviléges de la Marchandise de l'eau, que les Normands, par le crédit de la grande-duchesse (Diane de Poitiers), étaient sur le point d'obtenir. Il avait réussi dans son entreprise, grâce à l'appui du connétable de Montmorency, « qui a toujours été, dit l'auteur, nostre bon amy et « bon seigneur; aussi est-il le plus ancien voisin que nous ayons, et le « plus certain ami; et puis il est né en nostre ville, batizé sur les fonds « de l'église Saint-Paul. » Perdriel ne manquait pas de faire observer que les bourgeois de Paris avaient toujours été les plus fidèles appuis de la royauté. Le cardinal de Lorraine soutenait le contraire, déclarant qu'il suffisait d'ouvrir les chroniques pour s'assurer que les gens de Paris avaient toujours été des mutins, des séditieux. « Mais nostre greffier, « ajoute l'auteur, comme il estoit haut à la main, lui rendit bravement « et sur le champ : Je ne scay, dit-il, si les chroniques de Lorraine parlent « de nous, mais je scay bien que nous avons en nostre Hostel de Ville, « bonnes lettres et chartes signées de la main de tous les rois qui ont régné « depuis deux cents ans en çà, publiées en Parlement, chacune en leur « temps, qui font preuve de nostre fidélité et loyauté, que je tiens pour « meilleur témoignage que toutes les chroniques du monde, ne qu'homme, « quel qu'il soit, qui voudroit dire le contraire; car je ne pense pas, « dit-il, Monsieur, qu'il y ait homme qui vousist démentir un « Roy (1). »

Aussitôt que les troubles causés par la réforme eurent éclaté, deux partis se trouvèrent en présence dans la population parisienne : celui des exaltés, qui se composait du clergé, des moines, des membres de l'Université et des petits marchands. Ceux-là entrèrent presque tous dans la Sainte-Ligue; un grand nombre d'entre eux prirent part au massacre de la Saint-Barthélemy. Celui des modérés (qui, plus tard, reçurent le nom de politiques), parmi lesquels on comptait principalement les magistrats des cours souveraines, les commerçants et beaucoup d'officiers du Corps de Ville, comme prévôts des Marchands, échevins, conseillers. Ces derniers, ainsi que les autres, repoussaient les

---

(1) *Du grand et loyal Devoir*, etc., p. 69.

doctrines nouvelles de la réforme; seulement ils ne voulaient pas que l'on procédât par la rigueur contre ceux qui adoptaient ces doctrines, et pensaient qu'on pouvait les rappeler dans le sein de l'Église orthodoxe autrement que par la proscription et le meurtre. Malheureusement ces derniers n'étaient pas en majorité dans le Conseil de Ville. Plusieurs échevins, les quartiniers, cinquanteniers, dixainiers, avaient en grande haine tous les chefs de la réforme, et ne pouvaient oublier l'assassinat commis, disait-on, par leur ordre, sur le grand duc de Guise. A l'occasion de ce tragique événement, Catherine de Médicis avait pris soin d'écrire au Corps de Ville deux lettres, la première pour l'informer de ce qui venait d'arriver, la seconde pour le remercier du dévouement qu'il témoignait à la couronne : « Messieurs, disait la reine, « j'ay receu vostre lettre et ne faiz doubte, comme jà je vous ay « escript, que la perte que nous avons faicte de mon cousin monsei- « gneur le duc de Guise, ne vous touche au cœur comme à ceulx qui « aiment autant qu'il se peult dire le bien de ce royaulme; mais en « ce malheur, ce m'est grande consolation de voir que vous allez « croissant et augmentant l'affection que vous portez au repos et bien « de ce dit royaulme, en quoy je me treuve grandement soullagée et « confortée, comme du plus fort appuy et soustien que puisse avoir « ceste couronne. » Elle termine en disant qu'elle aura prochainement une entrevue avec le prince de Condé, et qu'elle compte envoyer à Paris le cardinal de Bourbon, « pour du tout communiquer « avec vous et les autres bons subjectz et serviteurs du roi,..... affin « d'avoir de vous le bon conseil, avis, et secours que je scays que « nous scaurez bien donner (1). » On voit, par cette lettre, combien la reine avait à cœur de mettre dans ses intérêts les magistrats municipaux, et de faire tourner à son profit la force imposante dont ils disposaient. Les chefs du parti catholique, de leur côté, employèrent aussi tous les moyens pour capter la bienveillance de ces magistrats ; de sorte que, dès le commencement de l'année 1572, au moment où se prépara cette fatale journée de Saint-

---

1, Registre de l'Hôtel de Ville. H. 1784, fol. 172 v°.

Barthélemy, le Corps de Ville tout entier fut disposé à y donner les mains.

On ne peut nier la grande part qu'il a prise à ce tragique événement : le témoignage des écrits contemporains confirme en ce point le passage suivant des registres de l'Hôtel de Ville : « Ce jourdhuy samedy, vingt « troisiesme jour d'aoust, an mil cinq cent soixante-douze, le dit sieur « président le Charron, prevost des Marchands, a esté mandé par le « Roy estant en son chasteau du Louvre, au soir bien tard, auquel sieur « prevost des Marchans Sa Majesté auroit declaré, en la présence de la « Royne, sa mère, et de monseigneur le duc d'Anjou, son frère, et autres « princes et seigneurs, avoir esté adverti que ceux de la nouvelle religion « se voulloient eslever par conspiration contre sa dicte Majesté et contre « son estat, et troubler le repos de ses subjectz et de sa dicte ville de Paris: « que sa dicte Majesté auroit plus amplement et particulièrement fait en- « tendre à icelluy le prevost des Marchans comme le dict soir aulcuns « grands de la dicte nouvelle religion et rebelles avoient ensemble con- « spiré contre luy et son dict estat, et jusques à avoir mandé à sa dicte « Majesté quelques propos haultains et sonnans en menasses, à quoy il « auroit dict au dict sieur prevost des Marchans vouloir pourvoir et don- « ner ordre pour sa seureté, de la Royne sa mère et messieurs ses frères, « et de son royaume, paix, repos et tranquillité de la dicte ville et de ses « subjetz; et pour prevenir les dites conspirations et empescher l'execu- « tion de leur mauvais voulloir, auroit enjoinct et commandé au dit sieur « prevost des Marchans de se saisir des clefz de toutes les portes de la « ville, et les faire soigneusement fermer, à ce que nul ne peust entrer ni « sortir d'icelle et faire tirer tous les basteaulx du costé de la dicte ville, « et iceulx fermer de leurs chesnes et deffendre et empescher que nul « n'eust à y passer; et faire mettre en armes tous les capitaines, lieutenans, « enseignes et bourgeois des quartiers et dixainiers d'icelle ville, capables « de porter armes, iceux faire tenir pretz par les cantons et carrefours « de la dicte ville, pour recevoir et exécuter les commandemens de sa « dicte Majesté, etc., etc. (1) »

(1) Reg. de l'Hôtel de Ville, H, 1785. — Archives curieuses de Cimber et Danjou. 1re série, t. VII, p 213.

Un extrait des recettes et dépenses particulières de l'Hôtel de Ville pour l'année 1572 (1) contient quelques détails qu'il n'est pas sans intérêt de consigner ici.

« Aux fossoyeurs du cimetiere de Saints Innocents, quinze livres tour-
« nois à eux ordonnés par lettres de mandemens du neuvieme septembre
« 1572, pour, avec leurs compagnons fossoyeurs au nombre de huit, avoir
« enterré les corps morts qui étoient es environs du couvent de Nigeon,
« pour eviter toute infection et mauvais air en la dite ville et es environs.

« Aux fossoyeurs du cimetiere des Saints Innocents, vingt livres à
« eux ordonnés par le prevost des Marchands et eschevins, par leur man-
« dement du treizieme septembre 1572, pour avoir enterré depuis huit
« jours *onze cents corps morts* es environs de Saint Cloud, Auteuil et
« Chalhiau.

« A Nicolas Sugert, maistre passeur d'eau à Paris, dix livres tournois,
« par ordonnance du treizieme septembre 1572, pour, par l'ordonnance
« de mes dits sieurs, avoir lui douzieme rangé le bac du port de Choisy,
« les deux bateaux du Port à l'Anglais, et fait serrer par la riviere plu-
« sieurs autres bateaux, pour empescher le passage d'icelle riviere.

« A Aubin Olivier, demeurant à Paris, quatre vingts livres, scavoir :
« pour quinze medailles d'argent, quarante cinq livres : pour avoir refait
« le sceau et cachet de la dite ville, cinq livres ; pour avoir fait les piles
« pour les jettons d'argent et de lattons, trente livres, *desquelles medailles*
« *qui ont esté faites pour memoire du jour de Saint Barthelemi*, en a esté
« distribué à mes dits sieurs les prevost des Marchands, eschevins, pro-
« cureur, receveur et greffier d'icelle ville. »

Le même compte renferme encore plusieurs articles qui attestent que, pendant le mois de septembre 1572, des gratifications considérables furent données aux archers de la ville, à leurs chefs et à plusieurs autres personnes qui avaient pris part à cette sanglante tragédie.

---

(1) Extrait du compte 17 de Mᵉ François de Vigny, receveur du domaine de la ville de Paris, des receptes et dépenses par lui faites à cause des rentes et revenus de la dite ville, pour une année commençant au jour feste Saint Jean Baptiste 1572, et finissant à semblable jour et feste Saint Jean Baptiste, l'an révolu 1573, etc., etc. Sauval, *Antiquités de la ville de Paris*, t. III, p. 623.

Il faut dire que si les membres du gouvernement municipal, croyant prévenir une conspiration ourdie par les huguenots contre la vie du roi et des membres de sa famille, trempèrent dans ce massacre fameux, ils furent les premiers à le faire cesser, dès qu'ils s'aperçurent que cette exécution politique dégénérait en un pillage, et en représailles que des citoyens de religion différente exerçaient les uns contre les autres.

Voici les paroles du registre officiel, à la date du 24 août 1572 : « Et « ayant entendu par le Roy, le dict jour Sainct Barthelemy, sur les onze « à douze heures du matin, par les remontrances qui luy en auroient été « faictes par les dicts sieurs prevost des Marchands et eschevins, que plu- « sieurs, tant de la suite de Sa Majesté que des princes, princesses et « seigneurs de la cour, tant gentilzhommes, archers de la garde de son « corps, soldatz de sa garde et suite, que toutes sortes de gens et peuple « meslé parmy, et soubz leur ombre, pilloient et saccageoient plusieurs « maisons, et tuoient plusieurs personnes par les rues, auroit esté enjoinct « et commandé par sa dicte Majesté aux dicts prevost des Marchands et « eschevins, sur leur susdicte remonstrance, plaintes et dolléances par eux « faictes à sa dicte Majesté des dictes pilleries, saccagement de maisons et « meurtres, monter à cheval, et se accompagner de toutes les forces de « la dicte ville, et faire cesser tous les dicts meurtres, pilleries, saccage- « mens et sedition, et y avoir l'œil jour et nuict, ce qui auroit esté soi- « gneusement faict et executé par les dicts sieurs prevost des Marchands « et eschevins ; et suivant ce, auroient esté incessamment à cheval, tout « le dict jour, et faict ronde par toute la dicte ville, avec toutes les dictes « forces d'icelle ville, pour contenir un chacun et empescher les dictz « meurtres, pilleries, saccagemens, et y avoir donné tel et sy bon ordre « que tout auroit esté incontinent appaisé et cessé. »

D'après les détails qui précèdent, l'on ne doit pas être surpris que le menu peuple de Paris et le plus grand nombre des bourgeois de cette ville aient fait partie de cette association connue dans notre histoire sous le nom de *Sainte-Ligue*. L'affection qu'ils portaient à la maison de Lorraine, que les grandes qualités du duc de Guise et de son fils le *Balafré* justifiaient en quelque sorte, le caractère singulier de Henri III,

PREMIÈRE PARTIE. 263

son luxe effréné, ses débordements, qui effaçaient aux yeux de la foule certaines vertus vraiment royales, tout concourut à pousser le peuple de Paris aux excès qui ont signalé les dernières années du xvi⁰ siècle. Il suffit de jeter les yeux sur les documents originaux, si abondants, si détaillés de cette période de notre histoire (1), pour reconnaître que les quartiniers, les cinquanteniers, les capitaines de la milice bourgeoise ont été les maîtres du gouvernement municipal, et dirigé toutes les délibérations. Profitant du droit que leur donnaient leurs charges, les quartiniers se rendirent, le 1er février 1577, dans chacune des maisons de Paris, pour engager les bourgeois à signer l'acte d'union : « Le premier président « de Thou signa, dit Létoile, avec restriction et modification, comme « aussi quelques autres présidents et conseillers; les autres la rejettèrent « tout à plat, et la refusèrent; la pluspart du peuple aussi, et la meilleure « ne la voulust signer. » Comme on le voit, le parti des politiques ou modérés exista toujours à Paris : ce parti, peu de jours auparavant, faisait afficher aux portes de l'Hôtel de Ville des placards anonymes, dont les auteurs engageaient le peuple à la paix et à la modération, même à l'égard des huguenots (2). Mais cette opinion n'était pas celle des quartiniers, tous partisans fanatiques de la maison de Guise, et qui d'ailleurs finissaient par se fatiguer des sommes considérables que le roi ne craignait pas d'arracher tous les ans aux bourgeois de Paris. Au mois de mars 1576, ceux-ci commencent à murmurer en recevant les billets de leurs cotes pour les deux cent mille livres accordées au roi pour payer la solde des Suisses (3); l'année suivante, à la même époque, Henri III demande aux bonnes villes douze cent mille livres pour continuer la guerre, et en particulier trois cent mille livres à la ville de Paris; du 15 au 18 avril, le Corps de Ville assemblé refuse cette somme, « attendu « la calamité du temps et le peu de moien que le peuple de Paris, apauvri

---

(1) Voyez, pour l'indication de ces pièces, la *Bibliothèque historique* du père Lelong, t. II, p. 290 et suiv. — *Catalogue des Livres de feu Lancelot, etc.*, in-8°, 1741, p. 270. — *Catalogue des Livres de la Bibliothèque de M. Secousse, etc.* Paris, 1755, in-8°, p. 457. — Voir aussi, pour les pièces, *Mémoires de la Ligue*, 1758, in-4°, 6 vol. — *Journal du règne de Henri III, et Journal du règne de Henri IV*, édition de Leduchat, 1741-44, in-12, 7 vol. — *Satire Ménippée, etc.* 1726, 3 volumes in-12.

(2) *Journal de Létoile*, janvier 1577.

(3) *Idem*, mars 1576.

« par les guerres et les imposts précédents, avoit d'y pouvoir fournir. »
Enfin, convoqué de nouveau le 26 et le 27 du même mois, dans une séance tenue le 3 mai, le Conseil accorde avec peine cent mille livres; il accusait hautement le prévôt des Marchands d'avoir part aux largesses royales (1). Le vendredi 14 août 1579, Henri III appelle au Louvre le prévôt des Marchands et les échevins, pour demander cinquante mille écus de don gratuit; enfin, comme je l'ai déjà remarqué précédemment, aux mois de mars 1582 et de septembre 1584, il se rend chez Jean de Vigny, receveur des deniers de la ville, et s'empare de sa recette (2). Le 8 février 1583, le Conseil de Ville prend la résolution de faire au roi des remontrances dans lesquelles il déclarait que sous Louis XI, François Ier, Henri II, Charles IX, la ville de Paris ayant été taxée aussi fortement que les autres, adressa une requête au roi, qui, en considération des priviléges dont jouissait la capitale, consentit à la remise des sommes demandées.

Henri III, sans avoir égard à ces remontrances, défendit au Conseil de Ville de délibérer sur cette matière, et déclara de bonne prise les arrérages de rentes qu'il avait trouvés chez de Vigny (3). Le 1er mai 1587, un an et quelques jours avant les Barricades, les magistrats municipaux crurent nécessaire d'adresser au roi de nouvelles remontrances. Soixante membres du Parlement se joignirent à eux : « Ils lui firent
« entendre hautement et librement, dit Létoile, que les pauvres veufves
« et orphelins, qui avoient tout leur bien sur la ville, crieroient contre
« lui, et demanderoient vengeance à Dieu de ce qu'il leur retiendroit les
« moyens de vivre et avoir du pain en un temps si cher et si misérable. »
Le roi, profondément blessé de ce langage, leur répondit « avec
« une grande majesté entremeslée un peu de colère, comme il parut à
« son visage, qu'il scavoit et connoissoit aussi bien et mieux qu'eux la
« nécessité de son peuple, l'estat de ses affaires et finances, et qu'il y scau-
« roit donner bon ordre, sans qu'ils s'en empeschassent plus avant.... (4) »

---

(1) *Idem*, avril 1577.
(2) Voir livre II, chap. IV.
(3) Registre de l'Hôtel de Ville, H, 1788, fol. 319 v°.
(4) Journal de Létoile, mai 1587.

Peu de jours après (le 13 de mai), Henri III voulut encore essayer si la ville lui voterait quelque subside, mais cette fois il éprouva le refus le plus formel. Létoile s'exprime ainsi à ce sujet : « Le 13 may, le sein-
« gneur de Villequier, gouverneur de Paris, alla à l'Hostel de Ville, par
« commandement du roy, essaier s'il pourroit induire les Parisiens à
« bailler de l'argent, lesquels il trouva résolus de n'en rien faire, et l'aiant
« dit au roy dès le jour mesme, le roy lui demanda s'il avoit point
« descouvert d'où pouvoit procéder ceste opiniâtreté et résolution, à quoi
« respondit Villequier qu'il ne scavoit, sinon qu'il avoit ouï, comme un
« bruit sourd entre le peuple, que l'argent qu'il demandoit estoit pour
« donner à son mignon. » Comment s'étonner, avec autant de sujets d'une irritation bien légitime, que les chefs de la Ligue, joints aux partisans de la maison de Guise, soient parvenus à chasser en peu de jours de Paris Henri III, aux premières tentatives qu'il osa faire pour enlever aux quartiniers, aux cinquanteniers, l'autorité que depuis longues années ils exerçaient dans la ville? Une pièce inédite jusqu'à ce jour, et que j'ai publiée précédemment (voir livre II, chapitre V), prouve à quel point l'habitude de cette autorité populaire était enracinée chez les Parisiens. Ils en étaient venus à substituer le nom de chaque quartinier à celui que portait de toute ancienneté la partie de la ville où commandaient ces chefs politiques, civils et militaires. Dans la journée du 12 mai, connue sous le nom des *Barricades,* ce furent les quartiniers qui dirigèrent tous les mouvements; deux échevins, ainsi que le prévôt des Marchands en charge à cette époque, eurent l'imprudence de rester fidèles au parti de la cour; le prévôt des Marchands (de Perreuse) fut arrêté et mis à la Bastille; les deux échevins furent obligés de prendre la fuite. Cette journée fameuse, où, comme l'a dit crûment un royaliste, la France eut le spectacle d'un *valet qui met à la porte son maître,* ne fut pas exempte de cruelles représailles. C'est avec douleur que dans la relation écrite par un témoin oculaire de cet événement, on lit ces mots : « C'estoit horreur de voir les
« Suisses jetter les armes bas, tomber les uns sur les autres, fuir de
« tous costez, navrez de coups de pierres que les femmes jettoient des
« fenestres, et levans les mains au ciel, crier : France, France, chres-

« tiens, nous ; mais le bruit estoit si grand qu'on entendoit de tous
« costez : Tue, tue (1). »

Les événements qui eurent lieu dans Paris depuis le mois de mai 1588 jusqu'au mois de mars 1594, où les troupes royales y firent leur entrée, sont connus de chacun ; il est superflu de les répéter ici. Je dirai seulement que les officiers municipaux, choisis parmi les plus déterminés ligueurs, jouèrent le premier rôle dans ce drame singulier, si plaisamment raconté par les auteurs de la fameuse *Satire Ménippée*. Il suffit d'avoir lu cette satire pour en être convaincu. L'auteur d'un autre écrit du même temps a fait aussi quelques révélations singulières sur les intrigues ourdies par les politiques pour gagner au parti de Henri IV les hommes influents de la bourgeoisie. On lit dans le *Dialogue du Maheustre et du Manant* : « A la vérité, j'ai veu de terribles stratagèmes,
« et vous puis asseurer que non seulement le peuple, mais aussi toutes les
« grandes familles ont, dès le siege de vostre ville, tendu à la paix avec le
« roy et à son establissement ; non seulement les familles particulières,
« mais les corps des cours souveraines, et j'ose passer plus oultre,
« jusques à aucuns de vos princes, princesses, et des plus grands de vostre
« ville, qui tramoient ceste paix et y donnoient consentement : comme
« aussi ceux de vostre conseil d'Estat, de la cour de Parlement, horsmis
« cinq, y compris les deux advocats du roy : comme aussy vos prevosts
« des Marchans et eschevins, horsmis un eschevin : tous les seize quarti-
« niers, horsmis trois : tous les conseillers de ville, horsmis quatre : et
« tous les colonels, horsmis cinq, qui tenoient tous la paix comme arrestée
« entre eux, et eux-mêmes la poursuivoient sur toutes choses, etc.... »
Et plus loin : « J'ay veu une infinité de missives écrites par les plus
« grands de vostre ville, comme du sieur de Villeroy, président Brisson,
« des Hannequins, des Marcels, des Bragelonges, des Delbenes, Chau-
« velin, Poussepin, Videville, Marteau prevost des Marchands, Damours,
« Courtin et Larcher, conseillers, d'Aubray le colonel, Brigard, procu-

---

(1) *Histoire très-véritable de ce qui est ad-venu en ceste ville de Paris, depuis le sep-tiesme de may 1588, jusques au dernier jour de juin ensuyvant au dit an.* Paris, Michel Jouan, M. D. LXXXVIII, p. 26.

« reur de l'Hostel de Ville.... les colonels Passart, Marchant, Villebichot,
« Langlois et Desprez, eschevins; Bonnart, Canaye, Carel, Huot, quar-
« teniers; du Rosnel, le grand Guillaume, du Rousseau, Demoiron,
« Gueffier, Hamelot, Champin, Remy, Mondulor, Philippe de la Place,
« de Presles, du Couroy, Viron, Michel Charlot, Lalanne et Dupuys,
« capitaines en vostre ville, et autres qui y tenoient les premiers rangs,
« lesquels mandoient à nostre armée que tout estoit bien préparé envers
« le peuple, lequel ils sollicitoient de demander du pain ou la paix (1). »
En admettant que l'auteur de ce dialogue ait exagéré le nombre des
anciens ligueurs que l'abjuration d'Henri IV fit changer de parti, toujours est-il que plusieurs d'entre eux écrivirent ces lettres, puisque les
Mémoires de la Ligue en renferment quelques-unes (2). Ces intrigues,
pratiquées de longue main par les *politiques,* furent cause en partie du
peu de rigueur que le gouvernement du roi montra envers les membres
de l'ancienne municipalité parisienne. Au mois de mai 1589, Henri III
avait, par lettres patentes, révoqué tous les droits et priviléges accordés
par ses prédécesseurs aux bourgeois de la ville (3); à son entrée dans
Paris, Henri IV s'empressa de leur rendre tous ces priviléges, et de les
décharger des impôts excessifs que le duc de Mayenne avait établis sur le
vin débité à Paris et sur plusieurs autres denrées. Il est certain que ce
roi populaire signala son retour dans sa ville capitale par des actes bienfai-
sants destinés à réparer les dévastations de la guerre civile. Le 28 septembre 1594, il défendit aux gens de guerre de se loger dans Paris, ou
aux environs, à plus de sept lieues. Au mois d'octobre 1595, il abandonna la moitié des amendes et des confiscations qui lui étaient dues
depuis 1586, aux officiers municipaux, à la charge par eux de réparer,
fortifier et embellir la ville. Aussi, quand il mourut, son nom était en
grande vénération parmi les bourgeois de Paris, et ce fut un jour de fête
que celui où la statue équestre de ce prince fut placée au-dessus de la
grande porte de l'Hôtel de Ville.

(1) *Dialogue du Maheustre et du Manant,* t. III, p. 502 et 503 de la *Satire Ménippée,* édition de 1726, in-8°

(2) *Mémoires de la Ligue,* édition in-4° de 1758, t. V, p. 434, 443.

(3) Félibien, *Hist. de Paris,* t. III, p. 784.

Pendant le règne de Louis XIII, le gouvernement municipal de Paris, contenu par la main puissante du cardinal de Richelieu, ne joua pas, dans les affaires politiques de la France, un rôle aussi important que dans le cours du xvi° siècle. Je dois faire observer cependant que l'un des événements les plus considérables de ce règne produisit à l'Hôtel de Ville un effet d'autant plus grand que les bourgeois de Paris avaient concouru de leurs deniers à son heureuse conclusion ; je veux parler du siége de la Rochelle, dont tous les historiens du règne de Louis XIII, ou même du cardinal de Richelieu, ont raconté les plus petites circonstances, sans se douter que les moyens nécessaires à l'achèvement de cette entreprise avaient été fournis par les bourgeois de Paris, d'abord, et ensuite par ceux des différentes villes de la France. Non-seulement les registres de l'Hôtel de Ville ont consigné ce fait, mais encore les documents les plus circonstanciés existaient dans les anciennes Archives à ce sujet. Voici la lettre que Louis XIII écrivait, le 25 octobre 1627, au prévôt des Marchands et aux échevins :

25 octobre 1627.

« Très chers et bien amez. Ayant résolu de mettre fin aux rebellions
« tant de fois réitérées par les Rochellois, et d'empescher l'effect des
« desseings des estrangers qu'ils ont faict d'entrer en nostre royaume,
« nous avons arresté de tenir continuellement nostre armée aux environs
« de la dicte ville, nonobstant les rigueurs de l'hiver. Et parce qu'il est
« impossible que des soldats mal vestus puissent supporter ceste fatigue,
« nous avons creu que nos bons et fidelles subjects, qui se souviennent
« assez des misères que ceste place a faict souffrir à toute la France,
« compatissans à la peine que les ditz soldatz endurent pour le salut
« commung, en une si rude saison, les assisteront volontiers de quelque
« utile et charitable secours qui leur donne moyen d'y subsister, don-
« nant à chacun d'eulx ung habit de bure et une paire de souliers ; sur
« quoy ayant escrit aux villes de nostre royaume, nous avons jugé
« que les habitans de nostre bonne ville de Paris pourront aysément
« contribuer jusques à la quantité de deux mil cinq cens de ces habits
« pour le régiment de noz gardes, de diverses grandeurs, selon que le

« tailles des hommes sont différentes, consistans chacun en ung pour-
« point, juppe à longues basques, haut et bas de chausses de bure,
« minime tainte en layne, et une paire de souliers. Nous vous escrivons
« celle cy pour vous mander et ordonner qu'en la plus grande diligence,
« et par la meilleure voye que faire se pourra, vous faciez depescher les
« dicts habitz et souliers, et iceulx enballer et faire conduire en nostre
« armée, dans le dixiesme de descembre prochain, ou plustost sy faire se
« peult, avec tous ceulx qui vous seront envoyez par nos villes de Picardie,
« Isle de France, Champaigne, Brye et Bourgongne, qui ont ordre de les
« vous adresser, et consigner le tout es mains des mareschaux de camp
« de nostre dicte armée, qui en donneront descharge à ceulx qui en
« feront la conduicte. A quoy vous ne ferez faulte, car tel est nostre
« plaisir. Donné au camp, devant la Rochelle, le xxve jour d'octobre 1627.

« LOUIS. »

Au dos : « A nos très chers et bien amez les prevost des Marchans,
« eschevins et habitans de nostre bonne ville de Paris. »

L'appel fait par le roi fut entendu par les différentes municipalités voisines de Paris, et chacune d'elles s'empressa d'envoyer à l'Hôtel de Ville des secours en habits, en souliers et autres provisions nécessaires aux besoins de l'armée royale. Le 5 novembre 1627, le prévôt des Marchands et les échevins répondaient au roi qu'ils tenaient à très-grand honneur la demande qu'il leur avait faite de deux mille cinq cents habits nécessaires au régiment de ses gardes, et que le 20 de ce mois il recevrait ces habits (1); d'autres pièces attestent tout le soin que les magistrats municipaux apportèrent pour que des secours efficaces fussent donnés aux troupes royales; elles prouvent aussi la réaction qui se manifesta chez les Français catholiques contre la Rochelle, qui se faisait nommer capitale de la République des Réformés. Je me contenterai de reproduire ici un état des secours principaux accordés au roi par les différentes villes.

(1) A. R. K, 1011.

« Depuis le unziesme jour de janvier mil six cens vingt huit, jusques
« au vendredi unziesme jour de febvrier ensuyvant, au dit an, Nicolas de
« Laistre, marchant bourgeois et l'un des eschevins de la ville de Paris,
« et depputé d'icelle, a apporté cinq mil trois cent vingt neuf habits, et
« cinq mil cent quarante neuf paires de soulliers, pour les soldas de
« l'armée du roy; assavoir : de la dite ville de Paris, deux mil quatre
« cens habictz de serge, bure grise, et cent autres habictz de serge rouge
« cramoisy, avec pareil nombre de paires de soulliers ; — des villes de
« Meaux, L habictz et pareil nombre de paires de soulliers ; — de Chateau
« Thiery, xxx habictz et pareil nombre de soulliers ; — de Langres,
« c habictz, aussy avec les soulliers ; — d'Esparnay, xx habictz, avec les
« soulliers ; — de Chaalons, c habictz et les soulliers ; — de Melun,
« XLIX habictz et les soulliers ; — de Bray, sept habictz et les soulliers;
« — de Nogent, dix habictz et les soulliers ; — de Sens, cxL habictz, et
« les soulliers ; — de Victry, Lx habictz et les soulliers ; — de Provins,
« XXIII habictz et les soulliers ; — de Laon, Lx habictz et les soulliers ; —
« de Reims, c IIII^{xx} xi habictz et les soulliers ; — de Montdidier, xxv habictz
« et les soulliers ; — de Roye, xIII habictz et les soulliers ; — de Sois-
« sons, cL habictz et les soulliers ; — de Saint Quentin, xLv et les soul-
« liers ; — de Peronne, L habictz et les soulliers ; — de Compiègne,
« CXXXIX habictz et les soulliers ; — de Clermont, xLI habictz et les
« soulliers ; — de Callais, xXIII habictz et les soulliers ; — de Beauvais,
« IIII^{xx} xvi habictz et les soulliers ; — d'Abbeville, IIe habictz et les soul-
« liers ; — de Senlis, L habictz et les soulliers ; — de Mante, xLvII habictz
« et les soulliers ; — de Dreux, L habictz et les soulliers ; — d'Amiens,
« cinq cens habictz et les soulliers ; — de Noyon, LvII habictz et les
« soulliers ; — de Troyes, IIIe IIII^{xx} xvIII habictz et IIe dix huict paires de
« soulliers ; — de Chaulmont en Bassigny, c paires de soulliers, et cent
« habictz consistans, chacun des susditz habictz, en une casaque, hault
« et bas des chausses de bure grise, montans le tout ensemble, au dit
« premier nombre de cinq mil trois cens vingt neuf habictz, et ausdits
« cinq mil cent quarante neuf paires de soulliers, tous les quelz ont esté
« comptez et dellivrez par Nicolas le Long, bourgeois de la dite ville de
« Paris, à ce commis par Monsieur le prevost des Marchands et eschevins

« d'icelle ville ès mains de moy Jean Archambault, vallet de chambre et
« tailleur ordinaire de Sa Majesté, à ce commis par elle, pour satisfaire à
« l'ordonnance de sa dite Majesté, dont je leur ay délivré le présent cer-
« tifficat, pour icelluy mettre es mains du secretaire du conseil de sa dite
« Majesté pour leur estre baillé telle descharge que de raison. Faict au
« camp devant la Rochelle, ledit jour, unziesme de febvrier et an que
« dessus. *Signé :* Archambault. »

« Collacion de la présente copie a este faicte à son original estant en
« papier rendu par les notaires du roy au Chastellet de Paris, soubz-
« signez, le treiziesme jour de décembre mil six cens vingt neuf.

« Gerbaut.   Lemercier. »

Si la répugnance invincible que les bourgeois de Paris avaient toujours eue contre la Réforme, fut assez forte pour les engager à venir en aide au roi Louis XIII pour soumettre la Rochelle, la vénération qu'ils portaient aux magistrats des cours souveraines décida un grand nombre d'entre ces bourgeois à embrasser la cause du Parlement contre la régente, au moment où les premiers troubles de la Fronde éclatèrent. Au mois d'août 1648, après l'arrestation de plusieurs conseillers du Parlement, du vieux Broussel entre autres, qui, par son esprit d'opposition violente, tracassière, s'était fait chez les gens du menu peuple une réputation d'intégrité, des barricades s'élevèrent dans Paris, comme au mois de mai de l'année 1588. Il y eut moins de fureur, moins de sang répandu, mais les chefs de l'Hôtel de Ville essayèrent vainement d'empêcher le désordre, qui ne cessa qu'au moment où les magistrats arrêtés furent rendus aux Parisiens. Toutes les péripéties de cette longue émeute, connue sous le nom de *Fronde,* n'appartiennent pas à l'histoire du gouvernement municipal ; mais, par une rencontre singulière, l'un des actes les plus ensanglantés de cette époque a eu pour théâtre l'Hôtel de Ville. Cet acte, que les deux partis se sont empressés de flétrir, dont ils ont l'un et l'autre décliné la responsabilité, n'a pas obtenu, dans les récits généraux ou particuliers, l'importance qu'il mérite. Quand on connaîtra tous les détails de cet acte, désigné avec raison sous le nom de massacre de l'Hôtel de Ville, on sera plus disposé à partager l'opinion de l'un des derniers historiens de la Fronde, qui attribue à cette partie de nos annales plus de gravité qu'on ne le fait généralement (1).

Chacun sait que le 26 juin 1652, un combat sanglant fut livré à la porte de Paris, au pied de la Bastille, entre les troupes royales, commandées par Turenne, et celles de l'armée des princes, sous les ordres de Condé. Malgré la brillante valeur déployée par ce dernier, Turenne eut pour lui la victoire, et sans quelques coups des canons tirés de la Bastille par les ordres de Mademoiselle de Montpensier, les troupes royales seraient peut-être entrées dans Paris. Le lendemain de ce combat, dans lequel des gentilshommes français, armés les uns contre les autres, déployèrent une bravoure inutile, les frondeurs, réunis au Luxembourg, considérèrent avec raison leur cause comme perdue, s'ils n'obtenaient de l'Hôtel de Ville des secours en hommes et en argent, qu'ils avaient déjà sollicités sans avoir pu réussir.

La veille du combat de la porte Saint-Antoine, les frondeurs, excités par le duc de Beaufort, avaient essayé de contraindre le Parlement à signer un traité d'*union absolue* avec les princes. Accompagnés de la plus vile populace, ils s'étaient précipités dans les salles du palais, et opposés à la sortie des magistrats. Une mêlée très-vive avait eu lieu entre les frondeurs et la garde du Parlement, composée des archers de la ville, du guet du grand prévôt, et de quelques compagnies de la garde bourgeoise. Les portes de la grand'chambre avaient été forcées, les présidents de Maisons, de Nesmond, de Bailleul, grièvement blessés. Le président le Coigneux, poursuivi jusque dans la rue, avait vu tomber à ses côtés, frappé d'une balle, le serviteur qui l'accompagnait. Les frondeurs se décidèrent à tenter un coup pareil contre l'Hôtel de Ville, dans le but d'effrayer les magistrats municipaux, et de les forcer à mettre à la disposition des princes les troupes, et surtout l'argent dont ils disposaient. Un ordre du Parlement avait enjoint aux habitants notables de Paris de se réunir aux membres ordinaires du Conseil de Ville. Le duc d'Orléans et les princes devaient assister à cette assemblée. Le jeudi 4 juillet 1652,

---

(1) *Histoire de la Fronde*, par M. le comte de Sainte-Aulaire, membre de l'Académie française, etc. Paris. 2ᵉ édit., 1843, 2 vol. in-8º.

environ l'heure de midi, une foule considérable remplissait la grande salle de l'Hôtel de Ville; elle était ainsi composée : le gouverneur de Paris, le prévôt des Marchands, les échevins, les officiers de ville et les conseillers, les quartiniers, cinquanteniers, dixainiers, les colonels et les capitaines de la garde bourgeoise, l'archevêque de Paris, plusieurs chanoines de Notre-Dame et de la Sainte-Chapelle, les abbés des principaux couvents, les présidents du Parlement et d'autres membres des cours souveraines, les syndics de six corps de métiers. Le maréchal de L'Hôpital, gouverneur de Paris, ayant dit à l'assemblée que l'intention du duc d'Orléans était de lui rendre visite, il fut décidé que l'on attendrait Son Altesse pour commencer la délibération. Un trompette venant de l'armée royale demanda à être introduit et à remettre au prévôt des Marchands une dépêche qui lui était adressée, par laquelle le roi enjoignait à l'assemblée de se séparer à l'instant. « Le prévôt en fit l'ouver-
« ture à l'heure même, dit le registre, ensemble la lecture de deux lettres
« qui composoient la dicte despesche, l'une du roy et l'autre de M. Du-
« plessis de Guénégaud, dattées de ce jourd'huy; et fut remarqué que
« pendant l'arrivée de ce trompette et le temps de la lecture des dictes
« lettres, qu'aucuns disoient tout hault que c'estoit des lettres composées
« à Paris, à dessein d'empescher l'assemblée de prendre quelque géné-
« reuse résolution.... et qu'il falloit jetter le trompette et ses dépesches
« dans la rivière, à quoy l'on ne fit pas semblant de prendre garde. »

Il était déjà cinq heures du soir, et le maître d'hôtel de la Ville s'était présenté au palais d'Orléans, pour savoir si Son Altesse ferait l'honneur à la compagnie de venir. N'ayant reçu aucune réponse, l'assemblée prit la résolution de commencer les affaires pour lesquelles on l'avait réunie. La lecture de l'arrêt du Parlement, faite par le procureur de la ville, fut suivie d'un long discours dans lequel ce dernier essaya de prouver, par plusieurs exemples empruntés à notre histoire, que le peuple de Paris, dans les moments de crise, avait toujours été appelé au secours du roi et de l'État.

A peine ce discours était-il achevé qu'un bruit confus s'éleva dans l'assemblée, et que des voix nombreuses, inconnues, apostrophant le procureur de la ville, lui reprochèrent de n'avoir rien conclu contre le

cardinal *Mazarin*, qui était la pierre d'achoppement contre laquelle il fallait former une union. « Ce qui estonna fort les gens de bien, dit
« le registre, d'autant plus qu'il s'estoit glissé dans la salle, peut-estre
« à mauvaise intention, quantité de personnes qui n'y estoient point
« appellées. » Sur ces entrefaites on vint annoncer au prévôt des Marchands que Son Altesse Royale, accompagnée du duc de Beaufort, du prince de Condé et d'une suite nombreuse, descendait de carrosse; en effet, les princes ne tardèrent pas à prendre place au milieu de l'assemblée. Le duc d'Orléans remercia, en quelques paroles, le prévôt des Marchands d'avoir permis à ses troupes de traverser la ville; le prince de Condé prit aussi la parole pour dire qu'il ne pouvait ajouter rien de plus aux témoignages d'affection que Son Altesse Royale venait de faire entendre : « Sur quoy messieurs les gouverneur, prevot des Marchands
« et eschevins les ayant remerciez au nom de toute l'assemblée, ils firent
« entendre le subject d'icelle assemblée; dont ils ne tesmoignèrent aucun
« dégoust, mais se levans de leurs places ilz firent grandes monstres de la
« paille qu'ils portoient, avec des gestes qui ne pronostiquoient rien de bon.
« Cette troupe fut reconduite jusques à la grande porte de l'Hostel de Ville,
« où quelques-uns des gens de ces messieurs les princes commencèrent
« à dire que Son Altesse Royale n'avoit pas subject de grande satisfac-
« tion de toute ceste assemblée, et sortirent en murmurant; et de faict
« pendant qu'elles furent dans la place de Greve, parmy le peuple,
« beaucoup de gens rapportèrent que l'on vit donner de l'argent à
« quelques-uns ausquels ils dirent que l'Hostel de Ville n'estoit remply
« que de *Mazarins* et qu'il faloit mettre main basse. » Le registre de l'Hôtel de Ville auquel j'emprunte tous ces détails ajoute que ces mêmes hommes disaient en prenant leur argent que la besogne était commencée depuis environ quatre heures, que le feu avait été mis aux deux petites portes de l'arcade Saint-Jean et du Saint-Esprit. La femme du greffier de l'Hôtel de Ville, s'étant aperçue de ce commencement d'incendie, avait fait prévenir l'assemblée, même avant que les princes arrivassent, mais on avait négligé cet avis. A peine le gouverneur, le prévôt des Marchands et les échevins qui avaient accompagné le duc d'Orléans jusqu'à la porte, furent-ils rentrés dans la grande salle, que des cris accom-

pagnés de coups de mousquet partirent de la place de Grève, et jetèrent l'épouvante et le désordre dans l'assemblée. En ce moment des hommes inconnus ayant fait signe des fenêtres, les coups de feu devinrent plus fréquents, et furent dirigés de haut en bas; si bien que la grande salle ne tarda pas à se trouver déserte. La porte principale, bientôt fermée, fut défendue par les archers de la ville, qui dressèrent une barricade en avant de l'escalier conduisant à la cour. Cette porte résista quelque temps aux efforts des assaillants, mais enfin elle céda, dévorée par la flamme d'un violent incendie qui brisa en plusieurs pièces le cheval de la statue de Henri IV, placée au-dessus de cette porte. Les archers, derrière leur barricade, repoussèrent encore les assaillants; mais ils furent bientôt massacrés, et livrèrent à la populace l'entrée de l'Hôtel de Ville. Alors commença, entre ceux qui étaient enfermés dans l'Hôtel de Ville et leurs assassins, une lutte inégale, dont ne purent sortir que ceux qui rachetèrent leur vie. Le greffe avait été principalement signalé aux assaillants comme renfermant l'argent nécessaire aux paiements des rentes : aussi les plus hardis s'y précipitèrent. Ils trouvèrent la porte fermée et défendue par un grand nombre de personnes qui s'y étaient cachées. Mais aux menaces qu'ils firent d'y mettre le feu, cette porte s'ouvrit bientôt : « Ilz ne furent pas plustost entrez, dit le registre, « qu'ilz fouillèrent et vollèrent tous ceux qu'ils y trouvèrent; ensuite « rompirent quatre guichets d'armoires et trois coffres, prirent tout le « linge et la vaisselle d'argent qu'ils y trouvèrent, rompirent aussi une « grande armoire aux habits, où ils prirent tout ce qu'ils y trouvèrent « de beau et de bon. » Le greffier, homme de résolution, voulut s'opposer au pillage, mais il eût été incontinent mis à mort, si les assistants n'eussent intercédé pour lui; deux hommes de la bande lui offrirent de le sauver moyennant cent louis d'or; il accepta, et une fois dans l'escalier de la Ville, ils lui mirent le pistolet sous la gorge en lui demandant où était l'argent des rentes. Le greffier refusa de leur dire; enfin ils le jetèrent dans la rue, où il tomba percé de dix-sept coups de poignard. Plusieurs des magistrats municipaux et des bourgeois qui composaient l'assemblée furent aussi massacrés. Le nombre des personnes tuées ou blessées, en y comprenant les archers de la ville, s'élève à plusieurs centaines; les membres de l'assemblée qui échappèrent eurent à supporter d'indignes traitements, dont les mémoires contemporains nous ont conservé le récit (1).

Parmi les magistrats municipaux, plus hardis que les autres, qui eurent l'imprudence de se présenter sur la place de Grève, et y périrent victimes de leur dévouement, je citerai Yon, échevin, Ferrand, conseiller de ville, Miron, colonel de la garde bourgeoise. Les prêtres mêmes qui se trouvaient dans l'assemblée ne furent pas respectés : le curé de Saint-Jean-en-Grève voulut parler, il tomba frappé à la tête; son vicaire, qui était dans l'église, espérant apaiser le tumulte, prit le saint sacrement sur l'autel, et, se plaçant au grand portail, le présenta aux révoltés; mais voyant qu'on ne l'écoutait pas, et que les plus sacriléges, le couchant en joue, s'apprêtaient à faire feu, il se retira dans la crainte d'une horrible profanation (2).

La nouvelle de ces désordres ne tarda pas à être portée au Luxembourg, où demeurait le duc d'Orléans. D'après le récit de Mademoiselle, ce prince, depuis son retour de l'assemblée, avait à peine eu le temps de changer de linge, quand un bourgeois essoufflé, frappé de terreur, vint lui dire : « Le feu est à l'Hôtel de Ville, l'on y tire, l'on s'y tue, c'est la « plus grande pitié du monde. » « M. le prince, ajoute Mademoiselle, « entra pour le dire à Monsieur, qui fut si surpris de cette nouvelle que « cela lui fit oublier qu'il n'étoit pas habillé; il sortit et vint tout en che- « mise devant toutes les dames que j'ai nommées. Il dit à M. le prince : « Mon cousin, allez à l'Hôtel de Ville, vous donnerez ordre à tout. » Condé lui répondit : « Monsieur, il n'y a point d'occasion où je n'aille pour « votre service; cependant je ne suis pas homme de sédition, je ne m'y « entends pas, et j'y suis fort poltron. Envoyez-y M. de Beaufort, il est « connu et aimé par le peuple, il y servira plus utilement que je ne

---

(1) Il faut lire principalement les *Mémoires de Conrart*; ils contiennent de longs détails sur les dangers courus par tous les bourgeois qui se trouvaient à l'Hôtel de Ville, et plusieurs scènes des désordres intérieurs commis dans cette circonstance; t. XLVII, 2ᵉ série de la Collection des Mémoires de M. Petitot; t. IV. 3ᵉ série de la Collection Michaud et Poujoulat.

(2) *Mémoires de Conrart*, édit. Petitot. p. 138.

« pourrois faire. » Mademoiselle de Montpensier ajoute qu'ayant vu l'embarras causé par cette indécision, elle offrit à son père de se rendre à l'Hôtel de Ville pour arrêter l'incendie. Son intervention fut acceptée avec reconnaissance; mais elle refusa l'offre que lui faisait Condé de l'accompagner. Malheureusement la marche de Mademoiselle fut arrêtée par des incidents divers : elle vit passer les cadavres de MM. Ferrand et Miron; des bourgeois qui venaient de la Grève lui disaient qu'on avait tiré sur le saint sacrement; son carrosse accrocha la charrette qui enlevait chaque nuit les morts de l'Hôtel-Dieu; elle rebroussa chemin et rentra au Luxembourg. Cédant aux instances des deux princes, elle se remit de nouveau en route, fut assez bien protégée par la garde bourgeoise, qui, mieux organisée qu'au moment du tumulte, lui fournit une escorte d'un corps de garde à l'autre. L'imminence du péril écartée, le caractère fantasque de la princesse reprit le dessus ; elle se laissa distraire par les incidents les plus légers : « Je trouvai madame Leriche, dit-elle, une « vendeuse de rubans, en chemise; il avoit fait grand chaud ce jour-là, « et la nuit étoit la plus belle qui se puisse voir; elle étoit avec le bedeau « de Saint-Jacques-la-Boucherie, qu'elle appeloit son compère Paquier : « il étoit en caleçon. Cette mascarade me parut assez plaisante; ils se « mirent à me faire mille contes en leur patois de francs badauds, qui « me firent rire, nonobstant l'embarras où l'on estoit.(1). » L'un des assassins qui se présenta au carrosse de Mademoiselle, et lui demanda si le prince de Condé était là, dans le but, à ce qu'elle croit, de le tuer, parvint tout au plus à fixer son attention.

Le duc de Beaufort, avant d'entrer à l'Hôtel de Ville, passa, dit-on, quelques heures dans la maison d'un vannier, sur la place de Grève, d'où il fut témoin des premières scènes de désordre. Au milieu de la nuit il s'empara de l'Hôtel de Ville et se mit en devoir d'arrêter le pillage et l'incendie, dont les ravages commençaient à l'effrayer : « Ils alloient tou« jours en augmentant, lisons-nous dans les registres, lorsque monsieur « le duc de Beaufort arriva au dit Hostel de Ville, et par son authorité « dissipa la plus grande partye de ceste canaille, et empescha que leur « vollerye ne s'estendît plus loing, quoy que chacun d'eux aspirât à

(1) *Mémoires*, etc., 2ᵉ partie, p. 127 de l'édition Michaud et Poujoulat.

« l'argent des rentes, dont ilz n'avoient pas encore trouvé le chemin. Ce
« prince fut fort ébahy de veoir le pillage et la viollence des choses en
« l'estat qu'elles estoient, ne croyant pas, comme il s'en est esclaircy
« depuis à quelque famillier, que ceste fureur populaire les deubt porter
« si avant contre leurs magistrats (1). » Le duc de Beaufort s'employa
aussi tout entier pour éteindre l'incendie; le registre contient, à ce sujet,
une page digne de remarque : « Le commis du greffe, voyant que l'Hostel
« de Ville estoit en danger de périr, et le feu fort ardent en la salle qui
« est du costé de la grande arche, en advertit M. de Beaufort, luy repré-
« sentant que les pierres de voulte esclatoient par la violence du feu, et
« qu'il estoit nécessaire d'y donner ordre, ce qui engagea le dict sieur
« duc à y descendre en personne *à trois heures du matin*, où ayant con-
« sidéré l'estat de la dicte salle, et la ruine que pourroit causer ce grand
« feu, auroit à l'instant commendé à quantité de crochepteurs et gens
« d'eaue, là présens, de vouloir esteindre le dit feu; à quoy ilz travaillèrent
« puissamment jusques à neuf heures du matin, sans lequel travail, le feu
« eût enfin ruiné la voulte de la dicte salle, et ensuitte embrasé tout
« l'Hostel de Ville, estant un miracle évidant de veoir ce qui en a esté,
« le feu y ayant esté mis par sept ou huict endroictz, toutes les portes
« des advenues bruslées et consommées par le feu, celles des salles toutes
« rompues, les tonneaux de vin defoncez, d'autres enlevez et conduitz
« en des maisons particulieres, la tapisserie vollée, la figure de Henry le
« Grand, qui estoit à cheval au-dessus de la grande porte toute gastée,
« tant par le feu que par les coups de mousquetades qu'on a tirez contre
« les pierres de l'enceinte du portail de la dicte grande porte rompue,
« les fenestres, vitres et vollets d'icelle ville, du costé de la Greve prin-
« cipallement, toutes fracassées et percées, les tableaux de la grande
« salle et ceux des bureaux et chambres de la reine trouez en divers
« endroitz de coups d'arquebuses, la porte de derriere la montée et le
« hangard du costé de Saint-Jehan bruslez, ce qui devroit tirer
« des larmes de sang à tous les bons bourgeois et habitans de Paris,
« interessez qu'ils sont à la conservation de l'Hostel de la dicte ville. »

Tandis que le duc de Beaufort employait son influence sur la populace

(1) Reg. de l'Hôtel de Ville, fol. v^e iiii^{xx} vi v°.

à sauver les bâtiments de la Maison de Ville, mademoiselle de Montpensier, qui était enfin parvenue à s'y rendre, mettait ses soins à protéger les jours menacés du prévôt des Marchands. Ce magistrat était resté impassible et sans crainte dans un petit cabinet de l'Hôtel, ayant sur sa tête une perruque pour le déguiser. Mademoiselle vint le trouver et lui donna une lettre de passe signée du duc d'Orléans; en échange il offrit à Mademoiselle de lui remettre sa démission; elle la refusa, en ajoutant qu'elle ferait part de ses dispositions à son père. Beaufort conduisit lui-même ce magistrat par une porte dérobée, dont ses amis particuliers avaient la garde et le plaça, avec son fils, dans une voiture, qui ne le sauva qu'à grand'peine; car les frondeurs ameutés sur la Grève, ayant connu son départ, coururent sur ses traces, et menacèrent d'incendier son hôtel. Le jour succéda enfin à cette nuit lugubre; la stupéfaction ne tarda pas à se répandre dans tout Paris, principalement chez les bourgeois qui apprirent avec épouvante la fin tragique de leurs représentants. Le parti des princes fut accusé hautement de cette action (1), l'une des plus farouches, des plus brutales et des plus lâches qui se soient vues en

(1) On lit dans les *Mémoires de Conrart* : « Leboult, conseiller aux enquêtes, fort affectionné aux intérêts des princes, étant allé au palais d'Orléans pour leur demander justice avec plusieurs bourgeois qui avoient été députés, ou qui s'intéressoient pour d'autres qui l'avoient été, reçut si peu de satisfaction de M. d'Orléans, et particulièrement de M. le Prince, qu'il se trouva obligé de leur parler avec une grande liberté et une grande fermeté, jusqu'à leur dire que tout le monde croyoit que les princes avoient fait faire ce massacre; et M. le Prince lui ayant dit que personne ne parleroit de cela qu'il ne le fit périr, Leboult répliqua qu'il ne disoit pas qu'il le crût, mais que c'étoit l'opinion de tout le monde : ce qu'il lui répéta plusieurs fois. Et voyant qu'on ne leur vouloit faire aucune raison, il dit à ceux qui l'accompagnoient : « Allons-nous-en, car si nous avons quelque justice à espérer ce n'est pas ici. » Dans ce même temps, une dame de fort grande qualité, dont on n'a pas voulu dire le nom, dit à M. le Prince : « Monsieur, que pensez-vous avoir fait en ce qui s'est passé à l'Hôtel de Ville? vous vous êtes fait un extrême tort. » M. le Prince lui dit : « Moi, madame! je n'ai aucune part à cela. — Oh! monsieur, » reprit la dame, « il n'y a personne qui n'en « soit persuadé; et que l'on croit même qu'il « n'y a que vous qui en êtes l'auteur, et que « M. d'Orléans n'en a point de part. » *Mémoires de Conrart*, publiés pour la première fois par M. de Monmerqué, t. XLVIII, 2ᵉ série de la Collection des Mémoires, etc., de Petitot. L'éditeur cite en note ces vers extraits d'un manuscrit de son cabinet :

En mémoire de l'incendie
Arrivé tout nouvellement,
Condé veut, quoi que l'on die,
Porter la paille incessamment.
Ma foy, bourgeois, ce n'est pas jeu;
Craignez une fin malheureuse :
Car la paille est fort dangereuse
Entre les mains d'un boute-feu. (P. 137.)

France, ainsi que l'avocat général Talon ne craignit pas de la qualifier. La démission du prévôt des Marchands ayant été prise, dès le même jour on procéda à son remplacement. Un grand nombre des bourgeois les plus notables avaient quitté la ville, et bien que les frondeurs fussent en majorité, la cause des princes devenait si mauvaise qu'ils eurent beaucoup de peine à faire nommer l'un de leurs partisans les plus célèbres, le vieux conseiller Broussel, celui-là même qui, dans les troubles de 1649, avait joué un rôle si actif. Le résultat du scrutin fut porté au Luxembourg, et M. de Broussel, proclamé prévôt des Marchands, prêta serment entre les mains du duc d'Orléans. Cette nomination précipitée et la cérémonie du serment parurent étranges à quelques-uns des frondeurs eux-mêmes : « J'étois dans la galerie du « Luxembourg lorsque cela se passa, dit Mademoiselle, j'avoue que « cela me parut être une comédie. »

En résignant ses fonctions, le prévôt des Marchands Lefevre s'était exprimé ainsi : « Attendu la violence publique notoire à tout le monde, « qui m'oste la libre fonction de la charge de prévost des Marchands « dont Sa Majesté m'a honnoré, je déclare que je me retirerai de Paris, et « que je ne feray plus la function de la dicte charge. Faict ce cinquieme « juillet, mil six cens cinquante-deux. » Fidèle à cette promesse, Lefevre s'empressa de quitter la capitale et fut suivi par un grand nombre de bourgeois, qui se retirèrent au camp de l'armée royale. Le premier soin de Broussel et des échevins ou conseillers municipaux, au nombre de dix-sept, qui adhérèrent à sa cause, fut de remettre l'ordre dans Paris, et d'empêcher la populace de continuer le pillage, si bien commencé à l'Hôtel de Ville. Le 19 juillet, deux malfaiteurs, ayant été convaincus d'avoir pris part au fatal massacre de la nuit du 4 juillet, furent saisis et pendus à la place de Grève; enfin la garde bourgeoise veilla jour et nuit pour empêcher les gens de guerre qui environnaient la capitale d'en saccager les faubourgs : toutes ces fatigues, tous ces soins furent inutiles : les brocanteurs restés en ville ne craignaient pas d'acheter aux soldats les fruits de leurs rapines; une ordonnance du prévôt des Marchands, publiée le 29 juillet, était impuissante pour la répression d'un pareil commerce.

PREMIÈRE PARTIE.

Plusieurs quartiers des rentes de l'Hôtel de Ville n'avaient pas été payés : les receveurs, craignant sans doute d'être accusés plus tard d'avoir adhéré au parti des princes, ne se hâtaient pas de verser les fonds à la caisse municipale. En vain le prévôt Broussel rendait-il à ce sujet deux arrêtés en moins de quinze jours, les rentiers ne recevaient pas d'argent. Une assemblée du même genre que celle qui précéda le massacre, fut convoquée à l'Hôtel de Ville pour le 29 juillet. Les chefs des grandes communautés religieuses, les curés des principales églises de Paris, se joignirent aux bourgeois et aux gardes des six corps de métiers. Dans cette assemblée, à laquelle furent présents le duc d'Orléans, comme régent du royaume, le prince de Condé, comme général en chef des armées, et le duc de Beaufort, comme gouverneur de Paris, il fut arrêté qu'une taxe de huit cent mille livres serait levée sur les habitants. Les députés se retirèrent de l'assemblée fort mécontents, surtout les chefs des six corps de métiers, qui déjà commençaient à entretenir des intelligences avec le comité royaliste établi à Paris (1). Il avait été décidé dans la séance du 29 que, pour ranimer en faveur de la Fronde les sympathies des bonnes villes du royaume, une lettre circulaire serait adressée à cent quarante-sept d'entre ces villes, dont les municipalités étaient dirigées par des échevins, des capitouls ou des jurats; cette lettre était ainsi conçue :

Lettre de Messieurs les Prevost des Marchands et eschevins de la ville de Paris, envoyée aux villes du Royaume, suivant l'arresté faict en l'assemblée générale du xxixe *juillet mil six cens cinquante-deux.*

Messieurs,

« Comme la ville de Paris a tousjours eu pour principal objet le repos
« de cet estat et la correspondance avec les autres villes du Royaume par

---

(1) Voyez, sur ce comité royaliste et l'opposition faite par les syndics des principaux corps de métiers, les *Mémoires* de Berthod. — T. XLVIII de la *Collection des Mémoires relatifs à l'Histoire de France* de M. Petitot.

« le moyen du commerce qui les faict subsister, nous voyons avec regret
« ces harmonies interrompues par les artifices du cardinal Mazarin, qui
« a attiré sur luy la hayne universelle des peuples, en sorte que les plus
« sages de noz citoiens ne sauroient prendre confiance aucune des choses
« qui viennent de sa conduitte, s'estant rendu le maistre absolu de la
« personne du Roy et de son Conseil, au préjudice des déclarations vérif-
« fiées au Parlement et confirmées par Sa Majesté, le premier jour de sa
« majorité qui descouvrent tous ses deffauts et le rendent incapable du
« ministère. Lorsque nous l'estimions esloigné sans espérance de retour,
« suivant l'ordre de sa dicte Majesté, suivy des arrests des cours souve-
« raines, il est revenu avec un esprit qui à l'instant a troublé et divisé
« tout le Royaume. Dans ce malheur, nous avons esté heureux de trouver
« la protection de monsieur le Duc d'Orléans qui a déclaré, conjointement
« avec monsieur le prince de Condé, n'avoir autre dessein que d'esloigner
« le dict cardinal, et nous procurer la réunion de la maison royalle et
« en suitte la paix générale. Les maladies sont grandes quant elles com-
« mencent par le cœur : la Capitalle du Royaume se donne cet advantage
« de dire que si elle recevoit atteintes en ce rencontre, les autres villes
« en sentiroient bien tost la diminution et la perte ; la fraternité qui
« doibt estre parmy nous ne permet pas de dissimuler plus longtemps ce
« mal commun, mais veut que vous en soyez informez par nous mesmes,
« afin que par vos bons advis et par vostre secours, nous soulagions
« touttes les misères publiques qui ne peuvent cesser que par l'esloigne-
« ment de cest estranger. Nous demandons seulement au Roy avec touttes
« les soubmissions que les subjectz doibvent à leur souverain, l'exécution
« de sa parolle royale et l'honneur de sa présence. Et pour rendre nos
« bonnes intentions publiques, et que vous sachiez, Messieurs, nostre
« proceddé, l'assemblée générale, tenue en l'Hostel de ceste ville, le
« vingt-neufiesme juillet dernier, composé du conseil d'icelle, des députez
« des cours souveraines, et de tous les ordres et corps de ladicte ville,
« nous a chargé de vous en escrire et faire sçavoir le résultat de la dicte
« assemblée que vous aprendrez par la coppie d'icelluy ci-jointe, estant
« aussy une occasion de vous tesmoigner que nous sommes, Messieurs,
« vos bien humbles et affectionnez serviteurs, les prevost des Marchands

« et eschevins de la ville de Paris. A Paris, ce deuxiesme jour d'aoust
« M VIe cinquante deux (1). »

En dépit de cette manifestation, dont j'ai signalé aux xve et xvie siècles
plusieurs exemples analogues, des difficultés de toute nature venaient
paralyser les efforts tentés par Broussel et ses adhérents. La garde bourgeoise, non-seulement commençait à murmurer du fardeau que lui imposait
la défense de Paris, mais encore était souvent affaiblie par les dissentiments qui s'élevaient entre ses chefs. Le conseil privé du roi, tenant
ses séances à Pontoise, ne manquait pas, chaque fois que la municipalité
présidée par Broussel voulait prendre quelques mesures importantes, de
faire parvenir à l'Hôtel de Ville un arrêt qui déclarait nulles ces mesures.
Par exemple, le 16 août, au moment où, suivant l'usage, on se préparait
à l'élection d'un prévôt des Marchands nouveau et de deux échevins, le
conseil d'État, par un arrêt, défendit aux bourgeois de s'assembler.
Quelques jours après les commis, ayant voulu procéder à la levée du
subside voté dans la séance du 29 juillet, un arrêt du même conseil fut

(1) Cette lettre est suivie de la liste de toutes les villes où elle a été envoyée; il y en a cent quarante-sept, en voici le nom : « Orléans, Blois, Amboise, Tours, Saumur, Pont-de-Cé, Amiens, Corbie, Peronne, Saint-Quentin, Noyon, Roye, Nantes, Vannes, Rennes, Saint-Malo, Angers, la Flesche, le Mans, Alencon, Caen, Bayeux, Lizieux, Rouen, Pont-de-l'Arche, Dieppe, Evreux, Gisors, Pontoise, Dreux, Chartres, Chateaudun, Beauvais, Abbeville, Boulogne, Callais, Aubusson, Gueret, Montdidier, Senlis, Laon, Compiegne, Soissons, Reims, Rethel, Chalons, Vitry, Troyes, Langres, Dijon, Auxerre, Autun, Macon, Bourg-en-Bresse, Lyon, Moulins, Nevers, Saint-Pierre, Bourges, Issoudun, Chasteauroux, Loches, Argenton, Limoges, Tulles, Brive, Perigueux, Sarlat, Bergerac, Xaintes, Cognac, Angoulesme, la Rochelle, Saint-Jean, Niort, Saint-Maixant, Fontenay, Poictiers, Chastellerault, Lusson, Richelieu, Olonne, Bordeaux, Agen, Condom, Bazas, Auch, Lectoure, Mont-de-Marsan, Pau, Oleron, Cahors, Figeac, Montauban, Villefranche, Rodez, Saint-Flour, le Puy, Mende, Viviers, Lodeve, Nimes, Beaucaire, Lunel, Montpellier, Pezenaz, Agde, Beziers, Narbonne, Carcassonne, Alex, Castres, Toulouse, Foix, Pamiers, Tarbes, Acq, Bayonne, Amiens, Guy, Arles, Marseille, Antibe, Ryom, Brioude, Metz, Verdun, Meaux, Melun, Sens, Ezez, Tarbes, Grenoble, Valence, Vienne, Tarascon, Aix, Toulon, Clermont, Yssoire, Montbrison, Toul, Mezieres, Estampes, Montereau, la Charité, Vitry.

Chacun des noms de cette liste est suivi d'une lettre initiale indiquant la qualité des officiers municipaux; mais ces indications m'ayant paru fautives pour la plupart, je n'ai pas cru devoir les reproduire. Le fait de l'envoi de cette lettre, qui n'est pas sans importance, a été ignoré de tous les historiens de la Fronde, même du dernier, M. Bazin.

transmis à l'Hôtel de Ville, qui annulait toute perception d'impôts et défendait aux bourgeois d'établir aucun droit sur les marchandises entrant à Paris. Il est facile de comprendre qu'une pareille situation ne pouvait durer plus longtemps, aussi n'est-on pas surpris de voir, au mois d'octobre, les chefs de la Fronde abandonner le parti, traiter le plus avantageusement possible avec la Cour, et le vieux Broussel s'empresser d'offrir sa démission.

PREMIÈRE PARTIE.

CHAPITRE TROISIÈME.

CÉRÉMONIES ET FÊTES DE L'HÔTEL DE VILLE : ENTRÉES DES ROIS, DES REINES, DES PRINCES DE LEUR FAMILLE, DES PRINCES ÉTRANGERS, DE LEURS AMBASSADEURS. — PRÉSENTS OFFERTS PAR LA VILLE. — OBSÈQUES ET FUNÉRAILLES. — PROCESSIONS RELIGIEUSES, ET PARTICULIÈREMENT CELLES DE LA CHASSE SAINTE-GENEVIÈVE. — CHANDELLE NOTRE-DAME — PRIX DE L'ARQUEBUSE. — FEU DE LA SAINT-JEAN. — TABLEAU CHRONOLOGIQUE DES CÉRÉMONIES, DEPUIS LE QUATORZIÈME SIÈCLE JUSQU'AU SEIZIÈME. — FÊTES DONNÉES A L'HÔTEL DE VILLE DE PARIS.

Les événements politiques dont j'ai retracé les principales circonstances dans les deux chapitres précédents ne sont pas les seuls faits de notre histoire qui se rattachent à l'Hôtel de Ville de Paris. Depuis une époque reculée, mais particulièrement depuis la fin du XIIe siècle, la naissance, le couronnement, les victoires, le mariage ou la mort de nos rois, de nos reines, et des princes de leur famille ont donné lieu à des cérémonies plus ou moins pompeuses, auxquelles les magistrats municipaux et les plus riches bourgeois ont toujours pris part. Ces cérémonies consistaient en des entrées triomphantes, accompagnées de réjouissances publiques, de présents de nature différente, de repas, de spectacles, dont l'Hôtel de Ville a été bien souvent le théâtre, surtout depuis la construction du monument qui existe aujourd'hui.

La présence à Paris des souverains étrangers, ou l'arrivée de leurs ambassadeurs, les funérailles des personnages illustres de tous les rangs, les fêtes religieuses ou commémoratives d'événements remarquables, étaient aussi célébrées avec pompe par le Corps de Ville. Sans avoir la prétention de donner dans un seul chapitre l'histoire de toutes ces fêtes, je vais recueillir sur chacune quelques détails qui pourront en faire connaître l'origine et la composition.

L'une des plus anciennes entrées royales dans Paris dont l'histoire fasse quelque mention, est celle de Philippe Auguste, en 1214, après la bataille

de Bouvines. Guillaume le Breton, parlant des témoignages d'allégresse qui accompagnèrent le roi dans les lieux où il passa, ajoute : « Les habi-
« tans de Paris, et par dessus tout, la multitude des écoliers, le clergé
« et le peuple, allant au devant du roi, en chantant des hymnes et des
« cantiques, temoignèrent par leurs gestes quelle joie animait leurs
« esprits; et il ne leur suffit pas de se livrer ainsi à l'allégresse pendant
« ce jour, ils prolongèrent leurs plaisirs dans la nuit, et même pendant
« sept nuits consécutives, au milieu des nombreux flambeaux, en sorte
« que la nuit paraissait aussi brillante que le jour (1). » Ces entrées triomphantes, faites par nos rois après une grande victoire, eurent lieu dans beaucoup de circonstances, et depuis le XIIIe siècle les magistrats municipaux, les chefs des corps de métiers et les bourgeois y ont toujours figuré. Suivant un antique usage, les rois de la troisième race ne manquaient pas de faire, après leur avénement au trône, une entrée solennelle à Paris. C'est ainsi que Louis le Jeune, en 1137, quitta Orléans pour venir dans cette ville, car, d'après le témoignage des Grandes Chroniques de France, Paris est siége royal : « là souloient les anciens
« faire leur assemblée et leur parlemens pour traicter de l'ordonnance du
« royaume et de l'Église (2). » A l'occasion de ces entrées, de celles des reines de France après leur mariage, ou des princes du sang royal, les bourgeois de Paris avaient coutume de faire un don gratuit (3), qui consistait en meubles précieux, en épices et autres objets de luxe. L'un des plus remarquables de ces dons remonte à l'année 1389. Une réception magnifique ayant été faite, non-seulement à la reine Isabeau de Bavière, mais encore à sa belle-sœur Valentine de Milan, qui venait d'épouser le duc de Touraine, Louis d'Orléans, les Parisiens offrirent aux deux princesses différents objets de luxe qui les flattèrent beaucoup. Froissart s'exprime en ces termes à ce sujet : « Or veuil-je dire tout ce
« qui sur la litière etoit et dont on avoit fait présent au roi. Premiere-
« ment il y avoit quatre pots d'or, quatre trempoirs d'or et six plats
« d'or; et pesoient toutes ces vaisselles cent et cinquante marcs d'or. —

---

(1) *Vie de Philippe Auguste*, Collection des Mémoires relatifs à l'Histoire de France, par M. Guizot, t. XI, p. 302.

(2) *Chronique de Saint-Denys*, tome III, p. 358.

(3) Voyez, au sujet de ces dons offerts aux

« Pareillement autres bourgeois de Paris très richement parés et vêtus
« tous d'uns draps, vindrent devers la royne de France et lui firent
« présens sur une litière qui fut apportée en sa chambre, et recomman-
« dèrent la cité et les hommes de Paris à li; au quel présent avoit une nef
« d'or, deux grans flacons d'or, deux drageoirs d'or, deux salières d'or,
« six pots d'or, six trempoirs d'or, douze lampes d'argent, deux dou-
« zaines d'écuelles d'argent, six grands plats d'argent, deux bassins d'ar-
« gent; et y eut en somme pour trois cents marcs que d'or que d'argent.
« Et fut ce présent apporté en la chambre de la roine en une litière, si
« comme ici dessus est dit, par deux hommes, les quels etoient figurés l'un
« en la forme d'un ours et l'autre en la forme d'une licorne.

« Le tiers présent fut apporté semblablement en la chambre de la
« duchesse de Touraine par deux hommes figurés en la forme de Maures,
« noircis les viaires (*visages*), et bien richement vêtus, touailles blanches
« enveloppées parmi leurs chefs, comme si ce fussent Sarrasins ou Tar-
« tares. Et etoit la litiere belle et riche, et couverte d'un delié couvrechef
« de soie comme les autres, et aconvoyée et adextrée de douze bourgeois
« de Paris vetus moult richement et tous d'un parement, les quels firent
« le présent à la duchesse dessus dite. Au quel présent avoit une nef
« d'or, un grand pot d'or, deux drageoirs d'or, deux grands plats d'or,
« deux salieres d'or, six pots d'argent, six plats d'argent, deux douzaines
« d'écuelles d'argent, deux douzaines de salières d'argent, deux dou-
« zaines de tasses d'argent; et y avoit en somme, que d'or, que d'argent
« de deux cents marcs. Le présent réjouit grandement la duchesse de
« Touraine, et ce fut raison, car il etoit beau et riche; et remercia gran-
« dement et sagement ceux qui présenté l'avoient, et la bonne ville de
« Paris de qui le profit venoit (1). »

C'est avec raison que Froissart fait admirer la richesse d'un pareil
présent, dont il porte la valeur à plus de soixante mille couronnes d'or.
A partir de cette époque il serait facile de citer des exemples de cadeaux
offerts par la ville, sinon de cette valeur, au moins d'un prix encore très-

---

rois de France des deux premières races, la Dissertation IVe de Ducange sur Joinville. p. 152 de l'édition in-folio.

(1) FROISSART, liv. IV, chap. 1, tome III, p. 8, édit. Buchon.

élevé. Depuis la fin du xv͏ᵉ siècle ces cadeaux, dont la description détaillée se trouve dans les registres de l'Hôtel de Ville, présentent encore plus d'intérêt : à la valeur intrinsèque des matières qui étaient mises en œuvre, il faut ajouter le talent des artistes que le gouvernement municipal employait; plusieurs des documents parvenus jusqu'à nous renferment assez de détails sur ces objets pour en faire regretter la perte. Qui ne serait curieux de voir aujourd'hui l'Hercule en argent, haut de sept pieds, revêtu d'une peau de lion d'or, tenant deux colonnes, et pesant plus de cent marcs, que le Corps de Ville offrit à Charles-Quint lors de son passage à Paris, en 1540. Le célèbre Benvenuto Cellini, au sujet de cette statue et des difficultés qu'éprouvèrent, dans l'exécution matérielle, les orfévres de Paris, s'exprime en ces termes : « A l'époque du passage
« de l'empereur Charles-Quint à Paris, lorsque le roi François I͏ᵉʳ com-
« manda de faire une statue d'argent représentant Hercule avec deux
« colonnes, de la hauteur de trois brasses et demie, qu'il voulait offrir à
« ce prince avec d'autres présents, les premiers maîtres de la ville qui
« entreprirent ce travail ne purent jamais l'achever avec la perfection
« que l'on admire dans leurs autres ouvrages. La soudure surtout leur
« offrit des obstacles insurmontables, et ils furent contraints, pour joindre
« la tête, les jambes et les bras au torse de la statue, de les lier avec des
« fils d'argent.

« Le roi, qui désirait avoir douze statues d'une grandeur pareille à celle
« dont nous venons de parler, se plaignant d'une telle imperfection,
« cherchait à savoir si l'art ne permettait pas de surmonter une semblable
« difficulté. M'étant fait fort de cela, et lui ayant démontré comment on
« pouvait les achever avec toute la perfection qu'il desirait, il commanda
« que je me misse à l'œuvre aussitôt (1). »

Les détails que je pourrais donner sur tous ces objets d'art sont trop nombreux pour trouver place ici ; seulement, afin qu'on puisse juger de l'intérêt de ces détails, je citerai quelques passages d'un acte passé en 1548, par les prévôt des Marchands et échevins, avec quatre orfévres de Paris, pour la confection d'un vaisseau d'or que les bourgeois vou-

---

(1) Traité de l'Orfévrerie, traduit de l'italien pour la première fois par Eugène Piot; t. II, p. 243 et suiv. du *Cabinet de l'Amateur et de l'Antiquaire*, 1843, in-8°.

laient offrir à Henri II. La hauteur de ce vaisseau devait être de dix-huit pouces environ, et de forme triangulaire : « C'est assavoir, dit l'acte du « marché, que au premier triangle qui commence au pied d'icelluy, y aura « trois harpies garnyes de leurs roulleaux, entre lesquelles harpies seront « compartimens, en façon d'ovalle, aus quelz seront mises les armoyries « de la dicte ville, et aux deux costez deux arcs turquoys lassez de leurs « roulleaux. Et au dessoubz du dit pied, y aura ung fons en cul de lampe, « garny de fuellage au poinct. Et au second triangulaire (*triangle*), aura « trois figures aux trois angles de bosse ronde, en forme de vertuz, et « selon le portraict qui leur sera baillé. Et entre les dictes figures aura « ung compartiment en façon d'ovalle, où seront mises et apposées les « armoiries et devises du roy. Et au tiers angulaire aura au diamestre « ung palmier, lequel sera glassé de vert, et une table d'actente, en « la quelle sera escript ce qui leur sera dit, la quelle table d'actente sera « atachée au dict palmier, à l'entour du quel palmier y aura trois roys « faictz en bosse ronde sur la plate forme, lesquelz représenteront, au « plus près du vif que faire se pourra, les roys Loys douziesme, Fran- « çois dernier et le roy à present regnant. Et seront tenuz le tout faire « d'or d'escu, tel qu'il leur sera baillé par mes ditz sieurs les prévost des « Marchands et eschevins, et du pois de quatre mil escuz soleil ou environ; « et leur rendre et delivrer parfaict dedanz le cinquiesme jour de may « prochain venant, pour d'icelluy faire par la dicte ville présent au roy, « à son entrée en icelle ville. Ce marché faict moyennant et parmy le pris « et somme de six cens escuz soleil, que pour la façon de tous les ouvrages « dessus ditz, peine d'ouvriers et deschet de l'or après la fonte du dict « or faicte en lingotz, les dictz prévost des Marchands et eschevins « seront tenuz, promectent et gaigent faire bailler et paier par noble « homme Me Philippes Macé notaire et secretaire du roy, receveur de la « dicte ville, aux dessus ditz, etc.... (1). »

Bien qu'il soit certain que, dès le XIIIe siècle, le Corps de Ville ait été

(1) Arch. du Roy. K. 987.

appelé à figurer dans les entrées solennelles des princes du sang royal à Paris, ou des fêtes données en leur honneur, la plus ancienne mention que j'aie trouvée ne remonte qu'à l'année 1313. En parlant des réjouissances de toute nature qui eurent lieu quand les trois fils de Philippe le Bel furent créés chevaliers, les *Chroniques de Saint-Denis* s'expriment en ces termes : « Le jeudi ensuivant d'icelle sepmaine de la Penthecouste, « tous les bourgois et mestiers de la ville de Paris firent très belle feste : « et vindrent les uns en paremens riches et de noble œuvre fais, les autres « en robes neuves, à pié et à cheval, chascun mestier par soy ordené, au « dessus dit isle Nostre-Dame, à trompes, tabours, buisines, timbres « et nacaires, à grant joie et grant noise demenant (1). »

Sous l'année 1350, les mêmes Chroniques parlent ainsi de l'arrivée du roi Jean à Paris, après qu'il eut été sacré à Reims : « Et quant le roy « entra en Paris, au retour de son joyeux avenement, la ville de Paris et « Grant Pont estoient encourtinés de divers draps; et toutes manières « de gens de mestier estoient vestus, chascun mestier d'unes robes « pareilles, et les bourgois de la dicte ville d'unes autres robes pareilles; « et les Lombards qui en la dicte ville demouroient, furent vestus tous « d'unes robes partie de deux tartars de soye; et avoient chascun sur sa « teste chappiaus haus, agus, et mi-partis de meismes leur robes. Et tous « les uns après les autres, les uns à cheval et les autres à pié, alèrent au « devant du roy qui entra à Paris à grant joye; et jouoit l'en devant « luy de moult de divers instrumens (2). » Godefroy de Paris, Froissart, Monstrelet, le Religieux de Saint-Denis et l'auteur de la *Chronique scandaleuse* nous ont conservé le récit des réjouissances de toute sorte

---

(1) *Chroniques de Saint-Denis*, t. V, p. 198, édit. de M. P. Paris. Godefroi de Paris, dans sa *Chronique métrique*, a décrit longuement toutes ces fêtes; il dit en parlant des bourgeois :

    Comparaisons sont hayneuses,
    Por ce ne veil, ne n'est raison,
    De nule faire compareson :
    Mais ou fet de la borjoisie
    Ot cinq choses de seingnorie :

Ce fut luminaire de cire,
Richece en atours plus que dire
Ne puis, et très-grant compaingnie
Par nuit et par jor bien garnie,
Toutes manières d'instrumens,
Tous les mestiers en garnemens, etc.

(*Chron. métrique de Godefroy de Paris*, etc., publiée par M. Buchon, Paris, 1827, in-8°, p. 189.

(2) *Chroniques de France*, t. VI, p. 2.

qui avaient lieu dans ces ébattemens solennels. Les allégories de différents genres n'y étaient pas épargnées et principalement les représentations mimiques de sujets empruntés à l'Ancien ou au Nouveau Testament. Par ordre du prévôt des Marchands et des échevins, l'eau qui coulait ordinairement des fontaines publiques était changée en vin, en lait, ou en hypocras, et de *belles jeunes filles faisant personnaiges de seraines toutes nues,* offraient à boire aux passants. Les plus remarquables de ces cérémonies eurent lieu dans les années 1313, 1389 et 1461. Ce fut à l'occasion de la première que les magistrats municipaux construisirent en bois le pont Notre-Dame, et que les bourgeois de Paris se montrèrent au nombre de cinquante mille, trente mille à pied, vingt mille à cheval, dit un chroniqueur contemporain, au récit duquel je renvoie ceux qui voudront connaître toutes les actions de l'histoire sacrée ou profane qui furent représentées dans les rues (1). Froissart, que j'ai déjà cité, parle avec admiration d'un habile équilibriste, Génois de nation, qui, à l'entrée d'Isabeau de Bavière, en 1389, descendit le soir, avec un flambeau de chaque main, du haut des tours Notre-Dame sur une corde tendue depuis le sommet de ces tours jusqu'aux maisons du pont Saint-Michel, au moment où la reine arrivait en cet endroit. De même, à la porte Saint-Denis, deux anges sortirent d'une ouverture figurant l'entrée du Paradis, et, posant sur la tête de la reine une riche couronne d'or, garnie de pierres précieuses, lui chantèrent ce couplet :

> Dame enclose entre fleur de lis,
> Roine estes vous de Paris,
> De France et de tout le païs.
> Nous en r'allons en Paradis (2)

En 1461, des spectacles de toute nature, des allégories singulières ont signalé l'arrivée de Louis XI à Paris. Entre celles que raconte l'auteur de la *Chronique scandaleuse,* je me contenterai de citer la suivante : « Et « en venant par la porte Saint-Denis, le roy trouva près de l'eglise

---

(1) *Chronique métrique de Godefroy de Paris, etc.*, publiée par J. A. Buchon; p. 181 et suiv. du t. IX des *Chron. nationales*, in-8°.

(2) FROISSART, liv. IV, chap. 1.

« Sainct-Ladre, un hérault monté à cheval, revestu des armes de la dicte
« ville, qui estoit nommé *Loyal cœur*, qui par la dicte ville luy présenta
« cinq dames richement ornées, les quelles estoient montées sur cinq
« chevaux de prix ; et estoit chacun cheval couvert et habillé de riches
« couvertures toutes aux armes d'icelle ville. Les quelles dames, et cha-
« cune par ordre avoient tous personnages tout compillez à la significa-
« tion de cinq lettres, faisans PARIS qui toutes parlèrent au roy, ainsi que
« ordonné leur estoit (1). » A cette même entrée, quand Louis XI passa
du Châtelet sur le Pont-au-Change, les oiseleurs de Paris donnèrent la
liberté à plus de deux cents douzaines d'oiseaux de différentes espèces.
« comme ils sont tenus de le faire, ajoute la même chronique, pource
« qu'ils ont sur le dit pont lieu et place à jour de feste pour vendre les
« dits oiseaux. » Depuis la fin du xve siècle, les registres de l'Hôtel de
Ville contiennent le récit des entrées solennelles des rois, des reines,
des princes français ou étrangers et de leurs ambassadeurs.

Les funérailles des rois de France, de leurs femmes, ou des princes
de leur famille, ont toujours été l'occasion de cérémonies auxquelles
devaient assister, non-seulement le prévôt des Marchands, les échevins
et les autres officiers du Corps de Ville, mais encore les hommes de peine
employés au commerce par eau. Il est assez difficile de préciser l'époque
à laquelle remonte la présence officielle du Corps de Ville à ces cérémonies ; ce qu'il y a de certain, c'est que dès la première moitié du
xve siècle cet usage était adopté. Dans un chapitre précédent j'ai dit
que les *henouars* et les mesureurs de sel avaient le droit, moyennant
salaire, de porter jusqu'à Saint-Denis le corps des rois de France. Voici
quelques détails à ce sujet : Monstrelet, sous l'année 1422, décrivant
les obsèques de Charles VI, s'exprime en ces termes : « Après l'office
« achevé moult honorablement fut le dit roi porté à Saint-Denis. Et le
« portèrent les gens de son ecuyerie jusques à une croix qui est en mi-
« chemin de Paris et Saint-Denis. A la quelle croix le chargerent les

---

(1) *Chroniques du roi Louis XI*, t. II, p. 8 des *Mémoires de Commines*, édit. de Lenglet-
Dufresnoy, in-4°.

« mesureurs et porteurs de sel à Paris, chacun une fleur de lys à la poi-
« trine (1). » Mathieu de Coucy, l'un des historiens de Charles VII, en
décrivant la cérémonie des obsèques de ce prince, nous fait connaître
les usages observés dans ces circonstances entre les *henouars* et les
mesureurs de sel : « De Nostre-Dame ils passerent la rue de la Calende,
« et au devant du Palais, sur le Pont aux Changeurs; et au milieu du
« pont ils poserent le corps pour ce que les mesureurs de sel, au millieu
« du pont, doivent rendre le corps aux saulniers de la rue Saint-Denis;
« et par ainsi eux le prirent, et les mesureurs de sel baillerent leur robes
« de deuil (2). » Les henouars, depuis ce pont, portaient le cercueil
jusqu'à Saint-Denis. Pour cette peine ils devaient recevoir dix livres
parisis, et comme on leur dénia ce salaire, à ces mêmes obsèques de
Charles VII, ils s'arrêtèrent au milieu du chemin et déclarèrent qu'ils ne
porteraient pas plus loin le cercueil. Une altercation s'éleva entre eux et
les habitants de Saint-Denis; il fallut que le comte de Dunois, grand
écuyer de la maison du roi, promît que ces dix livres seraient payées aux
henouars, si elles leur étaient dues, pour décider ces hommes à continuer
leur chemin. Voici comment Jean Chartier raconte cette singulière altercation : « Ce mesme vendredy, environ sur les trois heures après midy,
« les seigneurs dessus nommez, les quelz avoient assisté au service du
« roy, apporterent et conduisirent son corps depuis Paris jusques à la
« croix aux Fiens, la quelle croix est posée entre la chappelle de Sainct-
« Denys et le Lendyct.... au quel lieu il y eut une grande altercation et
« grosse contradiction entre les religieux de Sainct-Denys et les susdits
« henouars, à qui d'eux porteroit le dit corps; lesquels henouars le lais-
« serent sur le chemin, et ne vouloient aller outre, pource qu'ils deman-
« doient et disoient leur estre deu de droit la somme de dix livres parisis,
« pour le porter jusques à S.-Denys. Et demeura le corps à ce sujet assez
« long espace de temps sur le chemin sans advancer, tellement que les
« bourgeois et gens de la dite ville de Saint-Denys voyans cela, prirent
« la biere ainsi comme elle estoit et voulurent porter le dit corps; ce que
« voyant le grand escuyer d'escuyerie du feu roy, il respondit aus dits

(1) *Chron. d'Enguerrand de Monstrelet*, l. II, à la fin. — Édit. du *Panthéon litt.*, p. 534.

(2) *Histoire de Charles VII*, par Mathieu de Coucy, p. 737 du Recueil de Godefroy.

« henouars de cette somme, leur promettant qu'ils l'auroient au cas qu'elle
« leur fust deue; par quoy alors ils le chargerent de rechef, et l'appor-
« terent jusques dedans le mylieu du chœur de Sainct-Denys. Or à cause
« de tous ces delays et differens, il estoit bien huict heures de nuict
« avant que le dict corps arrivast en icelle église de Sainct-Denys (1). »

Dans le compte des dépenses faites aux funérailles de Louis XII,
en 1514, se trouve un article ainsi conçu : « Aux treize *hanouars* por-
« teurs de sel de Paris, dix livres tournois, pour avoir assisté aux deux
« convois de son hostel des Tournelles à Nostre-Dame, et le lendemain
« à Saint-Denis en France, pour aucunement les rembourser de leur
« journée et despens (2). »

Depuis le commencement du xv⁵ siècle environ, le Corps de Ville
assista d'une manière officielle aux processions religieuses, qui, dans les
circonstances de quelque gravité, avaient toujours lieu dans Paris. La
plus importante, comme aussi la plus ancienne de ces processions,
était complétement remise à ses soins, et le prévôt des Marchands,

---

(1) *Idem*, p. 318. Voyez, dans le même volume, p. 479 et p. 737.

(2) *Compte des dépenses pour les obsèques et funérailles de feu le roy Louis XII, etc.*; p. 71, t. II des *Archives curieuses de l'Histoire de France*, par Cimber et Danjou, 1835, in-8°. Du Tillet, page 341 de son *Recueil des Roys de France, leur couronne et maison*, donne, au sujet du cercueil royal porté par les henouars des détails curieux : « Par priviléges, les Hanouars de Paris, qui sont porteurs de sel, portoient par dessous les dits cercueil et effigie. A l'exeque du roy Charles VIII, vingt gentils-hommes, ses favoris, ne voulurent souffrir que gens de basse condition les portassent, et s'en chargerent au col, mesprisans le travail pour l'affection qu'ils avoient à leur bon maistre, quelque mauvais temps qu'il feit, porterent seuls à grande peine les dits corps et effigie depuis Nostre-Dame-des-Champs jusques au tumbeau... à celui du roy Louis XII, le corps estoit sous la dicte effigie, ses gentils-hommes quitterent le privilege aus dits Hanouars qui le porterent. A ceux des rois François I⁵ʳ et Henry second a commencé estre divisé le corps de l'effigie.... soubs la dicte effigie les dicts Hanouars sont demourez pour porter le faix : et ores qu'il fut allegé, le dict corps n'y estant plus, les Gentils-hommes de la Chambre du dit Roy François ayans sangles attachées au col, n'y paroissans que la teste, voulurent avoir l'honneur de le porter à petite peine. Ceux du dit roy Henri, à son exeque, se meirent à descouvert aux costez de son effigie, soustenant seulement avec les mains la couverture de drap d'or, sur laquelle elle estoit couchée sans avoir sangles, ne faire autre contenance de la porter. Ainsi peu à peu se rompent les ordres de longtemps introduicts pour le seul respect des Rois. »

assisté des échevins et du Conseil de Ville, non-seulement jugeait de l'opportunité de cette cérémonie, mais encore en dirigeait l'exécution. Aussitôt que l'intempérie des saisons menaçait de détruire la récolte, que la peste ou la famine décimait les habitants, que les jours du roi étaient en péril, ou que nos armées essuyaient quelques revers, les magistrats municipaux, après avoir consulté le Parlement, se rendaient à Notre-Dame, et priaient les chanoines d'envoyer à l'abbé de Sainte-Geneviève pour lui dire de faire descendre la châsse de cette sainte, qui, de concert avec la Vierge, était regardée comme la patronne des Parisiens : « Ils ne peuvent aucunement estre refusez, dit une relation de cette « cérémonie (1), veu que c'est leur refuge et confort en leur nécessité. » A partir du vi^e siècle, époque où elle mourut, la mémoire de sainte Geneviève ne cessa jamais d'être vénérée dans la capitale, et la plus ancienne mention du culte solennel dont cette sainte et noble fille a été l'objet remonte à l'année 894. Les Normands ayant levé le siége de Paris, les chanoines de Sainte-Geneviève purent rapporter dans cette ville les reliques qu'ils avaient cachées dans la petite église de Mareuil. Cette translation fut célébrée avec beaucoup de pompe. Depuis cette époque l'usage s'introduisit, dans les calamités publiques, de promener par les rues de Paris la châsse de sainte Geneviève. Cette châsse ne fut qu'un bois grossier jusqu'en 1242, mais, à cette époque, la générosité de plusieurs grands personnages la changea en un coffre d'or et d'argent magnifiquement travaillé (2). Jusqu'à l'année 1409 l'on trouve dans les historiens l'indication de quatorze processions, qui eurent lieu à des époques différentes, mais toujours à l'occasion de quelques calamités. Depuis 1409 jusqu'en 1725 le nombre de ces solennités s'élève à plus de cent.

C'est à partir de l'année 1412 que le prévôt des Marchands, les échevins

(1) *L'ordre et cérémonie observée tant en la descente de la chasse madame saincte Generiefve, patrone de Paris, qu'en la procession d'icelle*, par E. le Liepvre. Paris, M. DC. XI., in-18, p. 5.

(2) *L'Histoire de saincte Generiefve, patrone de Paris, prise et recherchée des vieux livres escris à la main, etc., etc.*, par F. Pierre le Juge, Parisien, religieux de l'abbaye. Paris. 1586, petit in-8°. — Fol. 110 v°, voyez aussi *Histoire de ce qui est arrivé au tombeau de sainte Geneviève depuis sa mort jusqu'à présent, etc., etc.* Paris, M. DC. XCVII, in-12.

et les bourgeois de Paris sont devenus les principaux acteurs de la procession de sainte Geneviève; par lettres patentes de cette année, Charles VI approuva le bref du pape, qui créait la confrérie faite par les bourgeois en l'honneur de cette sainte, dans laquelle ils s'instituaient porteurs de sa châsse à l'exclusion de tous autres. Au mois de janvier de l'année 1527, la confrérie de sainte Geneviève reçut une organisation nouvelle. Elle fut composée de trente personnes, savoir : dix-sept porteurs de la châsse, et treize *attendants* qui devaient remplacer les porteurs, en cas d'absence ou de maladie. Leur costume était ainsi réglé : « Ils seront tenus de se « mettre en bon estat vrais confez et repentanz, et recevoir leur Créateur, « et avoir la teste nue, et les pieds nuds et linge blanc honneste, comme « il appartient, avec un chappeau de fleurs sur leurs testes. » Un autre article du même règlement leur interdit de porter barbe au menton (1). Ces prescriptions sévèrement maintenues n'empêchaient aucun des bourgeois de Paris des plus considérables de s'affilier à cette confrérie. Elle était composée presque entièrement de conseillers de ville, d'échevins, de juges consuls (2). Aujourd'hui encore la mémoire de sainte Geneviève n'a pas cessé d'être en grande vénération dans le peuple de Paris et des campagnes environnantes; le tombeau de cette sainte, recueilli par le curé de Saint-Étienne-du-Mont en 1807, lors de la démolition de l'ancienne église de Sainte-Geneviève (3), est le but d'un pèlerinage qui, au mois de janvier de chaque année, dure plusieurs semaines (4).

Les autres processions solennelles, particulières au Corps de Ville, étaient celle de l'Assomption, en l'honneur de Notre-Dame, qui précédait l'élection du prévôt des Marchands et des échevins; celle de l'expulsion des Anglais de Paris, qui, depuis 1437 jusqu'en 1733, avait lieu le vendredi après Pâques; et celle de la réduction de Paris sous Henri IV.

---

(1) *Antiquitez et remarques de la chasse de sainte Genevieve, ensemble de l'institution des confrères, porteurs et attendans, etc.* Paris, 1652, in-4°, p. 3 et 5.

(2) Voyez la liste des confrères en 1725, page 22 de la *Relation de ce qui s'est passé à la découverte, la descente et la procession de la châsse de sainte Geneviève, en 1725, et de ce qui a suivi jusqu'au 14 juillet.* Paris. in-4°.

(3) Rapport de M. Alexandre Lenoir sur la démolition de l'ancienne église de Sainte-Geneviève de Paris. — *Mémoires de l'Académie celtique*, t. I, p. 353, in-8°.

(4) Voyez le journal *l'Illustration* du 18 janvier 1845.

qui, depuis 1595, fut célébrée le 22 mars de chaque année. Le *Cérémonial annuel et ordinaire du Bureau de la Ville de Paris* pour l'année 1745, règle d'une manière très-précise le rang que chaque membre du Corps de Ville devait occuper dans ces occasions, ainsi que le costume qu'il devait porter.

Je mentionnerai encore la *chandelle Notre-Dame*, qui consistait dans une bougie roulée aussi longue que l'enceinte de Paris, dont les magistrats municipaux faisaient hommage, chaque année, à l'église cathédrale. Cette *chandelle* était le résultat d'un vœu adressé par les bourgeois à la Vierge, en 1357, pour qu'elle mît un terme aux rigueurs du froid, et qu'elle hâtât la délivrance du roi Jean, prisonnier en Angleterre. Ce vœu paraît avoir été fidèlement rempli pendant près de deux siècles, ainsi que le prouvent plusieurs passages des comptes de recettes et dépenses de l'Hôtel de Ville (1); mais dans la seconde moitié du xvie siècle, pendant les guerres de religion, la *chandelle Notre-Dame* cessa d'être entretenue. Ce fut seulement en 1605 que François Miron, prévôt des Marchands, remplaça la *chandelle Notre-Dame* par une lampe en argent pesant vingt marcs, faite en forme de navire, que la

---

(1) Comptes de l'année 1424 à 1425 :

« A Jehan de la Boirie, sonneur des petites cloches en l'église Notre-Dame de Paris, et allumeur de la chandelle qui art jour et nuit en la dite eglise Notre-Dame devant sa présentation, pour ses gaiges d'allumer la dite chandelle : Cent sols parisis par an, à paier aux quatre termes, à Paris accoustumez, c'est assavoir à S.-Jehan, S.-Remy, Noel et Pasques, pour les termes de S.-Jean, S.-Remy, Noel 1424 et Pasques en suivant 1425, dont fait mention le présent compte. . . c. s. Par. »

Autre despense pour la chandelle Nostre-Dame qui art jour et nuit devant sa présentation.

« A Jehan Asselin, espicier et bourgeois de Paris, la somme de 22 l. 4 s. p. qui due lui estoit, pour avoir par lui baillé et livré pour la dite ville une chandelle de cire, laquelle a esté offerte et présentée en l'église Nostre-Dame de Paris devant sa présenture, le 3e jour de juin 1424, pesant icelle chandelle nette de cire cent dix livres au pris de 4 s. p. la livre à compter limegnon, cotton et façon ; et pour le portaige, montaige et rapportaige du tout 4 s. parisis, lesquelles parties font ensemble la dite somme de 22 l. 4 s. parisis, comme plus à plain peut apparoir par mandement de messieurs les prevost des Marchands et eschevins de la dite ville, et par quittance du dit Jehan Asselin cy rendue. Pour ce. xxii l. iv s.

« Somme pour la chandelle Nostre-Dame, par soy. xxii l. iv s. parisis. »

ville se chargea de tenir allumée nuit et jour devant l'autel de la Vierge (1).

Je trouve dans les comptes de dépenses un article attestant que les officiers municipaux ne manquaient pas d'exercer l'adresse des archers de la ville de Paris, en accordant au plus habile un prix qui était disputé avec un certain appareil. En 1424, cette cérémonie eut lieu dans l'île Notre-Dame, alors inhabitée, et le vainqueur reçut du prévôt des Marchands une couronne de violettes et une arbalète en argent d'une assez grande valeur (2).

La plus remarquable de toutes les cérémonies religieuses ou civiles célébrées par l'ancien gouvernement municipal est, sans contredit, le feu de joie allumé, par son ordre et à ses frais, sur la place de Grève, la veille du jour de la Saint-Jean. Suivant l'opinion la plus commune, cette cérémonie, en usage dès le XIIe siècle à Paris, remonte aux anciennes croyances du paganisme (3). Il est probable qu'au moment où le siège du gouvernement municipal fut établi à la Grève, le feu de Saint-Jean était allumé sur cette place depuis longues années. Les chefs de la bourgeoisie prirent naturellement à leur charge une dépense affectée à des cérémonies populaires qu'eux-mêmes avaient coutume de pratiquer. Le

---

(1) *Curiosités de l'église de Paris*, par C. P. G.; Paris, 1763, in-12, p. 127.

(2) A Pierre Bourdet, orfevre, demourant à Paris, la somme de 4 l. 2 s. 5 deniers, à luy due, c'est assavoir ung arc d'argent pesant deux onces cinq estrelins, avecques un arbalaistre et une verge, et pour les façons et dorures LXII s. VI d. p. — Idem IV s. parisis pour ung gans de chevertin doublés. Item pour deux chappeaulx de violette, 4 s. p. Item pour 4 aulnes et demie de toille grosse, à 2 s. p. l'aune, vallent IX s. Item pour deux sonnettes pour attacher à la toille, 2 s. parisis, et pour 4 toises de corde pour tendre icelle toile en l'isle Nostre-Dame, 8 d. Pour les quelles parties font ensemble toute la dite somme de 4 l. 2 s. 8 d. Toutes lesquelles choses dessus dites furent baillées par commandement de MM. les prevost des Marchands et eschevins pour ung jeu de prix aux arbalestriers et archers de la dicte ville, en la dicte isle Notre-Dame, au mois de juillet 1424, comme il appert par le mandement de mes dits seigneurs cy rendu, pour ce : IV l. II s. VI d.

(3) Voyez deux lettres de l'abbé Lebeuf sur *l'Origine des feux de la Saint-Jean*, dans le *Journal de Verdun* de juin 1749 et d'août 1751. T. VIII, p. 472 de la *Collection des meilleures Dissertations, Notices, etc., relatives à l'Histoire de France*, par MM. Leber, etc. Paris, 1826, in-8°.

plus ancien document que j'aie pu trouver à cet égard date de l'année 1425. C'est un article du compte de l'Hôtel de Ville pour cette année, qui nous fait connaître que le feu de Saint-Jean et les réjouissances qui eurent lieu dans cette occasion causèrent une dépense assez considérable, en bois de toute nature, en couronnes de fleurs, en provisions de bouche, comme *pain, vin, cerises, épices* et autres objets, dont un compte spécial avait été dressé (1). La solennité du feu de Saint-Jean, assez grande déjà au xve siècle, ne fit que s'accroître avec le temps, et, en 1573, les détonations de nombreuses pièces d'artillerie appartenant à la ville précédaient et accompagnaient le feu de bois séculaire; la collation, consistant en pain, vin, cerises, était changée en un repas somptueux, auquel assistaient souvent le roi de France, ses frères et les seigneurs de la cour. Sauval nous a conservé, dans ses Recherches sur les Antiquités de Paris, le compte détaillé des dépenses faites par la ville au feu de Saint-Jean de l'année 1573, et l'examen de cette pièce prouve que ces dépenses furent considérables. Parmi les articles de ce compte il en est un dont la singularité mérite que je le reproduise ici : « A Lucas « Pommereux, l'un des commissaires des quais de la ville, cent sols « parisis, pour avoir fourni durant trois années finies à la Saint-Jean 1573, « tous les chats qu'il falloit au dit feu, comme de coustume, mesme « pour avoir fourni, il y a un an où le roy y assista, un renard pour « donner plaisir à Sa Majesté, et pour avoir fourni un grand sac de toile « où estoient les dits chats (2). »

L'année 1600, les cérémonies du feu de la Saint-Jean furent aussi très-brillantes : cent seize écus soleils furent payés pour *confitures de Gennes, dragées, maspains,* servis à la collation où « ont assisté M. d'Es-

(1) « Despence faite la veille S.-Jean-Baptiste, l'an 1425 en l'ostel de la dite ville en Greve pour le feu et feste du dit jour, montant icelle despence LVI l. 14 s. 8 d. p. C'est assavoir pour busche de moule, cotterets, merrien, pour mettre ou dit feu, pour le sallaire des ouvriers qui l'ont fait pour charetiers broutiers, gardes d'icelui feu, chevilles de fer, cordes, feurre, chapeaulx, boullayes de la dite ville, despence de bouche, pain, vin, serises, torches, espices de chambre, flambeaux et chandelle de bougie; les dits parties plus à plain contenues et declairées en ung feuillet de papier et mandement de MM. les prevost des Marchands et eschevins, cy rendu. Pour ce : LVI l. XIV s. VIII d. p. »

(2) *Antiquités de la ville de Paris*, t. III. Pièces justificatives, p. 633.

« trée et autres gentils hommes, dames et damoiselles bourgeoises. » Marcial Coiffier, maistre cuisinier à Paris, reçut cinquante-quatre escus pour différents plats fournis à cette collation, suivant le marché passé par lui, à raison de *quatre écus le plat, et deux écus pour la vaisselle perdue et cassée.* Guillaume Lasnier, maistre joueur d'instruments de la ville de Paris, et ses compagnons, eurent trois écus vingt sols tournois, « pour avoir par eulx assisté au feu de la Saint Jehan 1600, et y avoir « joué de leurs instrumens en la manière accoustumée. » Deux écus soleils payés à Charles Marchant, maistre des œuvres de charpente du roy, pour le payement de quatre arbres qui ont servi aux feux de Saint-Jean des années 1597, 98, 99 et 1600, indiquent l'époque où cette solennité séculaire fut reprise, après les guerres de la Ligue (1).

On voit par ces détails que le feu de Saint-Jean était devenu peu à peu l'occasion d'une fête que les officiers municipaux offraient à l'élite de la bourgeoisie parisienne; Sauval s'exprime ainsi à ce sujet : « A la Saint-
« Jean, les valets et les servantes dansent ensemble d'une manière non
« moins dissolue que leurs chansons. Quoi qu'il en soit, la veille, le Pré-
« vost des Marchands et les Eschevins ne laissent pas de faire un souper
« magnifique à l'Hôtel de Ville, où se trouvent leurs amis, avec leurs
« femmes et leurs filles, y donnent le bal, et passent une partie de la nuit
« à danser au son des violons (2). »

Le Cérémonial ordinaire du Bureau de la Ville pour l'année 1748, renferme des détails curieux sur l'étiquette observée au feu de Saint-Jean : « Sur les six heures le Premier Echevin, le Procureur du Roy, et le
« Greffier, assistés du maître général des bâtiments, du charpentier de
« la ville, et d'un détachement des gardes de la ville vont autour de la
« place de Greve examiner si les echauffaux (3) qui y sont construits
« sont solides, et s'il n'y a que ceux qui en ont obtenu permission qui
« en aient construits. Ils vont aussi sur le bord de la rivière voir s'il n'y
« a pas de petits bateaux chargés de monde. » Après s'être rendus

---

(1) Recettes et dépenses de l'Hôtel de Ville; Arch. du Roy., K.
(2) *Antiq. de la ville de Paris*, t. II, p. 618.
(3) Depuis l'année 1744 il a été convenu de ne plus permettre les échaffaux. (Note du manuscrit.)

mutuellement visite et avoir mis leur robe, les membres du Bureau se paraient de guirlandes de fleurs, composées d'une écharpe, d'un bracelet et d'un bouquet : « Ces guirlandes sont de diverses fleurs et nouées sur
« l'épaule et par le bas avec des rubans bleus moirés. Il n'y a que celles
« de M. le gouverneur et de M. le prevost des Marchands qui sont blanches,
« aussi bien que leur bracelet et bouquet. Quand M. le gouverneur est à
« la ville, il va à la tete du Corps de Ville allumer le feu. On part précédé
« des gardes de la ville et des drapeaux et tambours, le colonel à la tete
« de tout le cortege, et le Bureau précédé par les huissiers et le greffier ;
« on fait trois tours de la Greve, et au troisieme un juré mouleur de bois
« présente un flambeau à M. le prevost des Marchands qui met le feu au
« bois et MM. du Bureau en font autant, puis on retourne à l'Hotel de
« Ville (1). »

Voici l'indication rapide des principales cérémonies auxquelles s'est trouvé le Corps de Ville, depuis le commencement du xiv° siècle jusqu'à la fin du xv°. Il eût été très-facile de pousser plus loin ce tableau puisque les registres font connaître, sans interruption, toutes les cérémonies qui ont eu lieu jusqu'en 1789; mais comme ces registres sont rédigés d'après l'ordre chronologique, chacun pourra y trouver les détails nécessaires à ses travaux.

Année 1313. — Fêtes et réjouissances pour la chevalerie des fils du roy Philippe le Bel.

Grandes Chroniques de France ou de Saint-Denis, t. V, p. 198, édit. de M. P. Paris; Chronique métrique de Godefroy de Paris, etc., publiée par J.-A. Buchon, p. 180.

Novembre 1350. — Entrée du roi Jean à Paris, après son couronnement à Reims.

Grandes Chroniques de France, etc., t. VI, p. 2.

Janvier 1378. — Entrée de l'empereur d'Allemagne à Paris.

Grandes Chroniques de France ou de Saint-Denis, t. VI, p. 367.

(1) Ces détails sont terminés par l'indication des fenêtres, balcons, lucarnes, que devait occuper chaque membre du Corps de Ville, et qui est semblable à celle que j'ai publiée, Pièce n° 98 de l'Appendice I.

Juin 1389. — Entrée solennelle d'Isabeau de Bavière à Paris; fêtes données par la ville dans cette occasion; cadeaux offerts.

Chronique de Froissart, liv. IV, chap. 1; Grandes Chroniques de France, règne de Charles VI; Histoire de Charles VI, par le Religieux anonyme de Saint-Denis, t. I, p. 611; Histoire du même roi, par Jean Jouvenel des Ursins, p. 88 et suiv. de l'édit. in-fol.; Godefroy, Cérémonial français, t. I p. 637.

1420. — Entrée de Charles VI et du petit roi d'Angleterre.

Chroniques de Monstrelet, liv. I, chap. 211, édit. du Panthéon littéraire; Journal d'un Bourgeois de Paris; p. 72 de Mémoires pour servir à l'Histoire de France et de Bourgogne, Paris, 1729, in-4°; Jehan de Waurin, Chronique d'Angleterre, p. 652; t. I du Cérémonial français de Godefroy.

Octobre 1422. — Cérémonies des obsèques du roy Charles VI.

Journal d'un Bourgeois de Paris, etc., p. 89; Chron. d'Enguerrand de Monstrelet, liv. I, ch. 276; Histoire de Charles VI, par Jean Jouvenel des Ursins, édit. de Godefroy, 1653, in fol., p. 394.

Septembre 1424. — Entrée du régent de France (le duc de Bedfort) à Paris.

Journal d'un Bourgeois de Paris, p. 101.

Novembre 1431. — Entrée du jeune roi Henri d'Angleterre à Paris, se qualifiant de roi de France; détails curieux sur les fêtes données à cette occasion.

Chroniques d'Enguerrand de Monstrelet, liv. II, p. 109; Journal d'un Bourgeois de Paris, p. 128.

Septembre 1435. — Cérémonies des funérailles de la reine Isabeau de Bavière.

Journal d'un Bourgeois de Paris, p. 163; Chroniques d'Enguerrand de Monstrelet, liv. II, ch. 189.

Novembre 1437. — Entrée du roi Charles VII à Paris.

Chroniques d'Enguerrand de Monstrelet, liv. II, chap. 219; Chronique de Berry, héraut d'armes, p. 398 du Recueil des Historiens de Charles VII. Chronique de Jean Chartier; Cérémonial français de Godefroy, t. I, p. 653.

Juillet 1461. — Funérailles de Charles VII.

Recueil des Historiens de Charles VII, publié par Denys Godefroy, 1661, in-fol., p. 346, 479, 737. Chronique scandaleuse, t. II, p. 7 des Mémoires de Commines, édit. de Lenglet-Dufresnoy.

Août 1461. — Entrée de Louis XI à Paris.

Chronique scandaleuse, p. 9.

1484. — Entrée du roi Charles VIII à Paris, après son sacre à Reims.

Relation en vers; Cérémonial français de Godefroy, t. I, p. 208. Recueil des Hist. de Charles VIII de Denis Godefroy, p. 437.

1491. — Entrée solennelle d'Anne de Bretagne à Paris, après son couronnement.

Recueil des Historiens de Charles VIII, de Godefroy, p. 96; Cérémonial français, t. I, p. 681.

1498. — L'ordre tenu à l'enterrement du roy Charles VIII.

Recueil des Historiens de Charles VIII, par Godefroy, p. 747.

2 Juillet. — Entrée de Louis XII à Paris, après son couronnement.

Cérémonial français, t. I, p. 233.

Les fêtes données à l'intérieur de l'Hôtel de Ville de Paris ont eu, comme le feu de Saint-Jean, une grande célébrité. Depuis les premières années du xvi° siècle jusqu'à nos jours, ce monument a servi de théâtre à des solennités politiques ou civiles, dont le plus grand nombre se rattache à des événements remarquables de notre histoire. Ces solennités consistaient en repas, de plus en plus magnifiques, en spectacles et en bals, donnés à l'occasion de la naissance, du baptême, du couronnement ou du mariage des princes souverains de la France, qui, presque toujours, y furent présents. L'usage de donner des repas à l'Hôtel de Ville était en vigueur dès la première moitié du xv° siècle; le 5 octobre 1424 un déjeuner eut lieu dans la vieille Maison-aux-Piliers. Le sieur de Lisle-Adam, messire Regnier Pot, le sire de Chastellux et plusieurs autres grands seigneurs y assistèrent (1). La modicité des dépenses mentionnées au compte doit faire supposer qu'il s'agit seulement d'un repas ordinaire, comme ceux qui eurent lieu le 2 juin et le 1ᵉʳ mars de la même année (2).

Le plus ancien des banquets solennels dont les registres de l'Hôtel de Ville fassent mention, remonte à l'année 1514. Les magistrats municipaux, après avoir offert à la jeune Marie d'Angleterre, qui venait d'épouser Louis XII, un présent de vaisselle en vermeil doré, montant à la somme de six mille livres, lui demandèrent de vouloir bien visiter l'Hôtel de Ville. Elle accepta, et, le dimanche 26 novembre de cette année 1514, la jeune reine se rendit à la maison commune, où elle fut reçue par les demoiselles et dames de la bourgeoisie parisienne. Elle mangea seule avec Louise de Savoie, duchesse d'Angoulême; il y eut tant de monde à l'Hôtel de Ville que la meilleure partie des plats dressés dans les cuisines

---

(1) « Pour un desjuner fait ou dit Hostel de la ville le 5ᵉ jour d'octobre 1424, par M. de l'Isle, MM. Regnier Pot, de Chastellux et plusieurs autres, vi s. viii d. »

(2) « Item pour un desjuner fait au dit Hostel de la ville le 2ᵉ jour de juin pour les bourgeois, pour pain et vin et beurre frais, iv s. viii d.

« Item, le 1ᵉʳ jour de mars pour un disner qui fut fait sur sire Garnier de Saint-Yon par le prevost des marchands et eschevins, Mᵉ Bureau Boudrat, Mᵉ Jacques de Rouen, Jehan de Beauvarlet, Bruart, gouverneurs et plusieurs autres qui furent assemblés pour le fait de la ville. C'est assavoir une carpe, un brochet, une anguille, 4 solles, deux petits pains, figues, raisins, oblées, pour tout xviii s. p. »

ne furent pas employés, les servants n'ayant pu se faire jour pour arriver dans la salle du banquet; douze petites pantomimes nommées alors *entremets*, jouées par des acteurs travestis en *bestes sauvaiges*, furent représentées devant la reine (1).

Mais ce fut principalement depuis l'année 1540 environ, époque où la plus grande partie des bâtiments de l'Hôtel de Ville existant aujourd'hui venait d'être terminée, que les fêtes données dans ce monument se succédèrent sans interruption. Elles consistaient, principalement au xvie siècle, en représentations mimiques composées des allégories les plus singulières. L'une de ces fêtes, qui devait avoir lieu le jeudi 17 février 1558, en présence du roi Henri II et de toute sa cour, fut interrompue par les incidents les plus singuliers et les plus burlesques. Le fameux poëte Étienne Jodelle, Parisien, en était l'ordonnateur, et lui-même a pris soin de nous faire connaître toute la beauté de son invention et les désastres qui en troublèrent la représentation. Entre autres surprises il avait imaginé de se travestir lui-même en Orphée, et, chantant ses vers aux accords d'une lyre, il devait renouveler ce prodige fameux des ROCHERS quittant leur base pour venir entendre ses flots d'harmonie; mais le malencontreux machiniste de la ville avait entendu des CLOCHERS, et, au lieu des pierres de la Thrace, il avait figuré de belles pyramides gothiques, copiées sur les nombreux modèles que lui offraient alors les églises de Paris. Qu'on se figure la colère du poëte et les éclats de rire que dut faire naître une aussi réjouissante méprise (2).

A partir des premières années du xvie siècle, toutes les fêtes qui ont été célébrées à l'Hôtel de Ville sont décrites avec soin dans les registres parvenus jusqu'à nous, et qui se terminent à l'année 1789. Quelques-

---

(1) Registre de l'Hôtel de Ville, H. 1778, fol. 286, v°... « Et semblablement une grant partie des viandes du commun demourèrent es cuysines en bas par faulte de passaige, car chacun vouloit veoir les sollepnitez et service auquel eust de moult beaux entremetz jusques à une xiie en représentacion de plusieurs bestes sauvaiges, et devises du roy et de la royne et de ma dame. »

(2) Voyez le *Recueil des inscriptions, figures, devises et masquarades, ordonnées en l'Hostel de Ville à Paris, le jeudi 17 de février 1558. — Autres Inscriptions en vers héroïques latins pour les images des princes de la chrestienté*, par Estienne Jodelle, Parisien. Paris, André Wechel, 1558, in-4°.

unes de celles qui eurent lieu sous Louis XIV, ou sous ses deux successeurs, ont été gravées et publiées; mais ce n'est pas le plus grand nombre (1). Quant aux fêtes célébrées depuis l'année 1791 jusqu'à nos jours, il existe aux Archives générales du département de la Seine, à l'Hôtel de Ville, une série de documents classés avec le plus grand soin, qui pourraient être consultés avec fruit dans un travail spécialement consacré à cette matière (2).

Depuis la fin du xvie siècle les fêtes données à l'Hôtel de Ville, devenues de plus en plus considérables, entraînaient la ville de Paris à des dépenses excessives. Elles donnaient lieu à des constructions provisoires qui bouleversaient les bureaux de l'administration municipale et en interrompaient le service d'une manière fâcheuse. De pareils inconvénients ne sont plus à craindre aujourd'hui : le développement que les constructions nouvelles ont donné à l'intérieur du monument est assez vaste pour permettre à la ville de Paris de recevoir dignement les hôtes illustres qu'elle voudra convier, ou de célébrer avec la pompe convenable les événements heureux que l'avenir nous prépare.

Voici la note que M. Godde a bien voulu me communiquer au sujet du plan qu'il a suivi dans l'ordonnance d'une grande fête donnée à l'Hôtel de Ville :

« Les fêtes publiques ont à leur disposition : La salle du Trône, au
« premier étage du bâtiment du vieil Hôtel de Ville, les salons du Roi,
« les appartements des grandes réceptions municipales donnant sur la
« Seine, et les salons des fêtes donnant sur la rue Lobau. Des galeries
« de communication mettent en rapport toutes ces localités, sans qu'il

---

(1) Voir Appendice VI. Bibliographie générale.

(2) Ces documents sont renfermés dans 21 cartons comprenant un grand nombre de pièces. 3 cartons contiennent des documents qui commencent à l'année 1504 et s'arrêtent à l'année 1790. Jusqu'à 1610 environ, ces documents n'ont aucune importance, et ne se composent que d'extraits des registres de l'Hôtel de Ville, ou d'ouvrages imprimés. Depuis 1610 on trouve dans cette collection beaucoup de pièces curieuses sur les cérémonies et les fêtes. Quant aux années postérieures à 1790, voici comment les documents qui s'y rapportent sont divisés : de 1791 à 1793, 2 cartons; de 1793 à 1806, 6 cartons; de 1806 à 1829, 9 cartons; 1 carton d'affaires collectives.

« puisse y avoir le moindre dérangement pour les autres services de
« l'administration.

« Toutes les parties des bâtiments destinés aux fêtes publiques
« sont disposées pour recevoir 6 000 personnes invitées, sans qu'il
« soit nécessaire d'y ajouter d'autres constructions que celles qui
« existent.

« Les personnes invitées à ces grandes réunions arrivent en voiture
« sur deux files par la place de Grève, passent par les deux grandes
« portes des bâtiments, à droite et à gauche du vieil Hôtel de Ville,
« descendent à couvert dans les vestibules correspondant aux six
« escaliers principaux conduisant aux salles des fêtes. Les voitures
« sortent par la rue Lobau pour aller prendre leur stationnement sur
« les quais.

« Le Roi, qui honore de sa présence ces grandes réunions, descend
« sous une tente à la porte d'entrée du vieil Hôtel de Ville. Le préfet,
« suivi du conseil municipal, vient le recevoir et le conduit à la salle du
« Trône, où il lui fait sa harangue, après laquelle le roi entre dans son
« appartement où il tient sa cour. Il passe de là dans les appartements
« municipaux et dans les salons des fêtes pour commencer le bal; les
« personnes invitées se trouvent sur son passage et jouissent de sa pré-
« sence. Son retour à la salle du Trône et à son appartement se fait par
« l'une des galeries qui existent dans les bâtiments en aile de la cour du
« vieil Hôtel de Ville. Le Roi reçoit dans son appartement les personnes
« qui viennent le visiter.

« Un escalier particulier permet au Roi de se retirer à l'heure qui lui
« convient.

« Au-dessous de la grande galerie de fêtes, il existe une salle de festin
« où l'on peut donner à souper à toutes les personnes invitées.

« Les domestiques attendant leurs maîtres sont placés sous la cour du
« vieil Hôtel de Ville, où il existe une salle pour les recevoir au nombre
« de 5 à 600. Des tribunes élevées sur trois côtés de la grande salle de
« bal sont destinées aux personnes qui ne veulent pas danser; ces tribunes

« communiquent avec des foyers au milieu desquels un parterre de fleurs
« masquera les châssis vitrés éclairant les escaliers.

« Aussitôt que le bal sera commencé des jeux et des divertissements
« de toute espèce auront lieu dans les salons municipaux, afin de
« répandre le plaisir partout, pour éviter les encombrements. »

FIN DE LA PREMIÈRE PARTIE.

DEUXIÈME PARTIE

APPENDICES

APPENDICE I.

PIÈCES JUSTIFICATIVES INÉDITES RELATIVES AUX BATIMENTS.

N° 1.

1309. — MAISON SUR LA GRÈVE

(Trésor des Chartes, J. Registre 41, pièce 102.)

Ph. etc. Not. etc. quod nos carissimo fratri et fideli nostro Ludovico, comiti Ebroicensi. domum que fuit Johann. Flamingi, filii quondam Renerii Flamingi, sitam Parisius in Grævia, pro ut se comportat, ante et retro, in longum et in latum, inferius et superius. Quequidem domus a nos, ob ipsius Johannis delictum nuper incommissum, obvenit concedimus et donamus et tenendam ab ipso et heredibus suis perpetuo et hereditarie possidendam, sub onere ad quod astringitur ipsa domus. Dantes preposito nostro Parisiensi, vel ejus locum tenenti, tenore presencium in mandatis, ut dictum fratrem nostrum, vel gentes suas, pro ipso mittat in possessionem corporalem domus predicte et pertinenciarum suarum, absque alterius expectatione mandati. Quod ut firmum, etc. Salvo, etc. Actum Creciaci, anno Domini millesimo .ccc.° nono, mense julio.

N° 2.

1335. — MAISON AUX PILIERS.

(Trésor des Chartes, J. Reg. 69, pièce 131.)

DONACIO HOSPICII REGII, PARISIUS, IN GREVIA, DICTI AD PILARES, FACTA DALPHINO VIENNENSI.

Ph. par la grace de Dieu, roys de France, savoir faisons à touz presens et à venir, que, pour consideracion des bons, honorables et agreables services que nostre très-cher cousin et feal Humbert, dauphin de Viennois, et ses predecesseurs, ont fait à nous et à noz predecesseurs plusieurs fois, bien et loyalment, nous, nostre hostel assis à Paris, en Grève, nommé communement la Maison aus Pilliers, en Grève, avec touz et quelconques ses drois, appartenances et appendances, lequel hostel, nostre très-cher et feal cousin, feu Guigon, dauphin de Viennois, jadis frère et predecesseur du dit Humbert, dauphin, qui ores est, tenoit au temps de son decès, de nostre don à lui fait, en certeine forme, à nostre dit cousin le dauphin Humbert, pour lui, ses hoirs et ses successeurs, toutevoies dauphins de Viennois, de certeine science et grace especiale, octroions et donnons par la teneur de noz presentes lettres, et transportons de maintenant en nostre dit cousin pour li, ses hoirs et ses successeurs, dauphins de Viennois, comme dit est, la possession et la proprieté de la dicte maison des droits, appartenances et appendances d'icelle, quels que il soient. Et que ce soit ferme chose et estable à tous jours mais, nous avons fait mettre nostre seel en ces presentes lettres, sauf en autres choses nostre droit et en toutes l'autry. Donné au bois de Vincennes, l'an de grace mil ccc trente et cinq, ou moys d'aoust.

Par le roy, CHABROLLE.

N° 3.
OCTOBRE 1356.
(A. R. K. 978.)

DONATION DE LA MAISON AUX PILIERS FAITE PAR LE DAUPHIN CHARLES A JEHAN D'AUXERRE.

Charles, ainsné filz du roy de France et son lieutenant, duc de Normendie et dalphin de Viennois, savoir faisons à tous presens et avenir, que, nous, considerans les bons et aggreables services que notre amé et feal Jehan d'Aucerre, conseillier de notre dit seigneur et père, et le notre, et bourgois de Paris, a fait lonc-temps à notre dit seigneur et à nous aussi, et pour certaines autres causes justes et raisonnables, à iceluy Jehan, pour lui, ses hoirs et successeurs, et celui ou ceux qui de lui ou d'euls ont et auront cause, avons donné et donnons par ces presentes, de grace especial et certaine science, à tousjourmaiz, une maison notre et de notre heritage, à cause de notre Dalphiné, appellée la Maisons aus Pilliers, assise en Grève, à Paris, ainsi comme elle se comporte, avec les rentes, revenues, et toutes autres choses qui y appartiennent et peuvent appartenir, comment que soit, chargée toutevoies de ce qu'elle a acoustumé de paier. Si donnons en mandement au prevost de Paris, ou à son lieutenant, que au dit Jehan il baille et delivre la dicte maison, et l'en mecte, ou face meitre tantost et senz delay en saisine et possession, reaument et de fait; et au dit prevost et à tous les autres justiciers du royaume, et aus nostres aussi et à leurs lieuxtenans, presens et à venir, que yceluy Jehan, ses hoirs et successeurs, et celui ou ceux qui de lui ou d'eulz ont et auront cause, facent et laissent joïr et user plainement et paisiblement de ci en avant de la dite maison, ainsi comme elle se comporte, et des dictes rentes et revenues, et toutes autres choses qui y appartiennent et pevent appartenir, comme dit est, et en faire leur plaine et pure volenté, comme de leur propre heritage, senz y mectre, ne faire ou souffrir mectre empeschement en aucune manière. Non contrestant dons ou graces que notre dit seigneur et père, ses predecesseurs ou nous, li aions fait ou temps passé, combien que par especial yceux dons et graces ne soient desclairiez et exprimez en ces presentes. Et que ce soit chose ferme et estable perpetuelment à tousjours, nous avons fait meitre le seel de notre dit seigneur à ces presentes, sauf en autres choses notre droit, et en toutes l'autry. Donné au Louvre lez Paris, l'an de grace mil trois cens cinquante et six, ou mois d'octobre.

Par monseigneur le duc, TOURNEUR.

N° 4.
AOUT 1404.
(A. R. K. 979.)

TRANSACTION ENTRE LES CONFRÈRES DU SAINT-ESPRIT ET LE CURÉ DE SAINT-JEAN.

Anthoine, par la grace de Dieu, diacre de Sainte-Marie en Galate, communement appellé cardinal de Challan, destiné specialement nomé du Saint-Siége apostolique au royaulme de

DEUXIÈME PARTIE.

France, avec plaine puissance de legat collateral à perpetuel memoire. Les choses qui sont determinées par jugement et contre un arrest doibvent demeurer fermes, stables et entières; et affin qu'elles ne tombent dans le scru[pule] de l'antienne question, il est convenable de les munir et assurer.... par la requeste à nous presentée de la part de noz bien amez en [Jesus-Christ], les maistres et gouverneurs de l'hospital du Saint-Esprit, fon[dé à Saint-Jehan en Grève], et aussy de nostre bien aimez en Jesus-Christ, Garnier Gueraud, gouverneur de l'eglise parochiale de Saint-Jean en Grève, contenoit que depuis longtemps les m^{es} et gouverneurs ayant obtenue pour la louange et gloi[re de Dieu], et pour l'accroissement du culte divin, de certains papes...., de faire et bastir au dit hospital une chappelle fondée et dottée de quarante livres parisis d'un revenu annuel, perpetuel, et admortye; ayant preveu [que les dits] maistres et gouverneurs, en recompense des oblations qui se faisoient en la dite chappelle, et de tous les droicts de la paroisse, paieroient, par chacun an, au dit curé de Saint-Jean, dans les bornes de laquelle paroisse le dit hospital est situé [et fondé], la somme de six livres parisis, selon qu'il est plus amplement [expliqué] et contenu dans les lettres obtenues du Saint-Siége apostolique, contre lesquelles lettres et l'effet d'icelles le dit Garnier, curé de la dicte eglise, s'est opposé, proposant et disant que les dites lettres avoient eté obtenues subreptissement, alleguant que la dite chappelle estoit prejudiciable et dommageable à luy et à ses successeurs, curez de la ditte eglise; sur quoy il vint à naistre un debat entre les dits m^{es} et gouverneurs d'une part, et le dit Garnier d'autre, et quelque proceddé ayant esté meu longtemps entre eux, en la cour de Rome et autre pareil.... subject entre les dits m^{es} et gouverneurs d'une part, et le dit Garnier.... d'autre part, pour le bien de la paix et de la concorde, desirans mettre fin au procès, et eviter de plus long procès, frais, despens, peines, vaccations, travaulx et ambarrassemens de procès, après une [meure délibération prise] avec les hommes entendus, et du consentement des plus nottables [personnes] de la ditte eglise parrochial, et en presence de certains nottaires publicques, tesmoings appellez pour cecy estans venus à un certain appointement.... selon que nous avons veu estre plus amplement contenu dans l'instrument noté cy-dessus, lequel appointement et accord lesdittes parties ont ratiffié, approuvé et mologuée soubz une certaine peine dans ledit instrument ou tiltre publicq, par leurs sermens, et ont promis qu'ilz l'observeroient inviolablement et à jamais, comme il appert et est contenu en toutes et chasques choses susdittes par certaines lettres et instrumens publicqs faitz sur cecy, lesquelles nous avons commandé estre inceréé de mot à mot dans ces presentes; c'est pourquoy supplication et requeste nous a esté humblement faicte de la part des ditz maistres et gouverneurs, et du curé sus mentionné, jusques ad ce que nous daignassions establir et confirmer le dit arrest et toutes les autres choses contenues dans les dittes lettres et instrumens faictz par les dittes parties, partant nous inclinez à leurs requestes et supplications, ratiffions et avons pour agreable le dict appoinctement, ordonnances et toutes autres choses contenues ès dittes lettres et instrumens, les confirmons par auctorité apostolique, par certaine science establisons et asscurons, par ce present escript, que la teneur des dittes lettres et instrumens dont il est faict mention cy-dessus, est telle et en la manière qui s'ensuict :

Au nom de Nostre Seigneur Jesus-Christ, amen. Estant ainsy que l'ancienneté et longeur des années efface ce que les hommes ont escript, et que l'oubliance entre petit à petit en l'entendement des humains, il est seant et convenable que les affaires dignes de la memoire des hommes, principallement celles qui regardent l'estat de l'eglise et le salut des âmes, soyent reduittes par escript, affin que la confirmation des memoires et escriptz donne attestation au temps futur de la verité de la chose faicte et passée, affin que l'on ne puisse avoir aucun doubte entre ceulx de la posterité ; or autrefois y ayant en cette ville de Paris des petits enfans de bas aage et de certains pauvres orphelins privez de leurs parens et d'autres, nottoirement desolez et estans en peril, à cause de l'impuissance de disette d'amis et de parens, et pour le deffault de nouriture et manquement de vivre; ayant esté pourveus à cela, et ce ayant esté pieusement consideré par certains habitans de cette ville de Paris, pleins d'une fervente charité, poussez de pieté et misericorde, ne doutans pas de recepvoir au royaulme celeste une deue et ample recompence, et gagner pour cela un loyer eternel cent fois au double, a esté basty et edifié un certain hospital, à Paris, en la place de Grève, en l'honneur du Saint-Esprit. Et par la grace d'icelluy, dans le dit hospital, telz pauvres et orphelins ont esté benignement receuz, comme aussy de jour en jour ilz y sont receuz, alimentez, nourris et gouvernez ; et y sont instruictz à la foy catholique et aux bonnes mœurs, et en après ceux qui sont habiles et propres pour profitter au service divin, et les autres aux œuvres mequanicques, des biens dudit hospital ; et là se font des ausmones et autres biens de charité, œuvres infinies de misericorde. Et parce qu'il sembloit, comme il est necessaire, qu'il estoit convenable et honneste qu'au dit hospital il feust basty une eglise ou chappelle pour celebrer le divin service, les m^{es} et gouverneurs du dit hospital et de la confrairie du mesme hospital, par certaines lettres apostoliques à cette fin, dont la teneur est inceree icy dessoubz, ont obtenus la licence et pouvoir du Saint-Siége apostolique, de faire et bastir au dit hospital la ditte eglise ou chappelle, fondée et dottée de quarente livres parisis de revenu [annuel], perpetuel et admortye, prevoyant que les m^{es} gouverneurs [du dit hospital], en recompense des oblations qui se faisoient en la ditte chappelle et de.... droits de la paroisse paieroient par chacun an au curé de l'eglise parrochial de Saint-Jean, en Grève, dans les bornes de la quelle paroisse est cité et fondé le dit hospital, la somme de six livres parisis, comme l'on void estre plus amplement contenu dans les dites lettres apostoliques inceré icy bas, contre les executions et effectz des quelles lettres apostoliques la venerable et discrette personne m^e Garnier Guerraud, archidiacre de Josias, en l'eglise de Paris, et curé de la ditte eglise parrochial de Saint-Jean, en Greve, s'est opposé. proposant que les dittes lettres apostoliques auroient esté obtenues par subcription, disant que la dite chappelle ou eglise estoit préjudiciable et dommageable à luy et à ses successeurs, curez de la ditte eglise parrochial de Saint-Jean en Grève ; à l'occasion des quelles choses sus dittes, longtemps auparavant il y avoit eu procès, desbas ou matière de contansion, et quelque procedé estoit meu cependant, non sans beaucoup de despens, tant en la cour de Rome comme autre part, entre les dits m^{es} et gouverneurs [du dit hospital], et le dit m^e Garnier Guerraud, curé, d'autre part, doncq que to.... presens et futurs qui verront ce present titre ou instrument public...., que l'an de Nostre Seigneur mil quatre cens quatre (Indiction douziesme), le huictiesme jour du mois de juin, l'an dixiesme du pontificat de nostre saint Pere Benoist, par la grace de Dieu, pape.... de nostre prince illustrisime Charles sixiesme, par la grace de Dieu roy de France, l'an vingt-quatriesme de son regne, commandant en l'eglise de Paris, reverand pere en Jesus-Christ, messire de Ordermont [Orgemont], evesque de Paris, par la même grace divine, pour ce sujet ont esté personnellement constituées en la presence de nous, notaires publicqs et tesmoings escriptz par dessoubz, appellez et pris specciallement pour cecy, le sus dit Garnier Gerraud d'une part, et honnestes et discrettes personnes, Jehan de la Chappelle, Pierre de Breban, clerc de la chambre des comptes du roy nostre sire, Michel Tartarin et Jean Laporte, m^{es} et gouverneurs du dit hospital, par lettres scellées du sceau de la prevosté, dont la teneur est inceree icy dessous, d'autre part, en presences des venerables et discrettes personnes, m⁰⁰ Melon Baillet Oudart, conseillier du roy nostre sire, Jean Parny de Chastillon, Jean Ollivier et Ancelinc Chocart, marguilliers et procureurs de la fabrique de la ditte eglise de Saint-Jean, et des choses appartenantes à icelle, par lettres de la prevosté de Paris, dont la teneur est escript icy bas, et entend que pouvoit toucher la ditte eglise, consentant expressement à l'accord escript icy dessoubz, toutefois de l'advis et du consentement de certains nottables parroissiens de la ditte eglise parrochial, c'est à sçavoir de m⁰⁰ Drogonis Porcherins, Nicaise Bougis, Jean Gehé, Jean Budé, Pierre Camelan, Jean Dalus, secretaires et notaires du roy nostre sire, Pierre de Marigny, Henry Dionnis, advocatz en la cour de parlement à Paris, Guillaume Foucaut, escuyer, et plusieurs autres nottables et discrettes personnes, parroissiens de la ditte eglise, desirans, pour le bien de la paix et concorde, mettre fin aux procès et éviter plus longues proceddures, fraix, despens, pertes, vexation, travaux, tours et embarrassement de procès, après une meure deliberation prise avec les hommes experts et entendus pour terminer toutes matières de procès et de contestations, ont affirmez, recognus et confessez qu'ils ont traictez, contractez et faict entre eulx ung perpetuel accord et une perpetuelle paix icy dessoubz escripts : c'est asçavoir que les m⁰⁰ et gouverneurs du dit hospital peuvent et pourront edifier et bastir dans l'enclos pourpris du dit hospital, une chappelle, avec ung clocher, contenant dix thoises de longueur et quatre thoises et quatre pieds et demy de largeur, le tout au bas de l'œuvre, et au dit clocher de la ditte chappelle auront et pourront avoir à mettre deux cloches qui dès maintenant sont au dit hospital, ou d'autres semblables en prix et en grandeur, en cas que les dittes cloches nouvelles fussent rompues ou gastées par cas fortuit ou par une longue usage, nonobstant que selon la teneur des dittes lettres apostoliques ayant esté conceddé au dit hospital une cloche seulement. — Item auroient, par le temps advenir, toutes les oblations et offrandes qui se feront en la ditte chappelle ou hospital, seront et demeureront purement et librement, et paisiblement aux m⁰⁰ et gouverneurs, pour et à l'utilité et commodité du dit hospital, payant par chacun an, quand au reste, par les dits m⁰⁰ et gouverneurs au sus dit Garnier, curé, et à ses successeurs, la somme de six livres parisis, le jour de la Nativité de Saint-Jean-Baptiste, commanceant le terme de payement de telle somme à la feste Saint-Jean prochainement venant, et en recompence de la seconde cloche et autres choses susdites, le sus dit curé, oultre et au surplus des susdites six livres de revenu annuel, bien et suffisamment servie auprès de la ville de Paris, selon l'ordonnance des deux notables personnages que les dites parties auront voulu choisir, lesquelz quatre livres les dits m⁰⁰ et gouverneurs seront tenus de faire admortir, pour poursuivre, en quelque manière que ce soit, les dittes quatre livres...., et ensemble avec les choses sus dittes pour les despens...., en la poursuitte des procès et proceddures, les m⁰⁰ et gouverneurs sus dits ont baillé, paié et compté et de faict en escus d'or au dit curé la somme de cent escus d'or, laquelle somme le dit curé présent en personne a donné et baillé aus dits marguilliers pour l'emploier et convertir pour l'ediffice et massonnerie qui se font en la ditte eglise parrochial de Saint-Jean. Et oultre la ditte somme de cent escus d'or, les dits m⁰⁰ et gouverneurs, pour la paix et concord, ont baillé et payé aus dits marguilliers en propre personne, reellement et de faict, devant nous notaires et tesmoings icy dessoubz nommez, cent autres escus pour les emploier aus dittes œuvres; de la quelle somme de deux cens escus d'or, les marguilliers, icy dessus nommez, se sont tenus pour contans et ont quitté les m⁰⁰ et gouverneurs sus dits et autres ausquelz il importe ou poura importer en quelque manière que ce soit au temps advenir; et moiennant ce que dessus cesseront, seront admortis et cassées dès à present, et sont annullées toutes proceddures qui ont esté meues à l'occasion des choses sus dittes.... d'icelles et demeurera le dit nouveau et ses successeurs..., et des habitans du dit hospital par les lettres apostoliques.... qui dureront pour tousjours en leur vertu et vigueur, vouloir et consentir expressement les dittes partyes d'une part, et d'autre pour toutes et chacunes choses sus dittes soient ratiffiées, confirmées, louées et approuvées par auctorité apostolicque, royal ou ordinaire, selon que.... efficasement faire ce poura sans contradiction et empeschement, toutefois aux frais et despens des m^{rs} et gouverneurs du dit hospital, promettant les dittes parties d'une part, et d'autre et chacune d'icelles par leurs sermens faictz entre les mains de nous, notaires escriptz cy-dessoubz, stipullans à la manière ordinaire et recepvans pour et au nom de tous ceulx à qui appartient ou appartiendra, en quelque manière que ce soit au temps advenir, et soubz expresses hipotecques, obligation de tous leurs biens, meubles et immeubles, presens et futurs, du curé et de la fabrique de l'eglise et hospital, que chacunes d'icelles aux noms sus dits, tant pour soy que pour ses successeurs, curez, marguilliers, m^{rs} et gouverneurs qui seront pour lors, tiendra pour et ferme et stable le traicté, la paix, concorde et appoinctement final; et ne contreviendra, par soy au par autres, au temps futur, en quelque manière que ce soit; et les dittes partyes aux noms sus dits pour tenir, accomplir et observer inviollablement leurs promesses, se sont soubz mises à la juridiction, contraincte, compulsion, et à l'examen du Saint-Siége apostolique et de la cour de Rome, des auditeurs et visauditeurs de la cour de la chambre apostolique, et de tous les autres cours, tant ecclesiastiques que secullieres, ordinaires et extraordinaires, des officiers et juges de chacune d'icelles, a renoncé aux noms que dessus et à toute exception de dol, de fraude et cooperye, de crainte de lesion des choses non ainsy faictes et non accordées, à toute action, condition des choses non deues sans causes, ou de chose injuste, et à toute illusion, d'exeption, circomvention, surprise et crime, à la loy et au droict par lesquelles choses les contracts sont annullez quand il paroist que les partyes contractantes seront lezées et desceues en quelques choses; à tout restitution ou ediffice; à tout remede d'appellation, provocation et supplication; à toute imploration d'offices de juges; à tout etablissement et dispences de juremens et promesses de bonne foy; à la demande qui dict que ce que l'on faict est plus puissant que ce que l'on consoit par disimulation; à la contestation du procès; à la coppie et transcript et simple demande de ce present instrument publicq privillegié, et au droict qui dict qu'en contractz on ne doibt faire aucun remede d'un lieu en un autre; qui dict que où le jugement a commencé là il doibt finir, et non pas à cest exception que ce qui est dict ou convenu entre les partyes est plus que non par l'escript; au present traicté ou bien au contraire à toutes les exeptions, cautelles et allegations de droict et de faict que l'on pouroit dire ou opposer en quelque manière que ce soit, contre ce present instrument publicq, et au droict qui dict que la generalle renonciation n'a pas de lieu si auparavant n'a procedé — — — — — — — — avec toute renonciation de droict et de faict ad ce requis et necessaire, et pareillement prevention sur toutes les choses sus dittes. Les dittes partyes ont voulu et demandé, d'une et d'autre part, qu'on leur fist et leur baillast uns ou plusieurs publiqs, par nous, notaires escriptz icy dessoubz, sous la meilleure forme que faire ce poura, selon l'ordonnance des hommes sages; toutefois la substance du faict n'estant point changée, ces choses ont esté faictes en la salle du dit hospital, en l'an, indiction, jour, mois et pontificat sus dit, presens venerables et discrettes personnes, m^e Pierre de Lesclate, conseiller du roy nostre sire, Thomas Roussel, Guillaume René, Stenoux Le Gentil, prestre, Jean de Essigny, clerc du diocèse de Beauvais, de Troyes, de.... Guillaume de Roulleon, du diocèse de Lusson, avec plusieurs autres.... tesmoings appellez et requis à ce que dessus. Or les

DEUXIÈME PARTIE.

teneurs des lettres apostoliques et des autres de l'office de marguillers, m⁰⁵ et gouverneurs desquelles on a faict mention icy dessus.... telle manière.

Urbain, evesque, serviteur des serviteurs de Dieu, à nos bien aymez filz en Jesus-Christ, m⁰⁵ et frères de l'hospital des pauvres du Saint-Esprit de Paris, salut et bénédiction apostolique, nous consentons volontiers aux bons et pieux desirs des fidelles qui regardent l'accroissement du culte divin, et leurs departons la faveur apostolique. Sur la requeste à nous presentée de vostre part, contenant que l'accroissement de l'honneur divin et la consolation des infirmes et des pauvres qui viennent pour un temps dans vostre hospital du Saint-Esprit, qui de nouveau est baty par l'auctorité ordinaire, et doibt estre gouverné par quatre m⁰⁵ qui nous ont proposés de fonder et bastir une certaine chappelle et la dotter suffisamment pour un chappellain perpetuel, qui à perpetuitté y celebrera la messe et autres divins offices, c'est pourquoy vous nous avez humblement supplié que nous dignassions vous octroyer la licence de faire ce que dessus, par... vostre desseing à Nostre Seigneur et inclinez à vos supplications, nous vous eslargissons et octroions par auctorité apostolique plain pouvoir ad ce que vous puissiez librement fonder et bastir la ditte chappelle, ayant esté [premièrement] assigné par vous un dot suffisant pour un tel chappellain perpetuel qui servira en la ditte chappelle. Nous vous.... mesme auctorité qu'après que la ditte chappelle aura esté fondée...., comme porte le droict de presenter à la ditte chappelle, un chappellain.... pour l'ordinaire du lieu qui doibt appartenir à perpetuité à vous et à vos.... maistres du dit hôpital qui seront, tant ceste première fois que les autres...., et davantage quand le chappellain perpetuel de la ditte chappelle...., toutes constitutions apostoliques n'empeschant pas et avoir esté.... canoniquement estably, nous vous octroions et permettons, par la mesme actorité, et par un don de grace plus special, qu'il puisse, tant par soy que par autres prestres idoines, ouïr la confession des infirmes et pauvres qui seront pour lors au dit hospital, et leur administrer les sacremens de l'Eglise, et que, tant le dit chappellain qu'autres prestres idoines, puisse licitement dire et chanter toutes quantes fois que besoin sera, à haulte ou basse voix, et autres divins offices en la ditte chappelle, une ou plusieurs fois par chasque jour, mais toutefois à heure compectante. Et que vous et vos successeurs sus dits qui seront pour lors, puissent recepvoir toutes les oblations et offrandes qui se pourront faire pour lors au dit hospital et chappelle, tant en la cellebration des messes qu'en autres choses, et les puissent librement et licitement employer et distribuer au profit du dit hospital, après une suffisante recompense faicte à l'eglise parrochial pour les dittes oblations et offrandes, et sauf tous autres droicts de la ditte eglise et de quelque autre que ce soit de toutes et chasque chose sus dittes; qu'il ne soit donc permis à personne d'enfraindre le contenir de nostre concession ou d'y contrevenir par une témérité audacieuse. Or, sy quelqu'un est sy presomptueux que d'y attenter, qu'il sache qu'il encourra l'indignation de Dieu tout-puissant et des bien-heureux apostres saint Pierre et saint Paul. Datté à Avignon, le dixiesme devant les Callendes d'aoust, c'est-à-dire vingt-troisiesme jour du mois de juillet, l'an premier de nostre pontificat.

Gregoire, evesque, serviteur des serviteurs de Dieu, à nos bien aimez filz, maistres et frères de l'hospital du Saint-Esprit de Paris, accoustumé d'estre gouverné par quatre maistres, salut et bénédiction apostolique. Nous accordons et consentons vollontiers aux bons et pieux desirs des fidelles qui regardent l'accroissement de l'honneur divin, en leur départans nostre faveur apostolique, attendu qu'autrefois Urbain, d'heureuse mémoire, pape, nostre predecesseur, a jugé vous debvoir estre octroié, par auctorité apostolique, une plaine licence de pouvoir fonder et bastir une certaine chappelle en vostre hospital des pauvres du Saint-

Esprit de Paris, qui avoit esté basty de nouveau par actorité ordinaire, estant premierement assigné par vous un dot suffisant pour un chappellain perpetuel qui servira en la ditte chappelle, et de plus vous a accordé qu'après que la ditte chappelle auroit esté fondée et bastye, comme il est dict icy dessus, le chappellain perpetuel d'icelle chappelle, après y avoir esté canonicquement estably, pourroit, tant par soy que par d'autres prestres idoines, ouïr la confession des infirmes et pauvres estans pour lors au dit hospital, et leur administrer les sacremens de l'Eglise, comme il est amplement porté par les lettres de nostre prédécesseur susdit, faictes pour ceste fin, veu que, comme contenant la requeste à nous presentée de vostre part, vous avez fondée, dottée et basty une telle chappelle, et un perpetuel chappelain y ayant esté canonicquement estably, et les pauvres venans dans le dit hospital n'y pouvant vivre sans y avoir quelques familiers, serviteurs et autres personnes leur rendans quelques services, nous voulans favoriser par une grace plus specialle à vous et au dit hospital, estans inclinez à vos supplications en ce regard, nous concedons, par l'auctorité des presentes, que le chappellain de la ditte chappelle qui est et sera pour lors, puisse, par soy ou par autres, ouïr la confession des familliers serviteurs servans au dit hospital, et leur administrer les sacremens de l'Eglise, toutefois et quantes qu'il sera expediant; n'y ayans aucuns empeschemens de la constitution de Clement, pape sixiesme, nostre predecesseur d'heureuse mémoire, et autres constitutions apostoliques.... elles soient, sauf le droict de l'Eglise parrochial et de tous autres. Qu'il ne soit doncq permis à personne d'enfraindre la teneur de nostre présente concession ou luy contrevenir par une audace temeraire; que sy quelqu'un est si presomptueux que d'y attenter, qu'il sache qu'il encourra l'indignation de Dieu tout-puissant et des bienheureux apostres saint Pierre et saint Paul. Datté du diocèse d'Avignon, le deuxième jour devant les nones de juin, c'est-à-dire, le quatriesme jour de juin, l'an de nostre pontificat.

Clement, evesque, serviteur des serviteurs de Dieu, par une memoire perpetuelle, nous esloignons vollontiers, avec l'ayde tant que nous pourons, les discords qui ont esté principallement entre les personnes ecclesiastiques, de peur que de grands dommages ou autres matières ne puissent naistre de là, veu que de longtemps ayant esté exposé.... par nostre predecesseur Urbain, pape cinquiesme, d'heureuse memoire, de la part de nos bien aymez filz, les maistres frères de l'hospital des pauvres du Saint-Esprit de Paris, qu'iceulx, pour l'accroissement de l'honneur divin et la consollation des infirmes et pauvres susdits, se proposoient de fonder et bastir une chappelle dans leur mesme hospital et la dotter suffisament pour un chappellain perpetuel, qui y celebreroit.... divins offices à perpetuité; le mesme predecesseur a conc[edé, de son] auctorité apostolique, selon qu'il est plus amplement contenu. .., de nostre dit predecesseur au susdit frères qu'ayans premierement assigné un tel dot, ilz puissent fonder et bastir icelle chappelle, et qu'après que elle seroit dottée, fondée et bastye, ilz peussent aussy librement et licittement recepvoir pour lors toutes les oblations et offrandes qui faire se pouroient dans le dit hospital et chappelle, tant en la cellebration des messes qu'en autres choses; et les convertir et distribuer au proffict du dit hospital, ayant esté toutesfois au preallable suffisamment recompensé l'eglise parrochial pour les dites offrandes, et sauf tousjours en tout et par tout aultre droict de la ditte eglise et de quelque autre, telle que ce soit; puis après, ainsy que contenoit la requeste à nous presentée naguières de la part des dits maistres et frères, iceulx ont fondé et basty une certaine chappelle dans le dit hospital en vertu des dittes lettres et l'ont dottée de quarente livres parisis, admortye de revenu annuel et perpetuel. Mais pour autant qu'ilz ne se sont peut et ne se peuvent accorder pour la recompense de telles oblations avec nostre bien aymé fils, le curé de Saint-Jean, en Grève, à Paris, dans la parroisse duquel le dit hospital est basty; ilz n'ont pas toutesfois la ditte chappelle sy grande ny sy large qu'ilz se proposoient, c'est pourquoy nous ayans humblement supplié de la part des dits maistres et frères, iceulx ayans différé jusques à présent de parachever icelle chappelle, et faire en icelle les autres choses qu'ils se proposoient, à l'occasion d'un telle discorde, à ce qu'il nous plaise, par benignité et faveur apostolique, leur pourvoir sur cecy. Nous donc que nous sommes informez de la valleur de telles oblations et offrandes, desirant couper chemin à telles discordes, autant que pourons avec l'ayde de Dieu, inclinés à telles supplications, taxations, par auctorité apostolique, le revenu de telles oblations qui se feront pour lors au dit hospital et chappelle, à six livres parisis qui ce doibvent paier tous les ans par les dits maistres et frères au dit curé, à la feste de la Nativité de saint Jean-Baptiste, des quelles nous voulons que le dit curé se tienne comptant pour les dittes oblations; qu'il ne soit donc permis à personne quelconque que ce soit de rompre et d'emfraindre la teneur de nostre vollonté et taxé ou luy contrevenir temerement; que sy quelqu'un est sy presomptueux que d'y attenter, qu'il scache qu'il encourra l'indignation de Dieu tout-puissant et de ses bienheureux apostres saint Pierre et saint Paul. Fait et datté en Avignon, le dixiesme devant les Callendes de febvrier, c'est-à-dire, le XXIIIe jour de janvier, l'an douziesme de nostre pontificat.

Clement, evesque, serviteur des serviteurs de Dieu, à noz bien aymez filz, les maistres et frères de l'hospital du Saint-Esprit de Paris, salut et benediction apostolique. L'affection d'une vray et sincere devotion que vous portez à l'Eglise romaine, merite à bon droit que favorablement nous accordions et octroions à vos requestes, principalement les choses qui regardent la louange de Dieu et l'accroissement de l'honneur divin, et que nous sçavons debvoir estre commode et profitable à vous et à vostre hospital du Saint-Esprit de Paris, veu que de longtemps ayant esté donné à entendre de votre part à Urbain, d'heureuse memoire, pape sixiesme, nostre predecesseur, que vous vous proposiez de fonder et bastir quelque chappelle dans le mesme hospital et la dotter suffisamment pour chappellain perpetuel, qui y celebroit à perpetuité la messe et autres divins offices, le mesme predecesseur vous a conceddé d'auctorité apostolique par ces lettres que, après avoir premierement assigné un tel dot, vous puissiez librement et licitement fonder et bastir icelle chappelle, qu'après qu'elle seroit dottée, fondée et bastye, que vous et vos successeurs peussent recepvoir pour lors toutes les oblations et offrandes qui se feroient es dit hospital et chappelle, tant en la celebration des messes que en autres choses, et les distribuer et employer au profflict du dit hospital, après toutesfois une suffisante recompense prealablement faicte à l'eglise parrochial pour les dittes oblations, sauf tousjours en tout et par tout le droit d'icelle eglise et de quelque autre que ce soit; et aujourd'huy nous ayant esté exposé et donné entendre de vostre part qu'en vertu des dittes lettres, vous auriez fondé et basty quelque chappelle au dit hospital et l'aviez dottée de quarante livres parisis, admortie de revenu annuel et perpetuel, mais pour aultant que n'aviez peu vous accorder, pour la recompence de telles oblations, avec nostre bien aymez filz, le curé de l'eglise parrochial de Saint-Jean, en Grève, à Paris, dans la paroisse duquel est le dit hospital, et n'aviez peu faire et bastir la ditte chappelle de telle grandeur et largeur comme vous aviez le desseing, nous qui avons esté informez de la valleur de telles oblations qui se feroient lors au dit hospital et chappelle à six livres parisis que vous . . . . .
. . . . . tous les ans à certain terme et des quels nous vou[lons que le dit] curé se tienne pour comptant pour les dittes oblations, selon qu'il est plus amplement contenu par les lettres du dit predecesseur, et par les nostres faictes et tirées d'icelles, partant nous voulons vous

favoriser d'une grace plus specialle inclinez à vos supplications pour ce regard ; nous [vous concedons], par la mesme auctorité, que vous puissiez augmenter.... vous semblera à la ditte chappelle et recepvoir toutes les choses.... et qui pourront estre laissées et leguées cy après au dit hospital et chappelle, et à leurs fabriques, telles qu'elles soient et en telle nombre qu'elles puissent estre, et en telle chose que se soit, et en disposer librement, selon la necessité de l'hospital des dits maistres frères, sauf toutesfois le droict d'icelle eglise parrochial et de quelque autre que ce soit, nonobstant tous droicts et autres constitutions apostoliques et autres, telles qu'elles soient. Donc qu'il ne soit permis de rompre et enfraindre la teneur de nostre présente concession, ou luy contrevenir temerairement et audacieusement ; que sy quelqu'un presume d'y attenter, qu'il sache qu'il encourra l'indignation de Dieu tout-puissant et des bienheureux apostres saint Pierre et saint Paul. Fait et datté en Avignon, le dixiesme devant les Callendes de febvrier, c'est-à-dire, le xxiii° janvier, l'an douziesme de nostre pontificat.

A tous ceulx qui ces lettres verront, Guillaume de Thinouville, chevalier conseiller chambellan du roy nostre sire, et garde de la prevosté de Paris, salut. Sçavoir faisons que, par-devant Jean Closier et Guillaume de la Porte, clercs notaires de nostre dict seigneur, en son Chastelet de Paris, furent presens en leurs personnes honnorables hommes et sages monsieur Garnier Guerraud, archidiacre de Josas, curé de Saint-Jean, en Grève; monseigneur Jean de Pourpincourt, premier président en parlement; maistre Jean Allembourg, prevost des marchands; maistre Jean Gehé, maistre secretaire du roy nostre sire; Pierre Gentien, general et maistre des monnoies du roy nostre sire; maistre Nicaise Bougis, secretaire du roy nostre sire; maistre Jean Hoingnart, procureur en parlement; Jean de Ligny; Jean Deschamps; maistre Henry Dioure; Guillaume Lorin; Charles Aufray; Jean Estobert; Ancelot de Soixons, Thibault Chausson; Rolin Chauvet; Perin Recoust; Jean Beaucousin, Nicolas Férié; Ymbelot; Jean Regnault; Guillaume Lefuteur; Jean Thomas; Guillaume Incelin; Colart de Saint-Martin; Jean Doré; Nicolas de La Batte; Ollivier Lhuillier; Pierre Dejeuist et Guillaume Roulleau, tous paroissiens de l'eglise Saint-Jean, en Grève, assemblez au presbytaire de la ditte eglise, faisans et representans la plus grande et saine partie des autres paroissiens de la ditte eglise, si comme ilz disoient et ayans puissance d'eulx assemblez quand à faire ce qui s'ensuit, si comme il est apparu aus dits nottaires, par lettres faictes soubz le scel de la prevosté de Paris, contenant ceste forme :

A tous ceulx qui ces presentes lettres verront, Guillaume de Thignonville, chevalier chambellan du roy nostre sire, et garde de la prevosté de Paris, salut. Sçavoir faisons qu'à la requeste d'aucuns paroissiens de l'eglise Saint-Jean, en Grève, à Paris, disans que aus dits paroissiens de la ditte eglise estoit mestier et necessité d'eulx assembler à certain jour et heure pour eslire certaines personnes, nottables et suffisans pour estre marguilliers et avoir la charge de la fabrique de la ditte eglise et des biens et autres choses à icelles appartenans, pour et en lieu des autres marguilliers qui de ce s'estoient dechargés, ou aucuns vouloient et entendoient estre dechargez, ce qu'ilz n'avoient osé et n'osoient bonnement faire sans auctorité de justice, pour doubte d'encourir en aucun danger ou amende, si comme ilz disoient, suppliant à eulx sur ce estre pourveu, Nous aus dits paroissiens et à chacun d'eulx, avons donné et ordonné congé et licence d'eulx assembler ensemble à tel jour, lieu et heure comme bon leur semblera, par-devant honnorable homme et sage maistre Oudart Gentien, conseiller du roy nostre sire, en sa chambre des (aides), pour entre eux eslire certaines bonnes personnes nottables et suffisans pour estre marguilliers de la ditte eglise, et pour avoir la garde et gouvernement et administration de la fabrique et des biens, et autres choses à icelles appartenans ; et aussy pour ouïr les comptes que les antiens marguilliers.... et entendent faire et rendre du gouvernement et administration qu'ilz en ont eu au temps passé, et pour faire en oultre tout ce qui au cas appartiendra et sera nécessaire, tout ce que dict est, offence ou amende. En tesmoing de ce, nous avons faict mettre à ces presentes lettres le scel de la prevosté de Paris. Ce fut faict en jugement au Chastelet de Paris le mercredy, xviie jour de janvier, l'an de grace mil quatre cens deux, ainsy.

Lesquels parroissiens, dessus nommez, firent, constituèrent, establirent et creerent marguilliers de la ditte eglise, c'est asscavoir : honnorables hommes et sages sir Baillet ; maistre Oudart Gentien, conseiller du roy nostre sire ; Jean Petit, dict Chastillon ; maistre Jean Luillier, Richard Leborgne et Auceau Chocart, parroissiens ausquelz ilz ont donné et donnent plain pouvoir, auctorité et mandement special de garder et gouverner tous les biens, choses et droictz appartenans à la ditte fabrique d'icelle eglise ; de demander, pourchasser, requerir et recepvoir toutes les rentes, tous droictz, loyers et autres qui sont ou seront deubz et appartenant à la ditte fabrique, qu'ilz recepvront, faire et passer bonnes lettres de quittus, une ou plusieurs, soubz le scel et sceaulx d'iceulx qui leur plaira ou à l'un d'eulx ; de bailler.... loyer d'argent à temps et à tousjours, toutes les maisons, possessions d'icelle fabrique, à telles personnes et pour . . . . . bon leur semblera de les garentir ; de faire toutes manières . . . . et engager les biens de la ditte fabrique d'iceulx emprunts gaiger et pren.... iceulx rendre et paier aux termes et à ceulx de qui ilz auront faict tous empruns ; de ouïr les comptes de leurs devan . . . l'argent d'iceulx clorre et affiner ; de composer et accorder, et sur ce que dict est, faire et passer bonnes lettres de garentye, d'obligation, d'accord et d'autre, tant et telles et soubz telz sceaux autantiques et privez, comme de raison sera et au cas appartiendra ; et pour ce faire, obliger les biens de la ditte fabrique, et sy mestier est, de plaider par eulx en demandant et en deffendant contre toutes personnes leurs adversaires, en toutes courtz et par-devant tous juges et commissaires, tant.... comme de siècles. Donnans et octroians les dits constituans à leurs dits marguilliers et procureurs ensemble et à chacun d'eulx, pour soy et pour le tout, plain pouvoir et auctorité et mandement special, d'estre et comparoir pour eulx en jugement et hors leurs personnes, representer et leurs causes deffendre, pledz ou plaie entamer, demander connoistre, advouer, desavouer, jurer en leurs ames toutes manières que ordre de droict requiert et enseigne ; rendre aux oppositions faictz et articles produire et attraire tesmoings ; iceulx faire voir, jurer, exhiber, mettre en forme de preuve lettres et instruments, dire contre eulx, faire voir et faire venir et estransions de lieux ; demander garend ; prendre fais et charges de garentye ; opposer en tous cas et à toutes fins, soustenir l'opposition ; y renoncer, si mestier est ; faire et bailler raisons et replications de faict et de droict ; conclure en cause ; ouïr droit ; arrester interlocutoires et sentances deffinitives ; appeller de toutes exécutoires et sentences ; poursuivre, renouveller leurs appelz ou appeaux ; y renoncer, si mestier est ; de substituer, quant au faict de la plaidoirie, un ou plusieurs procureurs ; substituer, et generallement de faire et dire aultant es choses dessus dites, et es dépendances tout et autant comme seroient et faire pourroient les dits constituans, si presens y estoient pro.... les dits constituans, en bonne foy et sur l'obligation de tous les biens et temporel à la ditte fabricque appartenans, avoir agreable, ferme, stable à tousjours, sans rappel, tout ce que leurs dits marguilliers et procureurs, leurs subtituds ou l'un d'eulx, sera faict, procuré, besongné et ordonné es choses dessus dittes, et es dépendances d'icelles, appeller le juge, si mestier est. En tesmoing de ce, nous, à la relation des dits nottaires, avons mis le scel de la ditte prevosté de Paris, à ces lettres faictes et passées l'an de grace mil quatre cens deux, le Dimanche, vingtiesme jour de janvier.

A tous ceulx qui ces presentes verront, Guillaume, seigneur de Thignouville, chevalier, conseiller, chambellan du roy nostre sire, et garde de la prevosté de Paris, salut. Sçavoir faisons que, par-devant Girard Penot et Jehan de Soixons, clercz nottaires du roy nostre dict seigneur, en son Chastelet de Paris, furent presens honnorables hommes et sages sire Gilles Billet et sire Jean Lemareschal, generaulx maistres des monnoyes du roy nostre sire; maistres Jean de Bouillon et Jean Maulin, clercs de la chambre des comptes du dit seigneur; maistres Guillaume Robigeois et Jean Choppins, advocatz au Chastelet de Paris; maistre Guillaume Thadé, maistre des garnison des vins du roy nostre sire, et de la roine; Jean de La Chappelle; Jean de Saint-Ion, maistre des bouchers de la grande boucherie de Paris; Rocher de la Potterie; Vincent Diroi; Robert Aufray; Adrien de la Potterie; Jean de Compene; Pierre Rouss....; Guillaume Bourdon et Michel Thibert, tous bourgeois de Paris, confrères de la confrairie de l'hostel et hospital du Saint-Esprit, fondé en Grève, à Paris, ou assemblez estans et sceans au siége de la ditte confrerie au dit hospital, le dimanche xxve jour du mois de may, jour de la fête de la Sainte-Trinité, l'an de grace mil quatre cens quatre, et faisant la plus saine partye des confrères et sœurs qui le dit jour estoient au siége de la dite confrairie au dit hospital, pour le conseil et deliberacion.... et du consentement et accord de tous les autres confrères et sœurs, lors la sceance au dit siége, furent esleuz, faitz, creez et ordonnez maistres et gouverneurs de la ditte confrairie et au dit hostel et hospital, c'est asscavoir: maistre Pierre de Breban, Jean de la Porte, Michel Tartarin et Jean de la Chappelle, tous bourgeois de Paris, tous quatre ensemble, et les deux d'iceulx pour le tout, pour avoir la garde et gouvernement et administration pour cette presente année, des dits hospital et confrairie des pauvres orphelins d'icelluy lieu, et aussy de tous les biens, tant meubles comme immeubles, rentes et revenuz qui y appartiennent ou appartiendront, du dit jour de dimanche, jour de la Trinité, qui sera l'an de grace mil quatre cens cinq, pour prendre, avoir, demander, pourchasser et recepvoir toutes les rentes, revenus, proffit et emolumens des biens, rentes et revenus, toutes possessions et biens meubles et immeubles quelconques, presens et advenir, des dits hospital et confrairie, et les loyers, dons, aulmosnes qui y ont esté et seront laissez; la possession et saisine des biens, meubles et immeubles baillez à louage; afferme, moison de grain et deniers; les maisons, terres, heritages et possessions du dit hospital et confrairies, jusques à.... temps et terme, pour tel prix comme bon semblera....; transporter, quitter et delaisser à tousjours, selon ce qu'il...., maisons, heritages et possessions quelconques, non admortye...., et appartiendront au dit hôpital, hostel et confrerie...; dit est qui ne pourroient admortir et conviendroit être mis et transporté hors de leurs mains, ou que à telle personne ou personnes, et pour le pris et somme de deniers, et en faire tel eschange ou eschanges qu'il leur plaira, ou aux deux d'iceulx pour recepvoir le prix de la vendition ou venditions, eschanges ou permutations qui en seront faictz; d'en quitter l'achepteur ou achepteurs; de prendre et accepter les eschanges ou eschange qui leur sera baillé, et la saisine et possession d'iceulx, pour desaisir de ce qui par eulx sera vendu, eschangé, permutté, ou transporté, le tout selon que au cas appartiendra; d'en faire mettre en saisine et possession ceulx à qui ilz auront esté vendus, eschangez ou transportez; de promettre et garentir les ventes, bail ou eschange que par eulx ont esté et seront faicts; promettre, rendre et paier tous cousts, dommages et interests qui pourront subvenir à cause de ce, et promettre à non venir ou dire en contre; obliger avec les biens et temporel du dit hospital et confrairie; faire

DEUXIÈME PARTIE.

passer et avoir sur ce lettres de bail, d'eschange, venditions, quittances et autres lettres, une ou plusieurs telles et soubz tel scel ou sceaulx royaulx ou autres, et soubz telle somme, forme de parolle qui leur plaira, et que au cas appartiendra; et aussy pouvoir traicter, composer et accorder avec toutes personnes qui au dit hospital vouldroit, par dévotion, venir et illec demeurer; et des biens du dit hospital vouldroient avoir leurs vivres à vie, d'avoir et prendre la composition ou compositions qui sur ce seroient ou seront faictes, tant en deniers comptans, comme en revenus agreables pour en bailler et livrer à celuy ou ceulx qui pour ce auront composez pour hostel pour leur demeure, et ordonnance pour leur vivre, et à passer sur ce lettres, une ou plusieurs, soubz le scel royal ou autrement, par telle au jour qu'ilz vouldroient pour estre et comparoir, au nom du dit hospital, en jugement et hors en toutes leurs causes, querelles et besongnes meues et à mouvoir; en demandant ou en deffendant contre toutes personnes par devant tous juges, commissaires ou leurs lieutenans, quelz qu'ilz soient, de quelque pouvoir et auctorité qu'ilz usent ou soient fondez, tant d'eglise comme de siecles; de plaitz ou plait entamer, poursuivre et mettre à fin; de plaider pour le dit hospital les besongnes et droicts d'icelluy, deffendre, convenir, recouvrir, advouer, desavouer, repliquer, dupliquer, tripliquer, demander advis et autres delais de court; nier, congnoistre, faire et voir, faire veues et estantions de lieux; demander garend; prendre et fais et charges de garentyes; eulx opposer en tous cas et à toutes fins, et à toutes criéez et soubz bastations; faire toutes manières de presentations et poursuittes; jurer tous sermens que ordre de droict requiert et enseigne; poser, respondre aux oppositions, faictz, articles de partie adverse; de produire et amener tesmoins; dire contre leurs dires et despositions et contre lettres, actes et instrumens; de faire bailler par escript, raisons et replications et autres escriptures; de bailler lettres et instrumens en forme de preuve; ouïr droict, arrests, interloccatoires et sentance diffinitive, appelle de griefz et de sentances; poursuir leur appel ou appeaux, les renouveller ou y renoncer, si mestier est; de faire, ordonner, constituer et establir comme m^{es} et gouverneurs des dits hospital et confrairie, procureurs, tels en tel...., comme il leur plaira, qui ayent et chacun d'eulx, tout le pouvoir de la ditte plaidoirie; de recepvoir, quitter et substituer en les dependances; dires pour faire faire et passer sur ce lettres procuratoires, une ou plusieurs, soubz le scel de la dite prevosté de Paris, ou autres scel ou sceaulx royaulx, privez ou autantiques; et aussi lettres de quittances de tout ce qu'ils recepvront, tant sous le scel du dit hospital comme à autres, pour faire toutes autres choses ad ce necessaires et convenables, et à promettre à paier; de l'adjuger...., mestier est, pour faire ratiffier, confirmer et consentir tout ce que les prédécesseurs m^{es} et gouverneurs des dits hospital et confrairie ont faict de leur temps durant, touchant le faict dudit hospital, et pour faire autant des choses dessus dites et leurs deppendances, comme m^{es} et gouverneurs bons et loyaulx.... doivent faire, jaçoit que les choses dessus dittes requisses mandement plus special, et tout ce que par les dits m^{es} et gouverneurs ensemble ont ordonnées et instituées comme dict est, ou par les deux d'iceulx, des choses dessus dittes et de leur deppendance, sera faict, ordonné, besongné et passé; veuillent et consentent valloir, avoir et sortir leur plain effect, soubz l'obligation des biens et temporel des dits hospital et confrairie présent et advenir. En tesmoing de ce, nous, à la relation des dits notaires, avons mis à ces lettres le scel de la ditte prevosté de Paris. Ce fut faict et passé le dict jour de dimanche, jour de la Trinité, vingt-cinquiesme jour du mois de may, l'an de grace mil quatre cens et quatre dessus dit.

Et moy, Jean Compagnon, clerc du diocesse de Soissons, notaire publiq, par auctorité apostolique et imperialle, et juge de la court de Paris, y a esté présent avec les tesmoings cy-dessus nommez, et le nottaire escript cy-dessoubz, à toutes et chacques choses susdittes, lorsqu'elles se faisoient en la manière que dessus.... Veues et entendues ainsy faire, les ay doublées.. . et.... forme, et estant legitimement empesché...., j'ay signé de mon propre seing accoustumez ce.... publiq escript d'une autre main et soubz scription du dit nottaire escript au bas ; mais pour ce que moy, Jacques Isambert, nottaire publicq, par auctorité apostolique et imperialle, j'ay eté present ensemble avec le nottaire et tesmoings cy-devant nommez, à toutes les choses susdittes lorsqu'elles se faisoient à la manière qu'elles sont escriptes icy dessus, et les veues et entendues ainsy faire, et les ay remis en ma garde notte.

C'est pourquoy, publiant les choses cy-dessus escriptes, j'ay mis et apposé mon seing à cest instrument publicq, faict et fidellement escript de la main d'un autre, ensemble avec le seing et suscription du dit nottaire cy escrivant, icy au-dessoubz, de ma propre main. En tesmoing de ce que dessus, estant requis et pris en tesmoignage de toutes lesquelles choses susdictes, nous avons faict faire et sceller ces lettres présentes de nostre sceau. Faict et datté à Paris, le huictiesme devant les Callendes de septembre, c'est-à-dire, le vingt-cinquiesme du mois d'aoust, l'an douziesme du pontificat de nostre saint père le pape Benoist treiziesme.

N° 5.

13 MAI 1466. — PARLOIR AUX BOURGEOIS.

(A. R. K. 981.)

A tous ceulx qui ces presentes lettres verront, Robert Destouteville, seigneur de Beine, baron d'Ivry et de Saint-Andrieu en la Marche, conseiller, chambellan du roy nostre sire, et garde de la prevosté de Paris, salut. Savoir faisons que le jourdui dacte de ces présentes, à la requeste de reverend père en Dieu, monseigneur Loys Raguier, evesque de Troyes, et maistre Girard de Lafolie, greffier de la chambre des monnoyes du roy nostre sire, seigneurs par indivis du fief de Haran, nous avons fait extraire du pappier et registre des criées faictes par vertu du previlleige aux bourgois de la ville de Paris, commançans au jour de l'an, l'an mil cccc soixante-quatre, et finissans à ce jour, l'an mil cccc soixante cinq, ce qui s'ensuit : Entre l'eglise Saint-Liefroy et le Chastellet, reverend père en Dieu, monseigneur Loys Raguier, evesque de Troyes, et maistre Girard de Lafolie, greffier de la chambre des monnoies du roy nostre sire, seigneurs par indivis du fief de Haran, une maison appellée le Parlouer aux Bourgois, les lieux ainsy qu'ils se comportent et extendent de toutes parts, avec toutes leurs appartenances, assis à Paris entre l'eglise Saint-Liefroy et le Chastellet, laquelle maison les prevost des marchans et eschevins de la ville de Paris dient à eulx appartenir, tenant d'une part à la ditte eglise Saint-Lieffroy, et d'autre part aux murs du dit Chastellet, avecques une autre maison et louaiges appellée la Maison aux Prestres de Saint-Lieffroy, assis derrière le dit Parlouer aux Bourgois, du costé du pont aux Changeurs, que on dit appartenir aux doyen, chappitre de l'eglise Saint-Germain-l'Auxerrois, à Paris, au moins bailleurs d'iceulx, tenant d'une part à la ditte eglise Saint-Lyeffroy, et d'autre part aux murs du dit Chastellet, aboutissant à la ditte maison du Parlouer aux Bourgeois ; sur la requeste des dits reverend père et maistre Girard, pour trois solz parisis de fons de terre et vint-huit solz parisis d'arreraiges ; et esleut domicille en l'ostel du dit maistre Girard, en la monnoye du roy nostre sire, à Paris. Rapporté par Pierre Levasseur et Nicolas Bertin, sergens à verge du roy nostre sire, au Chastellet de Paris, que le lundi, dix-neufiesme jour de novembre l'an mil cccc soixante-quatre, ils firent la première criée pour la première quarantaine au jour de l'an et au lendemain ensuivant prouchainement venant. En et sur etc., habitans, etc., présens Simon Lesellier, Laurans Gagnies, Loys Guideau et autres. Rapporté par les dits sergens que, le vendredi, dix-neufiesme jour d'avril, l'an mil cccc soixante-cinq, après Pasques, ilz firent la seconde criée pour la seconde quarantaine, au jour de la Trinité, et au lendemain ensuivant prouchainement venant. En et sur, etc., habitans, etc., présens Audry Mygnon, Gieffroy de Neelle, Simon Lesellier, Raoulles Gueroult et autres. Rapporté par les dits sergens, que le jeudi, dix-neufiesme jour de septembre au dit an, ils firent la tierce criée pour la tierce quarantaine. Au jour dernier mars et au lendemain ensuivant prouchainement venant, en et sur, etc., habitans, etc., présens Simon Lesellier, Loys Guideau, Gosselin Dubois et autres. Rapporté par les dits sergens que, le jeudi, vint-ungniesme jour de novembre audit an, ilz firent la quarte criée pour la quarte quarantaine. Au jour de l'an et au lendemain ensuivant prouchainement venant, en ce et sur, etc., habitans, etc., présens Simon Lessellier, maistre Jehan Émery, Thibault du Rueil et autres, vénérable et discrecte personne maistre Nicolle Letourneux, ou nom et comme procureur des doyen et chappitre de l'église Saint-Germain-l'Auxerrois, à Paris, s'opposa à ces criées, le mercredi trente et penultième jour d'octobre, l'an mil cccc soixante-cinq, pour conserver aus dits doyen et chappitre les droits de fons de terre, de patronnaige et de propriété qu'ils ont et peuvent avoir es d. lieux criez, c'est assavoir : le droit de fons de terre sur les dits lieux criez; le droit de patronnaige en la ditte chappelle de Saint-Lieffroy. court, ailée, contiguz d'icelle chapelle et appartenance d'iceulx, et la propriété des maisons et appartenances d'icelle, appellé la Maison aux Prestres de Saint-Lieffroy. Et oultre les dits drois dessus declairez, pour conserver à la ditte église de Saint-Germain vint-huit livres parisis de rente qu'ilz ont droit de prendre par chacun an sur les d. lieux criez, c'est assavoir : sur l'hostel du présent appartenant à sire Guillaume Lemaçon, douze livres parisis de rente; sur l'ostel appartenant à Jehan Mignon orfévre, autres douze livres parisis de rente, et sur l'ostel que tient à présent Robin Chartier, orfévre, quatre livres parisis de rente et pour dix années d'arréraiges. Et oultre, pour leur conserver, se mestier est, la propriété des dits lieux criez; et iceulx lieux dessus declairez veoir distraire des dites criées comme appartenant aus dits de Saint-Germain. Et esleut domicille ou cloistre de l'église Saint-Honoré, à Paris, en l'ostel de maistre Andry Pelé, chantre d'icelle église Saint-Honnoré. Andry Mignon, orfévre, bourgois de Paris, s'opposa à ces criées, le jeudi douziesme jour de décembre au dit an, pour lui conserver la propriété des dits lieux criez, qui lui compecte et appartient par certains moyens à déclairer en temps et lieu, et aussi pour lui conserver et garder toutes veues vers fenestraiges, drois de moetoiries et glassoueres, fosse, siége d'aisemens et autres aisances et servitudes, qu'il a et peut avoir es dits lieux criez; et se mestier est, pour lui conserver et garder tel droit d'ypothéque, recours de garantie et autre qu'il a et peut avoir sur iceulx lieux criez et esleut domicille es dits lieux criez. Gieffroy de Nesle, orfévre, bourgois de Paris, s'opposa à ces criées, le lundi, vint-troisième jour du dit mois, pour lui conserver la propriété des lieux criez, ou de partie d'iceulx, qui lui compecte et appartient, par certains moyens a declairé en temps et lieu, mesmement par certain bail à lui et à sa femme faiz à leur vie, par les prévost des marchans et eschevins de la ville de Paris, de partie des dits lieux, et esleut domicille en iceulx lieux criez. Jehan Sevestre, ou nom et comme procureur des religieux, abbé et couvent de l'église Saint-Victor, lez Paris, s'opposa à ces criées, le dit jour de lundi, pour conserver aus dits religieux, abbé et couvent, soixante-ung solz quatre deniers parisis de rente, sur les lieux criez, et sans arréraiges, pour ce que d'iceulx ilz ont esté paiez et contemptez et tel droit d'ypothéque, recours de garantie et autre qu'ilz ont et pevent avoir sur les dits lieux, et esleurent domicille en la ditte église Saint-Victor. Honnorable homme sire Guillaume Lemaçon, général maistre des monnoyes du roy nostre sire, s'opposa à ces criées, le mardi, vint-quatriesme jour de décembre, ou dit an cccc soixante-cinq, afin de distraire et mectre hors des lieux criez, ou cas que comprins y seroit, et est, une maison avec toutes ses veues, aigoustz, aisances et appartenances, appartenant audit opposant à certains justes tiltres et moyens à declairer en temps et lieu, assiz à Paris, près du grant pont, tenant d'une part à une maison que tint feu Thibault de Rueil, et de présent est à Andry Mignon et Robinette sa femme, et d'autre part au Chastellet de Paris; et que en tant que touche la dite maison et ses appartenances, icelles criées soient dictes et declairées nulles, et pour lui conserver la propriété de la dicte maison dessus declairée, et toutes veues, enclaves, aigoustz et autres servitudes qu'il a et peut avoir, à cause de la dicte maison, sur les autres lieux criez, et esleut domicille en son hostel en la rue de Bétisi, près de la cave de Ponthieu. Jacques Rebours, procureur de la ville de Paris, s'opposa à ces criées, le mardi trente-ungnième derrenier jour de décembre, l'an mil cccc soixante-cinq, pour conserver à la dicte ville cent dix solz parisis de rente sur les lieux criez, et pour estre paié d'une année et demie d'arréraiges; et esleut domicille en l'ostel commun de la ditte ville où il est demourant. Frère Guillaume Leflament, religieux et procureur des autres religieux, maistre frères et seurs de l'Ostel-Dieu de Paris, s'opposa à ces criées, le dit jour de mardi, pour conserver au dit Hostel-Dieu quarante solz parisis de rente, sur les lieux criez ou partie d'iceulx, et pour unze années d'arréraiges, et esleut domicille au dit Hostel-Dieu. Robert Chartier, marchant orfévre, bourgois de Paris, s'opposa à ces criées, le dit jour de mardi, pour lui conserver la propriété du dessoubz du dit hostellerie, appellé l'Ostel des Prestres, avec les droits de veues, enclaves, aigoustz, aisances, ouvrouer, sur le pont aux Changes, appartenances d'iceulx, dessoubz d'ostel, selon le droit qu'il en a acquis des doyen et chappitre de l'église Saint-Germain-l'Auxerrois, à Paris, qui icelui dessoubz du dit hostel lui ont transporté, et que, se mestier est, icelui hostel soit distraict des dites criées, en tant que touche le droit du dit Robert, et oultre en tant que mestier seroit et est, pour lui conserver tout tel droit d'ypothecque, recours de garantie et autre qu'il a et peut avoir sur le lieu crié et autre part ailleurs où il appartiendra, pour raison des réparations de maçonnerie, charpenterie et autres choses qu'il a faictes au dit hostel crié, et lesquelles il estoit tenu et obligé faire par le bail qui lui a esté fait par les dits de Saint-Germain, et esleut domicille es dits lieux criez où il est demourant. Le dit Robert Chartier et Grégoire Dubac, sergent à cheval du roy nostre sire, ou Chastellet de Paris, s'opposèrent à ces criées, le dit jour, pour leur conserver la propriété du dit hostel crié, appellé l'Ostel du Parlouer aux Bourgois, et esleurent domicille, c'est assavoir : le dit Robert, en son dit hostel sur le pont aux Changeurs, derrière le dit hostel crié; et le dit Grégoire, en son hostel sur la rivière de Seine, à l'ymaige Saint-Jacques. Andry Mignon, orfévre, nommé au Blanc, soustenant son opposition par lui faicte au dit Blanc pour la propriété de la maison criée où il est demourant, qui lui compecte et appartient par certains moiens à declairer en temps et lieu, s'opposa oultre, le dit jour de mardi, pour lui conserver et garder le droit, servitude et dangier de avaler et tirer vins et vaisseaulx plains et vuides ou cellier, et par la trappe de l'ostel ou maison joingnant, qui est à sire Guillaume Lemaçon et sa femme, laquelle servitude et dangier compecte et appartient à icelui Mignon, par certains moyens à declairer en temps et lieu, et esleut domicille au dit lieu crié où il est demourant. *Idem*, l'an et jour dessus dits, s'opposèrent aus dittes criées les procureurs du roy nostre sire, au dit Chastellet et de la ville, pour les causes plus à plain contenues et declairées en leurs

DEUXIÈME PARTIE.

oppositions genéralles qu'ilz ont acoustumé faire à toutes criées faictes par vertu du dit previlleige. En tesmoing de ce, nous avons faict mectre à ces lettres le scel de la ditte prevosté de Paris. Ce fut faict et extraict le mardi, treizième jour de may, l'an de grâce mil ccc soixante-six.

Signé : BASCUNIER.

N° 6.

1504. — DÉLIBERATION DE L'HOTEL DE VILLE RELATIVE AU PARLOIR AUX BOURGEOIS.

(Reg. de l'Hôtel de Ville, H, 1778, fol. 134 v°).

Le troisième jour de mars mil cinq cens et quatre, en l'assemblée faicte au bureau de l'Ostel de la Ville, où estoient messieurs les prévost des marchans et eschevins, et les procureurs de la ville, sire Jehan Legendre, monsieur le lieutenant civil, maistre Jacques Vauquier, sire Pierre de la Poterne, maistre Jehan Hesselin, conseillers d'icelle ville; sire Michel le Riche, maistre Estienne Simon, sire Jehan Croquet, sire Jehan Paillart, Jacques le Haudoyer, sire Jehan de Lolive, Robert Eschart, quarteniers; Adam Mosle, Robert Cailletel, Thomas de Catilly, Simon Quatrelivres, Jehan d'Aussi, Millet Perret, Pierre Chevalier, Thomas du Ru, Mathieu le Vacher, Huguet Ducloz, Simon Barbedor, Jehan Paulmier, Jehan Baudin, Guillaume Poireau, Patris Godet, Jehan Courtin, bourgeois de la dite ville. — Frère Jehan Clercs, docteur en théologie, et gouverneur des frères prescheurs de ceste ville, monstra unes lettres de chartre du roy nostre souverain seigneur, scellés en cire vert et las de soye, contenant qu'il avoit fait visiter par gens de guerre une allée estant derrière la maison des dis frères prescheurs, depuis la porte Saint-Jacques jusques à la porte Saint-Michel, ensemble le Parlouer aux Bourgeois, qui est entre les deux portes; et luy avoient, lez dis gens de guerre, dit que tout ce ne pourroit prejudicier à la dicte ville. A ceste cause vouloit que l'on baillast les dits lieux aus dits frères prescheurs, plus virent unes lettres missives du roy nostre dit seigneur, adressans aus dis sieurs les prévost et eschevins, par les quelles il leur escripvoit la dépesche des dictes lettres de charte, et qu'il leur prioit souffrir joir les dits frères prescheurs des dits lieux. Et après la lecture des quelles lectres fut conclud, en la dicte assemblée, que l'on devoit avoir esgard au don que le roy nostre dit sire faisoit aus dis frères prescheurs, et au vouloir qu'il avoit en vers eulx; toutesvoyes et pour ce que dont est question, estoit de grant conséquence, estoit besoing d'assembler la plus grant part des plus grans et gens de bien de Paris, et avertir messeigneurs de la court du parlement des choses dessus dis; et ce fait, sera fait response au dit frère Jehan Clères.

Le cinquième jour d'avril l'an mil cinq cens et cinq, après Pasques, en assemblée faicte en la grant salle de l'Ostel de la Ville de Paris, où estoient messeigneurs les prévost des marchans et eschevins de la dicte ville, monsieur le président de la Jare, sire Jehan Le Gendre, monsieur le correcteur Viole, maistre Jehan de Marle, maistre Jaques Vangnier, sire Pierre de la Poterne, maistre Jehan Hesselin, conseiller de la dicte ville, et le procureur d'icelle, sire Jehan de Lolive, maistre Estienne Savin, Jehan Turquain, sire Jehan Croquet, Nicolas Crespy, Pierre Cosse, Jehan Maciet, Denis Godeffroy, Robert Eschars, quarteniers d'icelle ville;

maistres Pierre Emery, Guillaume Chanterel, François Cousinot, Pierre Turquain, examinateur ou Chastellet de Paris; Denis Megissier, Jehan Tronsson, Jehan Pasquier, capitaine des archers de ceste dicte ville; Martin Gouge, Jehan Baudin, Charles Desprez, Audry Fournier, Robert Loys, maistre Hugues Le Loute, Pierre Pichon, Robert Le Lièvre, Guillaume Parent, Pierre Daniel, Guillaume le Jars, Guillaume Chouart, Laurent Lefèvre, Augustin Bougueur, Millet Perrot, maistre Pierre Potin, Pierre Chevalier, Henry Ferbourg, Adam Mosle, né Jehan de Brion, Chardin de la Capelle, m° Genest de Luc, Jehan Langloix, Claude Guillebon, monseigneur de Breslay, et plusieurs autres bourgois de ceste dicte ville, illec assemblez pour avoir conseil sur deux points : le premier est sur ce que nostre souverains seigneur a, par ces lettres-patentes scellées en cire vert et las de soye, promys et octroyé et donné congé, licence et permission aux religieux, orateurs et couvent des frères prescheurs de ceste dicte ville de Paris, de faire construire et édiffier sur une grosse tour appellée le Fief du Parlouer aux Bourgois, estant entre les portes Saint-Jacques et Saint-Michel, et aussi croistre leur jardin jusques à la dicte tour et murailles de la dicte ville, entre les dictes deux portes.

. . . .

Fut deliberé, en ensuivant les deliberations precédentes, que pour ce que les dits frères prescheurs avoient presentez leurs dictes lettres à la court de parlement, et que jà le procureur de la ville avoit baillé mémoires et institutions pour empescher la vériffication des dictes lettres; que il seroit encores mémoires plus amples, les quelz il monstreroit au conseil de la dicte ville, pour s'opposer à la vérification d'icelles lettres, pour ce que c'est le propre héritage de la ville, et que les beaulx, droiz et censives de la dicte ville sont mouvans à cause du dit fief. Et aussi que la dicte tour porroit nuyre à la dicte ville, se les dits frères prescheurs en estoient possesseurs, pour ce qu'elle est sur et hors les murailles de la dicte ville, dedans les fossez, bien neuf toises, dont par quelque temps pourroit venir perte de la ville, actendu que ou dit couvent y a continuellement deux cens religieux ou environ, de plusieurs nascions, qui seroit la destruction des habitans de la dicte ville entre les dictes deux portes.

. . . .

Ensuit la teneur des lettres du roy nostre dit seigneur, touchant le dit Parlouer aux Bourgois :

De par le roy. — Très-chers et bien amez, vous povez avoir veu de ceste heure les lettres de don que avons fait aux religieux, prieur et couvent des frères prescheurs de nostre bonne ville de Paris, de certaine vielle muraille, pour l'acroissement de leur couvent; et aussi pour les lettres que leur avons expressément escriptes le vouloir et affection que avons qu'ilz en joissent entièrement; et néantmoingtz nous avons esté advertiz que encores n'y avez fait aucune chose, dont ne nous povons assez esmerveiller; par quoy et que de plus en plus nous désirons singulièrement qu'ilz puissent apliquer la dicte muraille à l'augmentacion et acroissement de leur dicte église, nous vous en avons bien voulu escripre et advertir, en vous priant et mandant bien à certes que de vostre part consentez à ce qu'ilz joissent de nostre dict don sans plus délayer ne dessimuler la matière, en façon que ce soit, et tant y faictes qu'ilz n'ayent plus cause d'en renvoier par devers nous. Et de ce que y aurez, nous advertissez par nostre amé et féal conseiller et confesseur ordinaire, frère Jehan Clères, lequel nous envoyons expressément par de là, pour estre cause, vous advisant que en ce faisant vous nous ferez très-grant et agréable plaisir, que nous recongnoistrons envers vous quant d'aucunes choses nous vouldrez requérir. Donné à Bloys, le xxiiii° jour de mars. *Ainsi signé* : LOYS.

ROBERTET.

DEUXIÈME PARTIE.

N° 6 *bis*.

4 SEPTEMBRE 1505.

INVENTAIRE DE L'ARTILLERIE DE LA VILLE.

(A. R. K. 982.)

Inventaire de l'artillerie estant en l'Ostel de la Ville de Paris, icellui inventaire fait par moy, Jaques Rebours, procureur d'icelle ville, par l'ordonnance de Messieurs les prevost des marchands et eschevins de la dicte ville.

Et premierement, en une salle par bas du dit Hostel, ont esté trouvez les pièces d'artillerie qui s'ensuivent :

C'est assavoir ung vuglaire affutté, de trois piez de long et de six poulces de calibre, garny d'une chambre, marqué ☰

Item ung vuglaire de xvii poulces de long, affuté, de cinq poulces de calibre, sans chambre, marqué ⋀

Item ung mortier de cinq poulces de volée et quatre poulces de calibre, affutté, marqué aux armes de la dicte ville.

Item ung vuglaire de deux piedz de long, et six poulces et demy de calibre, affutté, sans chambre, marqué ⊞

Item ung mortier de my pié de long et de cinq poulces de calibre, mal affutté, marqué aus dittes armes.

Item ung aultre mortier de xv poulces de long et de six de calibre, affutté, marqué aus dites armes.

Item ung vuglaire de xx poulces de long et de cinq de calibre, affutté, garny de deux chambres, marqué ✛◇

Item ung autre vuglaire de xxii poulces et demy de long, et de cinq de calibre, affutté, garny d'une chambre, marqué ✕

Item ung mortier de xvi poulces de long et de vi de calibre, affutté, marqué aus dictes armes.

Item ung vuglaire de xvi poulces de long et de trois de calibre, affutté, garny de deux chambres, marqué aus dictes armes, et a telle marque ✚

Item ung mortier de quinze poulces de long et de sept de calibre, affutté, marqué aus dictes armes.

Item ung mortier de xvi poulces de long et de vi de calibre, affutté, marqué aus dictes armes.

Item ung autre mortier de deux piedz iiii poulces de long et de vii de calibre, affuté, marqué aus dictes armes.

Item ung autre vuglaire de xxi poulce de long et de quatre de calibre, affutté, garny d'une chambre, marqué aus dictes armes.

Item ung vuglaire de xxii poulces de long et de vi de calibre, garny d'une chambre, affutté, marqué aus dictes armes, et à une telle marque

Item ung autre vuglaire de xvii poulces de long et de quatre de calibre, garny d'une chambre, marqué

Item ung mortier de six poulces de long et de iiii et demy de calibre, affutté, marqué aus dictes armes.

Item ung mortier de quatre poulces demy de long et de quatre de calibre, affuté, marqué aus dites armes.

Item ung mortier de ix poulces de long et d'ung poulce et demy de calibre, affuté, marqué aus dictes armes.

Item ung mortier de unze poulces de long et de deux et demy de calibre, affutté.

Item ung vuglaire de douze poulces demy de long et de trois de calibre, sans chambre, marqué aus dictes armes.

Item une coullevrine de fer de xxxvii poulces de long, et environ ung poulce de calibre garny d'une chambre, affuttée, marquée aus dictes armes.

Item une autre coulevrine de fer de xxvii poulces de long et de ung poulce de calibre, garnye de chambre, mal affuttée, marquée

Item une coullevrine de fer de xxvi poulces de long et d'ung petit poulce de calibre, garnye d'une chambre, affuttée, marquée ausdictes armes de la ville, et à telle marque

Item une coulevrine de fer de xxvii poulces de long et d'ung poulce de calibre, sans chambre, marquée aus dictes armes, et à telle marque

Item une coulevrine de xxii poulces de long, et ung poulce de calibre, garnye de chambre, marquée aus dictes armes, et à une croix et à vire

Item une coulevrine de fer de xxiiii poulces de long, et ung poulce de calibre, sans chambre, mal affuttée.

Item ung vuglaire de xxxiiii poulces de long et de huit de calibre, sans chambre et sans affust.

DEUXIÈME PARTIE. 23

Item ung autre vuglaire de deux piedz cinq poulces de long, sans chambre et sans affust.

Item trois mortiers sans affutz.

Item ung vuglaire de deux piedz de long et deux poulces de calibre, garnye de deux chambres, effuté, marqué aus dictes armes.

Item ung vuglaire de xxxi poulce long et deux de calibre, garny de deux chambres, affutté, marqué aus dictes armes, et à telle marque ✢

Item ung vuglaire de xxv poulces de long et deux de calibre, affutté, marqué ―――

Item ung vuglaire de xvi poulces de long et de trois de calibre, sans chambre, affutté, marqué ⌒

Item un vuglaire de xxvii poulces de long et deux de calibre, sans chambre, affutté, marqué ⌒

Item ung vuglaire de   de long, et de   de calibre, garny d'une chambre, marqué aus dictes armes et à ∫

Item ung vuglaire de xix poulces de long et deux de calibre, garny de deux chambres, affuté, marqué ✡

Item une coulevrine de fer de xxvii poulces de long et ung poulce de calibre, affuttée, marquée |=|

Item ung vuglaire de xx poulces de long et de trois et demy de calibre, garny de deux chambres, affutté, marqué ∧∧

Item deux coulevrines de fer, affuttées, ensemble de xxxii poulces de long, et ung de calibre, sans chambres, marquées à deux oches.

Item deux serpentines, affuttées ensemble, de la dicte longueur et du dict calibre, marquées à trois oches, garniz de chambres marquées / / /

Item deux serpentines de fer, affuttées, ansamble de xxx piedz de long et d'ung poulce de calibre, garnies de chambres, marquées / / /

Item serpentines de fer, affuttées, ensamble de la dicte longueur et calibre, garnies de trois chambres marquées / / /

Item une couleuvrine de fer de xxvii poulces de long, deux de calibre, affuttée, garnye d'une chambre, marquée

Item une coulevrine de fer de deux piedz de long et deux poulces de calibre, sans chambre, affuttée, marquée

Item ung courtault de six poulces de long, garny d'une chambre, qui porte sept pierres, mal affutté.

Item une coulevrine de cuyvre de xxxiiii poulces de long et deux poulces de calibre, affuttée, sans chambre, marquée

Item une coullevrine de fer de xxxi poulces de long, et de deux de calibre, sans chambre, affuttée

Item une coulevrine de xlvi poulces de long et deux de calibre, garnye d'une chambre, affuttée, marquée à trois oches

Item ung faulconneau de xxii poulces de long et trois de calibre, garny d'une chambre, affutté, marqué

Item trente-six hacquebuttes de fer.
Item ung vuglaire de xxxiiii poulces de long et de ix de calibre, sans chambre, affutté.
Item ung autre vuglaire de xxv poulces de long et v de calibre, sans chambre, affutté.
Item ung autre vuglaire de xxii poulces de long et de v de calibre, affutté, sans chambre, marqué

Item trois serpentines de cuivre.

Je, Jehan Raduise, licencié en loix, advocad en parlement, et à present procureur de la ville de Paris, confesse avoir en ma garde et possession les pièces d'artillerie declairez et mentionnez es cinq premiers et demy feuilletz de papier cy-dessus escriptz, laquelle artillerie mes dicts sieurs les prevost et eschevins m'ont faict délivrer par maistre Jacques Rebours, naguieres procureur de la dicte ville.

Faict soubz mon saing manuel, cy mis le iiiie jour de septembre, l'an mil cinq cent et cinq.

Signé RADUISE.

Autre artillerie estans en deux chambres, par hault, d'iceluy Hostel de la Ville.

Et premierement ont esté trouvez, en l'une des dictes chambres, quarante huit grandes arbalestres d'assier.

Item cinq grandes arbalestres d'if.

DEUXIÈME PARTIE.

Item xxvi signolles servans aus dictes arbalestres; plus deux vielles signolles.
Item sept bauldriers de cuyr à bander arbalestres.
Item ont esté trouvez huit coullevrines de cuyvre à mesche et crochet, marquées toutes à telle marque

Plus une coullevrine de cuyvre marquée à telle marque

Une à une telle marque

Une à telle marque

Quatre sans marque.
Une marquée à une nef.

Quatre à telle marque

Plus une petite à une croix de petiz poins tout de cuyvre

Item quinze coullevrines de fer à main, à manchées et à crochet, dont une rompue.
Somme des dictes coulevrines, xxxvii.
Item pavaiz moiens de diverses grandeurs et façons, lxxi; autres grans pavaiz, viii.
Casses de traictz d'arbalestres, et de plusieurs sortes, tout ferré, fors une casse, lxiii.
Demye casse de vielz fers d'abalestre.
Une demye casse de fers d'arbalestre noircis.
Plus six barilz de fers d'arbalestres blancs, enveloppez de chaulx.
Arcs d'if, xi.
Trousses de traits sans lier mal enpané, environ xxx trousses.
Fuz de lances, six qui ont servy et furent à estandars.
Deux estandars et une bannière de tateffas, à la devise de la dicte ville.
Plus ung estandart qui sert aux archers et arbalestriers de la dicte ville.
Memoire de recouvrer les banieres des trompetes qui sont entre les mains du chapitaine.
Deux casses chaussetrappes.
Grans piques de fer sans affuz, xi^c iiii^{xx} v.
Unes grans tenailles.
Molles de pierre d'Ipre à faire plommées, de diverses grosseurs, ix.
Ung mosle de cuyvre à faire les plommées pour faulx coins qui sont en la possession des quarteniers.
Ung grant coffre de six à sept piez de long, ferment à clef.
Un trousseau de cordes d'arbalestres.
Une grant cuve qui sert à faire pouldre à canon.
Tampons de boys plain, une demye queue et ung muy.
Deux engins à faire cordes d'arbalestres.

Barilz de pouldre à canon, la quantité de soixante et quatre.
Deux coffres à plusieurs boites, garnys en partie, de plommées de diverses grosseurs.

Je, Jehan Raduise, licencié en loix, advocat en parlement, et à present procureur de la ville de Paris, confesse avoir en ma garde et possession les pièces d'artillerie estans en deux chambres par hault, qui sont contenuz et declairez en ce present feullet et au prouchain precedent, laquelle artillerie mes dictz sieurs les prevost et eschevins m'ont faict delivrer, par maistre Jacques Rebours, naguières procureur de la dicte ville, ensemble les clefz des dictes deux chambres. Faict soubz mon saing manuel cy mis le IIIe jour de septembre, l'an mil cinq cent et cinq.

Signé RADUISE.

Je, Jehan Raduise, licencié en loix, advocad en parlement, et à present procureur de la ville de Paris, confesse avoir en ma possession et garde plusieurs procedures et exploitz touchant les affaires de la dicte ville, estans en ung comptouer, au bout de la salle des quartiniers, lesquelles procedures et exploitz m'ont esté baillez par maistre Jacques Rebours, de l'ordonnance de Messieurs les prevost et eschevins, sans inventoirier, ensemble la clef du d. comptouer, dont je promes faire bonne garde. Faict soubz mon saing manuel, cy mis le IIIe jour de septembre, l'an mil cinq cent et cinq.

Signé RADUISE.

Je, Jehan Raduise, licencié en loix, advocad en parlement, et à present procureur de la ville de Paris, confesse avoir eu en ma possession et garde plusieurs tentes et apparoirs d'iceulx, estans en une salle basse dicte la fonderie, dont inventoire sera cy après faict ; lesquelles tentes et apparoirs Messieurs les prevost et eschevins m'ont faict delivrer par maistre Jaques Rebours, naguieres procureur de la dicte ville. Fait soubz mon saing manuel, cy mis le IIIe jour de septembre, l'an mil cinq cent et cinq.

Signé RADUISE.

N° 7.

1529. — EXTRAITS DES REGISTRES RELATIFS AU NOUVEL HOTEL DE VILLE.

(A. R. Reg. H, 1779.)

ACHAT DE MAISONS.

(Fol. 37 v°.)

Du lundi tresiesme jour de décembre, mil cinq cens vingt-neuf

Au petit bureau, ou quel estoyent les prevost des marchans et quatre eschevins, le bailly Morin, Me Germain de Marle, Montmiral et de Thou, a esté remonstré à mon dit sieur le gouverneur que une maison prochaine de ceste maison de ville qui fut feu Me Francoys de la Barriere, et autres tenant à icelle, sont grandement necessaires pour la dicte ville et qu'elles ne se pevent avoir par achapt des particuliers ausquels elles sont de present, parce qu'il y a plus de cinquante particuliers y pretendans, et qu'il estoit besoing avoir lettres patentes du Roy pour avoir par justice les dictes maisons en les recompensant de la juste valleur.

Du mercredy, neufiesme jour de mars mil cinq cens vingt-neuf.

En assemblée, ce jourd'hui, faicte au petit bureau des prevost des marchans et eschevins et deux lieutenans d'iceulx, a esté deliberé que messieurs se transporteront par de vers le tresorier de France pour luy faire des remonstrances de la chaussée de Challuau, et se il ne se veult accorder luy seront menez des notaires pour en avoir instrument....

Quant aux maisons nécessaires et contigues de la dicte ville et qu'elles pretend avoir, a esté advisé qu'il faut offrir maison pour maison, ou argent, selon la prisée qui en sera faicte.

ADJUDICATION DES TRAVAUX.
(Fol. 140 r°.)

Du xxiv aoust M V^c XXXIII.

Sur le faict du bastiment neuf du dit Hostel de Ville, avoient esté appellez avec la dicte compagnie messire Me Thomas Raponel s^r de Bandeville, Simon Chicault argentier et autres gens experts en matière de bastimens, et a esté mis en deliberacion, si pour les gros murs, hors la menuiserie, qu'il convient faire ou dit hostel de ville neuf, l'on doit marchander à la toize, ou continuer à la journée, ainsi qu'il a esté advisé par cidevant, sur quoy a esté advisé que les murs et closures qui se devoient faire en plain ouvrage, se devoient bailler à la toise, et la ville doibt fournir de toutes matières; et la menuiserie des dits ouvrages se baillera à la journée....

SCULPTURES DE L'HÔTEL DE VILLE NEUF.
(Fol. 138 r°.)

Du vendredy, xive jour de juing, ou dit an M V^c XXXIV.

Aujourd'huy, au petit bureau, au quel estoient messieurs les prevost des marchans et eschevins de ceste ville de Paris, a esté ordonné que pour diviser les histoires qu'il convient mectre es rondz estans au corps d'Hostel neuf de la dicte ville, en sera paié à maistre Thomas Choquet, à ce commis et qui en a prins la charge, la somme de quatre livres tournois pour pièce.

Item, à Charles   painctre, (*sic*) pour paindre les dictes histoires, pareille somme de IIII l. t. pour pièce, lequel painctre en a prins la charge.

TRAVAUX ET OUVRIERS.
(Fol. 150 v°.)

Ce dit jour, mon dit sieur le prevost des marchans a remonstré à Me Pierre Sambiches, Jacques Arasse, Jehan Asselin, Loys Caqueton, et Dominique de Courtonne qu'ilz facent doresenavant plus grande dilligence, d'avoir esgard sur les ouvriers besongnans au faict de l'ediffice et bastiment de l'Hostel neuf de ville, et qu'ils ne voisent disner ensemblement; à ce que partie d'eulx soient ordinairement pour avoir resgard sur touz les dits ouvriers, si tous ensemblement ne peuvent estre....

Du vendredy, second jour d'avril M V^c XXXV.

En assemblée ce jourd'huy faicte en l'Hostel de ceste ville de Paris, de messieurs les prevost des marchands, eschevins et conseillers d'icelle, en laquelle sont comparuz messieurs Tronson, prevost des marchands, de Braguelongue, Courtin, Quinette, etc., etc.

Sur le faict du bastiment a esté advisé qu'il seroit bon que quatre de messieurs les conseillers de l'Hostel de Ville soient deputez pour assister avec messieurs les prevost des marchans, eschevins, pour oyr les differens des maistres des œuvres touchant le different du bastiment; et pour ce ont esté esleuz par la compagnie messieurs Luillier, Violle, de Marle, et Larcher.

N° 8.
23 AVRIL 1533. — ÉGLISE DU SAINT-ESPRIT.
(A. R. K. 984.)

François, par la grace de Dieu, roy de France, à tous ceulx qui ces presentes lettres verront, salut. Comme pour la décoration de nostre bonne ville de Paris, ville cappitalle de notre royaulme, nous eussions piéca ordonné à noz tres-chers et bien-amez les prevost des marchans et eschevins de nostre dicte ville, faire croistre, eslargir, bastir et reediffier de nouveau l'Hostel commun d'icelle, en ensuivant laquelle nostre ordonnance, les dict prevost des marchans et eschevins, auroient faict faire ung pourtraict de la forme et devys du bastiment du dict Hostel, lequel ils nous auroient monstré, et l'ayant trouvé agréable, nous leur aurions de rechef commandé y faire besongner à toute diligence; et pour ce que oultre les maisons qu'ilz ont puis naguères acheptées pour l'eslargissement du dit bastiment, il leur est encores besoing avoir et recouvrer la saillye de l'eglise du Saint-Esprit, qui est joignant la saillye du dict Hostel, estant de largeur jusques au portail de la dicte eglise, tenant d'une part à la dicte saillye d'icelluy hostel commun, et d'autre à une maison que tient à present Phillibert Roullart, sur laquelle saillye y a ung grand grenier que ceulx du dict Saint-Esprit louent à certains particuliers, et avec ce leur est aussi besoing avoir et recouvrer une autre maison que tient ung mareschal, laquelle soulloit appartenir à Denis Drouet, barbier, estant en ung costé de la rue de Sainct-Jehan-en-Grève, à l'opposite des dictes maisons jà acheptées par les dits prevost et eschevins; et combien que iceulx prevost des marchans et eschevins veullent pour le recouvrement des dictes maisons et saillies, bailler bonne, suffisante et raisonnable recompense aux dicts de gens de bien, neantmoins ils doubtent que sans nostre permission et voulloir les detenteurs et propriétaires des dictes choses facent refuz de les bailler, ou pour l'urgente nécessité et besoing qu'ils voient et congnoissent que l'on en a, les faire surachapter oultre leur juste prix et valeur, humblement nous requerant sur ce leur pourvoir de nostre grace, savoir faisons que nous desirons singulièrement la perfection et accomplissement du bastiment et edifice du dict hostel commun, et noz voulloir, intencion et ordonnance estre sur ce ensuiviz, à iceulx prevost des marchans et eschevins, pour ces causes et autres à ce nous mouvans, avons permis et octroyé, permettons, octroyons, voullons et nous plaist qu'ilz puissent et leur loise prendre et appliquer au dit bastiment et ediffice d'icelluy hostel commun, les saillye et maison cy-dessus declarez, specifiez et designez, en baillant préallablement aux détenteurs et propriétaires d'iceulx bonne, suffisante et raisonnable récompense, selon le dit et jugement et oppinion de gens de bien et de conscience, que pour ce faire seront appellez. Si donnons en mandement par ces mesmes presentes, à noz amez et féaulx les gens de nostre cour de Parlement de Paris, par devant lesquelz les dicts prevost des marchans et eschevins ont leurs causes commyses, que de noz presens grace, permission, octroy et voulloir ilz facent, souffrent et laissent iceulx prevost des marchans et eschevins joyr et user plainement et paisiblement; cessans et faisans cesser tous troubles et empeschemens à ce contraires, et à faire et souffrir ce que dessus, contraignent ou facent contraindre les dictz detenteurs et propriétaires, en cas de reffuz ou delay réaument, et de faict, icelles recompenses préalablement consignéez nonobstant oppositions ou appellations quelconques pour lesquelles ne voullons estre différé. Car tel est nostre plaisir, nonobstant comme dessus, et quelzconques ordonnances, restrinctions, mandemens ou deffences à ce contraires. En tesmoing de ce, nous avons faict mectre nostre seel à ces dictes présentes. Donné à Fontainebleau, le vingt-troysiesme jour de avril, l'an de grace mil cinq cens trente-troys, et de notre règne le dix-neufviesme. Par le Roy, *signé* BRETON, *avec paraphe*.

N° 9.

6 AOUT 1534. — BATIMENT DE L'HOTEL DE VILLE.
(A. R. K. 984.)

François, par la grace de Dieu Roy de France, au prevost de Paris ou à son lieutenant, salut. Receue avons l'humble supplication de noz très-chers et bien amez les prevost des marchans, eschevins et habitans de ceste nostre bonne ville et cité de Paris, contenant que pour la construction et ediffice de leur Hostel de Ville que leur avons ordonné faire faire en ceste dicte ville, qui sera somptueux et des plus beaulx que l'on saiche, nous leur avons permis et accordé qu'ilz y puissent convertir et employer les deniers communs, dons, aides et octroiz que leur avons donnez et conceddez pour les reparations, fortiffications et emparemens de la dicte ville; et pour ce que despuis nous avons ordonné que la moictié de semblables deniers communs, dons et aides des villes de ce royaume, seroient prins et apportez aux coffres de nostre chasteau du Louvre, à Paris, pour estre mis et employez où l'avons ordonné; et que pour le regard et consideration que nous avons eu de la grande et extresme despence qu'il conviendra faire aus dicts prevost des marchans, eschevins et habitans, supplians pour le dict ediffice et construction du dict Hostel de Ville, nous les avons exceptez et reservez par nos lettres-patentes cy attachées soubz nostre contre scel, de bailler la dicte moictié de leurs dicts deniers communs, et voulu qu'ilz leur demourassent pour convertir au dict ediffice. A present nous ont dit et remonstré que deux choses sont très-utiles et nécessaires, et sans lesquelles la chose publicque de la dite ville tumberoit en grande necessité, comme nous-mesmes l'avons veu et cogneu durant que nous avons esté en ceste dicte ville. C'est assavoir la construction et entretenement des fontaines qui viennent en la dicte ville, et des voys et chaussées qui sont le long de la rivière de Seine en icelle. Et davantaige ont plusieurs autres repparations à faire et entretenir en la dicte ville qui sont très-necessaires, à quoy ilz ne sauroient satisfaire ne fournir, sans y convertir et employer des dicts deniers communs, dons, aides et octroiz qui leur sont ordonnez pour le dict ediffice et construction du dict Hostel de Ville; ce qu'ilz ne pourroient ne vouldroient faire sans nostre congée et licence, humblement les nous requerant. Nous à ces causes qui voulons et desirons toutes les choses qui sont utiles et necessaires pour la comodité, emparement et utilité de la dicte ville et chose publicque d'icelle estre faictes, entretenues et contynuées, congnoissans que les dits prevost des marchans et eschevyns ont bon zelle et affection à l'entretenement et augmentation de la dicte ville. A iceulx pour ces causes et inclinant liberallement à leur requeste avons permis et octroyé, permettons, octroyons, voullons et nous plaist de nostre grâce especiale par ces presentes, qu'ilz puissent et leur loise convertir et employer de leurs dicts deniers communs, dons, aydes et octroiz qu'ilz ont et lievent par permission de nous aus dicts ediffices, repparations et entretenemens des fontaines de la dicte ville et des dictes hayes et chaussées qui sont en icelle, le long de la dicte rivière de Seyne, et autres nécessaires et urgens affaires d'icelle, ne delaissant ne discontynuant par ce les ouvraiges du dict Hostel de Ville, que voullons et entendons estre contynuez comme ilz sont commencez. Et voullons que les dicts deniers qu'ilz employeront et convertiront es choses dessus dictes soient passez et allouez es comptes de leur receveur et miseur qui en aura faict la despense, tout ainsi et par la forme et manière, et soubz les mêmes clauses, conditions et reformations qui sont contenues et declairées en nos dictes lettres-patentes cy attachées ; comme dict est, desquelles et du contenu en ces dictes présentes, vous mandons et expressement enjoignons que vous faictes, souffrez et laissez les dicts prevost des marchans, eschevins et habitans de nostre dicte ville de Paris, joyr et user plainement et paisiblement, sans sur ce leur donner ne souffrir donner empeschement. En mandant en oultre à noz amez et feaulx les gens de noz comptes ainsi le faire sans difficulté, car tel est nostre plaisir, nonobstant que par nos dictes lettres premières et dernières soit dit que les dicts deniers ne seront convertiz que au dict edifice de l'Hostel de Ville ; que ne voullons quant à ce avoir lieu et quelzconques autres ordonnances, restrictions, mandemens ou deffences à ce contraires. Donné à Paris, le sixième jour d'aoust, l'an de grâce mil cinq cens trente-quatre, et de nostre règne le vingtiesme.

Par le Roy, Signé DORNE, avec paraphe.

N° 10.

1536. — ORDRE DU ROI FRANÇOIS Ier POUR LA CONTINUATION DES TRAVAUX DE L'HOTEL DE VILLE.

(A. R. H. Reg., 1779 fol. 309.)

Du dimanche, jour N. D., VIIIe jour du dit moys de septembre M V XXXVI.

Suivant ce que nous mande par ses lettres missives le dit sieur connestable, sont partiz de ceste ville de Paris messire de Thou, prevost des marchans, Paillard de Hacqueville, eschevins, les greffiers et procureurs d'icelle ville, et arrivez au dit lieu de Saint-Germain-en-Laye, ou quel lieu, environ l'heure de douze heures, presentés par mon dit sieur le connestable, ilz ont fait la reverance au Roy, estant à Saint-Germain-en-Laie, en sa chambre, et a proposé le dit sieur prevost des marchans, en la manière qui ensuit : [*Remerciemens à Dieu d'avoir ramené le Roi sain et sauf d'un si long voyage et de l'avoir sauvé des périls de la guerre.*]

Le seigneur Roy a fait responce qu'il estoit joyeulx de ce que ses subjectz entendoient que ce qu'il avoit fait, il l'avoit fait comme ung bon Roy doit fere pour ses subjectz. Et quant aux habitanz de Paris, il les tient pour ses bons et loiaulx subjectz.

Ce fait, a ordonné aux ditz prevost des marchans et eschevins, que en toute diligence possible ilz fissent parachever le bastiment du quay pour passer du Louvre aux Tuilleries, et qu'il trouvast l'ouvrage paracheve dedans brief temps qu'il esperoit aller à Paris.

Et dict aussi qu'il entend que l'on continue le bastiment de l'Hostel de la Ville, attendu que sommes en temps de paix, etc.....

N° 11.

17 AVRIL 1537. — HOTEL DE VILLE.

(A. R. K. 984.)

LETTRE DE FRANÇOIS Ier AUX PRÉVÔT DES MARCHANDS ET ÉCHEVINS DE LA VILLE DE PARIS, QUI LEUR ORDONNE DE CESSER LES TRAVAUX DE L'HÔTEL DE VILLE.

Très-chers et bien amez,

Pour aucunes causes à ce nous mouvans, nous voullons, vous mandons, très-expressement enjoignons que vous avez à cesser, faire cesser et superceder les bastimens que avez encommenez tant es Hostel de nostre bonne ville de Paris que autres lieux et endroictz d'icelle, le tout jusques à ce que par nous autrement en soit ordonné; s'y n'y faictes faulte, car tel est nostre plaisir.

Donné à Hesdin, le XVIIᵉ jour d'avril MVᶜ XXXVII.

Nº 12.

6 SEPTEMBRE 1539.

OUVRAGE DE CHARPENTE DE L'HÔTEL DE VILLE.

(A. R. K. 985.)

C'est le deviz des ouvraiges de charpenterye qu'il convient faire pour messeigneurs les prevost des marchans et eschevins de la ville de Paris, en leur Hostel de Ville, en ung corps d'ostel estant sur la ruelle Sainct-Jehan, lequel contient vingt-quatre toises de longueur ou environ, sur vingt piedz et demy de largeur, le tout dedans œuvre, pour faire la charpenterie de deux planchers l'un sur l'autre, et le comble au-dessus et esgoutz sur la dicte ruelle Sainct-Jehan et sur la cour, le tout ainsi et en la manière qui s'ensuit:

Et premierement faire la charpenterye du premier plancher au-dessus du rez-de-chaussée, peuplé de douze travées de solives d'eschantillon, taillées en troys sens, de deux coignées, de sept poulces de largeur et six poulces d'espoisseur, espacées, autant plain que vuide; et mectre sablières au long des murs, pour porter le bout des solives taillées de deux sens, de huit poulces de haulteur et sept poulces d'espoisseur, et y faire eriger toutes les enchevestrures qu'il y appartiendra es lieux où sera advisé pour le myeulx.

Item faire ce deuxiesme plancher au-dessus du rez-de-chaussée, garny de huit poultres par wye de longueur qu'il appartiendra, taillées en troys sens, de deux coignées, de seize à dix-sept poulces de fourniture, et *reffeullées* par dessus, pour mectre lambourdes, jointives, de longueur qu'il appartiendra, taillées de quatre poulces d'espoisseur, et dix poulces de haulteur; et mectre sablières au long des murs pour jointer le bout des solives taillées de unze poulces de hauteur, et cinq poulces d'espoisseur, portant moullures; et peupler le dict plancher de douze travées de sollives d'eschantillons, taillées en troys sens, de deux coignées, et rabotées de sept poulces de largeur et reffeullées par-dessus, de cinq poulces d'espoisseur, mises et ambruvées aus dicts lambourdes et sablières à *mordans* par wye; et couvrir les entrevoux d'aire rabottez et clouez sur les dictes solives et espacées à demy-pied près l'une de l'autre; et faire et eriger au dict plancher toutes les enchevestrures es lieux où sera advisé pour le myeulx.

Item faire la charpenterye du comble du dict corps d'ostel, à esgoutz sur la dicte ruelle Sainct-Jehan et sur la court, mectre double sablière tout le long des murs du dict corps d'ostel, tant d'un costé que autre, et assembler les unes avec les autres, ainsi qu'il appartient, et mectre des entretoises par wye assemblées à tenons et à mortoises, aus dictes sablières pour icelles servir d'ouverture, taillées en tous sens, de sept poulces d'espoisseur et huit poulces de largeur; et sur icelles sablières, plates formes, mectre et assembler des bouquetz espassez, ainsi qu'il appartient, de largeur qu'il appartiendra, taillez en tous sens de sept à huit poulces de fourniture et mis à queue d'aronde sur les dictes sablières; et sur iceulx bouquetz assembler quinze maistresses fermes, chacune garnye de deux *chenons*, chacun de quatre toises et demye de longueur ou environ, taillées en tous sens, de sept poulces de largeur et six poulces d'espoisseur par le gros bout, en dymynuant d'un poulce sur chacun costé par le menu bout, auquel y aura des bosses par wye, pour retailler le cintre de l'ance de panyer, et assembler à chacune des dictes fermes ung *entref* de longueur qu'il appartiendra, et taillé de six poulces et demy d'espoisseur, et sept poulces et demy de haulteur, avec un petit entref au-dessus, taillé de six à sept poulces de fourniture; et mectre jambettes et esseliers de longueur qu'il appartiendra, taillez et cintrés, ainsi qu'il appartient et assemblez à tenon et à mortoise aus dicts bouquetz, chenons et entrefz. Aussi mectre et assembler à chacune des dictes maistresses fermes ung poinçon de longueur qu'il appartiendra, taillé en tous sens de deux coignées, de huit poulces de largeur et six poulces et demy d'espoisseur, assemblé à la poincte des dictz chevrons; et sur le grand entref, entre les dictes fermes, assembler des festes et lyernes pour icelles servir d'ouverture, taillez en troys sens, de sept à huit poulces de fourniture, et assembler les dictes lyernes à queue d'esronde ou mordant aux entrefz des fermes cy-après declairées; et assembler entre les dites lyernes et festes des croix Sainct-Andry mises à tenons et à mortoises aus dictes lyernes et festes, pour icelles tenir en lyaison; et aussi faire la charpenterye des fermes qui seront par wye entre les dictes maistresses fermes, ainsi que demonstre le pourtraict, jusques au corps d'ostel de la grant rue Sainct-Jehan portées sur *boucquetz* taillées en tous sens de sept à huit poulces de fourniture, et sur iceulx bouquetz assembler des chevrons de longueur qu'il appartiendra, taillez en tous sens, de deux coignées, de six poulces d'espoisseur et sept poulces de largeur par le gros bout, en dymynuant d'un poulce par le menu bout en tous sens, couplez par hault, à tenon et à mortoise l'un avec l'autre, et à deux entrefz par wye, dont l'un taillé de six poulces et demy d'espoisseur, et sept poulces et demy de haulteur, et l'autre de six à sept poulces de fourniture; et aussi assembler à chacune des dictes fermes des jambettes et *esselliers* taillez et cintrez ainsi qu'il appartient, en forme d'ance de panyer, assemblez à tenon et à mortoise aus dictz *bouquetz*, chevrons et entrefz; et au bout du dict corps d'ostel de la dicte ruelle Sainct-Jehan, fault faire une couppe à esgoult sur la dicte rue Sainct-Jehan, garnye de son *héritier* et empanons, tailliez et delardez après leurs pens, de l'espoisseur et largeur que les chevrons du dict comble assemblez à tenon et à mortoise, ainsi qu'il appartient et sur bouquetz portez sur doubles sablières, mis à *mors d'asne*, à queue d'esronde par wye e receuz sur jambettes, *entrefz* et *essilliers*; et aussi faire la charpenterye de la noue, du costé de la court garnye de son *cohéritier*, taillé et delardé après les pens portez sur *bouquetz* et petis chevrons, assemblez à la dicte noue, portant *entrefz* et *essiliers*, ceulx qui le pourront porter; et le tout taillé de deux coignées et des espoisseurs et largeurs que les chevrons du comble du dict corps d'ostel.

Item faire une travée de comble, tirant par forme d'esquerre depuis la dicte couppe, le long du corps d'ostel de la grant rue Sainct-Jehan, de dix à unze piedz de longueur ou environ, garnye de plate forme par le bas, et pareille fourniture que les plates formes du comble du corps d'ostel de la ruelle Saint-Jehan; et sur icelle plate forme mectre et assembler cinq fermes dont les deux porteront poinçons où seront assemblez les lyernes et festes de la dicte travée et chevallet, chacune ferme garnye de deux chevrons percez sur *bouquetz*, jambettes, entrefz et *esselliers* taillez et cintrez en façon de anze de panyer, de pareille sorte, façon et ordonnance que le comble du corps d'ostel de la ruelle Sainct-Jehan.

Item fault mettre des *royaulx* tout le long du comble du corps d'ostel de la dicte ruelle Sainct-Jehan, du dict costé de la dicte ruelle Sainct-Jean seullement.

Item mectre ung *bousseau* rond sur le couronnement des chevrons de tout le comble.

Item faire la charpenterye de derrière des lucarnes qui seront faites de maconnerye, garnyes de sablières, fermettes *moullets*, et empanons, le tout assemblé de la forme et manière du comble devant declairé.

Pardevant Jehan Quentin et Jean Cordelle, notaires du roy notre sire ou Chastellet de Paris, furent présens en leurs personnes noble homme et saige maistre Augustin De Thou, conseiller du roy nostre dict seigneur, et président des enquestes de la court du parlement, prevost des marchans, honorables hommes sires Jehan Croquet, Guillaume Daves, marchans bourgeois de Paris, noble homme et saige maistre Anthoine Le Comte, conseiller du roy nostre dict seigneur, ou Chastellet de Paris, et honorable homme sire Jehan Parfaict, aussi marchant bourgeois de Paris, eschevins de la dicte ville de Paris, d'une part, et Jehan Huillot, maistre charpentier à Paris, d'autre part, lesquelles parties recongnurent et confessèrent avoir fait et font les marchez et obligacions qui s'ensuivent : c'est assavoir le dict Jehan Huillot avoir faict marché aus dictz seigneurs de faire bien et deuement au dit d'ouvriers et gens à ce cognoissans, tous et chacuns les ouvraiges de charpenterye cy devant declairez en ce present deviz ; et pour ce faire querir et livrer tout le boys eschaffaulx et autres choses qu'il conviendra pour ce faire. Ce marché et convenant faitz moyennant et parmy la somme de deux mil deux cens trente cinq livres tournoys, que les dictz seigneurs prevost et eschevins en seront tenuz et promectent faire payer par noble homme maistre Phelippes Macé, notaire et secrétaire du roy nostre dict seigneur, et receveur de la dicte ville au dict Jehan Huillot, au feur et ainsi qu'il fera les dictz ouvraiges qu'il promect et engaige faire et parfaire bien et deuement, comme dict est, dedans la my caresme prouchainement venant. Promettant, etc., obligeant es dictz noms chacun en droict soy, etc., renonçant, etc. Faict et passé doubles cestuy pour les dictz seigneurs prevost et eschevins, l'an mil cinq cens trente-neuf, le samedi sixiesme jour de septembre.
Signé Cordelle *et* Quetin.

N° 13.

10 AVRIL 1540, APRÈS PASQUES.

COUVERTURE DE L'HÔTEL DE VILLE. — PAYEMENT DE DIX-SEPT MILLIERS D'ARDOISES.

(A. R. K. 985.)

De par les prevost des marchans et eschevins de la ville de Paris, maistre Philippe Macé, notaire et secrétaire du roy et receveur de la ditte ville, commis au payement des fortifications et bastiment de l'Ostel de la dicte ville, nous vous mandons que payez, baillez et delivrez à Jehan Penelle, couvreur, demeurant à Paris, la somme de quatre-vingt-quinze livres cinq solz, quatre deniers tournois, que luy avons ordonnée par l'acquict cy ataché signé de nous, du II° jour d'avril dernier, pour l'achapt de dix-sept milliers, ung cent d'ardoises, nonobstant que le dict acquict du dict II° avril dernier ne soit signé de maistre Pierre Perdrier, greffier de la dicte ville, pour son absence du bureau, sans lequel consentons la dicte somme de IIII^{xx} xv l. xv s. IIII d. estre allouée en voz comptes et rabatue de vostre dicte recepte partout où il appartiendra. Donné au bureau de l'Ostel de la dicte ville, soubz noz signetz, le dixiesme jour d'avril, l'an mil cinq cens quarante, après Pasques.
Signé Pethou, Traquet, Gaves *et* Parfaict.

N° 14.

1540. — Ms.

MARCHÉ DE COUVERTURE DE L'HÔTEL DE VILLE DE PARIS.

(A. R. K. 985.)

Pardevant Jehan Quentin et Jehan Cordelle, notaires du roy nostre sire, ou Chastellet de Paris, furent presens :

Nobles hommes maistres Estienne de Montmiral, conseiller du roy nostre dict seigneur, prevost des marchans; Anthoine Lecomcte, aussi conseiller du roy nostre dict seigneur ou dict Chastellet, et honorables hommes sires Jehan Parfaict, Guillaume Legras, marchans, bourgeois de Paris, et Guichard Courtin, aussi bourgois de Paris, eschevins de la dicte ville de Paris, d'une part, et Jehan Penelle, maistre couvreur de maisons à Paris, d'autre part. lesquelles parties recongnurent et confesserent avoir faict et font les marchez et promesses qui s'ensuyvent, c'est assavoir : le dict Jehan Penelle avoir promis et promect aus dictz prevost des marchans et eschevins de faire pour eulx, ou dict nom, bien et deuement, au dit des maistres des œuvres de la dicte ville et autres ouvriers, et gens à ce congnoissans, tous les ouvraiges du dict mestier de couvertures qu'il convient à present et conviendra cy-après faire en l'Hostel de la dicte ville, encommancé à faire, et qui après se continueront en icelluy Hostel de Ville. Et sera tenu le dict Jehan Penelle querir et livrer engins, cloud et ardoise, et cloud à latte et peine d'ouvriers et aydes. Et les dictz prevost des marchans et eschevins luy seront tenuz quérir et livrer ardoize, lattes, chanlattes et contrelattes, qu'il conviendra pour faire les dictes couvertures. Ce marché faict moyennant et au pris de vingt-deux solz six deniers tournois chacune toise des dictz ouvraiges, à tezer aux us et coustumes de Paris; le quel pris les dictz prevost des marchans et eschevins ont promis, promectent et gaigent ou dict nom, bailler et payer au dict Jehan Penelle ou au porteur, etc., au feur et ainsi qu'il fera les dictz ouvraiges, les quelz ouvraiges le dict Jehan Penelle promect et gaige faire et parfaire bien et deuement au dit des maistres des euvres de la dicte ville et autres ouvriers et gens à ce congnoissans, comme dit est, à la plus grant dilligence que faire se pourra, et ainsi qu'il lui sera ordonné et commandé par les dictz prevost et eschevins et leurs successeurs. Et icelle couverture faire de troys poulces et demy d'eschantillon, promectant, etc., obligeant es dictz noms, chacun en droict soy, etc., renonçant, etc. Faict et passé doubles cestuy pour le dict Jehan Penelle, l'an mil cinq cens quarente, le samedi, treiziesme jour de novembre.

Signé, QUENTIN et CORDELLE.

N° 15.

15 JUIN 1541.

OUVRAGE DE CHARPENTE DE L'HÔTEL DE VILLE.

(A. R. K. 985.)

C'est le deviz des ouvraiges de charpenterye qu'il convient faire pour messieurs les prevost des marchans et eschevins de la ville de Paris, en la maison de la dicte ville, en une partie de ung corps d'ostel, estant du costé de la rue Sainct-Jehan, entre la viz qui est du costé de la dicte rue Sainct-Jehan, qui est jà couverte, et du grant escallier qui est près le grant corps d'ostel de devant, laquelle partie du dict corps d'ostel contient vingt-six pieds et demy de largeur, sur huit toises de longueur ou environ, le tout ainsi et en la manière qui s'ensuyt :

Et premierement : fault faire deux planchers, l'un sur l'autre, dont le premier estant au-dessous du rez-de-chaussée, garny de deux poultres par wye, de longueur qu'il appartiendra, taillées en troys sens, de deux coignées de dix-sept poulces de fourniture, et peupler le dict plancher de quatre travées de solives d'eschantillon, taillées en troys sens, de deux coignées, de sept poulces de largeur et de six poulces d'espoisseur, et espacées autant plain que vuide; et mectre sablières au long des murs pour porter le bout des solives taillées en deux sens; et faire et eriger au dict plancher toutes les enchevestrures qu'il luy appartiendra pour passer les chemynées.

Item, faire la charpenterye du deuxiesme plancher, garny de troys poultres par wye, de longueur qu'il appartiendra, taillées en troys sens, de deux coignées, de dix-sept poulces de fourniture, et refeullées par-dessus pour mectre lambourdes, jointisses, de longueur qu'il appartiendra, et de quatre poulces d'espoisseur; et peupler le dict plancher de quatre travées, de solives taillées en troys sens, de sept poulces de largeur et refeullées par-dessus, de cinq poulces d'espoisseur, mises et ambruvées dedans les dictes lambourdes et sablières, qui seront au long des murs; les quelles sablières seront de cinq poulces et demy d'espoisseur, et de unze poulces de haulteur. Et mectre partie des dictz solives à mors d'asne aus dictes lambourdes et sablières, et espassées à demy-pied l'une de l'autre ; et faire et eriger toutes les enchevestrures qu'il y appartiendra pour les chemynées; et couvrir les entrevoux du dit plancher d'aiz rabbottez et clouez sur les dictes solives.

Item, faire la charpenterye du comble : au-dessus mectre doubles sablieres le long des murs, de longueur qu'il appartiendra, pour servir de plates-formes, taillées en tous sens de deux coignées; de sept poulces d'espoisseur et huit poulces de largeur; et assembler des entretoises entre les dictes sablieres, pour icelles tenir d'ouverture, et mectre boucquetz sur les dictes sablieres, partie à mors d'asne, partie à queue d'esronde, pour servir de porter le bout des chevrons et jambettes cy-après declairez, taillées en tous sens de deux coignées, de sept poulces d'espoisseur et de huit poulces de largeur, et espassées par les dictes plates-formes de troys à la latte. Et assembler sur les dictz bouquetz les fermes ainsi qu'il appartiendra, garnys chacun de deux chevrons de longueur qu'il appartiendra, taillées en tous sens de six poulces et demy de largeur, cinq poulces et demy d'espoisseur par le gros bout, en dymynuant d'un poulce sur chacun costé, par le menu bout chacune ferme garnye d'un gros entref, taillé en tous sens, jambettes, esseliers, le tout taillé après les chevrons, et le tout cintré à ance de pennier, ainsi qu'il appartient; et au-dessus du dit gros entref assembler ung petit entref de longueur qu'il appartiendra, à tenon et à mortoize dedans les dictz chevrons; et mectre et assembler aux maistresses fermes ung poinçon de longueur qu'il appartiendra, assemblés sur le gros entref par bas, et aux chevrons par haut; et aussi assembler entre les dictes maistresses fermes et dedans les poinçons, des festes et lyernes, dont les dictz lyernes seront à mors d'asne au gros entref des fermes; et aussi mectre et assembler entre les dictz festes et lyernes, à chacune travée, une lyaison faict en façon de croix Sainct-Andry, pour le dict comble tenir en lyaison, et le tout assembler ainsi qu'il appartiendra; et aussi faire et ériger audict comble les enchevestrures de deux lucarnes, du costé de la court, et faire la charpenterye du comble de dessus les dictes lucarnes, garnye de sablieres et fermettes assemblées à troys quartiers, *voulletz* et empanons, et mectre *bousseaulx* arondis sur le couronnement des dictz chevrons, et de la longueur du dict comble ensemble sur le couronnement des chevrons des lucarnes.

Furent presens honorables hommes sires Jehan Parfaict et Guichard Courtin, bourgeois de Paris, et eschevins de la ville de Paris, d'une part, et Jehan Huillot, charpentier de la grant coignée, demourant à Paris, d'autre part, lesquelles parties, mesmes les dictz Jehan Parfaict et Courtin, ou nom et comme eulx faisans forts de noble homme et saige maistre Estienne de Montmirel, seigneur du dict lieu, conseillier du roy nostre sire, en sa court de parlement, prevost des marchans; de noble homme maistre Anthoine Le Comte, conseiller du roy nostre dict seigneur, ou Chastellet de Paris, et de sire Guillaume Legras, marchant, bourgeois et eschevins de la dicte ville, à present absens de ceste dicte ville de Paris, et estant en court pour aucuns grans et urgens affaires d'icelle ville, par lesquelz ilz promectent faire, ratiffier et avoir pour agréable le contenu cy-après, si tost qu'ilz seront de retour en ceste ville de Paris, recongnurent et confesserent avoir faict et font les marché, convenances et promesses qui s'ensuyt : c'est assavoir, le dict Jehan Huillot avoir fait marché et convenant aus dictz Parfaict et Courtin, pour et ou nom de la dicte ville, de faire et parfaire bien et deuement, au dict des maistres des œuvres d'icelle ville, ou autres gens à ce cognoissans, les ouvraiges de charpenterye convient faire en partie du corps d'ostel ediffié de neuf, au dict Hostel de Ville, estant du costé de la rue Sainct-Jehan, à prandre la dicte porcion depuis une viz estant ou dict corps d'ostel, incouverte jusques à un pignon estant au dict corps d'ostel, et faisant sepparation de la cuysine et du grant escallier estant audict corps d'ostel, le tout contenant huit toises de longueur ou environ, sur la largeur du dict corps d'ostel. Et en ce faisant, le dict Huillot sera tenu querir et livrer le boys bon, loyal et marchant qu'il conviendra pour ce faire ; et suyvant les eschantillons à plain déclairez ou dict deviz, les chariaiges, peines d'ouvriers, chables, engins, eschafaulx, qu'il conviendra pour faire et dresser les dictz ouvraiges de charpenterye. Ce marché faict moyennant et parmy la somme de unze cens cinquante livres tournoys, que pour ce les dictz Parfaict et Courtin, es dictz noms, en ont promis, promectent et gaigent faire, bailler et payer audict Jehan Huillot ou au porteur, etc., par noble homme maistre Phelippes Macé, notaire et secretaire du roy nostre dict seigneur, et receveur de la ville de Paris, c'est assavoir : cinq cens livres tournoys dedans quinze jours prouchainement venant, et le reste au feur et ainsi qu'il fera les dictz ouvraiges, les quelz ouvraiges icelluy Huillot promist et gaigea, promect et gaige faire et parfaire bien et deument au dict des dictz maistres de ceste ville, ou aultres gens à ce cognoissans, ainsi qu'il est à plain contenu et declairé ou dict deviz, dedans la my-aoust prouchainement venant, promectant, etc., obligeant es dictz noms chacun en droict soy, et renonceant, etc. Faict et passé doubles cestuy pour la dicte ville, l'an mil cinq cens quarente-ung, le samedi, quatriesme jour de juin.

Signé, Quentin et Cordelle.

N° 16.
11 JUILLET 1541.
OUVRIERS DU BATIMENT NEUF DE L'HÔTEL DE VILLE.
(Reg. de la ville, H, 1780, fol. 19 v°.)

Du 11e jour de juillet mil v° xli.

. . . .

Aujourduy, au bureau de la ville de Paris, où estoient messieurs les prevost des marchans

DEUXIEME PARTIE.

et eschevins de la dicte ville, retirez à l'issue de l'assemblée, le jourduy, faicte de Messieurs les conseilliers d'icelle ville, pour raison de la demande faicte par le roy de la somme de xxxiiii^m c. ix liv. xvii s. iii d. tournois, qui est une année du revenu des dons et octroys et deniers communs de la dicte ville, specialement destinez pour les fortifications et reparations de la dicte ville, et mesme pour le bastiment de l'ostel neuf d'icelle, a esté ordonné par les dictz prevost des marchans et eschevins que, suyvant la dicte deliberation du conseil, sera osté et cassé la moitié des ouvriers besongnans au dit bastiment, et l'autre moictié montant xxx maçons, tailleurs de pierre et quatorze aydes, demourra pour besongner ou dit bastiment, lesquelz ouvriers seront payez par chacune sepmaine par le receveur de la dicte ville en la manière accoustumée, lequel pour ce a esté mandé et luy a esté ordonné ce faire.

N° 17.
15 MARS 1548.
OUVRIERS EMPLOYÉS AU BATIMENT DE L'HÔTEL DE VILLE.
(Reg. de la ville, H, 1781.)

Du vendredy, xve jour de mars mil v^c xlviii.

En assemblée tenue le jourdhuy, faicte en l'Ostel de la Ville de Paris, de messieurs les prevost des marchans, eschevins et conseillers de la dicte ville, pour adviser, suyvant certaine requeste presentée par maistre Regnault Bachelier, decretée par la court de parlement, signifiée à messieurs les prevost des marchans et eschevins d'icelle ville, le xie jour de ce present mois de mars, en vertu de laquelle mandemens ont esté faictz et envoyez aus dictz conseillers, pour venir le jourduy donner leur avis sur la contempcion et differend d'entre maistres Robert de Beauvais, pourveu par le Roy, et par arrest provisional de la dicte court, en l'office de contrerolleur des deniers communs et patrimoniaulx, dons et octrois de la dicte ville de Paris et le dict Regnault Bachelier, commis et ayant charge sur les matières et ouvriers besognans au bastiment neuf de l'Ostel de la dicte Ville, en laquelle assemblée se sont trouvez, c'est assavoir :

Mondict S^r le prevost des marchans, maistre Claude Guyot.

Messieurs Le Cirier . . . . . } eschevins
— Pomereu . . . . . }
— Viole, S^r d'Athis . . . . }
— Monsr Dudrac, conseiller en la court . . . }
— Courtin, auditeur des comptes . . . . . . }
— Delivres, secrétaire du roy . . . . }
— T. de Bragelongue, conseiller en Chastelet . . }
— T. de Montmirel, Sr de Chamboursy . . . . } Conseillers de la dicte ville.
— Le Comte, conseiller en Chastelet . . . . . . }
— Bouchard, Sr de Champigny . . . . }
— Larcher . . . . }
— Le Lieur . . . . }
— Berthelemy . . . . }
— Lelievre . . . . }

Après ce que mon dict sieur le prevost des marchans a recité à la compaignie . . . . .

. . . . Et après lecture faicte de certaines delliberations de conseil pour le faict dudict bastiment de l'Ostel de la dicte Ville, des commissions dudict Bachelier pour soy trouver toutes les heures du jour que les ouvriers du dict bastiment entreront et sortiront des ateliers d'icelluy bastiment, tant du matin sur jour que de soir, et d'iceulx faire monstre et reveue, les appeler par leurs noms et surnoms, selon le roolle qu'il en aura sur ce faict, aussi prandre garde aux heures de leurs repas que ne séjournent davantage sans eulx trouver aux heures ordinaires, et en faire ung estat par escript, pour rabattre aux ditz ouvriers, au bout de chacune sepmaine, leur chomage qu'il auront faict, et à ceulx qui auront livré des matières et autres clauses contenues en la dicte commission. Veu aussi certain plaidoyé et arrest de la dicte court donné au prouffit du dict Bachelier à l'encontre du dict de Beauvais, pour raison de la dicte commission, le xxiiiie jour de may mil v^c xxxix. . . . .

. . . . . . Tous lesquelz ont concluḍ, advisé et deliberé que la dicte commission du dict Bachelier n'a riens de commung avec le dict contrerolle du dict Beauvais, et que pour le bien, prouffit et utilité de la dicte ville, il est très-expédient et necessaire que le dict Bachelier demeure en sa dicte commission, actendu que les ouvrages du dict bastiment se font à journées, et que les maistres des euvres d'icelle ville ne sont commis que pour dresser et faire employer les euvres de maçonnerye et charpenterye, et non pour faire besongner et haster les ouvriers, comme faict le dict Bachelier, toutes les heures du jour, comme le contient sa commission, ce que ne pourroit faire ordinairement le dict de Beauvais, actendu qu'il est assez empesché à faire le contrerolle des deniers commung, dons et octrois, tant en recepte que en despense, et mesme les deniers du dict bastiment.

. . . .
A ceste cause que le dict Bachelier, qui a exercé sa dicte commission du temps de maistre Pierre Perdrier, qui estoit contrerolleur, et en sa presence, qui ne lui a sceu oster, et qu'il est experimenté, et en a fait son devoir dès dix ans a et plus, doit demourer et estre conservé en icelle commission, comme il a acoustumé, pour faire besongner les dictz ouvriers dilligemment à toutes heures, mesmes quand ils retournent de boire et menger, et par chacun jour advertir les ditz prevost des marchans et eschevins du devoir que font iceulx ouvriers et ceulx qui auront besongné ou failly; et ont esté aussi d'avis que par chacune sepmaine, à la fin du rolle, sera couché le sallaire dudict Bachelier, qui est de xv solz tournois par jour, et payé, comme les dictz maçons, au bout de la sepmaine; et par ce moyen seront les journées, comme celles des maçons et ouvriers, contrerollez par le dict Beauvais, se bon luy semble.

N° 48.
AOUST 1549.
GRANGE DE L'ARTILLERIE DE LA VILLE.
(A. R. K. 987.)

Henry, par la grâce de Dieu, Roy de France, savoir faisons à tous présens et advenir, que nous avons receu l'humble supplicacion de noz très-chers et bien amez les prevost des marchans et eschevins de notre bonne ville et cité de Paris, contenant que puys nagueres ilz ont acquis, ou faict acquerir, par maistre Regnauld Bachelier, greffier en notre election de Beauvays, et Jehan Lucas, marchant, demeurant en notre dite ville, troys places estans des appartenances de notre court la royne, assavoir les neuf, dix et unziesmes places à eulx declarées par noz commissaires à ce par nous depputez, comme plus offrans et derniers encherisseurs, moyennant la somme de troys mil six cens soixante-sept livres, dix solz tournois, que les dits Bachelier et Lucas ont payée à nostre receveur ordinaire en icelle ville, et oultre à la charge de certaine rente annuelle et perpetuelle, et du droict de cens portant lotz, ventes, saisines et amendes, quant le cas le requiert, envers nous et notre dite recepte ordinaire. Pour es dites troys places y faire et construire par les dits prevost des marchans et] eschevins, une granceh pour y mectre et loger les artilleries, municions et autres choses appartenans à notre dite ville, ou lieu des granches estans derrière l'encloz des Celestins, à eulx appartenant, que nous avons prinses pour y mectre et loger notre artillerye; et doubtent les dits prevost des marchans et eschevins que on les voulsist contraindre à en vuyder leurs mains, à ceste cause nous ont très-humblement faict supplier et requerir que nous leur voulsissions admortir icelles troys places, et leur donner et quicter la finance qui nous en pourroit estre deue. Pourquoy nous, desirans subvenir et ayder aus dits prevost des marchans et eschevins en tous leurs affaires, en consideracion de la bonne et parfaite loyaulté et fidelité dont ils ont tousjours usé envers nous et noz predecesseurs; mesmement que c'est chose raisonnable qu'ilz ayent lieu certain et arresté pour loger les dites municions, ou lieu des places que nous leur avons prinses d'eulx; pour ces causes et autres bonnes et justes consideracions à ce nous mouvans, à iceulx prevost des marchans et eschevins avons desdyé, destiné, admorty et indempné, et de noz certaine science, plaine puissance et auctorité royale desdyons, destinons et indempnons les dites troys places ainsi par eulx acquises, comme dict est, sans qu'ilz soient pour ce tenuz nous payer, ne à noz successeurs, aucune finance de laquelle nous leur en avons fait et faisons don par ces presentes, à la charge toutefois de payer les cens et rentes seullement dont elles sont chargez. Si donnons en mandement par ces dites presentes à noz (*sic*) et feaulx les gens de notre court de parlement et de noz comptes, à Paris, tresoriers de France, commissaires par nous ordonnez sur le fait des francz fiefz, nouveaulx acquestz, prevost de Paris ou son lieutenant, et à tous autres noz justiciers et officiers, ou à leurs lieuxtenans presens et advenir, et à chacun d'eulx si comme à lui appartiendra. Que de noz presens grâce, advertissement, don et octroy de finances ilz facent, seuffrent et laissent les ditz prevost des marchans et eschevins, et leurs successeurs es ditz estatz, joyr et user à perpetuité, plainement et paisiblement, sans leur faire mectre ou donner, ne souffrir estre faict, mis ou donné aucun destourbier, ou empeschement, au contraire le quel si faict, mis ou donné estoit, l'ostent et remectent, ou facent oster et remectre incontinant et sans delay au premier estat, et deu, et par rapportant les presentes signées de notre main, ou vidimus d'icelles faict soubz seel royal par une foys seullement, et quictance en recognoissance des ditz prevost des marchans et eschevins de la joyssance du contenu en ces dites presentes. Nous voullons noz receveur et autres à qui ce pourra toucher, estre tenuz quictes et deschargez des dites sommes ausquelles les dites finances et indempnité se pourront monter, en payant par iceulx prevost des marchands et eschevins les cens et rentes dont les ditz lieux sont chargez, comme dict est, et le tout estre passé et alloué es comptes des ditz receveurs, et rabbatuz de leurs dites receptes par les gens de noz ditz comptes, leur mandant ainsi le faire sans difficulté, car tel est nostre plaisir. Nonobstant que la dite somme ne soit cy autrement specifiée ne declairée, et nos ordonnances, tant anciennes que modernes, faictes sur le faict, ordre et distribucion de nos finances, et apport d'icelles en noz coffres du Louvre, les commissions par nous cy devant decernées sur le faict des francz fiefz, nouveaulx acquestz à toutes les quelles et à la derogatoire de la desrogatoire y contenue, nous avons desrogé et desrogeons par ces dites presentes, signées de notre main, ausquelles affin que ce soit chose ferme et estable, nous avons faict mectre notre seel, sauf en autres choses et l'autruy en toutes. Donné à Villiers-Costreetz, ou moys de aoust, l'an de grâce mil cinq cens quarante-neuf, et de nostre règne le troisiesme.

HENRY.

Par le Roy, le sire DE MONTMORENCY, connestable de France, et aultres présens.
CLAUSSE, contentor coefier.

Nos 19, 20, 21.
15 AOUT 1549.
TROIS ACTES NOTARIÉS RELATIFS A L'ACHAT DES GRANGES DE L'ARTILLERIE.
(A. R. K. 987.)

N° 21 *bis.*
15 AOUT 1551.
PEINTURE DE L'HÔTEL DE VILLE.
(Reg. de la ville, H, 1781, fol. 228.)

Du jeudi, xIII° jour d'aoust mil v° LI.

Aujourduy, messieurs les prevost des marchans et eschevins de la ville de Paris, estans assemblés en leur petit bureau pour les affaires de la dicte ville, ont advisé et deliberé que la somme de quatre-vingtz-douze livres, treize solz, six deniers tournois, consignés au dict bureau, provenue de la vente de pastel ou guesde, pretendu par le procureur du roy et de la dicte ville avoir esté confisqué, et dont n'est encore intervenu jugement deffinitif; la dicte consignation cy devant enregistrée du xvII° juillet mil v° L, après ce que le receveur de la dicte ville, ne le greffier d'icelle ne se sont voulluz charger de la dicte somme, et aussi qu'il ne se trouve partie qui pretende droit au dict pastel, guesde, ne qui en face poursuitte, qu'elle sera employée au payement de l'aornement, vernys et doreure du fons du plancher du petit bureau faict au bastiment neuf de la dicte ville; et que la quictance du dict payement sera cy dessoubz escripte et enregistrée. Et s'il advenoit cy après que aucun feist poursuitte de la dicte somme, et qu'il faulsist icelle rendre, qu'elle sera rendue des deniers de la dicte ville. Et ce dict jour, selon le pourtraict à nous baillé par la vefve feu maistre Charles Dorigny, paintre, avons faict marché avec elle et ses gens à la dicte somme de IIII^{xx} XII livres, XIII sols, VI deniers, pour la façon du dict aornement, verniz et dorure du dict petit bureau.

Aujourd'huy, en la presence des notaires du Roy nostre seigneur, ou Chastellet de Paris, soubz signez, Jaqueline Bordier, vefve de maistre Charles Dorigny, en son vivant painctre, demourant à Paris, a confessé avoir eu et receu de messieurs les prevost des marchans et eschevins de la ville de Paris, la somme de quatre-vingtz-douze livres, treize solz, six deniers tournois, à quoy les dictz prevost des marchans et eschevins ont, suyvant la deliberation escripte de l'autre part, verballement convenu et marchandé avec la dicte vefve, pour la paincture et façon de l'aornement du fons du plancher du petit bureau de l'Hostel neuf de la dicte ville, vernit et dorure d'icelluy, qui a esté faict par la dicte vefve, suivant le portraict par elle faict et baillé, qui est demouré au bureau de la dicte ville. Dont et quictant, etc., pour la quelle somme de IIII^{xx} XII livres, XIII sols, VI deniers, iceulx prevost des marchans et eschevins ont dict et declairé, presens les dictz notaires, estre la somme qui avoit esté cy devant consignée en leurs mains pour les causes et ainsi qu'il est contenu en la dicte deliberation escripte de l'autre part. Promectant, obligeant, renonçant, etc. Faict l'an mil cinq cens cinquante-ung, le lundi vingt-huictiesme jour de septembre.

Signé CORDELLE et QUETIN.

N° 22.

14 NOVEMBRE 1551.

ANCIEN BATIMENT DE L'HÔTEL DE VILLE ET ARTILLERIE.
(Reg. de la ville, H, 1781, fol. 240.)

Du XIIIe jour de novembre mil v^c LI.

Aujourd'uy a esté arresté et ordonné, au bureau de l'Hostel de Ville, que le peril emynent rapporté verballement par les maistres des œuvres de la maçonnerye et charpenterye de la dicte ville, estre au viel corps d'Hostel d'icelle où de present se tiennent les bureaulx tant de la justice, conseil, que des recepte et greffe, sera par les dictz maistres des œuvres osté le plus promptement que faire se pourra, desmolicions serrées et mises à part en lieu et place où elles pourront moings empescher; et que ce qui demourra en estat du dict viel corps d'Hostel, le dict peril emynent préalablement osté, sera restably, actendant qu'il convienne desmolir le surplus pour faire les fondemens du corps d'Hostel neuf où sera la grande salle ; et que pour monter aux bureaulx du pavillon et autres lieux du logis neuf, sera faict une viz, ou escailler, en viel boys estant en l'Hostel de la dicte Ville, provenu de la desmollition des maisons du Petit-Pont, à l'endroict d'une voulte imparfaicte estant à costé dextre de la grande porte et entrée du dict Hostel de Ville, pour passer du dessus de la dicte voulte au grand escailler du dict corps d'Hostel neuf ; et que tant pour la conservation d'icelle voulte que tenir les personnes à couvert, sera faict sur icelle voulte ung petit comble de charpenterye qui sera couvert de la taille du dict viel corps d'Hostel. Et affin que les armes et autres munitions de guerre qui sont de present en icelluy viel corps d'Hostel, ne se perdent et desgastent en faisant la dicte desmolition, a esté aussi ordonné que icelles munitions seront portées et mises es haultes chambres et greniers du dict logis neuf, aux lieux plus commodes et à propos ; et que de toutes les dictes munitions et artillerye de la dicte ville sera faict ung sommaire inventaire par les contrerolleur et maistre d'artillerye d'icelle, lequel sera apporté au bureau, avec les clefz des dictes chambres et greniers où seront mises les dictes munitions.

N° 23.

13 SEPTEMBRE 1552.

POLICE DE LA PLACE DE GRÈVE.
(Reg. de la ville, H, 1782, fol. 7 v°.)

Du XIIIe jour de septembre mil v^c LII.

Cejourduy, sept heures du matin, mons^r maistre Christophe de Thou, prevost des marchans de la ville de Paris, acompaigné de mons^r maistre Jacques Paillart, seigneur de Jumeauville, à present maistre et gouverneur du Sainct-Esperit en Grève, et du greffier de la dicte ville, ce sont transportez en la place de Grève, le long de la place au charbon, en une maison appartenant au dict Sainct-Esperit, à laquelle on a de nouvel encommancé faire quelque closture et ediffice dessoubz les pilliers qui y sont d'ancienneté, pour heberger et mettre à couvert le peuple, advenans temps de pluyes ou autre divers temps, au devant de laquelle maison, soubz les dictz pilliers, y a encore ouverture, laquelle est pavée de pierre de grais du calibre du pavé de la Grève, et suit le dict pavé, qui demonstre que le dessoubz des dictz pilliers est des appartenances de la dicte Grève, et que les clostures faictes soubz iceulx pilliers ont esté entreprises sur la dicte Grève contre le bien public. Au moyen de quoy a esté ordonné par le dict sieur prevost des marchands faire ce present registrer pour y estre pourveu ce que de raison.

N° 24.

10 OCTOBRE 1552.

AMEUBLEMENT POUR LE PRÉVOT DES MARCHANDS.

(Reg. de la ville, H, 1782, fol. 9 v°.)

Du xe jour d'octobre mil v^c LII.

Aujourduy, au bureau de la ville de Paris, a esté ordonné que l'on fera faire troys lictz de camp, c'est assavoir ung grant lict de camp pour la chambre de monseigneur le prévost des marchans, en l'Hostel de ladicte ville, garny d'ung siel et custode de damas noir, franges de soye noire, garny de mathelas, coutepoincte et couverture de Catelongue; et deux autres lictz de camp portatifz, pour porter à la court, quant l'on yra, garnys l'ung d'iceulx comme dessus, et l'autre de damas vert, garny de mathelas et coutepoincte comme dessus;

Plus, deux bahuz de grandeur compectante, pour serrer les dictz lictz, et les estuys de cuir;

Plus une charette moyenne pour mener les dictz lictz de camp et bahus;

Plus une table et demye douzaine de chaises pour la dicte chambre;

Item, une petite table à chaire pour mettre à la garde-robe, pour les privez;

Item, deux chesnetz pour la chemynée, pelle, tenailles et fourchette.

N° 25.

15 MAI 1555.

CRÉATION DE RENTE POUR L'ACHEVEMENT DU NOUVEL HÔTEL DE VILLE.

(Bibl. de la ville de Paris, Achat Joursanvault, n° 1103.)

Je, Marie Cueur, dame de Sainct-Mesmyn, veuve de feu m^e Eustace Luillier, en son vivant conseiller du roy et maistre ordinaire en sa chambre des comptes, confesse avoir eu et receu de m^e Philippes Macé, notaires et secretaires du dict secretaire et receveur de la ville de Paris, la somme de deux cens cinquante livres tournois, pour une année finie le dernier jour de septembre mil cinq cens cinquante-quatre dernier passé, à cause de pareille somme de rente à moy vendue et constituée par messieurs les prevost des marchands et eschevins d'icelle ville, dès le quinziesme jour de may mil cinq cens quarante-trois, en ensuyvant le pouvoir à eulx donné par les dicts sieurs sur les aydes du bestail à piés fourché entrant en la dicte ville, non vendu au marché d'icelle, du pastel, guesde et garence aussy entrant en la dicte ville, faulxbourgs et blancs murs de Paris; et sur les aultres aydes, ordonnées par les dicts sieurs, pour employer es fortificacions, reparacions et bastimens de l'Hostel de la dicte ville comme sur tous le domaine et revenu patrimonial d'icelle, la dicte constitution de rente à moy faicte pour subvenir à partye de payement de la somme de neuf vingt mille livres tournois, à quoy la dicte ville de Paris et les aultres villes closes de la prevosté d'icelle, ont été cotisées par le d. s., pour la soulde et paiement de vij^{m}v^c hommes de guerre à pié pour quatre mois, faisant portion de cinquante mil hommes mis sus seur toutes les villes closes de ce royaulme, pour les affaires de la guerre; de la quelle somme de ij^{c}l l. je me suis tenue et tiens pour bien contente, et en ay quicté et quicte la dicte ville, le dict Macé et tous autres, tesmoings mon seing manuel cy mis, le quinziesme jour de may, mil cinq cens cinquante-cinq.

MARIE CŒUR.

N° 26.

RELATION D'UN INCENDIE DE LA GRANGE D'ARTILLERIE DE LA VILLE DE PARIS.

(Reg. de l'Hôtel de Ville, A. R. H. 1784, fol. 106 r°.)

Voyez *Archives curieuses de l'Histoire de France depuis Louis XI jusqu'à Louis XVIII, etc.*, par CIMBER et DANJOU. Paris, 1835, in-8. 1re série, t. V, p. 427.

N°s 26 ET 27.

22e JOUR DE SEPTEMBRE 1571.

PLACE DE L'HÔTEL DE VILLE.

(A. R. K. 990.)

Charles, par la grâce de Dieu, roy de France, à noz chers et bien amez les prevostz des marchans et eschevings de notre bonne ville et cité de Paris; comme cy-devant sur la plaincte à nous faicte par les habitans au quartier de Grève, pour l'incomodité qui recevoient d'une loge laquelle estoit assize vis à vis l'Hostel de Ville, causant ung amas d'inmondices et putrefaction au dit quartier, nous aurions pour ces consideracions, par noz lectres patentes du unzeiesme jour d'apvril cinq cens soixante-trois, dont coppie deument collationnée est cy atachée, soubz le contrescel de notre chancellerie, voullu et ordonné la dicte loge estre abattue et mise par terre, et la dicte place estre nectoyée et purgée de toutes immondices, à ce que les personnes et estrangiers qui y arrivent de toutes partz puissent, avec plus grant contentement, contempler l'excelance, grandeur et beaulté de la dicte place, et de nostre dit Hostel de Ville, toutes fois nos ditz voulloir et intention n'auroient du tout esté suivy et executé, et seroict demeuré imparfaict pour le regard du nectoiement de la dicte place, qui a esté la principale occasion de l'octroy d'icelles nos dictes lettres; ce qui procedde à cause qu'il y a aulcuns charrons, et aultres personnes, qui y mectent leurs chariotz, charettes, tumbreaux et hacquetz, faisant leur proffict particullier de la dicte place, et prenant à louage les maisons qui sont proches à icelles, à hault pris et plus qui ne vallent, pour avoir ceste commodité d'y mectre leurs chariots et charettes, qui cause ung grand amas d'immondices en la dicte place, et qui est une entreprinse indeue, faicte sur icelle, au préjudice de tout le publicq et des marchans forrains qui y arrivent et abordent en icelle pour les marchandises asquelles le dict lieu est destiné, ce qui ne se doibt tolerer ne permectre ; nous, à ces causes, après avoir faict veoir en notre conseil les dictes lectres cy attachées, desirans à ce pourvoir, et rendre l'entrée de l'Hostel de notre dicte ville de Paris mieux décorée, voullons, vous mandons, commandons, et très expressement enjoignons, par ces présentes signées de notre main, que suivant le contenu en icelles lettres, vous ayez à faire parachever le nectoiement de la dite place, pareillement à icelle faire paver et oster les dictz chariots et charettes, tumbreaux et hacquetz de devant l'entrée du dict Hostel de ville, faisans inhibitions et deffences aux dictz charrons et autres personnes, sur payne de confiscation d'iceulx et d'amende arbitraire. d'y en plus mectre ne souffrir estre mis ; leur enjoignant, suivant noz ordonnances, d'avoir chantiers et lieux pour iceulx retirer et serrer, sans en empescher la dicte place publique destinée pour l'estappe à vin et marchandises qui y arrivent. Et pour survenir aux fraictz nécessaires pour le nectoiement de la dicte place, façon du dict pavé et ce qui conviendra, nous voullons que les dictz habitans, pareillement ceulx qui preignent droict et proffict sur la dicte place, soient chacun pour leur regard taxez, cottizez et contrainets au paiement de ce à quoy ils seront taxez par les voies et contrainctes acoustumées en tel cas, nonobstant opposicions ou appellacions quelzconques, et sans préjudice d'icelles pour lesquelles, actendu que c'est faict de police, ne voullons estre différé, car tel est notre plaisir. De ce faire vous donnons pouvoir, permission et mandement par ces dites présantes, mandons et commandons à tous noz justiciers officiers et subjects que à vons en ce faisant obéissent.

Donné à Bloys, le xxiie jour de septembre, l'an de grace mil cinq cens soixante-unze, et de notre regne le unzeiesme.

CHARLES.

Par le roy, en son conseil, Giles.

N° 28.

8 OCTOBRE 1576.

PLACE DE L'HÔTEL DE VILLE.

(A. R. K. 990-11.)

Henry, par la grace de Dieu, roy de France et de Poloigne, à noz chers et bien amez les prevost des marchans et eschevins de notre bonne ville de Paris, salut et dilection. Comme cy-devant le feu roy, notre très-honnoré seigneur et frère, dernier deceddé, que Dieu absolve, par ses lettres patentes cy soubz le contre scel de notre chancellerie attachées, vous ayt mandé faire oster tous les chariots, tumbereaulx, coches, charrettes, et boys, empeschans la place publique en la quelle est scitue l'entrée de l'Hostel de nostre dicte ville, et en ce faisant pourveoir au nectoyement de la dicte place, et icelle faire paver pour donner cours aux eaues, affin de eviter la putreffaction et pestilence qui procedde d'iceulx, les quelles lettres n'auroient peu, du vivant de nostre dict feu seigneur et frère, estre executées, au moyen qu'il y a aucuns charrons habituez en la dicte place, lesquelz, contre les ordonnances et deffences à eulx faictes et par plusieurs fois reiteréez, ne delaissent à y mectre leur boys, charriotz, et charrettes, empeschans par ce moyen tout le dit lieu, mesmes les executions de justice qui se font ordinairement pour l'exemple en la dicte place, qui est au grand préjudice du public et des marchans forains qui arrivent de toutes partz pour leurs marchandises, oultre que cela nuist grandement à la décoracion de la dicte place qui est l'entrée principalle de nostre dicte ville ; et à quoy n'est possible donner ordre et y remedier, sinon que les ditz charrons deslogent et vuydent de la dicte place, et qu'ilz se retirent ailleurs, pour n'estre le dict lieu destiné ne aucunement subject à recevoir les incommoditez de leur dit estat ; et lequel autrement et sans faire le dit empeschement ils ne peuvent exercer en la dicte place. Nous, à ces causes, ayant faict veoir en nostre conseil privé les dictes lettres, jugement, sentences intervenues sur l'exécution d'icelles, considerans que pour bien executer icelles et suivre en ce noz vouloir et intention, il n'y a moyen plus prompt et expedient, sinon que de faire desloger les dictz charrons de la dicte place et les envoyer loger aux faulxbourgs et autres lieux moings incommodes ; voulons, vous mandons, commandons et expressement enjoingnons par ces présentes signées de notre main, que vous ayez à faire executer les dictes lectres de nostre dit feu seigneur et frère, selon leur forme et teneur, en contraignant en ce faisant les dits charrons et tous autres qu'il appartiendra, à oster ou faire oster les ditz chariots, tumbereaulx, charrettes, coches, boys, et autres choses empeschant la dicte place publicque et entrée de notre dicte ville, affin de rendre la dicte place necte et vuyde, ainsi qu'il est porté par les sus dites lettres ; et si voyez que pour cest effect il soit besoing de faire desloger les dits charrons de la dite place, en ce cas vous ayez à y pourveoir, ainsi qu'il appartiendra par raison et que verrez le requerir, pour le bien et utilité publicque, et décoration de la dite place, lesquelz néanmoings, ou dit cas, nous voulons y estre par vous contrainctz réaulment, et de faict, nonobstant opposicion ou appellacions quelzconques, faictes ou à faire, et sans prejudice d'icelles, pour lesquelles ne sera par vous différé, et sans recepvoir ny avoir esgard à aucunes plaintes ou excuses que les ditz charrons pourroient faire, nonobstant aussi que aucuns d'eulx feussent propriétaires, dont et actendu qu'il est en ce question de l'intérest public et chose qui emporte une décoracion et embellissement de la dicte place, en la quelle est scitué l'Hotel de notre dite ville, qui est une remarque signallée pour toutes personnes et estrangers qui arrivent en icelle, nous vous en avons donné et commis toute charge, enjoignans à nostre procureur en la dicte ville d'en faire les poursuittes, et y tenir la main à ce que l'exécucion de ce que dessus s'en ensuyve ; dont de la diligence et debvoir qu'il aura faict il sera tenu nous en advertir dans six sepmaines, sans que cy après, ne pour l'advenir, ceulx que aurez ainsi faict desloger y puissent rentrer, ny louer les dites maisons à personnes de semblable qualité, ny à autres ouvriers qui puissent occupper et empescher la dicte place publicque. Ce que leur avons expressement inhibé et défendu, inhibons et défendons par ces dites présentes que voulons à ceste fin, si besoing est, leur estre signiffiées par notre premier huissier ou sergent sur ce requis, au quel nous enjoignons ainsi le faire, sans que pour ce il soit tenu requerir ou demander aucun placet, visa ny pareatis, car tel est nostre plaisir, nonobstant quelzconques lettres impétrées ou à impétrer à ce contraires. Donné à Paris, le viiie jour de octobre, l'an de grace mil cinq cens soixante-seize, et de notre regne le troisiesme.

HENRY.

Par le roy, en son conseil, POTIER.

N° 29.

1589. — DÉBRIS DE LA MAISON AUX PILIERS.
(Reg. de l'Hostel de Ville, 1789, fol. 447.)

Du jeudi cinquiesme jour d'octobre, l'an mil cinq cens quatre-vingt neuf.

En assemblée ce jourd'huy, faicte au bureau de la ville de Paris, de messieurs les prevost des marchands, eschevins et conseillers de la dicte ville, pour adviser et pourvenir à la caducité du vieil bastiment d'icelle et autres affaires.

Sont comparus messieurs :

Rolland.	
De Compans.	
De Coste Blanche.	eschevins.
Et Desprez.	
President Du Clerc	
President Du Drac	
Le Lievre	
De Paluau	conseillers de ville.
Le Breton	
Violle.	
Le Cointe	

Après que le dict sieur Rolland, eschevin, a faict entendre à la compagnie les causes de la dicte assemblée, et lecture faicte en icelle du rapport de visitation faicte du dict vieil bastiment de l'hostel d'icelle ville, du XXII aout dernier, signé Durantel, Marchant, et Fontaine, m⁎ des œuvres de maçonnerie et charpenterye,

A esté advisé, deliberé, conclud que l'on doibt oster le plus promptement que faire se pourra le peril eminent estant au dict vieil corps d'hostel où est demourant le consierge de la dicte ville; et en ce faisant y faire toutes et chacunes les demolitions, murs et autres choses necessaires à plain contenues et declarées au dict rapport de visitation, lesquelles demolitions et matières seront vendues au proffit d'icelle ville.

N° 30.

AOUT 1594.

BAIL A LOYER, FAIT A GUILL. ROUVEAU, D'UNE PLACE JOIGNANT L'HÔTEL DE VILLE.
(A R. Q. 1247.)

Plaise à messieurs les prevost des marchans et eschevins de la ville de Paris, permettre à Guillaume Rouveau, beuvetier de la ville, faire clore une petite place estant au devant des fenestres de la chambre où est logé le dict Rouveau, laquelle place ne sert qu'à mettre les immondisses qui est de la ville, à les faire vuyder de temps en temps, pour icelle faire une petite loge pour la commodité du dict Rouveau, et ce en faveur des services que le dict Rouveau faict journellement en icelle ville.

DEUXIÈME PARTIE. 47

Il est ordonné que le maistre des œuvres de la ville, en la presence de l'ung de nous et du procureur du roy de la dicte ville, visittera les ditz lieux, et d'iceux fera rapport pour iceluy veu, estre ordonné ce que de raison. Faict au bureau de la ville, le xviii° juillet 1594.

PICHONNAT.

Veue la presente requeste de Guillaume Rouveau, joinct le present rapport du maistre des œuvres, je consens qu'il soit faict bail au dict suppliant pour xxvii ans, à commencer du jour de la St-Jehan dernier passé, à la charge que le preneur fera tout ce qui est porté par le dict rapport à ses despens dans la fin de la presente année; et en outre qu'il payera par chacun an à la recepte de l'Hostel de Ville quatre sols parisis, le tout suyvant les anciennes clauses des baulx d'icelle ville.

PERROT.

Soit faict comme le requiert le procureur du roy et de la ville, faict le premier aoust 1594.

PICHONNAT; LUILLIER; LANGLOIS; NEBETS.

N° 31.

1599 A 1600. — ANCIENS PARLOIRS AUX BOURGEOIS.

LOCATION DE L'ANCIENNE MAISON DE LA MARCHANDISE.

(A. R. K. 1068, fol. 113 v°, Cah. 1.)

De Robert Pannier, m° painctre, au lieu des héritiers Fenelle, Michel Huvard-Vivant, lieutenant du prevost de l'Isle-de-France, au lieu de Nicolas Carat et sa femme, ayant prins à titre de loyer d'argent, de la dicte ville une maison appelée la *Marchandise*, assise en la Vallée de Misère, contenant quinze toises et demie de long, ou environ, sur douze pieds de large par devant, et xxi pieds et demi par derrière, en la rivière de Seyne au dit Carat, et d'aultre part au bout des marchés du poisson d'eau doulce, pour en jouir par le dict Pannier durant neuf années, commencées au jour St-Jean-Baptiste 1594, moyennant la somme de vingt escus soleil par chacun an, payables aux quatre termes, à Paris, accoutumez et aux aultres charges contenues aux comptes precedent en celuy finy 1597.

N° 32.

1600-1601 — 1602-1603.

EXTRAITS DES RECEPTES ET DEPENSES DE L'HOSTEL DE VILLE.

(A. R. K. 1069.)

AULTRE DESPENCE A CAUSE DU PAYEMENT D'AULTRES RENTES, EN QUOY, PAR ARREST DE LA COUR DE PARLEMENT, LA DITE VILLE A ESTÉ CONDAMNÉE A ICELLES PAYER ET CONTINUER A TOUJOURS EN ET SUR LES MAISONS APPLIQUÉES AU BASTIMENT DU DIT HOSTEL DE VILLE, AINSY QU'IL S'ENSUIT :

(1601.) — Du fol. 18-22 v°.

Aux chappelains de l'ancienne chapelle Notre Dame de Bracque, fondée en l'eglise de Paris, la somme de cinq escus sol. vingt sols t°, pour la dicte année de ce présent compte finie au dict jour St-Jehan-Baptiste 1601, à cause de pareille somme de rente qu'ils ont droit de prendre et percevoir par chacun an sur le dict revenu, à cause d'une maison appliquée au dict Hostel de Ville, qui fut à feu m° Jacques Turpin et consors, en quoy, par arrest de la dicte court, rendu sur le compte fini en l'année 1539, la dicte ville a esté condamnée payer aus dits chappelains icelle rente à toujours, de la quelle somme de v (*ecus*) sol. xx s. t° a esté faict payement à M° Jacques de Dercon, l'ung des dits chappelains, tant en son nom que comme procureur des autres chapelains, par sa quictance signée de sa main et passée par devant notaires le p^{er} avril 1602, cy-rendue, cy, v sol. xx s. t°.

Aus dits chapelains de la chapelle de Bracque, fondée en la dicte eglise Nostre-Dame de Paris, la somme de cinquante sols t° pour la dicte année de ce compte, à cause de pareille somme de rente qu'ils ont droit de prendre et percevoir par chacun an, sur le dict revenu, et en quoy, par arrest de la dicte court de parlement, la dicte ville a esté condamnée payer à iceux chappelains ou à leurs successeurs, et dont la dicte court a declaré le fonds d'une maison où anciennement y avoit forge de marechal et depuis un ouvroir à Barbier, assis en la place de Grève, qui avoit appartenu à M Denis Drouet, ypotecqué aus dits L s. t° de rente; laquelle maison a esté abbattue et appliquée au dict Hostel de Ville, laquelle somme de L s. t° a esté payée comptant par ce dict present receveur et comptable à M° Jacques de Donon, l'ung des dits chappelains, au nom et comme procureur des aultres chappelains de la dicte chappelle, par sa quittance signée de luy et passée par devant notaires le xxi° juillet 1603, cy-rendue, cy, l° t°.

Aux M^{es} et gouverneurs de la maison et hospital royal des Quinze-Vingts, aveugles de Paris, la somme d'un escu, quarente sols t°, pour la dicte année de ce present compte, finie au dict jour St-Jehan-Baptiste 1601, à cause de pareille somme de rente qu'ils ont droit de prendre et percevoir, par chacun an, sur le dict revenu, pour deux maisons entretenans, de present desmolies et appliquées à l'accroissement du dict Hostel de Ville, de la quelle somme de 1 (*ecus*) 10 l. xL s., payement a esté faict comptant par ce dit present receveur et comptable à M° Aymé Vaileaux, procureur et receveur des dits Quinze-Vingts, comme appert par sa quittance signée de sa main et passée par devant notaire, en date du xvi° jour de juillet, cy-rendue pour ce, cy, 1 10 l. xL s. t°.

Aux trésoriers et chanoines de la Ste-Chapelle du Palais royal à Paris, devant nommés la somme de deux escus soleil, cinquante sols t°, pour la dicte année de ce compte finie comme dessus, à cause de pareille somme de rente qu'ils ont droit de prendre et percevoir par chacun an sur le dict revenu, et en quoy, par arrest de la dite court du 24 octobre 1538, les dits sieurs prevost des marchans et eschevins de la dite ville ont esté condamnés envers les dictz sieurs tresoriers et chanoines, au lieu d'une maison de présent appliquée au bastiment et edifficc de l'hostel de la dicte ville, sur laquelle ils avoient la dicte rente assignée, et laquelle maison avoit esté vendue à mes dictz sieurs les prevost des marchans et eschevins dès le 7° jour de febvrier 1533, par M° Jacques Turpin, chantre ordinaire du roy, chanoine de Meaux, tant en son nom que comme tuteur et curateur ordonné par justice à Marguerite Martin, fille de Guillaume Martin et Margueritte Ruelle, jadis sa femme, Girard Gouallier. Nicolas Ydouin et leurs femmes, laquelle somme de 11 (*ecus*) 10 l. Lv s. t° a esté payée comptant aus ditz tresoriers et chanoines, comme aus dits tresorier et chanoines de la dicte Ste-Chapelle du Palais royal la somme de trente-cinq sols t°, pour la dicte année de ce compte finie comme dessus, à cause de pareille somme de rente qu'ils ont aussi droit de prendre et percevoir par chacun an sur le dict revenu du domaine, au lieu qu'ils l'avoient assignée sur une maison qui de présent est appliquée au bastiment et edifice de l'hostel de la dicte ville, laquelle fut à Nicolas Sablon, et Thomas Sablon, son nepveu, mineurs d'ans, assise rue St-Jehan en Grève.

tenant à une aultre maison aussy appliquée au dict bastiment qui fut à M° Jacques. . . .
. . . et consors devant nommés, aboutissant d'un costé, par derriere à la maison de l'Estoille, appartenant à Michel du Ru, et d'aultre bout à une maison où pend pour enseigne l'image S¹⁰-Catherine, adjugée à icelle ville par arrest de la dicte court, du 13° jour d'apvril 1533, à la charge des dits xxxv s. t° de rente envers les dicts sieurs tresorier et chanoines de la dicte S¹⁰-Chapelle, comme il est plus au long contenu et declaré au compte finy 1539, laquelle somme de xxxv s. t° a esté payée comptant aus dicts tresoriers et chanoines comme appert par leur quittance, signée Durant, receveur general d'iceulx chanoines et scellées du scel de la dicte S¹⁰-Chapelle, en datte du dernier jour d'octobre 1601, cy rendue pour ce, cy, xxxv s. t°.

Aux M° principal et bourciers de la maison et collége de Boissy, fondé à Paris, la somme de dix escus sol. vingt-cinq sols tourn. pour la dite année de ce compte finie au dit jour S¹-Jehan-Baptiste 1601, à cause de pareille somme de rente qu'ils ont droit de prendre et percevoir par chacun an, sur le dit revenu et en quoy, par arrest de la dite cour du 18° jour de mars 1573, la dite ville a esté condamnée envers les dits du collége comme detenteresse de six corps de maisons qui estoient assis en la place de Grève, appliquez au dit bastiment du dict Hostel de Ville, qui furent à M° Denis Drouet, comme il est contenu au compte finy 1547, laquelle somme de x l. xxv s. t° a esté payée comptant par ce dit receveur et comptable à M° Guillaume Tranchet, principal du collége de Boissy, comme appert par sa quittance signée de sa main et dattée du 5° juillet 1602 cy rendue pour ce, cy. . . . . x l. xxv s. t°

Aux maistresses et bonnes femmes de la chapelle feu Estienne Haudry, fondée à Paris, rue de la Mortellerie, la somme de trois escus, vingt sols t°, pour la dicte année de ce présent compte, à cause de pareille somme de rente qu'elles ont droit de prendre et de percevoir par chacun an sur le dit revenu et en quoy, par arrest de la dite court, la dite ville a esté condamnée envers elles, et ce pour certaines maisons qui furent à M° Denis Drouet, assises en la dite place de Grève, qui ont esté appliquées à l'accroissement du dit Hostel de Ville, et sur lesquelles maisons la dite rente estoit assignée, laquelle somme de III l. xx s. t° a esté payée à M° Aymé Vadleaux, procureur et receveur des dites maistresses et bonnes femmes comme appert par sa quittance signée de sa main et passée par devant notaires, en datte du xvI° juillet 1601.

(1601.) — Fol. 35.

A Charles Tamponnet, concierge de l'Hostel de la dite ville de Paris, et garde de la tapisserie et aultres meubles d'icelle, la somme de quatre escus sol. à lui ordonnée pour la garde de la dite tapisserie et aultres meubles du dit Hostel de Ville durant la dite année de ce compte finie comme dessus, laquelle somme de III es. a esté payée par ce dit present receveur et comptable au dit Tamponnet, comme appert par deux ses quittances signées de sa main, en datte du huictiesme janvier et vingt-et-uniesme juing 1601 cy rendues, cy. . . . . III l.

MENUISERIE.
(1601.) — Du fol. 62 v°-fol. 65 r°.

A François Mouquet, menuisier ordinaire de la dite ville de Paris, la somme de vingt-quatre escus sol. à luy ordonnée par mes dits sieurs les prevost des marchans et eschevins de la dite ville par leur mandement addressant au dit Frenicle, present receveur et comptable, signé de leurs mains en datte du 26° jour de juillet 1601, pour son remboursement et payement de

pareille somme par le dit Mouquet, frayée et desbourcée de leur ordonnance et commandement verbal, pour l'ouvrage de menuiserie par lui faicte pour la dite ville d'une grande porte à deux manteaulx de neuf pieds de hauteur et de six de largeur ou environ, faicte de gros quartiers, de trois poulces d'espaisseur, enrasée tant par le parement que derrière, faicte de bois de Montargy, pour servir à l'Hostel de la dite ville, à une
ensaintre proche du grand portail de l'eglise du St-Esprit, ainsy qu'il est contenu et declaré par le dit mandement, par vertu duquel et du certifficat de Pierre Guillain, m^e des œuvres de massonnerie de la dite ville, de la perfection du sus dict ouvrage, en datte des dits jour et an attaché à icelluy mandement par le dit present receveur et comptable, a faict payement comptant de la dite somme de xxiiii esc. au dict Mouquet, comme appert par sa quittance signée de sa main et passée par devant Mahieu et Fournier, notaires au Chastelet de Paris, en datte du dict jour vingt-sixiesme juillet mil six cens ung, estant au dos du dit mandement, le tout cy-rendu pour ce, cy. . . . . xxiiii ec.
Somme de ce chappitre de despence faicte pour menuiserie, vingt-quatre escus.

PEINTURES.

A Jehan Dangers, m^e peintre de la dite Ville de Paris, la somme de trente-cinq escus quarente sols t^s à luy ordonnée par mes dits sieurs les prevost des marchans et eschevins de la dite ville, par leur mandement signé de leurs mains, en datte du 3e jour de juillet 1601, addressant à ce dit présent receveur et comptable pour avoir travaillé de son estat pour la dite ville, ainsy qu'il est contenu ès parties du dit Dangers par eulx moderées et attestées à la dite somme et attachées à icelluy mandement, laquelle somme de xxxv es. xl s. t^s a esté payée comptant au dit Dangers, comme appert par sa quittance signée de sa main et passée par devant Mortelet et Fournier, notaires au Chastelet de Paris, en datte du 7e jour d'aoust 1601, estant au dos d'icelluy mandement, le tout cy-rendu pour ce, cy. . . . . xxxv es. xl s. t^s
Somme de la despense de ce chappitre pour ouvrage de peintures trente-cinq escus quarente sols

VITRERIE.

A Loys le Texier, m^e victrier en cette ville de Paris, la somme de quatre escus vingt sols t^s à luy ordonnée par mes dits sieurs les prevost des marchans et eschevins de la dite ville, par leur mandement addressant au dit Freniele, present receveur et comptable, signé de leurs mains, en datte du 8e jour d'aoust 1600, pour son payement des ouvrages de victres par lui faites au dit Hostel de Ville, selon qu'il est contenu en les parties arrestées à la dite somme, et attachées au dit mandement, de laquelle somme de iiii es. xx s. t^s, payement a esté faict comptant par ce dict present comptable au dit Le Texier, ainsy qu'il appert par sa quittance signée de sa main et passée par devant Herbin et Chaulfdescus, notaires au Chastelet de Paris, en datte du 28e jour d'aoust au dit an 1600, estant au dos du dit mandement, le tout cy rendu par ce, cy. . . . . iiii es. xx s. t^s
Au dit Loys Le Texier, devant nommé la somme de neuf escus sol., à luy pareillement ordonnée suivant aultre mandement de mesdits sieurs les prevost des marchans et eschevins de la dite ville de Paris, signé de leurs mains, en datte du 2e jour d'aoust 1601, addressant à ce dit present receveur et comptable pour son payement du contenu es parties d'icelluy le Texier, arrestées à la dite somme et attachées au dit mandement, par vertu de quoy payement a esté faict comptant au dit le Texier de la dite somme ix es. comme appert par sa quittance

signée de sa main et passée par devant les sus dits notaires, en datte du 4e jour du dit mois d'aoust 1601, estant au dos du dit mandement, le tout cy-rendu pour ce, cy. . . . . IX cs.

Somme de ce chappitre pour ouvrages de victres, treize escus vingt sols.

Fol. 85 r°.

A Charles Tamponnet, concierge de l'Hostel de la dite ville de Paris, la somme de quatre escus sol. huict sols t à luy pareillement ordonnée par mes dicts sieurs les prevost des marchans et eschevins d'icelle ville, par leur mandement signé de leurs mains en datte du dernier jour de juing 1601, addressant au dit Frenicle, present receveur et comptable, pour son payement et remboursement de pareille somme par lui mise, frayée et desboursée de l'ordonnance verballe de mes dits sieurs, à plusieurs manœuvres qui ont osté et netoyé les immondices estans dans les courts d'icelluy Hostel de Ville, ainsi qu'il est contenu et declaré par icelluy mandement, par vertu duquel payement a esté faict comptant de la dite somme de IIII l. VIII s. t audit Tamponnet, comme il appert par sa quittance signée de sa main, en datte du 3e jour de juillet au dit an 1601, estant au dos du dit mandement, le tout cy-rendu pour ce, cy. . . . . IIII l. VIII s. t

Fol. 86 v°.

A Charles Tamponnet, concierge de l'Hostel de la dite ville cy-devant nommé, la somme d'ung escu quarante sols t à luy semblablement ordonnée, suivant aultre mandement de mes dits sieurs les prevost des marchans et eschevins addressant au dit Frenicle, present receveur et comptable, signé de leurs mains, en datte du sixiesme jour d'aoust 1601, pour avoir depuis ung an en ça gouverné l'horloge du dict Hostel de Ville, comme le contient icelluy mandement, par vertu duquel payement a esté faict comptant de la dite somme de 1 cs. xl t au dit Tamponnet comme appert par sa quittance signée de sa main en datte du 7e jour des dits mois et an sus dits, estant au dos du dict mandement, le tout cy-rendu pour ce, cy. . . . . 1 cs. xl t

Fol. 102 r°.

A Guillaume Rouveau, beuvetier de l'Hostel de la dite ville, la somme de douze escus quarente sols t à luy ordonnée par MM' les prevost des marchans et eschevins d'icelle ville par leur mandement signé de leurs mains, en datte du 23e jour d'octobre 1599, pour achepter des serviettes pour servir à la beuvette du dit Hostel de Ville, ainsi qu'il est contenu et déclaré par le dit mandement, par vertu duquel payement a esté faict comptant par ce dit présent receveur et comptable au dit Rouveau de la dite somme de xII l. xl t, comme appert par sa quittance passée par devant Mahieu et Dupuis, notaires au Chastelet de Paris, en datte du 23e jour de novembre, en suivant au dit an 1599, estant au dos dudit mandement, le tout cy-rendu pour ce, cy la dite somme de. . . . . xII l. xl t

Fol. 107 v°.

A François Langoiseux, tapissier ordinaire de la dite ville, la somme de vingt escus sol., à luy pareillement ordonnée par aucun mandement des mes dits sieurs les prevost des marchans et eschevins addressant à ce dit present receveur et comptable signé de leurs mains, en datte du 10e jour de juillet 1600, pour avoir fourny de la tapisserie à la dite ville, selon et ainsy qu'il est au long contenu en ses parties par eulx veues et arrestées à la susdite somme attachées au dit mandement, la quelle somme de xx es. sol. a esté payée comptant audit Langoiseux, comme appert par sa quittance signée de sa main et passée par devant Fournier et Motelet, notaires au Chastelet de Paris, en datte du 25ᵉ jour des dits mois et an que dessus, estant au dos d'iceluy mandement, le tout cy-rendu pour ce, cy. . . . . xx es.

Fol. 109 rº.

A Guillaume Rouveau, beuvetier du dit Hostel de Ville, devant nommé, la somme trente-cinq l. vingt-six s. t. à luy aussi ordonnée par mes dits sieurs les prevost des marchans et eschevins par aucun leur mandement signé de leurs mains, en date du dit 8ᵉ jour d'aoust 1600, pour son remboursement de pareille somme par luy mise et frayée de leur ordonnance et commandement verbal, pour la despense de la beuvette faicte en l'hostel de la dicte ville durant le mois de juillet de la dite année 1600, ainsy qu'il est au long contenu et déclaré par les parties du dit Rouveau, par eulx veues et arrestées attachées au dit mandement laquelle somme de xxxv l. xxvi s. t. a esté payée comptant par ce dit present receveur et comptable au dit Rouveau, ainsy qu'il appert par sa quittance passée par devant Bourdereau et Dupuis, notaires au Chastelet de Paris, en datte du 12ᵉ jour des dits mois et an que dessus, estant au dos d'iceluy mandement, le tout cy-rendu pour ce, cy. . . . . xxxv l. xxvi s. t.

Fol. 116 rº et vº.

A Pierre Vaultier, faiseur de chassis en ceste dite ville de Paris, la somme d'un escu sol. vingt sols tᵗ, à luy pareillement ordonnée par mes dits sieurs les prevost des marchans et eschevins, par aucun leur mandement signé de leurs mains, en datte du 9ᵉ jour de décembre 1600. pour avoir faict les chassis tant du bureau que du greffe de la dite ville, laquelle somme de I éc. xx s. t. a esté payée comptant par ce dit present receveur et comptable au dit Vaultier, comme appert par sa quittance signée de sa main, et passée par devant Motelet et Fournier. notaires au Châtelet de Paris, en datte des dits jour et an que dessus cy-rendue avec le sus dit mandement pour ce, cy. I éc. xx s. t.

A Pierre Prejan, mᵉ gaignier en ceste dite ville de Paris, la somme deux escus sol. à luy semblablement ordonnée par aucun mandement de mes dits sieurs les prevost des marchans et eschevins, addressant à ce dit présent receveur et comptable signé de leurs mains en datte du 13ᵉ jour de decembre pour avoir faict une boitte de marroquin rouge, pour mettre la monstre d'orloge de la dite ville, ainsy qu'il est contenu et déclaré par le dit mandement cy-rendu, par vertu duquel payement a esté faict comptant par ce dit present receveur et comptable au dit Prejan comme appert par sa quittance passée par devant Bergeon et Lybault, notaires au Chastelet de Paris, en datte des dits jours et an que dessus, aussy cy-rendue pour ce, cy. II es.

BATIMENT DE L'HOTEL DE VILLE.

(A. R. K. Reg. 1071.)

ANNÉE 1601 A 1602.

Couverture...	xl escus.
Idem...	lx ec. xli s. iiii d.
Serrurerie (à Nicolas Morisseau, serrurier).............	xxxix ec. xxv s.
Victrerie...	v ec. xxx s.

DEUXIÈME PARTIE.

PEINCTURE.

A Jérôme Franceur, m⁰ painctre à Paris, la somme de six vingt écus s. à luy ordonnés par mes dits sieurs les prevost des marchands et eschevins de la dicte ville, suivant les mandemens de leurs mains, adressant au sʳ Frenicle, present receveur et comptable, en date du quatorzième jour mil six cent deux, pour avoir par luy depinct et livré leur tableau du temps de leur magistrature, ainsi qu'il est contenu et desclairé, etc.

Fol. 62 v° à 67 r°.

. . . .

A François Langoisseux, m⁰ tapissier en ceste dicte ville de Paris, la somme de vingt-quatre escus trente solz tʳ, à lui semblablement ordonnée par mess. les prevost des marchans et eschevins d'icelle, etc., etc., pour avoir travaillé de son estat pour la dicte ville et avoir fourny de tapisserie pour tapisser les bureaux et chambres du dict hostel, la vigille mons S⁺-Jehan au dit an mil sis cens ung, etc. . . . . XXIIII ec. XXX s. tʳ

BATIMENTS DE L'HOTEL DE VILLE.

(A. R. K. 1073.)

ANNÉE 1602 A 1603.

Serrurerie..	XL l. XV s.
Idem...	VIIIˣˣ VIII l. XVIII s.
Somme :	deux cent neuf l. treize s.
Menuiserie...	IIIIˣˣ v l.
Vitrerie..	LII l.

PEINTURE.

Fol. 40 v° à 43.

A Jehan Dangeres, m⁰ peintre à Paris, la somme de cent quinze livres tz, etc., pour son payement des peintures et armoiries qu'il a faites pour la dite ville.

N° 33.

23 NOVEMBRE 1602.

RÉPARATIONS A L'ARSENAL DE LA VILLE.

(Reg. H, 1887.)

De par les prevost des marchans et eschevins de la ville de Paris,

Il est ordonné à Pierre Guillaume, maistres des œuvres de la dicte ville, de faire transporter au premier jour en l'arcenacq de la dicte ville, pour veoir quels ouvrages de maçonnerye il y convient faire pour repparations necessaires, et nous en faire son rapport.

Faict au Bureau de la Ville, le vingt-troisiesme jour de novembre mil six cens deux.

Signé, DE CHAMPIS, DE CHEVILLY, DURANT.

N° 34.
22 NOVEMBRE 1605.

LETTRE AUX ÉCHEVINS DE LA VILLE DE TONNÈRE POUR AVOIR DE LA PIERRE POUR LA STATUE DU ROY.
(Reg. H, 1888.)

Messieurs, faisant travailler à la continuation des bastimens de l'Hostel de Ville, il nous est necessaire d'avoir plusieurs belles pierres de Tonnerre pour faire la figure et portraict du roy à cheval et aultres ouvrages, pour mectre à la veue d'un chacun dans les niches du dit Hostel de Ville respondant sur la Grève; et pour cest effect nous avons faict marché avec un nommé Biart, sculteur de Sa Majesté; c'est pourquoy nous vous prions d'assister le dit Biart ou ses gens, à la recherche et bonté des pierres, et les luy faire délivrer, nonobstant tous empeschemens quelzconques, estans question du service de Sa Majeste et de la dicte ville, en la paiant toutteffois raisonnablement par le dict Biart. Nous esperons de vous ceste courtoisye, et sy en cas semblable avez affaire de quelque chose en ceste dicte ville, nous nous emploierons pour vous de pareille affection, que nous demeurerons, Messieurs, vos effectionnez à vostre service, les prevost des marchans et eschevins de la ville de Paris.

Signé, DE FLECELLES ET SAINCTOT.

Du Bureau de la Ville de Paris, le xxii° novembre 1605.

N° 35.
6 JUIN, 27 JUILLET ET 4 AOUT 1605.

CONTINUATION DE L'HÔTEL DE VILLE; PREMIER MARCHÉ AVEC MARIN DE LA VALLÉE.
(Reg. de la Ville, XVI°; la copie, H, 1794, fol. 667; la minute, H, 1888.)

Le lundy sixiesme jour de juin mil six cens cinq, Messieurs les prévost des marchans et eschevins estans au grand Bureau de la Ville, ont fait publier les ouvraiges de maçonnerie qu'il convient faire pour continuer le pan de mur de devant de la grande salle de l'Hostel de la Ville, estre à faire et bailler au rabaiz et moings disant; à l'extinction de la chandelle, suivant les affiches auparavant mises à ceste fin.

Et ne s'estant presenté aulcunes personnes pour entreprendre les ditz ouvraiges, la dicte publication auroit esté remise à ung autre jour; et après plusieurs remises iceulx ouvraiges auroient de rechef esté publiez le mecredy, vingtiesme jour de juillet, où ce seroient présentez Marin de la Vallée, juré du roy en l'office de maçonnerye, demeurant en ceste ville, rue Beaubourg, qui auroit entrepris de faire les dictz ouvraiges, et en ce faisant, continuer le dict pan de mur de devant de la grande salle du dict Hostel de Ville, moyennant la somme de six vingtz quinze livres tournois la thoise courante *bout-avant*, en fournissant par luy de touttes matières, et rendant place nette et fournissant de matieres.

Et à l'instant a esté allumé la chandelle et déclaré aux assistans le rabaiz estre de quarente solz tournois sur chacune thoise; à l'extinction de la chandelle, Pierre Robelin, aussy maistre maçon, a mis rabaiz de quarente solz tournois.

Et pour ce qu'il ne s'est présenté aucune autre personne pour mectre rabais sur le dict Robelin, la dicte publication et adjudication auroit esté remise au mecredy vingt-septiesme du dict moys de juillet, et ordonné nouvelle affiche estre mise, ce qui auroit esté faict.

Advenu lequel jour mercredy, vingt-septiesme juillet, sur les cinq à six heures de rellevée, iceulx ouvraiges ont esté de rechef publiez au Bureau de la Ville, estre à bailler au rabais et moings disant, sur le pris de six vingtz treize livres la toise, où ce seroit présenté le dict de la Vallée, qui auroit mis rabais de quarante solz, cy xl. s.;

Aultre rabais, George Pattin, de quarante solz, cy xl. s.;

Aultre par le dict de la Vallée, de quarante solz, cy xl. s.

Et pour ce que par-dessoubz le dict de la Vallée ne s'est présenté aucune personne pour mectre rabais, avons au dict de la Vallée, comme moings disant, et en la presence du procureur du roi et la ville, et de Pierre Guillain, maistre des œuvres d'icelle, adjugé et adjugons les dicts ouvraiges cy-devant mentionnez, moiennant le pris et somme de six vingtz-sept livres tournois la toise courant bout-avant, à la charge par icelluy de la Vallée, de faire bien et deument icelles ouvraiges de massonnerye au dire du maître des œuvres de la ville et autres gens à ce cognoissans; fournir de toutes matieres et estoffes, peyne d'ouvriers et rendre place nette, et de bailler bonne et suffisante caution, tant de bien et deuement faire les dictz ouvrages, que des deniers qu'il recevra; la quelle besongne luy sera payée par maistre Francoys Frenicle, receveur des domaines, dons et octroys de la dicte ville, au fur et à mesure qu'il travaillera, et suivant noz ordonnances et mandemens.

Du quatriesme jour d'aoust mil six cens cinq.

Est comparu au Bureau de la Ville le dict de la Vallée, entrepreneur des ouvrages cy-devant mentionnez, lequel a présenté pour cautions, tant des deniers qu'il recevra, que de rendre la dicte besongne bien et deument faite, Jehan Ponçart, maître masson, à Paris, demeurant rue des Juifz, paroisse Sainct-Gervais, lequel à ce present a pleigé et cautionné le dict de la Vallée, pour ce que dessus, et a faict les submissions accoustumées; lequel de la Vallée a declaré luy appartenir deux maisons, tenant l'une à l'autre, seizes rue de Beaubourg, au cul-de-sacq, à l'enseigne de Nostre-Dame; plus, d'une autre maison seize rue de la Baudoirye, à l'enseigne de la Souche; nous avons la dicte caution receu et la recepvons par ces presentes, du consentement du procureur du roy et d'icelle.

Signé, Ponssart.

N° 36.
AVRIL 1606.

CONTRIBUTION VOLONTAIRE DU CLERGÉ POUR AIDER A L'ACHÈVEMENT
DE L'HÔTEL DE VILLE.

(Reg. de la Ville, XVIIe; II, 1794, fol. 81 v°.)

Du mercredy, douziesme jour d'apvril mil six cent six.

Le dit jour est venu au Bureau de la Ville, monsieur l'evesque d'Angiers, qui a dit que messieurs de l'assemblée du clergé ayant octroyé la demande qui leur avoit esté faicte de donner quelques deniers à la ville, pour employer au bastiment du dict Hostel de Ville, il avoit retiré le mandement et ordonnance des dicts sieurs de l'assemblée, adressant à maistre Francois de Castille, pour payer à mes dictz sieurs de la ville ou à leur recepveur, la somme de neuf mil livres tournois pour employer aus dictz bastimens. Laquelle ordonnance il a mise ès mains de mes dictz sieurs, dont ilz l'ont très-humblement remercyé.

N° 37.

24 MAI 1606.

DÉLIBÉRATION RELATIVE AUX PORTRAITS DES OFFICIERS DE LA VILLE DE PARIS.

(Reg. de la Ville, XVIIe, fol. 82 v°; H, 1794, fol. 82 v°.)

Sur la requeste faite au Bureau de la Ville par maistre Claude Lestourneau, recevcur du domaine, dons et octrois de la dite ville, tendant à ce que, conformément aux derniers tableaux estans en l'Hostel de la dicte ville, où sont peinctz noz predecesseurs prevost des marchans et eschevins, procureur du roy, greffier et recepveur de la dite ville, il seroit mis et peint au tableau qui se faict à présent, immédiatement après le dict procureur du roy et devant le greffier; et cy sur ce, maistre François Courtin, advocat en la cour de parlement et greffier de la dicte ville, qui a dict qu'il estoit plus antien officier que le dict Lestourneau, avoit l'honneur de porter en son habit la marque et livrée de la dicte ville, et que si les derniers recepveurs avoient esté mis aus dictz tableaux auparavant luy, ce a esté par tollerance et entreprise, attendu les grandes charges qu'ilz avoient, oultre leur office de recevcur du domaine, n'ayant accoustumé d'y estre auparavant, et partant requeroit estre mis au dict tableau devant le dict recepveur. Nous, sur ce oy, le dict procureur du roy de la ville, avons ordonné et ordonnons que le dict Courtin, greffier, sera mis et peint au dict tableau immédiatement après le dict procureur du roy, et devant le dict Lestourneau, recepveur, comme plus antien officier; et pour l'expedition des presentes, avons commis greffier, Guillaume Revient, commis au greffe de la dicte ville. Fait au Bureau d'icelle, le mercredi, vingt-quatriesme jour de may mil six cent six.

5 JUILLET 1608.

EXTRAICT DES REGISTRES DU PARLEMENT.

(Reg. de la Ville, XVIIe; H, 1794, fol. 83 r°.)

Entre maistre Claude Lestourneau, recepveur du domaine, dons et octrois de la ville de Paris, appellant d'une sentence donnée par les prevost des marchans et eschevins de la dicte ville, le vingt-quatriesme may mil six cent six, d'une part, et maistre François Courtin, advocat en la dicte cour, et greffier de l'Hostel de la dicte ville, inthimé, d'aultre; veu par la cour l'arrest du seiziéme décembre mil six cent six, par lequel, sur le dict appel, les dites partyes auroient esté appointées au conseil, bailleroit l'appellant ses causes d'appel, et l'inthimé ses responces, la dicte sentence par laquelle auroit esté ordonné que le dict Courtin seroit mis et peinct aux tableaulx qui se font en l'Hostel de la dicte ville, immédiatement après le procureur du roy et devant le dict sieur Lestourneau, recepveur, comme plus ancien officier; causes d'appel et responces respectivement fournyes par lesdictes partyes; contredictz du dict Lestourneau, après que le dict Courtin y auroit renoncé d'en bailler de sa part, suyvant la requeste du vingtiesme may dernier; production nouvelle du dict Courtin; contredictz et salvation respectivement fournyes par icelles parties. Tout consideré, dict a esté que ce dont appelle sortira son plein et entier effect, condamne le dict appellant aux despans.

Prononcé le cinquiesme juillet mil six cens huict.

Signé, VOISIN.

DEUXIÈME PARTIE.

N° 38.
31 JUILLET 1606.

STATUE ÉQUESTRE DU ROY HENRY IV; MARCHÉ AVEC LE SCULPTEUR BIARD.
(Reg. de la Ville, XVII°; la copie, H, 1794, fol. 123 r°; la minute, H, 1888.)

Du lundy xxxi° et dernier jour de juillet, mil six cens six.

Le dit jour avons mandé au bureau de la ville, Pierre Biard, architecte sculteur du Roy, auquel avons remonstré que dès le quatriesme jour d'octobre mil six cens cinq, il s'est obligé envers la ville de faire la figure du Roy à cheval, de pierre de Tonnerre, pour mectre dans la niche du dit Hostel de Ville, au dessus du portail, moiennant la somme de quinze cens livres tournois, et depuis, sur l'impossibilité de pouvoir recouvrer de la dite pierre de Tonnerre, par acte donné au bureau de la ville, le xii° jour d'avril dernier, luy a esté ordonné faire la dicte figure de pierre de Trecy, à la charge que sur le dit pris de quinze cens livres tournois, il seroit rabbatu la diminution de la valeur de la dicte pierre de Trecy au pris de la dite pierre de Tonnerre, laquelle diminution seroit prisée au dire de gens ad ce cognoissans. Lequel Biart a consenti diminution luy estre faicte de la pierre de Trecy qu'il a employé au lieu de la pierre de Tonnerre; et après que le maistre des œuvres de la dicte ville a esté oy sur la diminution du pris eu esgard à la nature de la pierre, ensemble sur le revers de la dite figure du Roy, que le dit maistre des œuvres a dict estre necessaire pour l'ornement d'icelle figure, qui se posera du costé de la montée, avec l'inscription de l'an mil v° xxxiii, faicte lors de la construction des fondemens du bastiment de la ville, et icelle ordonnée pour la presente année, avec deux figures de la dicte pierre de Trecy, grandes du naturel, et au dessus ung navire avec voiles, matz, cordes, cordages et rames, selon le modelle qui a esté representé et remis ès mains du dict Biart, toutz lesquelz ouvrages le dit Biart est obligé faire, et outre, mectre deux rondz à costé de la figure du Roy, de pierre de Tonnerre, remplis des chiffres du Roy, mesmes blanchir de blanc de plomb, à ses dépens, la dicte figure du Roy et le cheval pour oster la difformité de la liaison et séparation des pierres, et rendre tout faict et parfaict au xv° septembre prochain, moiennant la somme de deux mil livres, à laquelle somme ont esté estimées les dits ouvraiges et diminution des dictes pierres, sur laquelle le dit Biart a recongneu avoir receu la somme de huict cens livres tournois par ces deux quictances, lesquelles avec ces presentes ne luy serviront que pour une mesme quictance, et le surplus, montant la somme de douze cens livres, luy sera paiée au feur et à mesure que la dicte besogne sera faicte.

Signé

N° 39.
23 OCTOBRE 1606.

ORDRE A MARIN DE LA VALLÉE DE COMMENCER LES TRAVAUX.
(Reg. de la Ville, XVII°; la copie, H, 1794, fol. 118 r°; la minute, H, 1888.)

De par les prevost des marchans et eschevins de la ville de Paris.

Il est ordonné à Marin de la Vallée, juré, maçon et entrepreneur des bastimens qui se font en l'Hostel de la Ville, de mectre dedans, demain pour tout délaiz, des ouvriers et en nombre pour travailler au dit Hostel de Ville, suivant son marché, sauf à compter avec luy, et au cas qu'il luy soit deub quelque deniers, luy seront baillez; aultrement et à faulte de ce faire par le dit de la Vallée, ordonnons qu'il y sera contrainct par toutes voies deues et raisonnables, mesme sera protesté contre luy de tous despens, dommaiges et interestz. Faict au bureau, le xxiiie octobre mil six cens six.

Signé De Flecelles et . . . .

N° 40.

1607. — État du pavillon de l'hôtel de ville, dit du Saint-Esprit, au commencement de l'année 1607.

(A. R. H. 1888.)

Mesures de la haulteur des murs du pavillon de l'Hostel de la Ville, du costé de l'église du Sainct-Esprit, à laquelle ils ont esté trouvez eslevez.

Premièrement, le mur du retour dans l'église du Sainct-Esprit jusques à la montée d'icelluy, a esté trouvé eslevé d'ung pied et demy plus hault que le dessus de la poultre de comble de la dicte église.

Le mur du pavillon du costé de la dicte eglise a esté trouvé eslevé d'une asseize et demye de haulteur au dessus du plancher du dict pavillon.

Le mur du dict pavillon où sont les chemynées d'ycelluy, est eslevé de six poulces au dessus du plancher du dict pavillon.

Le pan du mur sur la Grève a esté trouvé eslevé de la haulteur des impostes.

Et pour le regard du retour vers la dicte chemynée n'est levé de la dicte haulteur que de trois piedz et demy de long de la gorge de la fermeure.

Le mur separant le dict pavillon et le corps de la grand salle est eslevé de vi poulces de hault au dessus du plancher du dict pavillon.

Fault continuer d'eslever les dictz murs jusques en la haulteur qu'il conviendra mectre les poultres ou poitiaux pour porter les plattes formes de charpenterie, et plus hault sy besoing est, comme aussy l'espaulletie du mur dans l'eglise du Sainct-Esprit de vi à vii pieds de long, icelle continuer jusques à la haulteur du dit pavillon, diriger les encorbellemens declarez et le marché, conserver les passaiges d'estage en estage et autres lieux qu'il sera monstré pour entrer de la vie ronde en tous les estages du dict pavillon, et semblablement les souches et thuiaux de chemynées tant d'ung costé que d'aultre.

N° 41.

16 FÉVRIER 1607.

Travaux de charpente nécessaires a la confection de la grande salle de l'hôtel de ville.

(Reg. de la Ville, XVIIe; la copie, H, 1794, fol. 177 v°; la minute, H, 1888.)

De l'ordonnance verballe de nos seigneurs les prevost des marchans et eschevins de la ville de Paris, nous Jehan Fontayne, maistre des œuvres de charpenterie du Roy, juré au dict office et commis de monseigneur le grand voyer de France, Pierre Guillain et Charles Marchant, maistre des œuvres de maçonnerie et charpenterie de la dicte ville, sommes transportez à l'Hostel de la dicte ville, le xvie jour de febvrier mil six cent sept, pour veoir et visiter la grand salle neufve du dict Hostel de Ville, et donner advis, tant sur l'eslevation des murs que sur la forme que l'on doit faire, et assembler les charpenteries du comble de la dicte grande salle, et quel exeaucement il y doibt avoir au dessus de ce qui est jà levé à l'affleurement de la grand corniche du pan de mur sur le costé de la Grève ; et, après avoir communicqué au bureau, et qu'il nous a esté representé ung desseing en parchemin de la figure et desseing que doibt estre l'eslevation, tant des ballustrades ou garde folz, embassement d'icelle au derrière desquelles est le mur qui doibt porter les lucarnes au dessus de la dicte grande salle au milieu du quel est une eslévation d'ung grand cadran environné de pillastres, mouslures, enrichissement, corniches, atticque et fronton, au dessus lesquelles il convient faire de maçonnerie de pierre au derrière de laquelle eslevation de cadran fault faire une caige de charpenterie assemblée dans les formes du comble de la dicte salle, eslevée jusques à la haulteur du dict atticque, qui portera les mesmes fermes, mouslures et retraictes telles que l'eslevation de pierre cy devant declarée, et au dessus deux estaiges à jour en forme de lenternes, en la dernière desquelles sera mis ung taimbre ou cloche, pour servir d'orloge ; et sur ce donner advis de la ferme de la dicte charpenterie du comble suffisant pour porter la charge cy dessus, avecq le plomb de la couverture d'icelles deulx lenternes. Et après avoir veu et consideré les dicts desseings, recogneu les lieulx, les encorbellemens, dresez pour l'assiette des poultres, sommes d'advis qu'au dessus des dicts corbaulx il soit mis, pour l'assiette des poultres, une pièce de pierre de liaiz entier, portant de neuf à dix poulces de haulteur, qui sera taillé en forme de plainete d'ung poulce et demye de saillye à l'enveron de chacun corbeau qui oultre la saillye sera mis dans le gros mur un pied et demy ou environ, sur laquelle pièce de pierre sera posée et assis la poultre du plancher au dessus de la dicte salle, en la forme ordinaire, sur laquelle poultre sera posée et assemblée la ferme du comble, couppé de la dicte salle, qui sera faicte à deulx poinçons, avec force liens et croix Sainct-André, de la forme, structure et façon que le comble de la grande salle du Louvre, dont sera fait desseing et figure, portant la forme de l'assemblaige de la charpenterie pour la closture de l'orloge disposé selon les haulteurs des murs cy après declairez, lesquelz murs, sçavoir cellay qui portera les lucarnes sera faict de deulx piedz d'espoisse et eslevé à fleur du derrière du mur de la dicte salle jusques à la haulteur de quatre piedz et demy au dessus de la dicte grand corniche, au devant duquel seront asseizes les dalles de liaiz et ballustrades selon le dict desseing ; ayant au preceddent posé et assis deux grandes gargoulles, chacune d'une pièce de pierre de liaiz aux lieulx et endroictz qui sera advisé pour le mieulx pour recevoir les eaues descendans des combles du dict costé et le lles jecter en la place. De toutes lesquelles choses nous semble estre expedient faire faire et dresser ung modelle en bois de la forme, structure et façon du desseing, pour mieulx juger de la disposition des dictes charpenteries et sur lequel on se puisse regler pour parvenir à l'execution du dict desseing, et outre sera besoing de faire des encorbellemens de pierre dure au meur separant l'escalier de la dicte grande salle et mesmes au trumeau à costé de la première croisée du costé du grand bureau.

Et sur ce que par nos dits sieurs a esté commandé de veoir et visitter le plancher de la grand chambre, au dessus du grand bureau où sont les grandes armoires et pappiers de la dicte ville, lequel est afféé, pour donner advis, s'il y a péril eminant et le moien d'y remeddier, lequel plancher nous avons veu et visité tant dessus que dessoubz, et avons trouvé que la poultre qui porte les deux travées d'icelluy plancher est fort ployée contre-bas de huit à neuf pouces par son meillieu, icelle gercée et commencée à casser par ung neud qui est en l'arraistre de dessoubz, en telle sorte qu'il en peult venir inconvenient s'il n'y est pourveu ; et à cest effect sommes d'advis qu'il fault changer la dicte poultre de plus gros eschantillon, et que l'une des calles de pierre de liaiz qui est soubz les boutz de la dicte poultre soient ostez à cause du dict enforcissement d'eschantillon, abbattre et desmollir le plancher, dessendre les sollives et les jaulger toutes d'une espoisse pour les remectre en besongne et mectre des ais d'entrevou, desmonter les armoires et serrer les pappiers pour icelles remectre après l'ouvrage faict, restablir tout ce qui pour ce faire aura esté desmolly.

Signé : Fontaine, Guillain et Marchant.

N° 42.

26 MARS 1607.

DEVIS DES TRAVAUX A FAIRE POUR ACHEVER LA GRANDE SALLE DE L'HÔTEL DE VILLE.
(Reg. de la Ville, XVII°; la copie, H, 1794, fol. 202 v°; la minute, H, 1888.)

Devis de ce qui a esté advisé estre nécessaire à faire pour la seureté du bastiment encommancé à faire pour mectre à couvert une partye de la grande salle de l'Hostel de ceste ville de Paris.

Et premierement : fault faire la fondation du mur du retour sur le costé de la court, vers l'ancienne salle, la d. fondation de neuf à dix piedz de long et pareille espoisseur que l'autre antien retour; et sur icelle fondation, depuis le rais de chaussée de la court en amont, sera faict la maçonnerye du mur, forme de pignon, garny d'une uisserie, comme il sera marqué, le tout de pierre de la qualité, forme, structure et façon telle que les autres anciens murs, et au-dessus icelluy eslever de la haulteur qu'il appartiendra, garny de redaulx et lyaisons, sellon le ressort de la voulte qui se doibt faire au dict endroit.

Item au-dessus du d. mur, fault continuer l'eslevation du retour jusques et compris la jouée au tableau du dict premier ressort; icelluy eslever et continuer jusques à son entablement ou dernière corniche, des qualitez, matières, formes et façons comme l'autre antien retour.

Item et au bout du pan de mur qui porte la face de la d. salle, fault faire le réallongement conformement aux plandz et modelles estans en l'Hostel de la d. ville, et en longueurs, espoisses, formes, façons et matières comme il est jà commencé du costé du grand escallier, le tout sellon les longueurs et espoisseurs, estandues et hauteurs, telles que marquées à l'entrepreneur par le maistre des œuvres de maçonnerye de la dicte ville, dont il sera baillé par luy les moiens par escript à l'entrepreneur, sans qu'il puisse rien alterer, diminuer ny augmenter, outre ce qui sera contenu aux mémoires du dict maistre des œuvres.

Signé, Guillain.

De par les prevost des marchands et eschevins de la ville de Paris.

Il est ordonné à Marin de la Vallée, juré du roy en l'office de maçonnerie, et entrepreneur des ouvrages et bastimens qui se font en l'Hostel de la d. ville, de faire faire les ouvrages de maçonneries mentionnés par le devis du maistres des œuvres de la d. ville, cy-devant transcript, et de la forme, matières et structure, et façon, conformément à icelluy, desquelz ouvrages le d. de la Vallée sera payé selon la prisée qui en sera faicte par le dict maistre des œuvres de la ville et autres gens à ce cognoissans. Faict au bureau de la d. ville, le lundy, xxvi° jour de mars, mil six cens sept.

DEUXIÈME PARTIE.

N° 43.

5 JUILLET 1607.

RAPPORT D'EXPERTISE DE BOIS DE CHARPENTE DESTINÉS AU BATIMENT NEUF DE L'HÔTEL DE VILLE.

(Reg. de la Ville, XVII°; la copie, H, 1794, fol. 241 r°; la minute, H, 1888.)

Nous, Claude de la Champaigne et Jehan Marchant, secretaires du roy en l'office de charpenterie de ceste ville, suivant l'ordonnance de messieurs les prevost des marchands et eschevins de la d. ville, et à leur requeste, nous sommes ce jourd'huy transportez au port de l'escolle Saint-Germain, pour veoir et visiter quatre grandes poultres estans dans le basteau de Guillaume Lesguillier, amenées en ceste ville, pour le bastiment de l'Hostel de la Ville, et recongnoistre si les d. pièces de bois sont bonnes, locales et marchandes, et propres pour employer au d. bastiment; et après avoir presté le serment par-devant les dits sieurs, avons, en la présence de M. Flécelles, l'un des eschevins de la d. ville, et des sieurs Pierre Guillain et Charles Marchant, maistres des œuvres de maçonnerie et charpenterie de la d. ville; et aussi en la presence de deux des marchans qui ont vendu les d. poultres, avons veu et visité les d. quatre poultres, dont nous en avons recogneu trois bonnes, locales et marchandes, et propres pour estre employées à la grande salle de l'Hostel de la ville, et pour le regard de l'autre poultre, avons trouvé qu'elle n'est pas bonne et propre à faire poultre pour estre de bois coupé, et ne sommes d'advis qu'elle soit employée au d. bastiment.

Faict le cinquiesme juillet mil six cent sept.

Signé, Delachampaigne et Marchant.

N° 44.

JUILLET 1607.

DÉMOLITION DE LA VIEILLE GRANDE SALLE DE L'HÔTEL DE VILLE.

(Reg. de la Ville, XVII°; la copie, H, 1794, fol. 243 r°; la minute, H, 1888.)

N° 45.

13 AOUT 1607.

COUVERTURE DE LA GRANDE SALLE NEUVE CONFIÉE A LÉON THOMAS, MAISTRE DES ŒUVRES DE COUVERTURE DES BATIMENS DU ROY.

(A. R. H, 1888.)

N° 46.

30 AOUT 1607.

SIGNIFICATION ADRESSÉE A CHARLES MARCHANT, MAITRE DES ŒUVRES DE CHARPENTERIE DE LA VILLE, D'ACHEVER LA CHARPENTE DE LA GRANDE SALLE DE L'HÔTEL DE VILLE.

(H, 1888.)

N° 47.

20 AOUT 1607.

SIGNIFICATION FAITE AUX MARGUILLERS DE L'ÉGLISE SAINT-JEAN
DE SUSPENDRE LES TRAVAUX QU'ILS AVAIENT FAIT COMMENCER SUR LA RUELLE,
DERRIÈRE L'HÔTEL DE VILLE.

(A. R. H. 1888.)

N° 48.

21 MARS 1608.

ORDRE AUX ARCHITECTE ET ENTREPRENEURS DES TRAVAUX DE L'HÔTEL DE VILLE
DE SE RÉUNIR AU PETIT BUREAU.

(A. R. H, 1889.)

N° 49.

FÉVRIER 1608.

CONTRAINTE EXERCÉE ENVERS CHARLES MARCHANT
POUR L'ACHÈVEMENT DE LA CHARPENTE DE LA GRANDE SALLE DE L'HÔTEL DE VILLE.

(Reg. de la Ville, XVIIe; la copie, H, 1794, fol. 306 v°; la minute, H, 1889.)

N° 50.

FÉVRIER 1608.

FOURNITURE DE PLOMB POUR L'HÔTEL DE VILLE DE PARIS.

(Reg. de la Ville, XVIIe; H, 1794, fol. 309.)

N° 51.

FÉVRIER 1608.

DEVIS DES COLONNES DE LA GRANDE FAÇADE DE L'HÔTEL DE VILLE.

(Reg. de la Ville, XVIIe; H, 1794; fol. 307 v°.)

Du mecredy, treiziesme jour de febvrier, mil six cens huict.

Le dict jour, messieurs les prevost des marchans et eschevins de la ville de Paris, et en la présence de Pierre Guillain, maistre des œuvres de maçonnerie de la dicte ville, ont faict marché avec Marin de la Vallée, juré du roy en l'office de maçonnerie et entrepreneur des bastimens de l'Hostel de la dicte ville, lequel a promis aus dietz sieurs de leur livrer et fournir la pierre de taille de douze coulonnes cancelées et sizelées, qui restent à faire sur le devant du pan du mur dudict Hostel de Ville, du costé de la Grève. Et sera, la pierre de Torcy, plus dure que la pierre des deux colonnes qu'il a cy-devant taillées, et qui sont en place, et lesquelles coulonnes ne seront que de deux pièces seullement, et sizelées et cancelées conformément aux dictes deux qui sont en place, et promis de garantir les dictes colonnes de ne se gaster et deperir de la lune, soleil, gelées et aultres incommoditez, fors et exceptez du tonnerre et aultres furies qui pourroient arriver du ciel; et rendra icelles coulonnes en place, bien et deuement faictes et parfaictes, dedans le dixiesme jour de juin prouchainement venant; et pour ce faire, fournira la d. pierre de Torcy, taille d'icelle, engins, peyne d'ouvriers et toutes choses generallement quelzconques pour rendre icelles coulonnes en leurs places, comme dessus, le tout moyennant le pris et somme de douze cens livres tournois, qui est pour chacune coulonne cent livres tournois que les dicts sieurs prevost des marchans et eschevins ont promis et promectent, par ces présentes, faire payer au dict de la Vallée, par le receveur du domaine, dons et octroys de la dicte ville, scavoir : quatre cens livres tournois comptant, et par advance quatre autres cens livres tournois, lorsque icelles coulonnes seront taillées et preste de poser, et le surplus montant aussy quatre cens livres, lorsque icelles coulonnes seront faictes et parfaictes et mises en leurs places.

Faict au bureau de la ville, les jour et an que dessus. *Signé*, DE LA VALLÉE.

N° 52.
21 MARS 1608.

DEVIS DES TRAVAUX DE MAÇONNERIE NÉCESSAIRES POUR LA VOUTE
ET LA CHAPELLE DU SAINT-ESPRIT.

(A. R. H, 1889.)

Devis des ouvrages de maçonnerie, pierre de taille et taille d'icelles, qu'il convient faire pour messieurs les prévost des marchands et eschevins de ceste ville de Paris, en la construction des murs et voultes, tant pour la chappelle que entendent faire faire lesdicts sieurs sur la nef de la chappelle du Sainct-Esprit, que continuation de l'aultre voulte au-dessus, selon qu'elle est jà encommancé, desquelles la teneur ensuict.

Premièrement sera faict le mur en fondation au travers de la chappelle du dict hospital, qui contiendra quatre thoises quatre piedz de long, massonné de quatre piedz d'espoisseur de bon moislon, chaulx et sable reservé au droict du dessoubz des deux contrepilliers qui seront massonnez avec pierre de libaige de pierres joinctifiées, lesquelles auront quatre piedz de pierre au moings et de pareille largeur de quatre piedz dont les lietz des pierres des d. libaiges seront jaulgés en picquez depuis le fondz de la dicte fondation jusques au dessoubz de la première assize de pierres de taille des dicts pilliers.

Item au dessus de la dicte fondation sera levé les deux contrepilliers qui seront faictz de pierre de Clicquart depuis le dessus du dict libaige jusques au dessus de l'imposte de grands quartiers portant saillie de trois piedz hors le corps du mur sans comprendre les liaisons qu'il convient mectre dedans le corps des murs, le tout taillé proprement et massonné comme il appartient, moictié desquelles assises seront faictes de deux pièces et les autres d'une pièce.

Item sera levé au dessus de la dicte imposte le grand arc qui servira à porter le mur du pavillon du dict Hostel de Ville, les voulsoirs duquel arc seront faictes de pierres de taille de Clicquart de trois piedz et demy de long au moings, et de deux piedz trois quarts d'espoisseur taillé proprement et massonné comme il appartient, dont les quatre premiers voulsoirs auront leur lict jaulgé de niveau et jecté par advance en forme de tas de charge et faire le remplage à costé de la dicte arcade tout de pierre dure.

Item sera faict les fondations des deux murs aux deux costés d'icelle chappelle de la longueur des trois thoises qui sont prises pour la ville et de huict piedz d'espoisseur, en ce compris le dausseret ou contrepillier cy devant declaré et l'espoisse particullière du mur du Saint-

Esprit comme il est à présent; et le surplus des dicts huict piedz se prendra d... ... ... ville, au fonds de laquelle fondation sera mis deux assises de pierre de libaiges massonnées avecq chaulx et sable. Le reste de laquelle fondation massonnée aussy moictié de pierre de libaiges et l'aultre moictié de moilon, chaulx et sable, avecq une aultre assize au rez de chaussée, aussi de libaiges, et au-dessus d'icelle fondation et assize de libaige seront levez les dicts murs à parement tant d'ung costé que d'aultre de pierre de taille de Clicquart jusques à la haulteur de huict piedz au dessus du rez de chaussée de la chappelle du dict hospital et au dessus des dicts huict piedz aussi de pierre dure jusques à la haulteur du rez de la salle du dict Hostel de Ville, et en levant les dicts murs sera laissé par l'entrepreneur par advance les formeretz, liernes et arachemens des voultes, le tout suivant et conformément au desseing qui en sera baillé.

Item convient faire la voulte au dessus de la nef de la chappelle du dict hospital du costé vers la Grève qui servira à porter le plancher de la chappelle à la haulteur de la grande salle du d. Hostel de Ville, voultée en forme de voultes d'augyve dont les arcs seront faictz de pierre de Sainct-Leu de deux piedz d'espoisseur compris les mouslures qui seront faictes au dessus des dicts arcs, lesquels pendantz auront du moings dix poulces de lict, le tout massonné proprement comme il appartient, et les mouslures faictes aus dicts arcs suivant le desseing qui en sera baillé à l'entrepreneur, et au dessus d'icelle voulte faire les remplages et araze de pierre des carrières de Sainct-Leu massonné avec chaulx et sable.

Item sera aussy pareillement faict et continué la voulte de la dicte chappelle de l'hospital jusques contre le pavillon de la mesme forme, façon, construction et ordonnance qu'elle est à présent encommancé, et mesment si les murs au dessoubz de la dicte voulte ne se trouvent suffisans, seront refaictz de la mesme forme, construction et matière que les autres du costé de la d. ville.

Le présent devis et advis a esté faict par nous Pierre Chambiges, François Petit, Claude Guerin et Claude Velfaulx, jurez du roy en l'office de massonnerie, nommez tant par mes dicts sieurs de la ville que par messieurs les maistres et gouverneurs du Sainct-Esprit, le vendredy vingt-uniesme mars mil six cens huict

Ainsi signé: P. Chambiges, F. Petit, C Guerin et C. Vellefaux.

N° 53.

MARS 1608.

CONTESTATION ENTRE LES PRÉVÔT DES MARCHANDS ET ESCHEVINS, ET MARIN
DE LA VALLÉE AU SUJET DE LA CORNICHE DE LA FAÇADE DE L'HÔTEL DE VILLE.

(Reg. de la Ville, XVIIe; H, 1794, fol. 317 v°.)

Du mecredy vingt-ungiesme jour de mars mil six cens huict.

Sur la contestation d'entre la ville et Marin de la Vallée, pour raison de la continuation du mur de devant de la grande salle de l'Hostel de la Ville au dessus de la corniche, pretendant par le dict de la Vallée estre de son premier marché au mesme pris du dict mur de devant, et partant luy debvoir estre thoisées au mesme pris, et que Pierre Guillain maistre des œuvres de la ville, a dict que la dicte besongne n'est du pris du dict premier marché, et après avoir eu sur ce l'advis de Pierre Chambige, Claude Guerin et Claude Velfaux, jurez du roy en l'office de maçonnerie pour ce mandez, qui ont dict et esté d'advis que la première assize qui est figurée par l'antien dessieng du bastiment de la ville au dessus de la corniche du dict mur soit thoisée au pris du premier marché du dict pan de mur, et au regard de la roue balustre et parachevement de l'exaulcement, que le d. la Vallée en soit payé selon la prisée et estimation qui en sera faicte par gens ad ce congnoissans qui seront nommez et convenuz. Nous avons ordonné que l'advis des dessus nommez sera suivy et exécuté de poinct en poinct selon sa forme et teneur.

Du vingt ungiesme mars mil six cens huict.

Le dict jour a esté arresté que sera faict une cloison de trois thoises et demye de long dans l'eglise du Sainct-Esprit, pour servir pendant le temps que l'on travaillera au pan de mur du pignon de la grande salle entre l'Hostel de Ville et le Sainct-Esprit et sera la d. cloison jusques à la haulteur du planché.

Le mesme jour a esté arresté avec Marin de la Vallée de faire et continuer le pan de mur de devant sur la Grève, du pavillon qui doibt estre faict sur la chappelle de Sainct-Esprit de mesme qualité, de matière, forme, structure, et façon que l'autre pavillion sur l'arche, moyennant le pris et somme de six vingtz sept livres pour chacune thoise des d. ouvraiges qui sera thoisée à thoise courante et boutavant, sçavoir la longueur jusques et compris l'espoisse du mur de retour du dict pavillon sur la haulteur que contiendra l'ouvrage en ce compris les parpins qui portent les charpenteries, et soubz laquelle haulteur demeurera confuze la noue ou dalle de liaiz servant à l'escoulement des eaues. Sera aussy thoisé le corps de la lucarne à mesme raison et condition, le tout faict en la présence du procureur du roy de la ville et de l'advis des maistres des œuvres de la ville et de Pierre Sambiche, Claude Guerin et Claude Vellefau jurez du roy en l'office de maconnerie.

Ainsi signé : Guerin, Marchant, de La Vallée, Chambige, Guerin et Vellefau.

N° 54.

1er, 14, 24 MARS 1608.

DEVIS DES CROISÉES DE LA FAÇADE DE L'HÔTEL DE VILLE.

(Reg. de la Ville, XVIIe; H. 1794, fol. 326 r°.)

*Devis des dix croisées de menuiseries qu'il convient faire en la grande salle neufve
de l'Hostel de la Ville de Paris.*

Premièrement fault faire le chassis dormant de seize piedz deux poulces de hauteur, et de six piedz et demy de largeur.

Item les batans au pourtour auront trois poulces de largeur, et deux poulces et demy d'espoisseur. La traverse d'en bas avec son recouvrement de sa moulure qui pose sur le puis; le montant du millieu avec les trois traverses auront six poulces de largeur et deux poulces et demy d'espoisseur garny d'une feuilleure au pourtour pour loger le chassis à verre.

Item fault faire les huict chassis à verre pour poser sur le chassis dormant qui contiendra de largeur quatre poulces et deux poulces d'espoisseur assemblez à onglet, ravallé dedans et dehors, portant sa moulure et son recouvrement.

Item fault faire les huict vollets qui se mectent dans les huict chassis à verre, le bois de trois poulces et demy de largeur et d'espoisseur quinze lignes, le tout assemblé à onglet, ravallé

i

de deux costez, garny chacun vollet de deux panneaulx et ung montant, les panneaulx enrichiz, le tout de bois de fente, bon, loyal et marchant, et de pareille qualité et forme que les croisées du grand et petit bureau.

Le samedy premier jour de mars mil six cens huict, messieurs les prévost des marchans et eschevins désirans faire faire les dix croisées de menuiseryes pour servir à la grande salle neufve du d. Hostel de Ville, et mentionnée au devis cy devant transcript, ont mandé au bureau de la dicte ville Symon Hardouyn, Jacques Roger, François Mocquet, Estienne Boucher, Jehan Hoarnier, Loys de Beauvais et plusieurs aultres, tous maistres menuisiers en ceste ville, ausquelz a esté faict lecture du d. devis, et iceulx interpellez de dire s'ilz voulloient entreprendre la dicte besongne, et à quel pris, et la rendre bien et deument faicte de bon bois de fente, conformément au d. devis, et au dire de gens ad ce congnoissans dedans le dixiesme jour de juin prochainement venant. Et à l'instant les d. Hardouyn et Beauvais ont dict qu'ilz estoient prestz d'y travailler, en leur baillant deux cens quarante livres tournois pour chacune croisée, et le d. Jacques Roger a offert de les faire à deux cents livres; et pour ce que le pris par eulx demandé est excessif et exorbitant, a esté remis à une autre fois à faire le d. marché, et iceulx admonestez d'y songer et d'en faire responce.

Et le quatorziesme du dict mois de mars seroient venuz au d. bureau les d. Hardouin et Hoarnier qui ont offert faire les d. ouvraiges moyennant cent cinquante livres tournois chacune croisée; et pour ce que le pris nous a semblé trop hault, avons remis à faire le d. marché au lundy vingt quatriesme du dict moys de mars, auquel jour seroient mandez la plus grande partye des meilleurs menuisiers de ceste d. ville, ce qui auroit esté faict.

Et advenu le d. jour de lundy vingt quatriesme du d. mois de mars mil six cens huict, sur les quatre heures de rellevée, estans au bureau de la dicte ville, y seroient venuz les dictz Hardouyn, Roger, Boucher, Mocquet, Hoarnier, Vincent Bricet, et plusieurs aultres maistres menuisiers de ceste d. ville, ausquelz a esté faict lecture du d. devis, et à eulx déclaré que la dicte besongne sera baillée à celluy qui en fera le meilleur marché, lequel Hoarnier a offert faire la d. besongne pour six vingtz quinze livres tournois la croisée, et par les d. Roger et Beauvais ensemble ont offert de faire icelle besongne pour le pris de six vingtz livres tournois la croizée.

Et pour ce que par dessoubz les dictz Roger et Beauvais aulcuns aultres menuisiers n'ont voullu mettre rabaiz, et qu'il ne s'est présenté aulcunes aultres personnes pour faire la condition de la ville meilleure que les dictz Roger et Beauvais, lesquelz nous ont esté certiffiez estre bons ouvriers et cappables de faire la dicte besongne, avons eu la presence du procureur du roy de la ville, faict marché avec iceulx Roger et Beauvais ensemblement pour les dictz ouvraiges de menuiserie, au d. pris de six vingtz livres tournois chacune croisée, à la charge par iceulx Roger et Beauvais de faire iceulx ouvraiges bien et deuement conformément au d. devis, et au dire du maistre des œuvres de la d. ville et autres gens ad ce congnoissans, et d'y travailler incessamment et sans discontinuation, et rendre la dicte besongne cy dessus faicte et parfaicte dedans les dixiesmes jour de juin prochainement venant, mesme de bailler caution tant des deniers qu'ilz recepvront, que de rendre la dicte besongne de bon bois de fente bien et deuement faicte dedans le temps cy dessus, laquelle besongne leur sera payée par le recepveur du domaine, dons et octrois de la dicte ville, des deniers destinez pour les bastimens d'icelle, au feur et à mesure qu'ilz travailleront et selon noz ordonnance et mandemens.

Faict au bureau de la d. ville, le dict jour vingt quatriesme mars mil six cens huict.

DEUXIÈME PARTIE.

N° 55.

DU DERNIER JUIN 1608.

DÉLIBÉRATION DES ENTREPRENEURS DES TRAVAUX DE L'HÔTEL DE VILLE.

(H, 1889.)

N° 55 A.

11 SEPTEMBRE 1608.

PLOMB DE LA TERRASSE DE LA GRANDE SALLE DE L'HÔTEL DE VILLE.

(H, 1889.)

N° 55 B.

9 SEPTEMBRE 1608.

ORDRE A MARIN DE LA VALLÉE DE NÉTOYER LA PLACE DE GRÈVE POUR NE PAS GÊNER LE COMMERCE DES VINS ET CIDRES.

(H, 1889.)

N° 56.

29 SEPTEMBRE 1608.

ACCORD ENTRE LES ADMINISTRATEURS DE L'HOSPICE DU SAINT-ESPRIT, ET LES PRÉVÔTS ET ÉCHEVINS, POUR L'ÉRECTION DU PAVILLON DE L'HÔTEL DE VILLE.

(H, 1889.)

N° 57.

ANNÉE 1609. — BATIMENT DE L'HOTEL DE VILLE

PAINCTURE.

(A. R. K. 1077, fol. 42 r°.)

A Ferdinand Hellé, painctre, demeurant es faulxbourgs Saint Germain, la somme de quatre cens livres tournois, à luy ordonnée par mandement de mes dits sieurs, en datte du sixiesme jour d'aoust mil sis cens neuf, pour son payement d'avoir fait un grand tableau où mes dits les prevost des marchands et eschevins, procureur du roy et greffier de la dicte ville sont peincts ensemble. Pour la bordure et enchassure d'iceluy, suivant le marché verbalement faict par les dicts avec le dict Ferdinand Hellé, ainsy que le contient le dict mandement, de laquelle somme de quatre cens livres tournois payement a esté faict comptant au dict Ferdinant, comme il appert par la quittance estant au dos du dit mandement passée par devant Biethou et Legay, notaires, le 12° jour d'aoust 1609.

N° 58.

FÉVRIER 1609.

MARCHÉ PASSÉ AVEC ANTHOINE LE MOYNE, FONDEUR ORDINAIRE DE L'ARTILLERIE DU ROY POUR FONDRE LES CLOCHES DE L'HÔTEL DE VILLE.

(Reg. de la Ville, XVIIe; H, 1794, fol. 423 v°.)

Du mecredy, quatriesme jour de febvrier, mil six cens neuf.

Le dict jour est comparu au bureau de la ville pardevant nous prévost des marchans et eschevins d'icelle, Pierre Guillain, maistre des œuvres de la d. ville, qui a remonstré que suivant le commandement qu'il a receu de nous, il s'est enquis et faict perquisition et recherche des fondeurs et personnes cappables pour entreprendre de faire la cloche de l'orloge de l'Hostel de la ville, et entre autres de Anthoine Le Moyne, fondeur ordinaire de l'artillerye du roy, Guillaume Mahieu, fondeur de la d. ville, Michel Chauvet, fondeur, demourant à Chartres, Nicolas Buret, Romain Buret, Jehan Lesaige, fondeurs, demourans en la ville de Rouen, les quelz il a faict venir pardevant nous, requérant voulloir conclurre le marché, d'aultant que le temps presse de faire la dicte cloche pour ameliorer les bastimens de la d. ville, ausquels fondeurs cy dessus nommez, a esté faict la proposition pour faire la d. cloche, et après que d'iceulx le d. Le Moyne a entrepris de la faire à meilleur marché et condition pour la ville que les aultres fondeurs cy dessus nommez, a esté, avecq le dict Le Moyne, faict et arresté le marché qui ensuit :

C'est assavoir que icelluy Le Moyne a promis et promect aus dictz sieurs prévost des marchans et eschevins de faire la fonte d'une cloche pour l'orloge du d. Hostel de ville, qui sera de cinq piedz de diamectre, et de haulteur et eschantillon convenable pour estre sonnante d'un ton plus bas que l'orloge du Pallais, et d'aussi bon métail et alloy que celle du d. Pallais, et fournyr, par icelluy Le Moyne, le d. métail et autres estoffes qu'il conviendra pour la composition de la dicte cloche et peine d'ouvriers, et rendre icelle cloche à ses risques, perilz et fortunes, bien et deuement faicte, au dire de gens ad ce cognoissans, devant la porte du d. Hostel de Ville ou dans la cour d'icelle, au choix des dictz sieurs de la ville, dedans le jour de Pasques prochainement venant, le tout moyennant le pris et somme de soixante livres tournois pour chacun cent pesant, que les d. sieurs prévost des marchans et eschevins ont promis de luy faire payer par le recepveur de la d. ville au feur et à mesure qu'il travaillera, et selon leurs ordonnances et mandemens, à la charge expresse que quand le d. Le Moyne aura livré devant la porte du d. Hostel de Ville la d. cloche, si elle ne se trouve d'aussy bon metail et armonye que la d. cloche du Pallais et d'un ton plus bas, sera tenu le dict Le Moyne la reprendre et en faire à ses d. perilz et fortunes une aultre promptement, des qualitez sus d.; et sera tenu icelluy Le Moyne bailler bonne et suffisante caultion tant de rendre icelle cloche bien et deuement faicte comme dessus, que des deniers qu'il recepvra.

Faict au bureau de la ville les d. jour et an que dessus

(Reg. de la Ville, XVIIe; H, 1794, fol. 443 r°.)

Du mercredy, dix-huictiesme mars, mil six cens neuf.

Est comparu au greffe de la ville, Anthoine Le Moyne, fondeur ordinaire de l'artillerie de France et entrepreneur, de faire une cloche pour la d. ville, pour servir à l'orloge dud. Hostel de la Ville, suivant le marché faict au bureau le quatorziesme jour de febvrier dernier, lequel a presenté pour caution, tant des deniers qu'il recepvra, que de rendre la d. cloche bien et deuement faicte au desir du d. marché, Sébastien Auran, juré courtier de vins à Paris, demeurant rue de la Cossonnerye, enseigne du Cheval Blanc, paroisse Sainct-Eustache, lequel à ce présent a pleigé et cautionné le d. Le Moyne, tant des deniers qu'il recepvra de la d. ville, que de rendre icelle cloche bien et deuement faicte suivant le d. marché, et a faict les submissions accoustumées, et a le dict Auran déclaré luy appartenir une maison scize en ceste ville rue Tireboudin, où estoit autres fois pour enseigne le Sabot, plus son d. office de courtier de vins, et a le d. Le Moyne promis d'acquicter et indempniser le d. Auran de la dicte pleige et caution cy dessus, ensemble de tous despens, dommages et interrestz.

Signé, AURAN et ANTHOINE LE MOYNE.

N° 59.

19 JUIN 1607.

DEVIS DES OUVRAGES DE MAÇONNERIE DU PAVILLON DU SAINT-ESPRIT.
MARCHÉ AVEC MARIN DE LA VALLÉE.

(Reg. de la Ville, XVIIIe; H, 1795, fol. 11 v°; la minute, H, 1889.)

Devis des ouvrages de maçonnerie et pierres de taille, qu'il convient faire en la construction du pavillon neuf destiné estre faict vers l'hospital du Sainct-Esprit, le mur de devant duquel sur la Grève, est de longtemps planté, est continué en grande haulteur; ensemble la fondation d'ung mur de labb^r du dict pavillon, au travers de la chappelle du dict hospital, selon le devis compillé et rédigé par escript par Pierre Chambiges, François Petit, Claude Guérin, et Claude Villefaux, jurez du roy en l'office de maçonnerie, nommez tant par Mrs de la Ville que par les S^{rs}, M^{res} et Gouverneurs du dict hospital; le dict devis en datte du vingt ungniesme mars mil vi^c huict, l'original duquel est au greffe d'icelle ville.

Et premierement fault abbattre et desmollir les murs, maçonneries et aultres empeschemens qui se trouveront à l'endroit auquel doibt estre asseiz et planté le mur à costé du dict pavillon, joignant la porte de la court du dict hospital, et ce, depuis le mur neuf sur la Grève, jusques à la vis et montée de pierre de thaille asseize, joignant la petite porte du costé de la court du dict hospital, et icelluy pan de mur faire de cinq pieds et demy d'espoisse en fondations massonné à vif, fondz de deux asseizes de libaige, joinctissées en chacune asseize portant neuf à dix poulces et des plus grandes pierres que faire se pourra, les lictz et joinctz proprement picquez; continuer la dicte fondation en amont jusques à ung pied près du dessus du pavé de la Grève, dans laquelle haulteur seront comprises deux aultres asseizes de pierre de libaige de bas Clicquart, ou aultre pierre dure qui sera jugée bonne et suffisante et dont les lictz et joinctz seront proprement picquez et taillez, le tout avecq bon mortier de chaux et sable, continuer, lier et joindre à icelle fondation l'aultre mur de fondation naguères faict de neuf, pour porter l'arcade déclarée par le devis cy dessus datté

Item au dessus de la fondation du mur de l'ung des costez du dict pavillon, fault faire l'eslevation et continuation du mur de pierre de taille de pareille forme, structure, espoisse, façon et quallitez de matières telles que le mur de dehors, à costé du pavillon, vers la rivière, auquel est le petit bureau, icelluy lier de bonnes liaisons suffisantes comme l'ouvrage le mérite, du costé de la vis du dict hospital, conserver en icelluy les retraictes, ressaulz et retours d'ornements, comme l'aultre mur garny de sa dalle au dessus, faicte de pierre de liaiz semblable à l'aultre pavillon, pour retirer les eaues de derrière et icelle conduire dans les gargouilles qui doibvent estre sur le costé de la Grève, esliger au dedans de l'espoisse d'icelluy mur les thuiaux des cheminées pour servir à quatre estages, sy par les sieurs prevost des marchans et eschevins il est ainsi commandé, soit pour servir du costé du dict hostel, ou du costé de la maison du dict hospital, le dict mur faict à parement, tant d'ung costé que d'aultre, sy le lieu le peult permettre; ensemble conserver les huisseryes telles et aux lieux qu'il sera commandé, auquel mur à la haulteur que advisé sera pour le mieux, sera esligy ung encorbellement de pierre dure de Clicquart, de deux pieds et demy à trois pieds de hault et de trois pieds et demy de face, et deux pieds et demy de saillye pour porter les poultres qui serviront de platte forme sur le derrière du dict pavillon pour rendre les couvertures des dictz pavillons cimétricz, comme au semblable sera faict sur le mur de la dicte église à l'advancement du dict pavillon du costé du dict Hostel de Ville, sur le mur de la dicte église sy besoing est.

Item au dessus de la fondation traversante en la chappelle ou église du dict hospital, sera levé les deux contrepilliers désignez par le devis et rapport cy dessus datté, qui seront faictz de pierre dure de Clicquart, depuis le dessus du libaige jusques au dessus de l'imposte de grands quartiers, portant saillye de trois piedz hors le corps du mur, sans comprendre les liaisons qu'il convient meetre dans le corps des murs, le tout taillé proprement, maçonné comme il appartient, moictié desquelles asseizes seront faites de deux pieds et les aultres d'une pièce portant parpain de trois piedz d'espoisseur, portant moulleures et ornements tant d'ung costé que d'aultre, tant aux tableaux que aux faces telles et semblables que le grand arceau du dict Hostel de Ville, à l'endroit de l'entrée de la dicte église.

Item sera levé au dessus de la dicte imposte le grand arcq qui servira à porter le mur au dessus, servant au pavillon du dict Hostel de Ville, les voulsures duquel arc seront faictz de pierre de taille de Clicquart, de trois piedz et demi de long au moings, et de deux piedz trois quarts d'espoisseur ou parpain, et maçonné comme il appartient, dont les quatre premiers quartiers de voulseures auront leurs litz jaulgez à nyveau et teste par advance en forme de tas de charge, et faire le remplage à costé de la dicte arcade tout de pierre dure, continuer des dicts entrepilliers jusques contre les murs neufs, de pareille forme, structure et façon.

Item au cas que les fondations des murs de la dicte église, qui seront à l'endroit de la fondation de ce que dessus ne se trouvent vallables, seront desmolies et refaictes des espoisses, forme, structure et façon que la fondation traversante dans la dicte chappelle.

Item, et en faisant les dicts murs, sera tenu l'entrepreneur faire les advancemens ou encorbellemens en saillye, pour porter les advancemens et tas de charge des arcs, doubleaux, ogives, formeretz, traverses et liarnes pour la voulte sur l'église à l'endroit du dict pavillon neuf, pour porter les arcs à haulteur de la salle du dict Hostel de Ville, le tout suivant le desseing paraphé au bureau de la dicte ville, le.... jour de.... mil vi^e neuf.

Item convient faire la voulte à l'endroit du dict pavillon au dessus de la dicte chappelle, qui servira à porter le plancher de la chappelle de la ville, à la haulteur de la grande salle du dict Hostel de la Ville, qui sera voulté et branchés d'angines selon le desseing, dont les arcs seront faictz de pierre de Sainct-Leu, compris les moulcures qui seront faictz aus dicts arcs avec clefs pendantes, selon que advisé sera pour le mieux, parachever les voultes entre les dicts arcs, angines et doubleaux pendentes de pierre de Saint-Leu, de quatre à cinq poulces d'espoisseur et de douze à treize poulces de lict, assise et posée en liaison, le tout maçonné avecq bon mortier de chaux et sable, en faisant lesquelz arrachemens, et tas de charge sera tenu l'entrepreneur iceulx continuer par advancement de pierre de Sainct-Leu, en forme d'encorbellementz dans les angletz et reins des dictes voultes jusques à la haulteur du couronnement d'icelle, le tout aussy maçonné avecq bon mortier de chaux et sable, les moulsures desquelz doubleaux, angines, bercerons, formeretz et liarnes seront faicts des ordonnances, structures et façon telle que la voulte du cœur de la dicte église.

Item sera aussi pareillement faict et continué la grande voulte de la chappelle du dict hospital jusques contre le pavillon de la chappelle de la ville, au mur duquel sera en faisant l'eslevation d'icelluy esligy ung formeret pour la haulteur de la dicte voulte, laquelle avecq tout ce qui deppend d'icelle sera faict de la mesme forme, façon, construction et ordonnance pareille que la voulte du cœur de la dicte église.

Et pour le regard des murs de la dicte église, à l'endroit du dict ralongement de voulte, au cas qu'ilz ne feussent trouvez suffisans, bons et vallables, seront refaitz et rediffiez de neuf, des espoisses qu'ils sont à présent et de pareilles matières que les aultres murs du dict Hostel de Ville.

Faire et parfaire tous les dicts ouvrages de maçonnerie et pierre de taille.

Item du costé du dict Hostel de Ville, fault continuer le mur servant de pignon à la grande salle, ensemble les murs de la viz ronde qui est à l'ung des coings du dict pignon, comme aussy le mur du derriere du dict pavillon, iceulx continuer en amont jusques à la haulteur que doibvent estre les plattes formes de charpenterie du dict pavillon, scavoir celluy du costé de la grande salle, de l'espoisseur qui est encommancé avecq la souche de cheminée telle et semblable que l'autre pignon.

Item et au dessus du mur du costé du Sainct-Esprit, fault faire l'eslévation des quatre thuiaux en une souche de cheminée qui sera toute de pierre de Sainct-Leu et de la forme, structure et façon telle et semblable que l'aultre souche de cheminée du costé du petit bureau de la ville.

Sera tenu l'entrepreneur faire tous les abbattages et desmolitions qu'il conviendra des maçonneries nécessaires à desmolir, mesner tous les gravois aux champs et rendre place nette; et quant aux bons matériaux qui proviendront des desmolitions des murs des appartenances du dict hospital, demeureront au proffit des maistres et gouverneurs d'icelluy, à la charge de les faire oster promptement à leurs frais, et sy surplus y a, demeureront au proffit de l'entrepreneur.

Tous lesquelz ouvrages de maçonnerye et pierre de thaille seront faictz et parfaicts deuement au dire du maistre des œuvres de la ville et aultres à ce congnoissans, que les dicts sieurs de la ville voudront nommer et commettre, lesquelz estans faicts et parfaicts seront toisés et mesurez aux us et coustumes de Paris, sans qu'il soit aucune chose compté, toisé, prisé ny esvallué pour les moulsures, corps, saillyes ou autres saillyes quelle qu'elle soit; néantmoings sera tenu l'entrepreneur les faire selon la forme et structure tant des aultres bastiments du dict Hostel de Ville que du Sainct-Esprit, moiennant le pris et somme de soixante et cinq livres tournois pour chacune thoise des dicts ouvrages thoisés comme dessus est dict, seront touttes fois thoisez les doubleaux des voultes et les branches d'ogives et les lyarnes pour un pied courant.

De par les prevost des marchans et eschevins de la ville de Paris :

On faict asscavoir que les ouvrages de maçonnerie cy devant mentionnées seront baillées au rabaiz et moings disant, à l'extinction de la chandelle, et sur le pris de soixante et cinq livres tournois la thoise, vendredy prochain, quatre heures de relevée, au bureau de la ville, aux charges et conditions mentionnées par le devis cy devant transcript, et y seront toutes personnes receues à y mectre rabais. Faict au bureau de la ville le mercredy vııı° avril, mil six cens neuf.

Signé, Parfait et Lambert.

L'an mil six cens neuf, le vendredy dixiesme jour de avril, les ouvrages de maçonnerie ont esté publiés au grand bureau de la ville, et pour ce qu'il ne c'est présenté aulcunes personnes avons remis la dicte publication au lundy en suivant et ordonné nouvelles affiches estre mises, ce qui a esté faict.

Et le dict jour de lundy treiziesme avril, sur les cinq heures de rellevée, en la présence de messieurs les prevost des marchans et eschevins et Pierre Guillain, maistre des œuvres de la dicte ville, les dicts ouvrages de maçonnerie mentionnez au devis cy devant transcript, ont esté publiez estre à faire et baillez au rabais et moings disant à l'extinction de la chandelle, sur le pris de soixante cinq livres tournois la thoise, à la charge par l'entrepreneur de faire iceulx ouvrages bien et deument conformément au dict devis, et de bailler bonne et suffisante caultion tant des deniers qu'il recevra que de rendre la dicte besogne bien et deument faicte; et a esté déclaré aux assistans le rabaiz estre de vingt solz tournois sur thoise et ont esté présens à la lecture et publication du dict devis, et à l'instant Charles David et Marin de Lavallée, jurez du roy en l'office de maçonnerye, Robert Pierre, Louis Ricquette, Martin Boullé, Sébastien Jacquot, Loïs Slepe et Antoine Desnotz, tous maistres maçons à Paris.

Et à l'instant a esté allumé la chandelle, à l'extinction de laquelle le dict Martin Boullé a mis rabaiz de vingt sols sur icelle besoigne et a, en ce faisant, entrepris de faire iceulx ouvrages conformément à ce que cy devant est dict, moiennant la somme de soixante et quatre livres tournois la thoise.

Comme aussy c'est présenté Marin de Lavallée, lequel a déclaré que pour le desir qu'il a de servir la ville et continuer la besoigne qu'il a commancé, a entrepris de faire les ouvrages portez par le dict devis cy devant transcript, moiennant cinquante huit livres tournois la thoise; et pour ce que au dessoubz du dict Lavallée personne n'a voullu mectre rabaiz et qu'il a esté allumé plusieurs chandelles, avons au dict de Lavallée, comme moings disant et dernier enchérisseur, adjugé et adjugeons les dicts ouvrages cy devant transcripts, moiennant le dict pris et somme de cinquante huit livres tournois la thoise, qui luy seront paiez par le recepveur de la ville au feur et à mesure qu'il travaillera, et selon nos ordonnances et mandemens; et sur lesquels ouvrages sera payé par advance au dict Lavallée la somme de quinze cens livres tournois, à la charge de faire bien et deuement iceulx ouvrages conformément au dict devis, et au dire du maistre des œuvres de la ville et aultres gens ad ce cognoissant, et de travailler et faire travailler incessamment et sans discontinuation, et de bailler bonne caultion tant des deniers qu'il recevra que de rendre sa dicte besoigne bien faicte comme dessus.

Signé, Sangcin, Parfait, Charbonniere, Lambert, Cormeno, de Lavallée.

Du vendredy, dix-neufviesme juin mil six cens neuf.

Est comparu au bureau de la ville Marin de Lavallée, juré du roy en l'office de maçonnerie, entrepreneur des bastimens de l'Hostel de la dicte ville, lequel, suivant l'adjudication à luy faicte des dicts ouvrages et cy devant mentionnez, a présenté pour caultion Jehan Ponsart, maistre maçon à Paris, demeurant rue du Temple, paroisse Sainct-Nicolas-des-Champs, lequel à ce présent a pleigé et caultionné le dict de Lavallée, tant de rendre la dicte besoigne bien et deuement faicte que des deniers qu'il recevra, et a faict les submissions acoustumées, lequel Ponsart a déclaré que la maison en laquelle il est demeurant luy appartient, comme aussy le dict de Lavallée a déclaré luy appartenir la maison en laquelle il est demeurant, seize rue Beaubourg, au cul de sacq.

Signé, J. PONSART et M. DE LAVALLÉE.

Nous avons la dicte caultion receue et la recevons par ces présentes.

Signé, PARFAICT.

N° 60.

4 FÉVRIER 1610.

ACCORD ENTRE LES OFFICIERS MUNICIPAUX ET MARIN DE LA VALLÉE POUR LA CONFECTION DU BATIMENT DU SAINT-ESPRIT.

(Reg. de la Ville, XVIII°; H, 1795, fol. 74 v°.)

Aujourd'huy, après avoir eu l'avis de Pierre Guillain, maistre des œuvres de maçonnerie de la dicte ville, a esté arresté avec Marin de Lavallée, juré du roi, en l'office de maçonnerie et entrepreneur des bastimens de l'Hostel de la ville, que le dict de La Vallée continuera promptement la maçonnerie du pavillon du costé du Sainct-Esprit, lequel pavillon icelluy de La Vallée a promis et promet rendre faict de maçonnerie à haulteur pour mettre les plattes-formes de charpenteries dessus, dedans le quinziesme jour de may prochainement venant, et du jour que la dicte charpenterie sera posée ung mois, rendra les thuiaulx des cheminées et lucarnes eslevées, et sera, le dict de La Vallée, payé par chacune sepmaine de la besongne qu'il aura faicte la sepmaine, laquelle à ceste fin sera thoisée par le dict Guillain, lequel marquera la dicte besongne en l'estat qu'elle est à présent, pour recongnoistre la besongne que le dict de La Vallée aura faict la sepmaine pour en estre payé; et oultre a esté arresté de bailler et payer comptant à icelluy de La Vallée, et par advance, la somme de six cens livres que luy demeurera en fonds, pour la provision de ses matériaulx, laquelle somme ne luy sera rabattue que lorsque sa besongne sera faicte, ou que l'on fera un thoisé général, et sans que le dict de La Vallée puisse faire aucune abbattaige ny ouvrages aux murs de l'eglise du Sainct-Esprit ny ailleurs, sinon ceulx qui luy seront désignez et baillez par escript, le tout sauf les prétentions tant de la dicte Ville que du dict de La Vallée, pour les ouvrages par luy cy-devant faicts et dont il prétend luy estre deub des deniers.

Faict au bureau de la Ville, le jeudy, quatriesme jour de febvrier mil six cens dix.

N° 60 A.

ANNÉE 1611.

BATIMENT DE L'HÔTEL DE VILLE.

(A. R. K, 1078, fol. 44 r°.)

A Georges Lallemant, m° paintre à Paris, la somme de 450 l. tournois à luy ordonnée par les dits sieurs prevost des marchands et eschevins d'icelle ville, par leurs lettres de mandement signées de leurs mains, expédiées au bureau de la dicte ville, le 5° jour de septembre 1611,

k

à laquelle somme les ditz ont cy-devant fait marché avec le dit Lallemant, pour faire le tableau dans lequel sont depainctz les dits sieurs prevost, eschevins, procureurs du roy, greffier. Et pour le bois et chassis du dit tableau, et avoir icelluy attaché et mis en place dans la grande salle neufve de l'Hostel de Ville, où il est à présent, et aussy pour huits petits tableaux et portraits séparés, faits par le dit Lallemant, de chacun desdits sieurs, ainsi que le contient les mandement, etc., IIIIe L livres.

(Fol. 46.)

A Françoys Langoysseux, maître tapissier, à Paris, la somme de 80 l. tz à lui ordonnée par les dits prevost des marchands et eschevins de la dicte ville, par leurs lettres de mandement, signées de leurs mains, expédiées au bureau d'icelle ville, le 7e jour de juillet 1611, pour avoir tendu et fait tendre plusieurs fois la tapisserie de la dicte ville, en avoir fourny de neufve, tant es jour de la my-aoust et veille de la Saint-Jehan, que autres jours, comme plus au long est declairé au dit mandement, etc., etc., IIII^{xx}.

N° 60 B.
14 JANVIER 1612.
ADJUDICATION DE L'HORLOGE DE L'HÔTEL DE VILLE A JEAN LINTLAER.
(Reg. de la Ville, XVIIIe; H, 1795, fol. 134 r°.)

Comme suivant les affiches mises et apposées, tant à la cour du Pallais que aultres lieux et places accoustumées, pour bailler à faire au rabais, au bureau de la ville, les mouvemens de l'orloge qu'il convient faire en l'Hostel de la dicte Ville, se seroient présentez au bureau les nommez Ferrieres Martinot, Vollant, Hebrat, Dieu, et plusieurs aultres m^{res} horlogiers de ceste ville, et Jehan Lintlaer, maistre de la pompe du roy, ausquelz a esté proposé et publié la dicte orloge estre à faire et bailler au rabaiz, laquelle sera de la grandeur, grosseur et de pareilles estoffes que celle du Pallais, et la rendre bien et deuement faicte au dire de gens ad ce congnoissans, assize et en place dedans le premier jour d'aoust prochainement venant, et sur les demandes excessives des dicts maistres orlogiers pour faire ce que dessus, les ungs de quatre mil cinq cens livres et les aultres de trois mil six cens livres, aurions remis par plusieurs fois la dicte adjudication, affin de les pouvoir faire venir à la raison, tellement que pas ung des dicts maistres horlogiers de ceste dicte ville ne l'auroint voullu entreprendre à moins que de trois mil trois cens livres, fors le dict Jehan Lintlaer qui a offert et entrepris de faire icelle horloge pareille que celle du dict Pallais, tant en grandeur, grosseur que estoffes, voire plus pesante de trois cens livres, et la rendre assize et en place dedans le dict jour premier aoust prochain venant, mesme l'entretenir un an durant, le tout moyennant le pris et somme de trois mil livres tournois. Au moyen de quoy et attendu et qu'il ne s'est présenté aulcunes aultres personnes pour faire la condition de la ville meilleure que le dict Lintlaer, avons, en la présence du procureur du roy de la ville, au dict Jehan Lintlaer adjugé et adjugeons la dicte besongne cy dessus, à la charge que, suivant ses offres, il la fera de bonnes estoffes et mathières, et semblable tant en grosseur, largeur et haulteur que celle du Pallais, mesmes plus pesante de trois cens, et la posera en place, la rendra sonnante et le tout bien et deuement faict au dire de gens ad ce congnoissans, dedans le premier jour d'aoust prochain venant, et outre l'entretiendra un an durant à ses fraiz et despens, le tout moyennant le prix et somme de trois mil livres tournois qui luy sera payée par maistre Claude Lestourneau, receveur du domaine, dons et octrois de la dicte ville, au feur et à mesure qu'il travaillera et selon noz ordonnances et mandements, et en ce faisant sera tenu de fournir du tout ce qui sera nécessaire jusques à la perfection de l'œuvre et sonnante, et où le dict Lintlaer n'aura faict la dicte horloge posée en place et sonnante dans le dict premier aoust prochain venant, luy sera desduict et rabattu sur la dicte somme de trois mil livres tournois, la somme de six cens livres tournois; et en oultre sera tenu de bailler bonne et suffisante caultion, tant de rendre icelle horloge bien et deuement faicte comme dessus, que des deniers qu'il recevra; et à tout ce que dict est le dict Lintlaer à ce présent, c'est obligé et oblige par ces présentes et promis y satisfaire. Faict au bureau de la ville, le samedy quatorziesme jour de janvier mil six cens douze.

Du mardy, septiesme jour de febvrier, mil six cens douze.

Le dict jour est comparu au bureau de la ville le dict Jehan de Lintlaer, maistre de la pompe du roy et entrepreneur des mouvemens de l'horloge du dict Hostel de Ville, lequel, suivant son marché et adjudication du quatorziesme janvier dernier, a présenté pour caultion des deniers qu'il recevra, Pierre Langlois, bourgeois de Paris, demeurant rue Sainct-Denis, paroisse Sainct-Germain-de-Lauxerrois, lequel à ce présent a pleigé et caultionné le dict Lintlaer pour le contenu cy dessus, et a faict les submissions accoustumées, et a le dict Langlois déclaré luy appartenir la moictié d'une maison seize ès fauxbourgs Sainct-Martin et vingt arpens de terre seizes ès environs de la Villette, nous avons la dicte caultion receu et la recevons par ces présentes du consentement du procureur du roy de la ville.

Ainsi signé : Langlois et Jehan Lintlaer.

N° 61.

19 JANVIER 1613. — 21 FÉVRIER 1613.

CHARPENTE DE LA GRANDE SALLE DE L'HÔTEL DE VILLE.

(Reg. de la Ville, XIX°; H, 1796, fol. 88 r°; pour la minute, H, 1890.)

N° 62.

27 MARS 1613.

SCULPTURE DE LA CHEMINÉE DE LA GRANDE SALLE DE L'HÔTEL DE VILLE.

(Reg. de la Ville, XIX°; H, 1796, fol. 100 v°; pour la minute, H, 1890.)

Devis des ouvrages de massonneries, pierre de taille et sculpture qu'il convient faire pour la construction d'ung grand manteau de chemynée dans la grand'salle de l'Hostel de ceste ville de Paris.

Premièrement la plate-bande, jambages et sommiers de pierre de liers des carrières de Paris; y seront taillées les moulleures, Termes et ornemens de moulleure comme il est marqué sur le modelle et desseing; plus au millieu de la platte bande il sera appliquée une table de marbre noir, et à costé de la table de marbre noir deux tables de marbre incarnaddin de blanc meslé.

Plus, au dessus de la platte bande jusques au plancher, sera la dicte cheminée remplye pour son principal corps de pierre de Toussy, la plus belle qui se pourra trouver.

Sur la platte bande, il y aura deux enroullemens pour le frontispice où il sera posé deux fleuves, et au millieu ung navire tout de pierre de Tonnerre, ensemble les enroullemens du fronton couppez garnis chacun de une pièce de marbre Broquatel ou Affricquain.

Au dessus des fleuves et à costé du quadre, seront posez deux collonnes de marbre noir d'ordre composite, avec ses chappitteaux et bazes de bronze de haulteur de huict piedz ou plus.

A costé des collonnes, une figure de six pieds de haulteur de pierre de Tonnerre, telle qu'il plaira à messieurs les prevost des marchans et eschevins, et derrieres les dictes figures des tables de marbre rouge et ung petit feston au dessus, aussy de pierre de Tonnerre.

Dessus les collonnes il sera pozé corniche, frize et arquitrave avec son frontispice, orné de ses moullures et ornemens propres et convenables au desseing, le tout de pierre de Tonnerre, et dedans la frize y aura du marbre vert Affricquain.

Au millieu du frontispice seront mises les armes de France et de Navarre avec une grande targe à double cuir avec la couronne au dessus, le tout de pierre de Tonnerre.

A costé du frontispice et au dessus des collonnes et corniches seront posées deux figures de victoires, une de chacun costé, de grandeur compectante, assizes et estandues le long du dict frontispice, tenant d'une main la dicte targe et de l'autre palmes ou autres choses descentes, selon qu'il sera advisé pour le mieux, le tout aussy de pierre de Tonnerre.

Au dessus des dictes corniches et fronton, sera faicte une eslévation en forme d'aticque orné de moullures et marbres, comme il est porté par le desseing, lequel sera pour cest effect paraffé par messieurs, la dicte ellévation faicte aussy de pierre de Tonnerre.

Seront tenuz les entrepreneurs rendre l'ouvrage faicte et parfaicte dans le dernier jour de juillet prochain venant, orné et enrichy selon le d. desseing, et ainsy qu'il est déclaré cy dessus par le menu, avecq les changements y contenuz et spécifiiez; et pour cest effect fourniront les dicts entrepreneurs de touttes matières à leurs despens, soit pierre de lierre, pierre de Tonnerre, marbres, cuivres et touttes aultres choses à ce nécessaires, non compris le fer qui sera fourni par la ville, paynes d'ouvriers et genérallement tout ce qui sera besoing pour rendre l'œuvre bien et deuement faicte et parfaicte au dire de gens ad ce congnoissans, de rendre place nette dans le dict temps moiennant la somme de trois mil livres tournois, qu'il sera paié par le recepveur de la dicte ville selon les ordonnances de messieurs les prévot des marchans et eschevins de la ville de Paris, au fur et à mesure qu'ilz travailleront ès dicts ouvraiges; et a esté expressément accordé que les dicts ouvraiges estans bien et deuement faitz et parfaitz, ils seront veuz et visittez par tels expertz que les dicts sieurs prévost des marchans et eschevins vouldront à ce nommer et commectre, mesmes prisez et estimez à leur juste valleur; et au cas que par la dicte prisée il se trouvast que les dicts ouvraiges feussent de moindre valleur que le prix porté par le présent marché, ne pourront les dicts entrepreneurs prétendre et ne leur sera paié que la dicte somme telle qu'elle aura esté diminuée, et au cas que la dicte somme telle qu'elle aura esté diminuée, et au cas que par la dicte prisée il se trouvast le contenu au présent devis monter à plus hault prix que la dicte somme de trois mil livres tournois porté par le dict marché, ne pourront aussy iceulx entrepreneurs pareillement prétendre payement de la dicte plus grande somme, ains leur sera seullement paié icelle somme de trois mil livres tournois portée par le dict marché.

DEUXIÈME PARTIE.

Du mercredy, xxvi⁰ jour de mars mil vi⁰ treize.

Le dict jour a esté faict marché par messieurs les prévost des marchans et eschevinz avecq David de Villiers et Pierre Biard, sculteurs, de faire la dicte cheminée de la grande salle cy devant déclarée, de la forme, structure, enrichissement, estoffes et matières portez par le devis cy devant transcript, moiennant le pris et aux charges, clauses et conditions portées par le dict devis, duquel lecture leur a esté faicte, sur lequel pris leur sera payé et advancé la somme de six cens livres dont sera délivré mandement, et rendre l'ouvrage faict au temps y mentionné, à quoy les dicts David et Biard se sont solidairement obligez et obligent par ces présentes, et ont les dicts David et Biard signé la minute des présentes.

N° 63.

10 AVRIL 1614.

DORURE ET PEINTURE DE LA CHEMINÉE DE LA GRANDE SALLE DE L'HÔTEL DE VILLE.

(Reg. de la Ville, XIX°; H, 1796, fol. 246 r°.)

Devis des ouvrages de dorures et peintures, et annablossimens (sic) qu'il convient faire la cheminée de la grande salle neufve de l'Hostel de la Ville.

Premierement. Les jambages de la dicte cheminée seront dorés sur leurs ornements de sculpture qui y sont sculptés, et qui font le cintre tant de la corniche de la platte bande que des dietz jambages, ensemble l'ornement qui va au dessus.

Plus aux *Termes* des d. jambages, sera doré les linges ou drapperie qui pendent sur le devant des d. Termes, avec les coussins qui portent la corniche de la dicte cheminée, ensemble les revers de l'ornement et les chappelets de rozes qui sont et qui deppendent de l'ornement des dicts Termes.

Plus, le cadre de la d. cheminée sera doré tout à plat avec ses fillets, et le tout renfondré de coulleur brune avec les ornemens appellez oues ; et celuy qui va au dessus du dict cadre, dorez comme le d. cadre.

Item sera le vaisseau du navire de la ville enrichy, doré, relevé de coulleurs aux lieux où il sera nécessaire.

Item sera les drapperies et affullemens de teste, avec les corps d'abondance, des figures couchées près le dict navire enrichy d'or tout à plat.

Item seront les revers d'habits et instrumens des mains que tiennent en main (*sic*) les figures debout dorez à plat.

Item seront les armes de France et de Navarre, enrichies et dorées comme il sera raisonnable.

Item seront les ailes et trompettes des Renommées dorées, et aussy les revers de leurs linges.

Item seront dorez tous les fillets de la dicte cheminée.

Item aux costez d'icelle cheminée, aux lieux nécessaires, seront peints des marbres de coulleurs.

Item seront feincts des ornements sur les corps d'architecture qui n'ont esté sculptez, et les dicts ornements seront dorez.

Cejourd'huy, messieurs les prévost des marchans et eschevins de la ville de Paris ont faict marché avec Anthoine Bornat, maistre peintre à Paris, de faire par luy touttes et chacune les ouvraiges de peintures et dorures et enrichissemens mentionnez au devis cy devant transcript, et fournir par luy touttes choses à ce nécessaires pour faire les dicts ouvraiges et le tout rendre bien et deuement faict et parfaict au dire du maistre des œuvres de la ville et aultres gens ad ce congnoissans, du desir et suivant le dict devis, dedans le jour de la Pentecoste prochainement venant, le tout moyennant le prix et somme de deux cens livres tournois qui seront payez au dict Bornat au feur et à mesure qu'il travaillera, par M⁰ Claude Lestourneau, receveur du domaine de la dicte ville, et selon noz ordonnances et mandements.

Faict au bureau de la ville, le jeudy dixiesme jour d'avril mil six cens quatorze.

N° 64.

DÉLIBÉRATIONS DES 10, 11, 14 OCTOBRE 1614.

TRAVAUX DE COUVERTURE POUR L'HÔTEL DE VILLE ET AUTRES MONUMENTS PUBLICS.
(Reg. H, 1797, fol. 28 v°.)

N° 65.

1615. — ÉTABLISSEMENT D'UN MARCHÉ AU CIMETIÈRE SAINT-JEAN.
(H, 1891.)

N° 66.

9 DÉCEMBRE 1615.

TAPISSERIES DE L'HÔTEL DE VILLE.
(Minute, H, 1891.)

Mémoire de la besongne de tapisserie que Jehan Langoisseux, maistre tapissier à Paris, fera par chacun an pour le service de Messieurs les Prévost des Marchans et Eschevins.

Premièrement. A la my-aoust tendera et destendera la grande salle de l'Hostel de la Ville de la tapisserie qui luy sera fournie par la d. ville, tapissera touttes les selles et bancqz qui seront preparez pour l'assemblée, et fournira de touttes la tapisserie qu'il conviendra

A la Feste-Dieu tendera et destendera le long des murs depuis l'arche jusques à l'esglise Sainct-Jehan, dont luy sera fourny la tapisserie par la ville, comme aussy tendera et destendera au d. jour pour la fassade du dict Hostel de la ville deppuis l'esglise du Sainct-Esprit jusques au coing du beuvettier, la porte du d. beuvettier comprise, et pour ce faire le d. Langoisseux fournira de belles tapisseries de Brusselles.

Comme aussy à la petitte Feste-Dieu tendera et destendera le long des d. murs de la tappisserie de la ville.

Le jour du feu Sainct-Jehan tendera et destendera la grande salle de l'Hostel de la ville de la tapisserie qui luy sera baillée par icelle, fournira dans la d. grand salle de tapisseries de Bargame, le long des appuys des barrieres servans de gallerie aulx croisées correspondans sur la Grève.

Plus, tapissera de belle tappisseries de Brucelle dix chambres du d. Hostel de la ville respondans sur la Grève, et fournira le d. Langoisseux de toutte la dicte tappisserie qu'il conviendra pour tendre les d. dix chambres.

Du mercredy, neufviesme décembre, mil six cens quinze.

Le d. jour, messieurs les prevost des marchans et eschevins de la ville de Paris ont faict marché avec le d. Jehan Langoisseux, à la somme de cent livres tournois pour chacun an, pour toutes les tentures et fournitures de tapisseries mentionnées par le mesmoire cy devant trancript, à la charge par icelluy Langoisseux de faire icelle besoigne bien et deuement, et de fournir les d. tappisseries des quallitez et aux jours celon et ainsi qu'il est contenu au d. mesmoire, laquelle somme de cent livres sera paiée par chacun an au d. Langoisseux à la fin du moys d'aoust par le receveur du domaine de la d. ville et selon les ordonnances et mandement des d. sieurs prevost des marchans et eschevins.

Faict les jour et an que dessus.

Signé, B. MYRON, FRIOT, PASQUIER, J. LEBREST, TREZON et JEHAN LANGUESSEUX.

N° 67.
26 AOUT 1616.
BAIL D'UN OCTROI DE 16 S. PAR MUID DE VINS, APPLIQUÉ A LA CONSTRUCTION DU BATIMENT DE L'HÔTEL DE VILLE.

(H, 1889.)

N° 68.
25 SEPTEMBRE ET 13 OCTOBRE 1617.
CHEMINÉE DE LA GRANDE SALLE DU CÔTÉ DE L'ARCADE SAINT-JEAN.

(Reg. de la ville, XXII°; H, 1799, fol. 148 v°.)

Devis des ouvraiges de massonnerie, pierre de taille, sculpture et peincture qu'il convient faire pour Messieurs les Prévost des Marchans et Eschevins de ceste ville de Paris, en la construction d'une cheminée, et ce, dans la grande salle du dit Hostel de Ville, contre le mur de l'antien pavillon.

Premièrement. Convient faire la démolition des deux piedz d'estaux qui y ont esté disposés et ce pour y estre jecté des encorbeillements plus grandz que ceulx qui y sont à présent, lesquels seront faicts de grande pierre d'une pièce, qui porteront cinq piedz et demy de long sur la largeur que porteront les jambaiges, lesquelz commanceront d'une ou deux assize au desoubz du plancher, selon qu'il sera advisé pour le mieulx par le maistre des œuvres de la d. ville.

Item convient au dessoubz des sus d. encorbeillements continuer l'eslévation des deux jambage jusques et soubz la mouchette de la corniche de la platte bande, et ce par assizes d'une et deux pièces, de la longueur cy dessus, le tout de bonne pierre de franc et hault liais le plus plain que faire se pourra, et ravallé jusques à la pierre vifve et dure, lesquelz jambages seront aornez de moullure par bas et hault avec sculpture de trois Termes à chacun d'iceulx, lesquelz seront moictié de demy corps d'hommes et femmes, le résidu d'enroullement encommencant les moullures du pourtour du cadre.

Item convient faire une platte bande qui sera portée le plus que faire se pourra sur et par derrière les d. jambaiges, laquelle aura dix pieds de long, dix huict à vingt poulces de hault, aornée de moullures et de boucquetz de feuillage insculpée en icelle, en conservant les creux et vuides pour le placement des marbres cy après déclarez, la dicte platte-bende de pareille pierre que dessus.

Item au dessus de la sus d. pierre dure convient continuer le résidu de la corniche et enroullement qu'il convient faire au millieu, et ce de pierre de Tonnerre, laquelle portera huict poulces de lict dans le massif de la maçonnerye, outre les saillies qu'il conviendra faire, le tout aorné de moulure honneste, en continuant les restes et commancement de boucquetz déclarez cy dessus, comme aussy insculper les armoyries de Messieurs du bureau et l'entredeux des enroullements ou autre lieu qu'advisé sera pour le mieulx.

Item au dessus de la sus d. corniche convient faire retraicte honneste, pour y planter et eslever aussy, le tout de pierre de Tonnerre, fors ce qui sera dispensé cy après, une ordre de coullonnes composites, proportionnée à la haulteur du lieu, garny par bas de son pied d'estail, architrave, frize et corniche au dessus, le tout aussy de pierre de Tonnerre et de huict poulces de lict, oultre les saillies, comme aussy faire un cadre le plus grand que faire ce pourra, en conservant les incruestations pour (sic) placer marbres tant au pourtour du d. cadre, frize, arrière corps et autres.

Item au dessus de la corniche haulte convient continuer l'élévation d'un corps en forme d'attic, y ayant corniche par hault en continuant le taimpan de la corniche d'audessoubz, le tout de pareil lict que dessus, en laissant par l'entrepreneur les bossages qu'il conviendra pour insculper ce qui sera cy après declaré.

Item convient faire l'eslévation de la hotte de la d. cheminée, et ce de pierre de Sainct-Leu, ensemble le millieu du cadre jusques et au raccord de la languette qui est par hault, en donnant couverture honneste à l'endroict de la sablière, le tout de l'espoisseur qu'il sera advisé pour le mieulx par le sus d. officier.

Item convient faire six grandes figures, chacunes de six piedz de long, et ce de pierre de Tonnerre, de dix huict poulces et deux piedz de gros, et dont les deux d'en hault tiendront d'une main la grande couronne, et de l'autre chacune une palme, les deux debout les sceptres royaulx et les deux d'en bas les armoiries de la ville.

Item convient faire une grande couronne ensemble les armoiries de France et de Navarre au dessoubz, accompagnées de leurs ordres, dans ung grand cuir avec festons de chacun costé, comme aussy faire des ornemens en deux membres de moulures de la corniche haulte, fronton, architrave, grand cadre et corniche de platte bande et enroullements.

Item convient faire les chappiteaulx et baze de deux collonnes de cuivre et de bronze, ensemble une cassollette de grandeur competante entre les enroullements proportionnés aux collonnes, lesquelles seront de marbre noir, grosseur et longueur competante, ensemble mettre du marbre au pourtour du grand cadre, dans les frizes, arrière-corps et le long en général des piedz d'estaulx comme aussy ung quart de rond de marbre noir, portant trois poulces de large et six poulces de profond au pourtour de l'ouverture du feu et demy rond qui sera aussi de marbre noir, pour y estre escript par l'entrepreneur ce qu'il plaira à mes d. sieurs, ensemble autres marbres à l'endroict de la platte bande.

Item convient faire les ouvraiges des peintures et dorures, assavoir de la couronne, armoiries du roy, de la royne et de la ville, festons, palmes, sceptres; boucquetz, ornementz qui seront fouillez, ensemble la plus part des filletz qui se trouveront estre de moullures, bordures des vestements de figure, et ce sur or coulleur, et à l'huile en blanchissant ce qui y sera de besoing.

Item sera tenu l'entrepreneur d'exécuter le contenu cy dessus, et dont les maçonneries seront faictes avec mortier de chaux et sables, réparer par le devant de plastres en approchant le plus que faire se pourra les ordonnances d'architecture figurée en ung desseing qui pour ce sera arresté, et dont il sera tenu communicquer les ordonnances de Moulins (sic?) et autres ornements au sus d. officier, le tout bien deuement exécuté au dire d'icelluy et dont il sera payé au feur qu'il travaillera suivant ses certifications en la manière accoustumée.

Faict et présenté au bureau de la ville, le vingt cinquiesme septembre mil six cens dix sept.

Signé, GUILLAIN.

Du vendredy, treiziesme jour d'octobre mil six cens dix-sept.

Le dict jour, après avoir esté le devis cy devant transcript, communicqué à plusieurs sculteurs et autres expertz a esté faict marché par messieurs les prevost des marchans et eschevins avec Thomas Boudin, maistre sculpteur à Paris de faire et faire faire bien et deuement au dire du dict Guillain, maistre des œuvres, et autres gens à ce cognoissans, tous et chacuns les ouvrages de maçonnerie, pierre de taille, sculpture et peinture qu'il convient faire pour la d. ville, en la construction d'une seconde cheminée dans la grande salle de l'Hostel d'icelle contre le mur de l'antien pavillon et mentionnez par le d. présent devis, le dessein duquel a esté présentement arresté, signé et delivré au d. Boudin ; et pour ce faire fournir par le d. Boudin de pierre de Tonnerre, marbre, bronze, peine d'ouvriers et toutes autres choses genérallement quelzconques qu'il conviendra pour la perfection de la d. cheminée, suivant le d. devis, hormis touttes fois le fer qu'il sera fourny par la ville ; et rendre icelle faicte, achevée et parfaicte dans le jour de sainct Jehan-Baptiste prochain venant, le tout moyennant le pris et somme de cinq mil livres tournoys que les d. sieurs ont promis faire payer au d. Boudin pour les d. ouvraiges par maistre Charles Leber, recepveur de la d ville, au feur qu'il travaillera et sellon leurs ordonnances et mandements

N° 69.

14 NOVEMBRE 1617.

PLOMB DESTINÉ AU PAVILLON DU SAINT-ESPRIT.

(Reg. de la Ville, XXII° ; H, 1799, fol. 146 r°.)

N° 70.

10, 12, 18, 22, 25 SEPTEMBRE ET 2 OCTOBRE 1648.

DEVIS DES OUVRAGES DE MAÇONNERIE DU CÔTÉ GAUCHE DE LA GRANDE COUR DE L'ANCIEN HÔTEL DE VILLE. — MARCHÉ AVEC MARIE DE LA VALLÉE.

(Reg. de la Ville; XXII° ; H, 1779, fol. 243 v°.)

Devis des ouvrages de maçonnerie et pierre de taille qu'il convient faire pour Messieurs les Prévost des Marchans et Escherins de ceste ville de Paris, en la construction des murs, pilliers, voultes et arase de ciment, a l'endroict de la cour du dict Hostel de Ville.

Premièrement : convient fouiller les fondations au travers de la dicte court, et ce aulx lieux et endroictz dont allignement sera donné par escript à l'entrepreneur par le maistre des œuvres, et ce en nombre de six, lesquelles auront trois piedz et demy d'espoisseur au moings, enfoncée jusques à vif fonds, jugée et mesurée par iceluy, icelle remplie de deux assises de libages joinctifz en fondation, le residu remply de mouellon avecq mouellon, avec mortier de chaulx et sable, y ayant encore une assise de libage aussy joinctifs au rez de chaulcée, et qui luy sera marqué ainsi que dessus.

Item, et à l'alignement du devant au derrière de la dicte court, convient aussi fouler six autres fondations de pareille espoisseur, forme et façon ainsy que dessus, et ce pour entretenir le ploiement des pilliers cy après déclarée, ensemble supporter les séparations qu'il y conviendra et escherra de faire des espoisse comme il sera advisé, et que le lieu le pourra requerir.

Item, au dessus des fondations cy dessus convient eslever telle quantité de pilliers de pierre de taille de Clicquart dur de deux piedz, et une piece à parpin et parement des quatre face, de deux piedz d'un sens et trois piedz de l'autre, iceulx eslever de haulteur qu'il sera disposé jusques et compris la première et seconde retombée des voultes mesmes à l'endroict des contrepilliers, qui sera adossée dans les maçonneries qui y sont de present, le tout assis et maçonné comme il appartient, avecq mortier de chaulx et sable, et chacun d'iceulx maçonnez de libage en fondation au total, à l'endroict de chacun pillier.

Item, au dessus des susd. pilliers et contrepilliers convient faire et continuer les voultes en general de ladite court, lesquelles seront à crestes et lamettes, le tout de pierre de taille de Clicquart dur, lesquelles auront quinze à dix-huit poulces de lez, deux piedz de long au moings, assizes et maçonnées avec mortier de chaulx et sable, les rins rempliez de moislon dur, avecq pareil mortier, le tout rendu araze jusques et à la haulteur qu'il sera prescript à l'entrepreneur ainsy que desire.

Item, au dessus de l'araze cy devant declarée, en la totalité de la dite court, convient faire et mettre ung aire de ciment avecq chaulx, laquelle portera douze à quinze poulces d'espoisseur, pour estre icelle pillée et battue par espace de temps, et reduict en telle sorte qu'il reste poinct ou peu d'humidité.

Item, aux endroictz qu'il sera advisé pour le mieulx, l'entrepreneur sera tenu fournir quatre pièces de liais ou Clicquart dur, de trois à quatre piedz en quarré, taillées en noue ou emer, pour estre mis à l'endroict de chacune des chustes d'eau de la susditte cour, et au milieu desquelles sera inculpée certaines testes de masques propres à tel effect, en conservant par l'entrepreneur, dans les voultes et autres lieux, certain encastrement de huict à dix poulces, pour y estre mis des thuiaulx à tel effect.

Item, l'entrepreneur sera tenu continuer d'aracher le vieil mur qui reste sur les lieux, icelluy mettre et faire porter au lieu qui luy sera marqué par le susd. officier, en s'aidant de demolitions du vieil perron et mur qui separoit les deux cours.

Tous les dictz ouvrages bien et deuement faicts au dire et disposition du dict maistre des œuvres, thoisée selon la coustume de ceste prévosté et vicomté de Paris, en rendant par l'entrepreneur le tout faict et parfaict dans le plus bref temps que faire ce pourra, et faisant vuider et mener aulx champs les terres et gravois provenans des fondations et autres, pour rendre le tout à haulteur de dessoubz du pavé qui en est à present.

Faict et présenté par nous, Augustin Guillain, maistre des œuvres d'icelle, au bureau de la ville, le dixiesme septembre mil six cens dix-huit.

Signé GUILLAIN.

DEUXIÈME PARTIE.

De par les prévost des marchans et eschevins de la ville de Paris.

On faict assavoir que les ouvrages de maçonnerie et pierre de taille mentionnées par le devis cy-devant transcript, seront baillées à faire à la thoise ou en bloc, au rabaiz et moings disant, à l'extinction de la chandelle, mercredy prochain douziesme du present moys, trois heures de relevée, au bureau de la ville, aux charges cy-dessus declarées ; et y seront touttes personnes receues à y mectre rabaiz.

Faict au bureau de la ville, le lundy dixiesme jour de septembre mil six cens dix-huict.

Du mercredy, douziesme jour du dict moys de septembre, mil six cens dix-huict.

Le dict jour de relevée, les ouvrages de maçonnerie et pierre de taille mentionnées au devis cy-devant transcript, ont esté publiez au grand bureau de l'Hostel de la dite ville, estre à bailler à faire au rabaiz et moings disant, à l'extinction de la chandelle, à la thoise ou en bloc, selon que l'on feroit la condition de la ville meilleure ; et faulte d'enchérisseurs a esté lad. publication remise au samedy quinziesme dud. moys, et ordonné nouvelles affiches estre mises.

Le dict jour de samedy quinziesme septembre de rellevée, lesd. ouvrages ont esté de rechef publiez en noz présences du procureur du Roy de la ville et d'Augustin Guillain, maistre des œuvres d'icelle ville, où c'est présenté Marin de la Vallée, juré du Roy en l'office de maçonnerie, qui a entrepris de faire les dits ouvrages, moyennant trente trois livres tournoys la thoise, ou à dix huict mil livres en bloc.

Par Jehan Antissier, aussy juré du Roy en l'office de maçonnerie, à trente livres tournoys la thoise.

Et ne s'estant presenté autres personnes pour mettre rabaiz, aurions remis la dicte publication au mardy ensuivant xviiie dud. moys, et ordonné nouvelles affiches estre mises.

Du mardy, dix-huictiesme d'iceluy moys de septembre.

Le dict jour de rellevée, iceulx ouvrages ont de rechef esté publiez estre à faire au rabaiz et moings disant, à la thoise ou en bloc, où c'est presenté Nicolas Caillou, maistre maçon, à Paris, demeurant rue Daulphine, qui a entrepris de faire les dits ouvrages bien et deuement conformement audit devis, moyennant la somme de seize mil livres tournoys en bloc, ou à vingt neuf livres tournoys la thoise, sans qu'il soit rien compté ny thoisé pour les erestes, suivant la publication présentement faicte à ceste fin.

Par Thomas Taffany, maistre maçon, demeurant rue de Poictou, à l'image Sainct-Jehan, à vingt-sept livres tournoys la thoise.

Et pour ce qu'il ne s'est presenté autres personnes pour mettre rabaiz au dessoubz dud. Taffany, avons remis la publication à samedy prochain.

Advenu lequel jour de samedy vingt deuxiesme septembre de rellevée, lesd. ouvrages ont esté de rechef publiez en présence dud. Taffany et autres maçons, qui n'auroyent mis aucun rabaiz, encores qu'il aye esté allumé la chandelle, au moyen de quoi avons remis la dicte publication et adjudication au mardy ensuivant vingt-cinquiesme dud. moys, et ordonné nouvelles affiches estre mises tant à la maison de l'escriptoire que autres lieux accoutumez.

Du mardy, vingt-cinquiesme jour du dit mois de septembre, mil six cens dix-huict.

Le dict jour de rellevée, avons en noz présences du dict procureur du Roy de la ville et dud. Guillain, faict publier de rechef les ouvrages de maçonnerie et pierre de taille qu'il convient pour faire les voultes de la cour de l'Hostel de la ville, le tout mentionné par le devis cy-devant transcript, estre à bailler à faire au rabaiz et moings disant, à l'extinction de la chandelle, à la thoise ou en bloc, à la charge par l'adjudicataire de faire les dictz ouvraiges bien et deuement, au désir et conformément aud. devis et au plan représenté qui est signé et paraphé par le greffier de la dicte ville, et au dire dud. Guillain, maistre des œuvres, et autres gens ad ce cognoissans, lesquelz ouvrages seroient thoisez suivant la coustume, sans qu'il soit rien compté pour les errestes, mesmes le dict entrepreneur sera tenu de faire l'esgout des eaues de la dicte court comme il est designé par led. plan, et où cy-après l'on le vouldra changer, icelui entrepreneur sera tenu de les faire selon qu'il lui sera ordonné sans que pour le dict changement il puisse prétendre ny demander aucun surcrois ny rescompenst quelconque.

A touttes lesquelles charges et conditions s'est présenté le dit Marin de la Vallée, qui a entrepris de faire iceulx ouvrages en bloc, moyennant le pris et somme de quinze mil six cens livres tournoys.

Ce faict a esté allumé la chandelle et déclaré aux maçons et assistans que nous allons proceder à l'adjudication desd. ouvrages en bloc, et declarer le rabais estre de cent livres, laquelle chandelle esteinte en a esté allumé une seconde, puis une troisiesme.

Au moyen de quoy et attendu qu'il ne s'est présenté aucunes autres personnes pour mettre rabaiz au dessoubz du dict de la Vallée, ny faire la condition de la ville meilleure que luy, et que toutes les solempnitez à ce requises ont esté gardées et observées, avons, au dict Marin de la Vallée, adjugé et adjugeons par ces présentes lesd. ouvrages en bloc moyennant les pris et somme de quinze mil six cens livres tournoys, qui luy sera payée par le receveur du domaine, dons et octroys de lad. ville, des deniers à ce destinez, au feur et à mesure qu'il travaillera, et selon noz ordonnances et maudements, à la charge par icelui de la Vallée de faire les ouvraiges bien et deuement, conformément au dict devis et plan et au dire du dict Guillain, maistre des œuvres de lad. ville, et autres gens ad ce cognoissans, et de satisfaire entierement à toutes les clauses, charges et conditions cy-devant spécifiées, mesmes de bailler bonne et suffisante caultion, tant des deniers qu'il recepvra que de rendre sad. besogne bien et deuement faicte comme dessus, dedans le jour Sainct-Jehan-Baptiste prochainement venant.

Du deuxiesme jour d'octobre, on dict au mil six cens dix-huict.

Est comparu au bureau de la ville le dict Marin de la Vallée, entrepreneur des ouvrages de maçonnerie et pierre de taille qu'il convient faire dans la cours de l'Hostel de lad. ville, suivant le devis cy-devant transcript, lequel a présenté pour caution tant des deniers qu'il recevra, que de rendre lad. besongne bien et deuement faicte, Jehan Poussart, maistre maçon à Paris, demeurant aux marais du Temple, en la place de France, lequel à ce présent a pleigé et cautionné led. de la Vallée, tant des deniers qui seront par luy receuz, que de rendre les dictz ouvrages bien et deuement faictz suivant le dict devis, et a faict ses submissions accoustumées, et a led. de la Vallée déclaré luy appartenir la maison en laquelle il est demeurant, dans le cul-de-sac de la rue de Baubourg, et deux autres maisons neufves dans la rue de la Baudroirye, et led. Poussart la maison en laquelle il est demeurant cy-dessus, demeurant et déclarée, et une autre maison rue des Juifs, nous avons lad. caution receue.

Signé POUSSART et DE LA VALLÉE.

DEUXIÈME PARTIE.

N° 71.
8 JUIN 1619.
JUGEMENT RENDU CONTRE MARIN DE LA VALLÉE PAR LE BUREAU DE L'HOTEL DE VILLE.

(Reg. de la Ville, XXII°; II, 1799; fol. 343 v°.)

N° 72.
2 MAI 1623.
DEVIS DES LUCARNES DU PAVILLON DE LA COUR DU CÔTÉ DU SAINT-ESPRIT. MARCHÉ AVEC MARIN DE LA VALLÉE.

(A. R. H, 1895.)

Devis des ouvrages de maçonnerie, de pierre de taille, qu'il convient faire pour Messieurs les Prévost des Marchans et Escherins de ceste ville de Paris, en la construction de trois lucarnes au dessus du pan de mur dans la court de l'Hostel de la dicte ville, du costé du Sainct-Esprit.

Premièrement : Convient après que la desmolition de couverture et faulx chevcrons aura esté faict faire par mes dits sieurs, en la manière accoustumée, planter chacun des piedz droicts des dictes lucarnes, aux lieux et endroicts propres et pour correspondre de simetrie à l'endroict des vielles, qui sont à l'opposite du dict lieu, les sus dicts piedz droicts faictz de pierre de Sainct-Leu, de pareil parpin, ainsy que les autres, en conservant le reffend des corps et arrière-corps semblable aux autres.

Item convient fournir, asseoir et maçonner un mesneau de pierre de liaiz au meilleu de chacune des dictes trois lucarnes, aorné de moullures et de haulteur, ainsy que les autres.

Item au-dessus des dits piedz droicts, convient fermer chacune des dictes lucarnes de deux petites arcades conduictes avecq art de maçonnerie et à moullure, ainsy que dessus, en continuant de pareil parpin les ordonnances d'architectures, selon et ainsy que les autres, de pareil assemblaige et liaison, en conservant les bossaiges pour la sculture à ce nécessaire.

Item convient faire les ornemens de moullures, enrichissemens et boucquets, festons, figures tant au terme d'enroullemens que populotz, au hault et à haulteur de l'admortissement, le tout de pareille structure, forme, façon et ordonnance, ainsy que les autres cy devant faictes, à la réserve des chiffres ou devizes qui seront du Roy à présent régnant.

Item convient fournir par l'entrepreneur une grande barre de fer plat, en la longueur d'un pied droit à l'autre, accompaignée d'un morceau de fer carré, de trois pieds de long à l'endroit de chacun pied droit; ensemble deux autres en debout, pour tenir l'admortissement, hault de quatre pieds de long chacun ou environ, et ce à cause qu'il est nécessaire que toutes les pierres des dictes lucarnes soient à parpin et parement tout d'une pièce, sans aulcun placquis quel qu'il soit, en faisant le scellement des menuiseries qu'il y conviendra mettre, et le tout rendu faict ainsy que les autres qui sont à l'opposite.

Faict et présenté au bureau de la dicte ville, le vingt-neuviesme avril mil six cens vingt-trois, par moy Augustin Guillain, maistre des œuvres d'icelle. *Signé,* GUILLAIN.

Du mardy, second jour de may, mil six cens vingt-trois.

Le dict jour, messieurs les Prevost des marchans et Eschevins de la ville de Paris ont en la présence de M. le procureur du Roi de la ville, faict marché avec Marin de la Vallée, juré du Roy en l'office de maçonnerie, et entrepreneur des bastimens de l'Hostel de la ville, à la somme de mil livres tournois, pour faire et faire faire par le dict de la Vallée tous et ung chacuns les ouvraiges de maçonnerie et pierre de taille qu'il convient faire à la construction de trois lucarnes au dessus du pan de mur dans la court de l'Hostel de la ville, du costé du Sainct-Esprit, le tout mentionné par le devis cy devant transcript, y travailler par le dict de la Vallée incessamment et sans discontinuation, fournir de toutes choses à ce nécessaires, fors le fer qu'il conviendra, qui sera fourny et livré par la dicte ville et rendre par le dict de la Vallée les dicts ouvraiges bien et deuement faictz et parfaictz au dire du dict Guillain, maistre des œuvres de la ville, et autres gens ad ce congnoissans, dedans le jour Sainct-Jehan-Baptiste prochain venant, mesmes de rendre place nette ce que le dict la Vallée à ce présent a promis faire et effectuer dedans le dict temps, laquelle somme de mil livres tournois luy sera paiée par M⁶ Charles Le Ber, receveur du domaine, dons et octrois de la dicte ville, au feur et à mesure qu'il travaillera, et selon les ordonnances des dicts sieurs.

Faict au bureau de la dicte ville, les jour et an que dessus.

Signé DE BAILLEUL, LE PRESTRE, MONTROUGE, DAVIAU, P. A. DE LA VALLÉE.

N° 73.

ANNÉE 1624. — BATIMENT DE L'HOTEL DE VILLE.

PAINCTURE.

(Registre K, 1081.)

N° 74.

DU 4 JUILLET ET 22 AOUT 1624.

FONTAINE DE LA PLACE DE GRÈVE.

(H, 1801.)

N° 75.

15 MAI ET 4 JUIN 1627.

FIGURES DE LA FONTAINE DE LA PLACE DE GRÈVE.

(Reg. de la Ville, XXV°; H, 1802, fol. 353 v°; la minute, H, 1896.)

N° 76.

15 JUILLET 1673.

ÉLARGISSEMENT DE LA PLACE DE GRÈVE.

(A. R. Q, 1247.)

DEUXIÈME PARTIE.

N° 77.

JEUDI 14 SEPTEMBRE 1702.

MARCHÉ POUR UN TABLEAU REPRÉSENTANT L'AVÉNEMENT DU DUC D'ANJOU A LA COURONNE D'ESPAGNE.

(A. R. Reg. K, 1016.)

Ce jourd'huy nous, prevost des marchands et eschevins de la ville de Paris, estans assembléz au bureau de la ville pour les affaires d'icelle, avec le procureur du Roy de la ville, y aurions mandé et fait entrer le sieur de Largillière, peintre ordinaire du Roy, avec lequel, suivant les resolutions de par nous prises, et consentant le dit procureur du Roy de la ville, sommes convenus du marché qui suit, c'est asçavoir : que le dit sieur de Largillière a promis et s'est obligé, promest et s'oblige par ces presentes envers nous, de faire un tableau de dix à unze pieds de hauteur en dedans la bordure, sur quinze à seize pieds de largeur, ou plutost de la même hauteur et largeur que celuy de la prevosté de monsieur Bose, representant nous dit prevost des marchands, les sieurs de Santeul, Guillebon, Boutet, S. Desnotz, Lehucins, et les sieur procureur du Roy, greffier et receveur, accompagnez de la *Justice* et de l'*Abondance*, une tapisserie dans le fond, representant l'avenement du duc d'Anjou à la couronne d'Espagne, avec toutes les allégories convenant au sujet, suivant le dessin que le dit sieur de Largillière nous en a présenté, par nous arresté, et de nous livrer le dit tableau au jour et feste Sainct-Jean-Baptiste prochain au plus tard, pour estre mis en place dans la grande salle de l'Hostel de Ville, au lieu qui sera trouvé le plus convenable, et moyennant la somme de cinq mil trois cens livres, que nous promectons de faire payer au dict sieur de Largillière, en vertu de nos mandemens, par maistre Jacques Boucot, conseiller du Roy, receveur des domaines, dons et octrois de la dicte ville.

BOUCHER D'ORSAY, DE SANTEUIL, BOUTET, MORIAU, DE LARGILLIÈRE, E. GUILLEBON, DESNOZ.

N° 78.

22 MARS 1708.

BORDURE DU TABLEAU DE LA CHEMINÉE DE LA GRANDE SALLE DE L'HÔTEL DE VILLE DU CÔTÉ DE L'AUDIANCE.

(A. R. Reg. K, 1016.)

Maistre Jean Beau Sire, conseiller du Roy, architecte, maistre général des bâtimens de Sa Majesté et de l'Hostel de ville, garde ayant charge des eaux et fontaines publiques d'icelle, nous vous mandons de faire faire incessamment par le sieur Dieu, peintre et doreur, une bordure de bois, sculptée aux armes de nous, du bureau, blasonnée, accompagnée d'ornemens convenables et dorée, pour estre incrustée au lieu de l'ancienne bordure du cadre du milieu de cheminée de la grande salle de cet Hotel, du costé de l'audiance, suivant le dessein par nous agréé, pour accompagner le tableau que nous faisons faire en l'honneur du Roy, pour marque de reconnoissance de la confirmation de noblesse qu'il a plut à Sa Majesté nous accorder, à quoi vous tiendrez la main, pour ensuite sur vostre avis estre par nous ordonné ce que de raison.

Fait au bureau de la ville, le vingt-sept mars mil sept cens huit.

BOUCHER D'ORSAY, SOURJON, DENIS.

N° 79.

18 JUILLET 1710.

OUVRAGES DE PEINTURE.

(A. R. Reg. K, 990.)

Mémoire de ce qui est dû à Janelle, maistre peintre.

Pour avoir nettoyé, verny et enlevé de la couleur en plusieurs endroits qui estoient repeints à deux tableaux de Pourbus, ayant esté l'espace d'un mois en différents temps pour les accommoder, la somme de deux cent livres, cy.... 200 liv.

Arresté le présent mémoire à la somme de cent cinquante livres, que M. Boucot payera au sieur Javelle, suivant l'ordre arreté par le bureau. Faict ce 28 juillet 1710.

BLOUINT.

Au dos on lit : M^r. JANNEL, quay de l'Escolle, chez M. Carcillier, marchand de bois. — M^r. JANNELLE, pintre.

N° 80.

JANVIER 1716.

MARCHÉ FAIT AVEC LE SIEUR DE TROIES POUR LE TABLEAU AU SUJET DE LA PAIX CONCLUE A UTRECHT.

(A. R. K. 1016.)

Du jeudy neuf janvier mil sept cens seize.

Ce jourdhuy nous prevost des marchands et eschevins de la ville de Paris, assemblez au bureau de la dicte ville pour les affaires d'icelle, avec le procureur du Roy et de la ville, y est entré M. Françoys de Troyes, ancien directeur de l'Académie royalle de peinture et sculpture, avec lequel, du consentement du dit procureur du Roy, nous sommes convenus de ce qui suit : C'est ascavoir que le dit sieur de Troyes a promis et s'est obligé, promet et s'oblige par ces présentes de faire et fournir, dans la fin du mois de juillet prochain, un tableau de six pieds deux pouces de hauteur au dedans de la bordure d'iceluy, sur dix-sept pieds cinq pouces de largeur, ensemble les douze portraits convenuz; sur le quel tableau sera représenté le Roy et la Paix, et les officiers du bureau de la ville, faisant compliment à Sa Majesté, au sujet de la paix conclue à Utrech, avec les ornemens et allégories convenables au sujet, suivant l'exquisse que le dit sieur de Troyes nous en a présenté et que nous avons agréé, pour être le dit tableau placé dans la salle dite des Colonels, à l'Hostel de la dicte ville, et ce, moyennant la somme de six mille livres, que nous promettons de faire payer au dit sieur de Troyes, sur nos mandemens, par Me Jacques Boucot, conseiller du Roy, receveur du domaine, dons, octrois et fortifications de la dicte ville, et que le dit sieur de Troyes a accepté et a signé avec nous. Fait au bureau de la ville, les jours et ans que dessus.

BIGNON, DE LALEU, DE TROY (*sic*), FAYOLLE, MORIAU.

DEUXIÈME PARTIE.

N° 81.
28 JUILLET 1716.
DÉLIBÉRATION POUR LE TABLEAU REPRÉSENTANT LE ROY QUI DONNE LES LETTRES DE NOBLESSE A MESSIEURS DE LA VILLE.
(A. R. K, 1016.)

Du vint-huit juillet mil sept cens seize.

Ce jour, nous, prevost des marchands et eschevins de la ville de Paris, assemblez au bureau de la dicte ville, et en présence du procureur du Roy et de la ville, après avoir reflechy sur le témoignage de l'affection que le Roy vient de donner aux habitans de la dicte ville, en accordant, à son avenement à la couronne, le privilege de la noblesse aux principaux officiers de l'Hostel de la dicte ville, par son édit du mois de juin dernier, et qu'il étoit nécessaire d'en perpétuer la mémoire, autant que faire se pourroit, par quelque ouvrage qui remit devant les yeux des dits habitans cette grace du roy, nous avons, du consentement du dit procureur du Roy et de la ville, arresté qu'il sera fait un tableau pour etre placé dans la grande salle de l'Hostel de ville, représentant le Roy assis dans un fauteuil, accompagné de monseigneur le duc d'Orléans, régent du royaume, à sa droite, et de monsieur le duc de Noailles à sa gauche, donnant à messieurs les prevost des marchands, procureur du Roy, greffier et receveur, à genoux à sa droite, et à messieurs les quatre echevins aussi à genoux à sa gauche, le privilége de la noblesse; et que pour cet effet il sera fait incessamment marché et convention avec un des meilleurs peintres pour faire le dit tableau. Fait au bureau de la ville, les jour et an que dessus.

BIGNON, DEBEYNE, DE LALEU, FOUCAULTZ.

N° 82.
4 AOUT 1716.
MARCHÉ DU TABLEAU REPRÉSENTANT LE ROY QUI DONNE DES LETTRES DE NOBLESSE A MM. DE LA VILLE. — LE SIEUR BOULLONGNE, PEINTRE.
(A. R. K, 1016.)

Du mardy quatrieme jour d'aoust mil sept cens seize.

Ce jourdhuy, nous, prevost des marchans et eschevins de la ville de Paris, assemblez au bureau de la dicte ville pour les affaires d'icelle, avec le procureur du Roy et de la dicte ville, y est entré M. Louis de Boullongne, peintre ordinaire du Roy et recteur de son Académie royalle de peinture et de sculpture, avec lequel, du consentement du dit procureur du Roy, nous sommes convenus de ce qui suit : C'est à scavoir que le dit sieur de Boullongne a promis et s'est obligé, promet et s'oblige par ces présentes, de faire et fournir, dans la fin du mois de juin de l'année prochaine, un tableau de neuf pieds trois pouces de hauteur au dedans de la bordure d'iceluy, sur huit pieds trois pouces de largeur, ensemble les huit portraits convenus, sur le quel tableau sera représenté avec les ornemens et allégories convenables au sujet, le Roy assis dans un fauteuil, accompagné de monsieur le duc d'Orléans, régent du royaume, à sa droite, et de monsieur le duc de Noailles, capitaine des gardes, derrière le fauteuil, donnant à messieurs les prevost des marchands et eschevins, procureur du Roy, greffier et receveur de la ville de Paris, les lettres de noblesse, suivant l'exquisse que le dit sieur de Boullongne nous a représenté et que nous avons agréé, pour être, le dit tableau, placé sur la cheminée du costé du bureau d'audiance, dans la grande salle de l'Hostel de Ville ; et ce moyennant la somme de cinq mille livres, que nous promettons de faire payer au dit sieur de Boullongne sur nos mandemens, par Jacques Boucot, écuyer, conseiller du Roy, receveur du domaine, dons, octrois et fortiffications de la dite ville, ce que le dit sieur de Boullongne a accepté et signé avec nous. Fait au bureau de la ville, les jour et an que dessus.

De Boullongne, Bignon, Debeyne, de Laleu, Fayolle, Foucault.

N° 83.
OUVRAGES DE PEINTURE.
NETTOYAGE DE TABLEAUX DE LA GRANDE SALLE.
(A. R. K, 1016.)

De par les prevost des marchands et eschevins de la ville de Paris, Jacques Boucot, ecuier c^{er} du roy, receveur du domaine, dons, octrois et fortiffications de la d. ville, nous vous mandons que des deniers de votre recette vous bailliez comptant à. . . . . . Janelle, peintre, la somme de cent cinquante livres que nous luy avons ordonné pour avoir netoié et verni les deux tableaux de Porbus, posés aux deux coins d'une des cheminées de la grande salle de l'Hotel de Ville, rapportant par vous ces présentes et quittance du d. Janelle, la somme de cent cinquante livres sera passée et allouée en la dépense de vos comptes sans difficulté Fait au bureau de la ville, le vingt-huitième jour d'avril mil sept cent onze.

Bignon, Pehauney, Leroy, Hajon, Arillon.

Au dos est écrit : J'ai reçu de M. Boucot, c^{er} du roy, receveur du domaine, dons, octrois et fortiffications de la ville de Paris, la somme de cent cinquante livres à moy ordonné par ces messieurs les prevost des marchands et eschevins de la d. ville, pour les causes portées au mandement de l'autre part, ce trentième jour d'avril 1711. Janelle.

Controllé et enregistré le 30e jour de may 1711.

N° 84.
3 FÉVRIER 1734.
MARCHÉ FAIT AVEC LE SIEUR COUSTOU POUR FAIRE NEUF MÉDAILLONS EN MARBRE.

Du mercredy, troisieme jour de fevrier, mil sept cent trente quatre.

Ce jour, nous Michel Étienne Turgot, chevalier, seigneur de Sousmons, Bons, Issy, Pohguy, Perriers, Brucoust et autres lieux, conseiller du roy en ses conseils, président au parlement et en la seconde chambre des requestes du palais, prevost des marchands de la ville de Paris, Henry Millon, ecuyer, conseiller du roy, quartinier, Philipes Lefort, ecuyer, Jean Claude Fauconnet de Vildé, ecuyer, conseiller du roy et de la ville, avocat en la cour, expeditionnaire de cour de Rome et des légations d'Avignon, echevin de la d. ville pour les affaires d'icelle, y est entré Guillaume *Coustou*, sculpteur ordinaire du roy, recteur et directeur de son Académie royale de peinture et de sculpture, demeurant place du Vieux Louvre, paroisse

Saint-Germain-l'Auxerrois, avec lequel nous sommes convenus de ce qui suit: c'est à sçavoir que le d. sieur Coustou a promis et s'est obligé de sculpter neuf médaillons en marbre blanc représentant les portraits de M. le duc de Gesvres, gouverneur de cette ville, de nous, prevost des marchands, eschevins, procureur du roy et de la ville, greffier et receveur de la ditte ville, avec les noms et la présente année mil sept cent trente quatre, de la même manière que les médaillons de nos prédecesseurs, qui se trouvent actuellement placez au-dessus des arcades de la cour de cet Hotel de Ville, pour estre lesdits médaillons posés dans les ronds qui sont aux dictes arcades, pour lesquels médaillons nous promettons pour et au nom de la d. ville de faire payer au d. sieur Coustou la somme de quatre mil cinq cent livres par Jacques Boucot, écuyer conseiller du roy, receveur des domaines, dons, octrois et fortifications de la ville, après que les ditz ouvrages auront été faits, parfaits et reçus en la manière accoutumée, la livraison desquels le d. sieur Coustou sera tenu de faire dans la fin de décembre de la présente année, lesquels charges, clauses et conditions le d. sieur Coustou a accepté, promis, et s'est obligé de les exécuter dans tout leur contenu, et a eleu son domicile en sa demeure sus déclarée, et a signé avec nous. Fait au bureau de la d. ville, le d. jour trois fevrier mil sept cent trente quatre.   Coustou.

De par les prevost des marchands et eschevins de la ville de Paris, Jacques Boucot, écuyer c^{er} du roy, receveur des domaines, dons, octrois et fortifications de la d. ville, nous vous mandons que des déniers de votre recette vous bailliez et payez comptant au sieur Coustou, recteur de l'Académie royale de peinture et sculpture, la somme de deux mil quatre cent livres que nous luy avons ordonné et ordonnons par ces présentes, à compte des médaillons de marbre blanc des gouverneur, prevost des marchands et echevins de la d. ville, aux quels il travaille, lesquels seront placés, suivant l'usage, dans la cour de l'Hotel de Ville, rapportant par vous ces présentes et quittance du d. sieur Coustou la d. somme de deux mil quatre cent l. sera passée et allouée en la depense de vos comptes sans difficulté. Fait au bureau de la ville, le trois juillet mil sept cent trente quatre.
    Tempz, Misson, Lefort Jossel, Fauconnet de Vilde.

Au dos est écrit : Je reconnois, confesse, avoir receue de monsieur Boucos, trésorier de la ville, la somme de deux mile quatre cent livres pour la cause y mantionné de l'autre part. A Paris, ce 8 juillet 1734.   G. Coustou.

Controllé et enregistré le 12 aoust 1734. Misson.

N° 85.

3 MAY 1735.

JUGEMENT DE RÉCEPTION DES NEUF MÉDAILLONS DE GUILLAUME COUSTOU.

A tous ceux qui ces présentes lettres verront, Michel Étienne Turgot, chevalier, seigneur de Sousmont, Bons, Yssy, Poligny, Perriers, Brucourt et autres lieux, conseiller du roy en ses conseils, président au parlement et en la seconde chambre des requestes du palais, prevost des marchands et des echevins de la ville de Paris, salut, scavoir faisons que veu la requeste présentée au bureau par Guillaume Coustou, sculpteur ordinaire du roy, recteur et directeur de son Académie royale de peinture et de sculpture, tendante à ce qu'il nous plaise ordonner que les ouvrages de sculpture de neuf médaillons en marbre blanc, représentans les portraits de M. le duc de Gesvres, gouverneur de Paris, de nous, prévost des marchands, des sieurs eschevins, procureur du roy et de la ville, greffier et receveur, avec les noms et l'année mil sept cent trente quatre, qu'il a fait au-dessus des arcades de l'Hotel de Ville, suivant le marché qu'il avoit fait avec le bureau le trois février mil sept cent trente quatre, seroient receus en la manière accoustumée et qu'il seroit payé par le sieur Boucot, receveur du domaine de la ville, de quatre mil cinq cent livres pour le prix des d. ouvrages énoncé au d. marché, comme aussi lui accorder la somme de quinze cent livres pour le dédommager de la perte qu'il a faite sur quatre morceaux de marbre faisant partie des neuf par lui choisies, qui se sont trouvez deffectueux par les taches qui se sont rencontrées dedans, et dont il ne peut être garant, ce qui lui a causé une perte considérable, ayant même été obligé d'en rebâtir deux après qu'ils ont été à moitié faits, joint aux modèles de terre des dits médaillons que tout le bureau lui avoit demandé de conserver, ce qui l'a obligé de les finir tous après qu'ils ont été moulés, ce qui a consommé presqu'autant de temps que s'il les avoit faits. La d. requeste signée Coustou et Breshot, procureur en ce bureau, veu aussi le sus d. marché du trois février mil sept cent trente quatre, l'ordonnance du vingt trois avril dernier, portant que le bureau se transportera en la cour de l'Hotel de Ville, en présence du procureur du roy et de la ville, à l'effet d'etre examiné si les ouvrages dont il s'agit ont été bien et duement fait, conformément au dit marché, et qu'il seroit dressé procès verbal pour ce fait communiqué au procureur du roy et de la ville être ordonné ce que de raison. Le procès verbal fait en conséquence par nous prevost des marchands et echevins, en présence du procureur du roy et de la ville, le vingt trois du d. mois d'avril, de visite et de réception des ouvrages en question. Conclusions du procureur du roy et de la ville : Nous avons donné acte au suppliant de la reception des ouvrages dont il s'agit comme bien et duement faits conformément au dit marché du trois février mil sept cent trente quatre ; en conséquence, ordonnons qu'il lui sera payé la somme de quatre mil cinq cent livres, prix porté au dit marché, comme aussi qu'il lui sera payez la somme de cinq cent livres, que nous lui accordons à cause du travail par lui fait pour parvenir à la conservation des modèles de terre des d. medaillons, montant les d. deux sommes ensemble à celle de cinq mil livres, par Jacques Boucot, ecuier conseiller du roy, receveur des domaines, dons, octrois et fortifications de la ville, et pour cet effet, il sera delivré mandement de la ditte somme en la manière accoutumée. Avons debouté le suppliant du surplus des fins et conclusions de sa requeste. Ce fut fait et donné au bureau de la ville de Paris, le troisième jour de may mil sept cent trente cinq. TAITEBOUT.

De par les prévost des marchands et eschevins de la Ville de Paris, Jacques Boucot, escuier c[er] du roy, receveur des domaines, aydes, dons, octrois et fortifications de la Ville de Paris, nous vous mandons que des deniers de votre recette vous baillez et payez comptant au sieur *Coustou*, recteur de l'Académie royale de peinture et de sculpture, la some de deux mil six cent livres que nous lui avons ordonné et ordonnons par ces présentes, sçavoir : deux mil cent l. pour faire avec deux mil quatre cent l. qui lui ont été payez en vertu du mandement expedié le trois juillet, celle de quatre mil cinq cent l. pour le prix de neuf médaillons de marbre blanc par lui faits, représentans M. le duc de Gesvres, gouverneur de Paris, et les officiers qui composent le bureau de la ville, pour estre placés dans la cour d'icelle, suivant le marché fait avec luy au bureau de la d[e] ville, le trois fevrier de la d. année trente quatre, et cinq cent pour le travail qu'il a esté obligé de faire pour parvenir à la conservation des modèles de terre des d. medaillons, suivant l'acte de réception des dits ouvrages du trois du

DEUXIÈME PARTIE.

présent mois de may. Rapportant par vous ces présentes, le d. marché, acte de reception et quittance du d. sieur Coustou, la d. somme sera passée et allouée en la dépense de vos comptes sans difficulté. Fait au bureau de la ville, le six mai mil sept cent trente cinq.

TEMPZ, FAUCONNET DE VILDÉ, JOSELLE, PETIT, DE SANTEUL.

Au dos est écrit : Je reconnois, confesse avoir receue de M. Boucaut, trésorier de la ville, la somme de deux mile six cent livres pour les cause y mantionné de l'autre part. A Paris, ce 6 may 1735. G. COUSTOU.

Controllé et enregistré le 12 may 1735.   FAUCONNET DE VILDE.

N° 86.
3 JUIN 1747.
(A. R. K, 994.)

De par les prévot des marchands et échevins de la Ville de Paris, Jacques Boucot, écuyer conseiller du roy, receveur des domaines, aydes, dons, octroys et fortifications de la Ville de Paris, nous vous mandons que des déniers de vostre recette vous bailliez et payiez comptant à Pierre Nicolas Bonamy, de l'Académie royalle des belles lettres, historiographe de la ville, la somme de trois cent soixante quinze livres que nous luy avons ordonné et ordonnons par ces présentes, pour trois mois de ses appointemens, échus ce dernier juin m. vii^c quarante sept, à raison de xve l. par an, suivant la commission à luy donné par acte du bureau de la ville du premier octobre m. vii^c trente quatre, rapportant par vous ces présentes, et quittances du dit sieur Bonamy, la dicte somme de iiie lxxv l. sera passée et allouée en la dépense de vos comptes sans difficulté. Fait au bureau de la ville, le treize décembre mil sept cent quarante sept.   DE BERNAGE, L'HOMME, etc.

Au dos : Je reconnois avoir reçu de monsieur Boucot receveur de la ville, la somme de trois cens soixante et quinze livres, pour les causes mentionnées de l'autre part, à Paris, le quinze decembre mille sept cent quarante sept.   BONAMY.

N° 87.
MARS 1759.
(A. R. K, 994.)

Memoire d'ouvrages faits pour Messieurs les Prevot des Marchands et Echevins de la ville de Paris, par Du Vivier, de l'Académie royale de Peinture et Sculpture, graveur des Médailles du Roy.

Scavoir : Du mois de mars 1759 avoir gravé et remis à la Monoye des médailles par ordre des susdits Messieurs, deux coins d'acier trempés, l'un représentant une femme couronnée de tours dans le gout antique, assise et appuyée de la gauche sur l'écusson des armes de la ville de Paris, et de la droite montrant dans le lointain une partie de la collonade du Louvre veue en perspective; de l'autre coté de la figure paroissent les deux tours de l'église Notre Dame, avec ces mots à l'exergue : VILLE DE PARIS.

L'autre coin représentant les armes de mons. de Viarme prevot des marchands, supportées par des lions avec ces mots autour :

PREV^{té} DE Mre J. B. ELIE CAMUS DE PONT-CARRÉ DE VIARME C^r D'ET.

A l'exergue : 1758.

Pour ce la somme de six cent livres.. cy. 600. Et en sus deux jettons d'argent frapés sur les dits coins d'usage pour le cabinet du graveur.

A ce mémoire est jointe une quittance des dits six cent francs

N° 88.
14 DÉCEMBE 1764.

SCULPTURE. — PLAFOND DE LA GRANDE SALLE DE L'HÔTEL DE VILLE
ET MÉDAILLON DU ROY.
(Registré fol. 158 r° du vii° reg.)

De par les prevost des marchans et eschevins de la ville de Paris, mandons à Jean Bonnaventure Henry Blanchard du Reste, chargé des receptes et depences de la d. ville de bailler et payer comptant à *Louis Vassé* sculpteur du roy, la somme de quatre mille livres que nous luy avons ordonné et ordonnons par ces présentes, à compte de ses ouvrages de sculpture pour la décoration du plafond de la grande salle de l'Hôtel de Ville et du médaillon du roy. Rapportant par luy ces présentes et quittance du d. s' Vallé la d. so° de quatre mille l. sera passée et allouée en la dépense de ses comptes sans difficulté. Fait au bureau de l'Hotel de Ville, le quatorze decembre mil sept cent soixante quatre.

MIGNON, POULTIER, GAUTHIER, MONTEL, PHELIPPES DE LA MARNIÈRE.

Au dos est écrit : 4 000 l. J'ai reçu de M. Du Reste la somme de quatre mil livres pour le contenu au mandement de l'autre part dont quittance à Paris ce vingt deux decembre mil sept cent soixante quatre. VASSE.

Controlé à Paris le 22 decembre 1764.

N° 89.
12 NOVEMBRE 1749.

PREMIÈRE DÉLIBÉRATION DU CORPS MUNICIPAL RELATIVE A L'ÉTABLISSEMENT
DE L'HÔTEL DE VILLE A LA PLACE DE CELUI DU PRINCE DE CONTI.
(Archiv. du Roy. sect. admin. H, 1863, fol. 271 r°.)

N° 90.
26 NOVEMBRE 1749.

SECONDE DÉLIBÉRATION SUR LE MÊME SUJET.
(H, 1863, fol. 273.)

N° 91.
16 MARS 1750.

TROISIÈME DÉLIBÉRATION.
(H, 1863, fol. 274.)

DEUXIÈME PARTIE.

N° 92.
4 JUIN 1750.
EXTRAIT DES REGISTRES DU CONSEIL D'ÉTAT SUR LE MÊME SUJET.
(H, 1863, fol. 276.)

N° 93.
2 SEPTEMBRE 1750.
QUATRIÈME DÉLIBÉRATION.
(H, 1864, fol. 31 r°.)

N° 94.
5 SEPTEMBRE 1751.
CINQUIÈME DÉLIBÉRATION QUI COMMET LE S. BEAUSIRE POUR FAIRE LE TOISÉ ET L'ESTIMATION DE L'HÔTEL DE PUISIEUX, ET AUTRES TERREINS ET BATIMENTS DE LA PETITE PLACE DE CONTI.
(H, 1864, fol. 45 r°.)

N° 95.
26 AVRIL 1751.
EXTRAIT DES REGISTRES DU CONSEIL D'ÉTAT SUR LE MÊME SUJET.
(H, 1864, fol. 102 v°.)

N° 96.
25 JUIN 1751.
AUTRE EXTRAIT DES REGISTRES DU CONSEIL D'ÉTAT
(H, 1864, fol. 110 v°.)

N° 97.
12 DÉCEMBRE 1751.
AUTRE EXTRAIT DES MÊMES REGISTRES.
(H, 1864, fol. 206.)

N° 98.
PIÈCES RELATIVES AUX BATIMENTS DE L'HOTEL DE VILLE
EXTRAITES DES ARCHIVES GÉNÉRALES DU DÉPARTEMENT DE LA SEINE.
ÉTAT DE L'INTÉRIEUR DE L'HOTEL DE VILLE ET DES NUMÉROS MIS SUR LES PORTES EN JUIN 1745.

Rez-de-chaussée. — 1, Bureau des Huissiers. 2, Passage des sols. 3, Chambre dépendante du Parquet de M. le Procureur du Roy. 4, Entrée du Parquet de M. le Procureur du Roy. 5, Parquet. 6, Cabinet du substitut de M. le Procureur du Roy. 7, Escalier de l'entre sol. 8, Seconde porte du n° 3. 9, Entrée du Passage de la Charbonniere. 10, Caveau au s' Morain.

11, Caveau au sʳ Pluchot. 12, Escalier conduisant aux sols. 13, Prison des Femmes. 14, Charbonniere. 15, Escalier pour descendre aux caves. 16, Caveau au sʳ Gourdain. 17, Porte de sortie de l'escalier de la Charbonniere par les sols rue du Martrois. 18, Cave au sʳ Pluchot. 19, Cave au sʳ Gourdain. 20, Cave du bureau. 21, Grande cuisine voustée sous le Greffe au rez-de-chaussée des solles. 22, Bucher de M. le Greffier. 23, Cuisine de la ville. 24, Porte conduisant aux sols. 25, Descente de la cave de M. le Greffier. 26, Entrée des sols. 27, Grande cuisine des sols. 28, Porte de l'Hotel de Ville dans la rue du Martrois. 29, Escalier de la Paulette. 30, Bureau de la Paulette. 31, Corps de garde. 32, Bucher au sʳ Morin. 33, Bureau des Etalonneurs. 34, Escalier de la basse court. 35, Logement du sʳ Morain. 36, Cuisine de M. le Greffier. 37, Escalier de M. le Greffier. 38, Logement du geolier. 39, Chapelle et Prison. 40, Grande Prison. 41, Bucher du geolier.

Pavillon du côté du Saint Esprit. — 42, Porte de l'escalier de l'horloge dans la court. 43, Magasin des ouvriers. 44, Chambre du domaine. 45, Caveau au sʳ Morain serviteur de la Ville. 46, Petit Bucher. 47, Escalier descendant aux sols. 48, Garde Robe. 49, Chambre de la Reine. 50, Entrée de la Grand'Salle. 51, Petit magasin des peintres. 52, Entre sols au dessus de la chambre de la Reyne cy devant logement du Balayeur. 53, Chambre de l'ancien horloge. 54, Depost de la capitation. 55, Entrée au grand grenier. 56, Pavillon du Saint Esprit. 57, Magasin des girandoles. 58, Dixieme. 59, Chambre du domaine.

Grand escalier. — *Premier étage.* — 60, Batimens. 61, Porte de la gallerie du Greffe. 62, Greffe. 63, Cabinet du Greffe. 64, Escallier du grand grenier.

Deuxieme etage. — 65, Garde robe. 66, Petit tresor. 67, Grandes Archives. 68, Magasin des gravures. 69, Magasin des menuisiers. 70, Autre magasin. 71, Bucher. 72, Grand grenier. 73, Magasin des poeles. 74, Mouvemens de l'horloge (vis à vis est le magasin des sceaux numeroté 71).

Suite du premier etage. — 75, Trésor. 76, Anti-salle des gouverneurs. 77, Garde robe. 78, Garde robe. 79, Salle des Gouverneurs. 80, Porte d'entrée chez M. le Greffier. 81, Chapelle de Messieurs. 82, Salle des Gardes. 83, Entrée de la grande salle. 84, Entrée chez M. le Greffier par la grand'salle. 85, Chambre de la Reine. 86, Tribune sur le Saint Esprit. 87, Chambre d'audience. 88, Sortie de la chambre d'audience sur le passage. 89, Passage de l'audience dans la chambre du Conseil. 90, Deuxième porte. 91, Garde robe du Roy. 92, Porte de dégagement de la grand'salle. 93, Entrée de la chambre du Conseil. 94, Porte separant l'escalier d'avec le corridor derriere l'audience.

Pavillon du coté de la Riviere. — 95, Principale entrée sous l'arcade. 96, Bucher au sʳ Du Parc. 97, Petite entrée sous l'arcade. 98, Salle et petite cour au sʳ Du Parc. 99, Entresole au sʳ Du Parc. 100, Cuisine au sʳ Du Parc. 101, Petit sallon donnant sur la Greve au sʳ Du Parc. 102, Petite salle à manger de Messieurs. 103, Office au sʳ Du Parc. 104, Petit bureau. 105, Logement au sʳ Gourdain. 106, Garde robe. 107, Charbonnier au sʳ Gourdain. 108, Prison de l'Opera. 109, *Idem.* 110, Chambre à coté de celle de Mʳˢ les quartiniers. 111, Chambre de Messieurs les quartiniers. 112, Garderobe. 113, Pavillon sus la Riviere. 114, Cabinet dans le dit pavillon. 115, Magasin des armes dans le dit cabinet. 116, Grille à la fenestre qui va du grenier sur le toit de la salle des gardes.

(*Il y a un autre état semblable de l'année 1775. Les changements sont peu importants*

DEUXIÈME PARTIE.

JUIN 1745.
(Archives du département de la Seine.)

ÉTAT DES ENDROITS OCCUPÉS DANS L'HOTEL DE VILLE LORS DES FÊTES PUBLIQUES.

La 2e et la 3e croisée de la grande salle du côté de la chambre d'audience. — M. le Gouverneur et en son absence M. le Prévot des Marchands.

La première croisée de la grande salle. — La chambre d'audience. — La chambre derriere l'audience. — La grande lucarne dans les combles du pavillon, du coté de la riviere par l'escalier du me d'hotel. — La grande lucarne dans les combles du pavillon du côté du Saint Esprit par l'escalier de l'horloge. — Les deux lucarnes du grand grenier au dessus de la grande salle par l'escalier dans la galerie du Greffe. — L'entresol au dessus de la chambre d'audience par l'escalier du me d'hostel. — La chambre du capitaine de la garde sur le même pallier. — Les deux chambres en entresol au dessus de la chambre de la Reine par l'escalier de l'horloge. — M. le Prevot des Marchands.

Les deux croisées de l'ancien bureau du dixieme à gauche au rez de chaussée de la cour. — 1er Echevin.

La 4e croisée de la grande salle. La chambre à deux croisées dans le pavillon du Saint Esprit au dessus de la chambre de la Reine par l'escalier de l'horloge. — 2e Echevin.

La 5e croisée de la grande salle. Le petit sallon du me d'hotel à côté de l'arcade Saint-Jean, du coté de la riviere. — 3e Echevin.

La 6e croisée de la grande salle. La chambre à coté du grand tresor dans le pavillon du coté de la riviere par l'escalier du me d'hostel. — 4e Echevin.

Le Parquet au rez de chaussée de la cour à droite sous le péristile. — M. le procureur du Roi de la ville.

La 7e croisée de la grande salle près la porte de la chambre de la Reine. Une petite chambre du coté du Saint-Esprit où étoit le mouvement de l'horloge par l'escalier de l'horloge. — M. le Greffier.

La chambre du domaine, au raiz de chaussée de la cour à gauche, sous le péristille, au bas de l'escalier de l'horloge. — M. le Receveur.

La chambre de la Reine au bout de la grande salle, au dessus de l'église du Saint-Esprit. — Mrs les Conseillers de ville.

La chambre dite le Trésor, dans le pavillon du coté de la riviere près l'escalier du me d'hotel. — Mrs les Quartiniers.

Moitié du balcon sous l'arcade Saint-Jean, du coté de l'Hotel de Ville, dont l'entrée est par l'escalier du me d'hotel. — M. le Colonel.

Moitié du même balcon sous l'arcade Saint-Jean du coté de la riviere. — M. le Maître général des bâtimens.

5 FRUCTIDOR AN 12.

LETTRE DU PRÉFET A M. MOLINOS SUR LES TRAVAUX DE LA SALLE SAINT-JEAN.

Monsieur, je viens d'examiner par moi-meme la salle Saint-Jean, qu'il est question de disposer pour y faire les distributions de prix, tenir les principales séances des sociétés, enfin pour servir toutes les fois qu'il y aurait à la Préfecture de grandes réunions ou de grandes cérémonies. J'ai de la peine à croire que cette salle soit assez vaste pour remplir une telle destination, et je me suis décidé à n'y faire faire aucuns travaux d'embellissemens ni de décoration. La couverture est sur le point d'être terminée, je désire qu'elle s'achève, après cela quelque soit l'usage au quel cette pièce soit affectée, je crois nécessaire d'y faire dès à présent un parquet; et à cet effet je vous engage à dresser un devis de la depense qui doit en résulter, afin que je puisse bientot recevoir des soumissions pour cet objet. Quant au surplus, je le répète, je suspends toute espèce de travaux. Examinez de nouveau s'il est possible de conserver à cette salle son affectation première, établissez au juste quel nombre de personnes on y pourrait réunir, enfin rassemblez sur ce fait toutes vos observations dans un rapport que vous m'adresserez. Lorsque sa destination aura été définitivement arrêtée, je vous demanderai vos projets sur les dispositions à y faire, tant à l'intérieur qu'à l'extérieur.

J'ai l'honneur de vous saluer, FROCHOT.

P. S. De la destination de la salle suivra nécessairement le placement de sa porte d'entrée, il est possible qu'on soit forcé d'établir cette porte sur le jardin; la distribution de ce jardin se trouve donc ainsi liée au 1er projet. On y fait cependant des travaux qui pourraient ne pas concorder avec ce qui sera arrêté par la suite. Je vous invite aussi à les faire suspendre et à faire entrer dans le rapport que je vous demande le projet de la plantation du jardin.

12 MESSIDOR AN 13.
INHUMATIONS DE LA COMMUNE DE PARIS.
TAMPIER, DIRECTEUR DES INHUMATIONS.

A monsieur Frochot, conseiller d'État, Préfet du département de la Seine.

Monsieur le Conseiller d'État,

J'ai l'honneur de vous adresser ci joint le mémoire des derniers déboursés faits par l'entrepreneur général des Inhumations pour le transport à la Tombe Issoire des ossemens humains qui etoient déposés dans les *caves de l'Hotel de Ville*. Ce mémoire monte à la somme de 157 f. 50 c. Permettez que j'aye l'honneur de rappeler à votre souvenir que le 23 prairial an 12, je vous ai fait un pareil envoi, pour les premiers transports des ossemens, et de vous prier de vouloir bien en ordonner le payement ainsi que de celui-ci inclus, formant ensemble un total de treize cent cinquante sept francs, vingt cinq centimes.

J'ai l'honneur, etc. TAMPIER.

APPENDICE II.

LIVRE DES SENTENCES DU PARLOIR AUX BOURGEOIS.

ANNÉE 1268-1525

AVERTISSEMENT.

Les Sentences rendues dans le Parloir aux Bourgeois, depuis l'année 1268 jusqu'à l'année 1322 environ, n'avaient jamais été recueillies et publiées complétement. Le plus grand nombre se trouve dans un manuscrit qui, après avoir été conservé plusieurs siècles dans le cabinet particulier du greffier de l'Hôtel de Ville de Paris, fait partie aujourd'hui de la Section historique des Archives du Royaume. C'est un volume in-4° de 82 feuillets en vélin, dont la reliure de veau fauve a été faite au xviii° siècle. Ce volume compose un recueil que je crois devoir diviser en deux parties bien distinctes, et qu'il est nécessaire de signaler avec soin. La première et la plus considérable contient : 1° toutes les Ordonnances relatives au commerce de Paris, recueillies par Étienne Boileau, se rapportant aux métiers sur lesquels le Prévôt des Marchands avait une part de juridiction; 2° toutes les coutumes établies par l'usage à Paris, ou même par la volonté des rois de France, au sujet du commerce, et des autres points du gouvernement civil, qui rentraient dans les attributions des membres du Parloir aux Bourgeois; 3° plusieurs Sentences rendues au Parloir sur des points obscurs de la coutume observée dans Paris, au sujet des héritages; 4° un inventaire des maisons, terres, ou rentes que possédait l'administration municipale de Paris, au mois de février 1292. Toute cette partie du volume est écrite sur deux colonnes, en caractères dits *lettres de forme*, et avec une parfaite régularité. On reconnaît facilement le travail d'un copiste assez expert dans son art.

La seconde partie du manuscrit disséminée en plusieurs endroits, depuis le verso du premier feuillet de garde, jusqu'au recto du dernier feuillet, contient le plus grand nombre des Sentences du Parloir aux Bourgeois, et de petits actes séparés qui jettent le plus grand jour sur l'histoire et l'organisation du gouvernement municipal, à la fin du xiii° siècle. Ces actes sont écrits négligemment par des mains différentes, en lettres cursives, et sans aucun ordre, soit dans les matières, soit dans les époques. Toutes les pages que le copiste de la première partie avaient laissées en blanc sont employées dans leur plus complète étendue; et même quelques marges des feuillets écrits antérieurement ont reçu de courtes observations. D'autres feuillets ont été grattés avec soin, et diverses Sentences sont écrites à la place de ces actes jugés inutiles. Quelques-uns des documents parvenus jusqu'à nous sont biffés, et dans les listes d'officiers de second ordre (fol. lx et lxiii r°) des noms ont été souvent substitués les uns aux autres. Enfin, les 2 feuillets de garde du commencement, ainsi que les 7 feuillets qui terminent le manuscrit ont été endommagés par les vers.

Il est facile de reconnaître dans ce volume le registre original qui servit, pendant quarante années environ, à consigner toutes les dispositions importantes prises dans le Parloir. J'ai pu fixer la date précise à laquelle la première partie du manuscrit a été écrite, en suivant la chronologie des actes originaux qu'il renferme. Le plus ancien est une permission accordée aux porteurs de Grève (henouars), devenus infirmes, de se faire remplacer; elle remonte à l'année 1293. C'est vers 1260 que le Livre des Métiers de Boileau fut rédigé; ainsi notre manuscrit doit avoir été terminé vers l'année 1292, date de l'inventaire des propriétés que possédait alors l'administration municipale. A la fin du compte rendu de la séance tenue dans le Parloir, le 17 janvier 1304, je trouve une phrase qui atteste sans réplique que notre manuscrit est original. Cette séance, assez longue, comprend le recto et le verso du feuillet 14. Le nom des membres présents est au bas du recto, et pour éviter une répétition, en terminant le procès-verbal de la seconde partie de cette séance, le clerc du Parloir s'exprime ainsi : « La quele cedule leue, ouie, et « entendue diligemment du Prévôt des Marchands et des autres personnes nommées et contenus en la « page enverse de ce feuillet.... » (Voyez plus loin Sentence de l'année 1304, 17 janvier.)

Il existe au feuillet 61 v°, une autre preuve qui n'est pas moins certaine que la précédente, et qui, de plus, porte avec elle un intérêt historique. C'est un acte écrit sur papier et cousu par deux fils au bas du feuillet; en voici la copie exacte:

« Plusieurs exploix, jugemens et autres donnez ou fait de la Marchandise d'ancienneté, escrips ou livre « couvert de vert, qui pevent servir et valoir à présent à porter et soustenir le fait de la Marchandise, et « seront trouvez es feuillet du dit livre cy après, cottez et signez ou livre à 1 point (.) en teste de chascun « exploit : II exploiz ou XLeme feuillet; I ou XLIIIeme; I ou XLVIeme; II ou LIeme; II ou LIIeme; I ou LIIIeme; « II ou LIIIIeme; I ou LVIeme; III ou LIXeme; II ou LXeme; I ou LXIeme; II ou LXIIIIeme feuillet. »

Après m'être assuré que ces renvois avaient bien rapport à notre manuscrit, j'ai remarqué, en effet, que toutes ces Sentences étaient favorables aux priviléges de la Marchandise (1). La forme de cette pièce, ainsi que l'écriture qui date du xve siècle, prouvent suffisamment qu'elle fut rédigée à l'occasion de l'un de ces nombreux procès que le gouvernement municipal de Paris eut à soutenir pour le maintien de ses priviléges; peut-être a-t-elle rapport à celui que les Négociants de Rouen intentèrent en 1410, et qui se termina par des lettres patentes de Charles VI, confirmant tous les droits anciens des Marchands de l'Eau de Paris (2). Quant aux mots : *Escrips ou livre couvert de vert*, ils rappellent évidemment la première reliure que notre volume ait eue et en indique la couleur. Chopin, qui le premier, je crois, a publié quelques-unes de ces Sentences, désigne ainsi notre manuscrit : *Cahier des Ordonnances vieilles de la Ville de Paris et de la Prevosté de l'Eau* (3). Le Roy, dans les preuves de sa Dissertation sur l'Hôtel de Ville de Paris, a imprimé plusieurs Sentences du Parloir, celles entre autres que Chopin avait publiées. Il a eu soin d'en revoir le texte sur l'original, qu'il désigne sous le nom de *Manuscrit des coutumes de la Marchandise de l'Eau de Paris* (4). C'est lui qui nous apprend que ce volume était conservé dans le cabinet du greffier de la Ville.

M. Depping est le dernier qui se soit servi de ce curieux volume. Il l'a considéré comme renfermant une partie du texte des statuts sur les Métiers, rédigés par Étienne Boileau; et, d'après ce système, il a inséré dans son travail plusieurs actes qui ne se trouvent que dans ce manuscrit, et sont le résultat évident de l'administration du Parloir aux Bourgeois. Je n'ai pas cru devoir les réimprimer de nouveau, je me suis contenté de les indiquer dans la table générale qui va suivre, et de renvoyer à la page du volume dans lequel M. Depping a publié les statuts donnés par le Prévôt de Paris. J'ai pu le faire d'autant mieux que la plus grande partie de ces Ordonnances, relatives au Commerce général de Paris, avait déjà été imprimée aux xvie et xviie siècles, dans les éditions différentes d'un Recueil bien connu sous le titre de : *Ordonnances royaulx sur le faict et jurisdiction de la Prevoté des Marchands*. J'ai renvoyé dans la table qui va suivre à la dernière édition de ce Recueil (5).

---

(1) Voici les actes auxquels répondent les indications renfermées dans cette pièce : Fol. XL., Sentences du 16 avril 1296, et du 26 janvier 1296. — Fol. XLIII, 28 mai 1293. — Fol. XLVI, 23 avril 1294. — Fol. LI, 1298, Remontrances des bourgeois de Paris, etc., 12 mai 1301. — Fol. LII, 29 janvier 1301, 31 octobre 1298. — Fol. LIII, 24 janvier 1298. — Fol. LIIII, 24 janvier 1298, 17 novembre 1299. — Fol. LVI, 1er février 1301. — Fol. LIX, 23 mars 1301, 27 mars 1301, 29 mars 1301. — Fol. LX, 9 octobre 1303, 10 novembre 1303. — Fol. LXI, 3 avril 1304. — Fol. LXIII, 23 mars 1304, novembre 1303.

(2) Voyez au Livre II, chap. 1, de notre *Essai sur le Gouvernement municipal de Paris*.

(3) R. Chopini, etc. *De civilibus Parisiorum Moribus ac institutis libri III*, etc. 1603, in-fol, p. 25. Page 264, il intitule : *Un ancien manuscrit cayer des Ordonnances de la ville de Paris et de la prevosté de l'eaue*, et page 325 : *cayer à la main*, etc.

(4) *Dissertation sur l'Origine de l'Hôtel de Ville de Paris, prouvée par l'autorité des Chartes et autres titres et monumens authentiques*. Paris, 1725, in-fol. — Pages c, ci, cii, civ, cv, cvi, cvii à cxiii.

(5) Voyez sur le manuscrit original de ces ordonnances, et sur les différentes éditions imprimées, l'Appendice IV, consacré à l'histoire des anciennes archives de l'Hôtel de Ville de Paris.

DEUXIÈME PARTIE.

Fol. 1 v°, fol. 2, r° v° de garde; Sentences diverses du Parloir.

Fol. 3, fol. 4 r° v°; Préliminaires. — Ce sont les rebriches des choses contenues en ce livre des mestiers, des coustumes, et des paagiers et autres. (C'est une table des matières de tout ce qui est contenu dans la première partie du volume.)

Fol. 1 r°; Prologue d'Estienne Boileau. (Voir Depping, p. 1.) — Entre le texte de notre manuscrit et celui qu'a publié M. Depping, il y a quelque différence notable; ainsi la phrase dans laquelle Étienne Boileau annonce une troisième partie relative aux diverses juridictions existant à Paris ne s'y trouve pas.

Fol. 1 v°; Ce titre parole des Blatiers. (Depping, p. 20.) — Ce titre parole des Mesureeurs de blé et de toute autre maniere de grain. (Depping, p. 21.)

Fol. 11 v°; Ce titre parole des Taverniers de Paris. (Depping, p. 28.) — Ce titre parole des Crieeurs de Paris. (Depping, p. 24.)

Fol. 111 v°; Ce titre parole des Jaugeeurs de Paris. (Depping, p. 27.) A ce titre, notre manuscrit ajoute quelques lignes sur la bourgeoisie de Paris. — « Bourjois. Quiconques est demoranz à Paris an et « jour, et a meson à Paris qui seue soit, et se maintiengne aus us et aus coustumes de la Vile, comme « borjois, et soit preudom et loiaus hom, l'en dit que il est borjois de Paris; ce est el registre. »

Fol. 1111 r°; Ce titre parole des Muniers de Paris. (Depping, p. 18.)

Fol. 1v v°; Ce titre parole des Pescheeurs de l'iaue le Roy. (Depping, p. 260.)

Fol. v v°; Ce titre parole des Poissonniers de iaue douce de Paris et de leur establissement. (Depping, p. 263.)

Fol. vii r°; Ce titre parole des Chandeliers de sieu. (Depping, p. 161.)

Fol. viii r°; Ce titre parle (sic) des Maçons, des Tailleurs de pierre, des Plastriers et des Morteliers. (Depping, p. 107.)

Fol. ix v°; *Marchands d'huile à Paris.* (Depping, 159.)

Fol. x r°; Ce titre parole des Fenniers. (Depping, p. 243.)

Fol. x v°; Ce titre parole de Poisson de mer. (Ordonnances royaulx sur le faict et jurisdiction de la Prevosté des Marchands et Eschevinage de la Ville de Paris. Paris, 1644, in-fol., p. 273. Depping, p. 268.)

Fol. xii r°; *Sentence du Parloir aux Bourgeois pour succession.* (Voyez plus loin année 1297.)

Fol. xii v°; *Règlement sur le charbon :* « Ce sont les Ordenances que les mestres de la cort nostre sires « li rois ont fait et establi pour le commun proufit des bones gens de la Vile de Paris, seur le charbon et « seur les autres denrées que l'en amainne à Paris, l'an de grace m. cc. iiii.xx. et xix. — Rebriche « de la busche de molle et de gloe. » (Depping, p. 423.)

Fol. xiii r°; Col. 1re. Rebriche de la Tuille ; col. 2e, Rebriche du Fain; Rebriche des Muniers. (M. Depping, p. 423, a fait de ces titres différents une seule et même Ordonnance.)

Du fol. xiii verso au fol. xvii recto, se trouvent des Sentences du Parloir aux Bourgeois, et plusieurs actes relatifs aux affaires de la Commune de Paris, que j'ai reproduits intégralement.

Fol. xvii r°; Cil titres parole du Liage et de la monté de Marne. (Depping, p. 300; Ordonnances royaulx, etc., p. 276.) — Cis titres parole du rivage de Sainne. (Depping, p. 301; Ordonnances royaulx, idem.)

Fol. xviii r°; Cis titres parole de Chantelage de Paris. (Depping, p. 306; Ordonnances royaulx, p. 278.)

Fol. xviii v°; Cis titres parole du Rouage de Paris. (Depping, p. 295; Ordonnances royaulx, p. 279.)

Fol. xix r°; Du conduit de touz avoirs qui conduit doivent à Paris. (Depping, p. 306; Ordonnances, etc., p. 280.)

Fol. xx r°; Cis titres parole des Mestiers qui hauban doivent au Roy, et des Mestiers qui ovrent de par le roy. (Depping, p. 297.)

Fol. xx v°; Cis titres parole du Tonlieu de toute maniere de peleterie neuve et viez. (Depping, p. 324.)

Fol. xxi v°; Cis titres parole du Tonlieu de cordoan et de piaus de moutons. (Depping, p. 327.)

Fol. xxii r°; Du Tonlieu et du halage de Paris.

Fol. xxii v°; Cis titres parole du Tonlieu, du halage, du muiage de blé et de tout autre grain. (Depping, p. 312.)

Fol. xxiii; Cis T. p. du Tonlieu de vins, de tonniaus wiz, de nés de toutes manieres, de moleperties et aparties. (Depping, p. 314.)

Fol. xxiiii r°; Le Tonlieu, le conduit de cheriaus, de beus, et de vaches, et de toutes autres bestes. (Depping, p. 316.) — Cis titres parole du Tonlieu, du conduit do oint de sieu, de bacons et de painaus de bacons. (Depping, p. 318; Ordonnances, etc., p. 281.)

Fol. xxiv v°; Cis titres parole du Tonlieu et du conduit de fer et d'acier que on vent à Paris. (Depping, p. 319; Ordonnances, etc., p. 282.)

Fol. xxv r°; Cis titres parole du Tonlieu de fers, de greffes et d'aguilles, et de estamines de las de mains de valeur de 1 denier, et de toute autre maniere de oeuvre de layton. (Depping, p. 321.)

Fol. xxv v°; Cis titres parole de la Coustume de poivre, de cire, de chemises, de braies et de dras de lit que on met à estal au samedi. (Depping, p. 321.) — Cis titres parole de la Coustume de vans, de chaisieres, de corbeilles escrins, de cloiers de merrien, de fourches et de cloies. (Depping, p. 323.)

Fol. xxvi r°; Cis titres parole du Tonlieu de hanaps de madre ou de fust, d'escueles ou de plataus. (Depping, p. 329.) — Cis titres parole du Tonlieu de corde de tille, et de halage de ces choses. — Du Tonlieu de pos de terre et de la coustume. — Cis T. p. (sic) du Tonlieu et du conduit de l'uille de miel et de cedre clavelée qui vient à Paris. (Depping, p. 330.)

Fol. xxvi v°; Cis titres parole du Tonlieu et du halage, et des fruiz touz creuz ou royaume de France. (Depping, p. 332.)

Fol. xxvii r°; Cis titres parole du Tonlieu du halage de aus, de oignons, de semences de toutes manieres d'aigrun. (Depping, p. 334.) — Cis titres parole du Tonlieu du halage de touz les draps que on vent au marchié de Paris. (Depping, p. 337; Ordonnances royaulx, etc., p. 283.)

Fol. xxviii r°; Cis titres parole du Tonlieu et du halage de la laine de mouton, de brebiz et de aignelins lavée et à laver, que on vent à Paris. (Depping, p. 335; Ordonnances, etc., p. 285.)

Fol. xxviii v°; Cis titres parole du Tonlieu et du conduit de file de chanvre que on vent à Paris. (Depping, p. 341; Ordonnances, p. 286.)

Fol. xxix r°; Cis titres parole du Tonlieu et du halage de toilles. (Depping, p. 342.)

Fol. xxix v°; Cis titres parole du Tonlieu de file de lin. (Ordonnances, p. 287.) — Cis titres parole du Tonlieu et du halage de lin et de chanvre. (Depping, p. 344; Ordonnances, p. 288.)

Fol. xxx; Cis titres parole du paage de Petit Pont. (Depping, p. 280; Ordonnances, p. 288.)

Fol. xxxiii v°; C'est le botage du mestier Monseigneur Symon de Poyssi. (Ordonnances royaulx, p. 297.)

Fol. xxxiv r°; C'est l'escrit des chaucies de Paris. (Depping, p. 275.)

Fol. xxxv r°; Rebriche sur le serement prendre des noviaulx corratiers de vin quant l'en les fait nouviaus. (Depping, p. 352.) — M. Depping, qui a publié cette Ordonnance d'après notre manuscrit, n'a pas imprimé l'observation suivante ajoutée au bas du feuillet, en écriture courante mais contemporaine : « Il est ordené que nul corratier n'ira contre les batiaus, ne encontre les nés que l'on amarra au pors, ne « qu'il n'abuvront à jor de feste d'apostre sanz commandement du Prevost des Marchans de Paris et « d'Eschevins de ce meesmo lieu. » — C'est l'Ordonnance des Marchands de buche. (Depping, p. 424.)

Fol. xxxv v°; Rebriche de la fauce coustume de blé. (Le Roy, dissertation, p. cv.) — C'est l'Ordenance de la fauce coutume du Bourc la Reine. (Depping, p. 428.) — C'est l'establissement des courratiers de chevaus. (Depping, p. 421.) — C'est l'Ordenance fete entre les Marchaanz et les taverniers de Paris d'une part, et les Tailliurs de la Ville de Paris d'autre part. (Depping, p. 355.)

Fol. xxxvi r°; C'est l'Ordenance de la fauce coustume que li marchaanz et li voiturier ont fet sur les marchaandises, pour raparellier les chemins des iaues. (Depping, p. 426.) — Col. 2°, Sentence du Parloir aux Bourgeois, contre Jean Marcel. (Voir plus loin, année 1268.)

Fol. xxxvi v°; Col. 1°, Sentence contre Denise Bardouille. (Voir plus loin, a° 1268.) — Hec sunt

DEUXIÈME PARTIE. 103

consuetudines criarium, seu chantelagium Parisiensium, que fuerunt tempore Symonis de Pusiaco. (Depping, p. 444.)

Fol. xxxvi v°; C'est l'Ordenance des marchaanz et des voituriers d'Aucerre et de Melun. (Depping, p. 427.)

Fol. xxxvii r°: Gennevilliers. *Franchises des habitants de ce village.* (Depping, p. 429.)

Fol. xxxvii r°: Col. 2°, v° col. 1°. Deux Sentences du Parloir aux Bourgeois pour succession. (Voyez plus loin, année 1287, année 1290.)

Fol. xxxvii v°; C'est la coustume du Poisson. (Depping, p. 429. — Ordonnances royaulx, p. 298.) — M. Depping n'a pas reproduit les lignes suivantes qui sont relatives aux habitants de la commune d'Aubervilliers : « Haubervillier : Homme de Aubervillier ne doivent point de chauciée fors auteles comme « les hommes de La Chapelle, porce que il mirent a la chauciée fere. »

Fol. xxxviii r°; C'est l'Ordenance faite de la court nostre seigneur le roy de France, de son commandement, sus la maniere de faire et de tenir les bourjois de son reaume, pour oster les fraudes et les malices qui se fesoient par l'occasion d'icelles bourjoisies, dont li souget estoient durement grevez et durement plaignent. (Ordonnances royaulx, etc., p. 238.)

Fol. xxxix r°; Col. 2°, Sentence contre Renuche Espinel. (Voir plus loin, année 1291.)

Fol. xxxix v°; Ce sunt les nons des villes en quoi l'on doit fere la cerche de la taille du blé et du vin. (Depping, p. 432.)

Fol. xl r°; Ce sunt les nons des abbés qui doivent la taille. (Depping, p. 433.)

Fol. xl v°; Sentences diverses du Parloir. (Voir plus loin.)

Fol. xli r°; Rebriche que Pere puet sanz l'assentement de sa feme promestre et otroier que son enfant que il marie, en raportant ce que il li doune en son mariage, après le decès de son pere, revienne en partie oveques ses autres enfans. (Depuis ce feuillet jusques et y compris le feuillet 64, on trouve la plus grande partie des Sentences et actes divers que j'ai tous publiés.)

Fol. lxv r°; Ce fut fet l'an de grace mil deus cenz quatre vinz et douze, ou mois de fevrier. Ce sunt les rentes de la Marchandise de l'iaue de Paris. — État curieux du domaine privé de la Ville de Paris. (Voir plus loin, année 1292.)

Fol. lxxiii; Hec sunt consuetudines seu Chantelagium civium Parisientium, que sunt de tempore Symonis de Pissiaco; et debentur istis terminis scilicet in Octabis Natalis Domini, et in Octabis sancti Johannis. (Depping, p. 444.) — Après l'Inventaire des biens de la Ville de Paris qui se termine au folio lxxvii recto, on trouve encore sur le verso de ce feuillet, et au recto du suivant, qui est le feuillet de garde, des notes et des indications relatives à l'administration du Parloir aux Bourgeois, que j'ai reproduites intégralement.

La plus grande partie des matières comprises dans ce volume ayant été plusieurs fois imprimée, ainsi que le prouve la table précédente, je ne devais publier que le Recueil des Sentences émanées du Parloir aux Bourgeois, et les actes différents relatifs au gouvernement municipal de Paris. L'importance et la clarté du sujet, aussi bien que l'état matériel du manuscrit, exigeaient que je suivisse l'ordre chronologique, en indiquant au bas de chaque Sentence le feuillet où elle se trouve. Je n'ai pas cru devoir me dispenser de reproduire les Sentences que Chopin, Le Roy, et M. Depping avaient fait connaître : non-seulement des fautes de lecture se sont glissées dans leur texte, mais encore ils ont supprimé le nom des membres du Parloir présents aux séances dont ils donnaient le compte rendu.

J'ai ajouté, après chaque pièce, sous le titre d'*Observations*, de courtes notes destinées à faire connaître à quel jour de chaque mois répondent les fêtes religieuses qui servent de complément à la date des différentes années. L'ordre chronologique rigoureux que j'avais adopté me forçait à ce travail, dont j'ai voulu épargner l'ennui à ceux qui auront besoin de consulter ces actes. Au xiii° siècle, chacun le sait, l'année commençait avec le jour de Pâques, c'est pourquoi j'ai toujours placé après décembre les mois de janvier, février, mars, et quelquefois les premiers jours d'avril. J'ai indiqué aussi dans quels ouvrages se trouvaient les Sentences déjà publiées. A ce sujet, il est bon d'observer que Chopin, dans son Livre intitulé : *De Moribus Parisiorum*, déjà cité plus haut, a publié deux Sentences relatives à des affaires de succession, dont le texte n'est pas dans notre manuscrit. La seule indication qu'il donne en marge, et que j'ai reproduite au bas de ces Sentences, prouve qu'il les avait empruntées au *Livre Rouge* ou *Cartulaire de l'Hôtel de Ville de Paris*, qui ne se retrouve plus de nos jours (1).

En résumé, les Sentences du Parloir aux Bourgeois et autres actes relatifs à l'ancienne organisation municipale de Paris, qui se trouvent dans ce manuscrit, sont au nombre de cent soixante-dix; tous ces actes peuvent être classés dans l'une des cinq divisions suivantes :

1. Affaires de succession, quinze. (Je dois observer que ces affaires commencent à l'année 1287, et finissent au 17 janvier 1304 ; après cette époque on n'en trouve plus d'exemple.)
2. Pièces relatives à l'exploitation des priviléges de la Marchandise de l'Eau, soixante-quatre.
3. Matières civiles, comme location de maison, rentes viagères ou perpétuelles garenties, taille et perception, trente-quatre.
4. Administration intérieure du Parloir, trente.
5. Nominations d'officiers municipaux ou d'employés de la Marchandise de l'Eau, vingt-sept.

(1) Voyez plus loin, année 1293, 8 juin; année 1294, 2 juillet.

1268, 31 MARS.

SENTENCE CONTRE JEHAN MARCEL DE COMPIEGNE, CONFISCATION D'UNE NAVÉE CHARGÉE DE BUCHES. — APPEL AU PARLEMENT (*a*).

En l'an de l'Incarnacion Nostre Seigneur, mil. cc. LXVIII, la *Vegile de Paques Flories* (*b*). orent li marchaant hansé de l'iaue de Paris, sentence contre Jehan Marcel de Compigne, d'une navée de buche qui vint d'Oise en Sayne, outre le pont de Paris et de Maante, sanz compaignon hansé bourjois de Paris, devant lou roy de France, par droit jugement, de l'usage et de la chartre au diz marchaanz. Là fu mesire Symon de Necle, mesire Henri de Verdelay, mesire Julian, mesire Symon de Paris, mestre Thomas de Paris, mestre Pierre de Meulent, Jehan de Montluçon, Jehan Popin du Porche, Robert le Coutier, mestre Thierri, clerc aus marchaanz, Jehan Piguache de Roan, Durant Filleul, Guillaume de Gisors et maint autre (*c*). — [Fol. xxxvi r°. Ms. de la Bibl. Roy., n° S.-Germ. Harlay. 421, fol. 130 v°.

OBSERVATIONS.

(*a*) Cette Sentence a été publiée par Le Roy, p. CI de sa Dissertation; par M. Depping, p. 449 du Livre des Métiers; et par M. le comte Beugnot, t. I des *Olim*, notes, p. 1008. A la marge du texte de cet arrêt on lit ce mot en écriture courante, *hanse*.

(*b*) *Vegiles de Paques Flories*. La veille du dimanche des Rameaux. Pâques, cette année-là, tombant le 8 avril, ce fut le samedi 31 mars.

(*c*) Un arrêt du Parlement rendu aux assises de la Chandeleur de l'an 1269, est relatif à cette Sentence. Le commissaire de La Marre l'a citée, livre V, titre I, chap. 2 (t. II, p. 653) de son Traité de la Police, mais avec quelques petites omissions, comme l'a fait observer M. Le Roy qui l'a réimprimée, p. CI de sa Dissertation sur l'Origine de l'Hôtel de Ville de Paris. Voici cet arrêt d'après le texte imprimé, t. I, p 291 des *Olim* : « Johannes Marcel burgensis Compendiensis, adduxerat duas naves honustas lignis sumptis in « boscis Ursi-Campi, per aquam Ysare et Secane, apud Parisius. Prepositi mercatorum aque Parisiensis « ligna hujusmodi arrestari fecerunt Parisiis, discentes ea esse commissa domino Regi et sibi, eo quod

« eadem adduxerat sine socio mercatore aque Parisiensis, idem Johannes, adicientes quod hoc facere
« poterant, et per privilegium regium sibi concessum, et per longevum usum super hoc habitum. Prefatus
« vero Johannes dicebat, e contrario, dictos prepositos non debere super hoc audiri, cum hoc nunquam
« usi fuissent in casu suo, videlicet de mercatoriis venientibus Parisius, per Secanam, ut dicebat; privi-
« legium tamen bene confitebatur, cum eciam in mercatoria hujus modi socium habuissent, ut dicebat,
« mercatorem aque Parisiensis : Tandem, jurato super premissis a partibus, inspectis dicto privilegio et
« attestacionibus testium hinc inde super hoc productorum, quia societas mercatoris aque Parisiensis quam
« proponebat dictus Johannes, non fuit probata, quoad unam ipsarum navium, quantum ad aliam tamen
« navium satis fuit probata, ordinatum est et pronunciatum quod ligna unius ipsarum navium, de qua
« maluerit, reddantur ipsi Johanni, et ligna alterius, tanquam commissa, remaneant domino Regi et
« civibus Parisiensibus supra dictis. »

1268, 2 AVRIL.

CONFISCATION PRONONCÉE PAR LE PREVOST DES MARCHANDS ET AUTRES MEMBRES DU PARLOIR, DE DEUX BATEAUX AMENÉS SANS COMPAGNIE FRANÇOISE (*a*)

Le *Mardi devant Pasques* (*b*), en cele incarnacion, pardi Denise de Bardouille II batiaus nués, qu'il amenoit sanz compaignon hansé de Paris. Ce set Cochin Martin Poitevin, Jehan Popin de Chastiau festu, et celi du Porche, Jehan Augier presvost des marchaanz, Robert le Coutier, mestre Thierri, Robert la Guiete, et les mesureurs Alart, qui ot les batiaus, et Symon l'Aumonier. — [Fol. xxxvi v°.] Ms. de la Bibl. Roy., n° S¹ Germ. Harlay. 421, fol. 130 v°.

OBSERVATIONS.

(*a*) Cette sentence a été imprimée par Le Roy, page cii de sa Dissertation sur l'Origine de l'Hostel de Ville de Paris ; et par M. Depping, page 449 du Livre des Métiers d'Étienne Boileau.

(*b*) *Mardi devant Pâques.* — Cette année-là Pâques tombait le 7 avril.

1280, 24 DÉCEMBRE.

CONFISCATION DE TONNEAUX DE VINS ORDONNÉE PAR LE GARDE DE LA PRÉVÔTÉ DE PARIS ET PAR LE PRÉVÔT DES MARCHANDS.

L'an de grace mil .cc. quatre vinz, ou mois de décembre, avint que Adenot de Charcon clerc, et son frère amenerent onze tonniaus de vin au port à Paris, les quielx tonniaus ils descendirent sus terre et mitrent en celier, en la ville de Paris, ciés Maci de Charronne, en la viez rue du Temple. Laquele chose il ne povaient faire, ne ne devoient, *selon l'usage et le privileye de la ville de Paris* (*a*) ; les quielx vins furent pris et mis en la main le Roy, par le commandement Gui du Mès, garde de la Prevosté de Paris. Et les prit Nicolas de Chele, et les vendi cil Nicolas de Cheile par le commandement au prevost de Paris, et par le commandement sire Guillaume Bordon prevost des marchaans. De ces onze tonniaus Maistre Jehan d'Acre ot sept tonniaus qui furent venduz xviii lib. x s., et Nicolas de Rosai iiii tonniaus qui furent venduz xi lib. de parisis. A cele vente furent Moriau de Grolas, Maugier le Regratier. Cete vente fu *fete devant Nouel*, ou mois devant dit. — [Fol. xxxvii r°.] Ms. de la Bibl. Roy., n° S¹ Germ. Harlay. 421, fol. 131 r°.

OBSERVATIONS.

(*a*) Ces mots sont ajoutés au texte par une main différente.

o

1287, 29 JANVIER.

SENTENCE POUR SUCCESSION.

Contens estoit sur ce que Crespins avoit aquis heritages : 1 anfent ot qui survesqui le per... Il morut sanz hoir de son cors; or est la demande à qui ses conqués vendront, ou aus cousins germains, ou aus oncles? Regardé est que les conqués vendront aus oncles. Ce fut fet l'an quatre vinz et sept, *le mercredi, devant la Chandeleur (a)*. — [Fol. xxxvii r°.] Ms. de la Bibl. Roy., n° St Germ. Harlay. 421, fol. 131 v°.

OBSERVATIONS.

(*a*) *Mercredi devant la Chandeleur.* — Le 2 février, ou *Chandeleur*, tombait cette année un dimanche, le mercredi d'auparavant était le 29 janvier.

1290, 6 JUILLET.

SENTENCE POUR SUCCESSION.

Contans estoit entre Michiel et Pierre Beloue frères de II pères d'une part, et Jehan le Champenois et Beatris sa fame, seur des devant diz frères de par mère, d'autre part, sur ce que les devant diz frères disoient et proposoient contre les devant diz Jehan et Beatris sa fame, que ices frères, après le decès de leur pères, estoient demouré en la sele de Marie leur mère, et que la dite Marie s'estoit mariée après le deceus de leur pères à Robert Beloue sanz fere et sanz donner partie de père aus devant diz frères. Item, il disoient que ices frères s'estoient mariés vivant la dite Marie, sanz ce que elle leur feist, ne donnast partie de père, et que la dite Beatris avoit esté marie desdevant diz Robert et marie père et mère d'icele Beatris. Et comme la dite Marie fust morte, et la contume de Paris feust tele que cil ou cele que père et mère marient, après le décès de leur père et de leur mère, ou de l'un d'eus, il ne puent revenir en partie o les autres enfans qui estoient demourés en la sele du père et de la mère, ou de l'un d'eus, se il ne fust mis en convenant ou trattié du mariage, les devant diz frères requeroient avoir la succession es biens de feu Marie leur mère, par les resons desus dites. Nous Jehan Arrode prevost des marchaanz, ouies toutes les choses que l'une partie et l'autre voudrent proposer par devant nous, en conseil de bonnes gens, et trouvé que les devant diz frères s'estoient mariés sanz avoir eu partie de père, et sanz ce que Marie leur mère leur eust riens donné, regardames et deimes par droit que les devant diz frères devoient avoir toute la succession de leur mère, sanz ce que la dicte Beatris leur seur i poit riens reclamer par la devant dite coutume qui est tele si comme il est desus dit. Et à ce dist dire furent presens les devant dites parties, Bertaut, Hescelin, Jehan Point-l'Asne, Jehan qui Biau marche, Benoist de Saint-Gervais, Thibout de Troies, Nicolas Hescelin, Nicolas de Rosai et Raoul de Paci clers au bourjois. Ce fu fet ou parlouer au bourjois, mil deus cenz quatre vinz et dis, le mercredi après la feste *Saint-Martin d'esté (a)*, ou mois de juignet (*b*). — [Fol. xxxvii v°.]

OBSERVATIONS.

(*a*) *Saint-Martin d'été.* — Le 4 juillet, jour où l'on célébrait la translation de ce saint; on le nommait aussi *Saint-Martin le Bouillant*. Cette fête tombait cette année-là un mardi.

(*b*) Cette sentence a été imprimée par Chopin dans son livre *de Moribus Parisiorum*, lib. II. tit. III. n° 20, p. 264.

DEUXIÈME PARTIE.

1291, 10 FÉVRIER.

SENTENCE CONTRE RENUCHE ESPINEL; CONFISCATION DE VINGT TONNEAUX DE VINS (*a*).

L'an de grace mil deus cenz quatre vinz et onze, *le lundi après les huitienes de la Chandeleur* (*b*), perdi Renuche Espinel xx tonniaux de vin, que il avoit acheté au port de Grève en l'iaue, d'un marchaant de Ponz sus Yonne, por ce que le devant dit Renuche les avoit descenduz sur terre à Paris, et mis en un celier qui estoit Agace la Mareschalle, assis en la Cité, en la rue aux Fèves, *laquele chose il ne poret fere selon l'usage des borjois, et selone leur privileges* (*c*). Et ce prononça Jehan Arrode à ce tens presvost de la marchandise de l'yaue de Paris, par le conseil de bones genz de la ville de Paris, por ce que le devant dit Renuche n'estoit pas stacionere, ne residant en la ville de Paris; por ce que il confessa par devant le dit prevost en jugement, que il avoit fame et enfans demourans en Lonbardie; et por ce n'estet-il pas tenuz por stacionere et residant à Paris, selone le privilège du roy que li borjois de Paris ont, jaçoit ce que le devant dit Renuche avoit bien prouvé par devant le dit prevost que il avoit demouré et fet residence en la ville de Paris par quatre anz passés. Et fu cete santence donnée ou parlouer au borjois du dit prevost, en la présence du dit Renuche, mesire Jacques de Florance neve, messire Salves avoquas du dit Renuche, Bertaut Hescelin, Gefroi de Vitri, Raoul de Paci clers du parlouer, Nicolas de Chelles, Etienne d'Argenteil, Jehan Vilain, Jacques le boiteux, Hervy et Yvon serjans du parlouer; et plusieurs autres. [Fol. xxxix r°.] Ms. de la Bibl. Roy., n° S¹ Germ. Harlay, 421, fol. 133 v°.

OBSERVATIONS.

(*a*) Cette sentence a été imprimée par Chopin, *de Moribus Parisiorum*, lib. I, tit. I, n° 12, p. 25; par Le Roy, Dissertation, etc., p. cv; par M. Depping, Livre des Métiers, p. 450.

(*b*) *Huitienes de la Chandeleur.* L'octave de la Chandeleur, ou le 10 février.

(*c*) Ces mots sont ajoutés à la marge, et d'une écriture différente.

1291, 22 AOUT.

SENTENCE POUR SUCCESSION.

Rebriche que pere puet, sanz l'assentement de sa fame, promestre et otroier que son enfant que il marie, en raportant ce que il li donne en son mariage, apres le deces de son pere revienne en partie orecques ses autres enfans.

A touz ceus qui ces presentes letres verront, Jehan Arrode prévost de la marchaandise de l'yaue de Paris, arbitre arbitrateur, ou amiable compositeur, sur le descort qui estoit esmeus entre Jaques de Douay orfevre, borjois de Paris, fuilz jadis feu Andri de Douay, orfevre, d'une part, et Estienne Nevelon orfevre, borjois de Paris, et Ales sa fame, jadis fame du dit feu Andri, mère du dit Jacques, et Jahannot fuilz de la dite Ales et de feu Andri desus dit d'autre part, eslieu des dites parties, salut. Sachent tuit que come contans ou descort fust esmeu par devant nous entre les dites parties, sur ce que le dit Jacques disoit et proposoit par devant nous contre les diz Estienne, Ales sa fame, et Jehannot fuilz d'icelle Ales, et de feu Andri devant dit, frère du dit Jaques, que ou tretié du mariage du dit Jaques, li devant dit Andri son père li avoit promis en son mariage, dis livres de parisis de rente, et deus cenz livres de parisis en deniers contans, en tele maniere que se il plesoit au dit Jaques raporter en partie aveques les autres enfans du dit Andri et de Ales sa fame, après leur deces, ce que li dit Andri son père li avoit donné en son mariage, que il le pouit fere, et partiroit aveques les autres anfans ès biens qui leur seroit escheus, les devant diz Estienne et Ales sa fame, por eus et por le dit Jehannot, ce niant et le contraire afermant, en disant que la dite Ales devant le dit tretié et après iceli tretié, l'avoit touz jors debatu, laquele chose li dit Jaques niait, juré des dites parties en la cause, ouies et veues toutes les résons et deffenses que chascune partie volt proposer par devant nous, tesmoins amenés et diliganment examinés, à la parfin, *le jor de mercredi devant la feste Seint Berthelemi apostre (a)*, assené par devant nous au dites parties à ouïr droit en la dite cause, les dites parties présentes par devant nous, et requerans que nous deissions et pronnuncicions nostre dist, ou nostre sentence, arbitrage sur le dit descort, nous, en conseil de bones gens et de sages, deismes et prunçames par nostre sentence arbitrage, que le dit Jaques doit estre reçeu en partie aveques le dit Jahannot son frère ès biens qui leur sunt escheu de la succession du dit feu Andri leur père, *selonc les us et les coustumes de la ville de Paris et de la viconté, toute notoire et approuvée par si lonc tens que il n'est mémoire du contraire (b)*, en raportant la moitié des biens que le dit Andri avoit donné en mariage au dit Jaques. A cete sentence donner furent présens les dites parties, Jehan Martin, Jehan Du Pont, Adan Popin le Boiteus, Nicolas Sente, Symon Le Quoquillier, orfèvre, Symon Lapostoille, Thomas Luce, Jehan de Soissons, notaire de la cort l'évesque de Paris, Guillaume le Frison, mestre Guillaume de Saint-Julien, Renaut le Dean, Nicolas le Porteur et Raoul de Paci, clerc du parloüer. En tesmoing de laquele chose nous avons ces présentes lettres séelées de nostre propre seel. L'an de grâce mil deus cenz quatre vinz et onze, le mercredi devant dit. — [Fol. XLI r° v°.]

OBSERVATIONS.

(a) *Le jor de mercredi devant la feste Seint Barthelemi, apostre.* — Cette fête eut lieu cette année-là le vendredi 24 août.

(b) Ces mots sont ajoutés à la marge, mais d'une écriture du temps.

1291, 14 NOVEMBRE.

SENTENCE POUR SUCCESSION.

Rebriche que père ou lit de la mort, de la volenté sa fame, peut ordener que leur enfant que il ont marié, en raportant ce que il enporterent en mariage, revienent après le decès du père en partie des biens du père oveques les autres enfans d'iceus, qui sunt à marier.

A touz ceus qui ces présentes lettres verront, Jehan Arrode prévost de la marchaandise de l'yaue de Paris, arbitre arbitrateur, ou amiable compositeur, sur le descort qui estoit esmeu entre Esmauri de Moisselles, Gile d'Ateinville, Yfaine et Ales leur fames, fillies jadis feu Dreve Danet, et Noel Danet frère des dites fames d'une part, et Hue de Dampmart clerc, et Jehanne sa fame, fillie jadis du devant dit Dreve, seur des devant dites fames, et de Noel devant dit d'autre part, salut. Sachent tuit que comme contens ou descort feust esmeu par devant nous entre les dites parties sur ce : c'est asavoir que les devant diz Esmauri, Gile, Yfaine, et Ales leur fames, et Noel devant dit, disoient et proposoient par devant nous contre les devant diz Hue et Jehanne sa fame, que le devant dit Dreve Danet, jadis père des devant diz Noel, Yfaine, Ales et Jehanne, en sa derreniere volenté, en bon mémoire et en bon estat, en la présence d'Yfaine sa fame, mère du dit Noel, et des devant dites fames, et de la volenté et de l'asentement de la dite Yfaine leur mère, volt, ordena et commanda que les devans diz Noel, Yfaine et Ales, en

DEUXIÈME PARTIE.

raportant tot ce que les devant diz Dreve et Yfaine sa fame, leur avoient donné en leur mariage, après la mort du dit Dreve revenissent en part ès biens du dit Dreve, ovecques ses autres enfans, et que le devant dit Dreve le pot fere de l'autorité de sa fame, selonc la coutume de la ville de Paris. Et le devant dit Hue et Jehanne sa fame ne les vousissent pas recevoir; car il disoient que le devant dit Dreve ne le pot fere, puisque il ne leur avoit otroié ne enconvenancié en leur mariage; et disoient encore que la dite Yfaine leur mère ne s'i estoit pas acordée, en niant la coustume desus dite. Nous, ouies toutes les resons et les deffenses que chascune partie volt proposer par devant nous, veues et ouies les attestations des témoins que chascune partie volt amener par devant nous, en conseil de bones gens et de sages, deismes et pronunçames, et par droit par nostre dit et par nostre sentence diffinitive arbitrage, que les devant diz Esmauri, Gile, Yfaine, et Ales leurs fames, et le dit Noel, ont bien prouvé leur entencion, et que le devant dit Dreve, de la volenté sa fame les pot rapeler à partie, selonc la coutume de Paris; et que il doivent revenir en part oveques les devant diz Hue et Jehanne sa fame ès biens du devant dit feu Dreve, en raportant ce que il leur donna en mariage. En tesmoing de ce, nous avons seelé ces lettres de nostre propre seel. Ce fut fet l'an de grâce, mil deus cenz quatre vinz et onze, le vendredi après la *fête Saint-Martin d'yver* (a). — [Fol. XLI v°, XLII r°.]

OBSERVATIONS.

(a) *Le vendredi après la feste Saint-Martin d'yver.* — La Saint-Martin tomba cette année un mardi 11 novembre, le vendredi suivant était le 14.

1292.

ÉTAT DES RENTES ET REVENUS DU PARLOIR AUX BOURGEOIS AU MOIS DE FÉVRIER 1292.

Ce fu fet l'an de grace mil deus cenz quatre vinz et douze, ou mois de février.
Ce sunt les rantes de la marchaandise de l'iaue de Paris.

LA RUE DE PETIT PONT JUQUES A SAINT ESTIENNE DES GRÉS.

Premièrement la meson Nicolas Choe, XXV s. à II termes, à Noel et à la Saint Jehan. — La meson Bernart Filot, qui est emprés, VI livres, à IIII termes. — La meson Agnès la Cirière, CX s., à IIII termes. — La meson Robert Loncel, devant Saint Julian, IX livres, à IIII termes. — La meson Hemon des Muriaus devant Saint Mathelin, qui joint à la meson de la Mule, VII livres, à IIII termes. — La meson Robert le Fanier, qui fu Chanterel, qui joint à la meson Hemon des Muriaus, IX livres, à IIII termes. — La meson Jaques le Potier emprès, L sols, à II termes, à Noel et à la Saint Jehan. — La meson au moines de Fretmont, delez le cemetiere Saint Benoast, VI livres, à IIII termes. — La meson emprès, XL s. por ce qui fu amorti au Serbonais. — La meson qui fu mestre Guerin de Gisiers, XVI livres, à IIII termes; et nous revendra la meson emprès le decès mestre Gefroi de Salienay. — La meson Marte qui joint emprès, qui fut à l'évesque de Senliz, XL s., à IIII termes. — La meson Courat le Barbier, XL s. à IIII termes. — La meson emprès, qui fu mestre Guillaume de Senz, XL s. à IIII termes. — Item, *la meson qui fu Guillaume l'Escuelier, assise ou carrefour S. Sévrin*, XLVIII *sols qui fu la marcheandise, dont nous avons leittres du Chastelet* (1).

---

(1) Cet article, intercalé, est d'une écriture postérieure : de la première moitié du XIV siècle, cependant.

LA PORTE D'ENFER EN DESCENDANT AU PALAIS DE TERMES, ET DU PALAIS TOUT CONTREVAL JUQUES AU BOUT DE LA RUE DE LA SERPENT.

Les moines de Blès, por leur meson qui joint à la Porte d'Enfer, LX sols, à II termes, à Noel et à la Saint Jehan, et XII deniers de fonz de terre. — Les Serbonnas, por ce que il tienent de nous, IIII livres à IIII termes. *Suz la messon Roul de la Pontière, en la rue de la Harpe, devant la messon Hémon le Pasteer LXX sols, que feu Raoul de Pacy, jadis clerc du palour, nous lessa* (1). Le sire de Herecourt, VI deniers et obole à la Saint Remi. — Guillaume de Herefort, por les mesons du Palais, XIII livres, à IIII termes. — Mestre Pierre Le Blanc por ses mesons, VII livres, à IIII termes. — La meson Robert Le Picart, qui fet le coing de la rue au Fein, XXXVI livres, à IIII termes. — La meson Looys Chançon, XIII sols, à IIII termes. — La meson Raoul Briesche, et l'autre après qui est appelée la meson du Figuier, L. sols, à IIII termes. — La meson qui tient à la meson qui fu Gefroi de Portemue, au desouz de la meson Raoul Briesche, laquele meson fu Daniel le Vinetier, XL sols, à IIII termes.

LA RUE AU FEIN, DELÉS LE PALÉS.

Les frères de Mont rouje, XXIIII sols, à IIII termes.

LA RUE EREMBOURC DE BRYE.

Phelippe de Vitri, por sa meson qui fu mestre Lorans de Guesmies, L sols, à IIII termes.

LA RUE RENAUT LE HERPEUR.

La Platrière du coing de la Bouclerie, XXIIII sols, à IIII termes. — Fillon la Juive, por sa meson, XX sols, à IIII termes.

L'ABUVROER DE MACONS.

La meson qui fu Loranz Raguanel, qui joint à la meson Gautier de Princes, qui fu Pierre Bigot, CX sols, à IIII termes.

LA RUE PIERRE SARRAZIN, VERS LES CORDELES, EN DESCENDANT AU CHEVÉS SAINT ANDRI DES ARZ.

Le Chancelier de Paris, por sa meson qui fu Guillaume Pinart, C sols, à IIII termes. — La granche Jehan Dupuis, XV sols, à IIII termes. — La meson Balle Hart, XV sols, à IIII termes. — La meson Jehan de Seint Benoast, emprès la meson au chancelier, XXX sols, à IIII termes. — La grant meson misire Oudart de Chambli, qui fu Guillaume le Noir, X sols, à IIII termes. Les petites mesons du dit misire Oudart, qui sunt emprès, qui furent Mile Dumesnil, X sols, Nouel et à la Seint Jehan. — La Dame de Maci, VI sols, à IIII termes et II sols de fonz de terre. — La meson Richart Macon, qui joint au petites mesons misire Oudart de Chambli, IIII sols VI deniers.

LA RUE AUS PORÉES.

Mestre Gautier le Fisician, por l'amortissement de sa meson de la rue au Porées, LX sols, à IIII termes. — Mestre Renaut de Sessons, XXIIII sols, à IIII termes.

LA RUE SAINTE GENNEVIÈVE OU MONT.

Mestre Gautier le Fisician, por sa meson de la rue Sainte Genneviève, qui jont au Potier, XL sols, à IIII termes.

---

(1) Cet article a été écrit à la marge du bas du feuillet, et postérieurement à 1305, puisque cette année-là Raoul de Pacy était encore clerc du Parloir.

DEUXIÈME PARTIE.

GRANT PONT, LA RUE SAINT JAQUES DE LA BOUCHERIE.

Jehan de la Minière, pour sa meson où il demeure, et por ses mesons de la Boucherie, XIII livres, à IIII termes. Item por le fonz de terre de sa meson où il demeure et de l'autre emprès, XXXVI sols à Noel et à la Seint Jehan. — La meson du coing de la Boucherie, XXV sols à Noel et à la Seint Jehan. — Le Prestre de Seint Liefroi, por sa meson et les mesons de la Boucherie, LXX sols, à IIII termes.

LA VANNERIE.

La meson du coing de la Vannerie, qui fut Jehan Boucel, XXVI sols à Noel et à la Seint Jehan. — La meson Garnier de Seint Cloot, XLIII sols à Noel et à la Seint Jehan, c'est à savoir VIII sols de fonz de terre, et XXXVI sols de crois, de cens.

GRÈVE.

La Place de Grève qui fu mestre Guillaume de Londres, VI livres, XVIII deniers, à IIII termes.

LA MORTELERIE.

La meson Michel Belone, L sols, à IIII termes; ces L sols eumes nous de Chartreuse por ce que il tienent amorti de nous.

LA RUE ANDRI MALET.

Mestre Phelippe d'Yssi, por sa meson qui fu mestre Robert de Miauz, VI livres, à IIII termes, et prent Seint Merri jacun an, XL sols por l'amortissement des VI livres.

Ce sunt les chief cenz et les fonz de terre de la marchaandise de l'iaue de Paris.

LA VANNERIE.

La meson qui fu Phelippe Villain, VI deniers à la Seint Remi. — La meson qui fu feu Nicolas Gibouin, qui est Jaques Morian, joinant à la meson Gilebert le Poulalier, et à la meson Climent de Courbeul, III deniers obole, *et est à présent Jehan de Fontenay* (1). — La meson qui fu Robert Galeran, qui est Climent de Corbeul, III deniers, *et est à présent Jehan des Loges, notaire du Chastelet* (2). — La meson qui fu Guillaume Luilier, qui est Gilebert le Poulalier, qui joint à la meson Jaques Morian, et à la meson Pierre Brasart, III deniers. *Summa*: XV deniers, obole. — Et est à savoir que nous avons en ces IIII mesons, et ès autres de la Vennerie, qui sunt en nostre terre, la coustume du blé et de l'avene que l'on i vent par an.

LA RUE SEINT JAQUES DE LA BOUCHERIE.

La meson qui fu Adan le Flamanc, qui joint à la meson Symon Payen, si comme ele se comporte en toutes manieres, juques à la Boucherie, XVI deniers. — La maison Symon Paien, VI deniers. *Summa*: XXII deniers. — Li Roys, por ce que il tient de nous du parlouer, XX sols, à la Chandeleur.

LA RUE AUS ESCRIVAINS OUTRE PETIT PONT.

Le Temple de Paris, por la censive qui fu Thibaut de Ville Evrat, c'est assavoir por la meson Guillaume Passer mer, et por ce que il ont en la rue aus Escrivens, VI deniers, obole.

LA RUE SAINTE GENNEVIÈVE OU MONT.

Seinte Genneviève, por IIII mesons qui tienent de nous en la dite rue, II sols, IX deniers,

---

(1) Ces mots sont d'une écriture plus moderne, du commencement du XIV° siècle.
(2) Ces mots sont d'une écriture plus moderne.

obole, c'est à savoir por les dites iiii mesons qui joinent à la meson Dreve le Panetier, ii sols, et por la vigne de la fosse Monseigneur Symon de Seint Denise, ix deniers et obole. Item vi oes toutes blanches, le jor de la feste Nostre Dame en Septembre, por le fié de Roeni.

LA PORTE GIBART.

La meson à l'évesque d'Auceure, qui fu Jaques Brichart, ix deniers.

LA RUE RENAUT LE HERPEUR, OUTRE PETIT PONT.

Gautier de Princes, por sa maison où il demeure, qui fet le coing de la dite rue, et aboutit en la rue Seint Germain des Prez, xxxii deniers, et por ses estables xii deniers, et por sa granche qui fu Guiot de Lay, joinant à la granche Dame Agnès d'Acre, ii sols. *Summa* que il doit v sols viii deniers. — La maison Nicolas de Corbeul, qui fu Guillaume Nourrice, et qui fu Estrangle Gatiau, qui joint à la meson qui fu Osanne, qui est estables à présent, xii deniers. — Pierre Marcel, por sa meson qui fu Jehan de Tormi, i denier. — Morise l'Espicier, por sa meson qui fu Paquier le Coutelier, ii sols. — Gefroi le Taillieur de pierre, por sa meson qui fu Guillaume le Pataar, qui fet le coing de la rue Renaut le Herpeur, iiii sols. — Emenyart la Barbiere, por sa meson qui fu Thibaut Morise, iiii sols. — Jehan le Juif, por sa meson qui joint à la meson Fillon la Juive, ii sols. — Hue l'Estuveur, por sa granche qui joint emprès la meson Jehan le Juif, ii sols.

LA RUE RENAUT LE HERPEUR.

Phelippe le Fanier, por sa meson qui fu Phelippe de Lorrez, et puis Richart l'Enlumineur, iiii sols. — Henri le Forbeur, por sa meson qui fu Nicolas Huidelon, qui joint à la meson Phelippe le Fanier, xxviii deniers. — Phelippe Boncel, por sa meson qui joint à la meson Henri le Forbeur, et à la place qui fu Raoul de Paci, xxviii deniers. — Les hoirs feu Jehan de Paci, por leur place (1), qui joint à la meson feu Phelippe Boucel, et à la meson qui fu Daniel le Pescheur, et puis Richart Gruel, xx deniers. — Robert Aucigne, por sa meson qui fet le coing de la Boucherie, et puis Richart Gruel, xx deniers. — Dame Agnès d'Acre, por sa meson qui fut Auberi de Champigni, obole à la Saint Remi (*or est meintenant Nicolas de Miaus clerc*) (2).

LA GRANT RUE SEINT GERMAIN DES PREZ.

La meson feu Raoul le Tyais, ii deniers obole. — La meson Benoast Morin, i tournois. — La meson Crescent emprès, i tornois. — La meson Esmeraude, obole. — La meson Emenyart la Barbiere, qui fu Gautier le Mercier, viii deniers. — Gefroi le Tailleur de pierre, qui fu Noel le Regratier, vi deniers. — *Summa*: xviii deniers, obole.

LA RUE SAINT ANDRIU DES ARZ.

La meson qui fu Guillaume au Potences, v sols. — La meson au Chauderons, ii sols. — La meson mestre Jehan de Montleheri, qui fet le coing de la rue de la Serpent, ii sols. *Summa*: xx sols.

LA RUE DE PETIT PONT.

La Sauçoie, pour leur meson, qui fu Eude de Seint Merri, près de la Boucherie de Petit Pont, xii deniers. — Guillaume l'Escuelier, por sa meson qui fet le coing de Saint Sevrin, i denier.

---

(1) Ces mots sont effacés dans le manuscrit et remplacés par les suivants : Eudes le barbier, por sa place qui fu Jehan de Paci le drapier..... d'icelui Eudes.

(2) Ces mots, ajoutés à la ligne, sont d'une écriture plus moderne.

— Jordain le Chandelier, por sa meson des Malles, qui fu Jehan des Chanz, joinant à la meson Guillaume l'Escuélier et à la meson feu Henri le Flamanc, IIII deniers. — Saint Julian, por les chambres qui sont delès Seint Blave, XIII deniers. — La meson qui fu Richart le Fevre, qui joint à la meson qui fu Robert Loncel, III deniers. — La meson qui fu Nicolas Choe, v poitevines. — La meson Bernart Filot emprès, v poitevines. — *Summa de Petit Pont* : XXXV deniers obole. — La meson Ysambart le Queu, qui fu Guillaume de S. Benoast, v poitevines. — La meson Agnès la Ciriere, qui fu Pierre Jentian, v poitevines. — La meson qui fu Colin d'Issy, devant Seint Sevrin, IIII deniers. — Guillaume le Breton, por la meson Henri de Seint Denis, qui joint à icele, IIII deniers. — La Frisonne, por la meson qui fu au Frison, II deniers obole. — L'arceprestre de Seint Sevrin, por XII sols de cens que il a, atenant à la meson à la margesse, II deniers obole. — *Summa de ces* VI. *mesons* : XV deniers obole.

LA GRANT RUE SAINT MATHELIN JUQUES A LA PORTE DE NOSTRE DAME DES CHANZ.

Seint Germain des Prez, por la meson à la Mule, et por la meson au Talemelier qui est emprès, où il ont XVI sols de crois, de cens, XIII deniers et obole. — Les moinnes de Fretmont, por leur meson delez le cemetiere S. Benoast, I denier. — La meson emprès, III deniers. — La meson Henri Platraz, III deniers. — Mestre Looys chanoine de Seint Benoast, por sa meson qui fet le coing de la rue au Porées, XII deniers, et por I cartier de vigne por sa provende, II deniers obole. — L'evesque de Langres, por sa meson, IIII sols. — Les Serbonnais, por leur meson qui fu à l'ospital, II sols VI deniers. — Le déan de Herefort, por sa meson, VII sols VI deniers. — Maheut la Regratière, por la meson qui fu Phelippe de Riz, qui joint à la meson l'evesque de Langres, XVIII deniers. — L'autre meson emprès, qui fu Phelippe de Riz, XVIII deniers. — Jehanne la Limozine, por sa meson qui fet le coing de rue Neuve au Jacobins, II sols VI deniers. — La meson mestre Michiel chanoinne de Seint Estiene, qui fu mestre Remon chanoinne de Seint Estiene, II sols VI deniers de fonz de terre, et VII sols VI deniers de main morte. — La meson qui fu Noel chanoinne de S. Estiene, qui est emprès, II sols. — Le chevecier de Saint Estiene des Grés, por sa meson qui joint à la meson feu Phelippe de Riz, III sols VI deniers. *Summa* : XXXVII sols II deniers.

LA RUE SEINT ESTIENE DES GRES.

Le Prestre de Seint Benoast, por sa partie de III quartiers de vigne, qui sont en vigneron, qui servent à la lampe, IIII deniers obole. — Mestre Girart, por sa partie d'icele vigne, IIII deniers obole. — La Communeté de Seint Benoast, por la censive de Termes, et por la meson qui fu Anelot de Ville juive, asise au palais, II deniers obole. *Summa* : XI deniers obole.

CHARROBI EN LA CITÉ (1).

Estiene Nevelon, por sa meson de Chairrauri, qui fu Pierre l'Apostoile, XI deniers. — Mestre Robert Foison, por sa meson qui fu Jaquete, II deniers. — La meson de Marché Palu, qui fet le coing de la rue aus Oublaiers, VI deniers. — L'Ostel Dieu de Paris, por leur granche de Termes, X deniers. Item por les hostises delès Seint Benoast, IX deniers. Item por la meson Robert des Estables, IIII sols. Item por la meson Mestre Jaques le Breton, III sols VI deniers; et por la vigne qui fu Durant Deschanz de Crochart, III deniers, et por le cens Constance de Braye, II deniers. Item por la vigne qui fu à la commune, XVIII deniers, et III sols VI deniers.

por la main morte et tout ce qui est deu à la Seint Remi. *Summe* : xiiii sols vi deniers. — Li hospitaus, por leur vignes de Lorcienes, iiii deniers et obole. — Nostre Dame de Paris, por la terre Hue de Gant, iii sols, et por la terre de Garlende, ix deniers. Le chapitre dit que il n'en set rien.

C'EST LE CENS D'IVRI.

Thomas Langlois, por arpent et demi de vigne, xviii deniers. — Le Prestre d'Yvri, por i cartier de vigne, iii deniers. — Ysabiau de Compigne, por ce que ele tient de nous, iiii deniers. — Jehan le Bouchier, por ce que il tient de nous, ii deniers. — Robert de Braye, por i cartier de vigne, iii deniers. — La fillie feu Hebert Leroy, por i cartier de vigne, iii deniers. — Huchon Lorbateur, por .i. cartiers de vigne, iii deniers. — *Summe* : iii sols, et le frecent por nous Jehan Luscite de Ivri (1).

LA RUE DU PALAIS.

La meson misire Robert de Cortenay, du Palais de Termes, x deniers obole (2). — Guillaume le Picart, por ses ii mesons, des queles l'une fu Adan le Barbier, et l'autre Henri de Seint Cosme, iii deniers. — Jehan le Chandelier, por sa meson qui fu Adan le Barbier, iii oboles. — La meson Gilebert de Seint Cosme, emprès, iii oboles. — Hue du Palais, por la meson Monseigneur Robert de Cortenai, x deniers, obole. — Mestre Mahi d'Ynfer, por sa grant meson où il demeure, et por la grant meson du coing où le Barbier demeure, xx deniers, obole. — La meson qui fu Henri le Concierge, qui joint à la meson Mestre Pierre le Blanc, xii deniers. — La meson Tue chien, delez le cemetiere au Juis, ii deniers — La meson Guillaume le Poitevin, qui fet le coing de la rue au fein, xvi deniers. — Les fillies feu Nicolas Arrode, por ce que eles tienent de nous, que nous eumes de Seint Victor, xiiii sols, à la Seint Remi, et por leur granche de Termes, qui fu mon seigneur Phelippe de Mont leheri, vii sols ii deniers. — *Summa du palais* : xxvi sols ix deniers. — Les escoliers de Suesse, por leur granche que il tienent de nous, assise en la rue au deus Portes, delès la rue de la Serpent, i denier, et por leur meson de la rue de la Serpent, vi deniers (3).

LA RUE AU FEIN QUI OT NON SERVAUDE (4), DEVANT LE PALAIS DE TERMES.

La meson feu Rogier le Plastrier, qui fu mestre Robert Gancel, xvi deniers. — Les moinnes de Sernay, xx sols, por leur meson où il demeurent. — La meson feu Estiene Briesche, qui fu mestre Robert Gancel, xxii deniers. — La meson qui fu Marie de Cunies, xii deniers. — La meson qui fu Ogier le Prestre, xii deniers. — La meson qui fu Pierre de Lorcines, et fu Richart l'Enlumineur, xii deniers. — La granche qui fu Thibaut le Flamanc, qui est emprès, xxxii deniers. — Nicolas le Fanier, por sa meson qui fu Gautier Rouelle et mestre Pierre de Mellan, xvi deniers. — Rogier le Seelleur, por sa meson qui fu Ysabiau Morise, qui fet le coing de la rue Eremboue de Brye, xxxii deniers. — La fame feu Thibaut Morise, por sa granche emprès, xvi deniers. — Hue le Connart, fuilz feu Baudoin le Connart, por sa granche emprès, xxviii deniers. — Pierre Ragis, por la meson Baudouyn des Chanz, xii deniers. — Les moinnes de Mont Rouge, por leur meson, xii deniers. — *Summa du cens de la rue au fein* : xxxviii sols vi deniers.

---

(1) Ces deux lignes sont écrites posterieurement, dans la première moitié du xive siècle environ.
(2) Cet article est inscrit en marge, au bas de la page, et d'une écriture plus moderne que le xiiie siècle
(3) *Servaude*, et mieux *Servode*. Cette rue est indiquée dans des actes latins sous le nom de *Vicus Servi Dei*. Voyez l'abbé LEBEUF, *Histoire du Diocèse de Paris*, t. 1, p. 382. JAILLOT, *Recherches sur Paris*, t. IV, Q. Saint-Benoit, p 42, parle de cette rue, mais d'une manière inexacte; il critique à tort l'abbé Lebeuf, auquel ce passage donne raison.
(4) Ces derniers mots intercalés sont d'une écriture du xive siècle.

DEUXIÈME PARTIE.

LA RUE EREMBOURC DE BRAYE

Raoul le Cordouanier, por sa meson qui fu Jehan le Connart, qui joint à la meson Phelippe de Vitri, x deniers obole. — Mestre Jehan, le mareschal du carrefour Seint Sevrin, por ses ii mesons qui furent feu Guillaume de Nicole, i denier. — La Rollande, por sa meson, i denier. — Honoré l'Enlumineur, por sa meson, i denier. — Baudouyn le Picart, por sa meson, i denier. — La meson qui fu mestre Guillaume de la Roche, i denier. — La meson qui fu dame Marguerite des Cordelles, i denier. — *Summa du cens chief de la rue Eremboucs de Brye* : xvi deniers.

LA RUE AU POITEVINS OUTRE PETIT PONT.

Mestre Symon Morel, por sa place qui joint à la meson feu Thibaut le Breton, et à la meson Hue de Trois Pors, talemelier, iii deniers. — Guillaume le Frison, por sa meson qui joint à la meson feu Thibaut le Breton, ii sols. — *Summa du chief cens de la rue au Poitevins* : xxvii deniers.

LE CENS DE NOSTRE DAME DES CHANZ.

Denise de Corcelles, por les vignes des Sablons, qui furent aus enfanz Girart Point l'Asne, xxi deniers. — Guillaume Challes, pour ii arpens de vigne qui sunt ou clos devant le puis, xxxiii deniers. — Herbert son gendre, por demi arpent de terre atenant, vi deniers. — La fillie Raoul Vitout, por iii cartiers de vigne des fosés, qui furent Thibaut de Jafes, vi deniers. — Guillaume le portier l'evesque, por i arpent de vigne qui fu Jehan Math, vi deniers. — Richart, frère Guillaume le portier, por demi arpent de vigne, iii deniers. — La fame Phelippe Coumin, por iii arpens es fossés, qui furent Unfroi l'Avenier, xviii deniers. — Richart le Bedel, por arpent et demi de vigne, devant la porte aus moines des chanz, viii deniers, et por ii arpens et i cartier qui tient devant le puis, qui furent Guillaume Erveys, xx deniers. — Li Roys, por v cartiers de vigne des Muriaus, qui sunt herbergié en hotises, xv deniers perduz. — Nostre Dame des Chanz, por sa terre, ii sols, et por i arpent de vigne de Crochart, iii deniers. — Les frères de Chartreuse, por iii arpenz et demi de terre de couture Gautier, que il orent des moinnes de Nostre Dame des Chanz, xxi deniers. — *Summa de ce chief cens* : xiiii sols vi deniers.

C'EST LE CHIEF CENS DES TERRES ET DES VIGNES DE SEINT GERMAIN DES PREZ.

Adan Gambe Liege, por i cartier de vigne qui fu Odierne Peliçon, iii oboles, et por demi cartier, i tornois (*que les enfans Jehan le Brun tienent*) (1). — Guillaume Lore, por i cartier de vigne qui fu Landri de S. Souplice, qui est em Poligni, iii oboles. — Gautier Landri, por iii cartier ilec, iiii deniers obole. — Thomas Raoul, por i cartier de vigne ilec, iii oboles. — Climent Roullart, por iii cartiers de terre en Poligni, qui furent Symon le fuilz Estienne Morel de Seint Germain, iiii deniers obole. — Pierre Auberi de Seint Germain, por demi arpent de vigne em Poligni, iii deniers. — Mestre Pierre de Monstereil, por iiii arpens de terre, et iii cartiers et i tercel en Poligni, xxx deniers obole. — Jehan le fiulz au mere de Seint Germain, por demi cartier de vigne en Poligni, i tournois, et pour demi arpent de terre atenant Robert Cincenelle, iii deniers. — Eudeline Lacaille, por demi cartier de terre en Poligni, i tornois. — Robert Cincenelle, por i cartier de vigne qui fu Landri de S. Souplice, et demi arpent de terre, iii deniers obole. — Daniel le Breton, por iii cartiers de vigne, qui furent Alips la Reine, em Poligni, iiii deniers obole, et por i cartier de vigne ileques meesme, i tornois. — Le Prestre de S. Germain des Prez, por demi arpent de vigne, em Poligni, iii deniers. — Perrenelle la Renarde,

---

1. Ces mots sont d'une autre écriture, mais à peu près contemporaine.

por III cartiers de terre en Poligni, qui furent Evrart de Chatellon, IIII deniers obole. *Summa de Poligni* : V sols VIII deniers.

VAUVART.

Adan le portier le roy, por la terre du for de Vanves, qui fu Eude Daunay, X deniers obole. — Bertaut Hescelin, por III arpens de vigne qui sunt en Augeron, qui furent au conte de Biaumont, et puis à la fame feu Nicolas Arrode le jeune, XVI deniers. — *Summa* : II sols II deniers obole (*Somme* : environ XI livres VIII sols. — *D'une écriture postérieure.*)

C'EST LE BLÉ QUE L'ON DOIT.

Raoul de Paci, peletier, et Jaques le Bouchier, por leur moulin qui est en Sene, desouz la Peleterie, VI setière de blé, landemain de Noel.

CHARONNE.

Jehan de Baubigni et Jehan de Challon (*Yves de Crecy*), texerrant, por demi arpent de vigne, qui fu Pierre Copeligne, asise en l'antrée de Charronne, pardevers Paris, demie droiture. — Robert le Bourrelier des Hales, por I cartier de vigne à Charronne, le quart d'une droiture, *et la tient Erembourc Deschamps* (1). — Ales de Moustereul, por demi arpent de vigne demie droiture, *et le tient Pierre le Bourrellier* (1). — Climent Lysiart, demie droiture por demi arpent de vigne, *et le tient Symon de Bruyères et la fame feu Renaut Pizdoe* (1). — Mace Pizdoe, por I quartier de vigne, le cart d'une droiture ; et tout ce est deu landemain de Noel. — La droiture est tele : I setier d'avène, demie muie de formant, et II chapons. — [Fol. LXV r° — LXXI v°.]

C'EST CE QUE CHARTREUSE TIENT DE NOUS, C'EST ASAVOIR :

Octo arpenta terre que emerunt a Magistro Petro de Monsterolio. Item, circa quinque arpenta et dimidium que sunt Hugoni conversi. — Item, tria arpenta et dimidium vinee, juxta ecclesiam Beate Marie de Campis, videlicet duo arpenta que fuerunt de femina Aveline dicte *la Papelarde*, et tercium arpentum quod est Johannis de Corcellis ; et pro istis tenendis nobis dederunt quinquaginta solidos Parisienses annui census, super domum Michaelis *Belone* sitam in Mortelaria Parisius.

C'EST LE CENS DE LA PENNEVÈRE QUI EST AU FILLIES NICOLAS ARRODE, QUE IL PRENNENT EN LA TERRE AL BORJOIS, C'EST A SAVOIR :

Monseigneur Guillaume, souschantre de Nostre Dame, III sols por la meson qui joint à l'arceprestre de Seint Sevrin. — Raoul le Fanier, III sols por sa meson où il demeure. — Guillaume Bidaut, por la meson à la Costarde, III sols. — Nicolas Chartein le Pastaair et ses compagnons, por les mesons du coing qui furent Monseigneur Pierre de Seint Cloot, III sols. — Renaut de Seint Cloot, III sols por la meson joignant. — Estiene de la Hemete, III sols por la meson qui fu Nicolas Chesnel. — Landriu de la Hause, III sols. — Jehan Arrode, III sols. — Et de ce doit l'an au bourjois, XIIII sols de fonz de terre, por la reson d'un eschange qui firent à Seint Victor. — Item Jehan de Donaie, por la meson Guerin de Nelle, III sols. — Item Mestre Jaques de Langres, III sols por sa meson. — Guillaume Chavel, III sols por la meson qui fu Herbert le Flamanc. — Raoul Briesche, III sols por sa meson. — Ansiau d'Argenteil, II deniers por la granche aus chanoinnes. — Raoul le Favier, III sols por la meson au berbier. — Guillaume

---

(1) Ces mots sont d'une autre écriture, mais à peu près contemporaine.

DEUXIÈME PARTIE.

de Mareil, III sols por sa meson. — Item, la meson Loys Chaucon, III sols. — Et de ce doit l'en aus borjois XII sols II deniers de fonz de terre. — [Fol. LXXIV v° et LXXV r°.]

HOS DENARIOS CENSUALES DEBET MERCATORIA SINGULIS ANNIS.

Sancto Maglorio, pro molendino frato, x solidos. — Ecclesie Beate Marie, pro arcu vacuo, ad festum Sancti Germani in mayo, v solidos. — Domui Dei Parisiensis, pro ipsius domus clamatoria, xx solidos, ad festum Nativitatis Sancti Johannis. — Item, eidem Domui, pro custancia de Braya, xx solidos, quos recipiebat in vico Reginaldi Citariste, cujus vici fondus noster est. — Domino Galtero de *Clignencourt*, ad octabas Sancti Dyonisii, pro locutorio nostro et censu, presbiteri de Sancto Leufredo os carnificium, III solidos. — Ecclesie Sancti Germani de Pratis, pro domo que fuit Emeline *Hobe*, ante Sanctum Maturinum, vi solidos vIII denarios, videlicet ad Pascha XL denarios, et ad festum Sancti Remigii, XL denarios. Fondus terre noster est. — Hospitali, pro quadam particula ejusdem domus de retro ejusdem domus sita, II solidos. — Filiabus Nicolai Arrodi pro clamatoria quam habemus in terra sua, que terra sita est Parisius, inter domum presbiteri Sancti Jacobi, in carnificeria Parisiensi, et quamdam parvam ruellam, que ruella vocatur *Ruella Nicolai Arrodis*, xxxv solidos, in anno, videlicet in festo Beati Remigii. — Ecclesie Sancti Mederici Parisiensis, pro admortizacione domus que fuit magistri Roberti de Meldis, site in vico *Andree* dicti *Malet*, XL solidos census, quatuor terminis Parisius consuetis. Item unus Turonensis, pro fundo terre debito in festo Beati Remigii. — Item, cuidam moniali Trecensi, ad vitam suam tantum modo, pro Roberto de Meldis, xv solidos. (*Biffé*.) — Item por la meson Denise le Vinetier, en la rue de la Herpe, III sols, à la Seint Remi

C'EST CE QUE LI ROYS ACHETA EN LA TERRE AU BORJOIS, AU PALAIS DE TERMES, QUE LES SERBONNAIS TIENNENT EN MAIN MORTE.

Sur la meson Gautier le Prestre, xxxvI sols. — Sur la meson qui fu mestre Jehan Sigyer, v sols. — Jehan de Sezans, en la meson que le prestre de Seint Benoast tient, x sols. — La meson Jehan de Chastellon, xxxIIII sols. — La meson Maynfroi, que mestre Guillaume de Sanz tient, vIII sols. — La granche Morise le Charpentier, xxxIIII sols. — La meson mestre Aufour, xIx sols, vI deniers. — La place Jaques de Bouloigne, x sols. — Mestre Robert de Douay, vI sols, vI deniers. — La granche Guillaume le Picart, v sols. — Sus les mesons que mestre Guillaume de Chartres tient, LxxvI sols vI deniers. — Ce que mestre Robert de Sorbonne tient, devant le Palais, que mestre Jehan de Saint Martin tient, xvI sols vI deniers. — Sus la meson au Prestre de Louvenz, xx sols. — Sus les II ovroiers de la meson devant, XLVI sols. — Et debent nobis pro hiis, IIII libras vI denarios à IIII termes, c'est à savoir por chascun terme xx sols et vII deniers obole. — Item, il nous doivent II deniers obole por la meson Guillaume de Lungues, assise au Palais.

CE SUNT LES CHOSES QUE LES FRERES PRESCHEURS DE PARIS TIENNENT DE NOUS, A LA REQUESTE ET PRIERE DE NOSTRE SIRE LE ROY DE FRANCE, EN TEL MANIERE QU'IL VEUT ET NOUS OTROIE QUE NOUS EN SA TERRE PUISSIONS AQUERRE ET ACHETER AUTANT DE CENS ET DE FONZ DE TERRE, ET DE CROIS DE CENS, COMME IL EST CONTENU CIDESOUZ, SANZ PAIER A LI, OU A SES SUCCESSEURS, OU TENS A VENIR; ET QUE NOUS LES PUISSIONS TENIR ET PORSUIVRE EN LA MANIERE QUE NOUS TENIONS LES CHOSES CIDESOUZ ESCRIPTES. ET DE CE ET SUR CE AVONS NOUS LETTRES SÉELLÉES DU SEEL NOSTRE SIRES LE ROY DE FRANCE DEVANT DIT. LES CHOSES SUNT TELLES, ES QUELES CHOSES NOUS AVIONS AUTANT DE JUSTICE, DE SEIGNEURIE, DE VENTES, DE SESINES ET DE COUSTUMES, COM NOUS AVONS EN NOSTRE AUTRE TERRE A PARIS.

Les mesons qui furent as moines de Seint Denis, qui font le coing de la rue qui est entre lui et les moines de Cligni, d'une part, et d'autre part eles font le coing de la rue qui est entre lui et le Refretouer as freres Prescheurs, et d'autre part eiles joignent à la *volte Seint Quentin* [1], et le jardin de ces mesons mouvans de nous.

Le secont leu si est la *volte Seint Quentin*, o toutes ses apartenances.

Le tiers leu et le quart sunt les IIII mesons qui furent jadis Dame Aveline de Biauvez, et eneurent en la rue si comme l'en vait de Seint Estiene des Grais à la porte Gibart; et d'une part joignent à la *volte Seint Quentin*, et d'autre part joingnent à une place vuide, qui fu jadis à la contesse de Saint Gile.

Le quint leu est la dite place wide qui d'une part joint as devant dites mesons, et d'autre part dure juques à la grant rue qui va de la porte Seint Jaque à Petit Pont; et cete place fait le coing de l'autre part de la porte as freres Prescheurs.

Le sisiesme leu est la place feu Ernoul le Maçon, qui est sus la grant rue de la Porte Seint Jaques à Petit Pont, et par desus joint à la meson mestre Jehan Poncin, et par audesouz joint à la meson feu Pierre d'Espoigni, et ses apartenances par darrieres, joignent à la *voste Seint Quentin*, les queles mesons et places mouvant de nostre censive et de nostre scingnorie, et i prenons et avons touz les ans, c'est à savoir sur les mesons qui furent aus moines de Seint Denis, douze sols et v deniers de fonz de terre, et sur la *volte Saint Quentin* et sur ses apartenances, VII sols et VI deniers de fonz de terre, et sur les IIII mesons qui furent dame Aveline de Biauvez, LX sols IIII deniers de fonz de terre, et sur les II places wuides VII sols et II deniers de fonz de terre, aveques LXXII sols, et dis deniers de crois de cens. — [Fol. LXXVII r°.]

(1) Voyez, au sujet de la *Voûte Saint-Quentin* et du couvent des Jacobins établi sur la terre des Bourgeois de Paris, les *Recherches* de PIGANIOL, t. IV, Q. Saint-Benoit, p. 122.

ANNÉE 1293.

PERMISSION ACCORDÉE PAR LE PREVOST DES MARCHANS AUX HENOUARS INVALIDES DE SE FAIRE REMPLACER.

L'an de grâce mil deuz cenz quatre vinz et treze, fu regardé par sire Jehan Popin prevost des Marcheans, Thomas de Saint Benoast, Estiene Barbete, Adan Paon et Guillaume Piz d'oe Eschevins, que quant aucun des Henouars seront cheue en vellesse, ou sera si malades qui ne poura son pain gaanier à lever harenc, que cil qui sera si vieulx et si malade comme il est desus dit, porra mestre en lieu de li personne soufisant qui fera le service du harant tant come le henouart vivra seulement; et le henouart mort, cil qui aura esté por li ne porra plus fere le service, ainçois les Prevost et Eschevins i mettront tel comme i leur plera. — [Fol. XLIII v°.]

OBSERVATIONS.

Cette permission a été imprimée par Le Roy, p. CVI de sa Dissertation, et par M. Depping, p. 356 du Livre des Métiers.

ANNÉE 1293.

SENTENCE POUR SUCCESSION.

Le caz est tel : Dame Constance de Seint Jaques ot I filz qui ot non Robert de Seint Jaques espicier. Cil Robert se maria à une fame. Cil Robert et cele feme, estant le dit mariage, orent

.1. fuilz. Et firent le dit Robert et sa fame, durant le dit mariage, plusieurs aquès. Le dit Robert mourut; sa fame et son fuilz demourerent en vie. Après ce le fuilz du dit Robert mourut sanz leissier hoir de son propre cors; la dite Constance demoura en vie, et plusieurs autres cousins et cousines du dit fuilz demourerent en vie. La dite Constance demande, comme la plus prochene hoir du fuilz Robert devant dit, touz les héritages que le dit fuilz du dit Robert avoit ou tens que cil fuilz ala de vie à mort, qui li estoient descendus de la succession de son père; les diz cousins et les cousines le contredient et les veulent avoir, comme plus procheins hoirs du dit fuilz, du costé du père. Or demande l'an qui aura les diz biens, ou dame Constance, ou les cousins et les cousines? A ce fu regardé ou Parlouer de Bourjois de Paris, par le prevost et par les eschevins, et par moult grant planté de bourjois de Paris, et des plus sages et des plus encians, qui savoient les coustumes de la ville de Paris, que la dite Constance estoit du dit enfant la plus procheine de par pere, comme cele qui estoit aole; et que par la coustume de Paris ele auroit touz les heritages du dit enfant, comme la plus prochene hoir d'iceli de par père, et les autres n'en auroient point, car il n'estoit pas si près du dit enfant de linage de par père, comme la dite Constance. — [Fol. XLV r°.]

OBSERVATIONS.

Cette sentence a été imprimée par Chopin, *de Moribus Parisiorum*, lib. II, tit. V, n° 46, et par Le Roy, page CVII de sa Dissertation.

1293, 11 MAI.

SENTENCE CONTRE RENART D'ARGENTEUIL; CONFISCATION D'ÉCHALAS.

L'an de grace mil deus cenz quatre vinz et treze, le *vendredi devant Penthecoste* (a) fu pronuncié par jugement, par sire Jehan Popin prevost des Marchaans, que la partie Denise frere Jehan Renart d'Argenteul, des eschallaz que le dit Jehan avoit amené à Argentoil, par yaue, estoit forfete, por ce que le dit Denise n'estoit pas hansé. A ce sentence donner furent présens Estienne Barbete eschevin; Jehan Arrode, Jehan Point l'Asne, mestre Hernaut Denlac, mestre Hugue Retore, Nicolas de Rosai, mestre Renart, et Raoul de Paci clerc du Parlouer, et plusieurs autres. — [Fol. XLIII r°.]

OBSERVATIONS.

(a) *Vendredi devant Penthecoste.* — Cette fête tombait, pour cette année, le dimanche 15 mai.

1293, 18 MAI.

TAXATION DES DROITS DE VISITE AUX JURÉS MASSONS ET CHARPENTIERS DE PARIS, APPELÉS COMME EXPERTS.

L'an de grace mil deus cenz quatre vinz et treze, le *Dimanche après la feste Saint Nicolas d'esté* (a), de par Guillaume de Hangest prevost de Paris, et Jehan Popin prevost de la Merchaandise de l'Iaue de Paris, fu regardé et tassé que les jurés maçons et charpentiers de Paris, auront touz ensemble tant seulement por chacune veue, esgart et dist que il feront et diront en la ville de Paris, de chacune partie II sols, se il ne demeure pas les dites parties que le dist des diz jurez ne fust dist, et se il demouroit par les parties à dire, les diz jurez auront touz ensemble por chacune jornée deux sols; et plus non pourront avoir les jurés por les dites veue, esgart et leur dist dire. Et se i demouroit par les jurez que il ne deissent leur dist, sur ce que il auroient veu, il n'auroient que les ii sols desus diz, combien que ils targassent à dire leur dist. — [Fol. XLIII r°.]

OBSERVATIONS.

Cette sentence a été imprimée par Le Roy, Dissert., p. CVI, et par M. Depping, Liv. des Mét., p. 373.

(*a*) La *Saint Nicolas d'esté*. C'est le 9 mai, jour de la translation de ce saint, qui tombait cette année-là un dimanche. Le dimanche suivant était le 18, jour de la Pentecôte.

1293, 13, 28 MAI.

NOMINATION D'UN MESUREUR DE BUCHE. — CONFISCATION DE QUATORZE MUIDS D'AVOINE.

En cel an, *le mercredi devant Penthecoste* (*a*), fu fet mesureur de buche par le prevost des Merchaans, Thomas dit de Seint Denis, Anglois.

En cel an, le *vendredi après la Trinité* (*b*), pardi Michiel Dean de Lay, XIIII muis d'avoine, que il avoit amené par yaue d'Essone jusques à la place des Merchaans, sanz companie de homme hansé de l'iaue de Paris. Et fu pronuncié par droit, par sire Jehan Popin, à ce tens prévost des Merchaans. Et à cete sentence donner furent présens le dit Michiel Estiene dit le bouchier, Jehan de Greil, borjois de Paris, Nigaise de Carville borjois de Roan, Raoul l'espicier des hales, Richart Lavache voiturier, Adan Paon, Estienne Barbete eschevins, Giefroi de Vitri, et Raoul de Paci clers du Parlouer. — [Fol. XLIII r°.]

OBSERVATIONS.

(*a*) *Mercredi devant Penthecoste*. — Cette fête tombait le 17 mai.

(*b*) La *Trinité*, pour cette année-là, tombait le 23 mai; le vendredi suivant était le 28.

1293, 8 JUIN.

SENTENCE POUR SUCCESSION.

Le *Lundy devant la S. Barnabé l'Apostre* (*a*), de l'an de grace M. CC. XCIII, fut leue ou Parlouer des Borjois de Paris, une cedule en la manière qui s'ensuit : Entent prover pardevant vous, sires Juges, maistre Jehan Thibout contre Colin Thibout son frère, que l'Usage et la Coutume de Paris est tele, que quant i preudome ou une preude fame, sunt demourés après le deces de l'un, et enfans demeurent avec le pere, ou avec la mere, li enfant qui demeurent avecques eux, ne puevent, ne doivent compagnier l'un avecques l'autre. Car li pere, ou la mere sunt chief d'ostel. Ainsi apert il que quant en ne peut compagnier avecques le chief, ceuz qui sunt desouz le chief, ne pevent compagnier, se ils ne s'entracompagnent par paroles, ou par certaines choses mises ensemble por compagnier. Et par ce que l'Usage et la Costume de Paris est tel que enfans n'aquerent pas avec pere ne mere, puis la mort de l'un : Dist maistre Jehan que le d. Colin ne pevet accompagnier, ne ne doit. Et ces Usages et Costumes sunt si notoires, que bons juges les doit savoir de son office, etc....

Laquelle cedule veue, leue et entendue diligemment de Jehan Popin prevost des Marchaanz, Thomas de S. Benoist, etc., Raoul de Paci, clerc du Parlouer, etc., présents au d. Parlouer, à ce mandés et appellés de par le prevost de Paris, il fut respondu, registré, tesmoigné et accordé

DEUXIÈME PARTIE.

de eus, que les enfans demeurans aveques le pere, ou aveques la mere, se ilz funt aucuns acqueis, ils sunt ceuz au pere ou à la mere, sans contredire, par la Costume de Paris, ne il ne funt point de compagnie. Et mort le pere et la mere, touz les d. biens reviennent aus enfans, et sunt communs entre euz : et lors se fet compagnie entre euz, jusques à tant que il facent division de touz leurs biens entre eus (b).

OBSERVATIONS.

(a) *Lundi devant la Saint-Barnabé l'apostre.* — Cette fête eut lieu le jeudi 11 juin.

(b) Chopin, dans son ouvrage *de Moribus Parisiorum* (lib. II, tit. I, n° 34, p. 203), a le premier publié cet arrêt; Le Roy, p. cvi de sa Dissertation sur l'Hôtel de Ville, l'a reproduit d'après Chopin, sans indiquer le manuscrit d'où ce dernier l'avait pris. Voici le titre que Le Roy donne à cette sentence : *Arrêté du Parloir aux Bourjeois, sur un point donné à consulter par le prevost de Paris, qui a rapport au* ccxxix° *article de la Coutume de Paris.* — Chopin, à la marge de cette sentence, dit seulement : D'un vieil cayer à la main, des Ordenances de la ville de Paris, et de la Prevosté de l'Eaüe.

1293, 13 AOUT.

SENTENCE POUR SUCCESSION.

Rebriche que nul, par la coustume de la ville de Paris, ne pueut fere nul de ses hoirs en un degré melieur l'un que l'autre, ne donner plus à l'un que à l'autre, soit par don fet entre les vis, soit par cause de mort.

L'an de grace mil deus cenz quatre vinz et treze, le *Lundi devant la feste Nostre Dame, en aoust* (a), fu regardé ou Parlouer au Borjois, par Jehan Popin, prevost à ce tems des Marchaans, Adan Paon, Guillaume Piz doé, Thomas de Seint Benoast, Guillaume Piz doé (*sic*) et Estienne Barbete eschevins, Jehan Arrode, Jehan Point l'asne, Jehan qui biau marche borjois de Paris; et en la presence Thibaut de Senliz, et Gilebert clers du prevost de Paris, anvoiez de par le prevost de Paris à enquerre de la dite coustume, que la dite coustume est tele que nul par don fet entre les vis, ne par cause de mort, ne pueut fere nul de ses hoirs en un degré l'un melieur que l'autre, ne donner à l'un plus que à l'autre. Et ce ont ens veu jugier par plusieurs fois entre plusieurs persones. — [Fol. xliii v°.]

OBSERVATIONS.

(a) *Lundi devant la feste Nostre Dame.* — L'Assomption, cette année-là, fut le mercredi 15 août.

1293, 13 AOUT.

SENTENCE POUR SUCCESSION.

Le caz est tel : Nicholas le coffrier avoit 1 frere et une seur G. et P.; ce frere et cele seur avoient enfans. Nicholas fit son testament et leissa aus enfans de son frere de ses biens ; et puis ce testament fet, Nicholas vesqui xxx ans et plus. Guillaume et Perronele morurent, Nicholas les survesqui : après ce, Nicholas fu malades et mourut sanz rapeler le testament de sus dit. Les enfans du dit Guillaume weulent avoir les choses que le dit Nicholas leissa en son testament aus enfans du dit Guillaume, si comme il est desus dit. Les enfans P. le contredient et weulent et demandent la moitié des leiz feiz du dit Nicholas au diz enfans du dit Guillaume, comme ceus qui sunt en une mesme ligne et en un mesme degré parent du dit Nicholas. Les enfans dient qu'à tort demendent partie ez dis lez, car les lez, si comme il est desus dit, leur fu leissie du dit N. leur oncle, vivant le dit G. leur pere; et ausinc à eus appartient le dit lais de l'ordenance du dit N.. Les enfans P. responnent, car il li doivent avoir la moitié par ıı reisons : La prumiere reson si est que testament ne prent vertu devant après (*sic*) le deces du testateur, ne le legataire ne peut demander son lais devant ce que le testateur seit mort; et comme le dit N. survesquit le dit G. si comme il est dit desus, apert-il que les enfans du dit G. ont droit d'avoir tout les lais de suz dit. La seconde rezon si est que nul par la coustume de Paris et de France, qui est toute general, notaire, manifeste et aprouvée de touz jours, ne pueut aucuns de ses hoirs en un degré fere l'un melieur de l'autre, ne donner plus à l'un qu'à l'autre, soit par don feit entre les vis, soit par cause de mort. Et comme les enfans de P. soient parent du dit mort, et les enfanz du dit G. en une ligne et en une meisme degré, dient les diz enfanz de la dite P. que le dit lais n'est de nule value, et que le mort ne le peut fere, et que les choses qui furent leissiées du dit N. en son testament aus enfanz G. deivent venir en partie et estre devisées et parties iguaument entre les enfanz des diz G. et P., par les reisons desus dites. Or demande en qui emportera ses lais, ou les enfanz du dit G., ou se i seront partie ensenble entre les enfanz du dit G. et les enfanz de la dite P.? Laquele demande fete et demandée en la maniere desus dite, et veue, ouie et entendue diligement de sire Jehan Popin prevost des Marcheanz, Adan Paon, Guillaume Pizdoe, Thomas de Saint Benast, et Estienne Barbete eschevins, Jehan Arrode, Jehan Point l'asne, Jehan qui biau marche, et plusieurs autres diligent deliberation et traitieen entre eus, i fu dit et respondu par eus que la dite coustume *estoit comme il est dit desus; et se respondirent il* (a) en la presence de Thibaut de Senliz et Gilebert l'Anroué clers du prevost de Paris, anvoiez de par le prevost de Paris au prevost des Marcheanz et aus eschevins, an enquerre de la dite coustume. *Et dirent encore* (b) que la dite coustume est toute notaire à Paris et alieurs, et communement en France guardée, et aprouvée que nul par don fet entre les viz, ou par cause de mort, ne pueut fere l'un de ses hoirs melieur de l'autre, ne donner à l'un plus q'à l'autre; *et que il l'avoient veu jugier entre plusieurs personnes* (c). Et que par la dite costume touz les biens seront partis et divisés iguaument entre les enfanz du dit G. et les enfanz de la dite P., non contraitent le testament desus dit. Ce fut fet et dit ou Parlouer des Bourjois de Paris, l'an de grace mil cc quatre vinz et treize, le *lundi devant la feste Nostre Dame, en aoust*. — [Fol. XLIV v°.]

OBSERVATIONS.

(a) Ces mots sont ajoutés et mis au-dessus du mot *connoissoient* qui est effacé.

(b) Ces mots sont ajoutés entre deux lignes et remplacent les suivants qui sont effacés : *et se dye est tel comme il est desus dit ou non*.

(c) Ces mots sont ajoutés au-dessus, entre deux lignes.

1293, 24 AOUT.

CONVENTIONS ENTRE LE PARLOIR AUX BOURGEOIS ET LE FONTAINIER DE LA VILLE DE PARIS. — TÉMOINS ET CAUTIONS POUR AFFAIRES DIVERSES (a).

Ce sunt les convenances que le fontonnier a à la ville de Paris. Prumierement la ville li done x livres parisis, pour fere les convenances qui sensuivent : c'est asavoir que il doit garder les tuiaus de plonc, et doit querre ce qui i faut de penc de cors, et de plonc et d'estain sans maconnerie, de la grant cuve au desus du presoner de Ruel jusques à Seint Innocent, et sauz

DEUXIÈME PARTIE.

chauciée refere. Item toute la maçonnerie qui afiert à Seint Innocent, la ville li quiert fer et toutes autres choses; et se il i a maçon, il prendra viii d. por sa jornée. Item de Seint Innocent juques es hales la ville doit tout querre ce qui i faudra ; et doit avoir le fontonnier xii d. por sa jornée. Item par desuz le presouer de Ruel en amont, le fontonnier doit curer les cuves et touz les granz conduis, et touz les regars garder et couvrir de ponc (sic pour *plomb*). Et quant il i faudra maçonnemant, le fontonnier le doit fere à savoir au clerc au borjois. Et la ville doit querre tuiaus de terre et toute la maçonnerie, ne ne puent prendre le fontonnier que viii d. de sa jornée.

Ce sunt les noms des tesmoins Jehan quatre cens, amenés contre Pol nostre hoste qui est devant le prevost de Champigni : mestre Pierre Biaubiere clerc, Guerin Leclerc et Renaut Leclerc.

Li rois doit querre de la fontene des hales de Paris jusques à Ruelle, tout ce qui i faut, au propres couz et despens du Roy.

Ce sunt les nons des pleges Robert le Cordouannier qui tient la porte S. Denis et la porte S. Honoré pour xi^{xx} et v livres parisis, que il nous doit pour les chauciées. Guiart Megret de Paci lès Challouel, Thibaut de Danmartin, de la rue des Poulies, Guillaume le Mareschal, de la porte S. Honoré, Pierre du Bocage Tesserant; et sunt pleges chacun por le tout. — Ce sunt les nons des tesmoins Hervi nostre serjant : Mestre Jehan Brumau clerc Jehan la Berbiz, boursier; Guiet le Borguignon, et Guillaume Lescot nostre serjant. Ce fu fet l'an de grace mil ii c iiii xx et treize. le *mardi après la feste Nostre Dame*, en aoust (a). — [Fol. ii r°.]

OBSERVATIONS.

(a) Cet acte est effacé par cinq traits de plume.

1293, 14 SEPTEMBRE, 9 MAI.
AFFAIRES DIVERSES. — NOMINATIONS D'OFFICIERS.

Philippus Dei gracia Francorum rex, Preposito Parisiensi salutem. Mandamus tibi quod planchas de salneria in manu nostra, ad expensas mercature, salvo jure parcium, facias cooperiri. Actum Parisius, die Mercurii, post medium quadragesimam, anno Domini millesimo cc° nonagesimo tercio.

Oudinet Malclerc atendant mesureur de sel, à la requeste Adan Paon.

Henri Lalemant corratier de vins no (sic), à la requeste Estienne Barbete, l'an de grace mil deus cenz quatre vinz et quatorze, le mardi après la S. Marc, plege Estiene Barbete.

Oudart de Marly corratier de vins no (sic), par le prevost, à la requeste mestre Symon Bonel.

Thomas l'Anglois no (sic) porteur de charbon juré, le vendredi après la Septembresche (a).

Estienne de Biauboer, de la rue des Poulies, est pleige por Pierre Hue de S. Clot, et doit randre dedenz l'Asension prochene xxviii f. par le dit Pierre par sa......

Ce fu fet le *mercredi apres la S. Crois* (b) en may, l'an de grace m cc quatre vinz et treize. — [Fol. lxxvii r°.]

OBSERVATIONS.

(a) *Septembresche*. — C'est la Nativité Notre-Dame qui est toujours fêtée le 8 septembre: cette année-là elle tombait un samedi, le vendredi suivant était le 14.

(b) *Le mercredi apres la S. Crois*. — L'Invention de la Sainte Croix, qui est fêtée le 3 mai, tomba cette année le jeudi, jour de l'Asension. Le mercredi suivant était le 9 mai.

1293, 1er DÉCEMBRE.

VENTE DE LA COUTUME DE GRÈVE.

L'an de grace mil deus cenz quatre vinz et treze, le mercredi *après la S. André* (a), Guillaume de S. Foi borjois de Paris, se fit envers nous par Jehan Mulot, Guillaume Guerat et Jehan Depré, coutumiers de la coustume de Greve de XIIIe et LX lib. Parisis, à paier le quart à la Chandeleur, le quart à l'Ascension, le quart à la mi aoust, et le quart à la Touz sainz. Guillaume de... principal rendeur. Tesmoins Pierre de Sens, Gefroi de Vitri, Mestre Philippe d'Issi, Nicolas Leblont, Jehan Barbete, Adan Paon, Estienne Barbete. — [Fol. XLIII v°.]

OBSERVATIONS.

(a) *Après la S. André.* - Le 1er décembre; la Saint-André est le 30 novembre.

1293, FÉVRIER.

CESSION DE DROITS DE CRIAGE SUR UNE MAISON.

L'an de grace mil deus cenz quatre vinz et treze, ou mois de février, quittames à touz jors à relegieus honmes l'abbé et le convent de fossés, et à leur successeurs et à leur eglise, le criage et les finances du celier de la meson de l'Eigle qui est d'ices abbé et convent, asise à la porte Baudaer, et touz le droit et toute l'accion que nous avions en ices criage et finances; et en la dite meson por resons d'iceus, por xx lib. Parisis, que nous avons eu et receu. Et en ont les diz abbé et couvent leittres selées du scel de nostre prevosté. — [Fol. XLV v°.]

OBSERVATIONS.

Cette convention a été imprimée par Le Roy, p. CVIII de sa Dissertation sur l'Hôtel de Ville de Paris.

1293, 15 FÉVRIER.

SENTENCE POUR SUCCESSION.

L'an de grace mil deuz cens quatre vinz et treze, *le Diemanche après les huitienes de la Chandeleur* (a), fu leu ou Parlouer des Borjois de Paris, à la requeste l'official de Paris, et à sa prière, une cedule en la maniere qui s'ensuit.

Pierre avoit i fié par la reson duquel il estoit tenu servir à son seigneur chacun an en mout de services. Le dit Pierre entre les viz ordena de ce fié ensi : c'est asavoir que Jehan ainzné fuilz du dit Pierre, à qui il donna le dit fié, tendroit et auroit le dit fié sur les recherches et sur les services que ce fié devoit; et se le dit Jehan mouroit sanz anfanz, que le fié par cele maniere vendret à Guillaume frere du dit Jehan. Le pere mort, Jehan espousa Pernelle par mariage; à la parfin, dedanz l'an du dit mariage, Jehan mourut sanz hoirs de son propre cors, et ainsi le fié de l'ordenance paternel vint au dit Guillaume. Perrenelle demande que son douaire li soit assené en la moitié du fié devant dit, tant comme elle vivra, selonc la costume de France. Guillaume le contredit, car i li semble que il ne tiene pas le dit fié de la succession du dit Jehan, mais par l'ordenance du père. Or demande l'an savoir mon se la dite Perrenelle aura son douaire ou dit fié, ou non; et se ele doit avoir de costume, l'an demande seconde foiz, savoir mon se Guillaume seul qui antre l'oumage du seigneur, por ce fié, est tenu à touz les services qui sunt deus au seigneur por ce fié, ou se Perrenelle est tenue à la moitié, car eile a la moitié des fruiz : laquelle cedule leue et ouie diligemment de sire Jehan Popin prevost des Marcheans, Adan Paon Thomas de Saint Benoast, Estienne Barbete, Guillaume Pizdoe eschevins, Guillaume Bordon, Maci Pizdoe, Jehan Arrode, Pierre Marcel, Jehan Point l'asne, Thibout de la Chapelle, Jacques Lequeu, Jehan de Greil, Estienne Haudri, Gefroi de Vitri, et Raoul de Paci clerc du Parlouer, et plusieurs autres, i fu regardé et tesmoigné par eus que la dicte costume est toute notaire en France, gardée et aprouvée de touz jors, si comme eile est contenue en la ditte cedule, c'est à savoir que la dite Perrenelle par la dite costume aura et tendra tant comme elle vivra, en douaire, la moitié du dit fié, franchement, sanz paier aucunes choses des services esquelz le dit fié est charchié, car il dient que aucuns d'eus l'ont veu user et adjugier entre aucunes persones. — [Fol. xliiii r°.]

OBSERVATIONS.

Le Roy, p. cvii de sa Dissertation sur l'Histoire de l'Hôtel de Ville de Paris, parle de cette sentence et publie un arrêt du prévôt de Paris, rédigé en latin, qui la reproduit intégralement.

(a) *Diemanche après les huitienes de la Chandeleur.*—Le dimanche après l'octave de la *Chandeleur*. La Chandeleur fut cette année-là le lundi 2 février. Le dimanche qui suivit l'octave de cette fête fut le 15.

1293, 15 MARS.

DÉPOSITIONS DE TÉMOINS.

L'an de grace mil deus cenz quatre vinz et treze, le *lundi devant Paques flories* (a) fu tesmoigné en jugement par devant mestre Phelippe du Chatelet auditeur, de Martin Lucassin et Andri Leconte recouvreurs, que Enmelot Tyenne chamberiere Jehan de Channevieres orfevre, avoit dist aus ouvriers qui recouvroient les planches de la marcheandise de la Saunerie : ne vous mervelliés mie du feu qui est jeté, car l'en en jetera oncore. Et fu ce virenteus ; et fu jugé par le dit mestre Philippe que la marcheandise avoit bien prouvé s'entencion. Et à ce jugé fere furent presens Adan Paon, et Guillaume Pizdoe eschevins, Jehans qui Biaumarche, Gefroi de Vitry, Mestres Michiel de Louvres, Willet de Longueval et Joce de Lichermoie serjans du Chatelet, et plusieurs autres. — [Fol. xlv v°.]

OBSERVATIONS.

(a) *Lundi devant Paques flories.* —Cette année-là Pâques tomba le 28 mars : ainsi, le lundi avant le dimanche des Rameaux se trouva le 16 mars.

CIRCA 1294.

Ce sunt les nons de ceus qui prêterent de leur gré, de leur taille au don que les bones gens de Paris funt pour le profit de la ville.

Bertaut Hescelin vi l. — Philippe de Vitri vi l. — Estienne Barbete vi l. — Sire Jehan Popin vi l. — Thomas de S. Benoast et son fuilz x l. — Thibout d'Orliens viii l. — Jehan de Lions viii l. Garnier Grimout vi l. — Jehan Choenel viii l. — Adam Daire vi l — Thomas Mauclerc vi l. — Josephe de Fontenes viii l. — Adam Paon vi l., xx l. sur la taille. — Pierre Marcel et Jacques son fuilz viii l. — Sire Guillaume Bordon x l. — Jehan Lebreton et son frere x l. — Estienne Haudri vi l. — Raoul Leperrier vi l. — Guillaume Leperrier vi l. — [Fol. 1 v°.]

OBSERVATIONS.

En tête de ce premier feuillet on trouve les lignes suivantes :

« La ballice Hervi Enjorran de Marigni no le vendredi d'avant la Toussains, Paul Adam le Pataar, item « ice jour Jehannet le Petit, Paul Jacques Lechandelier. »

1294, 23 AVRIL.

CONFISCATION DE VINGT MILLIERS D'ÉCHALAS, POUR CONTRAVENTION AUX COUTUMES DE LA MARCHANDISE DE L'EAU. — PRIX DE CETTE DENRÉE.

L'an de grace mil deus cenz quatre vinz et quatorze, le *vendredi après Pasques* (a, fu jugé par droit, par sire Jehan Popin prevost des Marcheans, que les vint miliers d'eschalaz que Guiart de la Boue avoit amené en la compagnie Jehan de Pontaise, borjois de Paris hansé, estoit forfete, por ce que il avoient esté mis en compagnie durant une autre compagnie d'eschalaz que il i avoit devant baillée, et de laquelle il n'avoit pas soufiscument conté, car il en avoit vendu jusques à iiii c, et le cent vii s. et conta du tout de chacun cent viii s. et il ne les avoit pas touz venduz. Et puis le conte fet, il dessendi le remenant à terre, et les vendi acun cent ix s., autre cent xi, et autre cent xii s.; et ce confessa le dit Guiart en jugement. A cete sentence donner furent présens Adan Paon, Estiene Barbete, Guillaume Pizdoe eschevins, Jehan Augier, Maci Pizdoe, Jehan Arrode, Bertaut Hescelin, Jehan qui biau marche, Mestre Pierre de la Charmaie, Gefroi de Vitri; et Raoul de Paci clerc du Parlouer. — [Fol. xlvi r°.]

OBSERVATIONS.

(a) *Vendredi après Pasques*. — Pâques tomba cette année le 18 avril, le vendredi suivant se trouva le 23 avril.

1294, 9 MAI.

CAUTION D'UNE SOMME DE TRENTE-HUIT LIVRES PARISIS POUR UN BATEAU SUBMERGÉ DANS L'YONNE. — LA MARCHANDISE DE L'EAU CONDAMNÉE A REFAIRE UN MUR A SES DÉPENS.

L'an de grace m. cc quatre vint et quatorze, le *dimanche après la Sainte Croix* (a), en may, se fit plege et rendeur envers nous, pour Bernart gendre Nicolas Hesouet, à sa requeste, Robert de la Fontene de xxxviii l. se i sunt donnees contre le dit Bernart, pour reson du descort qui est devant nous, entre le dit Bernard et Guiart de Vinceles, et Thibaut de Rivete, d'une nef qui est afondée en Yonne. A ce fere furent presens Adam Paon, Bertaut Hescelin, Jehan Bigue, Jehan Chenel, et plusieurs autres, et Auberi de S. Julien.

Il est ordené que les Marcheans d'yaue de Paris referont la meson et le mur de Barbeel à leur propres couz, les quieuls ils despecierent à Corbeil, en lieu competent et necessere, plus loing de l'iaue, qui ne souloient estre, et ausi bons et ausi soufisans comme il estoient devant. Et por la terre des moines, la quele li diz marcheans avoient pris por le chemin de l'iaue crostre, il feront au moines restor souffisant, et restoreront les doumages. — [Fol. ii r°.]

OBSERVATIONS.

(a) *Dimanche après la Sainte Croix*. — L'Invention de la Croix, qui est le 3 mai, tomba cette année la un lundi, le dimanche suivant se trouvait le 9 mai.

DEUXIÈME PARTIE.

1294, 2 JUILLET.
SENTENCE POUR SUCCESSION.

A tous ceux, etc., Jehan Popin prevost de la Marcheandise de l'iauë, Salut. Nous fesons assavoir, comme contens ou descort fust esmeu par devant nous entre demiselle Marguerite de Jauxigny, oele jadis de feuë Marguerite, femme jadis Richard de Montmartre, et proche heritiere de la d. feuë Marguerite, d'une part, et Jehan de Coully, Marie sa famme seur de la d. feuë Marguerite, etc. Que par la Costume de la ville de Paris, qui est toute notoire et approuvée de touz jors, l'eol et l'èole sunt plus prochains hoirs quant aus muebles et auz aqués de leur neveus et de leur nieces, que freres ne seurs; ajugames et ajugons par nostre sentence, à la dite Demisele Marguerite tous les muebles et tous les conqués que la d. feuë Marguerite avoit fet ou tens que ele ala de vie à mort. A cete sentence donner furent presens Adan Paon eschevin, etc., l'an 1294, le *vendredi après la feste S. Pierre et S. Paul* (a).

OBSERVATIONS.

(a) *Vendredi apres la feste S. Pierre et S. Paul.* — Cette fête tombait cette année-là le mardi 29 juin.

Chopin, dans son ouvrage *de Moribus Parisiorum*, lib. II, tit. V, n° VI (p. 313), a publié le premier cette sentence. Le Roy, p. CVIII de sa Dissertation, l'a reproduite, sans indiquer le manuscrit d'où Chopin l'avait tirée. Le Roy ajoute le titre suivant : Sentence rendue au Parloir aux Bourjois sur un point qui fait aujourd'hui le CCCXI° article de la coutume de Paris. Chopin, à la marge de cette sentence, dit seulement : Ordonnances vieilles, à la main, de la ville de Paris et de la Prevosté de l'Eaue.

1294, 8 MARS.
RAPPEL D'UN MEMBRE DE LA CONFRÉRIE (a).

L'an de grace mil cc quatre vinz et quatorze, *le lundi devant la feste S. Gringoire* (b) en Marz, fu rapelé en la conflarie des Marcheanz Jehan Renart d'Argenteuil par li prevost des Marcheans. — [Fol. XLVI r°.]

OBSERVATIONS.

a) Cette décision a été publiée par Le Roy, p. CIX de sa Dissertation sur l'Hôtel de Ville de Paris.
(b) *Lundi devant la feste S. Gringoire* ou *S. Grégoire*. — Cette fête tombait le vendredi 12 mars pour cette année, le lundi d'auparavant était le 8.

1294, 31 MARS.
SENTENCE RELATIVE A UN JURÉ PORTEUR DE VIN.

L'an de grace M cc IIII XX et quatorze, le *mercredi apres la mi Karesme* (a, fu regardé par le prevost des Marcheanz, que I tonniau de vins que espandi hors la porte S. Anthoine, lequel tonnel estoit à la fame feu Jehan de Channevieres, lequel Phelippe dit *sis hommes*, de Villers, meneit, esteit cheu en droit chemin; et ce prouva il soufisenment; et por ce fu absolz le dit Phelippe du doumage que l'en li demandoit. A cete sentence donner furent présens les dites parties; Mestre Jehan Le...... clerc Raoul de Pacy, cler du Parlouer, et plusieurs autres; et Monseigneur Jehan prestre de Villers. — [Fol. LXXVII r°.]

OBSERVATIONS

(a) Pâques étant cette année le 28 avril, le mercredi qui suivait la Mi-Carême se trouvait le 31 mars. Cette sentence est écrite dans le sens inverse du reste du volume.

1295.

LOCATION DE CHAUSSÉE FAITE PAR ROBERT LE CORDONNIER, A RAISON DE CINQUANTE-CINQ LIVRES PAR TERME.

Robert le Cordouannier de la porte S. Honoré, doit à la Marcheandise LV lib. du terme de la mi aoust, qui fu l'an de grace M CC IIII XX et quinze, por les chauciées qu'il a tenues; les dites li furent quittes à la requeste frère Renaut Barbou ainsné. — [Fol. XLIII r°.]

1295, 6 MAI.

SENTENCE EN FAVEUR DE JEHAN DE BEAUMONT, CLERC, CONTRE GUILLAUME GALIAN, AU SUJET D'UN TONNEAU DE VIN RÉPANDU.

L'an de grace M CC IIII XX et quinze, *le vendredi après la S. Vincent* (a), fu absolz par le prevost des Marcheanz mestre Jehan de Biaumont cler, de la demande d'un tonnel de vin, que Guillaume Galian, por li et por ses compagnons, demandoit au dit Jehan, lequel tonnel de vin estoit espenduz par la coulpe du dit Jehan, si comme le dit Guillaume; et le dit Jehan le nioit. Et por ce que le dit Guillaume ne prova pas s'entencion, li dit prevost absolt le dit mestre Jehan de la dite demande. A cete sentence donner furent les parties; Estienne Barbete, eschevin, Raoul de Paci clerc du Parlouer, Pierre de Saint Merri, Thibaut Rameau, Gautier le serjant, et plusieurs autres. — [Fol. XLVI v°.]

OBSERVATIONS.

(a) *La S. Vincent*, qui est le 4 mai, cette année-là tombait un mercredi; le vendredi suivant était le 6.

1295, 12 OCTOBRE.

NOMINATION D'UN CONSEILLER DE VILLE.

L'an de grace mil deus cenz quatre vinz et quinze, le *mercredi après la S. Marc* (a), fu retenu du conseil de la ville Mestre Alain de Lamballe; et doit avoir chacun an por sa pension X livres. — [Fol. LXXII v°.]

OBSERVATIONS.

(a) *La S. Marc*, qui est le 7 octobre, cette année-là tombait un vendredi; le mercredi suivant était le 12.

DEUXIÈME PARTIE.

1295, 7 NOVEMBRE.

SENTENCE DE CONFISCATION CONTRE GILE DE SEPT MARS POUR INFRACTION AUX PRIVILÉGES DE LA MARCHANDISE DE L'EAU.
— VEUVE ATTENDANT LA PENSION DE LA CONFRÉRIE.

L'an de grace mil cc. IIII^{xx} et xv, le lundi devant *la feste Saint Lorans* (a), fut jugé au Parlouer par Jehan Popin prevost des Marcheans, que xi tonniaus et v queues de vin, que Gile de Septmars clerc, et son frère, avoient mis de l'iaue en celier en la cité, lequel celier est mestre Renaut borjois et clercs, estoient forfés au roi, par la teneur du privilege le Roi, et par coustume de la ville Paris, por ce que il estoit mis de l'iaue en celier ; la quele chose il ne pouaent fere, si comme il est dist desus, por ce que il n'estoient pas borjois residens et stacioneres. A ce jugié furent presens Thomas de Saint Benoast, Adan Paon, Estienne Barbete, mestre Hugues Rectore, Nicolas de la Court et Raoul de Pacy clerc du Parlouer.

Marie fame feu Jehan, comme attendant la bourse, à la requeste Jehan d'Anneville.

[Fol. XLVI r°.]

OBSERVATIONS.

Cette sentence a été publiée en partie par M. Depping, page 450 du Livre des Métiers.

(a) *La feste Saint Lorans.* — 14 novembre, qui fut cette année-là un lundi ; le lundi d'auparavant était le 7.

1295, 14 DÉCEMBRE.

SENTENCE POUR SUCCESSION.

L'an de grace M. cc. IIII^{xx} et xv, le mercredi après *la feste S. Luce* (a), au quel jor Estienne le Potier clerc, avoit jor contre Jehan le Potier son frère, en cause d'éritages, à jor de plest, et aler avant, si comme reson sereit, auquel jor les dites parties presentes par devant nous, en jugement, li dit Estiene dist qu'il n'avoit riens en la dite meson, et que tout le droit que il avoit et povoit avoir de la succession feu Guillaume le Potier son frere, il avoit donné trois semenes avoit au rôle. Et nous ce oui, prismes la meson dont plest estoit par devant nous, por tel droit qui aferoit au dit Estiene ou au dit rôle, por reson de li, et por le droit du dit Jehan en nostre main. — [Fol. LXXII v°.]

OBSERVATIONS.

(a) *La feste S. Luce.* — Le 13 décembre, qui fut cette année-là un mardi.

1295, 23 DÉCEMBRE.

RENONCIATION A SUCCESSION.

L'an de grace M. cc. et IIII^{xx} et xv, le *vendredi devant Noel* (a), vint en jugement par devant nous Norman l'Angleis d'une part, et Alis fame jadis feu Robert le Plastrier. Et dist le dit Normant que le dit feu Robert avoit esté son frère ; et por ce que il ne vouait pas son profit à estre hoir d'iceli, il renunça à toute succession et eschaate d'iceli, et dist que il ne demandeit riens en ses biens. — [Fol. XLVI v°.]

OBSERVATIONS.

(a) *Vendredi devant Noel.* — Noël, cette année-là, fut le dimanche 25 décembre ; le vendredi auparavant était le 23.

1295, 29 JANVIER.

**SENTENCE DE CONFISCATION CONTRE UN BOURGEOIS DE ROUEN,
POUR INFRACTION AUX PRIVILÉGES DE LA MARCHANDISE DE L'EAU.**

L'an de grace M. CC. IIII^{xx} et xv, le *vendredi devant la Chandeleur* (a), perdi par jugement Pierre borjois de Roan, XIIII tonniaus d'Auceurre que il avoit fet mener par iauc de Paris à Roan sans compaignie de borjois de Paris hansé, et sanz ce que il feust hansé de Paris. Et furent jugiés à forfès à Jehan Popin prevost des Marcheanz, present le dit Pierre selon l'usage, les costumes et les privileges de la Marcheandise de l'iauc de Paris. Presens Estiene La Clete, Thomas de Saint Benoast, Adan Paon, Guillaume Pizdoe eschevins; Jehan Arrode, Raoul de Paci clerc du Parlouer, et Huc le Serjant. — [Fol. XLVI v°.]

OBSERVATIONS.

(a) *Vendredi devant la Chandeleur.* — Le vendredi 29 de janvier.

1295, 19 FÉVRIER.

SENTENCE RENDUE PAR DÉFAUT.

L'an de grace M. CC. IIII^{xx} et quinze, *le vendredi devant les Brandons* (a), fu mis en défaut et terminés por defallent Raoul le Barbier por Thomas Brichart, lequel jor estoit assené les dites parties à ouir droit. Item il fu semons au mercredi ensuivant à ouir droit, au quel jor il ne vint ne n'envoia por li ; et por ce nous le tenimes por defallent. — [Fol. XLVII r°.]

OBSERVATIONS.

(a) *Le vendredi devant les Brandons.* — Le 19 février, les Cendres tombant cette année le 17.

1295, 24 FÉVRIER.

**SENTENCE RENDUE CONTRE JEAN DE RIVIÈRE, BOURGEOIS DE CAEN,
AU SUJET DE CENT DIX-SEPT PIÈCES DE VIN DU GATINAIS.**

Hec sunt nomina presencium Simonis Late contra Johannem de Riveriis Burgensem de Cadomo, super centum decem et septem doliis plenis vino de Gastinais, videlicet : Johannes Popini propositus Mercature Aque Parisiensis, Thomas de Sancto Benedicto, Adam Pavonis, Stephanus Barbete et Guillelmus Piz doe, scabini Parisienses. Magister Hugo Rectore. Nicolaus Portitor, Andreas dictus Bigue, Egidius dictus Maupas campsor, Guillelmus dictus Boucel, Magister Thomas de Malo respectu clericus. Domnus Yvo capellanus Thome Brichardi. Marcellus de Compendio, Adam dictus Tranchant, Guillelmus Brito, Johannes Martini, et Radulphus dictus de Paciaco clericus dicte Mercature. *Et furent jugiés les diz vins por for....* (sic) Fuerunt dicta vina adjudicata per dictum prepositum pro forifactis, pro eo quod dicta vina non erant integraliter ipsius Johannis. *Ce fut fet l'an de* (sic). Actum Anno Domini M° CC° Nonagesimo quinto. *Die Mercurii post Brandones* (a). — [Fol. XLVII r°.]

OBSERVATIONS.

(a) *Die Mercurii post Brandones.* — Le mercredi après le premier dimanche de Carême fut cette année-là le 24 février. La plus grande partie des mots français est effacée.

DEUXIÈME PARTIE.

1296.

PORT DE GRÈVE. — PALISSADE NEUVE.

(Voir notre première partie, liv. I, chap. II, p. 56, aux notes.) — [Fol. XLVII r°.]

1296.

OFFICE DE COURTIER DU PARLOIR AUX BOURGEOIS.

C'est l'office feu Robert le Coutier. Cil qui a cel office doit querre et fere querre à ses propres couz et despens toutes les detes de la Marcheandise ; et si tost comme il les aura receues soit tout, soit partie, il doit bailler au clerc de la Marcheandise pour fere les despens de son office. — Item il doit tenir les plais, et requerre la court, et soi prandre garde de la Marcheandise de l'iaue. Et por ce faire il prent chacun an ou Parlouer, pour ses gages, x livres tant seulement, s'en en ne li fet grace ; la quele grace a esté acoustumée à fere par le prevost et par les eschevins. — [Fol. XL v°.]

1296, 16 AVRIL.

SENTENCES CONTRE BALLENC, BOURGEOIS D'HARFLEUR, ET JEAN DE MONTEREUIL, POUR CONTRAVENTION AUX PRIVILÉGES DE LA MARCHANDISE.

L'an de grace mil cc. IIII^{xx} et saze, le lundi devant *la feste Seint Gorge* (a), pardi Elye Ballenc, borjois de Hereflou, XVIII tonniaus de vin, de la summe de LXXIII tonniaus de vin que il avoit acheté en la compagnie Ansiau d'Argenteul, borjois de Paris, por ce qu'il les avoit mis de terre en l'iaue du Louvre en une nef par sei, et le remenant en une autre nef, la quele chose il ne povoit fere par l'usage et la costume de Sene. Et l'esainga Jehan Popin prevost des Marchenz, par sentence, comme forfès, par conseil de bones gens. A cete sentence donner furent presens le dit prevost Estiene Barbete, Adan Paon, Guillaume Pizdoe, eschevins, Nicolas de Rosai, mestre Guillaume de Montmor, clerc le roi, Guibert d'Argenteuil, Gefroi de Vitry.

Eodem anno, die Lunæ post festum B. Johannis Bapt. perdi Jaques de Monstereul le jeune, orfevre de Paris, LXXV tonniaus vins, por ce qu'il les avoit mis de terre en Sene, au Louvre. — [Fol. XL v°.]

OBSERVATIONS.

Cette Sentence a été publiée par M. Depping, p. 454 du Livre des Métiers.

(a) *La feste Seint Gorge.* — Le 23 avril qui tombait cette année-là un lundi ; le lundi d'auparavant était le 16.

1296, 4 MAI.

SENTENCE EN FAVEUR DE BERTAUT LE ROUS. — INSCRIPTION D'UN JAUGEUR DE VIN.

L'an de grace M. CC. IIII^{xx} et seze, le *vendredi après l'Ascension* (a), fut absolz Bertaut le Rous de S. Cloot, de la demande Garnier de S. Cloot espicier, que il i fesoit d'un tonniau de vin qui estoit espandu devant la porte de la meson le conte de Bretaigne, qui est appelée Nyjon. A cete sentence donner furent présens les parties, mestre Morise de Noelle, Estiene Barbete, Raoul de Paci, clerc du Parlouer, Gui et Estiene serjans du Parlouer.

Guillot le Charron attendent jaugeur de vin, à la requeste mestre Jehan cler sens. — Fol. XLVII r°.]

OBSERVATIONS.

(a) *Vendredi après l'Ascension.* — Le 4 mai ; l'Ascension, pour cette année-là, fut le 3 mai, jeudi.

1296, 27 JUIN.

TRANSFERT DE RENTES SUR DES MAISONS SISES A PARIS.

L'an de grace M. CC. IIII^{xx} et saze, le mercredi devant *la feste S. Pol* (a), balliames à Rogier de Nojant vallet lou roy, la sesine de VIII livres de rente, sur II mesons assise outre Petit Pont, en la rue de la Huchete, qui furent jadis feu mestre Guillaume de Chates jadis chevecier d'Orliens, laquele sesine nous li ballames sauf touz drois et le droit d'autrui.

Item l'an et le jor desus diz, nous balliames à Gile Fouchier de Champaigne, la sesine de IIII livres de rente sur les dites II mesons, sauf touz droiz. — [Fol. LXXII v°.]

OBSERVATIONS.

(a) *La feste S. Pol*. — Le 29 juin, vendredi; le mercredi d'auparavant était le 27.

1296, 18 JUILLET.

NOMINATION D'UN PRÉVÔT DES MARCHANDS NOUVEAU POUR CAUSE DE DÉCÈS.
— DÉLIBÉRATION DU CONSEIL DE VILLE TOUCHANT LES CHAUSSÉES ET LE PAVÉ,
LES INSPECTEURS DE CE PAVÉ, LES AUMÔNES DU PARLOIR,
L'ÉRECTION DE VINGT-QUATRE CONSEILLERS DE VILLE FIXES ET ASSIDUS,
ET LES SERGENS DE LA MARCHANDISE.

L'an de grace mil deus cenz IIII^{xx} et saze, le mercredi devant *la feste de la Maydelene* (a), mourut sire Jehan Popin prevost des Marcheanz, et fu mis en terre le jeudi ensuivant à Seint Anthoinne. Et le diemenche continuement ensuivent fut fet prevost des Marcheanz sire Guillaume Bordon; lequel diemenche fu le jor de feste de la Magdeleine Au quel jor i fu acordé et establi du dit Guillaume prevost des Marcheans et de Adam Paon, Thomas de S. Benoast, Estienne Barbete et Guillaume Pizdoe eschevins, et autres bonnes gens de Paris, que l'on ne fera fere chauciée à Paris, fors tant seulement comme les chauciées seront vendues Et se ainsi estoit que aucun riche home à qui on ne l'osat refuser, priest ou tens avenir le dist prevost et eschevins que il li feissent paver sa cort ou sa cuisine, ou aucune ruelle qui ne fust pas à fere à la ville, l'en prenroit les maingniées de la ville qui font les chauciées, et li feroit l'en fere ce que il requerroit (b).

Derechief i fu ordonné que ou tens à venir, l'en donra le service de prenre garde que ceus qui ferunt les chauciées facent bones jornées et soufisanz, teles comme il les devront fere, à i preudome de la Marcheandise qui sera decheu de son chatel par fortune; li quel preudome sera tenuz chacun jor, à mestre les ouvriers en euvre, et de regarder que il facent bones jornées, et combien il metront de pierre et de raboz la jornée. Et au samedi, il raportera au clerc de la Marcheandise combien il auront mis en euvre de pierre et de raboz; ne ne regardera l'en au metre lignage ne service que cil que l'en metra est fet au dit prevost et eschevins, fors seulement que il est esté preudome et de bone vie.

Derechief i fu ordené que ou tens à venir, l'en ne donra les aumones du Parlouer aux fames veuves, tant comme l'en truisse nul marcheant decheu qui est metier du bienfet de la Marcheandise.

Derechief i fut accordé que l'en eslira XXIIII preudoumes de Paris, qui seront tenus à venir au Parlouer au mandement du prevost et des eschevins, qui conseileront les bones gens et iront avecques le prevost et les eschevins, devant les mestres lou roi, ou alleurs, à Paris ou hors, por le profit de la ville, au couz de la ville. Ne les xxiiii preudesoumes ne le porront refuser par le screment que il ont à la Marcheandise se ils n'ont loyal essoinne.

Derechief il est ordené que li serjant demourra continuelment à Paris por fere son service, sans aller ailleurs, se li prevost et li eschevin, ou ceux qui tiendront leur leu, ne l'envoyent hors por la Marcheandise (c). — [Fol. xlviii v°.]

OBSERVATIONS.

(a) *La feste de la Magdelene.*—Le 22 juillet, qui fut cette année-là un dimanche; le mercredi auparavant était le 18.

(b) La dernière partie de ce paragraphe, relatif au pavé de Paris, avait déjà été publiée par M. Le Roy, page cix de sa Dissertation sur l'Hôtel de Ville de Paris.

(c) Cette seconde partie, relative à l'organisation du Parloir aux Bourgeois, a été publiée, mais très-imparfaitement, par Le Roy, Dissertation, p. cix.

1296, 6 AOUT.
RÉCEPTION D'UN SERGENT DE GRÈVE.

L'an de grace m. cc. iiii^{xx} et saze, le lundi devant *la S. Lorans* (a), fu receu ou Parlouer à serjant de Greve par Guillaume Bordon prevost des Marcheans, Huart del Musse en cort, qui jura que il gardera bien et leaument la riviere de Greve, ne ne soufferra que l'en i gete gravois, ne que l'en face ordure. — [Fol. lxxii v°.]

OBSERVATIONS.

(a) *La S. Lorans.*—Le 10 août, qui fut cette année-là un vendredi; le lundi d'auparavant était le 6.

1296, 12 NOVEMBRE.
DEMANDE D'UNE COMPAGNIE FRANÇAISE POUR DESCENDRE LA SEINE.

L'an de grace mil cc. iiii^{xx} et saze, le lundi après *la Saint Martin d'yver* (a), vint pardevant nous u Parlouer au Bourgois, Geufroi d'Orliens, vicomte de Karantan; et nous requit que nous li delivreismes une compagnie pour aler outre Roan, auquel Geufroi nous demandames se il la requeroit comme estrangé, et il respondi que ouil. A ceste requeste fu sire Guillaume Bourdon, prevost des Marchans, Adam Paon, Guillaume Pizdoe, Thomas de Seint Benoit, Estienne Barbaite, eschevins, Jehan le Breton, peletier, mestre Pierre de Senlis, Tibaut Raviau, Raoul de Paci clerc du Parlouer, Nicolas de la Court, et autres bones gens. — [Fol. xlix r°.]

OBSERVATIONS.

(a) *La Saint Martin d'yver.* — Le 11 novembre, qui fut cette année-là un dimanche; le lendemain, lundi, fut le 12.

1296, 26 JANVIER.
SENTENCE CONTRE ADAM DE SOUBITE, BOURGEOIS D'AMIENS,
POUR INFRACTION AUX PRIVILÉGES DE LA MARCHANDISE.

L'an de grace m. cc. iiii^{xx} et xvi, le vendredi après *la Saint Vincent* (a), perdi Adan de Soubite bourgeois d'Amiens, ɪ tonniau de vin françois que il avoit acheté à Paris et mis en l'iaue, entre le pont de Paris et le pont de Maante, pour fere enplage, la quele chose il ne povoit fere par l'usaije. A cete sentence furent Pheleppe Lachopier vallet du dit Adan, mestre Thyerri de Rains, Phelippe Bouvetin, Thomas de Saint Benoest, Adan le chanbellene, Jehan Sarrazin, Jaques Boucel, Gautier l'Escot, Jehan Vilain, Henri le serjant de l'iaue, et grant planté de gens. — [Fol. xl v°.]

OBSERVATIONS.

(a) *La Saint Vincent.*—Le 22 janvier, qui tomba cette année-là un lundi; le vendredi suivant fut le 26.

1296, 9 FÉVRIER.

PRODUCTION DE TÉMOIN. — DÉCLARATION DE MARCHANDISES.

Ce sunt les tesmoins amenés de par Godart Lescuelier contre Jehanne la tapiciere c'est a savoir Ermengar la cuisiniere, Guillaume d'Arragon et Jehan d'Arragon, Henri le fourbiseur et Jehan Lescuelier. Ce fut faict l'an de grace mil cc. ɪɪɪɪ^{xx} et seize, le mercredi devant la S. Lorans. Guillaume Basin de Calais, vent en compagnie à Estienne Barbete, x los de harenc sor le miliers xxɪɪ s. Item vɪɪ los du blanc le miliers xxxɪɪ s., de coi il en a un de blanc et ɪɪɪ du saur ou batel. Gilebert Prudome, le *vendredi devant les Brandons* (a). Item ice jor, à Raoul de Paci xvɪɪɪ saumons ɪx l. Item ice jor, à Pierre de Sens xɪ miliers de aletes, le milier xxxɪɪɪɪ s. ou batel dessus dit. — [Fol. ɪ v°.]

OBSERVATIONS.

(a) *Vendredi devant les Brandons.*—Le 9 février, le premier dimanche de Carême étant cette année-là le 11.

1296, 21 MARS.

CONFESSION EN DROIT DE GUILLAUME DE SENLIS.

L'an de grace m. cc. ɪɪɪɪ^{xx} et seze, *le mercredi devant Paques* (a), confessa en droit par devant nous, Guillaume de Senliz corratier de vins, que il avoit abandonné ses biens à Robert au contans, por deniers que il li doit; par leitres du Chatelet. — [Fol. lxxvɪɪ r°.]

OBSERVATIONS.

(a) *Le mercredi devant Paques.* — Pâques, cette année, tomba le 25 mars; ce fut donc le 21.

CIRCA 1297.

SENTENCE RELATIVE A L'ORGANISATION DES CRIEURS JURÉS DE PARIS.

Il est ordené que les vɪ mestres des crieurs feront venir chacun en droit soi sa ballie, chacun xv jors, ou au (sic) mois au plus tart; et se il ne le funt il seront tenuz au doumages et perdront leur service à touz jors. Item que chacun d'ices vɪ mestres paiera chacune ɪɪɪ semenes, autant l'un com l'autre, du guet lou roy. — Item que si tost comme ɪ crieur sera mis hors du criage, il le feront asavoir à leur crieurs que tel, et il le nommeront, n'est mes crieur. Et se il le trevent crient en la terre lou roy, il le feront prenre par les serjans du Chastelet et mettre en prison, por ce que il crioit et n'estoit pas crieur. — Item se ɪ crieur se remue d'une ballie en autre, et cil crieur qui remuera doie argent à la cort, cil qui du quel ballie il sera remué le suivra en l'autre ballie, por la dette que il aura fete en son tens, et le gajera et metra en prison, et jousticera

DEUXIÈME PARTIE.

ausi come se il feust en sa ballie. Ne n'entendons mie que les criages soient departis quant à la cort, ne ne furent onques, mes nous les ballons en cete maniere, por ce que i nous semble que ce est le profist de la cort. Item chacun d'ices vi mestres auront chacun an xxiiii s. por sa paie. — [Fol. L r°.]

1297.
SENTENCE POUR SUCCESSION.

A touz ceus qui ces presentes lettres verront ou orront, Guillaume Bourdon, prevost de la Marcheandise de l'iaue de Paris, et les eschevins de ce meisme lieu, salut. Nous fesons asavoir que come contenz fust meu par devant nous entre Jehanne Lescueliere, fame jadis feu Guillaume Lescuelier de Petit Pont, d'une part, et Johanne de Londres et Byatris sa damoisele suers, filles jadis feu Guillaume, d'autre part; seur ce que la dite Johanne disoit et proposoit par devant nous en jugement, que le fruit de la moitié d'une meson assise en nostre terre et en nostre seingnorie, de la quele veue estoit fete, estoit sien et apartenoit à icele Johanne Lescueliere, à tenir de droit tout le cors de sa vie, par reson de don que Godart Lescuelier, Ermenjart, sa fame, Johan Lescuelier, Jorrete sa fame et Henriet, fuilz d'icele Johanne Lescueliere, de la volenté et de l'actorité Jehan Quenabre, parcheminnier, son curateur, qui li diz fruiz estoit quant li dons fu fes, et qui fere le pooient, comme seingnieurs d'usfruit, avoient fet à la dite Johanne Lescueliere pour cortoisies et pour les bons services que elle leur avoit fet. Item disoit la dite Johanne Lescueliere que les dites seurs contre sa volenté, à tort, la moitié de la dite meson, en la quele avoit l'usfruit, tenoient et possessoient; et l'usfruit de la dite meson moitié si requeroit la dite Johanne Lescueliere; que se elles connoissoient les choses desus dites, que nous par nostre sentence desclerissons que à lui apartenoit sa vie l'usfruit devant dit, et que nous li ajugissons la dite moitié à tenir et à lever les fruiz et les levées. Et se elles le nioient la dite Johanne l'offroit à prouver, ou ce qui souffire li en porroit, sauf à lui l'autre moitié qui à lui apartenoit par reson de conquest. Plet entamé seur ces choses, juré en la cause; lettres mises de par la dite Johanne Lescueliere en jugement par devant nous; resons proposées contre ces lettres de par les dites suers, nous, veues et oïes toutes les resons que chascunne partie vout proposer et dire par devant nous, et veu dilijanment tout le procès, de la cause et l'informacion que nous avons fet de nostre office seur la coustume alléguée par devant nous, contre les dons et les lettres desus dites de par les dites suers, jor de vendredi, vegile de feste Saint Berthelemi l'apostre, asséné par devant nous aus dites parties à oïr droit en la dite cause, par le conseil de bones gens et sages, en droit que nous eusmes d'elz, deismes et prononçasmes, et disons et prononçons, par nostre sentence diffinitive la fraude desus dite estre soufisamment prouvée, et les donz desuz diz et l'usfruit desus dit estre de nule value, et par cele meesme sentence avons absouz et absolons les dites suers de la demande desus dite. En tesmoing de ce, nous avons mis en ces présentes lettres le scel de nostre prevosté. L'an de grace mil deux cent quatre vingt et dix sept, le jor du vendredi desus dit. — [Fol. xii r° et v°.]

1297, 14 AOUT.
ASSIGNATION POUR RÉPONDRE A UNE INFRACTION AUX PRIVILÉGES DE LA MARCHANDISE DE L'EAU.

L'an de grace m. cc. iiii^{xx} et dis et sept, le *mercredi devant la mi-aout (a)*, demandames à

Jaques Morel présent en jugement devant nous, se il demandoit ne ne reclamoit rien en xvii tonniaux de vin que nous avions arrestés et dont il estoit nostre rendeur; li quel Jaques nous répondi que il n'i reclamoit nul droit et que il n'estoient paz sien, ainz estoient Fouques Haouys de Sens; et nous requit que nous li donnissions jor à amener le dit Fouques; et nous ce oui, assenames au dit Jaques par devant nous au vendredi après la decollacion S. Johan à amener le dit Fouques et à aler avant sur les diz vins, si comme reson sera. A ce fere furent li dit Jaques, Rollant l'oublaier, prevost l'Evesque, Adam Paon, Thomas de Saint Beneast, Guillaume Pizdoc, Galeran le Breton, mestre Morise de Neelle, mestre Nicolas Brecourt, Gefroi de Vitri, Felippe Bouvetin, Jehan de Vannes, mestre Guillaume Boursier. — [Fol. xlix r°.]

OBSERVATIONS.

(*a*) *Mercredi devant la mi-aout*, qui était le jeudi 15.

1297, 30 AOUT.

ASSIGNATIONS A COMPAROITRE DEVANT LE PARLOIR AUX BOURGEOIS.

L'an de grace m. cc. iiii^{xx} et dis sept, le vendredi après feste de *la decollacion S. Johan* (*a*), atendimes si comme nous deumes contre Jaques Moriau qui ne vint, ne n'envoia por li.

Jor de vendredi prochain est assené à Fouques Haouys à ouir droit sur ses resons et sur les nostres proposées. Ce fu fet le vendredi desus dit. — [Fol. xlix r°.]

OBSERVATIONS.

(*a*) *La decollacion S. Johan.* — Le 29 août, qui tombait un jeudi; le vendredi fut le 30.

1297, 29 FÉVRIER.

SENTENCE PORTANT CONFISCATION DE VINS DESCENDUS AU-DESSOUS DU PONT DE PARIS, ETC. — EXPULSION DE LA MARCHANDISE PRONNONCÉE CONTRE DEUX BOURGEOIS HANSÉS.

L'an de grace m. cc. iiii^{xx} et dissept, le *vendredi après feste S. Père* (*a*) en février, pardi Fouques Haouys de Senz, xvii tonniaus de vin de Borgogne, por ce que il les avoit avalez au desouz du pont de Paris, en la compagnie Jacques Moriau de Paris, por mener à Roan; la quele chose cil Fouques ne ceus de Borgogne ne puevent fere, selonc l'usage de la Marcheandise de l'iaue de Paris. Et furent jugés à forfés par sire Guillaume Bordon prevost des Marcheans. Item ice jor furent mis hors de la Marcheandise de l'iaue de Paris à touz jors, par le dit prevost, les devant diz Fouques et Jaques, por ce que il avoient fet fause avoerie. A cete sentence donner furent presenz les devant diz Fouques, Jaques Morel, Guillaume Pizdoc, Estiene Barbete, Adan Paon, eschevins, Raoul de Paci peletier, Jehan qui biau marche, Adan le chambellanc, sire Jehan Arrode, Pierre de Senz, Gautier l'Escot, Yves le Breton, Jehan Villain, Jacques le borjois serjans du Parlouer, Raoul de Paci clerc de la Marcheandise.

Et furent mis hors de la Marcheandise les devant diz Fouques et Jaques, por ce que li dit Jaques avoit acheté présent le dit Fouques d'un Bourguignon les devant diz vins; et puis les avoit lessié au dit Fouques, si comme il le recognurent premierement devant nous.

Et après ce il nous dirent, que les devant diz vins n'estoient pas leur, ne n'avoient oncques esté, en disant le dit Fouques que il estoient Jehan abbé de Sens. — [Fol. I. r°.]

OBSERVATIONS.

Cette Sentence a été imprimée par Le Roy, p. cx de sa Dissertation, et par M. Depping, p. 452 du Livre des Métiers.

(a) *Vendredi après feste S. Père.* — Cette fête avait lieu le 22 février, qui tombait cette année-là un vendredi. Le vendredi suivant était le 29.

1297, 15 NOVEMBRE.

DÉCISION RELATIVE AU CENS D'UNE MAISON DE LA GRANDE RUE S^{TE} GENEVIÈVE.

L'an de grace M. CC. IIII^{xx} et dis sept, *le vendredi après la feste S. Martin d'yver* (a), promist par devant nous Marguerite la Parisianne, que ele garnira soufisamment de ses biens, dedanz la quinzene de Noel, une seue meson asise outre Petit Pont, en la grant rue Seinte Genevieve, en nostre censive, la quele meson est apelée la *Meson de la Serpent*, en tele maniere que Nicolas du Pin tanneur i puisse prendre son cens, asavoir XXX s. de cens, et por ses arrerages, c'est asavoir por XLV s. qui li sunt deus si comme ele recognut; ou ele li paiera les diz XLV s. dedanz le dit terme. — [Fol. XLVIII r°.]

OBSERVATIONS.

(a) *Le vendredi après la feste S. Martin d'yver.* — Elle tomba cette année le lundi 11 novembre; le vendredi suivant fut le 15.

1297, 1er FÉVRIER.

ASSIGNATION DE TÉMOINS.

Jor de vendredi après la Chandeleur, est assené par devant nous à Fouques Haouys de Senz, à jurer en la cause qui est esmoie par devant nous entre nous et li, et à aler avant en icele, si comme reson sera. Ce fut fet l'an de grace M. CC. IIII^{xx} et dis sept, *le vendredi devant la Chandeleur* (a). — [Fol. XLIX r°.]

OBSERVATIONS.

(a) *Le vendredi devant la Chandeleur.* — La Chandeleur tombait cette année-là un samedi, 2 février; le vendredi précédent était le 1er février.

CIRCA 1298.

COUTUME DE GRÈVE AFFERMÉE. — TÉMOINS ASSIGNÉS — VEUVES ATTENDANT LA BOURSE. — BOURGEOIS ÉLUS POUR ALLER VERS LE ROI.

Robert au Gans prist.... la feste de Toussains la coustume de l'iaue à recevoir en Greve du prevost des Marcheanz....

Ce sunt les tesmoins mestre Jehan de Biaumenis, Jehan de Hoban.

Ce sunt les nons des tesmoins Jacques Moriau, Nicolas de Monsteriau.

Parenelle de S. Cloost por les aumones. Perrenelle fame Almaury l'Alemant.

Estiene Meresse, Pierre Raoul Meresse doivent pour la costume de Greve xx liv. Item sire Jehan Arrode IIII^{xx} liv. Item xx liv. par Pierre Culdoe.

Ce sunt les nons de ceus qui iront au Roi, c'est asavoir Nicolas Ascelin, Thomas de Chanevieres, Adan Deayre, Adan le chambelanc. — [Fol. LXXVIII r°.]

CIRCA 1298.

CE SUNT LES NONS DE CEUS QOI ORONT LE CONTÉ DU PREST (*a*).

Le prevost et les eschevins : — Henry Desnoz, por marcheans. — Jaques Boucel. — Gile Maupas, por changours. — Jehan le Breton, por peletiers. — Thibout d'Orliens, por drapiers. — Guillaume le Perrier. — Thomas de Channevieres. — Jehan Cheenel. — Gefroi de Vitri. — Guillaume Bordon. — Bertaut Hescelin. — Pierre Marcel. — Thomas Brichart. — Vincent le poissonnier. — Aymauris d'Amiens. — Nicolas Dupin. — Guillaume de Pontoise, pour frepiers. — [Fol. LXXVIII r°.]

OBSERVATIONS.

(*a*) Ce titre est dans le manuscrit.

1298.

GAGES DONNÉS POUR CRÉANCES.

Ce sunt les choses de Merot le juif, gendre Benoest de Saint Denys, qui ont esté receues por pleges, c'est asavoir par Abraham Merote, et Salemin Conrrat, et Viet le Noir, et Merot desus dit, demorans à Paris, en la court Robert de Paris. Premierement : II coutes et IIII coissins de plume. Item II tapis et II flocais. Item XVI aunes de telle escrue. Item II chaudieres et II cotes à homme, une raiée et une de pars. Item IIII pailes, IIII à queue et une sanz queue. Item II pos de cuivre. Item I greil, II bacins et VIII chaperons, et un sac; tout pour le pris de VII livres. Et furent à ce présens Eudes Peisant, Thomas de Saint Denys, Jehanne la marquier, et Feliset, et Jehan Augier mesgeicier. — [Fol. LXXII r°.]

1298.

REMONTRANCES DES BOURGEOIS DE PARIS, AU ROI ET A SON CONSEIL, CONTRE UN ARRÊT DU PARLEMENT. — TEXTE DE CET ARRÊT. — SUSPENSION PRONONCÉE PAR LE ROI.

Come 1 arrest fu renduz en la cort nostre seigneur le Roy por l'abbé de Saint Germain d'Aucerre, contre les borjois de Paris, contre leur franchises, leur costumes, leur usages et leur privileges, mesmement contre notre seigneur le Roy, eus ouis meins souffisamment, leurs privileges veus en partie, non pas touz, et sans ce que l'on ait sceu à plein de leur costume, ne de leur usages, soupplient et requierent à notre sire li Roy et à son conseil li diz borjois que remede i soit mise, et que il soient à plein oui sur touz leur privileges, et que l'en enquiere sure ce de leurs costumes et de leurs usages, non contraitant l'arrest desus dit.

1298.

Com civibus Parisiensibus, per regale privilegium sit concessum, quod nullus qui vinum adducat Parisius per aquam, possit exonerare ad terram, nisi fuerit stationarius et residens Parisius, sub testimonio proborum hominum Parisiensium. Et abbas Sancti Germani Autisiodorensis tria dolia vini adduci fecisset Parisius, et ad terram exhonerasset ad usum suum, ut dicebat : et dicti cives dicta tria dolia vini tanquam commissa arrestassent, super quo conquerebatur dictus abbas; auditis hinc inde propositis, et viso dicto privilegio, pronunciatum fuit quod dictus abbas licite potuit facere quod fecit et abbati liberabatur vinum suum predictum.

Arrestum factum in presenti Parlamento, anno Domini m° cc°nonagesimo octavo pro abbate Sancti Germani Altisiodorense; contra prepositum Mercatorum Parisius, in presentia domini Regis extitit suspensum, die sabbati ante nativitatem Dominicam. — [Fol. LI r°.]

OBSERVATIONS.

Cette Sentence et l'arrêt du Parlement ont été imprimés par Le Roy, p. cxi de sa Dissertation sur l'Hôtel de Ville de Paris, et par M. Depping, p. 452 du Livre des Métiers. Le texte latin de l'arrêt du Parlement se trouve aussi page 449 du tome II des *Olim*, publiés par M. le comte Beugnot dans la Collection des Documents relatifs à l'Histoire de France.

1298, 3 OCTOBRE.

SENTENCE CONTRE GUI BERNARD. — CONFISCATION DE VINS (*a*).

L'an de grace mil cc. IIII^{xx} et dis huit, le *vendredi après feste Saint Remi* (b), pardi Gui Bernart, Lombart, XIIII tonniaus et I queue de vin françois, que il aveit fet venir par iaue de Sievre au port du Louvre, sanz compagnie françoise, et sanz ce que il feust hansés de l'iaue de Paris, laquele chose il ne povet fere par la costume de l'iaue de Paris. Et furent perdus les vins tant par la confession que li dit Lombart fist que par bones preuves qui tesmoignierent que les diz vins estoient au Lombart.

Et fu la sentence donnée au Parlouer des Borjois de Paris par Estiene Barbete à ce tens prevost de la Marcheandise de l'iaue de Paris. Et furent presens à cete sentence le dit Gui, Jehan Arrode, Bertaut Hescelin, mestre Morise de Neelle, Nicolas le Porteur, Raoul de Paci peletier, Jehan Sarrazin eschevin, Henri et Guillaume Lescot serjans de l'iaue, Hervi le serjant et moult grant planté de bones gens. Item il i fu Perrot Galet qui amena par iaue les devant diz vins; et Symonnet le peletier son vallet, Symon Paien et Gefrey d'Argenteul, et Raoul de Paci clerc de la Marcheandise, et mestre Morize Alain Breton.

Jehan de Laguetut, campaignon du dit Perrot, dist par son serement que les diz vins estoient du dit Lombart. Et ce set-il, car il fu present quant le clerc du dit Lombart, au nom du dit Bernart, fit marchié de la voiture des vins amener à Paris; et les amoia le dit Jehan avecques les diz Perrot et Symonnet. — Fol. XLII v°.]

OBSERVATIONS.

(*a*) M. Depping a publié les premières lignes de cette Sentence, p. 452 du Livre des Métiers.
(*b*) *Vendredi après feste Saint Remi*. — La Saint-Remi tomba cette année un mercredi, 1er octobre ; le vendredi suivant était le 3.

1298, 19 OCTOBRE.

ARBITRAGE DU PRÉVÔT DE PARIS AU SUJET DU PRÊT DE CENT MILLE LIVRES FAIT AU ROI PAR LES HABITANTS DE PARIS.

Com prepositus Parisiensis, ad instanciam civium Parisiensium, pro solutione doni centum milium librarum Turonensium à dictis civibus domno Regi facti, cepisset de bonis hospitum et mansionariorum Ville Nove Templi, juxta Parisius, dicentes eos, pluribus rationibus, contribuere debere in solucione dicti doni, procuratore preceptoris et fratrum milicie Templi, nomine ipsorum et pro ipsis contrarium asserente, et dicente ipsos habere in dicta villa, omnimodam justiciam altam et bassam, et hospites et manssionarios suos, perpuncte carte, esse liberos et immunes ab omni tallia, exercitu, et calvata, thelone et coustuma, etc. Et auditis hinc inde prepositis, et visis eorum cartis, preceptum fuit fieri recredenciam dictis preceptori et fratribus et hospitibus mansionariis suis de bonis eorum, per dictos cives captis occasione predicta; et dicti cives petant à domino Rege quod voluerunt, et fiet eis jus. — [Fol. XLII r°.]

OBSERVATIONS.

Voyez, au sujet de ce prêt de cent mille livres tournois, les *Olim*, t. II, p. 412. — Cet arbitrage est imprimé page 425 du même recueil. Il y a quelques différences entre les deux textes.

1298, 31 OCTOBRE.

SENTENCE RELATIVE A RAOUL LE FERON D'AMIENS.

Come Raoul le feron, d'Amiens, eust fet mener par yaue de Paris à Roan, LXIII moles, lesqueles Guillaume Bordon, à ce tens prevost des Marcheans, avoit fet arrester come forfetes au Roy et à la Marcheandise; et le dit presvot, à la requeste de noble honme misire Raoul de Neelle, connestable de France, à sa prière eust les dits moles recreues, sauf le droit le Roy et de la Marcheandise, et que ce ne leur tornast à préjudice ou tens à venir, et par tele maniere et par tele condicion que le dit Raoul souffisamment promist et se consenti que il vendroit par devant le dit prevost et par devant les eschevins, et prendroit droit, savoir mon se il povait mener sa marcheandise de Paris à Roan, savoir mon se ses meules estoient forfetes ou non. Et li fu certain jor assené à ce fere, c'est asavoir au mercredi après la Magdelene derrenierement passée, auquel jor li dit Raoul vint soufisamment par devant les diz presvost et eschevins, et li fu continué ice jor de son assentement juques au vendredi après feste Seinte Croiz en septembre emprès ensuivant, lequel jor du vendredi li fu continue juques au mercredi devant la feste de touz sains, et du mercredi desus dit juques au vendredi ensuivant, auquel jor du vendredi li dit Raoul comparut souffisanment par devant les diz presvost et eschevins, et garni de son conseil, requit o grant instance que l'en li feit droit, savoir mon se le dit Raoul povait sanz dangier avoir mené sa marcheandise de Paris à Roan ou non, savoir mon se cile estoit forfete ou non, et que les diz presvost et eschevins ouissent le conte de la dite marcheandise, et que il li lessassent passer en compaignie de Paris à Roan sa marcheandise, ou que l'en li deit par droit, se l'en li feroit ou non?

Li diz presvost et eschevins, eu sur ce grant deliberacion et conseil de sages, distrent et par droit que le dit Raoul ne povait avoir fet ce que fet avoit, et que la marcheandise estoit forfete au Roy et à la Marcheandise; et li fu commandé que dedanz I mois ensuivant il restablissit le leu des meules qui recreu lui estoient, ou de la value; et li fu encore dist, et par droit des diz presvost et eschevins, que la dite compaignie estoit nulle, et que il ne povait mener ne ne merroit sa marcheandise de Paris à Roan, auquel jugié le procureur du dit Raoul se consenti sanz appel.

A cete sentence donner furent presens Aliaumin dit le Clerc, procureur du dit Raoul, Thomas de Saint Benoast, Guillaume Pizdoe, Adan Paon, Jehan Sarrazin eschevins, Jehan

Arrode, Pierre Marcel le jeune, Jehan de Tremblay, Jehan qui biau marche, Nicolas le portour, Renard le Dean, mestre Yves le petit, Bertaut Hescelin, Galeran Nicolas, Nicolas Hescelin, Adam le chambellanc, Robert Masuier, Thomas Mauclerc, Guillaume Petit, mestre des talemeliers, Auberi de Seint Julien, mestre Morise de Neelle, Jean Martin, Nicolas de la Cort, Raoul de Paci, clerc de la Marcheandise, et Guillaume Lescot.

Et fu cete sentence donnée par Estiene Barbete, à ce tems prevost des Marcheans, selonc l'usage et la coustume de la Marcheandise, l'an de grace mil cc. quatre vinz et dis huit, le *rendredi devant la feste de touz sains* (*a*) dessus dit, ou Parlouer des Borjois. — [Fol. LII v°.]

OBSERVATIONS.

Les premières lignes de cette Sentence ont été déjà publiées par M. Depping, dans le Livre des Métiers d'Étienne Boileau, p. 452.

(*a*) *Vendredi devant la feste de touz sains.*   Cette fête tombait le samedi 1er novembre.

1298, 10 NOVEMBRE.

PAIEMENT DU LOYER D'UNE MAISON PAR CELUI QUI EN AVAIT CAUTIONÉ LE LOCATAIRE.

L'an de grace mil cc. IIII^{xx} et dis huit, le lundi *veille Seint Martin d'iver* (*a*), nous peia Herment Lalement VIII livres, pour Chiquar Trousel de qui il estoit plaige, pour le louier d'une meson qui est en la rue *Eramboure de Brie*, outre Petit Pont, la quelle meson est Guillaume Cathcaure couratier de chevaus, pour coi nous quitons le dit Herment et le dit Chicart de toute levée, et de l'asentiment du dit Guillaume Cathceure; et doivent tenir la dite meson juques à la Saint Jehan qui vient. — [Fol. LXXII r°.]

OBSERVATIONS.

(*a*) *Veille Seint Martin d'iver.* — Veille de la fête Saint-Martin, le 10 novembre.

1298, 10 NOVEMBRE.

MENACE DE DÉSHÉRANCE FAUTE D'ACQUITTEMENT DE DETTES.

Item, l'an et le jour desus dit, mist et otroia Guillaume dit Cathcaure et confessa par devant nous Estiene Barbaite, prevost des Marchans, que ce il ne péioit L. sols à Estiene de Vitri, dedans Noel prochenement venant, et du remenent la maniere que il est à ce covenant entre li et le dit Estienne, il renonce à la propriété, et veut que elle li soit ajugée par nous au dit Estienne de Vitri. — [Fol. LXXII r°.]

1298, 5 JANVIER.

ARRÊT RELATIF AUX PRÉTENTIONS DE JEHAN LE PAGE,
SERGENT A CHEVAL AU CHATELET.

L'an de grace mil cc. IIII^{xx} et dis huit, le lundi devant la *Tifene* (*a*), vint par devant nous Estiene Barbete, prevost des Marcheans, Jehan Lepage serjant à cheval en Chastelet, et promist que il feroit venir en nostre main unes leittres dedenz VIII jors, scellées du seel de l'abbé et du couvent du Val Nostre Dame, de une grace que nous leur avons fete de huit toniaus de vin creus de leur heritage, por amener et descendre en leur meson à Paris, por leur usaige sanz ce que il en puissent ne doient nus vendre, ou se le dit Jehan ne nous rent les dites leittres, le dit Jehan est tenuz à nous rendre, au Roy et à nous, xxIIII livres parisis pour les diz vins. Tesmoins Jehan Villain, Denise de Senlis, Gautier Lescot, Sanson le Breton et plusieurs autres. — [Fol. LI r°.]

OBSERVATIONS.

Cette Sentence a été publiée par M. Depping, p. 453 du Livre des Métiers d'Étienne Boileau.

(a) *Tifene*. — Le jour des Rois ou de l'Épiphanie, fête célébrée le 6 janvier, qui tombait cette année-là un mardi.

1298, 24 JANVIER.

SENTENCE MOTIVÉE CONTRE MATHIEU DE NANTERRE ET CONTRE FOUQUE TOMBE.

Come mestre Mahi de Nanterne eust fet amener par yaue de Vernon juques à un bras de Sene, qui est vers Nanterre, aucunes marcheandises, c'est à savoir escenles, busches de fessiau, jantes à charretes, haies et plusieurs autres marcheandises, lesqueles estoient u batel Michiel Bernard de Mante, batelier; et nous la dite marcheandise eussions fet arrester, c'est asavoir ce qui fu trouvé en l'iaue, par Henri le serjant de l'iaue, et ce qui fu trouvé sur terre en la meson du dit Mahi à Nanterre, par Etiene le peletier, serjant le Roy à cheval en Chastelet, pour le Roy et por la Marcheandise; et fu semons li dit Mahi à Paris par devant le presvot des Marcheans par le dit Estiene au vendredi devant la feste Saint Vincent, por veoir jugier à forfaites les choses desus dites, ou por dire ses bones resons pourquoi nous ne les deussions jugier à forfetes, au quel jour li dit mestre Mahi vint par devant nous en propre personne et nous requist que nous le devrissions les dites marcheandises comme à celi qui riens ne cuidoit avoir mespris ne mefet à nous ne à la Marcheandise. Et nous li respondimes que nous n'i estion pas tenu, et qu'ele devoit estre jugié à forfete, selonc les us et les custumes et les privileges de la Marcheandise de Paris, meesmement comme il ne fust pas hansé, ne n'eust en cele Marcheandise de l'iaue de Paris compaignon de Paris hansé, et il eut fet venir la dite marcheandise de Vernon par yaue juques au lieu desus dit, contre les us et les privileges desus diz, liquel mestre Mahy nous confessa en jugement que il n'estoit pas hansé de l'iaue, et que il avoit fet marchié au dit batelier d'aller querre sa marcheandise au port de Vernon et d'amener la juques au bras desus dit; et que il avoit baillié au dit batelier, quant le marchié fut fet, xL s. de Paris; et puis quant la marcheandise fu charchiée en la nef du dit batelier, il li bailla xxv s. por ses depens, et que le dit batelier les dites denrées avoit arrivées au bras desus dit, et que parties d'iceles il cil mestre Mahi avoit fet oster de la dite nef et fet porter en sa meson à Nanterne, disant qu'elles n'estoient pas seues et que Jehan de Betizi, vendeur Symon Evrot, les li avoit bailliées ou non du dit Symon, por amener les à Paris à icestui Symon, asavoir mon se le dit Symon le li vouroit vendre à créance por ce que il n'avoit point d'argent, si come il disoit, car son gendre estoit noiez et son argent perdu que il li avoit baillie.

Et nous ces choses ouies, et entendues diligeument toutes ses resons qu'il voult proposer devant nous, et veue une leittre que le dit Symon nous bailla en jugement, laquele li dit mestre Mahi li avoit aportée de par le dit Jehan, et laquele li dit Jehan avoit escrite de sa main si come il le confessierent en droit par devant nous; de laquele leittre la teneur est tele:

DEUXIÈME PARTIE. 143

« A son seigneur Symon Evrot Jehan de Betisiz saluz. Sire, je vous envoie par mestre Mahi
« de Nanterre xxiiii l. x s. por c. iiii^{xx} ix miliers d'escoule, por iie d'estaus, l s., por lxviii haie,
« xvii s.; por l res xviii d.; por i ridelle xvi s.; por xxxvii chevrons à chaume xxiiii; por une
« tronche x s.; por viii miliers de costerais cxvi s. summe xxxvi l. xvi s. viii d. »

Et veue la deposition d'aucuns temoins que nous feimes jurer par devant le dit mestre Mahy,
et veu les us et coutumes de la dite Marcheandise, deimes et pronnonçames, par droit par le
conseil de bones gens, les choses dessus dites estre forfetes au Roy et à la Marcheandise,
et du tout perdues au dit mestre Mahy.

Ceste sentence fut donnée u Parlouer des Bourgeois, par Estiene Barbete, presvost des
Marcheans, présens Thomas de Saint Beneet, Adan Paon, Guillaume Pizdoe, Jehan Sarrazin, eschevins, mestre Morize Alain procureur le Roi, Jehan Arrode, Jean Bordon son
gendre, mestre Morise de Nesle, mestre Guillaume de Rains, Renard le Deain, Jehan qui
biau marche, Maci Pizdoe, Gefroi de Vitri, Nicolas de la Cort, Gautier Lescaut, Denise
de Senlis, serjans aus Borjois, Robert le Cras de Roan, Michiel Bernart batelier desus dit,
Jehan Tondu d'Auceurre, Raoul de Paci clerc aus Marcheands et autres. L'an de grace
m. cc. iiii^{xx} et dis huit, *le vendredi après la feste Seint Vincent* (a), li quel jour etoit assené au
dit mestre Mahy à oïr droit sur les choses desus dites.

Ce meesme an et ce meesme jor, perdi par jugement Fouques Robert de Kalès, ii los de
harenc que il avoit fet venir par yaue du pont de Mante à Paris, sanz compaignon de Borjois de Paris hansé. Et fu la sentence donnée par le dit Estiene prevost des Marcheans presentes les personnes desus nommées en la sentence du dit mestre Mahi. — [Fol. liii r° v°.
et liiii r°.]

OBSERVATIONS.

Cette Sentence a été imprimée par M. Depping dans le Livre des Métiers d'Étienne Boileau, p. 455.

(a) *Le vendredi après la feste Seint Vincent.* — Cette fête tomba, pour cette année, le mercredi 22 janvier; le vendredi suivant fut le 24.

1298, 24 FÉVRIER.
NOMINATION D'UNE MESUREUSE DE BLÉ.

Aliz, la fame Hervi le Breton, mesurareise de blé faite par le prevost des Marchans, à la
requeste N. de la Court; plaisges Guist de Pontaise, Jehan de Villedieu, le *lundi après les
Brandons* (a), l'an iiii^{xx} et diz et huit. — [Fol. lxxvii r°.]

OBSERVATIONS.

(a) *Lundi après les Brandons.*—Le premier dimanche de Carême fut pour cette année-là le 23 février.

1298, 28 FÉVRIER, 28 MARS.
ARRESTÉ DU CONSEIL DE VILLE ASSEMBLÉ PAR LEQUEL LES DROITS DE RÉCEPTIONS DES MESUREURS DE SEL SONT MODÉRÉS POUR L'AVENIR. — ASSIGNATION. — BOURSES D'AUMÔNES. — NOMINATION DE MESUREURS DE CHARBON ET DE BUCHE.

L'an de grace m. cc. iiii^{xx} et dis huit, le vendredi après les Brandons, fut ordené par Estiene
Barbete, prevost des Marcheans de Paris, et par les eschevins, du conseil des bonnes gens

de Paris, que cil qui sera fet mesureur de sel paiera por son abuvrement, et por son past, VIII livres parisis tant seulement : et firent retenue les devant diz prevost et eschevins d'amenuisier les dites VIII livres ou temps à venir, se le tems alores s'i ofret ou povet offrir *a* ---
[Fol. LIV v°.]

Le vendredi après la *Marcesche* (*b*), est assené à Marie de Meullent contre Daniel le Breton et Eudeline sa fille, à ouïr droit sur les resons que chacune partie a proposé par devant nous en cause d'eritage. Ce fut fet le *vendredi après les Brandons* (*c*), l'an M. CC. IIII^{XX} et dis huit.

Marguerite, fame feu Lucas Caffet, attendant la première bourse. — Jehan Roussiau de Chanevieres attendant le bienfet de la Marcheandise.

Jaquet de Vernon, mesureur de buche, par Adan Paon. — Jehan Torna, mesureur de charbon juré. — Breton, mesureur de buche par le prevost, à la requeste Philippe Bouvetin. — [Fol. LIV v°.]

OBSERVATIONS.

(*a*) Cette décision du Parloir a été publiée par Le Roy dans sa Dissertation, p. CXI; et par M. Depping dans le Livre des Métiers, p. 355.

(*b*) *Marcesche* ou *Marzache*. — L'Annonciation, le 25 mars, qui cette année-là fut un mardi. Le vendredi suivant était le 28.

(*c*) *Vendredi après les Brandons*. — Le 28 février.

1299.

MESUREURS-JURÉS DU CHARBON.

Ce sunt les nons des mesureurs jurés de charbon : Guillaume le Tisonneur. — Oudinet le Petit (*a*). — Guillaume Alafame. — Guillaume le Borguinon. — Aubert le franc vallet, mesureur juré. — Guillot Chartain, porteur juré. — Thomassin Soteriau, mesureur juré (*b*).

[Fol. LXXIII r°.]

OBSERVATIONS.

(*a*) Ce nom est effacé dans le manuscrit.

(*b*) Ces trois derniers noms sont d'une écriture plus moderne et d'une encre plus noire que celles des autres noms.

CIRCA 1299.

CONFLITS DE JURIDICTION. — BOURSES DU PARLOIR.

Inter Radulphum *Féron* ex una parte, et prepositum Mercatorum ex alia parte, presentibus auditis, curia annulavit pronunciacionem prepositi Parisiensis, et appellationem dicti Radulphi et dictas partes remisit ad examen dicti prepositi qui faciat eis jus; et super requesta dicti Radulphi, videlicet quod hoc pendente ipse possit transire in manu regia, prepositum habeat bonum consilium, et super hoc faciet eis quod debebit, et si dictus Radulfus viderit se gravatum in aliquo, per dictum prepositum bene sciet redire, si voluerit, ad curiam per viam per quam debebit.

Adan des Estuves attendent l'aumosne.... (*Suivent quelques lignes grattées*). — [Fol. L v°.]

DEUXIÈME PARTIE.

1299, 22 MAI.

MISE EN POSSESSION DE MAISON. — INFORMATION DE PARENTÉ. — NOMINATION DE MESUREUR DE BUCHE ET DE SEL. — BOURSE DE VEUVE.

L'an de grace M. CC. IIII^{xx} et dis et neuf, *le vendredi après feste Saint Honoré* (a), en may, ballames à mestre Jehan Leblanc, clerc, la sesine d'une meson qui fu mestre Pierre Leblanc, chanoine jadis d'Amiens, assise au palais de Termes, en nostre censive et en nostre signorie, la quele sesine nous li ballames sauf nostre droit et l'autrui en toutes choses.

Ce sunt les nons par qui nous nous enformames que le dit mestre Jehan estoit frere germain du dit feu mestre Pierre, ou tens que il vivoit; c'est asavoir Henri le Pataar, Jehan Bon Ouullot, clerc, cousin du dit feu mestre Pierre; misire Hugues Chevrier, prestre, et Jehan Bon Ouullot, pere du dit Jehan, et mestre Bernart de Macons, clercs.

Jehan le Cervoisier, mesureur de buche, par Philippe Bouvetin. — Richardin du Jardin, mesureur de sel, à la priere le tresorier d'Angiers, fet le mercredi après la mi aoust. — Marotte, fille feu Mahi Govier, attendant la prumiere bourse, à la requeste dame Jaqueline la Bordonne. — [Fol. LIV v°.]

OBSERVATIONS.

(a) *Le vendredi après feste Saint Honoré.* — Cette fête est célébrée le 16 mai, qui tomba cette année un samedi; le vendredi suivant était le 22.

1299, 3 JUILLET.

GAGE ENTRE MARCHANDS. — SERMENT PRÊTÉ PAR UN JUIF AU PARLOIR AUX BOURGEOIS.

L'an de grace M. CC. IIII^{xx} et dis et neuf, *le vendredi devant feste Saint Martin d'esté* (a), gaja au nuis Richart le mesureur de blé, à Guillot Chinart XXXIIII s. parisis de vente et de bail de farine.

Haquin, tu jures par la loy que Dex donna à Moysi ou mont de Synaï, et especiaument par le commandement de la loy, et reces en toi toutes les maudiçons contenues es cinc livres Moyses, et que toutes les beneïçons qui i sunt te soient tournées à maleiçons, et cheent sur toi et sur toute ta semence jusques à la disieme generacion, se tu te parjures. Et aveques tout ce, tu reçois en toi Heram, Nidin et Samatha, c'est-à-dire que tu soies destruit, et mis en sentence, et deseyrés de touz les benifices escris en toute ta loy, qui chieent sur toy et sur toute ta mesnie, se tu ne dis verité de ce que je te demanderé à mon entendement et non mie au tien. — [Fol. LXXIII v°.]

OBSERVATIONS.

(a) *Le vendredi devant feste Saint Martin d'esté.* — Cette fête était célébrée le 4 juillet, qui tomba cette année un samedi; le vendredi d'auparavant était le 3.

1299, 14 AOUT.

CHAUSSÉE DE PARIS PRISE A FERME.

L'an de grace M. CC. IIII^{xx} et dis-neuf, *le vendredi weille de l'Assumpcion Nostre Dame* (a), à heure de vespres, prist par anchiere de nous Ymbert le Fornier les chauciées de Paris, par l an de la dite Assumpcion juques à l'autre Assumpcion por xvii•• livres dan. a xx livres d'anchiere. Tesmoins : Jehan Arrode, Thomas de Saint-Benoast, Guillaume Piz d'oe, mestre Guillaume de Reins, mestre Morise de Neelle, Raoul de Paci peletier, Colin Arrode, Estiene de Cormelles, et Henri le serjant de l'yaue (b). — [Fol. l v°.]

OBSERVATIONS.

(a) *Le vendredi veille de l'Assumpcion Nostre Dame*, le 14 août.
(b) Cet acte est biffé par plusieurs traits de plume.

1299, 10 SEPTEMBRE.

AUTORISATION DE FAIRE PASSER UN BATEAU SOUS LE PONT DE PARIS.

L'an de grace m. cc. iiii^{xx} et dis neuf, *le jeudi après la Septembresche* (a), nous Estiene Barbete prevost des Marcheans, donnames congié d'aveler le pont de Paris à mestre Climent de Savye clerc nostre sire li rois, une navée de fein du dit clerc, que il avoit fet acheter por son usaire. Et furent presens à ce congié donner Pierre le Normant voiturier, Alixandre son frere, Jehan Sarrazin, Mahiet, neveu du dit mestre Climent, et   son clerc(sic), Jehan de Tremblay, Jehan de Lormet, d'Auceure, Jehan de Balli, Guillaume le Prestre, orfevre, Adam Bouced, Renout d'Auceure, Guillaume le Pevrier, Jehan le Pevrier, changeur. — [Fol. lv r°.]

OBSERVATIONS.

(a) *Le jeudi après la Septembresche* — La Nativité de la Vierge, cette année-là, tomba le mardi s le jeudi suivant était le 10 septembre.

1299, 13 NOVEMBRE.

SENTENCE CONTRE QUENTIN DE SAINT-QUENTIN ET MAHI DE CHARDI; CONFISCATION DE PARCHEMIN (a).

L'an de grace mil cc. iiii^{xx} et xix, *le vendredi devant la Saint Climent* (b), perdirent par jugement Quentin de Saint-Quentin et Mahi de Chardi de Noion, xliiii liaces de parchemins froncité, lesqueles il avoient mis de terre en l'iaue, por mener à Noion et à St-Quentin; lequel il avoit acheté à Saint-Mathelin por revendre.

Ce sunt les tesmoins : Jehan qui biau marche, mestre Pierre l'Euvre, mestre Martin de Saint-Denis, Adan Paon, Jehan Martin, Jehan Quatre Cenz, Gautier Lescot, Denize de Senlis, Yves le Breton et plusieurs autres. — [Fol. liiii r°.]

OBSERVATIONS.

(a) Cette Sentence a été imprimée par M. Depping dans le Livre des Métiers, p. 457.
(b) *Le vendredi devant la Saint Climent.*—Cette fête était célébrée le 17 novembre, qui cette année-là tombait un mardi; le vendredi d'auparavant était le 13.

1299, 13 NOVEMBRE.

SENTENCE RELATIVE A UNE DIFFICULTÉ SURVENUE ENTRE UN PROPRIÉTAIRE ET SON LOCATAIRE AU SUJET DE RÉPARATIONS.

L'an de grace m. cc. iiii^{xx} et dis-neuf, *le vendredi devant la S. Climent*, vindrent pardevant nous en jugement, Henri Lalemant d'une part, et Gilebert le Poulalier, nostre hoste, de l'autre part. Confessa en jugement li dit Gilebert que il la meson en laquele li dit Henri demeure à present, il li avoit loué par i an à conter de la Saint Jehan-Baptiste derrenierement passé, por xii livres, en tele maniere que li dit Gilebert devoit fere en la dite meson, si comme li dit Henri i seroit entrez, une chambres asiées, et fere estouper un huis qui est en la dite meson par derrieres; et porce que li dit Gilebert ne l'avoit pas fet, si comme il est dessus dit, li dit Gilebert s'acorda et promist que dedanz m semenes prochenes à venir, il fera fere les dites chambres et estouper le dit huis; et volt que des dommages que le dit Henri poura monstrer que il aura eus par defaute des choses dessus dites non acomplies, que nous en ordenons; et en promist à li en fere guerre, selonc nostre ordonnance, et en son content il voult que li dit Henri retiene du louier de la dite meson devers soi six livres parisis jusques à tant que il est acompli les dites choses.

Gautier le Cavetier, mesureur juré de charbon, à la priere Gautier de Broiselles. — [Fol. lv r°.]

1299, 18 NOVEMBRE.

DROIT DE SAISINE ET DE PROPRIÉTÉ SUR UNE MAISON ASSURÉE PAR LES MEMBRES DU PARLOIR AUX BOURGEOIS.

L'an de grace m. cc. iiii^{xx} et dis-neuf, *le vendredi devant Noel* (*a*), Jehan du Fossé et Sabin Paien clerc, curateur de Aliz fame du dit Jehan, si comme il disoit, et de Jehanot Corrat, anfanz jadis de feu Conrat le Tyois, et de feu Jehanne sa fame, baillerent à Marguerite la Paridanne la sesine d'une meson asise en la rue Seinte-Genneviève, la quele meson est appellée la *meson de li Serpent* (*b*), et de la propriété d'icele, sauf au diz enffanz soissante et dis solz parisis de cens que il ont, si comme il dient, sur la dite meson. — [Fol. lxxiii r°.]

OBSERVATIONS.

(*a*) *Le vendredi devant Noel.* — Noël, cette année-là, fut le vendredi 25 novembre; le vendredi d'auparavant était le 18.

(*b*) Au sujet de la maison de li Serpent, voyez plus haut une Sentence du 15 novembre 1297.

1299, 18 DÉCEMBRE.

COUTUME ADJUGÉE AUX ENCHÈRES. — NOMS DE TÉMOINS.

L'an de grace m. cc. iiii^{xx} et dis-neuf, *le vendredi devant Noel* (*a*), prist par anchiere par i an, à conter xii jors après la Chandeleur prochene à venir, Jaques Bordin de la Chapelle Seinte Genneviève por ix^{xx} livres, à xx livres d'anchiere. Item, ice jor Rogier Bourdin la prist la dite coustume por ii^c livres, à xx livres d'anchiere. Item, le samedi devant Noel, le maire de la Chapelle encheri la dite coustume de xx livres, et ainsi fu la dite coustume à xi^{xx} livres, sauf ce que l'en i peut ancherir de xx livres juques au huitienes de la Chandeleur prochene à venir.

Ce sunt les nons des tesmoins Girart de Reins contre mesire Jehan le Blanc, c'est à savoir : Henri le Serjant, Denise de Seint-Cosme et Perrot le Pataar.

Ce sunt les tesmoins du dit mestre Jehan contre Girart de Reins, c'est à savoir : Jehan

Fout Vielle, maçon, et Aales sa fame, Agnès la Savante et Gefroi, vallet de son mestre Pierre le Blanc, et Pierre le Blanc. — [Fol. LXXIII r°.]

OBSERVATIONS.

(*a*) *Le vendredi devant Noel.* — Noël, cette année-là, fut le 25 décembre; le vendredi d'auparavant tomba le 18.

1299, 19 JANVIER.

LOYERS ET RENTES DE MAISONS.

L'an de grace M. CC. IIII^{xx} et dis neuf, *le lundi après la Saint Remi* (*a*), quita à touz jors Perrenelle, fame feu Robert de Seint Denis et renunça à tout le droit et à toute l'accion, propriété et sesine que ele avoit et povait avoir en la meson qui fu feu Raoul Briesche, assise en la rue de la Harpe outre Petit Pont, en notre seignorie; et la quita à Rogier de Baigneux present pardevant nous; et s'en dessesi ladite Perrenelle et an sesimes ledit Rogier, sauf le droit d'autrui. Ce fu fet l'an et le jor desus diz. — [Fol. L v°.]

OBSERVATIONS.

(*a*) *Le lundi après la Saint Remi.* — Cette fête, célébrée le 13 janvier, tomba cette année-là un mardi, le lundi suivant était le 19.

1299, 27 JANVIER.

SENTENCE POUR SUCCESSION. — REMISE DU BIEN CONTESTÉ ENTRE LES MAINS DES MEMBRES DU PARLOIR.

Jor de vendredi après la Saint Mati l'Apostre (*a*), *en Février*, est assené à mestre Jehan le Blanc, clerc, contre Girard de Reins, tuteur et curateur de Jehanete sa niece, à ouir droit sur les resons d'une partie et d'autre, pardevant nous, en cause d'eritage, et à aler avant en icele si come reson sera, et au jor d'ui preimes en nostre main la sesine des heritages dont contens est. Ce fu fet le vendredi après la Saint Pol, l'an de grace M. CC. IIII^{xx} et dis neuf. — [Fol. LV r°.]

OBSERVATIONS.

(*a*) *Jor de vendredi après la Saint Mati.* — La Saint-Mathias, célébrée le 24 février, tomba cette année-là un mardi; le vendredi suivant fut le 27.

1299, 27 FÉVRIER, 13 MARS.

ASSIGNATIONS DE TÉMOINS.

Le vendredi devant Karesme prenant (*a*), est assigné à Marie de Meullent contre Daniel le Breton, Jehan Charetain et sa fame, à pronuncer seconde foiz, d'une partie et d'autre, leur entencion en la cause qui est meue entre les parties; et aujordui amena le dit Daniel V tesmoins qui jurerent, des quieux les nons sunt tieux : Richart le cerreurier, Ivonet le Breton, Ivon de Crazen, Ivon Danier, et Lucete la Brete. Ce fut fet le vendredi après la Chandeleur, l'an IIII^{xx} et dis neuf.

Le vendredi après les Brandons (*b*), est assigné à Marie de Meullent contre Daniel le Breton,

DEUXIÈME PARTIE. 149

Jehan Chartain sa fame, à publier les tesmoins des diz Daniel, Jehan et sa fame, en la cause qui est esmeue par devant nous, et à aler avant, si comme reson sera, et au jor de hui il mistrent en preuve une lettre selée de la cort l'official, qui se commance : Universis etc. et se fenit : Datum Anno Domini m° cc° nonagesimo tercio, *die jovis ante Festum Beati Vincentii.* Ce fut fet le vendredi. — [Fol. XLII v°.]

OBSERVATIONS.

(*a*) *Le vendredi devant Karesme prenant.* – Cette année-là le mercredi des Cendres fut le 4 mars; le vendredi d'auparavant était le 27 février.

(*b*) *Le vendredi après les Brandons.* — Cette année-là le premier dimanche de Carême fut le 8 mars ; le vendredi suivant était le 13.

1299, 27 MARS.

CONFISCATION DE DIX MILIERS DE CERCEAUX.

L'an de grace M. CC. IIII^{xx} et dis neuf, *le vendredi après la feste Nostre Dame en martz* (*a*), perdi Robin le Chandelier d'Argenteul, miliers de serciaus.

L'an de grace M. ccc..... —[Fol. LV v°.]

OBSERVATIONS.

(*a*) *Le vendredi après la feste Nostre Dame en martz.* — Cette fête est sans doute l'Annonciation, qui tombait cette année-là le mercredi 25 mars ; le vendredi suivant était le 27.

1299, 9 AVRIL.

LETTRES DU ROI PHILIPPE LE BEL, PAR LES QUELLES IL EXEMPTE LES HABITANTS DE PARIS DE L'ACCOMPAGNER A LA GUERRE DE FLANDRES, SOUS LA CONDITION, QUE CES DERNIERS LUI PAYERONT UN SUBSIDE DU CINQUANTIÈME DE LEURS BIENS.

Philippus Dei gracia Francorum Rex, universis presentes litteras inspecturis salutem. Notum facimus quod, cum nos cives et inhabitantes ville nostre Parisiensis fecissemus de accedendo ad instantem nostrum Flandrensem exercitum commoneri, ipsi ad nos devote, ut solito, confluentes, supplicarunt nobis ut nos, suis in hac parte parcentes gravioribus expensis et laboribus, ipsos dignaremur ab exercitu predicto habere benigniter excusatos; propter hoc offerentes se nobis humiliter prestituros quinquagesimale subsidium omnium suorum quorumcumque bonorum, eciam feodorum, si forte nonnulli eorum aliqua possideant, ex quibus suis servire dominis tenerentur, dum tamen dominos ipsos faceremus omnino ab eorum citacione seu impeticione desistere et tacere; illis duntaxat exceptis quorum facultates valorem viginti librarum Parisiensium nondum excedunt, quos requisiverunt misericorditer ad contribucionem dicti subsidii non teneri. Ad quod quidem subsidium exigendum et levandum, unus ex parte nostra, et alius ex parte ipsorum, tam pro nobis quam pro se, probi viri in singulis vel pluribus, secundum quod expediret, parochiis ville et suburbii Parisiensium deputarentur, qui de condicione et facultatum valore cujuslibet perquirerent diligencius, super quibus quemlibet jurare facerent; vel si forsitan nollet, seu etiam super ipsius juramentum si ei non viderent fidem plenariam adhibendam, ipsi suo legitimo arbitrio taxarent facultates illius et nichilominus teneretur eorum taxacio; sicque hujusmodi collectores dictum subsidium exigerent et reciperent, inde nostris apud Luparam Thesaurariis assignandum. Nos vero dictum subsidium eo tollerabilius et curialius, quo cives predictos nunc et alias devocius et prompcius solito gratibus nostris indefesse sensimus coaptare, gratum et acceptum habentes, eisdem graciosius concedimus, quod ipsi, dicto mediante subsidio, modo quo supra exigendo et levando, ab exercitu predicto maxime hoc anno excusati, et eciam anno eodem ab alterius cujusvis novi subsidii prestacione, quitti propter hoc et immunes penitus habeantur ; quodque inter collectores predictos nullus alius receptor, nullusve inquisitor, per nos, seu ex parte nostra, deputabitur super subsidio memorato. In cujus rei testimonium, presentibus nostrum fecimus apponi sigillum. Datum Parisius, *die jovis ante Ramos Palmarum* (a), Anno Domini M. CC. nonagesimo nono. — [Fol. LVIII r°.]

OBSERVATIONS.

(a) *Die jovis ante Ramos Palmarum.* — Le jeudi avant le dimanche des Rameaux. Pâques tomba cette année le 19 avril ; par conséquent le jeudi qui précéda les Rameaux était le 9 avril.

1300, 11 JANVIER.

DONATION ENTRE VIFS.

L'an de grace M. CCC, *le lundi après la Tifene* (a), se vint par devant nous Henri le Pataar d'outre Petit Pont, et recognut que il avoit donné par don fet entre vis, à Colin son neveu et son serjant, et à ses hoirs, une meson d'iceli Henri, assise en la rue de la Viez Plastriere, tenant d'une part à la meson Henri le Charpentier et de l'autre part à la meson du Trésorier de Biauvez, en nostre censive et en nostre seignorie, de la quele meson li dit Henri se dessesi en nostre main ; et en sesismes le dit Colin, à la requeste dudit Henri, sauf nostre droit et le droit d'autrui. — [Fol. LV r°.]

OBSERVATIONS.

(a) *Le lundi apres la Tifene.* — L'Épiphanie, ou le jour des Rois, cette année-là, eut lieu le 6 janvier mercredi ; le lundi suivant était le 11.

1300, 7 JANVIER.

GARENTIE DONNÉE SUR UNE MAISON DE LA RUE ÉREMBOURC DE BRIE.

L'an de grace M. CCC, *le vendredi après la Tifene* (a), garanximes à Guillaume Cathehoulle, present en jugement par devant nous, que il dont meson que il a en nostre terre et en nostre seignorie, asise en la rue *Erembourc de Brie*, garant souffisamment que nous por nous puissons prendre LXXV sols, que il nous doit d'arrerage, et por le tens à venir. Item que il garante en la maniere desus dite ladite meson, si que Estiene de Vitri puisse prendre por le cens et por LXXV sols (*sic*) por ses arrerages et cens, adjugons au dit Estiene hoste de la dite meson, et la quele....... — [Fol. LVIII r°.]

OBSERVATIONS.

(a) *Le vendredi apres la Tifene*, ou Épiphanie, le 7 janvier.

DEUXIÈME PARTIE.

CIRCA 1301.

CE SUNT LES XXIIII PREUDOMES QUE LO COMMUN DE LA VILLE DE PARIS A ESLEU POUR OUIR LE CONTE DE LA TAILLE DES CENT MILLE LIVRES (a).

Por talmeliers : Robert de Sernay, Thomas Lami. — Por vinetiers : Renaut Tygier, Bernart de Biauvez. — Por tesserans : Herbert le Flamenc, Jehan de Monstereul. — Por blatiers : Guillaume de Tornay. — Por changeurs : Jacques Luce, Jehan de Seaus. — Por orfevres : Nicolas de Laigni. — Por drapiers : Symon Desprez, Thomas Benart. — Por poissonniers de mer : Richart de Garennes. — Por merciers : Gefroi de Dampmartin, Jehan de Rueil. — Por tainturiers : Jehan Alaire. — Por peletiers : Guillaume de Trie. — Por bouchiers : Jehan Marcel. — Por cordouanniers : Jehan de Peronne, Michel de Mante. — Por ferpiers de peleterie : Thierri Biaudehors. — Por selliers : Guillaume Franques. — Por tanneurs : Nicolas de Bontalu. — Por ferpiers de lange : Henri Acart. — [Fol. LI v°.]

OBSERVATIONS.

(a) Ce titre est dans le manuscrit.

1301, 12 MAI.

SENTENCE CONTRE GUILLAUME LE BARROIS. — CONFISCATION D'ÉCHALAS.

L'an de grace mil ccc. et un, *le vendredi apres l'Ascension* (a), perdi par jugement Guillaume le Barrois d'Erblai, IIII miliers d'eschalas qu'il avoit amenez par yaue ou batel Richard de Cléon ; et furent jugiez à forfès por ce que il les avoit mis en l'iaue entre le pont de Paris et le pont de Mante sanz compagnie d'omme de Paris hansé, et descendu à terre. Et furent jugiez à forfès moitié au roy et moitié à la marchandise par Estienne Barbete prevost des Marcheans, Adan Paon, Guillaume Pizdoe, Jehan Sarrasin, eschevins. Presens Gefroi d'Argenteuil, procureur nostre seigneur le Roy, mestre Symon de Rabuchon, Jehan Waroquier, prevost nostre seigneur l'evesque de Paris, Bertaut Hescelin, Nicolas Hescelin, Guillaume de Pontoise, Jehan Martin, Jehan de Cormelles l'aisné, mestre Guillaume de Champiaus, Guillaume Paradis, serjant le roy; Denise de Laye, Moriau Deskans, Gautier l'Orfevre, Symon de Boran, Jehan Le duc, d'Auceurre, Phelippe Cabot, Raoul de Paci, clerc de la marcheandise, Sanson serjant de la marchandise de l'iaue de Paris, et plusieurs autres. — [Fol. LI v°.]

OBSERVATIONS.

(a) *Le vendredi apres l'Ascension.* — Cette fête eut lieu, cette année, le jeudi 11 mai ; le vendredi suivant fut le 12.

1301, 23 JUIN.

RESTITUTION D'UNE COUPE D'ARGENT DONNÉE EN GAGE PAR JEHAN POCHERE, BOURGEOIS DE SAINT DENIS.

L'an de grace M. ccc. et I, *le vendredi devant la Nativité Saint Jehan Baptiste* (a), nous recreimes à Jehan Pochere, borjois de Seint Denis, I hennap d'argent, doré dehors et dedans, que nous tenions de li, por I navée d'escuele que il avoit amené par yaue dedanz noz destrés au Lendist, sanz compagnie de homme de Paris hansé, laquele nous disions et disons que eile estoit forfete au roy et à nous, et l'en devions fere droit. Liquel Jehan nous a promis à meitre en nostre main i autre gaje d'argent, por le dit hanap, dedanz la Magdelene prochene à venir ; et por ce fere, nous, Estiene Barbete, nous sommes fet pleges por le dit Jehan à sa requeste. Tesmoins de ce Jehan Arrode, Guillaume Piz doe, Adan Paon, Bertaut Hescelin, Gefroi de Vitri, Jaques Boucel, Pierre de Saint Cir, Jehan Roux, Nicolas Hescelin. — [Fol. LVIII v°.]

OBSERVATIONS.

(a) *Le vendredi devant la Nativité Saint Jehan Baptiste.* — Cette fête, qui est célébrée le 24 juin tombait cette année-là un samedi.

1301, 29 JANVIER.

DÉCLARATION D'UNE FRAUDE COMMISE PAR ERNOUL DE GANT, BOURGEOIS DE PARIS, EN COMPAGNIE DE GUILLAUME BENOASTE, VICOMTE DE L'IAUE DE ROUEN.

L'an de grace M. CCC. et I, *le diemanche devant la Chandeleur* (a), pardevant nous Estiene Barbete prevost des Marcheans, Thomas de Saint Benoast, Adan Paon, Guillaume Pizdoe et Jehan Sarrasin, eschevins, confessa en jugement Ernoul de Gant, borjois de Paris, que il, à la requeste Pierre Marguerite borjois de Gant, avoit acheté à Paris LXXIX toniaus de vins, des quieux LXXI toniaus il avoit fet meitre en la nef Guillaume Benoaste, viconte de l'iaue de Roan ; et VIII toniaus en la nef Jehanne de Hauville de Roan ; et li avoit ballé le dit Pierre les deniers dont il avoit acheté les vins ; et confessa encore le dit Ernoul que il eust ballé touz les vins au dit Pierre ou à son commandemant, se il fussent venuz à Roan, et que se ils eust gaaing le dit Pierre li en eust fete cortoasie tele come il li plaeust. A cete confession furent presens les devant diz prevost et eschevins, sire Jehan Arrode, Nicolas le Porteur, Bertaut Hescelin, Gefroi de Vitri, Nicolas Hescelin, Guillaume de Pontoise, Auberi de Saint Julian, Jehan le Paumier, Pierre de Senz, Jehan Tape, Renaut Tygier, Guiart de Laigni, Nicolas de la Cort, Jehan de Cormelles l'ainzné, Jehan Arrode le jeune, Jehan Barbete, Henri le serjant de l'iaue, Henri d'outremer, Renart le Dean et Raoul de Paci, clerc des marcheans, messire Hugues Retors, Adan le Chambellanc, Gautier de Broisselles et Denise de Laye. —[Fol. LII r°.]

OBSERVATIONS.

(a) *Le diemanche devant la Chandeleur.* — La Chandeleur tombait, cette année-là, le jeudi 2 février; le dimanche d'auparavant était le 29 janvier.

1301, 1ᵉʳ FÉVRIER.

CONFISCATION PRONONCÉE AU PARLOIR AUX BOURGEOIS, DE 68 TONNEAUX DE VIN, FAUTE PAR LE FORAIN D'AVOIR PRIS COMPAGNIE FRANÇAISE (a).

L'an de grace M. CCC. et I, *le mercredi devant la Chandeleur* (a), perdi par sentence diffinitive, Pierre Marguerite borjois de Gant, LXXVIII tonniaus de vins, que il avoit acheté à Paris par Ernoul de Gand borjois de Paris, fait et mis en l'iaue au Louvre sanz compaignie de borjois de Paris hansé ; et les vouloit envoier à Roan, si comme le dit Ernoul le confessa : laquele chose le dit Pierre ne povest fere, selonc les us et les costumes anciannes de l'iaue de Paris.

approuvées et gardées de touz tens anciens. A cete sentence donner furent presens Estienne Barbete presvot des Marcheans, Guillaume Piz doe, Thomas de Saint Benoast, Adam Paon, Jehan Sarazin, eschevins, Bertaut Hescelin, Jehan le Paonnier, Guiart de Lagni, Climent le Valet, Estienne d'Espernon, Eudes Ascelin, Estienne de Ruel, Renaut Tygier, Phelippe Bouvetin, Gefroi de Vitri, Nicolas de Paci, Pierre Marcel le jeune, Estienne Haudri, Jehan de Tremblay, Simon de S' Cloost, Estienne de Cormelles, Julian Bonefille mestre des bouchiers, Jacques Boucel, Guillaume le Croisie, Pierre de Senz, Guillaume de Balon, Symon Jaian, touz borjois de Paris, et Raoul de Paci, clerc des diz prevost et eschevins. — [Fol. LVI r°.]

OBSERVATIONS.

a) Une partie de cette sentence a été publiée par Le Roy, p. CXI de sa Dissertation sur l'Hôtel de Ville de Paris.

b) *Le mercredi devant la Chandeleur.* — Le 1" février.

1301, 1" MARS.

RESTITUTION DE VINS CONFISQUÉS AU PROFIT D'ÉTIENNE DE CONCHES.

L'an de grace M. CCC. et I, *le mercredi après la feste Saint Pere* (a), en février, receumes à Estiene de Conches, borjois de Paris, XXI tonniaus de vins françois, que il avoit acheté au desouz du pont de Senz, lesquieulx nous avions arrestés, por ce que il les avoit amenez à Paris, seigniés au seing de Borgongne, en tele maniere que se il estoient adjugés par nous à forfès que il nous rendroit por le roy les devantdiz tonniaus de vins, ou XI" livres tornois, pour la value. A ce fere furent presens sire Jehan Arrode, Bertaut Hescelin, Jehan Lescuelier de l'Escole, et Raoul de Paci; et furent son plege Gile à l'atache, Raoul de Conches et Jordian Petit Pas, chacun pour le tout desdites XI" livres tornois.

Estevenot Couvedenier, mesureur de blé, plege Jehan de Sercueulle blatier, demourant en la vennerie, plege de dis livres parisis. — [Fol. L v°.]

OBSERVATIONS.

(a) *Le mercredi apres la feste Saint Pere*, en février. — Cette fête, qui a lieu le 22, tombait cette année un mercredi; le mercredi suivant était le 1" mars.

1301, 1" MARS.

ENGAGEMENT ENTRE GUILLAUME HUART ET JEHAN DE CORBEIL.

L'an de grace M. CCC. et I, *le mercredi après la Saint Père*, en février (a), gaja au mains Guillaume Huart à Jehan de Corbel X s. de la pene de son cors. Ce fu fet l'an et le jor desus diz. — [Fol. LIII r°.]

OBSERVATIONS.

(a) Voyez la Sentence qui précède.

1301, 3 MARS.

ENGAGEMENT D'UN VARLET FRANÇAIS, A RAISON DE SOIXANTE SOUS PAR ANNÉE.

L'an de grace M. CCC. et I, *le vendredi apres la Saint Mati* (a), Guillot de Crespi s'aloua à Jaques le Lombart de la cité, à vendre les vins d'iceli Jaques, juques à un an, por LX sols ; et jura le dit Guillot que il bien et loiaument servira par .I. an le dit Jaques, sans entrer ou service d'autre Ce fu fet le jor et l'an desus ditz, presens les parties, Estiene Barbete prevost des Marcheans, Adan Paon, Jehan Sarrazin, et Raoul de Paci, clerc du Parlouer. — [Fol. LII r°.]

OBSERVATIONS.

(a) *Le vendredi après la Saint Mati.* — La Saint-Mathias eut lieu, cette année-là, le vendredi 24 février le vendredi suivant fut le 3 mars.

1301, 23 MARS.

SENTENCE DE CONFISCATION CONTRE AALIPS DE CARVILLE.

L'an de grace M. CCC. et un, *le jeudi devant Paques Flories* (a), furent jugiés à forfès par Estiene Barbete prevost des Marcheans, Thomas de Saint Benoast, Guillaume Pizdoc, Adan Paon et Jehan Sarrazin eschevins, XVIII tonniaus de vins que Aalips de Carville avoit mené par yaue, de Paris à Roan, sanz ce que eile fust hansée de Paris, laquele chose eile ne povest fere se eile ne fust hansée, et eust compaignon borjois de Paris hansé, selon les us et les privileges anciens de la marcheandise. A ce jugement fere et donner furent presens ladite Aalips, sire Jehan Arrode, Bertaut Hescelin, sire Renier Bordon, Gefroi de Vitri et Guillaume de Pontoise, et Raoul de Paci, clerc de la dite marcheandise. — [Fol. LIX v°.]

OBSERVATIONS.

(a) *Le jeudi devant Paques Flories.* — Le dimanche des Rameaux tombait, cette année-là. le 26 mars le jeudi d'auparavant était le 23.

1301, 27 MARS.

SENTENCE DE CONFISCATION CONTRE RAOUL, BOURRELIER DE SAINT DENIS.

L'an de grace M. CCC. et I, *le lundi devant Paques* (a), perdi Raoul le Bourelier de Saint Denis, XXVIII paire d'aunes à fere selles; et furent jugiés à forfès par Estiene Barbete prevost des Marcheans et par ses compaignons, por ce que il les avoit fet venir par yaue de Roan à Saint Denis sanz ce que il feust hansé, ne que il eust compaignon de borjois de Paris hansé, laquele chose il ne pout fere selon les us et les anciennes coustumes de l'yaue de Paris. A cete sentence donner furent presens Bertaut Hescelin, sire Jehan Arrode, Adan Paon, le dit Raoul le Bourelier, Raoul de Paci, clerc au borjois, et Sanson clerc du dit Raoul. — [Fol. LIX v°.]

OBSERVATIONS.

(a) *Le lundi devant Paques.* — Cette année-là Pâques tombait le 2 avril: le lundi d'auparavant était le 27 mars.

1301, 29 MARS.

RESTITUTION DE VINS ARRÊTÉS APRÈS QUE LE PROPRIÉTAIRE A FOURNI SES CAUTIONS.

L'an de grace M. CCC. et un, *le mercredi devant Paques* (a), recreumes à Henri du Buguet, de Boulongne, XXXIX tonniaus et X queues de vin, que nous avions fet arrester por soupeçon de Pierre le Flament de Paris ; et sunt pleges de IIII° livres tornois Robert le Burier, Jehan le Burier, et Guillaume des Vans, maire de Boulongne, se les diz vins estoient trouvés por forfet

Tesmoins de cete chose : Renaut Tygier, Gefroi de Vitri, Jacques Boucel, mestre Henri de Reins, Adan Langlois des halles, et plusieurs autres. — [Fol. LIX v°.]

OBSERVATIONS.

(a) *Le mercredi devant Paques.* — Le 29 mars.

ANNÉE 1302.

NOMS DES COMMISSAIRES RÉPARTITEURS POUR LA TAILLE DE PARIS.

Ce sunt ceus qui doivent asaar les x.^m. livres tournois por l'ost de Bruges, de l'an M. CCC. et deus.

Por drapiers : Thomas de Saint Benoast, Pierre Marcel le jeune. — Por orfevres : Mahi de Biauvez. — Por espiciers : Jehan Hemeri. — Por peletiers : Guillaume de Trye. — Por merciers : Thomas de Chanevieres. — Por bouchiers : Looys Tybert. — Por talmeliers : Thomas Ami. — Por changeurs : Jehan le Paumier. — Por cordouanniers : Michel de Biauvez. — Por tesserans : le mestre des Tesserans. — Por poissonniers de mer : Richart de Garannes. — Por taverniers : Thomas de Noisy. — Por ferpiers : Pierre de Senliz. — Por marcheans : Le prevost des Marcheans, Guillaume Pizdoe. — [Fol. LII r°.]

1302, 2 JUILLET.

RESTITUTION D'UN CHAUDERON PRIS EN GAGE POUR LOYER DE MAISON.

L'an de grace M. CCC. et II, *le lundi après devant la Saint Martin d'esté* (a), recreumes juques à la Saint Remi à Jehannot Chartain, Hoste misire de Wirmes, demourant en la Morte- lerie, I chauderon que nous avions pris en sa meson por la finance de son celier, lequel Jehannot nous promist à rendre ledit chauderon devant les huitienes de la dite S. Remi, se misire de Wirmes n'avoit chevi à nous dedans le dit termes. Tesmoins : Pierre de Senz, Johan Barbe, Adan Paon, Sanson le Breton, Gautier, Gilet de Brye, Yves le Breton. — [Fol. LIX v°.]

OBSERVATIONS.

(a) *Le lundi apres devant la Saint Martin d'esté.* — Cette fête tombait, cette année, le mercredi, 4 juillet. Le lundi d'auparavant était le 2. La formule, *le lundi après*, se rapporte à la sentence qui précède cet arrêt de récréance dans le manuscrit.

1302, 6 JANVIER.

NOMINATION DE L'AVALEUR DU GRAND PONT DE PARIS.

L'an de grace M. CCC. et deus, *le vendredi devant la Tifene* (a), fu fet novel avaleur de nés de l'Arche de Paris, Jehan Bouvet d'Auceurre. — [Fol. XLVIII v°.]

OBSERVATIONS.

(a) *Le vendredi devant la Tifene.* — L'Épiphanie tombait, cette année-là, le samedi 6 janvier.

1302, 11 MARS.

NOMS DE TÉMOINS.

Ce sunt les tesmoins amenés de Paris : Richard Berthelemi, contre le Roi, l'an de grace m. ccc. et deus, *le diemanche jor des Brandons* (a), François Tantre, Bonaviste, Berthelemi mestre Jaques Baroche.

Ce sunt les tesmoins que le dit Richart amena le mardi ensuivant : Liese Gay, Huchon Aubert, Pagan Berthelemi, Guidouche Manchin, Perrot Aubert. — [Fol. LV v°.]

OBSERVATIONS.

(a *Le diemanche jor des Brandons.* — Le 11 mars.

1302, 12 MARS.

SENTENCE CONTRE JULIANE LE BUCHER, CONFISCATION DE BUCHES. — NOMS DE TÉMOINS.

L'an de grace m. ccc. et II, *le lundi après les Brandons* (a), perdi Pierre Juliane le buchier d'outre petit Pont, deus carterons de buche que il avoit mis en vente en la place de Greve, et la fesoit moler, la quele ne povait estre moulée, ainz devoit estre vendue à conte, porce que ele estoit trop corte, ne n'estoit mie de moison. Et fu adjugiée à forfete au roy nostre sire par Estienne Barbete prevost des Marcheans, selon les us et les constumes de Paris. A cete seutence furent presens le dit Pierre, Adam Paon, mestre Guillaume de Reins, Robert Evrot, Nicolas le porteur, mestre Guillaume de Sureus, Gefroi de Vitri, mestre Pierre Harenc, Benoast de Saint Gervais, Gales Harane et Raoul de Paci, et plusieurs autres.

Ce sunt les nons des tesmoins amenés de par François Puche de Pistoire, qui ont juré : Symon le tonnelier, François Tancre, Guillaume des Casteles corratier de vins, Jacques Branche de Pistoire, Gilebert du Moulin, Bonnaviste Barthelemi.

Ce sont les tesmoins le Roy. — Climent d'Orli. — Pierre de Bray. — Milet de Chiele. Robin du Colier. (b). — [Fol. XLVI v°.]

OBSERVATIONS.

(a) *Le lundi après les Brandons.* — Le premier dimanche de Carême, ou les Brandons, tombait cette année-là le 11 mars; le lendemain était le 12.

(b) Ces détails, relatifs à un procès dont le récit n'est pas dans le manuscrit, se trouvent immédiatement au-dessus de la Sentence précédente.

1302, 16 MARS.

CONFISCATION DE VINS DE GRENACHE. NOMS DES PLEGES, EN CAS D'AMENDES.

Emot Manchin, por li et por ses compaignons, Jacques Haringui por li et por ses compaignons, Bonelle Gatain por li et por ses compaignons, pleges et rendeurs envers nous por le roy, chacun d'eus por le tout et au miex apparissant de v^e et xi livres tornois, por les vins de Garnache, se il est jugié que il doivent être forfès, et a LIII baris. Tesmoins de ce Symon Paian, Bertaut Hescelin, mestre Renaut le Bel, avocat, Maci Pizdoe, Jehan Sarrazin, Vincent de Val Richier, Estiene Bordon, mestre Grace, Gefroi de Vitri, Gennevois. Ce fu fet l'an de grace m. ccc. et deus, *le vendredi après les Brandons* (a). — [Fol. LXIIII v°.]

OBSERVATIONS.

(a) *Le vendredi après les Brandons.* — Le 16 mars.

1303, 5 AOUT.

PERMISSION ACCORDÉE A RAOUL DE HARECOURT DE FAIRE VENIR PAR EAU DOUZE MILLE ARDOISES POUR COUVRIR SA MAISON.

L'an de grace m. ccc. et trois, *le lundi devant la Saint Lorans* (a), donnames congié a missire Raoul de Harecort de fere venir par yaue, à Paris, por couvrir sa meson, xii miliers d'adayse; et nous en doit baller si leittre. Plege monseigneur Pierre Hardi son chapelain. Jehan de Paris fiulz feu Alixandre Cordelier, attendant mesureur de sel, à la priere Robert le Berbier le roy; et sunt devant li .vii. autres attendans (b). — [Fol. LV v°.]

OBSERVATIONS.

(a) *Le lundi devant la Saint Lorans.* — Cette fête eut lieu le samedi 10 août; le lundi auparavant était le 5.

(b) Ces dernières lignes sont effacées par plusieurs traits de plume.

1303, 19 AOUT.

SENTENCE POUR FRAUDE SUR LE VIN.

L'an de grace m. ccc. et trois, *le lundi devant la Saint Berthelemi* (a), par devant nous list demande Michel le Bedel contre Ernaut de Roudés, nostre hoste, que iceli Ernaut li avoit vendu une queue de vin nouvel por le pris de c. xv. sols parisis, que il li avoit paié. Item que le dit Michel avoit fet monstrer et essaier la dite queue de vin par bones gens expers en tele chose liquel l'avoient trouvé que ce estoit vin viez, por coi il requeroit que se il connoissoit que ele feust viez que il repreist sa queue de vin et li rendit les diz cxv sols, et se il le nioit, il offroit approuver ce que il li en souffiroit; liquel Ernaut li nia et le dit Michiel l'offri approuver au mercredi ensivant. Auquel jour le dit Ernaut fu present pardevant nous et s'offri contre le dit Michiel et attendi à eure et après eure, lequel Michiel ne vint ne ne contremanda; et tenimes le dit Michiel por defaillant. Item le dit Ernaut fist semondre ledit Michiel au vendredi après ensuivant à aler avant en ladite cause, auquel jor ledit Michiel ne ne vint ne n'envoia por li; et fu le dit Ernaut present pardevant nous, et attendi à eure et après eure, et s'en parti par congié de court. — [Fol. LXIIII v°.]

OBSERVATIONS.

(a) *Le lundi devant la Saint Berthelemi.* — Cette fête tombait, cette année-là, le samedi 24 août; le lundi d'auparavant était le 19.

1303, 11 SEPTEMBRE.

VENTE DE BUCHES.

L'an de grace m. ccc. et trois, *le mercredi apres la Septembresche* (a), garan a mis Jehannot

Blanchart, crieur, à Yvonnet le Breton, mesureur de buche xxxi sols vi deniers de vente et
.... de buche. — [Fol. lv v°.]

OBSERVATIONS.

(a) *Le mercredi après la Septembresche.* — La Nativité de la Vierge tomba, cette année-là, le dimanche 8 septembre; le mercredi suivant fut le 11.

1303, 9 OCTOBRE.

SENTENCE CONTRE GUILLAUME DE MONS, FOURBISSEUR. — CONFISCATION DE MEULES A MOUDRE.

L'an de grace m. ccc. et trois, *le lundi devant la S. Denis* (a), perdi par jugement Guillaume de Mons, forbisseur d'espées de Paris, xiii meules à moudre espées et coutiaus, les queles il avoit fet venir par yaue de Roan à Paris ou batel Richard Porel, sanz ce que il feust hansé, laquele chose il ne povet fere selon l'usage et la coustume de l'yaue de Paris, qui est tele que nus homme de Paris ne peust mener par yaue à Paris, entre le pont de Paris et le pont de Mante se il n'est borjois de Paris, hansé de l'yaue de Paris. Et fut donnée cete sentence par sire Estienne Barbete, prevost des Marcheans; et furent presens à cete sentence donner : Nicolas le Porteur, Adan Paon, Maci de Gizors, (Bertaut) Hesceline, Pierre de Sens, Jehan le Breton, Guillaume d'Orange, Richart Potel, Raoul de Paci, et Sanson, serjant de l'yaue — [Fol. lx r°.]

OBSERVATIONS.

(a) *Le lundi devant la S. Denis.* — Cette fête eut lieu, cette année, le mercredi 9 octobre; le lundi d'auparavant était le 7.

1303, NOVEMBRE.

SENTENCE CONTRE JEAN LESCUELIER. — CONFISCATION DE MARCHANDISES.

L'an de grace m. ccc. et trois, ou mois de novembre, perdi par jugement Jehan Lescuelier de l'escole Saint Germain, xi carterons et ii moles de buche à mole. Et furent jugiez à forfez par sire Estiene Barbete, à ce tens prevost des Marcheans, porce que il la vendoit à mole et eile ne se povait moler, ne il ne la povait vendre par ce que eile n'estoit pas toute de droite moison, ainz en avant les ii pars qui estoit trop corte; et por ce il la perdi selonc les us et les constumes de la marcheandise de l'yaue, tenues, notaires, gardées et approuvées par si lonc tens comme il convient et doit souffire à bonne saisine acquerre. Et furent presens à cete sentence donner le dit prevost, Thomas de Saint Benoast, Guillaume Pizdoe, Adan Paon, Girart de Neelle, mestre Guillaume de Surens, procureur le roy, mestre Hugues Rectore, Gefroi de Vitri, Nicolas de la Cort, Raoul de Paci, sire Jehan Arrode, Jehan Jennevois serjant de l'yaue, Sanson le Breton et plusieurs autres. — [Fol. lxiiii r°.]

1303, 4 NOVEMBRE.

RESTITUTION DE MARCHANDISES CONFISQUÉES APRÈS CAUTION REÇUE.

L'an de grace m. ccc. et trois, *le lundi après la Touz Sains* (a), recreumes à Gasse de Givisi tavernier, xxiii toniaus de vin, les quelx vins estoient arrestez por le soupeçon que l'en disoit qu'il estoient descenduz de là à terre; et est son pleige de cent livres Bertran de Balastre. Tesmoins, Estienne la Baucherie, serjant à cheval, Gautier nostre serjant, Henri Sanson serjant de l'yaue, Gilet de Br... nostre serjant et plusieurs autres. — [Fol. II v°.]

OBSERVATIONS.

(a) *Le lundi après la Touz Sains.* — Cette fête tombait, cette année-là, le vendredi 1er novembre; le lundi suivant fut le 4.

1303, 10 NOVEMBRE.

SENTENCE CONTRE PIERRE ET COLIN LALIER; MARCHANDISES CONFISQUÉES.

L'an de grace M. CCC. III, *le diemenche devant la S. Martin d'yver* (a), perdirent Pierre Lallier et Colin Lalier de Maante, demi mui de navés que il avoient achetez à Paris et mis en l'yaue entre le pont de Paris et le pont de Mante, laquele chose il ne povaient fere se il ne fussent hansé et eussent compaignon borjois de Paris, selonc la constume et l'usage de Paris; et por ce il furent jugiés à forfés par sire Estiene Barbete, prevost des Marcheans. Et furent à cete sentence donner : Nicolas le Porteur, Benoast de S. Gervais, mestre Pierre Harenc, Jehan Point Lasne, Jehan Barbete, Jehan Genneveis, et Raoul de Paci.

Ce sunt les nons de ceux qui furent à cete sentence donner : Bertaut Hescelin, mestre Morize, Alain procureur le roi, Pierre Marcel, Nicolas le Porteur, Baudouyn Boucel, Jehan Roy, Jehan le Paumier, Nicolas le tuilier, Eude Pougeri, mestre Guillaume de Rains, Jehan de Tremblay, mestre Alain de Lambale, Renart le Déan, Eude Ascelin, Aubert de S. Julian, Jehan le Pevrier, Nicolas de Lagny, Pierre de Montmor, Pierre de Breic, Gerbault le Lombart, Gencian Tristan, Nicolas de la Cort, Gefroi de Vitri, Raoul de Paci, Sanson Quesnel, Sanson, serjant de l'yaue, Jehan Gennevois, Ansiau de Provins, Gautier, serjant du Parlouer et Philippe Bouvetin (b). — [Fol. LX r°.]

OBSERVATIONS.

(a) *Le diemenche devant la S. Martin d'yver.* — Cette fête tombait, cette année-là, le lundi 11 novembre.

(b) Le second paragraphe de cette sentence est biffé de plusieurs traits de plume.

1303, 11 NOVEMBRE.

MESUREUR DE SEL.

Jehan Bernart attendant mesureur de sel, à la requeste Raoul de Biaumont. Ce fut fet le lundi feste Saint Martin d'yver, l'an de grace M. CCC. et trois. — [Fol. LV v°.]

1303, 18 NOVEMBRE.

RESTITUTION DE MARCHANDISES CONFISQUÉES APRÈS CAUTION REÇUE.

L'an de grace M. CCC. et trois, *le mercredi devant Noel* (a), recreumes à Pierre Huc de Saint Cloot, foulon, xv pieces de dras de lainne, de la value de xx livres; et est son pleige des dites xx livres Crestian Hellet, batelier de Saint Cloot, receu à pleige par Adan Paon et par Jehan Arrode.

Item ice jor recreumes à Perronnelle la saunière de Saint Cloot, II sas de navés de la value de vii sols. Pleige le dit Crestian Hellet et Pierre Hue ; et doivent estre par devant nous le vendredi après Noel les diz Pierre, Hue et les bones gens à cui les dras sunt. — [Fol. LXI r°.]

OBSERVATIONS.

(a) *Le mercredi devant Noel.* — Cette fête eut lieu le mercredi 25 novembre ; le mercredi d'auparavant était le 18.

1303, 25 MARS.

RESTITUTION DE MARCHANDISES CONFISQUÉES APRÈS CAUTION REÇUE.

L'an de grace mil ccc. et trois, *le lundi devant Paques Flories*, ce fist plege et randeur Jehan Floremant de la compaingnie, desclarans por li et pour sa compaingnie de cccxx livres x sols parisis, pour reson des vins Chequin de Pistoire Lonbart, demourant en la Qualendre, en la meson mestre Pierre de Planegui, lesquiex vins nous tenions arrestés pour certene cause, et dont plest est pardevant nous, lesquiex nous avon recreuz au devant dit Chequin, se il estoient adjugés pour forfès par nous prevost des Marcheans et des eschevins de la ville de Paris, à nostre seigneur le roi. Tesmoins : Estiene Barbeite, Adan Paon, Thomas de Saint Benoit, mestre Alfonse, mestre Guillaume de Surens, Pierre de Cens, Bertaut Poinlane, Gefroi de Vitri, Bassequin le Ganevois, Sanson le Frere, mestre G. de Surens. — [Fol. LVI r°.]

1303, 25 MARS.

Item l'an de grace mil ccc. et trois, *le lundi devant Paques Flories* (a) en la presence des tesmoins dessus dit, se fit plege et randeur le dit Jehan Floremant por Jehan Nicolas de Pistoire de vii^{xx} livres parisis. — [Fol. LV v°.]

OBSERVATIONS.

(a) *Le lundi devant Paques Flories.* — Le dimanche des Rameaux tomba, cette année-là, le 31 mars.

1303, 25 MARS.

SENTENCE CONTRE HERBERT LE FLAMENT ET PAGAN BARTHELEMI.
AMENDE DE DEUX CENT QUATRE-VINGT-QUINZE LIVRES POUR VINS CONFISQUÉS.

L'an de grace M. ccc. et trois, *le lundi devant Paques Flories*, ce firent pleges et rendeurs envers nostre sire li roys et envers nous par le roi, Herbert le Flament, tesserrant, et Pagan Berthelemi, chacun d'eus por le tout et au miex aparissent de xiiii^{xx} xv livres parisis, por reson des vins Bonaviste Berthelemi, demourant en l'encloistre Seint Merri, qui est Jehan le Chambellane, lesquiex vins nous tenions arrestés por certene chose, et dont plest est pardevant nous, et lesquieux nous avons recreus au devant dit Herbert et Pagan ; se il estoient adjugiés por forfès par nous à nostre sire li roys. Tesmoins de ces choses mestre Guillaume de Surens, Pierre de Senz, Raoul de Paci, clerc du Parlouer, Sanson dit le Breton, le Serjant Gautier Lescot, Jehan de Challon, serjant du Chastelet, Pierre de Surenes, Hue de iii pors, Robin du Celier et Adan Trenchant. — [Fol. LVI r°.]

DEUXIÈME PARTIE.

1303, 27 MARS.

ACTE DE RÉCEPTION D'UN MESUREUR DE BLÉ, ET SOUMISSION DE SES CAUTIONS.

Thomassin Biauvallet mesureur de blé fet par le prevost des Marcheans, à la requeste frere Pierre de sus la Ville du Temple; pleges de dix livres, Jehan Daniel et Andri Tronnel, chacun d'eux pour le tout. Ce fut fet le *mercredi devant Paques Flories*. L'an de grace M. CCC. III. — [Fol. LXIIII v°.]

ANNÉE 1304.

BLEZ (*a*).

Ce sunt les conmissaires envoiés de par le roy es bailliées de son roiaume por la nécessité des blés.

En la viconté de Paris : Giefroi de Vitri, Jehan Lescuelier. — En la ballie de Senz : Thomas de Chanevieres et Thierri Brasire; Habent litteram. — Es ballies de Tours et d'Orliens ; Nicolas de Bontalu et Jehan Vigor; Habent duas litteras. — En la ballie de Gizors : Thomas Lami et Maci de Monteurain; Habent litteram. — En la ballie de Troies : Jacques Bordon et Jehan Lescuelier; Habent litteram. — En la ballie de Senliz : Jehan de Cormelles ainzné et Bertaut Pointlasne et Jehan le Champenois; Habent litteram. — En la ballie de Vermendois : Nicolas de Laigni et Guillaume de Tornay; Habent litteram. — En la ballie de Vitri, en Champaigne : Nicolas d'Yerre, Pierre de Montmor. — En la ballie de Chaumont en Bassigni : Gefroi Cartier et Thibaut de Flori. — En la ballie d'Amiens : Maci de Gizors et Robert de Cormeille ; Habent litteram.

Ce sunt les desputés de par le presvost de Paris, en la presvosté de Paris et u ressort.

Jehan Leleu et Jehan Menuet, à Gonnesse. — Jehan de Petit Pont et Jehan de Trye, à S¹ Cloost. — Mahi de Biauvez et Pierre du bois, à Chastiaufort. — Pierre Lemortelier et Guerin de Senliz, à Clayes et à Montgay. — Mestre Pierre Harene et Nicolas Borjois, à la Queue et à Gornay. — Girart de Chymeri et Robert de Cormialle, en la conté de Dampmartin. — Jehan Lepaumier, et Jehan de Chanz, à Poissi et Marli, et es villes voisines.

Ce sunt autres desputés por fere venir des blez à Paris, de par le prevost de Paris, en la prevosté de Paris et ou resort, l'an de grace mil ccc. et quatre, le mardi devant Paques.

Jehan de Trye et Robin de Montdidier, serjant à cheval, à S¹ Cloost et es villes voisines. — Jacques de Villeneuve et Thierri Lalemant, serjant à cheval en la ballie de Chastiaufort et es villes voisines. — Jehan Nevelon et Bertaut de Gizors serjant à cheval à Montmorancy et es villes voisines. — Denise de Corbeul et Pierre Cocart serjant à cheval à Clayes, à Montgay et es villes voisines. — Nicolas Borjois et Huitace de Breauté, serjant à cheval en la ballie de la Queue, à Gornay et es villes voisines. — Jehan Leleu, Jehan Menuet, et Perrot Lepage, serjant à cheval, à Gonnesse et es villes voisines. — Girart de Chimeri et Guillaume de Lisle sergent à cheval en la comté de Dampmartin. — Jehan Lepaumier, Jehan Deschanz et Maci Bienfet serjant à cheval à Poissi et es villes voisines. — Jehan Doboves et Jehan Lepage serjant à cheval commis en la chastellerie de Montmeliant et es villes voisines. — S¹ Germain en Laye, Poissi, Gonnesse et Chastiaufort ; cest IIII commissions sunt envoiés par le prevost de Paris. — [Fol. XV r° v°.]

OBSERVATIONS.

a Ce titre est dans le manuscrit

1304.

MESUREUR DE SEL.

Denise de Pont ferrant attendant mesureur de sel, à la requeste madame l'Empereris. L'an de grace M. CCC. et IIII. — [Fol. LV v°.]

1304, 3 AVRIL.

LETTRES DE PROVISION DES SERGENS DE LA MARCHANDISE DE L'EAU DONNÉES PAR LE PRÉVÔT DE PARIS CONJOINTEMENT AVEC LE PRÉVÔT DES MARCHANS ET LES ESCHEVINS DE CETTE VILLE.

A touz ceus que ces leittres verront Pierre li jumiaus, garde de la prevosté de Paris, salut. Nous faissons asavoir, que Sanson le Breton et Jehan Genevois, touz ensemble et chacun por soy pour le tout, porteurs de ces leittres, sont serjans de la marcheandise de l'iaue de Paris, establi de par nous pour le Roi, et de par le presvost de la dite marcheandise de Paris et des eschevins d'ice meesme lieu, pour prendre et pour arrester, tant en yaue que sur terre, les marcheandises qui passeront par eaue entre le pont de Paris et le pont de Mante, que il verront qui seront à prendre et à arrester. Et donnons aus devant diz Sanson et Jehan, à touz ensemble et à chacun pour soy pour le tout, plain povaer et mandement especial, ou non de nostre sire le roy, de serjanter en la dite yaue, en la forme et en la maniere dessus dite, et de adjorner les marcheans à qui les marcheandises seront, que il verront qui feront à adjorner, par devant le presvost des Marcheans et les eschevins de Paris, à certain jour, pour dire et monstrer toutes leur bones resons pourquoi les marcheandises ne doivent estre jugiées à foffettes pour le roy et pour la marcheandise par les devant diz presvost et eschevins, et de faire toutes autres choses qui appartienent et sunt necessaires à la dite marcheandise ; et voulons quant aux choses dessus dites que l'en obéisse aus diz Sanson et Jehan, à touz ensemble et à chacun pour soy pour le tout, comme à sergens de la dite marcheandise. En tesmoing de ce nous avons mis en ces lettres le scel de la prevosté de Paris. L'an de grace M. CCC. et quatre, *le vendredi après Paques* (a). — [Fol. LXI r°.]

OBSERVATIONS.

Ces lettres de provision ont été publiées par M. Le Roy, p. CXII de sa Dissertation sur l'Hôtel de Ville de Paris.

(a) *Le vendredi après Paques.* — Cette fête eut lieu, cette année-là, le 29 mars.

1304, 2 SEPTEMBRE.

CAUTIONNEMENT DE CRÉANCE DE LA VILLE DE PARIS.

L'an de grace M. CCC. et quatre, *le mercredi devant la Septembresche* (a), Gefroi de Vitri, Auberi de S¹ Julian, et Jehan le Breton, chacun d'eus por le tout de IIIe livres parisis, por la ville et envers la ville de Paris, por les biens meubles feu Adan Paon, dont inventaire a esté fet — [Fol. LXI v°.]

OBSERVATIONS.

(a) *Mercredi devant la Septembresche.* — Cette fête eut lieu le 8 septembre, un mardi.

DEUXIÈME PARTIE.

1304, 19 OCTOBRE.

ENSAISINEMENT D'UN PARTICULIER DANS LA PROPRIÉTÉ D'UNE MAISON SITUÉE DANS LA CENSIVE ET SEIGNEURIE DE LA MARCHANDISE PAR LES PREVOST DES MARCHANDS ET ESCHEVINS (*a*).

L'an de grace m. ccc. et quatre, *le lundi après la feste Saint Luc evangeliste* (*b*), vint par devant nous monseigneur Imbert de Romains chevalier, et se dessesi en nostre main d'une meson que il avoit en la rue de la Harpe, en nostre terre, laquelle meson il a donnée à Henri de Vincelles escuier. Et en sesismes ledit Henri, sauf notre droit et l'autrui. — [Fol. LXI v°.]

OBSERVATIONS.

(*a*) Cette pièce est imprimée dans la Dissertation sur l'Hôtel de Ville de Paris de M. Le Roy, p. CXII.
(*b*) *Le lundi après la feste Saint Luc evangeliste.* Cette fête tombait, cette année-là, le dimanche 18 octobre.

1304, 18 NOVEMBRE.

SENTENCE CONTRE GILOT DE PONMART DE BEAUNE; VINS CONFISQUÉS POUR CONTRAVENTIONS AUX PRIVILÉGES DE LA MARCHANDISE DE L'EAU.

L'an de grace m. ccc. et quatre, *le mercredi après la S. Martin d'yver* (*a*), perdi Gilot de Ponmart de Biaune, un tonniau de vin de Borgonne, que il avoit descendu de l'iaue à terre, c'est asavoir du port de Greve es hales de Paris, laquele chose il ne povet fere ne ne devoit, selon les us et les constumes de Paris, toutes notoires, tenues, gardées et approuvées par si lonc tens que il n'est memoire du contraire, qui sunt teles que nus estranges ne puet descendre vin de l'iaue à terre à Paris, et se il le fet li vins est forfet Et fu jugié ledit tonnel de vin par sire Guillaume Pizdoc à ce tens prevost des Merceans; et furent presens à cete sentence donner Estiene Bordon, Jehan Gencian, eschevins, Bertaut Point Lasne, Nicolas Hescelin, Denise Choenel, Gefroi de Vitri, Nicolas de la Cort et Raoul de Paci. — [Fol. LXI v°.]

OBSERVATIONS.

(*a*) *Mercredi apres la S. Martin d'yver.* — Cette fête eut lieu le mercredi 11 novembre.

1304, 30 NOVEMBRE.

DÉCLARATION POUR VENTE DE MARCHANDISE.

L'an de grace m. ccc. et quatre, *le lundi feste Saint Andri*, confessa en jugement par devant nous Jehan Lescuelier de l'Escole, que sa fame avoit vendu à Marguerite Lescueliere I milier de buche de gloe, laquelle il avoit mis en vente et à fere à VI deniers la douzene. Item, ice jor, ladite Marguerite confessa que ele avoit achetée de la fame du dit Jehan le milier de gloe VI deniers la douzene, et que elle l'avoit vendu la douzene d'icele buche VIII deniers. — [Fol. LXIIII r°.]

1304, 15 JANVIER.

SENTENCE CONTRE JEHANNOT DE CAEMBEN; AMENDE DE SOIXANTE SOUS.

L'an de grace m. ccc. et quatre, *le mercredi feste St Mor,* nos Guillaume Piz doe prevost des Marcheans, en conseil de bones gens deimes et pronunçames et par droit, que Jehannot de Caemben, delès Orliens, qui avoit acheté de Huguet du Crocefi d'Orliens, à Paris sur terre vii queues de vin d'Orliens, et oté d'un celier et mis en i autre celier, en l'encloistre S. Benoast, que il ne le pot fere, selonc les us et les costumes anciennes de Paris, approuvées et gardées par si lonc tens que i n'est memoire du contraire; et li enjuximes et commandames que il les dites vii queues de vin otast tantost du celier où il l'estoient, et les enmenast hors de la ville; et li commandames encore que il meit en nostre main lx sols, por l'amende à fere en nostre volenté, à laquelle sentence il obéi pesiblement. Tesmoins de ce Renier Bourdon, Estiene Bourdon, Jehan Gencian, eschevins, sire Jehan Arrode, Nicolas de la Cort, Bertaut Point Lasne, Jaques le Peurier. — [Fol. lxii r°.]

1304, 17 JANVIER.

ÉMANCIPATION. — LOUAGE DE MAISON (*a*).

L'an de grace mil trois cens et quatre, *le vendredi feste Seint Mor* (*b*), fut leue ou Parlouer, à la requeste Pierre de Dici prevost de Paris, une cedule de la quele la teneur est tele : Thomas de Chartres dist contre Symon de Boissy et Jehanne sa femme, que il est us et costume notaire, que se i jenne homme de l'aage de xvii anz, ou de plus, veult entrer en religion, et meesmement contre la volonté du pere; et por ce il veult estre emencipé et ordener de touz ses biens; et tuteur et curateur li soit donné à ce faire, à la requeste et au porchaz de ses amis prochains de par sa mere, et mesmement de ceus qui orendroit s'i opposent et demandent ses heritages à avoir; et il est emancipé souffisanment. Après il ordene de ses biens, de l'auctorité de son curateur, et les donne à son pere par don fet souffisamment entre vis; et en recompensacion de ce que le fuitz li a couté grant chose en despens fors de son hostel, et à vestir et entrer en la religion, et par autres causes souffisans; esquiex coustemans le dit pere n'estoit de riens tenuz par nulle costume, se il ne li plesoit, mesmement quant le dit fuilz vouloit entrer en la religion contre la volonté du pere. Et puis le dit don, le pere les tient continuement par l'espasse de viii anz ou environ, au veu et à seu des amis prochains de par la mere, qui suppose que le donneur ne s'en fust dessesi quant il les donna por ce que le pere les tenoit lors, et avoit tenu grant piece devant. Et puis le dit don, le pere les tient et a tenu par le tens dessus dit que tele maniere de don jasoit ce qui n'y eust vest ne desvet, est et doit estre tenu souffisant et valable selon l'us et ladite costume, ne ne peust estre dite ne opposée nulle fraude.

La quele cedule leue et ouie et entendue diligenment de sire Guillaume Piz doe prevost des Marchans, Estienne Bourdon, Jehan Jencian, eschevins. Thomas de S. Benoast, sire Jehan Arrode, Pierre Marcel, Jehan Arrode le jeune, Estienne Barbete, Nicolas Hescelin, Symon Desprez, Nicolas de Bontalu, Michel de Mante, Guillaume de Trye peletier, Jehan de Moustereul tesserant, Gefroy de Montgizon, Nicolas de Laigni, Jehan Barbete, Bertaut Point Lasne, Jaques le Pevrier drapier, Jehan de Gizors, Nicolas de la Cort et Raoul de Paci, i fu regardé et tesmoigné par eus que tel don fet du pere au fuilz est de nulle value, veue, regardé et considéré les fraudes qui en ensuivraient ou tens avenir, veu et regardé les us et les coustumes de Paris et de la viconté, qui sunt teles que fuilz ne puet donner à son pere les heritages qui li sunt descendus de par sa mere, car ainsi seroient deheritéz les parens prochains de par la mere. — [Fol. xiv r°].

LOUAGES DE MAISONS.

En ce meesme an et en ce meesme jor, fu leue ou Parlouer, à la requeste du dit prevost de Paris, une cedule de la quele la teneur est tele : Entent à prouver Jehan Arrode ainzné contre Raoul Daville Fournier, que la constume de la ville de Paris usée et approuvée en la dite ville de si lonc tens comme i peut souvenir à memoire de honme, est tele que quant aucun prent mesons ou moulins à louage de aucun borgois de Paris, et il veult lessier la dite mesons ou moulin enprès le terme cheu, il est tenuz et doit aporter le jor du terme qui chet en avant les clés et touz les arrerages que il doit de la dite meson ou moulin; et se il n'aporte touz les arrerages, et se il ne les offre soufisanment, les borjois ne sunt pas tenuz de prendre les clés, ainçois demeure et doit demourer la meson ou le moulin sur celi qui loué l'a, l'année qui est avenir por tant comme il a tenue l'année devant. Item que les borjois de Paris sunt en sesine et ont esté par si lonc tens comme i peut souvenir à memoire de honme, de user de la dite constume et en ont usé toutes foiz que le caz est escheuz et avenus. Item que des choses desus dites est commune renommée en la ville de Paris et allieurs. Laquele cedule leue, ouie, et entendue diligemment du prevost des Marcheans et des autres personnes nommées et contenues en la page enverse de ce feuillet, et de mestre Hugues Rectore, Phelippe Bouvetin et Pierre Marcel, i fu regardé et tesmoingnié par eus que la dite constume est toute notoire, à Paris et alieurs, gardée et approuvée de si lonc tens comme i peut souvenir la memoire de honme; et l'ont veue user et adjugier entre aucunes persones, comme il est en la cedule desus dite.

[Fol. xiv v°.]

OBSERVATIONS.

(a) Ces deux titres sont dans le manuscrit.

(b) *Le vendredi feste Seint Mor.* — Cette fête était célébrée le 15 janvier. Cette année-là, qui était bissextile, le vendredi fut un 17; mais le rédacteur de la Sentence a oublié les mots *après la*, comme le prouve la Sentence qui précède.

1304, 23 MARS.

SENTENCE CONTRE FOUQUES LE HARENGIER DE ROUEN.
CONFISCATIONS DE MARCHANDISES.

L'an de grace m. ccc. et quatre, *le lundi devant Nostre Dame en marz* (a), perdi Fouques le Harengier de Roan, quatre cenz de morues, et i tonnel d'anoncelles, lesqueles il avoit amené de Roan par yaue à Poissi, et de Poissi en charroi à Paris, sanz ce que il feust hansé de Paris, ne compaignon borjois de Paris hansé en cele compaignie, laquele chose il ne pot fere selonc les us et les constumes anciennes de la marcheandise de l'yaue de Paris notaires et approuvées; et furent jugiés à forfez par sire Guillaume Pizdoc prevost des Marcheans. A cete sentence donner furent presens sire Renier Bordon, Estiene Bourdon, eschevins, Pierre de Senz, Jehan le Paumier, Renaut Pizdoc, Richart de Garonnes, Guillaume de Charni, blatier, Gautier Lost, Jehan de Petit Pont, bouchier, Gefroi de Vitri, Bertaut de la Hale, Evrart Lamine, Jehan

Leleu, Gefroi Thomas, borjois de Roan et Raoul de Paci, clerc des Marcheans. — [Fol. LXIIII r°.]

OBSERVATIONS.

(a) *Le lundi devant Nostre Dame en marz.* — L'Annonciation, qui tomba cette année-là le mercredi saint 25 mars.

CIRCA 1305.

NOMINATION DE COURTIERS EN VINS, DE HENOUARDS, DE MESUREURS DE SEL ET DE CHARBONS.

Thibaut le Picart nouvel corratier de vin, plege Michel de Biaumont vendeur, Jehan Evrot et Jehan le torneur. — Jehan tout li faut fet henouart le mardi devant la S. Vincent, à la priere Phelippe de Vitri. — Jaques d'Aubigni nouvel mesureur de sel mercredi devant la S. Vincent, à la requeste madame Jehanne reine de France. — Colin l'Anglois atandant mesureur de sel, à la priere misire Oudart de Chambli. — Robert Pepin fet corratier de vins par le presvost, le mercredi devant la chandeleur, plege Jehan le poissonnier des hales. — Colin Maron de Mez novel porteur de charbon, le mercredi après la S. Barthelemi. — Guillaume de Chartres fet corratier de vin par Adan Paon, le samedi devant la feste S. Pere d'yver, plege Mestre Jehan Bufet. — [Fol. LXXVII v°.]

CIRCA 1305.

CE SUNT LES NONS DE CEUS QUI SUNT ESLEUS A ASAAR LA TAILLE LE ROI DE LA SECONDE ANNÉE (a).

Henri Desnoz, marcheant. — Estienne de la Chapelle, marcheant. — Symon de S. Cloot, drapier. — Estiene Boucel, changeur. — Jehan le Breton, peletier. — Estienne d'Espernon, mercier. — Henri Acart, ferpier. — Jehan Bonefille, bouchier. — Guillaume de Roan, talemelier. — Pierre de la Queue cordouannier. — Climent li Vallet, tesserant. — Pierre Aparisis. — Estiene de Rueul. — Renaut Baryot, buchier. — [Fol. LXXVII v°.]

OBSERVATIONS.

(a) Ce titre est dans le manuscrit. Un peu plus haut, avant l'article relatif à Guillaume de Chartres, on lit : « La summe de l'eitrait des despens de la taille des .c. mille livres tournois que la ville a despendu monte IIII^m. VIIe LV livres .VII. sols .III. deniers. »

1305.

Estienne Haudry, potest. — Thomas de Saint Benoast. — Jaques Boucel. — Estienne Barbete. — Jehan Jencian. — Ymbert de Lyons. — Nicolas de la Cort. — Simon Desprez. — Nicolas de Bontalu. — Li prevost des Marcheans. — Jehan Arrode ainzné, Non. — Estienne Bordon. — Gautier de Broisselles. — Phelippe Bouvetin. — Jehan Ami de Cormelles. — Pierre Marcel. — Maci Pizdoe. — Jehan Remy. — Hemary de la Marche. — Raoul de Pacy. — Jehan de Pacy; iceus dient que pere et mere qui ont enfant du second mariage.... (a).

Fet le mardi apres la S Luce virge, l'an de grace M. CCC. et cinc. — [Fol. XV v°.]

OBSERVATIONS.

(a) Cette Sentence n'est pas terminée. Elle a été rendue le 14 décembre.

DEUXIÈME PARTIE.

CIRCA 1305.

TALMELIERS.

Ce sunt ceus qui se prenront garde por le commun de Paris que li talemeliers de Paris facent pain convenable selon le pris que il leur coutera au marchié (a).

Por les Hales : Jehan de Clamart, juré; Richart de Garennes; Nicolas Ansel, juré. — *Por Petit Pont* : Pierre de Pons, juré; Jacques de Douay; Bernart de Biauvez, juré; Michel le sergent. — *Por la porte à la Char* : Jehan de Petit Pont; Jehan Sause vert; Pierre le Mortelier, juré. — *Por la porte Baudaar* : George de Ballenval, por mestre des tesserans; Pierre de Moidon, por varlet tesserant; Jehan de Menstereul; Phelippe desuz l'iaue. — *Por Foulons* : Eude Ascelin, monnoier; Jehan de saint Lo, por mestre foulon; Michel de Caan, por varlet. — *Por Taincturiers* : Jehan de Gouvernes; Jehan Bocher. — *Por Corraiers* : Gefroi Neveu, por mestre corraier, juré; Jehan le Barbier, por vallet; Jehan d'Espernon, mercier juré. — *Por Bouchers* : Symon Mouton, por mestre bouchers; Jehan de Lorroz dit Hutin, vallet boucher; Gefroi de Dammartin, touz juré. — *Por la Cité* : Estienne le Cordier; Maci du Mans; Michel de Senz, jurés.

Ceus qui doivent fere labourer le blé por fere l'essay por la necessité de Paris.

Por Talmeliers : Pierre de Gornay; Rogier le Passeur. — *Por le Commun* : Raoul au Mouton; Pierre de Senz. — [Fol. xvi r°.]

OBSERVATIONS.

(a) Ces deux titres existent dans le manuscrit.

1305, 12 MAI.

RECRÉANCE (a).

L'an de grace mil ccc. et cinc, le mercredi après feste S. Nicolas (b) en may, recreumes à Jehan de Waure demourant à Paris, xlii tonniaus de vin, dont plest est entre le roy et nous d'une part, et ledit Jehan d'autre part, par devant nous, de la quele recréance Jehan de Ruel mercier, demourant en Quiquempoit, se fit et establi envers le roy et nous principal rendeur et deteur por chacun tonel des diz vins xiiii livres parisis, se il estoient adjugiés par nous à forfet; et a jor le dit Jehan pardevant nous à mercredi prochain à aler avant sur le principal, si comme reson sera. Tesmoins de ces choses : Jacques Lopovrier, Bertaut Point Lasne, Girart de Neele et Raoul de Paci. — Ce fut fet l'an et le jor desus diz. — [Fol. xv v°.]

OBSERVATIONS.

(a) Ce titre existe dans le manuscrit.
(b) *La Saint Nicolas en may.* — Cette fête eut lieu le dimanche 9 mai.

1305, 21 MAI.

SENTENCE CONTRE MARTIN DE LUQUE ET JOINTE DE PISTOIE.
CONFISCATION DE VINS. — NOMINATION D'UN MESUREUR DE CHARBON.

L'an de grace m. ccc. et cinc, le vendredi après feste Saint Honoré, en may (a), perdirent et forfirent Bonaventure Martin de Luque, et Jointe de Pistoire, xxi tonniaus de vins, c'est à savoir le dit Bonaventure vii tonniaus, et le dit Jointe xxiiii tonniaus, lesquieulx il avoient acheté en Greve en l'yaue, et descendu de l'iaue à terre, laquele chose il ne povaient avoir fet, ne ne devoient, selonc les privileges, us et constumes anciannes de la ville de Paris, notaires et approuvées; et furent jugiés à forfez par sire Guillaume Pizdoe prevost des Marcheans. Et furent presens à cete sentence donner les devant diz Lombars, Girart de Molle et Gefroi de Vitri, procureurs le roy, sire Renier Bourdon, Jehan Jencian, eschevins, Jaques Luce, Jehan le Paumier, sire Jehan Arrode, Guiart de Laigni, Bertaut Point Lasne, Nicolas le Tuilier, Jehan Warroquier, changeurs, Nicolas de Laigni et Gautier Lescot, Gilet de Brye, serjans du Parlouer et Raoul de Paci, clerc de la marcheandise.

Robin dit le Batart de Gauray, mesureur de charbon. —[Fol. LXIII v°.]

OBSERVATIONS.

(*a*) *Le vendredi après feste Saint Honoré.*—Elle tombait, cette année-là, le dimanche 16 mai

1305, 23 JUILLET.

SENTENCE CONTRE JEHAN LESCUELIER, BUCHIER. — CONFISCATION DE BUCHE

L'an de grace m. ccc. et cinq, *le vendredi feste Seint Climent* (*a*) perdi par jugement Jehan Lescuelier le jeune, buchier, 1 taz de buche de mole que il avoit en Greve, la quele buche il avoit vendue à plusiors foiz sanz ce que il chomat ne estanchat XL jors, la quele chose il deust avoir fet, selon les us et les constumes de la ville de Paris antienes et gardées en la dicte ville par si lonc tens que il n'est memoire du contraire. Et fu la dite buche adjugée por forfete à nostre sire li roys par sire Guillaume Piz doe, prevost des Marcheans, Estienne Haudri, Estienne Bordon eschevins, Estienne Barbete et misire Simon de Rabuisson, Nicolas le Porteur, mestre Raoul de Vaus, Pierre au Parisis, Estienne Boitlyaue, Maci Piz doe, Evrart de Neelle, Hemery de Verdelay, clerc du prevost de Paris, Thomas de Chaneveres, Gautier de Dampmartin, Pierre de Senz, Raoul de Paci, clerc des borjois, et plusieurs autres assés. — [Fol. XVI v°.]

OBSERVATIONS.

(*a*) *Le vendredi feste Seint Climent.* — Cette fête est marquée, pour cette année-là, le jeudi 23 juillet.

1305, 17 AOUT.

ADJUDICATION AUX ENCHÈRES DE LA COUTUME DE GRÈVE.

L'an de grace m. ccc. et cinc, *le mardi après la feste Nostre Dame*, en aoust (*a*), prist par anchiere Pierre de Senz la constume de Greve, de sire Guillaume Pizdoe prevost des Marcheans, jusques à II anz por XVI° livres parisis, à c livres d'anchiere, à tenir d'iceli Pierre par II anz en la maniere que il est contenu en la cedule que il a par devers li; et dura l'anchiere jusques à I mois. Tesmoins: sire Jehan Arrode, Jehan le Paumier, Nicolas de Laigni, Jehan Barbe, Jehan Menuet et Phelippe Bouvetin. — [Fol. LXI v°.]

OBSERVATIONS.

(*a*) *Le mardi après la feste Nostre Dame* — Cette fête eut lieu, pour cette année, le dimanche 15 août.

DEUXIÈME PARTIE.

1305, 27 AOUT.

CHARBONNIERS (a).

Nomination de mesureur et de porteur de charbon.
Sentence contre Jehan Mocart des Carrières. — Confiscation.

Jehannot de Chastiaudun, mesureur de charbon; juré.
Robert le Villain, porteur de charbon; juré.

L'an de grace m. ccc. et cinq, *le vendredi après la feste Saint Barthelemi* (a), perdi par jugement Jehan Mocart des Carrieres, une tumbe que il avoit mise en l'yaue, au desouz du pont de Paris, et l'avoit vendue à ses periz à 1 marcheant de Sessons, laquele chose il ne povait avoir et selon les us et les constumes de l'yaue de Paris, et selon les us, privileges de l'yaue desus dite. Et fu fet ce jugement par sire Guillaume Pizdoe prevost des Marcheans. Et furent presens à ce jugement, sire Renier Bordon, Estienne Bordon, eschevins. Mestre Gerart de la fontene, Nicolas de la Cort, maistre Pierre Haranc, Nicolas de Bontalu, Jehan de Chiele. Le dit Jehan Mocart, Gautier Lescot, serjant du Parlouer, Raoul de Paci, cler de la marcheandise; et plusieurs autres. — [Fol. xvi v°.]

OBSERVATIONS.

(a) Ce titre existe dans le manuscrit.
(b) *Le vendredi après la feste Saint Barthelemi.* — Cette fête eut lieu le mardi 24 août.

1305, 27 OCTOBRE.

SENTENCE CONTRE THOMAS DE MANDESTOR.
CONFISCATION DE 28 TONNEAUX DE VINS DE GATINAIS.

L'an de grace m. ccc. et cinc, *le mercredi devant la Touz Sainz* (a), Thomas de Mandestor condamner se fit par devant nous, envers nous, por Jaquemar Bonnefoi, de xxviii tonniaus de vin de Gastinois, chacun tonnel du pris de xl livres, se il estoit trouvé que le dit Jaquemart ne feust hansé. — [Fol. lxxv r°.]

OBSERVATIONS.

(a) *Le mercredi devant la Touz Sainz.* — Cette fête eut lieu, cette année-là, le lundi 1er novembre.

1305, 29 NOVEMBRE.

EXPULSION DE LA CONFRÉRIE DES MARCHANDS
PRONONCÉE PAR LE PARLOIR AUX BOURGEOIS CONTRE UN MARCHAND HANSÉ (a).

L'an de grace mil ccc. et cinq, *le lundi veille Saint Andry* (b) l'apostre, fu mis hors de la conflarie aux Marchans Symon Paquet, mercier, pour une fauce advouerie d'une compagnie que il avoit euc avecques Crespin le Valois, d'une navée de sel et de viii quars de foing. Et furent presens à ces choses faire, sire Guillaume Pisdoe prevost des Marchans, Jehan Gencien, eschevin. — Sire Estienne Barbete, Macy Pisdoy, Jehan Bonnefille, maistre des bouchers, Thomas de Chanevieres, Richard de Garennes, Jehan de Montereuil, tesserant, Nicolas de

x

Ventalu, Girart de Neelle, Bertaut Point l'Asne, Pierre de Sens, et Raoul de Pacy, clerc du Parloer. — [Fol. XIII v°.]

OBSERVATIONS.

(a) Cette Sentence est répétée dans les mêmes termes, sur le même folio. Le Roy. qui l'a publiée page CXII de la Dissertation sur l'Hôtel de Ville, a supprimé le nom des conseillers.

(b) *Le lundi veille Saint Andry.* — Cette fête eut lieu le 30 novembre.

1305, 20 DÉCEMBRE.
ASSIGNATION CONTRE LES MEMBRES D'UNE COMPAGNIE ITALIENNE NOMMÉE LES BOURRINS.

L'an de grace M.CCC. et cinc, *le lundi devant Noel* (a) furent adjornés pardevant nous au dit lundi la compaignie des Bourrins à respondre au procureur le roi des forfatures et à nous, laquelle compaingnie fu dou tout defallant, le dit procureur atandant à heure et après heure, et s'en parti por çou il de cort; et fu faite la semonse par Jehan Phelippe sarjent à pié de Chatelet.

Item la dite compangnie fu ajornée au mercredi enprès par le dit Jehan Philippe et fu du tout défallant; et s'en parti le dit procureur et le nostre par congié. — [Fol. LXIII v°.]

OBSERVATIONS.

(a) *Le lundi devant Noel.* — Cette fête eut lieu le samedi 25 décembre.

1305, 22 DÉCEMBRE.
NOMINATION D'UN PROCUREUR DE LA VILLE.

L'an de grace M.CCC. et cinc, *le mercredi devant Noel,* receumes à procureur por la Marcheandise et por la ville de Paris, mesire Rogier Pastorel, clerc. — [Fol. LXXIII r°.]

1305, 29 JANVIER.
ASSIGNATION PAR DÉFAUT.

L'an de grace M. CCC. et cinc, *le vendredi devant la Chandeleur* (a), meismes en defaut Guillaume le Breton por Jaquet fuilz Raoul Chopin de Senliz; à laquele jornée il estoit semons en cause de retraite par le dit Jaquet par Gilet nostre serjant.... à laquele il ne vint ne n'envea souffisanment. — [Fol. LXXVII v°.]

OBSERVATIONS.

(a) *Le vendredi devant la Chandeleur.* — Cette fête tombait, cette année, le mardi 2 février.

1306, 5 FÉVRIER.
NOMINATION D'UN SERGENT DE LA MARCHANDISE. — NOMINATION DES COMMISSAIRES CHARGÉS DE RECEVOIR LA SUBVENTION POUR L'ARMÉE DE FLANDRES.

L'an de grace mil CCC. et sis, *le samedi après la Chandeleur* (a), fu receu Guillaume de Chaalons serjant de l'yaue de la Marchandise de Paris, fait à la requeste sire Renaut Barbou.

Gefroi de Vitri et Nicolas de la Cort, la queste de la paroisse S. Germain l'Auceurois. Item cele de S. Huitace. Item celle de la Cité. Item cele de la paroisse S. Pol Item cele de S. Jaques la Boucherie. Item cele de la paroisse S. Jehan. Item cele de la paroisse Ste Genneviève la grant, et cele de S. Sevrin, de la derniere subvention de l'ost de Flandres. — [Fol. II v°.]

OBSERVATIONS.

(a) *Le samedi après la Chandeleur.* — Cette fête eut lieu le mercredi 2 février.

1307, 16 FÉVRIER.

NOMINATION D'UN SURNUMÉRAIRE MESUREUR DE SEL.

Jehan Thomas, attendant mesureur de sel, à la requeste de l'arcediacre d'Angé en l'eglise de Luisies, et monseigneur Raoul de Mante, chapelain, nostre seigneur le roi, l'an M. CCC. et sept, *le jeudi après les Brandons* (a). — [Fol. XLVIII r°.]

OBSERVATIONS.

(a) *Le jeudi après les Brandons.* — Le premier dimanche de Carême eut lieu, cette année, le 12 février.

1308, 15 AOUT.

COMMISSAIRES POUR LA TAILLE DE 1308. — DÉCISION RELATIVE A ROMBAND LE LOMBARD AU SUJET DE CE QU'IL DOIT PAYER DE CETTE TAILLE.

Ce sont ceuz qui sont elleuz por asaair la talle de x mille livres parisis, por ma dame Ysabiau ainznée fille le Roy, mariée au roi d'Engleterre, l'an M. III^c et VIII, *le jeudi feste de l'Assompcion Nostre Dame.*

Prumierement : por marcheans, Bertaut Point l'Asne ; por drapiers, Symon de Saint Cloot ainzné; por peletiers, Guillaume de Trye ; por orfevres, Mahi de Biauvez ; por changeurs, Jehan Menuet; por bouchiers, le mestre des bouchiers ; por selliers, armeuriés, lormiers, Guillaume Francpie ; por espiciers, Girart Godefroi ; por talmeliers, Thomas Lami ; por cordouanniers et marcheans de cordouan, Michel de Biauvez ; por merciers et corraiers, Gefroi de Dampmartin ; por ferpiers, Guillaume de Pontoise ; por tesserans, Jehan de Monstereul ; por poissonniers de mer et d'yaue douce, Richart de Garennes; por taverniers, Phelippe de Biauvez. — [Fol. XLVIII r°.]

Visis litteris Rombandi Lombardi, pronunciatum fuit contra ipsum quod ipse talliam à civibus Parisiensibus sibi impositam à tempore quo fuit adeptus, privilegium burgensium Parisiensium solvet, tanquam burgense Parisiense. Et nichilominus solvet terminis assignatis financiam quam fecit antequam factus fuisset burgensem cum gentibus nostris, quia contra prohibitionem domni regis mutuaverat sub usuris in regno. — [Fol. XLVIII r°.]

1308, 3 MARS.

DÉCLARATION FAITE PAR UN PARTICULIER, DEVANT LE PARLOIR AUX BOURGEOIS, D'ÉTABLIR SA DEMEURE A PARIS POUR ACQUÉRIR LA QUALITÉ DE BOURGEOIS DE CETTE VILLE(a).

L'un de grace M. CCC. et huit, *le lundi après la Seint Aubin* (b), en marz, vint par devant nous Pierre Ansiau de Versi, et aferma que il entendoit à demourer à Paris, et vivre et mourir comme bourjois, et paier les tailles, les fraiz et les autres debites que li bourjois de Paris paient et ont acoustumé à paier, et que il avoit fet venir à Paris pour demourer et fere residence sa fame et ses enfans; et que partie de ses biens il fet venir et le demourant il entent à feire venir. — [Fol. LXXI v°.]

OBSERVATIONS.

(*a*) Cette déclaration est imprimée dans la Dissertation de Le Roy sur l'Histoire de l'Hôtel de Ville de Paris, p. cxiii.

(*b*) *La Seint Aubin*, en marz. — Elle tombait, cette année-là, le samedi 1er mars.

1309, 12 MAI.

NOMINATION D'UN NOUVEAU MESUREUR DE CHARBONS, MEMBRE DE LA CONFRÉRIE ATTENDANT L'AUMÔNE.

Jaquet le Flamenc, mesureur de charbon, novel, *le lundi devant Penthecoste* (*a*), l'an M. CCC. et IX. — Guillaume Gomont povre et marcheant, attendant l'aumosne. — [Fol. LXXIII v°.]

OBSERVATIONS.

(*a*) *Le lundi devant Penthecoste*. — La Pentecôte était, cette année-là, le 18 mai.

1312, 21 JUIN.

ADJUDICATION DU CHANTELAGE DE LA TERRE DES BOURGEOIS HANSÉS.

L'an de grace M. CCC. et XII, *le mercredi avant la Saint Jehan* (*a*), acheta de nous Hanri le Marcheant jusques à .I. an le chantelage de nostre terre por .VII. livres parisis. Item le lundi après feste St Martin d'esté, l'ancheri Thomassin de Saint Germain de xx sols. (*b*). — [Fol. LXXIII v°.]

OBSERVATIONS.

(*a*) *Le mercredi avant la Saint Jehan*. — Cette fête tombait le samedi 24 juin.

(*b*) La fin de cette transaction est effacée dans le manuscrit.

1312, 10 JUILLET.

ADJUDICATION DE LA COUTUME DE BLÉ APPARTENANT A LA MARCHANDISE (*a*).

L'an de grace M. CCC. et XII, *le lundi après la Saint Martin d'esté* (*b*), Jehan le Cervoisier, demourant en la Vannerie, acheta de nous nostre constume de blé et d'avenne por .L. solz parisis, à x solz d'anchiere; et dure jusqu'à la Madeleine. Presens Estiene Barbete, Gautier l'Escot, Ivon et Jehanot.... — [Fol. LXXIII v°.]

OBSERVATIONS.

(*a*) Cet acte a été publié par Le Roy, p. cxiii de sa Dissertation sur l'Histoire de l'Hôtel de Ville de Paris. — Dans le manuscrit, les noms des conseillers présents, ce jour-là, au Parloir, ont été grattés.

(*b*) *Le lundi après la Saint Martin d'esté*. — Cette fête eut lieu le mardi 4 juillet.

1313, 20 OCTOBRE.

Richart de Vannes, de Saint Germain des Prez, paie por III quartiers de terre en Poullini tenant à l'araine.... le *samedi après la Saint Luc* (a), l'an III^c et treze. — [Fol. LXXII v°.]

OBSERVATIONS.

(a) *Samedi après la Saint Luc.* — Cette fête eut lieu le 18 octobre, un jeudi.

1313, 5 DÉCEMBRE.

CONVENTIONS ENTRE LES MEMBRES DU PARLOIR ET LES VOITURIERS DE PARIS ET DE L'YONNE.

C'est l'ordenance fete et acordée du prevost des Marcheans et des marcheans et des voituriers de Paris et d'Yonne. C'est asavoir que il ont acordé entre eus que Jehan Perret et Giles de Cravant sunt mestres avaleurs de l'arche de Paris; et doivent avoir de la nasselée de vins montant et avalant de soissante tonniaux juques à IIII^{xx} XVI sols parisis, et de IIII^{xx} juques à c, XX sols. Item de cent juques à VI^{xx}, XXIIII sols; et se plus en i aura il seront paiés à la value, en desouz LX juques à XL, XIII solz, et desouz XL, XII sols; et par tout sera la fleitte à VIII avironz. Item il doivent avoir XII deniers parisis du mui de sel monter; et quant il auront avalé il ne monteront la nef wide juques à tant que il soient agréé, se il ne leur plest, et doivent monter la nef de là où il l'ont avalée de la Tornelle du Louvre juques au Javax. Ce fu fet l'an de grace M. III^c et treze, le *mercredi devant feste Saint Nicolas d'yver* (a). — [Fol LXI r°.]

OBSERVATIONS.

(a) *Mercredi devant feste Saint Nicolas d'yver.* — Cette fête eut lieu le jeudi 6 décembre.

1313, 13 DÉCEMBRE.

NOMINATION DE COMMISSAIRES POUR LA TAILLE.

. . . .

Ce sont ceus qui sunt esleus por eslire les XVII preudommes qui feront l'assise à Paris des X mil livres parisis, pour la chevalerie monseigneur Looys roy de Navarre, ainzné fuilz nostre sire le roy de France, l'an de grace M. CCC. et XIII, *le jeudi feste Seinte Luce* (a).

Por Marcheans, Phelippe Bouvetin; Pierre Marcel.... *de Seint Merri*; Gefroi de Dampmartin, mercier; Jehan Jencian.

Ce sunt les XVI preudes hommes qui sunt esleus à assaar la taille de X mille livres parisis por la chevalerie mon seigneur Looys roy de Navare, ainz né fuilz nostre sire le roy de France, l'an de grace M. CCC. et XIII, le lundi après feste Seinte Luce. Por drapiers, Symon de Saint Benoast; por changeurs, Jehan Maillart; por orfevres, Jehan Lequeu; por frepiers, Guillaume Franque; por Marcheans, Thomas de Noisi, Renaus Pizdoe, Jehan Barbete, Jacques Bordon, Nicolas Arrode; por merciers, Jehan de Rucul; por espiciers, Girart Godefrai; por peletiers, Guillaume de Trye; por poissonniers de mer, Vincent poissonnier; por tesserrans, Jehan de Monstreul; por corratiers, Robert de Lynais; por talmeliers, Euvryn Lygier; por bouchiers, Symon Tybert (b). — [Fol. XLVII v°.]

OBSERVATIONS.

(*a*) *Le jeudi feste Seinte Luce.*
(*b*) Cette liste paraît avoir été écrite sur un feuillet déjà rempli et dont les caractères ont été grattés pour cet objet. J'ai indiqué par des points les traces encore existantes de la première écriture.

ANNÉES 1315, 1316, 1321, 1323.

Ce sunt les noms des henouars de sel de la saunerie, jurez du port (a).

Alyaume le Piquart, mort; Benoast de Porchainville; Gobin, mort; Guillaume Boust, mort; Pierre de Baieux, mort; Pierre le charpentier, mort; Jehan Fout Vielle, mort; Climent du Jardin nommé l'an ccc. xxiii, le second jour de septembre, à la requeste Robert Miette; Richart le soudant, mort; Richardin Garnier de Grissi, renonce; Jehan Rousselet, mort; Aymauri Moinnet, mort (*b*); Maciot Sorel; Daniel le Breton; Jehan Lenglois, nommé le xi° jour de décembre, l'an xxi; Henri de Flourens. Perrot Mellet, à la requeste misire Maci chapellain l'abbé de Compigne. — Thomas le Bugle, fet par Jehan Jencian; Adenot l'Anglais nommé Hanouart; fait le *mercredi après feste Luc évangeliste* (*c*) l'an ccc. et xv, renonce.—Auberi le Parmentier nommé Hanouart, fait le mercredi avant Pentecouste, xxvi° jourz en may, l'an mil ccc. et xvi.—Hue de Hedinc nommé Hanouart, fait le mardi après la feste Saint Mor, xviii jourz en janvier, l'an mil ccc. xvi. — [Fol. lviii v°.]

OBSERVATIONS.

(*a*) Ce titre est dans le manuscrit.
(*b*) Tous les noms suivis de ce mot *mort* sont effacés.
(*c*) *Mercredi après feste Luc évangeliste.* — Cette fête eut lieu le 18 octobre, samedi. Le mercredi suivant fut le 22.

1316.

Ce sunt les nons des mesureurs de sel (a).

Henri de la Marche; Lubin Amiot, vallet sire Renaut Barbou; Jehannot d'Arde, dit Hanot; Yvonnet le Breton; Vigor Loysson nommé mardi après feste Seint Remi ccc. et xvi (biffé); Colin Gracian; Guillaume Meingot, mort; Jehannot Bouchart de Kaan; P. J. Nicolas. Richart des Jardins, à la requeste l'evesque de Baiex, fet. Jehan l'Alemant, mort. Aufroi le Breton. Jehannot de Bureville, à la requeste monseigneur de Sully (biffé); Adenet de Malasiz nommé samedi v jours d'avril en leu Estienne de Valenciennes; Perret le queu sire Estiene Barbete.

Ce sunt les nons des jaugeurs de Paris (a).

Jehannot de Routange, tonnelier; Jehan le vachier; Renaut de Mouci, à la requeste Bouvetin (biffé); Robert d'Anthorgin, à la requeste Baile de Seint Germain des Prés; Guillaume de Mouci; Guillaume des Poulies, jaugeur à Seint Denis; Pierre Haut de Cueur, tonnelier; Maciot de Seint Port; Robert Chanel; Jehan Picpou, tonnelier.

OBSERVATIONS.

(*a*) Ces titres sont dans le manuscrit.

DEUXIÈME PARTIE.

ANNÉES 1320 ET 1321.

François de Pontremble, nommé le xᵉ jour de juillet, l'an xxi; Jehannin Bigue; Loracin d'Acre aveques le chantre de Milli; Bertaut Govioun, mort; Symonnet de Beuseville; Macio de la Broce, valet; Jehan Lenglais (biffé), Godefroi Lalemant, serjant des foires (biffé); Oudinet Mauclerc, mort; Daniau le Breton, queu Jehan le Paumier, nommé vendredi feste de la Translacion Seint Benoist en juillet, l'an ccc. et xx, mort; Bertaut de Gizors, mort; Gefroi Denis, fet à la requeste mestre Pierre de Bourges; Frielant, attendant mesureur de sel.

Ce sunt les nons des corratiers de sel.

Guillaume de Noyers; Symon Mouton; Jehan Cochin —[Fol. LIX rº.]

ANNÉE .....

MESUREURS DE BUCHE. — COURTIERS EN VIN. — PORTEURS DE CHARBONS. MESUREURS DE BLED ET AUTRES OFFICIERS SUBALTERNES (a).

Alain le Breton, mesureur de buche, fet le lundi après les huitièmes de la Trinité; Drouet de Roan, attendant corratier de vins; Robert Ingrant de Rains, Pierre Condit de Besannes de Rains, Robert Aligot, Girard Roussel de Paris, Bénart de Reins, de Paris, Thomas li Gras; Guillot Wilecoc, porteur de charbon, juré; Jehan de Sorviller, mesureur de buche, nommé le vendredi après la Saint Martin d'esté, fet par le prevost des Marcheans; Galeran le Breton, mesureur de blé, attendant la prumiere bourse qui eschara; Jehan Torin, porteur juré de charbon; en defaut Jehan Jennevois, Pierre Jehan Lesculier, le mercredi après la Saint Andri. —[Fol LXII rº.]

OBSERVATIONS.

(a) Ces listes, qui ne portent aucune date, contiennent le nom d'une partie des jurés officiers subalternes de la Marchandise, qui ont exercé dans la première moitié du xivᵉ siècle. Elles complètent quelques détails du même genre qui précèdent, mais que j'ai pu rapporter à une date certaine.

ANNÉE .....

vɪᶜ LXXV livres parisis sunt en la main Raoul le Perrier, por xxɪɪɪ sas de cuir ɪ cuir.... — Couratiers de vins : Yvonnet Ysaac* (a); juré, Colin le savant; juré, Nicolas d'Orguelandes; Jehan d'Avenes*; juré, Thierri le Lorain; juré, Symon de Gonnesse; juré, Pierre de Jooin; Jaquin de Jevre*; Jehan d'Ancre; juré, Jaques Lalemant; juré, Climent de Winaucort; juré. Evrart d'Ytrevelle; Pierre d'Ytrevelle de xx livres, juré, Giefroi de la Couronne; Gile Guespin*; Andri de Sarran*; Jehan Paton douce*; juré, Guillaume d'Orliens; juré, Gautier Mauclerc*. Nicolas de Bontalu; Henri d'Estempes*; juré, Longuet Serouge, Jehan Taye; juré, Jehan le Muet; Guillot Luilier, rendeur por li Pierre d'Achies; juré, Thomas aufèvre; Jehan d'Ambligny*; Colin Hélies*; Lorans le Bueuf*; Hemonnin d'Auxonne*; juré, Hervi le serjant; Dreve Saroncle*; Estiene le Panotier*; Jaques de Chartres*; Thomas le Picart*; juré. Jehan des Petits Crochés; juré, Guiot le Bourguinon; Guiart de Condé*; Rogier Bolin; juré. Pierre de Saint Quentin; Pierre d'Eve*; Jehan de Briençon*; Dreve le Champenois* et Guillaume le Maire de xx livres; Guillot Ysaac, rendeur por li Philippe de Biauvés et Philippe de

Crulliac, de xx livres; Nicolas de Brebançon*; juré Bertaut Levier; Garnier de Biauvez*, juré, Davi Douzain; Robert de Cacichole*; juré, Nicolas Picart*; juré, Thomas au souppes; Estienne de la Cort*; Jehan de Tornan; juré, Jehan d'Orli; juré, Raoul Fournel; Robert Pepin*; Symon le moutardier; Robin d'Acis*; Symonnet de Chiele*; juré, Guillaume de Senliz, rendeur Guillaume des Chanz, tavernier et Raoul de.... de xx sols; juré, Jehan Aufèvre, juré, Jehan Legreve; juré, Richart de Pierrefons; Aubert des Forniaus*; Pierre Genaume*; Bertaut Turpin*; juré, Guiot Forniau; Robert de la Cicbole, rendeur de xx livres, Gautier Morel, tavernier; juré, Renout Aalips, pleige Estiene de la Chapelle de xx livres; juré, Hylaire le Champenois*; Jehan Hutin, juré; Andri du Til*; Jaques de Chartres; Thiboudin Roullon*, Nicolas du Fruit; Baudet de Compingne*; Estiene Picheron*; Nicolas Chanteriau*; Johannot de Hoban*; Pierre Vinage*; Jehan de Soscanne, corduanier(sic); Fouques de Montbar*; Thibaut de la Marche*; Perrot le fiulz Soyer de Darci*; Soyer le cordouannier et son fiulz*; Nicolas du Fruit*; Pierre d'Ableges*; juré, Jehan de Salins, pleige Pierre Felise, tavernier, demourant en clos Brunel; Guiot de Trayes; juré, Colin l'Allemant, à la requeste Thomas de Saint Benoast; juré, Ogier le Picart; Guillaume Morel*; Pierre de Rulli*; Estiene du Figuier*; Garnier de Biauvez, pleige por li Pierre Béquet de toute xx livres; juré, Nicolas Tonet; Jehan Chapelain*; juré, Colin le Camus; juré, Pierre d'Eve; Symon d'Arsis; Guillaume des Ouralles, du cheval rouge*; Evrart d'Ytrevelle*; Guiart de Neuville*; Roger d'Espongni*. Remembrance de Jehan de Salins parent au prestre de S. Gilles*; Remembrance d'un Thomas de Saint Benoist. Item por mestre Th. por Ducelier Item 1 por le prevost des Marcheans. Guillaume de la Chapelle, gendre au mareschal du prevost. mis hors. — [Fol. LXIII r°.]

OBSERVATIONS.

(*a*) Tous les noms suivis d'une étoile sent effacés dans le manuscrit.

ANNÉE .....

Maci de Gizors amené de Noion x muis de blé le jeudi après la Seint Honoré et mis en garnier. — Ice jor Gefroi de Dampmartin IIII muis de blé mis en garnier. — Ice jor Symon Daudin IIII muis — [Fol. LXXV r°.]

ANNÉE .....

Marie la Commine attendant la prumière bourse qui escharra, à la prière le trésorier de Thoulouse. — [Fol. LXXV r°.]

APPENDICE III.

NOTICE HISTORIQUE SUR LES ANCIENNES ARCHIVES DE L'HOTEL DE VILLE DE PARIS.

Les anciennes archives de l'Hôtel de Ville de Paris comptèrent avec raison, jusqu'à la révolution de 1789, parmi les riches dépôts historiques de notre capitale. A cette époque, elles furent dispersées et en partie détruites. Bien que le plus grand nombre des pièces et des registres de ce dépôt se retrouve encore dans les différentes sections des Archives du Royaume, les lacunes qu'on peut signaler sont assez considérables pour faire regretter que ce bel ensemble n'existe plus aujourd'hui. Des chartes, des lettres patentes et missives de nos rois, des registres, des comptes de dépenses nombreux et détaillés, composaient une série de documents sur notre histoire qui, commençant à la première moitié du XIIe siècle, ne s'arrêtait qu'à la fin du XVIIIe. Avant de présenter l'analyse succincte des différentes collections comprises dans les anciennes archives de l'Hôtel de Ville, je vais donner les détails que j'ai pu recueillir sur la formation successive de cette riche collection.

I.

Dès le XIIIe siècle, les bourgeois de Paris composant la confrérie puissante de la Marchandise de l'eau conservaient avec le plus grand soin les chartes que les rois de France leur avaient accordées. Les procès nombreux qu'ils furent obligés de soutenir devant le Parlement avaient fait comprendre aux confrères de quelle importance était pour eux la possession de ces actes. Aux assises de la Pentecôte de l'année 1270, on les voit produire une série de pièces que le rédacteur des *Olim* appelle *chartes des bourgeois de Paris* (1). Le clerc du Parloir était chargé de conserver ces pièces. L'un des plus anciens connus de ces officiers, Raoul de Paci, a fait écrire sur un petit registre, vers l'année 1292, non-seulement la partie des établissements d'Étienne Boileau qui intéressait l'administration municipale, mais encore les sentences rendues dans le Parloir, depuis l'année 1268 (2).

En 1382, au moment où Charles VI supprima la prévôté des Marchands, toutes les chartes, registres, titres et papiers qui se trouvaient dans la Maison de Ville, furent portés dans le Trésor du roi, au château du Louvre.

Au mois de novembre 1412, quand la municipalité parisienne, rétablie depuis trois années, fut officiellement reconstituée, Charles VI publia des lettres patentes par lesquelles il ordonnait à Étienne de Mauregard, garde du Trésor des chartes, de rendre au prévôt des Marchands et échevins tous les titres qui leur avaient été pris : « Vous mandons, commendons et expres-

---

(1) « Demum visa inquesta inde facta, de mandato curie, visa eciam carta burgensium Parisiensium. » (*Olim*, t. 1, p. 368, n° xi.
(2) Voyez sur ce volume l'Appendice n° II.

« sément enjoingnons que tous delays et excusacions cessans, vous, toutes les chartres, ori-
« ginaulx, et autres lettres qui sont par devers vous en nostre dit Trésor, avecques l'extrait
« des registres de nostre chancellerie, des autres lettres touchant ladite prévosté et eschevi-
« naige, qui ne se pourront trouver, lequel vaille original ; et aussy le transcript d'aucunes
« lettres touchans ce que dit est, qui sont, si comme on dit, *rompues et décirées*, et qu'il vous
« apparra autresfoiz avoir esté séellées, vous bailliés et délivriés aus diz prévost et eschevins,
« pour en avoir la garde et possession par devers eulx, et pour eulx en aider en ce qu'ilz en
« auront à faire (1). »

On voit, par la citation qui précède, que les archives de la bourgeoisie parisienne étaient déjà quelque peu maltraitées au moment où du Trésor royal elles revenaient à l'Hôtel de Ville. Depuis cette époque, elles furent conservées avec beaucoup de soin. En 1445, le compte des dépenses de l'Hôtel de Ville portait une somme de six livres quatre sous parisis, pour la confection de tablettes en bois, couvertes de corne noire, avec agrafes en argent, pour servir à iceux messeigneurs et receveurs, pour mettre par mémoire plusieurs choses qui surviennent touchant les affaires de la dicte ville.

L'année suivante, Jean Colot, huchier à Paris, recevait une somme de soixante-six livres parisis pour la fourniture de « quatre coffres et bancs estans en la chambre de l'Ostel de la dicte
« ville, où se tient le conseil d'icelle, pour iceux coffres servir à mettre les comptes, lettres et
« autres choses appartenant à icelle ville » (2).

Le 4 septembre 1451, une somme de deux sous six deniers parisis était affectée au paiement de deux fermoirs neufs et à la réparation de la reliure du *Livre des Ordonnances*.

Le 16 avril 1577, les prévôt des Marchands et échevins obtenaient des lettres patentes qui les autorisaient à rétablir le papier terrier de la ville de Paris, « dont les originaux s'estoient
« perdus par les guerres, ou autrement » (3).

Jusqu'à la première moitié du xvie siècle, tant que la vieille Maison aux Piliers servit d'Hôtel de Ville, les archives étaient placées dans la salle du conseil, dans celle-là même que Mahieu de Biterne couvrit de peintures et de fleurs de lis en 1430 (4). En l'an 1540, quand la première partie des bâtiments de l'Hôtel de Ville nouveau fut terminée, les archives paraissent avoir été placées au second étage du pavillon sur la Grève, au-dessus de l'arcade Saint-Jean, dans une salle assez vaste, dont le plancher, au mois de février 1607, menaçait déjà ruine (5). Au xviiie siècle, les archives occupaient, dans le même pavillon, plusieurs pièces, et dans un *état de l'intérieur de l'Hôtel de Ville, et des numéros mis sur les portes au mois de juin* 1745 (6). je trouve au premier étage, n° 62 le greffe, n° 63 le cabinet du greffe, n° 75 le trésor ; au second étage, n° 66 le petit trésor, n° 67 les grandes archives. Au mois d'août 1729, M. Turgot, élu prévôt des Marchands, fit exécuter de grands travaux d'organisation intérieure dans l'Hôtel de Ville, et comme on peut en juger par le Rapport officiel fait sur ces travaux (7), les archives, qui étaient

---

(1) Arch. du Roy. — *Trésor des Chartes*, p. 476, n° 12. — *Ordonn. des rois de France*, t. X, p. 38. — Dessales, *Mémoire sur le Trésor des Chartes*, p. 70. Le Roy, dans les Preuves de sa *Dissertation sur l'origine de l'Hostel de Ville de Paris*, p. 125, a le premier imprimé cette pièce, mais avec des erreurs nombreuses de copie. Par exemple, Estienne de Mauregard est appelé dans le texte de Le Roy, Estienne de Mainegart.

(2) Registre des recettes et dépenses, Archives du Royaume, K. 1062.

(3) Reg. des rec. et dép., Arch. du Roy., K. 1063, fol. 125 v°.

(4) Sauval, *Antiquités de Paris*, t. II, p. 483. — Voyez plus haut, première partie, liv. 1, chap. 1.

(5) 11 février 1607. — Travaux de charpente nécessaires à la confection de la grande salle de l'Hôtel de Ville. Voyez notre appendice 1, n° 41.

(6) Archives générales du département de la Seine ; voyez notre appendice 1, n° 98.

(7) Voyez plus haut, première partie, liv. 1, chap. II, p. 45.

dans un assez grand désordre, furent complétement rétablies, au moins sous le rapport matériel.

Les quatre coffres ou layettes, confectionnés en 1445, paraissent avoir servi de modèle à l'arrangement des archives, car dans les différents inventaires des titres de l'Hôtel de Ville, on les retrouve souvent indiqués. Le plus ancien de ces inventaires qui soit parvenu jusqu'à nous, dressé en 1583, par Jean Poussepin, échevin, mentionne cinq layettes, dans lesquelles chaque pièce était renfermée. Un second inventaire, daté de 1609, fait connaître l'ordre matériel de la grande chambre du Trésor. Elle comprenait seize armoires renfermant chacune plusieurs layettes cotées des différentes lettres de l'alphabet. Du Breul, dans ses Antiquités de Paris, Le Roy, dans sa Dissertation sur l'Hôtel de Ville, et plusieurs autres historiens, ont cité ces layettes et ces armoires (1).

Quelques recherches sur les hommes qui, depuis le XIIIᵉ siècle, ont été chargés de la direction de ces archives, compléteront les détails précédents relatifs à leur conservation.

Dans un des chapitres de mon *Essai sur le gouvernement municipal* (2), j'ai fait connaître l'un des plus anciens gardes de ces archives, Raoul de Paci, qui mourut dans les premières années du XIVᵉ siècle. Pendant le cours de ce siècle si agité, je n'ai pu trouver le nom que d'un seul des successeurs de Raoul de Paci, Pierre Marcel, frère d'Étienne, tué avec lui au mois d'août 1358. Le registre des élections, depuis 1411 jusqu'en 1542, fait connaître quatre clercs greffiers : *Robert Louvel, Jean Falle, Jean Luillier* et son fils. Robert Louvel fut élu le 12 mars 1411, Jean Falle le remplaça le 10 juillet 1422, pendant une absence temporaire qu'il fit, et dont la cause n'est pas indiquée. Au mois d'août 1447, Robert Louvel étant mort, Jehan Luillier fut élu à sa place, et eut pour successeur, le 15 juillet 1467, son fils, qui portait les mêmes noms que lui. Robert Louvel et Jehan Falle avaient été nommés par l'élection des *prévôts des Marchands et échevins*, et aussi de *pluseurs et grant quantité de marchans et bourgeois d'icelle ville* (3). La solennité de ces élections atteste toute l'importance des fonctions de clerc receveur. Dans une circonstance remarquable, Robert Louvel fit preuve d'un sang-froid et d'un courage qui lui font le plus grand honneur. Dans les premiers jours de l'année 1413, le peuple de Paris, sous la conduite des Legoix et des Caboche, ayant eu connaissance que le prévôt de Paris, Pierre des Essarts, venait de s'emparer de la Bastille Saint-Antoine, força Pierre Gentien, prévôt des Marchands, à céder sa place à André d'Éperneuil. Ce dernier, craignant pour sa vie, délivra aux révoltés une autorisation de prendre les armes qui étaient à l'Hôtel de Ville. Mais cette autorisation, pour avoir quelque valeur, devait être signée du clerc de la ville. Louvel, sans se laisser ébranler par les menaces ou par les violences qui, à plusieurs reprises, furent essayées contre lui, refusa de signer l'acte et de livrer les armes, « se contentant toujours de répondre avec douceur qu'il ne fallait rien pré-
« cipiter, et qu'on savait bien que le prévôt, les échevins et les principaux défenseurs de la
« ville avaient juré à monseigneur le duc de Guienne de ne point faire prendre les armes aux
« bourgeois, sans lui en avoir donné avis deux jours auparavant. Ainsi, l'autorisation du
« prévôt se trouva annulée, ajoute le chroniqueur anonyme de Saint-Denis, et il y eut, dès
« le même jour, un grand nombre de gens du menu peuple qui refusèrent d'y obéir (4). »

Il y avait déjà longtemps que Denis Hesselin, l'un des successeurs immédiats de Jehan Luil-

---

(1) Du Breul, *Théâtre des Antiquités de la ville de Paris*, etc., p 1010, a publié quelques extraits de l'inventaire de Poussepin. —Le Roy, *Dissertation sur l'origine de l'Hostel de Ville de Paris*, etc. Paris, Desprez, 1725, in-fol. Pièces justificatives

(2) Voyez première partie, liv. II, chap. IV
(3) Arch. du Roy., K. 996.
(4) Voyez première partie, livre III, chap. I.

lier, remplissait les fonctions de clerc de la ville, lorsque la chute du pont Notre-Dame, qui eut lieu le 25 octobre 1499, et le procès criminel auquel cet événement donna lieu, amenèrent la séparation de la charge de clerc greffier de celle de clerc receveur. Pendant la suspension momentanée des magistrats municipaux, qui eut lieu lors de cette catastrophe, les commissaires délégués du Parlement confièrent à Jacques Rebours, procureur de la ville, la garde d'une partie des papiers (1). Depuis cette époque le procureur de la ville et le greffier paraissent avoir été chargés ensemble de l'administration des archives.

Il résulte des détails précédents que les magistrats municipaux apportèrent le plus grand soin à conserver ces archives. Sept inventaires, dressés dans l'espace de moins d'un siècle (de l'année 1583 à l'année 1675), attestent leurs efforts pour transmettre à leurs successeurs cet immense dépôt de titres différents dans toute son intégrité. Dans la seconde moitié du xviii° siècle, un archiviste de profession, Battheney, auteur d'un ouvrage sur la diplomatique, adressa au conseil de ville un Mémoire dans lequel il demandait six années pour mettre en ordre les archives de la ville, qui se trouvaient alors dans une confusion déplorable : « Ces archives, disait-il, renferment des titres précieux et de la dernière importance, « soit pour le domaine de la ville, soit pour celuy du Roy, et même pour l'histoire. « M. de Vannes, procureur du Roy et de la ville, en connoit si bien l'importance et les « avantages qu'on en pourroit tirer, qu'il sollicite depuis plus de trois ans l'arrangement « d'icelles; mais il a toujours été contrecarré par quelqu'un de l'Hôtel de Ville en place. » Battheney offre, dans ce Mémoire, de procéder au classement de ces archives par un inventaire général et raisonné, chronologique et historique; il demande six années pour le faire et une somme de 8000 fr. par année, se chargeant de payer sur la dite somme les commis qui lui seront nécessaires (2).

Quand la révolution de 1789 éclata, les parchemins, papiers et registres qui composaient les archives de l'Hôtel de Ville, furent entassés sans aucun soin dans les greniers de la *Maison commune*, et n'en furent tirés que vers l'année 1798, par la *commission du triage des titres*, qui dressa cette même année douze états de tous les titres séparés et des registres composant ces archives. Cette immense collection fut déposée aux archives nationales placées alors dans le palais du Louvre. Voici l'indication sommaire de ces douze états, signés chacun par quatre commissaires, et les observations qui sont jointes à deux des principaux :

1. État sommaire des objets renfermés dans les cent vingt-neuf cartons intitulés : Affaires particulières de la ville, et qui contiennent en général les dossiers des affaires traitées par les prévôt des Marchands et échevins de la ville de Paris, depuis 1134 jusqu'en 1790. (Cent vingt-neuf cartons depuis l'année 1134 jusqu'à l'année 1790.)

---

(1) « Je Jehan Raduise, licentié en loix, advocat au Parlement « et à present procureur de la ville de Paris, confesse avoir en « ma possession et garde, plusieurs procedures et exploits tou- « chant les affaires de la dicte ville, estant en ung comptouer « au bout de la salle des quartiniers; lesquelles procédures et « exploits m'ont esté baillez par maistre Jacques Rebours de « l'ordonnance de MM. les prevosts et eschevins, sans inventoi- « rier, ensemble la clef du dit comptouer, dont je prometz faire « bonne garde. Faict soubz mon saing manuel cy mis le iiii° jour « de septembre, l'an mil cinq cens et cinq. Signé : RADUISE » Inventaire de l'artillerie de la ville, voyez Appendice 1, n° 6 bis.

(2) *Mémoire sur les Archives de l'Hôtel de Ville de Paris*. —
Bibl. Roy., Ms. carton de Brequigny, n° 5, liasse n° 4. — A la fin du Mémoire, une note, d'écriture différente, est ainsi conçue : « Le sieur Batteney demande aussi à messieurs du bureau une « gratification pour les deux années qu'il a travaillé à la ville et « qu'on luy avance 9 mois de ses appointemens, pour l'aider à « payer les frais de son ouvrage diplomatique, ce qui feroit « 3000 fr., y compris les 1500 fr. qui lui sont dus depuis le 5 de « ce mois de décembre. »

L'ouvrage indiqué plus haut a pour titre : *L'Archiviste français, ou Méthode sûre pour apprendre à arranger les Archives et déchiffrer les anciennes écritures*, par Battheney, Paris, 1775, in-4°. — Voyez, sur cet ouvrage, QUÉRARD, *France littéraire* au mot LE MOINE.

DEUXIÈME PARTIE.

2. État sommaire de quarante-huit cartons contenant les baux, marchés, adjudications, acquisitions, ensaisinements, etc., fait par le ci-devant bureau de la ville, depuis 1730 jusqu'en 1791, remis au citoyen Cheyré, le 18 germinal an VI.

3. État sommaire de huit cartons relatifs aux concessions ou confirmations d'eau, de 1529 à 1734.

4. État sommaire de cent sept registres composant le greffe administratif de l'Hôtel de Ville de Paris, depuis 1300 jusqu'en 1784; plus trois registres, dont le livre-rouge aujourd'hui perdu; un registre coté R. B., un autre registre coté C.

(Ce sont les registres de l'Hôtel de Ville qui font partie de la section administrative.)

5. État de vingt et un cartons contenant titres de propriété et minutes de liquidations de la valeur des maisons et terrains pris pour l'embellissement de Paris, en vertu de l'édit de septembre 1786, remis au citoyen Cheyré, le 18 germinal an VI de la république française.

6. État, 1° de registres de comptes du domaine de la ville de Paris, depuis 1414 jusqu'en 1633; 2° d'acquits de plusieurs desdits comptes pour la même époque, 3° de volumes contenant des copies d'aucuns des mêmes comptes, depuis 1424 jusques et y compris 1721. Le tout numéroté, savoir : les registres et les cartons renfermant des acquits depuis un jusques et compris cent quatre-vingt-cinq, et les volumes depuis un jusques et compris soixante et un.

Et remis, le 4 thermidor an VI, par les membres du bureau du triage des titres, au citoyen Cheyré, dépositaire de la section domaniale.

Observations générales.

« Les registres postérieurs à ceux des comptes compris dans un état commençant à 1634
« étoient en bon ordre dans une des salles de la maison ci-devant commune, et ils ont été
« remis jusques et non compris l'année 1784, au citoyen Cheyré, qui en a donné son récé-
« pissé au pied de l'état numéroté 7, le 2 floréal dernier.

« Le compte de 1778 à 1784 a été remis à la comptabilité nationale. Les comptes des années
« suivantes n'ont pas été remis aux archives, parce qu'ils sont restés entre les mains des
« comptables pour être présentés à la liquidation de la comptabilité nationale.

« Les registres de comptes insérés dans le présent état avoient, depuis la révolution, suivi
« tous les mouvemens de déplacemens, toujours précipités et sans ordre, des archives de la
« ville de Paris; ils étoient, depuis plusieurs années, encombrés dans un bouge obscur du
« grand grenier de la ville, et enfouis dans des amas d'acquits, d'anciens comptes de parche-
« mins, de registres, d'où il a fallu les retirer et les reconnoître.

« Ces comptes comprennent, depuis quatre siècles environ, tous les objets du domaine
« patrimonial de la ville de Paris. On y voit l'origine, les progrès et l'application de son revenu,
« et comme la ville de Paris a toujours eu une part très-active dans les événemens publics, on
« trouve dans ces comptes, ainsi que dans les registres et dans la suite, des cartons des
« affaires particulières de la ville, déjà déposés au Louvre (numéros 1 et 4), des faits qui,
« n'étant consignés dans aucun manuscrit ni dans aucun livre, forment des matériaux nou-
« veaux et très-précieux pour l'histoire.

« Ces comptes étoient arrêtés par les seuls officiers municipaux.... On a à regretter la perte
« de ceux des registres de comptes dont le présent état donne l'indication, en laissant en
« blanc, à leur article, l'espace de la colonne qui y correspond.... »

7. État de quatre-vingt-dix-neuf registres de comptes du domaine de la ville de Paris,

depuis 1634 jusques et y compris l'année 1784; remis au citoyen Cheyré, le 2 floréal an vi de la république. (*Voyez* Section domaniale.)

8. État de onze cartons contenant les permissions de bâtir et limites données par le bureau de la ville de Paris, depuis 1724 jusqu'en 1766; remis au citoyen Cheyré, le 2 floréal an vi de la république française.

9. État de huit cartons contenant les alignements donnés par le bureau de la ville, depuis 1701 jusqu'en 1786; remis au citoyen Cheyré, le 2 floréal an vi.

10. État sommaire des objets provenant des archives du ci-devant bureau de la ville; remis le 4 prairial an vi, aux archives domaniales, par les membres du bureau du triage des titres.

11. État des différents registres de comptes, d'aides, dons, octrois, fortifications, faisant partie des archives de l'Hôtel de Ville de Paris; remis le 6 fructidor an vi, au citoyen Cheyré, dépositaire de la section domaniale.

Cet état est précédé des observations générales suivantes :

« Les états des objets remis au citoyen Cheyré, sous les numéros 6 et 7, comprennent les
« comptes du *Domaine patrimonial* de la ville de Paris, depuis 1411 jusques et compris 1784,
« avec mention de ceux qui manquent dans cette série.

« Ce domaine, foible dans son origine, étoit devenu insuffisant aux charges de la commune.
« Elle étoit chargée de l'entretien de l'abord des quatre grandes routes qui y aboutissoient,
« de celui des rivières qui y conduisoient directement ou indirectement les approvisionne-
« mens; elle avoit, dans l'intérieur de la ville, des travaux de constructions et de réparations
« à faire pour l'utilité des habitans et la décoration de la capitale. Elle eut ensuite à se défendre
« contre les ennemis extérieurs de l'État, et souvent contre les Anglois, dont on voit la haine
« et la jalousie s'appliquer constamment, depuis cinq siècles, à désoler et à vouloir dissoudre
« la France.

« Il étoit donc indispensable que la ville de Paris eût des moyens extraordinaires de pourvoir
« à toutes ces dépenses.

« Ils lui furent, dans le principe, accordés sous le nom général d'*aides*. Ils prirent ensuite
« celui de dons et octrois. Ils se percevoient sur les denrées et marchandises entrant à Paris.
« Quelquefois ces moyens furent employés par des cotisations ou par des taxes réelles et per-
« sonnelles sur les habitans, mais au fond, l'objet étoit toujours le même, l'utilité ou la sûreté
« de la ville.

« On trouve des preuves de ces secours accordés à la ville de Paris dans des chartes ou
« des ordonnances depuis 1285; mais il n'existoit dans ses archives aucun compte de leur
« recette ou de leur emploi avant 1424. La ville étoit alors sous la puissance d'Henri VI, roi
« d'Angleterre, qui, par des lettres du mois de juin de cette année, continua les octrois pré-
« cédemment accordés, et en appliqua le produit aux fortifications; le duc de Betfort, régent,
« nommoit les receveurs de la ville, et l'on a trois de leurs comptes depuis 1425 jusques et
« compris 1436, temps où les Anglois furent chassés de Paris.

« On a trouvé dans les archives de cette ville, depuis cette époque jusqu'en 1587, des suites
« plus ou moins interrompues de quelques-uns de ces registres des comptes ou de leurs
« acquits. Ces comptes sont des doubles de ceux que les receveurs rendoient à la Chambre
« des comptes, et qu'on s'est assuré ne plus exister dans ses dépôts.

« Le mépris et la proscription de ces registres sous l'allégation que ce sont de *vieux comptes*,
« auroient été aussi impardonnables que la destruction d'*anciens* monumens ou de *vieilles*
« médailles.

DEUXIÈME PARTIE.   183

« On y voit les motifs qui ont déterminé à accorder les octrois ou à ordonner les taxes, les
« circonstances critiques où ces impositions ont été établies, l'emploi qui a été fait de leur
« produit dans des temps d'ordre ou de troubles, les genres de travaux auxquels les fonds
« ont été appliqués, le prix des matériaux et des salaires pendant plusieurs siècles, des détails
« précieux sur la topographie de Paris, des transcriptions de contrats de vente et d'acquisitions
« de terrains destinés aux travaux publics.

« L'histoire, les sciences et les arts réclamoient également la conservation de ces registres
« ainsi que des objets déjà remis au dépôt domanial, et l'on en fait plus particulièrement
« connoître l'importance dans le compte général que l'on rendra au gouvernement et au citoyen
« Camus sur les archives de la ville.

« Les états de ces différens comptes ont été rédigés dans la forme de l'état n° 6, et ils sont
« réunis dans ce cahier au nombre de *quatre*.

« Le premier pour les comptes des *aides*, *dons*, *octrois* et fortifications, depuis 1425 jus-
« qu'en 1679. Il comprend 103 registres et 30 volumes de copies. On ignore la raison pour
« laquelle on n'en a pas trouvé la suite. On rendra compte des éclaircissemens qu'on aura pris
« à cet égard.

« Le deuxième pour l'octroi accordé à la ville de Paris, par lettres patentes, des 27 février
« 1552 et 17 février 1557, pour les fortifications de la ville ; il comprend 15 registres.

« Le quatrième pour un octroi accordé à la ville de Paris, par lettres patentes du 27 octobre
« 1601, pour les constructions du Pont-Neuf, de l'Hôtel de Ville, des fontaines publiques, et
« autres travaux dans la ville ; il comprend trois articles. »

12. État de différents objets qui se sont trouvés aux archives de la ville de Paris, et qui ont
été remis au citoyen Cheyré, dépositaire de la section domaniale, le 6 fructidor an VI.
Premier objet. — État de terriers du domaine de la ville de Paris, 9 vol. de 1539 à 1767. —
Deuxième objet. — État de registres de baux à loyer, à cens et rentes de maisons et héritages
dépendants du domaine de la ville de Paris, 24 vol. de 1486 à 1722. — *Troisième objet*. —
État de trois cartons contenant pièces relatives à la construction du quai d'Orsay, aux
remparts et à la place et statue de Louis XV. — *Quatrième objet*. — État des registres
pour servir à l'enregistrement des mandements des différentes dépenses de la ville, 11 registres de 1729 à 1789. — *Cinquième objet*. — État des registres du contrôle de la caisse de la
ville ; 9 vol. de 1765 à 1772. — *Sixième objet*. — État des inventaires et répertoires qui se sont
trouvés dans les archives du ci-devant bureau de la ville.

Aux douze rapports dont je viens de donner l'analyse, il faut en joindre un treizième qui
contient l'énumération de tous les objets, tels que parchemins, papiers, registres, livres imprimés, anciennes marques, médailles, sceaux, que la commission du triage jugea convenables
de mettre à part pour les déposer à la Bibliothèque nationale, où ces objets ont dû être déposés
au mois d'août de l'année 1798.

Voici la lettre adressée sous cette date au citoyen Camus *archiviste de la République*,
ainsi que l'état dressé par la commission du triage :

« Paris, le 11 fructidor, an VI de la République.

« Les membres du bureau du triage des titres, au citoyen Camus, archiviste de la République.

« Citoyen,

« Nous vous adressons ci-joint, ainsi que nous vous l'avons annoncé dans notre dernier

« compte, une copie de l'état des objets réservés pour la Bibliothèque nationale, dans les
« archives du ci-devant Hôtel de Ville de Paris. Cette remise sera faite demain aux citoyens
« Barthélemy et Legrand, que le Conservatoire a nommés commissaires pour les recevoir et
« en donner décharge à la suite d'un état que nous leur remettrons, et qui a été fait double.
« Ils emporteront celui qui a été signé de nous. Nous vous adressons également un état des
« objets que nous remettons au trésor des chartes.
« Salut et fraternité. *Signé* : BLONDEL, BERGER, L. LE PAGE, et JOUENNE. »

*État des registres, catalogues, répertoires, comptes, pièces historiques, plans et monuments
d'histoire que le bureau du triage des titres a trouvés aux Archives du ci-devant Hôtel de
Ville de Paris.*

« Registre des assemblées, délibérations et autres actes concernant le fait du bâtiment neuf
« de l'Hôtel de Ville de Paris, du 29 mai 1533 au 26 juin 1538 ; manuscrit vol. in-fol.

« Répertoire contenant les indications des réceptions des prévôts des Marchands, échevins et
« officiers de la ville de Paris, depuis 1411 jusqu'au 14 septembre 1542 ; manuscrit in-fol.

« Catalogue des gouverneurs et lieutenants généraux de la ville de Paris, depuis 1345 jus-
« qu'en 1728 ; manuscrit in-4° maroquin, avec des notes.

« Autre catalogue des gouverneurs, capitaines, lieutenants généraux, prévôt des Marchands
« et autres officiers municipaux de la ville, par Chevillard ; un vol. in-fol. maroquin rouge, doré
« sur tranche.

« Autre catalogue des prévôt des Marchands, échevins, procureurs du roi, greffiers et rece-
« veurs de la ville, par le même Chevillard ; 1702, manuscrit in-4°.

« Catalogue des noms, qualités, etc., des officiers militaires et civils de la ville de Paris,
« depuis 1343 jusqu'en 1776, avec des notes chronologiques ; un vol. in-fol.

« Cinq registres in-fol., intitulés : Réceptions d'officiers dépendants de la ville ; le premier
« de 1543 à 1609, le second de 1602 à 1641, le troisième de 1644 à 1666, le quatrième de 1666
« à 1673, le cinquième de 1673 à 1686 ; manuscrits.

« Deux registres in-fol. de la milice bourgeoise de Paris, l'un de 1610 à 1650, l'autre de 1651
« à 1660 ; manuscrits.

« Recueil de chartes de la milice bourgeoise de la ville de Paris ; Baudry, un vol. in-4° (im-
« primé).

« Recueil de chartes de la milice bourgeoise, des arbalétriers, archers, arquebusiers et fusi-
« liers de la ville de Paris ; Paris, Dépré, 1770, un vol. grand in-4°, relié en maroquin, avec
« filets d'or et dentelles, aux armes du maréchal de Ségur (imprimé).

« Registre contenant procès-verbal et correspondance relativement aux fortifications de la
« ville de Paris, ordonnées par édit de février 1552. Deux vol. in-fol., le premier commençant
« en 1552 et finissant en 1558, le deuxième commençant en 1558, finissant en 1577 ; manuscrits.
« (Ces registres sont infiniment curieux, même dans leur préambule.)

« Portefeuille contenant un compte de la répartition d'une somme de 300 000 liv. donnée par
« la ville de Paris à Charles IX, et imposée sur les propriétaires de maisons. (On y voit l'indica-
« tion des différentes maisons de Paris, et ce compte est intéressant pour la topographie de la
« ville.)

« État et répartition de la ville et des faubourgs de Paris en seize quartiers, divisé de sorte
« que l'on y peut connaître le nombre des paroisses, églises, chapelles, monastères, commu-

« nautés, hôtels et maisons, ensemble les noms des habitants, propriétaires et principaux loca-
« taires des maisons; le tout réduit au 1er janvier 1684; deux vol. in-fol., manuscrits. (A cet
« état devait être joint un plan qui ne s'est pas trouvé.)

« Procès-verbal original des limites de la ville et des fauxbourgs de Paris, fait en vertu de la
« déclaration du 18 juillet 1724; deux vol. in-fol., manuscrits. Procès-verbal original des bor-
« nages de la ville de Paris, avec des plans; un vol. in-fol., manuscrit. (On a trouvé une copie
« de ces procès-verbaux qui a été remise au ministère de l'intérieur.)

« Registre et pièces relatives à des octrois ou aliénations de rentes à la ville de Paris, de 1522
« à 1549, un vol. in-fol., manuscrit.

« Un registre de rentes constituées par la ville de Paris, contenant un *état de tous les em-
« prunts*, depuis 1551 jusqu'en 1767; manuscrit.

« Extrait des registres du Parlement sur des événements publics à Paris, de 1254 à 1626, avec
« des tables; un vol. in-fol., manuscrit. »

Cartons contenant des objets de la nature de ceux ci-dessus indiqués.

« CARTON N° 1. — Minutes de répertoires de la ville, contenant ce qui est relatif aux gouver-
« neurs de Paris, prévôt des Marchands et officiers municipaux, police de Paris, domaine et
« revenu.

« CARTON N° 2. — Suite dudit répertoire, contenant ce qui est relatif aux cérémonies, con-
« questes, publications de paix, œuvres religieuses.

« CARTON N° 3. — Suite dudit répertoire, contenant différents objets relatifs à l'histoire et à la
« rançon de François Ier. (Ce répertoire est ancien, informe et par cahiers détachés, mais il peut
« être utile pour des recherches.)

« Deux volumes, dont l'un est un inventaire des titres de la ville en 1602, et l'autre un inven-
« taire des meubles en 1740. (Un double de l'inventaire de 1602 a été remis au dépôt du Louvre
« avec le dernier inventaire de 1684; ils sont aujourd'hui de peu d'utilité.)

« CARTON N° 4. — Mémoires et notes sur le droit de hance perçu dans la ville de Paris, depuis
« un temps immémorial.

« Quatre registres de comptes dudit droit, depuis 1449 jusqu'en 1561.

« CARTON N° 5. — Cinq registres de comptes dudit droit, depuis 1553 jusqu'en 1670. (Ils font
« connaitre la nature du commerce qui se faisait alors à Paris.)

« CARTON N° 6. — Quatre registres d'arrivages de subsistances à Paris, de 1533 à 1606. (Celui
« de 1533 était le plus ancien; celui de 1675 était le dernier. Il y en avait un assez grand
« nombre. On en a conservé un sous chaque règne antérieur à celui de Louis XIV, et deux sous
« celui-ci. Ces registres sont également intéressants sous le rapport du commerce et des appro-
« visionnements de Paris.)

« CARTON N° 7. — Trois registres semblables, de 1613 à 1675.

« CARTON N° 8. — Procès-verbal du 7 octobre 1514 du transport de commissaires de la ville,
« pour faire amener du bois de chauffage à Paris.

« Procès fait par le bureau de la ville à plusieurs marchands, pour malversations faites en 1514
« sur la vente du bois de chauffage à Paris.

« Procès-verbal fait en 1519 du transport des commissaires de la ville en divers lieux de la
« France, et de la description du bois à brûler pour l'approvisionnement de Paris.

« Autre procès-verbal de la même année sur le monopole de bois de chauffage à Paris.

« Information de la même année sur ce monopole. (Ces procès-verbaux font connaître la na-
« ture du monopole qui s'exerce également dans tous les temps.)

« Procès-verbal des mois de décembre et janvier 1519, d'une opération faite par des commis-
« saires de la ville, au sujet des bois arrivés à Paris par les rivières de Seine et d'Yonne.

« Registre des rapports et estimations faites au greffe de la ville de la valeur des blés et grains
« vendus dans les marchés, depuis le mois de janvier 1536, jusqu'au mois de janvier 1555.

« Carton n° 9. — Contribution de la ville de Paris pour la rançon du roi Jean et celle de
« François I⁺ʳ.

« Prêts de deniers et vaisselles d'argent.

« Emprunts sur les riches et aisés, de 1558 à 1575.

« Carton n° 10. — Anciens registres des élections de la ville pour l'année 1492 et les suivantes.
« (Ces registres sont indépendants de la collection complète des registres de la ville, trans-
« portés au Louvre, au dépôt domanial.)

« Procès-verbaux de quartiniers pour l'élection de nouveaux échevins, de 1577 à 1638, avec
« des lacunes.

« Carton n° 11. — Fortifications, armes, artillerie, marchés pour fournitures de vivres aux
« armées ; renseignements relatifs à la guerre ; chaines des rues.

« Carton n° 12. — Pavé de Paris ; chaines des rues.

« Carton n° 13. — Ancienne milice bourgeoise de Paris.

« Carton n° 14. — *Idem.*

« Ces quatre derniers cartons renferment des pièces utiles pour l'histoire.

« Carton n° 15. — Lettre originale d'Antoine de Navarre, père de Henri IV.

« Rôle de la dépense de la table de Louis XIII.

« Troubles en France.

« Notices d'événements et de travaux publics pendant les prévôtés de MM. Turgot et
« Bignon.

« Extraits des registres de la ville de Paris, par le citoyen Boudreau. (Le citoyen Boudreau
« avait été pendant longues années premier commis du greffe de la ville, et il avait fait de la
« plus grande partie des registres et des pièces renfermées dans les cartons, des extraits, avec
« des notes de renvoi aux titres. Ces extraits, qui font honneur au zèle et aux connaissances du
« citoyen Boudreau, auraient conduit à un bon inventaire général. On a conservé dans l'opéra-
« tion du triage ceux qui pouvaient être utiles, et on les a rapprochés autant qu'on a pu des
« objets auxquels ils ont rapport.)

« Carton n° 16. — Travaux publics dans Paris ; extraits des minutes et registres de l'Hôtel de
« Ville, par le citoyen Boudreau.

« Carton n° 17. — Gens de guerre, victoires, conquêtes, publications de paix, historiographie,
« peinture, sculpture, géographie.

« Hiver en 1709 ; extraits du citoyen Boudreau.

« Carton n° 18 et dernier. — Cérémonies, présents, compliments, entrées de rois, reines et
« autres.

« Un volume de comptes pour fêtes publiques, de 1764 (*sic, lisez* 1564) à 1774. (Au nombre
« des pièces renfermées dans ce carton est un compte des dépenses faites pour l'entrée de
« Charles IX à Paris. Il est très-curieux par le détail des fêtes qui eurent lieu à Paris, des tra-

DEUXIÈME PARTIE.

« vaux qui furent faits à cette occasion, des artistes qui y furent employés, et surtout de ceux
« de Germain Pillon.) »

Descriptions et plans.

« Description des fêtes données en 1740 à l'occasion du mariage de l'Infante; in-fol.
« maximo.
« Plan topographique de la ville de Paris; in-fol. maximo, par de Lagrive.
« Environs de Paris, en neuf feuilles, par le même. »

Objets étrangers à l'administration de la ville.

« Cahier des supplications et remontrances du tiers état aux états généraux de 1614; manu-
« scrit in-fol.
« Recueil de plusieurs mémoires, remontrances, lettres et autres écrits faits et dressés en
« divers temps par le président Jeannin; manuscrit in-fol. de 201 pages, écrit par Félibien des
« Avaux, provenant de la bibliothèque de M. Foucault, conseiller d'État.
« Histoire de la maison de Courtenay, par Dubouchet; manuscrit in-fol.
« Statuts de l'ordre de Saint-Michel, de l'imprimerie royale; 1725, in-4° avec gravures.
« Spectacles donnés à Fontainebleau et à Versailles en 1754 et 1755, deux vol. in-4°. »

Monuments d'histoire.

« Deux marteaux, sur le fer desquels sont empreintes les armes de la ville de Paris, et le
« mot *Hance,* et qui servaient à marquer les bateaux destinés pour Paris, et qui devaient ce
« droit dans l'étendue des limites de Paris. (Ce droit était perçu de temps immémorial. On a
« réservé pour la Bibliothèque nationale plusieurs anciens comptes de sa perception.)
« Une tige empreinte du même mot *Hance,* servant à la perception dudit droit.
« Une pique ancienne, en forme de fourchette, avec une partie de son fût.
« Un quarré en fer, ayant pour inscription dans le centre: *Fab^{on} libre,* et autour: *Bureau de
« Paris.*
« Une tige en fer, au pied de laquelle est inscrite une fleur de lis, avec les lettres majus-
« cules D. E.
« Quatre pièces de fer, à l'extrémité desquelles est gravé, dans un cercle, un V renfermant
« une fleur de lis.
« Un quarré en fer, portant un écusson chargé de trois fleurs de lis, accompagnées de cornes
« d'abondance, avec l'inscription: *Toilles peintes nationales.*
« Un quarré idem, dans le centre duquel sont gravés ces mots: *Bureau de Paris,* avec une
« fleur de lis et un caducée. Audit quarré sont attachés une clé et une petite étiquette de bois,
« portant les lettres C. P.
« Un petit quarré idem, portant l'empreinte d'une fleur de lis.
« Un quarré en fer, aux armes de la ville de Paris, avec l'inscription: *La ville de Paris,* 1731.
« Un autre quarré purement et simplement aux armes de la ville de Paris.
« Un petit cylindre de fer, à l'extrémité duquel est gravée la lettre majuscule C, déposé au
« greffe de la ville, le 19 novembre 1742.
« Ces quarrés servaient pour empreintes relatives à la police des manufactures.

« Un quarré de marbre blanc, servant de cadre à une plaque de cuivre, sur laquelle est gravée
« l'inscription qui avait été faite pour la statue de Louis XIV, placée dans la cour de l'Hôtel de
« Ville, en 1689.

« Petite médaille en cuivre, qui était placée dans un creux formé au milieu dudit quarré.

« Un quarré en fer, où sont figurées les lettres B. A. L., et qui servait à timbrer les billets de
« bal à l'Hôtel de Ville.

« Sceau des armes de la ville, en cuivre, monté sur buis, gravé en 1743, par Gamot.

« Contre-scel desdites armes.

« *Signé* : M. E. DE VILLIERS, BLONDEL, BERGER, L. LE PAGE, JOUENNE. »

II.

Après avoir été ainsi divisées par la commission du triage des titres, les archives municipales enlevées, on ne sait pourquoi, de l'Hôtel de Ville, furent réunies aux archives nationales. Placées, en 1794, au palais des Tuileries, ces archives furent transportées, en décembre 1799, au Palais-Bourbon, et, par un décret du 6 mars 1806, dans les bâtiments de l'ancien hôtel Soubise, où elles se trouvent encore aujourd'hui. Les archives nationales, devenant chaque année de plus en plus considérables, furent partagées en six grandes sections, dont le savant M. Daunou, successeur de Camus, donna le cadre. Cette organisation nouvelle, qui pouvait être favorable à un classement général, scinda d'une manière fâcheuse l'ensemble de documents historiques de toute nature que présentaient les anciennes archives de l'Hôtel de Ville de Paris. Voici l'indication succincte des registres, parchemins ou papiers, provenant de ces archives qui existent aujourd'hui dans chacune des six sections.

Section historique.

REGISTRE. — Un certain nombre de registres d'une date reculée, ayant été considérés comme plus spécialement relatifs à l'histoire, furent déposés dans cette section. Les plus anciens se trouvent dans le carton numéroté K. 977. Voici l'indication de ces volumes :

1. Recueil des Sentences du Parloir aux Bourgeois et de Règlements sur le commerce de Paris, 1 vol. in-4°, vélin, v. f. — Voyez l'analyse détaillée des actes contenus dans ce manuscrit dans l'avertissement de notre Appendice II, spécialement consacré à ce volume.

2. Statuts de la prévôté des Marchands et échevinage de la ville de Paris. Manuscrit du XVe siècle, 1 vol. in-4°, vélin, relié en maroquin rouge. C'est la copie officielle de la grande ordonnance de Charles VI (février 1415), qui rend aux bourgeois de Paris l'exercice de la prévôté des Marchands, supprimée depuis 1382, et dont la même section possède l'original (1). Ce registre est d'autant plus curieux que, dès l'année 1415, il a été reconnu comme authentique par l'autorité municipale, ainsi que le prouve une ordonnance de Charles VI, rendue à cet égard au mois de février 1415 (2), et qui se trouve au fol. 135 v° de ce manuscrit; elle est écrite et signée par J. Mauloue, rédacteur de ces ordonnances (3). A partir du feuillet 138 v°, on trouve un certain nombre de pièces relatives au gouvernement municipal. En voici l'indication : Récit daté du mardi 8 juillet 1511, dans lequel Jehan Radin, procureur du roi et de la ville, rend compte des essais qu'il a faits chez les boulangers de Paris, pour savoir combien de mesures de farine l'on pouvait trouver dans un minot de blé; essais d'après lesquels ont été fixés les différents prix du pain. — [Fol. CXXXVIII v°.]

---

(1) K. 61, autrefois K. 78.
(2) *Ordonn. des rois de France*, t. X, p. 346.
(3) *Idem*, t. XI, p. 237. — Ord. de mai 1415.

Ordonnances touchans les musniers, boulengiers, fariniers et blatiers, et aussi le pois du pain blanc et bis, à tousjours, 1439 (Voy. *Ordonn. des Rois de France,* t. XIII, p. 303). — [Fol. c xli r°.]

Règlement pour les mesureurs de sel, de grains et de charbon, du 15 février 1458. — [Fol. c xlvi r°.]

Ordonnances faictes sur la forme et maniere de l'election des prevost des Marchands et eschevins de la ville de Paris et des conseillers ordinaires d'icelle en la dicte prévosté ; icelles ordonnances faictes en l'Ostel de la dicte ville, le samedy xxv° jour de juillet, l'an mil cccc. cinquante, en ensuivant l'ordre et forme anciennement usitée et en corrigeant certaines autres ordonnances qui du temps des guerres et divisions de ce royaume, c'est assavoir en l'an mil cccc. xxxi, avoient esté faicte sur la forme de la dicte election. — [Fol. cl r°.]

Trois extraits des registres du Parlement relatifs à la juridiction du bureau de la ville. — [Fol. c lii v° à c liv r°.]

Serment d'un aqbutier ou arbalestrier de la ville. — [Fol. c liv v°.]

Serment d'un quartinier, avec une modification datée du 11 septembre 1548. — [Fol. c liv v°.]

Serment d'un cinquantenier. — [Fol. c lv r°.]

Délibération du bureau de la ville déclarant de nulle valeur toute résignation d'office qui ne sera pas faite par le titulaire étant en bonne santé. — [Fol. c lv r°.]

Deux ordonnances du bureau de la ville relatives aux assignations, 18 may 1474. — [Fol. c lv r°.]

Arrest du Parlement sur un procès entre les maires et échevins de la ville d'Arras et les prevot des Marchands et echevins de Paris. — [Fol. c lvi r°.]

Huit extraits des registres du Parlement relatifs au gouvernement municipal — [Fol. c lvi v° à fol. c lxi° r°.]

Au fol. 157 v°, on remarque : arrest de deffenses aux desbardeurs de tenir confrairie.

Mandements pour élection des quartiniers. — [Fol. c lxi° v°.]

Arrest de la court de Parlement contre les marchans de boys. — [Fol. c lxii r°.]

Six extraits des registres du Parlement relatifs à l'administration municipale.
[Fol. c lxiv r°.]

Edict du Roy touchant le traicté des bledz, vins et autres vivres, publié en la court de Parlement à Paris le dernier jour de juing, l'an mil cinq cens trente-neuf. — [Fol. c lxxi r°.]

Arrest de la court touchant le boys, 18 janv. 1540. — [Fol. c lxxii r°.]

Lettres pour les cinq solz tournoiz pour muy de vin passans par dedanz la banlieue, 1540. — [Fol. c lxxiii r°.]

Arrest de la court confirmatif du jugement donné par la ville, d'une maison du pont Nostre Dame, 1559. — [Fol. c lxxiv v°.]

Ces ordonnances, qui doivent être considérées comme le code complet de l'ancienne juridiction municipale de Paris, ont été plusieurs fois imprimées. Voici le titre des éditions les plus remarquables :

i. Le present livre fait mencion des ordonnances de la prevosté des Marchans et eschevinaige de la ville de Paris. Imprimé par l'ordonnance de messeigneurs de la court de Parlement ou moys de janvier, l'an de grace mil cinq cens. 1 vol. petit in-fol. Goth. fig. de 92 feuillets ; au v° du 92°, la fin et conclusion de ce présent volume intitulé Des faiz et ordonnances de la prevosté des Marchans et eschevinaige de la ville de Paris, imprimé par l'ordonnance que dessus.

Le fol. 2 contient une table des chapitres principaux au nombre de cinquante-six. Les divisions de chacun des chapitres n'ont pas de titres; elles sont marquées par des lettres ornées. Au commencement des chapitres est une vignette sur bois. Il n'y a dans ce volune aucune addition à la grande ordonnance de Charles VI.

II. Ordonnances royaulx de la juridiction de la prevosté des Marchans et eschevinaige de la ville de Paris, constituez et ordonnez tant par les feuz roys que par le roy nostre sire François premier de ce nom. Et plusieurs arrestz et ordonnances de la court de Parlement avec plusieurs beaulx privileges donnez aux bourgeois de Paris. Extraictz et corrigez sur les registres de l'Hostel de ceste ville. Nouvellement imprimé à Paris. *Cum privilegio Regis.* (Vignette en bois représentant une séance du Parloir aux Bourgeois.) On les vend au palays joingnant la premiere porte, en la bouticque de Jacques Nyverd. Et en la grant salle, devant le premier pillier du costé de la chappelle, en la boutique de Pierre le Brodeur. 1 vol. in-4°. Goth. figures en bois. Au verso du dernier feuillet, on lit : « Fin des aditions de ce present volume intitulé les Ordonnances de la prevosté des Marchans et eschevinaige de la ville de Paris, fort exquises et necessaires à tous manans, habitans et affluans en la ville de Paris, nouvellement imprimé à Paris le samedy xix° jour de decembre mil cinq cens vingt-huit, par Jacques Nyverd, etc., etc. »

Cette édition est fort curieuse : parmi les additions nombreuses qui suivent le texte de la grande ordonnance de 1415, il faut citer la Chronologie des prévôts des Marchands et échevins, depuis 1411, imprimée d'après le registre officiel des élections dont je vais parler plus loin.

III. Les ordonnances royaux, sur le faict et jurisdiction de la prevosté des Marchans et eschevinages de la ville de Paris nouvellement corrigées sur les registres de l'Hostel d'icelle ville.

Aus quelles ont esté adjoustées plusieurs anciennes ordonnances, concernant le faict des peages que doivent toutes marchandises : ensemble le privilege aux bourgeois. Paris, 1556. 1 vol. petit in-4°.

IV. Ordonnances royaux sur le fait et juridiction de la prevosté des Marchands et eschevinage de la ville de Paris. Paris, 1582, in-4°.

V. Les Ordonnances royaux, etc., revus et augmentés avec les priviléges concedez par les rois de France aux prevost des Marchands, eschevins, officiers et bourgeois de la dite ville, et le Catalogue des prevots et echevins, depuis 1411 jusqu'en 1620. Paris, Morel, 1620, in-fol.

VI. Les Ordonnances royaux, etc., reveues et augmentées de plusieurs edicts, declarations, arrests, ordonnances et reglements sur le faict de la police d'icelle; avec les privileges concedez par les roys de France aux prevosts des Marchands, eschevins, et autres officiers de la dite ville, comme aussi aux capitaines, lieutenans, enseignes et bourgeois d'icelle : ensemble le Catalogue des dits prevosts et eschevins, jusques à présent. Paris, Rocolet, 1644, 1 vol. in-fol.

Il y a encore d'autres éditions publiées en 1664, 1676, in-fol., et 1685, in-32 (voyez Appendice VI, Bibliographie des ouvrages imprimés); de plus le texte entier de la grande ordonnance de 1415 a été imprimé t. X, p. 237 et suiv. des Ordonnances des rois de France.

3. Recueil de reglements pour les droits que doivent les differentes marchandises entrant dans Paris. Ordonnances de plusieurs rois de France sur les amortissemens, depuis 1226 jusques en 1416. 1 vol. petit in-fol., vélin du xv° siècle.

4. Recueil d'ordonnances, reglemens et arrets concernant la ville de Paris, de 1662 à 1671

DÉUXIÈME PARTIE.

1 vol. petit in-fol., sur papier. Ces actes sont principalement relatifs au commerce par eau et à la navigation de la Seine.

K. 995. — Inventaire des pieces contenues dans les Archives de l'Hostel de Ville de Paris. 1134 à 1607. — Provision de la charge de gouverneur de Paris en faveur de l'amiral de Graville le 5 mars 1505.

K. 996. — Registre des elections des prevots des Marchands et des autres officiers du Corps de Ville, 1411-1542. 1 vol. grand in-fol., en papier.

L'on trouve dans ce volume la liste chronologique des prevots des Marchands, des echevins, des clercs greffiers payeurs des œuvres, des maîtres des œuvres, des sergens du Parloir et de la Marchandise, des jurés vendeurs de vin, des courtiers, des mesureurs de grains et de sel, des crieurs de vins et de morts, des henouars ou porteurs.

La Chronique des elections, soit des prevots des Marchands, soit des echevins, a été souvent imprimée par fragments dans les différentes éditions des Ordonnances royaulx indiquées plus haut. Du Breul l'a aussi reproduite page 1017 du Theatre des Antiquites de Paris 1612, in-4°. J'ai cité plusieurs extraits de cette chronique, liv. II, chap. 3 de la première partie de mon travail, et dans l'appendice IV, Liste chronologique des prevots des Marchands et des echevins.

K. 1000. — Registre contenant les édits rendus par les rois de France ou les cours souveraines relatifs à la ville de Paris, 19 juin 1539 au 14 nov. 1571. 1 vol. in-fol., en papier.

K. 1060 à 1141. — Comptes de la recepte et depense du domaine de la ville de Paris, depuis l'année 1424 jusques à l'année 1721. 83 vol. in-4°, sur papier.

Ce ne sont pas les comptes originaux, mais une copie commencée au XVII° siècle et terminée dans le XVIII°. Elle appartenait à Moriau, procureur de la ville en 1701, et fondateur de la bibliothèque de l'Hôtel de Ville. Cette copie est fort exacte; malheureusement elle présente de grandes lacunes. Voici la suite chronologique de ces volumes :

K. 1060, de 1424 à 1428. — K. 1061, de 1440 à 1443. — K. 1062, de 1443 à 1447. — K. 1063, de 1447 à 1452. — K. 1064, de 1455 à 1460. — K. 1065, de 1470 à 1474. — K. 1066, de 1470 à 1476. — K. 1067, de 1499 à 1506. — K. 1068, de 1599 à 1600. — K. 1069, de 1600 à 1601. — K. 1070, de 1601 à 1602. — K. 1071, de 1601 à 1602. — K. 1072, de 1602 à 1603. — K. 1073, de 1602 à 1603. — K. 1074, de 1605 à 1606. — K. 1075, de 1607 à 1608. — K. 1076, de 1607 à 1608. — K. 1077, de 1608 à 1609. — K. 1078, de 1608 à 1609. — K. 1079, de 1609 à 1611. — K 1080, de 1611 à 1613. — K. 1081, de 1623 à 1624. — K. 1082, de 1624 à 1625. — K. 1083, de 1634 à 1635. — K. 1084, de 1637 à 1639. — K. 1085, de 1639 à 1641. — K. 1086, de 1641 à 1643. — K. 1087, de 1645 à 1647. — K. 1088, de 1647 à 1649. — K. 1089, de 1649 à 1651. — K. 1090, de 1657 à 1659. — K. 1091, de 1659 à 1661. — K. 1092, de 1663 à 1665. — K. 1093, de 1667 à 1669. — K. 1094, de 1671 à 1673. — K. 1095, de 1673 à 1675. — K. 1096, de 1677 à 1679. — K. 1097, de 1679 à 1681. — K. 1098, de 1681 à 1683. — K. 1099, de 1683 à 1685. — K. 1100, de 1685 à 1687. — K. 1101, de 1687 à 1689. — K. 1102, de 1689 à 1691. — K. 1103, de 1697 à 1699. — K. 1104, de 1699 à 1701. — K. 1105, de 1701 à 1703. — K. 1106, de 1703 à 1705. — K. 1107, de 1705 à 1707. — K. 1108, de 1707 à 1709. — K 1109, de 1709 à 1711. — K. 1110, de 1711 à 1713. — K. 1111, de 1713 à 1715 — K. 1112, de 1715 à 1717. — K. 1113, de 1719 à 1721. — K. 1114, de 1719 à 1721.

Autre Série.

K. 1115, de 1605 à 1607. — K. 1116, de 1607 à 1609. — K. 1117, de 1605 à 1607 — K. 1118, *idem*. — K. 1119, de 1608 à 1609. — K. 1120, de 1617 à 1619. — K. 1121, de 1618 à 1619. — K. 1122, de 1617 à 1619. — K. 1123, de 1619 à 1621. — K. 1124, 1125, *idem*. — K. 1126, de 1631 à 1633. — K. 1127, de 1635 à 1637. — K. 1128, de 1637 à 1639. — K. 1129, de 1639 à 1641. — K. 1130, de 1643 à 1645. — K. 1131, de 1645 à 1647. — K. 1132, de 1647 à 1649. — K. 1133, de 1651 à 1653. — K. 1134, de 1652 à 1653. — K. 1135, *idem*. — K. 1136, de 1661 à 1663. — K. 1137, de 1663 à 1665. — K. 1138, de 1665 à 1667. — K. 1139, de 1671 à 1673. — K. 1140, de 1673 à 1675. — K. 1141, de 1675 à 1677.

(Voyez pour les comptes de dépenses originaux qui restent les registres de la section domaniale.)

Cartons. — K. 978. — Paris, 1134. Privilége de saisir les biens des débiteurs, accordé par Louis VI aux bourgeois de Paris. — 1165. Lettres de Louis VII portant exemption en faveur des bourgeois de Paris des prises de coussins de plume. — 1187. Lettres de Philippe Auguste touchant des droits de péage à Maisons-sur-Seine et au pont de Poissy, avec le Compte des droits dus au roi en 1421, 1540 et 1584. — 1200. Accord entre les habitants de Rouen et ceux de Paris relativement au commerce de sel. — Lettres de Philippe Auguste et autres du comte d'Auxerre, par lesquelles les Parisiens peuvent décharger leur sel à Auxerre. — 1201. Lettres de Philippe Auguste touchant le droit de Haulban. (Impr. dans Du Cange, *ad verb. Halbanum*.)

Rouen, 1207. Franchises accordées à la ville de Rouen par Philippe Auguste ; avec des restrictions favorables aux Parisiens accordées par Charles VI en 1388.

K. 979. — Priviléges pour la ville de Paris de 1400 à 1427, 16 pièces.

K. 980. — Priviléges pour la ville de Paris, de 1345 à 1464, 26 articles.

K. 981. — Priviléges pour la ville de Paris, de 1460 à 1498, 9 articles.

K. 982. — Priviléges pour la ville de Paris, de 1501 à 1519, 14 articles. — Cahier des priviléges des bourgeois de Paris, 1515 (c'est un extr. des Ord.). — Inventaire de l'artillerie de l'Hôtel de Ville en 1505.

K. 983. — Priviléges pour la ville de Paris, de 1520 à 1527, 8 articles.

K. 984. — Priviléges pour la ville de Paris (Procès-verbaux de la ville touchant la captivité du roi, etc.), de 1528 à 1551, 11 articles.

K. 985. — Ville de Paris. — Constructions. — Levée d'hommes. — Passage de Charles-Quint, etc., de 1539 à 1545, 7 chemises.

K. 986. — Priviléges de la ville de Paris. — Levée de troupes, etc., de 1546 et 1547. 2 chemises.

K. 987. — Affaires de la ville de Paris. — Lettres écrites au prévôt des Marchands, 1548 et 1549, 2 liasses.

K. 988. — Hôtel de Ville de Paris, etc., de 1553 à 1560, 11 chemises.

K. 989. — Hôtel de Ville de Paris, de 1561 à 1569, 8 chemises.

K. 990 — Hôtel de Ville de Paris. — Priviléges. — Levée de troupes, etc., de 1570 à 1577. 8 chemises.

K. 991. — Plans de Paris et des environs. — Des embellissements, de 1769 à 1772 (les écritures et non les tracés). — Portes, 1722 à 1771. — Rues, 1725 à 1763. — Quais, ports, etc.

DEUXIÈME PARTIE.

— Ponts. — Eaux et fontaines. — Ile Louviers, 1737 à 1754. — Barrières, 1737 et 1758. — Artillerie (fontes de pièces d'). — Égouts. — Salle d'Opéra. — Bâtiments de la ville (réparations), 1709 à 1774, 13 liasses.

K. 992. — *Histoire de Paris.* — Comptes de l'Hôtel de Ville. — Vente de 36 places à bâtir sur les descentes du pont N.-D. — Statue équestre de Louis XV. — Place du Palais-Royal (établissement et agrandissement), 1770 à 1774. — Place Saint-Michel, 1731. — Place Vendôme et statue de Louis XIV, 1718 à 1759. — Place Louis XV et bâtiments en dépendants.

K. 993. — *Histoire de Paris.* — Comptes de l'Hôtel de Ville. — Retour de Louis XV, et ses campagnes de Flandre. — Fêtes et réjouissances pour l'entrée de l'infante d'Espagne. — Retour de Louis XV (du sacre). — Majorité de Louis XV. — Cessation de la peste. — Fête qui devait être donnée à la reine. — Joute le jour de la Saint-Louis. — Convalescence du roi et du Dauphin. — Publication de paix. — Fêtes et réjouissances pour victoires et prises de villes. — Naissances d'enfants et petits-enfants de Louis XV. — Mariages d'enfants et petits-enfants de Louis XV. — Victoires remportées. 8 liasses.

K. 994. — *Comptes de l'Hôtel de Ville de Paris.* — Présents faits par la ville, 1726 à 1772. — Honneurs rendus par la ville au roi, 1732 à 1770. — Maladie de Louis XV et de sa famille, 1744 à 1771. — Gouverneurs de Paris. — Secours aux pauvres. — Approvisionnements de Paris, 1720 à 1768. — Incendie de la Chambre des Comptes et de l'Hôtel-Dieu, en 1737. — Baptême et bénédiction de cloches. — Sciences et arts; savants et artistes. — Maladie de bestiaux, en 1745. — Navigation, de 1730 à 1770. 11 liasses.

Exécution de Damiens, mars 1757. — Expulsion des Anglais (messe d'anniversaire). — Passage de troupes. — Pose de la première pierre de l'église de l'abbaye de Panthemont par le Dauphin, en 1753. — Feu d'artifice tiré à Meudon, en 1735. 5 pièces.

K. 995. — *Hôtel de Ville de Paris.* — Inventaire des lettres adressées à ce corps, ou émanées de lui, 1134 à 1607. — Provision de la charge de gouverneur de Paris pour le sieur de Graville, amiral de France, le 5 mars 1505.

K. 996. — Registre des réceptions du prévôt des Marchands, des échevins et officiers de la ville, du 20 janvier 1411 au 14 septembre 1542.

K. 1009. — *Hôtel de Ville de Paris.* — Édits bursaux. — Nominations d'offices, etc. — Actes relatifs au gouvernement de la Ligue, de 1578 à 1596. 18 chemises.

K. 1010. — *Hôtel de Ville de Paris.* — Édits bursaux. — Adjudication des fermes. — Logements de troupes dans Paris. — Processions, etc., de 1597 à 1650. 19 chemises.

K. 1011. — *Hôtel de Ville de Paris.* — Publication de paix, de 1562 à 1739. — Pièces relatives au siège de la Rochelle.

K. 1012. — *Hôtel de Ville de Paris.* — Publications de prises de villes et de victoires. — Dépenses de la ville pour réjouissances à ces occasions (deux dessins du projet), de 1740 à 1747.

K. 1013. — *Hôtel de Ville.* — Publications de victoires. — Dépenses pour les réjouissances (dessins de projets), de 1749 à 1759.

K. 1014. — *Idem*, jusqu'en 1773. — Inauguration de la statue du roi.

K. 1015. — *Hôtel de Ville.* — Processions. — Cérémonies. — *Te Deum*, etc., de 1600 à 1713.

K. 1016. — *Hôtel de Ville.* — Processions. — Cérémonies. — *Te Deum*, etc., de 1691 à 1728. — Démêlés du corps de la ville avec l'Université pour la préséance, en 1700. (Philippe V, roi d'Espagne.)

K. 1017. — *Hôtel de Ville.* — Cérémonies et fêtes, etc. — Visites de jour de l'an, de 1729 à 1754. (Avec dessins de projets.)

K. 1018. — *Idem*, de 1755 à 1778.

K. 1019. — *Idem*, de 1779 à 1789.

K. 1020. — *Hôtel de Ville.* — Naissances de princes et princesses. — Fêtes, etc., de 1601 à 1729.

K. 1021. — *Idem*, de 1751 à 1754.

K. 1022. — *Idem*, de 1755 à 1785.

K. 1023. — Hôtel de Ville. — Décès des rois. — Reines. — Grands officiers, de 1715 à 1744.

K. 1024. — *Idem*, de 1562 à 1714.

K. 1025. — Paris. — Impositions pour le service du roi, etc. — Droits. — Levée d'hommes et de deniers. — Achat d'armes. — Nourriture des gens de guerre. — Logement des mousquetaires. — Des gardes françaises. — Capitation, de 1562 à 1770.

K. 1026. — Gouvernement et administration de la ville de Paris. — Nominations de gouverneurs, prévôts des Marchands, échevins et autres officiers. — Démissions. — Résignations d'offices. — Décès, de 1554 à 1624.

K. 1027. — *Idem*, de 1625 à 1650.

K. 1028. — *Idem*, de 1651 à 1683

K. 1029. — *Idem*, de 1684 à 1704.

K. 1030. — *Idem*, de 1705 à 1725.

K. 1031. — *Idem*, de 1726 à 1739.

K. 1032. — *Idem*, de 1740 à 1755.

K. 1033. — *Idem*, de 1756 à 1767.

K. 1034. — *Idem*, de 1768 à 1775.

K. 1035. — *Idem*, de 1776 à 1785.

K. 1041. — Décès des rois et reines, princes, grands officiers, de 1765 à 1789.

K. 1042. — *Idem*, de 1745 à 1765.

K. 1043. — Ville de Paris. — Nominations de gouverneurs, prévôts, échevins. — Décès. Démissions, de 1786 à 1789.

K. 1044. — *Ville de Paris.* — Priviléges et exemptions pour les officiers de ville. — Noblesse

K. 1045. — *Ville de Paris.* — Embellissements de Paris. — Ponts. — Fontaines. — Places — Place des Victoires. (Fondation de M. de La Feuillade, impr. in-4°.)

K. 1046. — *Mariages* des rois et reines. — Princes, de 1615 à 1775.

K. 1047. — *Mariages* des rois et reines. — Princes, de 1626 à 1747. (Dessins.)

K. 1048. — *Sacres* de Louis XIV, Louis XV et Louis XVI, 1654, 1722, 1775.

K. 1049. — *Entrées solennelles* des rois, reines, ambassadeurs, etc. — Tenues solennelles de parlements, etc., de 1660 à 1787.

K. 1050. — *Idem*, de 1601 à 1656.

K. 1051. — *Dons* de la ville aux princes. — Premières armes données aux princes (avec dessins) — Vaisseau (la ville de Paris) donné au roi en 1761 (dessins), de 1734 à 1788.

Dons aux prévôts des Marchands et échevins, de 1610 à 1788.

DEUXIÈME PARTIE.

Section administrative.

REGISTRES. — H. 1778 à 1880. — Collection de cent quatre registres, la plupart sur papier, quelques-uns sur parchemin, variant pour le format du petit au grand in-folio, commençant le 25 octobre 1499 et finissant au mois de mars 1784. Il y a dans cette belle collection quelques lacunes que je vais indiquer : le premier registre n° 1778 commence au 25 octobre 1499 et se termine au 12 mai 1517; le second, n° 1779, qui est sur parchemin, s'ouvre avec l'année 1527 et finit en 1538; le vingt et unième registre est double, aussi bien que le trente-deuxième; mais le trente-quatrième ne se trouve pas.

CARTONS. — Une série de quatre-vingts cartons contient la minute des actes renfermés dans les registres que je viens d'indiquer. Ces originaux commencent en 1550 et finissent en 1790. Ces cartons portent les numéros H. 1881 à 1960. Je dois observer que l'on trouve souvent dans les cartons plusieurs pièces qui ne sont pas reproduites sur les registres.

Des extraits assez étendus de ces registres, particulièrement désignés sous le nom de *Registres de l'Hôtel de Ville*, ont été publiés par Du Breul, Sauval, Félibien, Delamarre et plusieurs autres. Félibien et son collaborateur Lobineau ont donné, t. III des Preuves (t. V de l'ouvrage), p. 323 de leur grande Histoire de Paris, une série d'extraits empruntés à ces registres. MM. Cimber et Danjou, éditeurs des *Archives curieuses de l'Histoire de France*, Paris, 1832-1837, in-8°, 15 vol., ont publié, à partir du troisième volume, une série d'extraits des mêmes registres; malheureusement ils ont quelquefois réimprimé ceux que Félibien et Lobineau avaient déjà donnés.

Section domaniale.

L'on retrouve dans cette section des séries entières de registres et de titres séparés qui faisaient partie des anciennes archives de l'Hôtel de Ville. Les registres peuvent être indiqués. Quant aux titres séparés, il est assez difficile d'en faire connaître la totalité, parce que ces titres sont mêlés aujourd'hui avec des pièces analogues, mais provenant d'autres dépôts. Je me contenterai de signaler une série de trois cent quatre-vingt-dix cartons environ, contenant des baux et des actes divers d'administration municipale depuis le xiv° siècle jusqu'à la fin du xviii°.

REGISTRES. — 1. Série de quatre-vingt-neuf registres in-fol. billot, comprenant les comptes originaux des recettes et dépenses de la ville de Paris, depuis l'année 1634 jusqu'à l'année 1768. (C'est le reste d'une collection unique et inappréciable pour l'étude de notre histoire, qui fut dispersée en 1790. J'ai indiqué précédemment une copie incomplète de ces comptes qui fait partie de la section historique.)

2. Treize registres de cens et de rentes de l'Hôtel de Ville grand in-fol. — 1 vol. in-fol. de baux, marchés, ensaisinement. — Neuf registres de baux, soit en copie, soit en original, depuis 1499 jusqu'en 1722.

3. Treize registres in-fol., de terriers, lots, ventes, rôles du domaine privé de la ville.

4. Six vol. in-fol. de diverses grandeurs, comprenant des inventaires écrits à différentes époques, des titres de la ville; le plus ancien est de 1583, le plus moderne de 1675. Voici le détail par ordre chronologique de ces volumes :

1. Inventaire des tiltres, enseignemens et papiers trouvez au Trésor de ceste ville de

Paris, faict en 1583 par maistre Jehan Poussepin, conseiller du roy en sa prevosté de Paris, lors eschevin d'icelle, 1583. 1 vol. in-fol., papier. Cet inventaire, précédé d'une préface signée *Poussepin*, est divisé en plusieurs chapitres qui traitent de matières différentes.

Ce curieux inventaire a servi au père Du Breul, qui en donne quelques extraits p. 1010 de son *Theatre des Antiquitez de Paris*, 1611, in-4°. Dans son Avis au lecteur il remercie Nicolas Roland, sieur du Plessis, qui lui a prêté l'inventaire de Poussepin.

2. Inventaires des édictz, lettres, privilleges, contractz, comptes rendus, rachapts de rentes, et autres titres et pieces concernans tant le domaine patrimonial dons et octrois, rentes constituées sur l'hostel de la dicte que autres biens concernans le bien d'icelle ville, faicte par moy Guillaume Clement, commis au greffe de la dicte ville, par ordonnance et commandement de messire Anthoine Guiot, seigneur de Charmeau, et Aussac, conseiller du roy nostre sire en son conseil d'Estat privé, president de la Chambre des Comptes, prevost des Marchans, etc.... et noble homme M° François Courtin, greffier d'icelle. 1 vol. in-fol., papier, relié en maroquin vert.

Cet inventaire donne, sur l'état matériel des anciennes archives, des détails curieux. Ainsi la grande chambre du trésor renfermait seize armoires, comprenant les pièces détachées renfermées dans des layettes cotées des différentes lettres de l'alphabet. Ce volume est terminé par un inventaire des lots, cens, droits seigneuriaux appartenant à la ville; il est daté de 1619.

3. Copie du même inventaire ayant appartenu à M. Moriau, procureur de la ville, fondateur de la bibliothèque.

4. Repertoires, memoires et instructions des choses remarquables estans dans les registres du greffe de l'Hostel de la ville de Paris, dont par exemple l'on peut avoir affaire tirées et extraictes des dicts registres par moy Guillaume Clement, greffier de la dicte ville soubzsigné.

Ce travail nous fait connaître quelle était, au commencement du xvii° siècle, la condition des registres du greffe, c'est-à-dire des plus anciens des archives municipales. Parmi ces registres étaient compris les quinze premiers de la collection en 104 volumes, commençant à l'année 1499. (Voir plus haut, *Section administrative*.) Voici la description des différentes couvertures de chacun de ces volumes, qui ont aujourd'hui une même reliure très-épaisse en veau brun. Ces détails sont d'autant plus curieux qu'ils prouvent, sans réplique, que la collection ancienne des registres officiels commençait alors au xii° siècle, et que depuis la fin du xiii° les clercs greffiers du Parloir n'avaient jamais cessé d'enregistrer tous les actes relatifs au gouvernement municipal : 1. Un gros registre de parchemin couvert de cuir, commençant par ces mots : Ce sont les privilleges donnez et octroiez aux bourgeois marchans hansez et autres. (C'est le Livre Rouge ou Cartulaire de la ville de Paris, dont parlent Du Breul et d'autres historiens, et que je n'ai pas retrouvé.) 2. D'ung aultre registre de parchemin couvert d'aiz et de cuir par dessus commençant à la table, dont les deux premieres lignes sont en lettres rouges : Une sentence donnée au bureau de la Ville de l'an mil deux cens quatre vingtz dix huit par le quel (sic) xiii tonneaux de vin feurent perduz et confisquez pour n'avoir esté le marchant hansé et avoir compagnie françoise; la dicte sentence donnée par le prevost des Marchans où estoit le clerc qui est le greffier de la dicte ville. Fol. lxi (c'est le Livre des Sentences du Parloir indiqué plus haut dans la section historique, et auquel est consacré l'appendice n° II). — 3. Un registre de parchemin, couvert d'ung aiz de bois, avec des boucles de cuivre, commençant par des lettres du roy Charles six^{me} de l'an mil quatre cens neuf. — 4. Ung grand registre en papier couvert de parchemin, où y a une lizière de gros cuir par le millieu, commençans par des lettres du roy Charles VIᵉ dactées du 10 septembre mil quatre cens unze, etc. — 5. Ung petit registre couvert de parchemin, commenceant le xxv octobre, mil quatre cent quatrevingt dix neuf. — 6. Du registre en parchemin, commanceant le xvııᵉ decembre mil cinq cens vingt sept. — 7. Petit registre couvert de parchemin, commenceant par des lettres du roy François 1ᵉʳ dactées du troisiesme jour de febvrier mil cinq cens trente-ung. — 8. Un registre en pappier, couvert de cuir, commenceant le xvııı aoust м vᶜ xlııı. — 9. Ung registre couvert de cuir rouge doré, ayant des cordons de taffetas bleu, commenceant au mois d'aoust м vᶜ lıı. — 10. Ung aultre registre couvert de cuir rouge doré, commanceant au mois d'aoust mil cinq cens cinquante huict. — 11. Ung aultre registre couvert de parchemin, commanceant le premier jour de janvier mil vᶜ soixante et huict. — 12. Ung aultre registre couvert de cuir rouge doré, où sont les armes de la ville, commanceant le seisiesme aoust mil vᶜ lxx. — 13. Ung aultre registre couvert de cuir doré par les garnisons (*sic*), commanceans au mois d'aoust mil vᶜ lxxıı. — 14. Ung aultre grand registre couvert de cuir doré par les garnisons, commenceant à la mi-aoust м vᶜ lxxvı. — 15. Ung aultre gros registre couvert de cuir noir doré par les garnisons, commenceans au mois d'aoust mil vᶜ ııııˣˣ six. — 16. Ung aultre gros registre couvert de cuir noir, commanceant au xxıı aoust mil vᶜ quatrevingt dix huit. — 17. Ung aultre registre couvert de cuir noir, commenceant au mois d'aoust mil six cens deux. — 18. Ung aultre registre couvert de cuir doré par les garnisons, commenceant le xvı septembre mil six cens cinq. — 19. Ung aultre registre couvert de maroquin viollet, commanceant le lundi quinziesme jour de juing mil six cens neuf, qui est le temps que moy Clement entre en l'office de greffier et finissant le xııııᵉ aoust mil six cens douze. — 20. Ung aultre registre couvert de cuir commenceant au seiziesme jour d'aoust mil six cens douze, et finissant au mois de septembre mil six cens quatorze.

5. Inventaire par ordre chronologique des titres de la ville de Paris. (C'est un état curieux des chartes, lettres patentes, etc., octroyées par les rois à la ville de Paris. Il commence en 1121 et finit en 1635.) 1 vol. grand in-fol., sur papier.

6. Inventaire general de tous les registres, tiltres et papiers concernant le domaine patrimonial, cens, fonds de terre, octrois et autres droits appartenans à la ville de Paris, rentes et autres affaires publiques estans en l'une des chambres de l'Hostel de la dicte ville appellée le grand trésor, et qui ont esté mis par ordre, etiquetez, enliassez et placez dans des armoires et sur des tablettes posez à cet effet, en la ditte chambre, par les ordres de messire Auguste Robert de Pomereu, chevalier, seigneur de la Bretesche-Saint-Nom, conseiller d'Estat ordinaire, prevost des Marchands, et de messieurs Gamarre, Chauvin et Parque, eschevins de la dicte ville.

Ce volume renferme l'analyse de tous les comptes de l'Hôtel de Ville de Paris, dont les originaux, jusqu'en 1634, sont perdus aujourd'hui. Le plus ancien remontait à l'année 1414. C'était un registre tenu par Robert Louvel, qui se terminait au 26 janvier 1416. Il y avait lacune pendant plusieurs années, à cause de l'occupation des Anglais. Les comptes recommençaient en 1424, et suivaient jusqu'en 1436. Ils reprenaient en 1441, pour ne plus s'arrêter qu'en 1675, époque où le volume fut écrit.

Ce volume renferme encore l'indication de différentes séries de registres ou de liasses de pièces, que je crois d'autant plus nécessaire de mentionner ici que la majeure partie des registres ne se retrouve pas aujourd'hui : 1° fol. 38 r°. Liasse d'acquits du domaine de l'Hostel de Ville de Paris, depuis 1459 jusques en 1689; — 2° fol. 46 v°. *Comptes de la recepte et dépense faite pour l'édifice et construction du pont Nostre-Dame (1), il y avait en tout quatorze registres ; —3° fol. 48 r°. *Registres de la recette du droit annuel payé par les officiers de l'Hôtel de Ville, depuis 1634 jusqu'à 1689 ; il y avait 54 volumes ; — 4° fol. 51 r°. Terrier de la ville de Paris, depuis 1539 jusques en 1542 ; —5° fol. 52 v°. Registres des cens, rentes, maisons, portes, droits et revenus appartenans à l'Hôtel de Ville de Paris, depuis 1444 jusques en 1578, 18 registres ; — 6° fol. 54. Registres concernant les rachats de plusieurs rentes seigneuriales dont diverses maisons de la ville et fauxbourgs de Paris étoient chargées envers différents seigneurs, depuis 1553, 9 registres ; —7° fol. 56 r°. *Octrois accordés à la ville de Paris, depuis 1635, vingt registres ; — 8° fol. 59 r°. *Registres des mandemens et acquis delivrez à l'Hôtel de Ville sur le domaine et autres droits appartenant à la dicte ville, depuis 1499 jusques en 1612, 18 registres ; — 9° fol. 60 r°. *Registres des baux à ferme faits par l'Hostel de Ville à Paris des droits d'aide chaussées et domaine de l'Hostel de Ville et qui se prennent tant en la ville, fauxbourgs et banlieue d'icelle ville qu'en Hurepoix, France et Brie, depuis 1493 jusques en 1636, 18 registres ; — 10°*autre serrie de 1503 à 1598, sept registres ; —11° fol. 62 v . *Deux registres des declarations faites à l'Hôtel de Ville du vin et autres marchandises amenées de Normandie en ceste ville, 1565 à 1670 ; — 12° fol. 63. *Registres des compagnies françoises associées pour le vin, bois, foin, avoine Pastel, morues et autres marchandises, depuis 1449 jusques en 1582, 14 registres ; — 13° fol. 64. *Deux cent quarante sept registres ou rolles relatifs aux fortifications de la ville de Paris, commenceant à l'année 1513 jusques à l'année 1679 environ ; — 14° fol. 87 r°. *Ornemens de Paris, retranchemens de maisons, pavé et chaines des rues, depuis l'année 1508 jusques en 1544, cinq registres ; —15° fol. 88. * 3 registres de la vaisselle d'argent que les bourgeois de Paris ont volontairement baillé au roy pour son service, qui a été fondue en la Monnoie le prix qui en est provenu, pour le quel Sa Majesté leur a constitué rentes, de 1554 à 1568 ; — 16° fol. 89 r°. *Quatre registres des armes à feu et autres des bourgeois, de 1469 en 1561 ; —17° fol. 90. Remontrances, registres d'affirmations, affaires de commerce, jugemens d'audience, depuis 1537 jusqu'en 1578 ; —18° fol. 105. Cottisations et taxes sur les maisons de Paris, de 1316 à 1525. Vingt-quatre registres. Procès-verbaux de contraintes faites au sujet des cottisations, etc., de 1589, quatre registres ; — 19° fol. 110. Compte des dépenses de l'entrée de Charles IX à Paris en 1571 ; — 20° prêts faits au roi par la ville, 1523 à 1576, douze registres ; — 21° fol. 114. *Montres des gens de guerre payés par la ville, et autres affaires, droits sur les vins, depuis 1469 jusques en 1573, cent sept registres, liasses ou rouleaux ; — 22° fol. 129. *Registres ou liasses relatifs aux rentes constituées sur l'Hôtel de Ville. Cette série comprenait seule plusieurs milliers de volumes. L'inventaire a deux cent quatre-vingt-douze feuillets grand in-fol. ; — 23° fol. 421 v°. 47 sacs de différents procès entre la ville de Paris et plusieurs particuliers, depuis l'année 1503 jusqu'à l'année 1616.

Section judiciaire.

Tous les actes, papiers et registres de l'ancien *Bureau de la Ville*, c'est-à-dire du tribunal de cette juridiction, formaient, dès le xvɪᵉ siècle, une collection séparée. En 1793, quand la Convention nationale, par un décret du 7 messidor (25 juin), eut créé les Archives du Royaume, les commissaires composant l'*Agence temporaire du triage des titres*, décidèrent que les papiers du Bureau de la Ville seraient déposés au Palais de Justice, dans la section

1) Tous les articles précédés d'un astérisque manquent aux Archives du Royaume.

DEUXIÈME PARTIE.

judiciaire des Archives. Voici l'inventaire qui fut dressé à cette époque de cette collection, qui, aujourd'hui encore, occupe la seconde partie de la dixième travée et la onzième travée tout entière du dépôt :

1° Deux cent quatre-vingt-dix-sept registres d'audiences, depuis le 28 juin 1395 jusqu'au 29 août 1777;

2° Trois registres d'enregistrement d'officiers de la ville, du 28 octobre 1747 au 9 février 1790;

3° Deux registres de procédures civiles et criminelles communiquées aux rapporteurs et aux procureurs du roi de la ville, ainsi que des effets et pièces de conviction, le premier du 19 mars 1763 au 17 juillet 1771, le second du 29 mars 1735 au 13 juin 1737;

4° Vingt-trois registres d'écrous dans les prisons de la ville, du mois de mai 1586 au 25 fructidor an II (11 sept. 1794);

5° Un registre de déclarations de lettres de voiture pour les vins de liqueur, du 11 octobre 1702 au 10 juillet 1777;

6° Registre de la taxe des bois, du 3 septembre 1725 au 11 juillet 1766;

7° Un registre des rapports, arrêtés et jugemens du Bureau de la Ville sur tout ce qui concerne les réparations, constructions à sa charge, du 11 mai 1786 au 13 septembre 1787;

8° Deux registres de déclarations des officiers mesureurs et porteurs de charbon, du 12 novembre 1729 au 9 décembre 1739;

9° Un registre contenant la liste générale ordinale et de rencontre du troisième tirage de remboursements des dettes de l'État en 1768;

10° Un registre intitulé : Dépôts à moi faits, comme successeur de M. Body, au 15 octobre 1774.

Ce registre est parafé de MM. Augrand et Moreau et coté : pièce unique de la 184e liasse;

11° Sept registres de saisies réelles, du 25 octobre 1727 au 22 juillet 1791;

12° Seize registres d'oppositions aux offices dont sont pourvus les officiers de la ville, du 1er mai 1640 au 17 mars 1791. — Un registre contenant la table des précédents;

13° Vingt-deux liasses et vingt-huit cartons de sentences rendues sur requêtes, depuis le 28 août 1525 jusqu'au 7 janvier 1791.

Vingt-trois liasses de minutes de sentences rendues sur rapport, depuis le 23 janvier 1565 jusqu'au 1er décembre 1744.

Quatorze liasses de sentences rendues à l'audience, depuis le 2 septembre 1777 jusqu'au 20 mai 1791;

13° A. Trente-quatre cartons et trente liasses de procès criminels instruits et jugés au Bureau de la Ville, de 1537 à 1791;

13° B. Deux cartons de minutes, de plaintes, enquêtes et interrogatoires, de 1696 à 1780;

14° Six cartons de procès-verbaux et inventaires dressés par le maire et les officiers municipaux de la ville de Paris en 1790 et en 1791, lors de la suppression des cours et juridictions qui siégeaient alors au Palais de Justice;

15° Trois cartons intitulés : Tribunal municipal, 1790-91 et janvier 1792;

16° Quatre cartons de décharges, de 1699 à 1761; de rapports et avis, de 1731 à 1791.

17° Un carton et deux portefeuilles de procès-verbaux d'apposition de scellés après le décès d'officiers comptables, de 1760 à 1789;

18° Un carton de pièces à remettre aux parties;

19° Un carton contenant des renseignements sur différents objets naufragés ;
20° Un carton de requêtes restées indécises ;
21° Deux cartons de brouillons de plumitifs et renseignements ;
22° Trois liasses de minutes de saisies réelles des offices de la ville, 1727 à 1790 inclus ;
23° Une liasse de requêtes et jugements pour la réception des cinquantainiers, dixainiers, officiers et archers de la ville, années 1690, 91, 92 ;
24° Dix-sept liasses d'opposition à saisies réelles, de 1678 à 1791 ;
25° Huit liasses de mainlevée, d'oppositions, de 1615 à 1787 ;
26° Six cartons de cautionnements et autres actes, de 1636 à 1791 ;
27° Cinquante-huit liasses de défaut de comparution, de 1587 à 1790 ;
28° Deux cartons de déclarations de dépens, 1698 à 1790 ;
29° Quatre cartons de résignations d'offices et oppositions, de 1658 à 1725.

APPENDICE IV.

CHRONOLOGIE DES OFFICIERS MUNICIPAUX.

AVERTISSEMENT.

Depuis le xvie siècle la chronologie des officiers municipaux a été souvent imprimée, mais toujours d'une manière incomplète et fautive. La plus ancienne liste que je connaisse se trouve à la fin du Recueil des Ordonnances royaux, publié en 1528.

Cette chronologie, reproduite avec des additions dans les éditions subséquentes du même Recueil, a été évidemment copiée sur celle qui se trouve au commencement du registre officiel des élections de tous les officiers municipaux depuis 1411 jusqu'en 1542. (Arch. du Roy. K. 996; voyez Appendice III, p. 191.) J'avais conçu le projet de publier complètement ce registre, qui contient sur les élections du prévôt des Marchands et des échevins plusieurs détails fort curieux, mais je me suis aperçu que les mêmes formules étaient trop souvent répétées, et qu'il suffisait de citer les passages les plus curieux. Du Breul, dans son *Théâtre des Antiquités de Paris*, p. 1017, en a déjà fait usage, et l'on s'aperçoit que Félibien et Lobineau ont eu le même guide sous les yeux, pour dresser la liste insérée à la fin du tome II de leur Histoire de Paris. Toutes ces chronologies ne remontent pas au delà de 1411, époque où la prévôté des Marchands fut rétablie; le généalogiste J. Chevillard publia au commencement du xviiie siècle une série de tableaux gravés contenant les armoiries, le nom, les qualités des officiers municipaux. Ce recueil est précédé d'un titre général, renfermé dans un écusson, et ainsi conçu : *Chronologie des prevosts des Marchands, echevins, procureurs du roy, greffiers et receveurs de la ville de Paris*. Un autre écusson parallèle explique l'ordonnance de ces tableaux et fait connaître quelques-uns des documents historiques qui ont servi à les dresser : « On a disposé cette carte de 115 quarrez. Dans les trois premiers sont « 18 prevosts des Marchands sans echevins, ne les ayant pu recouvrer; dans les 112 quarrez qui suivent « sont autant de prevosts des Marchands avec les echevins de leurs prevostés. Et dans trois autres « quarrez qui sont en bas, sont les procureurs du roy, greffiers et receveurs de la ville. Cet ouvrage a « esté extrait des mémoires de la ville, et d'un ancien manuscrit blasonné qui a esté fait par un « ancien hérault d'armes, et vérifié sur les tableaux qui sont à la ville, et sur des tombeaux et monu- « mens publics. »

Il est facile de signaler bien des erreurs dans le travail de Chevillard; quoi qu'il en soit, ce généalogiste a fait connaître le premier la liste des prévôts des Marchands depuis le règne de saint Louis (1268) jusqu'à celui de Charles VI. J'ai pu compléter son travail en dépouillant le *Livre des Sentences*, et en recherchant les indications éparses dans les divers documents. C'est ainsi que j'ai commencé la liste des prévôts des Marchands avec l'année 1263, et retrouvé plusieurs des échevins qui ont exercé leurs fonctions de 1293 à 1320. J'ai rétabli avec soin la durée de la prévôté d'Étienne Marcel et recueilli le nom des échevins obéissant à ses ordres, ceux-là même que le peuple de Paris nommait énergiquement les *gouverneurs*.

Pour cette époque de troubles et de dissensions politiques qui commence à l'année 1413 et ne finit qu'en 1436, j'ai suivi le registre des élections d'abord, sans négliger toutefois une chronique contemporaine connue sous le titre de *Journal d'un bourgeois de Paris*. Quel qu'ait été l'auteur de cette chronique, il a beaucoup fréquenté les échevins, les quartiniers, les cinquanteniers; il ne manque pas de parler de leurs élections et des circonstances qui les ont signalées.

En dépouillant les registres originaux j'ai eu soin de rétablir la véritable orthographe des noms propres que Chevillard a souvent altérée. On s'aperçoit que ces altérations avaient pour but de donner aux noms de ceux dont le généalogiste blasonnait les armes une tournure aristocratique.

La chronologie des conseillers de ville a surtout fixé mon attention. Elle jetait le plus grand jour sur l'histoire de la bourgeoisie parisienne; j'ai pensé qu'on me saurait gré d'avoir fait connaître le nom, la condition de ces hommes, qui, depuis les premiers temps de notre histoire, ont administré la ville de Paris. Sous la domination romaine, sous celle des *Carolingiens*, ils apparaissent déjà avec la dénomination de *scabins* (*scabini*). Je les retrouve dans une charte de l'année 1200, revêtue du sceau de la confrérie des Marchands de l'Eau dont ils sont les chefs, avec le titre de *probi homines*, répondant au mot français *prud'hommes*. Voici cette charte, qui est inédite; elle a rapport au commerce du sel à Paris.

CIRCA 1200.

« Sciant presentes et futuri, quod cum contentio esset inter mercatores Parisienses et mercatores Roto-
« magenses, super mensuratores salis, in portu Parisiensi, tandem pax fuit facta apud Gisorcium, in
« presentia domini regis, in hunc modum : Quod dicti mercatores, pro bono pacis, compromiserunt se ex
« utraque parte in decem probis hominibus mercatoribus Parisiensis; et illi decem homines inquisierunt
« legitime veritatem per testem idoneos mercatores, sicut fuit antiquitus. Et hæc est inquisitio talis : ven-
« ditor salis in portu, quum vendiderit suum sal, ipse debet querere mensuratores, et si oviaverit eis in
« navibus, sive super plencham, ipse debet eos vocare ad suum sal mensurandum ; et si non oviaverit
« eis, et veniat super terrarium, et inveniat quatuor, sive quinque, sive sex, sedentes insimul, ipse ven-
« ditor vocabit quoscumque vellet. Et si non invenerit nisi duos, ipse debet eos vocare, nec potest eos
« refutare; et mensuratores salis debent esse socii de tali lucro quod facient in mensuratione salis. Et hæc
« sunt nomina decem proborum hominum qui ista inquisierunt : dominus Guillelmus *Escu à cou*, Guido
« Autisiodorensis, Johannes carnifex, Odo, Popin, Renoldus, Bordon, Robertus Brese, Odo Rufus, Guil-
« lelmus Blondel. » (Arch. du Roy. J. 152.)

Il est curieux de retrouver parmi les signataires de cet acte les ancêtres de ceux qui, à la fin du XIIIᵉ siècle, occupaient la première place dans le Parloir aux Bourgeois, les *Bourdon*, les *Popin*, les *Gui d'Auxerre*.

La plus grande partie des sentences du Parloir étant suivie du nom des bourgeois en présence de qui elles furent rendues, j'ai recueilli ces noms; j'ai pu ainsi faire remonter la liste des conseillers municipaux à l'année 1268, et ajouter beaucoup au travail de Chevillard, dont la liste ne commence qu'à l'année 1500. Malheureusement il y a encore une assez forte lacune, de 1305 à 1500, que les documents parvenus jusqu'à nous ne m'ont pas permis de combler.

Depuis l'année 1500 jusqu'au commencement du XVIIIᵉ siècle, j'ai considérablement augmenté la liste donnée par Chevillard, en dépouillant les registres de l'Hôtel de Ville, dans lesquels chaque délibération d'une certaine importance est toujours précédée du nom des conseillers qui y ont pris part.

Quant aux quartiniers, cinquanteniers, dixainiers, il existait dans l'ancien Hôtel de Ville un bureau qui leur appartenait; dans ce bureau étaient conservés les titres et registres concernant ces officiers. Avec ces documents il eût été facile de dresser une liste chronologique, principalement depuis 1411; mais ne les ayant pas retrouvés j'ai dû rechercher dans les registres parvenus jusqu'à nous les noms des quartiniers ou cinquanteniers qui y étaient dispersés. Je me suis appliqué à faire connaître ceux qui exerçaient ces fonctions pendant les années 1572, 1588, 1590, 1595, 1649, 1652, époques célèbres où ces magistrats populaires ont pris une part très-active aux événements dont Paris a été le théâtre. Toutes les fois que je l'ai pu, j'ai ajouté au nom des divers officiers municipaux l'état qu'ils exerçaient, les titres dont ils étaient revêtus; par ce moyen il sera facile de juger à quelle classe de la bourgeoisie le peuple de Paris accordait le plus de confiance. A partir du XVIIIᵉ siècle les conseillers de ville, quartiniers, greffiers ou receveurs, n'ayant plus exercé dans les affaires politiques la même influence, je n'ai pas recueilli leurs noms; je n'ai poussé au delà de cette époque qu'une seule liste, celle des prévôts des Marchands et des échevins, qui ne se termine qu'au jour où ces magistratures ont cessé d'exister.

DEUXIÈME PARTIE.

PRÉVOTS DES MARCHANDS. — ÉCHEVINS.

1265-1789.

1263.
PRÉVÔT DES MARCHANDS. — Évreux de Valenciennes.

ÉCHEVINS. — Jean Barbette; Henri *de Navibus*; Nicholas le Flamand; Adam Bourdon.

1268.
PR DES M. — Jean Augier.

1276.
PR. DES M. — Guillaume Pisdoe.

1280.
PR. DES M. — Guillaume Bourdon.

1289.
PR. DES M. — Jean Popin.

1291.
PR. DES M. — Jean Arrode.

1293.
PR. DES M. — Jean Popin.

ÉCH. — Adam Paon; Guillaume Pizdoe; Thomas de Saint-Benoit; Étienne Barbette.

1296.
PR. DES M. — Jean Popin, mort le 18 juillet, remplacé par Guillaume Bourdon.

ÉCH. — Adam Paon, Étienne Barbette; Guillaume Pizdoe; Thomas de Saint-Benoit.

1298 à 1304.
PR. DES M. — Étienne Barbette.

ÉCH. — Jean Sarrazin; Thomas de Saint-Benoast; Guillaume Pizdoe; Adam Paon.

1304.
PRÉVÔT DES MARCHANDS. — Guillaume Pisdoe.

ÉCHEVINS. — Étienne Bourdon; Jean Gencian; Renier Bourdon; Étienne Haudri.

1305.
PR. DES M. — Guillaume Pisdoe.

ÉCH. — Jean Gencian.

1314.
PR. DES M. — Étienne Barbette.

ÉCH. — Renauz Pizdoe; Jean Barbette; Jacques Bourdon; Nicolas Arrode.

1321.
PR. DES M. — Jean Gentien.

1345.
PR. DES M. — Hugues le Cocq, conseiller au Parlement.

1354-1358.
PR. DES M. — Étienne Marcel, tué le 31 juillet.

ÉCH. — Pierre Bourdon (1355); Charles Toussac (1355), tué au mois d'août 1358; Bernard Cocatrix (1355); Jean Belot (1355); Philippe Giffart (1356); Jean de Lisle (1358), tué au mois d'août; Josoran de Mâcon (1358), décapité en place de Grève, le 3 août.

1358.
PR. DES M. — Gencian Tristan.

1359.
PR. DES M. — Jean Desmarets.

1371.
PR. DES M. — Jean Fleury.

1381.

PR. DES M. — Guillaume Bourdon.

1383.

PR. DES M. — Audoyn Chauveron, garde de la prévôté.

1388.

PR. DES M. — Jean de Folleville, garde de la prévôté.

1392.

PR. DES M. — Jean Jouvenel des Ursins, garde de la prévôté.

1404.

PR. DES M. — Charles Culdoe, garde de la prévôté, puis prévôt des Marchands.

1411 (20 JANVIER).

PR. DES M. — Pierre Gentien.

ÉCH. — Jean de Troyes; Denis de Saintyon; Jean de Lolive; Robert de Belloy.

1412.

PR. DES M. — Audri d'Espernon, garde de la prévôté, au lieu de Pierre Gencian, absent, élu le 16 mars.

ÉCH. — Jean de Troyes; Jean de Lolive; Robert de Belloy; Garnier de Saintyon, au lieu de Denis, mort au mois d'octobre.

1413.

PR. DES M. — Pierre Gentien, remis prévôt des Marchands, au lieu du sieur d'Espernon (le 9 septembre).

ÉCH. Vendredi 17 août. — Garnier de Sainct-Jon; Pierre Augier; Guillaume Ciriasse; Jean Marceau.

Les trois derniers furent mis à la place des trois échevins nommés en 1412, « par l'eleccion de monseigneur le duc de Guienne et de plusieurs de nos sires de son sang, » dit le registre officiel.

1415.

PR. DES M. — Philippe de Braban (10 octobre).

ÉCH. — Jean de Louviers, le jeune; Audry d'Espernon; Étienne de Bonpuis; Jean du Pré, remplacé au mois d'août par Guillaume Ciriasse; Regnault Pisdoe; Pierre de Grant Rue; Guillaume d'Auxerre.

On lit dans le *Journal de Paris* sous Charles VI « Item les dessus dits *Bandez* (les Armagnacs), le 10e jour d'octobre 1415, firent à leur pooste un prevost des Marchands nouvel et quatre eschevins c'est assavoir le prevost des Marchands, Philippe de Brebant, fils d'un *impositeur*, les eschevins Jehan du Pré, espicier; Estienne de Bonpuis, pelletier; Regnaut Pidoye, changeur; Guillaume d'Aussere, drappier. » Page 27.

1417.

PR. DES M. — Étienne de Bonpuis (7 septembre); Guillaume Ciriasse (12 septembre).

On lit dans le registre officiel : « A la prière et queste de sire Philippe de Brabant, prevost des Marchans, disant que le dit office il ne pourroit plus exercer pour certaine maladie en quoy il estoit encheu, et aussi pour l'ancien âge de lui, le dit sire Phelippe fut deschargé d'icellui office. »

ÉCH. — Simon Tarrennes, élu en place de Regnaut Pizdoe; Henri Maloue, secrétaire du Roi.

On lit dans le *Journal de Paris* sous Charles VI « Environ huit ou neuf jours en septembre, fut depposé Brebant, devant dit de la prevosté des Marchans, et fut fait prevost Estienne de Bonpuis, lequel ne le fut que cinq jours, et fut mis en la prevosté un faiseur de coffres et de banc, Guillaume Syrasse, le 12 septembre ou dit an. »

1418-1419.

PR. DES M. (6 juin.) — Noël Marchant, garde de la prévôté des Marchands, mort le 26 décembre 1420.

NOTA. On lit dans le registre officiel : « Par la nominacion et eleccion de nos sires de Chastelus et de Lisle-Adam, mareschaux de France, de monseigneur le bailly d'Auxois, prevost de Paris, et pluseurs autres grans seigneurs, et aussi de grant nombre de notables bourgeois d'icelle ville, qui pour ce furent assemblez le dit jour au dit hostel de la ville, et en leur présence, fist le serement en tel cas accoustumé pour le dit office exercer jusques à ce que autrement en soit ordonné. Et tout ce qui a esté fait en ceste partie sanz prejudice des privileges, franchises et libertez d'icelle ville de Paris. »

ÉCH. — Pierre le Royer (1419); Michel Thibert (1419); Marcelet Testart; Jean de Louviers le jeune; Jean de Saintyon (1419); Imbert Deschamps (1419).

On lit dans le registre qu'en la place des échevins nommés sous l'année 1427 « qui de présent sont absens, ces bourgeois de Paris, natifs d'icelle ville, furent ordonnez comme *commis au dit eschevinage*, jusques à ce que autrement en soit ordonné, présens messire Charles de Lenz, admiral de France et capitaine de Paris, etc. »

1420.

PR. DES M. — Maître Hugues le Coq.

ÉCH. — Jean de Lolive; Jean de Dampmartin; Jean de Cerisy; Jean de Compens, changeur.

1422.

ÉCH. — Garnier de Saintyon; Jean de Belloy; sire Raoul Dourdin; Jean de la Poterne (12 décembre).

1429-1430.

PR. DES M. — Sire Guillaume Sanguin.

ÉCH. — Sire Imbert Deschamps, mercier tapissier; sire Jean de Dampierre, mercier; sire Remon Marc, drapier; Nicolas de Neufville, poissonnier. Les deux derniers furent remplacés en 1430 par sire Marcel Testart et sire Guillaume de Troyes.

1431-1433.

PR. DES M. — Maître Hugues Rapioult, conseiller au Parlement.

ÉCH. — Louis Gobert; Jacques de Raye; sire Robert Clément (1433); sire Henri Aufroy (1433).

1434.

PR. DES M. — M⁰ Hugues le Coq, conseiller du Roi notre sire en sa cour de Parlement.

ÉCH. — Louis Galet, examinateur au Châtelet; Hugues du Pleis.

On lit dans le *Journal de Paris* sous Charles VI : « En ce mois de juillet fut déposé de la prevosté des « Marchands, maistre Hugues Rappiou, et changé « deux échevins. » P. 159.

1436-1437.

PR. DES M. — Sire Michel de Lallier.

ÉCH. — Jean de Belloy (1436); Pierre des Landes (1436); Nicolas de Neufville (1436); Jean de Grant Rue (1436); Simon de Martray (1437); Jean Luillier (1437).

1438-1443.

PR. DES M. — Pierre des Landes, 23 juillet 1438.

On lit dans l'année 1442, dans le registre officiel : « Et ne fut faicte aucune mutacion de sire Pierre de Landes, à ce temps prevot des Marchans, pour ce qu'il fut continué à la prière et par lettres missibles du roy. »

ÉCH. — Jean de Grand Rues, 1438, continué; Jean Augier, 1438; Jean Thiessart, 1438, mort cette année; Jacques de la Fontaine, 1438; Nicaise de Bailly, 1439; Jean de la Porte, examinateur au Châtelet, 1439; Michel Culdoé, 1440; Jean de Calais, 1440; Guillaume Nicolas, 1441; Jean de Livres, 1441; Nicolas de Neufville, 1442, remis; Jean de Marle, 1442; Jean Lhuillier, 1443, remis; Jacques de la Fontaine, 1443, remis.

1444-1449.

PR. DES M. — Jean Baillet, conseiller au Parlement, 1444.

ÉCH. — Nicolas de Louviers, 1444; Jean de Chanteprime, 1444; Jean Luillier, continué, 1445; Jacques de la Fontaine, continué, 1445; Pierre de Vaudetare, 1446; Jacques de Caulers, 1446; Jean Luillier, continué, puis receveur de la ville (1447), remplacé par Germain de Bracque; Michel Culdoe, 1447; Enguerrand de Thunery, 1448; Guillaume Nicolas, 1448; Jean de Marle, remis pour la deuxième fois; Nicolas de Louviers, remis pour la deuxième fois, 1449.

1450.

PR. DES M. — Jean Bureau, trésorier de France.

ÉCH.—Nicaise de Bailly (1450); Jean Chesnard (1450); Henry de la Cloche (1451); Germain Bracque (1451).

1452-1455.

PR. DES M. — Dreux Budé, audiencier de France, 19 août.

ÉCH. — Hugues Féret, 1452-1454; Jean le Riche, 1452; Henri de la Cloche, continué, 1453; Arnault Luillier, 1453; Jean Clerbout, 1454; Pierre Galye, 1455; Philippe Lalement, 1455.

1456-1459.

PR. DES M. — Mahieu de Nanterre, président des requêtes du Palais, 16 août.

ÉCH. — Sire Jacques de Hacqueville (1456); Michel de la Grange (1456); Pierre Galye (1456); Michel Laisié (1457); Guillaume le Maçon (1458); Jacques d'Eupy (1458); Jean Clerebout (1459); Pierre Mesnard (1459).

1460-1465.

PR. DES M. — Henri de Livres, 16 août 1460.

ÉCH. — Jacques de la Fontaine, 1460; Antoine de Vauboulon, 1460; Hugues Ferret, 1461; Henri de Cregy, 1461; Germain de Bracque, 1462; Guillaume Longue Joue, 1462; Jean Clerbout, 1463; Andry d'Azy, 1463; Jean de Harlay, chevalier du guet, 1464; Denis Gibert, 1464.

Dans le registre officiel on lit, sous l'année 1465 : « Le xvi° jour d'aoust, lendemain de l'Assumption Nostre-Dame, auquel jour, selon les coustumes anciennes de la dicte ville, l'en devoit eslire et créer deux eschevins ou lieu de sire Jehan Clerbout et Audry Dazy, qui, au dit jour, avoient fait leur temps ou dit estat d'eschevinage, ne fut procédé aucunement à l'eleccion d'autres eschevins obstant les grans affaires et occupacions que avoient en icellui temps messires les prevost des Marchans, conseillers, quarteniers et bourgois de la dicte ville, à la garde et deffence d'icelle, pour les guerres et divisions qui lors avoient cours, par l'entreprinse d'aucuns de nos seigneurs du sang, par quoy les ditz Clerbout et Dazy ont depuis exercez et occupez les dits estatz. »

1466-1467.

PR. DES M. — Sire Michel de la Grange, maître de la chambre aux deniers, 1466.

ÉCH. — Nicolas Potier, 1466; Gerard de Vauboulon, 1466; Pierre Gallié, 1467; Jacques de Hacqueville, 1467.

1468-1469.

PR. DES M. — Nicolas de Louviers, seigneur de Cannes, maître des comptes.

ÉCH. — Pierre Mesnard, 1468; Denis le Breton, 1468; Jean de Harlay, chevalier du guet, 1469; Arnaul de Cambray, 1469.

1470-1472.

PR. DES M.—Denis Hesselin, écuyer panetier du Roi.

ÉCH. — Jean le Breton, continué, 1470; Simon de Gregy, 1470; Jean Colletier, 1471-1473; Jean des Portes, 1471; Jean de Brehan, 1472; Gaucher Hebert, 1472; Jacques le Maire, 1473; Jean Desportes, élu en 1473, pour remplacer Jacques le Maire qui était mort dans le cours de cette année.

1474-1475.

PR. DES M. — Sire Guillaume le Comte, conseiller du Roi, grenetier de Paris.

ÉCH. — Germain de Marle, 1474; Guillaume le Jay, 1474; Jean Colletier, continué (1475); Jean des Portes (1475).

1476-1483.

PR. DES M. — Henri de Livre, conseiller du Roi.

ÉCH. — Germain de Marle, continué, 1476; Jean des Vignes, 1476-1480, élu de Paris; Jean Colletier, continué, 1476-1483; Jean le Breton, 1477; Germain de Marle, continué, 1478; Simon de Neufville, 1479-1483; Imbert Luillier, clerc du Roi en la Chambre des comptes, 1480; Nicolas du Hamel, 1482.

1484-1485.

PR. DES M. — Guillaume de la Haye, président des requêtes du Palais.

DEUXIÈME PARTIE.

ÉCH.—Sire Gaucher Herbert, 1484; Jacques Nicolas, marchand; Jean de Harlay, chevalier du guet de nuit, 1485; Jean de Rueil, auditeur au Châtelet, 1485.

1486-1489.

PR. DES M. — Jean du Drac, vicomte d'Ay, seigneur de Mareuil, 1486.

ÉCH. — Guillaume de Hacqueville, 1486; Jacques Vaulguier, 1486-1489; Denis de Thumery, mort l'année suivante, 1487; Nicolas Féret, 1487; Jacques Nicolas, 1488; Louis de Montmirail, 1488; Jacques Teste, 1488; Gaucher Hebert, 1489.

1490-1491.

PR. DES M. — Pierre Poignant, conseiller au Parlement, 1490.

ÉCH. — Simon Malingre, clerc du Roi à la Chambre des comptes, 1490; Charles Lecocq, général des Monnaies, 1490; Pierre de la Poterne, 1491; Jean le Lievre, 1491.

1492-1493.

PR. DES M.—Jacques Piedefer, seigneur des Pieds en France, avocat au Parlement, 1492.

ÉCH. — Jacques Vaulquier, 1492; Raoul de Hacqueville, 1492; Pierre Raoulin, 1493; Jean Brulard, 1493.

1494-1495.

PR. DES M. — Nicolas Viole, correcteur des comptes, 1494.

ÉCH. — Pierre de Rueil, 1494; Jacques Nicolas, 1494; Jean de Landes, 1495; Audry Guyart, 1495.

1496-1497.

PR. DES M.—Jean de Montmiral, avocat en Parlement, 1496.

ÉCH. — Jean le Jay, 1496; Michel le Riche, 1496; Étienne Boucher, élu de Paris, 1497; Simon Anier, 1497.

1498-1499.

PR. DES M. — Jacques Piedefer, avocat au Parlement.

ÉCH. — Antoine Malingre, 1498; Louis de Harlay, 1498; Pierre Turquain, 1499; Bertrand Ripault, 1499.

1499-1501.

PR. DES M. — Nicolas Potier, général des Monnaies, gouverneur de Paris (octobre 1599).

ÉCH.—Jean de Lolive (1500-1501); Jean de Marle, avocat au Parlement (1500-1501); Jean le Lievre (1500-1501); Henri le Begue (1500-1501).

Cette nomination au milieu d'une année eut lieu par suite du procès criminel intenté aux officiers municipaux, après la chute du pont Notre-Dame. Voyez plus haut, livre II, chapitre 4.

1502-1503.

PR. DES M.—Germain de Marle, général des Monnaies.

ÉCH. — Charles des Molins, 1502; Jean Paillard, 1502; Jean Croquet, 1502; Nicolas Bertillon, 1502; Henri le Begue, 1503; Étienne Huré, 1503.

1504-1505.

PR. DES M. — Eustache Luillier, sieur de Saint-Mesmin, maître des comptes, 1504.

ÉCH. — Pierre le Masson, 1504; Jean Herbert, 1504; Pierre Paulmier, examinateur du Roi au Châtelet, 1505; Jean le Lievre, 1505.

1506-1507.

PR. DES M. — Dreux Raguier, écuyer, sieur de Thionville, maître des eaux et forêts aux pays de France, de Champagne, de Brie.

ÉCH. — Nicolle Seguier, receveur des aides pour le Roi, 1506; Hugues de Neufville, 1506; Étienne Savin, 1507; Étienne Huvé, 1507.

1508-1509.

PR. DES M. — Pierre le Gendre, trésorier de France, 16 août.

Mary Bureau, 1508; Pierre Turquain, commissaire, 1508; François Choart, 1509; Regnault Entoulliet, 1509.

1510-1511.

PR. DES M. — Robert Turquin, conseiller au Parlement, 16 août.

ÉCH. — Charles de Montmiral, 1510; Jean Croquet, 1510; Antoine Disomme, conseiller au trésor, 1511; Geoffroy de Souchay, 1511.

1512-1513.

PR. DES M.—Roger Barme, conseiller du Roi, avocat général au Parlement, 1512.

ÉCH. — Nicolas Crespy, marchand, 1512; Jean Olivier, 1512; Guillaume Parent, 1513; Robert le Lievre, 1513.

1514-1515.

PR. DES M. — Monseigneur maître Jean Brulart, seigneur d'Aguetz, conseiller au Parlement (16 août).

ÉCH. —Mary Bureau, 1514; Jean Basannier, changeur, 1514; Jacques le Lievre, 1515; Milles Perrot, 1515.

1516-1517.

PR. DES M. — Pierre Cleutin, seigneur de Tour-soubz-Montmorency et de Ville-Parisis, conseiller au Parlement (16 août).

ÉCH. — Jean Dubus, marchand, 1516; sire Geoffroy du Souchay, 1516; Claude Olivier, élu de Soissons, 1517; Pierre Dessoubz-le-Four, 1517.

1518-1519.

PR. DES M. — Pierre Lescot, seigneur de Lissy, conseiller du Roi et son procureur général en la cour des généraux sur le fait des Aides (16 août).

ÉCH. — Jean Turquain, quartinier, 1518; Jean Allard, huissier au Parlement, 1518; Nicolas le Comte, maître de la Monnaie, 1519; Nicolas Charpentier, marchand drapier, 1519.

1520-1521.

PR. DES M. — Antoine le Viste, chevalier, seigneur de Fresnes, conseiller et maître des requêtes ordinaires de l'hôtel du Roi (16 août).

ÉCH. — Jean Palluau, 1520; Jean Bazanier, 1520, remis; Gaillart Spifame, receveur des tailles en l'élection de Sens, 1521; Nicolas Chevalier, drapier, 1521.

1522-1523.

PR. DES M. — Guillaume Budé, seigneur de Marly-la-Ville, maître des requêtes de l'hôtel du Roi, et maître de sa librairie (16 août).

ÉCH. — Jean Croquet, marchand, 1522; Jean Morin, 1522, avocat au Parlement, lieutenant général du bailliage du Palais; Claude Sanguin, 1523, marchand drapier; Jean Leclerc, 1525, seigneur d'Armenonville, auditeur des comptes.

1524-1525.

PR. DES M. — Jean Morin, lieutenant général des bailliages de Paris et du Palais (16 août).

ÉCH. —Guillaume Seguier, mort cette même année 1524; Claude Foucault, 1524; Pierre Lormier, 1525; Jean Turquan, quartinier, 1525.

1526-1527.

PR. DES M. — Germain de Marle, seigneur de Tillay, conseiller, notaire et secrétaire du Roi et général de ses Monnaies (16 août).

ÉCH. — Germain le Lievre, marchand, 1526; Jacques Pinel, marchand, 1526; Nicole Guesdon, avocat, 1527; François Gayant, clerc du Roi, auditeur des comptes, 1527.

1528-1529.

PR. DES M. — Gaillart Spifame, seigneur de Bisseaux et de Douy, général des finances en la charge d'outre-Seine (16 août).

ÉCH. — Vincent Macyot, quartinier, 1528; Pierre Fournier, 1528; Regnault Picard, notaire et secrétaire du Roi, 1529; Pierre Hennequin, seigneur de Mathault et avocat au Parlement, 1529.

DEUXIÈME PARTIE.

1530-1531.

PR. DES M. — Maître Jean Luillier, seigneur de Boullencourt et de Presles, conseiller du Roi, maître des comptes (16 août).

ÉCH. — Jean de Moussy, conseiller-correcteur des comptes, 1530; Simon Teste, conseiller-correcteur des comptes, 1530; Gervais Larcher, 1531; Jacques Boursier, 1531.

1532-1533.

PR. DES M. — Maître Pierre Violle, seigneur d'Athis, conseiller au Parlement (16 août).

ÉCH. — Claude Daniel, conseiller du Roi, auditeur des causes au Châtelet de Paris, 1532; Jean Barthelemy, quartinier, marchand, 1532; Martin Bragelongne, conseiller du Roi au bailliage de Paris, 1533; Jean Courtin, conseiller du Roi, auditeur en la Chambre des comptes, 1533.

1534-1537.

PR. DES M. — Maître Tronson, seigneur du Couldray-sur-Seine, conseiller au Parlement (16 août).

ÉCH. — Guillaume Quinette, receveur des généraux des aides, 1534; Jean Arroger, 1534; Christophe de Thou, avocat du Roi aux eaux et forêts, 1535; Eustache le Picard, notaire, et secrétaire du Roi et de la Maison de France, 1535; Claude le Lievre, 1536; Pierre Raoul, 1536; Jacques Paillard, seigneur de Jumeauville, 1537; Nicole de Hacqueville, seigneur d'Atichy et de Garges, avocat au Parlement, 1537.

1538-1539.

PR. DES M. — Augustin de Thou, seigneur de Bonneul et d'Abbeville en Bausse, conseiller au Parlement, président aux Enquêtes.

ÉCH. — Jean Croquet, 1538; Guillaume Danès, 1538; Antoine le Coincte, conseiller au Châtelet, 1539; Jean Parfait, 1539.

1540-1541.

PR. DES M. — Étienne de Montmiral, seigneur de Fourqueux, conseiller au Parlement.

ÉCH. — Guillaume Legras, 1540; Guichard Courtin, quartinier, 1540; Thomas de Bragelongne, conseiller du Roi en la Conservation des priviléges de l'Université de Paris, 1541; Nicolas Perrot, 1541.

1542-1543.

PR. DES M. — André Guillard, seigneur du Mortier et de Pichelieres, maître des requêtes de l'Hôtel du Roi.

ÉCH. — Denis Picot, seigneur d'Ambouelle, conseiller du Roi, 1542; Henri Godefroy, auditeur des comptes et quartinier, 1542; Pierre Seguier, lieutenant criminel au Châtelet, 1543; Jean Chopin, marchand bourgeois, 1543.

1544-1545.

PR. DES M. — Jean Morin, lieutenant civil de la prévôté de Paris.

ÉCH. — Jean de Saint-Germain, bourgeois de Paris, 1544; Jean Barthelemy, bourgeois de Paris, 1544; Jacques Aubery, 1545; Denis Tanneguy, avocat au Parlement, 1545.

1546-1547.

PR. DES M. — Louis Gayant, conseiller au Parlement.

ÉCH. — Denis Barthelemy, quartinier, 1546; Fiacre Charpentier, marchand, 1546; Nicolas le Cirier, avocat, 1547; Michel Vialart, lieutenant de la Conservation, 1547.

1548-1551.

PR. DES M. — Claude Guyot, conseiller, notaire et secrétaire du Roi.

ÉCH. — Guillaume Pommereau, 1548; Guichard Courtin, quartinier, 1548; Antoine Soly, 1549; Guillaume Choart, 1549; Côme L'huillier, 1550; Jean le Jay, marchand, 1550; Robert Desprez, 1551; Guy Lormier, 1551.

1552-1553.

PR. DES M. — Christophe de Thou, notaire et secrétaire du Roi, avocat au Parlement.

ÉCH. — Thomas le Lorrain, quartinier, 1552; Jean de Breda, marchand, 1552; Claude le Sueur, marchand, 1553; Jean de Soulfour, trésorier de la Reine, 1553.

1554-1555.

PR. DES M. — Nicole Delivre, conseiller, notaire et secrétaire du Roi.

ÉCH. — Jean Palluau, conseiller, notaire et secrétaire du Roi, 1554; Jean Lescalopier, marchand, 1554; Germain Bourcier, 1555; Michel du Ru, marchand, 1555.

1556-1557.

PR. DES M. — Nicolas Perrot, conseiller au Parlement.

ÉCH. — Guillaume Decourlay, contrôleur de l'audience, 1556; Jean Messier, 1556; Augustin de Thou, conseiller au Parlement, 1557; Claude Marcel, 1557.

1558-1559.

PR. DES M. — Martin de Bragelongne, lieutenant particulier, civil et criminel de la prévôté de Paris.

ÉCH. — Pierre Prevost, élu de Paris, 1558; Guillaume Larcher, 1558; Jean Aubery, 1559; Nicolas Godefroy, 1559.

1560-1563.

PR. DES M. — Guillaume de Marle, seigneur de Versigny.

ÉCH. — Jean Sanguin, secrétaire du Roi, 1560; Nicolas Hac, 1560; Christophe Dasnieres, 1561; Henri Ladvocat, 1561; Jean Lescalopier, 1562; Mathurin le Camus, mort cette même année 1562; Claude le Prestre, 1562; Claude Marcel, 1562; Jean le Sueur, 1563; Jean Merault, 1563.

1564-1565.

PR. DES M. — Guillaume Guyot, seigneur de Charmeaux.

ÉCH. — Pierre Prevost, élu de Paris, 1564; Jean Sanguin, secrétaire du Roi, 1564; Philippe le Lievre, 1565; Pierre de la Cour, 1565.

1566-1569.

PR. DES M. — Nicolas le Gendre, seigneur de Villeroy, 1556.

ÉCH. — Nicolas Bourgeois, 1566; Jean de Bray, 1566; Jacques Sanguin, seigneur de Livry, 1567; Claude Hervy, 1567; Jacques Kerver, 1568; Jérôme de Varade, 1568; Pierre Poullin, 1569; François Dauvergne, conseiller du Roi en la Chambre du Trésor, seigneur de Dampont, 1569.

1570-1571.

PR. DES M. — Claude Marcel, général des Monnaies.

ÉCH. — Simon Bocquet, 1570; Simon de Cresse, 1570; Guillaume Leclerc, avocat, 1571; Nicolas Lescalopier, trésorier de France en la généralité de Caen.

1572-1575.

PR. DES M. — Jean le Charron, président de la Cour des Aides.

ÉCH. — Jean de Bragelongne, 1572; Robert Danès, 1572; Léon le Jay, seigneur de Ducy, 1573; Jacques Perdrier, secrétaire du Roi, 1573; Claude Daubray, secrétaire du Roi, 1574; Guillaume Parfait, 1574; Augustin le Prevost, seigneur de Drevans, secrétaire du Roi, 1575; Jean le Gresle, seigneur de Beaupré, 1575.

1576-1577.

PR. DES M. — Nicolas Luillier, seigneur de Boulencourt, président de la Chambre des comptes.

ÉCH. — Guillaume Guerrier, 1576; Antoine Mesmin, avocat, 1576; Jean Boüer, avocat au Parlement, procureur du Roi au bailliage du Palais, 1577; Louis Abelly, 1577.

1578-1579.

PR. DES M. — Claude Daubray, conseiller, notaire et secrétaire du Roi.

ÉCH. — Jean le Comte, seigneur de la Martinière, quartinier, 1578; René Baudart, 1578; Jean Gedouin, seigneur de Graville, 1579; Pierre Laisné, conseiller au Châtelet, 1579.

DEUXIÈME PARTIE.

1580-1581.

PR. DES M. — Augustin de Thou, avocat général au Parlement.

ÉCH. — Antoine Mesmin, avocat, 1580; Nicolas Bourgeois, 1580; Jean Poussepin, conseiller au Châtelet, 1581 ; Denis Mamyneau, auditeur des comptes, 1581.

1582-1585.

PR. DES M. — Étienne de Neully, président de la Cour des Aides.

ÉCH. — Antoine Huot, 1582; Jean de Loynes, avocat, 1582; Hector Gedouin, 1583 ; Jacques de la Fau, 1583; Pierre le Goix, 1584; Remond Bourgeois, 1584; Jean de la Barre, avocat au Parlement, mort cette année 1585; Philippe Hotman, 1585; Jean le Breton, avocat. 1585.

1586-1587.

PR. DES M. — Nicolas Hector, seigneur de Pereuse et de Beaubourg, maître des requêtes de l'Hôtel du Roi, 1586.

ÉCH. — Louis de Saintyon, avocat, 1586; Pierre Lugoly, lieutenant criminel au Châtelet de Paris, 1586; Jean le Comte, quartinier, 1587; François Bouvart, quartinier, 1587.

1588-1589.

PR. DES M. — De Marchaulmont, chambellan du duc de Guise, remplacé le 20 août 1588 par Michel Marteau, seigneur de la Chapelle, conseiller du Roi, et maître ordinaire en sa Chambre des comptes.

Voyez pour cette élection curieuse, faite sous les yeux et par les soins du duc de Guise, le registre de la ville, H, 1789, fol. 128 v°.

ÉCH. — Compans, 1588 ; Cotteblanche, 1588.

1590-1591.

PR. DES M. — Charles Boucher, seigneur d'Orsay, maître des requêtes et président au Grand Conseil.

ÉCH. — Jacques Bresle, secrétaire du Roi, 1590 ; Pierre Poncher, 1590; Robert Desprez, avocat, 1590; Martin Langlois, avocat, 1590-1591; Denis le Moyne, sieur de Vaux, 1591; Antoine Hotman, avocat, 1591.

« Le seiziesme jour d'aoust mil cinq cent quatre-vingt onze, les dits Deprez et Langlois furent continuez et de nouvel élu pour deux ans : et peu de jours après la troupe séditieuse, communément appellée des Seize, par opposition et main armée, pour le soupçon qu'ilz avoient contre les dits Desprez et Langlois contraires à leur faction, les firent déposer; et feurent esleus maistre Denys le Moyne, seigneur de Vaux, et maistre Anthoine Hotman, advocat en la cour. » Chronologie des Prevot des Marchands et eschevins, pag. 528, des *Ordonnances Royaux sur le faict et jurisdiction de la Prevosté des Marchands*. Paris, 1644, in-fol.

1592-1593.

PR. DES M. — Jean Luillier, seigneur d'Orville et de Visseau, maître ordinaire en la Chambre des comptes.

ÉCH. — Denis Neret; Jean Pichonnat, avocat.

1594-1597.

PR. DES M. — Martin Langlois, seigneur de Beaurepaire, maître des requêtes, 1594.

ÉCH. — Robert Besle, conseiller au Châtelet, 1594; Jean Lecomte, quartinier, 1594; Omer Talon, avocat, 1595; Thomas de Rochefort, avocat, 1596; André Canage, avocat au Parlement, 1596; Claude Josse, conseiller du Roi, receveur général des bois, 1596; Antoine Abelly, 1597; Jean Rouillé, 1597.

1598-1599.

PR. DES M. — Jacques Danès, seigneur de Marly-la-Ville, président en la Chambre des comptes.

ÉCH. — Nicolas Boulon, 1598; Valentin Targer, 1598; Guillaume Robineau, avocat du Roi en l'élection et Grenier à Sel de Paris, 1599; Louis Vivien, seigneur de Saint-Marc, contrôleur général à Soissons, 1599.

1600-1601.

PR. DES M. — Antoine Guyot, seigneur de Charmaux et d'Anssac, président en la Chambre des comptes.

ÉCH. — Jean Garnier, auditeur des comptes, 1600; Jacques des Jardins, seigneur du Marchais, conseiller au Châtelet, 1600; Jean Baptiste Champin, seigneur de Roissy, notaire et secrétaire du Roi, 1601; Claude de Choilly, 1601.

1602-1603.

PR. DES M. — Martin de Bragelongne, seigneur de Charronne, conseiller d'État et président aux Enquêtes.

ÉCH. — Gilles Durand, avocat du Roi aux eaux et forêts, 1602; Nicolas Quetin, conseiller au Châtelet, 1602; Louis le Lievre, substitut de M. le procureur général, 1603; Léon Dollet, avocat, 1603.

1604-1605.

PR. DES M. — François Miron, chevalier, seigneur du Tremblay, de Lignières, etc., lieutenant civil à Paris, 1604.

ÉCH. — Pierre Sainctot, 1604; Jean de la Haye, 1604; Gabriel de Flécelles, 1605; Nicolas Belut, conseiller au Trésor à Paris, 1605.

1606-1611.

PR. DES M. — Jacques Sanguin, seigneur de Livry, conseiller au Parlement.

ÉCH. — Germain Gouffé, substitut du procureur du Roi au Châtelet, 1606; Jean de Vailly, seigneur du Breuil-du-Pont, 1606; Pierre Parfait, greffier en l'élection de Paris, 1607; Charles de Charbonnières, auditeur des comptes, 1607; Jean Lambert, ci-devant receveur général des gabelles, à Soissons, 1608; Jean Thevenot, conseiller au Châtelet, 1608; Jean Perrot, seigneur de Chesnars, ci-devant président en l'élection de Paris, 1609; Jean de Lanoue, avocat, 1609; Nicolas Poussepin, conseiller au Châtelet, 1611; Jean Fontaine, maître des œuvres et bâtiments du Roi, 1611.

« Le seiziesme jour d'août mil six cens dix, la reyne, mère du roy, régente de France, à cause des troubles qui pouvoient survenir lors au moyen du détestable parricide commis en la personne sacrée de Henry le IIII°, roy de France et de Navarre, envoya lettres missives à la dite ville pour la continuation du prevost des Marchands et des quatre eschevins qui estoient lors. » (Chronologie des Prévôts des Marchands, à la fin des Ordonnances Royaux de l'an 1643; in-fol., p. 523.)

1612-1613.

PR. DES M. — Gaston de Grieu, seigneur de Saint-Aubin, conseiller au Parlement.

ÉCH. — Pierre Desprez, avocat, 1612; Claude Merault, seigneur de la Fossée, auditeur des comptes, 1612; Israël Desneux, grenetier au grenier à sel de Paris, 1613; Pierre Clapisson, conseiller au Châtelet, 1613.

1614-1615.

PR. DES M. — Robert Miron, seigneur du Tremblay, conseiller d'État, et président des requêtes du Palais.

ÉCH. — Jacques Huot, secrétaire du Roi et quartinier, 1614; Guy Pasquier, seigneur de Bucy, auditeur des comptes, 1614; Jacques le Bret, conseiller au Châtelet, 1615; François Frezon, 1615.

1616-1617.

PR. DES M. — Antoine Bouchet, seigneur de Bouville, conseiller au Parlement, 1616.

ÉCH. — Nicolas de Paris, 1616; Philippe Pietre, avocat au Parlement, 1616; Pierre Duplessis, seigneur de la Saussaye, conseiller au Châtelet, 1617; Jacques de Creil, 1617.

1618-1621.

PR. DES M. — Henri de Mesmes, chevalier, seigneur d'Orval, conseiller d'État et lieutenant civil à Paris.

ÉCH. — Jacques de Loynes, substitut du procureur général, 1618; Claude Gonyer, 1618; Louis Damours, conseiller au Châtelet, 1619; Pierre Buisson, 1619; Guillaume Lamy, seigneur de Villiers-Adam, contrôleur de la Chancellerie, 1620; Pierre Goujon, 1620; Jean le Fresne, auditeur des comptes, 1621; Robert Danès, secrétaire du Roi, 1621.

1622-1627.

PR. DES M. — Nicolas de Bailleul, chevalier,

seigneur de Watrelos-sur-Mer et de Choisy-sur-Seine, conseiller d'État et lieutenant civil à Paris.

ÉCH. — Louis de Montrouge, vendeur de marée, 1622; Louis Daviau, avocat, 1622; Prospère de la Motte, conseiller au Châtelet, 1623; Pierre Perrier, 1623; Charles Dolet, avocat, 1624; Simon Marcez, 1624; André Langlois, marchand, 1625; Jean Baptiste Hantin, conseiller au Châtelet, 1625; Pierre Parfait, 1626; Denis Maillet, avocat, 1626; Augustin le Roux, 1627; Nicolas de Laistre, 1627.

1628-1631.

PR. DES M. — Christophe Sanguin, seigneur de Livry, conseiller d'État, président des Enquêtes.

ÉCH. — Étienne Heurlot, 1628; Léonard Renard, procureur du Roi au Trésor, 1628; Pamphile Delacour, conseiller de ville, 1629; Antoine de Paris, procureur des comptes, 1629; Jean Pepin, conseiller au Châtelet, 1630; Jean Tronchet, conseiller de ville, 1630; Claude Lestourneau, conseiller de ville, 1631; Philippe le Gangneux, quartinier, 1631; Nicolas de Poix, marchand, 1631.

1632-1637.

PR. DES M. — Michel Maureau, conseiller d'État et lieutenant civil à Paris, mort en octobre 1637.

ÉCH. — Hilaire Marcez, conseiller au Châtelet, 1632; Jean Bazin, seigneur de Chaubuisson, conseiller de ville, 1632; Jean Garnier, 1633; Jacques Doujat, secrétaire du Roi, 1633; Nicolas de Creil, marchand, 1634; Jean Toncquoy, avocat et maitre des requêtes de la Reine, 1634; Joseph Charlot, seigneur de Princé, conseiller au Châtelet, 1635; Jean de Bourges, 1635; Étienne Geoffroy, 1636; Claude de Bruissay, conseiller du Roi, 1636; Germain Pietre, conseiller au Châtelet, 1637; Jacques Tartarin, 1637.

1637-1640.

PR. DES M. — Oudart le Feron, seigneur d'Orville et de Louvre en Parisis, président aux Enquêtes, 1638.

ÉCH. — Claude Galland, auditeur des comptes, 1638; Claude Bouë, 1638; Pierre de la Tour, secrétaire du Roi, 1639; Jean Chuppin, conseiller de ville, 1639; Pierre Eustache, marchand, 1640; Charles Coeffier, commissaire au Châtelet, 1640.

1641-1643.

PR. DES M. — Macé le Boullanger, président aux Enquestes.

« Le lundi vingt cinquiesme février mil six cens quarante uns, le decveds du sieur le Feron estant arrivé, a esté esleu pour prevost des Marchands messire Perrot, seigneur de la Malle-Maison, conseiller du roy en la grant chambre; le lundi vingt deuxiesme avril, le dit sieur Perrot, ayant esté fort peu de temps en la dite charge, seroit allé de vie à trespas, et en son lieu a esté esleu messire Macé le Boullanger, seigneur de Maffié, Quinquempoix, Vierme, et autres lieux, président aux enquestes du Parlement. » (Chronologie des Prévôts des Marchands, etc. Ordonnances Royaulx, édition in-fol. de 1644, p. 532.)

ÉCH. — Sébastien Cramoisi, imprimeur ordinaire du Roi, directeur de l'Imprimerie royale au château du Louvre, 1641; Jacques de Monhers, 1641; Remy Tronchot, receveur général des tailles à Paris, conseiller de ville, 1642; Guillaume Baillon, marchand, 1642; Claude de Bourges, payeur du bureau des trésoriers de France à Orléans, 1643; Adrien de Vin, marchand, 1643.

1644-1645.

PR. DES M. — Jean Scarron, seigneur de Mandiné, etc., conseiller de la grand'chambre du Parlement.

ÉCH. — Gabriel Langlois, conseiller au Châtelet, 1644; Martin de Fresnoy, 1644; Jean de Gaigny, commissaire au Châtelet et conseiller de ville, 1645; René de la Haye, l'un des maitres-gouverneurs de l'Hôtel-Dieu, 1645.

1646-1649.

PR. DES M. — Jérôme le Feron, seigneur

d'Orville et de Louvre en Parisis, président aux enquêtes au Parlement.

ÉCH. — Jean de Bourges, docteur en médecine, 1646; Geoffroy Yon, 1647; Gabriel Fournier, président en l'élection de Paris, 1647; Pierre Helyot, conseiller de ville, 1647; Pierre Hachette, conseiller au Châtelet, 1648; Raymond Lescot, conseiller de ville, 1648; Claude Boucot, secrétaire du Roi, seigneur du Cloz-Gaillard et du Collombier, 1649; Robert de Sequeville, 1649.

1650-1653.

PR. DES M. — Antoine le Febvre, conseiller du Roi en son conseil privé et cour du Parlement.

ÉCH. — Michel Guillois, conseiller au Châtelet, 1650; Nicolas Philippe, élu de Paris, 1650; André le Vieux, conseiller de ville, 1651; Pierre Denison, conseiller de ville et consul, 1651; Julien Gervais, conservateur des mesures au grenier à sel de Paris, 1653; Michel de Moucheny, 1653.

1652. — « Le samedy sixieme juillet mil six cens cinquante deux, messire PIERRE DE BROUSSEL, conseiller du roy en ses conseils et grande chambre du Parlement, a esté receu prevost des Marchands pour parachever le temps restant des deux années de l'exercice de M. Lefevre : et le seiziesme août mil six cens cinquante deux, le dit sieur de Broussel a esté esleu et continué prevost des Marchands. Et messieurs Julien Gervais, quartinier, et François Orry, bourgeois et ancien consul, ont esté esleu eschevins en la place de messieurs Guillois et Phelippes.

« Du lundy quatorzieme octobre mil six cens cinquante deux, monsieur Lefevre, prevost des Marchands, fut continué en la dicte charge pour deux années : et les sieurs Guilloys, Phelippes le Vieulx et Denison, en celles d'eschevins pour un an, suivant l'intention du roy, qui voulut au préalable que messieurs de Broussel, Gervais et Orry, s'en retirassent. Ce qu'ils avoient prevenu quelques jours auparavant, voyant qu'il y alloit du repos de la ville et du bien de l'État. » (Chronologie des Prévôts des Marchands, etc., p. 534 des Ordonn. Royaulx. edit. de 1643.)

1654-1661.

PR. DES M. — Alexandre de Seve, chevalier, seigneur de Castignonville, maître des requêtes.

ÉCH. — Vincent Heron, conseiller de ville, 1654; Jean Rousseau, quartinier, 1654; Antoine de la Porte, quartinier, 1655; Claude de Santeul, ci-devant conseiller de ville, 1655; Philippe Gervais, conseiller de ville, 1656; Jacques Regnard, conseiller au Châtelet, 1656; Jean de Faverolles, intendant de la maison du Roi, 1657; Jacques Regnard, substitut du procureur général, 1657; Jean le Vieux, quartinier, 1658; Nicolas Beaudequin, conseiller de ville, 1658; Claude Prevost, 1659; Charles du Jour, conseiller au Châtelet, 1659; Pierre de la Mouche, auditeur des comptes, 1660; Jean Helissant, conseiller de ville, 1660; Jean de Monhers, avocat, 1661; Eustache de Faverolles, 1661.

1662-1667.

PR. DES M. — Daniel Voisin, chevalier, seigneur de Serizay, maître des requêtes, 1662.

ÉCH. — Pierre Brigalier, avocat du Roi au Châtelet, 1662; Jean Gaillard, conseiller de ville, 1662; Nicolas Souplet, quartinier, 1663; Pierre Charlot, secrétaire du Roi, 1663; Laurent de Faverolles, auditeur des comptes, 1664; Léon de la Balle, notaire, conseiller de ville, 1664; François le Foing, notaire au Châtelet, 1665; Robert Hamonin, contrôleur et garde des registres de la Chambre des Comptes, 1665; Hugues de Santeul, conseiller de ville, 1666; Nicolas Lusson, conseiller au Châtelet, 1666; Guillaume de Faverolles, quartinier, 1667; René Gaillard, seigneur de Montmire, 1667.

1668-1675.

PR. DES M. — Claude le Peletier, président aux Enquêtes, depuis président à mortier, ministre d'État et contrôleur général des Finances.

ÉCH. — Claude Belin, conseiller au Châtelet, 1668; Nicolas Picques, conseiller de ville, 1668; Henri de Santeul, 1669; René Accard, substitut du procureur général, 1669; Nicolas Chanlatte, directeur du commerce des Indes, 1670; Guillaume Amy, substitut du procureur général, 1670; Louis Pasquier, contrôleur au grenier à sel de Paris, 1671; Claude le Gendre, interprète de Sa Majesté, des langues orientales, 1671; Pierre Richer, greffier en chef de la Chambre des comptes, 1672; Martin Bellier, quartinier, François Bachelier, conseiller au Châtelet, 1673; Charles Clerembault, conseiller de ville, 1673; Pierre Picquet, quartinier, 1674; Jacques Trois-Dames, 1674; Jacques Favier, 1675; Étienne Galliot, commissaire au Châtelet, 1675.

1676-1683.

PR. DES M. — Auguste Robert de Pommereu, seigneur de la Bretèche-Saint-Nom, conseiller d'État.

ÉCH. — Pierre de Beyne, quartinier, 1676; Jean de la Porte, conseiller au Châtelet, 1676; Alexandre de Vinx, conseiller de ville, 1677; Antoine Magneux, intendant de M. le duc de la Trémouille, 1677; Philippe L'Évesque, quartinier, 1678; Jacques Pousset de Montauban, avocat, 1678; Simon Gillot, conseiller de ville, 1679; Antoine de Croisy, élu de Paris, 1679; Jean de Vinx, quartinier, 1680; Louis Roberge, 1680; Jean Baptiste Hélissant, conseiller de ville, 1681; Antoine Robert Baglan, notaire au Châtelet, 1681; Charles le Brun, conseiller de ville, 1682; Michel Gamare, 1682; Michel Chauvin, conseiller de ville, 1683; Pierre Parques, notaire, 1683.

1684-1691.

PR. DES M. — Henri de Fourcy, chevalier, seigneur de Chessy, président aux Enquêtes.

ÉCH. — Denis Rousseau, quartinier, 1684; Jean Chuppin, notaire au Châtelet, 1684; Mathieu François Geoffroy, 1685; Jean Jacques Gayot, conseiller de ville, 1685; Nicolas Chuppin, quartinier, 1686; Jean Gabriel de Sanguiniere, seigneur de Chavausac, conseiller au Châtelet, 1686; Henry Herlau, conseiller de ville, 1687; Pierre Lenoir, 1687; Claude Bellier, quartinier, 1688; Vincent Marescal, 1688; Pierre Presly, conseiller de ville, 1689; Toussaint Millet, conseiller au Châtelet, 1689; Pierre Chauvin, quartinier, 1690; Pierre Savalette, notaire au Châtelet, Thomas Tardif, conseiller de ville, 1691; Jean de Laleu, conseiller de ville, 1691.

1692-1699.

PR. DES M. — Claude Bosc, seigneur d'Yvry-sur-Seine, procureur général de la Cour des Aides.

ÉCH. — Simon Moufle, notaire au Châtelet, 1692; Guillaume Tartarin, avocat, 1692; Toussaint Simon Bazin, conseiller de ville, Claude Puylon, docteur en médecine, 1693; Charles Sainfray, notaire au Châtelet, 1694; Louis Baudran, substitut du procureur général de la Cour des Aides, 1694; Jean Baptiste Letourneur, conseiller de ville, 1695; Nicolas de Broussel, conseiller de ville, 1695; Mathurin Barroy, quartinier, 1696; Guillaume Hesme, 1696; Jean François Sautreau, conseiller de ville, 1697; Antoine de la Loire, procureur de la Chambre des comptes, 1697; François Regnault, quartinier, 1698; François Jean Dionis, notaire au Châtelet, 1698; Léonard Chauvin, conseiller de ville, 1699; Jean Hallé, conseiller de ville, 1699.

1700-1707.

PR. DES M. — Charles Boucher, chevalier, seigneur d'Orsay, conseiller d'État.

ÉCH. — Guillaume André Hebert, quartinier, 1700; François Crevon, 1700; Claude de Santeul, conseiller de ville, 1701; Claude Guillebon, 1701; Michel Boutet, quartinier, 1702; Hugues Desnotz, notaire au Châtelet, Marc François Lay, quartinier, 1703; Denis François Regnard, conseiller de ville, 1703; Martin Joseph Bellier, quartinier, 1704; Antoine Baudin, 1704; Antoine Melin, notaire au Châtelet, conseiller de ville, 1705; Henri Boutet, notaire au Châtelet, 1705; Guillaume Scourjon, quartinier, 1705; Nicolas Denis, huissier ordinaire des conseils du Roi, 1706; Étienne

Perichon, notaire au Châtelet, conseiller de ville, 1707; Jacques Pyart, 1707.

1708-1715.

PR. DES M. — Jérôme Bignon, conseiller d'État.

ÉCH. — René Michel Blouin, quartinier, 1708; Philippe Regnault, 1708; Pierre Chauvin, conseiller de ville, 1709; Claude le Roy, seigneur de Champ, greffier, conseiller du Roi, notaire au Châtelet, 1709; Michel Louis Hazon, quartinier, 1710; Pierre Jacques Brillon, avocat au Parlement, 1710; Nicolas Tardif, conseiller de ville, 1711; Charles Baudouin-Presly, 1711; Louis Boiseau, notaire au Châtelet, quartinier, 1712; Louis Durand, conseiller du Roi, notaire au Châtelet, 1712; Hector Bernard Bonnet, conseiller de ville, écuyer, 1713; René François Coüet de Montbayeux, avocat en Parlement et aux conseils du Roi, écuyer, 1713; Jacques de Besne, quartinier, écuyer, 1714; Guillaume de Laleu, conseiller du Roi, notaire au Châtelet, 1714; Simon Fayolle, conseiller de ville, écuyer, 1715; Charles Damien Foucault, conseiller du Roi, notaire au Châtelet, 1715.

1716-1719.

PR. DES M. — Charles Trudaine, conseiller d'État.

ÉCH. — Antoine de Serre, quartinier, 1716; Charles Pierre Huet, écuyer, 1716; Jean Gaschier, écuyer, conseiller du Roi, de la ville, notaire au Châtelet, 1717; Pierre Masson, écuyer, avocat en Parlement, greffier de la Chambre des Enquêtes, 1717; Henri de Rosnel, quartinier, écuyer, 1718; Paul Ballin, conseiller du Roi, 1718; Pierre Sautreau, conseiller de ville, 1719; Jean Jacques Belichon, 1719.

1720-1725.

PR. DES M. — Pierre Antoine de Castagnère, chevalier, marquis de Châteauneuf et de Marolles, conseiller d'État, 1720; Nicolas Lambert, président de la 2ᵉ chambre des requêtes, 1725 (lundi 27 août); cette élection fut faite par suite d'une lettre de cachet du Roi qui porte: que vu le grand âge de M. de Castagnère, l'intention de Sa Majesté est qu'il soit procédé à une nouvelle élection.

ÉCH. — Jean Denis, quartinier, 1720; Charles Louis Chauvin, 1720; Jacques Roussel, conseiller du Roi, notaire au Châtelet, 1721; Antoine Sautreau, 1721; Jean du Quesnoy, 1722; Jean Sauvage, 1722; Étienne Laurent, conseiller de la ville, 1723; Mathieu Goudin, conseiller du Roi, notaire au Châtelet, 1723; Jean Hébert, quartinier, 1724; Jean François Bouquet, 1724; Jacques Corps, conseiller de ville, 1725; Nicolas Maheu, 1725.

1726-1729.

PR. DES M. — Nicolas Lambert de Thorigny

ÉCH. — Claude Sauvage, quartinier, 1726; Gilles François Boulduc, 1726; Philippe Legras, conseiller de ville, 1727; Jean François Maultrot, 1727; Alexandre Jean Remy, quartinier, 1728; Étienne le Roy, 1728; Gabriel René Mesnil, conseiller de ville, 1729 (16 août); Nicolas Besnier, 1729 (16 août).

1729-1740.

PR. DES M. — Étienne Turgot, chevalier, marquis de Sousmons, seigneur de Saint-Germain-sur-Eaulne, Vatierville, etc., conseiller d'État, 1729 (14 juillet); l'élection eut lieu avant le temps accoutumé, attendu la mort de N. Lambert, survenue le 10 juillet 1729.

ÉCH. — René Rossignol, quartinier, 1730; Léonor Lagneau, 1730; Jean Louis Pelet, conseiller de ville, 1731; Claude Joseph Geoffroy, 1731; Henri Millon, quartinier, 1732; Philippe Lefort, 1732; Jean Claude Fauconnet de Vildé, conseiller de ville, 1733; Claude Augustin Josset, avocat en Parlement, conseiller du Roi, 1733; Claude Petit, quartinier, 1734; Jean Baptiste de Santeul, 1734; Jean Baptiste Tripart, conseiller de ville, 1735; François Touvenot, notaire, 1735; Pierre Jacques Coucicault, conseiller du Roi, quartinier, 1736; Charles Levesque, 1736; Louis Henri Véron,

DEUXIÈME PARTIE.

conseiller de ville, 1737; Edme Louis Meny, avocat au Parlement, 1737; Louis Le Roy-de-Feteuil, conseiller du Roi, quartinier, 1738; Thomas Germain, orfévre ordinaire du Roi, 1738; Jean Joseph Sainfray, notaire, conseiller de ville, 1739; Michel Lenfant, 1739.

1740-1741.

PR. DES M. — Messire Félix Aubery, chevalier, marquis de Vastan, baron de Vieux-Pont, conseiller du Roi, maître des requêtes honoraire de son hôtel.

ÉCH. — Thomas Léonor Lagneau, conseiller du Roi, quartinier, 1740; Étienne Pierre Darlu, 1740; André Germain, avocat au Parlement, huissier honoraire des conseils du Roi, conseiller de ville, 1741, Pierre Yves de Bougainville, notaire au Châtelet, 1741.

1742-1757.

PR. DES M. — Messire Louis Basile de Bernage, chevalier, seigneur de Saint-Maurice, Vaux, etc., conseiller d'État. Cette élection eut lieu par suite de la mort d'Aubery, arrivée le 20 du mois d'août.

ÉCH. — Jean Baptiste Hurel, quartinier, 1742; Belichon, 1742; Jean Baptiste Claude Baizé, avocat au Parlement, conseiller du Roi et de la ville, 1743; Jean Pierre, 1743; Pierre Yves de Bougainville, notaire au Châtelet, 1743; ce dernier échevin fut réélu pour remplacer Belichon, démissionnaire; Claude Sauvage, quartinier, 1744; Jean Charles Huet, 1744; Pierre François Duboc, conseiller du Roi et de la ville, 1745; François Marguerin Brion, 1745; Guillaume Joseph Lhomme, conseiller du Roi, quartinier, 1746; Jacques Bricault, conseiller du Roi, notaire au Châtelet, 1746; Hilaire Triperet, avocat au Parlement, conseiller du Roi et de la ville, 1747; Dominique Crestiennot, avocat au Parlement, conseiller du Roi et de la ville, payeur des rentes, 1747; André de Santeul, conseiller du Roi, quartinier, 1748; Claude Denis Cochin, 1748; Michel Ruelle, conseiller du Roi et de la ville, 1749; Charles Allen, procureur en la Chambre des Comptes, 1749; Henri Maximilien Gaucherel, conseiller du Roi, quartinier, 1750; Jean Nicolas Bontemps, notaire au Châtelet, 1750; Jean Daniel Gillet, conseiller du Roi, 1751; Claude Denis Mirey, 1751; Claude Éléonor de La Frenaye, conseiller du Roi, quartinier, 1752; Pierre Philippe Andrieu, seigneur de Maucreux, avocat, 1752; Noël Pierre Paschalis Desbaudotes, conseiller du Roi et de la ville, 1753; Jean François Caron, conseiller du Roi, notaire au Châtelet, 1753; Jean Stocart, quartinier, 1754; Pierre Gillet, avocat au Parlement, 1754; Jean François Quesnon, avocat au Parlement, conseiller du Roi et de la ville, notaire au Châtelet, 1755; Louis François Mettra, 1755; Jean Denis Lempereur, conseiller du Roi, quartinier, 1756; Claude Tribard, avocat au Parlement, 1756; Jean François Brallet, conseiller du Roi et de la ville, 1757; Jean Baptiste Vernay, 1757.

1758-1763.

PR. DES M. — Messire Jean Baptiste Élie Camus de Pontcarré, chevalier, seigneur de Viarme, etc., conseiller d'État.

ÉCH. — Jean Olivier Boutray, conseiller du Roi, quartinier, 1758; Jean André, avocat au Parlement et aux conseils du Roi, 1758; Pierre Le Blocteur, avocat au Parlement, conseiller du Roi et de la ville, 1759; Louis Denis Chomel, conseiller du Roi et de la ville, notaire au Châtelet, 1759; Pierre Julie Darlu, conseiller du Roi, quartinier, 1760; Jean Boyer de Saint-Leu, 1760; Louis Mercier, conseiller du Roi, 1761; Laurent Jean Babille, avocat au Parlement, 1761; Pierre Devarenne, avocat au Parlement, conseiller du Roi, quartinier, 1762; Deshayes, notaire, 1762; Clément Denis Poultier, avocat, conseiller de ville, 1763; Nicolas Daniel Phelippes de la Marnière, 1763.

1764-1771.

PR. DES M. — Messire Armand Jérosme Bignon, seigneur et patron de la Meaufle, Semilly, etc., conseiller d'État.

ÉCH. — Michel Martel, avocat, notaire honoraire, conseiller du Roi, 1764; Jean Charles Alexis Gauthier de Rougemont, 1764; Paul

Larsonnyer, avocat, conseiller de la ville, 1765; Jacques Merlet, ancien avocat, 1765; Pierre Hubert Bigot, conseiller du Roi, quartinier, 1766; Guillaume Charlier, conseiller du Roi, notaire honoraire, 1766; Olivier Clément Vieillard, conseiller du Roi et de la ville, 1767; Antoine Gaspard Boucher d'Argis, avocat, ancien conseiller, 1767; Jacques Antoine de Lens, conseiller du Roi, quartinier, 1768; Louis Raymond de la Rivière, 1768; Georges François Sarazin, conseiller de la ville, 1769; Alexis Claude Basly, contrôleur général des rentes, 1769; Hubert Louis Cheval, sieur de Saint-Hubert, conseiller du Roi, quartinier, 1770; Philippes Nicolas Piat, 1770; Thomas Bellet, conseiller du Roi et de la ville, 1771; Étienne René Viel, ancien avocat au Parlement, 1771.

1772-1777.

PR. DES M. — Messire Jean Baptiste Delamichodière, chevalier, comte d'Hauteville, seigneur de Romène, etc., conseiller d'État.

ÉCH. — Louis Dominique Sprole, conseiller du Roi, quartinier, 1772; François Bernard Quatremère de l'Épine, 1772; Pierre Richard Boucher, conseiller du Roi et de la ville, 1773; Henri Isaac Estienne, ancien bâtonnier de l'ordre des avocats au Parlement de Paris, 1773; Étienne Vernay de Chedeville, conseiller du Roi, quartinier, 1774; Jacques François Trudon, 1774; Jacques Nicolas Roettiers Delatour, conseiller du Roi et de la ville, 1775; Charles Pierre Angelesme de Saint-Sabin, ancien avocat au Parlement, 1775; Jean Denis Levé, conseiller du Roi, quartinier, 1776; Guillaume Gabriel Chapus de Malassis, 1776; Antoine François Daval, avocat en Parlement, conseiller du Roi et de la ville, 1777; Michel Pierre Guyot, avocat en Parlement, conseiller du Roi, commissaire au Châtelet, 1777.

1778-1783.

PR. DES M. — Messire Antoine Louis Le Febvre de Caumartin, chevalier, marquis de Saint-Ange, comte de Moret, seigneur de Caumartin, conseiller du Roi.

ÉCH. — Jacques Chauchat, avocat en Parlement, conseiller du Roi, quartinier, 1778; Balthazar Incelin, avocat en Parlement, 1778; Jean Baptiste André Pochet, conseiller du Roi et de la ville, 1779; Jean Jacques Blacque, conseiller du Roi, notaire honoraire, 1779; Jean Charles Richer, avocat en Parlement, conseiller du Roi, quartinier, 1780; Toussaint de la Bordenave, professeur de chirurgie, 1780; Louis César Famin, conseiller du Roi et de la ville, 1781; Antoine Édouard Magimel, 1781; Jacques Philippe Desvaux, avocat en Parlement, quartinier, 1782; Pierre Jacques Pelé, avocat en Parlement et aux conseils du Roi, 1782; Nicolas Jean Mercier, conseiller du Roi et de la ville, 1783; François Cosseron, 1783.

1784-1788.

PR. DES M. — Messire Louis le Peletier, chevalier, marquis de Montméliant, seigneur de Mortefontaine, etc., conseiller d'État.

ÉCH. — Pierre François Mitouart, conseiller du Roi, docteur en médecine, quartinier, 1784; Marie Nicolas Pigeon, avocat en Parlement, conseiller du Roi, 1784; François Pierre Goblet, avocat du Roi au grenier à sel de Paris, et son conseiller à l'Hôtel de Ville, 1785; Denis de la Voiepierre, 1785; Jean Baptiste Guyot, conseiller du Roi, quartinier, 1786; Jean Baptiste Dorival, conseiller du Roi, avocat, commissaire du Châtelet, 1786; Jean Baptiste Buffault, chevalier de l'ordre du Roi, trésorier honoraire de la ville, 1787; Charles Barnabé Sageret, 1787; Jean Joseph Vergne, avocat, conseiller du Roi, quartinier, 1788; Denis André Rouen, avocat au Parlement, notaire, 1788.

1789.

PR. DES M. — Messire Jacques de Flesselles, chevalier, conseiller de la grand'chambre, maître honoraire des requêtes, conseiller d'État, élu le 28 avril, tué le 14 juillet.

ÉCH. — Buffault; Sageret; Vergne; Rouen.

DEUXIÈME PARTIE.

CLERCS. — GREFFIERS. — RECEVEURS. — PROCUREURS DU ROI ET DE LA VILLE.

ANNÉE 1268-1789.

1268.
Maître Thierri, clerc aux Marchands.

1290.
Raoul de Paci, clerc du parloir, ou de la Marchandise, ou bien encore : clerc des prevost et échevins, clerc des Bourjois.
Voyez au sujet de cet officier, dans la première partie, le chapitre 4 du livre II.

1293.
Maître Guillaume de Montmor, clerc le Roi.

1298.
Morize Alain, procureur le Roi.

1301.
Geofroy d'Argenteuil, procureur le Roi.

1303.
Maître Guillaume de Sarens, procureur le Roi.

1305.
Geofroi de Vitry, procureur le Roi; Roger Pastorel, procureur de la ville.

1358.
Gilles Marcel, tué au mois d'août, clerc du parloir.

1411.
Robert Louvel, clerc de la ville.
Voyez, au sujet de son élection, le chapitre 4 du livre II, et sur son caractère le chap. 1er du liv. III, année 1413.

1411.
Estienne Coulon, procureur de la ville et de la Marchandise.

1422.
Jean Falle, clerc de la Marchandise.
« Jehan Falle, bourgeois natif de ceste ville, a esté faict et esleu clerc de la dicte Marchandise.... pour et ou lieu de Robert Louvel,.... lequel s'est absenté pour aucune cause. » (Reg. officiel des élections.)

1431.
Jean Thomas, *par intérim*, clerc de la Marchandise.

1436.
Jean Mithouflet, *par intérim*, clerc de la Marchandise.

1436.
Robert Louvel, clerc de la Marchandise, rétabli dans ses fonctions.

1447.
Jean Luillier, échevin, clerc-receveur.
« Le XIXe jour d'août ou dit an, sire Germain Braque fut fait échevin nouvel ou lieu de sire Jehan Luillier, pour ce que ce jour le dit Jehan Luillier fut esleu clerc et receveur de la dicte ville, au lieu de feu sire Robert Louvel. » (Reg. des Élections.)

1449.
Jacques Rebours, procureur de la ville sur le fait de la Marchandise.
« Fut institué ou dit office de procureur de la dite ville sur le dit fait de la Marchandise, aux gages, prouffis anciennement acoustumés; et ce jour fist le serement en l'Ostel d'icelle ville, en la présence du prevost des Marchands, de tous les eschevins de la dicte ville, et de plusieurs notables conseillers, bourgeois, manans et habitans d'icelle. »
(Registre des Élections.)

1467.
Jean Luillier le fils, clerc receveur.
« Le mercredi XVIe jour de juillet mil CCCC LXVII,

maistre Jehan Luillier, filz du dit sire Jehan Luillier, fut receu clerc, receveur, et paieur des œuvres de la ville de Paris, ou lieu de son dit père, qui tenoit le dit office au jour de son trepas. » (Reg. des Élect.)

1500.
Denis Hesselin, greffier-receveur, puis greffier seulement.

1500.
Jacques Rebours, procureur du Roi et de la ville.

1501.
Nicolas Potier, receveur; Denis Potier, receveur.

1502.
Simon Larcher, greffier.

Voir au texte, première partie, liv. II, chap. IV.

Jean Hesselin, receveur; Pierre Perdriel, receveur; Regnault Bachelier, receveur; Regnault Bachelier fils, receveur.

1505.
Jean Raduise, procureur du Roi et de la ville, licentié es loix, avocat au parlement; sire Jean de Lolive, procureur de la ville.

1506.
Jean Hesselin, greffier.

1507.
Philippe Macé, receveur.

1527.
Jean Beurise, conseiller référendaire en la chancellerie de Paris, procureur du Roi et de la ville.

1532.
Hilaire Duguect, procureur du Roi et de la ville.

Il est remplacé le 14 août 1532, par Pierre Desmoneins.

1534.
Martin le Maire, greffier.

1535.
Jehan Benoist, procureur du Roi et de la ville.

Résigne ses fonctions, le 31 décembre 1535, au profit de Léonard Pouard, secrétaire du Roi.

1540.
Pierre Perdrier, greffier de la ville.

1543.
Antoine Poart, procureur du roi et de la ville.

Élu par suite de la résignation de Léonard Poart son frère, le 8 mars 1543.

1552.
Jérôme Angenoust, procureur du Roi et de la ville.

1554.
Jacques Le Coigneux, procureur au Parlement, procureur du Roi et de la ville.

Reçu procureur aux causes, en survivance de Gilles le Coigneux son oncle.

1556.
Claude Bachelier, greffier.

1557-1597.
François de Vigny, père et fils, receveurs.

Dans une assemblée tenue le lundi 16 août 1574, à la requête par écrit de François de Vigny, son fils, portant les mêmes noms que lui, fut admis à le remplacer. Le 20 septembre 1576, la résignation que ce dernier voulait faire de sa charge en faveur du sieur Adrien de Petremole, n'ayant pas été admise, il fut continué dans ses fonctions de receveur. Voyez notre première partie, livre II, chapitre IV.

1558.
Louis du Moulin, nommé le 14 novembre, procureur du Roi et de la ville.

1565.
Claude Perrot, procureur du Roi et de la ville, nommé le 13 octobre.

DEUXIÈME PARTIE.

1579.

Pierre Perrot, procureur du Roi et de la ville, avocat au Parlement, élu le 5 mai.

Il fut probablement cassé plus tard, ou donna sa démission, car il est rétabli dans ses fonctions le 14 avril 1594 après la résignation de Guillaume Morin.

1583.

Nicolas Courtin, greffier.

1583.

Claude Bachelier, clerc et greffier de la ville jusqu'au 16 décembre 1583, époque à laquelle il résigne ses fonctions en faveur de Bonaventure Heverard, son beau-frère.

1588.

François Brigard, avocat au Parlement, procureur de la ville, élu le 18 mai 1588.

1590.

Bonaventure Heverard, clerc et greffier de la ville jusqu'au 10 novembre 1590, époque à laquelle il résigne sa charge en faveur de Guillaume Paulmier, son beau-frère.

1590.

Guillaume Paulmier, procureur et commis au greffe criminel de la cour du Parlement, élu greffier de la ville le 10 novembre 1590.

1594.

Guillaume Morin, procureur de la ville, résigne ses fonctions, le 14 avril 1594.

1595.

Jacques Boucot, receveur.

1597.

Leon Frenicle, receveur, élu le 19 juin 1597.

circa 1600.

Nicolas Courtin, greffier.

1601.

François Courtin, élu greffier de la ville le 12 mai 1601, après résignation de Nicolas Courtin, son père.

1605.

François Frénicle, receveur, le 4 mars 1605.

1605.

Claude Letourneau, receveur, 7 novembre 1605.

1609.

Guillaume Clement, greffier.

1610.

François Clement fils, greffier.

1612.

Charlet, seigneur d'Esbly, procureur du Roi et de la ville.

1617.

Charles le Bert, receveur.

1627.

Gabriel Payen, procureur du Roi et de la ville.

1633.

Nicolas Boucot, receveur.

1649.

Maistre Martin Le Maire, greffier.

1649.

Germain Pietre, procureur du Roi et de la ville.

1654.

Simon Piettre, procureur du Roi et de la ville.

1660.

Jean-Baptiste Langlois, greffier.

1665.

Jérôme Truc, procureur du Roi et de la ville.

1675.

Nicolas Boucot fils, receveur.

1681.

Jean-Baptiste-Martin Micantier, greffier.

1684.

Maximilien Titon, procureur du Roi et de la ville.

1694.

Nicolas Boucot, receveur.

1698.

Jean-Baptiste Taitbout, greffier.

1701.

Nicolas-Guillaume Moriau, procureur du Roi et de la ville, fondateur de la bibliothèque de la ville.

Voyez, dans la première partie, liv. I, chap. 4.

1711.

Jacques Boucot, receveur.

. . . .

1789.

Veytard, greffier en chef de l'Hôtel de Ville de Paris ; Le Moine, commis-greffier.

1789.

Dominique-Louis-Éthis de Corny, procureur du Roi et de la ville.

CONSEILLERS DE VILLE.
ANNÉE 1200-1715.

CIRCA 1200.

Guillaume Escu-à-Cou; Gui d'Auxerre; Jean le Boucher; Eudes Popin; Renaud Bourdon; Robert Brese; Eude Le Roux; Guillaume Blondel.

OBSERVATIONS. — Ces bourgeois sont nommés avec le titre de *prud'hommes*, au bas d'une charte écrite vers l'année 1200, et scellée du scel de la Marchandise de l'Eau. (Voir la planche représentant les Sceaux de la ville de Paris, et l'Avertissement placé en tête du présent Appendice.)

1268.

Maître Simon de Nele; mesire Henri de Verdelay, mesire Julian ; mesire Symon de Paris; maître Thomas de Paris; maître Pierre de Meulent; Jean de Montluçon ; Jean Popin du Porche ; Cochin Martin ; Popin de Chastiaufestu.

1290.

Bertaut Hescelin ; Jean Point-l'Asne ; Jean Qui-Biau-Marche; Benoit de Saint-Gervais ; Thibout de Troies ; Nicolas Hescelin ; Nicolas de Rosai.

1291.

Bertaut Hescelin ; Geffroi de Vitry ; Jean Martin ; Jean du Pont ; Adam Popin le boiteux ; Nicolas Sente ; Simon le Quoquillier, orfevre ; Simon l'Apostoille ; Thomas Luce ; Jean de Soissons, notaire de la cour l'Évêque de Paris; Guillaume le Frison; maître Guillaume de Saint-Julian, Renaut le Dean.

1293.

Jean Arrode ; Jean Point-l'Asne ; Hernaut Denlac; maître Hugues Retoré ; Nicolas de Rosay; maître Renart; Étienne dit le Boucher; Jean de Creil ; Raoul l'épicier des halles ; Geoffroi de Vitry ; Jean Qui-Biau-Marche ; maître Michel de Louvres.

1294.

Bertaut Hescelin; Jean Bigue ; Jean Chenel; Auberi de Saint-Julian.

1295.

Alain de Lamballe ; maître Hugues Retoré; Nicolas de la Court.

DEUXIÈME PARTIE.

1296.

Nicolas de Rosay, Guillaume d'Argenteuil; Geofroy de Vitry; maître Thierry de Rains; Philippe Bouvetin; Adan le Chambellent; Jean Sarrazin; Jaques Boucel.

1297.

Raoul de Paci, peletier; Jean Qui-Biau-Marche; Adan le Chambellant; sire Jean Arrode; Pierre de Senz.

1298.

1. Jean Arrode; 2. Bertaut Hescelin; 3. maître Morise de Nelle; 4. Raoul de Paci, peletier; 5. Pierre Marcel le jeune; 6. Jean de Tremblay; 7. Jean Qui-Biau-Marche; 8. Nicolas le Porteur; 9. Renart le Dean; 10. maître Ives le Petit; 11. Bertaut Hescelin; 12. Galeran Nicolas; 13. Nicolas Hescelin; 14. Adam le Chambellanc; 15. Robert Masuier; 16. Thomas Mauclerc; 17. Guillaume Petit, maître des talemeliers; 18. Auberi de Saint-Julian; 19. maître Morise de Nelle; 20. Jean Martin; 21. Nicolas de la Cort; 22. Jean Bordon, gendre d'Arrode; 23. Guillaume de Rains.

1301.

1. Maître Symon de Rabuchon; 2. Jean Waroquier, prévôt nostre seigneur l'evesque de Paris; 3. Bertaut Hescelin; 4. Nicolas Hescelin; 5. Guillaume de Pontoise; 6. Jean Martin; 7. Jean de Cormeilles l'ainé; 8. maître Guillaume de Champeaux; 9. Geofroi de Vitry; 10. Jacques Boucel; 11. Pierre de Saint-Cir; 12. Jean Roux; 13. Jean Arrode; 14. Auberi de Saint-Julien; 15. Jean le Paulmier; 16. Pierre de Senz; 17. Jean Tape; 18. Renaut Tygier; 19. Guiart de Laigny; 20. Jean Barbete; 21. Jean Arrode le jeune; 22. Pierre Marcel; 23. Étiene Haudri.

—

Jean Lesperonnier; Julian Bonne fil, maistre des Bouchers; Guillaume le Croisie; Guillaume de Balon; Simon Jaian.

1302.

1. Guillaume de Reins; 2. Robert Evrot; 3. maître Guillaume de Surens; 4. Geffroi de Vitry; 5. maître Pierre Harenc; 6. Benoast de Saint-Gervais; 7. Symon Paian; 8. Bertaut Hescelin; 9. maître Renaut Lebel; 10. Maci Pizdoe; 11. Jean Sarrazin; 12. Vincent de Val Richier; 13. Étienne Bourdon; 14. maître Grace.

1303.

1. Nicolas le Porteur; 2. Maci de Gizors; 3. Bertaut Hescelin; 4. Pierre de Sens; 5. Jean le Breton; 6. Guillaume d'Orange; 7. Richart Potel; 8. Girart de Neelle; 9. Hugues Retoré; 10. Geofroi de Vietri; 11. Nicolas de la Cour; 12. Benoit de Saint-Gervais; 13. Pierre Harenc; 14. Jean Pointlasne; 15. Jean Barbete; 16. Jean Genevois; 17. maître Morise; 18. Pierre Marcel; 19. Baudouin Boucel; 20. Jehan Roy; 21. Jehan le Paulmier; 22. Nicolas le Tuillier; 23. Eudes Pougeri, 24. maître Guillaume de Rains.

—

Jean de Tremblay; maître Alain de Lambale; Ascelin; Aubert de Saint-Julien; Renart le Dean; Jean le Pevrier; Nicolas de Lagny; Gencian Tretout; Geoffroi de Vitri.

1304.

1. Bertaut Point-l'Ane; 2. Nicolas Hescelin; 3. Denise Choenel; 4. Geoffroi de Vitri; 5. Nicolas de la Cort; 6. sire Jean Arrode; 7. Jacques le Pevrier, drapier; 8. Thomas de Saint-Benoit; 9. Pierre Marcel; 10. Jean Arrode, le jeune; 11. Étienne Barbete; 12. Symon Desprez; 13. Nicolas de Bontalu; 14. Michel de Mantes; 15. Guillaume de Trye, peletier; 16. Jean de Monstereul, tisserant; 17. Geoffroi de Montgison; 18. Nicolas de Laigni; 19. Jean Barbete; 20. Jean de Gisors; 21. Hugues Retoré; 22. Philippe Bouvetin; 23. Pierre de Senz; 24. Jean le Paulmier.

Renaut Pisdoe; Richart de Garennes; Guillaume de Charni, blatier; Gautier Lost; Jean de Petit-Pont, boucher; Bertant de la Hale; Evrart Lamine; Jean Leleu.

1305.

1. Jacques Luce; 2. Jean le Paumier; 3. sire Jean Arrode; 4. Guiart de Laigni; 5. Bertaut Pointlasne; 6. Nicolas Le Tuilier, changeur; 7. Jean Waroquier, changeur; 8. Nicolas de Laigny; 9. Étienne Barbete; 10. Simon de Rabusson; 11. maître Raoul de Vaus; 12. Pierre au Parisis; 13. Étienne Boitleau; 14. Macy Pizdoe; 15. Évrart de Neelly; 16. Thomas de Thaveneres; 17. Gautier de Dampmartin; 18. Pierre de Senz; 19. Jean Barbe; 20. Jean Menuet; 21. Philippe Bouvetin; 22. Macy Pizdoe; 23. Jean Bonnefille, maître des bouchers; 24. Thomas de Chanevieres.

1500.

Guillaume de la Haye, prévôt des Marchands en 1484, président à mortier; Robert Thiboult, président à mortier; Jean du Drac, chevalier, vicomte d'Ay, prévôt des Marchands en 1486; Pierre Poignant, prévôt des Marchands en 1490; Christophe de Cramone, président à mortier en 1523; Jacques Olivier, premier président en 1517; Charles Guillard, conseiller au Parlement, président à mortier en 1508; Antoine Leviste, chevalier, seigneur de Fresne, prévôt des Marchands en 1520, président à mortier en 1523; Charles de Montmiral, seigneur de la Vaudocre, échevin en 1510; Jacques Piedefer, prévôt des Marchands en 1492; Nicolas Potier, prévôt des Marchands en 1499; Germain de Marle, échevin en 1476, prévôt des Marchands en 1502; Louis de Harlay, chevalier, seigneur de Beaumont, échevin en 1498; Pierre Clutin, conseiller au Parlement, prévôt des Marchands en 1516; Jean de Ruel, auditeur des comptes, échevin en 1485; Antoine Hesselin; Jean le Gendre; Nicolas Violle, correcteur des comptes et prévôt des Marchands en 1484; Louis Ruzé, lieutenant civil à Paris; Jacques de la Cour, avocat; Pierre de la Vernade, conseiller du Roi et maître des requêtes; Nicole Séguier, échevin en 1506; Jean de Wignacourt, conseiller au Parlement; Jean le Clerc, seigneur du Tramblay, conseiller au Parlement; Nicole Charmolue, lieutenant civil de la Prévôté de Paris; Claude Foucault, seigneur de Maudestour, échevin en 1527; Jean de Montmiral, prévôt des Marchands en 1496; Simon de Neufville, échevin en 1479; Pierre de la Poterne, échevin en 1491; Pierre Lormier, commissaire au Châtelet, échevin en 1525; Mery Bureau, échevin en 1508; Jean le Lievre, échevin en 1491.

1501.

Jean de Ganay, président à mortier en 1490, chancelier de France en 1507; Henri le Begue, échevin en 1499.

1502.

Roger Barme, prévôt des Marchands en 1512, président à mortier en 1517; Robert Turquant, conseiller au Parlement, prévôt des Marchands en 1510; Jean Testes, maître des comptes.

1503.

Jean Hurault, président des aides; Denis de Bidant, président des comptes.

1504.

Eustache Luillier, maître des comptes, prévôt des Marchands en 1504; Jean Hesselin, receveur en 1505; Jacques Vauquier, le président de la Jarre; Jean Le Gendre; Violle, correcteur des comptes; Jean de Marles.

1505.

Étienne Huré.

1510.

Jean Olivier, seigneur de Leuville, secrétaire du Roi, échevin en 1512.

1511.

Jean Brulart, baron de Heez, conseiller au Parlement.

1512.

Geoffroi du Souchay, échevin en 1511.

DEUXIÈME PARTIE.

Pierre Lescot, seigneur de Lisy, prévôt des Marchands en 1518, procureur du Roi à la cour des aides; Jean Leclerc le jeune. Dreux Raguier, seigneur de Trumelle, prévôt des Marchands en 1506.

1522.

Nicolas de Neufville.

1530.

Pierre Clutin, président des enquêtes.

1531.

Jacques Laloyau, avocat au Parlement; Jean Prevost, conseiller au Parlement et président des requêtes du Palais; Simon Testes, conseiller du Roi et correcteur des comptes, échevin en 1530; Nicolas de Hacqueville, seigneur d'Atichy, échevin en 1537; ces trois derniers élus le 27 décembre 1531.

1532.

De Harlay (fils de Louis de Harlay, seigneur de Beaumont), seigneur de Bernouville, président au Parlement, élu le 16 août 1532.

1532.

Raoul Aymeret, seigneur de Gaievau, conseiller au Parlement; Jean Ruzé, seigneur d'Estain, conseiller au Parlement; Christophe de Harlay, seigneur de Beaumont, président à mortier; Adrien du Drac, seigneur et vicomte d'Ay, conseiller au Parlement; Adrien du Drac, fils du précédent, avocat au Parlement, Pierre Viole, seigneur d'Athis, conseiller au Parlement, prévôt des Marchands.

1533.

Lescoy, procureur du Roi aux généraux de la justice des aides; Jean Leclerc, seigneur d'Armeuville, auditeur des comptes; Denis Barthelemy, quartinier; Gervais Larcher, échevin, élu le 13 mai 1533; Jean Barthelemy, échevin; Louis de Besançon, conseiller au Parlement; Jacques Boucher, maître des comptes; Étienne de Montmirel, conseiller au Parlement, prévôt des Marchands en 1540, élus le 28 novembre 1533.

1534.

Charles Clutin; André Guillard, conseiller d'État, seigneur du Mortier, maître des requêtes, élu au mois d'août 1534; Germain le Lieur, échevin en 1526; Jean Tronson, conseiller au Parlement, prévôt des Marchands; Martin de Bragelongne, lieutenant civil, échevin en 1533, prévôt des Marchands en 1558.

1536.

Jean Courtin, maître des comptes, échevin en 1533; Louis Braillon, docteur en médecine; Pierre Perdrier, greffier de la ville; Guillaume Budé, seigneur de Marly, maître des requêtes, prévôt des Marchands en 1522; Jean Morin, lieutenant criminel, échevin en 1522, prévôt des Marchands en 1524; Claude le Lieur, échevin en 1524; Jean Luillier, maître des comptes, prévôt des Marchands en 1530; Robert le Lieur; Guillaume Perdrier.

1537.

Christophe de Thou, échevin en 1535, prévôt des Marchands en 1552, élu le 22 août 1537; Jean Prevost, secrétaire du Roi; Nicolas de Livres, notaire et secrétaire du Roi, prévôt des Marchands en 1554; Jacques Paillart, seigneur de Jumauville, échevin en 1537; Thomas de Bragelongne, échevin; Jean le Lieur.

1540.

Thierry de Montmirel, élu le 16 avril 1540; Antoine le Comte, échevin en 1539, élu le 28 août 1540.

1541.

Jean Bouchart, seigneur de Champigny, élu le 6 juillet 1541.

1542.

Morin, lieutenant criminel; Viole; Berthelemy; Courtin; T. de Montmirel; de Hacqueville; de Thou; de Luires; Le Comte; Paillart; Larcher; Prevost; de Bragelongne.

1542.

René Baillet, conseiller au Parlement, président à mortier, élu le 17 novembre 1542.

1543.

Guillaume Larcher, échevin en 1558, élu le 18 août 1543.

1545.

Michel de l'Ospital, conseiller au Parlement, élu le 8 février, au lieu de Germain Le Lieur.

1547.

Jean Le Lieur, élu le 6 mai, au lieu de Robert Le Lieur.

1548.

Michel de l'Hopital, conseiller au Parlement, chancelier de France; Denis Berthelemy, échevin en 1546, le 30 juin 1548, au lieu de Jean Morin, lieutenant civil de la Prévôté de Paris; Antoine le Lievre, le 22 décembre 1548, au lieu de Claude le Lièvre; René Vivien, notaire et secrétaire du Roi, 7 avril 1548; Jehan Croquet, quartinier, 7 avril 1548.

1549.

Claude Guyot, prévôt des Marchands en 1548, 3 août 1549; Oudart Hennequin, conseiller au Parlement, 4 septembre 1549.

1551.

Claude Paluau, élu le 4 mars 1551, au lieu de René Baillet, seigneur de Sceaulx, conseiller et maître des requêtes de l'hôtel du Roi, premier président de Bretagne.

1552.

Côme Luillier, seigneur du Saulsay, échevin, le 19 avril 1552.

1552.

Guy Lormier, échevin, maître des comptes, le 18 janvier 1552.

1553.

Philippe le Lièvre, 26 avril 1553; Guillaume de Courlay, échevin, le 10 octobre 1553. Pierre Croquet, 21 octobre 1553.

1554.

Jean Paluau, notaire et secrétaire du Roi, échevin en 1554, 9 août; Claude le Sueur, échevin, 14 novembre.

1555.

Pierre Violle; Jean Sanguin, secrétaire du Roi, échevin en 1560, le 9 septembre.

1556.

Pierre Hennequin, conseiller au Parlement, le 25 février 1556.

1557.

Nicolas Perrot, prévôt des Marchands, le 18 juin 1557.

1558.

Nicole Dugué, avocat du Roi aux généraux de la justice des Aides, le 25 février.

1560.

Guillaume de Marle, seigneur de Versigny, prévôt des Marchands, le 19 novembre.

1561.

Denis Tanneguy, avocat au Parlement, échevin en 1545, le 18 novembre; Jean le Sueur, échevin en 1563, 13 décembre.

1563.

Nicolas Luillier, lieutenant civil, le 9 septembre; Nicolas Perrot, conseiller au Parlement, le 27 novembre.

1564.

Claude Marcel, échevin, le 17 juin; Jérôme de Chomedey, seigneur de Germenoy, le 10 mars; Jean Aubery, échevin en 1559.

1565.

Simon de Cressé, général des Monnaies, échevin en 1570, le 19 septembre.

DEUXIÈME PARTIE.

1566.

Nicolas le Gendre, seigneur de Villeroy, prévôt des Marchands; Jacques Paillard, seigneur de Jumeauville.

1568.

Nicolas le Sueur, greffier de la Cour des Aides, élu le 9 avril; Jacques de Longueuil, seigneur de Seure (ou Sevre), maître des comptes, élu le 24 novembre; Louis Huault, seigneur de Montmagny.

1569.

Jérôme de Bragelongne, trésorier de l'extraordinaire des guerres, élu le 18 avril; Claude le Prestre, échevin en 1563; Jacques Sanguin, seigneur de Livry, échevin en 1567; Claude Aubery.

1571.

Christophe de Thou, chevalier, conseiller du Roi en son privé conseil et premier président en sa court de Parlement; Claude Guyot, conseiller du Roi et maître ordinaire en sa chambre des comptes; Philippe le Lievre, avocat au Parlement; Guillaume de Courlay, notaire et secrétaire du Roi; Pierre Crocquet; Jean de Palluau, secrétaire du Roi; Pierre Violle, conseiller du Roi en sa court de Parlement et aux requêtes du Palais; Jean Sanguyn, secrétaire du Roi; Pierre Hennequin, conseiller du Roi en son privé conseil, et président en sa cour du Parlement; Nicolas Dugué, conseiller et avocat du Roi en sa court des Aides; Martin Lhuillier, conseiller du Roi et président en sa chambre des comptes; Nicolas Perrot, conseiller du Roi en sa court de Parlement; Jérôme de Chomedey, seigneur de Genetey; Nicolas le Gendre, chevalier, seigneur de Villeroy, conseiller du Roi en son conseil privé; Nicolas le Sueur, greffier de la Cour des Aides; Huault, sieur de Montmagnye; Claude Aubery; Bernard Prevost, conseiller du Roi en son conseil privé, président en sa court de Parlement; Olivier du Drac, conseiller du Roi et maître des requêtes ordinaires de son hôtel; Jacques Sanguyn, conseiller du Roi en sa chambre des eaux et forêts. Claude le Prestre; Pierre Poullain.

1571.

Louys Abelly, au lieu de Dugué.

1572.

Jean le Clerc, seigneur du Tremblay, président des requêtes; Jean Charron, président de la Cour des Aides, prévôt des Marchands; Vivien, conseiller secrétaire du Roi; Messieurs Sanguin et le Prestre, conseillers surnuméraires, reçus en titre le 19 décembre; Pierre Sanguyn, conseiller maître des requêtes de monseigneur le duc d'Anjou, frère du Roi, au lieu de son frère Jean Sanguyn.

1573.

Robert de Saint-Germain, l'un des quatre notaires et secrétaires de la court de Parlement; Nicolas de la Place, conseiller au Parlement.

1574.

Budé, secrétaire du Roi et de la cour du Parlement.

1575.

Augustin Prevost, seigneur de Crevant, secrétaire de la cour, échevin; Augustin de Thou, prévôt des Marchands en 1580; puis président à mortier.

1576.

Jean de Thou, conseiller et maître des requêtes, élu le 13 août; Claude de Faucon, seigneur de Ris, le 27 octobre; du Chemyn, le 15 février.

1577.

Jean Hennequin, seigneur de Cury, conseiller du Roi et secrétaire de ses finances, élu le 17 juillet; Pierre de Masparaulte, conseiller du Roi et maître des requêtes, le 27 août; Jean le Tonnellier, secrétaire du Roi, élu le 17 septembre.

1579.
Christophe de Thou, premier président.

1580.
De Marle de Versigny, conseiller au Parlement, élu le 10 mai.

1580.
Nicolas Hector, seigneur de Pereuse, prévôt des Marchands en 1586.

1581.
Claude Prevost, seigneur de Saint-Cyr, maître des requêtes; Nicolas Luillier, seigneur de Boulencourt, président des comptes; Denis Palluau, conseiller au Parlement; Jacques Sanguin, seigneur de Livry, conseiller au Parlement, prévôt des Marchands; Antoine Abelly, échevin en 1597; nommés tous les cinq le 16 août.

1582.
Thomas de Rochefort, échevin, 20 avril; Claude Marcel; Augustin de Thou, élu le 30 décembre.

1583.
Jean de Paillart, seigneur de Gouppilière, 28 janvier; Jean de Loynes, avocat, échevin, 6 août; Guillaume de Courlay et Nicolas Parent, élus le 16 août; de Thou; de Masparaulte; de la Place; le Lievre; de Bragelongne; Aubry; Abelly; le Presbtre; le Prevost; Violle; Budé; le Breton; de Brenan.

1584.
Le président Hennequin, élu le 17 mai, au lieu de Hennequin, sieur de Cury; Louis le Lièvre, élu au lieu de son père le 6 juin; Jean Tambonneau, président des comptes, élu le 15 juin, cesse ses fonctions le 10 avril 1585; Violle, seigneur du Chemin, résigne le 16 août 1584 en faveur d'Eustache Violle; Claude Marcel le jeune, conseiller au Parlement et secrétaire du Roi, nommé le 6 avril; d'Hierres; de Bravault; le Tonnellier; le président de Morsans; de Masparaulte.

1585.
Charles Boucher, seigneur de Dampierre, conseiller au Parlement et maître des requêtes, le 10 avril.

1585.
Jean du Drac, conseiller au Parlement, puis maître des requêtes, élu le 23 août.

1587.
Charles le Prevost, seigneur de Mallasize, conseiller au Parlement, élu le 14 mars; Pierre le Comte, notaire et secrétaire du Roi, 16 avril; Jean Dinet, avocat au Parlement, 10 juillet; Pierre des Croisettes, conseiller au Parlement, 14 août.

1589.
Claude le Tonnellier, seigneur de Breteuil, élu le 17 novembre.

1590.
Marteau, seigneur de la Chapelle, prévôt des Marchands; 10 septembre; de Rochefort, élu le 8 février.

1590.
Esprit Boucher, greffier en chef du Parlement, élu le 19 décembre.

1591.
Robert Desprez, échevin, le 10 janvier.

1592.
Charles Boucher, seigneur de Dampierre, prévôt des Marchands, élu le 1er avril; Robert Desprez, avocat au Parlement, fils de Robert Desprez, conseiller de ville, qui résigne en sa faveur, élu à la même date.

1594.
Jacques Sanguin de Livry, maître d'hôtel du Roi, le 23 mai; Martin de Bragelongne, président aux enquêtes, prévôt des Marchands.

DEUXIÈME PARTIE.

1595.

Antoine Arnault, avocat au Parlement, conseiller d'État, et Nicolas le Prestre, seigneur de Menucou, conseiller au Parlement, élus le 26 janvier; Jacques le Prevost, seigneur de Saint-Cir, élu le 28 février; Oudart Hennequin, seigneur de Boinville; Cyprien Perrot, conseiller au Parlement, le 1er septembre; Jacques Danest, seigneur de Marly, président des comptes, prévôt des Marchands en 1598, le 5 septembre; président d'Assy; de la Place; de Rochefort.

1597.

Claude Aubery, maître des comptes, conseiller au Parlement, le 19 juin.

1600.

Claude le Tonnellier de Breteuil, avocat au Parlement, 7 décembre.

1601.

Gaston de Grieu, conseiller au Parlement, prévôt des Marchands, 1er juin; Bernard Potier, seigneur de Gilly, conseiller au Parlement, président à mortier du Parlement de Bretagne, 17 juillet.

1602.

Claude de Bragelongne, conseiller au Parlement, président aux enquêtes, 13 décembre.

1603.

Jean le Clerc, avocat, puis conseiller au Parlement, 26 septembre.

1604.

Jehan Baptiste de Courlay, écuyer, seigneur de Malassize, 13 février.

1605.

Guillaume Lamy, conseiller, notaire et secrétaire du Roi, échevin en 1620, le 24 mars.

1606.

Pierre Sainctot, échevin, élu conseiller de ville le 26 juillet; Robert Aubry, conseiller au Parlement et commissaire des requêtes, le 8 août.

1606.

Robert Aubery, président des comptes.

1607.

Christophe Hector de Marle, seigneur de Versigny, maître des requêtes, 16 août, Jacques Prevost, seigneur de Malassize, 16 août; Christophe Sanguin, avocat au Parlement, prévôt des Marchands en 1628, 31 août; Guillaume Sanguin, secrétaire du Roi, 31 août.

1608.

Robert Arnault, secrétaire de la Chambre du Roi, seigneur d'Antilly; Augustin Potier, seigneur de Chicheray, évêque de Beauvais; Jean Amelot, conseiller du Roi et maître des requêtes, élus tous les trois le 6 septembre.

1609.

Jean de Saint-Germain, seigneur de Ravènes, 17 mars.

1610.

Jacques Jubert, seigneur du Til, président des comptes.

1611.

Guy Loisel, conseiller au Parlement.

1612.

Marescot, maître des requêtes.

1613.

Mathurin Gestin, auditeur des comptes.

1614.

Jacques Prevost, seigneur d'Herbelet, conseiller au Parlement; Jean Perrot, seigneur du Chesnard, conseiller au Parlement.

1615.

Jean de Saint-Germain, secrétaire du Roi; Geoffroy Luillier, conseiller au Parlement.

1616.

Jean-Jacques Dolu, greffier-audiencier de France ; Laurent Violle.

1617.

Guy Marescot.

1618.

Simon Dreux.

1619.

Claude Loisel, président de la Cour des Aides, Jacques Danés, avocat.

1620.

Pierre Parfait, échevin en 1626 ; Jean Talon, secrétaire du Roi; André Langlois, échevin.

1622.

Louis Letourneau.

1623.

Pamphille de la Cour, échevin en 1629 ; Claude Aubery; Jean Tronchot, échevin en 1630; Charles de la Barre, Robert Frenicle.

1624.

Adrien Fournier, avocat; Jean du Metz, avocat de la Cour des Aides ; Pierre de Pleurs, trésorier de France; Oudart le Féron, président des enquêtes, prévôt des Marchands; Louis de Bucy, écuyer, seigneur de Merval.

1625.

Jean Bazin, échevin en 1632.

1626.

Remy Tronchot, échevin; Louis de Saint-Germain ; Gabriel Langlois.

1627.

Charles de Bragelongne; Pierre de Brion, conseiller au Parlement.

1628.

Jean Philippe, secrétaire du Roi ; Jean de Barillon, conseiller au Parlement ; Michel Marescot, avocat.

1629.

Jean Bazin ; Henry Louis Habern, seigneur de la Brosse, conseiller au Parlement.

1630.

Étienne de Sainton, conseiller au Parlement; Jean Perrot, seigneur de Saint-Dié, président aux enquêtes; Jean Luillier, avocat.

1631.

Michel Fournier, conseiller aux eaux et forêts; Simon Dreux, seigneur de Crevilly, avocat général de la chambre des comptes. Charles Coiflier, échevin en 1640.

1634.

Louis Rouillé.

1635.

Pierre de Bragelongne.

1636.

Jean de Gagny, commissaire au Châtelet, échevin en 1645; Michel Guillois, conseiller au Châtelet, échevin en 1650; Nicolas le Camus, secrétaire du Roi; Pierre Héliot, échevin en 1647; Marc Heron ; Claude de Bullion, surintendant des finances, président à mortier, garde des sceaux des ordres.

1639.

André le Vieux, échevin en 1651 ; Raymond Lescot, échevin en 1648.

1640.

Noël de Bullion, seigneur de Bonnelle, conseiller au Parlement; Philippe Gervais, échevin en 1656; Jean le Comte, contrôleur de la chancellerie; Edme Costart.

1641.

Guillaume Dreux, avocat général de la chambre des comptes; Georges Desnots.

1643.

Louis Jubert, seigneur du Thil ; Louis

DEUXIÈME PARTIE.

Bragelongne; Jean de Faverolles, échevin en 1657.

1644.
Nicolas Lavocat, maître des comptes.

1645.
Nicolas Baudequin, échevin en 1658; Paul de Barillon, conseiller d'État.

1646.
Jean Heliot; Pierre Martineau, conseiller au Parlement; Nicolas le Comte.

1648.
Le président Aubry; Barthelemy, sieur d'Ouynville, maître des comptes; de Santeuil; Gaigny, commissaire examinateur au Châtelet; Guillois, conseiller au Châtelet; le Vieulx; Lescot; Heron; Gervais; le Conte, contrôleur général de la chancellerie; Cottart; Desnotz; le président Perrot; Jebert; de Faverolles; Ladvocat, maître des comptes; Baudequin; Barillon; Martineau; Tronchot; de la Court; de Bragelongne, trésorier général de l'ordinaire des guerres; Lambert, maître des comptes; Bonneau, procureur du Roi au Châtelet.

1649.
Dreux, en remplacement de Lescot.

1650.
Guillaume Rousseau, avocat; Pierre Heliot.

1651.
Jean Helissant, échevin en 1660; Jean Gaillard, échevin en 1662.

1652.
Conseillers de ville adhérant au parti de Broussel: de Santeuil, Helyot, Lescot, Gervais, le Conte, Cottart, Desnos, Martineau, Ladvocat, de la Court, Dreux, Helissant, de Vertamont, Gaillard, Barillon.

1653.
Jean de la Balle, notaire au Châtelet, échevin en 1664; Jean Jacques Forne; Étienne Bourdon.

1655.
Hugues de Santeul, échevin en 1666.

1656.
Jean Geoffroy, maître des comptes; Laurent de Faverolles, échevin en 1664.

1657.
Denis Langlais.

1658.
Helie Buchère; Thomas Tronchot.

1659.
Claude le Gendre.

1660.
André Scarron, conseiller au Parlement de Metz.

1661.
Charles Clairambaut, échevin en 1673; Étienne Galliot, commissaire au Châtelet.

1662.
Alexandre de Vinx, échevin; Antoine Lavocat, maître des requêtes.

1664.
Nicolas Picques, échevin en 1668.

1667.
Jean Baptiste Helisant, échevin.

1668.
Michel Chauvin, échevin.

1669.
Pierre Fumée, conseiller au Grand Conseil.

1671.
Jean Jacques Gayot, échevin; Henri Herlau, échevin en 1687.

1672.
François de Vertamont, conseiller au Par-

lement; Pierre Presly, échevin en 1689; Thomas Tardif, échevin en 1691.

1673.
Jean Baptiste Louis Berrier, secrétaire du Roi; Jean Roussel.

1675.
Claude de Paris; Guillaume Cavellier; Robert Lechassier, conseiller au Parlement.

1676.
François de Paris, secrétaire du Roi; Thoussain Simon Bazin, échevin.

1679.
Pierre Galliot, commissaire au Châtelet.

1680.
Jean Bachelier.

1681.
Nicolas Fraguier, conseiller au Parlement.

1683.
François Boucot, correcteur des comptes; Charles le Brun, échevin en 1682.

1684.
Jean Baptiste le Tourneur, échevin en 1695; Claude Boucot, garde des Rôles.

1686.
Zacarie Morel, conseiller au Parlement; Nicolas Toustin, Joseph de Laistre, secrétaire du Roi.

1687.
Léonard Chauvin, échevin en 1699; Pierre Gigault, maître des comptes.

1688.
Pierre Gilbert, président aux enquêtes.

1690.
Claude de Santeul, échevin; Maximilien Titon, secrétaire du Roi.

1691.
Nicolas Lambert de Vermont, président aux enquêtes.

1692.
Nicolas Bertin, maître des requêtes.

1693.
Jean de Laleu, échevin en 1691; Philippe l'Evesque, maître des comptes.

1694.
Denis François Regnard, échevin; Antoine Melin, notaire au Châtelet.

1695.
André le Vieux, conseiller de la Cour des Aides.

1696.
Étienne Perichon, notaire.

1698.
Jean Baptiste le Brun.

1699.
Jean Hallé, échevin.

1700.
Jean Baptiste Gayot.

1704.
Nicolas Jean Charpentier, notaire au Châtelet.

1705.
Jacques Fournier, secrétaire du Roi; Pierre Chauvin, échevin.

1706.
Nicolas Gallois.

1708.
Henri Louis Rouvière; Louis Guillaume Chabere, conseiller au Parlement; Nicolas François Tardif; Hector Bernard Bonnet.

1710.
Simon Fayolle; Pierre Charpentier; Jean Gaschier, conseiller du Roi.

DEUXIÈME PARTIE.

1711.
Pierre Sautreau.

1712.
Antoine Louis Hannique; Guillaume Boissier, notaire honoraire en la chambre des comptes; Augustin de Ferriol, comte de Pont, baron d'Argental, conseiller au Parlement de Metz.

1713.
Jacques Roussel, conseiller du Roi, notaire et payeur des rentes; Étienne Laurent; Jean Jacques Titon, maître des comptes; Jacques Corps.

1714.
Nicolas Capet, conseiller du Roi, notaire au Châtelet; Philippe le Gras.

1715.
Gabriel René Mesnil, conseiller du Roi, notaire au Châtelet; Pierre Étienne Borderel de Caumont, substitut du procureur général; Jean Louis Pelet, avocat au Parlement, conseiller du Roi.

QUARTINIERS. — DIXAINIERS. — CINQUANTENIERS.

ANNÉE 1358-1716.

1358.
Jean Maillart, quartinier.
Voyez, au sujet de cet officier, la première partie, livre III, chapitre 1.

1500.
Jean Croquet, échevin en 1502; Jean Hebert, échevin en 1514; Hugues de Neufville, échevin en 1506; Étienne Savin, échevin en 1507; François Choart, échevin en 1509; Nicolas Crespy, échevin en 1512; Jacques le Haudoyer; Robert Eschart; Pierre Cosse; Jean Mairet; Geoffroy Croix; Godefroy Massiot; Jean Bazanier, échevin en 1514; Jean du Bus, échevin en 1516; Charles Loison; Jean Turquain; Pierre de Moussy; Claude Massiot, échevin en 1528; Thomas Duru; Jean de Moussy, échevin en 1530.

1504.
Michel le Riche; Étienne Simon; Jean Paillart; Jean de Lolive; Denis Godefroy.

1512.
Pierre de Moucy, marchand drapier.
« Ou dit an mil v^e xii, le xiiie jour de mars avant Pasques, a esté faicte élection d'ung quartinier nouvel au lieu de feu sire Hugues de Neufville en son vivant quartenier de la ville au quartier des Halles, par les cinquanteniers et dixainiers du dit quartier, aveecques quatre personnes de chacune dixaine, et en suivant ce qui en avoit esté mandé par Messieurs les prevost des Marchands et eschevins de la dicte ville, dès le second jour du dit mois d'eslire trois notables, pour l'ung d'iceulx estre receu à quartenier ou lieu du dict delffunct, la quelle eslection faicte a esté apportée par escript à mes dits seigneurs prevost et eschevins, aveecques les noms des eslisans et icelle eslection veue par mes dits seigneurs ont recueilly les voix et trouvé Pierre de Moucy avoir xxii voix et exceder le plus hault des aultres de cinq voix. »
(Reg. de l'Hôtel de Ville, II, 1778; fol. 255 r°.)

1531.
Thomas le Lorrain, marchand, élu quartenier le 11 décembre 1531, en remplacement de feu Jean Turquain.

1532.
Jean Berthélemy se démet en faveur de Croquet son beau-frère entre les mains de MM. de la ville. On ne dit pas si cette substitution est accordée.

1533.
N. Suzanne; N. Aumette.

1536.
Claude Prevost; Guichard Courtin, échevin en 1540; Nicolas Hac, échevin en 1560.

1537.
Claude le Lièvre ; Thomas le Lorrain.

1542.
Basannier ; Godefroy ; Mariot; Prevost ; Hac ; Barthélemy; Croquet; Daves ; de Saint-Germain ; Gohory; Quinette; Parfaict.

1544.
Jean Barthélemy, échevin en 1532 ; Jean de Saint-Germain, échevin ; Guillaume Perdrier ; Jean Croquet, échevin en 1538; Jacques du Bus ; Pierre des Moulins ; Henri Godefroy, échevin en 1542; Jacques Toupin; Guillaume Quinette, échevin en 1534; Pierre Raoul, échevin en 1536 ; Jean le Jay ; N. Rigolet ; Guillaume Danès, échevin en 1538.

1544.
Jean Parfait; Pierre Gohory; Jacques Kervert, échevin en 1568; Pierre Pellerin; N. Croquet.

1552.
Vincent Massiot; Jean Lescalopier, échevin en 1562 ; Jean Boucher; Nicolas Paulmier ; Jean Croquet.

1554.
Guillaume Parfaict ; Jean Desprez ; Oudin Petit ; Nicolas Lescalopier, trésorier de France, échevin en 1571; Noël Sucebin.

1555.
Jean du Bois; Guillaume Morin ; Imbert d'Ivry; Jean Godefroy; Pierre Perlan.

1556.
Georges Danès.

1558.
Nicolas Bourgeois, échevin en 1566 ; Michel Duru.

1560.
Mathurin Cousinot; Nicole Langlois; Macé Bourlon ; Henri Lavocat, échevin en 1561 ; Jean Messier ; Jean de la Brigère ; François Garrault.

1561.
Jean Lescalopier ; Claude d'Auvergne ; Hugues Brulart.

1562.
Mathurin de Beausse ; Jean Bellier ; Ambroise Baudichon ; Jean Leconte, échevin en 1578.

1569.
Pierre Pellerin et Oudin Petit, déchus de leur office le 18 juillet 1569, et remplacés par Huault et Nicolas Parent.

1570.
Nicolas Becquet; Jean Perrot ; Antoine Huot, échevin en 1582.

1571.
Jacques Kerver ; Nicolas Paulmier; Guillaume Parfaict; Pierre Perlan ; Macé Bourlon; Guillaume Guerryer ; Mathurin de Beausse ; Ambroise Baudichon; Robert Danès ; Jehan le Conte ; Nicolas Bourgeois ; Jean Perrot ; Antoine Huot ; Jean Bellier l'ainé ; Charles Maheult ; Martin Jamart.

1572.
Pierre le Goix, échevin en 1584.

1575.
Claude Parfaict; Claude de Paris, cinquantenier; Philippe Bourlon, cinquantenier ; Pierre Gallopin, cinquantenier ; Philippe Guilgau, dixainier ; Nicolas Hac.

1577.
Claude Bonnot ; Pierre Charpentier.

1579.
Simon Perrot ; Claude Juillart ; Jean de la Bistrade.

1580.
Jacques Kervert ; Nicolas Girard.

1582.
François Bonnart, échevin en 1587.

1583.
Sire Mathurin de Beausse, sire Louis de Creil; sire Perlan ; sire Jacques Huot; sire Olivier Chasteau ; M. Thomas, procureur au

DEUXIÈME PARTIE.

Parlement; M. Charpentier, avocat en la Cour du Parlement; M. Talon, procureur en Parlement; M. Boucquet, s' de Juines ou de Planoy; M. Maheut, notaire; M. Canaye, trésorier; M. Marchant, notaire; M. Jehan Durantel; sire Claude Reverend; sire Nicolas Bourlon; sire Côme Carrel.

1584.

Sire Guillaume Parfaict; Huot; sire Guillaume Guerrier; sire Pierre Perlan; sire Mathurin de Bausse; sire Claude Louvet; Robert Danès; Jehan le Comte; sire Nicolas Bourgeois; M. Martin Jamart; sire Pierre le Goix; Pierre Charpentier; sire François Bouvart; sire Jean Durantel; sire Claude Reverend; M. André Canaye; sire Denis Veret; sire Nicolas Bourlon; sire Olivier Chasteau; sire Côme Carrel.

1595.

Guerrier; Bouvart; Bourlon; Huot; Canaye; de Chailly; le Vasseur; le Goix; Parfaict; du Tertre; le Roux; Lambert; Bourgeois; Nicolas; Carrel; Danès.

1596.

Antoine Abelly, échevin en 1597.

1597.

Vallère Pilleur, Pierre Saintot, échevin; Jacques Beroult.

1598.

Jean de la Noue, avocat; Michel Passart.

1599.

Michel Bourlon.

1601.

Jean Carrel; Étienne Collot; Antoine Andrenas; Simon Marcel, échevin en 1624.

1607.

Claude Passart.

1608

Philippes Martin.

1609.

Pierre Parfaict.

1610.

Jean Jobert.

1611.

Pierre Huot; Jacques de Monhers.

1612.

Jean le Clerc.

1613.

François de Fonteny; Pierre Parfaict, échevin en 1626; Charles le Comte; Ascagne Guillemeau; Denis de Cay.

1615.

Philippe le Gagneux, échevin; Jean Gesu, Étienne Heurlot, échevin en 1628.

1616.

Pierre Huot.

1617.

Nicolas de Creil, échevin en 1634.

1618.

Pierre Peron; Jean Gervais.

1619.

Jean de Creil; Jacques de Monhers, échevin en 1641.

1620.

Marc Nicolas.

1621.

Denis Nicolas.

1634.

Antoine de la Porte, échevin en 1655; Denis de Bourges.

1637.

Nicolas de Creil; Jacques Beroult.

1638.

Jean Rousseau, échevin; Claude Hindret.

1640.

Pierre Pigorreau; Jean le Vieux, échevin en 1658.

1642.
Louis de Collisy.

1643.
Nicolas Philippes, échevin.

1644.
Élie Dufrenoy.

1645.
Jean de Monhers, avocat, échevin en 1661.

1646.
Marc Héron ; Nicolas Souplet, échevin en 1663 ; Claude Prevost ; Robert Hamonin.

1648.
Sire Jacques Tartarin ; sire Pierre Eustache ; sire François Samson ; maître Claude Boucot ; sire Claude Sonins ; sire Jullien Gervais ; sire Antoine de la Porte ; maître Nicolas Voisin ; sire Jean Rousseau ; sire Jean le Vieux ; maître Nicolas Philippes ; maître Jean de Monhers ; sire Nicolas Souplet, sire Claude Prevost ; sire Jean Cottart ; maître Robert Hamonin.

1649.
Sire Jean d'Espinay, au lieu de sire Claude Sonins.

1650.
Sire Charles le Jeune.

1651.
Maître Étienne Philippes ; sire Charles Michel ; sire Étienne Quartier.

1667.
Michel Gamarre, échevin ; André Petit ; Antoine Gaillard ; Denis Rousseau.

1668.
Nicolas Chupin, échevin ; Claude Bellier, échevin en 1692.

1682.
Mathurin Barroy, échevin en 1696.

1685.
Jean Dorieu.

1687.
François Regnault ; Guillaume André Hébert, échevin en 1700.

1688.
Michel Boutet.

1690.
Martin Joseph Bellier, échevin en 1704.

1692.
Guillaume Scourjon ; Pierre Moreau.

1693.
René Michel Blouin ; Michel Louis Hazon.

1696.
Louis Paul Boucher ; Louis de Beyne, correcteur des comptes.

1697.
Jacques le Vacher ; Louis Boisseau.

1698.
François Perichon.

1700.
Antoine de Serre.

1701.
Nicolas Paignon ; Henri de Rosnel.

1703.
Marc François Day, échevin.

1706.
Jacques Denis.

1708.
Jean du Quesnoy ; Charles François de Lobel.

1709.
Nicolas le Grand.

1710.
Jean Hébert ; Claude Sauvage.

DEUXIÈME PARTIE.

1712.
Pierre Noël Pinchon

1713.
Alexandre Jean Remy, notaire au Châtelet

1714.
Réné Rossignol; Jacques Albert Mocquet; Henri Millon.

1716.
Claude Petit.

MAITRES DES ŒUVRES.

1257-1789.

1257.
Pierre de Monsiaux.

On lit dans le *Théâtre des Antiquités de Paris*, de du Breul, 1612, in-4°, p. 1242 : « L'an 1257, par la permission de Messieurs les Prevost des Marchands et eschevins de la ville de Paris, fut envoyé un nommé Pierre de Monsiaux, *maistre des œuvres de la ville*, pour abattre l'église de céans (l'église de l'abbaye Saint-Antoine), disant par eux avoir affaires de pierres pour la dicte ville. Mais sitost que le dict Monsiaux eut frappé le premier coup de marteau sur l'un des pilliers du portail de la dicte église, le dict de Monsiaux fut embrazé du feu Saint Antoine. »

1400.
Pierre Robin, maitre des œuvres de maçonnerie.

1411.
Robert de Helbueerne, maitre des œuvres de maçonnerie; Nicolas Labbé, maitre des œuvres de charpenterie.

1431.
Jean Jamès, maitre des œuvres de maçonnerie, de charpenterie, et garde des fontaines.

1455.
Jean Duchemin, maitre des œuvres de maçonnerie et de charpenterie.

1467.
Guillaume Ouyn, maitre des œuvres de maçonnerie et de charpenterie.

1473.
Simon du Val, maitre des œuvres de maçonnerie; Nicolas le Goux, maitre des œuvres de charpenterie.

1499.
Gautier Hubert, maitre des œuvres de charpenterie, ainsi qualifié dans un arrêt du Parlement du 9 janvier; Colinet de la Chesnaye, maitre des œuvres de maçonnerie.

1499.
Jean de Doyac, maitre des œuvres de maçonnerie, pour la pierre; Didier de Felin, Colin Biart, André de Saint-Martin, adjoints-maitres des œuvres pour la construction du pont Notre-Dame.

1500.
Jean de Felin, Jean Hernou; Robert de la Brosse; Gillet le Vacher; Waleran Hardy.

1529.
Jacques Arasse, maitre des œuvres de maçonnerie, Jean Asselin, maitre des œuvres de charpenterie.

1531.
Bastien de Caumont, maitre des œuvres de charpenterie.

1579.
Guillaume Guillain, maitre des œuvres.

1607.

Pierre Guillain, maître des œuvres de maçonnerie; Charles Marchant, maître des œuvres de charpenterie.

1624-1636.

Augustin Guillain.

1636-1643.

Christophe Gamare, conjointement avec Augustin Guillain fils.

1643-1657.

Pierre le Maistre.

1657-1681.

Michel Noblet.

1681-1683.

François Noblet.

1683-1706.

Jean Beausire.

1706-1751.

Jean Baptiste Auguste Beausire.

1751-1763.

Laurent Destouches, gendre du précédent.

1763-1789.

Pierre Louis Moreau, décapité en 1793.

MAIRES DE PARIS. — ADMINISTRATEURS DU DÉPARTEMENT. — PRÉFETS. — SECRÉTAIRES GÉNÉRAUX. — CONSEILLERS DE PRÉFECTURE.

MAIRES DE PARIS.

1789-1794.

1789.

Jean Sylvain Bailly, élu maire le 16 juillet 1789.

1791.

Jérôme Petion de Villeneuve, élu le 17 novembre.

1792.

Nicholas Chambon, élu le 3 décembre.

1793.

J. N. Pache, élu le 13 février.

1794.

Jean Baptiste Edmond Fleuriot-Lescot, élu le 21 avril.

ADMINISTRATEURS DU DÉPARTEMENT.

1795-1799.

Nicoleau, élu en 1795; Dememiée, en 1797; Joubert, en 1799; Lecoulteux, en 1799.

PRÉFETS.

1804-1812.

Nicolas Thérèze Benoît Frochot.

1812-1830.

Gilbert Joseph Gaspard Chabrol de Volvic.

1830.

Le comte Delaborde, du 28 juillet au 23 août.

1831.

Odilon Barrot, du 24 août 1830 au 22 février.

1831-1833.

Le comte de Bondy, du 23 février 1831 au 25 juin 1833.

1833-1845.

Le comte de Rambuteau.

SECRÉTAIRE GÉNÉRAL.

Laurent de Jussieu, nommé le 1er janvier 1831, en remplacement de M. Taschereau.

CONSEILLERS DE PRÉFECTURE.

De la Morelie; Laffon de Ladebat ; de Maupas; Lucas de Montigny; Molin.

DEUXIÈME PARTIE.

MEMBRES DU CONSEIL GÉNÉRAL.

1807-1844.

1807-1808.

Bellart. — Boscheron. — Daligre. — Davillier ainé. — Delaistre. — De Mautort. — Devaines. — D'Harcourt. — Dutramblay. — Gauthier. — Gelot. — Godefroy. — Lefebvre. — Mallet. — Montaiuant. — Pérignon. — Perrier. — Petit. — Quatremère de Quincy. — Rougemont. — Rouillé de l'Étang. — Trudon des Ormes.

1809.

Barthelemy. — Bellart. — Bonommet. — Boscheron. — Daligre. — Davillier ainé. — De Mautort. — Devaines. — D'Harcourt. — Dutramblay. — Gauthier. — Godefroy. — Lebeau. — Lefebvre. — Mallet. — Montamant. — Pérignon. — Quatremère de Quincy. — Rouillé de l'Étang. — Trudon des Ormes. — Vial.

1810.

Barthelemy. — Bellart. — Bonommet. — Boscheron. — Daligre. — Davillier ainé. — Delamalle. — Delaitre. — De Mautort. — Devaines. — D'Harcourt. — Dutramblay. — Gauthier. — Godefroy. — Lebeau. — Lefebvre. — Mallet. — Montamant. — Pérignon. — Quatremère de Quincy. — Rouillé de l'Étang. — Thibon. — Trudon des Ormes. — Vial.

1811.

Barthelemy. — Bellart. — Bonommet. — Boscheron. — Daligre. — Davillier ainé. — Delamalle. — Delaitre. — De Mautort. — Devaines. — D'Harcourt. — Doyen. — Dutramblay. — Gauthier. — Godefroy. — Lebeau. — Mallet. — Montamant. — Pérignon. — Quatremère de Quincy. — Rouillé de l'Étang. — Thibon. — Trudon des Ormes. — Vial.

1812.

Badenier. — Barthelemy. — Bellart. — Bonommet. — Boscheron. — Daligre. — Davillier ainé. — Delaitre. — De Mautort. — Devaines. — D'Harcourt. — Dutramblay. — Gauthier. — Godefroy. — Lebeau. — Mallet. — Montamant. — Pérignon. — Quatremère de Quincy. — Le baron Thibon. — Trudon des Ormes. — Vial.

1813.

Badenier. — Barthelemy. — Bellart. — Bonommet. — Boscheron. — Daligre. — Davillier ainé. — Delaitre. — De Mautort. — Devaines. — D'Harcourt. — Dutramblay. — Gauthier. — Godefroy. — De Lamoignon. — Lebeau. — Mallet. — Montamant. — Pérignon. — Quatremère de Quincy. — Le baron Thibon. — Vial.

1814-1815.

Badenier. — Barthelemy. — Bellart. — Boscheron. — Davillier. — Delaitre. — De Mautort. — Devaines. — Le marquis d'Harcourt. — Dutramblay. — Gauthier. — De Lamoignon. — Lebeau. — Mallet. — Montamant. — Pérignon. — Quatremère de Quincy. — Le baron Thibon. — Vial. — Morel de Vindé.

1816-1817-1818.

Badenier. — Barthelemy. — Bellart. — Boscheron. — Breton. — Le marquis d'Aligre. — Delaitre. — Delarue. — De Mautort. — Le marquis d'Harcourt. — Dutramblay. — Gauthier. — De Lamoignon. — Lebeau. — Mallet. — Le comte Molé. — Montamant. — Ollivier. — Pérignon. — Quatremère de Quincy. — Ternaux. — Le baron Thibon. — De Tourolles. — Vial.

1819.

Badenier. — Barthelemy. — Bellart. — Le comte de Boisgelin. — Boscheron. — Breton. — Le chevalier Bricogne. — Le marquis d'Aligre. — Delaitre. — Delarue. — Le marquis d'Harcourt. — Dutramblay. — Gauthier. — De

Lamoignon. — Lebeau. — Mallet. — Montamant. — Ollivier. — Pérignon. — Quatremère de Quincy. — Ternaux. — Le baron de Thibon. — De Tourolles. — Vial.

1820.

Le marquis d'Aligre. —Badenier. —Bellart. —Le comte de Boisgelin. — Boscheron fils.— Breton. —Bricogne. —Delaître. —Delarue. — Delessert. — Dutramblay. — Gauthier. — Le marquis d'Harcourt. — De Lamoignon. — Lebeau. — Mallet. — Montamant. — Ollivier. — Pérignon. — Quatremère de Quincy. — Ternaux. — Le baron Thibon.—De Tourolles. — Vial.

1821.

Le marquis d'Aligre.—Badenier.—Bellart. — Le comte de Boisgelin. — Bonnet. — Boscheron fils. — Breton. — Bricogne. —Delarue. — Delessert (Benjamin). — Dutramblay. — Gauthier. — De Lamoignon. — Lebeau. — Leroy. — Mallet. — Montamant. — Ollivier. — Pérignon. — Quatremère de Quincy. — Ternaux.— Le baron Thibon. — De Tourolles.— Vial.

1822.

Le marquis d'Aligre. — Bellart. — Badenier. — Le comte de Boisgelin. — Bonnet. — Boscheron fils. — Breton. — Bricogne. — Le marquis de Châteaugiron. —Delessert (Benjamin). — Le baron Dutramblay. — Gauthier. — De Lamoignon. — Lebeau. — Leroy. — Le baron Mallet. — Montamant. — Ollivier. — Pérignon. — Quatremère de Quincy. — Ternaux.— Le baron Thibon. — De Tourolles.— Vial.

1823.

Le marquis d'Aligre. —Bellart. —Badenier. — Le comte de Boisgelin. — Bonnet père. — Boscheron fils. — Bourgeon (De). — Breton. — Le marquis de Châteaugiron. — Le baron Dutramblay. — Gauthier. — De Lamoignon.— De Lapanouze. — Lebeau. — Leroy. — Le baron Mallet. — Montamant. — Ollivier. — Outrequin. — Le comte Pastoret. — Pérignon. —Quatremère de Quincy. — Le baron Thibon. — De Tourolles.

1824-1825.

Le marquis d'Aligre. — Bellart.— Badenier —Le comte de Boisgelin.—Bonnet père (manque en 1825). — Boscheron fils. — Bourgeon (De). — Breton. — Le marquis de Châteaugiron. — Gauthier. — De Lapanouze. — Lebeau. — Le baron Leroy. — Le baron Mallet. — Montamant. — Le baron de Nanteuil.— Ollivier.— Outrequin.— Le comte de Pastoret —Pérignon. — Quatremère de Quincy. —Baron de Tourolles. — Vial.

1826.

Le marquis d'Aligre.—Bellart.— Badenier. — Le comte de Boisgelin. —Bonnet père. — Boscheron fils.— Bourgeon (De). —Breton. — Le marquis de Châteaugiron. — Gauthier. — De Lapanouze. — Lebeau. —Le baron Leroy. — Le marquis de Lévis-Mirepoix. — Montamant. — Le baron de Nanteuil. — Ollivier. — Le baron Aug. de Villeneuve.— Outrequin.— Le comte de Pastoret. — Pérignon. — Quatremère de Quincy. — Baron de Tourolles. — Vial.

1827.

Le marquis d'Aligre. — Badenier. — Comte de Boisgelin. — Bonnet. — Bourgeon (De). — Breton. — Marquis de Châteaugiron. — Baron Devaux. — Gauthier. — Jacquinot de Pampelune. — De Lapanouze. — Lebeau. — Baron Auguste de Villeneuve — Baron Leroy. — Marquis de Lévis-Mirepoix. — Baron de Nanteuil. — Ollivier. — Outrequin. — Comte de Pastoret. — Quatremère de Quincy. — Baron de Tourolles. — Vial. — Audenet. — Trudon

1828.

Marquis d'Aligre. —Audenet. — Marquis de Boisgelin. — Bonnet. — Bourgeon (De). — Breton.— Marquis de Châteaugiron. — Baron Cretté de Palluel. — Duchanoy. — Gauthier.— Jacquinot de Pampelune. — Comte de Lapanouze. — Lebeau. — Baron Leroy. — Marquis de Lévis-Mirepoix. — Baron de Nanteuil. — Baron Ollivier. — Outrequin.— Comte de Pastoret. — Quatremère de Quincy. — Baron de Tourolles. — Trudon. — Baron de Vaux. — Vial.

DEUXIÈME PARTIE.

1829-1830.

Marquis d'Aligre. — Audenet. — Marquis de Boisgelin. — Bonnet. — Bourgeon (De). — Breton. — Marquis de Châteaugiron. — Baron Cretté de Palluel. — Duchanoy. — Gauthier. — Jacquinot de Pampelune. — Comte de Lapanouze. — Lebeau. — Baron Leroy. — Marquis de Lévis-Mirepoix. — Baron de Nanteuil. — Outrequin. — Comte de Pastoret. — Quatremère de Quincy. — Baron de Tourolles. — Tripier. — Trudon. — Baron de Vaux. — Vial.

1831.

Aubé. — Benoist. — Besson. — Bourgeois. — Cochin. — De Châteaugiron. — De Laborde (Alexandre). — Delessert (François). — Ferron. — Ganneron. — Gisquet. — Lafaulotte. — Lafond. — Lebeau. — Lefebvre (J.). — Maine-Glatigny. — Odier. — Parquin. — Périer (Joseph). — Say. — Schonen (Baron de). — Séguier (Baron). — Tascher. — Tripier.

1832.

Benoist. — Besson. — Bourgeois. — Cochin. — Marquis de Châteaugiron. — Comte de Laborde. — Baron Delaire. — Dupin aîné. — Ferron. — Ganneron. — Baron de Fréville. — Lafaulotte. — Lahure. — Lebeau. — Lefebvre (J.). — Maine-Glatigny. — Odier. — Parquin. — Périer (Joseph). — Sanson Davillier. — Baron de Schonen. — Baron Séguier. — Comte de Tascher. — Tripier.

1834.

Aubé. — Benoist. — Besson. — Bourgeois. — Marquis de Châteaugiron. — Cochin. — Delaire (Baron). — Dupin. — Ferron. — Ganneron. — Laborde (Comte de), Alexandre. — Lafaulotte. — Lahure. — Lebeau. — Lefebvre. — Le Hon. — Maine-Glatigny. — Marcellot. — Odier. — Parquin. — Périer (Joseph). — Sanson-Davillier. — Schonen (Baron de). — Tascher (Comte de).

1836.

Arago. — Aubé. — Beau (Alexis). — Besson. — Boulay. — Bouvattier. — Cambacérès. — Cochin. — Ferron. — Galis. — Ganneron. — Gatteaux. — Girard. — Grillon. — Herard. — Husson. — Jouet aîné. — Lafaulotte. — Laffitte (Jacques). — Lahure. — Lambert de Sainte-Croix. — Lanquetin. — Lavocat. — Lebeau. — Legentil. — Le Hon. — Marcellot aîné. — Michau (David). — Moreau (Frédéric). — Orfila. — Parquin. — Perret. — Périer. — Preschez. — Thayer. — Vincent.

ARRONDISSEMENT DE SAINT-DENIS ET DE SCEAUX.

Benoist. — Boucher. — Châteaugiron (Marquis de). — Darblay. — Libert. — Lejemptel. — Possoz. — Riant.

1840.

Besson. — Ganneron. — Preschez. — Arago. — Aubé. — Beau (Alexis). — Boulay (de la Meurthe). — Bouvattier. — Cambacérès (De). — Cochin. — Cottier. — Ferron. — Galis. — Gatteaux. — Grillon. — Herard. — Husson. — Jouet aîné. — Lafaulotte. — Lahure. — Lambert de Sainte-Croix. — Lanquetin. — Lavocat. Lebeau. — Legros. — Le Hon. — Marcellot aîné. — Michau (David). — Moreau (Frédéric). Orfila. — Perret. — Périer. — Sanson-Davillier. — Say (Horace). — Ternaux (Mortimer). — Thayer (Édouard).

ARRONDISSEMENT DE SAINT-DENIS ET DE SCEAUX.

Benoist. — Darblay. — Libert. — Lejemptel. — Possoz. — Riant. — Trévise (Duc de).

1841.

Besson. — Ganneron. — Preschez. — Arago. — Aubé. — Beau (Alexis). — Boulay (de la Meurthe). — Boutron-Charlard. — Bouvattier. — Cambacérès. — Cochin. — Ferron. — Galis. — Gatteaux. — Gillet. — Grillon. — Hérard. — Husson. — Jouet aîné. — Lafaulotte. — Lahure. — Lambert de Sainte-Croix. — Lanquetin. — Lavocat. — Legros. — Marcellot aîné. — Michau (David). — Moreau (Frédéric). — Orfila. — Perret. — Périer. — Sanson-Davillier. — Say (Horace). — Ternaux (Mortimer). — Thayer (Édouard).

ARRONDISSEMENT DE SAINT-DENIS ET DE SCEAUX.

Benoist. — Bronzac.—Libert. — Lejemptel. — Possoz. — Riant. — Sommier. — Trévise (Duc de.)

1844.

Herard, 1ᵉʳ arrondissement. — Lafaulotte, 1ᵉʳ arr. — Marcellot, 1ᵉʳ arr. — Ganneron, 2ᵉ arr. — Sanson-Davillier, 2ᵉ arr. — Thayer (Édouard), 2ᵉ arr. — Besson, président du conseil, 3ᵉ arr. — Boutron, 3ᵉ arr. — Ternaux-Mortimer, 3ᵉ arr. — Lahure, 4ᵉ arr. — Journet, 4ᵉ arr. — Legros, 4ᵉ arr. — Ferron, 5ᵉ arr. — Grillon, 5ᵉ arr. — Say (Horace), 5ᵉ arr. — Arago, 6ᵉ arr. — Aubé, 6ᵉ arr. — Husson, 6ᵉ arr. — Jouet, 7ᵉ arr. — Michau (David), 7ᵉ arr. —Périer. —Bouvatier, 8ᵉ arr. — Moreau (Frédéric). — Perret, 8ᵉ arr. — Galis, 9ᵉ arr. — Lanquetin, 9ᵉ arr. — Thierry, 9ᵉ arr.—Beau, 10ᵉ arr.—Considérant, 10ᵉ arr. —Robinet, 10ᵉ arr.—Boulay (de la Meurthe — Gilet. — Séguier, 11ᵉ arr. — Pelassy de l'Ousle. — Preschez.—Méder, 12ᵉ arr.

ARRONDISSEMENT DE SAINT-DENIS ET DE SCEAUX.

Possoz. — Benoist. — Sommier. — Trévise (Duc de). — Libert. — Lejemptel. — Riant. Bronzac.

CHRONOLOGIE DES DÉPUTÉS DE PARIS

AUX DIVERSES ASSEMBLÉES NATIONALES.

1301-1844.

La première assemblée des états généraux dont l'histoire fasse mention est celle du 10 avril 1301, lors des démêlés de Philippe le Bel avec le pape Boniface VIII. Les actes de cette assemblée n'existant pas, on ne peut connaître les noms des députés qui y prirent part. Il est vraisemblable toutefois que le tiers état de Paris y était représenté par le prévôt des Marchands et les échevins. On lit en effet dans Guillaume de Nangis : *Rex.... Parisius convocans ad concilium universos regni Franciæ barones, prælatos...* MAJORES ET SCABINOS *communiarum, etc. (Chronicon Guillelmi de Nangiaco, ann.* M CCC I.)

La même observation s'applique aux assemblées des états qui tinrent à Paris le 23 juin 1303, et à Tours au mois de mai 1308. Aux états de Paris, du 1er août 1314, on rencontre le nom d'Étienne Barbette, prévôt des Marchands.

Les assemblées des états généraux qui furent tenues pendant la captivité du roi Jean, les 30 novembre 1355, 15 octobre et 5 février 1356, 30 avril 1357, ont dans notre histoire beaucoup d'importance. Un document récemment découvert (*Bibliothèque de l'École des Chartes*, t. II, 1re série, p. 350) nous fait connaître le nom des trois députés de Paris pour le tiers état, en 1356 : c'étaient Étienne Marcel, prévôt des Marchands, Gile Marcel son frère, et Charles Toussac, échevin. Tous les trois périrent victimes des événements de 1358.

Le 14 novembre 1380, les états généraux de la Langue d'Oïl furent tenus à Paris. Jean Desmarets, avocat du Roi au Parlement, y figura. Il est vraisemblable que le prévôt des Marchands y représentait aussi le tiers état parisien.

Au mois de mai 1412, Charles VI, à la sollicitation du duc de Bourgogne, indiqua une assemblée des états généraux à Paris. Benoît Gentien, moine de Saint-Denis, docteur en théologie, fut un des représentants du tiers état et de l'Université, ainsi qu'Eustache de Pavilly, docteur et religieux carme. Nous croyons que parmi les autres il fallait compter le prévôt des Marchands et les échevins. Le clergé fut représenté par l'official de Paris. (Voyez *Bibliothèque de l'École des Chartes*, t. 1er, 2e série, p. 283.)

Charles VII convoqua des assemblées d'états généraux à Bourges en 1422, à Meun-sur-Yèvre en 1426, à Chinon en octobre 1428. Paris était alors en la possession des Anglais ; il est vraisemblable qu'il ne fut pas représenté dans ces trois assemblées.

La même observation peut s'appliquer aux assemblées qui se tinrent à Tours en 1433 et en février 1435.

Aux états généraux qui eurent lieu à Orléans, au mois d'octobre 1439, l'histoire ne mentionne, parmi les députés de Paris, que Jean Juvénal des Ursins, évêque de Beauvais, depuis archevêque de Reims.

Louis XI réunit à Tours les états généraux, le 6 avril 1467. Jean le Prévost, secrétaire du Roi, remplit la charge de greffier des dits états, et il en a rédigé le registre. Ce registre dit que chacune des villes qui avaient envoyé des députés, et à la tête desquelles se trouvait

Paris, était représentée par un homme d'église et par deux laïques, mais il ne les nomme pas. L'évêque de Paris, Guillaume Chartier, y assistait aussi.

A partir des états généraux qui eurent lieu à Tours le 5 janvier 1483, les registres ont été régulièrement tenus et indiquent d'une manière certaine les représentants des trois ordres pour la ville, prévôté et vicomté de Paris.

CHARLES VIII.

ÉTATS DE TOURS. — 5 janvier 1483.

CLERGÉ.

Jehan de Villiers, surnommé de la Groslaye, abbé de Saint-Denis en France, évêque de Lombez.

Maitre Jehan Henry, chantre de l'église de Paris.

Maitre Jehan de Rely, chanoine de Paris.

NOBLESSE.

Monseigneur de Montmorency, premier baron de France.

TIERS ÉTAT.

Louis Sanguin.
Nicolas Potier.
Gauchier Hébert.

CHARLES IX.

ÉTATS D'ORLÉANS. — 13 décembre 1560.

CLERGÉ.

Jean Quintin, docteur, régent et doyen de la Faculté de Droit.

Jacques le Noir, curé de Saint-Jean en Grève.

Pierre Hubert, chanoine de Paris.

R. Griveau.

NOBLESSE.

Jean Olivier, seigneur de Leuville (fils du chancelier Olivier), gentilhomme ordinaire de la chambre du Roi.

Jean de Blocqueaux ou Bocqueux, écuyer, sieur de Varennes.

TIERS ÉTAT.

Ville de Paris.

Guillaume de Marle, prévôt des Marchands.
Nicolas Godefroy, échevin.
Jean Sanguin, échevin.
Claude Marcel, bourgeois.

Prévôté et vicomté de Paris.

Me Jean Martinet (ou Marines).

ÉTATS DE PONTOISE. — 1er août 1561.

Le clergé n'y assiste pas.

Ils ne se composèrent que de vingt-six personnes; treize pour la noblesse et treize pour le tiers état. Leur nom n'est pas connu.

HENRI III.

ÉTATS DE BLOIS. — 6 décembre 1576.

CLERGÉ.

Pierre de Gondy, cardinal de Retz, évêque de Paris.

Louis Seguier, doyen.
Jean de Breda, grand archidiacre.
Julien de Saint-Germain, chanoine théologal

Michel le Ber, chanoine de l'église Notre-Dame.

Jean Pelletier, chanoine de Saint-Honoré, et grand maitre du collége de Navarre.

NOBLESSE.

Louis de Villeneuve, seigneur de Bonnelle.

TIERS ÉTAT.
Ville de Paris.

Nicolas Luillier, prévôt des Marchands.
Pierre Versoris, avocat au Parlement.
Augustin le Prévôt, échevin.

Prévôté et vicomté de Paris.

Charles de Villemonté, procureur du Roi au Châtelet.

ÉTATS DE BLOIS. — 16 octobre 1588.

CLERGÉ.

Pierre Ruellé, président des enquêtes, chantre et chanoine de l'église de Paris.
Lazare Cocquelay, conseiller au Parlement, chanoine de l'église de Paris.
Frère Michel, prieur des chartreux de Paris.
Jean Hérault, prieur de Saint-Victor.
Jacques de Cueilly, curé de Saint-Germain l'Auxerrois.
Julien Pelletier, curé de Saint-Jacques de la Boucherie.
Michel Tissard, docteur, pour l'Université de Paris.

NOBLESSE.

Robert de Pié-de-Fer, seigneur de Guyencourt.

TIERS ÉTAT.

Michel Marteau, seigneur de la Chapelle, prévôt des Marchands.
Étienne de Neuilly, premier président de la Cour des Aides.
Jean de Compans, échevin.
Nicolas Auroux, bourgeois.
Louis Bourdin, bourgeois.
Louis d'Orléans, avocat.

ÉTATS DE PARIS. — 26 janvier 1593.
(ÉTATS GÉNÉRAUX DE LA LIGUE.)

CLERGÉ.

Genebrard (Gilbert), archevêque d'Aix.
De Piles (Jean), abbé d'Orbais, chanoine de Notre-Dame.
Poncet (Pierre), chanoine de la Sainte-Chapelle.
Boucher (Jean), docteur en théologie, curé de Saint-Benoit.
De Cueilly (Jacques), docteur en théologie, curé de Saint-Germain l'Auxerrois.
Serain (Claude), professeur ès arts en l'Université de Paris.

NOBLESSE.

De l'Hospital (Louis), sieur de Vitry et Coubert, gouverneur de Meaux.

Du Croc (Louis), sieur de Chennevières-en-France.

TIERS ÉTAT.

Luillier (Jean), maître des comptes, prévôt des Marchands.
De Neuilly (Étienne), sieur du dit lieu, président au Parlement.
Le Maistre (Jean), président au Parlement.
De Masparault (Étienne), sieur de Chenevières-en-Brie, maître des requêtes de l'Hôtel.
Boucher (Charles), sieur d'Orsay, président au grand conseil.
Bailly (Guillaume), président en la Chambre des comptes.
Du Vair (Guillaume), conseiller au Parlement.
D'Orléans (Louis), avocat général au Parlement.

Langlois (Martin), avocat, échevin de Paris.

Thielement (Séraphin), sieur de Guyencourt, greffier du grand conseil, secrétaire du Roi.

D'Aubray (Claude), sieur de Bruyères-le-Châtel, secrétaire du Roi.

Roland (Nicolas), grand audiencier en la chancellerie.

LOUIS XIII.

ÉTATS DE PARIS. — 10 octobre 1614.

CLERGÉ.

Henri de Gondy, évêque de Paris.

Louis Dreux, grand archidiacre.

Charles Faye, conseiller au Parlement, prieur de Gournay, chanoine de Paris.

Frère Denis Colom, prieur, vicaire de l'abbaye de Saint-Victor.

Dom Adam Oger, prieur des Chartreux.

Antoine Fayet, chanoine de Paris et curé de Saint-Paul.

Roland Hébert, docteur en théologie, pénitencier de l'église de Paris, et curé de Saint-Cosme.

NOBLESSE.

Henri de Vaudetar, chevalier et baron de Persen, conseiller du Roi en ses conseils d'État et privé.

TIERS ÉTAT.

Ville de Paris.

Robert Miron, conseiller d'État, président des requêtes du Parlement, prévôt des Marchands.

Israël Desneux, grenetier au grenier à sel, sieur de Mézières, échevin.

Pierre Clapisson, conseiller au Châtelet, éch.

Pierre Sainctot, seigneur de Vemars, l'un des conseillers de la ville.

Jean Perrot, seigneur de Chesnard, l'un des conseillers de la ville.

Nicolas de Paris, bourgeois.

Prévôté et vicomté de Paris.

Henri de Mesmes, seigneur de Roissy, lieutenant civil.

LOUIS XIV.

ÉTATS PROJETÉS POUR ÊTRE TENUS A TOURS LE 8 SEPTEMBRE 1651.

CLERGÉ.

François de Gondy, cardinal de Retz, coadjuteur de l'archevêque de Paris.

NOBLESSE.

Louis Olivier, seigneur marquis de Leuville.

TIERS ÉTAT.

Prévôté et vicomté de Paris.

Dreux d'Aubrai, seigneur d'Offemont, lieutenant civil.

Le prévôt des Marchands et les échevins protestèrent, parce que la ville de Paris, bien que faisant partie de la prévôté, jouissait du privilége d'avoir, de son chef, des députés séparés. Ils refusèrent de voter, se pourvurent au conseil, et firent annuler l'élection. Au surplus, cette assemblée n'eut pas lieu, Louis XIV étant devenu majeur (7 septembre 1651 et ayant réuni tous les pouvoirs dans sa main. (*L'État c'est moi!*)

DEUXIÈME PARTIE.

LOUIS XVI.

ÉTATS GÉNÉRAUX OUVERTS A VERSAILLES LE 4 MAI 1789.

(ASSEMBLÉE CONSTITUANTE.)

CLERGÉ.
Ville de Paris.

Le Clerc de Juigné, archevêque de Paris.
L'abbé de Montesquiou, agent général du clergé.
L'abbé Chevreuil, chancelier de l'église de Paris.
Gros, curé de Saint-Nicolas du Chardonnet.
Dom Chevreux, général de la congrégation de Saint-Maur.
Dumouchel, recteur de l'Université.
Le Gros, prévôt de Saint-Louis du Louvre.
L'abbé de Bonneval, chanoine de l'église de Paris.
Veytard, curé de Saint-Gervais.
L'abbé de Barmond, conseiller au Parlement.

—

Cayla de la Garde, supérieur de Saint-Lazare, suppléant, ayant remplacé Vétard, démissionnaire le 3 novembre 1789, après le vote contre le *veto absolu*.

Prévôté et vicomté.

Le Guen, curé d'Argenteuil.
Melon de Pradou, prieur-curé de Saint-Germain-en-Laye.
Lancien, évêque de Senez.
De Coulmier, abbé régulier de Notre-Dame d'Abbécourt-Prémontré.

NOBLESSE.
Ville de Paris.

Comte de Clermont-Tonnerre.
Duc de la Rochefoucauld.
Comte de Lally-Tolendal.
Comte de Rochechouart.
Comte de Luzignem.
Dionis du Séjour, conseiller au Parlement.
Duport, conseiller au Parlement.
Le Peletier de Saint-Fargeau, président au Parlement.
Le comte de Levis-Mirepoix.
Marquis de Montesquiou-Fezensac.

—

Le marquis de Beauharnais, suppléant, en remplacement de Lally-Tolendal, démissionnaire le 2 novembre 1789, après le vote contre le *veto absolu*.

Prévôté et vicomté.

Duval d'Éprémesnil, conseiller au Parlement.
Le duc de Castries.
Le président d'Ormesson.
Le bailli de Crussol.

TIERS ÉTAT.
Ville de Paris.

Bailly, des Académies française, des inscriptions, etc.
Camus, avocat en Parlement.
Vignon, ancien juge-consul.
Bévière, notaire.
Poignot, négociant.
Tronchet, avocat.
De Bourges, grand garde de l'épicerie.
Martineau, avocat en Parlement.
Germain, négociant.
Guillotin, docteur-médecin.
Treilhard, avocat en Parlement.
Berthereau, procureur au Châtelet.
Démeunier, bourgeois.
Garnier, conseiller au Châtelet.

Hutteau, avocat au Parlement.
Leclerc, libraire, ancien juge-consul.
Dosfant, notaire.
Anson, receveur général des finances.
Lemoine ainé, orfévre.
L'abbé Sieyès, grand vicaire et chanoine de Chartres.

—

De la Vigne, suppléant, ayant remplacé Poignot, mort en janvier 1791.

Prévôté et vicomté.

Afforty, cultivateur.
Duvivier, cultivateur.
Chevalier, cultivateur.
Target, avocat en Parlement.
De Boislandry, négociant.
Le Noir Laroche, avocat au Parlement.
Guillaume, avocat en Parlement.
Ducellier, avocat au Parlement.

ASSEMBLÉE LÉGISLATIVE.

1er OCTOBRE 1791.

DÉPUTÉS DU DÉPARTEMENT DE PARIS.

Beauvais, docteur en médecine, juge de paix de la section de la Croix-Rouge.
Bigot de Préameneu, juge du tribunal du 4e arrondissement.
Boscary jeune, négociant.
Brissot de Warville.
Broussonnet, membre de l'Académie des sciences.
Cretté, administrateur du département.
Condorcet, secrétaire perpétuel de l'Académie des sciences.
Cérutti, administrateur du département.
Debry, administrateur du département.
Filassier, procureur syndic du district de Bourg-la-Reine.
Garran de Coulon, président du tribunal de Cassation.
Godard.
Gorguereau, juge du tribunal du 5e arrondissement.
Gouvion, major général de la garde nationale.
Hérault de Séchelles, commissaire du Roi.
De Lacépède, administrateur du département.
Monneron, négociant.

Mulot.
Pastoret, procureur syndic du département.
Quatremère de Quincy.
Ramond.
Robin (Léonard), juge du tribunal du 1er arrondissement.
Thorillon.
Treil-Pardailhan.

SUPPLÉANTS AYANT SIÉGÉ.

De Moy, suppléant, en remplacement de Gouvion, décédé en avril 1792.
Dusaulx, suppléant, en remplacement de Boscary, démissionnaire le 5 juin 1792.
Alleaume, suppléant, en remplacement de Cérutti, mort en février 1792.
Lacretelle ainé, suppléant, en remplacement de Godard, décédé en novembre 1791.
Kersaint suppléant, en remplacement de Monneron, démissionnaire le 31 mars 1792.

SUPPLÉANTS N'AYANT PAS SIÉGÉ.

Clavières.
Billecocq.
Royer-Collard.

DEUXIÈME PARTIE.

CONVENTION NATIONALE.

21 SEPTEMBRE 1792.

DÉPUTÉS DU DÉPARTEMENT DE PARIS.

Dusaulx.
Beauvais.
Collot d'Herbois.
Danton.
Manuel.
Billaud-Varenne
Robespierre aîné.
Robespierre jeune
Robert.
Fréron.
Marat.
David.
Sergent.
Osselin.
Legendre.
Thomas.
Camille Desmoulins.
Laignelot.
Boucher Saint-Sauveur.

Raffron.
Égalité (Philippe d'Orléans).
Lavicomterie.
Fabre d'Églantine.
Panis.

SUPPLÉANTS AYANT SIÉGÉ.

Boursault, admis en remplacement de Manuel. (Mars 1793.)
Fourcroy, admis en remplacement de Marat. (Juillet 1793.)
Bourgain, admis à l'une des places vacantes. (Brumaire an II.)
Desrues, admis en remplacement de Thomas. (Ventôse an II.)
Vaugeois (Gabriel), admis à l'une des places vacantes. (Vendémiaire an III.)
Rousseau (Jean), admis à l'une des places vacantes. (Ventôse an III.)

DÉPUTÉS DE LA SEINE SOUS LA CONSTITUTION DE L'AN III.

AN IV.

Le corps législatif, institué par la constitution de l'an III, fut divisé en deux conseils, celui des ANCIENS et celui des CINQ CENTS.

La loi du 1ᵉʳ vendémiaire an IV fixa le nombre des députés à élire pour chaque département, sans attribution des élus à l'un ou à l'autre conseil; le département de la Seine fournit dix-huit membres.

Les membres du conseil des anciens furent pris, au moyen d'un tirage au sort, parmi les députés âgés de quarante ans au moins, et mariés ou veufs. Ces conditions étaient exigées par la constitution pour siéger aux anciens.

D'après les lois des 5 et 13 fructidor an III, les deux tiers des députés devaient être choisis exclusivement parmi les conventionnels, et les votes se portèrent sur ceux dont les noms suivent :

1. Lanjuinais.
2. Boissy-d'Anglas.
3. Henry la Rivière.
4. Defermon.
5. Lesage (d'Eure et Loir).
6. Durand de Maillane.
7. Pelet (de la Lozère).
8. Dusaulx.
9. Saladin.
10. Cambacérès.
11. Thibaudeau.
12. Isnard.

L'autre tiers pouvait être pris en dehors de la Convention. Furent nommés pour le composer :

13. Laffon-Ladebat.
14. Muraire.
15. Gilbert-Desmolières.
16. Dambray (qui a refusé).
17. Portalis.
18. Lecouteulx-Canteleu.

Dans le but de pourvoir aux vacances qui pouvaient se rencontrer, par suite d'élections multiples, dans les deux tiers de conventionnels dont le choix était obligé, chaque département dut nommer en outre parmi les conventionnels exclusivement, une liste supplémentaire triple de celle des deux tiers. Les incomplets furent si nombreux que tous les députés supplémentaires siégèrent. Voici ceux de la Seine :

1. Vernier.
2. Creuzé-Latouche.
3. Bailleul.
4. Doulcet de Pontécoulant.
5. Marec.
6. Rabaud-Pommier.
7. Pierret.
8. Lomont.
9. Pémartin.
10. Le Goazre de Kervélégan.
11. Baudin.
12. Daunou.
13. La Reveillère-Lépeaux.
14. Bernard Saint-Affrique.
15. Penières.
16. Coren-Fustier.
17. Bergoeing.
18. Mollevaut.
19. Ramel.
20. Dumont (André).
21. Aubry.
22. Courtois.
23. Devérité.
24. Armand (de la Meuse).
25. Rouzet.
26. Gamond.
27. Personne.
28. Girot-Pouzol.
29. Mathieu.
30. Grégoire.
31. Bailly.
32. Merlin de Douai.
33. Philippe Delleville.
34. Reubell.
35. Laurenceot,
36. Morisson.

AN V.

Une loi du 5 pluviôse an V fixa pour une période de dix années le nombre des députés à élire par département; ce nombre devait varier presque tous les ans.

Cette loi reçut son exécution pour l'an V.

Le département de la Seine élut alors :

ANCIENS.

Claret de Fleurieu. | Roberjon-Murinais.

CINQ CENTS.

Dufresne.
Quatremère de Quincy.
Debonnières.

Emmery.
Boissy-d'Anglas.

DEUXIÈME PARTIE.

AN VI.

Les événements du **18 fructidor** amenèrent l'annulation d'un certain nombre d'élections, et celles de la Seine s'y trouvèrent comprises; la loi du 5 pluviôse an v fut modifiée; une autre loi (17 ventôse an vi) détermina le nombre des députés à élire en l'an vi; la Seine nomma :

ANCIENS.

Lenoir-Laroche, professeur de législation.
Rousseau, membre du Corps législatif.
Albert, membre du tribunal de cassation.
Rivaux, membre du Corps législatif.

Huguet, président du tribunal du 4ᵉ arrondissement de Paris.
Arnould.
Gorneau, ancien procureur aux consuls.

CINQ CENTS.

Guyot-des-Herbiers, chef de division au ministère de la justice.
Berlier, ex-conventionnel.
Cabanis, médecin.
Aubert, inspecteur des contributions.

Portiez (de l'Oise), membre du Corps législ.
Chénier, membre du Corps législatif.
Andrieux, membre de l'Institut.
Pollart, ex-maire de Saint-Denis.
Chazal, membre du Corps législatif.

AN VII.

L'annulation de quelques élections de l'an vi modifia encore le nombre des députés à élire en l'an vii; la loi du **28 ventôse an vii** détermina ce nombre. Les élections de l'an vii furent les dernières sous l'empire de la constitution de l'an iii, abolie par suite de la journée du 18 brumaire an viii. Députés élus :

ANCIENS.

Mouricault.
Huguet, membre dudit conseil.

Cousin, membre de l'Institut.

CINQ CENTS.

Petiet.
Étienne Leroux.

Arnould, membre du conseil des anciens.
Faure.

AN X.

CONSULAT ET EMPIRE.

CORPS LÉGISLATIF.

La nomination des législateurs fut attribuée au Sénat conservateur par la constitution de l'an viii.

Pour la première formation et pour les nominations antérieures à l'an xi, les élus ne furent pas classés par députations départementales. Un acte du Sénat du 14 fructidor an x opéra ce classement. C'est donc depuis cette époque seulement qu'on peut désigner les membres du Corps législatif qui siégeaient pour la Seine.

Coulmiers (François).
Dupuis (Charles François).
Duvillard (Emm. Étienne).
Fulchiron (Joseph).
Grouvelle (Philippe Antoine).
Guyot-Desherbiers.
Lacretelle aîné.

Lefebvre-Laroche.
Leroux (Étienne).
Obelin.
Rousseau (Ch. Gabriel Jean).
De Ségur aîné.
Doyen.
Lombard-Tarradeau.

Les deux derniers ne sortirent qu'en l'an xv (1807); les pouvoirs des autres expiraient en l'an xi (acte du Sénat du 14 fructidor an x).

AN XI.

Masséna, général de division.
Caze-Labove (Gaspard Louis), ancien intendant du Dauphiné.
Boulard (Antoine Marie Henri), notaire, maire du 11e arrondissement.

Villot de Fréville père (Pierre), payeur de la dette publique.
Jacobé-Naurois (Claude Louis), directeur de la manufacture des glaces.
Fieffé (Éloi Charles), ancien notaire, maire du 8e arrondissement.

1808.

(DERNIER RENOUVELLEMENT SOUS LE GOUVERNEMENT IMPÉRIAL.)

Caze-Labove (Gaspard Louis).
Lajard (Pierre Auguste).
De Montholon (Nicolas).
Villot de Fréville (Pierre).

Petit de Beau Vergez (Claude Auguste).
Morellet (André).
Silvestre de Sacy (Antoine Isaac).
Brière-Mondétour (Isidore Simon).

CHAMBRE DES DÉPUTÉS.

PREMIÈRE RESTAURATION. — 1814.

Le département de la Seine devait être représenté par huit membres, aux termes du sénatus-consulte du 16 thermidor an x; mais la députation se trouvait réduite à six, deux des législateurs nommés en 1808 (MM. de Montholon et Brière de Mondétour) étant décédés sans avoir été remplacés.

Caze-Labove.
Lajard.
Morellet.

Petit de Beau Vergez.
Silvestre de Sacy.
Villot de Fréville.

DEUXIÈME PARTIE.

CHAMBRE DES REPRÉSENTANTS.
RÉGIME IMPÉRIAL. — 1815.

Roy.
Péan de Saint-Gilles.
Lanjuinais.
Denys.
Dubois (le comte).
Eusèbe-Salverte.
Tripier.
Garnier.

Bénard de Moussignières.
Arnault.
Julien.
Séjeau de Cézeaux.
Laffitte (Jacques).
Hottinguer.
Chaptal fils.
Delessert (Benjamin).

CHAMBRE DES DÉPUTÉS.
SECONDE RESTAURATION. — AOÛT 1815.

Bellart, procureur général à la cour royale.
De Cazes, préfet de police.
Baron Louis, ministre des finances.
Comte de Boisgelin, chef de légion de la garde nationale.
Try, président du tribunal de première instance.

Tabarié, inspecteur aux revues.
Baron Pasquier, garde des sceaux.
Roy.
Baron Camet de la Bonnardière, maire du 11ᵉ arrondissement.
Delaitre, membre du conseil général de la Seine.

OCTOBRE 1816.

Bellart, procureur général à la cour royale.
Baron Pasquier.
Try.
Laffitte (Jacques), banquier.

Chabrol de Volvic, préfet du département de la Seine.
Roy.
Delaitre.
Breton, notaire.

SEPTEMBRE 1817.

Laffitte (Jacques).
Delessert (Benjamin).
Roy.
Goupy, banquier.

Bellart.
Breton.
Baron Pasquier.
Périer (Casimir), banquier.

OCTOBRE 1818.

Ternaux, négociant; en remplacement de M. Goupy, décédé.

NOVEMBRE 1820.

Ollivier, collège départemental.
Bonnet, avocat, collège départemental.
Lebrun, maire du 4ᵉ arrondissement, collège départemental.

Quatremère de Quincy, membre de l'Institut, collège départemental.

JANVIER ET FÉVRIER 1822.

Général Gérard, 1er arr.

Gévaudan, négociant, 4e arr.

MAI 1822.

Général Gérard, 1er arrondissement.
Laffitte, 2e arr.
Périer (Casimir), 3e arr.
Gévaudan, 4e arr.
Delessert (Benjamin), 5e arr.
De la Panouze, banquier, 6e arr.
Salleron, négociant, 7e arr.

Le Roy, agent de change, 8e arr.
Ternaux, négociant, collége départemental.
Gaspard Got, banquier, coll. dép.
Tripier, avocat, coll. dép.
Comte Alex. Delaborde, membre de l'Institut, coll. dép.

FÉVRIER ET MARS 1824.

Ollivier, collége départemental.
Breton, notaire, coll. dép.
Bonnet, avocat, coll. dép.
Comte Bertier, conseiller d'État, coll. dép.
Général Foy, 1er arrondissement.
Sanlot-Baguenault, banquier, 2e arr.

Périer (Casimir), 3e arr.
Benjamin Constant, 4e arr.
Héricart de Thury, 5e arr.
De la Panouze, 6e arr.
Cochin père, 7e arr.
Leroy, 8e arr.

AOUT.

Dupont (de l'Eure), 1er arrondissement. En remplacement et par suite d'option du général Foy pour un autre département.

NOVEMBRE 1827.

Vassal, négociant, collége départemental.
Jacques Lefebvre, banquier, collége départemental.
Comte Delaborde, coll. dép.
Odier, banquier, coll. dép.
Dupont (de l'Eure), 1er arrondissement.
Laffitte (Jacques), 2e arr.

Périer (Casimir), 3e arr.
Benjamin Constant, 4e arr.
Baron de Schonen, conseiller à la cour royale, 5e arr.
Ternaux, 6e arr.
Royer-Collard, 7e arr.
Baron Louis, 8e arr.

AVRIL 1828.

(Élections faites par suite de l'option, pour un autre département, des députés élus en novembre 1827, dans les mêmes arrondissements).

Bavoux, juge au tribunal de 1re instance, 7e arrondissement.
Chardel, juge au tribunal de 1re instance, 6e arr.

De Corcelles, 4e arr.
Eusèbe-Salverte, 3e arr.
Général Demarçay, 2e arr.
Général Mathieu Dumas, 1er arr.

DEUXIÈME PARTIE.

JUILLET 1830.

Vassal, collége départemental.
Comte Delaborde, coll. dép.
Odier, coll. dép.
Jacques Lefebvre, coll. dép.
Mathieu Dumas (comte), 1er arr.
Général Demarçay, 2e arr.

Eusèbe-Salverte, 3e arr.
De Corcelles, 4e arr.
De Schonen, 5e arr.
Chardel, 6e arr.
Bavoux, 7e arr.
Dupin (Baron Charles), 8e arr.

OCTOBRE.

Ganneron, juge au tribunal de commerce, en remplacement de M. Vassal, démissionnaire.

Barthe, 7e arrondissement. En remplacement de M. Bavoux, promu à des fonctions publiques.

JUILLET 1831.

Périer (Casimir), 1er arrondissement.
Laffitte, 2e arr.
Odier, 3e arr.
Ganneron, 4e arr.
Eusèbe-Salverte, 5e arr.
Delessert (François), 6e arr.
Comte Delaborde, 7e arr.

Daunou, 8e arr.
Baron de Schonen, 9e arr.
Comte de Lobau, 10e arr.
Barthe, 11e arr.
Arago, 12e arr.
Renet, 13e arr.
Comte de Las Cazes, 14e arr.

SEPTEMBRE.

Baron Charles Dupin, 10e arr. En remplacement et par suite de l'option de M. de Lobau pour un autre département.

Paturle, fabricant, 8e arr. En remplacement et par suite de l'option de M. Daunou pour un autre département.

Panis, négociant, 12e arr. En remplacement et par suite de l'option de M. Arago pour un autre département.

Debelleyme, président du tribunal de 1re instance, 1er arr. En remplacement et par suite de l'option de M. Périer (Casimir) pour un autre département.

Lefebvre (Jacques), 2e arr. En remplacement et par suite de l'option de M. Laffitte pour un autre département.

MAI 1834.

Démonts, maire du 11e arrondissement, 11e arr. En remplacement de M. Barthe, nommé Pair.

JUIN.

Général Jacqueminot, 1er arrondissement.
Lefebvre (J.), 2e arr.
Odier, 3e arr.
Ganneron, 4e arr.
Thiers, 5e arr.
Delessert (François), 6e arr.

Comte Delaborde, 7e arr.
Paturle, 8e arr.
Baron de Schonen, 9e arr.
Baron Ch. Dupin, 10e arr.
Démonts, 11e arr.
Panis, 12e arr.

Garnon, maire de Sceaux, 13ᵉ arr.
Frémicourt, négociant, 14ᵉ arr.
Eusèbe-Salverte, 5ᵉ arr. En remplacement de M. Thiers, ayant opté pour un autre département.

JANVIER 1835.

Moreau, maire et notaire, 7ᵉ arr. En remplacement et par suite de l'option de M. Delaborde pour un autre département.

NOVEMBRE 1837.

Général Jacqueminot, 1ᵉʳ arr.
Jacques Lefebvre, 2ᵉ arr.
Legentil, négociant, 3ᵉ arr.
Ganneron, 4ᵉ arr.
Eusèbe-Salverte, 5ᵉ arr.
Arago, 6ᵉ arr.
Moreau, 7ᵉ arr.
Beudin, négociant, 8ᵉ arr.
Locquet, maire du 9ᵉ arr., 9ᵉ arr.
De Jussieu (Laurent), secrétaire général de la préfecture, 10ᵉ arr.
Démonts, 11ᵉ arr.
Cochin, membre du conseil général, 12ᵉ arrondissement.
Garnon, 13ᵉ arr.
Gisquet, conseiller d'État, 14ᵉ arr.

FÉVRIER 1838.

Laffitte (J.), 6ᵉ arr. En remplacement et par suite de l'option de M. Arago pour un autre département.

MARS 1839.

Général Jacqueminot, 1ᵉʳ arr.
Jacques Lefebvre, 2ᵉ arr.
Legentil, 3ᵉ arr.
Ganneron, 4ᵉ arr.
Eusèbe-Salverte, 5ᵉ arr.
Carnot, 6ᵉ arr.
Moreau, 7ᵉ arr.
Beudin, 8ᵉ arr.
Galis, avocat, 9ᵉ arr.
De Jussieu (Laurent), 10ᵉ arr.
Vavin, ancien notaire, 11ᵉ arr.
Cochin, 12ᵉ arr.
Garnon, notaire, 13ᵉ arr.
Comte de Las Cazes, 14ᵉ arr.

DÉCEMBRE.

D'Hubert, maire du 5ᵉ arr. de Paris, 5ᵉ arr. En remplacement de M. Eusèbe-Salverte, décédé.

SEPTEMBRE 1841.

Boissel, adjoint au maire du 12ᵉ arrondissement, 12ᵉ arr. En remplacement de M. Cochin, décédé.

JUILLET 1842.

Général Jacqueminot, 1ᵉʳ arr.
Jacques Lefebvre, 2ᵉ arr.
Billault, avocat, 3ᵉ arr.
Ganneron, 4ᵉ arr.
Marie, avocat, 5ᵉ arr.
Carnot, 6ᵉ arr.
Moreau, 7ᵉ arr.
Bethmont, avocat, 8ᵉ arr.
Galis, 9ᵉ arr.
De Jouvencel, maître des requêtes, 10ᵉ arr.
Vavin, 11ᵉ arr.
Boissel, 12ᵉ arr.
Garnon, 13ᵉ arr.
De Lasteyrie (Ferdinand), 14ᵉ arr.

DEUXIÈME PARTIE.

FÉVRIER 1843.

Taillandier, ancien député du Nord, conseiller à la cour royale, 3ᵉ arr. En remplacement et par suite de l'option de M. Billault pour un autre département.

AVRIL 1844.

Locquet, maire du 9ᵉ arrondissement, 9ᵉ arr. En remplacement de M. Galis, démissionnaire.

APPENDICE V.

TABLE CHRONOLOGIQUE DES ACTES MANUSCRITS OU IMPRIMÉS

RELATIFS A L'ANCIEN GOUVERNEMENT MUNICIPAL DE PARIS.

AVERTISSEMENT.

J'ai réuni dans cet Appendice les notices sommaires de tous les actes manuscrits ou imprimés parvenus à ma connaissance, qui ont rapport à l'ancien Gouvernement municipal de Paris.

Voici l'explication des signes que j'ai cru devoir employer pour indiquer ceux d'entre ces actes qui sont encore inédits, et ceux que je publie pour la première fois.

Voici de plus le titre complet des ouvrages que j'ai cités souvent, et en abrégé, dans lesquels se trouvent les actes imprimés.

Les articles précédés d'une étoile * contiennent l'indication des actes inédits; ceux qui sont précédés d'une croix † contiennent l'indication des actes publiés pour la première fois dans l'une ou l'autre partie de mon travail.

A. R., *signifie* : Archives du royaume.

ORDONN., *signifie* : Ordonnances des Rois de France de la troisième race, recueillies par ordre chronologique. Paris. 1723-1840, 21 vol. in-fol.

FÉLIBIEN, *signifie* : Histoire de la Ville de Paris, composée par D. Michel Félibien, revue, augmentée, et mise au jour par D. Guy Alexis Lobineau, tous deux prêtres, religieux bénédictins de la Congrégation de Saint-Maur, justifiée par des preuves authentiques, etc., etc. Paris, 1735, 5 vol. in-fol.

LE ROY. DISSERTATION. *signifie* : Dissertation sur l'Origine de l'Hostel de Ville de Paris. Paris, 1725, in-fol.

ORDONN. DE LOUIS XIV. in-fol., *signifie* : Ordonnance de Louis XIV, Roy de France et de Navarre, donnée à Paris au mois de mars 1669, concernant la juridiction des prevost des Marchands et esche vins de la ville de Paris. Paris, 1676, in-fol.

SAUVAL, *signifie* : Histoire et Recherches des Antiquités de la ville de Paris, par M. Henri Sauval, avocat au Parlement. Paris, 1724, 3 vol. in-fol.

EXT. DES REG., *signifie* : Extraits des registres de l'Hôtel de Ville de Paris, publiés dans le tome V de Félibien.

DOUZIÈME SIÈCLE.

1121.

Charte par laquelle Louis le Gros concède à la Marchandise de l'Eau le droit qu'il prenait sur chaque bateau de vin amené à Paris. (Le Roy, Dissertation, p. xcv.)

1134.

Louis le Gros autorise le prévôt de Paris à prêter main-forte aux bourgeois pour qu'ils puissent se payer eux-mêmes sur les biens de leurs débiteurs. (A.R.K. 978.—Ordonn., t. I, p. 6; t II, p. 438. — Ordonn. de Louis XIV, in-fol., p. 129.

1141.

Charte par laquelle Louis le Jeune vend aux bourgeois la place du vieux marché appelée la Grève pour demeurer vide d'édifices à perpétuité. (Le Roy, Dissertation, p. xcv.)

1165.

Lettres du Roi Louis VII portant exemption en faveur des bourgeois de Paris, des prises de coussins de plumes. (A. R. K. 978. — Ordonn., t. II, p. 434; t IV, p. 268. —Ordonn. de Louis XIV, p. 130.)

1170.

Charte de Louis le Jeune portant confirmation des anciennes coutumes connues sous le nom de *Hanse* et de *Compagnie françoise*, en faveur des Marchands de l'Eau de Paris. (Le Roy, Dissertation, p. xcvi. — Ordonn., t. II, p. 432.)

1183.

Donation du roi Philippe Auguste en faveur des pelletiers de Paris, de maisons ayant appartenu aux juifs, à charge de 73 liv. de cens. (Reg. A. des Archives de l'ancien Hôtel de Ville, fol. 53.)

Autre en faveur des drapiers. (*Idem*, fol. 53.)

1187.

Charte donnée par Philippe Auguste, en forme d'homologation, d'un accord fait entre les Marchands de l'Eau et Gathon de Poissy, touchant les péages que leurs marchandises devaient payer au passage de Maison-sur-Seine. (A. R. K. 978. — Le Roy, Dissertation, p. xcvi. — Ordonn., t. XII, p. 287.)

1192.

Charte de Philippe Auguste portant privilége aux bourgeois résidant à Paris, de pouvoir seuls faire décharger leurs vins du bateau à terre, en cette ville. (A. R. K. 980. — Le Roy, Dissertation, p. xcvii. — Ordonnances, t. XI, p. 269.)

TREIZIÈME SIÈCLE.

† CIRCA 1200.

Accord entre les marchands de Rouen et ceux de Paris, relatif au commerce du sel. (Avec sceau. A. R. K. 978; voyez Appendice III, Avertissement.)

1200.

Lettres du comte d'Auxerre, scellées de son sceau, par lesquelles il reconnaît avoir fait tort aux bourgeois de Paris, en empêchant leur commerce par eau dans sa ville, et rétablit ce commerce pour toujours. Charte de ratification de Philippe Auguste. (A. R. K. 978. — Le Roy, Dissertation, p. xcvii. — Ordonn., t. XI, p. 280.)

1204.

Charte de Philippe Auguste portant confirmation de l'accord entre les Marchands de l'Eau de Paris et les commerçants français et bourguignons, touchant les limites du privilége de la *Hanse* et de la *Compagnie françoise* (Le Roy, Dissertation, p. xcviii. — Ordonn., t. XI, p. 290.)

1209.

Accord entre les bourgeois hansés de Paris et ceux de Rouen, au sujet du commerce par eau. (Ordonn., t. IV, p. 87.)

1213.

Lettres par lesquelles Philippe Auguste autorise les Marchands de l'Eau de Paris à prélever certains droits sur chaque bateau chargé de marchandises, pour en employer le produit à construire un nouveau pont dans cette ville. (A. R. K. 978. — Le Roy, Dissertation, p. xcviii. — Ordonn., t. XI, p. 303.)

JUILLET **1213.**

Lettres des doyens et du chapitre de Sens, portant qu'ils ne feront rien édifier dans la rivière qui puisse nuire à la navigation, en usant de la permission que Philippe Auguste leur a donnée de bâtir des moulins sous deux arches de Pont-sur-Yonne. (Le Roy, Dissertation, p. xcviii.)

* **1220.**

Privilége du Roi Philippe Auguste faisant mention de la franchise et seigneurie que MM. les prévôts des Marchands et échevins de Paris ont au pont et dans la terre que tenait Simon de Poissy. (Reg. A des anciennes Arch. de l'Hôtel de Ville, fol. 23.)

1220.

Charte de Philippe Auguste portant concession aux Marchands de l'Eau de Paris d'établir

DEUXIÈME PARTIE.

et de révoquer à leur volonté des jurés crieurs dans cette ville, et de régler le fait des mesures, avec la basse justice et la police concernant ce fait. (Le Roy, Dissertation, p. xcix.—Ordonn., t. XI, p. 309.)

JUILLET 1222.

Lettres par lesquelles l'évêque, le doyen et le chapitre d'Auxerre cèdent à Philippe Auguste et aux Marchands de l'Eau de Paris, certains héritages situés sur la rivière. (A. R. K. 978. — Le Roy, Dissertation, p. xcix.)

* 1256.

Renonciation du Roi Louis IX au droit de *chevestrage* en faveur des Marchands de l'Eau. Charte vidimée en 1315 par Louis X. (A. R. K. 978.)

1258.

Arrêt rendu au Parlement de la Pentecôte, qui maintient le privilége de la Marchandise de l'Eau de Paris contre les bourgeois de Rouen. (Le Roy, Dissertation, p. xcix.)

1264.

Arrêt rendu au Parlement de la Chandeleur, dans lequel la juste étendue des priviléges de la Marchandise de l'Eau est expliquée en faveur des habitants de Cormeilles contre les prétentions des bourgeois de Paris. (Le Roy, Dissertation, p. ci.)

† 2 AVRIL 1268.

Confiscation par le prévôt des Marchands et autres membres du Parloir, de deux bateaux amenés sans compagnie française. (Appendice II.)

† 31 MARS 1268.

Sentence contre Jean Marcel de Compiègne, portant confiscation d'une navée chargée de bûches.—Appel au Parlement. (Appendice II.)

1273.

Arrêt par défaut obtenu par les taverniers de Paris, au Parlement de la Pentecôte, contre le prévôt des Marchands et les échevins. (Le Roy, Dissertation, p. cii.)

MARS 1274.

Lettres en forme d'arrêt contre les taverniers, qui maintiennent le prévôt des Marchands et les échevins dans les droits que Philippe Auguste leur avait concédés en 1220. (A. R. K. 978. — Le Roy, Dissertation, p. cii. Ordonn., t. II, p. 435.)

1277.

Arrêt rendu au Parlement de la Madeleine, qui porte atteinte aux priviléges de la Marchandise de l'Eau. (Le Roy, Dissertation, p. ciii.)

† 24 DÉCEMBRE 1280.

Confiscation de tonneaux de vin ordonnée par le garde de la prévôté de Paris et par le prévôt des Marchands. (Appendice II.)

MARS 1281.

Acte d'amortissement de par le prévôt des Marchands et les échevins, en faveur des frères prêcheurs, des droits seigneuriaux que la Marchandise avait à prendre sur plusieurs maisons et places situées dans la censive et seigneurie de la ville; donné au Parloir aux Bourgeois sous le sceau de la Marchandise et confirmé par le Roi. (A. R. K. 978. — Le Roy, Dissertation, p. ciii.)

* 1282.

Lettres de Philippe le Hardi par lesquelles il déclare que les Italiens contribueront aux charges de la ville de Paris, sans jouir des priviléges, à moins qu'ils ne s'y fixent à perpétuité. (A. R. K. 978.)

* MARS 1283.

Charte du Roi Philippe III dit le Hardi, qui autorise les bourgeois de la ville de Paris, à faire participer au paiement des impôts les marchands lucquois et les autres marchands forains. (A. R. K. 978.)

FÉVRIER 1285.

Lettres en forme d'arrêt par lesquelles il est prouvé que les bourgeois de Paris percevaient un octroi pour l'entretien du pavé. (Le Roy, Dissertation, p. civ.)

† 29 JANVIER 1287.
Sentence pour succession. (Appendice II.)

MARS 1287.
Lettres par lesquelles Philippe IV règle les priviléges des bourgeois de Paris, pour le paiement des rentes qui leur sont assignées sur les maisons et héritages situés à Paris. (A. R. K. 978. — Ordonn. de Louis XIV, in-folio, p. 130. — Ordonn., t. XII, p. 327.)

† 6 JUILLET 1290.
Sentence pour succession. (Appendice II.)

1291.
Arrêt rendu au Parlement de la Toussaint, aux termes duquel certains bâtiments, démolis sur le bord de la rivière par ordre des Marchands de l'Eau de Paris, pour faciliter la navigation, devront être rebâtis plus loin à leurs frais. (Le Roy, Dissertation, p. cv.) — † 22 août 1291, Sentence pour succession. — 14 novembre 1291, Sentence pour succession. — 10 février 1291, Sentence contre Renuche Espinel; confiscation de vingt tonneaux de vin. (Appendice II.)

† 1292.
État des rentes et revenus du Parloir aux Bourgeois, au mois de février 1292. (Appendice II.)

* 1293.
Transaction entre les frères du Temple et Jean Popin, prévôt de la Marchandise de l'Eau, et les échevins de la dite Marchandise, par laquelle les dits du Temple s'obligent à faire au port de Grève si grande quantité d'arches qu'il conviendra, et de la hauteur et largeur nécessaires, pour aller et venir à leurs moulins qu'ils avaient acquis des hoirs André Porcheron; et promettent de payer pour les dites arches, au Parloir aux Bourgeois, six deniers parisis de redevance annuelle. (Extraits des Titres de l'Hôtel de Ville, f° 7. — Bibl. de la ville de Paris, Ms. n° 131.)

† 1293.
Permission accordée par le prévôt des Marchands aux *hénouars* (porteurs de sel) invalides de se faire remplacer. — Sentence pour succession. — 11 mai, Sentence contre Renart d'Argenteuil; confiscation d'échalas — 13 et 28 mai, Nomination d'un mesureur de bûches. — Confiscation de quatorze muids d'avoine. — 18 mai, Taxation des droits de visite aux jurés maçons et charpentiers de Paris, appelés comme experts. — 8 juin, Sentence pour succession. — 13 août, Sentences pour succession. — 21 août, Convention entre le Parloir aux Bourgeois et le fontainier de la ville de Paris. — Témoins et cautions pour affaires diverses. — 14 septembre, Affaires diverses; nomination d'officiers. — 1er décembre, Vente de la coutume de Grève — Février, Cession des droits de criage sur une maison. — 15 février, Sentence pour succession. — Déposition de témoins. (Appendice II.)

† 1294.
« Ce sont les noms de ceux qui prêtèrent
« de leur gré, de leur taille au don que les
« bonnes gens de Paris font pour le profit de la
« ville. » — 23 avril, Confiscation de vingt milliers d'échalas, pour contravention aux coutumes de la Marchandise de l'Eau; prix de cette denrée. — 9 mai, Caution d'une somme de 38 livres parisis, pour un bateau submergé dans l'Yonne; — la Marchandise de l'Eau condamnée à refaire un mur à ses dépens. — 2 juillet, Sentence pour succession. — 8 mars, Rappel d'un membre qui avait été exclu de la confrérie des Marchands de l'Eau. — 31 mars, Sentence relative à un juré porteur de vin. (Appendice II.)

† 1295.
Location de chaussée faite par Robert le cordonnier, à raison de 55 livres par terme. — 6 mai, Sentence en faveur de Jean de Beaumont, clerc, contre Guillaume Galian, au sujet d'un tonneau de vin répandu. — 12 octobre, Nomination d'un conseiller de ville. —

DEUXIÈME PARTIE.

7 novembre, Sentence de confiscation contre Gille de Sept Mars, pour infraction aux priviléges de la Marchandise de l'Eau. — 14 décembre, Sentence pour succession. — 23 décembre, Renonciation à succession. —29 janvier, Sentence de confiscation contre un bourgeois de Rouen, pour infraction aux priviléges de la Marchandise de l'Eau. — 12 février, Sentence rendue par défaut. — Sentence rendue contre Jean de Rivière, bourgeois de Caen, au sujet de 117 pièces de vin du Gâtinais. (Appendice II.)

† 1296.

Port de Grève; Palissade neuve. — Office de courtier du Parloir aux Bourgeois. — 16 avril, Sentence contre Ballenc, bourgeois de Harfleur, et Jean de Montreuil, pour contravention aux priviléges de la Marchandise. — 4 mai, Sentence en faveur de Bertaut le Roux. — Inscription d'un jaugeur de vin. — 27 juin, Transfert de rentes sur les maisons sises à Paris. — 18 juillet, Nomination d'un nouveau prévôt des Marchands. — Délibération du conseil de ville touchant les chaussées et le pavé, les inspecteurs de ce pavé, les aumônes du Parloir, l'érection des 24 conseillers de ville, les sergents de la Marchandise. — 6 août, Réception d'un sergent de Grève. — 12 novembre, Demande d'une compagnie française pour descendre la Seine. — 26 janvier, Sentence contre Adam de Soubite, bourgeois d'Amiens, pour infraction aux priviléges de la Marchandise. — 9 février, Production de témoins. — Déclaration de Marchandise. — 21 mars, Confession en droit de Guillaume de Senlis. (Appendice II.)

* 1297.

Lettres patentes de Philippe le Bel portant exemption en faveur des citoyens de Paris du droit de coutume appelé *Maltôte*, sur les marchandises venant de Rouen, tant par eau que par terre, en considération d'un prêt de 100 000 liv. fait par eux au Roi, pour la guerre de Flandre. (Reg. A des anciennes Archiv. de l'Hôtel de Ville de Paris, fol. 110.)

circa 1297.

Sentence relative à l'organisation des crieurs jurés de Paris. — Sentence pour succession. 14 août, Assignation pour répondre à une infraction aux priviléges de la Marchandise de l'Eau. — 30 août, Assignation à comparaître devant le Parloir aux Bourgeois. — 29 février. Sentence portant confiscation de vins descendus au-dessous du pont de Paris, etc. — Expulsion de la Marchandise prononcée contre deux bourgeois hansés. — 15 novembre, Décision relative au cens d'une maison de la grande rue Sainte-Geneviève. — 1er février. Assignation de témoins. —(Appendice II.)

† circa 1298.

Coutume de Grève affermée. — Témoins assignés. — Veuves attendant la bourse. — Bourgeois élus pour aller vers le Roi. — « Ce « sunt les nons de ceus qui oront le conte du « prest. » (Appendice II.)

1298.

Arrêt du Parlement qui donne mainlevée à l'abbé de Saint-Germain d'Auxerre, des vins qu'il avait fait décharger à terre dans Paris, contrairement aux dispositions du privilége accordé aux bourgeois par Philippe Auguste. (Le Roy, Dissertation, p. cxi.)

† 1298.

Gages donnés pour créance — Remontrance des bourgeois de Paris au Roi et à son conseil contre un arrêt du Parlement.—Texte de cet arrêt. — Suspension prononcée par le Roi. — 3 octobre, Sentence contre Gui Bernard. — Confiscation de vins. — 19 octobre. Arbitrage du prévôt de Paris, au sujet du prêt de 100 000 livres, fait au Roi par les habitants de Paris. — 31 octobre, Sentence relative à Raoul le Féron d'Amiens. — 10 novembre. Paiement du loyer d'une maison par celui qui en avait cautionné le locataire. — 10 novembre, Menace de déshérence faute d'acquittement de dettes. — 5 janvier, Arrêt relatif aux prétentions de Jean Lepage, sergent à cheval au Châtelet. — 24 janvier, Sentence motivée contre Mathieu de Nanterre. — 24 février, Nomination d'une mesureuse de blé. — 28 février et 28 mars, Arrêté du conseil de ville assemblé, par lequel les droits de réception des mesureuses de sel sont modérés pour l'avenir. — Assignation. — Bourses d'aumônes. — Nomination de mesureur de charbon et de bûches. (Appendice II.)

† 1299.

Mesureurs jurés de charbon. — Conflit de juridiction. — Bourses du Parloir. — 22 mai, Mise en possession de maison. — Information de parenté. — Nomination de mesureurs de bûches et de sel. — Bourse de veuve. — 3 juillet, Gage entre marchands. — Serment prêté par un juif au Parloir aux Bourgeois. — 14 août, Chaussée de Paris prise à ferme. — 10 septembre, Autorisation de faire passer un bateau sous le pont de Paris. — 13 novembre, Sentence contre Quentin de Saint-Quentin et Mahi de Chardri; confiscation de parchemin. — 13 novembre, Sentence relative à une difficulté survenue entre un propriétaire et son locataire au sujet de réparations. — 18 novembre, Droit de saisine et de propriété sur une maison assurée par les membres du Parloir aux Bourgeois. — 18 décembre, Coutume adjugée aux enchères. — Noms de témoins. — 19 janvier, Loyers et rentes de maisons. — 27 janvier, Sentence pour succession. — Remise du bien contesté entre les mains des membres du Parloir. — 27 février et 13 mars, Assignation de témoins. — 27 mars, Confiscation de dix milliers de cerceaux. — 9 avril, Lettres du Roi Philippe le Bel, par lesquelles il exempte les habitants de Paris de l'accompagner à la guerre de Flandre, à condition qu'ils lui paieront un subside du cinquantième de leurs biens. (Appendice II.)

QUATORZIÈME SIÈCLE.

† 1300.

11 janvier, Donation entre-vifs. — 7 janvier, Garantie donnée sur une maison de la rue Érembourg de Brie. (Appendice II.)

† 1301.

« Les xxiiii prudhommes que la commune de « la ville de Paris a esleu pour ouir le conte de « la taille des 100 000 livres. » — 12 mai, Sentence contre Guillaume le Barrois, confiscation d'échalas. — 23 juin, Restitution de hannap (coupe) d'argent donné en gage par Jean Pochere, bourgeois de Saint-Denis. — 29 janvier, Déclaration d'une fraude commise par Ernould de Gand, bourgeois de Paris, en compagnie de Guillaume Benoiste, vicomte de l'Eau de Rouen. — 1er février, Confiscation prononcée au Parloir aux Bourgeois, de 68 tonneaux de vin, faute par le forain d'avoir pris compagnie française. — 1er mars, Restitution de vin confisqué au profit d'Étienne de Conches — Engagement entre Guillaume Huart et Jean de Corbeil. — 13 mars, Engagement d'un serviteur à raison de soixante sous par année. — 23 mars, Sentence de confiscation contre Aalips de Carville. — 27 mars, Sentence de confiscation contre Raoul, bourrelier de Saint-Denis. — 29 mars, Restitution de vins confisqués, après que le propriétaire a fourni ses cautions. (Appendice II.)

† 1302.

Noms des commissaires répartiteurs pour la taille de Paris. — 2 juillet, Restitution d'un chaudron pris en gage pour loyer de maison. — 6 janvier, Nomination du maître du grand pont de Paris. — 11 mars, Noms de témoins. — 12 mars, Sentence contre Julianne le bûcher, confiscation de bûches. — Noms de témoins. — 16 mars, Confiscation de vin de Grenache; noms des pleiges en cas d'amendes. (Appendice II.)

† 1303.

5 août, Permission accordée à Raoul de Harecourt de faire venir par eau douze mille ardoises pour couvrir sa maison. — 19 août, Sentence pour fraude sur le vin. — 11 septembre, Vente de bûches. — 9 octobre, Sentence

contre Guillaume de Mons, fourbisseur. — Confiscation de meules à moudre. — Novembre, Sentence contre Jean Lescuelier, confiscation de marchandises. — 4 novembre, Restitution de marchandises, après caution reçue. — 10 novembre, Sentence contre Pierre et Colin Lalier, marchandises confisquées. — 11 novembre, Mesureurs de sel. — 18 novembre, Restitution de marchandises confisquées après caution reçue. — 25 mars, Sentence contre Herbert le Flament et Pagan Barthelemi. — Amende de deux cent quatre-vingt-quinze livres pour vins confisqués. — 27 mars, acte de réception d'un mesureur de blé et soumission de ses cautions. (Appendice II.)

† 1304.

Blés. — Mesureur de sel. — 3 avril, Lettres de provisions de sergents de la Marchandise de l'Eau, données par le prévôt de Paris et les échevins de cette ville. — 2 septembre, Cautionnement de créance de la ville de Paris. — 19 octobre, Ensaisinement d'un particulier dans la propriété d'une maison située dans la censive et seigneurie de la Marchandise, par le prévôt des Marchands et les échevins. — 18 novembre, Sentence contre Gilot de Ponmart de Beaune. — Vins confisqués pour contravention aux priviléges de la Marchandise de l'Eau. — 30 novembre, Déclaration pour vente de marchandises. — Janvier, Sentence contre Jehannot de Caemben; Amende de cinquante sous. — 17 janvier, Émancipation. — Location de maison. — 28 mars, Sentence contre Fouques le harengier de Rouen. — Confiscation de marchandises. (Appendice II.)

* 1305.

Lettres de Philippe IV, portant règlement des prises faites par ses députés sur les marchandises des bourgeois de Paris, pour les choses nécessaires à l'hôtel du Roi. (Reg. A des anciennes Archives de l'Hôtel de Ville.)

1305.

Nomination de courtiers en vins, de henouards de mesureurs de sel et de charbon. — « Ce sunt les Nons de ceus qui sunt esleus à asaar « la taille le roi de la seconde année. » — Talmelier. — « Ce sunt ceus qui se prenront garde por « le commun de Paris, que li talmeliers de Paris « facent pain convenable selon le prix que il leur « coutera au marchié. » — 12 mai, Récréance. — 21 mai, Sentence contre Martin de Luque et Jointe de Pistoie; Confiscation de vins. — Nomination d'un mesureur de charbon. — 23 juillet, Sentence contre Jean Lescuelier, bûchier, confiscation de bûches. — 17 août, Sentence d'adjudication aux enchères de la coutume de Grève. — 27 août, Nomination de mesureur et porteur de charbon. — Sentence contre Jean Mocart des carrières. — Confiscation. — 27 novembre, Sentence contre Thomas de Mandestor. — Confiscation de 28 tonneaux de vins de Gâtinais. — 29 novembre, Expulsion de la confrérie des Marchands prononcée par le Parloir aux Bourgeois contre un marchand hansé. — 20 décembre, Assignation contre les membres d'une compagnie italienne nommé *les Bourrins.* — 21 décembre, Nomination d'un procureur de la ville. — 29 janvier, Assignation par défaut. (Appendice II.)

† 1306.

5 février, Nomination d'un sergent de la Marchandise. — Nomination des commissaires chargés de recevoir la subvention pour l'armée de Flandre. — (Appendice II.)

1307.

Lettres par lesquelles le Roi permet aux Marchands de tenir leur confrérie comme avant les défenses. (A. R. K. 978; Mémoires de la Société royale des Antiquaires de France, t. XVII, p. 233 : Mémoire sur la grande confrérie Notre-Dame.)

7 JUILLET 1307.

Vidimus du prévôt de Paris des ordonnances royales, touchant les boulangers, meuniers, taverniers. Le vin ne doit être vendu que suivant l'estimation faite par les prévôts de Paris et des marchands, etc. Ordonnances relatives aux poissons, bois, charbon, tuiles, carreaux, foin, blé et autres grains. Maçons, charpentiers, etc. etc. (A. R. K. 978. Ordonn. t. X, p. 258.)

† 1307.

16 février, Nomination d'un surnuméraire mesureur de sel. (Appendice II.)

† 1308.

15 août, Commissaires pour la taille de 1308. — Décision relative à Rombard le Lombard, au sujet de ce qu'il doit payer de cette taille. — 3 mars, Déclaration faite par un particulier devant le Parloir aux Bourgeois, d'établir sa demeure à Paris, afin d'acquérir la qualité de bourgeois de cette ville. (Appendice II.)

* 18 MARS 1308.

Lettres par lesquelles Philippe le Bel révoque certains droits qu'il avait accordés pendant sept mois, pour l'utilité de la *Marchandise de l'Eau*. (A. R. 978.)

† 1309.

Lettres du maire et des *pers* de la commune de Mantes, qui reconnaissent ne pas avoir le droit de *prendre la hanse* aux bourgeois de Paris, excepté quand la Marchandise leur appartient en propre. (A. R. K. 978. — Voyez notre texte, première partie, liv. II, chap. I, aux notes.)

* AVRIL 1309.

Lettres de Philippe le Bel qui permet au prévôt des Marchands la levée d'un droit de coutume, pour la reconstruction du quai et du pont de Corbeil, et pour faire le nouveau chemin entre la ville de Héricy et de Fontaine. (Anciennes Archives de l'Hôtel de Ville.)

† 1309.

12 mai, Nomination d'un nouveau mesureur de charbon. — Membre de la confrérie attendant l'aumône. (Appendice II.)

† JUIN 1309.

Donation faite par Louis, comte d'Évreux,
d'une maison située place de Grève, et confisquée sur Jean le Flament. (A. R. — Trés. des Chartes, J. reg. 41, p. 103. — App. I, n° 1.)

4 AOUT 1309.

Concession d'un octroi au prévôt des Marchands et aux échevins pour le rétablissement et l'entretien des quais et chemins nécessaires au transport des marchandises sur les rivières de Seine et d'Yonne, et pour l'entretien des pieux de la Grève. (A. R. K. 978. — Le Roy, Dissertation, p. CXIII.)

† 1312.

21 juin, Adjudication du chantelage de la terre des bourgeois hansés. — 10 juillet, Adjudication de la coutume de blé, appartenant aux bourgeois. (Appendice II.)

3 MAI 1313.

Ordre de Philippe le Bel au prévôt des Marchands de faire incessamment construire un quai le long de la rivière, devant l'hôtel de Nesle à Paris. (En latin.) (Le Roy, Dissertation, p. CXIII.)

† 1313.

5 décembre, Convention entre les membres du Parloir et les voituriers par eau de l'Yonne et de Paris. — 13 décembre, Nomination des commissaires pour la taille. (Appendice II.)

1313.

Extrait d'un arrêt rendu au Parlement de la Saint-Martin d'hiver, touchant certaines contributions imposées sur les bourgeois par le prévôt des Marchands. (Le Roy, Dissertation. p. CXIV.)

† 1315.

Nomination de hénouards ou des porteurs de la Saulnerie. (Appendice II.)

JUIN 1315.

Trois chartes latines confirmant les privilèges accordés en 1121, 1134 et 1209, aux Marchands de l'Eau. (A. R. K. 978. — Félibien, I, p. XCV. — Ordonn., t. IV, p. 87.)

† 1316.

Mesureurs de sel. — Jaugeurs de Paris. (Appendice II.)

1ᵉʳ juin 1316.

Arrêt rendu par le Parlement sur la requête de la *communauté des citoyens et habitants de Paris*, au sujet du droit sur le pain exigé par le grand panetier. (Traité de la Police, t. I, p. 149.)

† 1321.

Jaugeurs de Paris. (Appendice II.)

24 mars 1322.

Lettres par lesquelles Charles IV confirme le règlement fait par les commissaires députés relatif aux marchands de harengs et de poisson de mer de la ville de Paris. (Ordonn., t. XI, p. 508.)

† 1323.

Courtier, sergents et autres officiers. (Appendice II.)

mai 1324.

Lettres par lesquelles Charles le Bel autorise le prévôt et les échevins de la ville de Paris à ne plaider que devant le Parlement, pour faits relatifs aux privilèges de la prévôté. (Extrait des titres de l'Hôtel de Ville de Paris, fol. 2, Mss. de la ville de Paris. — Ordonn. de Louis XIV, in-fol., p. 132.)

11 juillet 1328.

Lettres touchant une aide de quatre cents hommes de cheval qui avait été accordée au Roi par les habitants de Paris, pour la guerre de Flandres. (Ordonn., t. II, p. 20.)

† août 1335.

Donation de la Maison aux Piliers à Humbert, Dauphin de Viennois. (A. R. — Trésor des Chartes. J. reg. 69, p. 131. — App. I, nº 2.)

* 1336.

Charte de la Reine Jeanne, femme de Philippe de Valois, portant abandon à la ville de Paris, moyennant 600 liv. tournois, d'un moulin sur l'Yonne, au-dessus de Chaumont. (En français avec sceau.) (A. R. K. 978.)

8 décembre 1336.

Lettres portant rachat et amortissement des droits seigneuriaux de certains héritages tenus en fief et acquis par le prévôt des Marchands et les échevins, au profit de la Marchandise. (Le Roy, Dissertation, p. cxiv.)

décembre 1337.

Lettres de Philippe VI, par lesquelles il permet à la ville de Paris de mettre un impôt sur les denrées, pour continuer le paiement des subsides offerts par elle. (A. R. K. 978. — Ordonn., t. XII, p. 39.)

1339.

Octroi pour l'entretien de 800 chevaux accordés au Roi. (Félibien, t. V, p. 319.)

mars 1344.

Lettres par lesquelles Philippe de Valois confirme les privilèges accordés par les Rois ses prédécesseurs à la ville de Paris. (Ordonn., t. XV, p. 54.)

6 août 1345.

Lettres de Philippe VI portant règlement sur le métier des tanneurs, corroyeurs, baudroyers et cordonniers de Paris. Le prévôt des Marchands assiste à l'assemblée dans laquelle ces lettres sont dressées. (Langue latine employée dans les actes officiels de la juridiction des prévôts des Marchands. (Ordonn., t. XII, p. 75.)

1347.

Octroi pour la solde de 1 500 chevaux accordés au Roi. (Félibien, t. V, p. 319 et 320.)

* 1350.

Acte de modification d'impôt en faveur du nommé Bénart Coquatrix, par le prévôt des Marchands. (A. R. K. 978.)

16 juin 1350.

Lettres sous le sceau de la Marchandise, par lesquelles le prévôt des Marchands et les échevins modèrent la taille imposée à un particulier au-dessus de ses facultés. (Le Roy, Dissertation, p. cxv.)

novembre 1350.

Lettres du Roi Jean qui autorisent le prévôt des Marchands et les échevins à percevoir une certaine somme sur les bourgeois de cette ville qui auront une hanse ou société avec des marchands forains. (En latin et en français.) (Le Roy, Dissertation, p. cxv. — Ordonn., t. IV, p. 9. (En latin.) — Ordonn., t. IV, p. 265.) (En français.)

27 février 1350.

Ordonnance du Roi Jean concernant la police du royaume. (Ordonn., t. II, p. 350. — Plusieurs titres de cette ordonnance sont relatifs au gouvernement municipal. — 48, Mesureurs de grains. — 67, Vendeurs de vin. — 71, 72, Courtiers. —77, 128, 138, 146, 148, 212, Parloir aux Bourgeois. — 213, Mesureurs de bûches. — 218, Bûches. — 251, Chaussée de Paris.)

juin 1351.

Lettres portant confirmation du droit d'arrêt accordé aux bourgeois de Paris. (Ordonn., t. IV, p. 267.)

juin 1351.

Confirmation d'un accord touchant le commerce de l'Eau entre les bourgeois hansés de Paris et ceux de Rouen, passé l'an 1209. (Ordonn., t. IV, p. 87.)

juin 1351.

Lettres par lesquelles le Roi confirme les anciennes coutumes des bourgeois de Paris commerçant sur la Seine. (Ordonn., t. II, p. 432. — T. IV, p. 270.)

juin 1351.

Lettres par lesquelles le Roi confirme le droit qu'avaient le prévôt des Marchands et les échevins de lever quatre deniers sur les cabaretiers de Paris. (Ordonn., t. II, p. 435.)

* 1351-1364.

Chartes des Rois Jean et Charles V, confirmant les ordonnances de leurs prédécesseurs, qui exemptent les bourgeois de Paris du droit de prise, tant sur les coussins que sur les autres redevances royales. (A. R. K. 978.)

* 3 mai 1352.

Charte du Roi Jean qui exempte certains bourgeois de Paris des surtaxes exigées d'eux, pour cause des dernières guerres. (A. R. K. 978.)

* 1352.

Lettres du Roi Jean portant exemption de tailles en faveur des religieux de Saint-Jean de Jérusalem et des habitants de la terre qui fut aux Templiers, contre le prévôt des Marchands (Reg. A des anciennes archives de l'Hôtel de Ville, fol. 88 v°.)

28 décembre 1355.

Lettres portant exemption, en faveur des bourgeois de Paris, de plusieurs années du droit de prises. (Ordonn., t. IV, p. 326.)

mars 1356.

Ordonnance faite en conséquence de l'assemblée des trois états du royaume. « Art. 15. Il sera fait une nouvelle monnaie d'or, suivant les patrons remis au prévôt des Marchands. » (Ordonn., t. III, p. 121.)

† octobre 1356.

Donation de la Maison aux Piliers, faite par le Dauphin Charles à Jean d'Auxerre. (A. R. K. 978. — App. I, n° 3.)

juillet 1357.

Vente par Jean d'Auxerre au prévôt des Marchands et aux échevins de Paris de la Maison aux Piliers, moyennant la somme de 2 880 liv. (Félibien, t. III, p. 274. — Voyez notre texte, liv. I, chap. I, p. 8.)

DEUXIÈME PARTIE.

* 1358.

Lettres patentes du Dauphin Charles, régent du royaume, relatives à la reddition des comptes de la ville de Paris. (A. R. K. 978.)

† 18 AVRIL 1358.

Lettres patentes d'Étienne Marcel, prévôt des Marchands, relatives à l'artillerie du Louvre. (Mss. de la Biblioth. royale. — Voyez notre texte, liv. III, chap. I.)

1358.

Lettres par lesquelles le Roi Jean témoigne sa satisfaction aux habitants de la ville de Paris de ce qu'ils sont rentrés en son obéissance et en celle du Dauphin Charles, son fils, et déclare que son intention est d'accorder le pardon à ceux qui ont pris part à la révolte. (Histoire de Charles le Mauvais, 2⁰ partie, p. 87.)

AOUT 1358.

Fragment de lettres de rémission accordées à Guillaume le Fèvre, bourgeois de Paris, faisant mention des faux prétextes sur lesquels les habitants de cette ville s'étaient révoltés contre le Régent. (*Idem*, p. 83.)

10 AOUT 1358.

Lettres d'abolition accordées à la ville de Paris, dans lesquelles on trouve l'énumération des griefs reprochés à Étienne Marcel. (Ordonn., t. IV, p. 346.)

22 AOUT 1358.

Mandement du Dauphin pour ordonner une monnaie d'or et d'argent, et pour en fixer le prix. (Ordonn., t. III, p. 243-245.)

24 SEPTEMBRE 1358.

Mandement par lequel il est ordonné d'ouvrir les boîtes et de juger les comptes d'une monnaie faite par les ordres de feu Étienne Marcel, prévôt des Marchands. (Ordonn., t. III, p. 257.)

OCTOBRE 1358.

Fragment de lettres de rémission où l'on voit qu'Étienne Marcel, prévôt des Marchands de Paris, et ses complices, s'emparèrent de l'artillerie qui était au Louvre, et la firent transporter ailleurs. (Histoire de Charles le Mauvais, 2⁰ partie, p. 100.)

OCTOBRE 1358.

Fragment de lettres de rémission accordées à Jean de Saint-Leu, curé de Sainte-Geneviève de Paris, et partisan du Roi de Navarre. (*Idem*, p. 101.)

NOVEMBRE 1358.

Fragments des lettres de rémission faisant mention d'un projet formé par Charles, Roi de Navarre, pour s'emparer de la ville de Paris. (*Idem*, p. 104.)

NOVEMBRE 1358.

Fragment des lettres du Dauphin Charles, par lesquelles il ordonne que les biens de Marcel et de ses complices soient saisis et vendus. (*Idem*, p. 109.)

NOVEMBRE 1358.

Lettres de rémission relatives à la conspiration du Roi de Navarre, à la veuve et aux enfants de Marcel, à Jean Danet et à plusieurs autres de ses complices. (*Idem*, p. 110-117 et suiv.)

4 NOVEMBRE 1358.

Lettres de rémission pour Jean Marcel, frère d'Étienne. (*Idem*, p. 139.)

4 NOVEMBRE 1358.

Ordonnance qui astreint au paiement d'une aide les marchands amenant leurs marchandises par la rivière de Seine, et qui défend les prises. (Ordonn., t. III, p. 298.)

* 10 NOVEMBRE 1358.

Lettres par lesquelles le Dauphin Charles, régent du royaume, accorde au prévôt des Marchands et aux échevins le pouvoir d'imposer les habitants de la ville de Paris, pour lever et entretenir les gens de guerre nécessaires à la sûreté du royaume. (A. R. K. 978.)

DÉCEMBRE 1358.

Vidimus du garde de la prévôté de Paris d'une commission sous le sceau de la Marchandise, donnée par les prévôt des Marchands et échevins à des bourgeois, pour entendre et clore les comptes de ceux qui ont perçu les différentes natures de deniers de la ville. (Le Roy, Dissertation, p. cxvi.)

FÉVRIER 1358.

Fragment de lettres de rémission faisant mention de l'autorité que Marcel, prévôt des Marchands, s'était attribuée dans cette ville. (Histoire de Charles le Mauvais, 2ᵉ partie, p. 131.)

FÉVRIER 1358.

Concession faite au prévôt des Marchands et aux échevins de la pêcherie des fossés de la ville, en considération de ce que ces magistrats avaient fait clore et fortifier Paris à leurs dépens. (Le Roy, Dissertation, p. cxviii.)

* 17 MARS 1358.

Lettres du Dauphin, régent du royaume, relatives à la démolition de toutes les forteresses *dommageables* de la vicomté de Paris. (A. R. K. 978.)

1359.

Fragments de lettres de rémission faisant mention des troupes et armes que feu Marcel, prévôt des Marchands de Paris, voulait faire venir d'Avignon. (Histoire de Charles le Mauvais, 2ᵉ partie, p. 142.)

1359.

Lettres par lesquelles le Dauphin Charles confirme l'ordre d'abattre quelques forteresses situées près de Paris, et donné par Gouillons, qu'il avait, par ses lettres du 1ᵉʳ juin 1359, établi capitaine général de la ville, prévôté et vicomté de Paris. (*Idem*, p. 143.)

9 AOUT 1359.

Lettres par lesquelles Charles V, étant régent du royaume sous le Roi Jean son père, permet aux arbalétriers de Paris d'établir entre eux une confrérie jusqu'au nombre de deux cents, et leur accorde plusieurs priviléges. (Chartes des arbalétriers de Paris, 1770, in-fol., p. 25.)

DÉCEMBRE 1359.

Lettres qui ajoutent, sous la direction du prévôt et des échevins, six nouveaux vendeurs de marée aux dix qui existaient déjà. (Ordonn., t. III, p. 447.)

11 FÉVRIER 1359.

Ordonnance portant que toutes les personnes et toutes les marchandises qui sortiront de Paris, seront visitées, et qu'on paiera quatre deniers par livre sur toutes les marchandises que l'on fera sortir de cette ville. (A. R. 978. — Ordonn., t. IV, p. 357.)

28 MAI 1360.

Mandement du régent Charles pour faire fabriquer de nouvelles espèces, à la requête du prévôt des Marchands et des échevins de la ville de Paris. (Ordonn., t. III, p. 409.)

7 DÉCEMBRE 1361.

Acquisition de l'hôtel de Saint-Paul par Charles, Dauphin et duc de Normandie, depuis Roi de France, et différend à ce sujet à la chambre des comptes. Deniers payés par le prévôt des Marchands sur les aides. (Félibien, t. III, p. 480.)

AVRIL 1363.

Lettre portant permission aux marchands et voituriers qui apportent des provisions à Paris de s'assembler pour s'imposer, en rendant compte au prévôt des Marchands. (Ordonn., t. III, p. 628.)

12 JUILLET 1364.

Lettres qui prorogent pour deux ans l'exemption de *prises* accordée aux bourgeois de Paris. (Voir en 1351. — Ordonn., t. IV, p. 461.)

9 NOVEMBRE 1365.

Délibération du conseil de ville, sous le sceau de la Marchandise, portant cession en faveur du Roi de tous les droits seigneuriaux que le Parloir aux Bourgeois avait à prendre sur une maison sise en la justice et censive de la ville. (Le Roy, Dissertation, p. cxviii.)

MAI 1366.

Lettres du Roi Charles V portant permission aux prévôt et échevins de Paris de faire élever une croix à la porte Baudoyer. (Du Breul, Théâtre des Antiquités de Paris, p. 1067.)

12 MARS 1366.

Le sire Jean Culdoé, prévôt des Marchands, assiste à un règlement sur le métier des boulangers de Paris. (Ordonn., t. IV, p. 708.)

1367.

Ordonnance rendue par Charles V « sur le fait de la boete au vin estant en Grève. » (Ordonnances royaulx sur la juridiction de la prévôté des Marchands, édit. de 1644, in-fol., p. 263.)

JUILLET 1367.

Lettres par lesquelles Charles V défend de payer sur les deniers de la ville de Paris les sommes empruntées par feu Étienne Marcel, prévôt des Marchands de cette ville (Histoire de Charles le Mauvais, 2e partie, p. 291.)

5 NOVEMBRE 1368.

Lettres portant que les libraires, écrivains, relieurs, parcheminiers de l'Université et leurs serviteurs seront exempts du guet, et ordonnant aux quartiniers, cinquanteniers et dixainiers de ne pas les tourmenter à cet égard. (Ordonn., t. V, p. 686.)

* 26 JUIN 1371.

Arrêt du Parlement qui maintient le nommé Jean Parnelle en la demeure et garde d'une des portes de la ville à laquelle les prévôt des Marchands et échevins l'avaient établi, et déclare les lettres obtenues par Maciot pour avoir la garde de la dite porte, tortionnaires, et comme telles les annule. (Extraits des titres de l'Hôtel de Ville, p. 35. — Mss. de la ville, n° 131.)

9 AOUT 1371.

Copie de lettres de Charles V, portant priviléges de chevalerie aux prévôt des Marchands, échevins et citoyens de Paris. (A. R. K. 978. — Ordonn. royaulx de la prévôté, etc., édition de 1528, in-4°.)

1er FÉVRIER 1371.

Lettres portant que les ladres qui ne seront point natifs de Paris sortiront de cette ville, et se retireront dans les maladreries fondées dans leurs pays. « Charles, par la grace de Dieu, Roy de France, etc. Il est venu à nostre cognoissance par la complainte de noz bien amez les gens d'église, du *prévôt des Marchands,* des bourgeois, etc., etc. » (Ordonn., t. V, p. 451.)

JUILLET 1372.

Règlement qui fixe le prix du pain selon les différents prix du blé ; les échevins sont appelés à donner leur avis. (Ordonn., t. V, p. 499.)

3 OCTOBRE 1372.

Lettres qui maintiennent les barbiers de Paris dans le droit de panser les clous, bosses, apostumes, et les plaies qui ne sont pas mortelles. « Avons fait par plusieurs foiz assembler en nostre cour de Parlement et ailleurs le prévôt des Marchands de nostre ville de Paris avec plusieurs autres personnes, etc. » (Ordonn., t. V, p. 530.)

6 JANVIER 1372.

Lettres qui nomment des commissaires pour faire un règlement sur l'usage dans lequel étaient les habitants de Montmorenci et de quelques autres lieux des environs de Paris de vendre du pain qui n'était pas pesé. Le prévôt des Marchands est au nombre de ces commissaires. (Ordonn., t. VI, p. 511.)

* JANVIER 1373.

Vidimus par Hugues Aubriot, garde de la prévôté de Paris, des lettres de Charles V qui remettent au prévôt des Marchands et aux échevins de Paris une amende par eux encourue. (A. R. K. 978.)

1374.

Lettres du Roi Charles, par lesquelles « il appert que les faulxbourgs de Paris sont tenus et réputez estre de la dicte ville de Paris, et une mesme ville sous le nom de la cité et ville de Paris. » (Extrait du Livre Rouge du Châtelet. — Ordonnances royaulx de la juridiction de la prévôté des Marchands, p. 264, édit. de 1644.)

AVRIL 1374.

Instruction et ordonnance sur la levée des droits d'aides. La ferme de ce droit est retirée au fils du prévôt des Marchands qui l'avait obtenue par faveur. (Ordonn., t. VI, p. 2 et 6.)

21 MAI 1375.

Le prévôt des Marchands et les échevins assistent au Parlement de Paris, le 21 mai, à l'enregistrement de l'édit de la majorité des Rois de France. (Ordonn., t. VI, p. 30.)

1377.

Lettres patentes de Charles V au sujet des dettes d'Étienne Marcel. (Félibien, t. V, p. 320.)

JUILLET 1379.

Lettres confirmant un arrêt du Parlement rendu sur le fait de la marée. Le prévôt des Marchands est au nombre des personnages consultés. (Ordonn., t. VI, p. 404.)

* JANVIER 1380.

Confirmation des priviléges du prévôt des Marchands et des échevins de Paris, par Charles V. (A. R. K. 978.)

* MAI 1382.

Acceptation de 80 000 liv. d'or de la ville de Paris, par Charles VI, sans préjudice des priviléges et exemptions de la dite ville pour l'avenir. (A. R. K. 978.)

MAI 1382.

Lettres en faveur du prévôt des Marchands et des échevins de la ville de Paris. (Ordonn., t. I, p. 781.)

27 JANVIER 1382.

Lettres qui unissent la *maison de ville assise en la place que l'on dit de Grève* à l'office de la prévôté de Paris. (Ordonn., t. VI, p. 688. — Félibien, t. III, p. 279.)

27 JANVIER 1382.

Lettres qui abolissent la prévôté des Marchands de la ville de Paris et qui l'unissent à la prévôté de Paris. (Ordonn., t. VI, p. 685. — Félibien, t. III, p. 519-279. Le Roy, Dissertation, p. CXIX. — Sauval, t. III. — Ordonnances royaulx de la prévôté des Marchands et échevinage de la ville de Paris, éditions in-fol. et in-4°.)

1383.

Extrait des comptes du domaine de l'Hôtel de Ville de Paris. (Sauval, t. III, p. 261.)

1er MARS 1388.

Pouvoir donné au prévôt de Paris pour faire nettoyer les rues de cette ville et pour y faire entretenir le pavé, avec une commission pour faire réparer les ponts, chemins et chaussées dans l'étendue de la vicomté et prévôté de Paris. (Ordonn., t. VII, p. 243.)

1388.

Pièce relative au procès des habitants commerçants de Rouen contre les bourgeois hansés de Paris, au sujet du privilége des *Marchands de l'Eau*. (Depping, Livre des Métiers, Introd., p. XXX.)

* JANVIER 1390.

Copie de priviléges accordés par Charles VI au prévôt des Marchands, aux échevins de Paris, et à divers particuliers. (A. R. K. 978.)

9 OCTOBRE 1392.

Lettres qui révoquent toutes les permissions accordées de percer les conduits qui mènent l'eau dans les fontaines des Innocents, de Maubuée et des halles, pour en conduire par des tuyaux particuliers dans quelque maison que ce soit, à l'exception des hôtels du Roi, et de ceux des ducs de Berri, de Bourgogne d'Orléans et de Bourbon. Le garde de la prévôté des Marchands est commis à l'exécution de cette ordonnance. (Ordonn., t. VII, p. 510. — Félibien, t. V, p. 320 et 321.)

* 3 DÉCEMBRE 1392.

Vidimus par Jean Juvenel (des Ursins), avocat au Parlement, garde de la prévôté des Marchands, des lettres de Charles VI du 3 décembre 1392, « à lui présentées par Jean de Mouy, Raoul et Chevalier, Henry et Alain Chauveau, Berthelin le barbier, sergens du Parloir aux Bourgeois, contenant que, sur la suplication du procureur et du clerc de la Marchandise, et des six sergens du dit Parloir, à ce qu'il plût au Roy les rétablir dans l'ancien usage d'avoir à la feste de Toussaints et de Noël deux robbes, sçavoir : celle de sergent, partie de drap rayé et d'autre drap plein, et les dits procureur et clerc, de drap de couleur du drap plein des dits sergens ; et leurs robbes fourrées de pannes d'agneaux blancs, lequel usage n'avoit été interrompu que depuis que le Roy avoit mis la prévôté en sa main. Le Roy mande à ses trésoriers de les en faire payer sur les revenus et exploits de la ville; la note sur les dites lettres porte qu'elles étoient expédiées pour les cent sols tournois que le procureur de la Marchandise et les six sergens prenoient pour le dit droit de robbe. » (Extraits des titres de l'Hôtel de Ville, p. 34. —Mss. de la ville, n° 131.)

* 15 FÉVRIER 1392.

Charte de Charles VI relative aux robes des six sergents du Parloir. (A. R. K. 978.)

* 7 SEPTEMBRE 1393.

Lettres par lesquelles Charles VI ordonne à ses trésoriers, qui avaient refusé d'obtempérer à celles du 3 décembre 1393, de payer cent sols tournois par chaque robe au procureur et aux six sergents, suivant l'usage existant avant que la prévôté fût remise en sa main. (Extrait des titres de l'Hôtel de Ville, p. 35. — Mss. de la ville, n° 131.)

QUINZIÈME SIÈCLE.

1ᵉʳ MAI 1400.

Nomination faite par Charles VI à une charge de mesureur de sel. (A. R. K. 979.)

* 2 JUIN 1400.

Lettres patentes du Roi Charles VI qui défendent aux sergents de la Marchandise et du Parloir aux Bourgeois d'être à la fois sergents et marchands. (A. R. Sect. Jud. Reg. du bureau de la ville, 11ᵉ, fol. 2 v°.)

23 DÉCEMBRE 1401.

Lettres qui portent que les vendeurs de vins de la ville de Paris pourront contraindre ceux à qui ils en auront vendu à leur payer le prix par prise de corps ou saisie de leurs biens, sans que ces acheteurs puissent, par rapport à ces dettes, faire abandon et cession de biens. L'exécution de ces lettres est confiée à Jean Ailgembourse, garde de la prévôté des Marchands. (Ordonn., t. VIII, p. 481.)

* 1402.

Nomination par Charles VI d'un courtier de vin et d'un mouleur de bûches. (A. R. K. 979.)

* 1403.

Six lettres de Charles VI portant nomination de courtiers de vin, mouleurs de bûches, mesureurs et porteurs de sel. (A. R. K. 979.)

SEPTEMBRE 1403.

Privilége accordé par Charles VI aux marchands de vins de contraindre par corps leurs débiteurs. (Ordonn. de Louis XIV, in-fol., p. 133.)

JANVIER 1404.

Lettres adressées à Charles Culdoé, garde de la prévôté de Paris, par lesquelles il est défendu aux habitants de Paris de jeter dans la Seine des ordures, gravois et autres immondices. (Ordonn., t. IX, p. 43.)

* mars 1404.

Nomination par Charles VI d'un courtier en vins. (A. R. K. 979.)

† aout 1404.

Transaction entre les maitre et gouverneurs de l'hôpital du Saint-Esprit, et les curé et marguilliers de Saint-Jean en Grève, relativement au bâtiment du dit hôpital. (A. R. K. 979. — Voyez Appendice I, n° 4.)

* 26 janvier 1405; et 1406.

Priviléges accordés par Charles VI aux vendeurs de vin. (A. R. K. 979.)

12 aout 1405.

Lettres de Charles VI portant que le garde de la prévôté des Marchands jouira des droits et revenus qui appartenaient à cette ville avant la suppression de la dite prévôté. (Le Roy, Dissertation, p. cxxi. — Ordonn., t. IX, p. 703.)

7 aout 1406.

Lettres qui portent que les sergents de la Marchandise pourront faire dans Paris les exploits concernant la juridiction de la prévôté des Marchands. (Ordonn., t. IX, p. 124.)

21 avril 1407.

Lettres par lesquelles Charles VI établit pour trois ans une aide dont le produit sera employé à la réparation des chaussées de Paris. On y lit : « Confians à plain du sens, loyaulté et bonne diligence de nostre amé et féal secrétaire, maistre Charles Culdoe, garde de la prévosté des Marchands, etc. » (Ordonn., t. IX, p. 708. — Félibien, t. V, p. 321.)

9 septembre 1407.

« La Cour commet maistres Nicolle de Biencourt et Bertrand Quentin à veoir l'estat du prévost des Marchands, afin que l'on puisse pourveoir à la requeste faicte par le dict prévost sur la réparation des chaussées de la ville de Paris. » (Registre du Parlement, Félibien, t. IV, p. 549.)

janvier 1408.

Grandes gelées. Chute du pont Saint-Michel et du Petit-Pont. Taxes pour la réfection, etc. (Registre du Parlement, Félibien, t. IV, p. 550-551.)

* février 1408-1409.

Lettres par lesquelles les hôteliers de Paris et des faubourgs sont exemptés de payer dorénavant l'imposition du foin et de l'avoine qu'ils fournissent à leurs hôtes pour leurs chevaux. (A. R. K. 979.)

10 septembre 1409.

Lettres par lesquelles Charles VI confirme tous les priviléges de la ville de Paris. (Ordonn., t. IX, p. 463. — Ordonnances royaulx de la juridiction de la prévôté des Marchands, édit. de 1528, in-4°, fol. sig. 6.)

10 septembre 1409.

Lettres par lesquelles Charles VI unit la propriété du Petit-Pont et les revenus des maisons qui y seront bâties aux rentes du Parloir aux Bourgeois, c'est-à-dire aux revenus de la ville actuellement administrés par le garde de la prévôté des Marchands, sous l'autorisation du Roi. (Le Roy, Dissertation, p. cxxii.)

19 aout 1410.

Édit de Charles VI en faveur des soixante arbalétriers de la ville de Paris. (Félibien, t. III, p. 523. — Ordonn., t. IX, p. 522. — Chartes des arbalétriers de Paris, p. 29.)

décembre 1410.

Lettres par lesquelles Charles VI règle la confrérie des vendeurs de vin, dont il réduit le nombre à soixante. (Ordonn., t. IX, p. 568.)

1410-1411.

Le prévôt des Marchands assiste au conseil du Roi en octobre 1410. (Ordonn., t. IX, p. 544. — Idem avec plusieurs notables bourgeois, le 3 octobre 1411, p. 637; le 14 octobre, p. 642; le 2 et le 5 novembre, p. 647, 650, 652, 653.)

DEUXIÈME PARTIE.

20 AVRIL 1411.

Lettres adressées au garde de la prévôté des Marchands, qui portent que les officiers de la chambre des comptes seront exempts du guet et de la garde extraordinaire établie depuis peu dans la ville de Paris. (T. IX, p. 581.)

12 JUIN 1411.

Lettres de Charles VI portant établissement d'une confrérie des archers de Paris, et d'une compagnie de cent vingt d'entre eux pour le service de la ville, et contenant des règlements pour leurs priviléges. (Recueil des chartes des arbalétriers de Paris, p. 34.)

* 28 DÉCEMBRE 1411.

« Lettres contenant six demandes faictes par l'Université, le prévôt des Marchands et les bourgeois et habitants de Paris, *contre les ennemis du royaume, robeurs et désobéissans et leurs fauteurs, et touchant quelques bulles avec le procès d'icelle*, avec les responses du Roi. » (A. R. K. 980.)

JANVIER 1411.

Lettres de Charles VI par lesquelles il rétablit la prévôté des Marchands et l'échevinage de la ville de Paris. (Le Roy, Dissertation, p. CXXIV. — Félibien, t. III, p. 526. — Ordonn., t. IX, p. 668.)

1411.

Priviléges des archers de la ville. (Félibien, t. V, p. 321 et 322.)

24 FÉVRIER 1412.

Lettres de Charles VI par lesquelles il suspend plusieurs officiers de l'exercice de leurs charges, entre autres le prévôt de Paris et le prévôt des Marchands, et révoque les dons et assignations faites sur ses finances. (Ordonn., t. X, p. 59.)

10 NOVEMBRE 1412.

Lettres par lesquelles Charles VI ordonne de faire une enquête sur les anciennes ordonnances, statuts, coutumes et usages, concernant la juridiction du prévôt des Marchands et des échevins de la ville de Paris, à l'effet de procéder à la rédaction d'une nouvelle ordonnance sur cet objet. (Ordonn., t. X, p. 31.)

23 NOVEMBRE 1412.

Lettres de Charles VI portant ordre au garde du trésor des chartes du Roi de remettre au prévôt des Marchands et aux échevins tous les titres de la ville qui avaient été portés dans ce trésor lorsque la prévôté des Marchands fut mise en la main du Roi. (Le Roy, Dissertation, p. CXXV.)

28 AVRIL 1413.

Prisonniers livrés aux échevins et aux bouchers de Paris. (Registre du Parlement, Félibien, t. IV, p. 554.)

24 MAI 1413.

Lettres par lesquelles Charles VI approuve et ratifie les emprisonnements faits par les habitants de Paris de plusieurs princes du sang, officiers des hôtels du Roi, de la Reine, du Dauphin, et autres. Ces lettres commencent ainsi : « Savoir faisons de la partie de noz très chiers et bien amez les prévôt des Marchands et eschevins, bourgeois et habitanz de nostre bonne ville de Paris. » (Ordonn., t. X, p. 68. — Arch. du royaume, K. 980.)

29 AOUT 1413.

Lettres de Charles VI par lesquelles il absout le prévôt des Marchands et les échevins de la ville de Paris des désordres commis à Paris et même dans son hôtel. (Ordonn., t. X, p. 163. — Arch. du royaume, K. 980.)

18 SEPTEMBRE 1413.

Déclaration du Roi qui bannit les principaux chefs de la faction des Bourguignons. On y mentionne les lettres d'abolition du 24 mai de la même année. (Chronique de Charles VI du Religieux de Saint-Denis, publiée et traduite par M. Bellaguet, t. V, p. 171.)

OCTOBRE 1413.

Lettres par lesquelles Charles VI ordonne

que l'étape des vins qui se tenait aux halles de Paris se tiendra dorénavant sur la place de Grève. (Ordonn., t. X, p. 184.)

JANVIER 1413.

Lettres par lesquelles Charles VI ordonne que le prévôt des Marchands et les échevins de Paris recevront, par les mains des fermiers des aides, le tiers de celles qui ont été levées à Paris et qu'il a octroyées au prévôt des Marchands et aux échevins, pour être employées aux réparations de cette ville. (Ordonn., t. X, p. 191.)

JANVIER 1413.

Lettres de Charles VI qui portent que ce qui est dû aux habitants de Paris, sur les biens de ceux qui ont été dernièrement déclarés rebelles, leur sera payé avant que la confiscation décernée contre eux puisse avoir aucun effet. (Ordonn., t. X, p. 199.)

* 1414.

Arrêt entre le doyen et le chapitre de l'église Notre-Dame de Paris et le prévôt des Marchands, sur le fait de la Marchandise. (A. R. K. 980.)

1414.

Lettres patentes du Roi Charles VI touchant le pont Notre-Dame. (Félibien, t. V, p. 323.)

MAI 1415.

Lettres par lesquelles Charles VI commet Jean Mauloue, conseiller au Parlement, pour rédiger une ordonnance sur la juridiction du prévôt des Marchands et des échevins de la ville de Paris. (Ordonn., t. XI, p. 237.)

3 OCTOBRE 1415.

Lettres patentes par lesquelles Charles VI commet le soin de la sûreté et tranquillité de la ville de Paris aux présidents du Parlement, sans préjudice de l'autorité du prévôt des Marchands et des échevins. (Ordonn., t. X, p. 247. — Félibien, t. V, p. 260.)

FÉVRIER 1415.

Lettres de Charles VI portant règlement pour la juridiction des prévôt des Marchands et échevins de la ville de Paris, et établissement de plusieurs offices pour la police des ports et marchés de la même ville. (Ordonn., t. X, p. 257. — Voyez sur cette ordonnance la notice sur les anciennes archives de l'Hôtel de Ville, § II, Appendice III.)

FÉVRIER 1415.

Lettres par lesquelles Charles VI ordonne d'avoir en la copie que le procureur du Roi de l'Hôtel de Ville de Paris a fait faire de l'ordonnance sur la juridiction du prévôt des Marchands et des échevins de cette ville, la même foi qu'en l'original. (Ordonn., t. X, p. 348. — Voyez, sur ce manuscrit, l'Appendice III, notice sur les anciennes archives de l'Hôtel de Ville de Paris.)

10 MARS 1415.

Acte par lequel le prévôt des Marchands et les échevins, en rapportant les lettres patentes de Charles VI qui leur accordent la propriété du pont Notre-Dame, s'engagent à réparer ce pont, et à payer au trésor royal une redevance annuelle. (Avec sceau. A. R. J. 151, n° 104. — Félibien, t. V, p. 323.)

* 21 MARS 1415.

Arrêt par lequel les prévôt des Marchands et échevins ont la *justice et connoissance du droit des aydes à eux octroyez, mesme contre un escollier, et amende contre lui pour l'avoir voulu empescher en vertu de son privilége.* Au dit arrêt est attaché l'exécutoire rendu contre le dit écolier le 26 mai 1416. (A. R. 980.)

MAI 1416.

Lettres par lesquelles Charles VI ordonne que les chaines de Paris seront remises entre les mains du prévôt des Marchands et des échevins. (Ordonn., t. X, p. 360.)

JUILLET 1417.

Lettres de Charles VI par lesquelles il permet

au prévôt des Marchands et aux échevins de la ville de Paris, qui faisaient faire une nouvelle fortification au-dessus du Louvre, de faire abattre une pointe de maçonnerie de carreaux qui était plaquée contre une saillie de maçonnerie, près de la tour du Château de Bois, pour faire un passage de cette tour à la nouvelle fortification. (Ordonn., t. X, p. 420.)

9 décembre 1417.

Ordonnance du prévôt de Paris, déclarant qu'il sera publié par les carrefours que le sceau de la Marchandise a été volé. (Traité de la Police, t. I, p. 262. — Félibien, t. IV, p. 566.)

* 14 mars 1417.

Sentence rendue par Guillaume Ciriasse, prévôt des Marchands, et les échevins de Paris, sur une vente de trois milliers de cotterets, à raison de douze cents pour chaque millier, entre Nicolas de Bar et Simon Fouyn, dans laquelle appert que la Reine, ayant pris fait et cause pour le dit Fouyn, avait fait renvoyer la cause au Parlement, en vertu des lettres patentes y énoncées, qui y attribuaient toutes ces causes, lequel, par arrêt aussi mis dans la dite sentence, en date du 12 février 1417, avait renvoyé à la ville comme d'un fait de sa connaissance. (Extraits des titres de l'Hôtel de Ville, p. 3. — Biblioth. de la ville, Mss. n° 131.)

avril 1417.

Lettres de Charles VI, par lesquelles il enjoint au prévôt de Paris (de concert avec le prévôt des Marchands et les échevins) de faire fortifier et approvisionner cette ville, afin de pouvoir résister aux Anglais. (Ordonn., t. X, p. 407.)

14 octobre 1418.

Ordonnance du Roi Charles VI sur une aide levée à Paris. (Félibien, t. III, p. 545.)

11 septembre 1419.

Lettre du Dauphin au prévôt des Marchands et aux échevins et bourgeois de Paris, touchant la mort du duc de Bourgogne. (Félibien, t. V, p. 262.)

avril 1420.

Lettres de Charles VI, par lesquelles il maintient les prévôt des Marchands et échevins de la ville de Paris dans le droit d'avoir la grande disposition des tours et fortifications de Paris, approuvant, en tant que besoin est, les changements qu'ils ont jugé à propos d'y faire. (A. R. K. 979. — Ordonn., t. XI, p. 79.) — Lettres par lesquelles Charles VI augmente la valeur du marc d'argent. Le prévôt des Marchands assiste au conseil tenu dans cette occasion. (Ordonn., t. XI, p. 78.)

1421.

« Maison sise rue des Planches de Mibrai, où souloit pendre pour enseigne l'Image Notre-Dame et abbatue jusqu'au rès de chaussée, pour faire le chemin du pont Notre-Dame, par l'ordonnance du prévôt des Marchands et des échevins de la ville de Paris. » (Sauval, t. III, p. 283.)

* 14 août 1421.

Lettres patentes du Roi, qui commet au prévôt des Marchands, aux échevins, quartiniers, cinquanteniers, dixainiers, le soin d'asseoir une taille sur les habitants de Paris exempts ou non exempts, suivant leurs facultés, afin de payer les maçons qui doivent détruire les forteresses des environs de Paris où se retirent les voleurs et les pillards. (A. R. K. 979.)

janvier 1422.

Lettres patentes de Henri VI, roi de France et d'Angleterre, portant confirmation des priviléges et exemptions accordés aux arbalétriers de la ville de Paris. (Recueil des chartes des arbalétriers de Paris. 1770, in-fol., p. 35.)

27 mai 1424.

Lettres de Henri VI, roi de France, concernant le privilége des bourgeois de Paris relativement aux maisons vacantes ou en ruines sur lesquelles ils ont des hypothèques. (Ordonn., t. XIII, p. 47.) Ordonnance de Henri VI, etc. touchant les rentes constituées sur les maisons et héritages assis en la ville de Paris. (Ordonn., t. XIII, p. 49.)

* 1425.

Arrêt pour le commerce entre la ville de Paris et la ville de Rouen. (A. R. K. 979.)

14 janvier 1425.

Lettres de Henri VI, roi d'Angleterre, soi-disant roi de France, par lesquelles il enjoint au prévôt de Paris et aux prévôt des Marchands et échevins d'informer contre ceux qui ont fait aucunes démolitions aux murs et fortifications d'icelle ville et de les faire punir. (A. R. K. 979. — Ordonn., t. XIII, p. 109.)

* 17 août 1427.

Attestation par Poncet Jossuin, garde des fortifications, de constructions faites près de la tour Saint-Bernard, etc. (A. R. K. 979.)

23 février 1429.

Lettres par lesquelles Henri VI, roi de France et d'Angleterre, donne pouvoir au prévôt des Marchands et aux échevins de la ville de Paris de réduire à trente-quatre le nombre des soixante vendeurs de vins de cette ville. (Ordonn., t. XIII, p. 146.)

26 décembre 1431.

Lettres de Henri VI, Roi d'Angleterre, soi-disant Roi de France, lesquelles confirment les priviléges accordés par les Rois de France aux bourgeois et habitants de Paris. (Ordonn., t. XIII, p. 171.)

février 1435.

Lettres d'abolition du Roi Charles VII en faveur de la ville de Paris. — Autres lettres du duc de Bourgogne. (A. R. K. 979. — Félibien, t. III, p. 558.)

septembre 1437.

Lettres patentes de Charles VII, portant confirmation des priviléges et exemptions accordés aux arbalétriers de la ville de Paris. (Recueil des chartes des arbalétriers de Paris. 1770, in-fol., p. 41.)

* 10 décembre 1437.

Lettres du Roi Charles VII pour la réduction des courtiers de vins. (A. R. K. 980.) — Deux autres pièces sur le même sujet de l'année 1432.

17 octobre 1438.

Lettres par lesquelles Charles VII enjoint au prévôt des Marchands et aux échevins de la ville de Paris de pourvoir à la garde de cette ville. (Ordonn., t. XIII, p. 291.)

* 1438.

Confirmation par Charles VII des priviléges accordés aux Marchands de Paris par les ordonnances de 1170, 1269, 1351. (A. R. K. 980.)

* 1438.

Priviléges accordés à la ville de Paris par Charles VII, avec rappel des mêmes priviléges par les Rois Philippe Auguste, Louis X, Philippe de Valois. (A. R. K. 980.)

* 13, 18 avril 1439.

Deux ordonnances du Roi Charles VII relatives aux fortifications de la ville de Paris. (A. R. K. 980.)

1440.

Compte du domaine de Paris. (Sauval, t. III, p. 655.)

26 mai 1449.

Déclaration de Charles VII portant que comme la ville a été exemptée de la taille en reprenant le tiers des aides pour la guerre, elle reprendra le tiers si la taille est rétablie. (A. R. K. 980. — Ordonn., t. XIV, p. 52.)

* 7 juillet 1449.

Priviléges accordés par Charles VII aux porteurs de blés. (A. R. K. 981.)

DEUXIÈME PARTIE.

12 février 1451.

Lettres par lesquelles Charles VII confirme celles de Charles VI qui autorisent les vendeurs de vins de la ville de Paris à contraindre leurs débiteurs par prise de corps. (Ordonn., t. XIV, p. 188.)

9 mai 1457.

Lettres patentes portant pouvoir au prévôt des Marchands et aux échevins de faire rétablir le pont de Mont, et de régler ce qui serait payé par les voituriers pour ce rétablissement. (Ordonn. de Louis XIV, in-fol., 1676, p. 156.)

* 15 mai 1458.

Arrêt d'appointement pour les moulins sur Seine près le port au Foin, jadis appelé du Temple. (A. R. K. 980.)

* 1460-1461.

Priviléges de franc-sallé accordés par Charles VII et Louis XI au prévôt et aux échevins de Paris. (A. R. K. 981.)

septembre 1461.

Édit du Roi Louis XI portant confirmation des six-vingts archers de Paris, créés par le Roi Charles VI le 12 juin 1411, avec les mêmes priviléges, franchises et exemptions que les arbalétriers de la dite ville ci-devant créés. (Recueil des chartes des arbalétriers de Paris, 1770, in-fol., p. 46.)

septembre 1461.

Confirmation des priviléges des habitants de la ville de Paris, donnés par le Roi Louis XI, et faisant mention de ceux qui ont été accordés par les Rois ses prédécesseurs. (Ordonn., t. XV, p. 48.)

16 septembre 1461.

Lettres par lesquelles Louis XI ordonne qu'il soit délivré au prévôt des Marchands, aux échevins, au clerc et au procureur de la ville de Paris un setier de sel par an, au grenier à sel de Paris, en payant seulement le droit de marchands. (Ordonn., t. XV, p. 19.)

14 janvier 1461.

Lettres de Louis XI relatives aux différends existant entre les marchands de Rouen et de Paris, pour la navigation de la Seine. (Ordonn., t. XV, p. 463.)

7 février 1464.

Ordonnance par laquelle Louis XI déclare que les marchands acquitteront la *foraine* à Paris, si bon leur semble, à six deniers pour livre, et ne seront pas tenus pour cela de donner caution. (Ordonn. royaux de la juridiction de la prévôté des Marchands, édit. de 1528, in-4°, fol. cv r°.)

* aout 1465.

Lettres par lesquelles le Roi abolit en faveur de la ville toutes impositions, à la réserve seulement du huitième du vin vendu en détail. — 9 novembre. Confirmation de la dite abolition et exemption. — 16 novembre. Consentement des généraux. (A. R. K. 981.)

3 aout 1465.

Abolition de la juridiction et des droits fiscaux établis à l'occasion de la foire Saint-Ladre, à la requête du prévôt des Marchands et des échevins. (Ordonn., t. XVI, p. 339.)

24 octobre 1465.

Exemption de tous subsides, aides, tailles, subventions accordés aux prévôt des Marchands, échevins, procureur du Roi, greffier et receveur de l'Hôtel de Ville de Paris, durant l'exercice de leurs fonctions. (A. R. K. 981. — Ordonn. de Louis XIV, p. 135. — Ordonn., t. XVI, p. 376.)

9 novembre 1465.

Confirmation et concession nouvelle aux bourgeois de Paris du privilége de ne pouvoir être tenus de plaider ailleurs qu'en cette ville et d'exemption du ban et arrière-ban pour les nobles et autres tenans fiefs, etc. (A. R. K. 981. — Ordonn. royaux de la juridiction de la prévôté des Marchands, édit. in-4° de 1528, fol. 5 v°.)

NOVEMBRE 1465.

Lettres concernant les priviléges des sergents du *Parlouer aux Bourgeois* et de la Marchandise de Paris. (Félibien, t. III, p. 563. — Ordonn., t. XVI, p. 441.)

21 NOVEMBRE 1465.

Lettres par lesquelles Louis XI déclare que les bourgeois de Paris ne peuvent être contraints à loger par fourriers. (Ordonn. royaux de la juridiction de la prévôté des Marchands, édit. de 1528, in-4°, fol. cv v°. — Archiv. du roy., K. 981.)

9 AVRIL 1465.

Lettres du prévôt des Marchands et des échevins au chancelier. — Réception des lettres adressées à ceux-ci par le chancelier. — Convocation des notables à l'Hôtel de Ville pour en entendre la lecture. (Collection des documents inédits, t. II, p. 225; des documents historiques inédits tirés des manuscrits de la Bibliothèque royale, par M. Champollion-Figeac, pièce 19° des lettres, mémoires, etc., relatifs à la guerre du Bien Public, publiés par M. J. Quicherat.)

† 13 MAI 1466.

Enquête par le garde de la prévôté de Paris sur la possession 1° de la maison dite le *Parloir aux Bourgeois* réclamée par le prévôt des Marchands et par les échevins; 2° de la *maison dite au presbitère* réclamée par le doyen de l'église Saint-Germain-l'Auxerrois. (A. R. K. 981. — Appendice I, n° 5.)

2 NOVEMBRE 1466.

Lettres relatives à la sûreté des fossés de Paris. (On empêche les habitants d'y jeter leurs immondices.) (Ordonn., t. XVI, p. 521.)

* JUIN 1467.

Priviléges accordés par Louis XI aux porteurs de grains, etc. (A. R. K. 981.)

* DÉCEMBRE 1467.

Location de la bastille de la porte Saint-Honoré, faite à Jehan Pocaire moyennant quatre livres parisis. (A. R. K. 981.)

† DÉCEMBRE 1467.

Lettre de hanse accordée à Antoine Dyan, marchand piémontais. (A. R. K. 981. — Voyez notre première partie, livre II, chap. I.)

SEPTEMBRE 1474.

Lettres par lesquelles Louis XII déclare « que nul ne peut empescher ne retarder les vivres que on ameine à Paris ne mettre subsides nouvelles. » (Ordonn. royaux de la prévôté des Marchands, édit. de 1528, in-4°, fol. cvi r°.)

DÉCEMBRE 1474.

Priviléges accordés à la ville de Paris pour les traites de blés. (A. R. K. 981. — Ordonn., t. XVIII, p. 63.)

* JANVIER 1474.

Lettres qui attribuent aux prévôt des Marchands et échevins la connaissance et la décision sommaire des causes mues et à mouvoir pour raison des aides accordées à la ville. (A. R. K. 981.)

* 22 SEPTEMBRE 1477.

Masure et petit jardin joignant, sis en la rue de Jouy, en l'espace où furent jadis les fossés joignant des vieux murs de la ville et de la fausse poterne de Saint-Paul, 2 pièces. — Expédition en parchemin d'un acte passé pardevant Guerout et Marcel, notaires à Paris, par lequel Laurent Raoullet a confessé avoir pris et retenu à titre de rente annuelle et perpétuelle, des prévôt des Marchands et échevins de la ville, la masure et petit jardin sus désignés. (A. R. Q. 1247.)

8 DÉCEMBRE 1477.

Union et incorporation des marchands et habitants de Tournay aux corps et communautés des Marchands de Paris, et autres étant en la compagnie française, concernant la vente des vins. (Ordonn., t. XVIII, p. 312.)

DEUXIÈME PARTIE.

27 MARS 1480.

Exemption accordée par Louis XI au prévôt des Marchands et aux échevins et habitants de Paris, d'aller ou envoyer à la guerre par raison des fiefs qu'ils tiennent. (Ordonn., t. XVIII, p. 610.)

NOVEMBRE 1483.

Lettres patentes de Charles VIII portant confirmation des priviléges et exemptions des six vingts arbalétriers de la ville de Paris. (Recueil des chartes des arbalétriers de Paris. 1770, in-fol., p. 52.)

NOVEMBRE 1483.

Charte de Louis XII confirmant les priviléges accordés par Charles VIII aux prévôt, échevins et bourgeois de la ville de Paris, faisant mention de toutes les chartes accordées par ses prédécesseurs. (A. R. K. 981. — Ordonn. royaux, etc., édit. de 1528. — Ordonn., t. XIX, p. 176.)

JANVIER 1484.

Exemption d'impôts en faveur des seize quartiniers de la ville de Paris. (Ordonn., t. XIX, p. 464.)

19 JANVIER 1487.

Sentence du Parlement de Paris au sujet de l'élection du capitaine des archers de la ville. (Félibien, t. IV, p. 608.)

16 FÉVRIER 1492.

Assemblées de ville pour fournir mille hommes soudoyés au Roi. (Reg. du Parlement. —Félibien, t. IV, p. 612.)

16 JANVIER.

Assemblée pour un vaisseau de guerre demandé par le Roi à la ville. (*Idem.* — Félib., t. IV, p. 612.)

* JUILLET 1498.

Charte par laquelle Louis XII confirme les priviléges de la ville de Paris. (A. R. K., 981.)

JUILLET 1498.

Autres lettres patentes de Louis XII portant confirmation des priviléges et exemptions des six vingts archers de la ville de Paris. (Recueil des chartes des arbalétriers de Paris. 1770, in-fol., p. 61.)

1498.

Lettres patentes de Louis XII portant confirmation des priviléges et exemptions accordés aux six vingts archers et soixante arbalétriers de Paris. (Recueil des chartes des arbalétriers de Paris. 1770, in-fol., p. 60.)

19 DÉCEMBRE; 9 JANVIER 1499.

Lettre d'octroi du Roi Louis XII pour la construction du pont Notre-Dame. (Félibien, t. III, p. 570. — Arrêt du Parlement sur la chute du pont Notre-Dame. *Ibid.*, p. 571.)

1499.

Pont Notre-Dame. — Entrée du cardinal d'Amboise, légat du pape. (Félibien, t. V, p. 323 à 325. — Extr. des reg.)

SEIZIÈME SIÈCLE.

4 AOUT 1501.

Maisons abattues pour faire l'épaulement du pont Notre-Dame et indemnités payées par la ville aux propriétaires des maisons. (Reg. du Parlement. — Félibien, t. IV, p. 617.)

* 1501-1502.

Acquisition par la ville de Paris d'une maison près l'église Saint-Denis de la Châtre dont la démolition était nécessaire pour la construction du pont Notre-Dame. (A. R. K. 981.)

1501-1511.

Lettres par lesquelles Louis XII concède pendant quatre années à la ville de Paris un octroi sur le bétail à pied fourchu pour la construction du pont Notre-Dame (du 20 février 1501); — autre du 3 nov. 1505; — autre pour trois ans de sept sols sur chaque prise de sel (du 15 mai 1506); — autre sur le poisson de mer pour un an (du 26 août 1511). (Sauval, t. III, p. 649.)

11 avril 1502.

Arrêt rendu par la cour au profit du prévôt des Marchands et des échevins contre l'évêque d'Auxerre qui est condamné à rélargir les pertuis sur l'Yonne. (A. R. K. 982. — Ordonn. roy., 1644, p. 446.)

8 août 1504.

Acquisition faite par les maîtresses et bonnes femmes de la chapelle Saint-Étienne Haudry, à Paris, de la rente annuelle et perpétuelle de six livres parisis, à prendre sur une maison sise à Paris, rue de la Haute-Vannerie. (B. R., Portefeuille Blondeau. Cartons sur Paris.)

† 1504.

Délibération de l'Hôtel de Ville relative au Parloir aux Bourgeois. (A. R., Reg. de l'Hôtel de Ville, H. 1779, fol. 134 v°. — Appendice I, n° 6.)

† 1505.

Inventaire de l'artillerie de l'Hôtel de Ville. (A. R. K. 982. — V. Appendice I, n° 6 bis.)

1505.

Transport du corps du duc d'Orléans, père du Roi Louis XII. — L'administration de l'Hôtel-Dieu confiée aux bourgeois. (Félibien, t. V, p. 327. — Extr. des reg.)

* 1506.

Aides sur les vins, sel, etc., octroyées par Louis XII à la ville de Paris. (A. R. K. 982.)

1506.

Délibération touchant l'Hôtel-Dieu. — Députation pour le mariage du duc de Valois, avec madame Claude de France et suite. (Félibien, t. V, p. 327 et 328. — Extr. des reg.)

* 23 février 1507.

Arrêt du Parlement qui déclare que le prévôt et les échevins de la ville de Paris feront reconstruire à leurs frais les maisons de la rue devers Petit-Pont, qui avaient été démolies pour élargissement. (A. R. K. 982.)

1507.

Navire accordé au Roi par la ville. — Ordre du Roi pour faire exercer les bourgeois aux armes. (Félibien, t. V, p. 328. — Extr. des reg.)

1507, 1508, 1511.

Suite de ce qui regarde l'Hôtel-Dieu. (Félibien, t. V, p. 329. — Extr. des reg.)

* mars 1508.

Confirmation accordée par le Roi comme souverain à ceux de la ville de Bruges en Flandre, d'une foire franche de six semaines, établie en la dite ville par l'empereur, au nom et comme mainbourg de l'archiduc d'Autriche, prince de Castille, et par le dit archiduc comte de Flandre, commenç. le 15 janv. et finiss. le 16 févr. par chacun an, avec sauf-conduit à tous Marchands et à leurs biens et marchandises; excepté les ennemis bannis et fugitifs, et ceux qui sont obligés envers le Roi et ses foires de Champagne et de Brie, etc. (A. R. K. 982.)

* 19 mars 1508.

Achat par le prévôt et les échevins d'une rente de cent sept sols parisis appartenant au couvent des Célestins, et hypothéquée sur une maison de la rue de la Juiverie, abattue pour l'élargissement de la dite rue. (A. R. K. 982.)

* 26 janvier 1509.

Provisions d'une charge de sergent du Parloir aux Bourgeois. (A. R. K. 982.)

* novembre 1509.

Lettres des habitants de Bruges portant prières et requête au prévôt des Marchands et aux échevins de Paris de faire publier leur foire dans cette ville. (A. R. K. 982.)

1509.

Te Deum et procession pour la paix entre

DEUXIÈME PARTIE.

Louis XII et l'empereur Maximilien. (Félibien, t. V, p. 329 et 330. — Extr. des reg.)

* 6 SEPTEMBRE 1510.

Autorisation délivrée par le Parlement au prévôt et aux échevins de faire construire des maisons sur le pont Notre-Dame. — Enquête sur les réparations à faire à l'église de Saint-Denis de la Châtre, à cause de l'élargissement de la rue de la Juiverie. (A. R. K. 982.)

16 MARS 1510.

Sentence du Parlement de Paris au sujet de la conduite des archers et arbalétriers de la ville dans les cérémonies. (Félibien, t. IV, p. 623.)

* 1511.

Deux arrêts du Parlement, avec enquêtes, suppliques et significations, relatifs aux procès entre le prévôt et les échevins de la ville de Paris et la veuve de Jehan Malleville, au sujet des nouvelles constructions du pont Notre-Dame. (A. R. K. 982.)

1511.

Ordre à la ville de faire fondre de l'artillerie. (Félibien, t. V, p. 330 et 331. — Extr. des reg.)

* AVRIL 1512.

Déclaration de Guillaume Allegrin, conseiller du Roi en Parlement, des droits qu'il avait comme seigneur du fief de Couldray, à Gonesse, sur la bouteillerie du couvent de Saint-Denis. (A. R. K. 982.)

MAI 1512.

Quatorze pièces relatives à l'exemption de ban et arrière-ban, accordée aux bourgeois de Paris. (A. R. K. 982. — Ordonnances royaux, etc., édit. de 1528, in-4°, fol. cvii v°.)

1512.

Aide de 4 000 livres demandées à la ville de Paris par le Roi Louis XII. (Félibien, t. III, 573.)

1512.

Montre générale des habitants de Paris. Félibien, t. V, p. 331. — Extr. des reg.)

* 1513 A 1518.

Ordonnances de Louis XII et de François Ier portant établissement d'octroi en faveur de la ville de Paris, pour la couvrir de 20 000 livres par elle données à cause des guerres. (A. R. K. 982.)

* 1514.

Arrêt du Parlement accordant pendant une année à la ville de Paris un octroi sur les vins, sel et poissons, pour l'aider à supporter les dépenses faites à l'occasion des funérailles du feu Roi et du don de 10 000 livres pour l'arrivée du nouveau Roi François Ier. (A. R. K. 982.)

1514 ET 1515.

Entrée du Roi François Ier à Paris. (Félibien, t. V, p. 331 et 332. — Extr. des reg.)

AVRIL 1515.

Cahier des privilèges des bourgeois de Paris jusqu'en 1515. (Extr. des ordonn. — A. R. K. 982. — Ordonn. royaux, etc., édit. de 1528, in-4°, fol. cviii v°.)

* 1515.

Ordonnances pour droits d'aides et subsides de guerre pour la défense de Paris. (A. R. K. 982.)

* 1517.

Arrêt d'appointement entre le prévôt des Marchands et échevins et les habitants du vieux pont Notre-Dame avant sa chute, arrivée en 1499. (A. R. K. 982.)

1517.

La ville consultée par le Roi sur le traité de Madrid. (Félibien, t. V, p. 332 et 333. — Extr. des reg.)

* 26 JANVIER 1519.

Transaction avec un locataire à vie d'une maison sur le pont Notre-Dame. (A. R. K. 982.)

1522.

Création des rentes sur l'Hôtel de Ville de Paris. (Félibien, t. III, p. 578.)

8 novembre 1522.

Arrêt du Parlement confirmatif de la sentence du prévôt et des échevins de Paris, qui condamne Julien Dauvillier à la peine du fouet, pour exaction par lui commise en la vente des bois. (Ordonn. de Louis XIV, in-fol., 1676, p. 661.)

mars 1523.

Édit de François Ier portant création de cent arquebusiers de la ville de Paris, avec les mêmes droits, priviléges et exemptions que les archers et arbalétriers ci-devant créés. (Recueil des chartes des arbalétriers de Paris, 1770, in-fol., p. 63.)

* novembre 1523.

Pièces relatives à la défense de Paris contre les Anglais. « Commission de Charles de Vendosmois, pair de France, lieutenant général du Roy, au premier huissier de Parlement, pour faire les réquisitions portées dans une autre précédente commission en suivant les lettres des prevosts des Marchands et eschevins, etc., etc. » (A. R. K. 983.)

1523.

Rang de l'Hôtel de Ville à une procession publique, le Roi présent. (Félibien, t. III, p. 581.)

1525.

Mesures de sûreté prises à l'égard des portes et fortifications, lors de la captivité de François Ier. — Ordre aux quartiniers de se loger aux portes de la ville, p. 661. — Visite sur les remparts faite par M. de Montmorency, 662. — Levée de 500 hommes pour y travailler, 663. — Portes de la ville fermées à neuf heures, ouvertes à quatre heures, 672. — Porte ouverte à l'heure accoutumée. (Félibien, t. IV, p. 649, 650, 654.)

* 1525.

Location de l'ancienne porte Saint-Denis, dite Porte-aux-Peintres. — Affaires de la ville avec le chapitre de N. D. (A. R. K. 983.)

* novembre 1525.

Pièces originales relatives à la délivrance du Roi, et à la paix avec l'empereur, avec un inventaire du temps. (A. R. K. 983.)

1225.

Lettres de la régente mère du Roi François Ier, accordées à la ville de Paris pour l'indemniser de la ratification qu'icelle régente avait exigée du traité fait avec le Roi d'Angleterre pendant la prison du Roi. (Félibien, t. III, p. 583.)

* 15 mars 1527.

Lettre du Roi qui annonce son projet de résidence au Louvre. Élargissement de la rue d'Austruche, vulgairement d'Osteriche. (A. R. K. 984.)

1527.

Lettres patentes du Roi François Ier portant concession de quelques aides à l'Hôtel de Ville de Paris, pour le remboursement et les intérêts d'un emprunt de 20 000 livres. (Félibien, t. III, p. 595.)

* 1528.

Pièces relatives à la captivité du Roi François Ier, à sa délivrance et à celle de ses enfants. — Lettres et édits de François Ier pour les octrois votés, et la cotisation des habitants de Paris privilégiés ou non, laïques et ecclésiastiques, relativement aux deux millions écus d'or au soleil, stipulés par traité pour la dite rançon, etc., etc. — Délibérations de la ville de Paris. (A. R. K. 983.)

1528.

Don de 150 000 livres fait au Roi par la ville, pour la rançon du Roi et la délivrance des enfants de France. (Félibien, t. V, p. 333 et 334. — Extr. des reg.)

* 1528.

Pièces relatives à l'administration de la ville de Paris, fontaines publiques, notifications, etc. (A. R. K. 984.)

* 7 janvier 1529.

Quittance du receveur des parties casuelles de la somme de 150 000 livres tournois, promise et octroyée en don par les habitants de Paris, pour subvenir à la rançon du Roi François Ier. (A. R. K. 984.)

† 1529 a 1535.

Achat de maisons pour la construction d'un nouvel Hôtel de Ville. — Adjudication des travaux. — Sculptures, etc., etc. (A. R. K. — Reg. de l'Hôtel de Ville, 1779. — Appendice I, n° 7.)

* 10 mars 1530.

Lettres de François Ier au prévôt et aux échevins de la ville de Paris, relatives à l'exécution du quai du Louvre et à l'octroi qu'il fait à la ville pour travaux d'embellissement. (A. R. K 984.)

* juin 1530.

Lettres du sieur de la Barre, relatives à l'achèvement du pont et quai du Louvre, que le Roi veut voir finir promptement et en pierre. (Extr. des reg. de l'Hôtel de Ville à ce sujet — A. R. K. 984.)

* 2 juillet 1530.

Lettre de François Ier au prévôt des Marchands et aux échevins de la ville de Paris, pour leur annoncer le traité de paix fait avec l'empereur, et les engager à le célébrer par les réjouissances d'usage en cette occasion. (A. R. K. 984.)

* 2 juillet 1530.

Mandement du Roi avec une autre pièce relativement à sa captivité et à sa délivrance. (A. R. K. 984.)

* 12 juillet 1530.

Deux pièces relatives à la construction du quai du Louvre, et à la clôture de la ville de Paris. (A. R. K. 984.)

1530.

Procession en actions de grâces de la délivrance des deux fils du Roi François Ier. — Entrée du chancelier du Prat, légat *a latere*. (Félibien, t. V, p. 1535-36 et 1537. — Extr. des reg.)

29 décembre 1531.

Arrêt du Parlement confirmatif de la sentence du prévôt et des échevins qui condamne à la peine du fouet le nommé Guillet, charretier, pour vol de bois. (Ordonn. de Louis XIV. in-fol., 1676, p. 662.)

* 2 février 1531.

Lettres patentes par lesquelles François Ier concède au prévôt des Marchands et aux échevins de la ville de Paris, pour l'espace de six années, trois aides ou octroi sur le poisson, le sel et le vin, « pour les produits de ces trois aides estre convertiz et employez es fortiffications et reparations des fossez, porteaux, murailles, rempars, quais, fontaines, en l'achapt des maisons circonvoisines de l'Ostel de la dicte ville, pour l'accroissement d'icelui; suivant l'arrest de la dicte court de Parlement, aussi à faire fere le quay du Louvre, encommencer semblablement celluy du port l'arcevesque où afflue la marchandise nécessaire pour la fourniture de la dicte ville, aussi le pavillon de la porte Sainct-Anthoine et autres ouvraiges nécessaires à faire en ycelle ville. » (A. R. K. 938. — Bibliothèque royale, S. F. 1138.)

1531.

Obsèques de la duchesse d'Angoulême, mère du Roi François Ier. (Félibien, t. V. p. 337-38-39 et 340. — Extr. des reg.)

* 25 mai 1532.

Lettres par lesquelles François Ier demande au Bureau de l'Hôtel de Ville 12 000 livres, pour armer une flotte contre les États barbaresques. (A. R. K. 982.)

* 8 juillet 1532.

Pièces relatives aux fontaines publiques. — Extr. des reg. de l'Hôtel de Ville. (A. R. K. 984.)

* JUILLET 1532.

S'ensuivent les journées que noble homme et sage, M. de Pomereuil, conseiller du Roi et maître de ses comptes à Paris, commissaire en cette partie, a vaqué en la chambre du conseil, pour le fait du recouvrement de la somme de 150 000 livres tournois, accordée au dit seigneur par les habitants de la ville de Paris pour sa rançon et délivrance de nos seigneurs ses enfants. (A. R. K. 984.)

* 24 AOUT 1532.

Copie d'une lettre adressée par François Ier à M. de Barbizieux, gouverneur de l'Ile-de-France, pour empêcher le transport du blé à l'étranger, à cause de la disette. (A. R. K. 984.)

† 23 AVRIL 1533.

Lettres patentes de François Ier relatives à la construction de l'Hôtel de Ville et à l'église du Saint-Esprit. (A. R. K. 984. — Appendice I, n° 8.)

1533.

Maison de Jean de Vignolles au coin de la rue Aubry-le-Boucher. « Permission accordée par la cour au dit Vignolles de faire une tournelle triomphant à l'antique, imagée du Roy et autres ymages. » (Félibien, t. IV, p. 680.)

1533.

Réception du duc de Norfolk, ambassadeur du Roi d'Angleterre. (Félibien, t. V, p. 341. — Extr. des reg.)

† 6 AOUT 1534.

Lettres patentes de François Ier relatives à l'érection de l'Hôtel de Ville de Paris. (A. R. K. 984. — Appendice I, n° 9.)

* 1534.

Lettres des Rois Louis XI, Louis XII et François Ier qui exemptent le prévôt des Marchands et les échevins du ban et arrière-ban. (A. R. K. 984.)

1534.

Convoi et enterrement de Jean de Labarre, gouverneur et prévôt de Paris. (Félibien, t. V, p. 342. — Extr. des reg.)

† 6 AOUT 1534.

Ordonnance de François Ier, relative aux embellissements de la ville de Paris et à la démolition des anciennes portes. (A. R. K. 984. — Voyez 1re partie, liv. 1er, chap. 2.)

* 13 MARS 1535.

Lettres patentes de François Ier qui confirment le prévôt et les échevins de Paris dans le droit de disposer des offices de la ville vacants par mort, résignation ou forfaiture. (A. R. K. 984.)

* 14 MARS 1535.

Lettres qui permettent à ceux qui ont des blés à vendre de les pouvoir distribuer et vendre, en gros ou en détail, en leurs greniers et ailleurs, nonobstant l'ordonnance et autres lettres ci-devant faites, et de les mener aux marchés et lieux publics. (A. R. K. 984.)

* 21 MARS 1535.

Déclaration du Roi au prévôt et aux échevins pour que les Marchands et sujets de l'empereur puissent faire faire, par leurs procureurs, achat de vins, nonobstant certaines lettres contraires à cette déclaration. (A. R. K. 984.)

* 3 JUIN 1535.

Lettres qui exemptent la ville de Paris de porter aux coffres du Louvre les deniers communs, dons, et octrois des villes de sa juridiction et ressort. (A. R. K. 984.)

13 JUILLET 1535.

L'ordre de la procession où fut promenée la « chasse de Madame Saincte Geneviefve pour prier qu'elle fut advocate envers Dieu, pour nous donner le beau temps, parce que il avoit esté deux mois entiers sans cesser de pleuvoir, au moyen de la quelle pluie on ne pouvoit faire l'aoust, ne cueillir les fruictz de la terre. » (A. R. K. 984. — Regist du Parl. — Félibien

t. IV, p. 686. — Regist. de l'Hôtel de Ville, t. V, p. 343-346.)

1536.

Travaux pour les fortifications de la ville. (Félibien, t. IV, p. 691.)

* 14 AOUT 1536.

Lettre de hanse délivrée à Jehan Guelin, voir décembre 1461. (A. R. K. 984.)

† 8 SEPTEMBRE 1536.

Ordre du roi François Ier pour la continuation des travaux de l'Hôtel de Ville. (Appendice I, n° 10.)

1536.

Paris fortifié. — Six mille hommes de guerre, soudoyés par la ville. — Entrée du roi d'Écosse à Paris. (Félibien, t. V, p. 346 à 348. — Ext. des reg.)

1536.

Règlement pour fournir Paris de grains. (Reg. du Parlement. — Félibien, t. IV, p. 692.)

* 1536.

Pièces relatives aux aides, octrois et privilèges en faveur de la ville de Paris (A. R. K. 984.)

* 16 JANVIER 1537.

Sentence pour faire abattre la vanne du moulin de Chesy qui empêchait la navigation. (A. R. K. 984.)

* 16 AVRIL 1537.

Gratifications accordées par le Roi aux membres de la municipalité, conseiller, quarteniers et autres. (A. R. K. 984.)

† 17 AVRIL 1537.

Lettre du roi devant Hesdin, adressée au prévôt des Marchands et aux échevins, de cesser les travaux de l'Hôtel de Ville et des autres monuments. (A. R. K. 984. — Appendice I, n° 11.)

* 25 JUIN 1537.

Lettre de M. de Montmorency au prévôt et aux échevins de Paris pour la fonte de l'artillerie. (A. R. K. 984.)

1537.

Extraits des registres de l'Hôtel de Ville relatifs à une demande, faite par le Roi, de trois mille hommes de pied aux frais de la ville de Paris. (A. R. K. 984. — Félibien, t. V, p. 348.)

3 JUILLET 1538.

Procession solennelle, faite par l'ordre du prévôt des Marchands et des échevins de la ville de Paris. (A. R. K. 984. — Félibien, t. V, p. 348, -49, -50 et -51. — Extr. des reg.)

* 16 JUILLET 1538.

Lettre du roi François Ier, relative à la juridiction du faubourg Saint-Jacques. (A. R. K. 984.)

* 6 FÉVRIER 1538.

Ordonnance de recouverture de la porte de Bussy (A. R. K. 984.)

* 25 AVRIL 1539.

Demande de dommages et intérêts adressée au prévôt et aux échevins pour les dégâts commis par la chute de la tour de Billy. (A. R. K. 985.)

† 6 SEPTEMBRE 1539.

Devis des ouvrages de charpente de l'Hôtel de Ville de Paris. (A. R. K. 985. — Appendice I, n° 12.)

* 20 OCTOBRE 1539.

Lettre du maréchal de Montmorency au prévôt des Marchands et aux échevins pour adresser à Dieu des prières, et le remercier d'avoir rendu la santé au roi. (A. R. K. 985.)

* OCTOBRE 1539.

Pièces relatives à la clôture de Paris, et à l'élargissement du carrefour de Mybray. (A. R. K. 985.)

* 25 DÉCEMBRE 1539.

Lettre du Roi qui enjoint au prévôt des

Marchands et échevins de rester jusqu'à la fin des cérémonies. (A. R. K. 986.)

1539.
Entrée de l'empereur Charles V, à Paris. (Félibien, t. V, p. 351. — Extr. des reg.)

* 6 décembre 1540.
Lettres de François Ier aux prévôt et échevins de la ville en faveur de Tudesquyn, ouvrier en armes. (A. R. K. 985.)

* 1540.
Convocation du ban et arrière-ban. — Nouveaux octrois accordés à la ville de Paris par François Ier. — Baux de maisons, travaux divers. — Droits réclamés, anciennement dus aux religieux bénédictins de Saint-Denis. — Vingt lettres originales écrites tant par le Roi que par ses ministres le chancelier Poyet, de Neufville, le cardinal de Tournon, etc. (la plupart relatives aux fortifications de Chaulny.) (A. R. K. 985.)

1540.
Préparatifs pour l'entrée de l'empereur Charles V à Paris. (Reg. de l'Hôtel de Ville de Paris. Archiv. du Roi. — Archives cur. de l'hist. de France, par Cimber et Danjou, t. III, p. 427. — Reg. du Parlement, Félibien, IV, p. 699.)

† 1540.
Deux pièces relatives à la couverture de l'Hôtel de Ville de Paris. (A. R. K. 985. — Appendice I, n°s 13, 14.)

† 15 juin 1541.
Marché et devis fait double à l'Hôtel de Ville entre J. Huillot, charpentier de la grant coignée, d'une part, et le prévôt des Marchands, etc., pour ouvrage de grosse charpenterie à faire pour le dit hôtel et bâtiment, moyennant onze cent cinquante livres tournois. (A. R. K. 985. — Appendice I, n° 15.)

† 11 juillet 1541.
Délibération relative aux ouvriers du bâtiment neuf de l'Hôtel de Ville. (A. R. H. 1780. — Reg., fol. 19 v°. — Appendice I, n° 16.)

* 1541-1542.
Requête présentée au prévôt des Marchands et aux échevins, par Étienne Bernard, marchand libraire de Paris, pour être autorisé à augmenter sa maison en y joignant un terrain vague qui se trouvait entre le pont de la porte Saint-Victor et le fossé du rempart, qui appartenait à la ville. — Rapport de Charles le Comte, maître des œuvres de la ville de Paris, suivi de l'autorisation accordée au dit Bernard, 8 août 1542. (A. R. K. 985.)

1542.
Maison neuve, avec tournelle, bâtie au coin de la ruelle de l'Asne-rayé où était l'ancienne Porte-aux-Peintres. (Reg. du Parlement, Félibien, t. IV, p. 704.)

* 1542.
Information relative à la guerre contre l'empereur et le roi d'Angleterre. — Lettres patentes révoquant tous les receveurs des deniers communs, et nommant de nouveaux receveurs, à l'exception de la ville de Paris qui conserve le droit de nommer les siens. — Autres lettres patentes de François Ier pour lever une armée de cinquante mille hommes. — Autres portant aides, dons, octrois, pour les fortifications et décorations de la ville de Paris, etc. (A. R. K. 985.)

* 28 septembre 1542.
Arrêt du Parlement qui donne mainlevée aux bourgeois de Paris des fiefs nobles sur eux saisis, pour raison de ban et arrière-ban. (Ordonn. de Louis XIV, in-fol., 1676, p. 136.

* 1543.
Lettres patentes relatives aux subsides et levées d'hommes pour la guerre contre les Anglais. — Création d'archers et d'arbalétriers, avec leurs priviléges. Lettres originales du Dauphin (Henri II.) (A. R. K. 985.)

1543.

Obsèques de l'amiral Chabot. (Félibien, t. V, p. 357 et 358 (extrait des reg.)

SEPTEMBRE 1543.

Privilége accordé par François Ier aux prévôt des Marchands, échevins, procureur du Roi, greffier et conseillers de la ville de Paris, pour le *committimus* aux requêtes du palais, et exemption des droits de gros et aides du vin de leur cru, tant qu'ils seront en charge. (Ordonn. de Louis XIV, in-fol., 1676, p. 137.)

JUIN 1544.

Lettres patentes de François Ier portant confirmation des priviléges des arbalétriers, archers et arquebusiers de la ville de Paris, et notamment de leur exemption de tous droits d'aides. (Recueil des chartes des arbalétriers de Paris, 1770, in-fol., p. 70.)

1544.

Le soin des pauvres de la ville confié au prévôt des Marchands et aux échevins. Établissement du bureau des pauvres. (Reg. du Parlement, Félibien, t. IV, p. 711.) — Lettres patentes du roi François Ier à ce sujet. (Félibien, t. V, p. 284.)

* 1544.

Ordonnance de François Ier pour levée d'argent pour entretenir cinquante mille hommes contre l'empereur. — Autre pour levée de sept mille cinq cents hommes destinés à la défense de Paris. — Lettres de François Ier au cardinal de Meudon, gouverneur de Paris ; cotisation pour solder des pionniers. (A. R. K. 985.)

* JUILLET 1544.

Cri public pour faire venir les immondices de la ville de Paris aux nouveaux remparts. — Cri à son de trompe pour faire défense aux ouvriers travaillant aux fortifications ou à toutes autres personnes de « emporter hors des dictes fortifications aucuns bastons de saulx et autres boys qui sont pour servir ès dictes, etc. » — Supplique adressée au cardinal de Meudon, gouverneur de Paris, par les chanoines de Saint-Benoît, de diminuer le nombre des pionniers qu'ils devaient fournir aux fortifications. — Supplique adressée au cardinal de Meudon par Antoine Pathoillet, secrétaire du Roi au Parlement de Piémont et bourgeois de Paris, dont le jardin avait été pris pour élargir les fossés du côté de Saint-Victor, et chez lequel six archers avaient été mis comme garnisaires parce qu'il refusait de payer quarante livres auxquelles il avait été imposé. — Lettre de François Ier aux prévôt et échevins de la ville de Paris relative aux fortifications. (A. R. K. 985.)

* 2 AOUT 1544.

Reçu de Jehan Guérin, capitaine des arbalétriers, d'un rôle comprenant le nom de ceux qui n'ont pas fourni les pionniers qu'ils devaient envoyer travailler aux fortifications, par lequel Jehan Guérin s'engage à contraindre ces retardataires. (A. R. K. 985.)

* 1545.

Lettres patentes (pour la levée de cinquante mille hommes) de deniers sur les bonnes villes du ressort de Paris. — Réduction des mesureurs de bois. Lettre du cardinal de Meudon, lieutenant général du Roi à Paris. — Fortifications de la ville de Paris. — Lettres diverses. — Confirmation d'exemption de subsides, tailles, subventions en faveur du prévôt des Marchands et des échevins. (A. R. K. 985.)

1545.

Arrêt pour faire paver la rue de Seine. (Reg. du Parlement, Félibien, t. IV, p. 715.)

27 DÉCEMBRE 1546.

Édit du roi François Ier par lequel les sentences des prévôts des Marchands et des échevins seront exécutées nonobstant l'appel. (Ordonn. royaux, etc., édit. de 1644, in-fol., p. 235. Dans l'édit. in-4° de 1528 du même recueil on trouve des lettres sur cet objet datées de 1515, fol. cviii v°.)

* 1546.

Lettre originale d'Antoine, duc de Vendôme. — Commission du Roi pour les grains et pour l'approvisionnement du camp de Boulogne. — Ordonnances et mandement de François Ier du 27 décembre. — Le prévôt des Marchands et les échevins de la ville de Paris déchargés de poursuites dirigées contre eux, etc. (A. R. K. 986.)

1546.

Débat pour savoir à qui appartient la nomination des administrateurs de l'hôpital de la Trinité. (Reg. du Parlement, Félibien, t. IV, p. 733.)

1546.

Avénement du roi Henri II. (Reg. de l'Hôtel de Ville. — Archives curieuses de l'histoire de France, de Cimber et Danjou, t. III, p. 440.)

JANVIER 1547.

Lettres patentes de Henri II portant confirmation des priviléges et exemptions des cent arquebusiers de la ville de Paris. (Recueil des chartes des arbalétriers de Paris, 1770, in-fol., p. 75.)

16 JUILLET 1547.

Lettre du Roi au sujet du gouverneur de ses bêtes, etc. (Reg. de l'Hôtel de Ville. Archives curieuses de Cimber et Danjou, t. III, p. 448.)

15 OCTOBRE 1547.

Édit du roi Henri II relatif aux sentences du prévôt des Marchands et des échevins de la ville de Paris. (Ordonn. royaux, etc., édit. de 1644, in-fol., p. 235.)

* 1547.

Première année du règne de Henri II; lettres patentes pour la solde de 7 500 hommes pendant quatre mois. — Autres pour établir des travaux publics en faveur des pauvres valides, et détruire la mendicité à Paris. — Procès et condamnation au gibet de J. Fournier pour avoir contrefait les sceaux de la chancellerie, etc.; rachat par le Roi des fermes de pied fourché. — Lettre originale du Roi aux prévôt et échevins de Paris. — Édit de Fontainebleau en décembre, portant confirmation des priviléges des prévôt des Marchands, échevins, etc. (A. R. K. 985.)

1547.

Banque proposée à la ville et rejetée. (Félibien, t. V, p. 358.) (Extrait des reg.)

* 2 JANVIER 1548.

Lettre par laquelle Henri II prévient les prévôt et échevins qu'ils aient à se trouver le lendemain mardi à Saint-Denis, pour assister à la remise *des corps saints*. (A. R. K. 987.)

† 15 MARS 1548.

Délibération relative aux ouvriers qui travaillaient au bâtiment neuf de l'Hôtel de Ville. (A. R. H. 1781, reg. de l'Hôtel de Ville, t. IV. fol. 137 v°. — Appendice I, n° 17.)

† 16 MARS 1548.

« Marché faict par le prevost des Marchands et les eschevins avec les orfebvres y denommez, pour faire un vaisseau d'or (d'escu), de haulteur de un pied huit pouces en triangulaire, et en la forme et maniere y declarée, pour d'iceluy en faire par la ville présent au Roy à son entrée en icelle. (A. R. K. 987. — Voyez le chap. III du liv. III de notre première partie.)

* 2 MAI 1548.

Lettre du Roi qui accorde un octroi à la ville de Paris pour payer les gens de guerre. (A. R. K. 987.)

* AOUT 1548.

Vente par-devant notaire faite par le Roi aux prévôt des Marchands et échevins, d'un droit à percevoir sur le vin et le poisson entrant à Paris. (A. R. K. 987.)

1548.

Entrée de la princesse de Ferrare à Paris (Félibien, t. V, p. 358-59 et 360. — Extr. des reg.)

DEUXIÈME PARTIE.

* 1548-1549.

Pièces relatives aux aides et octrois de la ville de Paris. (A. R. K. 987.)

* 29 AVRIL 1549.

Lettres patentes du roi Henri II, contenant le règlement et l'ordre que doivent tenir les officiers de la ville dans les entrées solennelles. (A. R. K. 987.)

* MAI 1549.

« Vidimus du garde de la prevosté de Paris, de la commission du Roy du 14 may 1549, aux prevost des Marchans et eschevins, pour faire fortiffier l'isle Louviers, y construire un havre et au dessus un fort et bastillon, et es isles aux Vaches et de Nostre-Dame, faire des ponts de bateaux, pour venir assaillir le dit fort, par esbatement, et pour plus grande magnificence de l'entrée du Roy et de la Reyne. » — Édit relatif au commerce du bois. (A. R. K. 987.)

7 JUIN 1549.

Ordonnance par laquelle Henri II décide que tous marchands de bois et autres qui feront amener échalas dans Paris, ne les laisseront sur le chemin plus d'un jour, et que les dits échalas seront mis au rabais trois jours après leur arrivée au port. (Ord. roy., etc. édit. de 1644, in-fol., p. 310.)

* AOUT 1549.

Priviléges des officiers de la ville de Paris. — Contrat de vente à rachat perpétuel au prévôt et aux échevins de la ville, des fermes de l'aide de douze deniers pour livre, etc., etc., pour subvenir à la solde d'une armée contre les Anglais : 250 000 livres, pour Paris. (A. R. K. 987.)

† AOUT 1549.

Cinq pièces dont lettres patentes du Roi, acte de vente, quittances relatives à l'achat d'une grange à mettre l'artillerie de la ville de Paris. (A. R. K. 987. — Appendice I, n°ˢ 18, 19, 20, 21.)

1549.

Entrée du Dauphin, fils du Roi Henri II, à Paris. — Entrée de Henri II et de la Reine Élisabeth. — Procession à l'occasion des hérétiques. (Félibien, t. V, p. 360. — Extrait des reg.)

* AVRIL 1550.

Lettres patentes du Roi pour interdire tant au Parlement qu'aux receveurs généraux des finances, la faculté de s'immiscer, soit dans les offices, soit dans la comptabilité de la ville de Paris. (A. R. K. 988.)

SEPTEMBRE 1550.

Édit de Henri III, portant création d'un capitaine général des trois compagnies d'archers, arbalétriers et arquebusiers de la ville de Paris, réduites en une seule compagnie, avec suppression des capitaines d'icelles qui seront lieutenants du sieur Antoine de Belloy, lequel Sa Majesté auroit pourvu en la dite charge de capitaine général. (Recueil des chartes des arbalétriers de Paris, 1770, in-fol., p. 108.)

1550.

Propositions pour la clôture des faubourgs. Pont du Louvre, etc. — Avis de la ville sur une proposition touchant le guet. — Ouverture de la porte de Nesle au public. — Avis du conseil de ville sur une proposition touchant le guet. — (Félibien, t. V, p. 378 à 380. — Extr. des reg.)

4 JANVIER 1551.

Arrivée d'un chirurgien habile à tailler la pierre. (Reg. de l'Hôtel de Ville; Arch. curieuses de Cimber et Danjou, t. III, p. 449.)

* 29 JANVIER 1551.

Lettres patentes du Roi pour faire payer aux habitants de la ville de Paris leur part de contribution, pour la levée de 7 500 hommes. (A. R. K. 988.)

16 AVRIL 1551.

Polices des pauvres. (Reg. de l'Hôtel de

Ville; Arch. curieuses de Cimber et Danjou, t. III, p. 449.)

† 13 août 1551.

Marché des peintures du petit bureau des bâtiments neufs de l'Hôtel de Ville. (Extr. des reg. — V. Appendice I, n° 21, bis.)

† 14 novembre 1551.

Délibération des prévôt des Marchands et échevins relative à la démolition de l'ancienne Maison aux Piliers, et à l'artillerie de la ville. (Extr. des reg. de l'Hôtel de Ville. — Voir Appendice I, n° 22.)

* 18 janvier 1552.

Lettres patentes de Henri II, relatives aux rues, places et lieux inhabités de la ville de Paris, et aux possesseurs de fiefs dans cette ville. (A. R. K. 988.)

* 19 janvier 1552.

Commission donnée au prévôt des Marchands et aux échevins de Paris, de faire défenses à tous les notaires tant du Châtelet que de la prévôté de Paris, de recevoir aucuns contrats de constitution de rente depuis 10 livres et au-dessus, avant que la somme de 490 000, à recouvrer sur cette ville, etc., ait été fournie. (A. R. K. 988.)

19 juin 1552.

Processions d'actions de grâces pour les victoires remportées par le Roi. (Reg. de l'Hôtel de Ville; Arch. curieuses de l'histoire de France, par Cimber et Danjou, t. III, p. 450.)

* 22 juin 1552.

Ordonnance du prévôt et des échevins de la somme de 45 livres pour le maître des œuvres de charpenterie de la ville, pour évaluation de terrains échangés, et de travaux de charpente faits à l'Hôtel de Ville. (A. R. K. 988.)

22 juin 1552.

Feu de la Saint-Jean. (Reg. de l'Hôtel de ville; Arch. curieuses Cimber et Danjou, t. III. p. 451.)

* 6 juillet 1552.

Exemptions et priviléges en faveur des officiers de l'Hôtel de Ville de Paris. (A. R. K. 988.)

† 13 septembre 1552.

Extrait des registres de l'Hôtel de Ville relatifs à la police de la place de Grève. (Voir Append. I, n° 23.)

† 10 octobre 1552.

Ameublement pour la chambre du prévôt des Marchands. (Extrait des reg. de l'Hôtel de Ville. — Voyez Appendice I, n° 24.)

novembre 1552.

Réception de l'ambassadeur du roi d'Argus. (Reg. de l'Hôtel de Ville; Arch. curieuses de l'histoire de France, de Cimber et Danjou, t. III, p. 453.)

† 1553.

Pièces relatives au cens, aux rentes et aux droits d'exemption de la ville de Paris. (A. R. K. 988.)

18 juillet 1554.

Lettres patentes qui ordonnent au prévôt et aux échevins de Paris de faire le procès à ceux qui empêchent le travail des fortifications, et de faire planter des potences près des *hastelliers*. (Ordonn. de Louis XIV, in-fol., 1676, p. 663.)

* 28 juillet 1554.

Lettres patentes du Roi relatives aux charges de mesureurs de charbon. (A. R. K. 988.)

* 21 novembre 1554.

Jugement du Bureau de la ville de Paris qui ordonne le rachat d'une rente de x sous parisis, due à l'abbaye de Longchamp sur une maison sise à Paris, à la porte Baudoyer, « où souloit anciennement pendre pour enseigne *l'Homme sauvage*. » (A. R. Q. 1247.)

1554.

Édit de Henri II, ordonnant aux habitants de Paris de porter leur vaisselle d'argent à la Monnaie, pour leur en être constituées rentes au denier douze par les prévôt des Marchands et échevins de cette ville. (Félibien, t. V, p. 287.)

* 1554.

Pièces relatives aux aides et aux octrois de la ville de Paris. (A. R. K. 988.)

1554.

Pièces originales et extraits des registres de l'Hôtel de Ville relatifs à l'élection et à la condition des officiers. — Règlement du Roi qui déclare que les quartiniers ne pourront être échevins et quartiniers ensemble. (A. R. K. 988. — Ordonn. royaux, etc. Édit. de 1644, in-fol., p. 318.)

MARS 1554.

Continuation des fortifications de la ville de Paris. (Félibien, t. V, p. 383. — Extrait des reg.)

† 15 MAI 1555.

Création de rente dont le capital devait être en partie employé à l'achèvement du nouvel Hôtel de Ville. (Biblioth. de la Ville, Achat Joursanvaut, n° 1103. — Appendice I, n° 25.)

1555.

Réception de l'ambassadeur de l'Empereur. (Félibien, t. V, p. 383. — Extrait des reg.)

* 1555-1556.

Pièces relatives aux dons et octrois de la ville de Paris. (A. R. K. 988.)

1556.

La défense d'élire des gens de robe prévôts des Marchands levée. (Félibien, t. V, p. 385. — Extrait des reg.)

1557.

Bulle du pape pour le carême. (Reg. de l'Hôtel de Ville; Archives curieuses de Cimber et Danjou, t. III, p. 456.) — Pompe funèbre du cardinal de Bourbon, p. 385. — Assemblée solennelle à l'Hôtel de Ville de Paris, où la Reine se trouva, p. 386. (Félibien, t. V. — Extrait des reg.)

AOUT 1557.

Lettres patentes de Henri II portant confirmation des privilèges et exemptions des archers, arbalétriers et arquebusiers de la ville de Paris. (Recueil des chartes des arbalétriers de Paris, 1770, in-fol., p. 76.)

* 1557-1558.

Pièces relatives aux dons et octrois de la ville de Paris. (A. R. K. 988.)

16 AVRIL 1558.

Arrêt du Parlement qui casse l'élection comme prévôt des Marchands, du sieur de Bragelonne, lieutenant particulier du Châtelet, en exécution d'un édit du mois d'octobre 1547, qui, en réservant l'élection aux bourgeois et notables, déclarait les fonctions municipales incompatibles avec les offices de judicature. (Voyez Extraits des registres du Parlement sous Henri II, par M. Taillandier, t. XVI, p. 454 des Mémoires de la Société royale des Antiquaires de France.)

1559.

Carrousel du Roi Henri II à la rue Saint-Antoine, p. 388 — Festin du Roi à l'Hôtel de Ville, p. 388. (Archives curieuses de Cimber et Danjou, t. III, p. 457.) — Nouvelle proposition pour établir le guet royal, p. 390. (Félibien, t. V. — Extrait des reg.)

* 1559.

Confirmation des privilèges des bourgeois de Paris. (A. R. K. 988.) — Pièces relatives aux dons et octrois de la ville de Paris. (A. R. K. 988.)

* 14 FÉVRIER 1560.

Déclaration du Roi portant que le revenu des aides, impositions et gabelles, vendu au prévôt des Marchands serait perçu par la ville et non par les receveurs généraux. (A. R. K. 988.)

1560.

Rang des députés de Paris aux états d'Orléans, p. 390. (Félibien, t. V. — Extrait des reg.)

* 14 SEPTEMBRE 1561.

Déclaration du Roi qui exempte du guet les procureurs, contrôleurs et receveurs de la ville de Paris. (A. R. K. 989.)

1561.

Déclaration du Roi Charles IX portant commandement aux habitants de Paris de porter leurs armes en la Maison de Ville. (Félibien, t. III, p. 662.)

1560-1561-1562.

Lettres du Roi aux officiers municipaux. — Convocation des États généraux. — Relation de l'Incendie de la Tour de Billy, etc. (Arch. curieuses de Cimber et Danjou, t. V, p. 411.) —Assemblée de la Ville à l'évêché, p. 391. — Assemblée des trois états à Paris, p. 391. — Ordre de désarmer les habitants de Paris, p. 392. (Félibien, t. V. — Extrait des reg.)

* 25 ET 28 FÉVRIER 1562.

Deux lettres de Catherine de Médicis relatives au meurtre du duc de Guise. (A. R. K. 1024. — Voyez notre texte, première partie, liv. III, chap. II.)

1562.

Convoi du duc de Guise et supplice de Poltrot, son assassin, p. 392. — Recherche des armes et mesures pour la sûreté de la ville, p. 395. (Félibien, t. V. — Extrait des reg.)

* 3 NOVEMBRE 1562.

Ordonnance rendue par Charles de Cossé, comte de Brissac, pour faire cesser les vexations commises par les gens de guerre. (A. R. K. 1011.)

1562.

Rentes de l'Hôtel de Ville retranchées aux séditieux. (Reg. du Parlement. — Félibien, t. IV, p. 806.)

JUILLET 1563.

Lettres patentes de Charles IX portant confirmation des priviléges et exemptions de cent arquebusiers de la ville de Paris. (Recueil des chartes des arbalétriers de Paris, 1770, in-fol., p. 79.)

1563.

Établissement de la juridiction des juges-consuls des Marchands. (Félibien, t. III, p. 671.)

1563.

Les armes des habitants portées à l'Hôtel de Ville, puis rendues en partie, p. 396.—Convoi du sieur de l'Escalopier, échevin, p. 396. — Projet de règlement pour les officiers des trois compagnies des arbalétriers et arquebusiers, p. 397. (Félibien, t. V. — Extr. des reg.)

* 1563-1564.

Pièces relatives aux dons et octrois de la ville de Paris. Constitutions de rente. (A. R. K. 989.

1564.

Ordonnance sur la forme des jugements du prévôt des Marchands et des échevins. (Reg. du Parl. — Félibien, t. IV, p. 813.)

1564.

Lettres patentes de Charles IX pour faire abattre les saillies et *oste vens* des maisons de la ville de Paris. (Félibien, t. III, p. 680.)

† 13 AOUT 1564.

Lettres par lesquelles Catherine de Médicis annonce aux magistrats municipaux qu'ils suivront pour leurs élections le même mode que par le passé, nonobstant les lettres patentes de Charles IX. — (V. notre texte, prem. part., p. 159, note 2.)

1564.

Service funèbre pour l'Empereur Ferdinand I, p. 398. (Félibien, t. V. — Extr. des reg.)

DEUXIÈME PARTIE.

23 décembre 1566.

Lettres patentes du Roi relatives aux bois flottés. (Ordonn. roy., etc., in-fol., 1644, p. 423.)

février 1566.

Lettres patentes de Charles IX portant règlement pour le service des trois compagnies d'archers, arbalétriers de Paris. (Recueil des chartes des arbalétriers de Paris, 1770, in-fol., p. 80.)

* 1566.

Pièces relatives aux dons et octrois de la ville de Paris. (A. R. K. 989.)

1566.

Arrêt touchant le droit de hanse et compagnie française. (Reg. du Parl. — Félibien, t. IV, p. 820.)

1566.

Ordonnance au sujet des blés. (Reg. du Parlem. — Félibien, t. IV, p. 818.)

1566.

Confirmation et changement de nom du duc d'Anjou, frère du Roi Charles IX, p. 399.— Première pierre du grand boulevard, près les Tuileries, assise par le Roi Charles IX, p. 401.— Banque proposée à la ville et rejetée, *idem*. (Félibien, t. V. — Extr. des reg.)

* mai 1567.

Confirmation des priviléges des quartiniers de la ville de Paris.—Constitution de rentes sur l'Hôtel de Ville de Paris en faveur du duc de Lorraine. — Autres constitutions de rentes de la même année. (A. R. K. 989.)

* 4 octobre 1567.

Commission au prévôt des Marchands et aux échevins pour lever par les quartiers sur les habitants de cette ville et faubourgs, 1 200 pionniers garnis d'outils nécessaires pour faire hors la ville une tranchée destinée à asseoir le camp des gens de guerre, tant de pied que de cheval. (A. R. K. 989.)

1567.

Lettres patentes de Charles IX, par lesquelles il ordonne cent bourgeois en chaque quartier de Paris, pour assister la justice quand ils en seront requis. (Félibien, t. III, p. 701.) —Permis au prévôt des Marchands de donner à bail les maisons des sujets rebelles qui ont quitté la ville. (Reg. du Parlem. — Félibien, tom. IV, pag. 822.) — Lettres patentes de Charles IX, portant établissement des capitaines de la ville de Paris, et permission aux citoyens d'icelle de prendre les armes. (Félibien, t. III, p. 703.) — Commission au prévôt des Marchands et aux échevins de la ville de Paris de lever 4 400 hommes de guerre à pied. (Félibien, t. III, p. 706.) — Ordre pour prévenir les assassinats fréquents à Paris, p. 401. —Les armes rendues aux Parisiens et ôtées aux hérétiques, *idem*. — Levée de 4 400 hommes pour la défense de Paris, *idem*. — Différents ordres pour la sûreté de la ville, *idem*. (Félibien, t. V. — Extr. des reg.)

* 1567-1568.

Lettre du Roi et autorisation pour fabriquer de la poudre et fondre de l'artillerie. (A. R. K. 989.)

* 1568.

4 février. Règlement des priviléges des archers, arquebusiers, etc. — 12 mars. Assignation de rente pour vaisselle. — 17 septembre. Don gratuit de la ville de Paris au Roi d'une somme de 300 000 livres pour les frais de la guerre. (A. R. K. 989.)

* 1568.

Lettres des échevins et gouverneurs de la ville de Senlis au prévôt et aux échevins de la ville de Paris relativement au soutien mutuel que doivent se prêter les deux villes pendant les guerres. (A. R. K. 1011.)

1568.

Permission au prévôt des Marchands et aux échevins de faire faire de la poudre à canon. (Reg. du Parlem. — Félibien, t. IV, p. 823.)

1568.

Règlement pour maintenir la sûreté en la ville de Paris et l'ordre entre les capitaines et bourgeois portant les armes. (Félibien, t. III, p. 707.) — Ampliation du Roi Charles IX aux prévôt des Marchands et échevins de Paris, pour l'exécution de l'ordonnance du 24 décembre 1567, rapportée ci-dessus. — Mandement des prévôt des Marchands et échevins de la ville de Paris sur le même sujet, *idem*, 709.

1568.

La ville se rend caution du paiement des Reitres, p. 404. — Don de 100 000 livres fait au Roi par la ville, *idem*. — Juridiction des prévôt et échevins sur la milice de la ville, *idem*. — Ordre pour la sûreté de la ville, *idem*. (Félibien, t. V. — Extr. des reg.)

* 6 janvier 1569.

Rente constituée en faveur des Capitaines, Lieutenants, Enseignes de la garde de Paris. (A. R. 989.) — Arrêts sur les rentes de l'Hôtel de Ville. (A. R. K. 989.) — Plusieurs cahiers de constitutions de rente sur l'Hôtel de Ville de Paris. (A. R. K. 989.) — Lettres patentes en faveur du prévôt des Marchands et des échevins de Paris. (Reg. du Parlement. — Félibien, t. IV, p. 829.) — Pompe funèbre du comte de Brissac, p. 405. — Levée d'hommes pour le service de la ville, *idem*. (Félibien, t. V. — Extr. des reg.)

* 1570.

Lettres d'exemption accordées à la ville de Paris de contribuer à la levée de 50 000 hommes de pied. — Cahiers des charges et deniers levés sur le clergé. (A. R. K. 990.) — Confirmation par Charles IX de l'élection de plusieurs quartiniers et conseillers de la ville de Paris. — 21 avril. Nomination du Roi par les prévôt et échevins de Michel Tamponnet au lieu de Jacob, ci-devant commis par Sa Majesté à faire la recette et paiement des gages des officiers et archers du guet. Érection de cette charge en titre d'office. — Création du dit office aux gages de 100 fr. pour le dit Tamponnet. (A. R. K. 990.)

1570.

Visites des maisons et hôtelleries, p. 406. (Félibien, t. V. — Extr. des reg.)

1571.

Règlement pour la recherche du bois de chauffage tant dans les maisons de religion que chez les bourgeois de la ville de Paris. (Ordonn. roy., etc., in-fol., 1644, p. 511.)

* 5 août 1571.

Lettres pour contraindre tous les marchands depuis le pont de Vernon à conduire leur bois à Paris. (A. R. K. 990.)

22 septembre 1571.

Milices de la ville congédiées, p. 406. — Entrée solennelle du Roi Charles IX à Paris, *idem*. — Entrée de la Reine Élisabeth d'Autriche, femme du Roi Charles IX, à Paris, p. 414. — L'interprétation de six histoires faites de sucre, pour la collation de la Reine. (Félibien, t. V. — Extr. des reg.)

† 1571.

Lettres patentes du Roi Charles IX relatives aux nettoyage et embellissement de la place de Grève, devant l'Hôtel de Ville. (A. R. K. 990. — Voir Appendice 1, n°° 26 et 27.)

* 24 janvier 1572.

Remise à la ville de Paris d'une partie de sa cotisation pour les Reitres. (A. R. K. 990.)

du 22 août au 1er septembre 1572.

Extraits des registres et chroniques du Bureau de la ville de Paris. (Félibien, t. V. — Extr. des reg. — Arch. cur. de Cimber et Danjou, t. VII, p. 211.)

1572-1573.

Extrait du compte 17e de M° François de Vigny, receveur du domaine de la ville de Paris.

des recettes et dépenses par lui faites à cause des rentes et revenus de la dite ville. On trouve dans la *recette*, des détails fort curieux sur l'argent que tirait la ville de Paris des locations de différentes maisons et hôtels qui lui appartenaient, sur la location des anciennes fortifications; et dans la *dépense* des renseignements non moins intéressants sur les dépenses faites par l'Hôtel de Ville pour le feu de la Saint-Jean qui a précédé la Saint-Barthélemy. (Sauval, t. III, p. 623.)

* 21 août 1572.

Droits et priviléges conservés à la ville de Paris d'employer salpêtre et fondre artillerie. (A. R. K. 990.)

* 1573.

Permission au prévôt des Marchands et aux échevins de faire venir de Picardie 400 muids de farine, à cause de la disette. — Mandement au prévôt des Marchands et aux échevins « de faire payer dans trois jours par les aisez leur cotisation suivant les roolles à ceste fin dressez et envoyez, et leur en constituer rente à denier douze, sur la ferme du nouvel impôt sur les draps, velours, etc. » — Pièces relatives aux dons, octrois et impôts de la ville de Paris. (A. R. K. 990.)

1573.

Réception des ambassadeurs de Pologne, etc., p. 424. — Entrée solennelle du roi de Pologne à Paris, p. 429. (Félibien, t. V. — Extr. des reg.)

4 mai 1574.

Lettres patentes qui ordonnent au prévôt de Paris, ou à son lieutenant, de connaître du différend survenu entre un capitaine des archers et un des dits archers, et au prévôt des Marchands et aux échevins de juger l'affaire définitivement. (A. R. K. 990. — Ordonn. de Louis XIV, in-fol., 1676, p. 665.)

1574.

Extraits du dix-huitième compte de Mᵉ François de Vigny, receveur du domaine de la ville de Paris. (Sauval, t. III, p. 644.)

* 1574.

Pièces relatives aux dons, octrois et levées de la ville de Paris. (A. R. K. 990.)

* avril 1575.

Lettres patentes du Roi relatives aux gages du chevalier du guet, et à cause des officiers et archers. (A. R. K. 990.)

* 23 juin 1575.

Lettres au prévôt des Marchands et aux échevins, pour recouvrer et prêter au Roi la somme de 2 000 livres, au denier douze, destinée à entretenir des vaisseaux et des gens de guerre. (A. R. K. 990.)

* 31 juillet 1575 au 3 juillet 1765.

Trente-six expéditions sur parchemin de bail à loyer de trois maisons sises rues de la Tixeranderie et du Mouton, dont les administrateurs de l'hôpital général du Saint-Esprit étaient propriétaires. (A. R. Q. 1247.)

* octobre 1575.

Lettre portant exemption de solde en faveur du clergé. (A. R. K. 990.)

* 25 août 1576.

Lettres au prévôt des Marchands et aux échevins pour contraindre les cotisés en retard pour le paiement des Suisses. (A. R. K. 990.)

† 8 octobre 1576.

Lettres patentes de Henri III relatives au déblaiement de la place de l'Hôtel de Ville. (A. R. K. 990. — Voir Appendice I, n° 28.)

* 1576.

Pièces relatives aux dons, octrois, levées de la ville de Paris. (A. R. K. 990.)

janvier 1577.

Privilége octroyé par le roi Henri III au

prévôt des Marchands et aux échevins qui seront et ont été depuis vingt ans en charge. (Ordonn. royaux de la juridiction de la prévôté des Marchands, édit. de 1644, in-fol., p. 240.)

13 septembre 1577.

Arrêt du Parlement sur un différend élevé entre les jurés vendeurs et contrôleurs de vins et les marchands de vins de cette ville. (Ordonn. royaulx, etc.)

* 1577.

Lettres octroyées au prévôt des Marchands et aux échevins portant mandements à la cour de faire faire le *papier terrier* de la ville de Paris, dont les titres avaient été perdus dans les guerres ou autrement. (A. R. K. 990.)

* 1577.

Aides, octrois et rentes constituées sur l'Hôtel de Ville de Paris. (A. R. K. 990, 1009.)

14 juin 1578.

Arrêt du Parlement qui donne aux jurés vendeurs et contrôleurs de vins un délai de six semaines pour se faire payer de ceux qui leur en auront acheté, faute de quoi ils ne pourront revendiquer le dit vin entre les mains d'un tiers acheteur. (Ordonn. de Louis XIV, in-fol., 1676, p. 240.)

20 décembre 1578.

Arrêt du Parlement confirmatif de la sentence du Bureau de la Ville, qui condamne Antoine Plangout, *chartier tumblier*, à faire amende honorable au dit Bureau pour avoir jeté des gravats sur les boulevards. (Ordonn. de Louis XIV, in-fol., 1676, p. 667.)

* 5 février 1579.

Copie d'une lettre de commission donnée par le Roi à l'un des échevins pour faire arriver le bois dans Paris. (A. R. K. 1009.)

22 octobre 1579.

« Arrêt de la cour de Parlement sur le reiglement du bois avec le reiglement du bourgeois aux marchands debardeurs et gagnedeniers. » (Ordonn. royaux sur la juridiction de la prévôté des Marchands, édit. de 1644 in-fol., p. 304.)

* février-avril 1580.

Requête présentée au Roi par les habitants du faubourg Saint-Germain, afin qu'un port, sous le nom de Port du roi de Pologne, soit établi au bout de la rue de Seine. — Adhésion de l'abbé de Saint-Germain, sauf l'exécution de ses droits. — Lettre du Roi qui renvoie cette requête aux prévôt des Marchands et échevins, 4 pièces. (A. R. K. 1009.)

8 mars 1580.

Arrêt rendu par le Parlement entre les maitres jardiniers de Paris, le prévôt des Marchands, le prévôt de Paris et les sergents de la ville sur la visitation des échalas. (Ordonn. royaux sur la juridiction de la prévôté des Marchands, édit. de 1644, p. 309.)

* juillet 1580.

Lettre du Roi relative à la peste qui régnait dans Paris. (A. R. K. 1009.)

* 8 août et 11 septembre 1580.

Octroi à la ville de Paris de six deniers par livre sur le poisson demi-frais et salé vendu à Paris. — Lettre du Roi du 11 septembre qui augmente cet octroi de quatre deniers, à cause de la peste. (A. R. K. 1009.)

* 1580-1586.

Huit pièces, dont six en papier, deux en parchemin, relatives aux aqueducs, cours d'eau et fontaines de la ville de Paris. (A. R. K. 1009.)

* 11 février 1581.

Lettres du Roi Henri III et quatre pièces en papier relatives à la ferme du pied fourché. (A. R. K. 1009.)

10 mars 1581.

Lettres patentes et six autres pièces relatives

au don fait à la ville de Paris, de douze pieds de chênes avec leurs houppiers et branchages, propres à bâtir, à prendre dans la forêt de l'Aigle, près Compiègne, pour aider à réédifier les maisons du Petit-Pont. (A. R. K. 1009. — Reg. du Parlement, Félibien, t. V, p. 11.)

* 29 AOUT 1581.

Pièce originale sur parchemin, constatant la nature, les qualités, le prix des jetons d'argent, de laiton, des lunettes de cristal, des étuis, canifs, bourses, écritoires, trébuchets, etc., distribués chaque année aux officiers de la ville de Paris. (A. R. K. 1009.)

* 28 OCTOBRE 1581.

Lettres patentes du Roi Henri III, avec l'arrêt de confirmation de la cour des Aides, qui exemptent la ville de Paris des deniers communs et patrimoniaux. (A. R. K. 1009.)

* 1581.

Sept pièces relatives à l'octroi pour le guet de la ville de Paris. (A. R. K. 1009.)

* AOUT 1582.

Quatre pièces relatives aux priviléges accordés aux officiers municipaux de la ville de Paris. (A. R. K. 1009.)

2 NOVEMBRE 1582.

Lettres patentes du Roi qui attribuent la juridiction du bois flotté au prévôt et aux échevins. (Ordonn. royaux, etc., in-fol., 1644, p. 415.)

* 5 NOVEMBRE 1582.

Lettres patentes du Roi, cahier en parchemin et ordonnance imprimée, relatifs à la draperie. (A. R. K. 1009.)

* 13 NOVEMBRE 1582.

Lettres patentes du Roi portant ordonnance d'une somme de 15 000 livres au delà de la taille et du taillon. (A. R. K. 1009.)

CIRCA 1582.

Instruction pour la police des pauvres de Paris. (Félibien, t. III, p. 736. — Voyez plus haut, p. 612 et suiv.)

* FÉVRIER 1583.

Quatre pièces relatives au contrat passé entre la Reine et Raoul Feron pour la perception des impôts de Bretagne. — Neuf pièces relatives au don gratuit de 200 000 livres demandé par le Roi à la ville (A. R. K. 1009.

1584.

Obsèques du duc d'Anjou, frère du Roi Henri III, p. 440. (Félibien, t. V, extr. des reg.

* 1584-1585.

Neuf pièces relatives à l'octroi pour le guet et à la prolongation des droits sur le vin et le hareng. (A. R. K. 1009.)

* 14 OCTOBRE 1585.

Lettres patentes du Roi, avec quatre autres pièces en parchemin, relatives à la ferme du grenier à sel, moyennant une caution de cent mille écus. (A. R. K. 1009.)

* 23 JUIN 1586.

Lettres d'exemption en faveur des archers de la ville de Paris, des soixante mille écus auxquels ils avaient été taxés. (A. R. K. 1009.

21 JUIN 1586.

Arrêt du Parlement qui confirme la condamnation au fouet prononcée au Bureau de la Ville contre Laurent Chabert, compagnon des basses œuvres, pour avoir jeté des matières fécales dans la rivière. (Ordonn. de Louis XIV. in-fol., 1676, p. 668.)

* 15 JUILLET 1586.

Lettres de Maximilien, Roi des Romains, adressées aux prévôt, échevins, conseil et commune de la ville de Paris, par lesquelles il se plaint de l'inexécution des traités et du mauvais gouvernement des sieurs et dames de Beaujeu, et du sieur des Guerdes. (A. R. K. 1009.

24 juillet 1586.

Arrêt du Parlement confirmatif de la sentence du Bureau de la Ville, qui condamne à la peine du fouet et du carcan Jean Buret et Noël de Sainct, crocheteurs, pour exactions commises sur le port de l'École. (Ordonn. de Louis XIV, in-fol., 1676, p. 669.)

29 juillet 1586.

Arrêt du Parlement confirmatif de la sentence de la Ville, qui condamne Jacques Maillet au fouet pour vol d'une pièce de bois. (Ordonn. de Louis XIV, in-fol., 1676, p. 670.)

* 26 août 1586.

Lettres patentes du Roi ordonnant contrainte contre le sieur de Lésigny et sa femme pour dettes à un tailleur. (A. R. K. 1009.)

* circa 1586.

Ordre du Roi adressé au prévôt des Marchands, de faire sortir de la ville de Paris et des faubourgs les hommes de guerre et les étrangers. (A. R. K. 1009.)

* 10 et 11 mars 1587.

Pièces concernant le service pour la reine douairière d'Écosse. (A. R. K. 1024.)

1587.

Entrée du Roi Henri III à Paris au retour de son heureuse expédition contre les Suisses, Reistres et autres ennemis de l'État, p. 443. (Félibien, t. V, extr. des reg.)

* 20 août 1588.

Lettres patentes portant suppression des survivances et résignations de faveur des offices de conseillers et quartiniers de la ville de Paris, et rétablissant les anciennes coutumes. (A. R. K. 1009.)

17 octobre 1588.

« La harangue faicte au Roy par le prevost des Marchands de ceste ville de Paris en l'assemblée des estats, le dix-septiesme octobre 1588. » A Paris chez Michel Jouin, M D LXXXVIII Pièce in-8° de quatre feuillets.

1588.

Déclaration du Roi Henri III pour empêcher la distraction des fonds destinés au paiement des rentiers de l'Hôtel de Ville de Paris. (Félibien, t. III, p. 775.)

1588.

Assemblée générale tenue en l'Hôtel de Ville de Paris après la mort du duc de Guise a Blois. (Félibien, t. V, p. 303.)

1588.

Lettres du prévôt des Marchands et des échevins au Roi après les Barricades, p. 445. — Lettres des prévôt des Marchands et échevins de la ville de.... pour justifier les Barricades et demander son union, p. 445. — Lettres des prévôt et échevins de Paris aux maire et échevins de Tours, p. 446. — Ordres pour la sûreté de la ville, p. 447. — Les prévôt et échevins nouveaux continués par la reine mère et le Roi, p. 447. — Nouvelle élection des officiers de milice de la ville, p. 447. — Serment de l'édit d'union prêté par la ville, p. 447. — Le Roi promet d'éloigner les troupes de Paris, p. 448. — La garde de la Bastille ôtée à Testu et donnée à la ville, p. 448. — Ordre pour les rondes de ville, p. 448. — Règlement au sujet de la garde du cloître Notre-Dame, p. 448. — Affaire de Chauveau, curé de Saint-Gervais, p. 448. — Lettres des échevins au duc de Lorraine, p. 449. — Lettres des échevins de Paris à plusieurs villes, p. 449. — Lettres des mêmes aux colonels de la ville de Rodez, p. 449. — « Ordres pour la seureté de Paris apres ce estoit arrivé à Blois, » p. 449. — Lettres de créance de la ville au Roi au sujet des députés envoyés pour solliciter les délivrances des prévôt et échevins, p. 450. — Autre lettre de la ville de Paris à ceux de...., p. 450. (Félibien, t. V. — Extr. des reg.)

† 5 octobre 1589.

Délibération du prévôt des Marchands, des

DEUXIÈME PARTIE.

échevins et des conseillers de ville relative aux débris de la Maison aux Piliers. (Extr. des reg. de l'Hôtel de Ville. — Voir appendice I, n° 29.)

* 24 NOVEMBRE 1589.

Lettres dans lesquelles le cardinal de Bourbon, prenant le titre de Roi de France, se prononce en faveur des taverniers déchargeurs de vins contre les courtiers. (A. R. K. 1009.)

1589.

Requête présentée à la cour par les échevins et corps de la ville de Paris, contre tous gentilshommes et autres qui empêchent la sainte union et le commerce des autres villes avec celle de Paris. (Félibien, t. III, p. 777.)

1589.

Lettres patentes du Roi Henri III portant révocation de tous les droits et privilèges de la ville de Paris et autres rebelles. (Félibien, t. III, p. 784.)

1589.

Établissement du prétendu conseil général de l'union des catholiques. (Félibien, t. V, p. 306.)

1589.

Ordonnance et délibération pour des levées de milice et d'argent, p. 451. — Lettre de la ville au duc de Mayenne, p. 451. — Élection de trois personnes en l'absence du prévôt et des échevins prisonniers, p. 452. — Lettre de la ville de Paris à M. de la Châtre, p. 452. — Lettre du duc de Mayenne pour faire apporter à Paris les deniers des dîmes, etc., p. 453. — Lettre du duc d'Aumale et de la ville de Paris aux villes de l'union pour faire donner vivres et étapes aux troupes étrangères, p. 453. — Lettre de la ville de Paris au cardinal de Joyeuse, p. 453. — Lettre circulaire de la ville de Paris au sujet de ce qui était arrivé à Blois, p. 454. — Deniers royaux saisis, etc., p. 454. — Ordonnances, mandements, etc., p. 456. — Ordonnance des prévôt et échevins pour faire jurer l'union, p. 457. — Délibération pour former le conseil général de la ville, p. 457. — Lettre circulaire de la ville de Paris aux autres villes pour les engager dans le parti de l'union, p. 457. — Commission pour traiter d'union avec Rouen, p. 458. — Rançon du prévôt des Marchands et autres prisonniers arrêtés aux états, p. 459. — Lettre de la ville de Paris au Parlement de Toulouse où elle fait un détail de sa conduite, p. 459. — Milice bourgeoise levée pour donner la chasse aux hérétiques, etc., du plat pays, p. 460. — La garde de Choisy remise au chapitre Notre-Dame, p. 460. — Lettre de la ville de Paris au sieur des Rosiers sur la déroute de Senlis, p. 460. — Commissions et ordonnances, p. 661. — Mémoire pour les prédicateurs de Paris au sujet de la déroute de Senlis, p. 461. — Contribution pour les pauvres valides employés aux ateliers publics, p. 462. — Le Landy transféré à Paris, p. 463. — Ordonnance pour la garde des faubourgs, p. 463. — Conflans-Sainte-Honorine, p. 463. — Les clefs de la ville par qui gardées, idem. — Fortifications de la ville, idem. — Troupes venues de Pontoise, idem. — Ordonnance de n'avoir qu'une porte ouverte à chaque maison, idem. — Lettre de la ville de Paris au Pape, idem. — Nouvelle levée de troupes, p. 464. — Cartel du Conseil de l'union et de la ville de Paris aux juges établis à Tours, idem. — Ordre pour la garde de la ville, p. 465. — Lettre de la ville de Paris à plusieurs autres villes, pour aviser aux moyens d'entretenir leur correspondance, idem. — Requête par laquelle la ville de Paris demande d'être reçue à se rendre partie contre le président de Blancmesnil, idem. — Réponse de la ville à une lettre écrite de la cour par un prince, en faveur du président de Blancmesnil, p. 466. — Fortifications de la ville, etc., p. 467. (Félibien, t. V. — Extr. des reg.)

* MARS-AVRIL 1590.

Arrêts du conseil d'État sur l'emprisonnement et la mise en liberté de François de Vigny, receveur de la ville de Paris. (A. R. K. 1009.)

* 7 novembre 1590.

Lettres du duc de Mayenne, prenant le titre de lieutenant général de l'État et couronne de France, portant augmentation des droits sur le vin, pour subvenir aux frais de la guerre. (A. R. K. 1009.)

1590.

Lettres du Roi Henri IV aux habitants de Paris. (Félibien, t. IV, p. 788.)

1590.

Réponse de la ville à un envoyé du Roi, p. 468. — La ville partie civile intervenante contre le président de Blancmenil, *idem*. — Préparatifs pour l'entrée du légat, *idem*. — L'évêque de Paris admis dans la ville, *idem*. — Mémoire, mandement, ordonnances pour la sûreté de la ville, *idem*. — Serment exigé de ceux qui entraient dans la ville, p. 469. — État de la Ligue, *idem*. (Félibien, t. V.—Extr. des reg.)

* 12 décembre 1591.

Lettres patentes du duc de Mayenne, établissant un droit sur les « marchandises, estoffes, hardes et besongnes sortans de la ville pour payer les menuz necessitez du Bureau d'icelle ville, droits des prevost, eschevins, conseillers, procureurs, greffiers, quarteniers et aucuns officiers de la ville, pain des prisonniers, papier, plume, encre, boys, chandelles, cyre, pour les processions générales, enterrement des anciens prevost des Marchans, eschevins, conseillers, quarteniers, feu du jour et de la feste sainct Jehan Baptiste, dons, pensions, etc., etc., lesquelles ne se peuvent payer faulte de fonds. » (A. R. K. 1009.)

* 1591.

Trois édits rendus par le duc de Mayenne, relativement à l'augmentation des droits sur le vin. — Ordonnance au prévôt des Marchands et aux échevins, pour le recouvrement des loyers des maisons des absents, tenant le parti contraire; la moitié applicable aux dépenses pour l'artillerie. (A. R. K. 1009.)

* 1592.

Arrêt du conseil, qui décide que le prévôt des Marchands procédera aux baux des maisons appartenant aux absents. — Lettres patentes du duc de Mayenne, portant ratification de tous les actes faits par le prévôt et les échevins de la ville de Paris. (A. R. K. 1009.

* 3 août 1593.

Règlement que monseigneur le duc de Mayenne, lieutenant général de l'État et couronne de France, a ordonné d'observer en la ville de Paris, pendant la trêve générale. (A. R. K. 1009.)

* 1593.

Pièces relatives au cours d'eau, nomination d'un conducteur des bateaux par Charles de Lorraine, autorisation de construire ponts et moulins sur la Seine. (A. R. K. 1009.)

* avril 1594.

Délibération du conseil d'État, par laquelle le prévôt et les échevins sont rétablis dans leurs droits, après la reddition au Roi de la ville de Paris. (A. R. K. 1009.)

10 mai 1594.

Lettres de provisions de la charge de capitaine général des trois compagnies d'archers de la ville de Paris, réduites en une seule, accordées par le Roi Henri IV, en faveur du sieur Marchand. (Recueil des chartes des arquebusiers de Paris, 1770, in-fol., p. 111.)

† 1er août 1594.

Requête présentée au Bureau de la ville de Paris par Guillaume Rouveau, tendant à obtenir le bail à loyer d'une place joignant l'Hôtel de Ville. — Copie d'un jugement du dit Bureau, portant bail à loyer de la dite place. (A. R. Q. 1247. — Voir Appendice I, n° 30.)

28 septembre 1594.

Ordonnance du Roi portant défense à tous soldats de loger aux environs de Paris, à plus de sept lieues. (A. R. K. 1009. — Ordon-

DEUXIÈME PARTIE.

nances royaux, etc., édit. de 1644, in-fol., p. 243.)

* 1594.

Plusieurs lettres patentes du Roi Henri IV, relatives aux octrois de la ville de Paris. (A. R. K. 1009.)

1594.

Déclaration du Roi Henri IV sur la modération des entrées qui se levaient dans Paris avant la réduction sous l'obéissance de Sa Majesté. (Félibien, t. IV, p. 8.)

1594.

Lettres patentes de Henri IV, portant confirmation des priviléges et exemptions des archers de la ville de Paris. (Recueil des chartes des arbalétriers de Paris, 1770, in-fol., p. 84.)

1594.

Te Deum pour la réduction de la ville de Paris, p. 469. — Rétablissement du corps de ville de Paris, p. 471. — Procession pour la réduction de la ville de Paris, p. 473. — Lettre de la ville de Paris au Roi, en faveur de la ville de Toulouse, *idem.* — Réception du Roi Henri IV à Paris, au retour de voyage, p. 474. — Le pont Notre-Dame appartient à la ville, *idem.* (Félibien, t. V. — Extr. des reg.)

19 avril 1595.

Arrêt du Parlement qui ordonne d'apporter les titres de jouissance des moulins, forges et autres bâtiments sur la rivière. (Ordonn. royaux, etc., in-fol., 1644, p. 404.)

12 juillet 1595.

Arrêt du Parlement qui enjoint aux gentilshommes, à leurs meuniers et à tous autres, de donner passage libre aux Marchands, sans commettre aucune exaction. (Ord. roy., etc., in-fol., 1644, p. 405.)

* 4 octobre 1595.

Ordonnance du Roi Henri IV, qui abandonne à la ville de Paris la moitié de la part du Roi dans les amendes et confiscations, depuis 1586, à la charge par les officiers municipaux de réparer, fortifier, embellir la dite ville. (A. R. K. 1009.)

1595.

La ville s'oppose aux priviléges accordés aux anciens prévôts et échevins, p. 474. (Félibien, t. V. — Extr. des reg.)

* 6 mars 1596.

Lettre du Roi au premier huissier de son conseil, par laquelle il évoque l'appel en conflit de juridiction entre le prévôt de Paris et le prévôt des Marchands, relativement aux bateaux de grains passant sous les ponts de la rivière de Seine. (A. R. K. 1009.)

1596.

Octroi à la ville pour la refection des fontaines et pavé. — Blés étrangers achetés par la ville. — Différend des prévôts de Paris et des Marchands au sujet des assemblées pour les pauvres. (Reg. du Parl. — Félibien, t. V, p. 29 à 32.)

1596.

Réception et entrée à Paris du cardinal de Florence, légat à latere, p. 475. — Le Roi approuve l'élection des prévôts et échevins qu'il avait voulu faire différer, p. 476. (Félibien, t. V. — Extr. des reg.)

* 13 janvier 1597.

« Lettres d'assignation pour les sieurs Zamet et Cenamy de 25 sous sur chacun muid de sel, faisant partie des deux escus cinq sols, à quoi est reduyt le droit de gabelle ; et ce pour les rembourser de ce que leur est deuz sur cette nature de deniers, nonobstant l'édict d'icelle réduction et la vérification d'icelui, par lesquelles on voudroit prétendre ladite somme estre entièrement affectée au payement des arrérages de rentes. » (A. R. K. 1010.)

29 janvier 1597.

Arrêt du Parlement qui renvoie au Châtelet de Paris un procès commencé par le prévôt des Marchands et les échevins contre Jacques

Deschamps, accusé d'avoir décramponné une partie des portes de la ville. (Traité de la police, t. I, p. 167.) — Deux lettres du Roi Henri IV qui accordent à la ville de Paris la moitié des amendes provenant des causes jugées par eux. — Règlement général du Roi Henri IV sur l'organisation du royaume; cahier sur parchemin. — Lettres qui ordonnent une assemblée générale à l'Hôtel de Ville à l'occasion du secours que le Roi demande contre les Espagnols et la contrainte au paiement des bourgeois imposés. — Ordonnance du prévôt des Marchands portant que les gratifications consistant en gettons, plumes, bourses, canifs, racloucrs, papiers, lunettes, etc., etc., montant à la somme de trois cent deux écus, seront portées à la dépense. — Trois pièces relatives aux aides accordées à la ville de Paris. (A. R. 1010.)

1597.

Secours accordé au Roi par la ville, p. 477. — Réception du Roi Henri le Grand à Paris et *Te Deum* pour la reprise de la ville d'Amiens, p. 479. (Félibien, t. V. — Extr. des reg.)

* FÉVRIER 1598.

Deux lettres du Roi Henri IV relatives à la réouverture de la porte Saint-Germain-des-Prés, murée à cause des troubles. (A. R. K. 1010.)

* 10 ET 12 JUIN 1598.

Trois pièces, dont une imprimée, relatives à la publication de la paix. (A. R. K. 1011.)

1598.

Solennité du feu de la Saint-Jean, p. 480. — Rétablissement de la porte Saint-Germain, *idem*. (Félibien, t. V. — Extr. des reg.)

* 1599.

Ordonnances du Roi Henri IV et autres pièces relatives à la ferme du grenier à sel. (A. R. K. 1010.)

† 1599-1600.

Location de l'ancienne maison de la marchandise. (A. R. K. 1068. — Voir Appendice I, n° 31.)

DIX-SEPTIÈME SIÈCLE.

* 1600.

Treize pièces relatives aux octrois et aides de la ville de Paris (A. R. K. 1010.)

15 OCTOBRE 1601.

Lettres patentes du Roi portant permission à MM. de la ville de faire fouiller et creuser les héritages des particuliers pour la recherche et conduite des eaux de la ville. (Ordonn. roy., etc., in-fol., 1644, p. 487.)

† 1600-1601. 1602-1603.

Extraits des recettes et dépenses de l'Hôtel de Ville. (V. Appendice I, n° 32.)

1601.

Nouveau bâtiment de l'arsenal. Plainte de la ville. Réponse du Roi, p. 481. — Service funèbre pour la Reine Louise de Lorraine, veuve du Roi Henri III, p. 482. — Imposition pour le bâtiment du Pont-Neuf et pour les fontaines, p. 483. — *Te Deum*, feu de joie et procession pour la naissance du Dauphin, fils du Roi Henri IV, p. 484. (Félibien, t. V. — Extr. des reg.)

* 1601 A 1613.

Baux d'une portion de ruelle ou place étant entre l'Hôtel de Ville et l'église de Saint-Jean. (A. R. Q. 1247.)

* 6 AVRIL 1601.

Pièce concernant un service pour la Reine Louise, douairière de France. (A. R. K. 1024.

1602.

Taxe pour les pauvres ateliers publics, etc., p. 485. — Supplice du maréchal de Biron, *idem*. — Réception des ambassadeurs suisses, p. 488. — (Félibien, t. V. — Extr. des reg.)

* 12 FÉVRIER 1602.

Lettres patentes du Roi Henri IV relatives à la naissance du Dauphin, pièce de tapisserie offerte dans cette occasion à la reine. (A. R. 1010, II.)

* 25 OCTOBRE 1602.

Contrat de la ferme du droit sur le vin passé entre Christophe Brussel, bourgeois de Paris, et les prévôts et échevins. (A. R. K. 1010.)

† 23 NOVEMBRE 1602.

Réparations à l'arsenal de la ville. (V. Appendice I, n° 33.)

* 22 OCTOBRE 1603.

Bail des magasins et lieux appartenant à l'Hôtel de Ville proche l'église de Saint-Esprit. (A. R. Q. 1247.)

* 1604.

Lettres d'adjudication par le conseil d'État de la ferme et du bail des impôts, octrois, aides accordés pour dix ans à la ville de Paris, sous la responsabilité et caution de Claude Drouart. — Lettres pour la comptabilité et le paiement des rentes. (A. R. K. 1010.)

† 6 JUIN, 27 JUILLET ET 4 AOUT 1605.

Continuation de l'Hôtel de Ville; premier marché avec Marin de La Vallée. (V. Appendice I, n° 35.)

† 22 NOVEMBRE 1605.

Lettres aux échevins de la ville de Tonnerre pour avoir de la pierre pour la statue du Roi. (V. Appendice I, n° 34.)

† AVRIL 1606.

Contribution volontaire du clergé pour aider à l'achèvement de l'Hôtel de Ville. (V. Appendice I, n° 36.)

† 24 MAI 1606.

Délibération relative aux portraits des officiers de la ville de Paris. (V. Appendice I, n° 37.)

† 31 JUILLET 1606.

Marché avec le sculpteur Biard pour la statue équestre de Henri IV. (V. Appendice I, n° 38.)

† 23 OCTOBRE 1606.

Ordre à Marin de La Vallée de commencer les travaux de l'Hôtel de Ville. (V. Appendice I, n° 39.)

1607.

Enterrement du chevalier Bellièvre, p. 493. —Service funèbre pour le duc de Montpensier, p. 495. (Félibien, t. V. — Extr. des reg.)

† 1607.

État du pavillon de l'Hôtel de Ville, dit du Saint-Esprit, au commencement de l'année 1607. (Voy. Appendice I, n° 40.)

† 16 FÉVRIER 1607.

Travaux de charpente nécessaires à la construction de la grande salle de l'Hôtel de Ville. (Voy. Appendice I, n° 41.)

† 26 MARS 1607.

Devis des travaux à faire pour achever la grande salle de l'Hôtel de Ville. (Voy. Appendice I, n° 42.)

† 19 JUIN 1607.

Devis des ouvrages de maçonnerie du pavillon du Saint-Esprit. Marché avec Marin de La Vallée. (Voy. Appendice I, n° 59.)

† 5 JUILLET 1607.

Rapport d'expertise de bois de charpente destiné au bâtiment neuf de l'Hôtel de Ville. (Voy. Appendice I, n° 43.)

† JUILLET 1607.

Démolition de la vieille grande salle de l'Hôtel de Ville. (V. Appendice I, n° 44.)

† 13 AOUT 1607.

Couverture de la grande salle neuve confiée à Léon Thomas, maître des œuvres de couverture des bâtiments du Roi. (V. Appendice I, n° 45.)

pp

† 20 AOUT 1607.

Signification faite aux marguilliers de l'église Saint-Jean de suspendre les travaux qu'ils avaient fait commencer sur la ruelle, derrière l'Hôtel de Ville. (V. Appendice I, n° 47.)

† 30 AOUT 1607.

Signification adressée à Charles Marchand, maître des œuvres de charpenterie de la ville, d'achever la charpente de la grande salle de l'Hôtel de Ville. (Voy. Appendice I, n° 46.)

† FÉVRIER 1608.

Fourniture de plomb pour l'Hôtel de Ville de Paris. (V. Appendice I, n° 50.)

† FÉVRIER 1608.

Contrainte exercée envers Charles Marchand pour l'achèvement de la charpente de la grande salle de l'Hôtel de Ville. (V. Appendice I, n° 49.)

† FÉVRIER 1608.

Devis des colonnes de la grande façade de l'Hôtel de Ville. (V. Appendice I, n° 51.)

* 17, 19 ET 21 MARS 1608.

Pièces concernant le service du duc de Montpensier. (A. R. K. 1024.)

† 21 MARS 1608.

Ordre aux Architectes et entrepreneurs des travaux de l'Hôtel de Ville de se réunir au petit bureau. (V. Appendice, n° 48.)

† 21 MARS 1608.

Devis des travaux de maçonnerie nécessaires pour la voûte et la chapelle du Saint-Esprit. (V. Appendice I, n° 52.)

1er, 14, 24 MARS 1608.

Devis des croisées de la façade de l'Hôtel de Ville. (V. Appendice I, n° 54.)

† MARS 1608.

Contestation entre le prévôt des Marchands, les échevins et Marin de La Vallée, au sujet de la corniche de la façade de l'Hôtel de Ville. (V. Appendice I, n° 53.)

† 31 JUIN 1608.

Délibération des entrepreneurs des travaux de l'Hôtel de Ville. (V. Appendice I, n° 55.)

† 9 SEPTEMBRE 1608.

Ordre à Marin de La Vallée de nettoyer la place de Grève, pour ne pas gêner le commerce des vins et cidres. (V. Appendice I, n° 55 B.)

† 11 SEPTEMBRE 1608.

Plomb de la terrasse de la grande salle de l'Hôtel de Ville. (V. Appendice I, n° 55 A.)

† 29 SEPTEMBRE 1608.

Accord entre les administrateurs de l'hospice du Saint-Esprit et les prévôt et échevins pour l'érection du pavillon de l'Hôtel de Ville. (V. Appendice I, n° 56.)

* 19 DÉCEMBRE 1608.

Lettres du Roi qui ordonne la destruction des canaux et tuyaux particuliers pour la conduite des eaux et fontaines. (A. R. K. 1010.)

† FÉVRIER 1609.

Marché passé avec Antoine Lemoine, fondeur ordinaire de l'artillerie du Roi, pour fondre les cloches de l'Hôtel de Ville. (V. Appendice I, n° 58.)

1609.

Cérémonie du service fait le 21 mars, p. 496. (Félibien, t. V. — Extr. des reg.)

9 MAI 1609.

Arrêt du Parlement qui ordonne d'abattre les arbres et murailles qui gênent la navigation. (Ordonn. royaux, etc., in-fol., 1644. p. 439.)

1610.

« Le rang au marcher qui devoit estre observé à l'entrée de la Reine Marie de Médicis. p. 498. — Les prevost des Marchands et eschevins saluent le Roy Louis XIII à son nouvel advencement à la couronne, p. 502. — Service funèbre pour le Roy Henry le Grand à Saint-Jean en Grève, p. 503. — Obsèques et funérailles du Roy Henry IV, p. 504. — Description de la pompe funèbre, p. 507. — La chambre de trespas, p. 508. — La salle d'honneur, *idem*.—Le lit d'honneur et effigie, *idem*. — Tente de la salle de deuil, *idem*. — L'eau bénite donnée au corps du feu Roy, p. 509.— Marche du convoy, *idem*. — Tenture, service, enterrement, p. 513. (Félibien, t. V. — Extr. des reg.)

† 4 FÉVRIER 1610.

Accord entre les officiers municipaux et Marin de La Vallée, pour la construction du bâtiment du Saint-Esprit. (V. Appendice I, n° 60.)

* JUIN ET JUILLET 1610.

Pièces relatives à la mort du Roi Henri IV. (A. R. K. 1024.)

* JUILLET 1610.

Charte de Louis XIII, confirmant les priviléges des eschevins, officiers de la ville de Paris. (A. R. K. 1010.)

AOUT 1610.

Lettres patentes de Louis XIII par lesquelles le dit seigneur Roi confirme les priviléges, exemptions et franchises des trois cents arquebusiers, archers, et arbalétriers de la ville de Paris, et de leurs capitaines lieutenants, enseignes, cornettes et guidons. (Recueil des chartes des arbalétriers de Paris, 1770, in-fol., p. 85.)

NOVEMBRE 1611.

Lettres patentes du Roi qui concèdent au prévôt et aux échevins de la ville de Paris la moitié du produit des amendes et confiscations depuis le mois de mars 1606, pour être employé aux réparations et à l'entretien des remparts, chaussées et fontaines. (A. R. K. 1010.)

DÉCEMBRE 1611.

Pièces concernant le service pour la Reine d'Espagne. (A. R. K. 1024.)

† 1611.

Sommes payées à Georges Lallemant, peintre, et à François Langoysseux, tapissier, pour travaux exécutés à l'Hôtel de Ville. (V. Appendice I, n° 60 A.)

1611.

Forme de l'élection et serment des prévôt des Marchands et échevins de la Ville de Paris, p. 514. — Le Roi pose la première pierre à la source des fontaines de Rongis, p. 517. (Félibien, t. V. — Extr. des reg.)

† 14 JANVIER 1612.

Adjudication de l'horloge de l'Hôtel de Ville à Jean Lintlaer. (V. Appendice I, n° 60 B.)

3 MAI 1612, 5 JANVIER 1613.

Arrêts du conseil d'État qui déchargent du droit de confirmation le procureur du Roi et autres officiers qui ont reçu provision de la ville et non du Roi. (Ordonn. de Louis XIV, in-fol., 1676, p. 139-140.)

1612.

Bail fait à Jean Coing pour l'entreprise de la conduite des eaux de Rongis à Paris. (Félibien, t. V, p. 806.)

† 19 JANVIER, 21 FÉVRIER 1613.

Charpente de la grande salle de l'Hôtel de Ville. (V. Appendice I, n° 61.)

† 27 MARS 1613.

Sculpture de la cheminée de la grande salle de l'Hôtel de Ville. (V. Appendice I, n° 62.)

5 AOUT 1613.

Arrêt du conseil privé du Roi relatif à la rescousse des bois emmenés par les eaux. (Ordonn. roy., etc., in-fol., 1644, p. 411.)

15 OCTOBRE 1613.

Arrêt du conseil d'État portant attribution

au prévôt des Marchands et aux échevins pour le fait des rentes de la ville de Paris. (Ordonn. de Louis XIV, in-fol., 1676, p. 538.)

1613.

Le prévôt des Marchands et les échevins de Paris vont au-devant du Roi, à son retour de Bretagne, p. 519. (Félibien, t. V. — Extr. des reg.)

† 10 AVRIL 1614.

Dorure et peinture de la cheminée de la grande salle de l'Hôtel de Ville. (V. Appendice I, n° 63.)

† 10, 11, 14 OCTOBRE 1614.

Travaux de couverture pour l'Hôtel de Ville et autres monuments publics. (V. Appendice I, n° 64.)

1614.

Acte de majorité du Roi Louis XIII, p. 524. — Le Roi, la Reine mettent la première pierre au pont des Tournelles, p. 525. — Le prévôt des Marchands et échevins jettent de l'eau bénite sur le corps de la Reine Marguerite, p. 526. (Félibien, t. V. — Extr. des reg.)

FÉVRIER 1615.

Lettres patentes contenant les priviléges et exemptions octroyés aux capitaines arbalétriers, archers et arquebusiers de Paris. (Ordonn. royaux, etc., in-fol., 1644, p. 504.)

* 30 MARS, 9 ET 10 AVRIL 1615.

Pièces relatives au deuil de la Reine Marguerite. (A. R. K. 1024.)

1615.

« Solemnité du feu de la Saint-Jean, où le Roy estoit en personne, p. 527. » (Félib., t. V. — Extr. des reg.)

† 9 DÉCEMBRE 1615.

Tapisseries de l'Hôtel de Ville. (V. Appendice I, n° 66.)

* 20 DÉCEMBRE 1615.

Lettre du Roi Louis XIII aux prévôt et échevins, pour les exhorter à une parfaite obéissance. (A. R. K. 1011.)

1615.

Lettres patentes de Louis XIII, contenant les priviléges et exemptions octroyés par Sa Majesté et ses prédécesseurs Rois aux capitaines, arbalétriers, archers et arquebusiers de Paris. (Recueil des chartes des arbalétriers de Paris, 1770, in-fol., p. 88.)

† 1615.

Établissement d'un marché au cimetière Saint-Jean. (V. Appendice I, n° 65.)

* 1615.

Vérifications d'édits bursaux de Henri IV et de Louis XIII, de 1606 et 1616, portant prorogation des cinq aides à percevoir pendant dix ans par la ville de Paris, pour subvenir aux frais de réparations et fortifications. (A. R. K. 1010.)

1616-1618.

Lettres patentes du Roi Louis XIII en faveur du prévôt et des échevins de la ville de Paris, à cause de la bonne conduite qu'ils ont tenue pendant les troubles. (A. R. K. 1010.) — Ordonnances royaulx de la juridiction des prévôts des Marchands. (Édit. de 1644, in-fol., p. 244.)

* 2 FÉVRIER 1616.

Lettre du Roi Louis XIII aux prévôt et échevins de la ville de Paris, pour les prévenir qu'il envoie le lieutenant général de son artillerie, pour prendre en cette ville douze canons et vingt mille boulets pour les conduire à Orléans. (A. R. K. 1011.)

* 26 FÉVRIER 1616.

Délibération du bureau de l'Hôtel de Ville de Paris, relative à la continuation de la trêve. — Seize autres pièces relatives au même sujet. (A. R. K. 1011.)

* 21 MARS 1616.

Pièces relatives au service du cardinal de Gondy. (A. R. K. 1024.)

DEUXIÈME PARTIE.

23 avril 1616.

« Préparatifs pour aller au-devant du Roy et de la Royne, à leur retour à Paris. » Lyon, Nicolas Jullieron, MDCXVI (1616). Pièce in-8° de sept pages.

* avril 1616.

Lettre du prévôt des Marchands et des échevins de la ville de Paris au roi Louis XIII, pour le prier d'agréer les remontrances qu'ils ont faites au sujet de l'artillerie que l'on doit envoyer en Picardie. (A. R. K. 1011.)

1616.

Service funèbre du cardinal de Gondy, évêque de Paris, p. 529. — Retour et réception du Roi après son mariage avec l'infante d'Espagne, p. 531. — Le Roi assiste au feu de la Saint-Jean à l'Hôtel de Ville, p. 534. (Félibien, t. V. — Extr. des reg.)

† 26 août 1616.

Bail d'un octroi de seize sols par muid de vin, appliqué à la construction du bâtiment de l'Hôtel de Ville. (V. Appendice I, n° 67.)

27 août 1616.

Arrêt du Parlement portant règlement entre les sergents de la ville et les commissaires des quais. (Ordonn. royaux, etc., in-fol., 1644, p. 448.)

25 septembre et 13 octobre 1617.

Cheminée de la grande salle du côté de l'arcade Saint-Jean. (V. Appendice I, n° 68.)

* 14 novembre 1617.

Plomb destiné au pavillon du Saint-Esprit. (V. Appendice I, n° 69.)

* 22 mars 1618.

Ordre aux officiers de la ville de Paris de se rendre à une procession solennelle pour célébrer l'anniversaire de la reddition de Paris à Henri IV. (A. R. K. 1010.)

* avril 1618.

Pièces sur parchemin, relatives au renouvellement pour six années de l'impôt de quinze sous par minot de sel, pour le paiement des gages des chevaliers du guet, et pour la réparation des fontaines, chaussées et pavé de Paris. (A. R. K. 1010.)

23 juin 1618.

Arrêt du Parlement qui déclare le prévôt des Marchands et les échevins incompétents pour une action commise sur la rivière. (Traité de la police, t. I, p. 168.)

† 10, 12, 18, 22, 25 septembre et 2 octobre 1618.

Devis des ouvrages de maçonnerie du côté gauche de la grande cour de l'ancien Hôtel de Ville, marché avec Marin de La Vallée. (V. Appendice I, n° 70.)

12 janvier 1619.

Arrêt du Parlement qui conserve au prévôt de Paris sa juridiction sur la rivière contre le privilége des officiers de l'Hôtel de Ville. (Traité de la police, t. I, p. 169.)

14 et 17 avril 1619.

Pièces relatives au service de l'Empereur des Romains (A. R. K. 1024. — Félibien, t. V. — Extr. des reg.)

4 mai 1619.

Lettres patentes du Roi qui interdisent aux gens de guerre de loger dans Paris et à sept lieues à la ronde. (A. R. K. 1010.) — Ordonnances royaux de la juridiction de la prévôté des Marchands, édit. de 1644, in-fol., p. 243.

† 8 juin 1619.

Jugement rendu contre Marin de La Vallée par le bureau. (V. Appendice I, n° 71.)

† 1619.

Lettre du Roi Louis XIII aux prévôt et échevins de la ville de Paris, sur la diminution du nombre des gens de guerre. (A. R. K. 1011.)

1er février 1620.

Arrêt du Parlement qui fixe la quantité de

grains que les maîtres grainiers peuvent acheter chaque jour de marché. (Ordonn. roy., etc., in-fol., 1644, p. 454.)

1620.

Solennité du feu de la Saint-Jean, où le Roi et la Reine assistèrent avec les Princes et Princesses, p. 537. (Félibien, t. V. — Extr. des reg.)

30 juillet 1620.

Arrêt du Parlement touchant la taxe mise sur les échalas par le prévôt des Marchands et les échevins de la ville de Paris. (Ordonn. royaux sur la juridiction de la prévôté des Marchands. — Édit. de 1648, in-fol., p. 312.)

1ᵉʳ août 1620.

Arrêt du Parlement qui ordonne que l'individu accusé d'avoir pris du blé dans des bateaux au port, sera jugé par le prévôt des Marchands et les échevins. (Ordonn. roy., etc., édit. de 1644, in-fol., p. 313.)

1ᵉʳ août 1620.

Arrêt du Parlement qui confirme et maintient au prévôt et aux échevins leur juridiction criminelle sur les marchands de grains. (Ordonn. de Louis XIV, in-fol., 1676, p. 671.)

19 août 1620.

Sentence rendue à l'Hôtel de Ville sur le fait de l'élection des bourgeois en la maison des quartiniers. (Ordonn. royaux, etc., in-fol., 1644, p. 389.)

* 18 septembre 1620.

Vérifications d'édits bursaux relatifs aux droits sur les vins des années 1601, 1605, 1608, 1612. (A. R. K. 1010.)

* 19, 26, et 30 avril 1621.

Pièces relatives au décès du Roi d'Espagne. (A. R. K. 1024.)

1621.

Retour du Roi à Paris de son voyage de Guyenne, Béarn et autres provinces, où il était allé faire la guerre aux rebelles, p. 541. (Félibien, t. V. — Extr. des reg.)

28 février 1622.

Arrêt du conseil privé du Roi qui renvoie au Parlement de Paris l'appel de la sentence du juge d'Avallon. (Ordonn. roy., etc., in-fol., 1644, p. 437.)

17 avril 1622.

« Lettre du Roy envoyée à Messieurs les prevost des Marchands et eschevins de la ville de Paris, touchant la deffaicte du sieur de Soubize. » A Paris, imprimerie de Nicolas Alexandre, 1622. Pièce in-8° de treize pages.

juin 1622.

Lettres patentes du Roi pour vendre et constituer au denier seize les cinq mille livres restant des quatre cent mille constituées par son édit du mois de mars 1621. (A. R. K. 1010.)

14 juillet 1622.

Arrêt du Parlement concernant la décharge du charbon sur la place des Petits-Carreaux. (Ordonn. royaux, etc., in-fol., 1644, p. 372.)

1622.

État des gens de guerre destinés pour aller au-devant du Roi, p. 544. — Service funèbre du cardinal de Raiz, évêque de Paris, p. 546. — Retour du Roi à Paris, de son voyage de Guyenne et de Languedoc, 1622, p. 547. — Lettre du Roi au président de Chevry, p. 549. — Lettre du Roi au prévôt des Marchands, p. 550. — Préparatifs pour l'entrée du Roi ordonné par Messieurs de la ville, *idem*. — (Félibien, t. V. — Extr. des reg.)

16 mars 1623.

Arrêt du Parlement qui renvoie devant le prévôt et les échevins les différends militaires devant le lieutenant criminel. (Ordonn. royaux, etc., in-fol., 1644, p. 453.)

DEUXIÈME PARTIE.

† 2 MAI 1623.

Devis de lucarnes de la cour du côté du Saint-Esprit ; marché avec Marin de La Vallée. (V. Appendice I, n° 72.)

1623.

Lettres patentes prorogeant pour neuf ans l'octroi de dix sous par muid de vins, pour les travaux et constructions de Paris. (A. R. K. 1010.)

* 1623.

Entrée du Roi, p. 551. (Félibien, t. V. — Extr. des reg.)

3 FÉVRIER 1624.

Arrêt du Parlement qui condamne Nicolas Gelée à seize livres parisis d'amende, pour n'avoir pas laissé sur le port le tiers des vins qu'il avait achetés, et lui enjoint de se conformer à l'avenir aux règlements de police. (Ordonn. de Louis XIV, in-fol., 1676, p. 242.)

30 MARS 1624.

Arrêt du Parlement qui permet aux échevins de Paris de porter en tous lieux les armes timbrées, conformément à leurs droits de noblesse. (Ordonn. royaux, etc., in-fol., 1644, p. 385.)

* 4 JUILLET ET 22 AOUT 1624.

Fontaine de la place de Grève. (V. Appendice I, n° 74.)

1624.

Le Roi met la première pierre à la fontaine de Grève, p. 555. (Félibien, t. V. — Extr. des reg.)

† 1624.

Peintures du bâtiment neuf de l'Hôtel de Ville. (V. Appendice I, n° 73.)

21 AVRIL 1625.

Arrêt de règlement entre les sergents de ville, les commissaires des quais et les contrôleurs des bois. (Ordonn. roy., etc., in-fol., 1644, p. 449.)

23 SEPTEMBRE 1625.

Arrêt du conseil privé du Roi pour informer des abus, désordres et exactions qui se commettent sur les rivières. (Ordonn. roy., etc., in-fol., 1644, p. 417.)

* 1625.

Édit de Fontainebleau portant continuation pour dix ans des cinq aides accordés à la ville de Paris. (A. R. K. 1010.)

1625.

Le prévôt des Marchands et les échevins mettent la première pierre à la fontaine du collége de Navarre, p. 557. — Entrée du cardinal Barberin, légat *a latere*, p. idem. (Félibien, t. V. — Extr. des reg.)

14 NOVEMBRE 1626.

Arrêt du conseil d'État pour élargir, redresser et nettoyer les ruisseaux pour la conduite du bois flotté, en indemnisant les propriétaires riverains. (Ordonn. royaux, etc., in-fol., 1644, p. 435.)

1626.

Ballet du Roi à l'Hôtel de Ville, p. 568. (Félibien, t. V. — Extr. des reg.)

* 15 MAI ET 4 JUIN 1627.

Figures de la fontaine de la place de Grève (V. Appendice I, n° 75.)

23 JUIN 1627.

Lettres patentes du Roi portant que les concessions des fontaines particulières se prendront dans les réservoirs publics, par bassinets séparés et non ailleurs. (Ordonn. royaux, etc., in-fol., 1644, p. 484.)

* 4, 25, 28 ET 30 JUIN 1627.

Pièces relatives au service pour la duchesse d'Orléans. (A. R. K. 1024.)

1627.

Funérailles de la duchesse d'Orléans, p. 572. (Félibien, t. V. — Extr. des reg.)

21 août 1627.

Arrêt de règlement entre les sergents de ville, les commissaires des quais et les contrôleurs des bois. (Ordonn. roy., etc., in-fol., 1644, p. 451.)

25 septembre 1627.

Arrêt du Parlement qui permet aux Marchands et voituriers d'aller sur les rivières tous les jours fériés ou non fériés, excepté aux quatre fêtes solennelles. (Ordonn. roy., etc., in-fol., 1644, p. 379.)

* 1627.

Dix-sept pièces, dont une sur parchemin, relatives au siége de la Rochelle. On y trouve un cahier des décisions prises à l'Hôtel de Ville dans cette occasion. — Une adjudication de fournitures d'habits. — *Te Deum* chanté à Notre-Dame pour une victoire remportée sur les Anglais. — Lettre du Roi Louis XIII pour demander deux mille cinq cents habits pour ses gardes. — Réponse de la ville, etc. — Lettres des échevins de Senlis, de Langres, de Beauvais, qui annoncent l'envoi de cent habits complets et de cent paires de souliers aux troupes du Roi, devant la Rochelle. — Délibération de l'Hôtel de Ville de Paris relative au paiement des habits envoyés à l'armée du Roi. (A. R. K. 1011.)

† 11 février 1628.

État nominatif des habits et souliers fournis à l'armée du Roi, de la Rochelle, par la ville de Paris et les autres ville du royaume (A. R. K. 1011. — V. notre texte, Ire part., liv. III, ch. 2.)

17 mars 1628.

Arrêt du Parlement portant défense de retenir le bois flotté à son passage devant les villes. (Ordonn. royaux, etc., in-fol., 1644, p. 409.)

1er avril 1628.

Commission du Roi pour faire assigner les propriétaires des moulins sur les rivières. (Ordonn. royaux, etc., in-fol., 1644, p. 432.)

* 1628.

Trente-deux pièces, dont une pièce sur parchemin, relatives à la prise de la Rochelle. — On y trouve une lettre du Roi, 30 octobre, qui annonce aux prévôt et échevins la reddition de la Rochelle. — Ordre à suivre pour la réception du Roi, etc., etc. — Six devis des ouvrages de peinture, ornements et décorations d'architecture, pour l'entrée du Roi après le siége de la Rochelle. — Ordonnances particulières des prévôts à ce sujet. (A. R. K. 1011.

1628.

Les prévôt des Marchands et échevins mettent la première pierre au bâtiment du collége des Jésuites, p. 578. — *Te Deum*, réjouissances et réception du Roi après la réduction de la ville de la Rochelle, p. 581. (Félicien, t. V. — Extr. des reg.)

* 15 juin 1629 a 1680.

Jugement du bureau de la ville, rendu sur une requête y jointe et portant bail à loyer pour neuf ans, au profit de Louis Fournier, d'une loge ou appentis au-devant de la fenêtre de la cuisine de la buvette de l'Hôtel de Ville, moyennant 3 fr. de loyer par an. — Autre jugement jusqu'à 1680. (A. R. Q. 1257.)

1629.

Publication de la paix entre la France et l'Angleterre, p. 588. — La Reine sa mère ayant le gouvernement des provinces de deçà la Loire, pendant l'absence de Sa Majesté, p. 591. — Armoiries accordées par les prévôt des Marchands et échevins de Paris aux corps des Marchands de cette ville, p. 592. — Funérailles et pompes funèbres de la princesse de Condé, p. 593. (Félibien, t. V. — Extr. des reg.)

* 11 et 20 octobre 1629.

Pièces relatives au service pour la princesse de Condé. (A. R. K. 1024.)

* 15 décembre 1629.

Mandement de la Chambre des Comptes pour approuver le mode de perception de l'impôt relatif à la fourniture d'habillements faite au Roi par la ville de Paris. (A. R. K. 1011.)

* 1629.

Cinq pièces, dont une imprimée, relatives à la publication de la paix entre la France et l'Angleterre. (A. R. K. 1011.)

* FÉVRIER 1630.

État des sommes payées par les différentes généralités du royaume pour fournir les troupes devant Casal, en Italie, d'habits et de souliers. (A. R. K. 1011.)

* 16 MAI 1630.

Lettre du Roi Louis XIII sur la reddition de la ville de Chambéry aux troupes françaises. (A. R. K. 1011.)

* 26 SEPTEMBRE 1630.

Pièce relative à la santé du Roi. (A. R. K.)

28 JUIN 1631.

Arrêt du Parlement entre les courtiers de vins et les marchands de vins. (Ordonn. royaux, etc., in-fol., 1644, p. 373.)

14 AOUT 1631.

Arrêt du Parlement entre les courtiers de vins, les tonneliers et déchargeurs de vins. (Ordonn. royaux, etc., in-fol., 1644, p. 474.)

* 29 NOVEMBRE 1631.

Lettre du Roi Louis XIII sur la prise de la ville de Mantoue à la fin de la guerre d'Italie. (A. R. K. 1011.)

* 3 AVRIL 1632.

Lettres patentes du Roi au profit de Denis de Folligny, pour rendre l'Ourcq et d'autres rivières à la navigation. (Ordonn. roy., etc., in-fol., 1644, p. 419.)

SEPTEMBRE 1632.

Lettre du Roi envoyée à Messieurs le prévôt des Marchands et les échevins de la ville de Paris. (Sur la réconciliation du Roi Louis XIII avec son frère Gaston d'Orléans.) — Paris, Pierre Rocolet, imprimerie et librairie ordinaire de la maison de ville, M DC XXXII. (Pièce in-8° de six pages.)

1632.

Mort et exécution de messire Louis de Marillac, maréchal de France, p. 595. (Félibien, t. V. — Extr. des reg.)

FÉVRIER ET JUIN 1633.

Édit du Roi portant création de nouveaux offices en l'Hôtel de Ville de Paris. — Quatre autres pièces relatives au même sujet. — Arrêt de la cour du Parlement sur la « police et reiglement des marchands de bois et charbon, tant de la ville de Paris que forains, mouleurs et chargeurs de bois, mesureurs et porteurs de charbon, voituriers, chartiers, débardeurs, crocheteurs, gaignedeniers, et salaires d'iceulx en la dicte ville et fauxbourgs. » (Ordonn. roy., etc., édit. de 1644, in-fol., p. 392, 400 et 354.)

1633.

« Édict du Roy portant création de nouveaux offices en l'Hostel de Ville de Paris, avec dispense, tant aux anciens officiers que nouveaux, de se faire porter audit Hostel de Ville pour résigner leurs offices, vérifié en la cour des Aydes, le 10° jour de décembre 1633. » (M DC XXVIII. Pièce in-4°.)

3 AVRIL 1635.

Arrêt du Parlement relatif au bois flotté. (Ordonn. roy., etc., in-fol., 1644, p. 424.)

2 MAI 1635.

Arrêt du conseil d'État par lequel Nicolas Hamelin, receveur et payeur du guet, est reçu au droit annuel de la ville. (Ordonnances royaux, etc., in-fol., 1644, p. 366.)

26 MAI 1635.

Lettres patentes du Roi pour procéder à la distribution des eaux des fontaines, et mandement au procureur du Roi et de la ville de tenir la main à l'exécution. (Ordonnances roy., etc., in-fol., 1644, p. 482.)

* 27 MAI 1635.

Cinq pièces relatives à la victoire remportée par les troupes du Roi sur les Espagnols. — Lettres du Roi Louis XIII. — Réjouissances faites à cette occasion. (A. R. K. 1011.)

30 JUIN 1635.

Arrêt du Parlement qui ordonne que les bois de travail ne seront vendus qu'après être restés trois jours sur le port. (Ordonn. royaux, etc., in-fol., 1644, p. 431.)

10 JUILLET 1635.

Arrêt du conseil d'État qui déclare injurieux l'emprisonnement de Jean Tonquoy, échevin. (Ordonn. roy., etc., in-fol., 1644, p. 365.)

13 SEPTEMBRE 1635.

Arrêt du Parlement qui défend à tous juges de connaître des différends relatifs au bois flotté, lesquels doivent être renvoyés à l'Hôtel de Ville. (Ordonn. roy., etc., in-fol., 1644, p. 434.)

16 MARS 1636.

Arrêt du conseil d'État qui ordonne au prévôt et aux échevins de donner l'alignement du pont aux Changeurs. (Ordon. roy., etc., in-fol., 1644, p. 367.)

1er AVRIL 1636.

Arrêt du conseil d'État pour les sergents de la ville contre les huissiers de la cour des Aides. (Ordonn. royaux, etc., in-fol., 1644, p. 445.)

27 MAI 1636.

Lettres de provisions de charge de capitaine-colonel des trois cents archers de la ville de Paris, accordées par Louis XIII au sieur Mabire. (Recueil des Chartes des arbalestriers de Paris, 1770, in-fol., p. 113.)

AOUT 1636.

Ordonnance du Roi au prévôt et aux échevins de députer des quartiniers pour lever quelques chevaux. — Ordonnance du Roi au prévôt et aux échevins pour faire venir des grains à Paris. — Lettre du Roi au prévôt et aux échevins relative à la garde des portes et aux espions. — Arrêt du Parlement relatif au passage des voituriers et Marchands sur l'île de la Guiche. (Ordonn. roy., etc., in-fol., 1644, p. 387, 388 et 436.)

24 AVRIL 1637.

Jugement du prévôt des Marchands et des échevins de la ville de Paris, portant que les archers de ladite ville ne pourront prétendre monter par degré aux charges qui vaqueront dans leur compagnie. (Recueil des Chartes des arbalestriers de Paris, 1770, in-fol., p. 114.

4 JUILLET 1637.

Arrêt du conseil d'État qui décharge de la taxe Nicolas Boucot, receveur de la ville, à cause de l'augmentation des monnaies. (Ordonn. royaux, etc., in-fol., 1644, p. 369.

24 JUILLET 1637.

Arrêt du Parlement qui confirme la défense faite par le prévôt des Marchands et les échevins aux Marchands drapiers et maîtres fouleurs et applaneurs de draps, de fournir aucune tenture de draps ou serge pour les funérailles. (Ordonn. de Louis XIV, in-fol., 1676, p. 328.)

29 AOUT 1637.

Arrêt du conseil d'État qui maintient le prévôt et les échevins dans leur juridiction sur les rentes. (Ordonn. roy., etc., in-fol., 1644, p. 368.)

AOUT 1637.

Déclaration du Roi portant « règlement des droits et salaires que doivent prendre à l'advenir les jurez mousleurs, compteurs, cordeurs et visiteurs de bois, les chargeurs de bois en charrettes, mesureurs et porteurs de charbons, courtiers de vins et jurez de la marchandise de foing de la ville de Paris. » (Ordonn. royaux, etc., édit. de 1644, in-fol., p. 323 et suiv.)

* **24 ET 26 OCTOBRE 1637.**

Pièces relatives au service pour le duc de Savoie. (A. R. K. 1024.)

9 NOVEMBRE 1637.

Déclaration du Roi pour les offices de lieutenant civil et commission de prévôt des Marchands. (Ordonn. royaux, etc., in-fol., 1644, p. 400.)

11 DÉCEMBRE 1637.

« Arrest contradictoire de la cour des Aydes qui décharge les archers de la ville de Paris du payement du droit annuel pour le vin par eux vendu en détail ou en gros, tant en taverne, cabaret, qu'hostellerie, à la charge qu'ils ne pourront tenir qu'une seule cave ou maison, et ne pourront vendre qu'à un bouchon. » (Recueil des Chartes des arbalestriers de Paris, 1770, in-fol., p. 115.

13 JANVIER 1638.

Arrêt du conseil d'État qui décharge maitre Nicolas Boucot, receveur des domaines, dons et octrois de la ville, d'une somme de 4,000 livres pour taxe faite pour la révocation de la Chambre de Justice. (Ordonn. de Louis XIV, in-fol., 1676, p. 141.)

14 AOUT 1638.

Arrêt du Parlement qui défend aux jurés tapissiers de fournir des tentures pour les enterrements ou services, et aux jurés crieurs de corps et de vins de louer des tentures au mois ou à l'année. (Ordonn. de Louis XIV, in-fol., 1676, p. 330.)

13 DÉCEMBRE 1638.

Arrêt du Parlement relatif aux boutiques à poissons. (Ordonn. roy., etc., in-fol., 1644, p. 378.)

18 DÉCEMBRE 1638.

Arrêt du conseil d'État rendu au profit des tonneliers déchargeurs de vins. (Ordonnances roy., etc., in-fol., 1644, p. 362.)

1638.

Division du pavé de Paris entre le Roi et la ville. (Reg. du Parlement. — Félibien, t. V, p. 100.)

19 FÉVRIER 1639.

Arrêt du Parlement portant règlement pour le mesurage des grains, et le droit de minage en la ville d'Étampes. (Ordonn. royaux, etc., in-fol., 1644, p. 440.)

MARS 1639.

Édit portant création de dix-sept jurés vendeurs et contrôleurs de vins. (Ordonn. de Louis XIV, in-fol., 1676, p. 468.)

7 JUIN 1639.

Règlement pour le droit d'immatricule dû aux receveurs et payeurs des rentes sur l'Hôtel de Ville. (Ordonn. royaux, etc., in-fol., 1644, p. 510.)

* **18 ET 23 AOUT 1639.**

Pièces relatives à un *Te Deum* pour la prise de la forteresse de Salces par le prince de Condé, et autres succès dus audit prince et au maréchal de La Meilleraye. (A. R. K. 1024.)

19 MAI 1640.

Arrêt du conseil d'État qui donne pouvoir au prévôt et aux échevins de faire toiser le pavé de Paris. (Ordonn. royaux, etc., in-fol., 1644, p. 371.)

1ᵉʳ AOUT 1640.

Arrêt du conseil d'État qui renvoie devant le prévôt et les échevins les différends concernant les rentes, avec défenses à tous autres juges d'en connaitre. (Ordonn. royaux, etc., in-fol., 1644, p. 477.)

26 SEPTEMBRE 1640.

Arrêt du conseil d'État portant attribution au prévôt et aux échevins de la levée des droits de barrage en première instance, et défend à tous autres juges d'en connaitre. (Ordonn. royaux, etc., in-fol., 1644, p. 383.)

*23 décembre 1640.

Pièces relatives à la mort de maître Claude de Bullion. (A. R. K. 1024.)

avril 1641.

« Édict du Roy portant création en titre d'office, des commissionnaires de la ville, avec attribution du Parisis des droicts dont ils jouissent à présent, et nouvelle création d'officiers de police dépendant de la dicte ville, lesquels officiers seront receuz le payer à droict annuel, ainsi que les autres officiers de la dicte ville. » (Ordonn. royaux, etc., édit. de 1644, in-fol., p. 335.)

7 mai 1641.

Ordonnance de la ville pour les rentes. (Ordonn. royaux, etc., in-fol., 1644, p. 489.)

11 mai 1641.

« Extraict des registres de l'Hôtel de Ville de Paris contenant les droits que les officiers et commissionnaires de l'Hôtel de Ville de Paris prennent et reçoivent sur les marchandises qui se deschargent es ports et places de cette dicte ville. » (Ordonn. roy., etc., édit. de 1644, in-fol., p. 350.)

2 juillet 1641.

Règlement du prévôt et des échevins concernant la police des bois et charbons qui se vendent sur les ports et places publiques, et les droits à percevoir par les officiers à ce préposés. (Ordonn. royaux, etc., in-fol., 1644, p. 491.)

8 août 1641.

Arrêt du Parlement qui renvoie devant le prévôt et les échevins les différends sur le bois flotté. (Ordonn. royaux, etc., in-fol., 1644, p. 414.)

30 septembre 1641.

Ordonnance de la ville contre les regrattiers de bois et de charbon. (Ordonn. royaux, etc., in-fol., 1644, p. 490.)

septembre 1641.

Édit du Roi qui porte que les jurés crieurs de corps et de vins feront en commun les fournitures des serges, draps, satins, velours et robes, servant aux funérailles, et règle les droits qu'ils auront à percevoir. (Ordonnances royaux, etc., in-fol., 1644, p. 456.)

13 décembre 1641.

Ordonnance du Roi pour la police du bois. (Ordonn. royaux, etc., in-fol., 1644, p. 490.)

14 décembre 1641.

Arrêt du Parlement qui maintient les Marchands et voituriers dans leurs droits de navigation tous les jours de l'année, excepté aux quatre fêtes solennelles. (Ordonn. roy., etc., in-fol., 1644, p. 380.)

1641.

Nouveau tarif d'eau douce, « obmis en celuy qui a esté arrêté au conseil, le 8 janvier 1641, des denrées et marchandises qui payeront aux entrées, tant par eaue que par terre, la subvention générale sur le pied du vingtième de l'évaluation. » (m dc xxxxi, pièce in-4°.)

1641.

« Arrest du conseil d'Estat portant que tous ceux qui feront arriver du vin au port de Javelle, et autres lieux de la banlieue de Paris, pour être menez et conduits en Picardie ou ailleurs, vendu et consommé es bourgs, vilage et lieux circonvoisins estant dans l'estendue de la dite banlieue, payeront les quinze sols des aydes, les trente sols et les trois livres pour muid de vin. » (1641, pièce in-4°.)

1641.

« Édict et déclaration du Roy pour la subvention générale du vingtième sur les denrées et marchandises à prendre et percevoir aux entrées, ensemble le tarif général de l'estimation faite au conseil du Roy des dites denrées et marchandises. » (m dc xli, pièce in-4°.)

11 janvier 1642.

« Arrest du conseil d'Estat portant règlement des droicts des officiers nouvellement créez par édict du Roy du mois d'avril dernier ; et que les obmis jouyront de pareils privilèges et droicts que les officiers desnommez par le dict édict ; et dispense aux autres officiers desnommez en l'ordonnance de la ville de Paris de prendre lettres de provisions, et que tous les dictz officiers jouyront du Parisis de leurs anciens droits ; ensemble du droict annuel estably en l'hostel de la dicte ville en payant la finance à laquelle ils ont été taxez au conseil du Roy. » (Ordonn. royaux, etc., in-fol., 1644, p. 347.)

29 mars 1642.

Commission pour informer de l'enlèvement du bois tant par vols que par débordement de rivières. (Ordonn. royaux, etc., in-fol., 1644, p. 406.)

29 mars 1642.

Arrêt du conseil d'État concernant les jurés crieurs de corps et de vins. (Ordonnances royaux, etc., in-fol., 1644, p. 458.)

9 avril 1642.

Arrêt du conseil privé du Roi qui permet aux Marchands de bois de faire repêcher leurs bois en quelque endroit qu'ils se trouvent. (Ordonn. royaux, etc., in-fol., 1644, p. 402.)

14 juin 1642.

Arrêt du conseil d'État confirmatif de la juridiction de la ville pour le fait des rentes. (Ordonn. royaux, etc., in-fol., 1644, p. 479.)

19 août 1642.

Arrêt du conseil d'État portant interdiction à la cour des Aides de connaître du fait des rentes. (Ordonn. royaux, etc., in-fol., 1644, p. 480.)

30 août 1642.

Règlement pour borner les limites des passeurs d'eau. (Ordonn. royaux, etc., in-fol., 1644, p. 507.)

1642.

Statuts et règlements de la communauté des jurés crieurs de corps et de vins de la ville de Paris. (Ordonn. royaux, etc., in-fol., 1644, p. 461.)

7 janvier 1643.

Arrêt du conseil d'État qui renvoie un différend d'entre deux particuliers archers, par-devant Messieurs le prévôt des Marchands et les échevins de la ville de Paris. (Recueil des Chartes des Arquebusiers de Paris, 1770, in-fol., p. 117.)

* 16 et 17 janvier 1643.

Service de Monsieur le cardinal de Richelieu. (A. R. K. 1024.)

* 26 février 1643.

Arrêt du conseil d'État portant que les jurés vendeurs et contrôleurs de vins jouiront du droit de *vingt et un pour vingt* des vins qu'ils auront pris en vente. (Ordonn. de Louis XIV, in-fol., 1676, p. 243.)

12 avril 1643.

Commission donnée par le Roi au sieur Baillon pour faire venir des blés à Paris. (Ordonn. royaux, etc., in-fol., 1644, p. 388.)

* 23 et 24 avril, 14, 29 et 30 mai, 19, 22 et 25 juin 1643.

Pièces relatives au décès de Louis XIII. (A. R. K. 1024.)

2 octobre 1643.

Arrêt du conseil d'État qui défend à tous gouverneurs, maires, échevins et officiers des villes d'arrêter aucun bateau de blé venant en la ville de Paris. (Ordonn. roy., etc., in-fol., 1644, p. 497.)

5 octobre 1643.

Commission adressée par le Roi à Messieurs de la ville de Paris, pour la recherche des blés. (Ordonn. royaux, etc., in-fol., 1644, p. 499.)

29 octobre 1643.

Arrêt du Parlement qui enjoint aux laboureurs, blastiers et Marchands, de se conformer aux ordonnances de police sur le fait de la vente des avoines. (Ordonn. royaux, etc., in-fol., 1644, p. 502.)

4 novembre 1643.

Arrêt du conseil d'État confirmatif de la juridiction de la ville pour le fait des rentes. (Ordonn. royaux, etc., in-fol., 1644, p. 501.)

1643.

« Compromis fait par la communauté des commissaires controlleurs, jurez moulleurs, compteurs, cordeurs, visiteurs et mesureurs de bois de la ville, faubourg et banlieue de Paris. » (1643, pièce in-4°.)

1643.

Discours sommaire sur l'établissement, juridiction et pouvoir du prévôt des Marchands, des échevins et autres officiers de la ville de Paris. (Ordonn. royaux, etc., in-fol., 1644, p. 468.)

février 1644.

Édit portant création de quarante-neuf moulleurs et de quarante-six chargeurs de bois. (Ordonn. de Louis XIV, in-fol., 1676, p. 472.)

mars 1644.

Édit portant création de dix jurés mesureurs de charbon, de neuf jurés porteurs de la même marchandise et de huit courtiers de vins. (Ordonn. de Louis XIV, in-fol., 1676, p. 479.)

mai 1644.

Édit du Roi portant création de cent aides aux moulleurs de bois. (Ordonn. de Louis XIV, in-fol., 1676, p. 490.)

* 6 et 8 juin 1644.

Service de Monsieur le maréchal de Guebrian. (A. R. K. 1024.)

16 septembre 1644.

Arrêt du Parlement portant règlement sur les contraintes des huissiers contre les payeurs de rentes, et défend de les exercer ailleurs qu'au bureau de l'Hôtel de Ville, huit jours après le commandement. (Ordonn. de Louis XIV, in-fol., 1676, p. 543.)

8 octobre 1644.

Arrêt du conseil d'État qui ordonne aux rentiers de se pourvoir devant le prévôt et les échevins pour le paiement des arrérages des rentes de la ville. (Ordonn. de Louis XIV, in-fol., 1676, p. 540.)

* 30 novembre et 3 décembre 1644.

Pièces relatives au service pour la Reine d'Espagne. (A. R. K. 1024.)

22 décembre 1644.

« Arrest du conseil d'État du Roy qui décharge les archers de la ville de Paris, du paiement des deux sols par livres et de tous autres droits, mesme de ceux des officiers de la dite ville, pour raison des trois muids de vin de leurs privilèges. » (Recueil des Chartes des arbalestriers de Paris, 1770, in-fol., p. 123.)

1644.

« Motifs qui doivent donner lieu à l'entérinement de l'humble requeste et supplication verballe que font Messieurs les prévost des Marchands et échevins de cette ville de Paris, sur l'opposition formée, tant verballement que par escrit, à la réception d'un particulier faisant profession de la religion prétendue reformée, qui prétend, en cette qualité et profession, estre présentement pourveu et receu en l'une des offices de l'Hostel de Ville de Paris. » (1644, pièce in-4°.)

1644.

« Édict du Roy portant création en tiltre d'office formé en l'Hostel de Ville de Paris de quarante-neuf offices de commissaires, controleurs, jurez, moulleurs, compteurs, mesureurs et visiteurs de toutes sortes de bois, tant neuf que flotté à brûler, etc. » (M DC XLIV, pièce in-4°.)

DEUXIÈME PARTIE.

1644.

« Édict du Roy portant création de quarante commissaires contrôleurs généraux de la police de l'Hostel de Ville de Paris, tant sur la rivière, ports et quais de la dite ville et faubourgs d'icelle, que sur les autres ports d'amont et d'aval l'eau, lesquels porteront robes courtes ; ensemble cent aides aux jurez mouleurs, compteurs, cordeurs et visiteurs de bois au dit Paris, avec dispense à tous les dits officiers d'aller en personne résigner leurs offices au dit hôtel. » (1644. pièce in-4°.)

22 FÉVRIER 1645.

« Arrest du conseil d'État par lequel il paraît que le fermier des aydes de Paris est indemnisé par le Roy des droits des trois muids de vin accordez par Sa Majesté aux archers de la ville de Paris. » (Recueil des Chartes des arbalestriers de Paris, 1770, in-fol., p. 125.)

12 OCTOBRE 1645.

Arrêt du conseil d'État portant renvoi à la ville d'une instance pendante en la cour des Aides pour les fonds destinés au paiement des rentes des tailles. (Ordonn. de Louis XIV, in-fol., 1676, p. 547.)

7 DÉCEMBRE 1645.

Arrêt du conseil d'État qui confirme la nomination faite par le prévôt et les échevins du sieur Boucot pour faire le paiement des rentes des Aides. (Ordonn. de Louis XIV, in-fol., 1676, p. 547.)

DÉCEMBRE 1645.

Édit portant création de vingt offices de contrôleurs pour tous les officiers établis, lesquels ont droit sur les bois qui arrivent à Paris. (Ordonn. de Louis XIV, in-fol., 1676, p. 500.)

JANVIER 1646.

Édit portant création de plusieurs offices de police. (Ordonn. de Louis XIV, in-fol., 1676, p. 521.)

MARS 1646.

Édit portant création de quinze offices de jurés vendeurs et contrôleurs de vin. (Ordonn. de Louis XIV, in-fol., 1676, p. 505.)

MAI 1646.

Édit portant création de huit jurés jaugeurs de vins. (Ordonn. de Louis XIV, in-fol., 1676, p. 495.)

2 AOUT 1646.

Arrêt du conseil d'État qui renvoie devant le prévôt et les échevins le différend pendant entre les jurés mouleurs et chargeurs de bois et les Célestins de Paris. (Ord. de Louis XIV, in-fol., 1676, p. 334.)

18 AOUT 1646.

Arrêt du Parlement qui condamne les Marchands de salines à payer les droits aux mesureurs de sel, pour les salines à eux arrivées, et ordonne auxdits mesureurs de travailler en personne au compte des marchandises. (Ord. de Louis XIV, in-fol., 1676, p. 443.)

19 SEPTEMBRE 1646.

Arrêt du Parlement qui confirme la condamnation au carcan prononcée par le bureau de la ville contre Étienne, doyen gagne-denier, pour vol de vin sur le port. (Ordonn. de Louis XIV, in-fol., 1676, p. 672.)

SEPTEMBRE 1646.

Édit portant création de soixante officiers de jurés mouleurs de bois, et de soixante aides auxdits mouleurs. (Ordonn. de Louis XIV, in-fol., 1676, p. 511.)

24 OCTOBRE 1646.

Arrêt du conseil d'État qui confirme le scellé apposé en la maison du sieur Joubert, l'enlèvement de ses papiers concernant ses exercices apportés au greffe, et la commission donnée au sieur Lebeuf pour exercer à sa place l'office de receveur et payeur des rentes de la ville. (Ordonn. de Louis XIV, in-fol., 1676, p. 550.)

OCTOBRE 1646.

Édit portant création de six offices de contrôleurs de la quantité de bois arrivant à Paris. (Ordonn. de Louis XIV, in-fol., 1676, p. 515.)

* 11 ET 12 NOVEMBRE 1646.

Pièces concernant le service pour le duc de Brézé. (A. R. K. 1024.)

* 1647.

Pièce relative aux prières et service pour le prince de Condé, premier prince du sang. (A. R. K. 1024.)

* 1647.

Huit pièces relatives au don que la ville de Paris a fait au Roi d'habits et de souliers pour entretenir les armées d'Italie et d'Espagne. (A. R. K. 1011.)

1647.

« Bail fait par le Roy à maistre Adrian Montagne, bourgeois de Paris, de la ferme générale des aydes de France, du droit et de vingt sous de Maubouge, des bières, cidres et de la ferme du papier pour six années qui commenceront, pour les dits vingt sols de Maubouge, au 1er octobre prochain 1647, et des autres fermes et droicts au 1er janvier ensuivant 1648. » (M DC XLVII, pièce in-4°.)

12 JANVIER 1648.

Arrêt du conseil d'État en faveur du prévôt des Marchands et des échevins, procureur du Roi, greffier, receveur, conseillers et quartiniers de la ville de Paris, pour la confirmation de leurs priviléges dit *franc-sallé*. (Ordonn. de Louis XIV, in-fol., 1676, p. 143.)

30 AVRIL 1648.

Arrêt du conseil d'État qui ordonne que le procès de Louis Olivier, payeur des rentes, sera jugé par le prévôt et les échevins et par appel au Parlement. (Ordonn. de Louis XIV, in-fol., 1676, p. 552.)

1er ET 4 SEPTEMBRE 1648.

« Arrest du Parlement portant reiglement pour les rentes constituées sur la ville, des 1er et 4 septembre 1648. » (Pièce in-4°, 1648. — Catalogue Colbert, t. II, p. 461.)

23 OCTOBRE 1648.

Règlement fait par Messieurs les prévôt des Marchands et échevins de la ville de Paris sur la police du bois et charbon. (M DC XLVIII, pièce in-4°.)

1648.

« Estat et tarif des droicts de barrages à prendre sur les marchandises et denrées entrans dans la ville et faubourgs de Paris, tant par terre que par eau. » (M DC XLVIII, pièce in-4°.)

1648.

« Arrest de la cour de Parlement sur la police et reiglement des marchands de bois et charbons, tant de la ville de Paris que forrains, moulleurs et chargeurs de bois, mesureurs et porteurs de charbon, voituriers, chartiers, débardeurs, crocheteurs, gaignetiers, et salaires d'iceux en la dite ville de Paris. » (M DC XLVIII, pièce in-4°.)

1648.

Requête à Messieurs les prévôt des Marchands et échevins de la ville de Paris. (1648, pièce in-4°.)

1648.

« Très-humbles remontrances à nos seigneurs de la cour de Parlement pour la communauté des commissaires controlleurs, jurez, moulleurs de bois, à Paris, concernant l'establissement et attributions des droicts dont ils jouissent et pour réponse à certain advis donné pour le retranchement d'icelle. » (1648, pièce in-4°.)

1648.

« Factum pour la communauté des commissaires controlleurs, jurez, moulleurs de bois et la communauté des aydes aus dits moulleurs, défendeurs. — Contre Nicolas Legrand, Louis Duval et Jacques Rohault, controlleurs, pour le Roy, des bois à brûler, arrivans à Paris,

DEUXIÈME PARTIE.

demandent aux fins de la requeste, par eux présentée à la cour, le 2 décembre 1648. » (Pièce in-4°.)

5 JANVIER 1649.

« Lettre du Roy aux prévost et eschevins de la ville de Paris, sur son départ de cette ville. » (Journal contenant tout ce qui s'est fait et passé en la cour de Parlement de Paris, toutes les chambres assemblées, sur les affaires du temps présent.—Paris, M DC XXXXVIII, in-4°, p. 111.)

8 JANVIER 1649.

« Discours prononcé en présence du Roy par le sieur Fournier, président en l'eslection et premier échevin de la ville de Paris, l'un des députez d'icelle vers Sa Majesté. » (Paris, M DC XLIX, pièce in-4°.)

19 JANVIER 1649.

« Arrest de la cour de Parlement portant que tous les deniers publics qui se trouveront deubs par tous les comptables et fermiers, tant de cette ville de Paris qu'autres de ce ressort, seront saisis et mis es coffres de l'Hôtel de Ville. » (Paris, M DC XLIX, pièce in-4°.)

25 JANVIER 1649.

« Arrest du Parlement par lequel il est ordonné aux payeurs des rentes de payer les arrérages dus. » (Catalogue Colbert, tom. II, p. 461.)

29 JANVIER 1649.

« Arrest de la cour de Parlement portant deffenses à tous colonels, capitaines, lieutenants, officiers et gardes des portes de cette ville de Paris, de laisser passer aucune personnes, de quelque qualité et condition qu'elles soient, avec passeports que par les portes Sainct-Jacques et Sainct-Denis. » (Paris, M DC XLIX.)

11 FÉVRIER 1649.

Ordonnance du prévôt des Marchands et des échevins de la ville de Paris, relative aux arbalétriers. (Recueil des Chartes des arbalétriers de Paris, 1770, in-fol., p. 126.)

14 FÉVRIER 1649.

« Ordonnance de Messieurs les prévost des Marchands et échevins de la ville de Paris, portant règlement général pour la garde des portes de la dite ville et faubourgs de Paris, et autres expéditions qui seront commandées pour le service du Roy et la conservation de la dite ville. » (Paris, M DC XLIX, pièce in-4°.)

20 MARS 1649.

« Ordonnance du Roy envoyée à Messieurs les prévost des Marchands et échevins de la ville de Paris, pour le rétablissement du commerce. » (Paris, M DC XLIX, pièce in-4°.)

29 AVRIL 1649.

« Lettre du Roy envoyée à Messieurs les prévost des Marchands et échevins de Paris, apportée par M. de Sainctot, maître des cérémonies. » (Paris, M DC XLIX, pièce in-4°.)

28 MAI 1649.

Arrêt du Parlement qui défend d'enlever les vins de dessus la vente avant qu'ils aient été enregistrés et contrôlés par les vendeurs et contrôleurs des vins. (Ordonn. de Louis XIV, in-fol., 1776, p. 247.)

13 JUIN 1649.

« Lettre du Roy envoyée à Messieurs les prévost des Marchands et échevins de sa bonne ville de Paris, au subjet du siége mis devant Cambray par l'armée de Sa Majesté, commandée par Monseigneur le comte d'Harcourt, apportée par le sieur de Sainctot, maître des cérémonies. » (Paris, M DC XLIX, pièce in-4°.)

12 AOUT 1649.

« Lettre du Roy envoyée à Messieurs les prévost des Marchands et échevins de la ville de Paris, sur l'assurance de son retour en sa bonne ville de Paris. » (Paris, M DC XLIX, pièce in-4°.)

1649.

Liste de Messieurs les colonels de la ville de Paris, suivant l'ordre de leur réception, avec

1649.

« La seconde suite des triolets royaux, sur tout ce qui s'est passé à Paris de plus remarquable depuis la feste de saint Louys ; particulièrement les magnificences du feu royal fait devant l'Hôtel de Ville en commémoration du jour de la naissance du Roy. » (Paris, M DC XXXXIX, pièce in-4°.).

1649.

« Requeste des rentiers de l'hôtel de cette ville de Paris à nos seigneurs de la cour de Parlement. » (Paris, M DC XLIX, pièce in-4.)

1649.

« Arrest de la cour de Parlement par lequel il est enjoint à tous les quartiniers de cette ville de Paris, de porter ou envoyer es mains de Sébastien Cramoisy et Jean-Baptiste Forne toutes les taxes par eux receues et celles qu'ils recevront cy-après des particuliers habitants de cette ville. » (Paris, M DC XLIX, pièce in-4°.)

1649.

« Factum contenant les justes deffenses des rentiers de l'Hôtel de Ville de Paris, et les moyens véritables de la seureté de leurs rentes et de leur conservation. » (Paris, M DC XLIX, pièce in-4°.)

1649.

« Mémoires et plaintes des rentiers de l'Hôtel de Ville de Paris, sur les contraventions aux arrests, règlements et déclarations du mois d'octobre 1648, présentez à nos seigneurs du Parlement. » (Paris, M DC XLIX, pièce in-4°.)

1649.

« Arrest de la cour de Parlement pour la communauté des jurez chargeurs de bois en charettes de cette ville, faubourg et la banlieue de Paris, contre Gilles Bejot, Émery, Naquefer et consors, marchands et voituriers les ordres qu'ils doivent tenir dans leurs marches. (Paris, M DC XLIX, pièce in-4°.)

de bois forains du port de l'Escole. » (M DC XLIX, pièce in-4°.)

1649.

« Mémoire instructif des droicts attribuez à la communauté des jurez moulleurs de bois à Paris. » (1649, pièce in-4°.)

1649.

« Bail fait par le Roy à maistre Adrian Montaigne, bourgeois de Paris, de la ferme générale des aydes de France, pour six années, commençant au 1er janvier 1648. » (M DC XLIX, pièce in-4°.)

12 MAI 1650.

« Arrest contradictoire du Parlement de Paris, portant que le sieur Drouart exercera la charge de capitaine colonel des trois compagnies d'archers de la ville de Paris, en obtenant lettres de provisions du Roy. » (Recueil des Chartes des arbalétriers de Paris, 1770, in-fol., p. 129.)

24 MAI 1650.

Lettres de provisions de la charge de capitaine colonel des trois cents archers de la ville de Paris, accordées au sieur Drouart par le Roi Louis XIV. (Recueil des Chartes des arbalétriers de Paris, 1770, in-fol., p. 133.)

1er ET 21 MARS, 11 AOUT ET 28 SEPTEMBRE 1650.

Quatre arrêts du Parlement qui ordonnent aux rentiers de l'Hôtel de Ville de se pourvoir, pour le fait du rentier, au bureau de la ville, et par appel au Parlement. (Ordonn. de Louis XIV, in-fol., 1676, p. 554.)

12 AOUT 1650.

« De par le prévost des Marchands et échevins de la ville de Paris, reiglement concernant le devoir des colonels, capitaines, officiers et archers des trois compagnies de la ville de Paris. » (Recueil des Chartes des arbalétriers de Paris, 1770, in-fol., p. 134.)

* 20, 21 ET 22 DÉCEMBRE 1650.

Pièce concernant le service pour la princesse douairière de Condé. (A. R. K. 1024.)

2 MARS 1651.

« Ordonnance du prévost des Marchands et des échevins de la ville de Paris, portant reiglement général pour la garde ordinaire des portes de la dite ville. » (Paris, M DC LI, pièce in-4°.)

9 DÉCEMBRE 1651.

Arrêt du Parlement qui ordonne que pour tous procès relatifs aux dommages causés par les bois flottés, importés par la violence des eaux, et aux présentations des propriétaires des moulins ou héritages endommagés, les parties se pourvoiront devant le prévôt et les échevins. (Ordonn. de Louis XIV, in-fol., 1676, p. 340.)

DÉCEMBRE 1652.

« Édit portant confirmation des offices de police et des droits d'iceux. » (Ordonn. de Louis XIV, in-fol., 1676, p. 531.)

1652.

« Arrest du Parlement qui ordonne que les prévost des Marchands et eschevins feront toutes diligences pour le payement des rentes du 8 février 1652. » (Catalogue Colbert, t. II, p. 461.)

1652.

« Arrest du conseil d'Estat au sujet de ce qui s'étoit passé à l'Hostel de Ville de Paris, le 4 juillet 1652. » (Félibien, t. IV, p. 167.)

1652.

« Arrest du conseil d'État du Roy au sujet de l'élection prochaine d'un prévost des Marchands et de deux eschevins de l'Hôtel de Ville de Paris. — Autre arrest du conseil d'État du Roy qui casse l'élection faite au préjudice du précédent. » (Félibien, t. IV, p. 174.)

28 JANVIER 1654.

Arrêt du conseil d'État contre les élus de Paris, qui renvoie devant le prévôt et les échevins, en première instance, et par appel au Parlement, les procès et différends relatifs aux droits des vendeurs et contrôleurs de vins ou à leurs fonctions. (Ordonn. de Louis XIV, in-fol., 1676, p. 249.)

9 MAI 1654.

Arrêt du Parlement qui condamne les Marchands de saline de la ville d'Auxerre à payer les droits des mesureurs de sel, et leur enjoint de travailler en personne sur les ports. (Ordonn. de Louis XIV, in-fol., 1676, p. 450.)

JUILLET 1654.

Mémoire des propriétaires des rentes de l'Hôtel de Ville assignées sur les gabelles, aides et entrées. — Édit portant le nombre d'officiers rétablis pour le paiement des rentes sur l'Hôtel de Ville, en juillet 1654. (Catalogue Colbert, t. II, p. 461.)

23 OCTOBRE 1654.

Arrêt du conseil privé du Roi qui renvoie devant le prévôt des Marchands et les échevins le procès pendant entre les douze et les vingt-cinq marchands de vins privilégiés d'une part, et les jurés vendeurs de l'autre, pour raison des droits desdits vendeurs. (Ordonn. de Louis XIV, in-fol., 1676, p. 255.)

1654.

« Arrest du conseil d'Estat du Roy, portant nomination des députez des rentes. » (Extrait des registres du conseil d'État, Paris, 1654, pièce in-4°.)

* 5 JANVIER 1655.

Deux pièces concernant le décès de Mathieu Molé, premier président du Parlement. (A. R. K. 1024.)

15 FÉVRIER 1655.

Sentence de l'élection de Paris en faveur des archers de ladite ville, pour les transports qu'ils font de leur part et portion des trois mille muids de leur privilége. (Recueil des Chartes des arbalétriers de Paris, 1770, in-fol., p. 136.)

17 février 1655.

Arrêt par lequel la Chambre souveraine des francs-fiefs décharge le nommé Mesnard, comme bourgeois de Paris, du droit des francs-fiefs, et lui fait main-levée de son fief saisi. (Ordonn. de Louis XIV, in-fol., 1676, p. 148.)

mars 1655.

Lettres patentes de Louis XIV, avec les enregistrements du Parlement, de la Chambre des comptes, de la Cour des Aides et de l'Hôtel de Ville. (Recueil des Chartes des arquebusiers de Paris, 1770, in-fol., p. 92.)

23 mars 1655.

Arrêt du Parlement qui ordonne que tous les Marchands de vins privilégiés et non privilégiés, faisant trafic de vins ou cidres, feront au greffe de la ville la déclaration des vins qui leur arriveront. (Ordonnances de Louis XIV, in-fol., 1676, p. 262.)—Autre arrêt sur le même sujet du 24 janvier 1660. (*Ibid.*, p. 266.)

30 juin 1655.

Arrêt du conseil d'État qui condamne les *taverniers à pot* à payer aux jurés jaugeurs de vins un droit de jauge de cinq sols par muid, et renvoie devant le prévôt et les échevins pour la liquidation de la quantité de vin arrivé auxdits taverniers. (Ordonn. de Louis XIV, in-fol., 1676, p. 317.)

17 novembre 1655.

Arrêt du conseil d'État qui condamne Claude Blaize, Suzanne Berthier et Maréchal à payer aux jurés mouleurs les droits qui leur appartiennent pour les bois amenés à leur verrerie. (Ordonn. de Louis XIV, in-fol., 1676, p. 343.)

* décembre 1655.

Cinq pièces relatives à la publication de la paix conclue avec la République d'Angleterre, Écosse et Irlande. (A. R. K. 1011.)

5 avril 1656.

Arrêt du conseil d'État qui ordonne que les prévôt des Marchands, échevins, procureur de Sa Majesté, greffier, receveur, conseillers et quartiniers de la ville de Paris, jouiront de quatre vingt-quatre minots de franc-sallé par chaque année. (Ordonn. de Louis XIV, in-fol., 1676, p. 149.)

16 mai 1656.

Sentence de M. le grand prévôt de l'hôtel qui décharge les archers du logement des Suisses de la garde du Roi, et de tous autres logements. (Recueil des Chartes des arbalétriers de Paris, 1770, in-fol., p. 136.)

19 décembre 1656.

Arrêt du Parlement confirmatif de la sentence de la ville qui condamne à la peine du fouet Jean Pichon, dit la Tressière, débardeur, pour exactions commises sur le port. (Ordonn. de Louis XIV, in-fol., 1676, p. 671.)

1656.

« Rapport du prévost des Marchands touchant le pont Notre-Dame, le pont Marie et le canal proposé. » (Reg. du P.—Félibien, t. V, p. 157.)

* 3 février 1657.

« Expédition sur parchemin d'un decret volontaire interposé au Châtelet de Paris, suivant lequel il est adjugé au prevost des Marchands et aux eschevins une maison sise rue et proche l'arcade de l'Hôtel de Ville, où pend pour enseigne la *Fleur de lys*, etc. » (A. R. Q. 1247.)

6 mars 1657.

« Sentence de M. le grand prévôt de l'hôtel en faveur des archers de la ville de Paris, portant descharge du logement des Suisses de la garde du corps du Roy. » (Recueil des Chartes des arbalétriers de Paris, 1770, in-f°., p. 137.)

* 9 et 13 avril 1657.

Pièce concernant le service pour le Roi de Portugal. (A. R. K. 1024.)

21 août 1657.

Arrêt de la cour des Aides qui condamne le

sieur Ferry, secrétaire du Roi, à payer les droits des mouleurs. (Ordonn. de Louis XIV, in-fol., 1676, p. 353.)

5 janvier 1658.

Sentence de Messieurs les prévôt des Marchands et échevins de la ville de Paris en forme de règlement. (Recueil des Chartes des arbalétriers de Paris, 1770, in-fol., p. 138.)

9 février 1658.

« Arrest contradictoire du conseil d'Estat du Roy, par lequel, entre autres choses portées par icelluy, les archers de la ville de Paris sont deschargez du payement des trois sols pour livre de nouvelle imposition sur chacun muid de vin. » (Recueil des Chartes des arbalétriers de Paris, 1770, in-fol., p. 156.)

25 février 1658.

Règlement du prévôt et des échevins de Paris pour le paiement des rentes. (Ordonn. de Louis XIV, in-fol., 1676, p. 558.)

7 juin 1658.

Arrêt de la cour des Aides qui condamne Nicolas Godin, maître boulanger, et Pierre Masson, maître teinturier, à payer aux jurés mouleurs de bois, et à leurs aides, leurs droits sur les bois qu'ils avaient achetés pour leur provision. (Ordonn. de Louis XIV, in-fol., 1676, p. 354.)

* 20 juillet 1658.

Pièces relatives aux réjouissances pour la guérison du Roi. (A. R. K. 1024.)

26 septembre 1658.

Lettres de provisions en survivance du sieur Drouart de la charge de capitaine colonel des cent arquebusiers et deux cents archers et arbalétriers de Paris, accordées au sieur Fournier par le prévôt des Marchands et les échevins de ladite ville. (Recueil des Chartes des arbalétriers de Paris, 1770, in-fol., p. 162.)

30 septembre 1658.

Démission dudit sieur Drouart de ladite charge de capitaine et colonel des cent arquebusiers et deux cents archers et arbalétriers de Paris entre les mains du Roi, en faveur du sieur Fournier, son gendre, à condition de survivance. (Recueil des Chartes des arbalétriers de Paris, 1770, in-fol., p. 164.)

6 octobre 1658.

Lettres de provisions, en forme de survivance de la charge de capitaine colonel des trois compagnies d'archers de la ville de Paris, accordées par le Roi Louis XIV en faveur du sieur Fournier. (Recueil des Chartes des arquebusiers de Paris, 1770, in-fol., p. 165.)

1658.

« Resolution prise en l'assemblée générale de l'Hostel de Ville au sujet d'un canal pour empescher les inondations de la Seine. » (Félibien, t. IV, p. 190.)

21 février 1659.

Arrêt du Parlement confirmatif de la sentence du bureau de la ville, qui condamne au carcan Augustin de l'Aistre, gagne-denier, pour exactions commises sur les ports. (Ord. de Louis XIV, in-fol., 1676, p. 672.)

17 juin 1659.

« Sentence de Messieurs les prévôt des Marchands et échevins de la ville de Paris, par laquelle les archers de ladite ville sont deschargez du logement des mousquetaires du Roy. » (Recueil des Chartes des arquebusiers, 1770, in-fol., p. 168.)

* 8 octobre 1659.

Pièces relatives au deuil pour le second prince d'Espagne. (A. R. K. 1024.)

19 décembre 1659.

Arrêt du Parlement confirmatif d'une sentence du Bureau de la ville, qui condamne au fouet le nommé Jacques Aubret, taillandier, pour vol de robinets. (Ordonn. de Louis XIV, in-fol., 1676, p. 673.)

1659.

« Requeste contre le prevost des Marchands et les eschevins renvoyés à l'assemblée de la ville. » (Reg. du Parlement. — Félibien, t. V, p. 162.)

23 MARS 1660.

Arrêt du Parlement qui renvoie au prévôt des Marchands le différend existant entre les Marchands de grains et boulangers et les jurés porteurs de grains. (Ordonn. de Louis XIV, in-fol., 1676, p. 236.)

3 AVRIL 1660.

Arrêt du conseil privé du Roi qui maintient le prévôt des Marchands et les échevins dans le droit d'ordonner tout ce qui est relatif à l'entrée de Leurs Majestés, et défend aux trésoriers de France et au voyer de s'en mêler en quoi que ce soit. (Ordonn. de Louis XIV, in-fol., 1676, p. 689.)

* 27 AVRIL 1660.

Pièce relative au deuil pour le Roi de Suède. (A. R. K. 1024.)

11 MAI 1660.

Sentence du Bureau de la ville qui enjoint aux jurés porteurs de grains de faire la décharge des grains sur les ports *tant près que loing*, et faute par eux de ce faire permet aux marchands et boulangers de faire faire ladite décharge par qui bon leur semblera. (Ordonn. de Louis XIV, in-fol., 1676, p. 237.)

7 AOUT 1660.

Ordonnance du Bureau de la ville qui prescrit d'amener les grains directement à Paris, et d'en augmenter le prix après l'ouverture des bateaux. (Ordonn. de Louis XIV, in-fol., 1676, p. 217.)

AOUT 1660.

La liste générale et particulière de Messieurs les colonels, capitaines, lieutenants, enseignes et autres officiers et bourgeois de la ville et faubourgs de Paris, avec l'ordre qu'ils doivent tenir dans leur marche et dans les autres cérémonies qui s'observeront à l'entrée royale de Leurs Majestés. Ensemble les noms, qualités et quartiers des colonels, avec les livrées qu'ils doivent faire porter à chacune de leurs compagnies. (Paris, chez J. B. Loyson, M DC LX, pièce in-4° de 8 pages.)

AOUT 1660.

« Ordre pour la milice de Paris commandée pour l'entrée de Leurs Majestez et conduite par M. le president de Guenegaud. » (Paris, M DC LX, in-4° de dix pages.)

AOUT 1660.

« Requeste présentée à M. le prevost des Marchands par cent mille provinciaux qui se ruinent à Paris en attendant l'entrée (en vers). » (Pièce in-8° de deux feuillets.)

* 1660.

Neuf pièces relatives à la publication de la paix entre la France et l'Espagne, et au mariage de Roi. (A. R. K. 1011.)

10 DÉCEMBRE 1660.

Arrêt du conseil qui défend de contraindre les Marchands qui amènent des provisions à Paris pour les solidités. (Ord. de Louis XIV, in-fol., 1676, p. 193.)

19, 29 ET 30 JANVIER 1661.

Pièces concernant le service pour le duc d'Orléans. (A. R. K. 1024.)

3 FÉVRIER 1661.

Arrêt du conseil d'État qui fait défense à tous gouverneurs, maires et échevins, officiers, laïques et ecclésiastiques, d'empêcher les voituriers d'aller par rivière tous les jours de l'année, fériés ou non fériés, à l'exception des quatre fêtes solennelles. (Ordonnance de Louis XIV, in-fol., 1676, p. 159.)

* 9 MARS, 5 ET 7 AVRIL 1661.

Pièces relatives au service pour le cardinal Mazarin. (A. R. K. 1024.)

DEUXIÈME PARTIE.

18 juin 1661.

Arrêt du Parlement contre Jacques Deschamps, marchand de vins et bourgeois de Paris. Le tiers des vins de son crû, qu'il avait fait encaver, sera tiré de ses caves et conduit sur les ports et places pour y être vendu. (Ordonn. de Louis XIV, in-fol., 1676, p. 275.)

19 août 1661.

Arrêt du Parlement portant règlement entre Messieurs de la ville et le lieutenant civil au Châtelet, pour la police des grains. (Ordonn. de Louis XIV, in-fol., 1676, p. 219.)

30 août, 2 et 7 septembre, et 16 novembre 1661.

Quatre arrêts, dont deux du conseil d'État et deux du Parlement, relatifs aux grains achetés dans les provinces pour l'approvisionnement de Paris, lesquels devront être sans retard apportés dans cette ville, nonobstant les défenses des juges et officiers desdites provinces. (Ordonn. de Louis XIV, in-f°, 1676, p. 222, 224, 225, 226.)

4 février 1662.

Arrêt du conseil d'État portant que maitre Jean de Monhers, échevin de la ville de Paris, fera la visite des greniers et magasins de Châlons, et dressera procès-verbal de la quantité et qualité des grains, en présence de deux échevins ou conseillers de ville et du procureur du Roi audit Châlons. (Ordonnance de Louis XIV, in-fol., 1676, p. 228.)

mars 1662.

Lettres patentes du Roi pour faciliter le commerce et le transport des bois flottés en la ville de Paris. (Ordonn. de Louis XIV, in-fol., 1676, p. 347.)

31 mars 1662.

Ordonnance du Bureau de la ville qui enjoint de ne pas laisser de bateaux amarrés, à moins de cinq toises de distance des abreuvoirs. (Ordonn. de Louis XIV, in-fol., 1676, p. 194.)

6 avril 1662.

Ordonnance qui prescrit aux mesureurs et porteurs de grains de tenir registre et contrôle des blés achetés par les boulangers. (Ordonn. de Louis XIV, in-fol., 1676, p. 230.)

16 mai 1662.

Arrêt du conseil d'État qui ordonne qu'un échevin se transportera à Rouen pour faire la recherche des blés destinés à la ville de Paris. (Ordonn. de Louis XIV, in-fol., 1676, p. 231.)

16 mai 1662.

Arrêt du conseil d'État contre le maire et les échevins de Noyon et de Soissons, au sujet des grains. (Ordonn. de Louis XIV, in-fol., 1676, p. 233.)

28 septembre 1662.

Arrêt du conseil d'État qui décharge les officiers de la ville du droit de confirmation. (Ordonn. de Louis XIV, in-fol., 1676, p. 152.)

11 décembre 1662.

Arrêt du Parlement confirmatif d'une sentence du Bureau de la ville qui condamne au fouet Noël du Chastel pour exactions commises sur le port au bois (Ordonnances de Louis XIV, in-fol., 1676, p. 674.)

20 février 1663.

Arrêt du conseil privé du Roi qui décharge le sieur de Beine, quartinier, de l'assignation à lui donnée au Parlement au sujet du logement des mousquetaires à cheval de la garde du Roi, sauf à se pourvoir devant le prévôt et les échevins. (Ordonn. de Louis XIV, in-fol., 1676, p. 701.)

28 avril 1663.

Arrêt du conseil d'État qui ordonne que le prévôt et les échevins, ou le juge par eux délégué, informeront sur les vols de bois destinés pour Paris et exploités dans l'étendue du Parlement de Dijon. (Ordonn. de Louis XIV, in-fol., 1676, p. 693.)

2 juillet 1663.

Arrêt du conseil privé du Roi qui annule les ordonnances des élus de Paris sur les octrois de la ville. (Ordonn. de Louis XIV, in-f°, 1676, p. 704.)

26 octobre 1663.

Arrêt du conseil privé du Roi qui décharge les sieurs Du Fresne et Du Val, mousquetaires, et le sieur de Beine, quartinier, de l'assignation à eux donnée, et renvoie le différend devant le prévôt des échevins. (Ordonnance de Louis XIV, in-fol., 1676, p. 703.)

7 décembre 1663.

« Sentence de l'election de Paris qui descharge un archer de la dite ville du payement de la taille, avec deffences aux collecteurs de l'imposer en leurs rolles à peine de payer la somme à laquelle le dit archer se trouveroit imposé. » (Recueil des Chartes des arquebusiers de Paris, 1770, in-fol., p. 171.)

1663.

Établissement des porte-lanternes et porte-flambeaux à louage. (Reg. du Parl. — Félib., t. V, p. 191.)

10 mars 1664.

Arrêt contradictoire de la cour des Aides, portant confirmation de l'exemption des tailles en faveur des archers de la ville de Paris. (Recueil des Chartes des arquebusiers de Paris, 1770, in-fol., p. 172.)

* 26 mars 1664.

Pièces concernant le service pour la duchesse de Savoie. (A. R. K. 1024.)

16 juin 1664.

Arrêt du conseil privé du Roi qui commet le sieur Poncet, maître des requêtes, pour lever les scellés apposés chez maître Étienne Houzé, payeur des rentes. (Ordonnance de Louis XIV, in-fol., 1676, p. 561.)

juin 1664.

« Arrest du conseil du Roy en faveur des propriétaires des rentes sur l'Hostel de Ville. » (Extrait des registres du conseil, Paris, juin 1664, pièce in-4°.)

26 juillet 1664.

« Arrest contradictoire de la cour des Aydes, par lequel les archers de la ville de Paris sont confirmez en l'exemption du droit de gros pour les vins de leur crû. » (Recueil des Chartes des arquebusiers de Paris, 1770, in-fol., p. 178.)

9 août 1664.

Arrêts du conseil privé du Roi qui ordonne que l'office de payeur des rentes de 400 000 livres des cinq grosses fermes, saisi sur François Bertinet, sera adjugé au Bureau de la ville devant le prévôt et les échevins. (Ordonn. de Louis XIV, in-fol., 1676, p. 564.)

10 septembre 1664.

« Arrest du conseil d'Estat du Roy portant reiglement pour le rachapt des rentes constituées sur l'Hôtel de Ville. — Fait au conseil d'État du Roy. » (Paris, pièce in-4°. — Catalogue Colbert, t. II, p. 463.)

15 octobre 1664.

Arrêt du conseil d'État qui ordonne aux Marchands de vins privilégiés de faire déclaration de leurs vins au greffe de la ville, et de satisfaire aux arrêts et règlements de police pour les vins qui leur arriveront au delà de leurs priviléges. (Ordonn. de Louis XIV, in-f°, 1676, p. 267.)

1664.

Très-humbles remontrances au Roi sur les arrêts du conseil des 24 mai et 11 juin 1664, concernant le projet de remboursement des rentes de l'Hôtel de Ville de Paris. (1664, pièce in-4°.)

1664.

Résultat fait par les juges et conseils de la ville de Paris sur le fait et négoce des lettres et billets de change, confirmé et approuvé par nos seigneurs de la cour de Parlement, suivant leurs arrêts. (M DC LXIV, pièce in-4°.)

13 janvier 1665.

Déclaration du Roi en faveur des propriétaires des rentes ci-devant assignées sur les tailles et rétablissements de l'hérédité des offices de receveurs et payeurs de rentes de l'Hôtel de Ville de Paris. (Paris, M DC LXV, pièce in-4°.)

17 janvier 1665.

« Ordonnance de Messieurs de l'Hôtel de Ville de Paris pour l'ouverture des bureaux du payement des rentes des aydes et gabelles pendant la dite année, suivant l'arrest du conseil du 24 décembre 1664. » (Extrait des registres de l'Hôtel de Ville, pièce in-4°.)

22 janvier 1665.

Arrêt du conseil d'État qui ordonne que l'office de payeur des rentes sur les entrées, saisi sur le sieur Houzé, sera vendu devant le prévôt et les échevins. (Ordon. de Louis XIV, in-fol., 1676, p. 566.)

6 mars 1665.

Arrêt du Parlement qui renvoie devant le prévôt et les échevins l'affaire concernant les sieurs de Jaucourt, père et fils, seigneur de Planey, Élie Bernault et François Courcilles. (Ordonn. de Louis XIV, in-fol., 1676, p. 675.)

14 juillet 1665.

Arrêt du Parlement qui maintient le prévôt et les échevins dans le droit de disposer des offices de police de Paris, vacant par suite de forfaiture. (Ordonn. de Louis XIV, in-fol., 1676, p. 707.)

15 juillet 1665.

Arrêt du conseil d'État portant que l'office de payeur alternatif de la première partie des rentes des huit millions des tailles, saisi sur Antoine Neyret, sera vendu au bureau de la ville. (Ordonn. de Louis XIV, in-fol., 1676, p. 569.)

30 septembre 1665.

Arrêt du conseil d'État rendu entre les courtiers et les marchands de vin, qui ordonnent que les courtiers seront payés de leurs droits à raison de huit sols par muid de vin, et tenus de les percevoir dans ces trois mois, pour raison desquels droits les parties se pourvoiront devant le prévôt des Marchands et les échevins. (Ordonn. de Louis XIV, in-fol., 1676, p. 310.)

* 25 novembre 1665.

Pièce relative au service pour le Roi d'Espagne (A. R. K. 1024.)

26 novembre 1665.

Arrêt du conseil d'État qui convertit le privilége d'exemption dont jouissaient les officiers et archers de la ville relativement au paiement des droits des fermiers du Roi pour les vins de leur cru, en l'exemption desdits droits du fermier du Roi pour mille muids de vin, outre les trois mille muids de privilége dont ils jouissent. (Ordonn. de Louis XIV, in-fol., 1676, p. 276. — Rec. des chartes des arquebusiers de Paris, in-fol., 1770, p. 180.)

4 décembre 1665.

Sentence du bureau de la ville qui condamne les marchands de vin du faubourg Saint-Antoine à faire déclaration de leurs vins au greffe de la ville, et à mettre le tiers en vente ou *estappe*, et enjoint aux vendeurs de faire leurs demandes pour le paiement de leurs droits dans les six mois du jour desdites déclarations, sous peine d'en être déchus. (Ordonn. de Louis XIV, in-fol., 1676, p. 294.)

* 20 janvier, 6, 8, 11 et 22 février, et 2 mars 1666.

Pièces relatives au décès, service, deuil de la Reine Mère, Anne d'Autriche. (A. R. K. 1024.)

12 mai 1666.

Arrêt du Parlement confirmatif d'une sentence du bureau de la ville qui condamne le nommé Caseneuve, à faire amende honorable au bureau de la ville et à un bannissement de trois années, pour un faux dont il s'était rendu coupable à l'effet de toucher des arrérages de rentes. (Ordonn. de Louis XIV, in-fol., 1676, p. 676.)

21 mai 1666.

Arrêt du Parlement confirmatif de la sentence du bureau de la ville qui condamne Anne Tubœuf à la peine du carcan, pour vol de vin sur le port. (Ordonn. de Louis XIV, in-fol., 1676, p. 678.)

12 octobre 1666.

Ordonnance du bureau de la ville qui enjoint aux bouchers et tripiers de mettre des grilles de fer à leurs tueries et échaudoirs, et de les fermer quand ils travailleront, pour empêcher les immondices de couler sur la voie publique et dans la rivière. (Ordonn. de Louis XIV, in-fol., 1676, p. 195.)

17 décembre 1666.

Arrêt du Parlement qui confirme la condamnation prononcée par le bureau de la ville contre Pierre Roze, dit *la Jambe de bois,* pour vols sur les ports. (Ordonn. de Louis XIV, in-fol., 1676, p. 679.)

22 juillet 1667.

Ordonnance de la ville portant défense de composer les trains de bateaux de plus grand nombre que de vingt. (Ordonn. de Louis XIV, in-fol., 1676, p. 160.)

17 aout 1667.

Arrêt du conseil d'État confirmatif de la sentence du prévôt et des échevins, par laquelle les Marchands de bois étaient condamnés à payer aux mouleurs 30 sols, et deux bûches pour les bois de débâcles de leurs trains qu'ils donnaient en paiement à leurs ouvriers. (Ordonn. de Louis XIV, in-fol., 1676, p. 358.)

* septembre 1667.

Cinq pièces relatives à la paix entre la France et la Grande-Bretagne. (A. R. K. 1011.)

27 octobre 1667.

Arrêt du conseil d'État confirmatif de la sentence rendue par le bureau de la ville entre les commissaires-contrôleurs, jurés mouleurs de bois et Pierre Ruault, boulanger, par laquelle ledit Ruault avait été condamné à payer auxdits mouleurs de bois leurs droits pour chaque cent de bourrées qu'il avait fait arriver. (Ordonn. de Louis XIV, in-fol., 1676, p. 366.)

3 aout 1668.

Sentence du bureau de la ville, confirmée par plusieurs arrêts de la cour des Aides qui condamne François Cochepin à payer aux jurés mouleurs de bois 30 sols, et deux bûches par chaque train de bois qu'il a vendu dans ses chantiers. (Ordonn. de Louis XIV, in-fol., 1676, p. 374-382.)

9 aout 1668.

Arrêt du Parlement qui donne main levée au nommé Brunet, paveur, de la saisie sur lui opérée, à raison d'une amende de vingt livres à laquelle il avait été condamné, pour des tranchées faites pour des fontaines de la ville. (Ordonn. de Louis XIV, in-fol., 1676, p. 691.)

27 aout 1668.

Arrêt du Parlement qui interdit le commerce avec la ville de Rouen, à cause de la maladie contagieuse qui règne dans cette ville. (Ordonn. de Louis XIV, in-fol., 1676, p. 710.)

1er septembre 1668.

Arrêt du Parlement qui renvoie devant le prévôt et les échevins une contestation portée devant les juges consuls, pour raison d'huitres en écailles. (Ordonn. de Louis XIV, in-fol., 1676, p. 699.)

6 septembre 1668.

Arrêt du Parlement qui ordonne que les marchandises non susceptibles de mauvais air pourront être amenées à Paris par d'autres voituriers que ceux qui les ont chargées. (Ordonn. de Louis XIV, in-fol, 1676, p. 712.)

22 octobre 1668.

Lettre de cachet du Roi portant règlement pour le logement et ameublement de la seconde compagnie des mousquetaires de Sa Majesté, logés à Paris, au faubourg Saint-Antoine. (Ordonnance de Louis XIV, in-fol., 1676, p. 747.)

2 novembre 1668.

Lettre de cachet du Roi qui défend aux bourgeois et habitants du faubourg Saint-Antoine de racheter par argent le logement des mousquetaires. (Ordonn. de Louis XIV, in-fol., 1676, p. 748.)

19 décembre 1668.

Règlement concernant les fonctions des planchéieurs et le salaire des débardeurs, chartiers et gagne-deniers, pour la décharge et voiture des marchandises sur les ports. (Ordonn. de Louis XIV, in-fol. 1676, p. 197.)

22 décembre 1668.

Sentence rendue par la ville pour l'ouverture des pertuis, avec injonction aux meuniers de laisser couler l'eau d'un pertuis à un autre, pour la voiture des marchandises, sans rien prendre. (Ordonn. de Louis XIV, in-fol., 1676, p. 164. — 4 février 1669 : Confirmation de cette sentence par un arrêt du Parlement. Ibid., p. 165.)

22 décembre 1668.

Arrêt du Parlement qui ordonne au prévôt et aux échevins de donner leur avis sur l'ouverture de la prochaine foire de Saint-Germain. (Ordonnance de Louis XIV, in-fol., 1676, p 715.)

23 décembre 1668.

Ordonnance du bureau de la ville qui prescrit aux maitres et gardes des six corps de députer deux personnes prises dans chacun desdits corps, pour donner leur avis sur l'ouverture de la foire de Saint-Germain. — Arrêt du Parlement qui prescrit l'exécution de cette ordonnance. (Ordonn. de Louis XIV, in-fol., 1676, p. 716.)

31 décembre 1668.

Arrêt du conseil d'État qui ordonne au fermier des gabelles de payer de semaine en semaine le fonds des rentes sur les récépissés des payeurs contrôlés par les contrôleurs desdits payeurs, à peine de nullité. (Ordonn. de Louis XIV, p. 572.)

31 décembre 1668.

Arrêt du conseil d'État qui ordonne que l'office de payeur des rentes de 400,000 livres des cinq grosses fermes, saisi sur Pierre le Semelier, sera vendu au bureau de la ville devant le prévôt et les échevins. (Ordonn. de Louis XIV, in-fol., 1676, p. 575.)

24 janvier 1669.

Arrêt du Parlement qui défend aux Marchands de faire tirer des bateaux les marchandises susceptibles de mauvais air, sans la permission du prévôt et des échevins. (Ordonn. de Louis XIV, in-fol., 1676, p. 717.)

25 janvier 1669.

Sentence du bureau de la ville qui condamne les Marchands d'eau-de-vie à payer aux jaugeurs cinq sols par muid à titre de droits, et leur défend de vendre aucune pièce d'eau-de-vie en gros avant qu'elle ait été jaugée. (Ordonnance de Louis XIV, in-fol., 1676, p. 324.)

31 janvier 1669.

Arrêt du conseil d'État qui ordonne de vendre au bureau de la ville la charge de payeur des rentes sur les gabelles, appartenant audit Semelier. (Ordonn. de Louis XIV, in-fol., 1676, p. 577)

4 février 1669.

Arrêt du Parlement confirmatif de la sentence de la ville, qui condamne Charles Thiériot, meunier du moulin de Moret, à la peine du carcan, pour exactions faites sur la rivière de Loing. (Ordonn. de Louis XIV, in-fol., 1676, p. 680.)

15 février 1669.

Sentence du bureau de la ville qui ordonne aux Marchands d'eau-de-vie de venir faire au greffe de la ville la déclaration de leurs marchandises aussitôt qu'elles sont arrivées. (Ordonn. de Louis XIV, in-fol., 1676, p. 326.)

27 février 1669.

Arrêt du conseil d'État qui subroge le procureur du Roi et de la ville à la saisie des offices de payeurs des rentes, appartenant à Auguste-Robert Sadron, et renvoie devant le prévôt et les échevins pour la vente desdits offices. (Ordonn. de Louis XIV, in-fol., 1776, p. 578.)

27 février 1669.

Arrêt du conseil d'État qui subroge le procureur du Roi et de la ville à la saisie de l'office de payeur des rentes sur les aides, appartenant à Denis Dupuis, et renvoie devant le prévôt et les échevins pour la vente dudit office. (Ordonn. de Louis XIV, in-fol., 1676, p. 582.)

mars 1669.

Lettres patentes de Louis XIV portant confirmation des priviléges des prévôts des Marchands, échevins et autres officiers de ville, bourgeois et habitants de Paris. (Ordonn. de Louis XIV, in-fol., 1676, p. 125.)

5 avril 1669.

Arrêt du Parlement qui fixe le prix des ardoises vendues à Paris, et ordonne qu'il sera tenu au bureau de la ville un registre des arrivages, ainsi que de la quantité et qualité desdites ardoises. (Ordonn. de Louis XIV, in-fol., 1676, p. 456.)

9 mai 1669.

Arrêt du conseil d'État portant qu'il sera construit des ports, pour la décharge des marchandises, sur la place qui va depuis le pont de la Tournelle jusqu'au port aux Mulets. (Ordonn. de Louis XIV, in-fol., 1676, p. 610.)

20 mai 1669.

Arrêt du Parlement confirmatif de la sentence de la ville qui condamne Louis Goutard, soldat, à la peine du carcan, pour sédition sur le port. (Ordonn. de Louis XIV, in-fol., 1676, p. 682.)

1er juillet 1669.

Arrêt du conseil d'État qui ordonne la construction du quai Malaquay. (Ordonn. de Louis XIV, in-fol., 1676, p. 612.)

3 août 1669.

Arrêt du Parlement rendu sur les remontrances du prévôt et des échevins, par lequel il est ordonné que la taxe faite en l'année 1655 pour le prix des bois, sera diminuée de cinq sols au 1er septembre 1669, et de dix sols au jour de Pâques 1671. (Ordonn. de Louis XIV, in-fol., 1676, p. 383.)

28 août 1669.

Ordonnance du bureau de la ville qui défend aux compagnons de rivières et autres, d'aller avec des bachots au-devant des coches. (Ordonn. de Louis XIV, in-fol., 1676, p. 215.)

7 septembre 1669.

Nouvelle taxe du charbon contenant la diminution qui doit être faite au 1er octobre 1669 et au jour de Pâques 1671. (Ordonn. de Louis XIV, in-fol., 1676, p. 431.)

16 septembre 1669.

Arrêt du conseil d'État qui maintient les payeurs des rentes en la fonction des revenus des consignations, dépositaires des débats et commissaires aux rentes saisies réellement. (Ordonn. de Louis XIV, in-fol., 1676, p. 585.)

octobre 1669.

Ordonnances, statuts et règlements de la prévôté des Marchands, divisés en trente-trois chapitres et concernant :

1° Les rivières et la commodité de la navigation ;
2° La conduite des marchandises par eau ;

3° L'arrivée de bateaux et marchandises ;
4° Les fonctions de maîtres des ponts, chableurs, maîtres de pertuis, gardes de nuit, boueurs, planchéieurs, forts, chargeurs et déchargeurs de fardeaux, gagne-deniers et chartiers ;
5° Les bateaux, coches par eau et les maîtres passeurs d'eau ;
6° La Marchandise de grains ;
7° Les fonctions de jurés, mesureurs et porteurs de grains ;
8° La Marchandise de vins et cidres ;
9° Les mesures à vins et autres liqueurs ;
10° Les fonctions des jurés, vendeurs et contrôleurs de vins ;
11° Les fonctions de jurés courtiers de vins ;
12° Les fonctions de jurés jaugeurs ;
13° Les fonctions des maîtres déchargeurs de vins ;
14° Les fonctions des jurés crieurs de corps et de vins ;
15° La Marchandise de poisson d'eau douce ;
16° La Marchandise de foin ;
17° La Marchandise de bois neuf, flotté et de construction ;
18° Les échalas, merrain à treilles, osier et ployon ;
19° Les fonctions de jurés mouleurs de bois et contrôleurs des quantités ;
20° Les fonctions des aides aux jurés mouleurs et chargeurs de bois en charrettes ;
21° La Marchandise de charbon, tant de bois que de terre ;
22° Les fonctions de jurés mesureurs de charbon ;
23° Les fonctions de jurés porteurs de charbon ;
24° Les qualités de mesureurs de bois servant à la distribution des grains, farines, légumes, fruits et charbon et la manière d'en faire l'étalon ;
25° Les fonctions des jurés mesureurs de sel, étalonneurs de mesures de bois et compteurs de salines sur la rivière ;
26° Les fonctions des porteurs, briseurs et courtiers de sel ;

27° Les fonctions de courtiers de lards et graisses ;
28° Les fonctions des jurés visiteurs et mesureurs d'aulx, oignons, et autres fruits et gueldes ;
29° Le plâtre cru, chaux, pierre, moellon, carreaux de grès, et ardoises venant par la rivière ;
30° Les courtiers de chevaux de la Marchandise de l'Eau ;
31° Les rentes assignées sur l'Hôtel de Ville de Paris,
32° Les constructions, réparations et entretènements des portes, remparts, quais, ports, abreuvoirs et autres ouvrages publics de ladite ville ;
33° Les principales fonctions du prévôt des Marchands et des échevins, procureur du Roi, greffiers, receveur et autres officiers de la ville de Paris. (Ordonn. de Louis XIV, in-fol., 1676, p. 1-122.)

* 18, 19, 20, 23 et 25 nov. 1669.

Pièces concernant le service pour la Reine de la Grande-Bretagne, Henriette de France. (A. R. K. 1024.)

27 novembre 1669.

Sentence de la ville, confirmée par arrêt qui enjoint aux débardeurs des ports de remettre en leur place les bateaux chargés de marchandises qu'ils auront déplacés. (Ordonn. de Louis XIV, in-fol., 1676, p. 190.)

1669.

Arrêt du conseil d'État du Roi portant règlement pour le paiement des rentes de la ville. (Paris, m dc lxix, pièce in-4°.)

21 février 1670.

Arrêt du Parlement qui ordonne que les jurés crieurs de corps et de vins se pourvoiront, pour tous les droits de leurs charges, devant le prévôt et les échevins, et pour les actions et poursuites contre leurs débiteurs, devant les officiers du Châtelet. (Ordonn. de Louis XIV, in-fol., 1676, p. 332.)

14 avril 1670.

Arrêt du conseil d'État portant règlement général pour la distribution de toutes les rentes assignées sur l'Hôtel de Ville de Paris, en quatorze parties, qui seront payées par vingt-huit paiements, à commencer leur exercice au 1er juillet. (Paris, M DC. LXX, pièce in-4°.)

1670.

État de la distribution et ordre de paiement des rentes de l'Hôtel de Ville de Paris en quatorze parties, suivant la réduction qui en a été faite par arrêt du conseil du 14 avril 1670, ensemble des noms et demeures des officiers qui en feront le paiement pendant la présente année 1670. (Paris, M. DC. LXX, pièce in-4°.)

1670.

Nouveau règlement fait par le prévôt des Marchands et les échevins de la ville de Paris, pour les rentes de l'Hôtel de Ville. (Paris, M DC LXX, pièce in-4°.)

7 juin 1670.

Arrêt du conseil d'État qui ordonne la construction du nouveau rempart planté d'arbres depuis la porte Saint-Antoine jusqu'à celle Saint-Martin. (Ordonn. de Louis XIV, in-fol., 1676, p. 617.)

27 juin 1670.

Arrêt du conseil privé du Roi qui condamne le comte du Lude à payer les droits des mouleurs, pour les bois de chauffage qu'il avait fait transporter de la terre de Saint-Germain à Paris. (Ordonn. de Louis XIV, in-fol., 1676, p. 391.)

30 juin 1670.

Ordonnance du prévôt des Marchands et des échevins qui permet aux Marchands de bois neuf de mettre en chantier ceux qu'ils feront arriver, en prenant permission et laissant les ports suffisamment garnis. (Ordonn. de Louis XIV, in-fol., 1676, p. 397.)

* 27 juin, 10 et 12 août 1670.

Pièces relatives au service pour le duc de Beaufort. (A. R. K. 1024.)

30 juillet 1670.

Arrêt du Parlement confirmatif de la sentence de la ville, qui condamne au fouet Lambert Derigné, taillandier, pour vol de vin sur le port. (Ordonn. de Louis XIV, in-fol., 1676, p. 683.)

* 10 et 19 août 1670.

Pièces concernant le service pour la duchesse d'Orléans et son deuil. (A. R. K. 1024.)

24 septembre 1670.

Arrêt du conseil d'État qui défend au commandant du pont de l'Arche et autres, de rien exiger pour le passage des bateaux, et de se mêler du montage sous prétexte de le faciliter. (Ordonn. de Louis XIV, in-fol., 1676, p. 168.)

18 octobre 1670.

Arrêt du conseil d'État qui maintient le prévôt des Marchands et les échevins dans le droit de connaître en première instance des procès concernant la navigation de la rivière de Seine et autres, pour la provision et fourniture de la ville de Paris, avec défenses aux juges des eaux et forêts et table de marbre, d'en prendre aucune connaissance. (Ordonn. de Louis XIV, in-fol., 1676, p. 169.)

18 novembre 1670.

Ordonnances relatives au salaire des voituriers par terre de la ville de Paris. (Ordonn. de Louis XIV, in-fol., 1676, p. 201.)

29 novembre 1670.

Arrêt du Parlement qui condamne le sieur le Guay, huissier, à vingt livres de dommages et intérêts envers Jean Amyot, payeur des rentes, qu'il avait arrêté. (Ordonn. de Louis XIV, in-fol., 1676, p. 588.)

23 décembre 1670.

Arrêt du Parlement confirmatif de la sentence du bureau de la ville qui condamne au carcan Guillaume Lefèvre, pour avoir volé du vin sur le port. (Ordonn. de Louis XIV, in-fol., 1676, p. 685.)

DEUXIÈME PARTIE.

31 décembre 1670.

Arrêt du conseil d'État qui ordonne l'élargissement de la rue des Arcis. (Ordonn. de Louis XIV, in-fol., 1676, p. 619.)

31 décembre 1670.

Arrêt du conseil d'État portant qu'il ne sera fait de remboursement aux payeurs des rentes *non-reservés* qu'en rapportant certificat du greffier de la ville qu'ils ont déposé au greffe un état de leurs débats. (Ordonn. de Louis XIV, in-fol., 1676, p. 589.)

janvier 1671.

Lettres patentes par lesquelles le Roi décharge les bourgeois de Paris de l'obligation de loger les mousquetaires en leurs maisons au faubourg Saint-Germain. — Autres lettres patentes qui exemptent les propriétaires des maisons du faubourg Saint-Germain du logement des mousquetaires pendant dix ans, moyennant une somme qui sera réglée par le prévôt et les échevins. (Ordonn. de Louis XIV, in-fol., 1676, p. 153 et 613.)

13 février 1671.

Arrêt de la cour des Aides qui condamne René Tripet à payer aux jurés mouleurs leurs droits sur les bois qu'il avait fait arriver à Chaillot, pour les religieuses de Sainte-Marie et l'hôpital de la Savonnerie. (Ordonn. de Louis XIV, in-fol., 1676, p. 398.)

17 mars 1671.

Arrêt du conseil d'État relatif à l'élargissement de la porte Saint-Antoine et à la construction d'une nouvelle porte Saint-Denis. (Ordonn. de Louis XIV, in-fol., 1676, p. 618.)

21 avril 1671.

Arrêt du conseil d'État qui commet le sieur Accard, échevin, pour visiter les rivières de Seine, Yonne, Cure et Cousin et autres y affluentes, et informer des empêchements à la navigation, pour y être pourvu par le prévôt et les échevins en première instance, et par appel au Parlement de Paris. Le même arrêt maintient les Marchands de bois dans la liberté de jeter leur bois *à bois-perdu*, sur les rivières de Cure et Cousin. (Ordonn. de Louis XIV, in-fol., 1676, p. 173.)

22 avril et 25 juillet 1671.

Deux arrêts du conseil d'État relatifs à la construction de quinze nouvelles fontaines dans la ville et les faubourgs de Paris. (Ordonn. de Louis XIV, in-fol., 1676, p. 657 et 658.)

25 mai 1671.

Ordonnance du bureau de la ville concernant l'arrivée des bateaux dans les ports de leur destination, et la décharge des bois quarrés en l'île Louvier. (Ordonn. de Louis XIV, in-fol., 1676, p. 202.)

9 juin 1671.

Arrêt du Parlement qui déclare injurieux l'emprisonnement fait de la personne de M. Étienne Deschamps, payeur des rentes, par le nommé Rossignol, huissier. (Ordonn. de Louis XIV, in-fol., 1676, p. 592.)

9 juin 1671.

Arrêt de la cour de Parlement confirmatif des règlements faits pour le paiement des rentes de l'Hôtel de Ville. (Paris, m dc lxxi, pièce in-4°.)

15 juin 1671.

Règlement contre les débardeurs pour le tirage et la décharge des marchandises en l'île Louvier. (Ordonn. de Louis XIV, in-fol., 1676, p. 204.)

21 juillet 1671.

Arrêt du conseil privé du Roi qui condamne Louis Darboulin, qui jouissait du privilége d'un Suisse de M. le Prince, à payer aux jurés vendeurs et contrôleurs de vins leurs droits du tiers des vins par lui vendus. (Ordonn. de Louis XIV, in-fol., 1676, p. 296.)

25 juillet 1671.

Arrêt du conseil d'État qui ordonne le rétablissement de huit corps de logis dans l'hôtel des mousquetaires, et décide que le fonds en sera pris sur ce qui doit être payé par les propriétaires des maisons du faubourg Saint-Germain. (Ordonn. de Louis XIV, in-fol., 1676, p. 615.)

14 août 1671.

Règlement pour le prix du transport des marchandises depuis le port Saint-Nicolas jusque dans les maisons des Marchands. (Ordonn. de Louis XIV, in-fol., 1665, p. 206.)

4 septembre 1671.

Arrêt de la cour des Aides confirmatif d'une sentence du bureau de la ville, qui condamne Étienne Lecomte, marchand tuilier, demeurant à Passy, à payer aux jurés mouleurs de bois les droits sur les bois qu'il avait fait transporter à Passy. (Ordonn. de Louis XIV, in-fol., 1676, p. 400.)

24 septembre 1671.

Ordonnance du bureau de la ville qui prescrit aux propriétaires et locataires des maisons voisines des ports de faire enlever les pierres, gravois et immondices qui se trouvent devant leurs héritages. (Ordonn. de Louis XIV, in-fol., 1676, p. 207.)

2 octobre 1671.

Arrêt du conseil d'État qui ordonne au prévôt et aux échevins d'acquérir l'île Louvier, et d'en faire un port pour la décharge du bois de sciage. — Autre arrêt du conseil d'État qui ordonne au prévôt des Marchands et aux échevins d'acquérir l'île Louvier pour y mettre les bois de charronnage et de sciage. (Ordonn. de Louis XIV, in-fol., 1676, p. 209 et 621.)

20 novembre 1671.

Arrêt du conseil d'État relatif à l'élargissement de la rue de la Verrerie. (Ordonn. de Louis XIV, in-fol., 1676, p. 622.)

4 janvier 1672.

Arrêt du conseil d'État portant que les sous-fermiers des aides donneront des congés aux bourgeois de Paris pour faire venir les vins de leur cru, à charge par ces derniers de représenter l'extrait de l'enregistrement des titres de leurs vignes au bureau de la ferme générale, et des passavants aux vignerons pour les vins de leur cru, lesquels vignerons devront préalablement justifier du paiement du droit de gros fait au fermier général. (Ordonn. de Louis XIV, in-fol., 1676, p. 300.)

11 janvier 1672.

Règlement entre les gardes de nuit du port au vin et les gardes du bureau des aides. (Ordonn. de Louis XIV, in-fol., 1676, p. 214.)

21 janvier 1672.

Arrêt du conseil d'État sur le procès-verbal de la visite faite par le sieur Accard, des rivières de Cure et Cousin et des rivières de Seine et Yonne, qui ordonne entre autres choses de représenter les titres en vertu desquels on a établi des moulins sur lesdites rivières, les lettres patentes obtenues pour la rendre navigable; les rapports et devis des ouvrages faits pour y parvenir, et de déclarer dans les trois mois s'ils entendent exécuter les devis et rapports faits pour ladite navigation. (Ordonn. de Louis XIV, in-fol., 1676, p. 178.)

1er février 1672.

Ordonnance du bureau de la ville qui enjoint aux Marchands de bois carré de faire enlever leurs bois de l'île Louvier trois jours après leur arrivée, pour la laisser libre aux forains. (Ordonn. de Louis XIV, in-fol., 1676, p. 401.)

26 février 1672.

Arrêt de la cour des Aides qui condamne les Marchands de bois demeurant aux carrières de Charenton, à payer les droits des jurés mouleurs de bois. (Ordonn. de Louis XIV, in-fol., 1676, p. 402.)

DEUXIÈME PARTIE.

9 mars 1672.

Ordonnance du bureau de la ville qui défend d'amener à Paris des falourdes de menu bois, sous peine de confiscation, et prescrit d'employer ce menu bois à faire du charbon. (Ordonn. de Louis XIV, in-fol., 1676, p. 410.)

30° mars, 7 juillet, 9 septembre, 16 novembre 1672.

Arrêts du Parlement et ordonnance du bureau de la ville relatifs aux nouvelles mesures pour la vente du charbon. (Ordonn. de Louis XIV, in-fol., 1676, p. 435-442.)

* 1er et 10 mai 1672.

Pièces relatives au service pour la duchesse douairière d'Orléans. (A. R. K. 1024.)

24 mai 1672.

Arrêt du conseil d'État qui condamne les nommés Turst, Suisses de nation, à mettre le tiers de leurs vins sur les ports et places, nonobstant le privilége auquel ils prétendent comme Suisses. (Ordonn. de Louis XIV, in-fol., 1676, p. 302.)

6 juin 1672.

Arrêt du conseil d'État relatif à l'élargissement de la rue Galende. (Ordonn. de Louis XIV, in-fol., 1676, p. 625.)

8 juillet 1672.

Arrêt du Parlement confirmatif de la sentence du bureau de la ville, qui condamne Ambroise Leblanc, maître pêcheur à verge, pour vol de bois sur la rivière. (Ordonn. de Louis XIV, in-fol., 1676, p. 685.)

11 juillet 1672.

Ordonn. du bureau de la ville portant que les bois que Gabriel Gauthier avait fait descendre à terre, et dont la grosseur n'était pas conforme aux ordonnances, seront réunis dans les bateaux et retirés du port, avec défense de les exposer en vente. (Ordonn. de Louis XIV, in-fol., 1676, p. 411.)

13 juillet 1672.

Arrêt du conseil privé du Roi qui renvoie devant le prévôt et les échevins les procédures criminelles d'entre Christophe Millon, Jean Gourlot et d'autres marchands de bois, et Nicolas Courtault, meunier de Saint-Benoît, ainsi que les procédures faites pour raison d'un flot de bois jeté sur la rivière d'Armançon. (Ordonn. de Louis XIV, in-fol., 1676, p. 686.)

29 juillet 1672.

Arrêt du Parlement qui ordonne que les officiers et archers de la ville jouiront de l'exemption des droits des officiers de police pour treize cents muids, au lieu du privilége du vin de leur cru, outre leurs trois mille muids de privilége. (Ordonn. de Louis XIV, in-fol., 1676, p. 306.)

12 août 1672.

Ordonnance qui défend aux charretiers et à leurs femmes, enfants et garçons, d'approcher leurs charrettes des membrures où l'on cordera avant que la mesure en soit entièrement faite. (Ordonn. de Louis XIV, in-fol., 1676, p. 211.)

19 août 1672.

Arrêt du conseil d'État pour la construction d'une nouvelle rue devant le grand portail de l'église des Cordeliers, traversant le fossé de la ville et aboutissant à la rue de la Contrescarpe devant l'hôtel de Condé, et qui ordonne la démolition des portes Saint-Germain et Bussy. (Ordonn. de Louis XIV, in-fol., 1676, p. 626.)

2 octobre 1672.

Arrêt du conseil d'État pour l'élargissement de la rue de la Vieille Draperie. (Ordonn. de Louis XIV, in-fol., 1676, p. 628.)

26 octobre 1672.

Arrêt du conseil d'État portant suppression du péage du pont de Mont. (Ordonn. de Louis XIV, in-fol., 1676, p. 188.)

28 octobre 1672.

Arrêt du conseil d'État qui ordonne qu'une assemblée sera tenue à l'Hôtel de Ville pour décider où les tanneurs et teinturiers de la rue de la Tannerie pourront être transférés. (Ordonn. de Louis XIV, in-fol., 1676, p. 631.)

3 décembre 1672.

Arrêt du conseil d'État pour l'élargissement de la rue des Mathurins. (Ordonn. de Louis XIV, in-fol., 1676, p. 638.)

* 1672.

Deux mémoires du lieutenant civil de la police relatifs à sa juridiction. (A. R. K. 1011.)

17 février 1673.

Sentence du bureau de la ville qui ordonne aux marchands de vin de venir, à la fin de chaque mois, faire, au greffe de la ville, la déclaration des vins à eux arrivés, et d'en mettre le tiers sur les ports et places publiques. (Ordonn. de Louis XIV, in-fol., 1676, p. 308.)

24 février 1673.

Arrêt du conseil d'État qui ordonne que les tanneurs et teinturiers se retireront dans le délai d'une année au faubourg Saint-Marcel, ou à Chaillot. (Ordonn. de Louis XIV, in-fol., 1676, p. 632.)

17 mars et 16 juillet 1673.

Deux arrêts pour la construction d'un quai vis-à-vis la rue de Gesvre jusqu'à la Grève. (Ordonn. de Louis XIV, in-fol., 1676, p. 635 et 637.)

27 mars 1673.

Sentence du bureau de la ville qui donne le nombre des bateaux de charbon de terre qui peuvent être mis à port au-dessus du port Saint-Paul et à la Tournelle, et prescrit de garer les autres en l'île Louvier, du côté de l'arsenal. (Ordonn. de Louis XIV, in-fol., 1676, p. 212.)

14 avril 1673.

Sentence du bureau de la ville qui condamne les marchands de bois à payer aux mouleurs de bois trente sols et deux bûches, pour les trains qu'ils ont fait arriver, et leur ordonne de déclarer désormais à ces derniers aussitôt l'arrivée de leurs trains, s'ils entendent payer leurs tireurs et débardeurs en bois ou en argent. (Ordonn. de Louis XIV, in-fol., 1676, p. 413.)

4 mai 1673

Ordonnance du bureau de la ville portant défense d'exposer en vente de la chaux cuite au faubourg Saint-Antoine, et faite avec les pierres des carrières d'entre Charenton et Saint-Maur. (Ordonn. de Louis XIV, in-fol., 1676, p. 465.)

17 juin 1673.

Ordonnance du bureau de la ville qui enjoint aux jurés mesureurs et porteurs de charbon d'en faire distribuer aux bourgeois présents, sans souffrir qu'il en soit enlevé pour d'autres avant que lesdits bourgeois aient été fournis. (Ordonn. de Louis XIV, in-fol., 1676, p. 441.)

15 juillet 1673.

Arrêt du conseil d'État pour la construction d'un rempart depuis la porte Saint-Victor jusqu'à celle de Saint-Bernard. (Ordonn. de Louis XIV, in-fol., 1676, p. 639.)

* 15 juillet 1673.

Arrêt qui ordonne la continuation du pavé des ports de Grève, depuis celui de la rue jusqu'à la rivière, et la démolition de l'ancien quai. (A. R. Q. 1247.)

15 juillet 1673.

Arrêt du conseil d'État qui ordonne l'exécution du contrat de vente de l'office de payeur de la douzième partie des rentes appartenant à François Pelard, passé par la femme de ce dernier comme procuratrice, au profit de Claude Mortier. (Ordonn. de Louis XIV, in-fol., 1676, p. 603.)

15 juillet 1673.

Arrêt du conseil d'État qui ordonne le

percement d'une rue allant du rempart de la porte Saint-Antoine à la place Royale, rue des Francs-Bourgeois et de Paradis. (Ordonn. de Louis XIV, in-fol., 1676, p. 642.)

† 15 JUILLET 1673.

Élargissement de la place de Grève. (V. Appendice I, n° 76.)

16 JUILLET 1673.

Arrêt du conseil d'État pour la construction du quai du port au Foin, et la construction d'un abreuvoir le long du mur du quai aux Ormes. (Ordonn. de Louis XIV, in-fol., 1676, p. 641.)

22 JUILLET 1673.

Arrêt du conseil d'État qui déclare que les carrières de Charenton sont dans la banlieue de Paris et dans la juridiction du prévôt et des échevins en ce qui concerne les provisions et le débit des Marchandises venues par la rivière, et que les habitants dudit lieu sont tenus de payer les droits des officiers de police de ladite ville. (Ordonn. de Louis XIV, in-fol., 1676, p. 417.)

28 JUILLET 1673.

Arrêt du conseil d'État qui annule les sentences rendues au siége de la table de marbre du Palais à Paris, pour raison des marchés faits pour marchandises de bois, et ordonne que les sentences de la ville seront exécutées. (Ordonn. de Louis XIV, in-fol., 1676, p. 695.)

26 AOUT 1673.

Arrêt du Parlement qui renvoie devant le prévôt et les échevins le différend pour raison du vin vendu sur les ports. (Ordonn. de Louis XIV, in-fol., 1676, p. 698.)

24 SEPTEMBRE 1673.

Arrêt du conseil d'État pour la démolition de la porte Dauphine. (Ordonn. de Louis XIV, in-fol., 1676, p. 627.)

OCTOBRE 1673.

Lettres patentes pour la confirmation des priviléges des tanneurs et teinturiers. (Ordonn. de Louis XIV, in-fol., 1676, p. 633.)

15 DÉCEMBRE 1673.

Ordonnance du bureau de la ville relative aux contrôleurs des rentes nommés par intérim. (Ordonn. de Louis XIV, in-fol., 1676, p. 608.)

1673.

Arrêt du Parlement portant règlement entre le lieutenant de police et le prévôt des Marchands et les échevins de Paris, au sujet du foin. (Félibien, t. IV, p. 235.)

13 JUILLET 1674.

Arrêt du Parlement qui condamne aux galères les nommés Arnault et Bocquet pour avoir fait de faux contrats, dans le but de s'approprier des rentes. (Ordonn. de Louis XIV, in-fol., 1676, p. 753.)

3 SEPTEMBRE 1674.

Lettre de cachet du Roi pour l'exemption du ban et de l'arrière-ban accordée aux bourgeois et habitants de Paris. (Ordonn. de Louis XIV, in-fol., 1676, p. 750.)

12 SEPTEMBRE 1674.

Arrêt du conseil d'État sur le même sujet. (*Ibid.*, p. 751.)

20 DÉCEMBRE 1674.

Édit du Roi portant permission aux étrangers d'acquérir des rentes sur l'Hôtel de Ville, et des augmentations de gages. (Paris, M DC LXXIV, pièce in-4°.)

* 1er AOUT, 7 ET 9 SEPTEMBRE 1675.

Pièces concernant le service pour le vicomte de Turenne. (A. R. K. 1024.)

* SEPTEMBRE 1678.

Seize pièces relatives à la publication de la paix entre la France et la Hollande. (A. R. K. 1011.)

* 1678.

Neuf pièces relatives à la publication de la

paix de l'Espagne avec la France. (A. R. K. 1011.)

* AVRIL 1679.

Onze pièces relatives à la publication de la paix entre la France et l'Empire. (A. R. K. 1011.)

* NOVEMBRE 1679.

Neuf pièces relatives à la publication de la paix entre la France et le Danemark et l'électeur de Brandebourg. (A. R. K. 1011.)

2 JANVIER 1681.

Extrait des registres de la cour des aides concernant l'exemption de la taille. (Recueil des chartes des arquebusiers de Paris, in-fol., 1770, p. 201.)

JUILLET 1681.

« Édit du Roy portant création en titre d'offices des officiers qui composoient cy devant le corps de l'hostel de ville de Paris, avec attribution de gages, faculté de resigner les dits offices par devant notaires, et de payer une redevance annuelle à la recepte du domaine de l'hostel de la dicte ville pour la conservation de leurs charges. (Pièce in-4°.)—Voici le début de cette pièce importante qui érige en titres d'office toutes les charges du corps municipal, à l'exception de celle de prévôt des Marchands et d'échevin : Louis, par la grace de Dieu, Roy de France et de Navarre, à Tous présents et à venir, salut. Les officiers establis pour le régime et administration des affaires communes et Police de nostre bonne ville de Paris, capitale de nostre royaume, se trouvent composez, outre le prevost des Marchands et les quatre eschevins, qui sont annuellement esleus pour exercer leurs charges deux années, et qui en font le serment en nos mains ; d'un procureur, qualifié nostre procureur et de la ville ; d'un greffier, concierge et garde meubles et des solles et estapes de l'hostel de nostre dite ville ; d'un receveur du domaine, deniers communs, dons et octroys d'icelle, de vingt-six conseillers en nostre dit Hostel de ville, dont dix doivent estre possedez par des officiers de nos cours et compagnies, et les secretaires de nostre maison et couronne de France ; et les seize restans par de notables bourgeois et marchands de nostre dite ville ; et de seize quarteniers. Et encore de certain nombre d'officiers de police, comme de jurez mouleurs, visiteurs et compteurs de bois ; vendeurs et controlleurs de vins, mesureurs et porteurs de charbons ; mesureurs et porteurs de grains ; huissiers sergens de ladite ville ; jurez courtiers et jurés jaugeurs de vins, jurez crieurs de corps ; chargeurs de bois, mesureurs, hanoüars, briseurs et courtiers de sel ; maistres des ponts de Paris, Saint Cloud, le Pecq, Chatou, Neuilly, Poissy, Pontoise, Lisle-Adam, Beaumont, Creil, Champigny, Sainte-Maixance et Compiègne. » (P. in-4°, Bibl. de la Chambre des Députés.)

* 30 AOUT, 2, 4 ET 13 SEPTEMBRE 1683.

Pièces relatives aux services à Saint-Denis et à Notre-Dame pour la Reine de France. (A. R. K. 1024.)

* SEPTEMBRE 1684.

Huit pièces, dont une imprimée, relatives à la publication de la paix de Vervins. (A. R. K. 1011.)

* 5 JUIN 1685.

Pièce relative aux obsèques du prince Palatin. (A. R. K. 1024.)

1685.

Marché fait entre le prévôt des Marchands et les échevins de la ville de Paris et le sieur Predot, architecte, pour la construction de la place des Victoires. (Félibien, t. IV, p. 274.)

* 2 JANVIER, 3 ET 8 MARS 1687.

Pièces relatives au service du prince de Condé. (A. R. K. 1024.)

* 29 AVRIL 1687.

Jugement du bureau de la ville rendu sur une requête ci-jointe, portant bail à loyer au profit de Gervais Boucher d'une petite boutique ou soupente étant sous les nouveaux bâtiments de l'Hôtel de Ville en la rue du Martroy, pour en jouir l'espace de six années moyennant 100 fr. de loyer par an. (A. R. Q. 1247.)

* 25 ET 28 AVRIL 1689.

Pièces relatives au service pour la Reine d'Espagne. (A. R. K. 1024.)

* 27, 28 ET 29 AVRIL, 5 ET 22 MAI, 3 ET 13 JUIN 1690.

Pièces relatives au convoi de Madame la Dauphine. (A. R. K. 1024.)

1690.

Création d'un lieutenant en la juridiction de l'Hôtel de Ville. — Suppression du lieutenant en la juridiction de l'Hôtel de Ville. (Reg. du Parl. — Félib., t. V, p. 237.)

1691.

Arrêt du conseil d'État du Roi qui confirme les prévôt des Marchands et échevins de Paris en la jouissance et dispositions des places des fortifications de cette ville, sises entre la porte Saint-Bernard et le lieu où était ci-devant la porte Saint-Victor. (Félibien, t. IV, p. 298.)

AOUT 1692.

Édit portant création des maires et assesseurs en chaque ville et communauté du royaume à l'exception de Lyon et de Paris. Par cet édit les prévôts des Marchands de Lyon et de Paris sont seuls maintenus. (Recueil général des anciennes lois françaises depuis l'an 120 jusqu'à la révolution de 1789, par MM. Isambert, de Crusy et Taillandier. In-8°, t. 20, p. 158.)

* 4 MAI 1693.

Pièce relative au service pour Anne-Marie-Louise d'Orléans. (A. R. K. 1024.)

1693.

Suppression d'offices créés à l'Hôtel de Ville. (Reg. du Parl. — Félibien. t. V, p. 240.)

1694.

Devis de la fontaine à bâtir au carrefour de la rencontre des rues Saint-Louis et d'Angoumois. (Félibien, t. IV, p. 319.)

8 NOVEMBRE 1695.

Arrêt du conseil d'État du Roi qui maintient les officiers, gardes et archers de la ville de Paris dans la jouissance de leurs priviléges. (Recueil des chartes des arquebusiers de Paris, in-fol., 1770, p. 202.)

* 22 NOVEMBRE 1695.

Pièces relatives au décès de l'archevêque de Paris. (A. R. K. 1024.)

1695.

Contract de vente par échange entre la ville et le temple des places de Marais qui appartenoient au Temple joignant celles de la ville, contenant la déclaration de la ville au profit du sieur Beausire. (Félibien, t. IV, p. 327. — Deuxième contrat de vente, t. IV, p. 340.)

1695.

Contrat entre la ville et le sieur Beausire tant pour libérer la ville de ce qu'elle devait aux créanciers des préparatifs des casernes, que pour exécuter quelques projets qui concernoient l'agrandissement et l'embellissement de Paris. (Félibien, t. IV, p. 322.)

* 8 SEPTEMBRE 1696.

Huit pièces, dont une imprimée, relatives à la publication de la paix entre la France et la Savoie. (A. R. K. 1011.)

1697.

Procès-verbal d'alignement des nouvelles rues du Marais, donné par MM. les prévôt et échevins de la ville de Paris au sieur Beausire. (Félibien, t. IV, p. 336.)

* 1697.

Vingt-cinq pièces, dont trois sont imprimées, relatives au traité de paix de Ryswick. (A. R. K. 1011.)

14 mai 1698.

Arrêt du Parlement qui renvoie au Châtelet le procès criminel commencé au bureau de l'Hôtel de Ville contre un facteur de marchandises de blé, etc. (Traité de la police, t. I, p. 173.)

31 août 1699.

Règlement pour la discipline militaire concernant le devoir des officiers, gardes, archers, arbalétriers et arquebusiers de Paris, fait par MM. les prévôt des Marchands et échevins de ladite ville le 28 juillet 1699 en exécution de l'arrêt du conseil d'État du 7 mai 1697. (Rec. des chartes des arquebusiers de Paris, 1770, in-fol., p. 209.)

1699.

Marche des officiers de la ville pour poser la statue équestre du Roi Louis XIV dans la place de Louis-le-Grand, le jeudi 13 août 1699. (Félibien, t. IV, p. 367.)

1699.

Délibération de l'Hôtel de Ville de Paris sur le contenu de la déclaration du Roi pour l'établissement d'un hôtel des mousquetaires, et de la place Louis-le-Grand. (Félibien, t. IV, p. 361, 363.)

1699.

Contrat de délaissement fait par les commissaires du Roi à la ville de Paris de l'emplacement de l'hôtel Vendôme, etc. (Félibien, t. IV, p. 364.)—Autre contrat de délaissement fait par la ville de tout l'emplacement à elle cédé par le Roi, à Jean Marneuf, bourgeois de Paris. (*Idem*, p. 365.)

DIX-HUITIÈME SIÈCLE.

1700.

Extrait de trois écrits sur le différend de l'Université avec la Ville, sur le pas et la préséance dans les cérémonies publiques. (Félibien, t. IV, p 373.)

1700.

Édit du Roi Louis XIV, portant règlement pour la juridiction du lieutenant général de police et celle du prévôt des Marchands et des échevins de Paris. (Félibien, t. IV, p. 384. — Traité de la police, t. I, p. 175.)

* 20 juin 1701.

Pièces concernant la mort de Monsieur. (A. R. K. 1024.)

† 14 septembre 1702.

Traité entre le prévôt des Marchands et les échevins, et le peintre Largillierre, pour un tableau représentant l'avénement du duc d'Anjou à la couronne d'Espagne. (A. R. K. 1016. — Voy. Appendice I, n° 77.)

1703.

Arrêt de la cour de Parlement, rendu en faveur des bourgeois de Paris, portant exemption pour le droit de vin. (P. in-4°.)

1703.

Édit du Roi portant suppression de quarante offices de jurés rouleurs et chargeurs de tonneaux de vins, boissons, liqueurs et huiles créés par édit du mois de mai 1690; et création, au lieu d'iceux, de cent vingt offices de déchargeurs, rouleurs et chargeurs de tonneaux de vins et autre liqueurs, pour la ville de Paris. (P. in-4°.)

1703.

Édit du Roi portant création de vingt offices de jurés vendeurs et contrôleurs de vins, cidres et autres boissons et liqueurs, par augmentation dans la ville de Paris. (P. in-4°.)

1703.

Édit du Roi portant création de trente essayeurs, visiteurs et contrôleurs d'eaux-de-vie et d'esprit-de-vins, dans la ville et faubourgs de Paris, et de tel nombre suffisant dans toutes les villes, faubourgs, bourgs fermés du royaume et autres lieux où il y a foires et marchés. (P. in-4°.)

1703.

Déclaration du Roi portant que les cinquante déchargeurs de bois, créés par édit du mois de juillet 1702, pour la ville, faubourgs et banlieue de Paris, jouiront des droits à eux attribués par le dit édit, conformément au tarif arrêté au conseil le 10 avril 1703. (P. in-4°.)

1703.

Extrait des registres du conseil d'État. « Tarif des droits que le Roy en son conseil a ordonné et ordonne estre perçus par les cinquante déchargeurs de bois neuf, cotterets, fagots, bois à bâtir et à brûler, siage, charonnage, charpentes, perches, lattes, échalats, merrin, arrivés en nostre ville, faubourgs et banlieue de Paris, tant par eaux que par terre. » (P. in-4°.)

1703.

Édit du Roi portant création de cent offices de contrôleurs de la vente de toutes sortes de bois à brûler, pour être établis sur tous les ports et dans tous les chantiers de la ville et des faubourgs de Paris. (P. in-4°.)

1703.

Édit du Roi portant création de vingt nouveaux offices de vendeurs et contrôleurs de vins en la ville de Paris. (P. in-4°.)

1703.

Édit du Roi qui attribue des taxations aux payeurs et contrôleurs de rentes sur l'Hôtel de Ville de Paris, et aux payeurs des gages et augmentations de gages des Parlement, chambre des Comptes, cour des Aides et trésoriers de France. (P. in-4°.)

1703.

Édit du Roi portant création de quatre offices de payeurs et de quatre offices de contrôleurs de rentes de l'Hôtel de Ville de Paris. (P. in-4°.)

1703.

Édit du Roi portant création d'un million de livres de rentes au denier quatorze, sur l'Hôtel de Ville de Paris.

1703.

Édit du Roi portant création de deux offices de payeurs et de deux offices de contrôleurs des rentes de l'Hôtel de Ville de Paris. (Pièce in-4°.)

1703.

« Édit du Roy portant création de six cens mil livres de rentes au denier seize, sur l'Hôtel de Ville de Paris, assignez sur les aydes et gabelles, avec faculté aux propriétaires de rentes, et des augmentations de gages aux deniers vingt et dix-huit, de les convertir audit denier seize en suppléant. » (P. in-4°.)

1704.

Déclaration du Roi qui décharge les villes de Paris et de Lyon, de l'exécution de l'édit du mois de janvier 1704, portant création de deux échevins perpétuels en chacune des villes du royaume. (Félibien, t. IV, p. 411.)

* 1705-1731.

Baux à loyer d'une petite maison, rue du Martroy, dépendant du bâtiment neuf de l'Hôtel de Ville. (16 pièces. — A. R. Q. 1247.)

1706.

Édit du Roi Louis XIV, portant attribution du titre de chevalier au prévôt des Marchands, et de noblesse aux échevins de Paris, etc. (Félibien, t. IV, p. 419.)

† 22 mars 1708.

Ordonnance pour la fabrication de la bordure du tableau de la cheminée de la grande salle de l'Hôtel de Ville. (A. R. K. 1016. — Voy. Appendice I, n° 78.)

* mai 1708.

Ordre pour faire exécuter par Dumeny, peintre, un tableau représentant saint Louis, pour la chapelle des Mousquetaires de l'hôtel Saint-Antoine. (A. R. K. 1016.)

* 28 FÉVRIER, 11 AVRIL, 24 ET 27 AOUT 1709.

Pièces relatives au service pour le prince de Condé. (A. R. K. 1024.)

* 1709 A 1774.

Réparations des bâtiments de la ville de Paris, de 1709 à 1774.

Voici l'indication du contenu des différentes liasses : bâtiments dépendants de l'Hôtel de Ville : Hôtel de Ville, bureau de péage du pont de l'île Louviers, Château-d'Eau, jardin de la Présidence, maisons de la barrière Poissonnière, du Marché-Neuf, du Petit-Pont, du Pont-Notre-Dame, etc. Glacière de la ville de Paris. 1753. — Pièces relatives à la construction des différents égouts de la ville de Paris. 1739-1740, etc. Gratifications au sieur Gabriel, de quatre douzaines d'assiettes d'argent, pour les soins qu'il a pris lors de la construction du grand égout. Payé une somme de huit mil neuf livres cinq sols neuf deniers. — Ponts, 1740 à 1773 : Pont-au-Change, île Louviers, île des Cygnes, pont Marie, Notre-Dame, Pont-Neuf, Petit-Pont, pont de la Tournelle. — Rues, 1765 à 1763. — Portes Saint-Bernard, de la Conférence Saint-Honoré, 1722 à 1771. — Plan général des embellissements de Paris, 1769 à 1772. — Quittances et traités relatifs à la confection du plan de Paris, par le sieur abbé de la Grive et autres, 1731 à 1749. — Recueil de pièces, principalement de quittances relatives à la construction d'une salle d'opéra, 1765 à 1771. On y trouve les quittances des architectes inspecteurs, des dessinateurs, des employés, des ouvriers et entrepreneurs de toute nature, entre autres des peintres et des sculpteurs. — Pièces relatives aux remparts et fossés du midi et du nord, de 1735 à 1771. — A l'artillerie de la ville, de 1732 à 1734. — Aux barrières, 1737 à 1758. — A l'île Louviers, 1737 à 1754. — Aux quais, ports et bords de la Seine, de 1709 à 1771. — Recueil de pièces relatives à a conservation des cours d'eau, aqueducs et fontaines de la ville de Paris. Il y a entre autres deux liasses fort curieuses sur la construction de la fontaine de Grenelle, de 1739 à 1769. On y trouve de nombreuses quittances du sculpteur *Bouchardon*, et les divers marchés qu'il a passés avec la ville de Paris. (A. R. K. 991. — 13 liasses.)

† 18 JUILLET 1710.

Mémoire du nettoyage des anciens tableaux de Porbus, fait par Janelle, montant à deux cents francs, réduit à cent cinquante. (A. R. K. 990. — Voy. Appendice I, n° 79.)

* 26 DÉCEMBRE 1710.

Pièce relative au deuil pour la duchesse de Mantoue. (A. R. K. 1024.)

* 4 AVRIL 1711.

Pièce relative au deuil du prince François-Marie de Médicis, frère du Grand-Duc. (A. R. K. 1024.)

† 8 AVRIL 1711.

Quittance d'une somme de cent cinquante livres payées à Janelle, peintre, pour le nettoyage de deux tableaux de Porbus, dans la grande salle de l'Hôtel de Ville. (A. R. K. 990. — Voy. Appendice I, n° 83.)

* 14 ET 18 AVRIL, 15 ET 18 JUIN, ET 3 JUILLET 1711.

Pièces relatives au service pour M. le Dauphin. (A. R. K. 1024.)

* 22 ET 29 FÉVRIER, 4 ET 5 MARS, 13 ET 14 AVRIL, 7 ET 17 MAI 1712.

Pièces concernant les services du Dauphin et de la Dauphine. (A. R. K. 1024.)

* 19 JUILLET ET 23 AOUT 1712.

Pièces concernant le deuil de la princesse Louise-Marie Stuart d'Angleterre, et du duc de Vendôme. (A. R. K. 1024.)

* AOUT ET DÉCEMBRE 1712.

Sept pièces relatives à la publication d'une suspension d'armes entre la France et l'Angleterre. (A. R. K. 1011.)

DEUXIÈME PARTIE.

24 janvier 1713.

Extrait du greffe de la ville de Paris, contenant des lettres de plusieurs ministres, relatives à l'exemption de la milice en faveur des gardes de ladite ville. (Recueil des chartes des arquebusiers de Paris. — 1770, in-fol. P. 242.)

* mai 1713.

Treize pièces, dont une imprimée, relatives à la publication de la paix entre la France, l'Angleterre, la Prusse, la Savoie, les états généraux des Provinces-Unies. (A. R. K. 1011.)

* 30 décembre 1713.

Pièce concernant le deuil du prince de Toscane. (A. R. K. 1024.)

* avril et novembre 1714.

Quatorze pièces sur la publication d'une paix générale entre la France et l'Empire. (A. R. K. 1011.)

* 10, 19 et 30 mai 1714.

Pièces relatives au service pour la reine d'Espagne. (A. R. K. 1024.)

* 5 juillet et 19 août 1714.

Pièces relatives au deuil du duc de Berry. (A. R. K. 1024.)

29 décembre 1714.

Ordonnance et règlement du bureau de la ville, qui ordonne que tous les officiers, gardes et archers de ladite ville, se fourniront chacun d'un habit bleu uniforme. (Recueil des chartes des arquebusiers. — 1770, in-fol. P. 219.)

* 16 février 1715.

Pièce concernant le deuil de la reine d'Angleterre. (A. R. K. 1023.)

* 1er et 2 septembre, 8, 16 et 21 octobre 1715.

Pièces relatives à la mort de Louis XIV. (A. R. K. 1023.)

† 9 janvier 1716.

Marché fait avec le sieur de Troyes, pour le tableau au sujet de la paix conclue à Utrecht. (A. R. K. 1016. — Voy. Appendice I, n° 80.)

† 23 juillet et 4 août 1716.

Délibération pour le tableau représentant le Roi qui donne les lettres de noblesse à Messieurs de la Ville. — 4 août. Marché fait avec le sieur de *Boullongne*, peintre, pour un tableau représentant le même sujet. (A. R. K. 1016. — Voy. Appendice I, n°s 81 et 82.)

1716.

Édit du roi portant concession de noblesse aux principaux officiers de l'Hôtel de Ville de Paris. (Félibien, t. IV, p. 458.)

* 1717-1726.

Deux jugements du bureau de l'Hôtel de Ville sur requête, portant bail pour six années au profit de Jean Delaunay et de Catherine Jumelet, sa femme, des places à vendre du charbon à la petite mesure, au port de Grève, au-dessous du parapet. (A. R. Q. 1247.)

7 mai 1718.

Arrêt du conseil d'État du Roi qui confirme les trois compagnies des officiers, gardes et archers de Paris et leur commissaire aux revues, dans l'exemption des droits de gros et augmentation, tant pour l'entrée que pour la vente des quatre mille quatre cents muids de vins des priviléges à eux attribués. (Recueil des chartes des arquebusiers de Paris. — 1770, in-fol., p. 222.)

* 13 mai 1718.

Pièce relative au deuil pour la duchesse de Vendôme. (A. R. K. 1023.)

* 6 juin 1718.

Pièce relative au deuil de la Reine douairière d'Angleterre. (A. R. K. 1023.)

5 juillet 1718.

Lettre patente sur l'arrêt du conseil du

7 mai 1718, en faveur des officiers, gardes et archers de la ville de Paris. (Recueil des chartes des arquebusiers de Paris. — 1770, in-fol., p. 226.)

* 5 AOUT 1718.

Pièce relative au deuil de la princesse Marguerite-Françoise Farnèse, duchesse douairière de Modène. (A. R. K. 1023.)

* 6 OCTOBRE 1718.

Ordre de paiement et quittance au dos, d'une somme de mille livres, payée à dom François-Michel Felibien, religieux bénédictin réformé de l'abbaye de Saint-Germain-des-Prés, pour frayer à partie des dépenses de l'Histoire de la ville de Paris, à laquelle il travaille. Au dos la signature de Félibien est ainsi écrite : Fr.-Michel Felibien. (A. R. K. 994.)

* 13 MAI 1719.

Pièce relative au deuil pour le prince Philippe de Bavière, évêque de Munster, etc. (A. R. K. 1023.)

* 13 MAI 1719.

Pièce relative au deuil pour le Roi de Suède. (A. R. K. 1023.)

* 28 AOUT 1719.

Pièces relatives au service pour la duchesse de Berry. (A. R. K. 1023.)

* 6 FÉVRIER 1720.

Pièce relative au deuil pour l'infant d'Espagne Don Philippe. (A. R. K. 1023.)

* 31 MARS 1720.

Pièce relative au deuil pour l'Impératrice mère. (A. R. K. 1023.)

20 AVRIL 1720.

Lettres patentes sur arrêt, portant indemnité. (Recueil des chartes des arbalétriers de Paris. 1770, in-fol., p. 245.)

* 27 AVRIL 1720.

Pièce relative au deuil pour la duchesse de Bourbon. (A. R. K. 1023.)

3 AOUT 1720.

Arrêt du conseil d'État du Roi et lettres patentes portant assignation de la solde des gardes de la ville, sur la ferme générale des aides. (Recueil des chartes des arbalétriers. — 1770, in-fol., p. 244.)

* 1er, 4, 5, 8, 12 ET 17 AOUT 1721.

Pièces relatives à la maladie du Roi et au *Te Deum* pour le rétablissement de sa santé. (A. R. K. 1023.)

* 18 DÉCEMBRE 1721.

Ordre de paiement d'une somme de mille livres, faite à Dom Guy-Alexis Lobineau, religieux bénédictin de la congrégation de Saint-Maur, pour frayer un travail et frais qu'il convient faire pour l'impression, gravure des planches et autres dépenses de l'histoire de Paris commencée par le père Félibien, religieux de ladite congrégation. (A. R. K. 994.)

* 30 JANVIER 1722.

Paiement d'une somme de 100 fr. fait à Dom Guy-Alexis Lobineau, religieux bénédictin de la congrégation de Saint-Maur, pour le même objet. (A. R. K. 994.)

* 11 ET 16 DÉCEMBRE 1722, 27 JANVIER ET 3 FÉVRIER 1723.

Pièces concernant le deuil et le service de madame la duchesse douairière d'Orléans. (A. R. K. 1023.)

* 18 AVRIL 1723.

Deuil pour madame la princesse de Piémont. (A. R. K. 1023.)

* 21 JUIN 1723.

Deuil pour le prince de Lorraine. (A. R. K. 1023.)

* 24, 26 ET 27 AOUT 1723.

Deuil et service après la mort du cardinal Dubois. (A. R. K. 1023.)

* 25 NOVEMBRE 1723.

Pièce relative au deuil pour le prince Joseph Clément de Bavière, électeur de Cologne. (A. R. K. 1023.)

* 2 ET 16 [DÉCEMBRE] 1723, 25, 28, ET 31 [JANVIER], ET 3 FÉVRIER 1724.

Pièce relative à la mort du duc d'Orléans, régent. (A. R. K. 1023.)

* 31 JANVIER 1724.

Deuil pour le grand-duc de Toscane. (A. R. K. 1023.)

* 1er, 2, 10, 11 ET 12 AVRIL 1724.

Compliments faits au Roi à l'occasion de la mort de madame la duchesse douairière de Savoye. (A. R. K. 1023.)

* 4, 12 ET 15 DÉCEMBRE 1724.

Lettre de cachet pour le service du Roi d'Espagne. (A. R. K. 1023.)

* 23 FÉVRIER, 15 AVRIL ET 30 OCTOBRE 1725.

Pièces relatives au deuil du Roi d'Espagne, du czar et du duc d'Aoste. (A. R. K. 1023.)

* 14 ET 15 MAI 1725.

Mémoire au sujet du décès de Mr Nicolas-Guillaume Morian, procureur du Roi et de la ville. (A. R. K. 1023.)

* 17 MARS, 16 AOUT ET 21 SEPTEMBRE 1726.

Pièces relatives au deuil du duc de Bavière, de la duchesse d'Orléans et du prince Maximilien Guillaume, frère du Roi d'Angleterre. (A. R. K. 1023.)

* 30 JUILLET, 1er, 3 ET 6 AOUT 1726.

Pièces relatives à un *Te Deum* pour le rétablissement de la santé du Roi. (A. R. K. 1023.)

* 1er FÉVRIER, 31 MARS, 7 ET 28 JUIN, ET 22 SEPTEMBRE 1727.

Pièces relatives au deuil de M. de Vendosme, grand prieur de France, du duc de Parme, du prince Jean Frédéric de Modène, de la czarine et de l'électrice de Bavière. (A. R. K. 1023.)

* 13, 24 ET 25 MAI 1727.

Pièces concernant la mort du prince de Conti. (A. R. K. 1023.)

12 OCTOBRE 1728.

Ordre du prévôt des Marchands et des échevins de Paris concernant la discipline des trois compagnies des gardes et archers de l'Hôtel de Ville. (Recueil des chartes des arquebusiers de Paris. — 1770, in-fol., p. 228.)

* 1728.

Procès-verbaux de la prise de deuil à cause de la mort de : 21 avril, prince J. Auguste de Saxe; 16 septembre, l'évêque d'Osnabruck; 19 septembre, la reine de Sardaigne; 3 décembre, service à Notre-Dame pour la Reine de Sardaigne; 9 novembre, le *Te Deum* à Saint-Jean en Grève pour le rétablissement de la santé du Roi. (A. R. K. 1023.)

* 14 ET 20 AOUT 1729.

Robes de deuil à cause du décès du prince Charles, frère du Roi de Danemark et du prince héréditaire de Salzbach. (A. R. K. 1023.)

23 JANVIER 1730.

Explication du feu d'artifice qui sera tiré le 7 septembre 1729, pour l'heureux accouchement de la Reine et des réjouissances que l'on fera à la ville sur la naissance du Dauphin. (In-4°.)

* 1730.

Procès-verbaux pour la prise de deuil de la mort de : 24 avril le duc de Lorraine; 1er juin, l'électrice de Bavière; 18 juin, le czar Pierre et le landgrave de Hesse; 12 août, le comte d'Alais; 23 septembre, la duchesse de Hanovre; 16 novembre, le Roi de Danemark. (A. R. K. 1023.)

* 1731.

Pièces relatives au deuil de : 28 février, le

duc de Parme ; 3 juillet, la princesse de Toscane. (A. R. K. 1023.)

7 octobre 1732.

Ordre du prévôt des Marchands et des échevins de la ville de Paris concernant l'uniforme des habillements des trois compagnies des gardes de l'Hôtel de Ville. (Recueil des chartes des arquebusiers de Paris. 1770, in-fol., p. 236.)

* 1732.

Pièces relatives au deuil de : 10 mars, la princesse de Conty; 7 mai, l'électeur de Mayence; 14 septembre, la princesse de Salzbach; 3 décembre, le Roi de Sardaigne. (A. R. K. 1023.)

* 15 et 24 janvier 1733.

Service à Notre-Dame pour le Roi de Sardaigne, Victor-Amédée. (A. R. K. 1023.)

* 27 janvier 1733.

Mandement pour le service à Notre-Dame pour le Roi de Sardaigne, Victor-Amédée. (A. R. K. 1023.)

* 10 février 1733.

Jugement du bureau de la ville portant bail pour neuf années au profit d'Abraham Grostete, d'une maison rue du Martroy, dépendant du bâtiment neuf de la ville, moyennant 360 fr. de loyer. (A. R. Q. 1247.)

* 21 avril, 11 août et 6 novembre 1733.

Pièces relatives au deuil de : le Roi de Pologne, la princesse de Bade et la Reine de Sardaigne. (A. R. K. 1023.)

† 3 février 1734.

Marché passé avec le sieur Coustou, sculpteur ordinaire du Roi, pour faire neuf médaillons en marbre, représentant le gouverneur de Paris, le prévôt des Marchands et autres officiers municipaux pour l'année 1734. (A. R. K. 990. — V. Appendice I, n° 84.)

† juillet 1734 et 10 mai 1735.

Quittances du payement fait à Coustou d'une somme de quatre mille cinq cents livres pour neuf médaillons sculptés dans la cour de l'Hôtel de Ville de Paris. (A. R. K. 990. — V. Appendice I, n°s 84 et 85.)

* 6 février et 10 mai 1735.

Procès-verbal de la prise du deuil à l'occasion de la mort de la Reine de Sardaigne et de la princesse Hedwige de Danemark. (A. R. K. 1023.)

† 3 mai 1735.

Jugement fait par M. Turgot, prévôt des Marchands, au sujet des médaillons sculptés par Coustou représentant les prévôt, échevins et autres officiers municipaux pour l'année 1734. (A. R. K. 990. — V. Appendice I, n° 85.)

† 1735 à 1747.

Vingt-quatre quittances d'une somme de trois cent soixante-quinze livres payées par trimestre à Pierre Nicolas Bonnamy, de l'Académie royale des inscriptions et belles-lettres, comme historiographe de la ville de Paris. (A. R. K. 994. — V. Appendice I, n° 86.)

* 23 juillet, 12 octobre et 28 septembre 1736.

Procès-verbal de la prise de deuil à l'occasion de la mort de : le duc du Maine, prince Eugène de Savoye, l'infant de Portugal; la princesse de Conty; l'infante de Portugal. (A. R. K. 1028.)

* 20 mars, 21 et 26 décembre 1737.

Procès-verbal de la prise de deuil à l'occasion de la mort de l'évêque d'Augsbourg, de la comtesse de Toulouse, du duc de Modène. (A. R. K. 1023.)

* novembre 1737.

Ordre de payement et quittance d'une somme de cent cinquante livres à H. J. Gamot, graveur à Paris, pour un carré aux armes de

DEUXIÈME PARTIE.

M. Turgot, prévôt des Marchands, pour jetons de la ville de Paris. (A. R. K. 994.)

* 25 janvier et 25 mai 1738.

Procès-verbal de la prise de deuil à l'occasion de la mort de la Reine Henriette d'Angleterre et de la princesse de Bavière. (A. R. K. 1023.)

* 25 janvier, 15 mai et 29 octobre 1739.

Procès-verbal de la prise de deuil des officiers municipaux à l'occasion de la mort de Ferdinand de Bavière, princesse de Conty, landgrave de Hesse. (A. R. K. 1023.)

27 aout 1739.

Description de la fête donnée à Versailles à l'occasion du mariage de madame Louise Élisabeth, fille aînée du Roi, avec dom Philippe, infant d'Espagne. (Pièce in-4°.)

* 1739.

Dix-sept pièces ou cahiers, dont quatre imprimées, relatives à la paix entre la France et l'Empire. (A. R. K. 1011.)

* 8 février 1740.

Eau bénite donnée à M. le duc de Bourbon. (A. R. K. 1023.)

* février 1740.

Ordre de payement et quittance d'une somme de cent cinquante livres à H. J. Gamot, graveur à Paris, pour un carré aux armes de Turgot, prévôt des Marchands, pour jetons pour la ville. (A. R. K. 994.)

* 5 mars et 27 aout 1740.

Procès-verbal de la prise de deuil des officiers municipaux à l'occasion de la mort de monsieur le duc et du Roi de Prusse. (A. R. K. 1023.)

* 16 septembre 1741.

Invitation pour le service de la Reine de Sardaigne et le cérémonial dudit service. A. R. K. 1024.)

* 1741.

Procès-verbaux de la prise de deuil des officiers municipaux à l'occasion de la mort de : 23 janvier, la czarine; 23 février, l'Empereur des Romains; 14 juin, la duchesse de Bourbon (cérémonie des obsèques); 19 juin, la princesse de Carignan; 31 juillet, la Reine de Sardaigne; 7 septembre, mademoiselle de Clermont; 27 août, la Reine d'Espagne. (A. R. K. 1023.)

* 17 aout 1742.

Mémoire et quittance d'une somme de cent sept livres payée au sieur abbé Nollet, de l'Académie royale des sciences à Paris, pour plusieurs baromètres et thermomètres par lui faits et fournis pour le bureau de l'Hôtel de Ville de Paris. (A. R. K. 994.)

* 1742.

Procès-verbaux de la prise de deuil des officiers municipaux à l'occasion de la mort de : 25 février, la Reine de Suède; 11 juin, l'Impératrice Amélie; 10 août, la Reine d'Espagne, deuxième douairière; 26 novembre, l'infant dom François, frère du Roi de Portugal. (A. R. K. 1023.)

* mai 1743.

Mandement pour assister au service solennel fait à Notre-Dame pour le repos de l'âme de feu monsieur le cardinal de Fleury, ministre d'État. (A. R. K. 1023.)

* 1743.

Procès-verbaux de la prise de deuil des officiers municipaux à l'occasion de la mort de : 27 mars, Louise Adélaïde d'Orléans, ancienne abbesse de Chelles; 1er juin, madame de Bavière, l'électeur palatin; 12 juillet, madame la duchesse de Bourbon-Condé; 4 septembre, la duchesse du Maine. (A. R. K. 1023.)

24 février 1744.

Ordre du prévôt des Marchands et des échevins de la ville de Paris, concernant le département des cinquanteniers et dixainiers dans chacun des seize quarteniers de cette ville et faubourg d'icelle. — Paris, 24 février 1744, p. in-4°.)

* 11 JUIN 1744.

Procès-verbal de la prise du deuil à l'occasion de la mort de mademoiselle de Beaujolais. (A. R. K. 1023.)

* AOUT 1744.

Maladie du Roi à Metz et sa convalescence; fête à l'occasion de son retour à Paris. (A. R. K. 1024.)

* 26 NOVEMBRE 1744.

Deuil de madame de France, Louise-Marie-Félicité. (A. R. 1023.)

* 22 SEPTEMBRE 1745.

Ordre du prévôt des Marchands et des échevins de la ville de Paris, concernant le département des cinquanteniers et dixainiers dans chacun des seize quartiers de cette ville et faubourg d'icelle. (Paris, 22 septembre 1745, p. in-4°.)

† 1745.

Pièces relatives à la disposition intérieure du bâtiment de l'Hôtel de Ville. (V. Appendice I, n° 98.)

* 9 JANVIER 1747.

Procès-verbal de la décision qui accorde au sieur Servais-Sualem Rennequin, ingénieur du Roi, une gratification de six mille livres pour cause de ses longs services.

Deux quittances chacune de trois mille livres du paiement fait de cette gratification. (A. R. K. 994.)

† 13 DÉCEMBRE 1747.

Mandat de paiement à Pierre-Nicolas Bonamy, historiographe de la ville. (V. Appendice I, n° 86.)

1747.

Arrêt du conseil d'État du Roi portant règlement sur le bois à brûler, et qui prescrit aux bourgeois de Paris et autres privilégiés, ce qu'ils ont à observer pour être exempts des droits. (1747, p. in-4°.)

* 12 ET 26 NOVEMBRE 1749; 16 MARS. 4 JUIN ET 2 SEPTEMBRE 1750; 5 SEPTEMBRE, 26 AVRIL, 25 JUIN ET 12 DÉCEMBRE 1751.

Délibérations du corps municipal et du conseil d'État relatives à l'établissement de l'Hôtel de Ville à la place de celui du prince de Conti. (V. Appendice I, n°s 89, 90, 91, 92, 93, 94, 95, 96, 97.)

29 NOVEMBRE 1751.

De par le prévôt des Marchands et échevins de la ville de Paris. Taxe des bois et charbons. (Paris, 29 novembre 1751, p. in-4°.)

* DÉCEMBRE 1754.

Mémoire et quittance d'une somme de trois cents livres payée au sieur Du Vivier, graveur, membre de l'Académie royale de peinture, pour le coin d'acier trempé d'une médaille représentant les armes de M. de Bernage, prévôt des Marchands, avec ces mots autour : 1754. VIe PREV^{tr} de messire Louis Basile de Bernage, conseiller d'État ordinaire, grand'croix de l'ordre de saint Louis. (A. R. K. 994.)

* 6 NOVEMBRE 1755.

Ordonnance de paiement d'une somme de trois cent cinquante-deux livres à Me Jean de la Grive, prêtre, de la Société royale de Londres et de celle des arts à Paris, géographe ordinaire de ladite ville, pour la gravure, la planche et quatre cents exemplaires tirés de la façade du bâtiment de l'Hôtel de Ville. (A. R. K. 990.)

† 1759.

Mémoire et quittance d'une somme de six cents livres payées au sieur Duvivier, membre de l'Académie royale, pour le coin des jetons de la prévôté de M. Camus de Pont-Carré. (A. R. K. 994. — V. Appendice I, n° 87.)

* 22 JUILLET 1760.

Délivrance du legs fait à la ville de Paris, par le sieur Moriau, ci-devant procureur du Roi et de la ville, de sa *Bibliothèque*; pièces relatives à ce legs. (A. R. K. 994.)

* 1761-1769.

Six quittances datées de 2 octobre 1761; janvier, avril, juillet, octobre 1662; juillet 1769, de quinze cents francs chacune, prix du loyer pour trois mois de la bibliothèque de l'Hôtel de Ville, établie dans l'hôtel de Lamoignon. (Toutes les quittances sont signées de Lamoignon.) (A. R. K. 994.)

* 5 NOVEMBRE 1763.

Ordre de paiement et quittance d'une somme de deux cent quarante livres, fait à P. N. Bonamy, pensionnaire de l'Académie des inscriptions et belles-lettres, bibliothécaire de la ville de Paris, pour différentes dépenses par lui faites pour l'établissement de ladite bibliothèque. (A. R. K. 994.)

* 20 JUILLET 1764.

Ordre de paiement et quittance d'une somme de quatorze cent quarante livres faite au sieur Bonamy, historiographe et bibliothécaire de la ville de Paris, pour remboursement de deux globes terrestre et céleste acquis et placés dans la bibliothèque de la ville. (A. R. K. 994.)

† 14 DÉCEMBRE 1764.

Quittance d'une somme de quatre mille livres payée à Louis Vassé, sculpteur, pour la décoration du plafond de la grande salle de l'Hôtel de Ville. (A. R. K. 990. — V. Appendice I, n° 88.)

* 17 FÉVRIER 1767.

Quittance d'une somme de trois cents livres payées au sieur Duvivier, graveur des jetons de la prévôté de M. Bignon. (A. K. 994.)

8 JUILLET 1769.

Arrêt contradictoire du Parlement. (Recueil des chartes des arquebusiers de Paris. — 1770, in-fol., p. 247.)

14 DÉCEMBRE 1769.

Lettre patentes de Louis XV, portant confirmation des privilèges des arbalétriers, archers et arquebusiers de la ville de Paris, création d'une quatrième compagnie, sous le nom de fusiliers, avec rang de gendarmerie et maréchaussée de France pour lesdites quatre compagnies. (Recueil des chartes des arbalétriers de Paris. — 1770, in-fol., p. 97.)

* 1769.

Renseignement sur l'acquisition de trois maisons près l'Hôtel de Ville pour y placer les bureaux des payeurs de rentes, avec un plan. (A. R. Q. 1247.)

* 20 FÉVRIER 1770.

Délibération prise par le bureau de l'Hôtel de Ville portant qu'il sera fait incessamment par les prévôts des Marchands et échevins de la ville, en exécution d'un arrêt du 11 janvier dernier, les acquisitions : 1° de trois maisons situées entre les deux rues du Martroi ou arcade Saint-Jean et la rue de la Mortellerie, pour servir à établir des bureaux ; 2° de trois maisons faisant l'encoignure de la rue du Mouton, de la rue de la Tixeranderie, et d'une autre maison sur le pont au Change. (A. R. Q. 1247.)

22 MARS 1770.

Lettres patentes du 22 mars portant exemption de la taille et collecte. (Recueil des chartes des arquebusiers de Paris. — 1770, in-fol., p. 250.)

10 AVRIL 1770.

Ordonnance concernant la discipline des quatre compagnies d'arbalétriers et archers et arquebusiers et fusiliers de l'Hôtel de Ville. (Recueil des chartes des arbalétriers de Paris. — 1770, in-fol., p. 253.)

11 AVRIL 1770.

Ordonnance concernant l'uniforme des habillements des quatre compagnies des gardes de l'Hôtel de Ville. (Recueil des chartes des arquebusiers de Paris.—1770, in-fol., p. 264.)

* SEPTEMBRE 1771.

Ordre de paiement et quittance d'une somme de cinq livres quatorze sols fait au sieur Deumier, serrurier, pour travaux faits dans les six derniers mois de 1769 à l'hôtel de Lamoignon où est placée la bibliothèque de la ville. (A. R. K. 994.)

* 23 JANVIER 1772.

Quittance d'une somme de 600 fr. payés au sieur Jolly, garde des estampes de la bibliothèque du Roi, pour nettoyage des cuivres appartenant à l'Hôtel de Ville de Paris. (A. R. K. 994.)

* 1777 A 1788.

Baux à loyer des maisons nouvellement acquises, sises rue de la Tixeranderie. (A. R. Q. 1247.)

APPENDICE VI.

BIBLIOGRAPHIE.

I.

MANUSCRITS RELATIFS A L'HISTOIRE DE L'HÔTEL DE VILLE.

BIBLIOTHÈQUE ROYALE

Anciennes ordonnances de la ville de Paris. (N°° 9832-3.3. Colb.) — C'est une copie du xv° siècle des ordonnances royaux de la prévôté des Marchands; cette copie est en fort mauvais état.

Privilége octroyé aux bourgeois de Paris pour faire criées de maisons selon l'usage ancien par le Roi Philippe, l'an 1303. (N° 4641-B. Lat.) — Ordonnance de Henri, Roi de France et d'Angleterre, sur le même sujet, l'an 1428. (N° 4641-A. Lat.)

Privilége du Roi Charles VI, l'an 1403, octroyé aux bourgeois et marchands de vins de Paris. (N° 4641-A. Lat.)

Ordonnances de la prévôté, etc., échevinage de Paris. (N° J. G. 1376.) — Ce recueil commence par une édition en caractères gothiq. imprimée vers 1500, des ordonnances royaux. (Voir plus haut, App. III, p. 190.)

Vient ensuite une pièce manuscrite intitulée : « Les ports estans au long de la riviere de Seine et des autres rivieres affluans en icelle, au-dessus de Paris. » Extrait des registres du Parlement relatifs au commerce sur la Seine.

Suit un cahier goth. imprimé avec ce titre : « Les ordonnances Royaulx nouvellement publiées à Paris de par le Roy Loys XII° de ce nom, le xiii° jour du mois de juing, l'an mil ccccxcix. » (Ces ordonnances ne sont pas relatives à la ville de Paris.) — Ce volume est terminé par une collection de pièces Mss. relatives au commerce par eau.

Compte des remboursements d'emprunts de Paris, en 1498. (N° S. F. 1354.)

État général du domaine patrimonial de la ville de Paris avec les titres particuliers. (N° St.-Germ. 328.) — C'est un recueil in-fol. sur papier, contenant la copie faite au xviii° siècle de différents actes relatifs au domaine de la ville de Paris.

Inventaire général des meubles et autres effets appartenant à Messieurs, tant ceux meublant dans les endroits occupés, que ceux qui sont serrés dans les différents magasins de ladite ville. (Août 1740, 1 vol. in-fol., pap. — N° S. F. 2383.)

Compte du don de trois cent mille livres ts. octroyé par la ville de Paris au feu Roi Charles, dernier décédé, en l'année mil cinq cent soixante-onze. (N° 16 Carton de la ville de Paris.)

Registre de la fortification de la ville de Paris, commençant l'an mil cinq cent cinquante-deux, au mois de mars. 2 vol. (N° 17. Carton de la ville de Paris.)

Registre auquel sont contenus les doubles et copies des lettres patentes du Roi, des octrois et continuations des aides par ledit seigneur, donné et octroyé à la ville de Paris. (N° 19. Carton de la ville de Paris.)

Indications des rentes de l'Hôtel de Ville.

Reg. in-fol., sur papier. xviii° siècle. —(N° 21. Carton de la ville de Paris.)

État et Partition de la ville et faubourgs de Paris en seize quartiers ; chacun des quartiers dirigé sous les ordres de messieurs les prévôts des Marchands et échevins, par un quartenier assisté et aidé de ses cinquantaines et dizaines, divisés de sorte que l'on y peut voir le nombre des paroisses, églises, chapelles, monastères, communautés, hôtels et maisons, ensemble les noms des habitants, propriétaires et principaux locataires desdites maisons ; le tout réduit au premier jour de janvier de l'année mil six cent quatre-vingt-quatre. 2 vol. grand in-fol. (N° 22. Carton de la ville de Paris.)

Chronologie des prévôts des Marchands, échevins, procureur du Roi, greffiers et receveurs de la ville de Paris, etc. Manuscrit original du travail de Chevillard. (N° 24. Carton de la ville de Paris.)

Inventaire des édits, lettres, priviléges, contraicts, comptes rendus, rachat de vente et autres titres et pièces, concernant tant le domaine patrimonial, dons et octrois, rentes constituées sur l'hôtel de ladite ville que autres affaires concernant le bien d'icelle ville, fait par moi, Guillaume Clément, commis au greffe de ladite ville, par ordonnance et commandement de M. Anthoine Guiot, seigneur de Charmeau, etc., prévôt des Marchands. 1 vol. in-fol., sur papier. (N° S. F. 2382.)

Dépenses de l'Hôtel de Ville pour les fêtes. Règnes de Louis XV et Louis XVI. (N° S. F. 2384.)

Extraits des registres de l'Hôtel de Ville de Paris, par M. de Seve. —Ces extraits, qui commencent par une analyse des actes principaux relatifs au gouvernement municipal de Paris, contiennent des détails sur les fêtes et les cérémonies auxquelles ont assisté les officiers municipaux, et un résumé des principales affaires qui se trouvent dans les registres. Ces extraits finissent avec l'année 1607. 1 vol. in-fol. (N° St-Germ. 600.)

Copie des registres des délibérations de l'Hôtel de Ville et autres affaires pendant les années 1648, 1649, 1650, 1651, 1652. 5 vol. in-fol. — Le premier de ces volumes est relié différemment que les quatre suivants ; on lit sur le plat de la reliure au r° : « Registre con-« cernant les affaires de la ville de Paris ez « années 1648 et 1649, sous la prevosté de « M. Le Feron. » (N° St-Germ. 23. 1, 2, 3, « 4, 5.)

Recherche de plusieurs singularités par Françoys Merlin, contrôleur général de la maison de feu madame Marie-Élizabeth, fille unique du feu Roi, Charles dernier, que Dieu absolve, portraictes et escrites par Jacques Cellier, demourant à Reims, commencé le 3ᵉ jour de mars 1583, et achevé le 10 septembre mil cinq cent quatre-vingt-sept. — Ce recueil, relié en maroquin rouge, aux armes du cardinal de Richelieu, contient plusieurs centaines de feuillets en papier, sur lesquels sont dessinés à la plume des monuments, des objets d'art, des instruments de musique, des personnages allégoriques ou des différents pays, des maisons publiques ou particulières, des alphabets dans toutes les langues et des ornements calligraphiques de toute nature. On y trouve plusieurs anciens monuments de Paris : 1° « Portal de la grande église Nostre Dame de Paris. 2° « Portraict et perspective du dedans de l'église Nostre Dame de Paris, 1587. 3° « Portraict de la saincte chappelle du Palais. 4° « Les orgues de la sainte chapelle du palais. 5° « L'aspect de la Maison des Celestins de Paris avec l'Arcenac, à regarder d'ici qui est sur le qués de la rue de Bievre, et à prendre du meilleux du coing de la dicte rue de la Tournelle. 6° « *Portraict de l'Hostel de Ville*. 7° « Portraict en perspective du Louvre, à prendre du costé du Pré aux clers. » On y trouve la vue du château de Vincennes et du couvent de Saint-Maure-des-Fossés, qui était dans le bois de Vincennes. Jacques Cellier a reproduit aussi la cathédrale de Reims avec détails, dans une série de dix-neuf dessins. — Le dessin de l'Hôtel de Ville est sur une feuille pliée en deux, et par conséquent plus grande que les autres. M. Victor Calliat en a donné une réduction ajustée dans le cadre soutenu par deux Génies, qui existent encore au revers de la porte d'entrée de l'ancien Hôtel de Ville.

BIBLIOTHÈQUE DE L'ARSENAL.

Ordonnances de la ville de Paris. — C'est le recueil fait sous Charles VI. — Écrit par M. Pierre Lallemant, notaire et secrétaire du Roi. (N° 125, jurisprud. franc.)

Recueil des procès-verbaux des séances tenues à l'Hôtel de Ville de Paris, pendant la Ligue. 1 vol. grand in-4°, vélin, commençant au 31 décembre 1588, et finissant le 2 juillet 1593. (N° hist. 175.) — Ce recueil contient jour par jour la relation des séances du conseil de l'union.

Recueil de pièces par M. F. Cosseron, ancien garde du corps de la Mercerie, désigné pour entrer en exercice d'échevinage à la Saint-Roch de l'année 1783, et recueil d'autres pièces pendant et après son échevinage. 1 vol. in-fol. Pap. (N° 323 hist.) Voyez au sujet de ce manuscrit notre première partie, page 86.

—

BIBLIOTHÈQUE DE LA VILLE DE PARIS.

Recueil pour la compagnie de messieurs les conseillers du Roi, Quartiniers de la ville de Paris, contenant divers instructions, édits, déclarations, arrêts du conseil, et autres titres sur leur origine, fonctions, prérogatives et règlements, formé en 1770 par les soins de messieurs Lempereur, Martel, et Levé, de la compagnie de messieurs les conseillers du Roi Quartiniers. 1 vol. in-4°, n° 156.

Registre des six corps des Marchands, 1734 à 1771, in-fol., papier, Ms. n° 143. — Sur le premier feuillet on lit : « Troisième registre contenant copie des délibérations des six corps des Marchands de la ville de Paris. Au commencement duquel il y a une table pour trouver plus aisément les délibérations dont on aura besoin. »

Terrier de Paris. Ms. in-fol., n° 150, 2 vol. provenant de la bibliothèque de M. de Lamoignon. — Manuscrit curieux qui contient sur les anciens fiefs de la ville de Paris des détails intéressants et certains ; c'est une copie des documents originaux qui se trouvaient à la chambre des Comptes sur ce sujet ; elle paraît avoir été faite pour l'usage d'un certain Léonard Renard, procureur du Roi en la chambre du Trésor, qui, ayant à exploiter plusieurs requêtes relatives aux propriétés appartenant à la couronne, et voulant le faire convenablement, demanda et obtint de la chambre des Comptes l'autorisation d'exécuter ce travail. C'est ce qui résulte d'une requête signée dudit Renard que l'on trouve au v° du premier feuillet du t. Ier. — Dans le premier volume on trouve : 1° l'état du fief Royal à Paris en 1391, avec un Vidimé de 1437. A la page 377 et dernière on lit : « Nous Jean Le Grant, clerc au Trésor du Roy nostre Sire, et Leonard de la Chaulne, dessus nommés, certifions que en ensuivant le contenu de la commission devant transcripte, avons faict et renouvellé ce present terrier par les singulieres parties, en la forme et maniere qu'il est declaré en chacun article de celuy terrier. Tesmoings nos seings manuels cy mis, le seiziesme jour de janvier mil cinq cens et dix-sept. Legrant. — De la Chaulne. » Dans le second volume sont compris les fiefs suivants : « Saint Martin-des-Champs, p. 7. — Haran dit Coquatriz, 31. — Collège de Baieux, 103. — Religieuses Haultdriettes, 113. — Abbaye de Ste. Geneviève, 127. — Fief de Saint Yon et Lacrosse, 199. — Abbaïe St. Cornille, 205. — Jacobins de Paris, 207. — Abbaye de Tyron, 303. — Chanoines de St. Anian, 351. — Fiefs de Noissy aux Chartreux, 375, 399. — Chapelains des cinq sainctz, 403. — L'ospital Saincte Catherine, 411. — Chapitre St. Mederic, 423. — Prieuré de St. Martin, 457. — Fief de Joigny, 491. — *Prevost des Marchands et Échevins de Paris*, 539. — Prieuré de Saint Julien le Pauvre, 649. — Fief du Gloriette, 659. — Fief du Marché Palu, 663 ; l'abbaye de St. Magloire, 667 ; Chapitre de Paris, 683 ; le Temple, 779. » — L'énumération du fief appartenant à l'Hôtel de Ville de Paris est très-curieuse ; elle contient plus de cent pages.

Extrait des titres de l'Hôtel de Ville, Ms.

in-fol., 1134 à 1607, n° 131. — Ce volume, écrit sur papier, au milieu du xviii° siècle, est sur le même plan qu'un manuscrit conservé dans la bibliothèque du Louvre. — Il commence par un inventaire des titres originaux relatifs à la ville de Paris, principalement aux droits et prérogatives accordés aux officiers municipaux, depuis l'année 1134 jusqu'à l'année 1559. Page 38 commencent les extraits des registres originaux de la ville de Paris. — Ces extraits sont beaucoup moins nombreux que dans le Ms. de la bibliothèque du Louvre.

Extraits des registres de l'Hôtel de Ville. 9 vol., pet. in-fol., n° 127, depuis 1744 jusqu'à 1769. — Ce sont des extraits des événements les plus remarquables, principalement relatifs à la personne du Roi et de ses compagnies.

Ordonnances pour la vente du poisson depuis saint Louis jusqu'en 1456. In-4° sur vélin, n° 121. — Recueil des différentes ordonnances et des statuts relatifs à cette matière.

15 MAI 1555.

Quittance donnée par Marie Cueur d'une somme de deux cent cinquante livres, montant d'une année de rente constituée sur l'Hôtel de Ville de Paris, sur les octrois du bétail à pied fourchu, accordés à la ville, pour être employés à la construction de l'hôtel de ladite ville. (Achat Joursanvault, n° 1103.)

15 JANVIER 1557.

Jehan Fernel, conseiller et premier médecin du Roi, reconnait avoir reçu de M. F. de Vigny, la somme de cent cinquante livres tournois, pour un quartier de rente de six cents livres ts. constituée sur la ville de Paris, sur les fermes du bétail à pied fourchu. (Ach. Joursanv., n° 1105.)

8 AVRIL 1559.

Martin de Bragelongue, conseiller du Roi, lieutenant particulier de la prévôté de Paris, prévôt des Marchands de ladite ville, confesse avoir reçu la somme de trente-cinq livres, pour demi-année d'une rente sur l'Hôtel de Ville, constituée sur l'imposition sur les draps de soie, d'or, d'argent et de velours, etc. (Ach. Joursanv., n° 1105.)

20 FÉVRIER 1560.

Lettres par lesquelles M° Lois Dodieu, sieur de Vaily, transporte à François Maupin cent cinquante livres de rente qu'il avait droit de prendre sur la ville de Paris, par transport à lui fait par la duchesse d'Estampes, sur une somme de mille livres de rente à elle appartenant. — Cette pièce commence ainsi : « A haulte et puissante dame Anne de Pisseleu, duchesse d'Estampes, femme separée quant aux biens de hault et puissant seigneur Messire Jehan de Bretaigne, chevalier de l'ordre, gouverneur pour le Roy au pays de Bretaigne, duc d'Estampes, etc. » (Ach. Joursanv., n° 1105.)

3 JUILLET 1562.

Contrat de constitution de 200 liv. de rente, par l'Hôtel de Ville de Paris, au profit de M° Michel Piedefer, conseiller avocat du Roi au Châtelet. (Ach. Joursanv., n° 1105.)

12 MARS 1563.

« Roolle de la valleur des aides, octroiés par le Roy à la ville de Paris, pour emploier es fortifications et reparations des fossez, portaulx, murailles, rempars, quaiz et fontaines de la dicte ville et autres œuvres d'icelle, pour l'année commenceant le douziesme jour de mars mil cinq cens soixante-deux, finissant le dit douziesme jour de mars mil cinq cens soixante-trois. » (Ach. Joursanv., n° 1103.)

3 AOUT 1575.

Quittance de Jean Luillier, sieur de Coulanges, conseiller du Roi et maitre ordinaire de sa chambre des Comptes, d'une somme de dix livres tournois, demi-année d'une rente sur l'Hôtel de Ville, constituée par le Roi sur les abbayes, prieurés et commanderies de ce royaume. (Ach. Joursanv., n° 1113.)

DEUXIÈME PARTIE.

20 AOUT 1575.

Ordre de paiement d'une somme de cent trente-cinq livres trois sols quatre deniers ts. aux pauvres valides de Paris, pour avoir travaillé aux fortifications. (Achat Joursanv., n° 1103.)

22 AOUT 1575.

Quittance de Jehan Baptiste de Gondy, bourgeois de Paris, d'une somme de dix livres deux sous six deniers, demi-année échue d'une rente constituée sur les biens ecclésiastiques à l'Hôtel de Ville de Paris, montant à cent mille livres. (Ach. Joursanv., n° 1113.)

15 JANVIER 1575.

« Quittance de sœur *Philippes d'Angennes*, abbesse des Cordelieres Saint Marcel lès Paris, d'une somme de sept livres dix solz ts. pour quartiers échus d'une rente de quinze livres, constituée par le clergé sur l'Hotel de Ville de Paris, sur les decimes et autres octrois qui se pourront lever; création du 10 octobre 1573. » — Cette quittance est signée : sœur Philippes d'Angennes, humble abbesse ✠. (Ach. Joursanv., n° 1113.)

15 AOUT 1576.

Jean Thiersault, chanoine de Chartres, reconnait avoir reçu 25 l., premier quartier d'une rente de 100 livres tournois, qu'il avait achetée de noble homme Me Denis de Saint-Germain, conseiller du Roi et correcteur en sa chambre des Comptes, rente constituée sur les greniers à sel de Troyes, Beaufort et Villemor, et sur les domaine et revenu patrimonial de l'Hôtel de Ville de Paris. (Ach. Joursanv., n° 1113.)

5 DÉCEMBRE 1576.

« Jehan Olivier, chevalier seigneur de Leuville, gentilhomme ordinaire de la chambre du Roy, filz et héritier de deffuncte dame Anthoinete de Civray, lors de son decedz veufve de feu Messire François Olivier, chevalier, chancelier de France, confesse avoir reçu de Me F. de Vigny sept cent cinquante-huict livres, trois solz trois deniers tournois, pour un quartier d'une rente de trois mil trente-deux livres, treize sous, neuf deniers obolle tz., constituée sur une rente de six cens trente mille livres établie par le Roy, sur l'Hôtel de Ville de Paris. » (Ach. Joursanv., n° 1113.)

28 DÉCEMBRE 1576.

Étienne Guibert, sieur de Neufville, notaire et secrétaire du Roi, comme tuteur des enfants mineurs de nobles personnes Adrian Marteau, et Colombe Guibert, son épouse, déclare avoir reçu de Me François de Vigny, receveur de la ville de Paris, 12 l. pour un quartier de rente transporté audit Étienne, sieur de la Grange; rente constituée sur les biens patrimoniaux de la ville et sur les impositions mises sur les draps d'or, d'argent et de velours. (Ach. Joursanv., n° 1113.)

SEPTEMBRE 1577.

« Sœur Genevieve de Bezançon, abbesse de l'eglise et abbaye des Cordelieres St. Marcel lez Paris, confesse avoir reçu de M. Jehan de Vigny la somme de trente-sept livres dix solz tourn. pour demie année d'une rente constituée par l'Hotel de Ville de Paris sur les decimes octroyés au Roy; création du 2 may 1575. » (Ach. Joursanv., n° 1113.)

11 AVRIL 1578

« Claude Naudon, procureur de Révérend Père en Dieu, messire Pierre de Gondy, évesque de Paris, confesse avoir reçu de Me F. de Vigny, la somme de six vingt-cinq liv. tour., pour un quartier d'une rente de cinq cents livres de rente ceddés et transportés à M. l'esvesque de Paris, par très-haulte et très-excellente princesse Catherine, par la grâce de Dieu Royne de France et mère du Roy, constituée sur les Greniers à Sel. » (Ach. Joursanv., n° 1113.)

27 JUIN 1578.

« Les héritiers, Me Jehan Galland, principal du collége de Boncourt, confessent avoir reçu de noble homme François de Vigny, recepveur de la ville de Paris, la somme de huict escuz et ung tiers sol, pour un quartier d'une rente de cent livres, constituée tant sur les Greniers à Scel que sur le domaine et revenu patrimonial de l'Hôtel de Ville de Paris. » (Achat Joursanvault, n° 1113.)

19 avril 1586.

« Jean de Saint-Germain, conseiller du Roy, M^e ordinaire en sa chambre des Comptes, à Paris, déclare avoir reçu de noble homme Noël de Havre, commis par les dits sieurs prévôt des Marchands et échevins, au payement des arrérages et rachapt des rentes constituées sur les Greniers à Sel de ce royaulme, la somme de ung tiers d'escu pour ung quartier escheu le dernier jour de mars dernier passé, à cause de ung escu sol, et un tiers de rente à luy dû, faisant moitié de deux escus sol, et deux tiers de rente acquis par deffunt Guillaume Pellerin, bourgeois de Paris. » (Achat Joursanv., n° 1113.)

1600.

« Deux quittances de Jehan de Saint-Germain, bourgeois de Paris, l'une du 12 juillet, l'autre du 24 novembre, d'une somme de huit escuz vingt solz tz., pour un quartier de rente de soixante-six écuz quarante solz, constituée par le Roy, à la ville de Paris, sur le Grenier à Sel. » (Ach. Joursanv., n° 1113.)

BIBLIOTHÈQUE DE L'INSTITUT.

N° 190. Mss. de Godefroy. — Pièces diverses relatives à l'ancien Hôtel de Ville de Paris, provenant de feu Moriau, parmi lesquelles il faut remarquer les suivantes :

1° Lettre signée de François Ier au sieur de Villeroy, trésorier de France, lui mandant qu'il tienne la main à ce que Jean Benoise soit conservé dans sa charge de procureur du Roy et de la ville; 8 septembre 1526;

2° Lettre du Roy Françoys Ier au sieur de Villeroy, secrétaire des Finances, touchant un escalier qui se devoit faire à l'Hostel de Ville de Paris. Amiens, 11 juin 1535. (Voyez additions et corrections, livre I, chap. II.)

3° Extraits des concessions d'eaux aux communautés de Paris, du 12 octobre 1666.

4° *Mémoire de l'eslévation et distribution des eaux de la maison et machine de la Samaritaine.*

« Par contract faict avec le Roy et le feu sieur de l'Inclair (*sic*, lisez Lintlaër), Allemand de nation, en l'année 1600, que cette machine fut entreprise et achevée en 1604, elle devoit eslever la quantité de vingt-quatre pouces d'eaux ; mais la vérité est qu'elle n'en a jamais peu eslever, tant en hiver qu'en esté, plus de vingt pouces. La distribution s'en fait par simples brevets aux personnes suivantes : A M. le premier président,.... un pouce ; à la Consiergerie,.... un pouce ; à la buvette du Palais,.... demy-pouce ; à la chambre des Comptes,.... demy-pouce ; à la fontaine de la piramide du Pallais,.... demy-pouce ; au Fort-Lévesque,.... *idem*; à M. Daligre,.... un pouce ; à l'hostel de Soissons,.... un pouce ; à madame de Montauzier, qui est l'hostel de Rambouillet..... un pouce ; au Garde-Meuble du Roy, au Louvre,.... un pouce ; à la monnoye des galeries du Louvre,.... un pouce ; au Palais-Royal,.... deux pouces ; à la vollière des Thuilleries,.... deux pouces ; aux pères Capucins,.... demy-pouce ; aux Religieuses Capucines,.... demy-pouce ; à l'orangerie de la dame Bouchard aux Thuilleries,.... demy-pouce ; à M. Duplessis-Guénégaud,.... un pouce ; à la maison du sieur Sanson, aux Thuilleries,.... demy-pouce. Le tout se monte à dix-huit pouces.

« Après la fourniture de l'eau, à tous les particuliers cy-dessus, le Roy a leur reste pour son Louvre. »

5° Remontrances addressées par les conseillers de villes, à MM. du Parlement, pour que nulles des affaires présentées au Conseil, ne soient résolues par les prévôt des Marchands et échevins, sans l'intervention des conseilliers, 1641-1642.

Extraits des Registres de l'Hôtel de Ville, datés du 17 septembre 1561, qui prouvent que

DEUXIÈME PARTIE. 359

c'est au prévôt des Marchands, et non au prévôt de Paris, ou au lieutenant civil, qu'il appartient de convoquer les habitants de Paris, pour le fait des états généraux.

6° « Mention : Lettres du Roy Henry le Grand, à la cour de Parlement de Paris, de Monceaux (7 *août* 1596), par lesquelles il leur mande que la congnoissance de l'eslection du prévost des Marchands n'appartient à la dicte cour, ains doibt estre réservée à sa seule authorité, comme en ont tousjours usé ses prédécesseurs ; du vendredy neufiesme aoust mille cinq cent nonante-six. »

7° « Lettre du Roy aux prévost des Marchands et Bourgeois de Paris, Rouen, Orléans, qui leur commande de fabriquer de gros navires, et de prendre pour ce l'ordre de l'admiral de Graville, 29 novembre 1516. »

8° « Recueil d'environ quarante pièces, titres, mémoires, sur papier relatifs à l'hôtel de Nesles et au collége Mazarin, aujourd'hui palais de l'Institut. »

Manuscrit Godefroy, n° 191. — Recueil de pièces historiques relatives à l'administration municipale des différentes villes du royaume, tels que Lyon, Aix, Rouen, et plusieurs autres. On y trouve sur Paris : 1° Octroi accordé à la ville de Paris, en date du 2 février 1531, pour l'entretien des marchés et fontaines de Paris ; 2° Advis d'Antoine Marbays pour l'écoulement des eaux de Paris.

Ms. Godefroy, n° 192. — Recueil de pièces relatives au même sujet que le portefeuille précédent : il y a beaucoup de titres concernant la ville de Lyon ; une seule est relative à Paris, en voici le titre : Lettre des échevins de la ville de Marseille, aux prévost des Marchands et eschevins de la ville de Paris, avec la réponse de ces derniers. (Voir notre Introduction.)

Ms. Godefroy, n° 379-483. Ce volumineux recueil comprend le manuscrit *du Cérémonial français*, publié par Godefroy, en 2 vol. in-fol. ; il se compose de 105 volumes in-folio et renferme toutes les relations, toutes les pièces justificatives dont Godefroy n'a donné que des extraits. On trouve dans le portefeuille coté 385, les matériaux peu considérables pour l'histoire des obsèques et funérailles. Parmi ces pièces est un mémoire dans lequel j'ai remarqué le passage suivant relatif à saint Louis : « Charles, Roy de Sicile, qui arriva un moment après, fut transporté de douleur à la perte d'un frère qu'il aimoit si tendrement, et dont il avoit été aussi fort aimé ; en mesme temps les officiers du feu Roy receurent ordre d'embaumer son corps. Ils le firent à la manière du temps, et comme ils avoient déjà fait celuy du comte de Nevers. Ils mirent le corps dans de l'eau et du vin qu'ils firent bouillir. Par ce moyen, ils séparèrent les chairs des os ; les chairs, avec les intestins furent données au Roy de Sicile, qui les fit porter dans l'abbaye de Montréal, près de Palerme. Pour les ossements, après les avoir lavez, on les enveloppa d'une étoffe de soye remplie de parfums que l'on mit, avec le cœur, dans une caisse, pour estre envoyez en France, à l'église de Saint-Denis. »

N° 219. — Extraits des Registres des causes portées au tribunal de la ville de Paris, le premier commençant au 27 mars 1599, et le dernier finissant au 27 avril 1627. Ces extraits sont suivis d'une table des matières, in-fol. portant au dos : Registre des causes ; relié en veau, in-fol.

N° 282. — Pont-Neuf de Paris, Ms. in-fol. commençant par les lettres patentes de Henri III, pour la construction de ce pont. Il contient les devis des entrepreneurs et des détails de dépenses.

N° 126, in-12. — Fontaines et regards de la ville de Paris et de la campagne, 1730, Ms. in-8°, couvert en maroquin rouge. On y voit toutes les fontaines et regards, dessinés à l'encre de Chine, très-proprement, avec l'explication, d'une écriture aussi très-propre.

—

BIBLIOTHÈQUE PARTICULIÈRE DU ROI.
AU PALAIS DU LOUVRE.

Registre extraict du greffe de l'Hôtel de Ville de Paris, contenant les ordonnances, lettres patentes, et priviléges accordés par nos rois audit hôtel et aux bourgeois de ladite ville.

Ensemble ce qui concerne la juridiction du prévôt des Marchands, les règlements et le cérémonial, commençant en l'année 1134, et finissant en l'an 1607 ; 1 vol. gr. in-fol., sur papier, de 787 pages ; écriture du xvii° siècle. Il commence par l'inventaire de quelques-uns des actes les plus anciens relatifs à l'Hôtel de Ville. Les actes y sont mentionnés, quelquefois analysés, mais non cités par extraits, excepté un seul de 1374, relatif à Marcel, et qui est imprimé. Depuis cette page 41, jusqu'à la fin, on ne trouve plus que des extraits des registres originaux, intitulés *Registre des Délibérations*. (Voir plus haut, Append. III, Archives du royaume, sect. domaniale, p. 195.)

Après la page 624, il y a 29 feuillets blancs ; le reste est rempli par une table des matières qui termine le volume.

Les extraits des registres originaux sont assez étendus. On y trouve principalement des lettres des rois et des reines, adressées aux officiers municipaux.

—

BIBLIOTHÈQUES DIVERSES.

Compte présenté au Roi par le prévôt des Marchands, et les échevins de la ville de Paris, de l'administration de tous les biens et revenus de ladite ville, pendant deux années (de 1782 à 1784), sous la troisième prévôté de M. de Caumartin, 1 vol. in-fol., mar. rouge. Aux armes du Roi et de la ville, relié par Derôme. — Ce volume, qui appartenait à M. Leber (voyez catalogue de sa bibliothèque, t. III, p. 181), est aujourd'hui à la bibliothèque de Rouen.

— Registre des titres concernans la fonction des charges de maistre des œuvres de maçonnerie de la ville de Paris, et de celle de controlleur des bastimens de la ditte ville, 1 vol. petit in-fol. — Ce recueil curieux contient une série d'ordonnances, d'arrêtés, de jugements du bureau de la ville, relatifs aux maitres des œuvres et à leurs fonctions. On y trouve la copie de différents actes, dont le plus ancien remonte à l'année 1579. Ce volume fait partie du cabinet de M. Destouches, architecte du gouvernement, l'un des descendants de Beausire (Jean, et J. B. Auguste), et de Laurent Destouches, derniers maîtres des Œuvres de l'Hôtel de Ville de Paris.

Cérémonial annuel et ordinaire du bureau de la ville de Paris, 1748, 1 vol. petit in-8°, relié en mar. noir. — J'ai souvent cité ce volume, qui m'a été fort utile pour la connaissance de l'administration de la ville, à la fin du xviii° siècle. J'en dois la communication à l'obligeante amitié de M. Leber auquel il appartient.

Missel. — 1 vol. in-fol. magno, avec miniatures, vignettes et initiales, relié en mar. rouge, xv° siècle. — Ce superbe manuscrit, contenant 227 feuillets, est décoré de deux grandes miniatures à pleine page, et de 138 autres miniatures encadrées dans de grandes lettres initiales richement ornées. Les lettres tournures, tout en couleur, sur fond d'or, sont au nombre de 3,223. — Ce volume a été exécuté pour Jacques Juvénal des Ursins, archevêque de Reims, pair de France, patriarche d'Antioche, nommé, en 1449, administrateur perpétuel de l'évêché de Poitiers, et mort le 12 mars 1456. La date précise de ce volume doit donc être fixée au milieu du xv° siècle. — Après avoir appartenu à Raoul du Foux, évêque d'Évreux en 1478, ce manuscrit était devenu la propriété de M. Masson Saint-Amand, maitre des requêtes au conseil du Roi, en 1790, préfet de l'Eure, en l'an VIII. C'est lui qui l'a fait relier. En 1837, M. Debruge-Duménil, par l'entremise de M. Dusomerard, s'est rendu acquéreur de ce manuscrit qui appartient aujourd'hui à son gendre, M. Labarte. Grâce à l'obligeance de ce dernier, nous avons pu reproduire la miniature du fol. 55, qui représente la maison aux Piliers, et la place de Grève.

—

DEUXIÈME PARTIE.

II.

OUVRAGES IMPRIMÉS RELATIFS A L'HOTEL DE VILLE.

1561. — Les Antiquitez, chroniques et singularitez de Paris, etc., etc., corrigez et augmentez pour la seconde édition, par G. Corrozet, Parisien, à Paris, 1561, petit in-8°. — Fol. 157.

1608. — Les Antiquitez et choses plus remarquables de Paris, recueillies par M. Pierre Bonfons, controlleur au Grenier et magazin à Sel de Pontoise, augmentées par frère Jacques Du Breul, religieux octogénaire de l'abbaye de Sainct-Germain-des-Prez, lez Paris. Paris, Nicolas Bonfons, 1608, in-8°. — Fol. 236.

1612. — Théâtre (le) des Antiquités de Paris, où est traicté de la fondation des églises et chapelles de la cité, université, ville et diocèse de Paris, etc., etc., divisé en quatre livres, par le R. P. F. Jacques Du Breul, Parisien, religieux de Sainct-Germain-des-Prez. Paris, 1612, 1 vol. in-4°. — P. 1005 : de l'ancienne jurisdiction du Parlouer-aux-Bourgeois, annexée maintenant à celle des prévost et eschevins de la ville de Paris, etc., etc., p. 1017 : Catalogue des prévost des Marchands et eschevins de la ville de Paris, depuis le temps du Roy Charles VI, etc.

1640. — Les Antiquitez de la ville de Paris, contenanz la recherche nouvelle des fondations et establissemens des églises, chapelles, monastères, hospitaux, hostels, maisons remarquables, fontaines, regards, quais, ponts, et autres ouvrages curieux. — La chronologie des premiers présidents, advocats, et procureurs-généraux du Parlement; prévost, gardes de la prévosté de la ville, et vicomté de Paris, prévost des Marchands et eschevins de ladite ville de Paris, avec l'ordre observé en leur élection; les privilèges des bourgeois et ordonnances d'icelle ville, juges et consuls des Marchands, selon l'ordre des années de leur élection, etc. Paris, M DC XL, in-fol., 1 vol. — (Malingre, auteur de cette compilation, a reproduit l'ouvrage de Du Breul, en y ajoutant des détails nouveaux.)

1685. — Paris ancien et nouveau; ouvrage très-curieux où l'on voit la fondation, les accroissements, le nombre des habitants, et des maisons de cette grande ville, etc., etc., par M. Le Maire. Paris, 1685, 3 vol. in-12. — T. III, p. 272.

1705. — Traité de la Police, où l'on trouvera l'histoire de son établissement, les fonctions et les prérogatives de ses magistrats, toutes les lois et tous les règlements qui la concernent, etc., etc. Paris, 1705, in-fol., 4 vol. Le commissaire Delamarre, qui a signé la dédicace au Roi, est auteur des trois premiers volumes; le dernier, qui n'a été publié qu'en 1738, a pour auteur Lecler du Brillet.

1724. — Histoire et recherches des Antiquités de la ville de Paris, par M. Henri Sauval, avocat au Parlement. Paris, 1724, in-fol., 3 vol. — Vol. II, pages 71, 82, 110, 134, 482, vol. III, passim.

1725. — Histoire de la ville de Paris, composée par Dom Michel Félibien, revue, augmentée, mise au jour par Dom Guy-Alexis Lobineau, etc. Paris, 5 vol. in-fol., 1725, t. I, p. 617, t. III, IV, V, preuves passim. — Au commencement du tome Ier de cet ouvrage, l'on trouve une dissertation spéciale sur l'origine de l'Hôtel de Ville de Paris, signée de M. Le Roy; cette dissertation a été publiée à part sous le titre suivant : « Dissertation sur l'origine de l'Hostel de Ville de Paris, prouvée par l'autorité des Chartes, et autres titres et monuments authentiques; par M. Le Roy, Paris, 1725, in-fol. »

Nouvelle description de la ville de Paris, et de tout ce qu'elle contient de plus remarquable, par Germain Brice, 8e édition. Paris, 1725, 4 vol. in-12. — P. 119.

1735. — Histoire de la ville de Paris. Paris, 1735, 4 vol. in-12. (Abrégé du grand ouvrage de Dom Félibien et Lobineau.) — T. II, p. 62 à 77, p. 141, 161.

1754. — Histoire de la ville et de tout le Diocèse de Paris, etc.; par l'abbé Lebeuf. Paris, 1754, 16 vol. in-12. — T. I, p. 125 : Église Saint-Gervais, p. 137 : Église Saint-Jean en Grève.

1765. — Description historique de la ville de Paris et de ses environs, par feu Piganiol de la Force; nouvelle édit., etc. Paris, 1765, 10 vol. in-12. — T. I, p. 149. — T. IV, p. 96 à 100. Description de l'Hôtel de Ville, tel qu'il était sous Louis XIV.

1775. — Recherches critiques, historiques et topographiques sur la ville de Paris, depuis ses commencements connus jusqu'à présent, etc.; par le sieur Jaillot. Paris, 1775, 5 vol. in-8°. — T. III : Quartier de la Grève.

1779. — Dictionnaire historique de la ville de Paris et de ses environs, etc., par MM. Hurtaut et Magny. Paris, 1779, in-8°, 4 vol. Aux mots *Hôtel de Ville, prévôt des Marchands*.

1822. — Tableau historique et pittoresque de Paris, depuis les Gaulois jusqu'à nos jours; par J. B. de Saint-Victor, seconde édition. Paris, 1822, 4 vol. in-8° divisés en 8 tomes, atlas in-4°. — T. II, seconde partie : Quartier de la Grève.

1825. — Histoire civile, physique et morale de Paris, par J. A. Dulaure, troisième édition. Paris, Baudouin, 1825, 10 vol. in-12. — T. II, p. 395 : Commerce de Paris, t. III, p. 395 : Maison de la marchandise, Parloir aux Bourgeois, 553, 569 : État sous Charles VI, t. IV, p. 181 : Reconstruction sous François Ier, t. VI, p. 338, 352, t. VIII, p. 33. Renseignements incomplets et superficiels.

Ordonnances royaulx de la jurisdiction de la Prévosté des Marchands, et Eschevinage de la ville de Paris. Voyez au sujet des éditions différentes de ce recueil, l'App. III, page 190, 2e Partie.

8 FÉVRIER 1558. — Recueil des inscriptions, figures, devises et mascarades ordonnées en l'Hôtel de Ville de Paris, 1558 (par Jodelle). (Voyez Goujet, Bibliothèque française, t. XII. Sainte-Beuve, Poésie française au XVIe siècle, deuxième édit., in-18, p. 213).

1560. — La Police des pauvres de Paris, par G. Montaigne; dédiée au cardinal de Tournon. *Circa* 1560, in-8°. (Catalogue Lancelot, p. 342.)

1605. — La prévôté des Marchands. Paris, 1605, in-12. (Catal. Secousse, p. 263.)

1606. — Remerciment à M. Miron, prévôt des Marchands. Paris, 1606, in-12. (Catal. Secousse, p. 263.)

Oraison funèbre de François Miron, prévôt des Marchands; par Claude de Morennes, évêque de Sées. — Voir les tombeaux funèbres de cet auteur. Paris, in-8°. Éloge du même François Miron; par Papire Masson (en latin), t. II, p. 396 du Recueil des éloges de Papire Masson, 1656, in-8.

1611. — Priviléges octroyés à la ville de Paris, avec le Catalogue des prévôts des Marchands; par Jean Chenu. Paris, 1611, in-4°.

1625. — Extraits de plusieurs arrêts du Parlement, concernant les droits des jurés, mouleurs, compteurs, et mesureurs de bois de la ville de Paris. Paris, 1625, in-8°. (Catal. Secousse, p. 265.) — Édit de création de quarante-neuf officiers de commissaires, contrôleurs, jurés, mouleurs de bois, en 1644, avec quelques autres arrêts, etc. Paris, Mazuel, 1671, in-12; 1673, in-4°. — Statuts des officiers chargeurs de bois. Paris, 1699, in-4°. — Création et liste générale des cent soixante mouleurs de bois, etc., 1707, in-12.

1626. — Livre particulier aux vingt-quatre jurés, mesureurs de sel de la ville de Paris. Paris, 1626, in-12. (Catal. Secousse, p. 265.)

1628. — Exemption de sel, et autres priviléges des vingt-six conseillers de la ville. Paris, 1628, in-4°. (Catal. Colb., t. II, p. 648; Catal. Secousse, p. 263.)

1660. — Édits du Roi sur l'établissement de

la juridiction des consuls de la ville de Paris. Paris, 1660, in-4°. Le même Recueil plus complet, sous ce titre : Recueil contenant les édits, déclarations du Roi sur l'établissement et confirmation de la juridiction des consuls en la ville de Paris et autres, et les ordonnances et arrêts donnés en faveur de cette justice. Paris, 1705, in-4°.

1667. — Privi'éges des Archers de la ville de Paris, par Drouart. Paris, 1667, in-4°. — Le même ouvrage a été réimprimé avec des augmentations, sous le titre suivant : Recueil des Chartes, créations, et confirmations des colonels, capitaines, majors, officiers, arbalestriers, archers, arquebusiers, et fusiliers de la ville de Paris ; dédié à M. Bignon, prévôt des Marchands ; par M. Hay, colonel desdites gardes. Paris, 1770, in-4°.

1674. — Recueil des édits et déclarations sur le fait des rentes de l'Hôtel de Ville. Paris, 1674, 1 vol. in-4°. (Catal. Colbert.)

1674. — Articles, règlements, statuts, ordonnances et privilèges des cinquanteniers et dixainiers de la ville et des faubourgs de Paris, portés ès lettres patentes de Sa Majesté, du mois de mars 1667. Paris, 1674, in-4°.

1685. — Estat général de la distribution du payement des rentes de l'Hôtel de Ville de Paris, assignées sur les aides, gabelles et clergé, en l'année 1685. Paris, 1685, in-18.

1687. — Urbis reparatæ et amplificatæ inscriptiones Cl. Pelterio et H. Furcæo prætoribus, nec non Geofrido Gayoto, Rufino, et Sanguinerio ædilibus, et Titanio Regis et urbis procuratori, Mitanterio scribæ et Bocotio quæstori; auctore Santolio Victorino. Anno 1687, in-12. 1 vol. petit in-18. — Ce Recueil d'Inscriptions composées par Santeuil, a été réimprimé dans les œuvres de ce poète latin moderne. 1729, 3 vol. in-12. — T. III.

1690. — La Tontine, ou Recueil de tout ce qui s'est fait pour les rentes viagères créées sur l'Hôtel de Ville de Paris, par édit du Roy du mois de novembre 1689. — Paris, 1690, 1 vol. in-18.

1692. — Liste des rentiers à vie sur l'Hôtel de Ville de Paris, en exécution de l'édit du mois de novembre 1689, contenant leurs noms, surnoms, qualitez, demeures, et rentes. Paris, Léonard, 1692, in-4°. (Catal. Lancelot, p. 129.)

1697. — « Præfectura Bosiana, seu felicitas urbis, clarissimo viro Claudii Bosc (du Bois) prætore et præfecturam Mercantium obtinente ; auctore Petro Faydit. Parisiis, 1697, in-4°. » — Éloge de Nicolas du Bosc, ancien prévôt des Marchands ; par Jacques Leullier, curé de Saint-Louis-en-l'Ile. Paris, 1715, in-12.

1706. — Liste des noms et demeures des payeurs et des syndics, des rentes de l'Hôtel de Ville de Paris. Paris, Ballard, 1706, in-4°. (Catal. de M. Lancelot, p. 129.)

1717. — Mémoires concernant les rentes, ou Recueil abrégé de tous les titres qui établissent les offices, priviléges, droits, fonctions, et devoirs des contrôleurs des rentes de l'Hôtel de Ville de Paris, où il est parlé de l'origine et du progrès des différentes natures de ces rentes. Paris, 1717, 1 vol. in-12.

1728. — Code Lambert. — Sur la gérance des bâtiments et bâtisses dépendants de l'Hôtel de Ville de Paris. 1 vol. petit in-18 de 27 pages, plus 6 pages d'une ordonnance du 21 décembre 1728.

1729. — Deux règlements du bureau de l'Hôtel de Ville de Paris, des 22 février et 31 décembre 1729, sur les dépenses communes de l'Hôtel de Ville, in-12. (Catalog. Secousse, p. 263.)

1739. — Description des fêtes données par la ville de Paris, à l'occasion du mariage de madame Loise Élizabeth de France, et de Dom Philippe, infant d'Espagne, en 1739. Paris, 1740, in-fol.

1740. — Gouverneurs, lieutenants du Roi, prévôt des Marchands, échevins, procureurs, avocats du Roi, greffiers, receveurs, conseillers quartiniers de la ville de Paris, depuis l'origine jusques en 1740, avec leurs armes. — Recueils de tableaux chronologiques plus ou moins complets, in-fol. Chevillard est l'auteur de ces listes chronologiques.

1745. — Fêtes données par la ville de Paris, à l'occasion du mariage de Mgr le Dauphin, le 23 et le 26 février 1745.

1747. — Fête publique donnée par la ville de Paris, à l'occasion du mariage de M⁰ʳ le Dauphin, le 13 février 1747, in-fol.

1758-1763. — Liste des rentes viagères (de l'*Hôtel de Ville*) pour les années 1758, 1759, 1760, 1761, 1762, 1763. 7 vol. in-fol. (Catalogue Pontcarré de Viarmes, in-8°, 1775. — P. 70.)

1759. — Mémoire pour les prévôt des Marchands et échevins de la ville de Paris; par M. Taschet, 1759, in-4°.

1766. — Étrennes françoises, dédiées à la ville de Paris, pour l'année jubilaire du règne de Louis-le-Bien-Aimé, par l'abbé de Petity, prédicateur de la Reine. Paris, 1766, in-4°. — C'est un calendrier dédié au prévôt des Marchands, M. J. Bignon, et aux échevins MM. Martel, Gauthier de Rougemont, Larsonnier et Merlet. Le calendrier est suivi de gravures en médaillon, représentant l'École Militaire, la Halle aux Blés, l'église nouvelle de Sainte-Geneviève, aujourd'hui le Panthéon.

1770. — Mémoire pour les prévôt des Marchands et échevins de la ville de Paris, dans lequel on prouve que les magistrats municipaux de cette ville ont toujours joui de la noblesse, et que les édits de novembre 1706, et juin 1716, n'ont fait que les confirmer dans ce privilége. Paris, 1770 (par M. Boucher d'Argis.)

Des Quartiniers de la ville de Paris; par Boucher d'Argis. — Voir Encyclopédie Méthodique, au mot : *Quartiniers.*

1789. — Arrêté de MM. le prévôt des Marchands et échevins, sur un réquisitoire du procureur du Roi et de la ville de Paris, au sujet d'un imprimé sans nom d'auteur ni d'imprimeur, ayant pour titre : Réflexions d'un avocat consulté par un membre du tiers-état de la ville de Paris, sur l'arrêté du corps municipal, etc., 1789, in-8°. — Plaidoyer des plus curieux, relatif au droit de convoquer les états-généraux.

1833. — Paris municipe, ou Tableau de l'administration de la ville de Paris, depuis les temps les plus reculés jusqu'à nos jours, etc.; par Alexandre de Laborde. Paris, 1833, in-8°.

1840. — Notice historique sur l'Hôtel de Ville de Paris, sa juridiction, ses fêtes, et les principaux personnages qui se rattachent à son histoire (1612 à 1839); par A. Bailly. Paris, 1840, in-8°.

FIN DE LA SECONDE PARTIE.

TABLE ANALYTIQUE.

A

ALAIN (Morize), procureur du roi en 1298, page 85.
ALIX, femme d'Henri le Breton, mesureur de blé en 1298, p. 219.
ALORGE (Guillaume), échevin en 1389, p. 119.
AMEILHON, bibliothécaire de la ville en 1770, p. 83.
ANGERS (Jehan d'), peintre, exécute pour l'Hôtel de Ville un tableau représentant les officiers municipaux de 1603, p. 44.
ANGERS (L'évêque d') vient annoncer au Conseil de ville que l'assemblée du clergé contribuait pour 9000 francs à la construction de l'Hôtel de Ville, en 1606, p. 24.
ANJOU (duc d'), frère de Charles IX, p. 260.
ANTISSIER (Jehan), juré du roi en l'office de maçonnerie, en 1619, p. 30.
ARASSE (Jacques), chargé avec Dominique de Cortone de la direction des travaux de l'Hôtel de Ville, sous François I*r*, p. 17, 214.
Arbalestriers, p. 204; priviléges qui leur sont concédés en 1359, par Charles, régent du royaume, p. 205.
Archers, p. 204; lettres de priviléges à eux accordées par Charles VI, p. 205.
Archives (anciennes) de l'Hôtel de Ville réparées par M. Turgot, p. 49; notice sur les documents qu'elles contenaient avant 1789, Appendice III, p. 177, 2e part.
Arcueil (eaux d'), p. 135.
ARGENTEUIL (Geoffroy), procureur du roi en 1301, p. 185.
Armes de la ville de Paris, p. 148-151.

ARRODE (Jehan), prévôt des marchands, en 1291, p. 114, 170.
Arsenal de la ville. Voyez *Artillerie* (granges de l').
Artillerie (granges de l') placées en 1424 dans les bâtiments de la Maison aux Pilliers, p. 72; François Ier les emprunte à la ville, p. 73; elles sont transportées dans l'emplacement de l'ancien hôtel Saint-Paul, p. 74; explosion du moulin à poudre en 1562, *ibid.*; état de l'artillerie de la ville en 1505, Appendice I, p. 21, 2e part.
ASSELIN (Jehan), maître des œuvres de la ville sous François Ier, commis à la surintendance de la charpente du nouvel Hôtel de Ville, p. 17, 214.
Assomption Saint-Honoré (couvent de l'), p. 68.
AURIGNY (Jacques d'), mesureur de sel en 1305, p. 227.
AUBRAY (le colonel), p. 206.
AUBRIOT (Hugues), prévôt de Paris, p. 94, note 1, 237.
AUBRY (J.), premier juge consul en 1563, p. 94, note 1.
AUGIER (Pierre), échevin en 1413, p. 156.
AUXERRE (Jean d'), receveur des gabelles de la prévôté de Paris, p. 8.
AVELINE, auteur d'une gravure in-folio de l'Hôtel de Ville à la fin du XVIIIe siècle, p. 29.
Avocats, admis, depuis le XIIIe siècle, à plaider devant les officiers du Parloir, p. 187.
Avocats et Conseils de la ville de Paris, créés en 1562, p. 188.
AYMIER, échevin, p. 180.

B

BACHELIER (Regnaut), chargé de la surveillance des ouvriers de l'Hôtel de Ville, p. 22.
BAILLET (Jehan), trésorier de Charles, Dauphin de France, en 1358, p. 232.
BAILLET (Jehan), conseiller au Parlement, prévôt des marchands en 1444, p. 171.
BAILLET (Thibaut), chargé des fonctions d'échevin en 1499, p. 181.
BAILLEUL (de), président au Parlement en 1652, p. 272.
BAILLEUL (Nicolas de), prévôt des marchands en 1622, p. 171.
BAILLY (Jean), procureur de la ville en 1424, p. 186.
BAILLY, premier maire de Paris en 1789, p. 94, note 1.
BARRETTE (Étienne), échevin en 1296, puis prévôt des marchands de 1298 à 1304, p. 112, 128, 141, 170, 173, 229; pillage de sa maison en 1306, p. 230.
Barre-du-Bec (fontaine de la), p. 132.
Barricades (Journée des), p. 265.
BARTHELEMY (Jean), échevin en 1533, p. 16, 19.

BARTHELEMY (Guillaume), procureur général et conseiller du roy et de la ville en 1424, p. 186.
Bastille (construction de la), p. 239.
Baudet (porte), p. 128.
BAUDRAN (Michel), géographe, p. 66.
BAVIÈRE (Isabeau de), p. 286, 291, 302.
BEAUFORT (duc de), p. 272, 274, 277, 278, 281.
BEAUPEYRE (Jehan de), fontainier de la ville en 1424, p. 212.
BEAUSIRE (Augustin), maître général des bâtiments en 1750, p. 84, 215.
BEAUSSE, quartinier, p. 197.
BELLAY (Robert du), échevin en 1413, p. 244.
Belleville (eaux de), p. 135.
BELLOY (Antoine de), capitaine général des archers, arbalestriers et hacquebutiers en 1550, p. 206.
BELLOY (Robert de), échevin en 1413, p. 156.
BELUT (N.), échevin sous Henri IV, p. 24, note 2.
BENOIST (Martin), horloger de l'Hôtel de Ville, p. 11.

Benoît (Jean), procureur du roi et de la ville en 1536, p. 187.
Benvenuto Cellini, chargé par François de fondre douze statues en bronze, p. 288.
Beurise (Jehan), conseiller référendaire en la chancellerie de Paris, procureur du roi et de la ville en 1527, p. 186.
Biard (Pierre), sculpteur, chargé de l'exécution de la statue équestre de Henri IV, p. 23, 26, et d'une des belles cheminées de la salle du trône, p. 23, 26, 42.
Bibliothèque de l'Hôtel de Ville. Son origine, ses déplacements, p. 83.
Bignon (Armand-Jérôme), prévôt des marchands de 1764 à 1772, p. 171.
Bignon (Jérôme), prévôt des marchands de 1708 à 1716, p. 171.
Birague (fontaine de), p. 132.
Biterne (Mathieu), décore la *Maison aux Piliers*, p. 9.
Blancs-Manteaux (les), p. 67.
Blois (Jean de), peintre du *Parloir aux Bourgeois*, p. 2.
Bobrun (Louis), peintre, exécute divers tableaux pour l'Hôtel de Ville, p. 44.
Boccador (Dominico), dit de *Cortone*, architecte de l'Hôtel de Ville sous François I*er*, p. 17, 19, 26 ; ce fut presque entièrement d'après ses plans qu'il fut construit, p. 31.
Bonamy, historiographe et bibliothécaire de la ville, p. 83.
Bondy (M. le comte de), préfet de la Seine en 1832, p. 88.
Bonnart, quartinier, p. 267.
Bonnes femmes de la chapelle Estienne Haudri, p. 68, Voyez *Haudriettes*.
Bornat (Antoine), peintre chargé des peintures et dorures de la grande salle de l'Hôtel de Ville en 1614, p. 42.
Boucher (Étienne), échevin en 1499, p. 180.
Boucot (Claude), échevin en 1649, p. 35.
Boucot (Nicolas), trésorier de l'Hôtel de Ville en 1649, p. 34, 35.

Boudin (Thomas), sculpteur, chargé en 1617 de l'exécution d'une des cheminées de la grande salle, p. 43.
Boullongne (Jean de), peintre de l'Hôtel de Ville, p. 46.
Boullongne (Louis de), peintre de l'Hôtel de Ville, p. 46.
Bourbon (Cardinal de), p. 259.
Bourdon (Adam), échevin en 1263, p. 122.
Bourdon (Guillaume), prévôt des marchands en 1296, p. 128, 156, 170, 209.
Bourgeois, quartinier, p. 197.
Bourlon, quartinier, p. 197.
Boursier (Jacques), échevin en 1533, p. 16.
Bouvet (Jehan), maître de l'arche du grand pont de Paris en 1302, p. 215.
Bouvetin (Philippe), bourgeois de Paris chargé d'asseoir la taille en 1313, p. 140.
Bouvines (bataille de), p. 286.
Boyleau (Étienne), p. 94, à la note.
Bragelongne (Martin de), échevin en 1533, p. 19.
Breteuil (baron de), p. 53.
Brigard, procureur de l'Hôtel de Ville, p. 267.
Brinon (Martin de), jaugeur de vin en 1395, p. 220.
Brion, auteur de figures allégoriques au nouvel Hôtel de Ville, p. 98.
Briseurs de sel. Ils étalent en 1415 au nombre de quatre, p. 219 ; l'édit de 1648 en crée un nouveau, p. 222.
Brisson (président), p. 266.
Broussel (Pierre), prévôt des marchands pendant la Fronde, p. 160, 170, 271, 280, 281, 283-284.
Budé (Dreux), prévôt des marchands en 1452, p. 171.
Budé (Guillaume), p. 94, note 1, 171.
Bugle (Jehan le), procureur de la ville en 1417, p. 149.
Bureau de la ville. Sa juridiction, p. 189, 190, 191.
Bureau (Jean), trésorier de France, prévôt des marchands en 1449, p. 171.
Bussi-le-Clerc, capitaine de milice bourgeoise, p. 198.

C

Caboche (Symon), p. 242, 243.
Caillon (Nicolas), maître maçon, p. 30.
Canaye, quartinier, p. 197, 267.
Canons (Place aux), p. 58.
Capucins du Marais (les), p. 67.
Caqueton (Louis), chargé avec Dominique de Cortone de la direction des travaux du nouvel Hôtel de Ville, sous François I*er*, p. 17, 214.
Carel, quartinier, p. 197, 267.
Carmes réformés (les), p. 67.
Caudron, auteur des figures allégoriques du nouvel Hôtel de Ville, p. 98.
Caumartin (de), prévôt des marchands de 1782 à 1784, p. 171.
Caumont (Bastien de), maître des œuvres de charpente, p. 214.
Cellier (Jacques), auteur d'un dessin représentant l'Hôtel de Ville à la fin du XVI*e* siècle, p. 19.
Cerceau (Jean-Baptiste du), considéré à tort comme ayant achevé l'Hôtel de Ville, p. 32.
Cérémonies (Ordre tenu par les officiers de la ville dans les), p. 109.

Chableurs des ponts sur la Seine. Voyez *Mariniers avaleurs de nés*.
Chabrol (M. de), préfet de la Seine en 1817, p. 84.
Chalier, maire de Lyon en 1793, p. 78.
Champin, capitaine, p. 267.
Chandelle Notre-Dame. Ce que c'était, p. 297.
Chantelage de la Ville de Paris, p. 138.
Chaperons blancs (Sédition des), p. 243.
Charbon (Place au), p. 58.
Chargeurs de bois. L'édit de 1648 en crée quatorze nouveaux, p. 222.
Charles, Dauphin de France, donne la *Maison aux Piliers* à Jean d'Auxerre, p. 8.
Charles, Dauphin de France, essaie vainement de lutter contre l'autorité du prévôt des marchands, p. 232.
Charlot (Michel), capitaine, p. 267.
Charnolue (Nicolas), lieutenant du prévôt des marchands en 1527, p. 174, 188.
Charpentier, quartinier, p. 197, 198.
Chartier (Guillaume), évêque de Paris sous Louis XI, p. 248.
Chastellux (Le sire de), p. 303.

TABLE ANALYTIQUE.

CHATILLON (Dimanche de), p. 9.
CHAUMONT (Denis de), p. 242, 243.
CHAUVELIN, p. 266.
CHAUVERON (Audoin), prévôt de Paris et prévôt des marchands, vers 1380, p. 119, note 2.
CHEMIN (Jehan du), maître des œuvres de maçonnerie et de charpente en 1455, p. 213, note 4.
CHENU (Toussaint), sculpteur et peintre, en 1624, p. 61.
CHOART (Jean), lieutenant civil au Châtelet, sous Louis XI, p. 248.
CROCQUEUR (Thomas), tailleur d'images, passe marché avec le prévôt et les échevins pour les sculptures du nouvel Hôtel de Ville, en 1534, p. 17, 33.
CHOILLY, quartinier, p. 197.
CHOLLET (Casin), sergent à verge du Châtelet, sous Louis XI, p. 248.
CHOPIN (M.), auteur de peintures au nouvel Hôtel de Ville, p. 99.
Cinq Diamants (fontaine des), p. 132.
Cinquanteniers, p. 193; leurs fonctions, p. 195; ils étaient soumis aux quartiniers, ibid.; leurs visites domiciliaires pendant la Ligue, p. 196; leurs fonctions étaient à la fois civiles et militaires, p. 198; comment ils étaient élus, p. 154; ils assistaient avec le corps municipal à toutes les grandes cérémonies, p. 169, 170.
Cinquanteniers (liste chronologique des), Appendice IV, p. 233, 2ᵉ partie.
CIRIASSE (Guillaume), quartinier en 1413, échevin la même année, puis prévôt des marchands en 1418.
CLÉMENT (Guillaume), commis-greffier de l'Hôtel de Ville en 1600, p. 48.
CLERC (Jean), jacobin, docteur en théologie, député, en 1504, auprès des magistrats municipaux pour obtenir d'eux l'abandon d'une partie de l'ancien *Parloir aux Bourgeois*, p. 2.
Clerc de la marchandise de l'eau. Voyez *Greffier de l'Hôtel de Ville*.
Clerc de la ville de Paris. Voyez *Greffier de l'Hôtel de Ville*.
Clerc du Parloir aux Bourgeois. Voyez *Greffier de l'Hôtel de Ville*.
Clerc du Roi. Voyez *Procureur du Roi et de la ville*.
CLERMONT (Robert de), p. 232, 233.
COISEVOX, sculpteur, auteur d'une statue de bronze représentant Louis XIV en triomphateur romain, p. 37, 38.
COLETTE LA MOINESSE, p. 10.
COLLETIER (Jehan), échevin en 1475, p. 158.
COLOT (Jehan), hucher, p. 11.
COMBETTES (M.). Sculptures d'ornement au nouvel Hôtel de Ville, p. 98.
COMPANS, échevin en 1588, p. 198.
Concile de Trente, p. 256.
CONDÉ (Prince de), p. 259, 272, 274, 281.
CONFLANS (Jean de), maréchal de Champagne, p. 232.
Confrérie aux Bourgeois. Voyez *Parloir aux Bourgeois.*
Conseillers de ville, p. 175; leurs établissements réguliers en 1296, p. 176; leurs priviléges et leurs gratifications, p. 177; comment ils étaient élus, p. 154, 178; ils assistaient avec le prévôt des marchands à toutes les grandes cérémonies, p. 169, 170.
Conseillers de ville (liste chronologique des), Appendice IV, p. 222, 2ᵉ partie.

Contrôleurs de rentes, créés en 1575, p. 185.
CORNY (Ethis de), avocat et procureur du Roi en 1786, p. 54.
Corps de métiers, p. 191.
Corps de ville. Comment il était composé, p. 172 et suiv. Voyez *Magistrats municipaux*, *Parloir aux Bourgeois*, *Prévôt des marchands*, *Échevins*, *Quartiniers*, etc.
COSSERON (F.), échevin en 1783, p. 86.
COTTEBLANCHE, échevin en 1588, p. 198.
COULON (Étienne), procureur de la ville et de la marchandise, de 1411 à 1449, p. 186.
COUPRIN fils, organiste de l'église Saint-Jean, p. 66.
COUROY (du), capitaine, p. 267.
COURT (M.). Peintures de frises au nouvel Hôtel de Ville, p. 98.
Courtiers de chevaux, p. 218; ils étaient, en 1415, au nombre de deux, p. 219.
Courtiers de graisse. Étaient, en 1415, au nombre de deux, p. 219.
Courtiers de sel, p. 218; étaient, en 1415, au nombre de quatre, p. 219.
Courtiers de vins, p. 218; étaient, en 1415, au nombre de soixante, p. 219; l'édit de 1648 en crée neuf nouveaux, p. 222.
COURTIN (François), greffier de la ville en 1600, p. 45.
COURTIN (Jean), échevin en 1533, p. 19.
COURTIN, conseiller, p. 266.
COURTONNE, architecte du prince de Conti en 1750, p. 85.
COUSIN (Henriot), maître-exécuteur des hautes œuvres de la justice de Paris en 1475, p. 61.
COUSTOU (Guillaume), sculpteur, chargé, en 1734, par le prévôt des marchands de l'exécution de neuf médaillons en marbre pour l'Hôtel de Ville, p. 41; auteur d'un buste de Louis XV, p. 52.
COUTIER (Robert le), sergent du Parloir aux Bourgeois en 1268, p. 208.
COYPEL, peintre, p. 65.
CRAVANT (Gilles de), maître avaleur de nés de l'arche de Paris, p. 215.
CRESSONNESSART (Guyard de), clerc, brûlé en Grève pour crime d'hérésie en 1310, p. 59.
Criage de Paris. Ce que c'était, p. 137; organisation des crieurs en 1297.
Crieurs jurés, p. 222; leurs fonctions avant et après 1415, ibid. et 223 à 225; leur costume, p. 223, note 1; ils étaient au nombre de vingt-quatre et formaient une confrérie, ibid.; somme qu'ils payaient lors de leur entrée en charge, p. 224; l'édit de 1648 en crée six nouveaux, p. 222.
Crocheteurs, p. 226.
Croisée de Paris. Ce que c'était, p. 128.
Croix du Trahoir (fontaine de la), p. 132.
CROQUET (Jean), quartinier de 1500 à 1502, p. 201; puis échevin en 1503.
CULDOÉ (Charles), garde de la prévôté des marchands en 1404, p. 240, 241.
CULDOÉ (Jean), prévôt des marchands, achète, en 1359, la maison de Dimanche de Chatillon sur la Grève, pour la joindre à l'Hôtel de Ville, p. 9 et note 1.

D

DAILLY (Nicolas), p. 65.
DAMOURS, conseiller, p. 266.
DAMPMARTIN (Geofroi), p. 140.
DANÈS (Robert), quartinier en 1588, p. 197, 198.
DANIEL (Claude), échevin en 1533, p. 16, 19.
DAUGREMONT (Claude), juré, mouleur de bois, p. 66.
DE BAY (M.). Figures allégoriques au nouvel Hôtel de Ville, p. 98.
DEBRET, architecte, p. 90, note 1.
DELBENE, p. 266.
DEMOIRON, capitaine, p. 267.
DENISON (Pierre), échevin sous Louis XIV, p. 34, 35.
Députés de Paris (liste chronologique des) aux diverses assemblée nationales, Appendice IV, p. 243, 2ᵉ partie.
DESCHAMPS (Jacques), sergent du parloir en 1424, p. 211.
DESPORTES (Jehan), échevin en 1475, p. 158.
DESPREZ (M.). Figures allégoriques au nouvel Hôtel de Ville, p. 98.

Dizainiers, p. 193; leurs fonctions, p. 195; ils étaient soumis aux quartiniers, *ibid.*; leurs visites domiciliaires pendant la Ligue, p. 196; leurs fonctions étaient à la fois civiles et militaires, p. 198; comment ils étaient élus, p. 154; ils assistaient avec le corps municipal à toutes les grandes cérémonies, p. 169, 170.
Dizainiers (liste chronologique des), Appendice IV, p. 233, 2ᵉ partie.
DORIGNY (Charles), peintre, p. 44.
DROUART, capitaine général des archers, arbalétriers et hacquebutiers, p. 206.
DUMÉNIL, peintre, p. 65.
DUNOIS (comte de), grand écuyer de Charles VII, p. 293.
DUPUYS, capitaine, p. 267.
DURANTEL, maître des œuvres en 1589, p. 23.
DURANTEL, quartinier, p. 197.

E

Echevins. Leur ancienneté, p. 105 et note 3, et p. 172; ils suppléaient quelquefois le prévôt auquel ils étaient soumis; avaient chacun leurs fonctions, p. 173, 174; leur nombre, durée de leurs fonctions, conditions pour y être appelé, p. 174; comment ils étaient élus, p. 154 et 175; ils assistaient avec le prévôt des marchands à toutes les grandes cérémonies, p. 169, 170.
Échevins (liste chronologique des), Appendice IV, p. 203, 2ᵉ partie.

ÉPERNEUIL (André d'), p. 242.
ESCOT (Guillaume l'), sergent du Parloir aux Bourgeois, préposé à la police de la Seine en 1296, p. 209.
ESSARTS (Pierre des), prévôt de Paris en 1413, p. 241.
ESTIENNE (Robert), 1559, p. 94, à la note.
ESTOUTEVILLE (Jehan d'), chevalier, seigneur de Villebon, garde de la prévôté de Paris en 1537, p. 177, note 1.
ÉTIENNE (Mᵉ), procureur de la ville en 1424, p. 186.

F

FAIN (Simon de), plombier, juré de la ville, p. 212.
FALLE (Jehan), clerc de l'Hôtel de Ville de Paris en 1422, p. 179 et 180, note 1.
FAVROLE (Eustache de), trésorier des pauvres, p. 36.
FERRAND, conseiller de ville, p. 276, 277.
Fêtes données à l'Hôtel de Ville, p. 301.
Feu de la Saint-Jean (cérémonie du), p. 298.
FLAMANT (Jehan le). Philippe le Bel confisque une maison à lui appartenant sur la Grève, et la donne à Louis, comte d'Évreux, p. 7.
FLAMENGE (Nicolas), échevin en 1263, p. 122.
FLECELLES (G. de), échevin sous Henri IV, p. 24, note 2.
FLESSELLES (De), prévôt des marchands en 1789, p. 160.
FOIX, quartinier, p. 197.
FOLLEVILLE (Jean de), conseiller, maître au Parlement, et prévôt de Paris sous Charles VI, p. 239.
FONTAINE (Jehan), maître des œuvres de charpente du roy, p. 214.

FONTAINE (M.), architecte, p. 90, note 1.
Fontainier de la ville, p. 132. Voyez *Juré plombeur*.
For-l'Évêque, p. 4.
FOURCY (Henry de), prévôt des marchands, de 1684 à 1692, p. 36, 171.
FOURNIER, capitaine général des archers, arbalétriers et hacquebutiers, p. 206.
Fours Notre-Dame (droits appelés), p. 138.
FRANCŒUR (Jérôme), peintre, exécute en 1802 un tableau représentant les officiers municipaux en charge, p. 44.
FRANÇOIS Iᵉʳ. Il accueille avec empressement le projet de construction d'un nouvel Hôtel de Ville; ses lettres patentes à ce sujet, p. 13, 14 et 15; conduite des bourgeois de Paris pendant sa captivité, p. 250 à 252.
FROCHOT (comte), préfet de la Seine en 1802, p. 79, 81, 82, 94, note 1.

G

Gagne-deniers, p. 226.
GANAY (Jean de), chargé des fonctions d'échevin en 1499, p. 181.
GARNIER (Mᵉ), curé de l'église Saint-Jean en 1404, p. 69.

GENCIEN (Jehan), p. 140, et note 3, p. 70.
GENTIEN (Pierre), prévôt des marchands en 1411, p. 170, 241, 242.
GERVAIS (Julien), échevin sous Louis XIV, p. 34.

TABLE ANALYTIQUE.

GÈVRES (duc de), gouverneur de Paris en 1734, p. 41, 51.
GODDE (M.), architecte de l'Hôtel de Ville en 1836, p. 88, 89, 90.
GOUART (Léonard), procureur du roi et de la ville, nommé en 1536, p. 187.
GOUJON (Jean). C'est à tort qu'on lui attribue les sculptures en bois de la salle du Zodiaque, p. 43; p. 94, note 1.
Gouvernement municipal. Son ancienneté, p. 103, 104, 105. Voyez *Magistrats municipaux, Marchands de l'eau, Prévôt de Paris.*
GOUX (Nicolas le), maître des œuvres de charpente en 1473, p. 213, note 4.
GOZLIN, p. 94, note 1.
GRANDCHAMP (Girard de), conseiller de ville en 1424, p. 178.
Grand Châtelet, p. 4.
Grand chemin royal, p. 128.
Grand pont de Paris (*Pont au Change*), p. 107.
GRANGE (Michel de la), maître de la Chambre aux deniers du roy, élu prévôt des marchands, p. 157 et note 2.
Greffier de l'Hôtel de Ville, appelé d'abord *Clerc du Parloir aux Bourgeois, Clerc de la marchandise de l'eau, Clerc de la ville de Paris.* Ses fonctions, p. 178, 179; il était en même temps receveur des deniers de la ville, p. 180; les fonctions de greffier sont distraites de celles de receveur à la fin du XVe siècle, p. 180, 181 et note 1.
Greffiers (liste chronologique des), Appendice IV, p. 219, 2e partie.
Grève (Place de), concédée par Louis VII aux bourgeois, p. 7; au XIIe siècle elle faisait partie d'un fief des comtes de Meulan, et dépendait du territoire de l'église Saint-Gervais; elle servait de marché, p. 55; Louis VII la vend aux bourgeois en 1141, *ibid.*; Marcel y transporte le siège de l'administration municipale, après l'acquisition de la *Maison aux Piliers, ibid.*; disposition de cette place au commencement du XVIIe siècle, p. 58 et suiv.; elle servait déjà, en 1310, de lieu de supplice aux criminels, p. 58.
Grève (quartier de la). Sa circonscription, p. 62.
GUÉDON, échevin en 1527, p. 174, 188.
GUEFFIER, capitaine, p. 267.
GUÉNEGAUD (Duplessis de), p. 273.
GUÉRIN (Gilles), sculpteur, exécute, pour la cour de l'Hôtel de Ville, une statue représentant Louis XIV foulant aux pieds la Discorde, p. 34.
GUÉRIN (Jehan), jaugeur de vin en 1395, p. 220.
GUERRIER, quartinier, p. 197.
GUIGUES, Dauphin du Viennois, p. 7.
GUILLAIN (Augustin), successeur de Pierre Guillain dans la charge de maître des œuvres de la ville, p. 29, 30, 31.
GUILLAIN (Pierre), maître des œuvres de la ville en 1608, p. 24, 25, 27, 29, 214.
GUILLART (André), prévôt des marchands en 1542, p. 155.
GUILLAUME (le Grand), capitaine, p. 267.
GUILLEMEAU (Jacob), chirurgien de François Ier, Henri II et François II, p. 66.
GUILLEMEAU (Jacques), fils de Jacob, chirurgien de Charles IX, Henri IV et Louis XIII, p. 66.
GUILLOIS (Michel), échevin sous Louis XIV, p. 34, 35.
GUISE (duc de). Lettre de Catherine de Médicis sur sa mort, p. 259.
GUYOT (Claude), seigneur de Charmeaux, prévôt des marchands en 1564, p. 156, 259, note 2.

H

HACHETTE (Pierre), échevin en 1649, p. 35.
Hacquebutiers, p. 204; ils sont créés par François Ier en 1523, et obtiennent de lui des privilèges, p. 205, 206.
HAINAUT (Marguerite de), surnommée *Porrette*, brûlée en Grève pour crime d'hérésie en 1310, p. 59.
HALLÉ (François), avocat au Parlement sous Louis XI, p. 248.
HAMELOT, capitaine, p. 267.
HANGEST (Guillaume de), prévôt de Paris en 1293, p. 141, 213.
HANNEQUIN, p. 266.
Hanse, voyez *Marchands de l'eau.*
HARELLE (Oudin), serrurier, répare la caisse municipale en 1446, p. 11.
HARLAYE, échevin en 1499, p. 180.
Haudriettes (chapelle des), p. 67.
Haudriettes (hôpital des), p. 67.
HAUDRY (Étienne), panetier de Philippe le Bel, fondateur de l'hôpital des Haudriettes, p. 67.
HÉBERT, dit *le père Duchesne*, p. 78.
HELBUCERNE (Robert de), maître des œuvres de maçonnerie en 1411, p. 213, note 4.
HELISSANT (Jean), conseiller de ville en 1662, p. 36.
HELLÉ (Ferdinand), peintre, chargé en 1609 d'un tableau représentant tous les officiers municipaux en charge, p. 34.

Henouarts, voyez *Porteurs de sel.*
HENRI, sergent du Parloir aux Bourgeois, préposé à la police de la Seine en 1296, p. 209.
HENRI IV. Sa statue équestre au-dessus de la porte d'entrée de l'Hôtel de Ville, exécutée par Pierre Biard, p. 25.
HENRY DE LANCASTRE, roi d'Angleterre. Son entrée à Paris, p. 240.
HESSE (M. Auguste). Figures allégoriques au nouvel Hôtel de Ville, p. 99.
HESSELIN (Denis), clerc, receveur de la ville en 1499, p. 181, 182, 183, et note 2.
HESSELIN (Jean), adjoint à Denis Hesselin, son père, dans les fonctions de receveur de l'Hôtel de Ville, p. 183, et note 2.
HESSELIN (Pierre), receveur de la ville de Paris, p. 11.
HONGRIE (Clémence de), seconde femme de Louis le Hutin, p. 7.
Hôtel de Ville. Voyez, pour l'ancien Hôtel de Ville, *Parloir aux Bourgeois, Maison aux Piliers.* Projet de construction d'un nouvel Hôtel de Ville; François Ier l'approuve et en facilite l'exécution, p. 13 et 14; Dominique Boccador auteur du plan, p. 17; expropriations nécessaires pour les nouvelles constructions, p. 14 et 15; pose de la première pierre en 1533, p. 16; travaux interrompus en 1537 par ordre du roi, p. 18; première construction du monument terminée en 1541, p. 18;

description des bâtiments à cette époque, p. 19-22; nouvelle interruption des travaux, à cause des guerres, pendant la seconde moitié du xvi° siècle, p. 22; on décide en 1605 la reprise des travaux nécessaires à son achèvement, p. 23; la façade entière est terminée en 1608, p. 24, 25; construction du pavillon au-dessus de la chapelle du Saint-Esprit, p. 27, 28; pose de la cloche et de l'horloge, p. 28; complet achèvement des constructions par Marin de la Vallée en 1628, p. 31; le plan primitif de Dominique Boccador a été suivi dans l'ordonnance générale du bâtiment, p. 32; description de la cour de l'Hôtel de Ville, *ibid.*, et p. 33; inscriptions placées dans cette cour sous Louis XIV, p. 33-41; grande salle dite *Salle du trône*, ses sculptures et ornements, p. 42, 43; salle du Zodiaque, p. 43; peintures et tapisseries, p. 43-48; buvette de l'Hôtel de Ville, p. 48; ses archives, p. 50; sa distribution intérieure pendant la deuxième moitié du xviii° siècle, p. 53; en 1749 on veut le transporter dans les bâtiments de l'hôtel du prince de Conti, puis en 1753 sur le terre-plein du Pont-Neuf, p. 84, 85, 86; dégradations commises à l'Hôtel de Ville pendant la Révolution, p. 76, 77, 78; projets d'agrandissement de 1802 à 1805', p. 79-82; salle *du Jardin* construite à l'occasion de la fête donnée, en 1823, au duc d'Angoulême revenant d'Espagne, p. 82, 83; fondation de la bibliothèque, p. 83; en 1832, reprise des projets d'agrandissement suspendus pendant la Restauration, p. 88, 91; description des bâtiments de l'Hôtel de Ville en 1844, p. 93 à 102, 305.

Hôtel de Ville (rentes sur l'), p. 142-185.

Houdon, sculpteur du roi, auteur d'un buste de Lafayette, p. 53.

Hucqueny (Jacques), architecte d'une fontaine construite sur la Grève en 1624, p. 61.

Huillot (Jehan), charpentier de l'Hôtel de Ville en 1539, p. 21 et 22.

Humbert II, Dauphin du Viennois, p. 7 et 8.

Huot, quartinier, p. 197, 267.

Huyot, (M.), architecte, p. 90 à la note.

J

Jacobins. Après des empiétements successifs ils établissent leur réfectoire et leur dortoir dans l'ancienne *Maison de la marchandise* au commencement du xvii° siècle, p. 3.

Jacqueville (Léon de), capitaine de Paris en 1413, p. 243.

Jadin (M.). Peintures de frise au nouvel Hôtel de Ville, p. 100.

James (Jehan), maître des œuvres de maçonnerie, de charpente, et garde des fontaines en 1431, p. 213, note 4.

Janelle, peintre, restaure des tableaux de François Porbus, p. 45.

Jaugeurs de vins, p. 218. Ils étaient au nombre de douze, en 1415, p. 219; instruments dont ils se servaient dans leurs fonctions en 1395, p. 220, 221; l'édit de 1648 en créa deux nouveaux, p. 222.

Javax (les) ou île Louviers, p. 216.

Jean (le Roi). Fêtes données à son arrivée à Paris après son sacre, p. 290.

Jefferson, ministre plénipotentiaire des États-Unis à Paris en 1786, p. 53.

Jehan *Tout li faut*, nommé Hénouart ou porteur de sel en 1305, p. 227.

Jodelle (Étienne), p. 304.

Jouvenel des Ursins (Jean), garde de la prévôté des marchands, p. 94 à la note, 170, 239 et note 2.

Juges-consuls. Leur création et leur juridiction, p. 191.

Jumanville (Sire de), gouverneur de l'hôpital du Saint-Esprit en 1552, p. 57.

Jurés mesureurs de blé et de grains, p. 218; ils étaient en 1415 au nombre de cinquante-quatre, *ibid.*; les femmes pouvaient exercer cet office, p. 219; l'édit de 1648 en crée quatorze nouveaux, p. 222.

Jurés mesureurs de bûches, p. 218; ils étaient au nombre de cinq en 1299, et de huit quelques années après, *ibid.*; ils étaient, en 1415, au nombre de quarante, p. 219; l'édit de 1648 en crée onze nouveaux, p. 222.

Jurés mesureurs de charbon, p. 218; ils étaient au nombre de cinq en 1299, et de huit quelques années après, *ibid.*; ce nombre fut ensuite porté à douze, puis réduit à neuf par l'ordonnance de 1415, p. 219; l'édit de 1648 en crée quatre, p. 222.

Jurés mesureurs de choux; ils étaient, en 1415, au nombre de deux, p. 219.

Jurés mesureurs de guèdes; ils étaient, en 1514, au nombre de trois, p. 219.

Jurés mesureurs de noix, pommes, nèfles, châtaignes. Ils étaient, en 1415, au nombre de deux, p. 219.

Jurés mesureurs de sel, p. 218; ils étaient, en 1415, au nombre de vingt-quatre, p. 219; l'édit de 1648 en crée six nouveaux, p. 222; privilèges dont ils jouissaient aux funérailles des rois de France, p. 226.

Jurés mesureurs revisiteurs d'aulx et d'oignons. Ils étaient, en 1415, au nombre de deux, p. 219.

Juré-pateur de la ville, ses fonctions, p. 213.

Juré-plombeur ou fontainier de la ville, p. 212.

Jurés porteurs de charbon, p. 225; ils étaient au nombre de neuf en 1294, p. 226; l'édit de 1648 en crée cinq nouveaux, p. 222.

Jurés surnuméraires, p. 218.

Jurés vendeurs et contrôleurs de vins. L'édit de 1648 en crée neuf nouveaux, p. 222.

K

Kerver, quartinier, cède sa charge à son fils en 1580, p. 202.

TABLE ANALYTIQUE.

L

Labbé (Nicolas), maître des œuvres de charpente en 1411, p. 213, note 4.
L'abbé de l'Épée, p. 94, note 1.
Labouet, conseiller aux enquêtes, p. 279, note 1.
Lachaise. Peintures d'arabesques au nouvel Hôtel de Ville, p. 98.
Lachapelle-Marteau, prévôt des marchands en 1588, p. 170, 198, 266.
Lafayette, p. 53, 54.
La Haye (J. de), échevin sous Henri IV, p. 24, note 2.
Lalanne, capitaine, p. 267.
Lalemant (Henri), courtier de vins en 1293, p. 227.
Lallemant (Georges), peintre, chargé d'exécuter plusieurs tableaux à l'Hôtel de Ville en 1611, p. 33, 44.
Lallier (Jean), curé de Saint-Eustache sous Louis XI, p. 248.
Lallier (Michel), p. 94 à la note, 156, 171, 246.
Lallier (Pierre), p. 199.
Lamballe (Alain de), conseiller de ville en 1295, p. 176.
Lambert, quartinier, p. 197.
Lambert, prévôt des marchands, décédé en juillet 1729.
Langoisseux (François), tapissier de la ville en 1600, p. 47.
Langoisseux (Jehan), tapissier de la ville en 1615, p. 47.
Larcher (Gervais), échevin en 1533, p. 16, 18, 266.
Larcher (Simon), greffier de l'Hôtel de Ville en 1502, p. 182.
Largillière, peintre, fait un tableau représentant le banquet donné au roi par l'Hôtel de Ville en 1687, p. 46.
Lasnier (Guillaume), maître joueur d'instruments de la ville de Paris, p. 300.
Lebrun, p. 94, note 1.
Le Charron (le président), prévôt des marchands en 1572, p. 260.
Leclerc (Jean), conseiller de ville en 1512, p. 178.
Lecocq (Girard), conseiller de ville en 1424, p. 176.
Le Coigneux (président), p. 272.
Leféron (Jérôme), prévôt des marchands en 1649, p. 35.
Lefévre (Antoine), prévôt des marchands sous Louis XIV, p. 34, 35, 266.
Leflamand (Nicolas), p. 239.
Legoix, membre de la faction des Cabochiens, p. 241, 244.

Lemaire (Martin), greffier de l'Hôtel de Ville, p. 34, 35.
Lemoine, sculpteur, p. 65.
Lemoyne (Antoine), fondeur de l'artillerie du roi pour la cloche de l'Hôtel de Ville, p. 28.
Lepelletier de Morfontaine, conseiller d'État prévôt des marchands en 1786, p. 54.
Le Pelletier (Claude), prévôt des marchands en 1673, p. 58, 171.
Le Peltier (Louis), prévôt des marchands en 1786, p. 171.
Lescaut (Pierre), 1571, p. 94, note 1.
Lescot (Raimond), échevin en 1649, p. 35.
Lestourneau (Claude), receveur des domaines de la ville en 1606, p. 45.
Lesueur, p. 94 à la note.
Lesueur (M.), architecte, adjoint à M. Godde pour les travaux d'agrandissement de l'Hôtel de Ville, p. 90.
Lesueur (Jehan), conseiller de ville, p. 256, note 2.
Levieux (André), échevin sous Louis XIV, p. 34, 35.
L'Hôpital (François de l'), maréchal de camp et gouverneur de Paris sous Louis XIV, p. 34, 273.
Lieutenants civils de la prévôté et échevinage, p. 188.
Lintlaer (Jean), p. 28, 133.
Lions (Jehan de), sergent d'armes en 1358, p. 234.
Lisle-Adam (le sieur de), p. 303.
Livres (Henry de), prévôt des marchands, p. 157.
Loisel (Antoine), fameux jurisconsulte mort en 1617, p. 66.
Longue-Joé, lieutenant de la prévôté et échevinage, p. 11, 188.
Lorraine (Cardinal de), p. 255.
Louis le Jeune, p. 286.
Louis XI. Fêtes données à son arrivée à Paris, p. 291.
Louvel (Robert), clerc et receveur de la ville en 1442, p. 166, note 2, 179.
Lucas, peintre, p. 65.
Luillier (Jean), conseiller de ville en 1424, p. 176.
Luillier, conseiller de ville en 1535, p. 18.
Luillier, colonel de milice bourgeoise, p. 198.
Luxembourg (Louis de), comte de Saint-Pol, connétable de France, décapité en place de Grève en 1475, p. 60, 61.

M

Mabire, capitaine général des archers, arbalétriers et hacquebutiers, p. 206.
Macé (Perrin), assassin de Jehan Baillet, trésorier de Charles, Dauphin de France, en 1358, p. 232.
Maçons (Confrérie des), p. 68.
Magistrats municipaux. Ils ont la surveillance des marchandises, confèrent les offices, assistent à des règlements de corps de métiers, fixent le prix de vente de certains objets, p. 124, 126; ils sont chargés de la garde et de la conservation des remparts de la ville, du pavage et de l'entretien des rues, p. 126, 128; Philippe le Bel, en 1313, et François Ier, en 1530, leur ordonnent de construire des quais, p. 129, 130; ils construisent le pont Notre-Dame et le Pont-Neuf, p. 130, 131; ils sont chargés de faire, chaque année, la visite des ponts, quais, remparts et fontaines de la ville, p. 131, 134, 135; ils veillent à l'entretien des fontaines et à la distribution des eaux dans la ville, p. 131; ils ont la police des crieurs et l'inspection des poids et mesures, p. 136, 139. Voyez *Gouvernement municipal, Marchands de l'eau, Prévôt de Paris*.
Magistrats municipaux. A eux appartient la répartition de la taille et des autres contributions, p. 139, 140; ils règlent les discussions de mitoyenneté, les contestations

entre propriétaires et locataires, et font les fonctions de voyers, p. 141, 142; ils ont dans leurs attributions l'administration des hôpitaux et hospices et le soulagement des pauvres, p. 143, 145; conflits entre eux et le prévôt de Paris, p. 146, 147; sceaux dont ils se servaient pour leurs actes, p. 148, 151; comment ils étaient élus en 1415, p. 154, 158; mode d'élection changé par Charles IX, p. 158; ils suivent de nouveau leurs anciens usages à propos des élections pendant la Ligue, p. 159.

Magistrats municipaux. Cérémonial de leurs élections et de leur prestation de serment entre les mains du roi, en 1754, p. 160, 164.

MAILLART (Jehan), quartinier en 1358, p. 194, note 1, 236, 237 et note 1.

MAILLART (Simon), p. 236.

Maillotins (Révolte des), p. 153, 194.

Maires de Paris (Liste chronologique des premiers), Appendice IV, p. 238, 2ᵉ partie.

Maison aux Piliers, siège de l'administration municipale depuis le milieu du XIVᵉ siècle, p. 7; Philippe Cluise, chanoine de Notre-Dame, la vend à Philippe Auguste en 1212, ibid.; elle sert de demeure à Clémence de Hongrie, veuve de Louis le Hutin, ibid.; en 1324, Philippe de Valois la donne à Guigues, Dauphin de Viennois, p. 8; elle passe ensuite à Charles, fils aîné du roi Jean, puis à Jean d'Auxerre, et enfin, en 1357, aux officiers municipaux qui l'achètent, ibid.; elle devient, à partir de cette époque, le siège de la municipalité, p. 7; sa description, d'après Sauval, et sa disposition au XVᵉ siècle, p. 9, 12; elle menace ruine et est démolie en 1589, p. 23. Voyez Parloir aux Bourgeois, Hôtel de Ville.

MAISON (Président de), p. 272.

Maison de la marchandise. Voyez Parloir aux Bourgeois.

Maison de la marchandise du sel, située moitié sur le pont, moitié sur le quai de la Mégisserie, p. 5 et 6.

Maîtres des œuvres, leurs fonctions, p. 212, 213, 214.

Maîtres des œuvres (Liste chronologique des), Appendice IV, p. 237, 2ᵉ partie.

Maîtres des ponts de la ville. Voyez Mariniers avaleurs de nés.

MALINGRE, échevin en 1499, p. 180.

MANSARD, architecte du roi, p. 85, 94, note 1.

MARAT, p. 78.

MARCEL (Étienne), prévôt des marchands, de 1354 à 1358, p. 7, 55, 72, 167, 170, 199; sa prévôté, p. 231 à 236; sa mort, p. 237.

MARCEL (Pierre), père d'Étienne Marcel, p. 140 et note 3.

MARCHAND (Charles), maître des œuvres de la ville en 1608, p. 24, 25, 214, 300.

MARCHAND, capitaine général des archers, arbalétriers et hacquebutiers, p. 206.

Marchands de l'eau (Confrérie des). Elle existait à Paris au XIIᵉ siècle, p. 106; privilèges accordés aux marchands de l'eau par Louis VI, Louis VII et Philippe Auguste, p. 106, 107 et 110; arrêt du Parlement, rendu en leur faveur, contre les marchands de Rouen, p. 108 et note 1; accord entre eux et Gathon de Poissy en 1187; singularité de leur juridiction, p. 109 ; c'est surtout dans la seconde moitié du XIIᵉ siècle qu'ils acquièrent une grande prépondérance, p. 110; ils finissent par se substituer à l'ancienne municipalité, et se réunissent dans le Parloir aux Bourgeois, où ils siégent en juges, p. 111; comment leur tribunal était composé, et quelles causes leur étaient référées, p. 112, 115; momentanément supprimés, en 1306, avec les autres confréries, par Philippe le Bel, elle est rétablie l'année suivante, p. 123.

Marchands de l'eau; les marchands de l'eau forment une hanse avec d'autres villes, et obtiennent de Louis le Hutin extension de leurs privilèges, p. 117; droit de hanse payé par les membres de l'association, ibid. et p. 118; Charles VI leur enlève l'exercice du pouvoir municipal qu'il remet entre les mains du prévôt de Paris, p. 119; atteinte portée à leurs privilèges par Charles VII, p. 120; conventions entre eux et la confrérie de Notre-Dame, p. 121, 122; description des divers sceaux dont ils se servaient pour leurs actes, p. 148, 149. Voyez Magistrats municipaux, Prévôt des marchands.

MARCHANT (Noël), prévôt des marchands en 1418, p. 156.

MARIE D'ANGLETERRE, femme de Louis XII, p. 303.

Mariniers avaleurs de nés, chargés de descendre les bateaux, p. 215 à 218; droits qu'ils percevaient sur les marchandises, p. 216, 217; ils sont au nombre de deux en 1415, et sont nommés Maîtres des ponts de la ville dans l'ordonnance de cette année, ibid.; ils sont élus parmi les mariniers, ibid.

MARLE (De), conseiller de ville en 1535, p. 18.

Marle (Fontaine de), p. 132.

MARNEUF (M.). Ses sculptures d'ornements au nouvel Hôtel de Ville, p. 98.

Maubué (Fontaine), p. 132.

MÉDICIS (Catherine de). Ses lettres au corps de ville, p. 259.

MELUN (Charles de), lieutenant de Louis XI, député à l'élection du prévôt des marchands, en 1464, p. 157, 247.

MESMIN (de SAINT-), prévôt des marchands en 1576, p. 184.

MESNIL (Denis du), avocat du roi au Parlement en 1562, p. 188.

MEULENT (Jean de), évêque de Paris en 1362, p. 69, 70.

MICHODIÈRE (Jean-Baptiste de la), prévôt des marchands de 1772 à 1778, p. 171.

MIGNARD, p~~~~~~~~~~~~, p. 46.

MILAN (Valentine de), p. 286.

Milice bourgeoise, p. 108; sa puissance, son organisation, p. 199, 200.

MIRON (François), prévôt des marchands sous Henri IV, p. 24, note 2, 94, note 1, 133, 171, 297.

MIRON, colonel de la garde bourgeoise, p. 276, 277.

MOLÉ (Mathieu), p. 94, note 1.

MOLINOS, architecte de la ville, p. 80; lettre à lui adressée par le préfet au sujet de travaux à faire à l'Hôtel de Ville, p. 81, 82.

MONDULOR, capitaine, p. 267.

MONERS (Jean de), président au Parlement en 1662, p. 36.

Mons en Puelle (Bataille de), p. 170.

Montlhéry (Bataille de), p. 247.

MONTMOR (Guillaume de), clerc du roi en 1293, p. 185.

MONTMORENCY (Maréchal de), gouverneur de Paris en 1565, p. 256, 257.

MONTMORENCY (Maréchal de), p. 51.

MONTPENSIER (Mademoiselle de), p. 272, 279.

MORANT (Jehan), échevin, p. 256, note 2.

MOREAU, architecte du roi en 1783, p. 86.

TABLE ANALYTIQUE.

MORIAU, procureur du roi à l'Hôtel de Ville, fondateur de la bibliothèque, p. 83.
MORIN (Jean), prévôt des marchands, lors de la captivité de François Ier, p. 251.
MOUCHE (Pierre de la), conseiller du roi et auditeur des comptes en 1662, p. 38.

MOUCHENY (Mathurin de), échevin sous Louis XIV, p. 34.
MOUQUET (François), menuisier de l'Hôtel de Ville en 1601, p. 23.
MUSSE (Huart de), sergent du Parloir aux Bourgeois, préposé à la garde du Port de Grève en 1296, p. 209.

N

NAVIBUS (Henry de), échevin en 1263, p. 122.
Navigateurs parisiens (*Nautæ parisiaci*), p. 104 ; autel élevé par eux à l'empereur Tibère, *ibid.* et note 2 ; ils faisaient partie du corps municipal, p. 106. Voyez *Marchands de l'eau* (confrérie des).
NELLE (Girart de), jaugeur de vin en 1395, p. 220.

NEMOURS (Pierre de), p. 63.
NESMOND (Président de), p. 272.
NICOLAI (De), p. 184.
NICOLEAU (Pierre), bibliothécaire de la ville, p. 84.
Notre-Dame (Confrérie de), p. 121, 122, 235.
Notre-Dame (Pont), p. 130 ; sa chute en 1499, p. 180.

O

Officiers municipaux (Chronologie des), Appendice IV, p. 201, 2e partie.
OLIVIER (Aubin), p. 261.
ONTRANT (Guillaume), conseiller de ville en 1424, p. 176.

ORLÉANS (Louis d'), duc de Touraine, p. 286.
ORLÉANS (Duc d'), p. 273, 274.
OUYN (Guillaume), maître des œuvres de maçonnerie et de charpente en 1467, p. 213, note 4.

P

PACI (Raoul de), clerc du Parloir aux Bourgeois, de 1290 à 1305, p. 178, 179.
Palais (Fontaine du), p. 132.
PAON (Adam), échevin en 1293, p. 112, 128, 170, 173.
Paradis (Fontaine de), p. 132.
PARFAICT, quartinier, p. 197.
PARLAN, quartinier, p. 197.
Parloir aux Bourgeois, appelé aussi *Maison de la marchandise* et *Confrérie aux Bourgeois*; sa description d'après Sauval, p. 1 et 2 ; il était situé, au temps de Grégoire de Tours, près de la porte méridionale de la ville, *ibid.*, note et p. 4 ; les Jacobins demandent aux magistrats municipaux l'abandon d'une partie de cet édifice ; lettre de Louis XII à ce sujet, p. 2 ; refus des magistrats municipaux, p. 3 ; après des empiétements successifs, les Jacobins y établissent leur dortoir et leur réfectoire au commencement du XVIIe siècle, *ibid.*; conjecture sur son déplacement au nord de la ville, vers la fin du XIIe siècle, p. 4 ; il existait, sous ce nom, au XVe siècle, entre l'église Saint-Leufroi et le Grand-Châtelet, une maison qui appartenait aux officiers municipaux, p. 5 ; le Parloir aux Bourgeois reste, jusqu'au XVIIe siècle, propriété particulière de la ville, p. 2. Voyez *Maison aux Piliers*, *Hôtel de Ville*.
Parloir aux Bourgeois (Livre des sentences du). Notice sur ce livre, Appendice II, p. 99, 2e partie ; texte des sentences, p. 104 et suiv.
PASQUIER DE L'ISLE, p. 65.
PASQUIER (Étienne), p. 254, 255, 257.
PASTOREL (Roger), procureur de la ville et de la marchandise en 1405, p. 186.
PATRELIN (Georges), maître maçon, p. 23.
Pauvres (grand bureau des), p. 72, 155.
Pavie (Bataille de), p. 252.

Payeur des rentes du clergé, créé en 1575, p. 185.
PELLERIN, quartinier, échevin en 1554, p. 175.
PENELLE (Jehan), couvreur de l'Hôtel de Ville en 1539, p. 21.
PERDRIEL (Pierre), greffier de la ville, p. 257.
PÉRINET LE CLERC, p. 245.
PERRET (Jehan), maître avaleur de nés de l'arche de Paris. 215.
PERREUSE (Nicolas-Hector, seigneur de), prévôt des marchands en 1587, p. 265.
PETREMOLE, receveur de l'Hôtel de Ville en 1576, p. 184.
PERRONNET, architecte du roi en 1783, p. 86, 94, note 1.
PHELIPPES (Nicolas), échevin sous Louis XIV, p. 34, 35.
PHILIPPE AUGUSTE. Son entrée à Paris après la bataille de Bouvines, p. 285.
PHILIPPE CLUIN, chanoine de Notre-Dame, p. 7.
PHILIPPE LE BEL donne à Louis comte d'Évreux, une maison sise sur la place de Grève, p. 7.
PICOT (M^r). Son tableau représentant la ville de Paris au nouvel Hôtel de Ville, p. 99.
PIEDEFER (Jacques), conseiller de ville en 1532, p. 176, note 4.
PIEDEFER (Jean), prévôt des marchands en 1499, p. 180, 181.
PIERREFONS (Robert de), pionnier, chargé de l'entretien des fossés du *Parloir aux Bourgeois* en 1366, p. 2.
PIETRE (Germain), procureur du roi et de la ville sous Louis XIV, p. 34, 35.
PIZDOÉ (Guillaume), échevin, puis prévôt des marchands, p. 112, 128, 170, 173, 179.
PLACE (Philippe de la), capitaine, p. 267.
Planche de Mybrai, p. 130.
POINT-L'ANE (Bertaut), p. 170.

Poissy (Gathon de), seigneur de Maisons-sur-Seine en 1187, p. 108.
Poissy (Simon de), p. 137.
Poissy (*Colloque de*), p. 254.
Poitiers (Diane de), p. 258.
Poitiers (Nicolas de), maître des monnaies du roi, gouverneur de Paris, chargé des fonctions de prévôt des marchands en 1499, p. 181.
Pomme (Jehan de la), jaugeur de vin en 1395, p. 220.
Pommereux (Lucas), commissaire des quais de la ville, p. 299.
Ponçart (Jehan), maître maçon, p. 24.
Ponceau (Fontaine du), p. 132.
Pontcarré de Viarmes, prévôt des marchands de 1758 à 1762, p. 171.
Popin (Jehan), prévôt des marchands, p. 112, 141, 165, 170, 213.
Porbus (François), peintre, fait le portrait de plusieurs prévôts et échevins en 1620, p. 45 et note 4.
Porte Baudets (Fontaine de la), p. 132.
Porteurs de blé, p. 225.
Porteurs de sel ou *Hénouarts*. L'édit de 1648 en crée un nouveau, p. 222; au XIVᵉ siècle, ils étaient au nombre de vingt-quatre et formaient une corporation, p. 225; privilèges dont ils jouissaient aux funérailles des rois de France, p. 226, 292, 293, 294.
Porteurs de vins, p. 225.
Pot (Messire Régnier), p. 303.
Potier (Denis), greffier de l'Hôtel de Ville en 1501, p. 181 et 182, note 1.
Poussepin, p. 266.
Poyet, architecte de la municipalité en 1792, p. 77.
Pré Saint-Gervais (Eaux du), p. 135.
Préfecture (Liste chronologique des conseillers de), Appendice IV, p. 239, 2ᵉ partie.
Préfets de la Seine (Liste chronologique des), Appendice IV, p. 238, 2ᵉ partie.
Préjean (Pierre), maître gainier, p. 48.

Presles (De), capitaine, p. 267.
Prévôt des marchands, p. 152. C'est en 1263 qu'on trouve pour la première fois cette dénomination dans les actes, *ibid.*; il est appelé aussi *prévôt de la confrérie aux marchands*, *prévôt des marchands de l'eau*, *maître des échevins de Paris*, p. 153; importance de ses fonctions, *ibid.*; comment il était élu au XVᵉ siècle; incidents remarquables qui eurent lieu à certaines élections; précautions prises par Louis XI pour ne pas laisser tomber cette charge entre les mains d'un bourgeois; mode d'élection changé sous Charles IX, lettre de Catherine de Médicis à ce sujet, p. 154-160; cérémonies de son élection et de sa prestation de serment entre les mains du roi en 1764, p. 160-164; entre autres bénéfices attachés à sa charge, il avait au XIIIᵉ siècle le produit des confiscations, p. 165, 166; le bureau de la ville règle ses droits honorifiques en 1579, p. 166 et 167; depuis Philippe le Bel jusqu'à Charles VI il fait partie du conseil royal, p. 167; supprimé par Charles VI en 1382, il est rétabli en 1411, p. 153, 240; Charles VII et Louis XI confirment ses anciens privilèges, p. 168; Henri III déclare en 1577 que l'occupation de cette charge suffit pour anoblir, *ibid.*; était présent à toutes les grandes cérémonies, p. 169, 170.
Prévôts des marchands (Liste chronologique des), Appendice IV, p. 201, 2ᵉ partie.
Procureur du roi et de la ville, appelé primitivement *Clerc du roi* ou *procureur du roi*, p. 185; il fait partie du parloir aux bourgeois dès l'année 1293, *ibid.*; rang qu'il occupe dans la hiérarchie municipale, *ibid.*; fonctions qui lui sont réservées, p. 186, 187.
Procureur de la ville et de la marchandise, distinct du procureur du roi et de la ville, p. 186; dans la première moitié du XVIᵉ siècle, il se confond avec lui, *ibid.* et p. 187.
Procureurs (Liste chronologique des), Appendice IV, p. 219, 2ᵉ partie.
Prudhon, peintre, p. 79.

Q

Quartiniers. Leur création remonte probablement au XIIᵉ siècle, p. 193; c'étaient les agents du prévôt et des échevins dans les divers quartiers de la ville, *ibid.*; importance qu'ils acquièrent par leur correspondance directe avec les bourgeois et par les fonctions de haute police qu'ils remplissaient, p. 194, 195; Charles VI les supprime en 1382, en même temps qu'il abolit la prévôté des marchands, p. 194; leurs visites domiciliaires pendant la Ligue, p. 196; leurs fonctions étaient à la fois civiles et militaires, p. 198; comment ils étaient élus ou se substituaient leurs successeurs, p. 154, 200, 201, 202; leurs privilèges, p. 201; leur rôle dans les élections, p. 154, 155; droits qu'on payait pour être admis à exercer cette charge, p. 203; ils assistaient avec le corps municipal à toutes les grandes cérémonies, p. 169, 170, 194; à la fin du XVIIIᵉ siècle ils formaient une compagnie, p. 203, 204.
Quartiniers (Liste chronologique des), Appendice IV, p. 233, 2ᵉ partie.
Quinze-vingts (Hospice des). L'Hôtel de Ville lui doit une rente de 1 écu 40 sols tournois, p. 15.

R

Raalle (Thomas le), juré, paveur de la ville, p. 213.
Raduise (Jehan), procureur du roi et de la ville en 1525, p. 186.
Rambuteau (M. le comte de), préfet du département de la Seine, p. 89, 90.
Rebours (Jacques), procureur de la marchandise nommé en 1449, p. 186.

Receveurs de l'Hôtel de Ville. Voyez *Greffiers de l'Hôtel de Ville*, p. 183.
Receveurs (Liste chronologique des), Appendice IV, p. 219, 2ᵉ partie.
Reine (Fontaine de la), p. 132.
Remy, capitaine, p. 267.
Reuilly (Pressoirs de), p. 131, 132.

Ribauds de la Grève, p. 59 et note 1.
RICHEMONT (Connétable de), p. 246.
RIPPAUT, prévôt des marchands, p. 181.
ROBELIN (Pierre), maître maçon, p. 23.
ROBERT LE COQ, évêque de Laon, p. 231, note 2.
ROBIN (Pierre), maître des œuvres de maçonnerie en 1400, p. 213, note 4.
ROLLIN, p. 94, note 1.
ROSNEL (Du), capitaine, p. 267.
ROUSSEAU (Du), capitaine, p. 267.
ROUVEAU (Guillaume), chargé du service de la buvette de l'Hôtel de Ville en 1594, p. 48.
RUE (Jehan de la), jaugeur de vin en 1395, p. 220.
Rungis (eaux de), p. 135.

S

SAINCTOT (P.), échevin sous Henri IV, p. 24, note 2.
Saint-Barthélemy (Massacre de la), p. 153, 258 et suivantes.
Saint-Denis de la Châtre (Église), p. 130.
Sainte-Avoye (Fontaine de), p. 132.
Sainte-Chapelle du Palais. L'Hôtel de Ville lui doit une rente de 35 livres tournois, p. 15.
Sainte-Croix de la Bretonnerie (Religieux de), p. 67.
Sainte-Geneviève du Mont (Chapitre de), p. 137.
Sainte-Geneviève (Couvent de), p. 166, note 2, 296.
Sainte-Ligue, p. 258, 262.
Saint-Esprit (Hôpital du), p. 18, 63, 67 à 71.
Saint-Gervais (Église), p. 63.
Saint-Jean (Feu de la), p. 298 et 300.
Saint-Jean en Grève (Église), p. 9, 63; sa reconstruction octroyée par Charles le Bel en 1326, p. 64; sa démolition en 1791, *ibid.*; orgue remarquable qui s'y trouvait, p. 65; épitaphes qu'on y lisait, p. 66 et suiv.
SAINT-LANDRY, p. 94, note 1.
Saint-Lazare (Fontaine), p. 130, note 3.
Saint-Leufroi (Église), p. 4.
Saint-Magloire (Couvent de), p. 130.
Saint-Martin des Champs (Chapitre de), p. 137.
Saint-Martin des Champs (Religieux de), p. 130, note 3.
Saint-Nicaise (Monastère de), à Meulant, p. 63.
Saint-Paul (Hôtel), p. 74.
Saints-Innocents (Cimetière des), p. 131.
Saints-Innocents (Fontaine des), p. 132.
SAINT VINCENT DE PAUL, p. 94, note 1.
SAINT-YON (Garnier de), échevin en 1413, p. 156, 170, 241.
Samaritaine du Pont-Neuf, construite par Jean Lintlaer, p. 133.
SAMBICHES (Pierre), maçon, conducteur des travaux de l'Hôtel de Ville sous François Ier, p. 17, 214.
SANGUIN (Christophe), prévôt des marchands en 1628, p. 171.
SANGUIN (Jehan), secrétaire du roi et échevin, p. 256, note 2.
SARENS (Guillaume de), procureur du roi en 1303, p. 185.
SAULNIÈRE (Gilbert de), *de Salneria*, doyen de la confrérie de Notre-Dame, p. 122.
SAVOIE (Louise de), duchesse d'Angoulême, p. 252, 303.
SEGUEVILLE (Simon de), échevin en 1649, p. 35.
SÉGUYER (Pierre), conseiller de ville en 1532, p. 176, note 4.
Sergents de la ville. L'édit de 1648 en crée trois nouveaux, p. 222.
Sergents du Parloir aux Bourgeois. Leurs fonctions, p. 208 à 212; ils étaient au nombre de cinq en 1291, p. 208; chacun d'eux avait ses attributions distinctes, p. 209; ils étaient au nombre de six en 1382, *ibid.*; ce qu'ils recevaient en sus de leurs gages en 1392, *ibid.*; l'ordonnance de 1415 les rétablit dans leurs anciennes attributions qui se trouvaient presque annihilées depuis la suppression de la prévôté des marchands par Charles VI, p. 210; ils étaient d'après cette ordonnance au nombre de dix, quatre sergents de la marchandise, et six du Parloir, *ibid.*; leurs gages en 1415 et en 1424, *ibid.* et note 3; ils étaient obligés de demeurer à l'Hôtel de Ville, p. 211; Louis XI les exempte des tailles et leur accorde plusieurs autres privilèges, *ibid.*; ils restent au nombre de dix jusqu'au commencement du XVIIe siècle, *ibid.*; procès entre eux et les commissaires des quais, *ibid.*
SEVE (Alexandre de), conseiller à la chambre des comptes en 1662, p. 36.
SILVESTRE (Israël), auteur d'une gravure de l'*Hôtel de Ville* en 1651, p. 29, 62.
SUGERT (Nicolas), maître passeur d'eau à Paris, p. 261.
SULLY (Maurice de), 1196, p. 94 à la note.

T

TAFFANY (Thomas), maître maçon, p. 30.
TAITEBOUT, prévôt des marchands, p. 41.
TALON, avocat général, p. 280.
TAMPONNET (Charles), concierge de l'Hôtel de Ville, à la fin du XVIe siècle, p. 47.
THIBAUT (Robert), chargé des fonctions d'échevin en 1499, p. 181.
Thonée. Ce que c'était, p. 216, 217.
THOU (Augustin de), prévôt des marchands, p. 171, 174, 188.
THOU (Christophe de), prévôt des marchands en 1552, p. 57, 171, 178.
THOU (Jacques-Auguste de), p. 171, 263.
Tournelle du Louvre (la), p. 216.
TOUSSAC (Charles), échevin, p. 231, note 2.
Trinité (Fontaine de la), p. 132.
TROYES (Évrard de), nattier, tapisse la grande chambre et l'auditoire de l'Hôtel de Ville en 1425, p. 10.
TROYES (François de), peintre de l'Hôtel de Ville, p. 16.
TROYES (Henry de), conseiller de ville en 1413, p. 244.
TROYES (Jehan de), échevin, p. 156, 242.
TURENNE, p. 272.
TURGOT (Michel-Étienne), seigneur de Sous-Mons, etc., élu prévôt des marchands en 1729, p. 48, 94, note 1, 171.
TURQUAIN, prévôt des marchands, p. 181.
TYBERT, membre de la faction des cabochiens, p. 241.

V

Vacquerie (J. de la), p. 94, note 1.
Val (Simon du), maître des œuvres de maçonnerie en 1473, p. 213, note 4.
Valenciennes (Évreux de), prévôt des marchands en 1203, p. 122, 152.
Vallée (Marin de la), juré du roi en l'office de maçonnerie, adjudicataire des travaux d'achèvement de l'Hôtel de Ville en 1605, 1609, p. 23, 25, 26, 27, 28. Lutte des maîtres des œuvres contre lui dans les adjudications de travaux, p. 30; il termine les travaux de l'Hôtel de Ville en 1628, p. 31.
Vanloo (Carle), peintre, auteur d'un tableau sur la paix entre la France et l'Empire, p. 48.
Vanloo (Louis-Michel), auteur d'un tableau représentant la naissance de Louis XIV, p. 46.
Vasseur, quartinier, p. 197.
Vauchelet (M.). Ses peintures au nouvel Hôtel de Ville, p. 100.
Vaudry, organiste de l'église Saint-Jean en 1737, p. 65.
Veau (Alain), commis des finances sous François Ier, Henri II, François II et Charles IX, p. 66 et note 3.
Velfaux (Claude), juré du roi en l'office de maçonnerie, p. 30.
Vence (M. de), p. 51.

Venot. Figures allégoriques au nouvel Hôtel de Ville, p. 98.
Veytard, greffier en chef de l'Hôtel de Ville en 1786, p. 54.
Viarmes (De Pontcarré de), prévôt des marchands en 1759, p. 83.
Videville, p. 266.
Vigny (François de), receveur de l'Hôtel de Ville, p. 183.
Vigny (François de), fils du précédent, lui succède dans ses fonctions en 1564, p. 184 et note 2, 261.
Vigny (Jean de), receveur des domaines de la ville, p. 284.
Villequier (Seigneur de), gouverneur de Paris en 1587, p. 265.
Villeroy (Sieur de), p. 266.
Viole (Nicolas), correcteur des comptes, p. 171.
Viole (Pierre), sieur d'Athis, conseiller au Parlement, prévôt des marchands en 1533, p. 16, 18, 19, 94, note 1; 167, 168, note 1, 171.
Viron, capitaine, p. 207.
Vivenel (M.), entrepreneur général des travaux de l'Hôtel de Ville en 1837, p. 92, note 1.
Vouet (Simon), peintre, p. 66.
Voyer d'Argenson, p. 94, note 1.

W

Winterhalter (M.). Portraits du roi Louis-Philippe et de la reine au nouvel Hôtel de Ville, p. 99.

Y

Yon, échevin, p. 276.

FIN DE LA TABLE ANALYTIQUE.

ERRATA.

PREMIÈRE PARTIE.

Page 1 et 5, *au lieu de* trente-cinq livres, *lisez* trente-cinq sous.
P. 2, *au lieu de* le mois suivant, *lisez* au mois de mars de l'année 1504.
P. 2, *au lieu de* frère Le Clerc, *lisez* frère Jehan Clerc.
P. 3, *au lieu de* le 5 avril, *lisez* le 5 avril 1505.
P. 3, *depuis ces mots* : Cet ancien Parloir aux Bourgeois, etc., *jusques et y compris ces mots*, p. 4 : la maison de la Marchandise s'y soit trouvée établie, *supprimez complétement ce passage*.
P. 4, *au lieu de* les marchés de poissons d'eau douce et des vins, *lisez* les marchés aux poissons d'eau douce et aux vins.
P. 4, *au lieu de* Du Beul, *lisez* Du Breul.
P. 8, note 1re, *au lieu de* Appendice I, n° 3, *lisez* Appendice I, n° 2.
P. 19, *au lieu de* le prévôt des Marchands avec les échevins s'étant rendus, *lisez* le prévôt des Marchands s'étant rendu avec les échevins.
P. 19, *au lieu de* Échevin, *lisez* Échevins.
P. 22, *au lieu de* quatre deniers, *lisez* trois deniers.
P. 22, note 2, *au lieu de* Idem, n° 12, *lisez* Idem, n° 14.
P. 22, note 3, *au lieu de* Idem, n° 12, *lisez* Idem, n° 15.
P. 22, note 4, *au lieu de* Appendice I, n° 16, *lisez* Appendice I, n°s 16 et 17.
P. 23, *au lieu de* trente-cinq écus quarante sous, *lisez* cent vingt écus.
P. 24, *au lieu de* le 16 février suivant, *lisez* le 16 février de la même année.
P. 24, *au lieu de* indiquait la forme, *lisez* indiquaient la forme.
P. 24, note 1, *au lieu de* Appendice I, n° 31, *lisez* Appendice I, n° 36.
Page 26, note 2, *au lieu de* App. I, n° 48, *lisez* App. I, n° 38.
P. 27, *au lieu de* le 6 avril, *lisez* le 10 avril.
P. 28, note 1, *ajoutez* App. I, n° 60.
P. 28, note 2, *au lieu de* App. I, n° 60 B, *lisez* App. I, n° 58.
P. 30, *au lieu de* 5 octobre, *lisez* 25 septembre.
P. 33, *au lieu de* dès 1535, *lisez* dès 1534.
P. 41, note 1, *au lieu de* App. I, n°s 86, 87, *lisez* App. I, n°s 84, 85.
P. 42, *au lieu de* 27 mars, *lisez* 26 mars.
P. 42, *au lieu de* dans l'espace de trois mois, *lisez* dans l'espace de quatre mois.

P. 44, 1, note 1, *au lieu de* App. I, n° 21 A, *lisez* App. I, n° 21 *bis*.
P. 44, *au lieu de* En 1603 Jehan d'Angers, *lisez* En 1601 Jehan d'Angers.
P. 45, *au lieu de* 18 juillet, *lisez* 28 juillet.
P. 45, note 5, *au lieu de* App. I, n° 80, *lisez* App. I, n° 79.
P. 46, note 2, *au lieu de* n° 81, *lisez* n° 80.
P. 52, note 2, *au lieu de* App. I, n° 104, *lisez* App. I, n° 98.
P. 53, note 1, *au lieu de* App. I, n° 104, *lisez* App. I, n° 98.
P. 57, *au lieu de* en 1358, *lisez* en 1357.
P. 57, *au lieu de* sire de Jumanville, *lisez* sire de Jumauville.
P. 58, note 2, *au lieu de* App. I, n° 28, *lisez* App. I, n° 55 B.
P. 59, *au lieu de* Ribaud, *lisez* Ribauds.
P. 73, note 1, *au lieu de* App. I, n° 11, *lisez* App. I, n° 6 *bis*.
P. 80, note 1, *au lieu de* App. I, n° 104, *lisez* App. I, n° 98.
P. 82, note 1, *au lieu de* App. I, n° 104, *lisez* App. I, n° 98.
P. 112, *au lieu de* le mardi devant la Chandeleur, *lisez* le vendredi devant la Chandeleur.
P. 112, *au lieu de* Alain Paon, *lisez* Adam Paon.
P. 114, *au lieu de* et confirme, *lisez* et confirment.
P. 122, *au lieu de* d'une somme de sept deniers, *lisez* à une somme de sept deniers.
P. 129, *au lieu de* leur fut confiée, *lisez* leur furent confiés.
P. 131, note 4, *au lieu de* (21 août), *lisez* (18 août).
P. 138, *au lieu de* en 1297, *lisez* vers 1297.
P. 156, note 1, *au lieu de* Idem, année 1290, *lisez* Idem, année 1298.
P. 173, *au lieu de* le 15 mars, *lisez* le 16 mars.
P. 178, *au lieu de* 6 juillet 1290, *lisez* 5 juillet 1290.
P. 187, note 1, *au lieu de* App. I, n° 6 A, *lisez* App. I, n° 6 *bis*.
P. 187, note 4, *au lieu de* année 1298, *lisez* années 1291 et 1298.
P. 192, *au lieu de* jouissait, *lisez* jouissaient.
P. 194, *au lieu de* les cinquantainiers, *lisez* les cinquanteniers.
P. 204, *au lieu de* arbalestriers, *lisez* arbalétriers.
P. 208, *au lieu de* le 10 février, *lisez* le 12 février.
P. 219, *au lieu de* le 24 octobre, *lisez* le 24 février.
P. 225, *au lieu de* leurs attributions et leurs....., *lisez* ses attributions et ses.....

ERRATA.

DEUXIÈME PARTIE.

P. 3, *au lieu de* .... inferius et superius. Quequidem domus a nos, ob ipsius Johannis delictum nuper incommissum, obvenit concedimus.... sub onere ad quod astringitur ipsa domus. Dantes, etc. *Lisez* .... inferius et superius, que quidem domus a nos, ob ipsius Johannis delictum nuper incommissum, obvenit, concedimus.... sub onere ad quod astringitur ipsa domus; dantes, etc.

P. 34, *au lieu de* 15 JUIN 1541, *lisez* 14 JUIN 1541.

P. 36, *au lieu de* 11 JUILLET 1541, *lisez* 2 JUILLET 1541.

P. 40, *au lieu de* 15 AOUT 1551, *lisez* 13 AOUT 1551.

P. 69, *au lieu de* 19 JUIN 1607, *lisez* 21 MARS 1608, 10 AVRIL ET 19 JUIN 1609.

P. 75, *au lieu de* 27 MARS 1613, *lisez* 26 MARS 1613.

P. 93, *au lieu de* 3 JUIN 1747, *lisez* 13 DÉCEMBRE 1747.

P. 105, *au lieu de* 1268, 2 AVRIL, *lisez* 1268, 3 AVRIL.

P. 105, *au lieu de* CONFISCATION PRONONCÉE PAR LE PRÉVOST, *etc.*, DE DEUX BATEAUX AMENÉS SANS COMPAGNIE FRANÇOISE, *lisez* CONFISCATION PRONONCÉE PAR LE PRÉVÔT, *etc.*, DE DEUX BATEAUX AMENÉS SANS COMPAGNIE FRANÇAISE.

P. 105, *au lieu de* Pâques tombait le 7 avril, *lisez* Pâques tombait le 8 avril.

P. 106, *au lieu de* 1290, 6 JUILLET, *lisez* 1290, 5 JUILLET.

P. 107, *au lieu de* 1291, 10 FÉVRIER, *lisez* 1291, 12 FÉVRIER.

P. 107, *au lieu de* L'Octave de la Chandeleur, ou le 10 février, *lisez* La Chandeleur tombant cette année-là un vendredi, le lundi après l'Octave était le 12.

P. 108, *au lieu de* 1291, 14 NOVEMBRE, *lisez* 1291, 16 NOVEMBRE.

P. 109, *au lieu de* La Saint-Martin tomba cette année un mardi 11 novembre, le vendredi suivant était le 14, *lisez* La Saint-Martin d'hiver, qui tomba le 11 novembre, étant, cette année-là, un dimanche, le vendredi suivant était le 16.

P. 118, *au lieu de* PERMISSION ACCORDÉE PAR LE PRÉVOST DES MARCHANS, *etc.*, *lisez* PERMISSION ACCORDÉE PAR LE PRÉVÔT DES MARCHANDS, *etc.*

P. 119, *au lieu de* 1293, 14 MAI, *lisez* 1293, 15 MAI.

P. 119, *au lieu de* le dimanche 15 mai, *lisez* le dimanche 17 mai.

P. 119, *au lieu de* 1293, 18 MAI, *lisez* 1293, 10 MAI.

P. 119, *au lieu de* AUX JURÉS MASSONS, *lisez* AUX JURÉS MAÇONS.

P. 120, *au lieu de* C'est le 9 mai, jour de la translation de ce saint, qui tombait cette année là un dimanche. Le dimanche suivant était le 18, jour de la Pentecôte, *lisez* Cette fête, qui tombe le 9 mai, étant cette année-là un samedi, le dimanche suivant était le 10 mai.

P. 120, *au lieu de* 1293, 13, 28 MAI, *lisez* 1293, 13, 29 MAI.

P. 120, *au lieu de* La Trinité, pour cette année-là, tombait le 23 mai; le vendredi suivant était le 28, *lisez* La Trinité tombant cette année-là le 24 mai, le vendredi suivant était le 29.

P. 121, *au lieu de* 1293, 13 AOUT, *lisez* 1293, 10 AOUT. — Au lieu de deux sentences rendues le même jour, il faut réunir les deux textes et n'en former qu'un seul paragraphe.

P. 121, *au lieu de* le mercredi 15 août, *lisez* le samedi 15 août.

P. 122, *au lieu de* 1293, 21 AOUT, *lisez* 1293, 18 AOUT.

P. 123, *au lieu de* 1293, 14 SEPTEMBRE, 9 MAI, *lisez* 1293, 14 SEPTEMBRE, 6 MAI.

P. 123, *au lieu de* .... le jeudi, jour de l'Ascension. Le mercredi suivant était le 9 mai, *lisez* .... le dimanche. Le mercredi suivant était le 6 mai.

P. 124, *au lieu de* 1293, 1ᵉʳ DÉCEMBRE, *lisez* 1293, 2 DÉCEMBRE.

P. 124, *au lieu de* Le 1ᵉʳ décembre; la Saint-André est le 30 novembre, *lisez* la Saint-André, qui tombe le 30 novembre, étant cette année-là un lundi, le mercredi suivant était le 2 décembre.

P. 125, *au lieu de* 1293, 15 MARS, *lisez* 1293, 16 mars.

P. 125, *au lieu de* Pâques tomba le 28 mars, *lisez* Pâques tomba le 29 mars.

P. 128, *au lieu de* le 28 avril, *lisez* le 18 avril.

P. 129, *au lieu de* 1295, 7 NOVEMBRE, *lisez* 1295, 8 AOUT.

P. 129, *au lieu de* 11 novembre, qui fut cette année-là un lundi; le lundi d'auparavant était le 7, *lisez* La Saint-Laurent qui tombe le 10 août, étant cette année-là un mercredi, le lundi précédent était le 8.

P. 130, *au lieu de* 1295, 29 JANVIER, *lisez* 1295, 28 JANVIER.

P. 130, *au lieu de* Le vendredi 29 de janvier, *lisez* Le vendredi 28 janvier.

P. 130, *au lieu de* 1295, 19 FÉVRIER, *lisez* 1295, 18 FÉVRIER.

P. 130, *au lieu de* Le 19 février, les Cendres tombant cette année le 17, *lisez* Le 18 février, les Cendres tombant cette année le 16.

P. 130, *au lieu de* 1295, 21 février, *lisez* 1295, 23 février.

P. 134, *au lieu de* 1296, 9 FÉVRIER, *lisez* 1296, 10 FÉVRIER.

P. 134, *au lieu de* Le 9 février, le premier dimanche de Carême étant cette année-là le 11, *lisez* le 10 février, le premier dimanche de Carême étant cette année-là le 12.

P. 136, *au lieu de* EXPULSION DE LA MARCHANDISE PRONNONCÉE, *etc.*, *lisez* EXPULSION DE LA MARCHANDISE PRONONCÉE, *etc.*

P. 141, *au lieu de* QUI EN AVAIT CAUTIONÉ, *lisez* QUI EN AVAIT CAUTIONNÉ.

P. 141, *au lieu de* MENACE DE DESHÉRANCE, *lisez* MENACE DE DESHÉRENCE.

P. 141, *au lieu de* 1298, 5 JANVIER, *lisez* 1298, 30 DÉCEMBRE.

P. 142, *au lieu de* un mardi, *lisez* un lundi.

P. 143, *au lieu de* ARRESTÉ DU CONSEIL DE VILLE ASSEMBLÉ, PAR LEQUEL LES DROITS DE RÉCEPTIONS DES MESUREURS DE SEL SONT MODÉRÉS POUR L'AVENIR, *etc.*, NOMINATION DE MESUREURS DE CHARBON ET DE BUCHE, *lisez* ARRÊTÉ DU CONSEIL DE VILLE

ERRATA.

ASSEMBLÉ, PAR LEQUEL LES DROITS DE RÉCEPTION DES MESUREURS DE SEL SONT MODÉRÉS POUR L'AVENIR, etc., NOMINATION DE MESUREURS DE BUCHES.

P. 145, *au lieu de* NOMINATION DE MESUREUR DE BUCHE, *lisez* NOMINATION D'UN MESUREUR DE BUCHES.

P. 146, *au lieu de* 1299, 13 NOVEMBRE, *lisez* 1299, 20 NOVEMBRE.

P. 146, *au lieu de* Cette fête était célébrée le 17 novembre, qui, cette année-là, tombait un mardi; le vendredi d'auparavant était le 13, *lisez* Cette fête était célébrée le 23 novembre, qui, cette année-là, tombait un lundi; le vendredi d'auparavant était le 20.

P. 146, *au lieu de* 1299, 13 NOVEMBRE, *lisez* 1299, 20 NOVEMBRE.

P. 147, *au lieu de* 1299, 18 NOVEMBRE, *lisez* 1299, 18 DÉCEMBRE.

P. 147, *au lieu de* le vendredi 25 novembre, *lisez* le vendredi 25 décembre.

P. 148, *au lieu de* 1299, 19 JANVIER, *lisez* 1299, 5 OCTOBRE.

P. 148, *au lieu de* Cette fête, célébrée le 13 janvier, tomba cette année-là un mardi; le lundi suivant était le 19, *lisez* Cette fête, célébrée le 1ᵉʳ octobre, tomba cette année-là un jeudi; le lundi suivant était le 5.

P. 148, *au lieu de* 1299, 27 JANVIER, *lisez* 1299, 27 FÉVRIER.

P. 150, *au lieu de* 1300, 7 JANVIER, *lisez* 1300, 8 JANVIER.

P. 150, *au lieu de* GARENTIE DONNÉE, etc., *lisez* GARANTIE DONNÉE, etc.

P. 150, *au lieu de* le 7 janvier, *lisez* le 8 janvier.

P. 155, *au lieu de* 1302, 6 JANVIER, *lisez* 1302, 5 JANVIER.

P. 158, *au lieu de* 1303, 9 OCTOBRE, *lisez* 1303, 7 OCTOBRE.

P. 168, *au lieu de* 1305, 23 JUILLET, *lisez* 1305, NOVEMBRE.

P. 168, *au lieu de* Cette fête est marquée, pour cette année-là, le jeudi 23 juillet, *lisez* La Saint-Clément, qui se fête le 23 novembre, tomba cette année-là un *mardi*. Il faut donc supposer une erreur du clerc du Parloir dans l'indication de la date.

P. 171, *au lieu de* 1308, 3 MARS, *lisez* 1308, 4 MARS.

P. 172, *au lieu de* le samedi 1ᵉʳ mars, *lisez* le vendredi 1ᵉʳ mars.

P. 176, *au lieu de* rendre au prévôt des Marchands et Échevins, *lisez* rendre aux prévôt des Marchands et Échevins.

TABLE DES MATIÈRES.

PREMIÈRE PARTIE.

LIVRE PREMIER.

Introduction .... j

Chapitre premier. — Parloirs aux bourgeois depuis les temps les plus reculés jusqu'en 1357. — Achat de la maison aux piliers; détails sur cette maison. — Hôtel de Ville jusqu'en 1529........................ 1

Chap. II. — Bâtiments anciens de l'Hôtel de Ville depuis l'année 1529 jusqu'à la fin du xviiie siècle........................ 13

Chap. III. — Quartier et place de Grève. — Église Saint-Jean. — Hôpital et chapelle des bonnes femmes Haudriettes. — Hôpital et chapelle du Saint-Esprit. — La maison du bureau des pauvres. — Granges de l'artillerie ou Arsenal de la ville de Paris........ 55

Chap. IV. — Travaux de l'Hôtel de Ville pendant la révolution, le consulat, l'empire. — Projet de déplacement, d'agrandissement. — Description de l'Hôtel de Ville en 1844. 76

LIVRE DEUXIÈME.

Chapitre premier — Origine du gouvernement municipal de Paris. — Juridiction du parloir aux bourgeois. — Association et confrérie de la marchandise de l'Eau............. 103

Chap. II. — Juridiction de l'Hôtel de Ville de Paris. — Marchandises par eau : vins, bois, charbons, etc. — Fortifications. — Pavage, croisées de Paris. — Quais, ponts, eaux et fontaines. — Criage. — Poids et mesures. — Taille, octrois et rentes. — Location de maisons. — Hospices, administration des pauvres. — Conflits de juridiction. — Sceaux, armoiries et bannière de la ville de Paris........................ 124

Chap. III. — Le prévôt des marchands...... 152

Chap. IV. — Le corps de ville, Ire partie : échevins. — Conseillers. — Clerc. Greffier. — Receveur. — Payeurs et receveurs de rentes. — Procureur du roi. — Procureurs de la ville. — Avocats. — Lieutenants civils de la prévôté et de l'échevinage. — Juridiction du bureau de la ville. — Les six corps de métiers. — Les juges consuls........... 172

Chap. V. — Le corps de ville, IIe partie : quartinier. — Cinquantenier. — Dixainier. — Milice bourgeoise. — Archers, arquebusiers, hacquebutiers de la ville................ 193

Chap. VI. — Le corps de ville, IIIe partie : sergents du parloir aux bourgeois et de la marchandise de l'eau. — Maîtres des œuvres. — Mariniers avaleurs de nés, ou chableurs des ponts sur la Seine. — Mesureurs. — Jaugeurs. — Crieurs et porteurs......... 208

LIVRE TROISIÈME.

Chapitre premier. — Faits politiques remarquables depuis le règne de Philippe le Bel jusqu'à celui de François Ier............. 229

Chap. II. — Événements politiques du xvie au xviiie siècle : captivité de François Ier, la Réforme, la Ligue, le Siège de la Rochelle, la Fronde........................ 250

Chap. III. — Cérémonies et fêtes de l'Hôtel de Ville : entrées des rois, des reines, des princes de leur famille, des princes étrangers, de leurs ambassadeurs. — Présents offerts par la ville. — Obsèques et funérailles. — Processions religieuses, et particulièrement celles de la châsse Sainte-Geneviève. — Chandelle Notre-Dame. — Prix de l'arquebuse. — Feu de la Saint-Jean. — Tableau chronologique des cérémonies, depuis le xive siècle jusqu'au xvie. — Fêtes données à l'Hôtel de Ville de Paris........ 285

DEUXIÈME PARTIE.

APPENDICES.

APPENDICE I. — Pièces justificatives inédites relatives aux bâtiments.................. 3

APPENDICE II. — Livre des sentences du parloir aux bourgeois année 1268-1325......... 99

APPENDICE III. — Notice historique sur les anciennes archives de l'Hôtel de Ville de Paris............................ 177

APPENDICE IV. — Chronologie des officiers municipaux........................ 204

APPENDICE V. — Table chronologique des actes manuscrits ou imprimés relatifs à l'ancien gouvernement municipal de Paris........ 259

APPENDICE VI. — Bibliographie........... 353

TABLE ANALYTIQUE..................... 365

ERRATA............................. 377

PLACEMENT DES GRAVURES.

I. — Armes de la ville de Paris en 1582; en regard du titre.
II. — Hôtel de Ville en 1843; au commencement de l'introduction.
III. — Maison aux Piliers; au commencement du chapitre 1er, livre 1er, 1re partie.
IV. — Hôtel de Ville en 1583; à la page 19 de la 1re partie.
V. — Sceaux de la Ville de Paris; à la page 148 de la 1re partie.
VI. — Hôtel de Ville de Paris en 1770; au commencement de la IIe partie.
VII-VIII. — Trois Plans de l'Hôtel de Ville et du quartier de la Grève; à la fin du volume.

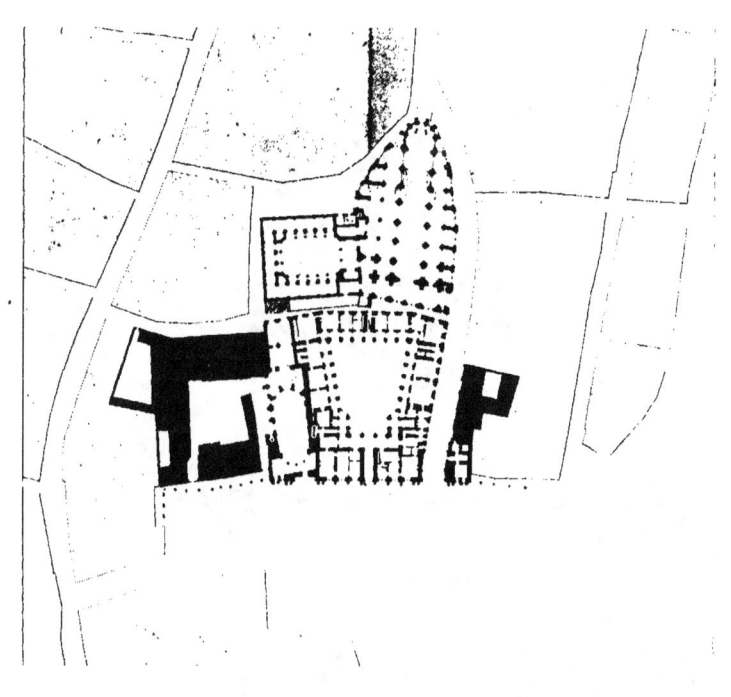

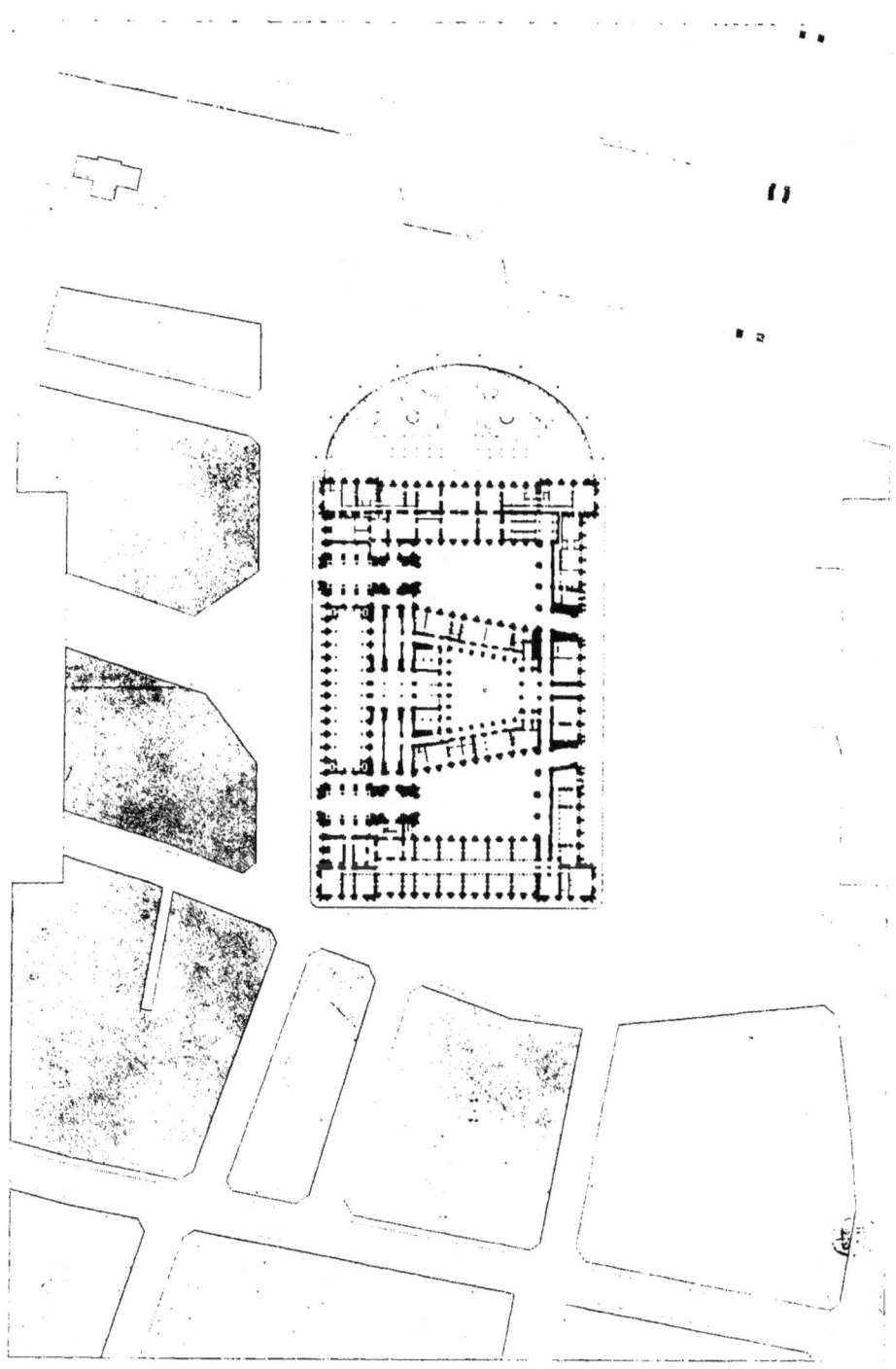

www.ingramcontent.com/pod-product-compliance
Lightning Source LLC
Chambersburg PA
CBHW061955300426
44117CB00010B/1341